U0136266

文革史料叢刊第一輯

第一冊：最高指示及中央首長關於文化大革命講話

李正中　輯編

只有不漠視、不迴避這段歷史，中國才有希望，中華民族才有希望！忘記歷史意味著背叛！

——摘自「文革史料叢刊·前言」

蘭臺出版社

巴金先生說在文革

愛盡火與血磨煉

的人是不會沉默的

八十又

五叟

李正中

著名中國古瓷與歷史學家、教育家。
李正中　簡介

祖籍山東省諸城市，民國十九年（1930）出生於吉林省長春市。
北平中國大學史學系肄業，畢業於華北大學（今中國人民大學）。
歷任：天津教師進修學院教務處長兼歷史系主任（今天津師範大學）。
　　　天津大學冶金分校教務處長兼圖書館長、教授。
　　　天津社會科學院中國文化研究中心主任、研究員。
現任：天津理工大學經濟與文化研究所所長、特聘教授。
　　　天津文史研究館館員。
　　　天津市漢語言文學培訓測試中心專家學術委員會主任。
　　　香港世界華文文學家協會首席顧問。
　　　（天津理工大學經濟與文化研究所供稿）
為加強海內外學術交流，應邀赴日本、韓國、香港、臺灣進行講學，
其作品入圍德國法蘭克福國際書展和美國ABA國際書展。

前言：忘記歷史意味著背叛

文學巨匠巴金說：

應該把那一切醜惡的、陰暗的、殘酷的、可怕的、血淋淋的東西集中起來，展覽出來，毫不掩飾，讓大家看得清清楚楚，牢牢記住。不能允許再發生那樣的事。不再把我們當牛，首先我們要相信自己不是牛，是人，是一個能夠用自己腦子思考的人！

那些魔法都是從文字遊戲開始的。我們好好地想一想、看一看，那些變化，那些過程，那些謊言，那些騙局，那些血淋淋的慘劇，那些傷心斷腸的悲劇，那些勾心鬥角的醜劇，那些殘酷無情的鬥爭……為了那一切的文字遊戲！……為了那可怕的十年，我們也應該對中華民族子孫後代有一個交代。

要大家牢記那十年中間自己的和別人的一言一行，並不是讓人忘記過去的恩仇。這只是提醒我們要記住自己的責任，對那個給幾代人帶來大災難的「文革」應該負的責任，無論是受害者，或者害人者，無論是上一輩或是下一代，不管有沒有為「文革」舉過手點過頭，無論是造反派、走資派，或者逍遙派，無論是鳳或者是牛馬，讓大家都到這裡來照照鏡子，看看自己為「文革」做過什麼，或者為反對「文革」做過什麼。不這樣，我們怎麼償還對子孫後代欠下的那一筆債，那筆非還不可的債啊！

（摘自巴金《隨想錄》第五冊《無題集・紀念》）

我高舉雙手讚賞、支持前輩巴老的呼籲。這不是一個人的呼籲，而是一個民族對其歷史的反思。一個忘記自己悲慘歷史和命運的民族，就是一個沒有靈魂的民族，沒有希望的民族，沒有前途的民族。中華民族要真正重新崛起於世界之林，實現中華夢，首先必須根除這種漠視和回避自己民族災難的病根，因為那不意味著它的強大，而恰恰意味著軟弱和自欺。這就是我不計後果，一定要搜集、編輯和出版這部書的原因。我想，待巴老呼籲的「文革紀念館」真正建立起來的那一天，我們才可以無愧地向全世界宣告：中華民族真正走上了復興之路……。

當本書即將付梓時刻，使我想到蘭臺出版社出版該書的風險，使我內心感動、感激和感謝！同時也向高雅婷責任編輯對殘缺不全的文革報紙給以精心整理、校對，付出辛勤的勞累致以衷心得感謝！

感謝忘年交、學友南開大學博導張培鋒教授為拙書寫「序言」，這是一篇學者的呼喚、是正義的伸張，作為一個早以欲哭無淚的老者，為之動容，不覺潸然淚下：「一夜思量千年事，人生知己有一人」足矣！

李正中於古月齋

2014年6月1日文革48周年紀念

序言：中國歷史界的大幸，也是國家、民族之大幸

張培鋒

　　李正中先生積三十年之功，編集整理的《文革史料叢刊》即將出版，囑我為序。我生於1963年，在文革後期（1971-1976），我還在讀小學，那時，對世事懵懵懂懂，對於「文革」並不瞭解多少，因此我也並非為此書寫序的合適人選。但李先生堅持讓我寫序，我就從與先生交往以及對他的瞭解談起吧。

　　看到李先生所作「前言」中引述巴金老人的那段話，我頓時回想起當年我們一起購買巴老那套《隨想錄》時的情景。1985年我大學畢業後，分配到天津大學冶金分校文史教研室擔任教學工作，李正中先生當時是教務處長兼教研室主任，我在他的直接領導下工作。記得是工作後的第三年即1987年，天津舉辦過一次大型的圖書展銷會（當時這樣的展銷會很少），李正中先生帶領我們教研室的全體老師前往購書。在書展上，李正中先生一眼看到剛剛出版的《隨想錄》一書，他立刻買了一套，並向我們鄭重推薦：「好好讀一讀巴老這套書，這是對「文革」的控訴和懺悔。」我於是便也買了一套，並認真讀了其中大部分文章。說實話，巴老這套書確實是我對「文革」認識的一次啟蒙，這才對自己剛剛度過的那一個時代有了比較深切的瞭解，所以這件事我一直記憶猶新。我記得在那之後，李正中先生在教研室的活動中，不斷提到他特別讚賞巴金老人提出的建立「文革紀念館」的倡議，並說，如果這個紀念館真的能夠建立，他願意捐出一批文物。他說：「如果不徹底否定「文革」，中國就沒有希望！」我這才知道，從那時起，他就留意收集有關「文革」的文獻。算起來，到現在又三十年過去了，李先生對於「文革」那段歷史「鍾情」不改，現在終於將其裒輯付梓，我想，這是中國歷史界的大幸，也是國家、民族之大幸！

　　前兩年，我有幸讀到李正中先生的回憶錄，對他在「文革」中的遭遇有了更為真切的瞭解。「文革」不僅僅是中國知識分子的受難史，更是整個民族、人民的災難史。正如李先生在「前言」中所說，忘記這段歷史就意味著背叛。李先生是歷史學家，他的話絕非僅僅出於個人感受，而是站在歷史的高度，表現出一個中國知識分子的真正良心。

　　就我個人而言，雖然「文革」對我這一代人的波及遠遠不及李先生那一代人，但自從我對「文革」有了新的認識後，對那段歷史也有所反思。結合我個人現在從事的中國傳統文化教學與研究來看，我覺得「文革」最大的災難在於：它對中華優秀傳統文化做出了一次「史無前例」的摧毀（當時稱之為「破四舊，立新風」，當時究竟是如何做的，我想李先生這套書中一定有非常真實的史料證明），從根本上造成人心

的扭曲和敗壞，並由此敗壞了全社會的道德和風氣。「文革」中那層出不窮的事例，無不是對善良人性的摧殘，對人性中那些最邪惡部分的激發。而歷史與現在、與未來是緊緊聯繫在一起的，當代中國社會種種社會問題、人心的問題，其實都可以從「文革」那裡找到根源。比如中國大陸出現的大量的假冒偽劣、坑蒙拐騙、貪汙腐化等現象，很多人責怪說這是市場經濟造成的，但我認為，其根源並不在當下，而可以追溯到四十年前的那場「革命」。而時下一些所謂「左派」們，或別有用心，或昧了良心，仍然在用「文革」那套思維方式，不斷地掩飾和粉飾那個時代，甚至將其稱為中國歷史上最文明、最理想的時代。我現在在高校教學中接觸到的那些八十年代、九十年代後出生的年輕人，他們對於「文革」或者絲毫不瞭解，或者瞭解的是一些經過掩飾和粉飾的假歷史，因而他們對於那個時代的總體認識是模糊甚至是錯誤的。我想，這正是從巴金老人到李正中先生，不斷呼籲不要忘記「文革」那段歷史的深刻含義所在。不要忘記「文革」，既是對歷史負責，更是對未來負責啊！

記得我在上小學的時候，整天不上課，拿著毛筆——我現在感到奇怪，其實就連毛筆不也是我們老祖宗的發明創造嗎？「文革」怎麼就沒把它「革」掉呢？——寫「大字報」，批判「孔老二」，其實不過是從報紙上照抄一些段落而已，我的《論語》啟蒙竟然是在那樣一種可笑的背景下完成的。但是，僅僅過去三十多年，孔子仍然是我們全民族共尊的至聖先師，「文革」中那些「風流人物」們今朝又何在呢？所以我認為，歷史是最公正、最無情的，是不容歪曲，也無法掩飾的，試圖對歷史進行歪曲和掩飾其實是最愚蠢的事。李正中先生將這些「文革」時期的真實史料拿出來，讓那些並沒有經歷過那個時代的人們真正認識和體會一下那場「革命」的真實過程，看一看那所謂「革命」、「理想」造成了怎樣嚴重的後果，這就是最好的歷史、最真實的歷史，這也就是巴老所說的「文革紀念館」的一個重要組成部分啊！我非常讚成李正中先生在「前言」中所說的，只有不漠視、不回避這段歷史，中國才有希望，中華民族才有希望！

是為序。

中華民族最黑暗的年代「文革」48周年紀念於天津聆鍾室
〔注〕張培鋒：現任南開大學文學院教授博士班導師

古月齋叢書3　文革史料叢刊　第一輯

前言：忘記歷史意味著背叛　李正中

序言：中國歷史界的大幸，也是國家、民族之大幸　張培鋒

第一冊：最高指示及中央首長關於文化大革命講話

最高指示

中央及有關負責同志關於無產階級文化大革命講話（二種）

第二冊：批判劉少奇與鄧小平罪行大字報選編

揭發批判劉少奇反革命主義罪行大字報選編（四種）

劉少奇鄧小平反社會主義反毛澤東思想的言論摘編

劉少奇在經濟方面的反革命修正主意言論摘編

紅砲兵——批臭黑《修養》

第三冊：劉少奇與鄧小平反動言論彙編

打倒鄧小平（農村版）

反革命修正主義分子鄧小平罪惡史

劉少奇鄧小平資產階級反動史學言論匯編

劉少奇鄧小平反革命黑話簡編

劉子厚反黨反社會主義反毛澤東思想黑話集

任白戈三反言行五百例

安源工人運動的歷史不容顛倒

以革命大批判推動鬥批改

第四冊：反黨篡軍野心家罪惡史選編

反黨篡軍野心家羅瑞卿罪惡史

反黨篡軍野心家賀龍罪惡史（二種）

憤怒聲討大軍閥大野心家朱德（大字報選編）

打倒李井泉（二種）

李井泉鬼魂東行記

第五冊：文藝戰線上兩條路線鬥爭大事紀

高舉毛澤東思想偉大紅旗

反革命修正主義分子胡喬木罪惡史

胡喬木的《三十年》必須批判

文藝戰線上兩條路線鬥爭大事紀1949~1967

江青同志關於文藝工作的指示彙編

十七年來出版工作兩條路線鬥爭大事紀1948~1966

三反分子侯外廬材料選編

《高教六十條》的出籠

第六冊：文革紅衛兵報紙選編

挺進報（四期）

文藝紅旗報

魯迅（二期）

紅太工（七期）

革命造反（六期）

「文化大革命」資料著作目錄

史料照片

第一冊　目錄

最高指示

南开大学卫东资料室
天津大学八·一三精宣 合印

伟大的导师，伟大的领袖
伟大的統帅，伟大的舵手

毛主席万岁！万岁！万万岁

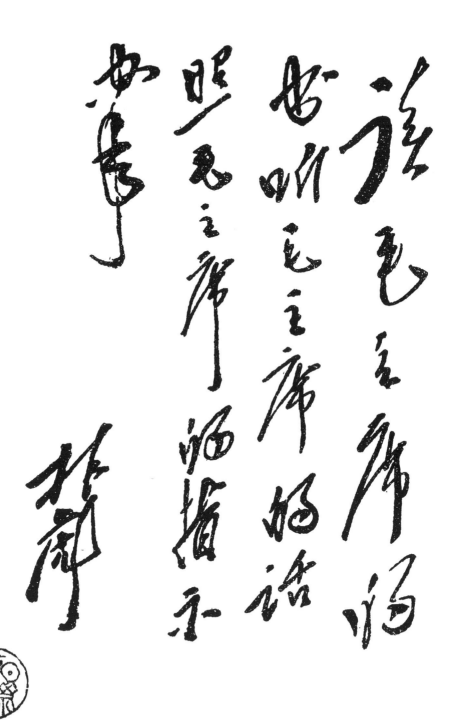

毛泽东同志是当代最伟大的马克思列宁主义者。毛泽东同志天才地、創造性地、全面地继承、捍卫和发展了馬克思列宁主义，把馬克思列宁主义提高到一个嶄新的阶段。毛泽东思想是在帝国主义走向全面崩潰，社会主义走向全世界胜利的时代的馬克思列宁主义。毛泽东思想是全党全国一切工作的指导方针。

——摘自党的八届十一中全会公报

目　　录

青年时代的言論(摘抄)

一、毛泽东同志在1926.1.5.填写《中国学会改組委員会調查表》时，闡明了中国共产党关于建立革命統一战綫的方針。在“对目前內忧外患交迫的中国究抱何种主义”的一栏中写道：

本人信仰共产主义，主张无产阶級的世界革命。惟目前的內外压迫，非一阶級之力所能推翻。主张用无产阶級、小資产阶級及中产阶級左翼合作的国民革命，实行中国国民党之三民主义，以打倒帝国主义，打倒軍閥，打倒买办地主阶級（即附属于帝国主义軍閥之中国大資产阶級及中产阶級右翼），实行无产阶級、小資产阶級及中产阶級左翼的联合統治即革命民众的統治。

二、1918.4.毛泽东同志团結湖南进步的青年，組織了革命团体——新民学会，新民学会后来在传播馬克思列宁主义和推动革命运动起了重要作用。明确地提出了学会的宗旨是“改造中国与世界”

学会的方針問題。我們学会到底拿一种甚么方針做我們共同的目标呢？信里述蒙达尔尼会議，对于学会进行之方針說：“大家决定今后进行之方針在改造中国与世界。”以“改造中国与世界”为学会方針，正与我平日的主张相合，并且我料到是与多数的会友的主张相合的。以我的接洽和观察，我們多数的会友都傾向于世界主义，試看多数人鄙弃爱国，多数人鄙弃某一部分、一国家的私利，而忘却人类全体的幸福的事，多数人都觉得自己是人类的一員，而不願意更复杂地隶属于无意义之某一国家、某一家庭、或某一宗教，而为其奴隶，就可以知道了。

三、世界什么問題最大？吃飯問題最大。什么力量最强？民众联合的力量最强。什么不要怕？天不要怕，鬼不要怕，死人不要怕，官僚不要怕，軍閥不要怕，資本家不要怕。

講 堂 录(片断)

修身，人情多耽安逸而憚劳，懶惰为万恶之渊藪。人而懶惰，农則废其田畴，工則废其規矩，商則废其鬻，士則废其所学，业既废矣，无以为生。而杀身亡家乃随之矣。

国而懶惰，始則不进，继則退矣，继則衰弱，終則灭亡。可畏哉！故曰懶惰万恶之渊藪也。

奋斗，夫以五千之卒敌十万之軍。策罢乏之兵，当新羈之馬。如此而欲图存，非奋斗不可。

朝气，少年須有朝气，否則暮气中之。暮气之来，乘疏懈之隙也，故曰怠惰者生之坟墓。

工人夜校招生广告

列位工人来听我們說句白話：列位最不便利的是什么？就是俗話說的，讲了写不得，写了认不得，有数算不得。列位做工的人，又要劳动，又无人教授，如何才能写得几个字；算得几笔数呢？現今有个最好的法子，就是我們第一师范办了一个夜校。今年上半年学生很多。列位中想有听到过的。这个夜校专为列位工人設的。后礼拜一到礼拜五止，每夜上課两点钟。敎的是写信算帐。都是列位时刻要用的。讲义归我們发給，并不要錢。夜間上課又于列位工作并无妨碍。

有說时势不好，恐犯了戒严的命令。此事我們可以担保。上学以后，每人发听課証一块，遇有軍警查問，說是师范夜校学生就无妨碍。如有为难之处，我們替你們做保。此层只管放心。快来报名，莫再躭擱。

（毛泽东同志早在学生时代就认識到工人和农民是社会的中坚力量。1917年他利用学友会举办工人夜校，怀着深厚的阶級感情，亲自起草了这份热情洋溢、简明通俗的招生广告。）

夜 学 日 志

甲班上課，算术。罗宇翰出席，敎以算之种类，加法大略及亚拉伯字碼，历史常識毛泽东出席敎易朝大势及上古事迹，学生有四人未带算盘，从小学暂借，因为戒严，早半小时下課，管理者李瑞伦、肖珍元。

实驗三日矣，觉国文似太多，太深，太多宜减輕分量，太深宜改用通俗語，（介乎于白話与文言之間）常識分量也嫌太多（指文字），宜少用文字，其讲义宜用白話，简单几句表明，初不发給，单用精神讲演，讲終取讲义略讀一遍足矣。日本历史即改用此法，活泼得多。

日本算数却觉过浅，学生学过归除者令其举手，有十几人之多，此則宜逐渐加深。

（《夜学日志》是毛泽东同志授課后，亲笔記載的。）

《湘江評論》創刊宣言

自"世界革命"的呼声大倡，"人类解放"的运动猛进，从前吾人不置疑的問題，所不遽取的方法，多所畏縮的說話，如今都要一改旧观，不疑者疑，不取者取，多畏縮者不畏縮了。这种潮流，任是什么力量，不能阻住。任是什么人物，不能不受他的軟化。

世界什么問題最大？吃飯問題最大。什么力量最强？民众联合的力量最强。什么不要怕？天不要怕，鬼不要怕，死人也不要怕，官僚不要怕，軍閥不要怕，資本家不要怕。

自文艺复兴，思想解放，"人类应如何生活？"成了一个絶大的问题。从这个问题，加以研究，就得到了"应该那样生活"不应该这样生活的结論。一些学者倡之，大多民众和之，就成功或将要成功許多方面的改革。

见于宗敎方面叫"宗敎改革"結果得了信仰自由。见于文学方面，由貴族文学，古典的文学，死形的文学，变为平民的文学，現代的文学，有生命的文学。见于政治方面，由独裁政治变为代表政治，由有限制的选举，变为没有限制的选举。見于社会方面，由少数阶级专政的黑暗社会，变为全体人民自由发展的光明社会。见于敎育方面，为平民教育主义。见于經济方面，为劳获平均主义。见于思想方面，为实驗主义。见于国际方面，为国际同盟。

各种改革，一言以蔽之，"由强权而得自由而已"。各种对抗强权的根本主义，"为平民主义"。（兑奠克拉西。一作民本主义，民主主义，遮民主义）宗敎的强权，文学的强权，政治的强权，社会的强权，敎育的强权，思想的强权，經济的强权，国际的强权，絲毫无有存在的余地，都要借平民主义的高呼，将他打倒。

如何打倒的方法，则有两說：一急烈的，一温和的，两种方法，我们应有一番选择：（一）我们承认强权者都是人，都是我们的同类，滥用强权，是他們不自觉的誤謬与不幸，是旧社会旧思想传染他們遺害他們。（二）用强权打倒强权，結果仍获得强权。不但自相矛盾，幷且毫无效力。欧洲的"同盟"、"約协"战争，我国的"南"、"北"战争，都是这一类。

所以，我们的见解，在学术方面，主张彻底研究，不受一切传説和迷信的束縛，要寻找什么是眞理。在对人的方面，主要群众联合，向强权者为持續"忠告运动"。实行"呼声革命"——面包的呼声，自由的呼声，平等的呼声——"无血革命"不至张起太扰乱，行那没效果的"炸弹革命"，"有血革命"。国际的强权，迫上了我们的眉睫，就是日本。罢課、罢市、罢工、排貨，等等运动，就是直接間接对付强权日本有效的方法。

至于湘江，乃地球上东半球东方的一条江，它的水很清，它的流很大，住在这一江上和它邻近的民族，泽泽噩噩。世界上事情，很少懂得。他們没有有織组的社会，人人自管散处。自知有最狭的一己和最短的一时，共同生活，久远观念，多半年曾梦见他們的政治，沒有和意和彻底的解决，只知道，他們被外界的大潮卷急了。也办了敎育，却无甚效力。一般官僚式敎育家，死死盘踞，把学校当成监狱，待学生如待囚徒。他們的产业沒有开发，他們中也有一些有用人材，在全国各地方学会了学問和艺术，但沒有給他們用武的余地，閉鎖在一个洞庭湖将他們輕輕挡住。他們的部落思想又很厉害，实行湖南飯湖南人吃的主义。敎育事业界不能多多容納异材，他們的脑子里貧弱而又腐败。有增益改良的必要，沒人提倡，他們正在求学的青年很多，很有为，沒人用有效的方法，将种种有益的新知識新艺术启导他們咳！

湘江，湘江，你興狂奔于地球上。

时机到了，世界的大潮捲得更急了！洞庭湖的閘門动了，且开了！浩浩蕩蕩的思潮业已奔騰澎湃于湘江两岸了！順他的生，逆他的死。如何承受他？如何传播他？如何研究他？如何施行他？这是我們全体湘人最切最要的大問题。即是《湘江》出世最切最要的大任务。

民 众 的 大 联 合

（一）

国家坏到了极处，人类苦到了极处，社会黑暗到了极处。补救的方法，改造的方法，教育，兴业，努力，猛进，破坏，建設，固然是不錯，有为这几样根本的一个方法，就是民众的大联合。

我們豎着看历史。历史上的运动不論是那一种，无不是出于一些人的联合。較大的运动，必有較大的联合。最大的运动，必有最大的联合。凡这种联合，于有一种改革或一种反抗的时候，最为显著。历来宗敎的改革和反抗，学术的改革和反抗，政治的改革和反抗，社会的改革和反抗，必都有其大联合。胜負所分，则看他們联合的坚脆，和为这种联合基础主义的新旧或眞妄为断。然都要取联合的手段，则相同。

古来各种联合，以强权者的联合，貴族的联合，资本家的联合为多。如外交上各种"同盟"协約，为国际强权者的联合。如我国的什么"北洋派""西南派"，日本的什么"薩藩""长藩"为国內强权者的联合。如各国的政党和議院，为貴族资本家的联合。（上院若元老院，固为貴族聚集的巢穴。下院因选举法有财产的限制，亦大多为资本家所盘据）。至若什么托辣斯（鋼鉄托辣斯，煤油托辣斯……）什么会社（日本邮船会社，滿鉄会社……），则純然资本家的联合。到了近世，强权者，貴族，资本家的联合到了极点，因之国家也坏到了极点，人类也苦到了极点，社会也黑暗到了极点。于是乎起了改革，起了反抗。于是乎有民众的大联合。

自法兰西以民众的大联合，和王党的大联合相抗，收了"政治改革"的胜利以来，各国随之而起了許多的"政治改革"。自去年俄罗斯以民众的大联合，和貴族的大联合资本家的大联合相抗，收了社会改革的胜利以来，各国如匈，如奥，如捷，如德，亦随之而起了許多的社会改革。虽其胜利尚未至于完滿的程度，必可以完滿，并且可以普及于世界，是想得到的。

民众的大联合何以这么厉害呢？因为一国的民众，总比一国的貴族资本家及其他强权者要多。貴族资本家及其他强权人数既少，所賴以維持自己的特殊利益，剥削多数平民的公共利益者，第一是知識，第二是金錢，第三是武力。从前的教育，是貴族和资本家的专利，一般平民，絶沒有机会去受得。他們既独有知識，于是生出了智愚的阶级。金錢是生活的媒介，本来人人可以取得。但那些有知識的貴族和资本家，想出什么"资本集中"的种种法子，金錢就漸漸流入田主和工厂老板的手中。他們既将土地和机器，房屋，收归他們自己，叫做什么"不动的财产"。又将叫做"动的财产"的金錢，收入他們的府庫（銀行）。于是替他們作工的千万平民，反只有一佛朗一辨士的零星給与。作工的既然沒有金錢，于是生出了貧富的阶级。貴族资本家有了知識和金錢，他們即便設軍营练兵，設工厂造枪。借着"外侮"的招牌，便几十师团几百联队的招募起来。甚者更仿照抽丁的办法，发明什么"征兵制度"。于是强壮的儿子当了兵。遇着問題，就抬出机关枪，去打他們儒弱的老子。我們且看去年南軍在湖南败退时，不打死了他們自己多少的老子嗎？贵族和资本家利用这样的妙法，平民就更不敢做声，于是生出了强弱的阶级。

可巧他们的三种法子，渐渐替平民偷着学得了多少。他们当做"枕中秘"的教科书，平民也偷着念了一点，便渐渐有了知識。金錢所以出的田地和工厂，平民早已窟宅其中，眼红资本家的舒服，他們也要染一染指。至若軍营里的兵士，就是他们的儿子，或是他们的哥哥，或是他们的丈夫。当拿着机关枪对着他们射击的时候，他们便大声的唤。这一片唤声，早使他们的枪弹，化成軟泥。不觉得攜手同归，反一齐化成了抵抗贵族和资本家的健将。我們且看俄罗斯的貔貅十万，忽然将驚族易了红旗，就可以晓得这中間有很深的道理了。

平民旣已将贵族资本家三种法子窥破，幷窥破他们实行这三种是用联合的手段。又觉悟他们的人数是那么少，我们的人数是这么多。便大大地联合起来。联合以后的行动，有一派很激烈的，就用"即以其人之道还治其人之身"的办法，同他們拼命地搗且。这一派的首領，是一个生在德国的，叫做馬克思。一派是較为温和的，不想急于見效，先从平民的了解入手。人人要有互助的道德和自願工作。贵族资本家，只要他回心向善能够工作，能够助人而不害人，也不必杀他。这派人的意思，更广，更深远。他們要联合地球做一国，联合人类做一家，和乐亲善——不是日本的亲善——共臻盛世。这派的首領，为一个生于俄国的，叫做克鲁泡特金。

我們要知道世界上事情，本极易为。有不易为的，便是困于历史的势力——习慣。我們倘能齐声一呼，将这历史的势力冲破，更大大的联合，遇着我們所不以为然的，我們就列起队伍，向对抗的方面大呼。我們已經得了实验。陆荣廷的子弹，永世打不到曹汝霖等一班奸人，我們起而一呼唤奸人就要站起身来发抖，就要拼命的飞跑。我們要知道别国的同胞們，是通常用这种方法，求到他們的利益。我們应该起而仿效，我們应该进行我們的大联合！

民 众 的 大 联 合

（二）

以 小 联 合 做 基 础

上一回的本报，已說完了"民众的大联合"的可能及必要。今回且說怎样是进行大联合的办法？就是"民众的小联合"。

原来我們想要有一种大联合，以与立在我們对面的强权者害人者相抗而求到我們的利益。就不可不有种种做他基础的小联合。我們人类本有联合的天才，就是能群的天才，能够織組社会的天才。"群"和"社会"，就是我所說的"联合"。有大群，有小群，有大社会，有小社会，有大联合，有小联合，是一样的东西換却名称。所以要有群，要有社会，要有联合，是因为想要求到我們的共同利益。共同利益因为我們的境遇和职业不同，其范围也就有大小的不同。共同利益有大小的不同，于是求到共同利益的

29

方法（联合），也就有大小的不同。

諸君！我們是农夫。我們就要和我們种田的同类結成一个联合，以謀我們种田人的种种利益，我們种田人的利益，是要我們种田人自己去求，别人不种田的，他和我們利益不同，决不会帮助我們去求。种田的諸君！田主怎样待遇我們？租稅是重是輕？我們的房子适不适？肚子飽不飽？田不少嗎？村里沒有沒田作的人嗎？这許多問題，我們应該时时去求解答。应該和我們的同类結成一个联合，切切实实章明較著的去求解答。

諸君！我們是工人。我們要和我們做工的同类結成一个联合，以謀我們工人的种种利益。关于我們做工的各种問題，工值的多少？工时的长短？紅利的均分与否？娱乐的增进与否？……均不可不求一个解答。不可不和我們的同类結成一个联合，切切实实章明較著地去求一个解答。

諸君！我們是学生。我們好苦，教我們的先生們，待我們做寇徒，欺我們做奴隶，閉鎖我們做囚犯。我們教室里的窗子，那么矮小，光綫照不到黑板，使我們成了"近視"。桌椅太不合适，坐久了便成"脊柱弯曲症"。先生只顾要我們多看书，我們看的眞多，但我們都不懂，白費了記忆。我們眼睛花了，脑筋昏了，精血亏了，面色灰白的使我們成了"貧血症"。成了"神經衰弱症"。我們何以这么呆板？这么不活泼？这么萎縮？呵！都是先生們迫着我們不許动，不許声的原故。我們便成了"僵死症"。身体上的痛苦还次。諸君！你看我們的試驗室呵！那么窄小！那么貧乏！几件坏仪器，使我們試驗不得。我們的国文先生那么頑固。滿咀里"詩云""子曰"，清底却是一字不通。他們不知道现今已到了二十世紀，还迫着我們行"古礼"守"古法"。一大堆古典式死尸式的臭文章，迫着向我們脑子里灌。我們图书室是空的。我們游戏場是秒的。国家要亡了，他們还貼着布告，禁止我們爱国。象这一次救国运动，受到他們恩賜眞多呢！咳！誰使我們的身体，精神，受摧折，不娱快！我們不联合起来，讲究我們的"自教育"还待何时？我們已經堕在苦海！我們要讲求自救；卢梭所发明的"自教育"正用得着。我們尽可結合同志，自己研究。咬人的先生們，不要靠他。遇着事情发生——象这回日本强权者的跋扈——我們就列起队伍向他們作有力的大呼。

諸君！我們是女子。我們更沉淪在苦海！我們都是人，为什么不許我們参政？我們都是人，为什么不許我們交际？我們一窟一窟的聚着，連大門都不能跨出。无耻的男子，无賴的男子，拿着我們做玩具，教我們长期对他卖淫，破坏恋爱自由的恶魔！破坏恋爱神圣的恶魔！整天的对我們围着。什么"貞操"却限于我們女子！"烈女祠"遍天下，"貞童庙"又在哪里？我們中有些一窟的聚着在女子学校，教我們的又是一些无耻无賴的男子，整天說什么"賢母良妻"，无非是教我們长期卖淫，专一卖淫。怕我們不受约束，更好好的加以教练。苦！苦！自由之神！你在那里！快救我們！我們于今醒了！我們要进行我們女子的联合！要扫蕩一般强奸我們破坏我們身体精神的自由的恶魔！

諸君！我們是小学教师。我們整天的教課，忙的眞很！整天的吃粉笔屑，沒处可以游散舒吐。这么一个大城里的小学教师，总不下几千几百，却沒有专为我們而設的娱乐場。我們教課，要随时长进学問，却沒有一个为我們而設的研究机关。死板板的上課钟点，那么多，并沒有余时，沒有余力，——精神来不及！——去研究学問。于是乎我們变了留声器，整天演唱的不外昔日先生們敎給我們的眞传讲义。我們肚子是餓的。月薪十元八元。还要折扣。有些校长先生，更仿照"剋减軍粮"的办法，将政府发下的錢，上到他們的腰包去了。我們为着沒錢，我們便做了有妇的鰥夫。我和我的亲爱的妇人隔过几百几十里的孤住着，相望着。敎育学上讲的小学教师是終身事業，难道便要我們做終身的鰥夫和寡夫？教育学上原說学校应該有敎員的家庭住着，才能做学生的模范，于今却是不能。我們为着沒錢，便不能买书，便不能游历考察。不要說了！小学敎师横直是奴隶罢了，我們要想不做奴隶，除非联結我們的同类，成功一个小学教师的联合。

諸君！我們是警察。我們也要結合我們的同类，成功一个有益我們身心的联合。日本人說，最苦的是乞丐，小学敎員和警察，我們也有点感觉。

諸君！我們是車夫。整天的拉得汗如雨下！車主的賃錢那么多，得到的車費这么少！何能过活，我們也有什么联合的方法嗎？

上面是农夫，工人，学生，女子，小学敎师，警察，車夫，各色人等的一片哀声，他們最苦不过，就想組成功于他們利害的各种小联合。

上面所說的小联合，象那工人的联合，还是一个很大很籠統的名目，过細說来，象下列的鉄路工人的联合，五金業工人的联合，矿工的联合，紡織業工人的联合，电报司員的联合，电車夫的联合，电話司員的联合，街車夫的联合，造船業工人的联合，航業工人的联合，建筑業工人的联合……方是最下一級小联合。西洋各国的工人，都有各行各業的小联合会。如运輸工人联合会，电車工人联合会之类，到处都有，由許多小的联合，进为一个大的联合的。由許多大的联合，进为一个最大的联合。于是什么"协会"，什么"同盟"；接踵而起。因为共同利益，只限于一小部分人，故所成立的为小联合。許多的小联合被此間利益有共同之点，故可以立为大联合。象研究学問是我們学生分內的事，就組成我們研究学問的联合。象要求解放要求自由，是无論何人都有分的事，就应联合各种各色的人，組成一个大联合。

所以大联合必要从小联合入手，我們应該起而仿傚别国的同胞們。我們应該多多进行我們的小联合。

民 众 的 大 联 合

（三）

中华"民众的大联合"的形势

上两回的本报。已經說完了（一）民众大联合的可能及必要，（二）民众的大联合，以民众的小联合为始基。于今进說吾国民众的大联合我們到底有此觉悟么？有此动机么？有此能力么？可得成功么？

（一）我們对于吾国"民众的大联合"到底有此觉悟么？辛亥革命似乎是一种民众的联合，其实不然。辛亥革命，乃留学生的发踪指示，哥老会的搖旗吶喊，新軍和巡防营一些丘八的张弩拔剑所造成的，与我們民众的大多数，毫沒关系。我們虽贊成他們的主义，却不曾活动。他们也用不着我们活动。然而我们却有一层觉悟。知道呈文神武的皇帝，也是可以倒去的，大逆不道的民主，也是可以建設的。我们有話要說，有事要做，是无論何时可以說可以做的。辛亥而后，到了丙辰，我们又打倒了一次洪宪皇帝。虽然**仍**是少数所干，我们却又觉悟那么威风凜凜的洪宪皇帝，原也是可以打得倒的。及到近年，发生南北战争和世界战争，可就更不同了。南北战争结果，官僚，武人，政客是害我们，毒我们，脧削我们，越发得了鉄証。世界战争的结果，各国的民众，为了生活痛苦問題，突然起了許多活动。俄罗斯打倒貴族，驅逐富人，劳农两界合立了委办政府，紅旗軍东馳西突，扫盪了多少敌人，协約国为之改容，全世界为之震动，匈牙利为之崛起，布达佩斯又出現了崭新的劳农政府。德人奥人捷克人利之，出死力以与其国內的故党搏战。怒潮西迈，轉而东行，英法意美既演了多少的大罢工，印度朝鲜，又起了若干的大革命。异军突起，更有中华长城勃海之間，发生了"五四"运动。旌旗南向，过黄河而到长江，黄浦汉皋屡演話剧，洞庭閩水，更起高潮。天地为之昭苏，奸邪为之避易。咳！我們知道了！我們醒觉了！天下者我們的天下，国家者我們的国家，社会者我們的社会。我們不說，誰說，我們不干，誰干，刻不容緩的民众大联合，我们应该积极进行！

　　（二）吾国民众的大联合业已有此动机么，此間我眞答之曰："有"。諸君不信，听我道来——

　　溯源吾国民众的联合，应推清末諮議局的設立，和革命党——同盟会的組成。有諮議局乃有各省諮議局的联盟請願早开国会的一举。有革命党乃有号召海內外起兵排滿的一举。辛亥革命，乃革命党和諮議局合演的一出："痛飲黄龙"。其后革命党化成了国民党，諮議局成了进步党，是为吾中华民族有政党之始。自此以后，民国建立，中央召集了国会，各省亦召集省議会。此时各省更成立三种团体，一为省教育会，一为省商会，一为省农会（有数省有省工会，数省则合于农会，象湖南。）同时各县也設立县教育会，县商会，县农会（有些县无）。此为很固定很有力的一种团结。其余各方面依其情势地位而組設的各种团体象：

　　　　各学校里的校友会
　　　　旅居外埠的同乡会
　　　　在外国留学生总会，分会
　　　　上海日报公会
　　　　寰球中国学生会
　　　　北京及上海欧美同学会
　　　　北京华法教育会
　　　　各种学会，（象强学会，广学会，南学会，尚志学会，中华职业教育社，中华科学会，亚洲文明协会）
　　　　各种同业会，（工商界各行各业，象银行公会，米业公会……）
　　　　各学校里的研究会，（象北京大学的画法研究会，哲学研究会……有几十种）
　　　　各种俱乐部……
　　都是因政治开放，思想开放的产物，独夫政治时代所决不准有不能有的。上列各种都很单純，相当于上回本报所說的"小联合"。最近因政治的紛乱，外患的压迫，更加增了觉悟，于是竟有了大联合的动机。象什么：

全国教育会联合会

全国商会联合会

广州的七十二行公会，上海的五十三公团联合

商学工报联合会

全国报界联合会

全国和平期成会

全国和平联合会

北京中法协会

国民外交协会

湖南善后协会（在上海）

山东协会（在上海）

北京上海及各省各埠的学生联合会

各界联合会，全国学生联合会……

都是。各种的会，社、部、协会，联合会，固然不免有許多非民众的"紳士""政客"在里面。（象国会，省議会，省教育会，省农会，全国和平期成会，全国和平联合会等，乃完全的紳士会政客会）然而各行各业的公会，各种学会，研究会等，則純碎平民及学者的会集。至近产出的学生联合会，各界联合会等，則更純然是对付国內外强权者而起的一种民众的联合。我以为中华民众的大联合的动机，实伏于此。

（三）我们对于进行吾国"民众的大联合"果有此能力么？果可得成功么？談到能力，可就要发生疑問了。原来我国人只知道各营最不合算最沒出息的松利，做商的不知設立公司，做工的不知設立工党，做学問的只知閉門造车的老办法，不知同工的研究。大規模有織组的事业，我国人簡直不能过問。政治的办不好，不消說，邮政和盐务有点成蹟就是倚靠了洋人。海禁开了这久，还沒一头走欧洲的小船。全国唯一的"招商局"和"汉冶萍"，还是每年亏本，亏本不了，就招入外股。凡是被外人管理的鉄路，清洁、設备，用人都要好些。鉄路一被交通部管理，便要糟糕，坐京汉，津浦，武长，过身的人，沒有不噙着鼻子咬着牙齿的！其余象学校办不好，自治办不好，乃至一个家庭也办不好，一个身子也办不好，"一丘之貉""千篇一律"的是如此。好容易和根深蒂固的强权者相抗？

虽然如此，却不是我们根本的沒能力，我们沒能，有其原因，就是"我们沒练习"。

原来中华民族，几万万人，从几千年来，都是干着奴隶的生活，只有一个非奴隶的是"皇帝"（或曰皇帝也是"天"的奴隶），皇帝当家的时候，是不准我们练习能力的。政治，学术，社会等等，都是不准我们有思想，有織组，有练习的。

于今却不同了，种种方面都要解放了。思想的解放，政治的解放，經济的解放，男女的解放，教育的解放，都要从九重冤狱，求见青天。我们中华民族原有伟大的能力！压迫愈深，反抗愈大，蓄之既久，其发必速。我敢說一句怪話，他日中华民族的改革，

33

将较任何民族为彻底。中华民族的壯，将较任何民族为光明。中华民族的大联合，将较任何地域任何民族而告先成功。諸君！諸君！我們总要努力！我們总要拼命的向前！我們黃金的世界，光华灿烂的世界，就在前面！

（原載《湘江評論》二、三、四期）

給朋友的一封信 （片断）

1921年

怀中先生言，日本某君以东方思想均不切于实际生活。誠哉其言。吾意即西方思想未必尽是几多之部分，亦应与东方思想同时改造也。今人，敎子弟宜立志，又曰某君有志。愚意此最不通志者，吾有见夫宇宙之眞理，照此已定，吾人之心之所云之謂也。今人所謂立志，如有志为軍事家，有志为敎育家，乃見前輩之行事，及近令施为羡其成功，盲以为已志乃出于一种模仿性。眞能欲立志不能如是容昜，必先研究哲学，伦理学，以其所得眞理，奉以为已身言动之准。立之为前途之鵠，再择其合于此鵠之事尽力为之，以为达到之，方始謂之有志也，如此之志，方为眞志而非盲动之志。其始所謂立志只可謂之有求善之傾向，或有求眞求美之倾向，不过一种之冲动。而非眞正之志也，虽然此志也容昜立哉，十年未得眞理即十年无志，終身未得眞理即終身无志，此又学之，所以貴乎幼也……

告中国农民书

有人說中国农民生活幷不是痛苦的，也不是受了十分压制的，囚为所謂农民，都是已有着田地，自己耕种的；幷不是单靠着耕人家的田而謀生的，就是耕人家的田，而所得生产物分配，是平分的，所以沒有什么分配不平均，旣然这样，你就向他們去宣传，也断不能促进他們的自覚。这话都不然，我现在只要把农民的状况說述出来，就可以証明这一說的理由不充分了。不过我现在說述的农民状况，是就我住的那一县附近各县状况而論的，我想就以此推向全国，也不过是大同小异罢了。

一、农民自身黑面的阶级，有人說中国的农民都是各有土地的，这句話是有一部分确实的，然而未免太籠統了，一家三人所有千亩田算是有土地，一家十口所有一亩田也不能不算是所有土地。然而你能以这样的所有，就說是农民之間生活都是一样，沒有什么特别的痛苦嗎？設若細細的考慮起来，就可知农民自身內面，也有几层阶级：（一）所有多数田地，自己不耕种，或僱人耕种，或租給人耕种，自己坐家收租，这种人幷算不得純碎的农民，我們乡下叫做"土财主"。（二）自己所有的土地自己耕种，而以这个土地的出产可以养活全家，他們也有于自己土地外租人家的土地耕种的，这一种人就是中等农民。（三）自己也有一点土地，然而只靠自己土地的出产；絕不能养活全家的，所以不得不靠耕人家的田，分得一钟而自瞻，这一种人也可謂下級农民了。（四）这乃是"穷光蛋"，自己連插針的地方都沒有，专靠耕人家的田謀生活的，这种人就是最穷的农民了。上述四种里面以第三种和第四种的人数最多，第一种当然是少的，第二种也是很少的，第一、二种的生活是丰衣足食的，不是我們問題的目的物。我們底目的物乃是占农民全数內面的大多数的第三、四种农民。第四种农民的舍况簡直是非常厉害，每天到晚，每年到头的苦作，还不够穿衣吃飯，一遇年岁不好，田主頑强（分配方法后面群說）的时候，就差不多餓死，所以这种农民的生活是非常困苦的，第三种农民虽然自己有一点土地，还耕人家的田，然而因为生活程度日高，不是东挪西扯来借貸，也是不能維持全家的生活的，所以每到收谷的时候，谷总不能全数进到自己家里来，直接运到償主家里还帐，或还利息了，因为这种原因，自己所有的一点田，也不得不漸漸卖或当給"土財主"或中等农民。（在后面田地集里面詳說）而堕为第四种农民了。所以他們的生活，也是极困苦的。

照这样看来，可见得大多数的农民的生活是非常困难的，只拿着农民都是自己有田地这句话，說农民的生活都沒有什么困苦的先生們，簡直是瞎說，这和說劳动者是和资本家同样的有收入（此处看不清）……

（此文是湖南自修大学国文讲义）

討論方法問題

1921年1月新民学会一次会議的記录

达到目的须采用什么方法？

首先由毛潤之报告巴黎方面蔡和森君的提議。并云：世界解决社会問題的方法大概有下列几种：

一、社会政策；二、社会的民主主义；三、激烈方法的共产主义（列宁的方法）；四、溫和方法的共产主义（罗素的方法）；五、无政府主义。

发言——

何淑衡：主张过激主义，一次的扰敌，抵得二十年的教育，我深信这句话。

毛潤之：我的意见与何君大体相同。社会政策是补直罅漏的政策，不成办法。

社会民主主义，借議会为改造工具，但事实上議会的立法总是保护有产阶级的。无政府主义否认权力，这种主义恐怕永世都做不到。溫和方法的共产主义，如罗素所主张极端的自由，放任資本家，也是永世做不到的。激烈方法的共产主义，即所謂劳农主义，用阶级专政的方法，是可以予计效果的。故最宜采用。

任培道：我也贊成何、毛二位的主张。但根本着手处仍在教育。如人民都受了教育，自然易于改造。

湖南自修大学創立宣言

1921年8月

人是不能不求学的。求学是要有一块地方幷且要有一种組織的。从前求学的地方在书院，书院废而为学校。世上便爭毀书院，爭誉学校，其实书院和学校各有其毀，也各有其誉。所謂书院可毀，在他研究的內容不对。书院研究的內容就是"八股"千祿书具，这些只是一种玩物，那能算得上正当的学問。就这一点論，我們就可以說书院不好的很! 但是书院也尽有好处。要晓得书院的好处，先要晓得学校的坏处。原来学校的好处很多，但坏处也就不少。学校的第一坏处，是师生間沒有感情，先生报一个金錢主义，学生报一个文凭主义，"交易而退，各得其所。"什么施敎授敎，一种商行罢了! 学校的第二坏处，是一种划一的机械的学校的敎授法和管理法，先戕賊人性，人的資格各个不同。高才低能，吾能迥别，学校则全不管究这些，只晓得用一种同样的东西去灌給你吃。人类为尊重人格，不应說該誰管理誰。学校乃袭专治皇帝的余威，蔑視学生的人格，公然将学生管理起来，自有划一的敎授，而学生无完全的人格；自有机械的管理，而学生无完全的人格。这是学校最大的缺点，有心敎育的人所不能忽視的。学校的第三坏处，是钟点过多，課程过繁。終日埋头于課堂，几不知上課以外还有天地，学生往往神昏意怠。全不能用他們的心思为自动自发的研究。总括这些坏处，固然不能概括一切的学校說他們尽是这样，幷且缺点所在，将来总还有改良的希望。但大体确是这样欲想要替他隐諱也无从隐諱。他坏的总根，在使学生利于被动，銷磨个性，减掉性灵庸糯的随俗浮沉，高才的相与裹足。回看书院，形式上的坏处虽然也有，但上面所举学校坏处，则却沒有。一来师生的感情甚篤，二来沒有敎授管理，但为精神往来，自由研究。三来課程簡而研討周，可以优游暇豫，玩索有得。故从"研究的形式"一点来說，书院比学校实优越得多。但是现代学校有一項特长，就是他研究的內容专用科学。或把科学的方法去研究哲学和文学，这一点是书院所不及学校的。自修大学之所以为一种新制，就是取古代书院的形式，納入现代学校的內容，而为适合人性便于研究的一种特别組織。

政治周报发刊理由

1925年

为什么出版《政治周报》？为了革命。为什么要革命？为了使中华民族得到解放，为了实现人民的統治，为了使人民得到经济上的幸福。

我們为了革命得罪了一切敌人——全世界一切帝国主义，全国大小军閥，各地买办阶级土豪劣紳，安福系，研究系，联治派等一切反动政派。这些敌人，跟着我們革命势力的发展，而增强对于我們的压迫，調动他們所有的力量企图消灭我們。他們都有外国与本国的海軍种警察，有国际的广大宣传机关（《路透社》等）有全国的报紙和学校。

他們之間雖因利害不同时起冲突，說到对于我們，都无一怀好意。

我們在广东的工作，在扫平楊刘，肃清郑罗之后，划然开一新时代。广州市上实现十四年来未有的太平；人民确实得到了集会、結社、言論、罢工自由；东征軍不曾拉夫；废除了广州市场的賭博；全省軍政統一；則政意逐渐趋集中；病民苛捐已有一部份割除，其一部分已定下了革命的步驟；民政司法教育交通机关均确定了改革政策；江东、江南路反革命余孽以次肃清；坚持罢工大規模封鎖香港，以拥护爱国工人运动。我們幷不隐瞞我們的缺陷，我們不是說广东业已改造——广东改造确还刚在开始。还有許多扰乱治安的土匪，还有許多魚肉人民的土豪劣紳、貪官污吏，財政司法教育交通諸端內还有积弊，还有許多未尽除去；我們不是說这些缺点都沒有了。我們是說我們已有了一个革命的权利；我們已有了一个革命的基础。凡所施为一本孙中山先生革命策略，昭昭在人耳目。而香港英帝国主义，陈炯明等一般反革命余孽，无数的土豪劣紳貪官污吏不免向我們一起发抖。彼輩怨憤之余，凡所以咒罵誣蔑中伤我們都无所用其极。京沪汉各地反革命宣传机关，惶然起哄，肆其恶咀毒舌之所以咒罵污蔑中伤我們者，亦无所不用其极。全国国民尤其是北方及长江各界人民所以被迷惑，对于广东眞相，完全隔絕。乃至同志之間也不免发生疑虑。即无疑虑分子，亦无理由根据事实以为切实地办。

"內哄""共产"等名詞到处流传，好象广东眞变成了地獄。

我們现在不能再放任了，我們要开始向他們反攻，向反革命派宣传反攻，以打破反革命宣传。……

（註：《政治周报》是毛主席1925年主編的，此文为主席所写）

紅軍第四軍司令部佈告

紅軍宗旨	民权革命	贛西一軍	声威远震
此番計划	分兵前进	宜佐兵伕	服从命令
平买平卖	事实为証	乱烧乱杀	在所必禁
全国各地	压迫太甚	工人农人	十分苦痛
土豪劣紳	横行乡鎭	重息重租	人人怨憤
白軍士兵	飢寒交併	小资产者	捐税极重
洋貨越多	国貨受困	帝国主义	那个不恨
国民悲党	完全反动	口是心非	不能过硬
蒋桂馮閻	同床异梦	冲突已起	军閥倒运
飯可充飢	葯可医病	共党主张	极为公正
地主田地	农民收种	債不要还	租不要送
增加工錢	老板担任	八时工作	恰好相称
軍队待遇	亟須改訂	发給田地	士兵有份
敌方官兵	准其投順	以前作为	可以不問
累进税法	最为适用	苛税苛捐	扫除干净

城市商人	积铢累寸	只要服从	余皆不論
对待外人	必須严峻	工厂銀行	沒收归併
外資外償	概不承认	外兵外舰	不准入境
打倒列强	人人高兴	打倒軍閥	除恶务尽
統一中华	举国称庆	滿族回藏	章程自定
国民政府	一群恶棍	合力鏟除	肃清乱政
全国工农	风发雷奋	夺取政权	为期日近
革命成功	尽在民众	布告四方	大家起劲

軍　长　　　　朱　德

党代表　　　　毛泽东

公历一千九百二十九年一月

說明：此稿来自《湖南农民运动讲习所》

苏維埃区域的文化敎育

　　为着革命战爭的胜利，为着苏維埃政权的巩固与发展，为着动员民众一切力量加入于伟大的革命事业，为着創造革命的新时代，苏維埃必須实行文化敎育的政策，解除反动統治阶级所加在工农群众精神上的桎梏，而創造新的工农的苏維埃文化。

　　誰都知道，国民党統治下一切文化敎育机关，是操在地主資产阶级手里的，他们的敎育政策是一方面实行反动的武断宣传以消灭被压迫阶级的革命思想，一方面实行愚民政策，将工农群众挂除于敎育之外。反革命的国民党把敎育經費拿了作为进攻革命的經費，学校大部分停办，学生大部分失学，因此在国民党統治之下，造成了人民的愚昧无知。全国文盲数目占全国人口百分之八十以上。对于革命文化思想则采取极端残酷的白色恐怖。任何进步的文学家，社会科学家，一切文化敎育机关中的革命分子，都要受到国民党法西斯蒂的摧残，使一切文化敎育机关变成黑暗的地獄，这就是国民党的敎育政策。

　　誰要是跑到我們苏区来看一看，那就立刻看见一个自由光明的新天地。

　　这里一切文化敎育机关，是操在工农劳苦群众手里，工农及其子女享受敎育的优先权。苏維埃政权用一切方法提高工农的文化水平。为了这个目的給予群众政治上与物质条件上的一切可能的帮助。

　　苏維埃文化敎育的总方針在什么地方呢？在于以共产主义的精神来敎育广大的劳苦群众，在于使文化敎育为革命战爭和阶级斗争服务，在于使敎育和劳动联合起来，在于使广大中国民众成为享受光明幸福的人。

摘自"中华苏維埃共和国中央执行委員会
对第二次全国苏維埃大会的讲話"

給林彪校长的一封信

1936年

林彪同志：

你的信我完全同意。还有一点，就是三科的文化教育（識字、作文、看书报等多能力的培养），整个教育計划中最重要最根本的部分之一，如果你們所說的实际与理論幷重，文化工具就是"实际"的一部分。如你所說的实际与理論联系，文化工具乃是能够而且必須用了去把二者联系起来的。如果学生一切都学好了，但他不能去看书，作文，那他們出校門后的发展仍是很有限的。如果一切課学了許多，但不算很多，也不算很精，但会了看书作文，那他們出校后的发展就有了一种常常用的基础工具了。如果你同意此意見，那我想应在二、三两科，在以后四个月中，把文化課（識字、看书、作文）更增加些。我意把它增加到全学习时间（包括自修时間）的四分之一或三分之一，請你考慮这个問題，定期检查时，文化是重要的标准之一。

布 礼　　　　　　　　　　毛泽东　　26日14时

論 魯 迅 精 神

在陝北公学魯迅逝世周年大会上講話

1937年10月19日

同志們：

今天我們的主要任务，是先鋒队的任务。当着这伟大的民族的自卫战爭迅速地向前发展的时候，我們需要大批的积极分子来領导，需要大批的精练先鋒来开辟道路。这种先鋒分子是胸怀坦白的、忠誠的、积极的与正直的。他們是不謀私利的、唯一的为着民族与社会的解放；他們不怕困难，在困难面前总是坚定的，勇往直前的；他們不是狂妄分子，不是风头主义者，而是脚踏实地的，富于实际精神的人們，他們在革命道路上起着响导的作用。目前的战局，如果只是单純的政府与軍队的抗战，沒有广大的人民参加，这是絕对沒有最后胜利的保障的。我們現在需要造就一大批为民族解放而斗爭的先鋒队，要他們去領导群众、組織群众，来完成历史的任务。首先全国的广大的先鋒队要赶紧組織起来。我們共产党是无产阶级的先鋒队，同时又是最彻底的民族解放的先鋒队，我們要为这一任务而作战到底。

我們今天紀念魯迅先生，首先要认識魯迅先生，要懂得他在中国革命历史中所占的地位。我們紀念他，不仅因为他是一位优秀的作家，而是因为他站在民族解放的前列，他把全部力量都献给了革命斗爭。他幷不是共产党的組織上的人，然而他的思想、行动、著作，都是馬克思主义化的。尤其他的晚年，表現了更年青的力量。他一貫不屈不挠地与封建势力和帝国主义作坚决的斗爭。在敌人压迫他摧残他的恶劣环境里，他掙扎着、反抗着。正如陕北公学的同志们能够在这样坏的物质生活里勤谨地学习革命理論一样，充满了艰苦斗争的精神。陕北公学的一切物质設备都不好，但这儿有眞理，有自由，是創造革命青年的場所。

鲁迅是从潰败的封建社会中出来，但他会杀回馬枪。朝着他經历过的腐败的社会进攻，朝着帝国主义的恶势力进攻。他用他那一支又泼辣、又幽默、又鋒利的笔，去画出了黑暗势力的鬼脸，去画出丑恶的帝国主义的鬼脸，他簡直是一个高等的画家。他近年来站在无产阶級与民族解放的立場上，为眞理和自由而斗爭!

鲁迅先生的第一个特点，是他的政治远見。他用显微鏡和望远鏡观察社会，所以看得远、看得眞。他在1936年就大胆地指出了托派匪徒的危险倾向。现在的事实完全証明了他的見解是那样的稳定那样的清楚。托派成为汉奸組織而直接拿日本特务机关的津贴，已經是明显的事情了。

鲁迅在中国的价值，据我看要算是中国的第一等圣人。孔夫子是封建社会的圣人，鲁迅则是新中国的圣人。我們为了永远紀念他，在延安成立了"鲁迅图书館"，在延安开办了"鲁迅师范学校"，使后来的人們可以想見他的伟大。

鲁迅的第二个特点就是他的斗爭的精神。刚才已經提到，他在黑暗与暴力的进袭中是一枝独立支持的大树，不是向两边偏倒的小草。他看清了政治的方向，就向着一个目标，奋勇地斗爭下去，絕不中途投降妥协。有些不彻底的革命者，起初是斗爭的，后来就"开小差"了。譬如外国考次基，普列汉諾夫，就是很好的例子。在中国这等人也不少，正如鲁迅所說，最初大家都"左"的、革命的，等到压迫来了，馬上有种人变节，并把同志献給敌人作为見面礼。我記得大意是如此。鲁迅痛恨这种人，同这种人作斗爭!随时教育着、訓练着他所領导下的文学青年，叫他們坚决斗爭，打先鋒，开辟自己的路。

鲁迅的第三个特点，是他的牺牲精神。他一点也不畏惧敌人对他的威胁、利誘与残害，他一点也不避鋒芒，他把鋼刀一样的笔刺向他所憤恨的一切。他往往是站在战士的血迹中坚韧地反抗着，呼嘯着前进。鲁迅是一个彻底的现实主义者，他絲毫不妥协，他具备了坚决心。他在一篇文章里主张打落水狗。他說：如果不打落水狗，他一旦跳起来，不但要咬你，而且最低限度要濺你一身污泥。所以他主张打到底。他沒有一点假慈悲，伪君子色彩。现在日本帝国主义这条疯狗，还沒有被我們打下水，我們要打倒它，使它不能翻身退出中国国境为止。我們要学习鲁迅这种精神，运用到全中国去。

綜合上述几种条件，形成了一种伟大的鲁迅精神。鲁迅的一生，就是完全貫穿了这种精神。所以他在艺术上成为了一个了不起的作家，在革命队伍中，是一个很优秀的、很老练的先进分子。我們紀念鲁迅，就要学习鲁迅的精神，把它带到全国各地的抗战队伍中去使用，为中华民族的解放而奋斗。

在抗大校舍落成大会上的訓詞

我要与同志們說的，在这次伟大的事业中获得成功的原因，把它总括起来說，就是能克服困难与联系群众。过去十年的斗爭經驗均証明着，你們这次挖洞也証明着，将来在抗战过程中还要証明着，如能如此，可以战胜一切!

克服自然困难战胜泥土与克服活的敌人战胜日寇。虽然有很多方面相同，然而有很多方面都不完全相同，它将更艰苦更困难些，所以抗战中，不独要有克服困难与联系群众的方针，还要善于运用战略与战术，还要善于組織动员领导群众与爭取同盟軍等工作补充起来才行。

你們现在巳經有克服困难与联系群众的精神，只要在这个基础上，經你們的天才把它继續发挥起来，战胜日本，驅逐日本，驅逐日本出中国是完全有可能的。

（摘自抗大校刊《我們的伟大事业》，1937年10月24日第十四期）

安吳青訓班二周年紀念

带有新鮮血液与朝气加入革命队伍的青年們，无論他們是共产党员或非党员，都是可貴的，沒有他們，革命队伍就不能发展，革命就不能胜利。但青年同志的自然的缺点是缺乏經驗，而革命經驗是必須亲身参加革命斗爭，从最下层工作做起，切实地不带一点虚伪地經过若干年之后，經驗就属于沒有經驗的人們了！

抗战与外援的关系

——《論持久战》英譯本序言

1939年1月20日

上海的朋友在将我的〈論持久战〉翻成英文本，我听了当然是高兴的，因为伟大的中国抗战，不但是中国的事，东方的事，也是世界的事。民主国家如英、美、法，有广大民众，包括各个阶层的一切前进的人們，都是同情中国抗战，反对日本帝国主义侵略中国的；除了一部分頑固党反对中国抗战。关于頑固党，有些是頑固成性一向同情日本軍閥的；有些则是不明白中国抗战的必然規律，經过艰难路程日本必敗中国必胜这个必然規律，因而由悲观而失望而不願意援助中国，这类人，我想也会有的。倘能因我的书給予这类人以明白事情眞相的机会，当然是我的希望。至于大多数同情中国抗战的人們，也許至今还有若干人同样不明白中国抗战的眞相，虽同情抗战也存在着苦闷，这类同情的苦闷，尤其是我們应該为之解釋的。我的这本小书，是一九三八年五月間作的，因为它是論整个中日战爭过程的东西，所以它的时間性是长的。至于书中論点是否正确，有过去全部抗战經驗为之証实，今后經驗也将为之証实。抗战在武汉广州失守后，正在向着一个新的阶段——有利于中国不利于日本的新的阶段发展，这个阶段就是敌我相持阶段，敌人被迫結束其战略进攻变入战略保守，我因坚决抗战与力量增加結束自己的战略退却(主力軍，不是游击队)轉入战略相持，这种局面快要到来了。新阶段中，我之全部任务在于准备反攻，这种准备时間也許是长的，但我們有全部勇气与精力来进行这种准备，一定要把也必然能把日本帝国主义赶出中国去。在伟大抗战中，基本的依靠自己胜敌，中国的力量也正在发动，不但将成为不可战胜的力量，且将压倒敌人而驅逐之，这是沒有疑义的。但同时，需要外援的配合，我們的敌人是世界性的敌人，中国的抗战是世界性的抗战，孤立战争的观点历史已証明其不正确了。在英美諸民主国尚存在有孤立观点，不知道中国如果战败，英美等国将不能安枕，这种錯誤观点十分不合时宜；援助中国就是援助他們自已，才是当前的具体眞理。因此我希望此书能在英語各国間喚起若干的同情，为了中国利益，也为了世界利益。中国在困难之中进行战争，但世界各大国間的战争火焰已日益迫近，任何国家欲置身事外是不可能的。我們同意罗福斯总統保卫民主的宣言，但坚决反对张伯伦对于西方法西斯国家的退让政策，张伯伦对于日本也至今还保存着怯懦心理。我希望英美民众积极起来，督責其政府采取反对侵略战争的新的政策，为了中国也为了英美自身。

第二次帝国主义战爭講演提綱（摘录）

1939年9月14日

在經济危机之上，又造成了严重的政治危机。人民不滿意資本主义与資产阶級专政，不論在早已法西斯化了的国家，或现在正借手于战争以实行法西斯化的国家，这种政治危机，这种人民不滿，都日益尖銳化了。另一方面，社会主义的苏联又强大到不可侵犯。在这种形势下，一切帝国主义国家的資产阶级，就认为除了扩大战争，除了把片面性的战争扩大为全面性的战争，除了打坏他們的帝国主义朋友，不能逃脱經济危机与政治危机，不能避免自己的死亡。

所有这一切，就是世界各国資产阶级在他临死前夜的打算。至于这种打算——用重分世界的战争来逃脱經济危机与政治危机避免自己死亡的打算，是一定要造成更大的經济危机与政治危机，是一定要加速自己死亡的日子。他們就不能設想了，他們像疯狗一样，已經疯了，被資本主义制度把他們弄得完全疯了，他們就不得不向他們的敌人，向全世界的壁墙，乱撞乱碰，这就是今天世界各国資产阶级的实际生活。一群疯狗打架——这就是今天的帝国主义战争。

"战爭是政治的继续。"帝国主义的本性是掠夺，帝国主义国家在"和平"时代的政策也无时不是为了掠夺。但如果一些帝国主义国家的掠夺政策，遇到了另一些帝国主义国家的阻碍而不能用和平方法冲破这种阻碍时，就使用战争方法去冲破这种阻碍，以便继续其掠夺政策。所以掠夺——这就是帝国主义战争的唯一的政治目的。

战爭的性质是根据于战争的目的而定的。一切战争分为两类，照斯大林同志的說法，战争分为：（一）正义的非掠夺的謀解放的战争；（二）非正义的掠夺的战争。第二次帝国主义战争同第一次帝国主义战争一样，是属于第二类性质的战争。因为这二次战争的目的都是为了掠夺人民，而絲毫沒有其他的目的，絲毫不利于其本国与他国人民。这就是战争的掠夺性，非正义性与帝国主义性。现在战争的双方，为了欺騙人民，为了动员輿論，都不顾羞耻地宣称自己是正义的，而称对方是非正义的。其实这只是一种滑稽，一种欺騙。只有民族解放战争与人民解放战争，以及社会主义国家为了援助这两种战争而战的战争，才是正义的战争。

　　帝国主义战争的片面性与反帝国主义战争的存在——这就是第二次帝国主义战争第一阶段的特点。

　　根据战争第一阶段的特点，这个阶段的革命政策，毫无疑义的，是组织被侵略国家反侵略的统一战线，以抵抗侵略者的进攻；组织各民主国家内人民运动高涨着的反法西斯斗争，以保卫民主；同时还不放弃组织苏联与各民主国家之间制止侵略进一步发展的斗争。（“民主国家”系指美、英、法等非法西斯方面的国家。）……总之，这一时期内革命的总任务，是把全世界一切可能的力量都组织到反法西斯反侵略的统一战线内，……在当时，这个统一战线，有下列四个可能的组成部分：（甲）在资本主义国家内，是人民统一战线，无产阶级与小资产阶级的统一战线；（乙）在殖民地半殖民地国家内，是民族统一战线，无产阶级与资产阶级的统一战线；（丙）社会主义的苏联；（丁）各个民主国家的资产阶级及其政府。这四个组成部分，在当时之所以有可能性，是因为这些民主国家的资产阶级及其所谓民主政府，同他们本国人民之间，同他们的殖民地半殖民地的人民之间，同苏联之间，在各法西斯的疯狂侵略之下，在各国内部的法西斯势力的威胁之下，以及存在着的反苏危险之下，是有某种程度的共同利益的。这些成分中，主要的力量是苏联，……

　　所谓民主国家的资产阶级，他们是一面怕法西斯国家侵害他们的利益，一面更害怕革命势力的发展。他们怕苏联，怕自己国家的人民解放运动，怕殖民地半殖民地的民族解放运动。

　　在现时，在大战爆发之后，情况已经根本改变了，过去关于法西斯国家与民主国家的划分，已经失掉了意义。在现时，按着性质来划分，只能是：（一）进行非正义的掠夺的帝国主义战争之诸国家，以及实际赞助这种战争的诸国家，这是第一类。（二）进行正义的非掠夺的民族解放战争与人民解放战争，以及援助这种战争的国家，这是第二类。现在应从新情况做新的划分，抛弃过去的那种划分法，因为情况已经变化了，各民主国家的资产阶级已经最后地拒绝与人民妥协，拒绝与苏联妥协，并且举行了掠夺战争了。……

　　根据战争第二阶段的特点，无产阶级尤其是共产党的革命政策，应该是怎样呢？

　　我认为应该是下面这样的：

　　（甲）在各帝国主义交战国，是号召人民起来反对帝国主义战争，揭穿这种战争的帝国主义性质，不管是战争的甲方或乙方，把它们看作一样的强盗，唤醒人民不要上帝国主义强盗的当，向人民宣传变帝国主义战争为革命的国内战争，建立反帝国主义战争的人民统一战线。

　　在各个交战国内，如有共产党议员的地方，都要对于战争预算投反对票，……凡属交战国的共产党，只有揭露社会民主党的叛卖性，才能争取群众，组织革命统一战线，准备用革命战争打倒反革命战争。

　　（乙）在各中立国内，……共产党员应当在人民面前，揭穿资产阶级政府的帝国主义政策，就是说，名义上中立，实际上赞助战争，并且在战争中大发其洋财的那种政策。……共产党必须反对这种实际上援助帝国主义战争的假中立，反对这些国家政治上的法西斯化，反对这些国家中的社会民主党的叛卖行为，反对这些国家卷入战争，使得战争区域不至无限制地扩大。

（丙）在各殖民地半殖地国的国家，则是民族统一战綫，或者抵抗侵略者，或者反对宗主国，用以达到民族独立之目的。要反对这些国家內的民族叛徒出卖民族利益的行为，才能发展统一战綫，才能战胜敌人。在各交战国的殖民地內，必须反对民族叛徒们拥护宗主国战争的叛卖行为，反对动员殖民地人民参加宗主国的战綫，……。在殖民地半殖民地国家中，如果不反对民族叛徒，民族解放运动是沒有希望的。

（主席很贊同伏罗希洛夫在苏共十八大的演說，他說："现代的战争，将来一定是持久的，延綿不絕的，消耗的战争。""无疑問的，在必不可避免的总的軍事冲突中，要来一个破天荒的你死我活的关头"）这次战争是持久的战争。……

他（指伏罗希洛夫）的估计很对，这种持久性是包括帝国主义战争与反帝国主义战争，包括反革命战争与革命战争，包括战争的继續与局部的暂时的停頓，包括参战陣綫的改組变化，参战国家的灭亡与新建种种情况在內，这样种种錯綜复杂曲折变化的情况，就組成了战争的持久性。第二次帝国主义世界大战，是人类空前的大灾难，死亡，疾病，飢餓，失业，失学，妻离子散，家破人亡，各种悲惨现象将充满于全世界。在这种情况之下，毫无疑义的，将激起所有各资本主义国家的被压迫人民，所有各殖民地半殖民地被压迫民族，觉醒起来，团結起来，反对帝国主义战争，組織革命战争，……。现在世界上已經分得清清楚楚，一切直接間接参加帝国主义战争的资产阶级都是反动派，組成反动营垒，现在的帝国主义战争就是这个大反动营垒里面两派帝国主义集团之間的战争。这个大反动营垒里面两大反动派的冲突，幷不妨碍他们将来会联合起来反对苏联，反对各国的人民解放运动，反对殖民地半殖民地的解放运动，反对世界革命。如果以为他们会永远打下去，很容易的就被革命人民推翻，那是幼稚的见解。这是一方面——世界反动战綫方面。另一方面，则有苏联，有各资本主义国家的人民解放运动，有殖民地半殖民地国家的民族解放运动。所有这些，組成革命的战綫，革命的营垒，其目的，就是推翻世界反动营垒，用革命战争打倒帝国主义战争，打倒战争祸首，推翻资产阶级，把全世界被压迫人民从资本主义压迫之下解放出来，从帝国主义战争之中解放出来，这是一个伟大的战斗过程，艰难的持久作战的过程，教育人民，喚醒人民，組織人民，幷领导人民向资产阶级战斗的过程。资本主义經济已經走到尽头了，大变化的革命时代已經来到了。现在的时代乃是战争与革命的新时代，把黑暗世界整个儿的改造为光明世界的时代，我们是正处在这个时代中。进行了两年抗日战争的中华民族，是属于世界革命营垒中的一个組成部分，一个重要的有力的組成部分，四万万五千万人民的民族解放战争，一定会在世界改造过程中起其伟大的作用。帝国主义战争对于世界，对于中国都是不利的，但是苏联的存在与发展，全世界各个资本主义国家人民解放运动的存在与发展，各个殖民地半殖民地民族解放运动的存在与发展，都是中国的好朋友，都是中国抗战可靠的援助者。中国，苏联，各国人民解放运动，应该組成坚固的统一战綫，这是革命的统一战綫，用以对抗反革命的统一战綫，帝国主义之間的战争，帝国主义之間的互相削弱，在这一点說来，对于各国人民解放运动，对于各国民族解放运动，对于中国的抗战，对于苏联的建設共产主义社会，又是一个有利的条件。这样說来，世界的黑暗是暂时的，世界的前途是光明的。帝国主义一定会灭亡下去，被压迫人民与被压迫民族的解放，是没有疑义的。中国的前途也是光明的，只要中国抗日民族統一战綫更加巩固起来，在坚持抗战，反对投降，坚持团結，反对分裂，坚持进步，反对倒退的口号之下，努力奋斗，我們的敌人也一定会灭亡下去，一个自由独立的新中国就要出来了。

在延安各界庆祝斯大林六十寿辰大会上的講話

1939年12月21日

今天开大会，庆祝斯大林同志的六十大寿。"人生七十古来稀"，世間六十岁也是难得的。但是我們为什么单单庆祝斯大林呢？而且这样的庆祝，不仅在延安，而且在全国，而且在全世界，只要晓得他今天生日的人，只要懂得他为人的人，只要是受压迫的都会庆祝他。原因就在于斯大林同志是一切被压迫者的救星。哪些人是反对庆祝他，不喜欢庆祝他呢？那就是自己不受压迫、单单压迫他人的人，首先是帝国主义者。

同志們！一个外国人，相隔万余里，大家庆祝他的生日，这还是破天荒的第一回呢。

这就是因为他领导着伟大的苏联，因为他领导着伟大的共产国际，因为他領导着全人类的解放运动。帮助中国打日本。

现在世界上分为两条斗爭的陣綫，一方面是帝国主义，这是压迫人民的陣綫；一方面是社会主义，这是反抗压迫的陣綫，殖民地半殖民地民族革命陣綫。有些觉得好象是站在中間，但是他的对头是帝国主义，他就不能不引社会主义为朋友，不能不属于反抗压迫者的革命陣綫的一方面。中国的顽固分子，又想做婊子，又想立牌坊，一只手反共，一只手抗日，自称是中間派，但他們終久不成功的，如果不悔过，最后必要走向反革命方面去。革命与反革命陣綫，都要有一个作主的，都要有一个指挥官。反革命的指挥官是誰呢？就是帝国主义，就是张伯伦。革命陣綫的指挥官是誰呢？就是社会主义，就是斯大林。斯大林同志是世界革命的領导者。这是一个非常重要的事情，在人类中間，出了这位斯大林，这是一件大事；有了他，事情就好办了。你們知道，馬克思是死了，恩格斯也死了，列宁也死了，如果没有一个斯大林，那一个来发号施令呢？这真是幸事。现在世界上有了一个苏联，有了一个共产党，又有了一个斯大林，这世界的事情就好办了。革命的指挥官干些什么事？使人人有飯吃，有衣穿，有屋住，有书讀。而要这样，就要領导十几万万人向压迫者作斗爭，而使之得到最后的胜利，这就是斯大林要办的事。既然这样，那么，一切被压迫的人們，要不要庆祝斯大林呢？我想是要的，是应該的。我們要庆祝他，拥护他，还要学习他。

我們要学习他的两个方面，一个是道理方面，一个是事业方面。

馬克思主义的道理千条万緒，归根結底，就是一句話："造反有理。"几千年来总是說：压迫有理，剝削有理，造反无理。自从馬克思主义出来，就把这个旧案翻过来了。这是一个大功劳。这个道理是无产阶级从斗爭中得来的，而馬克思作了結論。根据这个道理，于是就反抗，就斗爭，就干社会主义。斯大林同志有什么功劳呢？他发挥了这个道理，发挥了馬克思列宁主义，为全世界被压迫的人民，弄出一篇很淸楚很具体很生动的道理来，这就是建立革命陣綫，推翻帝国主义，推翻資本主义，建立社会主义社会的整个理論。

事业方面，是把道理見之实际。关于建設社会主义的事业，馬克思、恩格斯、列宁都沒有完成，而斯大林把它完成了，这是开天辟地的大事。在苏联的两个五年計划之前，各国資产阶级的报纸，天天說苏联不得了，社会主义是靠不住的，但是在今天怎么样呢？把张伯伦的口都封住了，他把中国那些頑固派的口也封住了，他们也都承认苏联是胜利了。

斯大林除在道理方面帮助了我們的抗日战争外，他还給了我們事业上即物质上的帮助。由于斯大林事业的胜利，他帮助了我們很多的飞机，大炮、航空員、各战区里的軍事顾問，还有借款。世界上还有那一个国家这样地帮助我們？世界上还有那一个阶级那一个政党那一个人所領导的国家，这样帮助我們呢？除了苏联，除了无产阶级，除了共产党，除了斯大林，还有誰呢？

现在有些人，他們自称是我們的朋友，但他們只能是属于唐朝李林甫一类的人物。这位李林甫先生，是个"口蜜腹剑"的人。帝国主义者都是口蜜腹剑，张伯伦就是现在的李林甫。各国在中国的一切特权，什么驻军权，領事裁判权、治外法权等等，那一个帝国主义废除了呢？沒有一个。只有苏联是废除了。

在过去，馬克思列宁主义，在理論上指导世界革命。现在加上一点东西，可以在物质上帮助世界革命了，这就是斯大林的大功劳。

我們庆祝斯大林同志生日之后，还应該把这件事向全国宣传，向四万万五千万人讲淸楚，使中国人民都懂得：只有社会主义的苏联，只有斯大林，才是我們中国的好朋友。

論述"一二·九"学生运动

自五四运动起，共产党就与知識分子結合在一起，"一二·九"运动中，共产党起了骨干的作用，这些說明知識分子要与共产党結合，要与广大的工农群众結合，要与革命武裝队伍結合，要与八路军新四军結合。共产党非常欢迎知識分子，反对的是那少数坏分子，现在很多青年知識分子沒有自由，沒有走路之权，知識分子一定要与革命軍队結合起来，笔与枪合起来，打倒日本帝国主义，抗战胜利，建立一个民主共和国出来！

摘自毛主席在延安各校学生及青年团体召开的

"一二·九"学生运动四周年纪念大会上的讲话。

辯証法唯物論提綱

第一章 唯心論与唯物論

本章討論下列各問題：
(一) 哲学中的两軍对战
(二) 唯心論与唯物論的区別
(三) 唯心論发生与发展的根源
(四) 唯物論发生与发展的根源

(一) 哲学中的两軍对战

全部哲学史，都是唯心論与唯物論这两个互相对抗的哲学派別的斗爭和发展的历史。一切的哲学思潮和派別都是这两个基本派別的变相。

各种哲学学說，都是从属于一定的社会阶级的人們所創造的。这些人們的意識，又是历史地被一定的社会生活所决定。所有的哲学学說，表現着一定社会阶级的需要，反映着社会生产力发展的水平和人类认識自然的历史阶段。哲学的命运，看哲学滿足社会阶级的需要之程度如何而定。

唯心論和唯物論的社会根源，存在于阶级的矛盾的社会結构中。最初唯心論之发生是原始野蛮人类迷妄无知的产物，此后生产力发展，促使科学知識也随之发展，唯心論理应衰退，反而发展起来，同唯物論竞相增高，互不相下，原因就在于社会有阶级的划分。一方面压迫阶级为着自己的利益，不得不发展与巩固其唯心論学說，一方面被压迫阶级同样为着自己的利益，不得不发展与巩固其唯物論学說。唯心論与唯物論学說都是作为阶级斗爭的工具而存在，在阶级沒有消灭以前，唯心論与唯物論的对战是不会消灭的，唯心論在自己的历史发展过程中，代表剝削阶级的意識形态，起着反动的作用。唯物論則是革命阶级宇宙观，它在阶级社会內，从对反动哲学的唯心論之不断的斗爭中生长与发展起来。由此，哲学中唯心論与唯物論的斗爭，始終反映着反动阶级与革命阶级在利害上的斗爭。哲学中的某一傾向，不管哲学者自我意識到与否，結局总是被他們所属阶级的政治方向所左右的。哲学上的任何傾向，总是直接間接助长着他們所属阶级的根本的政治利害。在这意义下，哲学中的一定傾向的貫彻，便是他們所属阶级的政策之特殊形态。

馬克思主义的哲学——辯証法唯物論的特征，在于要明确地理解一切社会意識（哲学也在內）的阶级性，决然声明它那无产阶级的性质，向有产阶级的唯心論哲学作坚决的斗爭，幷且把自己的特殊任务，从属于推翻資本主义組織，建立无产阶级专政，与建設社会主义社会的一般任务之下。在中国目前阶段上，哲学的任务，是从属于推翻帝国主义和半封建制度，彻底实現資产阶级的民主主义，幷准备轉变到社会主义和共产主义社会去的一般任务之下。哲学的理論与政策实践是应該联系着的。

（二）唯心論与唯物論的区别

唯心論与唯物論的根本区别在那里呢？在于对哲学的根本問題，即精神与物质的关系問題（意識与存在的关系問題）之相反的回答。唯心論认为精神（意識，观念，主体）为世界一切的根源，物质（自然界与社会客体）不过为其附属物。唯物論认为物质离精神而独立存在，精神不过为其附属物。从这个根本問題的相反的回答出发就生出一切問題上的分歧意见来。

在唯心論看来，世界或者是我們各种知觉的綜合，或者是我們的或世界的理性所創造的精神过程。对外面的物质世界，或者完全把它看作虚伪的幻想。或者把它看成精神元素之物质的补充。人类的認識是主体的自动，是精神的自己产物。

唯物論相反，认为宇宙的統一就在它的物质性。精神（意識）是物质的本性之一，是物质发展到一定阶段时才发生的。自然物质，客观世界存在于精神之外，离精神而独立。人的认識是客观外界的反映。

（三）唯心論发生与发展的根源

唯心論认为物质为精神的产物，颠倒着世界的姿态。这种哲学的发生与发展根源何在？

前面說过，最初唯心論之发生，是原始野蛮人类迷妄无知的产物。但在生产发展之后，促使唯心論形成哲学思潮首要的条件，仍是肉体劳动与精神劳动的分裂。社会生产力发展的结果，社会发生分工，分工再发展，分出专門从事精神劳动的人們。但在生产力貧弱时期，两者的分裂还沒有达到完全分离的程度。到了阶级出现，私产发生，剥削成为支配阶级存在的基础之时，就起了大变化了。精神劳动成为支配阶级的特权，肉体劳动成为被压迫阶级的命运。支配阶级开始颠倒地去考查自己与被压迫阶级之間的互相关系，不是劳动者给他們以生活資料，反而是他們以生活資料给与劳动者，因此他們鄙視肉体劳动，发生了唯心論的见解，消灭肉体与精神劳动的区别，是消灭唯心論的哲学的条件之一。

使唯心論哲学能够发展的社会根源，主要地还在于这种哲学意識地表現剥削阶级的利害。唯心論哲学在一切文化領域的优越，应該拿这个去說明。但如沒有剥削阶级的存在，唯心論就会失掉它的社会根据，唯心論哲学之最后消灭，必须在阶级消灭与共产主义社会成立之后。

使唯心論能发达深化，并有能力同唯物論斗争，还须在人类的認識过程中寻找其根源。人类在使用概念来思考的时候，存在着溜到唯心論方的可能性。人类思考时，不能不使用概念，这就使我們的認識分裂为两方面：一方面是个别与特殊性质的事物，一方面是一般性质的概念。（例如"延安县城"这个判断）。特殊和一般本来是互相联系不可分裂的，分裂就脱离了客观眞理。客观眞理是表現于一般与特殊之一致的。沒有特殊一般就不存在，沒有一般也不会有特殊。把一般同特殊脱离开来，即把一般当作客观的客体看待，把特殊只当作一般之存在的形式，这就是一切唯心論者所采取的方法。一切唯心論者都是拿意識精神或观念代替来离开人的意識与独立存在的客观体。从这里出发，唯心論便强调着人类意识在社会实践中的能动性，他們不能指出意訳受物质限制的这种唯物論的眞理。却主张只有意訳是能动的。物质不过是不动的集合体。加上被阶级的本性所驅策，唯心論者使用一切方法把意訳的能动性夸张起来，片面地发展了它，使这一方面在心智之中无限制地胀大成为支配的东西。掩蔽着另一方面，并使之服从，而把这人工胀大的东西确定为一般的宇宙观，以至化为物神或偶象。經济学上的唯心論，过分地夸大交换中非本质的东西，提供求法則提高到資本主义的根本法則。許多人看到科学在社会生活中发生了能动作用，不知道这种作用受一定的社会生产关系所规定与限制，而作出科学是社会发展动力的結論。唯心論历史家把英雄看成历史的創造者，唯心論政治家把政治看成万能的东西，唯心論軍事家实行拼命主义的作战，唯心論革命家主张布朗基主义，蔣介石說要复兴民族唯有恢复旧道德，都是过分夸张主观能动性的結果。我們的思維不能一次反映出当全体看的对象，而是构成一个具有接近于现实的一切种类的无数色調的生动的认識之辯証法的过程，唯心論依据于思維的这种特性，夸大其个别方面，不能給过程以正确的反映，反把过程弄弯曲了。列宁說："人类的认識不是直綫的而是曲綫的。这一曲綫之任何一段都可以变为一段单独的完整的直綫，这段直綫就有引你陷入迷陣的可能。直綫性和片面性是見树木不見森林和呆板固执性，主观主义和主观盲目性，这些就是唯心論的认識論的根源。"哲学的唯心論是将认識的一个片段或一个方面，片面地夸张成为一种脱离物质，脱离自然的神化的絕对体，唯心論就是宗敎的敎义，这是很对的。

馬克思以前的唯物論（机械唯物論）沒有强調思維在认識上的能动性，反給以被动作用，把它当着反映自然的鏡子看。机械唯物論对唯心論采取横暴的态度，不注意其认識論的根源，因此不能克服唯心論，只有辯証唯物論，正确地指出思維的能动性，同时又指出思維受物质的限制。指出思維从社会实践中发生，同时又能动地指导实践，只有这种辯証法的"知行合一"論，才能彻底地克服唯心論。

（四）唯物論发生与发展的根源

承认离意識而独立存在于外界的物质是唯物論的基础，这一基础是人类从实践中得到的。劳动生产的实践，阶级斗争的实践，科学实驗的实践，使人类逐渐从迷信与妄想（唯心論）脱离，逐渐认識世界之本质，而到达于唯物論。

屈服于自然力之前而只能使用簡单工具的原始人类，不能說明周围的事变，因而求助于神灵，这就是宗敎用唯心論的起源。

然而人类在长期的生产过程中，同周围的自然界接触，作用于自然界，变化着自然界，造衣食住用的东西，使之适合于人类的利益，使人类深信物质是客观地存在着。

人类在社会生活中，人和人之間互相发生关系与影响，在阶级社会中，并且实行着阶级斗争。被压迫阶级考虑形势，估计力量，建立计划，在他們的斗争成功时，他們确信自己的見解并不是幻想的产物，而是客观上存在着的物质性的反映。被压迫阶级因为采取错误的计划而失败，因改正其計划而成功，使他們懂得只有主观的计划依靠客观世界的物质性与规律性的正确的认識，才能达到目的。

科学的历史給人类証明世界的物质性及规律性，使人类觉悟到宗敎与唯心論的幻想之无用，而达于唯物論的結論。

总之，人类的实践史——向自然斗争史，阶級斗争史，科学史在长久年月中为了生活与斗争的必要考虑物质的现实及其法則，証明了唯物論哲学的正确性，找到了自己斗争的思想工具——唯物論哲学。社会的生产发展越发进到高度，阶級斗争越发展，科学认識越发暴露了自然的"秘密"，唯物論哲学就越发展与巩固。人类便能逐漸从自然与社会的双重压迫之下解放了出来。

資产阶級在为了向封建阶級斗争的必要，无产阶級还没有威胁他們的时候，也曾經找到了并使用了唯物論作为自己斗争的工具，也曾經确信周围的事物是物质的产物，而不是精神的产物。直至他們自己变成了統治者，无产阶級的斗争又威胁着他們时，才放弃这个："无用"的工具，重新拿暉，在一九二七年以前及其以后思想的变化——从唯物論到唯心論的变化，就是眼前的活証据。

資本主义的掘墓人——无产阶級，他們本质上是唯物論的，但由于无产阶級是历史上最进步的阶級，就使得无产阶級的唯物論不同于資产阶級的唯物論，是更彻底更深刻的，是只有辯証法的性质，沒有机械論的性质。无产阶級吸收了人类全历史中一切实践的成果，同时又由于自己的实践，經过他們的代言人与領导者——馬克思恩格斯之手，造成了辯証法唯物論，不但主张物质离人的意識而独立存在，而且主张物质是变化的，成为整个完整系統的崭新的世界观与方法論，这就是馬克思主义的哲学。

第二章　辯証法唯物論

这个題目中准备討論下列問題：

一、无产阶級革命的武器——辯証法唯物論；
二、过去哲学遺产同辯証法唯物論的关系；
三、在辯証法唯物論中宇宙观和方法論的一致；
四、哲学对象問題；
五、物质論；
六、运动論；
七、时空論；
八、意識論；
九、反映論；
十、眞理論；
十一、实践論。

下面簡述这些問題的观点：

（一）无产阶級革命的武器——辯証法唯物論

这个問題在第一章中已經說过，这里再簡单說一点：

辯証法唯物論是无产阶級的宇宙观。历史給予无产阶級以消灭阶級的任务，无产阶級就用辯証法唯物論作为他們斗争的精神上的武器，作为他們各种见解之哲学基础，辯証法唯物論这种宇宙观，只有当我們站在无产阶級的立場去认識世界的时候，才能够被我們正確地和完整地把握住；只有從這種立場出發，現实世界才能真正客观地被认識，只是因为一方面只有无产阶级才是最先进与最革命的阶級；又一方面只有辩証法唯物論才是高度的和严密的科学性同彻底的和不妥协的革命性密切地結合着的一种最正确的和最革命的宇宙观和方法論。

中国无产階級担負了經过資产阶级民主革命到达社会主义与共产主义的历史任务，必須采取辩証法唯物論作为自己精神的武器。如果辩証法唯物論被中国无产阶级、共产党及一切愿意站在无产阶级立場的人們及广大革命分子所采取的話，那么，他們就得到了一种最正确的和最革命的宇宙观和方法論，他們就能够正确地了解革命运动的發展与变化，提出革命的任务，团结自己的同盟者的队伍，战胜反动理論，采取正确的行动避免其工作的錯誤，达到解放中国和改造中国的目的。辩証法唯物論对于指导革命运动的干部人員，尤属必修的課目，因为主观主义与机械观这两种錯誤的理論与工作方法，常常在干部人員中間存在着，因此常常引导干部人員违反馬克思主义，在革命运动中走入岐途，要避免与糾正这种缺点，只有自觉地研究与了解辩証唯物論，把自己的头脑重新武裝起来。

（二）旧的哲学遗产同辯証法唯物論的关系

現代的唯物論，不是过去各种哲学学說之簡单的继承者，它是从反对过去統治哲学的斗爭中，从科学解除其唯心論和神秘性的斗爭中产生与成長起来的。馬克思主义的哲学——辯証法唯物論，不但继承了唯心論的最高产物——黑格尔哲学的成果，同时还克服了这一学說的唯心論，唯物地改造了他的辩証法。馬克思主义不但是一切过去唯物論发展的继續和完成，同时还是一切过去唯物論的狭隘性之反对者，即机械的直觉的唯物論（主要的是法国唯物論与费尔巴哈唯物論）之反对者。馬克思主义的哲学——辯証法唯物論，继承了过去文化之科学的遗产，同时又給此种遗产以革命的改造，形成了一种历史上从来沒有过的，最正确的，最革命的，有最完备的哲学的科学。

中国在一九一九年五四运动以后，随着中国无产階級自觉地走上政治舞台及科学水平之提高，发生与发展着馬克思主义的哲学运动，然而在它的第一时期，中国的唯物論思潮中，唯物辯証法的了解还很微弱，受資产阶级影响的机械唯物論，和波德林派的主观主义风气占着主要的成分。一九二七年革命失败以后，馬克思列宁主义的了解进了一步，唯物辯証法的思想逐渐发展起来。到了最近，由于民族危机与社会危机的严重性，也由于苏联哲学清算运动的影响，便在中国思想界发展了一个广大的唯物辯証法运动。这个运动目前虽还在青年的阶段上，然从其广大的姿态来看，它将随着中国与世界无产階級同革命人民的革命斗爭之发展，以横扫的陣势树立自己的权威，指导中国革命运动勇往前进，定下中国无产階級领导中国革命进入胜利之途的基础。

由于中国社会进化的落后，中国今日发展着的辩証法唯物論哲学思潮，不是从继承与自己哲学的遗产而来的，而是从馬克思列宁主义学习而来的，然而要使辯証法唯物論思潮在中国深入与发展下去，并确定地指导中国革命向着彻底胜利之途，便必須同各种現有的反动哲学作斗爭，在全国思想战綫上树立批判的旗帜，并因而清算中国古代的哲学遗产，才能达到目的。

(三) 辯証法唯物論中宇宙观和方法論的一致性

辯証法唯物論是无产阶级的宇宙观，同时又是无产阶级認識周围世界的方法和革命行动的方法，它是宇宙观和方法論的一致体，唯心論的馬克思主義修正派认为辯証法唯物論的全部实质只在于它的方法，他們把方法从一般的哲学的宇宙观割裂开来，把辯証法从唯物論割裂开来，他們不了解馬克思主義的方法論——辯証法，不是如同黑格尔一样的唯心的辯証法，而是唯物的辯証法，馬克思主義的方法論是絲毫也不能离开他的宇宙观的。另一方面，机械唯物論者却不仅把馬克思主義的哲学看作一般哲学的宇宙观，割去了它的辯証法，而且认为这种宇宙观就是机械的自然科学之各种結論，他們不了解馬克思主義的唯物論不是簡单的唯物論，而是辯証法的唯物論。对于馬克思主義哲学之两种割裂的看法都是錯誤的，辯証法唯物論是宇宙观和方法論的一致体

(四) 哲 学 对 象 問 題

列宁把（作为馬克思主義的哲理科学来看的）唯物辯証法看作关于客观世界的发展法則及（在辯証法的各范畴中反映这客观世界的）認識的发展法則的学說，他說：論理学不是关于思維的外在形式的学問，即关于世界的一切具体内容及其认識之发展法則的学問，换言之，論理学是关于世界认識之历史的总計、总和、結論。列宁虽然把作为一般的科学方法論看的唯物辯証法的意义强調起来，然而这是因为辯証法系由世界认識的历史中得出来的結論。因此他說："辯証法就是认識的历史"。

上述列宁对于当作科学看的唯物辯証法及其对象所給与的定义，他意思是說：第一、唯物辯証法与其他任何科学同样，有它的研究对象，这个对象便是自然历史和人类思維之最一般的发展法則。并且研究的时候，唯物辯証法的任务，不是从头脑里想出存在于各现象間的关系，而是要在各现象本身中观察出他們之間的关系来。列宁的这种見解同少数派唯心論把（事实上离开了具体科学及具体知識的）范畴的研究当做唯物辯証法的对象之間，存在着根本的区别，因为少数派唯心論者企图建立一个从認識历史社会科学和自然科学的现实发展中游离了的各范畴的哲学体系，这样他們就事实上放弃了唯物辯証法。第二、各个科学分析（数学、力学、化学、物理学、生物化学、經济学及其他自然科学、社会科学）是研究物质世界及其认識之发展的各个方面，因此各个科学的法則是狭隘地片面地被各个具体研究領域所限制了的。唯物辯証法則不然，它是一切具体科学中的一切有价值的一般内容，及人类的其他一切科学认識之总計、結論、加工和普遍化，这样唯物辯証法的概念、判断和法則，是极其广泛的（包含着一切科学的最一般的法則，因此也包含着物质世界的本质的）各种規律和规定。这是一方面。在这方面，它是宇宙观。另一方面，唯物辯証法是从一切空想僧侣主義和形而上学解放出来的真正科学认識上的論理学和认識論的基础，因此它同时又是研究具体科学的唯一确定的有客观真实性的方法論。我們說唯物辯証法或辯証法唯物論是宇宙观和方法論的一致体，在这里更加明白了。这样对于否认哲学存在权的馬克思主義哲学的歪曲者和庸俗化者的錯誤，也可以懂得了。

关于哲学对象問題，馬克思、恩格斯和列宁，都反对使哲学脱离实在的现实，使哲

学变为某种独立实质的东西，指出了那根据在实在生活和实在关系的分析而生长出来的哲学的必然性。反对单单以理論观念和論理观念的自身做研究的对象，如同形式論理学及少数派唯心論的那种干法，所謂根据实在生活和实在关系的分析生长出来的哲学，就是唯物辩証法这种論发展的学說。馬克思、恩格斯和列宁都解說唯物辩証法为論发展的学說。恩格斯称唯物辩証法为論自然社会及思維之运动和发展的一般法则的学說。列宁把唯物辩証法看作最多方面的、內容最丰富的和最深刻的发展学說。他們都认为在这种学說以外的其他一切哲学学說所述一切发展的公式，概属狭隘的、无內容的撇去了自然和社会之实际发展过程的东西（列宁）。至于唯物辩証法之所以被称为最多方面、內容最丰富的、最深刻的发展学說的緣故，乃是因为唯物辩証法是多方面的和最丰富、最深刻地反映了自然和社会变化过程中的矛盾性和飞跃性，而不是因为别的东西。

在哲学对象問題中还要解决一个問題，就是辩証法、論理学、认識論的一致性的問題。

列宁着重指出辩証法論理学及认識論的同一性，这就是說："极其重要的問題。"說："三个名詞是多余的，它們只是一个东西。"根本反对那些馬克思主义修正派把三者当做完全各别独立的学說去处理的那种手法唯物辩証法是唯一科学的认識論，又是唯一科学的論理学。唯物辩証法研究我們对外界认識的发生及发展，研究由不知到知、由不完全知到完全知的轉移，研究自然及社会发展法则在人类头脑中日益深刻和更日益增多的反映，这就是辩証法与认識論的一致。唯物辩証法研究客观世界最一般的发展法则，研究客观世界最发展的姿态在思維中的反映形态，这就是唯物辩証法研究现实事物的各过程及各现象的发生、发展、消灭及相互轉化的法则，同时又研究反映客观世界发展法则的人类思維的形态，这就是唯物辩証法与論理学的一致。

要彻底了解辩証法、論理学、认識論三者为什么是一个东西，我們看下面唯物辩証法是怎样解决关于理論的东西与历史的相互关系这个問題，就可以明白了。

恩格斯說："对于一切哲学家的思維方法来說，黑格尔思維方法的长处就在于横亘在根底面的极其丰富的历史感，他的形式虽說是抽象的唯心論的，然而他的思想的发展却常常是与世界历史的发展平行着的。并且历史原来就是思想的驗証。历史常常在飞跃地錯杂地进行着。因为有这两种情形，所以假若常常要依从历史的話，不但要注意許多不重要的材料，而且会不得不使思想行程中断。这时唯一适当的方法就是論理的方法。然而这一論理的方法根本仍然是历史的方法，不过舍去了那历史的形态与偶然性罢了。""这种論理发展与历史发展一致"的思想，是被馬克思、恩格斯、列宁充分注意了的。論理学的范畴，是外的，与活动之无数个别性的。范畴就是分离的阶段，帮助我們去认識这一个网和网的結节的人的实践活动。把人类的意識几十亿次反复不息地应用到各种各样的論理学式子里面，这样，这些式子就得到了公理的意义了。人类的实践反复了几十亿次，才能作論理的式子固定在人类意識中。这些式子都有成見的永續性，因为是反复几十亿次的结果，才有着公理的性质。上述列宁的那些話，指明唯物辩証法的論理学的特点，不象形式論理学那样，把它的法则和范畴看成空虛的，脱离內容而独立的，对于內容无关的形式，也不象黑格尔那样，把它看成脱离物质世界而独立发展的观念要素，而是把它当作反映到和移植到我們头脑里并且經由头脑加工制造过的物质运动的表現去处理。黑格尔立脚在存在和思維的同一性上，把辯証法論理学和认識論的同一性当做唯心論的同一性去处理。反之，馬克思主义的哲学里，辯証法論理学和认識論的同一性，是建立在唯物論基础上的。只有用唯物論解决存在与思維的关系問題，只有站在反映論的立場上，才能使辯証法、論理学和认識論的問題得到彻底的解决。

用辯証法唯物論去解决理論的东西和历史的东西的相互关系的最好的模范，首先要算馬克思的《資本論》。《資本論》中包含了資本主义社会的历史发展，同时又包含了这一社会的理論发展。《資本論》所分析的，是那把資本主义的发生、发展及消灭反映出来的各种經济范畴的发展的辯証法。这問題之解决的唯物論性质，在于他以物质的客观历史做基础；在于把概念和范畴当做这一现实历史的反映。資本主义的理論和历史的一致，資本主义的社会的論理学和认識論的一致，模范地表现在《資本論》里面，我們可以从它懂得一点辯証法論理学和认識論一致的口径。

以上是辯証法唯物論的对象問題。

(五) 物 質 論

馬克思主义继續和发展哲学中的唯物論路綫，正确地解决了思維与存在的关系的問題，即彻底唯物地指出世界的物质性，物质的客观实在性和物质对于意識的根源性或意識对于存在的依賴关系。承认物质对于意識的根源性，是以世界的物质性及其客观存在为前提的。隶属于唯物論营垒的第一个条件就是承认物质世界离人的意識而独立存在——人类出现以前它就存在，人类出现以后也是离开人的意識而独立存在的。承认这一点是一切科学研究的根本前提。

拿什么来証明这一点呢？証据是多得很的。人类时刻同外界接触，还須用残酷的手段去对付外界（自然界同社会）的压迫和反抗；还不但应該而且能够克服这些压迫和反抗——所有这些在人类社会的历史发展中表现出来的人类社会实践的实在情形，就是最好的証据。經过了长征的紅軍，不怀疑經过地区連同长江大河、雪山草地以及和他作战的敌軍等等的客观存在，也不怀疑紅軍自己的客观存在；中国人不怀疑侵略中国的日本帝国主义同中国人民自己的客观存在；抗日軍政大学的学生也不怀疑这个大学和学生自己的客观存在；这些东西都是客观地离开我們意識而独立存在的物质的东西，这是一切唯物論的基本观点，也就是哲学的物质观。

哲学的物质观同自然科学的物质观是不相同的。如果說哲学的物质观在于指出物质的客观存在，所謂物质就是說的离开人的意識而独立存在的整个世界（这个世界作用于人的感官，引起人的感觉，幷在感觉中得到反映），那末这种說法是永远不起变化的，是絕对的。自然科学的物质观则在于研究物质的构造，例如从前的原子論，后来的电子論等等，这些說法是随着自然科学的进步而变化的、是相对的。

根据辯証法唯物論的見解去区别哲学的物质論和自然科学的唯物观，是彻底其彻哲学的唯物論方向之必須条件，在唯物論和机械唯物論作斗争方面，有着重要的意义。

唯心論者根据电子論的发现，轰传物质消灭的謬說，他們不知道关于物质构造的科学知識的进步，正是証明辯証法唯物論的物質論之正确性。因为表现在旧的物质概念中的某些物质属性（重量、硬度、不可入性、惰性等等），經过现代自然科学的发现即电子論的发现，証明这些属性仅存在于某几种物质形态中而在其它物质形态中则不存在，这个事实，破除了旧唯物論对于物质观念的片面性和狭隘性，而对于承认世界的物质性及其客观存在之辯証法唯物論的物质观，却恰好証明其正确。原来辯証法唯物論的物质观，正是以多样性去看物质的世界的統一，就是物质多样性的統一。这种物质观，对于物质由一形态轉化到另一形态之永久普遍的运动变化这一事实，絲毫也沒有矛盾。"以太"、电子、原子、分子、結晶体、細胞、社会现象、思維现象——这些都是物质发展的种种阶段，是物质发展史中的种种暫时形态。科学研究的深入，各种物质形态的发现（物质多样性的发现），只是丰富了辯証法唯物論的物质观的內容，那里还会有什么矛盾？区别哲学的物质观与自然科学的物质观是必要的，因为二者有广狭元别，然而是不相矛盾的，因为广义的物质包含了狭义的物质。

辯証法唯物論的物质观，不承认世界有所謂非物质的东西（独立的精神的东西）。物质是永久与普遍存在的，不論在时间和空間上都是无限的，如果說世界上有一种"从来如此与到处如此"的东西（就統一性而言）那就是哲学上的所謂客观存在的物质。用彻底的唯物論见地（即唯物辯証法见地）来看意識这种东西，那么，所謂意識不是别的，它是物质运动的一种形态，是人类物质头脑的一种特殊物质，是使意識以外的物质过程反映到意識之中来的那种物质头脑的物质。由此可知，我們区别物质同意識并把二者对立起来是有条件（特殊性）的，就是說，只在认識論的见地內有意义。因为意識或思維只是物质（头脑）的属性，所以认識与存在的对立就是认識的物质同被认識的物质的对立，不会多一点。这种主体同客体的对立，离开认識論領域，就毫无意义。假如在认識論以外还把意識同物质对立起来，就无异于背叛唯物論。世界上只有物质同它的各种表现，主体自身也是物质的，所謂世界的物质性（物质是永久与普遍的），物质的客观实在性，物质对于意識的根源性就是这个意思。一句話，物质是世界的一切，"一切归于司馬懿"，我們說"一切归于物质"，这就是世界的发展原理。

以上是辯証法唯物論的物质論。

(六) 运 动 論 （发 展 論）

辯証法唯物論的第一个基本原則，在于它的物质論，即承认世界的物质性，物质客观实在性和物质对于意識的根源性。这种世界的統一原理，在前面物质論中已經解决了。

辯証法唯物論的第二个基本原則，在于它的运动論（发展論）即承认运动是物质存在的形式，是物质內在的属性，是物质多样性的表现，这就是世界的发展原理。世界的发展原理同上述世界的統一原理相結合，就成为辯証法唯物論整个的宇宙观。世界不是别的，就是无限发展的物质世界（或物质世界是无限发展的）。

辯証法唯物論的运动观，对于（一）离开物质而思考运动；（二）离开运动而思考物质；（三）物质运动的简单化；都是不能容許的。辯証法唯物論的运动論，就是同这些唯心的、形而上学的及机械的观点作明确而坚决的斗争建立起来的。

辯証法唯物論的运动論，首先是同哲学的唯心論及宗教的神道主义相对立的。一切哲学的唯心論、宗教的神道主义的本质，在于他們从否认世界的物质統一性出发，設想世界的运动及发展是没有物质的或在最初是没有物质的，而是精神作用或上帝神为的结果。德国唯心論哲学家黑格尔认为现在的世界是从所謂"世界理念"发展而来的，个中国的周易哲学及宋朝理学都作出唯心論的宇宙发展观。基督教說上帝創造世界，佛教及中国一切拜物教却把宇宙万物的运动发展归之于神力，所有这些离物质而思考运动的說法都和辯証法唯物論根本不相容。不但唯心論与宗教，就是馬克思以前的一切唯物論及现在一切反馬克思主义的机械唯物論，当他們說到自然现象时就是唯物論的运动論，但一說到社会现象时就无不离开物质的原因，而归着于精神的原因了。

辯証法唯物論坚决駁斥所有这些錯誤的运动观，指出他們的历史局限性，阶級地位的限制与科学发展程度的限制，而把自己的运动观建設在以无产阶級立場及最发达的科学水准为基础的彻底的唯物論上面。辯証法唯物論首先指出运动是物质存在的形式，是物质内在的属性（不是由外力推动的），設想沒有物质的运动，同設想沒有运动的物质是一样不可思議的事。把唯物的运动观同唯心的及唯神的运动观尖銳地对立着。

离开运动而考察物质，則是形而上学的宇宙不动論或絕对均衡論。他們认为物质是永远不变的，在物质中沒有发展这回事，认为絕对的靜止是物质的一般状态或原始状态。辯証法唯物論坚决反对这种意見，认为运动是物质存在的最普遍的形式，是物质内在的不可分离的属性。一切的靜止与均衡仅有相对的意义，而运动則是絕对的。辯証法唯物論承认一切物质形态均有相对的靜止或均衡的可能，并认为这是辨別生命的最重要条件（恩格斯）。但认为靜止或均衡只是运动的要素之一，是运动的一种特殊情况，离开运动而考察物质的錯誤，就在于把这种靜止要素或均衡要素夸張起来，把它掩蔽了并代替了全体，把运动的特殊情况一般化、絕对化起来。中国古代形而上学思想曾說一句話："天不变道亦不变"就是这样的宇宙不动論。他們也承认宇宙及社会现象的变动，但否认其本质的变动，在他們看来，宇宙及社会的本质是永远不变动的。他們之所以如此，主要的原因在于他們的阶級限制性，封建地主阶級如果也承认宇宙及社会的本质是运动与发展的，就无异在理論上宣布他們自己阶級的死刑。一切反动的势力，他們的哲学都是不动論。革命的阶級同民众，都眼看到了世界的发展原理，因而主張改造这个社会及世界，他們的哲学是辯証法唯物論。

此外，辯証法唯物論也不承认简单化的运动观，就是說把一切的运动都归結到一种形式上去，即归結到机械的运动，这是旧唯物論宇宙观的特点。旧唯物論（十七、八世紀的法国唯物論、十九世紀的德国费尔巴哈唯物論）也承认物质的永久存在和永久运动（承认运动的无限性）但仍然沒有跳出形而上学的宇宙观。不去說他們在社会上的見解依然是唯心論的发展。就是在自然論上，也把物质世界的統一，归結到某种片面的属性，即归結到运动的一个形态——机械的运动。这种运动的原因在外力，象机械一样向外推之而运动。他們也不从本质上、也不从内部原因上去說明物质或运动或关系的一切多样性。而从单純的外面的发现的形式上，外力原因上去說明它，这样在实际上就失掉了世界的多样性。他們把世界一切的运动，都解說作場所的移动与数量的增减。物质某一瞬间在某一場所，另一瞬間則在另一場所这样就叫做运动。如果有变化，也只是数量增减的变化，沒有性质的变化，变化是循环的，是反复产生同一結果的。辯証唯物論与此相反，不把运动看作单純的場所移动及循环运动，而把它看作无限的质的多样性，看作由一种形态向他一形态的轉化，世界物质的统一和物质的运动，便是世界物质无限多样性的统一与运动。恩格斯說：" 运动着的一切高級形态必然同力学的（外的或分子的）运动形态結合着，例如如果沒有热和电气的变化、化学的变化等等，有机的生命也不可能，这当然是不能否认的。然而如果只有某些低級运动形态的存在，是决不能包括各种状况中主要形态的本质的。"这話是千眞万确地合乎事实。即使单就机械运动而論，也不能从形而上学的观点去解释它"。须知一切运动形态都是辯証法的，虽然它們之間的辯証法內容的深处与多面性有着很大差异。机械运动仍然是辯証法的运动，所謂物体某一瞬間在某处，其实是同时在某处，同时又不在某处，所謂在某处，所謂不动，仅是运动的一种特殊情况，它根本上依然是在运动。物体在被限制着的时間內和被限制着的空間內运动着。物体总是不絕地克服这种限制性，跑出这种一定的有限时間及空間的界限以外去，成为不絕的运动之流，而且机械运动只有物质的运动形态之一，在实在的現实世界中，沒有它的絕对独立的存在，它总是联系于別种运动形态的。热、化学的反应、光、电气一直到有机現象与社会現象，都是质地上特殊的物质运动形态。十九世紀与二十世紀交界时期的自然科学的划时代的大功劳，就在于发現了运动轉化法則，指出物质的运动总是由一种形态轉化成为另一形态，这样地轉化的新形态是与旧形态本质上不同的。物质所以轉化的原因，不在外部而在內部，不是由于外部机械力的推动，而是由于內部存在着性质不同的互相矛盾的两种因素相爭相斗，推动着物质的运动与发展，由于这个运动轉化法則的发現，辯証法唯物論就能够把世界的物质统一原理扩大到自然与社会的历史上去，不但把世界当作永远运动的物质去定察，而且把世界当作由低級形态到高級形态的无限前进运动的物质去考察，即把世界当作发展、当作过程去考察。做一句話来說，"统一的物质世界是一个发展的过程，"这样就把旧唯物論的循环論击破了。辯証法唯物論深刻地多方面地观察了自然及社会的运动形态，认为当作全体看的世界之发展过程是永久的（无始无終的）但同时各个历史地进行的具体的运动形态又是暂时的（有始有終的），就是說，它是在一定的条件下发生，并在一定的条件下消灭的，认为世界的发展过程由低級的运动形态生出高級的运动形态，表示了它的历史性与暂时性，但同时任何一个运动形态都不是絕对最初的，也不是絕对最后的，它是处在永久的长流中（无始无終的长流中）。依据着对立斗爭的法則（自己运动的原因），使每一运动形态总是較之先行形态进到了高一級的阶段，它是向前直进的，但同时就各个运动形态来說（就各个具体的发展过程来說）却也会发生轉向的运动或后退运动，前进运动同后退运动相結合，在全体上就成为复杂的螺旋的运动。认为新的运动形态是作为旧的运动形态的对立物（反对物）而发生的，但同时新的运动形态又必然保存着旧的运动形态中的許多要素，新东西是从旧东西里面生长出来的，认为事物的新形态新性质新属性的出現，是由連續性的中断即經过冲突和破局而飞跃地产生的。但同时事物的連結和相互关系又絕不会絕对破坏，最后，辯証法唯物論认为世界无穷尽（无限），不但就其全体来看是这样的，同时就其局部来看也是这样的。电子不是同原子分子一样表現着一个复杂而无穷无尽的世界么？

物质运动的根本形态又規定根本的自然科学与任何社会科学各科目，辯証法唯物論把世界的发展当作无机界經过有机界与达到最高物质运动形态（社会）的一个前进运动去考察这一运动形态的从属关系就成了和它相应的科学（无机界科学、有机界科学、社会科学）的从属关系的基础。恩格斯説："各种各类的科学是把特定的运动或相互关系，相互推移的一联串的运动形态拿来分析，因此科学的分类就在于要依从运动的固有顺序去把各个运动分类排列起来，仅在这一点来説分类才有意义。"

整个世界包括人类社会在內，是采取质地不相同的各种形式的运动物质的运动，因此也就不能忘記物质运动的各种具体形式这个问题，所謂"物质一般与运动一般"是沒有的，世界上只有各种不同形式的具体物质或运动。"物质"和"运动"这些学眼只是一些簡单写的名詞，在这些名詞中，我們依照他們的共同特性，把各科不同的被感觉的事物一概包括在內。"（恩格斯）

以上就是辯証法唯物論的世界运动論或世界发展原理。这个学說是馬克思主义哲学的精髓，这是无产阶级宇宙观与方法論。无产阶级及一切革命的人們如果拿着这个彻底科学的武器，他們就能够理解这个世界并改造这个世界。

（七）时 空 論

运动是物质存在的形式，空間和时間也是物质存在的形式。运动的物质存在于空間和时間中，并且物质的运动本身是以空間和时間这两种物质存在的形式为前提的。空間和时間不能与物质相分离。"物质存在于空間"，这句话是說物质本身具有伸张性，物质世界是內部存在着伸张性的世界，不是說物质被放在一种非物质的空虛的空間中。空間和时間都不是独立的非物质的东西，也不是我們感觉性的主观形式，他們是客观物质世界存在的形式。它們是客观的，不存在于物质以外，物质也不存在于他們以外。

把空間和时間看着物质存在的形式的这种见解，是彻底的唯物論的见解。这种时空观，同以下几种唯心論的时空观是根本相反的：

（一）康德主义的时空观，认为时間和空間不是客观的实在，而是人类的直觉形式。

（二）黑格尔主义的时空观，认为发展着的时間和空間的概念，日益近于絕对观念。

（三）馬赫主义的时空观，认为时間和空間是"感觉的种类""使經驗合化的工具"。

所有这些唯心論观点，都不承认时間和空間的客观实在性，都不承认时間和空間的概念在自身发展中反映着物质存在的形式，这些錯誤的理論，都被辯証法唯物論一个个地駁翻。

辯証法和唯物論在时空問題上，不但要同上述那些唯心論观点斗爭，而且还要同机械唯物論作斗爭。特别显著的是牛頓的机械論，他把空間看做同时間无关系的不动的空架子，物质被安置到这种空架子里面去。辯証法唯物論反对这种机械論，指出我們的时空观念是在发展的。"世界上除了运动的物质以外便沒有别的东西，而运动的物质若不在空間和时間中便无运动之可能。人类关于空間和时間的概念是相对的，但是这些相对的概念积集起来就成为絕对的眞理。这些相对的概念不断发展着，循着絕对眞理的路线而前进，日益走近于絕对眞理。人类关于空間时間概念的变动性，始終不能推翻二者的客观实在性，这正和关于物质的运动形式及其組織之科学知識的变动性不能推翻外界的客

观实在性，是一样的。"（列宁）

以上是辩証法唯物論的时空論。

（八）意　　识　　論

辩証唯物論认为意識是物质的产物，是物质发展之一形式，是一定物质形态的特性。这种唯物主义及历史主义的意識論是和一切唯心論及唯物机械論对于这个問題的观点根本相反的。

依照馬克思主义的見解，意識的来源，是由无意識的无机界发展到具有低级形态的动物界，再发展到具有高级意識形态的人类。

高級意識形态不但同生理发展中的高級神經系統不可分离，而且同社会发展中的劳动生产不可分离。馬克思、恩格斯曾着重指出意識对物质生产发展的依賴关系，和意識同人类言語发展的关系。

所謂意識是一定物质形态的特性，这种物质形态就是組織复杂的神經系統，这样的神經系統只能发生于自然界进化的高級阶段上。整个无机界、植物界、和低级的动物界，都沒有认識在它們的內面或外面发生着的那些过程的能力，它們是沒有意識的。仅在有高級神經系統的动物体，才具有认識过程的能力，即具有自內反映或領悟这些过程的能力。吾人神經系統中的客观生理过程，是同它之內部取意識形态的主观表現相随而行的。凡就本身論是客观的东西，是某种物质的过程，它对于具有头脑的实体却同时又是主观的心理的行为。

特殊思想实质的精神是沒有的，有的只是思想的物质——脑子。这种思想的物质是有特别性的物质，这种物质随着人类社会生活中言語的发展而达到高級的发展。这种物质具有思想这一种特殊性质，这是任何别的物质所不具备的。

然而庸俗唯物論者却认为思想是脑子分秘出来的物质，这种見解歪曲了我們关于这个問題的观念。须知思想感情和意志的行为，不是具有重量和伸张的东西，意識和重量、伸张等是同一物质之不同的性质。意識是运动的物质之內部状态，是反映着在运动的物質中所发生的生理过程的特殊性质。这种特殊性，同客观的神經作用过程不可分离，但又不与这过程相同，把二者混同起来，推翻意識的特殊性，这就是庸俗唯物論的观点。

和这同样，冒牌的馬列主义的机械論，附合心理学中某些資产阶级的左翼学派的見解，实質上也完全推翻了意識。他們把意識解作理化的生理过程，认为高級实体的行为之研究可以由客观生理学和生物学的研究去执行。他們不了解意識的本质之质的特殊性，看不到意識是人类社会实践的产物。他們把客观和主体之具体历史一致代表主客的等同，代之以片面的机械的客观世界。这种意識同于生理过程的观点，无异取消了思維与存在关系这个哲学中的根本的問題。

孟什維克的唯心論企图用一种妥协理論去代替馬克思主义的意識論，把唯物論調和起来。他們含客观主义同主观主义的"联盟"的原則，去对抗辩証法的原則，而这种原則既非机械的客观主义，也非唯心的主观主义，而是客观和主观之具体历史的一致。

可是还有怪議論，这就是普列汉諾夫意識問題的物活論的見解，在他的"石子也是有意識的"一句名言中充分表現着。照他的意見：意識不是發生于物質發展過程里的，而是從最初就存在于一切物質的，石子及低級有机体的意識和人的意識之間，僅僅在于程度上的区別。这种反历史的見解，對于辯証法唯物論認为意識是最后發生的具备着质的特殊的見解，也是根本相反的。

只有辯証唯物論的意識論才是意識問題上的正确的理論。

<h2 style="text-align:center">（九）反 映 論</h2>

做一个彻底的唯物主义者，单承認物质对于意識的根源性是不够的，还須承認意識对于物质的可認識論。

关于物质能否被認識的問題，是一个复杂的問題，是一个过去哲学都觉得难对付的問題，只有辯証法唯物論能够給予正确的解决。在这个問題上，辯証法唯物論的立場既同不可知論相反，又同直率的实在論不同。

休英和康德的不可知論，把認識的主体从客观隔离开来，認为越出主体的界限是不可能的，"自在之物"和它的形象之間存在着不可跳过的深渊。

馬赫主义的直接实在論，則把客体同感覚等同起来，認为眞理在感覚中就已經成就了完成的形态。同时，他們不但不了解感覚是外界作用的結果，而且不了解主体在認識过程中的积极作用，即外界作用于主体的感觉机关和思想的脑子中所做的改造功夫（即以印象和概念的形式表現出来）。

只有辯証唯物論的反映論，肯定地答复了可以認識問題，成为馬克思主义認識論的"灵魂"。根据这一理論，指明我們的印象和概念，不但被客观事物引起，而且还反映客观事物。指明印象和概念，既不像唯心論者所說的那样是主体自动發展的产物，也不是不知論者所說的那样是客观事物的标符，而是客观事物的反映、照像和样本。

客观的眞理是不可依靠主体而独立存在的，它虽然反映在我們的感覚和概念中，但不是一下子就取完成的形态而被我們获得的那样直率实在論的見解，是一种錯誤見解。

客观的眞理在我們的感覚和概念中，虽不是一次就取完成的形态，然而不是不能認識的。辯証法唯物論的反映論反对不可知論的見解，認为意識是能够在認識过程中反映客观眞理的。認識过程是一个复杂的过程，在这个过程中，当未被認識的"自在之物"反映到我們的感覚印象概念上来时，就变成我之物了。感覚和思維，并不是如同康德所說的那样把我們同外界的反映隔离开来。思想的东西（印象和概念）并非别的，不过是"人类头脑中所轉現出来的和改造过来的物质的东西"（馬克思）。在認識过程中，物质世界是愈走愈接近地、愈精确地、愈多方面地和愈深刻地反映在我們的認識中。向着馬赫主义和康德主义作两条路綫的斗爭，揭破直率实在論和不可知論的錯誤，是馬克思主义的認識論的任务。

唯物辯証法的反映論認为我們認識客观世界的能力是无限的，这和不可知論者認为人們認識能力是有限度的那种見解根本相反。但我們之接近絕对眞理却每一次有其历史上的确定界限。列宁这样說，吾人知識之接近客观的絕对眞理，是历史的有限度的。但是这一眞理的存在是絕对的，我們不断地向眞理接近也是絕对的。图画的外界是历史地有条件的，但这张图画的描繪着客观上存在的模型則是絕对的。我們承認人的認識受历史条件的限制，眞理是不能一次获得的。但我們不是不可知論者，我們又承认眞理能够完成于人类认识的历史运动中。列宁还說："对于自然在人类思想中的反映，不要死板板地或絶对地了解它。认识不是无运动的，无矛盾的，认识是处于永久的运动过程中，即矛盾之发生和解决的永久的运动过程中。"认识运动是一个复杂的充满着矛盾与斗争的运动，这就是辯証法唯物論的认識論之見解。

一切哲学在认识論上的反历史的观点，都不把认识当作过程看待，因此都帶着狹隘性。感覺主义的經驗論之狹隘性，在感觉和概念之间挖开了深沟。理性主义学派的狹隘性，則使概念脱离了感觉。只有把认识当做过程看待的辯証法唯物論的认識論(反映論)，才彻底除去了这种狹隘性，把认识放在唯物的与辯証的地位。

反映論指出：反映过程不限于感觉和印象，也存在于思維中(抽象的概念)，认识是一个由感觉到思維的过程。列宁曾說：反映自然的认識，不是简单的、直接的、整体的反映，而是許多抽象的思考、概念、法則等等形成的过程。

同时列宁还指出，由感觉到思維的认識过程，是飞跃式的进行的，在这一点上，列宁精确地闡明了认識中的經驗元素和理性元素相互关系之辯証唯物論的見解。許多哲学家都不了解认識的运动过程中即从感觉到思維(即印象到概念)的运动过程中所发生的突变。因此，理解这一由矛盾而产生的飞跃式的轉变，即理解感觉和思維的一致为辯証的一致，便是理解了列宁反映論的本质之最重要的元素。

(十) 眞　　理　　論

眞理是客观的、相对的、又是絶对的，这就是唯物辯証法的眞理观。

眞理首先是客观的，在承认了物质的客观实在性及物质对于意識的根源性之后，就等于承认了眞理的客观性。所謂客观眞理，就是說客观存在的物质世界是我們的知識或概念的內容之唯一来源，再也沒有別的来源。只有唯心論者否认物质世界离人的意識而独立存在——这一唯物論的基本原則，才主张知識或概念是主观自生的，不要任何客观的內容，因而承认主观眞理，否认客观眞理。然而这是不合事实的，任何一种知識或一个概念，如果它不是反映客观世界的規律性，它就不是科学的知識，不是客观眞理，而是主观的自欺欺人的迷信或妄想。人类以改变环境为目的之一切实际行动，不管是生产行动也罢，階級斗争或民族斗争的行动也罢，其它任何一种行动也罢，都是受着思想(知識)的指揮的，这种思想如果不适合于客观的規律性，即客观規律性没有反映到行动的人的脑子里去，沒有构成他的思想或知識的內容，那末这种行动是一定不能达到目的的。革命运动中所謂主观指导犯錯誤，就是指的这种情形。馬克思主义所以成为革命的科学知識，就是因为它正确地反映了客观世界的实际規律，它是客观的眞理。一切反馬克思主义的思想，所以都是錯誤的东西，就是因为它們不根据于正确的客观規律，完全是主观的妄想。有人說，一般公认的就是客观眞理，主观唯心論者波格达諾夫这样說。照这种意見，那末，宗教和偏见一定是客观眞理了，因为宗教和偏见虽然实质上是謬見，可是却常常为多数人所公认，有时正确的科学的思想反不及这些謬見的普及。唯物辯証法根本反对这种意見，认为只有正确地反映客观規律性的科学知識，才能被称为眞理，一切眞理必须是客观的。眞理与謬說是絶对对立的，判別一切知識是否为眞理，唯一的着眼們是否反映客观的规律。如果不符合客观规律，尽管是一般人都承认的，或革命运动中某些说得天花乱坠的理论，都只能把它当作谬说看待。

唯物辩证法真理论的第一个问题就是主观真理和客观真理的问题，它的答复是否认前者而承认后者。唯物辩证法真理论的第二个问题，是绝对真理和相对真理的问题，它的答复不是片面地承认或否认某一方面，而是同时承认它們，并指出他們正确的相互关系，即指出它們的辩证法。

唯物辩证法在认识客观真理时，就是承认了绝对真理的。因为当我們说知识的內容是客观世界的反映时，这就等于承认了我們知识的对象是那个永久的绝对的世界。"关于自然之一切真理的认识，就是永久的无穷的认识，因此它实质上是绝对的。"（恩格斯）然而客观的绝对的真理不是一下子全部成为我們的知识，而是在我們认识之无穷的发展过程中，經过无数相对真理的介紹，而到达于绝对的真理。这无数相对真理之总和，就是绝对真理的总和。但是每一科学原理的真理界限却总是相对的。绝对真理仅能表现在无数相对真理之上，如果不經过相对真理的表现，绝对真理就无从认识。唯物辩证法并不否认一切知识之相对性，但这只是指吾人知识接近于客观绝对真理的限度之历史条件性而言，而不是说知识本身只是相对的。一切科学知识跟谬说不同，它显示着描画着客观的绝对的真理，这就是绝对真理与相对真理相互关系之辩证法的见解。

有两种见解，一种是形而上学的唯物论，另一种是唯心论的相对论，对于绝对真理与相对真理之相互关系問題都是不正确的。

形而上学的唯物论者，根据于他們"物质世界无变化"的形而上学的基本原则，认为人类思维也是不变化的。即认为在人的意识中这一成不变的客观世界，是一下子整个被摄取了。这就是说，他們承认绝对真理，而这个绝对真理是一次被人获得的，他們把真理看成不动的、死的、不发展的东西。他們的错误不在于他們承认有绝对真理——承认这一点是正确的，而在于他們不了解真理的历史性，不把真理的获得看作一个认识的过程。不了解所謂绝对真理者，只能在人类认识的发展过程中一步一步地开发出来，而每一步向前的认识，都表现着绝对真理的內容，但对于全部真理来说，它具有相对的意义，并不能一下子获得绝对真理的全部。形而上学的唯物论关于真理的见解，表现了认识论的一个极端。

认识論中关于真理问题的再一个极端，就是唯心论的相对论。他們否认知识之绝对真理，只承认它的相对意义，他們认为一切科学的发明，都不包含绝对真理，因而也不是客观真理，真理只是主观的与相对的。既然这样，那末一切谬说就都有存在的权利了，帝国主义侵略弱小民族，統治阶级剥削劳动群众，这些侵略主义与剥削制度也就是真理，因为真理横直只是主观的与相对的，否认客观真理与绝对真理的结果，必然到达这样的結論。并且唯心论的相对論，他們的目的本来就是为着要替統治阶级作辩护的，例如相对論的实用主义（或实验主义）之目的就在于此。

这样看来，不論是形而上学的唯物论，或是唯心论的相对論，都不能正确解决绝对真理和相对真理的相互关系的问题。只有唯物辩証法，既給思维与存在相互关系問題以正确的解答，并且随之而来又确定了科学知识的客观性，再则，还同时給了绝对真理相对真理以正确的理解。这就是唯物辩証法的真理論。

（十一）实　践　論（略）
第三章　唯　物　辯　証　法

前面簡述了"唯心論"与"唯物論"及"辯証法唯物論"两个問題。关于辯証法問題，仅有概略的提到，现在来系統地讲述这个問題。

馬克思主义的世界观（或叫宇宙观）是辯証法的唯物論，不是形而上学的唯物論（或机械的唯物論）这一点区別，是一个天翻地复的大問題，世界是一个什么样子的，从古至今有三种主要答案。第一种是唯心論（不管是形而上学的唯心論或辯証法的唯心論）說世界是心造的，引伸起来又可以說是神造的。第二种是机械唯物論，否认世界是心的世界。說世界是物质的世界，但物质是不发展的，不变化的。第三种是馬克思主义的答案，推翻了前面两种，說世界不是心造的，也不是不发展的物质而是发展的物质世界，这就是辯証法唯物論。馬克思主义这样的看世界，把世界在从来人眼睛中的样子翻轉了过来，这不是天翻地复的大議論嗎？这世界是发展的物质世界这种議論，在西洋古代的希腊就有人說过了，不过因为时代限制，还只简单地籠統地說了一說，叫做朴素的唯物論，沒有（也不可能有）科学的基础，然而議論是基本上正确的。黑格尔制造了辯論的唯心論，說世界是发展的，但是心造的，他是唯心发展論，其正确是发展論（即辯証法）其錯誤是唯心发展論。西洋十七、十八、十九世紀法德等国的资产阶級唯物論，即机械观的唯物論，他們說世界是物质世界，这是对的，就是依机械一样的运动，只有增减或位置的变化，沒有性质上的变化，这是很不对的，馬克思继承了希腊朴素的辯証唯物論，改造了机械唯物論和辯証唯心論創造了从古以来沒有过的，放在科学基础上的辯証唯物論，成为全世界无产阶級及一切被压迫人民革命的武器。

唯物辯証法是馬克思主义的方法論，是认識的方法，是理論的方法，然而它就是世界观，世界本来是物质发展的世界，这是世界观；拿了这样的世界观轉过来去看世界，去研究世界上的問題，去指导革命，去做工作，去从事生产，去指揮作战，去議論人家长短，这就是方法論，此外并沒有什么单独的方法論。所以在馬克思主义手里，世界观和方法論是一个东西，辯証法，认識論，論理学也是一个东西。

我們要系統地来讲唯物辯証法，就要讲到許多唯物辯証法的許多問題，这就是它的許多范畴，許多規律，許多法則（这几个名詞是一个意思）。

唯物辯証法究竟有什么法則呢？这些法則中那些是根本法則，那些是附从于根本法則而又为唯物辯証法学說中不可缺少，不可不解决的方面、側面或問題呢？所有这些法則为什么不是主观自造的，而是客观世界本来的法則呢？对于这些法則的学习和了解是为了什么呢？

这个完整的革命的唯物辯証法学說，創造于馬克思与恩格斯，列宁发展了这个学說，到了现在苏联社会主义革命与世界革命时期，这个学說又走上新的发展阶段，更加丰富了它的內容，这个学說中包含的范畴首先是如下各项：矛盾統一法則、质量互变法則、否定之否定法則。

以上是唯物辯証法的根本法則。除古希腊的朴素唯物論曾經简单地无系統地指出了

63

这些法则的某种意义，及黑格尔唯心地发展了这些法则外，都是被一切形而上学哲学（所謂形而上学哲学，就是反发展論的学說）所否定了的，只有馬克思，恩格斯才唯物地改造了黑格尔的这些法则，成为馬克思主义世界观与方法論之最基本的部分。

唯物辯証法所包含的范畴除上述根本法则外，同这些根本法則联系着，还有如下各范畴：

本质与現象。形式与內容。原因与結果。根据与条件。

可能与現象。偶然与必然。必然与自然。鏈与环等等。

这些范畴，有些是从来形而上学哲学及唯心辯証法所着重研究过的，有些是从来哲学片面地研究过的，有些则馬克思主义新提出的。这些范畴，在馬克思主义的革命理論家与实践家手里，揭发了从来哲学唯心的及形而上学的外衣，克服其片面性，发现了它們的真实形态并且随着时代的进步，极大地丰富了它們的內容，成为革命的科学方法論中重要的成份，拿这些范畴同上述根本的范畴合在一起，就形成一个完整的深刻的唯物辯証法的系统。

所有这些法则范畴，都不是人的思想自已造出来的，而是客观世界本来的法则。一切唯心論都說精神造物质，那末，在它們看来，哲学的法则，原则，规律或范畴，自然更是心造的了，发揮了辯証法系统的黑格尔就是这样去看辯証法的。在他看来辯証法不是从自然和社会的历史中抽出来的法则，而是純粹思想上理論系統，人的思想造出了这一套系统之后，再把它們套在自然和社会上去。馬克思恩格斯揭去了黑格尔的神秘外衣，丢开了它的唯心論，把辯証法放在唯物論的地位。恩格斯說："辯証法的法规是从自然和人类历史抽取出来的，但他們幷非别的，就是这两个历史发展領域的最普遍的发展法則，就实质論，就可以归納为质量互变，矛盾统一，否定之否定这三个根本法则"辯証法法则是客观世界的法则，同时也是主观思想里头的法则。因为人的思想里头的法则不是别的，就是客观世界的法则通过实践在人类头脑中的反映。辯証法、认識論、論理学是一个东西，前面已經讲过了。

我們学习辯証法是为了什么呢？不为别的，单单为了要改造这个世界，要改造这个世界上面人与人，人与物的老关系。这个世界上面的人类大多数都过着苦难日子，受着少数人控制的各种政治經济制度的压迫。在我們中国这个地方生活着的人类，受着惨无人道的双重性制度的压迫——民族压迫与社会压迫，我們必须改变这些老关系，爭取民族解放与社会解放。

要达到改造中国与世界的目的，为什么要学习辯証法呢？因为辯証法是自然与社会的最普遍的发展法则，我們明白它，就得到了一种科学的武器，在改造自然与社会的革命中，就有了同这种实践相适应的理論同方法。唯物辯証法本身是一种科学（一种哲理的科学），它是一切科学的出发点，又是方法論。我們的革命实践本身也是一种科学，叫做社会科学或者政治科学。如果不懂得辯証法，则我們的事情是办不好的，革命中間的錯誤无一不是违反辯証法的，但如果懂得了它，那就能生出絕大的效果。一切做对了的事，考究起来，都是合乎辯証法的，因此一切革命的同志們首先是干部，都应用心地研究辯証法。

有人說，許多人，懂得实际的辯証法，而且也是实际的唯物論者，他們虽沒有讀过辩証法书，可是做起事来是做得对的，实际上合乎唯物辩証法，他們就沒有特別研究辩証法的必要了，这种話是不对的。唯物辩証法是一种完備的深刻的科学，实际上具有唯物的与辩証的头脑之革命者，他們虽从实践中学得了許多辩証法，但是沒有系統化，沒有如同已經成就的唯物辩証法那样的完備性与深刻性，因此还不能洞察运动的，远大前途，不能分析复杂的发展过程，不能捉住重要的政治关节，不能处理各方面的革命工作，因此仍有学习辩証法的必要。

又有人說，辩証法是深奥难懂的，一般人沒有学会的可能，这話也是不对的。辩証法是自然，社会与思維的法則，任何有了一些社会經驗（生产与阶級斗爭的經驗）的人，他就本来了解了一些辩証法，社会經驗更多的人，他本来了解，将这种常識辩証法加以整理与深造，是并不困难的。辩証法之所以使人覺得困难是因为沒有善于讲解的辩証法书，中国許多辩証法书，不是錯誤就是写得不好，或不大好，使人望而生畏。所謂善于讲解的书，在于以通俗的言語，讲亲切的經驗，这种书将来总是要弄出来的。我这个讲义也是不好的，因为我自己还在开始研究辩証法，还沒有可能写出一本好书，也許将来有些可能，我也有这个志願，但要依研究的情形才能决定。

以下分述辩証法的几个法則。（略——見《矛盾論》）

在中共中央举行的庆祝吴玉章同志六秩寿大会上的祝詞

1940年

今天大家欢聚一堂，为吴老祝寿，想起我在两年前为徐老祝寿时的感想，我那时就說过，我們替他祝寿，不是无原因的。記得我在小的时候，很不喜欢老人，因为他們是会欺負青年人的，青年人誰沒点錯誤呢？但是你，錯不得，他們对你是很凶的。一切事情，小孩子和青年人是沒有发言权的。中国的青年人受封建家庭封建社会的苦太大了。但是现在世界改变了，青年人喜欢老年人。就象我們的吴老、林老、徐老、董老、謝老都是很受青年們欢迎的。为什么有这个轉变呢？因为这些老同志不但不欺負青年人，而且非常热心的帮助青年，他們的行为是为青年模范，所以青年都十分敬爱他們。党外也有許多受青年尊敬的老人，例如馬相伯就是一个，他做寿时我們共产党还打了賀电去，因为他是主张抗日与民主政治。人总是要老的，老人为什么可貴呢？如果老就可貴，那末可貴的人就太多了。因此我們一生要有一个标准就是說，可貴的是他一輩子总是做好事，不做坏事，做有利于人民的事，不做害人的事。如果开头做点好事，后事又做坏事，这就叫做沒有坚持性。一个人做点好事并不难，难的是一輩子做好事，不做坏事，一貫的有益于广大群众，一貫的有益于青年，一貫的有益于革命，艰苦奋斗几十年如一日，这才是最难最难的呵！我們的吴玉章老同志就是这样一个几十年如一日的人。他今年六十岁了。他从同盟会到今天，干了四十年革命，中間顛沛流离，艰苦奋斗始終不变，这是最不容易的呵，从同盟会中留到今天的人已經不多了，而始終为革命奋斗，无論如何不变其革命节操的更没有几个人了。要这样做，不但需要有坚定正确的政治方向，而且需要艰苦奋斗的精神，不然就不能抵抗各种恶势力恶风浪，例如死的威胁，餓飯的威胁，革命失败的威胁等等。我們的吳玉章同志就是經过这样无数风浪而来的。因此，我們要学习他的各方面的好处，但特别要学习对于革命的坚持性。这是最难能可貴的一件事，这是我們党的光荣，这是中国革命的光荣。我們今天大家欢欢喜喜富庆祝他六十生日，我想主要的意义是在这里。

載1940年1月24日《新中华报》

在东方反法西斯大会上的講話 （摘录）

1941年10月30日

这个会一定开得很好，今天报告和討論一定有很大的收获，各民族都能团結起来，共同对付日本帝国主义，是很好的現象。我想大会的主要目的就是团結，促进各民族团結，共同打倒法西斯；日本和希特勒之所以能小丑跳樑，猖獗一时，就是因为他們抓住我們的弱点，这弱点就是不团結，在中国，在东亚，在全世界都有过这个弱点。

現在中国就因为是团結的，所以才能抗战，但是还团結得不够，因为有一部分人表面打日本，暗中破坏团結；另一种人，一面抗战，一面磨擦。这两种人是不同的，前一种人是汉奸，后一种人是不懂得大势。延安是专讲团結的地方，这里有清眞寺，有蒙古文化促进会，有民族学院……这里能够举行反法西斯的民族大会。

今后还有更大的仗要打，法西斯野心很大，力量还有，还要更疯狂的侵略，希特勒在英美苏的大团結中，到处乱打，自然在战争中，都有困难存在，所以同法西斯斗爭还有一个困难时期，这一点大家要看清楚，现在只有五六分困难，十分困难还在后面。这个会很有意义，莫斯科和远东都在开会，我們这个会也为的克服困难。我的看法，法西斯占地越多，危险也越大，如拿破仑，如馬其頓王亚历山大，如蒙古……現在只要我們团結，把法西斯一只手一只脚的撕碎是不难的，日本正要向南北侵略，大体上是要来的。……現在我們有三条統一战綫，一条是中国的抗日民族統一战綫，一条是东方的ABCD陣綫，一条是英美苏的联合行动，有这三条統一战綫，法西斯一定会打倒的。我們要了解情形克服困难，不要害怕，要有信心，革命的人民是活的，在历史上是有生命的，法西斯是会死亡的，人民大众的斗爭，必须經受困难，才能走向胜利。

法西斯快要死了，我們人民正在青春少壮时代，今天全世界反法西斯需要实际工作，研究問題，加紧学习……甚至多种一点小米都是好的。不要夸夸其談，法西斯是沒有灵魂的，我們是有灵魂的，我們紧拉着手，团結起来，亲爱互助，那么就会把法西斯活活挤死了。我庆祝大会成功，讲平等，讲亲爱团結。

广 播 演 說

1941年11月7日

如同中国共产党所曾再三指出的，目前全世界人类的任务是团结起来反对法西斯，而全中国人民的任务则是团结起来反对日本的进攻，现在这两种团结都有大大加强的必要。

站在人类的立場上，我们以为英国和美国应該用一切方法拿更多的飞机坦克来供給苏联，拿更多的經費和武器来援助中国，拿更大的力量来援助在德意蹂躪下的各国人民的起义。美国应該毫不躊躇的向德国宣战，这是一个絕对不可迴避也不应迴避的步驟，实现得愈迟就只有让德国炸沉更多的美国船。同时，美国絕不应听信日本的阴謀，与日本訂立任何的妥协，美国应和中国及英国一道，以实力制裁日本法西斯。很显然的，我們的这种希望是和英国美国大多数人民的希望相符合的，可惜在这两个国家的政府和国会方面，都还有一部分不明大义的人，阻挠着人民的意志的实现。因此，英美的人民现在必须努力去战胜这种时代的障碍，把世界反法西斯的斗争推向更高的阶段。

中国的情形，同样处在向前更进一步的轉折点，日本法西斯虽然同时在准备着南进和北进，但是无論他們采取那一条冒险的道路，西进以求消灭中国是必然的。日本在晋察冀边区和长沙，郑州等地遭遇失败以后，现在正准备着对中国的新的进攻，我們全国的人民和全国的軍队，一定要保卫我們每一个抗日陣地，一定要打碎敌人的进攻阴謀，全国人民一定要更好的团结起来，拥护国民政府坚持抗战到底，准备一切反攻的条件，以便及时的驅逐日本强盗出中国。我們共产党人一向是呼吁加强团结的，处在这个敌人新进攻的前夜，改善抗战营垒中各方面的相互关系，更为迫切的需要。我們希望国民党当局能够迅速地当机立断，为了这个目的迅速地采取各种必要的措置。我們相信，只要全国真正的团结一致，日本的进攻必能阻止，反攻的准备必能办到，驅逐敌人的目的是必能实现的。

庆祝紅軍二十四周年

1942年2月18日

今年二月二十三日是苏联紅軍廿四周年紀念日。当这个日子到来时，特别使人回想起紅軍誕生的时候，紅軍是在反对德国帝国主义对列宁格勒的进攻中間誕生的，而今天的紅軍又正在与德国法西斯侵略者进行着决死的斗争，但也正是今年，紅軍的力量不但比它刚刚誕生的时候不知强大到若干倍，就是比它在去年六月廿二日以前也更加强大的了。现在的紅軍，在它自己的历史上是最强大的，經过了八个月战斗的鍛炼，又已經被証实是全世界最强大的軍队了，当此全世界划分为法西斯和反法西斯两大陣綫并进行着最后决战的时候，紅軍便是人类絕大絕大多数的主要希望所寄。今年的紅軍紀念日，乃

67

是全人类共同庆祝的节日。我們中国人民将更加热烈的庆祝这个节日，则是因为紅軍達在一九二五年的时候就是中国民族解放事业的忠实援助者，在五年的抗日战争中，紅軍又給了我們以最大的鼓励和援助，而中国最后战胜日本的主要援助者，又将期待于紅軍。紅軍目前正发展着胜利的反攻以打击希特勒，希特勒军队虽还没有退出苏联領土，但是离它崩潰之日已不远了。日本法西斯在不久的将来有进攻苏联的危险，紅軍须准备对付两面的敌人，但是我們完全柜信，日本法西斯如果敢于冒险，它是一定要失败的。有种种因素可以預断，一年之内会把希特勒打败，两年之内会把日本法西斯打败。这种种因素，便是苏联、英国、美国、中国和其他一切反法西斯的人民，而苏联便是这一切国家的模范。紅軍的历史說明了一个无可置辯的眞理：只有与人民群众相联系的武力才是不可战胜的力量。宣揚和学习这个眞理，依然这个眞理来加强反法西斯的战斗，使反法西斯的胜利快一些到来。这便是全中国人民和全世界人民在庆祝紅軍廿四周年中的任务。

在解放日报改版座談会上的講話（摘录）

1942年4月2日

共产党的路綫，就是人民的路綫。现在共产党推行抗日民族统一战綫的政策，就是合乎人民公意的政策。在执行这个政策中，常常要遇到許多障碍，比如主观主义宗派主义党八股等。为了糾正这些不良作风，我們提出了整頓三风。但要达此目的，非有集体行动，整齐的步調，不能成功。今天恐个会，大家发表了許多意见，今后就可在共同的目标上，一致前进。

利用解放日报，应当是各机关經常的业务之一。經过报纸把一个部門的經驗传播出去，就可推动其他部門工作的改造。我們今天来整頓三风，必须要好好利用报纸。关于整頓三风问题，各部門已开始热烈討論，这是很好的现象。但也有些人是从不正确的立場說話的，这就是絕对平均的观念和冷嘲暗箭的办法。近来頗有些人要求絕对平均，但这是一种幻想，不能实现的，我們工作制度中确有許多缺点，应加改革，但如果要求絕平均，则不但现在，将来也是办不到的。小資产階級的空想社会主义思想，我們应該拒絕。

批評应该是严正的尖銳的，但又应该是誠恳的，坦白的，与人为善的。只有这种批評态度，才对团結有利。冷嘲暗箭，则是一种銷蝕剂，是对团結不利的。

答晋西北士紳問（摘录）

1942年7月9日

問：抗战胜利后，国内团結問题如何？

答：……中国共产党，不仅在抗战中坚持团結抗日，在胜利之后，也是要坚持团結建国的。……人民普选的参議会，与三三制的民主政权，乃团結各个阶级共同抗日最好的政治形式，战后自然更须要贯彻这种精神，团结各个阶级的人民，共同建設民主共和的新中国。

战后中国，必定是民主的中国，农工商学兵各界，都要继续团结，方能达此目的。

电贺英工人日报复刊

1942年8月31日

英国工人日报：

我們热烈庆贺工人日报的启封，并坚信复刊后的工人日报将继续是团结动员英国一切力量，战胜納粹主义的号角。工人日报的复刊，不仅是英国政治生活中的重大事，而且也是在世界范围内击败法西斯主义的有力因素。

我們庆祝你們的成功，和日益接近的反法西斯事业的最后胜利。

中国共产党中央委員会

毛 泽 东

1942年8月31日

給王观瀾同志的一封信

既来之，则安之，自己完全不着急，让体內慢慢生长抵抗力和它作斗争，直至最后战而胜之，这是对付慢性病的方法。就是急性病也只好让医生处治，自己也无所用着急，因为总是急不好的。对于病，要有坚强的斗争意志。但不要着急。书之供王观瀾同志参考。

毛 泽 东

十二月十六日

給抗大領导同志的一封信

此次毕业必須发給《解放》五十七期，六中文件，并需加以討論之后，才走为好。需要多少，速去徐冰处交涉領取，先取少数每队发二、三本也好。卅号下午中央书記处开会，一号下午的毕业会我准备到，二号可以来讲六中全会的总結。

此 致

敬 礼

毛 泽 东

七月廿九日晚十时

电贺苏联紅軍节二十五周年

1943年2月22日

斯大林同志、联共中央和紅軍的将士們：

中国共产党中央委員会代表全党同志与中国人民热烈地庆祝紅軍成立的廿五周年与紅軍反攻的伟大胜利。

經过了廿五年的奋斗，特別是經过了廿个月的反法西斯侵略的奋斗，紅軍节已經由国际劳动群众的"狂欢节"发展为全人类的"狂欢节"。五大洲一切民族爱好自由的人民，都已由亲身的經驗，一致公认紅軍和苏联人民是抵抗法西斯暴力的中流砥柱，是創造新的和平世界的急先鋒。紅軍近三个月来的攻势，在全世界到处都引起欢呼和贊美。全世界到处都在研究着紅軍胜利的軍事和政治敎訓。紅軍的攻势，无疑是历史上空前的，并且其规模和速度还在不断加大，紅軍从十一月十九日在伏尔加河上的危城发动反攻，三个月后就一跃而至六百多公里以西的德涅泊河附近。紅軍将希特勒匪徒完全驅出国境，只是时間問題了。自从紅軍开始对德战争，世界形势就已經发生了显著的变化，现在由于紅軍的胜利，新世界未来面目已更加明朗，更加确定了。一切形式的法西斯制度和法西斯思想，已經在全世界永远失去存在的余地。民族的自由，政治的民主已經成为新世界的确定不移的原則，我們中国人民欢迎这个新时代的到来，我們欢迎全世界一切反法西斯力量为争取这个新时代的团結和努力。与紅軍的胜利同时，英美在北非，美国在太平洋，也都得到了重要的胜利，英美正在积极准备实踐欧陆第二条战綫的諾言，对于中国、美、英都废除了不平等条約。中国人民对于这个时代的首要任务就是更加团結自己，准备象紅軍驅逐德国侵略者一样地驅逐日本侵略者。我們相信，由于中国人民的团結奋斗，由于苏联、英、美的胜利和对于中国的援助，我們也一定能够轉入反攻并取得最后胜利的。

紅軍和紅軍的最高統帅斯大林万岁！

反法西斯侵略战爭的胜利万岁！

中苏英美的团結万岁！

中国共产党中央委員会

毛 泽 东

关 于 批 評 彭 德 怀

1943年4月《关于民主敎育的談話》的一封信

你在两个月前发表的"关于民主敎育的談話"，我們觉得不妥。兹我的意見列下：

例如談話从民主自由平等博爱的定义出发，而不从当前抗日斗爭的政策需要出发。又如談話不强調民主是为着抗日的，而强調是为着反封建，不說言論出版自由是为着发动人民的抗日积极性与爭取并保障人民的政治經济权力，而說是从思想、自由的原則出发。又如不說結社自由是为着爭取抗日胜利与人民政治經济权利，而說是为着增大类互相团結与有利于文化科学发展。又如沒有說汉奸与破坏抗日团結分子应剝夺其居住迁涉、通訊其它任何政治自由，而只籠統說人民不应受任何干涉。其实现在各根据地的民主、自由对某部分人是太大，太无限制，而不是太少，太小与太有限制。故中央曾在去年十一月公布关于宽大政策的解释，强調鎭压反革命分子的必要。你在談話中采取此种方針。又如在现在各根据地上提倡实行复决权，不但不对而是做不到的。又如說在法律上，决不应有不平等规定，而未将革命与不革命加以区別。又如在政治上提出已所不欲，勿施于人的口号是不适当的。现在的任务，是用战争及其它政治手段打倒敌人。现在的社会基础是商品經济，这上者都是已所不欲，而施于人。只有在阶级消灭以后，才能已所不欲，勿施于人的原則，消灭战争、政治压迫与經济剝削。目前中国各阶级間，有一种为着打倒共同敌人的互助，但是不仅在經济上沒有废止剝削，而且在政治上沒有废止压迫（例如反共等）。我们应該提出限制剝削与限制压迫的要求，并且强調团結抗日，但不应該提出一般的絕对的超阶级（已所不欲，勿施于人）的口号。又如說西欧民主运动是从工人减少时間开始，并不符合事实等。

你前說的《党內生活》已收到。俟研究后如有意見再告你。

毛泽东

六六

关于共产国际解散問題的报告

1943年5月26日

共产国际为什么要解散呢？难道它不是为全世界工人阶级謀解放和为反法西斯战争尽力的么？

是的，共产国际是列宁亲手創的。在它存在的整个历史时期中，在帮助各国組織員正革命的工人政党上，在組織反法西斯战争的伟大事业上，有其极端巨大的功劳。"共产国际在中国人民中的影响，是很大的。其原因就在于中国虽然是經济落后的国家，却在二十二年中連續不断地进行了三个巨大的革命运动，而共产国际对这三个革命运动都做了很大的帮助，这就是北伐战争、土地运动和抗日战争。"……"这就足以証明共产国际对中国革命的援助和在中国人民中的影响是何等巨大，再不必說以后的土地革命和近年的抗日战争了。

革命运动是不能輸出也不能輸入的。虽然有共产国际的帮助，中国共产党的产生及其发展，乃是由于中国本身有了觉悟的工人阶级，中国工人阶级自己創造了自己的党——中国共产党。中国共产党虽然还只有二十二年的历史，但却进行了三次伟大的革命运动。

馬列主义的原則，革命的組織形式应該服从革命斗爭的需要，如果組織形式已經与斗爭的需要不相适应时，则应取消这个組織形式。现在共产国际这个革命的組織形式，已經不适合斗爭需要了。如果还继續保存这个組織形式，便反而会妨碍各国革命斗爭的发展。现在需要的是加强各国民族共产党，而无須这个国际的领导中心的必要了。其所以如此，主要的是由于以下三个理由：第一、因为各国內部与各国之間的情况，比之过去更为复杂，其变化也更为迅速。统一的国际組織，无法适应这种非常复杂而且迅速变化的情况。正确的领导，要从仔細研究情况出发，这就更加要有各国共产党自己来做。远离各国实际斗爭的共产国际，在过去情况比較單純，变化比較还不很迅速的时候是适合的，现在就不适合了。第二、法西斯强盗在法西斯集团与反法西斯集团各民族之間划分了深刻的鴻沟，反法西斯国家中有社会主义的，資本主义的，殖民地，半殖民地的各种类型的国家，法西斯及其附庸国中也有很大的差別，此外还有各种情况的中立国。为了迅速地与有效地組織一切国家的反法西斯斗爭，国际性的集中組織，早已感到不太适宜，这种情况，至近来乃特別显著。第三、各国共产党的领导干部已經成长起来，他們在政治上已經成熟。中国共产党經过三次革命运动，这些革命运动是連續不断的，是非常复杂的，甚至比之俄国革命还要复杂。在这些革命运动中，中国共产党已經有了自己的身經百炼的优秀干部。自一九三五年共产国际第七次世界大会以来，共产国际即沒有干涉过中国共产党的內部问题，而中国共产党在整个抗日民族的解放战爭的工作是做得很好的。

反法西斯同盟各国的一切正义人士，对此举动（指解散共产国际）都交口称誉。但是法西斯国家却不同，一切血腥的侵略者，过去曾經訂立过“反对共产国际”协定的，现在却似乎不愿意共产国际的解散，你們看奇怪不奇怪呢！他們都异常狼狽地指責共产国际的解散。在同盟国中，例如斯托哥尔姆与伦敦两地社会民主党中的頑固派分子，从前以“受共产国际指令”为理由，拒絕該共产党加入該党，现在却又不欢迎共产国际的解散，也算一件小小的怪事。

现在全世界一切反法西斯国家的任务，在于使工人阶级归于统一，以便有力地迅速地打敗法西斯此种工人阶级中的頑固派，因为共产国际的解散失去了他們的借口，他們就很不高兴，甚至說各国共产党也应该解散。中国也許会有这一类毫无常識的議論出现，我們且看一看吧。但是我相信：全中国大多正义人士是不会附和这种議論的，其理由，就是因为这种議論，缺乏任何起碼的常識。共产国际的解散，不是为了減弱各国共产党，而是为了加强各国共产党，使各国共产党更加民族化，更加适应于反法西斯战爭的需要。我党近年的整风运动，反对主观主义、宗派主义和党八股这些不好的东西，就正是为了使中国共产党更加民族化，更加适合抗战建国的需要。

现在共产国际沒有了，这就增加了我們的責任心。每个同志都要懂得自己負担了极大的責任。从这种責任心出发，就要发挥共产党人的创造力。我們正处在艰难的民族解放战爭中，八路军新四军在敌人后方抗拒着极其强大的敌人，我們的环境艰苦，战爭的时间还很长。但是这种长期的艰苦的斗爭，正好鍛炼我們自己，使我們用心地想一想，絕不粗枝大叶，自以为是；使我們认眞去掉主观主义、宗派主义以及老一套的党八股作风，而拿出完全的負責的态度与高度的创造力来。

在七一干部晚会上的讲話 (摘录)

1943年7月1日

今天是紀念党的二十二周年和抗战的六周年。现在，全世界全中国一切反法西斯力量，全世界各国共产党和我們中国共产党，任务都只有一个，这就是打败人类公敌法西斯侵略者德意日。

中国抗战已經六年，就时間来說，比别国都更长些，一年以来，世界战争的形势已經有了根本的改变。过去是全世界各国被法西斯进攻，法西斯則主动的进攻世界的一切国家，并且在进攻中打胜仗和压迫反法西斯国家。这就是过去的情况，就是說，是一种不利的，艰难困苦的情况。现在的情况就根本不同了，起了根本的变化了。这个变化是在过去一年中发生的。苏联冬季攻势的胜利，英美在北非的胜利，太平洋上英美的胜利，和中国抗战的坚持六年，就是造成这个根本变化的原因。其中特别是斯大林格勒的大胜利，起了轉变形势的主要决定作用。过去，法西斯侵略者非常猖獗，主动权掌握在他們手里，现在，法西斯侵略者已經丧失了主动权，主动权到了同盟国的手里了。今后的問題，是要解决法西斯。这个解决要分两步，先解决德国，然后解决日本。往后的一年，是欧洲决战的一年。去年我們曾經說过，欧洲在一九四二年即可决战，但是因为欧陆第二条战綫沒有开辟，因此沒有实现。今年的关键还是这个欧陆第二条战綫，如果愈早建立起来，胜利也就愈早到来。

过去我們指出趋势，指出可能性。我們共产党时时这样指出，为的使大家在困难中看到光明的前途。现在盟国的被动状况已經結束，轉到了主动。所以过去仅是可能的东西，今天就要轉变为现实的东西了，今天欧洲还沒有第二条战綫，但此事成为现实，一定是不会很久的了。这是今天全世界人类努力的目标。

对于中国战场，打倒了大头子希特勒，則二头子日本法西斯亦一定被打倒，大后方有一部分人，弄不清楚，不贊成先打倒希特勒，这是不对的。现在全世界結成了整个反法西斯战綫，任何国家都非孤立作战，所以在决定战略的时候，不应从一个单独国家的眼前利益来看，要看先打什么对于整个反法西斯陣綫最为有利。这样一看，就可以知道打倒了希特勒，解决日本便会是很順利。可以断定，过去我們所指出的光明前途，现在接近实现了。

（毛泽东同志继之总結中国共产党的二十二年，他把第一次世界大战时的世界与第二次世界大战时的世界作一比較，又把二十二年前的中国与現在的中国作比較。他指出：）从这种比較中得出的結論，就使我們对光明的新世界和光明的新中国加强信心，我們就知道世界将向那个方向去，中国将向那个方向去，是否世界将很快成为光明的世界，中国将很快成为光明的中国

（毛泽东同志首先比較了两次世界大战）三十年来世界上爆发了两次空前規模的战爭，乃是世界經济发展的必然結果。第一次世界大战曾被列宁正确地預見了。而預見第二次世界大战的乃是斯大林，他們的正确預見，証明了馬列主义乃是真正的科学真理。

第一次世界大战，是非正义的战争，是帝国主义战争，那时世界上还只有一个俄国的布尔什維克党和别国的很少数人是眞正的共产主义者，而那时各国的社会民主党，其領袖都是贊成帝国主义战争的。其党员则最大多数是还不觉悟的。这是三十年前的情形。

第二次世界大战，世界的面貌全变了，同盟国中有社会主义的国家，有資本主义的国家，有殖民地半殖民地，同盟各国的共产党都参加了这个战争，这是一个正义战争。仅在第一次世界大战时的第三年才由俄国的布尔什維克党建立了社会主义国家——苏联，相隔不过二十多年，现在变成了全世界人类反法西斯战争中的主角，沒有苏联紅軍，苏联人民和苏联領导者斯大林，沒有斯大林格勒一战，人类的命运还在不可知之数。有了一个列宁斯大林所領导的布尔什維克党，旧的俄国变成了社会主义苏联，世界上有了这一块社会主义国家的領土，就影响整个世界，以至现在成为世界人类反法西斯的主角。

再就全世界共产主义运动来說，一九一七年十月革命胜利之后，一九一九年共产国際成立，于是在东方，中国共产党于一九二一年成立，日本共产党于一九二二年成立，印度共产党于一九三三年成立。我們中国共产党在二十二年前举行第一次代表大会。到会的只有十二个代表，现在却已經成了这样的大政党。

中国共产党在其自己經历的二十二年中已經干了三次大的革命运动，现在则协同全国人民組織统一战綫。集中力量对付日寇。我們现在絕非只有孤立的一个党，而有全国的人民，有全世界人民和我们一起反对法西斯，有日本共产党和印度共产党和我們一起反对日本帝国主义。（毛泽东同志嘲笑日本匪首东条英机說：）"十亿民众，但这十亿民众都是反对日本法西斯的。中国的四万万五千万人，印度的四万万人，南洋的一万万人，日本朝鮮台湾的一万万人，实际上都是反对日本法西斯的。……我們久处山中，希望来延的崗野进同志多多指教我们，现在是为了联合打倒日本法西斯的需要，将来是为了建立新中国与日本。

（比较现在的中国与第一次世界大战时的中国）那时的中国沒有共产党，人民不觉悟到这样的程度，以致外国人有好坏两种还分不清，还不知道将外国人区别为帝国主义者与善良的工农。那时馬克思主义已經产生了七十年，但我国还不知道它，学校里教员讲哲学、經济学、社会学时，連馬克思的名字也不知道。那时中国已經有了旧民主主义的文化，但新民主主义的文化，新民主主义的文学艺术则还沒有。那时甚至还不承认白話文。第一次世界大战，中国也是参战国之一，可是只替帝国主义者帮了忙，自己的半殖民地地位却不但未改变，反而加深了。

现在的中国，则是抗战的中国，人民觉悟到参加反法西斯的国際陣綫来与法西斯作战，有了共产党，文化也进步了，我們常常把我們眼前的許多进步事情当作家常便飯，其实，比起从前来，乃是改朝換代的大变化。

由此可见，不仅在抗战問题上，六年来起了根本的变化，而且就三十年前后的世界与中国来說，也有着两种根本不同的情景，那是翻天复地的大进步。这种进步，是人类用自己的手造出来的。这一次的反法西斯战争，必然要造出一个更加进步的世界，一个更加进步的中国来，法西斯想拉着世界往后退，那是不行的。向前进步，这就是我们的大方向。

有了方向还要有政策，政策可分全国的和边区与敌后抗日根据地两部分来说，关于全国的政策，党中央抗战六周年的宣言中，提出了四条向政府建议，这就是"加强作战"、"加强团结"、"改良政治"、"发展生产"。至于抗战胜利之后怎么办，我党去年七七宣言中已经说得很清楚，我们希望与各党各派继续合作，共同建国。

我国抗战，现在有正面与敌后两个战场，敌后战场的斗争非常残酷，我们共产党在那里是做了工作的，几年以来，我们创造了许多新东西，例如反"扫荡"、反"蚕食"、精兵简政，拥政爱民、拥护军队，生产运动，整顿三风等等都是。对于别的地方，看见有缺点，我们只有建议，但在边区与敌后则不然，我们可以自己动手，所以应当把工作做得更好些。

（毛泽东同志把抗战六年来党在敌后与边区的政策，分做两个时期来总结。第一个时期，是抗战开始后的四年半，到1941年底为止。第二个时期，是最近的一年半。）

在第一个时期中，党的注意力，放在下列问题上：如何组成抗日民族统一战线，如何发动群众，如何与友军抵抗日军的战略进攻，如何创造敌后抗日根据地，以及制定各种政策，如土地政策，劳动政策，三三制政策等等，这些都是那些迫切需要解决的问题。在这四年半的后一年半中，还曾被迫去对付反共分子所发动的两次大磨擦。

在第二时期，那即近的一年半中，除了继续执行上述各项工作而外，又进行了整顿三风，精兵简政，拥政爱民与拥军运动。……整顿三风保证了党在思想上政治上的一致，和党的组织成份的纯洁。……这些工作仍须继续不懈的进行下去，藉以保证抗战的胜利，一切为了战胜敌人，为了克服现在的困难，迎接将来的光明。

电贺十月革命节

1943年11月5日

斯大林同志，苏联共产党中央委员会和苏联全体军民：

我代表中国共产党和中国人民热烈地庆祝十月革命的二十六周年，庆祝红军在反法西斯战争中的伟大胜利，庆祝莫斯科三国会议及中国参加的四国宣言的伟大成功。二十六年来为你们的胜利所鼓午的中国人民，将永远和你们携手并进，团结一致，取得抗日民族解放战争的最后胜利。

中国共产党中央委员会

毛 泽 东

十一月五日

在庆祝十月革命节干部晚会上的讲话

1943年11月6日

今天延安开会庆祝苏联十月革命二十六周年。我们去年开庆祝会时，红军还正在为保卫斯大林格勒而奋斗。但在一年之中，红军的胜利就转变了战争的全局，由伏尔加河打到了德涅泊河，即将到来的冬季攻势，又将取得更大的胜利。没有红军，战争的局面是不能設想的。紅軍的胜利，关系于整个人类的命运，这个真理，早已是明明白白的了。同时这一年中，英美法联軍肃清了北非、西西里及意大利南部的敌人，空軍采取了攻势，配合了紅軍的作战。在东方，中国的軍队与英美軍队也打击了日本法西斯。

一星期前，英美苏三国在莫斯科所开的会議，胜利地完成了任务，这也是值得大大庆祝的。这次会議解决了許多軍事政治問題，于十一月一日发表了三国联合公报，签訂了几个有历史重要性的宣言，这次会議所討論与解决的問題中，据联合公报所說，首先最重要的，是为着縮短战爭时間，决定了确切的軍事行动計划，关于此种行动，已經有所准备。由此，我們可以想到，不久的时間内，我們将看得見第二战場的实行开辟，从东西两面夾击希特勒而打败他，决定地解决欧洲的問題。欧洲問題解决，就是折断了整个法西斯的脊骨和右手，剩下日本帝国主义这个左手，也就不难打断了。

莫斯科会議的决議中，有中国参加的四国宣言，在抗战到底的决心下，全面地規定了保障战后和平与安全的整个重要綱領，其中最重要的是規定四国在战爭中的合作，将使之在战爭后也继续实行。这样就打破了德日法西斯及各国内部的投降主义者离間英美苏中的阴謀，四国是更加密切团結起来了，战后的和平安全有了保障了。宣言中又規定战后将組織包括一切大小国家在内而以主权平等为原则的新的国际联盟，作为保障和平安全的組織形式。我們可以想到，这种新的国际联盟，将和战前的老的国际联盟（虽然在其后期有苏联参加在内，但那时不容許苏联起重要作用）大不相同，它将是真能保障和平安全的联合机构。

莫斯科会議决定了对意大利的基本原则与具体政策，其基本原则是：「法西斯主义及其所有恶势力与其所产生的事物应予完全消灭，而予意大利人民以每一机会，建立以民主原则为基础的政府机构及其他机构。」其具体政策的第一条是：「意大利政府应容納始終反对法西斯主义的意大利人民团体的代表，使其更加民主化」，第二条是：「意大利人民应完全恢复言論、宗教信仰、出版与公共集会的自由，意大利人民幷成立反法西斯的政治团体。」此外有几条是关于彻底消灭法西斯残余的，有一条是关于建立地方民主政府的。根据这些条文，消灭一切法西斯遗迹与建立有共产党参加的广泛的新民主主义意大利的方针是确定了。对意大利宣言的末尾还作了一个声明，这声明說：「本决議的内容，决非付諸实行以反对意大利人民最后选择其政治制度和权利」，这是一个原则性的声明，这就是說，将来意大利人民选择民主制度，还是选择其他更进步的制度，他們是有权利的。莫斯科会議对意大利宣言是一个范例，将来将以此对待一切法西斯国家。这是完全区别于第一次大战的东西，历史上凡尔赛的帝国主义精神被扫除了，給了战败国人民以自由解放的光明道路，这是苏联人民英美人民及各国人民的伟大国际主义精神的集中表现。

莫斯科会議宣布了奥地利脱离德国，同时責成奥国人民要为反希特勒战爭而努力。这也是一个范例，一切被法西斯吞幷的国家或地方，均将获得解放。

在三国会議上宣布了罗斯福总統，邱吉尔首相与斯大林委員长三人的宣言，在这个宣言中，規定了彻底惩办法西斯凶手的原则，一切法西斯創子手将不能倖免，同时，宣言号召：「目前尚未沾染无辜人民的血迹的人民，切勿和那些凶手同流合污，盖三国必将追寻他們至天涯海角，务使归案法办」，藉以瓦解法西斯营垒。像这样的带着深刻革命意义的宣言，也是第一次世界大战时所不能有的。

总之，三国会議的成功，确实是划时代的，它将深刻地影响到战争及战后的人类生活。人类解放的曙光已經看得見了。那些对中国人民前途及世界人民前途抱悲观見解的人們，那些抱投降思想抱无原則的人們，已經証明是完全错誤的了。

我們庆祝苏联誕生的二十六周年，我們庆祝苏联紅軍的伟大胜利，我們庆祝斯大林元帅的英明領导，我們庆祝莫斯科三国会議的划时代的成就，我們庆祝中国参加了偉大的四国宣言！我們共产党人，我們八路軍新四軍，我們全国爱国的軍民同胞，应該一齐努力，坚决拥护四国宣言，制止仍然存在的投降危险与內战危险，团結全中国一切爱国力量，打倒日本帝国主义，建立自由平等的新国家，幷以这种新国家的資格参加到新的国际合作与国际建設中去，这就是我們的期望。

在延安接見外地来延安的工作干部时的講話

你們都是从外地来到延安的，首先要习慣住延安的窑洞，也要学会住延安的窑洞。延安的窑洞是最革命的，延安的窑洞里有馬列主义，延安的窑洞能够指揮全国人民的抗日斗爭，全国人民把希望寄托在我們身上，也寄托在延安的窑洞里。

看了《逼上梁山》写給延安評剧院的信

看了你們的戏，你們做了很好的工作，我向你們致謝，幷請代向演員同志們致謝！历史是人民創造的，但在旧戏舞台上（在一切离开人民的旧文学旧艺术上）人民却成了渣滓，由老爷太太少爷小姐們統治着舞台，这种历史的颠倒，现在由你們再颠倒过来，恢复了历史的面目，从此旧剧开了新生面，所以值得庆賀。你們这个开端将是旧剧革命的划时期的开端，我想到这一点就十分高兴，希望你們多編多演，蔚成风气，推向全国去！

敬　礼

毛　澤　东

一九四四年一月九日夜

在中央办公厅招待会上的講話（摘录）

1944年5月22日

……现在无論外国和中国都为了同一的目标而奋斗，那就是打倒法西斯，我們边区工业建設，也和其他一切工作的目的一样，是为了打倒日本帝国主义，沒有第二个目的。边区在五年前才眞正开始有了一点工业。当时只有七百个产业工人，一九四二年有了四千，到了今年就有一万二千个工人，所以边区工业的进步是很快的，它的数目虽小，但它包含意义却非常远大，誰要不认識这个最有发展、最富于生命力，足以引起一切变化的力量。誰的头脑就是混純无知。这次开大会的目标，就是两年以內，要爭取做到工业品的全面自給，首先是布的自給与鉄的自給。假如我们做到了全部自給，我们工人的数目还要大大的增加。全体工程师、厂长、工人们都向这方面努力，共产党员或非共产党員都向这方面努力，象沈鴻同志，陈振复同志，他们不是共产党員，但是他们的心和共产党一样，都是为了打倒日本帝国主义而艰苦奋斗的，要打倒日本帝国主义，必需工业，要中国的民族独立有巩固保障就必需工业化。我們共产党是要努力于中国的工业化。

……中国落后的原因，主要的没有新式工业。日本帝国主义为什么敢于这样地欺负中国，就是因为中国没有强大的工业，它欺侮我们的落后，因此消灭这种落后，是我們全民族的任务。老百姓拥护共产党，是因为我们代表了民族与人民的要求，但是，如果我們不能解决经济問題，如果我們不能建立新式工业，如果我們不能发展生产，老百姓就不一定拥护我們。在抗日战争中間，共产党抗击了百分之五十八的敌军，百分之九十的伪军，这方面我们是有經驗有成績的，但是經济工作，尤其是工业，我們还不大懂，可是这一門又是决定一切的，是决定軍事、政治、文化、思想、道德、宗教这一切东西的，是决定社会变化的。因此所有的共产党员都应該学习經济工作，其中許多人，应該学习工业技术。我們边区是个大学校，其中有一門課叫做工业，这次职工代表大会便是个工业的短期訓练班。如果我們共产党员不关心工业，不关心经济，也不懂别的什么有益的工作，对于这些一无所知，一无所能，只会做一种抽象的"革命工作"，这种革命家是毫无价值的，我們应該反对这种空头革命家，学习使中国工业化的各种技术知識。

在延安大学开学典礼上的講話 (摘录)

1944年5月24日

现在边区教育已經开始走上軌道，而这是与边区及各个抗日根据地工作的进步有联系的。……所有我們一切工作，另有一个目标，就是打倒日本帝国主义。要把日本打出去，没有根据地就不行。最恨我们根据地的是日本帝国主义，他不喜欢我们的根据地，这种根据地，这种根据地英美都喜欢，凡是我们的同盟国都喜欢，因为根据地在敌人后方把敌人挤出去，打了百分之五十八的日军与百分之九十多的伪军，中国抗战的主要責任，是共产党担负起来了。有了根据地就要做工作，要作军事、政治、經济、文化、党务等项工作，以便給日寇以最后的打击。延大是政治、經济、文化的大学，这三项就是我們延大所要学习的，要学这一套，要做这一套。

……在政治上要学习统一战綫三三制、精兵簡政的方針，要学各种政策与方法。在經济上要学习如何发展工业、农业、商业、運輸，要帮助三十五万家农民做到耕三余一，要帮助老百姓訂一个植树計划，十年內把历史遗留給我们的秃山都植上树，还要使边区工业做到全面自給，达到每年出产三十一万布疋，四百七十万斤鉄。还有文化建設，要使边区老百姓每一个人至少认一千个字，要提倡卫生，要使边区一千多个乡每乡設立一个小医务所，还要教給老百姓鬧秧歌，唱歌，要达到每个区有一个秧歌队，家家有新內容的年画、春联。

要为实际服务，不要鬧教条主义。人总落在一个地点，象飞机早上出去，晚上也得回来，落在一个地点，不能到处飞不落地。教条主义就是不落地的，它是永远挂在空中，……共产党人在工作中有缺点錯誤，一經发觉，就会改正，他们应該不怕自我批評，有缺点就公开讲出是缺点，有錯誤就公开讲出是錯誤，一經糾正之后，缺点就不再是缺点，錯誤也就变成正确了。

接見中外記者西北参观团致辞

1944年6月12日

我十分欢迎各位記者到延安。我們的目的是共同的。就是打倒日本軍閥与打倒一切法西斯，全中国，全世界，都在这个共同的基础上团结起来。

各位到延安时，正遇着欧洲开辟了第二战場，我們表示极大的庆祝。第二战場的开辟，其影响不仅在欧洲，而且将及于太平洋与中国。中国要前进，世界要前进，我們必须取得最后胜利。

第二战場的开辟，是經过长期发展的结果，是經过莫斯科，德黑兰会議发展而来的，在这些会議上决定了从东、西、南三面打击敌人。第二战場现在是实现了，三面打击希特勒的計划是实现了，我們仅祝罗斯福总統、邱吉尔首相、斯大林大元帅的健康！

全中国所有抗战的人們，应該集中目标，努力工作，配合欧洲的决战，打倒日本軍閥。现在的时机是很好的。

关于中国国內情况，諸位先生是十分关心的，我在这里必须讲几句。关于国共关系，中国共产党对此問題的态度，早巳见于中共中央历次文告及其报紙。今乘諸先生来延之便，特再申术如下：拥护蔣委員长，坚持国共与全国人民的合作，为着打倒日本帝国主义，建立独立民主的中国而奋斗，中国共产党此种政策始終不变，抗战前期是如此，抗战中期是如此，今天还是如此，因为这是全中国人民所希望的。

但是，中国是有缺点的，而且是很大的缺点，这种缺点，一言以蔽之，就是缺乏民主。中国人民非常需要民主，因为只有民主，抗战才有力量，中国內部关系与对外关系，才走上軌道，才能取得抗战的胜利，才能建設一个好的国家，亦只有民主才能使中国在抗战后继續团结。中国缺乏民主是在坐諸位深知的。只有加强民主，中国才能前进一步。

問 題 与 答 复

問 題

斯坦因先生問：毛主席能否談一談，林伯渠先生在重庆談判的情形？

夏南汗神父問：上述問題为大家所关心，可否尽先答复？

斯坦因先生問：为使問題明了起見，我請毛主席将一九三六年国共談判情形与今日談判情形作一比較。

艾卜斯坦先生問：第二战場的开辟是否引起了一个新阶段？中共中央对此是否准备发表宣言，以闡明中共中央之政策？

謝爽秋先生問：为着加强团結，中国共产党希望于各方面的是什么？

赵××先生問：为使問題明了起見，我增加問，中国共产党希望国民政府、国民党及其他各党派做些什么？中国共产党本身又准备做什么？

答　　复

致位的問題可綜合为三个：

第一个問題，关于国共談判。談判已进行了許久，但是今天还在談判中。我們希望談判有进步，并能获得結果。其他今天还无可奉告。

第二个問題：关于第二战場。目前解放日报社論已說明是一个新阶段，我們不准备再发表宣言。第二战場的开辟是同盟国战爭合作的发展，其总的性质，現在与过去比較，是沒有变化的。但是第二战場开辟有与斯大林格勒反攻某种相同的意义。一九四二年十一月以前，是法西斯凶焰高漲，反法西斯力量被打与退却的时期，賴有苏联的进攻結束了过去的阶段，开辟了新的阶段。接着，北非与太平洋相继有了进攻。这是同盟国从防御到进攻的一个大轉变。第二战場开辟，在进行中又前进了一大步，如果沒有它，就不能打倒希特勒。現在欧洲已进到了决战阶段了，在这个意义上說，它是一个新阶段，特别在軍事方面。我已說过，第二战場开辟的影响会是很广泛的，直接影响欧洲，将来也会影响到太平洋与中国。但是就目前来說，对中国的影响似乎不会很大，你們可以看見，外面情况虽然甚好，但是中国的問題还要靠中国人民自己努力，单有国外情况的好轉是不能解决問題的。

第三个問題，关于中央的希望和它自己的工作。为了打倒共同敌人以及为了建立一个很好的和平的国内关系，及一个很好的和平的国际关系，我們所希望于国民政府、国民党及一切党派的，就是从各方面实行民主。全世界都在抗战中，欧洲已进入决战阶段，远东决战亦快要到来了，但是中国缺乏一个为推进战爭所必須的民主制度。只有民主，抗战才能够有力量，这是苏联、美国、英国的經驗都証明了的，中国几十年以来以及抗战七年以来的經驗，也証明这一点。民主必須是各方面的，是政治上的，軍事上的，經济上的，文化上的，党务上的以及国际关系上的，一切这些，都需要民主。毫无疑問，无論什么都需要统一，都必須统一。但是，这个统一，应該建筑在民主基礎上。政治需要统一，但是只有建立在言論出版集会結社的自由与民主选举政府的基礎上面，才是有力的政治。统一在軍事上尤为需要，但是軍事的统一，亦应建筑在民主基礎上，在軍官与士兵之間，軍队与人民之間，各部份軍队互相之間，如果沒有一种民主生活，民主关系，这种軍队是不能统一作战的。經济民主，就是經济制度要不是妨碍广大人民的生产，交换与消费的发展，而是促进其发展的。文化民主，例如教育、学术思想、报紙与艺术等，也只有民主才能促进发展。党务民主就是在政党內部的关系上与各党的关系上，都应該是一种民主的关系。在国际关系上，各国都应該是民主的国家，并发生民主的相互关系。我們希望外国及外国朋友以民主态度对待我們。我們也应該以民主态度对待外国及外国朋友。我重复說一句，我們很需要統一，但是只有建筑在民主基础上的統一，才是真統一。国内如此，新的国际联盟亦将是如此。只有民主的統一，才能打倒法西斯，才能建設新中国与新世界。我們贊成大西洋宪章及莫斯科、开罗、德黑兰会議的决議，就是基于这个观点的。我們希望于国民政府、国民党及各党派、各人民团体的，主要的就是这些。中国共产党所已做和所要做的，也就是这些。先生們来到边区已有十几天，今后将有若干时日留在边区，你們可以看到，我們共产党为着打倒日本帝国主义而做的一切工作，都貫彻着一个民主統一或民主集中的精神。若有不足的，必須克服这种缺点。我們认为全中国只有民主制度、民主作风，目前才能胜敌，将来才能建立一个很好的和平的国内关系与国际关系。对于德意日等法西斯国家，在法西斯被打倒以后，我們所希望于他們的，也是如此。持此观点来看許多問題，沒有不可以說通与做通的。今天时間已晚，今后还可以互相交换意見。我要說的就是如此。

在中共中央招待合作社代表
会議上的講話（摘录）
1944年7月3日

……自四二年边区高干会后，一年半中間，合作事业有了很大的发展，整个工作走上了軌道，出现了大批的模范合作社。每一个模范的合作社，都是一本活的教科書！

……第一，合作社是为什么人办的？是为广大群众的，为边区一百四十万老百姓和十万部队和学校人員。这个方針在前年冬天高干会上就已确定，这就是刘建章的方針。一年半以来很多合作社都朝着这个方向走，都有很大成績，但是还有些合作社沒有解决这个問題，因此这次合作社会議要重新宣布这一条方針。第二，合作社办些什么事？合作社的业务主要有十項：工业、农业、运輸、畜牧、供銷、卫生、信用、教育、植树、公益。通过合作社把全边区人民組織起来。……第三，合作社是統一战綫的性质，所有农民、工人、地主、資本家都可以参加合作社，它是政府领导，各阶层人民联合經营的經济、文化及社会公益事业的組織。第四，所有做政府工作与党务工作的同志們都应該认清合作事业的重要性，不应該有絲毫輕视的心理。边区的任何經济、文化事业都必須通过合作社才能完成，因此要鼓励更多的同志去参加合作事业。……

在中央招待留守兵团学习代表
会 上 的 講 話（摘录）
1944年9月18日

……你們是部队里选举出来的，你們代表八路軍、新四軍，同时你們还代表了我們根据地的九千万人民，也代表了全中国四万万五千万人民来开会，虽然你們不是他們直接选举的，但在实际上你們所执行的綱領和工作，代表了全中国人民的要求——打倒日本帝国主义，解放中华民族。

武汉失守以来，特别是最近二年以来，中国抗战形势发生了显著的巨大变化。现在八路军新四军及华南人民部队抗击了在华的敌伪军六分之五，国民党兵打了六分之一。豫湘战役敌人如入无人之境，情况极为严重。中国不亡，是由于有了我们共产党、八路军、新四军，主要地由我们支持了抗战局面。这就是今天中国的抗战形势。

我们的部队，不論在前方打敌人，或在后方保卫边区，不論生产或练兵，不論军民关系、官兵关系，都有很大的进步。但是我们还有缺点，我们要改正缺点，进一步的提高。在去年拥政爱民运动中，我们运用了自我批評的方法。我们有缺点互相批評。军队要有統一领导和纪律，才能战胜敌人。正确的自我批評，对于领导和纪律，不但不削弱它，而且只会增强它。当然，这种自我批評，只有在我们部队里才有，在国民党军队里，这是不可能的。因为我们的軍队是眞正人民的军队。我们的每一指战员，以至于每一个炊事员、饲养员，都是为人民服务的。我们的部队要和人民打成一片，我们的干部要和战士们打成一片。与人民利益适合的东西，我们要坚持下去，与人民利益矛盾的东西，我们要努力改掉，这样我们就能无敌于天下。我们的軍队一向就有两条方针：第一对敌要狠，要压倒它，要消灭它；第二，对自己人、对人民、对同志、对官长、对部下要和，要团结。这是党中央和西北局的方针，也是全体人民所要求的方针。

我们的心和全国人民的心紧紧的结合在一起，一定要打倒日本帝国主义，解放中华民族。

一九四五年的任务

1944年12月15日

一九四四年快要完結了，我們在一九四五年的任务是什么呢？我們有些什么工作在明年要特别注意去做呢？整个反法西斯战爭有很大的胜利，打倒希特勒明年就可以实现。我們唯一的任务是配合同盟国打倒日本侵略者，现在美国已打到萊特島，并可能在中国登陆。同时，日本侵略者已打通了由东京到新加坡的大陆交通綫，中国的淪陷区更加扩大了。敌人是否会停止它的进攻呢？我看还不会停止，它还可能再向我国西南部及西北部进攻。在此期间，日本侵略者必定又要玩弄詭計，企图通过中国的投降主义者，引誘中国政府投降。中国内部的状态仍然是不团结，国共談判毫无结果，中国人民的抗日力量被中国反动派人工地分裂着。正面战场的战事，节节失败，国民党当局仍然固执其为全国人民所不满意的一党专政及其失败主义的政策，拒絶一切有利于抗战、团结与民主的建議。只有艰难締造的广大的中国解放区，执行了孙中山先生的革命三民主义，即新民主主义意，团结各界人民，建立了英勇的军队，粉碎了一切敌人的进攻，并能发动攻势，收复了广大的失地。在此种情形下，我們应該做些什么呢？

必須使全国人民明白，用人民的力量，促成由国民党、共产党、其他抗日党派及无党派人士，在民主基础上召集国事会議，組織联合政府，才能統一中国一切抗日力量，反对日本侵略者的进攻，并配合同盟国，驱逐日本侵略者出中国。我們經过林祖涵同志曾經向国民参政会提出了这个問題，后来又向国民党当局用书面提出了，最近周恩来同志又专为此事去重庆談判一次，但是依然沒有結果。在目前，很清楚的，单是談判是不能成功的，希望全国人民一致起来，大声疾呼，要求国民党当局改变现行政策，以便迅速建立民主的联合政府。这是全国人民的总任务，中国人民不論在大后方，在淪陷区，在解放区，都要为此目标而奋斗。只要中国有一个眞正实行民主政策的能够动員与統一中国一切抗日力量的联合的中央政府出现了，中国抗日战爭的胜利与中国人民的解放，就会很快了。为了这个目的，大家应該想出許多办法来。

在大后方，我们必須援助被反动当局压迫的民主爱国运动，必須动員一切力量抵抗敌人的进攻，必須警惕投降主义者背叛民族投降敌人的阴謀活动，青年們及其他各界，应該有許多人到敌人占領的地方去打游击，广大群众则应当准备在一切敌人可能到的地方就地抵抗。同时，解放区则以自己的英勇作战行动及发动新地区的游击战爭，有力地援助大后方。大后方的一切人民，一切爱国党派，都有責任为建立民主的联合政府而努力。大后方已經有許多党派，許多工业家，教授們，学生們，甚至許多国民党人，贊成联合政府的主张，认为这是目前抗日救国的唯一正确道路。但是现在的力量还不够，应該号召广大的人民起来为此而奋斗。

在淪陷区，广大人民遭受敌人的残酷压迫，渴望解放，我們必須帮助他們組織起来，准备在时机成熟时，举行武装起义，配合軍队的进攻，里应外合地驅逐日本侵略者，解放我們的兄弟妹姊們。这一任务，现在必須提到和解放区工作同等重要的地位。这是十分迫切的工作，不管如何困难都要去做。在这个工作中，法国共产党与法国人民有了光辉的榜样，我們应該学习法国的經驗。在淪陷区人民中，应解释民主的联合政府之必要，使他們知道只有这个政府出现了，淪陷区人民的解放就快了，号召他們起来为这个目标而奋斗。

在解放区，现在已經成了抗日救国的重心。截至一九四四年十一月止，这里有了六十五万八路軍、新四軍及其他人民抗日軍队，有了二百多万民兵，有了九千万被解放的人民。一九四四年的一年中，我們不論在軍事、政治、經济、文化那一方面，都有了很大的成績。但是，我們在一九四五年有些什么工作值得特别指出的呢？

我认为，一九四五年，中国解放区应注意如下各项：

（一）扩大解放区。无論那一个解放区的附近，或其較远之处，都还有許多被敌伪占領，而又守备薄弱的地方，我們的軍队应該进攻这些地方，消灭敌伪，扩大解放区，縮小淪陷区。我們必須把一切守备薄弱、在我现存条件下能够攻克的淪陷区，全部化为解放区，迫使敌人处于极端狭窄的城市与交通要道之中，被我們包围的緊緊的，等到各方面的条件成熟了，就将敌人完全驅逐出去。这种进攻是完全必要的与可能的。我們的軍队已經举行了很多这样的攻势，特别是今年有很大的成績，明年应該继續这样做。在一切新被敌人占領，尚未建立解放区的地方，例如河南等处，必須号召人民組織武装队伍，反对侵略者，建立新的解放区。几年的經驗証明，組織众多的經过訓练善于执行軍事政治各方面任务的"武装工作队"，深入到敌后去袭击敌伪，組織人民，以配合解放区正面战綫的作战，有很大的效力，各地都应該这样做。

在干部新年晚会上的講話（摘录）

1945年1月1日

我們的任务是团结一切力量打倒日本帝国主义。过去我們早就实行了这个方針，今后更要加强它。共产党員，中国各阶层人民，国际反法西斯的朋友，都要更好的团结起来。我們团结得越好，则对敌人的打击也越有力量。

电 复 七 参 政 員

1945年6月18日

諸慧僧、黄任之、冷繬秋、王云五、付孟眞、左舜生、章伯鈞諸先生惠鉴：

来电敬悉。諸先生以团结为怀，甚为欽佩。由于国民党当局拒絕党派会議、联合政府及任何初步之民主改革，幷以定期召开一党包办之国民大会制造分裂、准备內战相威胁。业巳造成幷将进一步造成絕大的民族危机，言之实深痛惜。倘因人民渴望团结，諸公热心呼吁，促使当局醒悟，放弃一党专政，召开党派会議，商組联合政府，幷立即实行最迫切的民主改革，则敝党无不乐于商談。諸公惠临延安賜教，不胜欢迎之至。何日启程，乞先电示。扫榻以待，不尽欲言。

毛泽东　周恩来

在延安王家坪对毛岸英同志
的 談 話（摘录）

1 9 4 6 年

你巳經大学毕业了，但学习的只是书本知識，只是知識的一半，你还需要上一个大学，劳动大学，这个大学中国以前沒有，外国更沒有。（指到工人农民中去劳动、去学习）

注：1.一九四六年，当时毛岸英同志刚从苏联留学回来。

2.談話之后，毛主席就叫岸英同志到华北一农村去参加劳动鍛炼了。

官 僚 主 义 的 画 像

官僚主义的特点主要是脱离群众，（主席他随唸了一首旧书上咏呢神的詩，用泥塑木雕的神像来比喻官僚主义他說：）除了三餐不食，这一点不像以外，官僚主义者的其他方面都很像一个神像，一声不响、二目无光、三餐不食、四肢无力、五官不正、六亲无靠、七窍不通、八面威风、久坐不动、十分无用。

《中国青年》一九四九年二十一期十月一日出版

在中国人民政协第一届全体会議
上 的 开 幕 詞

1949年9月

　　諸位代表先生們，全国人民所渴望的政治協商会議现在开幕了。

　　我們会議包括六百多位代表，代表着全中国所有的民主党派人民团体、人民解放军，各地区、各民族和国外华侨。这就指明，我們的会議是一个全国人民大团結的会議。

　　这种全国人民大团結之所以能够成功，是因为我們战胜了美帝国主义所援助的国民党反动政府，在三年的时間內，英勇的世界上少有的中国人民解放军，战胜了美国援助国民党反动政府所有的数百万軍队的进攻，并使自己轉入反攻和进攻。现在，数百万人民解放军的野战軍已經打到了接近台湾、广东、广西、貴州、四川和新疆的地区去了。中国人民的大多数已經获得了解放，在三年多的时間內，全国人民团結起来，援助人民解放軍，反对了自己的敌人，取得了基本的胜利。在这个基础上，召开了今天的人民政治协商会議。

　　我們的会議之所以称为政治协商会議，是因为三年以前我們曾和蔣介石国民党一道开过一次政治协商会議。那次会議的結果是被蔣介石国民党及其帮凶們破坏了，但是已在人民中留下了不可磨灭的印象。那次会議证明，和帝国主义的走狗蔣介石国民党及其帮凶們一道，是不能解决任何有益人民的任务的。即使勉强地做了决議也是无益的，一待时机成熟他們就要撕毁一切决議，并以残酷的战爭反对人民。那次会議的唯一收获是給人民深刻的敎育，使人民懂得，和帝国主义的走狗蔣介石国民党及其帮凶們决无妥协的余地，或者是推翻这些敌人，或者是被敌人所屠杀和压迫，二者必居其一，其他的道路是沒有的。中国人民在中国共产党的領导之下，在三年的时間內，很快地觉悟起来，并且把自己組織起来，形成了全国規模的反对帝国主义、封建主义、官僚資本主义及其集中的代表者国民党反动政府的統一战綫，援助人民战爭，基本上打倒了国民反动政府，推翻了帝国主义在中国的統治，恢复了政治协商会議。

　　现在的中国人民政治协商会議是在完全新的基础之上召开的，它具有代表全国人民的性质。它获得全国人民的信任和拥护。因此中国人民的政治协商会議宣布自己执行全国人民代表大会的职权。中国人民政治协商会議在自己的議程中将要制定中国人民政治协商会議的組織法，制定中华人民共和国中央人民政府的組織法，制定中国人民政治协商会議的共同綱領，选举中国人民政治协商会議的全国委員会，选举中华人民共和国中央人民政府委員会，制定中华人民共和国的国旗和国徽，决定中华人民共和国国都的所在地以及采用和世界大多数国家一样的年号。

　　諸位代表先生們，我們有一个共同的感觉，这就是我們的工作将写在人 类 的 历 史上，它将表明：占人类总数四分之一的中国人从此站起来了。中国从来是一个伟大的勇敢的勤劳的民族，只是在近代是落伍了。这种落伍，完全是被外国帝国主义和本国反动政府所压迫和剥削的结果。一百多年以来，我们的先人不屈不挠的斗争，反对内外压迫者，从来没有停止过，其中包括伟大的中国革命先行者孙中山先生所领导的辛亥革命在内。我们的先人指示我们，叫我们完成他们的遗志，我们现在是这样做了。我们团结起来，以人民解放战争和人民大革命打倒了内外压迫者，宣布中华人民共和国的成立了。我们的民族将从此列入爱好和平自由的世界各民族的大家庭，以勇敢而勤劳的姿态工作着，创造自己的文明和幸福，同时也促进世界的和平和自由。我们的民族将再也不是一个被人侮辱的民族了，我们已经站起来了。我们的革命已经获得全世界广大人民的同情和欢呼，我们的朋友遍于全世界。

我们的革命工作还没有完结，人民解放战争和人民革命运动还在向前发展，我们还要继续努力。帝国主义者和国内反动派决不甘心于他们的失败，他们还要作最后的挣扎。在全国平定以后，他们也还会以各种方式从事破坏和捣乱，他们将每日每时企图在中国复辟，这是必然的，毫无疑义的，我们务必不要松懈自己的警惕性。

我们的人民民主专政的国家制度是保障人民革命的胜利成果和反对内外敌人的复辟阴谋的有力的武器，我们必须牢牢地掌握这个武器。在国际上，我们和一切爱好和平自由的国家和人民团结在一起，首先是和苏联及各新民主主义国家团结在一起，使我们的保障人民革命胜利成果和反对内外敌人复辟阴谋的斗争不致处于孤立地位。只要我们坚持人民民主专政和团结国际友人，我们就会是永远胜利的。

人民民主专政和团结国际友人，将使我们的建设工作获得迅速的成功。全国规模的经济建设工作业已摆在我们面前。我们的极好条件是有四万万七千五百万的人口和九百五十九万七千方公里的国土。我们面前的困难是有的，而且是很多的，但是我们确信：一切困难都将被全国人民的英勇奋斗所战胜。中国人民已经具有战胜困难的极其丰富的经验。如果我们的先人和我们自己能够渡过长期的极端艰难的岁月，战胜了强大的内外反动派，为什么不能在胜利以后建设一个繁荣昌盛的国家呢？只要我们仍然保持艰苦奋斗的作风，只要我们团结一致，只要我们坚持人民民主专政和团结国际友人，我们就能在经济战线上迅速地获得胜利。

随着经济建设的高潮的到来，不可避免地将要出现一个文化建设的高潮。中国人被人认为不文明的时代已经过去了，我们将以一个具有高度文化的民族出现于世界。

我们的国防将获得巩固，不允许任何帝国主义者再来侵略我们的国土。在英勇的经过了考验的人民解放军的基础上，我们的武装力量必须保存和发展起来。我们将不但有一个强大的陆军，而且有一个强大的空军和一个强大的海军。

让那些内外反动派在我们面前发抖罢，让他们去说我们这也不行那也不行罢，中国人民的不屈不挠的努力必将稳步地达到自己的目的。

在人民解放战争和人民革命中牺牲的人民英雄们永垂不朽！

庆贺人民解放战争和人民革命的胜利！

庆贺中华人民共和国的成立！

庆贺中国人民政治协商会议的成功！

在苏联莫斯科大剧院庆祝大会上的祝詞

1949年12月21日

亲爱的同志們，朋友們！

我这次有可能参加庆祝斯大林同志七十寿的盛会，衷心至为愉快。

斯大林同志是世界人民的导师和朋友，也是中国人民的导师和朋友。他发展了馬克思——列宁主义的革命理論，幷对于世界共产主义运动的事业作了极其杰出和极其宽广的貢献。中国人民在反抗压迫者的艰苦斗爭中，深切地感觉到斯大林同志的友誼的重要性。

在这个盛会上，我謹以中国人民和中国共产党的名义庆祝斯大林同志的七十寿辰，祝禱他的健康与长寿，祝福我們伟大友帮苏联在斯大林同志領导下的幸福与强盛，幷欢呼世界工人阶級在斯大林同志領导下的空前大团結。

世界工人阶級和国际共产主义运动的領袖——伟大的斯大林万岁！

世界和平与民主的保垒苏联万岁！

在莫斯科車站上的演說

1950年

亲爱的同志們和朋友們、

我这次获有机会訪問世界上第一个伟大社会主义国家苏联的首都，是生平很愉快的事。中苏两大国人民是有深厚友誼的。十月社会主义革命以后，苏維埃政府根据列宁斯大林的政策首先废出了帝俄时代对于中国的不平等条約。在差不多的时間內，苏联人民和苏联政府又曾几次援助了中国人民的解放事业。中国人民在患难中得到苏联人民和苏联政府这种兄弟般的友誼，是永远不会忘記的。

目前的重要任务，是巩固以苏联为首的世界和平陣綫。反对战斗挑拨者，巩固中苏两大国家的帮交，和发展中苏人民的友誼。我相信，由于中国人民的革命胜利，和中华人民共和国的成立，由于新民主主义国家及世界爱好和平人民的共同努力，由于中苏两大国的共同願望和亲密合作，特别是由于斯大林元帅的正确的国际政策，这些任务必将会充分实现幷获得良好的效果。

为爭取国家財政經济状况的基本
好 轉 而 斗 爭

(一九五〇年六月六日在中国共产党第七届中央委員会第三
次全体会議上所作的报告)

目前的国际情况对于我們是有利的。以苏联为首的世界和平民主陣綫比去年更为壮大。世界各国爭取和平反对战爭的人民运动有了发展。欲挣脱帝国主义压迫的民族解放运动有了广大的发展，其中特别值得注意的是日本人民和德国人民反对美国占領的群众运动已經起来，东方各被压迫民族的人民解放斗爭有了发展。同时，帝国主义国家之間的矛盾，主要的是美国和英国之间的矛盾也发展了。美国資产阶級內部各派之間的爭吵和英国資产阶級內部各派之間的爭吵也增多了。与此相反，苏联及各人民民主国家相互之間的关系则是很团結的。具有伟大历史意义的新的中苏条约，巩固了两国 的 友 好 关系，一方面使我們能够放手地和較快地进行国內的建設工作，一方面又正在推动着全世界人民爭取和平和民主反对战爭和压迫的伟大斗爭。帝国主义阵营的战爭威 胁 依 然 存在，第三次世界大战的可能性依然存在，但是，制止战爭危险，使第三次世界大战避免爆发的斗爭力量发展得很快，全世界大多数人民的觉悟程度正在提高。只要全世界共产党能够继續团結一切可能的和平民主力量，幷使之获得更大的发展，新的世界战爭是能够制止的。国民党反动派所散布的战爭諸言是欺騙人民的，是沒有根据的。

目前我們国家的情况是：中华人民共和国中央人民政府及各级地方人民政府已經成立。苏联、各人民民主国家及若干資本主义国家已經先后和我国建立了外交关系。战爭已在大陆上基本结束，只有台湾和西藏还待解放，还是一个严重的斗爭任务。国民党反动派在大陆若干地区內采取了土匪游击战爭的方式，煽动了一部分落后分子，和人民政府作斗爭。国民党反动派又組織許多秘密的特务分子和間諜分子反对人民政府，在人民中散布諸言，企图破坏共产党和人民政府的威信，企图离間各民族、各民主阶級、各民主党派、各人民团体的团結和合作。特务和間諜們又进行了破坏人民经济事业的活动，对于共产党和人民政府的工作人員采取暗杀手段，为帝国主义和国民党反动 派 收 集 情报。所有这些反革命活动，都有帝国主义特别是美帝国主义在背后策动。这些土匪、特务和間諜，都是帝国主义的走狗。人民解放军自从一九四八年冬季取得了辽沈、淮海、平津三大战役的决定性胜利以后，从一九四九年四月二十一日开始渡江作战起至现在为止的十三个半月內，占領了除西藏、台湾及若干其他海島以外的一切国土，消灭了一百八十三万国民党反动派的军队和九十八万土匪游击队，人民公安机关则破获了大批的反动特务組織和特务分子。现在人民解放军在新解放区仍有继續剿灭残余土匪的任务，人民公安机关则有继續打击敌人特务組織的任务。全国大多数人民热烈地拥护共产党，人民政府和人民解放军。人民政府在最近几个月內实现了全国范围的财政经济工作的统一管理和统一领导，爭取了财政的收支平衡，制止了通貨膨胀，稳定了物价。全国人民用交粮、納税、买公債的行动支持了人民政府。我們国家去年有广大的灾荒，約有一亿二千万亩耕地和四千万人民受到輕重不同的水灾和旱灾。人民政府組織了对灾民的大規模的救济工作，在許多地方进行了大規模的水利建筑工作。今年年成比去年好，夏收看来一般是好的。如果秋收也是好的，那就可以想象，明年的光景会比今年要好些。帝国主义和国民党反动派的长期統治，造成了社会經济的不正常状态，造成了广大的失业群。革命胜利以后，整个旧的社会經济結构在各种不同的程度上正在重新改組，失业人員又有增多。这是一件大事，人民政府业已开始着手采取救济和安置失业人員的办法，以期有步驟地解决这个問題。人民政府进行了广大的文化教育工作：有广大的知識分子和青年学生参加了新知識的学习，或者参加了革命工作。人民政府对于合理地調整工商业，改善公私关系和劳資关系，已經做了一些工作，现在用大力继續做此項工作。

中国是一个大国，情况极为复杂，革命是在部分地区首先取得胜利，然后取得全国的胜利。符合于此种情况，凡在老解放区（約有一亿六千万人口）土地改革已經完成，社会秩序已經安定，經济建设工作已經开始走上軌道，大多数劳动人民的生活已經有所改善，失业工人和失业知識分子的問題已經解决（东北），或者接近于解决（华北及山东）。特别是在东北，已經开始了有計划的經济建设。在新解放区（約有三亿一千万人口），则因为解放的时間还只有几个月，半年，或者一年，还有四十余万分散在各个偏僻地方的土匪待我們去剿灭，土地問題还没有解决，工商业还没有获得合理的調整，失业现象还是严重地存在，社会秩序还没有安定。一句話，还没有获得有計划地进行經济建设的条件。因此，我曾說过：我們现在在經济战綫上已經取得的一批胜利，例如財政收支接近平衡，通貨停止膨胀和物价趋向稳定等等，表现了財政經济情况的开始好轉，但这还不是根本的好轉。要获得財政經济情况的根本好轉，需要三个条件，即：（一）土地改革的完成；（二）现有工商业的合理調整；（三）国家机构所需經費的大量节減。要爭取这三个条件，需要相当的时間，大約需要三年时間，或者还要多一点。全党和全国人民均应为創造这三个条件而努力奋斗。我和大家都相信，这些条件是完全有把握地能够在三年左右的时間内爭取其实现的。到了那时，我們就可以看見我們国家整个財政經济状况的根本好轉了。

为此目的，全党和全国人民必須一致团結起来，做好下列各項工作：

（一）有步驟有秩序地进行土地改革工作。因为战爭已經在大陆上基本结束，和一九四六年至一九四八年的情况（人民解放軍和国民党反动派进行着生死斗爭，胜負未分）完全不同了，国家可以用貸款方法去帮助貧农解决困难，以补貧农少的一部分土地的缺陷。因此，我們对待富农的政策应有所改变，即由征收富农多余土地財产的政策改变为保存富农經济的政策，以利于早日恢复农村生产，又利于孤立地主，保护中农和保护小土地出租者。

（二）巩固財政經济工作的統一管理和統一領导，巩固財政收支的平衡和物价的稳定。在此方針下，調整税收，酌量减輕民負。在統筹兼顾的方針下，逐步地消灭經济中的盲目性和无政府状态，合理地調整现有工商业，切实而妥善地改善公私关系与劳資关系，使各种社会經济成份，在具有社会主义性质的国营經济領导之下，分工合作，各得其所，以促进整个社会經济的恢复和发展。有些人认为可以提早消灭資本主义实行社会主义，这种思想是错误的，是不适合我们国家的情况的。

（三）在保障有足够力量用于解放台湾、西藏，巩固国防和镇压反革命的条件之下，人民解放军应在一九五〇年复员一部分，保存主力。必须谨慎地进行此项复员工作，使复员军人回到家乡安心生产。行政系统的整编工作是必要的，亦须适当地处理编余人员，使他們获得工作和学习的机会。

（四）有步骤地谨慎地进行旧有学校教育事业和旧有社会文化事业的改革工作，争取一切爱国的知识分子为人民服务。在这个問題上，拖延时间不願改革的思想是不对的。过于性急、企图用粗暴方法进行改革的思想也是不对的。

（五）必須认真地进行对于失业工人和失业知识分子的救济工作，有步骤地帮助失业者就业。必须继续认真地进行对于灾民的救济工作。

（六）必須认真地团结各界民主人士，帮助他們解决工作問題和学习問題，克服统一战綫工作中的关門主义倾向和迁就主义倾向。必须认真地开好足以团结各界人民共同进行工作的各界人民代表会議。人民政府的一切重要工作都应交人民代表会議討論，并作出决定，必须使出席人民代表会議的代表們有充分的发言权，任何压制人民代表发言的行动都是錯誤的。

（七）必須坚决地肃清一切危害人民的土匪、特务、恶霸及其他反革命分子。在这个問題上，必須实行鎮压与寬大相结合的政策，即首恶者必办，协从者不問，立功者受奖的政策，不可偏废。全党和全国人民对于反革命分子的阴谋活动，必须提高警惕性。

（八）坚决地执行中央关于巩固和发展党的組織的指示，关于加强党和人民群众联系的指示，关于开展批評和自我批評的指示，关于全党頓风的指示。鉴于我們的党已經发展到四百五十万人，今后必须采取谨慎地发展党的組織的方针，必须坚决地阻止投机分子入党，妥善地洗刷投机分子出党。必須注意有步骤地吸收觉悟工人入党，扩大党的組織的工人成份。在老解放区，一般地应停止在农村中吸收党員。在新解放区，在土地改革完成以前，一般地不应在农村中发展党的組織，以免投机分子乘机混入党內。全党应在一九五〇年的夏秋冬三季，在和各项工作任务密切地相结合而不是相分离的条件之下，进行一次大规模的整风运动，用閱讀若干指定文件，总結工作，分析情况，展开批評和自我批評等项方法，提高干部和一般党員的思想水平和政治水平，克服工作中所犯的錯誤，克服以功臣自居的驕傲自滿情緒，克服官僚主义和命令主义，改善党和人民的关系。

中国人民政治协商会議全国委員会

第一届第二次会議开幕詞

1950年6月14日

諸位委員、諸位同志、諸位朋友們：

人民政府协商会議全国委員会的第二次会議，现在开会。在这个会議上，有会务工作、土地改革工作、經济和财政工作、稅收工作、外交和統一战綫工作、文化和敎育工作、軍事工作、法院工作等項报告，希望予以討論。其中，以土地改革問題为此次会議的中心議題。我們希望在此次会議上通过一个土地改革法案，經中央人民政府批准后付之实施，首先使十余万正在准备进行土地改革工作的干部早日学习这个法案，以便在今年秋后大約有一万万农业人口的地区能够順利地进行土地制度的改革工作。自然，其他各項报告都是重要的，凡有意見都可发表，凡有提案都可付审議，只要能行者都应采納，我們有伟大而正确的共同綱領以为检查工作討論問題的准则。共同綱領必需充分地付之实行，这是我們国家现时的根本大法。我相信，經过全体同志的努力，我們的会議是会順利地完成自己的任务的。现在全国人民在中央人民政府領导之下，正在进行巨大的工作，为克服困难，爭取經济状况的好轉而斗爭。我国的一切人民事业均正在循着新的軌道向前发展，每天都可看見进步，看見成績，任何困难都不能阻止人民事业的前进。人民政治协商会議及其选出的全国委員会，是团結全国各民族，各民主阶級、各民主党派、各人民团体及各界民主人士的伟大的統一战綫的政治組織，在全国人民中有很高的威信。我們必須巩固这种团結，巩固我們的統一战綫，領导全国人民稳步地达到自己的目的。

中国人民政治协商会議全国委員会
第一届第二次会議閉幕詞

1950年6月23日

此次会議总結了过去时期的經驗，决定了各項方針。

这种总結經驗和决定方針的工作，是我們大家一起来做的，是各民族、各民主阶級、各民主党派、各人民团体和各界民主人士的代表人物集合在一起来做的。这里，不但有人民政协全国委員会的委員們，而且有中央人民政府、各大行政区人民政府（軍政委員会）及各省市人民政府的許多工作人員列席参加討論，而且有各省市各界人民代表会議协商委員会的代表們列席参加討論，而且有許多特邀的爱国人士列席参加討論。这样，我們就能集中广泛的意見，检查过去的工作，决定今后的方針。这种方法，我希望我們以后继續采用，并且希望各大行政区人民政府（軍政委員会）和各省市人民政府也采用这种方法。我們的会議在暫时还是建議性质的会議。但是在实际上，我們在这种会議上所做的决定，中央人民政府是当然会采納并見之实行的，是应当采納并見之实行的。

我們一致同意了全国委員会的会务报告和中央人民政府的各項工作报告。这里有土地改革工作，政治工作，軍事工作，經济和财政工作，稅收工作，文化和敎育工作，法院工作等項报告，这些报告都是好的。在这些报告中，适当地总結了过去时期的工作經驗，规定了今后的工作方針。我們这次会議所以有这样多的議题，是因为我們的新国家成立以后，各方面工作都在开創，都在发展，全国人民正在蓬蓬勃勃地在各个战綫上开展眞正人民革命的伟大斗爭，在軍事战綫上，在經济战綫上，在思想战綫上，在土地改革的战綫上都是从古未有的极其伟大的斗争，各项工作都待总结，都待指示方針，所以我們有了这样多的議題。我們的会議按法律规定是每年开会两次，其中将有一次为議題众多的会議，一次为議題較少的会議。中国是一个大国，实际的人口超过四亿七千五百万，又处在人民革命的伟大历史时期，这种情况要求我們这样做，我們也就这样做了，我想我們是做得对的。

我們这次会議議題众多，中心的議題是将旧有土地制度加以改革的問題。大家同意刘少奇副主席的报告及中共中央建議的土地改革法草案，并对土地改命法草案作了若干有益的修改和充补。这是很好的，我为新中国数万万农村人民获得翻身机会和国家获得工业化的基本条件而表示高兴，表示庆贺。中国的主要人口是农民，革命靠了农民的援助才取得了胜利，国家工业化又要靠农民的援助才能成功，所以工人阶级应当积极地帮助农民进行土地改革，城市小資产阶级和民族資产阶级也应当賛助这种改革，各民主党派各人民团体更应当采取这种态度。战争和土改是在新民主主义的历史时期内考驗全中国一切人們、一切党派的两个"关"。什么人站在革命人民方面，他就是革命派，什么人站在帝国主义封建主义官僚資本主义方面，他就是反革命派。什么人只是口头上站在革命人民方面而在行动上则另是一样，他就是一个口头革命派，如果不但在口头上而且在行动上也站在革命人民方面，他就是一个完全的革命派，战争一关，已經基本上过去了，这一关我們大家都过得很好，全国人民是满意的。现在是要过土改一关。我希望我們大家都和过战争关一样也过得很好。大家多研究，多商量，打通思想，整齐步伐，組成一条伟大的反封建统一战綫，就可以領导人民和帮助人民顺利地通过这一关。只要战爭关、土改关都过去了，剩下的一关就将容易过去的，那就是社会主义的一关，在全国范围內实行社会主义改造的那一关。只要人們在革命战争中，在革命的土地制度改革中有了貢献，又在今后多年的經济建设和文化建设中有所貢献，等到将来实行私营工业国有化和农业社会合作化的时候（这种时候还在很远的将来），人民是不会把他們忘記的，他們的前途是光明的。我們的国家就是这样地稳步前进，經过战争，經过新民主主义的改革，而在将来，在国家經济事业和文化事业大为兴盛了以后，在各种条件具备了以后，在全国人民考虑成熟并在大家同意了以后，就可以从容地和妥善地走进社会主义的新时期。我认为讲明这一点是有必要的，这样可以使人們有信心，不致徬徨顾虑，不知道什么时候你們不要我了，我虽想为人民效力也没有机会了。不，不会这样的，只要誰肯真正为人民效力，在人民还有困难的时期內确实帮了忙，做了好事，并且是一貫地做下去，并不半途而废，那么，人民和人民的政府是沒有理由不要他的，是沒有理由不給他以生活的机会和效力的机会的。

在这个远大目标上，在国外，我們必須坚固地团结苏联，各人民民主国家及全世界一切和平民主力量，对此不可有絲毫的游移和动摇。在国內，我們必須团结各民族、各民主阶级、各民主党派、各人民团体及一切爱国民主人士，必須巩固我們这个已經建立的伟大的有威信的革命统一战綫。不論什么人，凡对于这个革命统一战綫的巩固工作有所貢献者，我們就欢迎他，他就是正确的；凡对于这个革命统一战綫的巩固工作有所損害者，我們就反对他，他就是錯誤的。要达到巩固革命统一战綫的目的，必須采取批評和自我批評的方法。采取这种方法时所用的标准，主要是我們现时的根本大法即共同綱領。我們在這次会議中，即根据共同綱領，采取了批評和自我批評的方法。這是一个很好的方法。是推动大家坚持眞理、修正錯誤的很好的方法，是人民国家內全体革命人民进行自我教育和自我改造的唯一正确的方法。人民民主专政有两个方法。对敌人說来是用专政的方法，就是說在必要的时期內，不让他們参与政治活动，强迫他們服从人民政府的法律，强迫他們从事劳动并在劳动中改造他們成为新人。对人民說来則与此相反，不是用强迫的方法，而是用民主的方法，就是說必須让他們参与政治活动，不是强迫他們做這样做那样，而是用民主的方法向他們进行教育和說服的工作。這种教育工作是人民內部的自我教育工作，批評和自我批評的方法就是自我教育的基本方法。我希望全国各民族、各民主阶級、各民主党派、各人民团結和一切爱国民主人士，都采用這种方法。

在全国战斗英雄劳动模范代表会議上
代表中共中央致祝詞

全国战斗英雄代表会議和全国工农兵劳动模范代表会議的代表同志們：

中共中央向你們的会議致热烈的祝賀，并向你們的工作表示感謝和敬意。

你們在消灭敌人的斗争中，在恢复和发展工农业生产的斗争中，克服了很多的艰难困苦，表现了极大的勇敢、智慧和积极性。你們是全中华民族的模范人物，是推动各方面人民事业胜利前进的骨干，是人民政府的可靠支柱和人民政府联系广大群众的桥樑。

中国共产党中央委員会号召全党党員和全国人民向你們学习，同时号召你們，亲爱的全体代表同志和全国所有的战斗英雄、劳动模范同志們，继續在战斗中学习，向广大人民群众学习。只有决不驕傲自满并且继續不疲倦地学习，才能够对于伟大的中华人民共和国继續作出优异的貢献，并从而继續保持你們的光荣称号。

中国必須建立强大的国防軍，必須建立强大的經济力量，這是两件大事。這两件事都有頼于同志們和全体人民解放軍的指揮員、战斗員一道，和全国工人、农民及其他人民一道，团結一致，协同努力，方能达到目的。当此中华人民共和国开国第一个国庆紀念日快要到来之际，你們在這里开会，是有鉅大意义的。我們庆祝你們的会議获得成功，庆祝你們在今后工作中获得伟大的胜利。

中国共产党中央委員会一九五〇年九月二十五日

应当重视电影《武訓传》的討論

1951年5月20日

象武訓那样的人，处在清朝末年中国人民反对外国侵略者和反对国内的反动封建統治者的伟大斗争的时代，根本不去触动封建經济基础及其上层建筑的一根毫毛，反而狂热地宣传封建文化，并为了取得自己所沒有的宣传封建文化的地位，就对反动的封建統治者竭尽奴顏婢膝的能事，这种丑恶的行为，难道是我們所应当歌頌的嗎？向着人民群众歌颂这种丑恶的行为，甚至打出"为人民服务"的革命旗号来歌颂，甚至用革命的人民斗争的失败作为反衬来歌颂，这难道是我們所能够容忍的嗎？承认或者容忍这种歌颂，就是承认或者容忍誣蔑农民革命斗爭，誣蔑中国历史，蔑誣中国民族的反动宣传，就是把反动宣传认为正当的宣传。

......

在許多作者看来，历史的发展不是以新事物代替旧事物，而是以种种努力去保持旧事物使它得免于死亡；不是以阶级斗爭去推翻应当推翻的反动的封建統治者，而是象武訓那样否定被压迫人民的阶级斗爭，向反动的封建統治者投降。我們的作者們不去研究过去历史中压迫中国人民的敌人是些什么人，向这些敌人投降幷为他們服务的人是否有值得称贊的地方。我們的作者們也不去研究自从一八四〇年鸦片战爭以来的一百多年中，中国发生了一些什么向着旧的社会經济形态及其上层建築（政治、文化等等）作斗爭的新的社会經济形态，新的阶级力量，新的人物和新的思想，而去决定什么东西是应当称贊或歌頌的，什么东西是不应当称贊或歌頌的，什么东西是应当反对的。

特别值得注意的，是一些号称学得了馬克思主义的共产党員。他們学会了社会发展史——历史唯物論，但是一遇到具体的历史事件，具体的历史人物（如象武訓），具体的反历史的思想（如象电影"武訓传"及其他关于武訓的著作），就丧失了批判的能力，有些人則竟至向这种反动思想投降。资产阶级的反动思想侵入了战斗的共产党，这难道不是事实嗎？一些共产党員自称已經学得的馬克思主义，究竟跑到什么地方去了呢？

......

最 伟 大 的 友 誼 （摘录）

1953年3月

当代最伟大的天才，世界共产主义运动的伟大导师，不朽的列宁的战友——約瑟夫·維薩里昂諾維奇·斯大林同志与世长辞了。

斯大林同志在理論的活动上和实际上給予我們当代的貢献是不可估量的。斯大林同志代表了我們整个的一个新时代。他的活动引导苏联人民和各国劳动人民扭轉了全世界的局面。这即是正义的、人民民主的和社会主义的事业在全各国的大规模的范围內，在人口三分之一——八万万以上的范围內取得了胜利，而且这种胜利的影响，正日益普及着全世界的每一个角落。

斯大林同志的逝世，使全世界的劳动人民感到了无以比拟的沉重的悲痛。激动着全世界的正义的人們的心。这就是斯大林同志的事业和他的思想掌握了全世界广大人民群众，而且业已变成无敌的力量，将会引导那已經取得胜利的人民由胜利进入新的胜利，同时也将引导那一切还在邪恶的資本主义世界压迫下呻吟的人們能够对于人民的敌人进行勇敢的冲击。

在列宁逝世以后，斯大斯同志指导苏联人民把他和伟大的列宁在十月革命时期共同歸造世界第一个社会主义国家建成了光明灿烂的社会主义社会。苏联社会主义建設的胜利，这不仅是苏联人民的胜利，而且是全世界人民共同的胜利。第一，这个胜利用最现实的生活証明了馬克思列宁主义的无限正确，具体的教育了全世界的劳动人民应該如何朝着好的生活前进。第二，这次胜利保証了第二次世界大战中人类能够有战胜法西斯野兽的力量。不能設想，沒有苏联社会主义建設的胜利，而能够有反法西斯战争的胜利。苏联建設社会主义的胜利和反法西斯战争的胜利是关系着全人类的命运的，而这些胜利的光荣应当归于我們伟大的斯大林同志。

……。

抗日战爭胜利七周年紀念

致斯大林大元帅賀电

斯大林大元帅：

在抗日战爭胜利七周年的时候，請接受我及中国人民解放軍和全中国人民向你和苏联武装部队、苏联人民的热烈的祝賀与衷心的感謝。

苏联在抗日战爭中給予中国人民的巨大援助，苏联軍队歼灭日本軍队的主力——关东軍，帮助了中国人民在抗日战爭中取得最后胜利。苏联在中国的恢复与建設过程中給予中国人民的兄弟般的帮助使中国人民的力量获得迅速的巩固与壮大。

现在，当着日本軍国主义正在复活，日本侵略势力又重新抬头的时候，中国与苏联的牢不可破的友好同盟是共同制止日本和其他在侵略行为上与日本相勾結的任何国家之重新侵略、保卫东方与世界和平的有力保証。

中华人民共和国和苏維埃社会主义共和国联盟的牢不可破的伟大友誼万岁！

中华人民共和国中央人民政府主席　毛泽东

一九五二年九月二日

在中央政治局会議上对教育工作的指示

1953年5月

学生健康不好的原因是伙食不好，卫生不好，功課重，課外負担太重，太忙。要增进学生健康，要增进营养，要克服忙的现象。一面增加收入，一面减少消耗。因此要增加助学金，改善伙食。另一方面要克服忙乱现象。

斯 大 林 逝 世 后 的 唁 电

苏維埃社会主义共和国联盟最高苏維埃主席团主席

什維尔尼克同志:

中国人民、中国政府和我自己，怀着无限悲痛的心情，获悉了中国人民最亲密的朋友和伟大的导师斯大林同志逝世的消息。这不仅是苏联人民而且也是中国人民和整个和平民主陣营以及全世界爱好和平的人民的无可估量的损失。我现在謹代表中国人民、中国政府，并以我个人的名义，向您及苏联人民和苏联政府表示最沉痛的哀悼。

中国人民革命的胜利和斯大林同志三十多年来不断的关怀、指导和支持，是完全分不开的。在中国人民革命胜利后，斯大林同志和在他領导下的伟大的苏联人民和苏联政府，对中国人民的建設事业，又給予了慷慨无私的援助。斯大林同志对于中国人民这样伟大的深厚的友誼，中国人民永远感念不忘。斯大林同志的不朽光輝，将永远照耀着中国人民前进的道路。

主席同志，光荣的列宁、斯大林的党，伟大的苏联人民和苏联政府，定将得到中国共产党、中国人民和中国政府的兄弟般的始終如一的信任和支持。中国人民一定会以最大的坚定性，和伟大的苏联人民永远紧密地团結一致，巩固并加强以苏联为首的世界和平民主陣营，提高警惕，加倍努力，打击战争挑拔者，为苏中两国人民的永久利益和世界和平与安全而奋斗到底。我相信，全世界一切劳动人民和爱好和平的进步人类，都将和我們一道，遵循斯大林同志指示的方向，把保卫世界和平的神圣事业担当起来。

毛泽东

一九五三年三月六日于北京

中央委員会关于发展农业合作社

的 决 議 （摘录）

工人阶級領导农民推翻封建地主的土地制度之后，农民的生产积极性表现在两个方面：一方面是个体经济的积极性，另一方面是互助合作的积极性。这两个方面的积极性反映农民（主要是中农）本身是劳动者又是私有者的两重性。从农民是劳动者这种性质所发展的互助合作的积极性，表现出农民可以引向社会主义；从农民是私有者和农产品的出卖者这种性质所发展的个体经济积极性，表现出农民的自发趋向是資本主义。这就不可避免地在农村中产生了社会主义和資本主义这两条道路的斗争。而由于农业经济的恢复和逐步上涨，这两条道路的斗争，就越来越带着明显的、不能忽視的性质。我們的政策是在于积极地而又是謹慎地經过許多具体的、恰当的、多样的过渡形式，把农民个体經济的积极性引到互助合作的积极性轨道上来，从而克服那种建立在个体經济基础上的資本主义自发势力傾向，逐步过渡到社会主义。

《中共中央委員会关于发展合作社的决讌》
1953年12月6日

在最高国务会上的講話

1955年1月25日

目前我国正处在伟大的社会主义革命的高潮中，中华人民共和国的成立标志着中国革命由資本主义民主革命阶段轉变到社会主义革命阶段，即进入由資本主义到社会主义的过渡时期。在建国的六年中，前三年的工作主要是恢复国民經济和进行前一革命阶段中沒有完成的各項社会改革，主要是土地改革。从去年夏季以来，社会主义改造，也就是社会主义革命，就以极广闊的規模和极深刻的程度开展起来。大約再有三年的时間，社会主义革命就可以在全国范圍內基本上完成。

社会主义革命的目的是为了解放生产力。农民和手工业由个体所有制变成为社会主义的集体所有制，私营工商业由資本主义所有制变成为社会主义所有制，必然使生产力大大地获得解放，这样就为大大地发展工业和农业的生产創造了社会条件。

我們进行社会主义革命所用的方法是和平的方法，对于这种方法，过去在党內和党外都有許多人表示怀疑。但是从去年夏季以来，由于农村中合作化运动的高潮和最近几个月以来城市中社会主义改造的高潮，他們的疑問已經大体解决了。在我国的条件下用和平的方法，即用說服敎育的方法，不但可以改变个体的所有制为社会主义的集体所有制，而且可以改变資本主义所有制为社会主义所有制。过去几个月来社会主义改造的速度大大超过了人們的意料。过去有些人怕社会主义这一关难过，现在看来，这一点还是容易过的。

目前我們国家的政治形势已經起了根本的变化。去年夏季以前在农业方面存在的許多困难情况现在已經基本上改变了，許多曾經被认为办不到的事情现在也可办到了。我国的第一个五年計划有可能提前完成或者超額完成。1956年到1967年全国农业发展綱要的任务，就是在这个社会主义改造和社会主义建设的高潮的基础上，給农业生产和农村工作的发展指出一个远景，作为全国农民和农业工作者的奋斗目标。农业以外的各項工作，也都必须迅速赶上，以适应社会主义改造的新形势。

我国人民应該有一个远大的规划，要在几十年內，努力改变我国在經济上、科学文化上的落后状况，迅速达到世界上的先进水平。为了实现这个伟大的目标，决定一切的是要有干部，要有数量足够的优秀的科学技术家，同时要继續巩固扩大人民民主統一战綫，团結一切可能团結的力量。我国人民还要同全世界各国人民团結一起，为維护世界的和平而奋斗。

关于胡风反革命集团的材料的

三 批 按 語

1955年5月13日为《人民日报》写的編者按

胡风的一篇在今年一月写好、二月作了修改、三月又写了"附記"的"我的自我批判"，我們到现在才把它和舒燕的一篇"关于胡风反革命集团的一些材料"一同发表，是有这样一个理由的，就是不让胡风利用我們的报紙继續欺騙讀者。从舒燕文章所揭露的材料，讀者可以看出，胡风和他所領导的反共反人民反革命集团是怎样老早就敌对、仇視和痛恨中国共产党的和非党的进步作家。讀者从胡风写給舒燕的那些信上，难道可以嗅得出一絲毫的革命气味来嗎？从这些信上发散出来的气味，难道不是同我們曾經从国民党特务机关出版的"社会新聞"、"新聞天地"一类刊物上嗅到过的一模一样嗎？甚么"小資产阶级的革命性和立場"，甚么"在民主要求的观点上，和封建传統反抗的各种傾向的现实主义文艺"，甚么"和人民共命运的立場"，甚么"革命的人道主义精神"，甚么"反帝反封建的人民解放的革命思想"，甚么"符合党的政治綱領"，甚么"如果不是革命和中国共产党，我个人二十多年来是找不到安身立命之地的"，这种种話能够使人相信嗎？如果不是打着假招牌，是一个眞正有"小資产阶级的革命性和立場"的知識分子(这种人在中国成千成万，他們是和中国共产党合作幷願意接受党領导的)，会对党和进步作家采取那样敌对，仇視和痛恨的态度嗎？假的就是假的，伪裝应当剝去。胡风反革命集团中像舒燕那样被欺騙而不願永远跟着胡风跑的人，可能还有，他們应当向政府提供更多的揭发胡风的材料，隐瞒是不能持久的。总有一天会暴露出来。从进攻轉变为退却（即检討）的策略，也是騙不过人的。检討要像舒燕那样的检討，假检討是不行的。路翎应当得到胡风的更多密信，我們希望他交出来。一切和胡风混在一起而得有密信的人也应当交出来，交出来比保存或銷毁更好些。胡风应当做剝去假面的工作，而不是騙人的检討。剝去假面，揭露眞相，帮助政府彻底弄清胡风反共反革命集团的全部情况，从此做一个眞正的人，是胡风及胡风派每一个人的唯一出路。

为《关于胡风反革命集团的第二批材料》写的編者按

自从舒燕的"关于胡风反革命集团的一些材料"发表以后，人們被胡风反共反人民反革命的恶罪所激怒了。本报已經收到全国各地各界讀者写的大批文章和信件，他們一致要求彻底揭露胡风及其集团的罪恶，这种憤怒的情緒是不可抑制。但是，有些同情胡风，或者口头上反对胡风但內心是同情胡风的人們在說，那些材料大都是解放以前的，不能据此定罪。那么，好罢，现在請看第二批材料。

现在发表的材料，是从胡风写給他的反动集团的人們的六十八封密信中摘录出来的。这些密信都是胡风在全国解放之后写的。在这些信里，胡风恶毒地污蔑中国共产党，污蔑党的文艺方針，污蔑党的负责同志，咒罵文艺界的党员作家和党外作家；在这些信里，胡风指挥它的反动集团的人们进行反共、反人民的罪恶活动，秘密地有計划地組織他們向着中国共产党和党所領导的文艺战綫猖狂进攻；在这些密信里，胡风唆使他的党羽們打进共产党內，打进革命团体內建立据点，扩充"实力"，探听情况和盗窃党內文件。在这些信里，人們可以清楚地看出，在解放以后，胡风更加施展了他的两面派手法：公开的是"不要去碰"，"可能的地方还要顺着"党和人民，而暗中却更加紧地"磨我的剑，窥測方向"，"用孙行者钻进肚皮的战术"，来进行反革命的活动。当他向党举行猖狂的进攻失败以后，他就赶紧指挥他的党羽布置退却，"在忍受中求得重生"，准备好每人一套假检討，以便潜伏下来，伺机再起。这就証明了胡风及其集团的反革命阴謀的极端严重性。我們必須加倍提高警惕，决不可中了他們假投降的詭計。

胡风和胡风集团分子的通信，大部分采取了鬼鬼祟祟的、隐蔽的方法。胡风和他們相約，在信中使用了各种代号和隐語，信上提到中国共产党的負責同志、文艺界負責同志和党員作家，都用了代号。收信人的名字和胡风自己的署名也很不一致，信封上的名字往往是收信人的妻子或其他人；信末的署名也經常变化或不署名。胡风的許多信用的是"人民日报"，"解放日报"的信封信紙，許多信封上写的是"上海新文艺出版社罗寄""上海青年报罗寄""北京中央戏剧学院张寄"或者其他机关名称。

下面就是从这些密信中摘录出来的材料，按內容分为三类，每类大致按写信的時間先后排列，幷加必要的注释。信中旁点都是原来有的。

按：

胡风所謂"輿論一律"，是指不許反革命分子发表反革命意见。这是确实的，我們的制度就是不許一切反革命分子有言論自由，而只許人民內部有这种自由。我們在人民內部，是允許輿論不一律的，这就是批評的自由，发表各种不同意见的自由，宣传有神論和宣传无神論(即唯物論)的自由。一个社会，无論何时，总有先进和落后两种人們，两种意见矛盾地存在着和斗爭着，总是先进的意见克服落后的意见，要想使"輿論一律"是不可能的，也是不应該的。只有充分发揚先进的东西去克服落后的东西，才能使社会前进。但是在国际国內尙有阶级和阶级斗爭存在的时代，夺取了国家权力的工人阶级和人民大众，必須鎮压一切反革命阶级、集团和个人对于革命的反抗，制止他們的复辟活动，禁止一切反革命分子利用言論自由去达到他們的反革命目的。这就使胡风等类反革命分子感到"輿論一律"对于他們的不方便。他們感到不方便，正是我們的目的'正是我們的方便。我們的輿論，是一律，又是不一律。在人民內部，允許先进的人們和落后的人們自由利用我們的报紙、刊物、讲坛等等去竞赛，以期由先进的人們以民主和說服的方法去教育落后的人們，克服落后的思想和制度。一种矛盾克服了，又会产生新矛盾，又是这样去竞赛。这样，社会就会不断地前进。有矛盾存在就是不一律。克服了矛盾，暂时归于一律了；但不久又会产生新矛盾，又不一律，又須要克服。在人民与反革命之间的矛盾，则是人民在工人阶级和共产党领导之下对于反革命的专政。在这里，不是用的民主的方法，而是用的专政即独裁的方法，即只許他們规规矩矩,不許他們乱說乱动。这里不但輿論一律，而且法律也一律。在这个問題上，胡风等类反革命分子好象振振有詞；有些糊涂的人們在听了这些反革命論調之后，也好象觉得自己有些理亏了。你看，"輿論一律"，或者說，"沒有輿論"，或者說，"压制自由"，岂不是很难听的么？他們分不清人民的内部和外部两个不同的范畴。在內部，压制自由，压制人民对党和政府的錯誤缺点的批評，压制学术界的自由討論，是犯罪的行为。这是我们的制度。而这些，在資本主义国家里，則是合法的行为。在外部，放纵反革命乱說乱动是犯罪的行为，而专政是合法的行为。这是我們的制度。資本主义国家正相反，那里是資产阶級专政，不許革命人民乱說乱动，只叫他們规规矩矩。剝削者和反革命者无論何时何地总是少数，被剝削者和革命者总是多数，因此，后者的专政，就有充分的道理，而前者則总是理亏的。胡风又說："絕大多数讀者都在某种組織生活中，那里空气是强迫人的。"我們在人民内部，反对强迫命令的方法，坚持民主說服方法，那里的空气应当是自由的，"强迫人"是錯誤的。"絕大多数讀者都在某种組織生活中"，这是极大的好事。这种好事，几千年没有过，仅在共产党領导人民作了长期的艰苦的斗爭之后，人民方才取得了将自己由利于反动剝削压迫的散沙状态改变为团結状态的这种可能性，并且于革命后几年之内实现了这种人民的大团結。胡风所說的"强迫人"，是指强迫反革命方面的人。他們确是胆战心惊，感到"小媳妇一样，經常的怕挨打"，"咳一声都有人录音。"我們认为这也是极大的好事。这种好事，也是几千年没有过，仅在共产党領导人們作了长期艰苦斗爭之后，才使得这些坏蛋感觉这么难受。一句話，人民大众开心之日，就是反革命分子难受之时。我們每年的国庆节，首先就是庆祝这件事。胡风又說："文艺問題也实在以机械論最省力。"这里的"机械論"是辯証唯物論的反話，"最省力"是他的瞎說。世界上只有唯心論和形而上学最省力，因为它可以由人們瞎說一气，不要根据客观实际，也不受客观实际检查的。唯物論和辯証法則要用气力，它要根据客观实际，并受客观实际检查，不用气力就会滑到唯心論和形而上学方面去。胡风在这封信里提出了三个原則性的問題，我們认为有加以詳細駁斥的必要。胡风在这封信还說到："目前到处有反抗的情緒，到处有进一步的要求"，他是在一九五〇年說的。那时，在大陆上剛剛消灭了蔣介石的主要軍事力量，还有許多化为土匪的反革命武装正待肃清，大规模的土地改革和鎮压反革命的运动还没有开始，文化教育界也还没有进行整頓工作，胡风的話确实反映了那时的情况，不过他沒有說完全。說完全应当是这样：目前到处有反革命反抗革命的情緒，到处有反革命对于革命的各种搗乱性的进一步的要求。

※　　　　※　　　　※

按：宗派，我們的祖宗叫作"朋党"，现在的人也叫"圈子"，又叫"摊子"我們听得很熟的。干这种事情的人們，为了达到他們的政治目的往往說别人有宗派，有宗派的人是不正派的，而自己則是正派的，正派的人是没有宗派。胡风所領导的一批人，据說都是"青年作家"和"革命作家"，被一个具有"資产阶級理論""造成独立王国"的共产党宗派所"仇视"和"迫害"，因此，他們要报仇。"文艺報"問題"不过是抓到的一个缺口"，这个"問題不是孤立的"，很须要由此"拖到全面"，"透出这是一个宗派主义統治問題"，而且是"宗派和軍閥統治"。問題这样严重，为了扫蕩起见，他們就"拋出"了不少的东西。这样一来，胡风这批人就引人注意了。許多人认眞一查，查出了他們是一个不大不小的集团。过去說是"小集团"，不对了，他們的人很不少。过去說是一批单純的文化人，不对了，他們的人钻进了政治、軍事、經济、文化、教育各个部門里。过去說他們好像是一批明火执仗的革命党，不对了，他們的人大都是有严重問題的。他们的基本队伍，或是帝国主义国民党的特务，或是托洛茨基分子，或是反动军官，或是共产党的叛徒，由这些人做骨干组成了一个暗藏在革命阵营的反革命派别，一个地下的独立王国。这个反革命派别和地下王国，是以推翻中华人民共和国和恢复帝国主义国民党的统治为任务的。他们随时随地寻找我们的缺点，作为他们进行破坏活动的借口。那个地方有他们的人，那个地方就会生出一些古怪问题来。这个反革命集团，在解放以后是发展了，如果不加制止，还会发展下去。现在查出了胡风们的底子，许多现象就得到了合理的解释，他们的活动就可以制止了。

※   ※   ※

从以上的材料，我们可以看出：（一）解放以来，胡风集团的反共反人民的阴谋活动更加有组织，更加扩大了，他们对于中国共产党和党所领导的文艺战线的进攻更加猖狂了；（二）如一切反革命集团一样，他们的破坏活动总是采取隐蔽的或者两面派的方式进行；（三）由于他们的阴谋被揭露，胡风集团不能不被迫从进攻转入退却，但这个仇恨共产党，仇恨人民，仇恨革命达到了疯狂程度的反动集团，绝不是真正放下武器，而是企图继续用两面派的方式保存他们的"实力"，等待时机，卷土重来。胡风用"在忍受中求得重生"，"一切都是为了事业，为了更远大的未来"这类的话来鼓励他的集团的分子，就是明证，反革命的胡风分子同其他公开的或暗藏的反革命分子一样，他们是把希望寄托在反革命政权的复辟和人民革命政权的倒台上。他们认为，这就是他们要等待的时机。

我们从胡风集团的阴谋活动这一事实必须取得充分的经验教训，必须在各个工作部门中保持高度的警惕性，善于辨别那些伪装拥护革命而实际反对革命的分子，把他们从我们的各个战线上清洗出去，这样来保卫我们已经取得的和将要取得的伟大的胜利。

（原载五五年五月二十四日《人民日报》）

关于胡风反革命集团的第三批材料编者按

胡风反革命集团第一、第二两批材料的公布，激起了全国广大人民群众对反革命分子的极大的愤怒，人们要求追究胡风集团的政治背景。他们问：胡风的主子究竟是谁？关于这个问题，人民政府已经获得大批材料。其中的一部分，我们把它放在这个"第三批材料"中发表出来。胡风和胡风集团中的许多骨干分子很早以来就是帝国主义和蒋介石国民党的忠实走狗，他们和帝国主义国民党特务机关有密切联系，长期地伪装革命，潜藏在进步人民内部，干着反革命勾当。

在下面的材料中，人们可以看出那被胡风捧为"追求革命十多年的革命作家"的阿垅和自称追随革命二十年的胡风本人的真实面目。阿垅在一封给胡风的信里对蒋介石在一九四六年七月开始的在全国范围发动的反革命内战"充满了乐观"；认为中国人民解放军的"主力""三个月可以击破"，"一年肃清"；并对蒋贼的"训话"，加以无耻的吹嘘，说什么"他底自信""使大家更为鼓舞"。阿垅把人民革命力量看作是"脓"，认为"总要排除"，并认为进攻人民革命力量必须坚决彻底，"一不做，二不休"

他们为什么这样坚决呢？原来，胡风，阿垅等人都是别有来历的人物。

阿垅，即陈亦门、陈守梅，浙江人。原是国民党的军官，抗日初期混入延安抗日军政大学讀了几个月，不上前綫。却到胡宗南的"战干四团"做少校軍事教官去了。这里发表的一封信是他在一九四六年七月从重庆山洞陆軍大学写的，他已从胡宗南那里轉到这里受訓，毕业后任战术教官。"山洞"这个地方，是蔣介石的陆軍大学所在，也是蔣介石本人在重庆期間的住地。

胡风，即张光人，又名谷非，湖北人。在第一次国內革命战争时期，他曾加入过共产主义青年团。一九二五年他在北京，当时段祺瑞統治下的白色恐怖把他吓昏了头脑，坚决要求党允許他退出了团。后在江西"剿共"軍中做过反共的政治工作，又去日本混了一个时候，干了一些不可告人的勾当。回国以后，他在上海混进了左翼文化团体。从內部进行了种种分裂破坏活动。在武汉和重庆时期，他和国民党的許多特务头子有联系。从这里发表的胡风給阿壠的一封信里，也可看出胡风和国民党特务头子之一的陈焯的关系。胡风的这篇簡单的历史是最近才查明的，因为他隐瞞得很巧妙，大家被他騙过了。

胡风集团在全国解放以前狂热地把希望寄托在蔣介石反人民內战的胜利和人民革命力量的失败上；而当蔣匪潰败，全国解放以后，他们就潜伏在大陆上以更加阴险的两面派手法继續进行反革命活动

他们对解放后的新社会、对人民革命政权，表现了刻骨的仇恨，他們說"对这个社会秩序，我憎恨"，他們詛咒人民革命政权的"灭亡""完蛋"!

当本报公布了第一、二批揭露材料之后，还有一些人在說：胡风集团不过是文化界少数野心分子的一个小集团，他们不一定有什么反动政治背景。說这样話的人們，或者是因为阶級本能上衷心地同情他們；或者是因为政治上嗅覚不灵，把事情想得太天眞了；还有一部分则是暗藏的反动分子，或者就是胡风集团里面的人，例如北京的吕焚。

现在已到了彻底弄清胡风这一批反革命黑帮的面目的时候了。中国人民再也不允許他們继續玩弄欺騙手段! 全国人民必须提高警惕，一切暗藏的反革命分子必须揭露! 他們的反革命罪行必须受到应有的惩处!

按：从这一类信里可以看出，胡风集团不是一个简单的"文艺"集团，而是一个以文艺为幌子的反革命政治集团。他们仇恨一切人民革命力量。胡风分子张中晓說，他"几乎恨一切人"。許多人认为"胡风不过是一个文化人，胡风事件不过是文化界的事件，和其它各界沒有关系"，看了这类材料，应当觉悟过来了罢!

按：从以上两封信里可以看到胡风骨干分子綠原的眞面目，胡风集团的骨干就是由这样一批人组成的。綠原在一九四四年五月被調至"中美合作所"去"工作"。"中美合作所"就是"中美特种技术合作所"的简称，这是美帝国主义和蔣介石国民党合办的由美国人替美国自己也替蔣介石訓练和派遣特务并直接进行恐怖活动的阴森黑暗的特务机关，以残酷拷打和屠杀共产党员和进步分子而著名。誰能够把綠原"調至"这个特务机关去呢? 特务机关能够"調"誰去"工作"呢? 这是不言而喻的了。在后一封信里，在一九四七年九月，綠原还在罵中国共产党人和人民革命的力量是"万恶的共匪"，可是，一九四八年初他就由另一个胡风骨干分子曾卓介紹为共产党党员，打入了地下党的组织。后来綠原突然潜逃。武汉解放时又突然回到武汉，与曾卓一起自称是"共产党"接收"大剛报"。一九五〇年再度鈷进党来，（参看本材料第二十八条）。胡风反革命集团的分子就是这

样来"追随革命"和鈷进共产党里面来的。

※　　　　　※　　　　　※

　　按： 由阿壠这些信里可以看出，胡风分子是很懂得一些反革命的地下工作的策略的。他說："不要在陣地未强固前就放起枪来"。而主要是准备条件，多一些条件，再多一些条件。"要"埋头工作，在群众中做好工作，"把群众基础弄好"，然后"就找大的对象"，即对准革命的要害加以攻击。在进攻时，要多同"朋友""商量了做"，把"論点組織和考虑得更严密些，小东西和小事情最好不理。"反革命分子不是那样笨拙的，他们的这些策略，是很狡猾很毒辣的。一切革命党人决不能輕視他們，决不能麻痹大意，必须大大提高人民的政治警惕性，才能对付和肃清他們。

※　　　　　※　　　　　※

　　按： 芦甸这种以攻为守的策略，后来胡风果然实行了，这就是胡风到北京来請求派工作，請求討論他的問題，三十万字的上书言事，最后是抓住"文艺报"問題放大炮。各种剥削阶级的代表人物，当着他們处在不利情况的时候，为了保护他們现在的生存，以利将来的发展，他們往往采取以攻为守的策略。或者无中生有，当面造謠；或者抓住若干表面现象，攻击事情的本质；或者吹捧一部分人，攻击一部分人；或者借题发揮，"冲破一些缺口"，使我們处于困难地位。总之，他們老是在研究对付我們的策略，"窺測方向"，以求一逞。有时他們会"裝死躺下"，等待时机，"反攻过去"。他們有长期的阶级斗爭的經驗，他們会做各种形式的斗爭——合法的斗爭和非法的斗爭。我們革命党人必须懂得他們这一套，必须研究他們的策略，以便战胜他們。切不可书生气十足，把复杂的阶级斗爭看得太簡单了。

※　　　　　※　　　　　※

　　按： 由于我們革命党人驕傲自滿，麻痹大意，或者顾了业务，忘記政治，以致許多反革命分子"深入到"我們的"肝脏里面"来了。这决不只是胡风分子，还有更多的其它特务分子或坏分子鈷进来了。

※　　　　　※　　　　　※

　　按： 胡风集团分子和其他許多暗藏的反革命分子，大都采取方然在这封信里所讲的两面派策略，特别是他的（二）、（三）两条策略，很可以欺騙許多人。但他們总有漏洞可以給人們找到。胡风集团的被揭露，就是一个証据。特别是在大多数人的觉悟程度和警惕性提高了以后，他們的两面派策略就更易被揭露了。

※　　　　　※　　　　　※

　　按： 从这里也可以看到我們批判胡适派资产阶级唯心論这一斗爭的重要性和必要性。有些人口称相信馬克思列宁主义，却不重視批判唯心論这一斗爭，或者说自己沒有唯心論，或者说自己和胡适无关系，因而最好避开不談。但胡风集团却是重視的，他們在研究如何对付的方法。"这里存在着矛盾和困难"。批判唯心論果然給了胡风集团以"矛盾和困难"，这就可見批判的对了。革命队伍里的人，难道也有"矛盾和困难"嗎？

※　　　　　※　　　　　※

　　按： 一大批胡风分子打入中国共产党內取得党員称号这一件事，应当引起一切党組

103

織注意。綠原解放前曾經一度鑽进我們的地下党組織，后因潜逃失去党籍。在一九五〇年，这个反革命分子又对我們的党組織"用最大誠恳写过三次报告，一次比一次詳尽而老实"，除了文艺思想而外，"其余大体合格"，果然后来又被接受为"党員"了。这样的事，难道不应当引起一切党組織的注意嗎？这些反革命分子是在用尽了心思欺騙了我們之后爬进党內来的，他們把这当作"一場斗爭"看待，他們斗胜了我們，他們进来了！

※　　　　　※　　　　　※

按：共产党員的自由主义傾向受到了批判，胡风分子就叫做"受了打击"。如果这人"斗志較差"，即并不坚持自由主义立場，而顧意接受党的批判轉到正确立場上来的話，对于胡风集团来說，那就无望了，他們就拉不走这个人。如果这人坚持自由主义立場的"斗志"不是"較差"而是"較好"的話，那末，这人就有被拉走的危险。胡风分子是要来"試"一下的，他們已經称这人为"同志"了。这种情况，难道还不应当引为教訓嗎？一切犯思想上和政治上錯誤的共产党員，在他們受到批評的时候，应当采取什么态度呢？这里有两条可供选择的道路：一条是改正錯誤，做一个好的党員；一条是堕落下去，甚至跌入反革命坑內。这后一条路是确实存在的，反革命分子可能正在那里招手呢！

※　　　　　※　　　　　※

按：从这一类的信里，应当引起我們的警觉，不要让他們"滑过去了"

※　　　　　※　　　　　※

按：从这类信里可以看出，暗藏在革命队伍里的反革命分子很怕整风，可見整风是有益的。怕整风的人不都是反革命分子，絕对大多数（百分之九十几）是思想上或政治上犯有某些錯誤的人，对他們的方針是帮助他們改正錯誤。但反革命分子很怕整风，对他們的方針则是进一步挖出他們反革命根子。胡风反革命集团的面目，是在解放前和解放后的几次整风中，即过去的几次思想斗爭逐步的暴露出来的。由于那几次整风，才产生了胡风集团內部的分化，才迫使胡风集团采取以攻为守的策略——三十万字的上书言事，才有最后的大揭　。

※　　　　　※　　　　　※

按：从这类信里可以看出，在强大的人民革命力量即人民民主专政面前，只要这个专政提高了群众的觉悟，采取了正确的政策，那就不管有多少暗藏反革命集团，也不管每个反革命集团內部的紀律如何森严，攻守同盟如何坚固，总有一些人可以分化出来的，而这种分化是于人民有利的。舒燕从胡风集团分化出来一事使得胡风集团大伤脑筋，就是一証。近日各地許多胡风分子們紛紛坦白，自动地或被迫地交出密件，揭露內情，是这个斗爭的继續发展。

※　　　　　※　　　　　※

按：从这类信里可以看出，我們的机关、部队、企业或团体里是有人偷竊机密的。这种人就是混进这些机关、部队、企业和团体內的反革命分子，有些自由主义分子则是这些反革命分子的好朋友。这种情况，难道还不应該引起全体工作人員和全体人民的严重注意嗎？

※　　　　　※　　　　　※

按：从这封信里可以看见，胡风集团坚决反对中国共产党所确定的文艺方向，**极端仇恨毛泽东同志《在延安文艺座谈会上的讲話》**。因为党和毛泽东同志号召文艺工作者要**歌頌工农兵**，要暴露**工农兵的敌人**，而胡风集团恰是工农兵的死敌，他們觉得暴露工农兵的敌人就会使他們混不下去，就会"屠杀"他們这伙反革命的所謂"生灵"，就会"压杀了"他們这伙反革命的所謂"新东西"，但是他們不敢公开地反对这个讲話，而且胡风还教唆他的党羽在表面上要"順着他"，有时幷引用其中的一些字句。这些，都是胡风分子伪装自己的假面具。而在这封密信里就完全暴露了胡风分子仇恨这个讲話和反党的眞面目。张中晓說："这书（指毛泽东同志在延安文艺座谈会上的讲話），也許在延安时有用，但，现在我觉得是不行了。""现在不行了"，在文艺界里面不是还有一些人也这样說过么？說过这种話的人，請注意讀讀张中晓这封信吧！当然，有些說这样話的人，他們还只是抱着資产阶级的文艺观点，所以不能认識这个讲話的重要性。但是，张中晓这个胡风分子，凭着他的反革命的敏感，却深深地了解这个讲話在全国解放以后会在更广大的范围內掌握群众，幷对各种反动的文艺思想起摧毁性的作用，所以他們就急于想阻止和破坏这个讲話的影响的扩大。他們所謂"现在……不行了"，道理就在这里。

※   ※   ※

按：从这类信里可以看出，反革命分子的攻击少数人不过是他們的借口，**他們的一种策略。**他們的本意是"几乎沒有一块干凈的土地"。由于这种情况，他們"**就规定了战斗的艰苦性和长期性**"。自从汉朝的吳王刘濞发明了請誅鼂錯（汉景帝的主要謀划人物）以請君侧的著名策略以来，不少的野心家奉为至宝，胡风集团也继承了这个衣鉢。他們在三十万字上书中，攻击×××、×××、××等几个人，說这几个人弄坏了一切事。有些在阶级本能上同情胡风的人，也照着这样替胡风瞎吹，說什么"这不过是××和胡风爭領导权的个人之間的斗爭"。我們在肃清胡风分子和其它反革命分子的斗爭中，这一点也是应該注意的。

※   ※   ※

按：胡风集团在他們的三十万字上书和其它的公开言論中，好象他們主要只是反对共产党的作家而不反对其他的人。他們当然从来不反对蔣介石和国民党的其他人物（只是有时小罵几句以作幌子，即所謂"小罵大帮忙"），但不反对其他的人则是假的。这一点我們从胡风們的許多密信中得到了証实。原来他們对魯迅、聞一多、郭沫若、茅盾、巴金、黃葯眠、曹禺、老舍这样許多革命者和民主人士都是一概加以輕蔑、謾罵和反对的。这种不要自己集团以外的一切人的作风，不正是蔣介石法西斯国民党的作风嗎？

※   ※   ※

按：如同我們经常在估计国际国內阶级斗爭力量对比的形势一样，敌人也在经常估計这种形势。但我們的敌人是落后的腐朽的反动派，他們是注定要灭亡的，他們不懂得客观世界的规律，他們用以想事的方法是主观主义的和形而上学的方法，因此他們的估計总是錯誤的。他們的阶级本能引导他們老是在想：他們自己怎样了不起，而革命势力总是不行的。他們总是高估了自己的力量，低估了我們的力量。我們亲眼看到了許多的反革命：清朝政府，北洋軍閥、日本軍国主义，莫索里尼，希特勒，蔣介石，一个一个地倒下去了，他們犯了幷且不可能不犯思想和行动的錯誤。现在的一切帝国主义也是一

105

定要犯这种错误的。难道这不好笑吗？照胡风分子說来，共产党領导的中国人民革命力量是要"嗚呼完蛋"的，这种力量不过是"枯黄的叶子"和"腐朽的尸体"。而胡风分子所代表的反革命力量呢？虽然"有些脆弱的芽子会被压死的"，但是大批的芽子却"正冲开"什么东西而要"茁壮地生长起来，"如果說，法国资产阶級的国民議会里至今还有保皇党的代表人物的話，那么，在地球上全部剝削阶級彻底灭亡之后多少年內，很可能还会有蒋介石王朝的代表人物在各地活动着，这些人中的最死硬的分子是永远不会承认他們的失败的。这是因为他們不但需要欺騙别人，也需要欺騙他們自己，不然他們就不能过日子。

※　　　　　※　　　　　※

按：这个胡风分子是比較悲观的。他說"也許"要"再过几十年"才"可以办到人与人沒有矛盾，即是說，要有几十年时间，蒋介石王朝才有复辟的希望。几十年之后，蒋介石王朝回来了，一切人民革命力量都被压倒了，那就是"人与人沒有矛盾"了。"人的庄严与眞实才不受到損伤"，这个"人"指的是一切反革命的人，包括胡风分子在內，但是一个也不包括革命的人，"今天中国人是不尊敬人的……"，上人指革命的人，下人指反革命的人。胡风分子写文章，即使是在写密信，也会有些文理不通的，这也是被他們的阶級本质所决定的，他們无法像我們替他們作註解的时候这样，把文理弄得很清楚。

※　　　　　※　　　　　※

按：这封信里所謂"那些封建潜力正在疯狂的杀人"乃是胡风反革命集团对于我国人民革命力量鎭压反革命力量的伟大斗争感觉恐怖的表现，这种感觉代表了一切反革命的阶級、集团和个人，他們感觉恐怖的事，正是革命的人民大众感觉高兴的事。"史无前例"也是对的。从来的革命，除了奴隶制代替原始公社制那一次是以剝削制度代替非剝削制度以外，其余的都是以一种剝削制度代替另一种剝削制度为其結果的，他們沒有必要也沒有可能去做彻底鎭压反革命的事情。只有我們，只有无产阶級和共产党領导的人民大众的革命，是以最后消灭任何剝削制度和任何阶級为目标的革命，被消灭的剝削阶級无論如何是要經由他們的反革命政党、集团和某些个人出来反抗的。而人民大众則必须团結起来坚决、彻底、干尽，全部地将这些反抗势力鎭压下去。只有这时，才有这种必要，也才有这种可能。"斗争必然地深化了"。这也說得一点不錯。只是"封建潜力"几个字說錯了，这是"无产阶級和共产党領导的以工农联盟为基础的人民民主专政"一語的反話，如同他們所说的"机械"是"辯証唯物論"的反話一样。

※　　　　　※　　　　　※

按：还是这个张中晓，他的反革命感觉是很灵的，較之我們革命队伍里的好些人，包括一部分共产党員在內，阶級觉悟的高低，政治嗅觉的灵鈍，是大相悬殊的，在这个对比上，我們的好些人，比起胡风集团的人来，是大大不如的。我們的人必须学习，必须提高阶級警惕性，政治嗅觉必須放灵些。如果說胡风集团能給我們一些什么积极的东西，那就是借着这一次惊心动魄斗争，大大的提高我們的政治觉悟和政治敏感，坚决地将一切反革命分子鎭压下去，而使我們的革命专政大大地巩固起来，以便将革命进行到底，达到建成伟大的社会主义国家的目的。

（原載一九五五年六月十日《人民日报》）

《中国农村的社会主义高潮》按語 (摘录)

1955年

《書記动手，全党办社》按語

这篇文章写得很好，值得作为本书的第一篇向讀者們推荐。如象这篇文章在开头所描写的，自己不懂，怕人問，就"繞开社走"的人，現在各地还是不少的。所謂"坚决收縮"，下命令大批地解散合作社的做法，也是"繞开社走"的一种表現。不过他們不是消极地避开，而是索性一刀"砍掉"(这是他們的話)，多少个合作社，采取十分积极的态度罢了。他們手里拿着刀，一砍，他們就繞开麻煩問題了。他們說办合作社有怎样怎样的困难，据說簡直困难到了不堪設想的地步。全国有不可胜数的事例駁倒了这一种說法。河北省遵化县的經驗，不过是这些事例的一个。在一九五二年，这里的人都不懂得怎样办合作社。他們的办法就是学习，他們的口号是"書記动手，全党办社。"其結果就是"从不懂到懂"，"从少数人会到多数人会"，"从区干部办社到群众办社。"……

我們現在有理由向人們提出这样一个問題：为什么这个地方可以这样做，别的地方就不可以这样做呢？如果說不可以，你們的理由在什么地方呢？我看只有一条理由，就是怕麻煩，或者爽直一点，叫做右傾机会主义。因此就是"繞开社走"，就是書記不动手，全党不办社，就是从不懂到不懂，从少数人到少数人，从区干部到区干部。要不然就是手里拿着刀，見了找麻煩的合作社就給它一砍。只要有了这样一条理由，那就什么事也做不成了。……

遵化县的合作化运动中，有一个王国藩合作社，二十三戶貧农只有三条驢腿，被人称为"穷棒子社"。他們用自己的努力，在三年时間內，从山上取来了大批的生产資料，使得有些参观的人感动得下泪。我看这就是我們整个国家的形象。难道六万万穷棒子不能在几十年內，由于自己的努力，变成一个社会主义的又富又强的国家嗎？社会的财富是工人、农民和劳动知識分子自己創造的。只要这些人掌握了自己的命运，又有一条馬克思列宁主义的路綫，不是廻避問題，而是用积极的态度去解决問題，任何人間的困难总是可以解决的。……

《他們坚决选擇了合作化的道路》按語

这是一个很有兴趣的故事。社会主义这样一个新事物，它的出身是要經过同旧事物的严重斗爭才能实現的。社会上一部份人，在一个时期內，是那样頑固地要走他們的老路。在另一个时期內，这些同样的人又可以改变态度表示贊成新事物。富裕中农的大多数，在一九五五年上半年，对于合作化还是反对的，下半年就有一部份人改变了态度，表示要入合作社，虽然其中有一些人的目的是为了想要取得合作社的領导权如入社的。另一部份人表現了极大的动摇，口里讲要加入，心里还是不大願意。第三部份人則是頑固地还要等着看。在这个問題上，农村的党組織对于这个阶层要有等待的耐心。为了建立貧农和新下中农在領导方面的优势，某些富裕中农迟一点加入合作社反而是有利的。

《所謂落后乡村幷非一切都落后》按語

在中国，对于許多人来說，一九五五年可以說是破除迷信的一年。一九五五的上半年，許多人对于一些事还是那么样坚持自己的信念。一到下半年，他們就坚持不下去了，只好相信新事物。例如：他們认为群众中提出的"三年合作化"不过是幻想；合作化北方可以快一些、南方无法快；落后乡不能办合作社；山区不能办合作社；少数民族地区和民族杂居地不能办合作社；灾区不能办合作社；建社容易巩固难；农民太貧，資金无法筹集；农民沒有文化，找不到会計；合作社办得越多，出乱子就越多；合作社发展的速度，超过了群众觉悟的水平和干部的經驗水平；因为党的粮食統购統銷政策和合作化政策，使得农民的生产积极性降低了；在合作化問題上，共产党如果不赶快下馬，就有破坏工农联盟的危险；合作化将出现大批的剩余劳动力，找不到出路。如此等等，还可以举出很多。总之都是迷信，这些迷信，經过一九五五年十月中国共产党第七届第六次中央全体会議（扩大）的批判以后、統統都打破了。现在全国农村中已經出现了社会主义改造的高潮，群众欢欣鼓舞。这件事给了一切共产党人一个深刻的教訓：群众中蘊藏了这样的社会主义的积极性，为什么在許多领导机关，在几个月以前，居然沒有感觉到，或者感觉得那样少呢？领导者們所想的同广大群众所想的，为什么那样不一致呢？以此为教訓，那末，今后对于有相似情况的事和問題应当怎样处理才好呢？回答只有一句話，就是不要脱离群众，要善于从本质上发现群众的积极性。

《张郭庄合作社的政治工作》按語

这篇文章的观点是正确的，合作社必須强調做好政治工作。政治工作的基本任务是向农民群众不斷地灌輸社会主义思想，批評資本主义倾向。

《必須对資本主义傾向作坚决的斗爭》按語

这种情况值得注意。富裕农民中的資本主义傾向是严重的。只要我們在合作化运动中，乃至以后一个很长的时期內，稍微放松了对于农民的政治工作，資本主义傾向就会泛滥起来。

《新情况和新問題》按語

……这个材料描繪了农村中各个阶层的动态。貧农对于合作化最积极。許多中农要"再看一看"，他們爱"在外边松快"，他們主要的是要看合作社对于他們的生产资料入社是否使他們不吃亏，他們是可以这样也可以那样的。許多富裕中农对于合作化有很大的抵触情緒，其中态度最坏的，在那里变卖生产资料，抽逃资金，組織假合作社，个别的甚至勾结地主富农做坏事。我們希望各地从事农村工作的同志們都注意观察和分析自己那里的各个阶层的动态，以便采取适合情况的政策。

《一个整社的好經驗》按語

这是一篇很好的整社經驗，值得推荐。一个新的社会制度誕生，总是要伴随一场大喊大叫的，这就是宣传新制度的优越性。批判旧制度的落后性。使我国五亿多农民实行社会主义改造这样一种惊天动地的事业，不可能是在一种风平浪静的情况下出现的，它要求我们共产党人向着背上揹着旧制度包袱的广大农民群众，进行耐心的生动的容易被他们理解的宣传教育工作。目前全国各地都在做这种工作；出现了很多善于做宣传的农村工作同志。这篇文章里所描写的"四对比、五算帐"，就是向农民说明两种制度谁好谁坏，使人一听就懂的一种很好的方法。这种方法有很强的说服力。它不是象有些不善于做宣传的同志那样，仅仅简单地提到所谓"或者走共产党的道路，或者走蒋介石的道路"只是企图拿大帽子压服听众，手里并无动人的货色，而是拿当地农民的经验向农民作细致的分析，这就具有很强的说服力。

《机会主义的邪气垮下去'社会主义的正气升上来》按语

几乎带普遍性的在许多地方存在着阻碍广大的贫农和下中农群众走合作化道路的、党内的右倾机会主义分子，同社会上的资本主义势力互相呼应着。对于这样一种情况，这一篇文章算是描写得恰好。作者以极大的愤怒斥责了机会主义者，支持了贫苦农民。有些人虽然顶着共产主义者的称号，却对于现在要做的社会主义事业表现很少兴趣。他们不但不支持热情的群众反而向群众，的头上泼冷水。一九五五年，在中国，正是社会主义和资本主义决胜负的一年。这一决战，是首先经过中国共产党中央召集的五月、七月和十月三次会议表现出来的。一九五五年上半年是那样的乌烟瘴气，阴霾满天。一九五五年下半年却完全变了样，成了另一种气候，几千万户的农民群众行动起来，响应党中央的号召，实行合作化。到编者写这几行的时候，全国已经有六千万以上的农户加入合作社了。这是大海的怒涛，一切妖魔鬼怪都被冲走了。社会上各种人物的咀脸，被区别得清清楚楚。党内也是这样。这一年过去，社会主义的胜利就有了很大的把握了。当然还有许多战斗在后头，还要努力作战。

《长沙县高山乡武塘农业生产合作社是怎样从中农占优势转变为贫农占优势的》按语

这是一个普遍的严重的问题。各级党委和派到农村指导合作化工作的同志们，对于这个问题都应当引起充分地注意。合作社的领导机关必须建立现有贫农和新下中农在领导机关中的优势，而以老下中农和新老两部分上中农作为辅助力量，才能按照党的政策实现贫农和中农的团结，巩固合作社，发展生产，正确的完成整个农村的社会主义改造……湖南省长沙县高山乡的经验，充分地告诉我们：建立贫农优势和由此去巩固地团结中农的必要性和可能性，以及如果不是这样做，它的危险又会怎么样。本文作者完全懂得党的路线。做法也很对，先去完成紧急的增产任务；后去建立贫农的优势领导。结果，贫农扬眉吐气，中农也心悦诚顺。

《合作社的政治工作》按语

本文作者懂得党的路线，他说得完全中肯。文字也好，使人一看就懂，没有党八股气。在这里要请读者注意，我们的许多同志，在写文章的时候，十分爱好党八股，不生动，不形象，使人看了头痛。也不讲究文法和修辞，爱好一种半文言半白話的体裁，有时废話連篇，有时又尽量簡古，好象他们是立志要让讀者受苦似的。

《一个违背領导意願由群众自动办起来的合作社》按語

这是一篇动人的叙述。希望讀者好好地看一遍。特别要請那些不相信广大农民群众有走社会主义路道的积极性的同志和那些动不动就想拿起刀来"砍掉"合作社的同志好好地看一遍。现在全国农村中，社会主义因素每日每时都在增长，广大农民群众要求組織合作社，群众中涌出了大批的聪明、能干、公道、积极的領袖人物，这种情况十分令人兴奋。最大的缺点，就是在許多地方党的領导还没有主动的赶上去。目前的任务，就是要使各級地方党委在这个問題上采取馬克思列宁主义的主动立場，将整个农业合作化的任务拿到自己手里来，用积极的高兴的欢迎的全力以赴的态度去領导这个运动。不要重复叶公好龙那个故事，讲了多少年的社会主义，临到社会主义跑来找他，他又害怕起来了。

《他們堅决选择合作化的道路》一文按語

社会主义这样一个新事物，它的出生，是要經过同旧事物的严重斗爭才能实现的。社会上部分人，在一个时期內，是那样頑固地要走他們的老路。在另一个时期內，这些同样的人又可以改变态度表示贊成新事物。

在中国共产党中央召开的关于知識分子問題会議上的講話

1956年1月20日

各部門搞計划指标，要放在可行的基础之上。本来作得到的，本应该办到的，不去办，这就叫右傾保守；没有充分根据的，行不通的，去办，那就叫盲目性，叫做"左"傾冒险。我想，全党在目前这个时期恐怕也不是一个主要傾向，但是已經可以看出这么一种傾向：有些同志不那么清醒了，不敢于实事求是，因为右傾保守、机会主义这个帽子难听。如果經过考虑，經过研究确实办不到的事，那就硬要說办不到，就要敢于說办不到，要敢于把它削下来，使我们的計划放在有充分根据完全可行的基础之上。

紀念孙中山先生

1956年

紀念伟大的革命先行者孙中山先生！

紀念他在中国民主革命准备时期，以鮮明的中国革命民主派的立場，同中国改良派作了尖銳的斗爭。他在这一場斗爭中是中国革命民主派的旗幟。

紀念他在辛亥革命时期，領导人民推翻帝制建立共和国的丰功伟績。

紀念他在第一次国共合作时期，把旧三民主义发展为新三民主义的丰功伟績。

他在政治思想方面留給我們許多有益的东西

现代中国人，除了一小撮反动分子以外，都是孙中山先生革命事业的继承者。

我們完成了孙中山先生沒有完成的民主革命，幷且把这个革命发展为社会主义革命，我們正在完成这个革命。

事物总是发展的，一九一一年的革命，即辛亥革命，到今年不过四十五年，中国的面目完全变了。再过四十五年，就是二千零一年，也就是进到廿一世紀的时候、中国的面目更要大变。中国将变为一个强大的社会主义工业国。中国应当这样。因为中国是一个具有九百六十万平方公里土地和六万万人口的国家，中国应当对于人类有較大的貢献。而这种貢献，在过去一个长时期內，则是太少了。这使我們感到惭愧。

但是要謙虚，不但现在应当这样，四十五年之后也应当这样。中国人在国际交往方面，应当坚决、彻底、干净、全部地消灭大国主义。

孙中山是一个謙虚的人。我听过他多次讲演，感到他有一种宏伟的气魄。从他注意研究中国历史情况和当时社会情况方面，又从他注意研究包括苏联在內的外国情况方面，知道他是很謙虚的。

他全心全意地为了改革中国而耗费了毕生精力，眞是鞠躬尽瘁，死而后已。

像很多站在正面指导时代潮流的伟大历史人物大都有他的缺点一样，孙先生也有他的缺点方面。这是要从历史条件加以說明，使人理解，不可以苛求前人的。

論十大关系 （講話記录稿）

1956年4月25日

最近两个月来，政治局分別听取了中央的經济、财政卅四个部門的工作汇报，交换了一些意见，政治局又討論了几次，綜合起来，有十个問題，十个矛盾。

提出这十个問題都是为着一个目的，为着調动一切积极因素，动員一切可用的力量，来多、快、好、省地建設社会主义。

調动一切积极因素，动員一切可用的力量，是我們历来的方針。过去实行这个方針是为了人民民主革命的胜利，为了結束帝国主义、封建主义和官僚資本主义的統治。现在是为了新的革命，就是社会主义的革命，建設社会主义的国家。不論在革命中間，或者建設中間，同样应該实行这个方針。这是大家都清楚的。但是，有一些問題还是值得談，其中有些新东西。我們的工作也还有缺点，有不够的地方。談一談，考慮这些問題，正确处理这些矛盾，可以少走些弯路。

我先把十个問題唸一唸：

第一：工业和农业、重工业和輕工业的关系；

第二：沿海工业和內地工业的关系；

第三：經济建設和国防建設的关系；

第四：国家、生产单位和生产者个人的关系；

第五：中央和地方的关系；

第六：汉民族和少数民族的关系；

第七：党和非党的关系；

第八：革命和反革命的关系；

第九：是非关系；

第十：中国和外国的关系。

这些关系，都是一些矛盾。世界到处都是矛盾。沒有矛盾，就沒有世界

现在，我就来讲上面提的十个矛盾。

第一 工业和农业、重工业和輕工业的关系

重工业是重点，要优先发展，大家沒有异議，在处理重工业和輕工业、工业和农业的关系上，我們并沒有犯过原則性的錯誤。我們沒有犯过有些社会主义国家那种錯誤，他們片面地着重重工业，而忽視輕工业和农业，因此市场上的貨物不够，生活品不够，貨币不稳定。我們对于輕工业，农业都是比較注重的。我們市场上的貨物比較充足。和有的国家在革命后的市场情况不同。我們的生活品，說十分够也不那么够，但是我們有相当丰富的民生日用商品，并且价格是稳定的人民币是稳定的。这并不是說，现在沒有問題了。也还是有問題的，就是对于輕工业，对于农业，比过去要更加注意，就是要适当地調整一下重工业和輕工业、工业和农业的投資比例，要在工农业总投資中适当地增加輕工业和农业的投資比重。

这样，是不是重工业不是为主了呢？还是为主。是不是对于重工业不注重了呢？现在这样提，投資的重点也还是重工业。

今后需要在輕工业和农业方面，多投一点資，让这方面的比重加重一些。加重一些，是不是要改变重点？重点沒有变，重工业还是重点，但是輕工业跟农业这方面要加重一些。

加重的結果会怎样？結果就是会更多更好地发展重工业，就是会更多更好地发展生产資料的生产。

发展重工业，需要有資金的积累。积累从那里来？重工业可以积累，輕工业和农业也可以积累。但是輕工业和农业能积累得更多些，更快些。

这里就发生了一个問題：你究竟想发展重工业不想，或者想得厉害一些，还是想得差一些？你如果是不想，那就打击輕工业，打击农业，你如果想得差一点，也可以对輕工业少投一些資，对农业少投一些資；你如果想得厉害，那就要发展輕工业，就要注意发展农业，使得生活品更多些，积累就会更多些，几年之后，投到重工业方面的資金也就会更多些。所以这是一个眞想、假想的問題。

当然，对于发展重工业，眞想假想，在我們这里来說，不适当。誰不眞想？就是想得厉害不厉害。你眞正想重工业想得厉害，你对輕工业就应当多投一些資，不然你想得就不十分眞，只有九分眞，那就不厉害，那就是你对于重工业不十分注重。你如果十分注重，你就要注意发展輕工业。因为：第一是它能滿足人民的生活，第二是它能更多更快地提供积累。

在农业的問題上，有的社会主义国家的經驗証明：农业集体化了，搞得不好也还是

不能增产，农业机械化了，搞得不好，也同样不能增产。有的国家的农业，不能增产的根本原因，是由于国家对农民的政策有問题，在税收上使农民的负担很重，在价格上农产品很便宜，工业品很貴。我們在发展工业特别是重工业的同时，必須把农业摆到一定的位置上，实行正确的农业税收政策和正确的工业产品价格政策。

农业对整个国民經济的重要性，从我們的經驗来看，是很清楚的。解放几年来的事实証明，那一年的农业丰收了，我們那一年的日子就好过。这是一个规律性的問题。

我們的結論是这样：用少发展一些輕工业和农业的办法来发展重工业，这是一种办法。用多发展一些輕工业和农业的办法，来发展重工业，这又是一种办法。前一种办法，片面发展重工业，不照顾人民生活，后果是人民不满意，重工业也不会眞正搞好。从长远观点来看，这种作法，反而使重工业发展得慢些和差些。几十年后算总帐，那是划不来的。后一种办法，把重工业的发展建立在满足人民生活需要的基础上，使重工业发展的基础更加稳固，结果是会使重工业发展得多些和好些。

第二　沿海工业和內地工业的关系

发展內地工业是对的，是主要的，但必須照顾沿海。

在这个問题上，我們沒有根本的、大的錯誤，但有一些缺点。

最近几年，对于沿海工业，有一点不那么十分注重了，恐怕要改变一下。

原有工业，无論是重工业、輕工业，多少在沿海？

所謂沿海，就是辽宁、河北、北京、河南的东部、山东、安徽、江苏、上海、浙江、福建、广东、广西。我国全部工业的70％在这些沿海地方，重工业的70％也在这些沿海地方，只有30％在內地。

如果我們不重视这个具体事实，对于沿海工业估計不足，如果还不充分地利用沿海工业的生产能力，那就很不对了。

我們应当尽量利用可能的时間，使沿海工业有所发展。我不是讲新的工厂都建在沿海。新的工厂应当90％以上要建在內地。但是沿海也可以建立一些，比如鞍鋼、撫順就在沿海；比如大連有造船工业；唐山有鋼鉄工业，有建筑材料工业；塘沽有化学工业；天津有鋼鉄工业，有机器工业；上海有机器工业，有造船工业；南京有化学工业，还有許多其他工业，现在我們准备在广东的茂名（那地方有油頁岩）搞人造石油，那也是重工业。

今后，大部分的重工业，百分之九十或者还多一点的重工业应当摆在內地，使全国工业部署逐步平衡起来，使全国工业有个合理的布局。这毫无疑义。但是，部份重工业还要在沿海新建和扩建。

过去工业的老底子，主要在沿海，我們如果不注重沿海工业，就要吃亏。充分地利用沿海工业的设备能力和技术力量，好好地发展沿海工业，可以使我們更有力量来发展內地工业，支持內地工业。对沿海工业采取消极的态度是不对的。这种消极态度，不但妨害沿海工业的充分利用，而且也防害內地工业的迅速发展。我們都想发展內地的工业，問题在于你是眞想还是假想。如果是眞想而不是假想，就必須多利用沿海的工业，多搞一些沿海的工业，特别是輕工业。

从现在材料看来，有些輕工业工厂建設很快，投入生产并全部发揮生产力以后，一年就可以收回全部投资。这样，五年之內，除本厂以外，就可以增加三、四个厂，有的五年可以增加两、三个，有的可以增加一个，至少可以增加半个。这同样說明利用沿海工業的重要。

我们的远景规划缺少四十万名技术干部，可以从沿海的工人和技术人員中培养出来。技术干部不一定要科班出身。高尔基只讀了两年小学。鲁迅，大学沒有毕业，在旧社会，他只能当讲师不能当教授。蕭楚女同志更是沒有上过学校。应当相信技术工人，他們在实践中学习，可以成为很好的技术干部。

沿海工業，技术高，产品质量好，成本低，新产品出得多。它的发展，对全国工業的技术水平和产品质量的提高，有带动作用。我們必須充分重视这个問題。

总之，不发展輕工業，就不能发展重工業，不利用沿海工業，就不能建設內地工業。对沿海工業不能只是維持，而是要适当地发展。

第三　經济建設和国防建設的关系

国防不可不有。把兵統統都裁掉了，好不好呢？那不好。因为还有敌人，敌人在"整"我們，我們还受敌人包围嘛！

我們已經有了一个相当可观的国防力量。在抗美援朝这一仗以后，我們的军队更强大了，自己的国防工業正在建立起来。自从盘古开天辟地以来，我們不晓得制造汽車，不晓得制造飞机，现在，我們开始能制造汽車了，也开始能制造飞机了。我們的汽車工業先搞卡車，不搞轎車，所以，我們每天只好坐外国的車子来开会，想要爱国，爱不那么快，哪一天我們开会能坐自己的車子就好了。

我們现在还沒有原子弹，但是过去我們也沒有飞机和大炮，我們是用小米加步枪打敗了日本浸略者和蒋介石的。我們已經相当强，以后还要更加强，可靠的办法是把军队費用摆在一个适当的比例上，使军政費用支出的比重，分几个步驟，降到国家預算的20％左右，增加经济建設費用，使经济建設有更大和更快的发展。在这个基础上国防建設也就能够得到更大的进步。这样，在一个不长的时期內，我們就不但会有很多飞机、很多大炮，而且还可能有自己的原子弹。

你真想要原子弹嗎？你就要降低军政費用的比重，就要多搞经济建設，你假想要原子弹嗎？你就不降低军政費用的比重，就少搞经济建設，究竟怎样才好，請大家研究一下。这是战略方针問題。

在1950年，我們在党的七届三中全会上，就已經提出精簡国家机关，减少军政費用的問題，并且认为这是爭取我国财政經济情况根本好轉的三个条件之一。但是，第一个五年計划期間，军政費用占国家預算全部支出的百分之三十二，即有三分之一的支出用于不生产的方面，这个比重太大了。第二个五年計划应当想办法把这个比重降低下来，以便抽出更多的資金投入经济建設和文化建設。

第四　国家、生产单位和生产者个人的关系

最近我們跟各省的同志談，他們对这个問題談得比較多。

讲工人。工人的劳动生产率提高了，每个工作日的产值增加了，工资也需要适当的調

整，不注意这一点是不妥的。

解放以来，工人的生活有很大的改善，这是大家知道的，有些过去家里根本没有职业的，现在有人就业了。有些只有一个人就业的，现在有两个人或者三个人就业了，我就碰到过这样的家庭，过去他們没有就业的，后来夫妇两人还有一个女儿都有了职业，合起来生活当然就不错了。我们的工资，一般的说，还不算高，但是就业的人多，又因为物价低和稳，生活安定，工人的生活水平同解放以前是根本不可比的。工人群众的积极性一直是高的。

上面讲的，是要注意发挥工人的主动性和积极性。工厂，整个生产单位，也有一个主动性和积极性的問題。

任何事物都有统一性和独立性，都有统一性和差別性。不能光有统一性，没有独立性，没有差別性。比如，现在开会是统一性，散会以后是独立性。有的人去散步，有的人去讀书，有的人去吃飯，各人都有各人的独立性，如果一直把会开下去，无休无止地开下去，那怎么行呢？那不是会把人开死嗎？所以，每一个生产单位，每一个人，都要有主动性，都要有一定的独立性，都要有同统一相联系的独立性。

給生产者个人以必要的利益，給生产单位一定的独立性，这对整个国家工业化好不好呢？应当是更好一些，如果更差一些，那当然不要。把什么东西统统都集中起来，把工厂的折旧費也都统统拿走，使得生产单位没有一点主动性，那是不利的。在这个問題上，我们的經驗不多，在座的同志的經驗恐怕也不多，我们正在研究。那么多工厂，将来还要多，使得他們的积极性能够充分地鞠动起来，这对我国的工业化，一定会有很大的好处。

讲到农民，我们和农民的关系历来都是好的。但是，在粮食問題上，也曾經犯过一个错誤。1954年全国因水灾减产，我們多购了七十亿斤粮食，这样一减一多农民就有意见了。不能认为我們一点缺点也没有。没有經驗，摸不清底，多购了70亿斤，这就是缺点。由于我们发现了这个缺点，1955年就少购了70亿斤，又搞了一个"三定"，加上丰收，一增一减，使农民手里多了一百多到二百亿斤粮食，所有过去对我們有意见的农民，都没有意见了。都說"共产党眞好"。这个敎训，全党必须記住。

农民集体經济組織同工厂一样，也是生产单位。在集体經济組織里面，集体同个人的关系必须搞好。必须处理得恰当。搞得不好，不注意农民的福利，集体經济就不会办好。在这个問題上有的社会主义国家可能是犯了错誤。在那里，集体經济組織，有些大概办不好，有些幷不是办得那么好。办得不好的，农业生产就不那么发展。集体要积累，但必须注意，不能够向农民要得太多，不能够把农民搞得太苦。除了碰到不可抗拒的灾害以外，必须在增加农业生产的基础上，使农民每年的收入比前一年有所增加。

我們給各省的同志谈了夏收、秋收的分配問題。所謂分配問題，就是：（一）国家拿多少；（二）集体拿多少；（三）农民得多少；以及怎样拿法的問題。国家是税，集体經济組織是积累和經营管理費，个人就是分粮食分钱。

集体經济所有的东西，都是为农民服务的。生产費不必說了，管理費也是必要的，公积金是为了扩大再生产，公益金是为了农民的福利。对生产費、管理費、公积金、公益金这几項，我們应当同农民在一起，研究出一个适当的比例。

国家要有积累，集体也要有积累，但是都不能过多。国家的积累，我们主要是通过税收，而不是經过价格。工农业品的交换，在我們这里，是采取縮小剪刀差，等价交换或者近乎等价交换的政策，工业品是采取薄利多銷的政策，和稳定物价的政策。

总之，国家和工厂，国家和工人，工厂和工人，国家和集体經济組織，国家和农民，集体經济組織和农民，都必須兼顾。都不能只顾一头。这一条有一些新的东西。这是一个大問題，是关系到六亿人民的大問題，必須引起全党的重視。

第五　中央和地方的关系

中央和地方的关系也是一个矛盾。

解決这个矛盾，目前要注意的是，应当更多地发揮地方的积极性，在中央的統一計划下，让地方办更多的事。

現在看起来，恐怕要扩大一点地方的权利。地方的权利过小，对建設社会主义是不利的。我們的宪法上規定地方沒有立法权，立法权集中在全国人民代表大会。但是，只要不违背中央的政策，在法律規定的范围内，而情况需要，工作需要，地方也可以定些章程，定些条例。在这方面，宪法并沒有約束。

重工业要发展，輕工业要发展，就要有市场和原料，而要达到这个目的，就必須发揮地方的积极性。要巩固中央的領导，就要注意地方的利益。

現在几十只手插到地方，使地方的事情不好办。各部天天給省市的厅局下命令，这些命令虽然中央不知道，国务院不知道，但是都說是中央来的，給地方压力很大。表报之多，鬧的泛濫成灾。这些，都应当改变，都要商量出調整的办法。

中央的部可以分成两类。有一类，它們的領导可以一直管到企业，它們設在地方的管理机构和企业由地方进行监督；有一类，它們的任务是提出指导方針，制定工作規划，事情要靠地方办，要由地方作主。

我们要提倡同地方商量办事的作风。党中央办事，总是同地方商量，不同地方商量从来不冒下命令。在这方面，我们希望中央各部好好注意，凡是同地方有关的事情，都要先同地方商量，在商量好了以后再下命令。

我們要統一，也要有特殊。为了充分发揮地方的积极性，各地都必須有适合当地情况的特殊。这种特殊不是高崗那种鬧独立王国的特殊，而是为了整体利益，为了加强全国統一必要的特殊。

省市对中央部門有不少意见，要提出来。地、县、区、乡对省市也会有不少意见，省市也要注意听，发揮他們的积极性。

正当的积极性，正当的独立性应当有，省、市、地、县、区、乡都应当有。中央对省市，省市对地、县、区、乡都不能够也不应当框得太死。

当然，也要告訴下面的同志，不要乱来，必須謹慎。可以統一的，应当統一的，必須統一；不可統一的，不应当統一的，不能强求統一。

有两个积极性，比只有一个积极性好得多。不是从地方主义出发，不是从本位利益出发，而是从国家整体利益出发，要为国家利益爭"地"鬧其可鬧者。

中央准許的独立性，是正当的独立性，不能叫做"鬧独立性"。

总之，地方要有适当的权力，这对我們，建設强大的社会主义国家反而有利。把地方的权利縮的很小，恐怕是不那么有利。

在解决中央和地方的关系問題上，我們的經驗也还不多，还不成熟，希望大家好好研究討論。

第六　汉民族和少数民族的关系

这个問題，我們的政策是稳当的，得到少数民族的贊成。我們着重反对大汉族主义。地方民族主义是有的，但那不是重点。重点是要反对大汉族主义。按人口，汉人占大多数，如果汉人搞大汉族主义，排挤少数民族，那就很不好。所以，要在汉族中間广泛地进行无产阶级的民族政策教育。对汉族和少数民族的关系要来一次检查。早两年有一次检查，现在应当再来一次检查。如果有关系不正常的，应当加以調整，不要只口里讲。现在有許多人讲不要大汉族主义，口里讲得好，实际上沒有作。

在少数民族地区，經济管理体制，財政体制，究竟怎样才合适，也要好好研究一下。

少数民族地区是地大物博，汉民族是人口众多。少数民族地区的地下宝藏不少，是建設社会主义所需要的。汉民族必須积极帮助少数民族。进行社会主义的经济建設和文化建設。經过民族关系的改善，把一切有利于社会主义建設的因素，包括人的因素和物的因素，統統嗣动起来。

第七　党和非党的关系

这是說中国共产党和民主党派、无党派民主人士的关系。这一条不是什么新的，但是因为說到这里，应当把这个关系說一說。

究竟是一个党好，有几个党好？现在看来，还是有几个党好，不但过去如此，而且将来也可以如此。一直到一切党派都自然消失了的时候为止。共产党和各民主党派，长期共存，互相监督，有好处。

党派是历史上产生的东西。世界上的东西，沒有什么不是历史上产生的，这是第一条。第二条，凡是历史上产生的，也要在历史上消灭。共产党是历史上产生的，因此他总有一天要消灭，民主党派也是这个命运。

无产阶级政党和无产阶级专政在将来都是要消灭的，但是，现在非有不可，否则不能鎭压反革命，不能抵抗帝国主义，不能建設社会主义。为了实现这些任务，无产阶级专政必須有很大的强制性。但是，必須反对官僚主义，不要机构庞大。我建議党政机构进行大精簡，砍掉它三分之二。

話要說回来，党政机构要精簡，不是說不要民主党派。

现在，我們国內是民主党派林立，其中有些人对我們还有很多意见。对这些人，我們采取又团结又斗爭的方針，要把他們調动起来为社会主义服务。

中国在形式上沒有反对派，所有民主党派都接受中国共产党的领导，但是实际上这些民主党派中的一些人，就是反对派。在"把革命进行到底"、外交政策"一边倒"、抗美援朝、土地改革等等問題上，他們都是又反对又不反对。对于鎭压反革命，他們也还有意见。他們說共同綱領好得不得了。不想搞宪法，但是宪法起草出来了，他們又全部举手贊成。事物常常又走到自己的反面，民主党派中的一些人对許多問題的态度也是一样。他们是反对派，又不是反对派，因为他们要爱国，常常由反对走到不反对。

共产党和民主党派之間的关系要有所改善。我们要让民主党派人士說出自己的意見，只要說得有理，不管誰說的，我们都接受，这对党，对国家，对人民，对社会主义，都很有利。

因此，我希望我们同志抓一下統一战綫工作，省委书記要抽出一定时間检查一下，布署一下，把这个工作推动起来。

第八　革命和反革命的关系

反革命是什么因素呢？它是消极因素，它是破坏因素，它不是积极因素，它是积极因素的反对力量。

那么，消极因素可不可以轉变为积极因素？破坏因素可不可以轉变为积极因素？反革命分子可不可以轉变？这要看什么社会条件。死頑固、死心塌地的反革命，必然有。但是，在我们的社会条件下，就他们大多数人来說，将来有一天是会轉变的。当然有些人或許沒有来得及轉变，閻王就請去了，有些人誰晓得他们那一年会轉变？由于人民力量的强大，由于我们对待反革命分子采取了正确的政策，让他们在劳动中改造自己成为新人，这样，有不少反革命分子变成不反革命了，他们参加了农业的劳动，参加了工业的劳动，有一些人还很积极，做了有益的工作。

关于鎮压反革命的工作，有几点是应当肯定的。比如讲，1951年和1952年那一次鎮压反革命是不是应該的？似乎有这么一种意見：那一次鎮压反革命也可以不要。这么看是不对的。应当承认，那一次鎮压反革命是必要的。

对待反革命分子的办法是：杀、关、管、放。杀，大家都知道是什么一回事。关，就是关起来劳动改造。管，就是放在社会上由群众监督改造。放，就是可捉可不捉的就不捉，或者捉起来以后，表现好的，把他放掉。按照不同情况，給反革命分子各种不同的处理，是应当的。这些办法，都需要給老百姓讲清楚。

杀了的那些，是什么人呢？那些是老百姓非常仇恨的、血债重的分子。六亿人民的大革命，不杀掉一批"东霸天"、"西霸天"，对他们讲宽大，老百姓不贊成。肯定过去杀这批人杀得对，在目前有实际意义。不肯定这一点就不好。这是第一点。

第二点，应当肯定的，在社会上还有反革命分子，但是已大为减少。我们的社会秩序很不错，也还不能放松警惕。說一个反革命分子也沒有了，高枕无忧那就不对。有少数反革命分子，还在进行破坏活动，例如，把牛弄死，把粮食烧掉，破坏工厂，盗窃情报，贴反动标語等等。

今后社会上的鎮反，少捉少杀，对多数反革命分子，要把他们交給农业合作社来管制生产，劳动改造；但是，我们还不能宣佈一个不杀，还不能废除死刑。假定有一个反革命分子杀了人，或者炸了工厂，你說杀不杀？那就一定要杀。

第三点，应当肯定的，在机关、学校、部队里面进行鎮反工作，我们要坚持在延安开始的一条，就是一个不杀，大部不抓。有些人不杀，不是他沒有可杀之罪，而是杀掉了沒有什么好处，不杀掉却有用处。一个不杀，有什么害处呢？能劳动改造的，就让他去劳动改造，把废物变为有用之物。再說，人的脑袋不像韭荣那样，割了一次，还可以长起来，如果割错了，想改正錯誤也沒有办法。

机关鎮反，实行一个不杀的方針，不妨碍我們对反革命分子采取严肃的态度。但是，可以保証不犯錯誤，可以保証犯了錯誤还能够改正錯誤，可以稳定很多人。不杀头，就要給飯吃。所以，对一切反革命分子，都应当給以生活出路，使他們都有奔头。这样做，对人民事业，对国际影响，都有好处。

鎮压反革命，还要作长期的艰苦工作，大家不能松懈。

第九　是非关系

党內党外都要分清是非。如何对待犯了錯誤的人，这是一个重要的問題。正确的态度，应当是容許人革命。人家犯了錯誤，必須采取"惩前毖后，治病救人"的方針，帮助他們改正。

阿Q正传是一篇好文章，我劝看过这一篇文章的同志再看一遍，沒有看过的同志好好地看看。鲁迅在这篇文章里面，主要是写一个落后而不觉悟的农民，写他最怕人家批評，一批評就和人家打架。他头皮上长了几处癩疮疤，自己不願說，也怕人家說，愈是这样，人家說得愈厉害，结果閙得很被动。鲁迅在这篇文章里专門写了"不准革命"一章，說假洋鬼子不准阿Q革命，其实阿Q的所謂革命，不过是想搶点东西而已，可是这样的革命也还是不准。

过去，我們党內在这个問題上犯过錯誤，那是以王明为首的教条主义者当权的时候。对不合他們胃口的人，他們总是随便給人家安上犯过什么錯誤的罪名，不許人家革命，打击了很多人，使党受了很大损害。我們要記住这个教训。

如果我們在社会上不准人家革命，那是不好的。已經进了党了，人家犯了錯誤，不准他改正錯誤，也是不好的。

我們应当容許人家革命。有人說，对犯了錯誤的人，要看他是否改正。这样說是对的，但是只說对了一半，还另有一半，那就是，要向他們作些工作，帮助他們改正錯誤，給他們改正錯誤的机会。

对犯錯誤的人，应当一是"看"，二是"帮"。对犯錯誤的人，要給工作，要給帮助，不要幸灾乐祸；不給帮助，不給工作，是宗派主义的办法。

对于革命来說，总是多一点人好。犯錯誤的人，其中除了极少数坚持錯誤、屢犯不改以外，大多数是可以改正的。正如得过伤寒病的可以免疫一样，犯过錯誤的人，只要善于从錯誤中取得教训，覘懺了，可以少犯錯誤。我們希望所有犯过錯誤的人都有免疫力。倒是沒有犯过錯誤的人有危險，更要警惕，因为沒有这种免疫力，容易翘尾巴。

我們要注意：对犯錯誤的人整得过分常常会整到自己身上，搬起石头打自己的脚，结果跌倒了爬不起来。好意对待犯錯誤的人，可以得人心。对待犯錯誤的同志，究竟是采取敌視态度还是采取帮助态度，这是区别一个人的好心还是坏心的一个标准。

是非要搞清楚。分清是非关系，可以教育人，可以团結全党。党內有爭論，有批評，有斗争，这是必要的。按照情况，恰如其分的、合乎实际的批評，甚至采取一点斗争，这是为了帮助他改正錯誤，是为帮助人家。

第十　中国和外国的关系

我們提出向外国学习的口号。这个口号，我想是提得对的。有一种国家领导人不敢提这个口号，也不願意提。要有一点**勇气**，就是要把戏台上的那个架子放下来。

我們願意学习世界上一切国家的长处，一切民族的长处。每一个民族都有他的长处，不然为什么能存在，为什么能发展。承认每一个民族都有长处，不是說就沒有缺点，沒有短处。优点和缺点，长处和短处，这两点都会有。我們的支部书記、軍队的連长、排长，他們都晓得，在小本本上写着，今天开会不为别的，总結經驗有两点，一个是优点，一个是缺点。他們都晓得有两点，为什么我們只提一点，只有优点沒有缺点？那有这个事？一万年都有两点，那个时候有那个时候的两点，现在有现在的两点，个人有个人的两点。总而言之，是两点而不是一点，說只有一点，叫知其一不知其二。

我們提出学习外国的长处，当然不是学习它的短处。过去我們这里有些人闹不清楚，人家的短处也去学习，当着学到以为了不起的时候，人家那里已經不要了，結果栽了一个斛斗，象孙悟空一样，翻过来了。

有些人对任何事物都不加分析，完全以"风"为准，今天刮北风，他是北风派，明天刮西风，他是西风派，后来又刮北风，他又是北风派，自己毫无主见，絕对主义，往往由这个极端走到另一个极端。我們不要这样。不可盲目地学，要有分析，要有批判地学。不可以搞成一种偏向，对外国的东西一概照抄，机械搬运。

我們这里曾經有一个时期搞过敎条主义，对这种敎条主义，我們进行过长期的斗爭。但是现在，学术界也好，經济界也好，还是有些敎条主义，应当继續做批判工作。

我們是这样提出問題的，学习普遍眞理同中国实际相結合。我們的理论是馬克思列宁主义的普遍眞理同中国革命的具体实践相結合。我們要能够独立思考。

我們公开地提出向外国学习的口号，学习外国一切先进的优良的东西，而且永远地学下去。我們公开地承认本民族的缺点，别民族的优点。

要向外国学习，就要认眞地学习外国文字，有可能最好多懂得几国文字。

我认为，我們中国有两条缺点，同时又是两条优点。

第一、我国过去是殖民地、半殖民地，受帝国主义压迫，工业不发达，科学技术水平低，除了地大物博、人口众多、历史悠久等等以外，很多地方不如人家，翘不起尾巴，驕傲不起来，但是，做奴隶做久了感觉事事不如人，有点过分，在外国人面前伸不直腰，象法門寺的賈桂一样，人家让他坐，他說站貫了，不想坐。在这方面要鼓点劲，要把我国人民的自信心提高起来，要象孟子所說的"說大人则藐之"，把抗美援朝中所謂提倡的"藐視美帝国主义"的精神，发展起来。我們的方针是，一切外国人的长处都学，政治、經济、科学、技术、文学、艺术的一切好东西都要学。

第二、我們的革命是后进的。虽然辛亥革命打倒皇帝比俄国早，但是那时沒有无产阶级政党，革命也失败了。人民革命的胜利是在1949年，比苏联的十月革命晚了卅几年。在这点上，也輪不到我們来驕傲。当然，我們比起其他一些殖民地的国家来說，革命先胜利一步，也要防止驕傲。

前面这两点，是缺点。也是好处。我曾經說过，我們穷得很，又是知識不多。一为

"穷"，二为"白"。"穷"，就是沒有多少工业，农业也不算那么发达。"白"，就是一张白紙，文化水平、科学水平不高。穷则思变，才要革命，才要发奋图强。一张白紙，正好写字。当然，我是就大概而言。我国的劳动人民有丰富的智慧，而且已经有一批不错的科学家，不是說都沒有知識。

一穷二白，使我們的尾巴翹不起来。即使将来工农业有很大发展了，科学文化水平大为提高了，我們也还是要把謙逊、謹慎的态度保持下去，不要把尾巴翹起来。还要向大家学习。一万年都学习嘛！这有什么不好呢？

一共讲了十点。总之，我們要調动一切积极因素。直接的因素，間接的因素，直接的积极因素，間接的积极因素，为建設伟大的社会主义国家而奋斗！为进一步加强和巩固社会主义陣营、为争取国际共产主义运动的胜利而奋斗！

中国共产党第八次全国代表大会
开 幕 詞

1956年9月15日

同志們：

中国共产党第八次全国代表大会，现在开幕了。（全体起立，长时間地热烈鼓掌。）

从我們党的第七次全国代表大会以来的十一年間，在全中国和全世界，为了共产主义和人类解放事业而英勇奋斗和辛勤工作，而付出了自己生命的同志和朋友，是很多的，我們应当永远紀念他們。（全体起立，默哀）

我們这次大会的任务是：总結从七次大会以来的經驗，团結全党，团結国內外一切可能团結的力量，为了建設一个伟大的社会主义的中国而奋斗。（热烈鼓掌）

在七次大会以来的十一年中，我們在一个地广人多、情况复杂的大国內，彻底地完成了资产阶级民主革命，又取得了社会主义革命的决定性的胜利。在两个革命的实践中，証明了从七次大会到现在，党中央委員会的路綫是正确的，我們的党是一个政治上成熟的伟大的馬克思列宁主义的政党。（热烈鼓掌）我們的党现在比过去任何时期都更加团結，更加巩固了。（热烈鼓掌）我們的党已經成了团結全国人民进行社会主义建設的核心力量。（热烈鼓掌）我們各方面的工作都有了很大的成績。我們的工作是做得正确的，但是也犯过一些錯誤。在这次大会上，需要把我們工作中的主要經驗，包括成功的經驗和錯誤的經驗，加以总結，使那些有益的經驗得到推广，而从那些錯誤的經驗中取得教訓。

就国內的条件来說，我們胜利的获得，是依靠了工人阶级領导的工农联盟，并且广泛地团結了一切可能团結的力量。为了进行伟大的建設工作，在我們的面前，摆着极为繁重的任务。虽然我們有一千多万党員，但是在全国人口中仍然只占极少数。在我們的各个国家机关和各项社会事业中，大量的工作要依靠党外的人員的合作。如果我們不善于依靠人民群众，不善于同党外的人員合作，那就无法把工作做好。在我們继續加强全党的团結的时候，我們还必须继續加强和各民族，各民主阶级，各民主党派，各人民团体的团結，继續巩固和扩大我們的人民民主统一战綫，必须认眞地糾正在任何工作环节上

121

的任何一种妨害党同人民团结的不良现象。

在国际范围内，我们胜利的获得，是依靠了以苏联为首的和平民主社会主义阵营的支持，（热烈鼓掌）以及全世界爱好和平的人民的深厚同情。（热烈鼓掌）现在，国际形势的发展对于我国的建设事业是更加有利了。我国和各社会主义国家都需要和平，世界各国的人民也都需要和平。渴望战争，不要和平的，仅仅是少数帝国主义国家中的某些依靠侵略发财的垄断资本集团。由于爱好和平的国家和人民的不断努力，国际的局势已經趨向和緩。（鼓掌）为了争取世界的持久和平，我们必須进一步地发展同社会主义阵营中各个兄弟国家的友好合作，（热烈鼓掌）幷且同一切爱好和平相处的国家，在互相尊重领土主权和平等互利的基础上，建立正常的外交关系。亚洲、非洲和拉丁美洲各国的民族独立解放运动，以及世界上一切国家的和平运动和正义斗争，我们都必須給以积极的支持。（热烈鼓掌）我们坚决支持埃及政府收回苏伊士运河公司的完全合法的行动，坚决反对任何侵犯埃及主权和对于埃及实行武装干涉的企图。（热烈鼓掌）我们必須使帝国主义的制造紧张局势和准备战争的阴谋彻底破产。（长时間地热烈地鼓掌）

我国的革命和建设的胜利，都是馬克思列宁主义的胜利。把馬克思列宁主义的理論和中国革命的实践密切地联系起来，这是我们党的一贯的思想原则。許多年来，特别是从一九四二年整风运动以来，我们在加强党內的馬克思列宁主义的教育方面，做了許多工作。现在，比起整风运动以前，我们党的馬克思列宁主义的思想水平，已經提高了一步。但是我们还有严重的缺点。在我们的許多同志中間，仍然存在着违反馬克思列宁主义的观点和作风。这就是：思想上的主观主义、工作上的官僚主义和組織上的宗派主义。这些观点和作风都是脱离实际的，是不利于党內和党外的团结的。是阻碍我们的事业进步，阻碍我们同志进步的。必須用加强党內的思想教育的方法，大力克服我们队伍中的这些严重的缺点。（鼓掌）

十月革命以后，列宁給苏联共产党提出了这样的任务：学习,学习,再学习。苏联的同志們，苏联的人民，按照列宁的指示做了。他们在不长的时間內，取得了极其灿烂的成就。（长时間热烈鼓掌）苏联共产党在不久以前召开的第二十次代表大会上，又确定了許多正确的方針，批判了党內存在的缺点。可以断定，他們的工作，在今后将有极其伟大的发展。（长时間热烈鼓掌）

我們现在也面临着和苏联建国初期大体相同的任务。要把一个落后的农业的中国改变成为一个先进的工业化的中国,我們面前的工作是很艰苦的,我們的經驗是很不够的。因此，必須善于学习。要善于向我們的先进者苏联学习，（鼓掌）要善于向世界各国人民学习。（鼓掌）我們决不可以有傲慢的大国沙文主义的态度，决不应当由于革命的胜利和在建设上有了一些成績而自高自大。国无論大小，都有长处和短处。既使我們的工作得到了极其伟大的成績，也沒有任何值得驕傲自大的理由。虚心使人进步，驕傲使人落后，我們应当永远記住这个真理。（热烈鼓掌）

同志們，我和大家都相信：已經得到解放的中国人民的力量是无穷无尽的，我們又有伟大的盟国苏联和其他兄弟国家的援助，（鼓掌）又有世界上一切同情者的支持，（鼓掌）我們幷沒有孤立的感觉，这样，我們就一定能够一步一步地把我国建设成为一个伟大的社会主义工业化的国家。（热烈鼓掌）我們这次大会，对于我国的建设事业的

前进，将要起很大的作用。（鼓掌）

今天在座的有五十几个国家的共产党、工人党、劳动党和人民革命党的代表。（长时间热烈鼓掌）他们都是馬克思列宁主义者，他們和我們有一种共同的語言。（鼓掌）他們走了很长的路程来到我国，以崇高的友誼参加我們党的这次代表大会。这对于我們是一个很大的鼓舞和支持。（热烈鼓掌）我們对他們表示热烈地欢迎。（全体起立，长时間地热烈鼓掌）

今天在座的还有我們国內各民主党派和无党派民主人士的代表，（热烈鼓掌）他們是和我們一道工作的亲密的朋友。（鼓掌）他們一向給了我們很多的帮助。（鼓掌）我們对他們表示热烈地欢迎。（全体起立，长时間热烈鼓掌）

关 于 詩 的 一 封 信

1957年1月12日

克家同志和各位同志：

惠书早巳收到，迟复为歉！遵囑将記得起来的旧体詩詞，連同你們寄来的八首，一共十八首，抄寄如另紙，請加审处。

这些东西，我历来不愿意正式发表，因为是旧体，怕謬种流传，遺誤青年；再则詩味不多，沒有什么特色。既然你們以为可以刊载，又可以为已經传抄的几首改正錯字，那么就照你們的意见办吧。

詩刊出版，很好，祝它成长发展。詩当然应以新詩为主体，旧詩可以写一些，但是不宜在青年中提倡，因为这种体裁束縛思想，又不易学。这些话，仅供你們参考。同志的敬礼！

毛澤东

一九五七年一月十二日

（註：这封信是《詩刊》創刊时，毛主席复臧克家的一封信）

接見青年团第三次全国代表大会代表
时 的 講 話

毛主席在接見青年代表的时候，向他們作了亲切指示，他說："你們的会議开得很好。希望你們团結起来，作为全国青年的领导核心。中国共产党是全中国人民的领导核心。沒有这样一个核心，社会主义事业就不能胜利。

你們这个会議是一个团結的会議，对全中国青年有很大的影响。我們对你們表示祝賀。

同志們，团結起来，坚决地勇敢地为社会主义的伟大事业而奋斗。一切离开社会主义的言論行动是完全錯誤的。"

一九五七年三月二十六日《中国青年报》

事情正在变化（摘录）

1957年5月

在共产党内部，有各种人，有馬克思主义者，这是大多数，他们也有缺点，但不严重。有一部分人有敎条主义思想。这些人大都是忠心耿耿，为党为国的，就是看問題的方法有"左"的片面性，克服了这种片面性，他們就会大进一步。又有一部分人有修正主义或右倾机会主义錯誤思想，这些人比較危险，因为他們的思想是资产阶级思想在党内的反映，他們向往資産阶级自由主义，否定一切，他們与社会上資产阶级知識分子有千絲万縷的联系。几个月以来，人們都在批判敎条主义，却放过了修正主义，許多錯事不能改正，现在应当开始注意批判修正主义。敎条主义走向反面，或者是馬克思主义，或者是修正主义，就我党的經驗来說，前者为多，后者是个别的。因为他們是无产阶级思想的一个派别，沾染了小資产阶级的狂热观点。有些被攻击的"敎条主义"，实际上是馬克思主义被一些人誤认为"敎条主义"，而加以攻击。眞正的敎条主义觉得"左"比右好是有原因的，因为他們要革命，但是对于革命事业的損失来說"左"比右幷沒有什么好，因此应当坚决改正，有些錯誤是因为执行中央的方針而犯的，不应当过多地責备下級。我党有大批知識分子新党員（青年团員就更多）其中有一部分确实具有相当严重的修正主义思想。他們否认报紙的党性和阶级性。他們混同无产阶级新聞事业和資产阶级新聞事业的原則区别，他們混同反映社会主义国家集体經济的新聞事业与反映資本主义国家无政府状态和集团竞爭的經济的新聞事业，他們欣賞資产阶级自由主义，反对党的領导，他們贊成民主，反对集中，他們反对为了实行計划經济所必須的对文化敎育事业，（包括新聞事业在内的）必須的但不是过分集中的領导、計划和控制。他們跟社会上的右翼知識分子互相呼应，联成一起，亲如兄弟。

一九五七年夏季形势（摘录）

1957年7月

我們的目标是造成一个又有集中，又有民主，又有紀律，又有自由，又有統一意志，又有个人心情舒暢，生动活泼，那样一种政治局面，以利于社会主义革命和社会主义建設，較易于克服困难，較快地建設我国的现代工业和现代农业，党与国家較为巩固，較为能經受风险……。共产党員要有朝气，一定要有坚强的革命意志，一定要克服个人主义、本位主义、絶对平均主义和自由主义，否則就不是一个名符其实的共产党員。……共产党員要善于同群众商量办事，任何时候也不要离开群众。党群关系好比魚水关系，如果党群关系搞不好社会主义制度就不可能建成，社会主义制度建立了，也不可能巩固。

文汇报的资产阶级方向应当批判

（人民日报1957年7月1日社論）

自本报編輯部六月十四日发表"文汇报在一个时間內的资产阶級方向"以来，文汇报、光明日报对于这个問題均有所检討。

光明日报工作人員开了几次会議，严肃地批判了社长章伯鈞总編輯儲安平的方向錯誤，这种批判态度明朗，立場根本轉过来了，由章伯鈞、儲安平的反党反人民反社会主义的资产阶級路綫轉到了革命的社会主义的路綫。由此恢复了讀者的信任，象一张社会主义的报紙了。略嫌不足的是編排技巧方面，編排技巧性和編排的政治性是两回事。就光明日报說来，前者不足，后者有余，技巧問題是完全可以改的。在編排技巧方面改一改，面目一新，讀者会高兴的，这件事也难，本报有志于此久矣，略有进展，尚未尽如人意。

文汇报写了检討文章，方向似乎改了，又写了許多反映正面路綫的新聞和文章，这些当然是好的，但是还覚不足。好象唱戏一样，有些演員演反派人物很象，演正派人物老是不大象，装腔作势，不大自然。这也很难。不是东风压倒西风，就是西风压倒东风，在路綫問題上，沒有調和的余地。編輯部和記者中有許多人員在旧軌道上生活慣了的，一下子改变不大容易。大事所趋，不改也得改，是勉强的，不愉快的。說是輕松愉快，这句話具有人們常有的礼貌性质。这是人之常情，应予原諒。严重的是文汇报編輯部，这个編輯部是该报鬧资产阶級方向期間挂帅印的，包袱沉重，不易解脫。帅上有帅，攻之者說有，辯之者說无；并且指名道姓，說是章罗同盟中的罗隆基。两帅之間还有一帅，就是文汇报駐京办事处負責人浦熙修，是一位能干的女将。人們說：罗隆基——浦熙修——文汇报編輯部，就是文汇报的这样一个民盟右派系統。

民盟在百家爭鳴过程和整风过程中所起的作用特别恶劣。有組織、有計划、有綱領、有路綫，都是自外于人民的，是反共反社会主义的。还有农工民主党，一样一样。这两个党在这次惊涛駭浪中特别突出。风浪就是章罗同盟造起来的。别的党派也在造，有些人也很恶劣。但人数較少，系統不明显。就民盟、农工的成員說来，不是全体，也不是多数。呼风喚雨，推涛作浪，或策划于密室，或点火于基层，上下串連，八方呼应，以天下大乱、取而代之，逐步实行，終成大业为时局估計和最終目的者，到底只有較少人数，就是所謂资产阶級右派人物。一些人清醒，多数被蒙蔽，少数是右翼骨干。因为他們是右翼骨干，人数虽少，神通却是相当大的。整个春季，中国天空上突然黑云乱翻，其源盖出于章罗同盟。

新聞記者协会开了两次会，一次否定，一次否定之否定，时間不过一个多月，反映了中国时局变化之速。会是开得好的，第一次黑云压城城欲摧，摆出了反动的资产阶級新聞路綫。近日开的第二次会，空气变了，右派仍然頑抗，多数人算是有了正确方向。

文汇报在六月十四日作了自我批評，承认自己犯了一些錯誤。作自我批評是好的，我們表示欢迎。但是我們认为文汇报的批評是不够的。这个不够，带着根本性质。就是說文汇报根本上沒有作自我批評。相反，它在十四日社論中替自己的錯誤作了辯护。"我們片面地錯誤地理解了党的鳴放政策，以为只要无条件的鼓励鳴放，就是帮助党进行整风；多登正面的意见或者对錯誤的意见进行反批評，就会影响鳴放"。是这样的嗎？不是的。文汇报在春季里执行了民盟中央反共反人民反社会主义的方针，向无产阶级举行了猖狂的进攻，和共产党的方针背道而馳。其方针是整垮共产党，造成天下大乱，以便取而代之，真是"帮助整风"嗎？假的，真正是一场欺騙。在一个期間內不登或少登正面意见，对錯誤意见不作反批評，是錯了嗎？本报及一切党报，在五月八日至六月七日这个期間执行了中共中央的指示，正是这样做的。其目的是让魑魅魍魎，牛鬼蛇神"大鳴大放"，让毒草大长特长，使人民看见，大吃一惊，原来世界上还有这些东西，以便动手殲灭这些丑类。就是說，共产党看出了資产阶级与无产阶级这一场阶级斗争是不可避免的。让資产阶级及資产阶级知识分子发动这一场战争，报紙在一个期間內不登或少登正面意见。对資产阶级反动右派的猖狂进攻不予回击，一切整风的机关学校的党組織，对于这种猖狂进攻在一个时期內也一概不予回击，使群众看得清清楚楚，什么人的批評是善意的，什么人的所謂批評是恶意的，从而聚集力量，等待时机成熟，实行反击。有人說，这是阴謀。我們說，这是阳謀。因为事先告訴了敌人：牛鬼蛇神只有让它出籠，才好殲灭它們，毒草只有让它們出土，才便于鋤掉。农民不是每年要除几次草嗎？草鋤过来还可作肥料。阶级敌人是一定要寻找机会表现他們自己的。他們对于亡国、共产是不甘心的，不管共产党怎样事先警告，把根本战略方针公开告訴自己的敌人，敌人还要进攻的。阶级斗争是客观存在，不依人的意志为轉移的。就是說，不可避免的。人的意志想要避免，也不可能。只能因势利导，夺取胜利。反动的阶级敌人为什么自投罗网呢？他們是反动的社会集团，利令智昏，把无产阶级的絕对优势，看成了絕对劣势。到处点火可以煽动工农，学生的大字报便于接管学校，大鳴大放，一触即发，天下傾刻大乱，共产党馬上完蛋，这就是六月六日章伯鈞向北京六教授所作目前形势的估計。这不是利令智昏？"利"者，夺取权力也。他們的报紙不少，其中一个叫文汇报。文汇报是按照上述反动方针行事的，它在六月十四日却向人民进行欺騙，好象它是从善意出发的。文汇报說："而所以发生这些錯誤认识，是因为我們头脑中还残存着資产阶级办报思想。"錯了，应该改为"充满着"。替反动派做了几个月向无产阶级猖狂进攻的喉舌，报紙的方向改成反共反人民反社会主义的方向，即資产阶级的方向，残存着一点資产阶级思想，够用嗎？这里是一种什么邏輯呢？个别性的前提得到了一个普遍性的結論，这就是文汇报的邏輯。文汇报至今不准备批判自己大量报导过的违反事实的反动新聞，大量刊发的反动言論，大量采用过的当作向无产阶级进攻的工具的反动編排。新民报不同，它已經作了許多比较认真的自我批判。新民报犯的錯誤比文汇报的小，它一发现自己犯了錯誤，就认真更正，表示了这张报紙的負責人和記者們对于人民事业的責任心，这个报紙在讀者面前就开始有了主动。文汇报的責任心跑到那里去了呢？你們几时开始照新民报那样做呢？欠債是要还的，文汇报何时开始还这笔債呢？看来新民报的自我批判给文汇报出了一大堆难题，讀者要問文汇报那一天赶上新民报呢？文汇报现在处在一个完全被动的地位。在新民报没有作自我批判以前，文汇报似乎还可以混过一些日子，有了新民报的自我批判，文汇报的日子就难过了。被动是可以轉化为主动的，那就是以新民报为师，认真地照它那样办。

现在又回到"资产阶级右派"这个名称。资产阶级右派就是前面说的反共反人民反社会主义的资产阶级反动派，这是科学的合乎实际情况的说明。这是一小撮人。民主党派，知识分子、资本家、青年学生里都有，共产党、青年团里面也有，在这次大风浪中表现出来了。他们人数极少，在民主党派中，特别是在某几个民主党派中却有力量，不可轻视。这种人不但有言论，而且有行动，他们是有罪的，"言者无罪"对他们不适用。他们不但是言者，而且是行者。是不是要办罪呢？现在看来，可以不必。因为人民的国家很巩固。他们中许多又是一些头面人物，可以宽大为怀，不予办罪。一般称呼"右派分子"也就可以了，不必称为反动派。只有在一种情况下除外，就是累戒不改，继续进行破坏活动，触犯刑律，那就要办罪。惩前毖后，治病救人，化消极因素为积极因素，这些原则，对他们还是适用。另有一种右派，有言论无行动。言论同上述那种右派相彷，但无破坏性行动。对这种人，那就更要宽大些了。错误的言论一定要批判干净，这是不能留情的，但应允许他们保留自己的意见。所有上述各种人，仍然允许有言论自由。一个伟大的巩固的国家，保存这样一小批人，在广大群众了解了他们的错误以后，不会有什么害处。要知道，右派是从反面教导我们的人。在这点上，毒草有功劳，毒草的功劳就是它们有毒；并且散发出来害过人民。

共产党继续进行整风，各民主党派也已开始整风，在猖狂进攻的右派被人民打退之后，整风就可以顺利进行了。

在上海市各界人士会议上的讲话　（摘录）

1957年7月8日

同志们：

你们好！

今年三月下旬，就是一百天以前，我在这里同党内的同志谈过一次话。那时我是来点火的。这一百天左右的时间内，时局有很大的变化，人民的觉悟有了相当大的提高，就是打了一仗嘛。当时我们是料到这些事情的，我在这里就讲过，不过当时没有讲烧火这句话，而是说人家批评，我们要硬着头皮听。听一个时期以后，加以分析，加以答复，说得对的就接受，说得不对的就加以批评，我们总要相信多数人是好人。全世界也好，中国六亿人口也好，共产党也好，青年团也好，民主党派也好，知识分子也好，工商界也好，学生也好，工人农民也好（工人、农民是我们的基本群众），多数人都是好人。他们的心都是善良的，是诚实的，不是狡猾的，不是别有用心的。所谓多数人，不是51%而是90%以上，譬如这一次，以学生来说，北京大学有七千多人，教授与学生一起，右派只有百分之一、二、三，什么叫一、二、三呢？就是坚决的骨干分子1%，只有10几个人，经常闹得天翻地复的始终只有50几个人，还不到1%，他们组织小团体，什么

"白花学社"、"受智者学社"、"黑格尔——恩格斯学社"、"孔夫子——毛泽东学社"，后来觉得还是不上妥当，还是叫"百花学社"。学生的"领袖"叫譚天荣，现在是全国有名的人物了。这回可出了些英雄，左派、右派都出了英雄。

放火烧身，可不容易。听說你们这个地方有些人后悔了，沒有放得厉害，我看上海放得差不多，就是有点不够，有点不过瘾。早知这么妙，何不大开放，让那些毒草长出来，让那些牛鬼蛇神出来，怕它干什么呢？那时，我们讲不要怕。可是我们党內有一些同志，如陈其通等，忠心耿耿，为党为国，就是怕天下大乱，就是沒有看見这个大局面，就是沒有估計到大多数人，90％几是好人，他们是跟我们一块儿的，用不到怕。他们可以骂我们，但是他们不要打我们。他们用口骂，但是不用拳头打，至少那些极少数的人，譬如北京大学学生中1％的右派，骨干分子，另外还有1.2％跟他们拍拍掌，拥护他们的教授、付教授中間，情况就不同一般，大概有1％左右的右派，有1％的左派，这两方面旗鼓相当，中間派占80％左右。对这些中間派，我们不要怕。我们有一些同志怕房子塌下来，又怕天塌下来，从古以来，只有少数人怕天塌下来。就是河南的杞人忧天，除了他以外，所有的人都不怕天塌下来。90％的人是我们的朋友、同志，不要怕，怕群众是沒有道理的。什么叫领导人物？小組长、班长、学校里的校长、教授、助教、讲师、党委书记、党委委員、支部书记，包括我们在內，都是领导人物，我们这些人，总有一些政治資本，就是替人民多少做了一点事。现在把火放起来烧，就是要把我們烧好。我們每个人都有点毛病，包括我在內。"人非圣贤，孰能无过"，所以要定期放火，以后我看至少是三年一焚、五年再焚，一个五个計划里头至少放火烧两次，孙悟空在太上老君的八卦炉里头一锻炼，不是就更好了吗？我們不是讲要锻炼吗？锻，是打鉄，炼，是高炉里面炼鉄，平炉里面炼鋼，炼出来的鋼还要锻，那个汽錘可厉害，我們在苏联看过三千吨的汽錘，一万吨的汽錘。我們这些人也要锻炼，人人都說要锻炼一番，平时讲锻炼舒服得很，"我有缺点，很想去锻炼一下"。但眞正要锻炼，他就不干了。这一回应該锻炼一番了，虽不是万吨汽錘，至少也有五千吨吧。一个时期天昏地黑，日月无光，这是两股风，一个是大多数人的批評，我们是欢迎的，他們批評共产党的缺点，要共产党改，另外，有极少数的右派，他们是向我们进攻的，多数人的进攻是应該的，攻得对，这是一种锻炼。右派的进攻对我们来說，也是一种锻炼。眞正讲锻炼，还是要感謝右派的进攻。对于我們党，对于广大群众，各民主党派，青年学生、工人阶級、农民，右派对我们的教育最大，对这些右派，现在我们是围剿。每个城市都有一些右派，他们是要打倒我们的。

革命，是人民的革命，是无产阶級领导的六亿人民的革命。一个党，怎么革得起来呢？民主革命是人民的事业，社会主义革命是人民的事业，社会主义建设是人民的事业，他們要否定人民事业的成績，这是一。第二，走什么方向，走社会主义，还是走資本主义这个方向？第三，要搞社会主义誰来领导，是无产阶級领导，还是資产阶級领导？无产阶級那么多，先鋒队是共产党，資产阶級也有一群，它也組織政党。是共产党领导还是右派领导，共产党好不好？要不要？人民說要，右派說不要。我看在这三个問题上进行一场大辯論。革命对不对？建设对不对？有沒有成績？成績是否是主要的？还是錯誤是主要的？这是第一个問题。现在不是展开大辯論嗎？这个問题是沒有辯論过的，民主革命是經过长期辯論的。抗日战爭时，要不要抗日？也經过辯論的。一派人說不能抗，因为中国的枪不够，这是唯武器論。另外一派人說，不怕，还是人为主，武器不如人，我們还是可以打。以后重庆談判，旧政协，南京的談判，这都是辯論。蔣介石一刻不停地要打，打的結果，是他打輸了。所以，那一场民主革命是經过辯論的。是經过长时期精神准备的。社会主义革命是短促突击。在6、7年之內，在社会制度方面的改革已基本上完成，人的改造也改造了一些，但还差。社会主义改造有两方面，一方面是制度的改造，一方面是人的改造。制度，不但是所有制，而且有上层建筑，就是政府，政权机关，意識形态，譬如报紙是属于意識形态的。有人說，报紙沒有阶級性，报紙不是阶級斗爭的工具。这句話讲得不对了。至少在这几十年內，全世界帝国主义沒有消灭以前，这样讲是不好的。报紙以及别的东西如哲学，各种意識形态，它們都是反映阶級关系的。学校，教育事业，文学艺术，都是意識形态，上层建筑。自然科学分两部分，純自然科学，它是不分阶級的。但是利用自然科学，誰利用自然科学这是有阶級性的。北京大学"百花学社"的首領譚天荣，他就是物理系四年級的学生。现在讲物理学的人唯心論不多啦！一个中文系，一个历史系，唯心論最多，办报紙的唯心論也最多。你們不要以为只是这一些，社会科学这一方面，哲学，政治經济学方面的唯心論也多。而且自然科学里头也有許多唯心論，他們的世界观是唯心的。你們要說水是什么东西构成的，那他是唯物論，水是两种元素构成的。他是照实际情形办事的。你讲社会怎么改造，共产党怎么整风，他就要灭掉共产党。我們說要整好共产党，他說要消灭共产党。当时我們的政策是这样的，就是只听不說，在几个星期內，硬着头皮，但是把耳朵扯大一些，自己一句不說。我們也不通知党委，也不通知支部书記，也不通知支部干事会，也不通知团委，让他們混战一场，个人自己打主意。清华大学党委会內就有敌人，你这里一开会，他就报告敌人了，叫做"起义分子"。共产党員"起义"这一件事，两方面都高兴。北京大学学生党員里头崩溃了5％，团內崩溃的多一点，也許10％，或者还多一些。这些崩溃我說是天空地道。10％也好，20％也好，30％也好，40％也好，总而言之，崩溃了我們高兴就是了。那种資产阶級思想，唯心論，钻进共产党、青年团，名为共产主义，实际上是反共产主义，或者是搖摆分子。他們"起义"，我們高兴，不要我們清理，他自己跑出去了。敌人方面，亦很高兴。我們把右派一包围，事情就反过来了，許多跟右派有联系，但幷非右派的人来揭露他，不是起义了嗎？还有一些右派也要起义的。现在右派不好混了。

几个月前我在这里讲話，到今天不到一百天，时局起这么大的变化。这个斗爭主要是政治斗爭，斗爭的性质是阶級斗爭。有各种形式的阶級斗爭，这一次主要是政治斗爭，不是軍事斗爭，不是經济斗爭。思想斗爭成分有沒有？有，但政治斗爭占主要的成分。思想斗爭还在下一阶段，要和风細雨，共产党整风，青年团員也整风，經过思想斗爭，提高一步，眞正学习馬列主义。眞正的互相帮助。主观主义有沒有？官僚主义有沒有？眞正用脑筋想一想，写点，搞那么几个月，就把馬克思主义水平、政治水平、思想水平提高一步。

斗爭要个把月，右派分子尽是去报紙上登，今年登一年，明年登一年，后年登一年，那不好办事了，也沒有那么多东西登了，右派就是那么多，登得差不多了，以后就变成阴登一点，阳登一点，有就登一点，沒有就不登。七月，是反右紧张的一个月，过了七月，到了八月，就要和风细雨了。右派最喜欢急风暴雨，最不喜欢和风细雨。而我們是主张和风细雨的。他們說共产党不公道，你們从前整我們就是急风暴雨，现在你們整自己，就是和风细雨了，即使我們从前搞的思想改造，包括批評胡适，梁漱溟在內，我們党內部的指示，都是要和风细雨的。世界上的事情，总是曲折地前进的，社会的运动总是采取螺旋形前进的。对右派要挖，现在还要挖，不能松劲，这个时候的右派，那里有一根草，他就想抓了，因为他要沉下去了。现在他才晓得和风细雨的好处。以前他們就来一个急风暴雨，說和风细雨，天天下黄梅雨，秋稻烂掉了，粮食就沒有了，就要閙灾，不如急风暴雨簡便。现在是夏季，正是暴雨天，到了八月，可以和风細雨了，因为沒有多少东西可挖了。

我們中国历来受到了两方面的教育，正面的教育跟反面的教育。日本帝国主义是第一个大好"教員"，从前有清朝，有袁世凯，有北洋軍閥，以后有蔣介石，都是我們很好的"教員"。沒有他們中国人民教育不过来，单是共产党来当教員不够。我們有许多話，許多中国人士不听，将信将疑，特别是右派不听。許多話我們都給他們讲了，但是他們不听，要另搞一套。譬如"团结—批評—团结"，他就不听。譬如讲肃反成績是主要的，他又不听。譬如讲民主集中制，他又不听。讲无产阶级領导的人民民主专政，他又不听。讲要联合苏联和社会主义国家以及爱好和平的各国人民，他又不听。还有一条，他特别不听，就是說："毒草要除掉"。毒草要除掉，牛鬼蛇神让他出来，向大家展览，展览之后，大家认为这些牛鬼蛇神不好，要打倒。毒草长出来，就要鋤，农民每年都鋤草，鋤掉可以做肥料。这些話讲过沒有呢？还不是讲过嗎？可是草是根本不听的，它明年还要长。鋤了一万年，一万年还要长，一万万年，年年要长草。它是不怕鋤的。因为你讲的时候幷沒有鋤，而且他自己已认为幷非毒草，认为毒草是我們，他自己是香花。因此他幷非被鋤之列。他要把我們鋤掉，他就沒有想到他正是应該鋤的东西。

社会主义来得急促。总路綫各方面都学习过，但沒有辯論，党內沒有辯論，社会上也沒有辯論，象牛吃草一样，先吃下去，然后再慢慢回头嚼。我們的革命，在制度方面已基本上改革过来了，首先是經济基础，就是生产资料的所有制，第二是上层建筑，就是权力机关，意识形态等等，这些都基本上改了，但是沒有展开辯論。大字报是个好东西，我看要传下去。你看孔夫子的"論語"也传下来。"圣径"、"十三經"传下来了，"二十四史"传下来了，"十五貫"也传下来了，大字报我看也要传，譬如讲，工厂里整风，我看用大字报好，越多越好。如果是一万张，那是头等，如果是五千张，那是二等，如果只有两千张就是三等，如果稀稀拉拉只有几张，吃丁等。大字报是沒有阶级性的，等于語言沒有阶级性，白話文沒有阶级性一样，无产阶级也讲白話，资产阶级也讲白話。无产阶级也有話句，资产阶级也有話句，汉奸也有話句，抗日时期也有話句。无产阶级可以用大字报，资产阶级也可以用大字报。我們相信，多数人是站在无产阶级这一边的，因此，大字报这个工具，是有利于无产阶级的，幷不利于资产阶级。一个时候天昏地黑，日月无光，好象是利于资产阶级。所謂一个时期，是二个星期，三个星期，只有那么一点。所謂硬着头皮，也就是那么二、三个星期睡不着觉，吃不下飯。你不是讲要鍛炼嗎？人生在世，有几个星期睡不着觉，吃不下飯，这就是鍛炼，幷非真的把你送到高炉里去烧。有許多中間人士动摇一下，这也很好。动摇一下，他得到經驗。中間派的特点就是动摇，不然为什么叫中間派？一头是无产阶级，另一头是資产阶级，还有許多中間派。二头小，中間大。但是归根結蒂中間派就是好人，是无产阶级的同盟軍。資产阶级想夺取他們做同盟軍，一个时候有点象。无产阶级想爭取他們做同盟軍，一个时候也有点象。中間派也批評我們，但是是好心的批評。右派的批評，是借着这个事来搞乱，中間派就搞糊涂了。剛才讲大字报是方式的問題，是作战的武器之一，象步枪、短枪、机关枪，是輕武器。象文汇、光明日报，还有些别的报紙，是飞机大炮。光明日报，文汇报这次得到了很深刻的教育，过去他們不知道什么是无产阶级报紙，什么是資产阶级报紙，什么叫社会主义报紙，什么叫資本主义报紙，分不清楚。一个时候即使分得清楚，可是这些报紙的領导人要把它办成一个資产阶级的报紙。他們仇視无产阶级报紙，仇視社会主义报紙。一个学校把学生引导到社会主义方向，还是把学生引导到資本主义方向，工商界还是把这些工商业者（大小資本家）引向无产阶级方向，还是把他們引向資产阶级方向？要不要改造？有人非常怕这个改造，說改造就有那么一陣自卑感，越改造越自卑，我看不应該这么解释，应該是越改造越自尊，应該說是自尊感，因为自己有觉悟，才要改造。有些人，自认为有很高的阶级觉悟，认为自己不要改造，相反要改造无产阶级，要按照他們的面目来改造世界，而无产阶级要按照无产阶级的面目来改造。我看多数人90％以上是願意改造的，当然，中間要經过躊躇，考虑，不断犹豫，搖摆的过程。越改造，他就越觉得要改造。共产党整风就是改造。将来还要整风，三年一整，五年再整。你說整了这一次风就不整了，难道整了这次风，就没有官僚主义了？只要过了两三年，他都忘記了，官僚主义又来了。人，就容易忘記，所以过了一个时候还要整。資产阶级，旧社会过来的知识分子，难道就不要整风？不要改造，你說不叫改造，調个名字叫整风也可以。现在各民主党派不在整风嗎？整个社会整整风，为什么不好？

现在民主党派是整路綫問題，整資产阶级的右傾机会主义路綫，我看整得对了。共产党不是路綫的問題，而是作风問題。民主党派现在作风問題在其次，主要的是走那一条路，是走章乃器、章伯鈞、罗隆基、陈仁炳、彭文应、陆治、孙大雨那条路綫，还是走什么路綫，首先要把这个問題搞清楚。这三个問題要搞清楚：革命的成績，建设的成績問題，几亿人民做的事情，究竟做得好不好？将来的方向，是社会主义，还是資本主义？要走社会主义的話，那么要受那一个党的領导，还是要章、罗联盟来領导，还是要共产党来領导？来他一个大辯論，把路綫搞清楚。共产党內有一个路綫問題，就是那些"起义"分子。那些"起义"分子，是共产党，青年团里头的右派，对他們来說这是个路綫問題。教条主义现在不是个路綫問題，因为他沒有形成路綫，我們历史上有一次教条主义是形成路綫的，因为他形成制度，形成政策，形成綱領。现在的教条主义沒有形成制度、政策、綱領，他是有那么一些硬性的东西，现在打上一錘子，火这么一烧，他也軟了一点。各个机关里头，学校里头，工厂里头不是在讲下楼嗎？不要国民党作风，老爷习气，合作社主任下田跟群众一起耕田，工厂的厂长，党委书記到車間里头去，这样官僚主义就大为减少。出大字报、开会、开座談会，把应該改正的，应該批評的問題，分类来解决。再学点馬克思主义，提高一步。

　　我們中國民族，是個好民族。這個民族是很講道理的，很热情的，很聪明的，很**勇**敢的。我們希望造成這麼一種局面，就是既集中統一，又是生動活潑，有民主，又有集中，有自由，又有紀律，兩方面都有，不只是一方面。不要把人家的咀巴都封住，不准人家讲話。应該提倡讲，应該生動活潑。对大多数人是言者无罪，不管你怎么样尖銳，怎么样痛駡一陣，也沒有罪，不受整，不給穿"小鞋"，"小鞋"要給右派穿。不要怕群众，要跟群众在一起。他們游水不游水。只要100天，每天一小时，不間斷的搞，你本来不会游水的，保证你学会游水。…不要先生，也不要那個橡皮圈，有了橡皮圈，就学不会。人民就象水一样的，打譬方，領导者从各級小組长起一直到我們这些同志，就是象游水的人一样，不能离开水，不要逆那一個水，你要順那個水，順着水性。不要去駡群众，群众是不能駡的。不要和群众对立，总要跟群众在一道。群众也不能犯錯誤，犯錯誤的时候，要好好讲，他不听，你就等一下，有了机会再讲他，就是不要脱离他，等于我們游泳不要脱离水，不要逆水，要順着水性。

　　智慧都是从群众那里来的。我历来讲，知識分子是最无知識的。知識分子把尾巴翘，认为老子不算天下第一，也算天下第二。工人、农民算是什么？你們这些阿斗，又不識得几個字。可是決定問題的，不是知識分子而是**劳動者**，是劳動人民中最先进的一部分，就是工人階級**決定問題。**无产階級領导资产階級？还是**资产階級領导无产階級？**无产階級領导知識分子，还是知識分子領导无产階級？知識分子应該成为无产階級知識分子，沒有别的路。我說过"皮之不存，毛将附焉"，这是上海一個**资**本家讲的話。他讲的跟我讲的意思不同。他說自己的东西都交出来了，公私合营了，"皮之不存，毛将附焉"？还說我是资本家，还說我是剥削者。知識分子从旧社会中来，就是吃五张皮的饭。过去知識分子的毛，是附在这五张皮上面：帝国主义所有制，封建主义所有制，官僚资本主义所有制，还有民族资本主义所有制，小生产所有制。他們或者附在前三张皮上，或者附在后两张皮上，现在是"皮之不存"，资本主义打倒了，土地归农民，现在归合作社了，官僚资本主义企业归国有了，民族资本主义企业公私合营了，基本上变成社会主义了；小生产（农民，手工业者）所有制现在也改变了，变为集体所有制了，虽然现在还不巩固，还要几十年才能巩固起来。尤其是人的改造，人的改造时间更要长些，因为这五张皮影响那些资本家，影响着这些知識分子，他們脑筋里老是記着那些东西，时时也記着，旧軌道过来的人，就是留恋那個旧生活习惯，这是人之常情，现在知識分子附在什么皮上，就是要附在公有制这张皮上，附在无产階級身上。誰给他饭吃？就是工人、农民。知識分子是无产階級請的先生，是劳動者請的先生。請你教书，給他們的子弟教书，你又不听主人的話，那要辞退你，明年不下聘书。无产階級請的先生，可是你要教你的邪套，要教八股文，要教孔夫子，要教资本主义。让你吃饭，拿薪水。那无产階級是不干的。知識分子已經丧失了社会經济基础，也就是那五张皮沒有了，现在他除非落在新皮上。现在有些知識分子在天上飞，十五个吊桶打水，七上八下，上不着天，下不着地，在空中飞。五张皮沒有了，老家回不去了，可是他又不甘心情愿附在无产階級身上，要附在无产階級身上，就要有无产階級思想，要跟无产階級有点感情，要跟工人搞好，要拉朋友，可是他不干，他还想那個旧的东西，我們现在劝他們。經过这一場大批評，我看他們多少会觉悟的。我們现在在劝中間状态的人，中間状态的人应該觉悟，尾巴不应该翘得太高，你的知识是有限的，是知识分子，又不是知识分子，叫半知识分子比较妥当。因为你的那个知识只有那么多，讲起大道理来你就犯错误。你那么多的知识，为什么犯错误？为什么动摇，"墙上一颗草，风吹两边倒"，你为什么动摇？现在不去讲右派的知识分子，那是根本错误的。中間派知識分子也犯错误，他犯的错误是动摇，看不清方向，一个时候迷失方向，头脑不清醒，可见你的知识不太多。在这个方面知识多的是工人，是农民里头的过去的半无产阶级。他一看就知道孙大雨这一套东西，他一看就知道不对，只要谈三句话，他就知道不对。用不到写这么长的文章。你看誰的知識高？还是那个不識字的人知識高。决定大局，决定大方向是要听无产阶级的。我就是这么一个人。我們这些人要办什么事，要决定什么大计，就非問他們不可，就非到各个地方去跑一跑，跟他們談一談。看此事能不能行，跟他們商量，以及跟他們接近的干部商量，就要到地方上来。北京是什么东西都不出的，它沒有原料，原料都是工人，农民那里拿去的，都是拿去的。中共中央是一个加工厂，就是把这些原料制造好，制造不好就要犯错误。知識的来源，是出于群众，归根結蒂是群众路綫四个字。什么叫正确处理人民內部矛盾？就是实事求是，群众路綫，就是讲不要脱离群众，象魚跟水的关系，游泳者跟水的关系一样。

右派是不是要一棍子打死，孙大雨那些人怎么办？打他几棍是很有必要的，你不打几棍子他就装死，追一下，攻一下，攻他几下是必要的，攻得他想回头，切实地，使他完全孤立，那就有可能爭取他們。因为他們还是知識分子，而且是大知識分子，这样的人爭取过来是有用的，多少可以做点事情。而且他們这一回也帮了大忙，給我們当了敎員，敎育了人民。他們是以反面的方法，从反面教育了我們。我們並不准备把他們抛到黃浦江里，还是要治病救人。也許有一些人是不愿意过来的，他不愿意过来那么也好，那就带到棺材里头去。孙大雨现在多少年紀？算他活一百岁，还有五十年，他坚决不改，頑固得很，这个堡垒攻不破，也就算了，老攻他，我們沒有那么多气力。我們现在要办事，天天攻，攻他五十年，那怎么得了。有那么一部分人不肯改，就应让他带到棺材里去见閻王，他們可以跟閻王說："我可是有骨气，我是五张皮的坚持者，我跟这些王八蛋，共产党，中国人左翼、同广大群众作了斗爭，我不屈服，要我检討，我就抵抗过来了。"可是现在阴間的閻王也改了，閻王第一个是馬克思，第二个是恩格斯，第三个是列宁。现在分两个地狱，资本主义地狱是老的，社会主义陣营的地狱就是这些人当閻王，我看这些人到閻王那里也是要挨整的。

讲得多了，不讲了，謝謝你們听我这个讲話。

莫斯科接見我国留学生时的讲話（摘录）

1957年11月17日

世界的风向变了。社会主义陣营和资本主义陣营之間的斗爭不是西风压倒东风，就是东风压倒西风。现在全世界共有二十七亿人口，社会主义各国的人口将近十亿，独立了的旧殖民地国家的人口有七亿多，正在爭取独立或者爭取完全独立以及带有中立傾向的資本主义国家人口有六亿，帝国主义陣营的人口不过四亿左右，而且他們的內部是分裂的。那里会发生"地震"，现在不是西风压倒东风，而是东风压倒西风。

※   ※   ※

眞正的彻底的社会主义革命不是一朝一夕可以成功的。在我国眞正的社会主义革命的胜利，有人认为在一九五六年，我看实际上是在一九五七年。一九五六年改变了生产資料的所有制，这还是比较容易的，一九五七年才在政治上，思想上取得了社会主义革命的胜利。现在右派是打垮了。但我們工作中的缺点还是有的，所以要整风。这次整风是件很大的事，我們要认眞地改。世界上怕就怕"认眞"二字，共产党就最讲"认眞"。

在苏联最高苏維埃庆祝十月革命四十週年会議上的講話

1957年11月6日

亲爱的同志們：

当伟大十月社会主义革命四十周年的节日，我和中国代表团全体同志代表中华人民共和国全国人民代表大会，中华人民共和国国务院和中国共产党中央委员会，代表中国全体人民和全体共产党員，謹向伟大的苏联人民、苏联政府和苏联共产党致热烈的兄弟般的祝賀，（热烈鼓掌）謹向在座的各位同志和朋友致以热烈的兄弟般的祝賀。（热烈鼓掌）

苏联人民在四十年前举行的这个伟大的革命，正如革命导师列宁多次指出的，开始了全世界历史的新时代。

历史上发生过各种的革命。但是，过去的任何一次革命，都不能够同十月社会主义革命相比拟。

建立一个沒有人剝削人的社会，曾經是世界上的劳动人民和进步人类千百年来的梦想。十月革命破天荒第一次在世界六分之一的土地上，把这个梦想变成了现实。这个革命证明：沒有了地主和資产阶级，人民完全能够有計划地建设自由幸福的新生活。同时又证明：沒有了帝国主义的压迫，世界各民族完全能够和睦共处。

苏联人民在四十年中經历了艰苦的路程。帝国主义者千方百計地企图消灭世界上第一个社会主义共和国。苏联的敌人曾經显得好像比苏联更强大，他們两次武裝进攻苏联。但是英勇的苏联人民，在光荣的苏联共产党的领导之下，把这些侵略者的进攻彻底地粉碎了。（鼓掌）

苏联之所以不可战胜，就是因为苏联是一个用社会主义制度代替了資本主义制度的国家，是一个用无产阶级专政代替了剝削阶级专政的国家，是一个以資本主义国家所不能有的速度发展社会生产力的国家，是一个眞正实行无产阶级的国际主义、眞正反对民族压迫和援助被压迫民族解放的国家。这样的国家有本国全体人民的热烈支持，同时有世界各国人民的热烈支持。这两种支持所达到的程度，是各国的历史所从来没有过的。

苏联的面貌在四十年间完全改变了。在革命以前，俄国的經济力量和技术力量曾經是比较落后的。現在苏联已經成为世界上第一等强大的工业国家。苏联人民的生活水平不断地提高。苏联的教育、科学、文化事业的发展规模远远超过了資本主义国家。苏联建立了世界上第一个原子能发电站，制成了世界上第一批噴气式客机，制成了世界上第一批洲际弹道火箭，发射了世界上第一个和第二个人造卫星。全世界公认：苏联两次发射人造卫星的成就，开辟了人类征服自然界的新紀元。所有这些，不但是苏联人民的驕傲，而且是全世界无产阶级的驕傲，而且是全人类的驕傲。（鼓掌）对此感到不高兴的，只是一些反动派。

苏联共产党創造性地运用馬克思列宁主义的理論来解决实践中的任务，保証了苏联人民的建設事业不断取得胜利。苏联共产党第二十次代表大会为苏联的共产主义建設所提出的奋斗綱領，就是一个范例。苏联共产党中央委員会在克服个人崇拜，在发展农业，在改組工业和建設的管理，在扩大加盟共和国和地方机构的权限，在反对反党集团、巩固党的团結，在改善苏联陆海军中党和政治的工作等等問題上所采取的明智措施，将毫无疑問地促成苏联各种事业的进一步巩固和进一步发展。

世界各国人民从苏联人民所获得的成就中，一天比一天明显地看到自己的将来。苏联的道路，十月革命的道路，从根本上說来，是人类发展的共同的光明大道。（热烈鼓掌）世界各国的广大人民热烈地庆祝十月革命的四十周年，因为这四十年的历史使他們确信，无产阶級必然能够战胜资产阶級，社会主义必然能够战胜资本主义，被压迫民族必然能够战胜帝国主义。当然，在人民前面还有困难和曲折。但是，列宁在三十六年前說得好：“重要的是，堅冰已經打破，航綫已經开通，道路已經指明。”（热烈鼓掌）

中国共产党所領导的人民革命，从来就是十月革命所开始的世界无产阶级社会主义革命的一个組成部分。中国革命有自己民族的特点，估計到这些特点是完全必要的。但是不論在革命事业中和社会主义建設事业中，我們都充分地利用了苏联共产党和苏联人民的丰富經驗。中国人民感到幸运，因为有十月革命和苏联社会主义建設的經驗，使自己可以减少或者避免許多錯誤，可以比较顺利地进行自己的事业，虽然中国人民面前的困难还很多。

事情很明显，在十月革命以后，各国无产阶級的革命家如果忽视或者不认眞研究俄国革命的經驗，不认眞研究苏联无产阶級专政和社会主义建設的經驗，幷且按照本国的具体条件，有分析地、創造性地利用这些經驗，那末，他就不能通晓作为馬克思主义发展新阶段的列宁主义，就不能正确地解决本国的革命和建設的問題。那末，他就会或者陷入教条主义的錯誤，或者陷入修正主义的錯誤。我們需要同时反对这两种錯誤傾向，而在目前，反对修正主义的傾向尤其是迫切的任务。

同样很明显，在十月革命以后，任何一个国家的政府如果拒絕同苏联友好相处，那就只能損害本国人民的眞正利益。（长时間的热烈鼓掌）

現在全世界踏上十月革命道路而嬴得胜利的，已經有欧洲和亚洲的一系列国家，包括了九亿多人口，形成了强大的社会主义的世界体系。资本主义早已丧失了优势，社会主义早已变成了不可战胜的力量。

社会主义制度終究要代替資本主义制度，这是一个不以人們自己的意志为轉移的客观規律。不管反动派怎样企图阻止历史車輪的前进，革命或迟或早总会发生，幷且将必然取得胜利。（长时間的热烈鼓掌）"搬起石头打自己的脚"，这是中国人形容某些蠢人的行为的一句俗話。各国反动派也就是这样的一批蠢人。他們对于革命人民所作的种种迫害，归根結底，只能促进人民的更广泛更剧烈的革命。（热烈鼓掌）难道沙皇和蔣介石对于革命人民的种种迫害，不就是对于伟大的俄国革命和伟大的中国革命起了这样的促进作用嗎？

帝国主义除了把自己的命运寄托在对国內人民和殖民地半殖民地人民的迫害以外，还指望着战争。但是他們能够从战爭中指望什么呢？半个世紀以来，我們已經經历过两次世界大战。第一次世界大战之后，在俄国出現了伟大的十月社会主义革命。第二次世界大战之后，在东欧和东方出現了更多的革命。如果帝国主义好汉們决心发动第三次世界大战，他們除了促使世界資本主义制度根本灭亡以外，不会得到什么别的結果。（热烈鼓掌）

社会主义各国的政府和人民是和平的新生活的建設者。我們完全不需要战争，幷且坚决反对新的世界大战。苏联、中国和其他社会主义国家一貫地为和緩国际紧张局势而努力。苏联在裁軍問題上，在禁止制造、使用和試驗大批樞毁灭性武器的問題上，所一再提出的建議，代表着社会主义各国的共同主张，同时也符合世界各国人民的利益。我們坚决主张，社会主义国家和資本主义国家实行和平竞赛，各国內部的事务由本国人民按照自己的意愿解决。我們坚决主张，一切国家实行互相尊重主权和領土完整、互不侵犯、互不干涉內政、平等互利、和平共处这样大家知道的五项原则。

美帝国主义頑固地要干涉各国的內部事务，包括社会主义国家的內部事务，例如，在中国干涉解放台湾，在匈牙利制造反革命叛乱。它特别放肆地干涉那些位于美国和社会主义陣营之間的中間地带各国的內部事务。美国現在还在策划通过土耳其或以色列侵入独立的叙利亚，还在阴謀颠复反殖民主义的埃及政府。美国的这种疯狂的侵略政策，不但造成了中东的危机，而且造成了新的世界战争的危机。全世界爱好和平自由的人民都站在叙利亚方面，反对美国和土耳其的侵略者，正如他們在去年十月都站在埃及方面，反对英法和以色列的侵略者一样。苏联政府已經向美国和土耳其提出严重警告，要求他們迅速打消侵略計划。中国政府和中国人民坚决支持叙利亚的卫国斗爭，坚决支持苏联的正义立场。（长时間的热烈鼓掌）

帝国主义的豺狼們应該記住，由他們任意摆布人类命运、任意宰割亚非国家的时代，已經一去不复返了。

美国帝国主义曾經而且还在繼續努力破坏中国人民的解放事业。但是它終究无法阻止中国的六亿人口勇敢地走上社会主义的道路。（鼓掌）中国的各种建設事业已經在八年的短时期內取得了过去百年中所不可能有的成就。中国有一小撮資产阶级右派分子企图反对社会主义道路，反对共产党在国家生活中的領导地位，反对中国同苏联和各社会主义国家結成亲密的联盟。他們的这种狂妄企图，已經在全国人民的反击之下彻底失败了。（鼓掌）

为了在更加巩固的基础上迅速发展中国的社会主义事业，中国人民正在共产党的領导之下进行一个生气勃勃的整风运动。这就是在城市和农村中对于社会主义和资本主义两条道路、国家的根本制度和重大政策、党政工作人员的工作作风、人民的生活福利等项問題，用摆事实讲道理的方法，有領导地自由地展开全民性的大辯論，用以正确地解决在人民內部实际存在而为当前所必需解决的各項矛盾問題。这是一个社会主义的人民自我教育、自我改造的运动。这个运动已經取得巨大的胜利。凡是这样做了的地方，人民的社会主义觉悟迅速增长，錯誤思想迅速澄清，工作中的缺点迅速克服，人民內部的团結迅速加强，劳动紀律和劳动生产率迅速提高。（鼓掌）我們正在六亿人口中分期分批地推行这个人民自我教育运动，大概再有几个月就可以在全国范围內取得胜利。今后，我們准备每年或每两年举行一次整风运动，运动时間可以大为縮短，作为解决我国整个过渡时期各項社会矛盾的一个主要方法。实行这个方法有一个根本的出发点，就是必須坚决相信群众的大多数是会站在我們方面的，是讲道理的。这一点已为运动的全部經驗所証明。

我們根据列宁关于密切联系群众、承认群众的首創精神、实行批評和自我批評的原則，在多年的革命实践中，得出了整风的方法，而目前的社会主义自我教育运动又一次說明了这个方法的正确性。

中国的社会主义建设得到了苏联的多方面的兄弟般的援助。在庆祝十月社会主义革命四十周年的时候，請让我們对于給予中国这种友好援助的苏联共产党、苏联政府和苏联人民，致以衷心的謝意！（热烈的长时間的鼓掌）

中华人民共和国早在成立的初期，就同苏联締結了友好同盟互助的条约。这是两个伟大社会主义国家的伟大同盟。我們同苏联和整个社会主义陣营共命运，同呼吸。（热烈鼓掌）我們认为，增强以苏联为首的社会主义各国的团結，是一切社会主义国家的神圣的国际义务。（鼓掌）

以美国为首的帝国主义采用一切挑拨离間的手段，企图破坏以苏联为首的社会主义各国的友誼和团結。但是，事实只能使帝国主义者失望。以苏联为首的社会主义陣营团結得愈来愈紧密了。自从有历史以来，任何国家間的关系，都不可能像社会主义国家間这样休戚与共，这样互相尊重和互相信任，这样互相援助和互相鼓舞。这是因为社会主义国家是完全新型的国家，是推翻了剥削阶级而由劳动人民掌握权力的国家。在这些国家間的相互关系中，实现着国际主义和爱国主义相統一的原則。共同的利益和共同的理想把我們紧紧地联結在一起。馬克思在国际工人协会成立宣言中这样說过："过去的經驗証明：忽視在各国工人間应該存在的兄弟团結，忽視这个应該鼓励他們在解放斗爭中坚定地并肩作战的兄弟团結，就会使他們分散的努力遭到共同的失敗。"九十几年前馬克思的这个指示，对于我們永远不会过时。（鼓掌）

亲爱的同志們！从世界各国来的工人阶级和广大人民的代表今天在这里参加苏联最高苏維埃庆祝十月革命四十周年的盛会，这个事实本身就說明了世界人民力量的伟大团結，就象征了国际社会主义运动的兴旺发达。让我們继續努力增强社会主义各国的团結，增强全世界劳动人民和被压迫民族的团結，去迎接新的更伟大的胜利！（长时間的热烈鼓掌）

伟大的十月社会主义革命万岁！（长时間的热烈鼓掌）

以苏联为首的社会主义各国的团结和友谊万岁！（长时间的热烈鼓掌）

馬克思列宁主义的伟大的国际主义旗帜万岁！（长时间的热烈鼓掌）

全世界无产者和爱好和平的人民联合起来！（长时间的热烈鼓掌）

（十一月七日"今日新聞"，原载新华半月刊一九五七年第二十三号）

給刘建勛、韦国清同志的信

1958年1月12日

刘建勛、韦国清二同志：

送上几份地方报纸，各有特点，是比较編得好的，較为引人看，內容也不錯，供你們参考。省报問題是一个极重要的問題，值得认眞研究。同广西日报的編輯們一道，包括版面、新聞、社論、理論、文艺等項。鉆进去想了又想，分析又分析，同各省报纸比較又比較，几个月时間就可以找出一条道路来的。精心写作社論是一項重要任务，你們自己同宣传部长、秘书长、报社总編輯要共同研究。第一书記挂帅，动手修改一些最重要的社論，是必要的。一张省报，对于全省工作，全体人民，有极大的組織、鼓舞、激励、批判、推动的作用。請你們想一想这个問題，以为如何？

毛 泽 东

一九五八年一月十二日上午七时

論紅与专，政治与业务的关系 （摘录）

1958年1月31日

紅与专，政治与业务的关系是两个对立物的统一。一定要批判不問政治的傾向，一方面要反对空头政治家，另一方面要反对迷失方向的实际家。

政治和經济的统一，政治和技术的统一，这是毫无疑义的，年年如此，永远如此，这就是又紅又专，将来政治这个名詞还是有的，只是內容变了。不注意思想和政治，成天忙于业务，那会成为迷失方向的經济家和技术家，很危险。思想工作和政治工作是完成經济工作和技术工作的保証。它們是为經济基础服务的，思想和政治又是統帅，是灵魂，只要我們的思想工作和政治工作稍为一放松，經济工作和政治工作就必定会走到邪路上去。

政治家要懂得些业务，懂得太多有困难，懂得太少也不行。一定要懂得一些。不懂得，实际上是假紅，是空头政治家，要把政治和技术結合起来。农业方面，是搞試驗田，工业方面，抓先进典型，試用新技术，試制新产品。

工 作 方 法 六 十 条 （草案）

1958年2月19日

我国人民在共产党領导下，一九五六年在社会主义所有制方面取得了基本的胜利，一九五七年发动整风运动，又在思想战綫和政治战綫方面取得了基本的胜利，就在这一年，又超額完成了第一个五年建設計划。这样，我国六亿多人民就在共产党的领导下，认清了自己的前途，自己的責任，打击了从资产阶级右派分子方面刮起来的反党反人民反社会的妖风，同时也糾正了和正在继續糾正党和人民自己从旧社会带来的由于主观主义造成的一些缺点和錯誤。总是更加团結了，人民的精神状态是更加奋发了，党群关系大为改善。我们现在看见了从来没有看见过的人民群众在生产战綫上这样高涨的积极性和創造性，全国人民为在十五年或者更多一点时間內在鋼鉄及其他主要工业生产品方面赶上或者超过英国这个口号所鼓舞。一个新的生产高潮已經和正在形成。为了适应这种情况，中央和地方党委的工作方法有作某些改变的需要。这里所說的几十条并不象是新的。有一些是多年积累下来的，有一些是新提出的。这是中央和地方同志，一九五八年一月先后在杭州会議和南宁会議上共同商量的结果，这几十条，大部分是会議上同志們的发言启发了我，由我想了一想写成的，一部分是直接記录同志們的意见，有一个重要条文（关于规章制度）是由刘少奇和地方同志商量而由他起草的，由我直接提出的只占一部分。这里讲的也不完全是工作方法，有一些是工作任务，有一些是理论原则，但是工作方法占了主要地位。我們现在主要目的，是想在工作方法方面求得一个进步，以适应已經改变了的政治情况的需要。这几十条，现在只是建議，还待征求意见。条文或者要减少，或者要增加，都还未定。請同志們加以研究，提出意见，以便修改，然后提交政治局批准，方能成为一个正式的內部文件。

毛泽东

一九五八年一月卅一日

一、县以上各级党委要抓社会主义建設工作，这里有十四项：1.工业，2.手工业，3.农业，4.农村副业，5.林业，6.漁业，7.畜牧业，8.交通运輸业，9.商业，10.財政和金融，11.劳动、工資和人口，12.科学，13.文教，14.卫生。

二、县以上各级党委要抓社会主义工业工作。这里也有十四项：

1.产量指标，2.产品质量，3.新产品試制。4.新技术，5.先进定額，6.节約原材料，找寻和使用代用品，7.劳动組織，劳动保护和工資福利，8.成本，9.生产准备和流动资金，10.企业的分工和协作，11.供产銷平衡，12.地质勘探，13.资源综合利用，14.設計和施工。这是初步拟定的项目，以后应该逐步形成工业綱要"四十条。"

三、各级党委要抓社会主义农业工作，这里也是有十四项：

1.产量指标，2.水利，3.肥料，4.土壤，5.种子，6.改制（改变耕作制度，如扩大复种面积，晚改早，旱改水等），7.病虫害，8.机械化（新式农具双輪双鏵犁，抽水机，适合中国各个不同区域的拖拉机及用摩托开动的运輸工具等），9.精耕細作，10.畜牧，11.付业，12.綠化，13.除四害，14.治疾病，讲卫生，这是从农业发展綱要四十条中抽出来的十四个要点，四十条必須全部施行，抽出一些要点，目的在于有所侧重，綱举目张，全綱自然造出来了。

四、全面規划，几次检查，年終評比，这是三个重要方法，这样一来，全局和細节都被掌握了，可以及时总結經驗，发揚成績，糾正錯誤，可以激动人心，大家奋进。

五、五年看三年，三年看头年，每年看前多。这是一个掌握时机的方法，时机上有所侧重，把握就更大了。

六、一年至少检查四次。中央和省一級，每季要检查一次；下面各級按情形办理，重要的任务在没有走向軌道之前，要每月检查一次。这也是掌握时机的方法，是就一年内說的。

七、如何評比？省和省比，市和市比，县和县比，社和社比，厂和厂比，矿和矿比，工地和工地比。可以訂評比公約，也可以不訂，农业比較易于評比。工业可以根据可比的条件評比，按产业系統評比。

八、什么时候变計划？省，自治区，直属市、专区，县都要按照三个十四项訂出計划。訂計划时要有重点，不可在同一时机百废俱兴。区、乡、社的計划内容主要就是农业十四项。项目可以根据当地情况有所增减。先訂五年的計划，可以是粗綫条的。一九五八年七月一日以前交卷。計划要逐級审查，为了便于比較，省委要在县，区，乡，社的計划中选一些最好的和少数最坏的送給中央审查。省和专区的計划都按期交中央，一个也不能少。

九、生产計划三本帐。中央两本帐，一本是必成的計划，这一本公布，第二本是期成的計划，这一本不公布。地方也有两本帐。地方的第一本就是中央的第二本，这是在地方必成的，第二本在地方是期成的。評比以中央的第二本帐为标准。

十、从今年起，中央和省、市、自治区党委要着重抓工业，抓财金貿易，一年要抓四次，主要是七月（或八月），十一月，一月（上旬）三次，再不抓，十五年赶上英国的口号可能落空。要把工业部門和财貿部門的若干主要負責干部带到討論地方工作的会場上去，中央的带到地方去，省、直属市和自治区的带到专区，市属区和县里去，許多在中央工作的同志和地方工作的同志都有这种要求。

十一、各地方的工业产值（包括中央下放的厂矿，原来的地方国营工业和手工业的产值，不包括中央直属厂的产值），爭取在五年内，或者在七年内，或者十年内，超过当地的农业产值。各省市对于这件事要立即着手訂計划，今年七月一日以前訂出来。主要的任务是使工业认員地为农业服务。大家要切实摸一下工业，做到心中有数。

十二、在今后五年内，或者六年内，或者七年内，或者八年内，完成农业发展綱要四十条的規定。各省委，直属市委，自治区党委对于这个问题应当研究一下。就全国范围来看，五年内完成四十条不能普遍作到，六年或者七年可以普遍作到。八年就更加有可能普遍作到。

十三、十年决定三年，爭取在三年内大部分地区的面貌基本改观。其他地区的时间可以略延长。口号是：苦战三年。方法是：放手发动群众，一切經过試驗。

十四、反对浪费。在整风中，每个单位要以若干天功夫，来一次反浪费的鸣放整改，每个工厂，每个合作社，每个商店，每个机关，每个学校，每个部队都要进行一次认真的反浪费斗争。今后每年都要反一次浪费。

十五、在我国的国民经济中积累和消费的比例怎样才算恰当，这是一个关系到我国经济发展速度的大问题，希望大家研究。

十六、关于农业合作社的积累和消费的比例问题也需要研究。湖北同志有这样的意见；以一九五七年生产和分配的数字为基础，以后的增加部分四六分（即以四成分配给社员，六成作为合作社积累）对半分，倒四六分，（即以四成作为合作社积累，六成分配给社员）。如果生产和收入已经达到当地富裕中农的水平的，可以在经过鸣放辩论取得群众的同意后，增产的部分三七分（即三成分配给社员，七成作为合作社积累），或者一两年暂时不分，以便增加积累，准备生产大跃进。这个意见是否适当，请各地讨论。

十七、集体经济和个体经济的矛盾需要解决，需要定出一个适当的比例。现在的情况是，有的地方，有些农家的收入中，个体经济和集体经济的比例是四六，倒三七（那家庭付业和经营自留地的收入占到总收入的百分之六十、七十）。这种情况必然影响农民对于社会主义集体经济的积极性。这种情况应当改变。各省可以经过鸣放辩论，研究出控制的办法，对经济关系作适当调整，在鼓励农民生产积极性和全面发展生产的基础上，使农家的收入中个体经济和集体经济的比例，在几年内逐步达到三比七或者二比八（即是农民由合作社得到的收入，占家庭总收入的百分之七十或者八十。）

十八、普遍推广试验田，这是一个十分重要的领导方法，这样一来，我党在领导经济方面的工作作风将迅速改变，现在乡村是试验田，在城市可以抓先进的厂矿，车间，工区和工段。突破一点，就可以推动全面。

十九、抓两头，带中间，这是一个很好的领导方法。任何一种情况都有两头，即先进和落后。中间状态，又总是占多数。抓住两头就把中间带动起来了，这是一个辩证的方法，抓两头，抓先进和落后，就是抓住了两个对立面。

二十、组织干部和群众对先进经验的参观和集中地展览先进的产品的作法。是两项很好的领导方法。用这些可以提高技术水平，推广先进经验，鼓励互相竞赛。许多问题到实地一看就解决了。社和社，乡和乡，县和县，省和省之间，都可以组织互相参观，中央，省，市，专区和县都可以举办生产建设展览会。

二十一、不断革命，我们的革命是一个接一个的。从一九四九年在全国范围内夺取政权开始，接着就是反封建的土地改革，土地改革一完成就开始农业合作化，接着又是私营工商业和手工业的社会主义改造，社会主义的三大改造，即生产资料所有制方面的社会主义革命，在一九五六年基本完成，接着又在去年进行政治战线和思想战线上的社会主义革命。这个革命在今年七月一日以前可以基本上告一段落。但是问题还没有完结，今后一个相当长的时期内每年都要用鸣放整改的方法继续解决这一方面的问题，现在要来一个技术革命，以便在十五年或者更多一点的时间赶上和超过英国。中国经济落后，物质基础薄弱，使我们至今还处在一种被动状态，精神上感到还是受束缚。在这方面我们还没有得到解放。要鼓一把劲，再过五年，就可以比较主动一些了。十年后将会更加主动一些，十五年后，**粮食多了，鋼鉄多了**，我們的主动就更多了。我們的革命和打仗一样，在打了一个胜仗之后，馬上就要提新任务。这样就可以使干部和群众經常保持飽滿的革命热情，减少驕傲情緒，想驕傲也沒有驕傲的时间，新任务压下来了。大家的心思都用在如何完成新任务的問題上面去了。提出技术革命，就是要大家学技术，学科学。右派說我們是小知識分子不能領导大知識分子。还有人說要对老干部实行"贖买"，給点錢叫他退休，因为老干部不懂科学，不懂技术，只会打仗，搞土改。我們一定鼓一把劲，一定要学习幷且完成这个历史所赋予我們的伟大的技术革命。这个問題要在干部中議一議，开个干部大会，議一議我們还有什么本領，过去我們有本領会打仗，会搞土改，现在仅仅有这些本領就不够了。要学新本領，要真正懂得业务，懂得科学和技术，不然就不可能領导好。我在一九四九年写的《論人民民主专政》里曾經說过："严重的經济建設任务摆在我們面前，我們熟悉的东西，有些快要閑起来了，我們不熟悉的东西正在强迫我們去做，这就是困难。""我們必須克服困难，我們必須学自己不懂的东西。"时間过去了八年，这八年中革命一个接着一个，大家的思想都集中在那些問題上，很多人来不及学科学，学技术。从今年起，要在继續完成政治战綫上和思想战綫上的社会主义革命的同时，把党的工作的着重点放到技术革命上去。这个問題必須引起全党注意。各级党委可以在党內事先酝酿，向干部讲清楚，但是暂时不要在报上宣传，到七月一日以后我們再大讲特讲。因为那时候基层整风已經差不多了，可以把党的主要注意力移到技术革命上去了，注意力移到技术方面，又可能忽略政治，因此必須注意把技术和政治結合起来。

二十二、红与专，政治和业务的关系，是两个对立物的统一。一定要批判不問政治的傾向。一方面要反对空头政治家，另一方面要反对迷失方向的实际家。

政治和經济的統一，政治和技术的統一，这是毫无疑义的，年年如此，永远如此，这就是又红又专，将来政治这个名詞还是会有的，但是內容变了。不注意思想和政治，成天忙于事务，那会成为迷失方向的經济家和技术家，很危险。思想工作和政治工作是完成經济工作和技术工作的保证，它們是为經济基础服务的。思想和政治又是統帅，是灵魂。只要我們的思想工作和政治工作稍为一放松，經济工作和技术工作就一定会走到邪路上去。

现在，一方面有社会主义世界同帝国主义的严重的阶级斗爭，另一方面，就我国內部来說，阶级还沒有最后消灭，阶级斗爭还是存在的，这两点必須充分估計到。同阶级敌人作斗爭，这是过去政治的基本內容，但是在人民有了自己的政权以后，这个政权同人民的关系就基本上是人民內部的关系了。采用的方法不是压服而是說服。这是一种新的政治关系。这个改变只对人民中破坏社会主义秩序的犯法分子采取暂时的程度不同的压服手段，作为說服的輔助手段，在由資本主义到社会主义的过渡时期，人民中还隐藏一部分反社会主义的敌对分子，例如資产阶级右派分子，对这种人我們基本上也是采取由群众鳴放辯論的方法去解决問題。只对严重反革命破坏分子采取鎭压的手段。过渡时期完結，彻底消灭了阶级之后，单就国內情况来說，政治就完全是人民內部的关系。那时候，人和人的思想斗爭，政治斗爭和革命一定还会有的，幷且不可能沒有。对立統一的规律，量变质变的规律，肯定与否定的规律，永远普遍地存在。但是斗爭和革命的性质与过去不同，不是阶级斗爭，而是人民內部的先进和落后之間的斗爭。由社会主义过渡到共产主义是一场斗争，是一个革命。进到共产主义时代了，又一定会有很多很多的发展阶段，从这个阶段到那个阶段的关系必然是一种从量变到质变的关系。各种突变，飞跃都是一种革命，都要通过斗争，"无冲突论"是形而上学的。

政治家要懂些业务。懂得太多有困难，懂得太少也不行，一定要懂得一些。不懂得实际的是假红是空头政治家，要把政治和技术结合起来。农业方面是搞试验田，工业方面是抓先进典型，试用新技术，试制新产品。这些都是用的"比较"法，在相同条件下，拿先进和落后比，促进落后赶先进。先进和落后是矛盾的两个极端，"比较"是对立的统一。企业和企业之间，企业内部车间和车间，小组和小组，个人和个人之间，都是不平衡的。不平衡是普遍的客观规律，从不平衡到平衡，又从平衡到不平衡的变化，循环不已，永远如此，但每一循环都进到高的一级。不平衡是经常的绝对的，平衡是暂时的，相对的。我国现在经济上的平衡和不平衡的变化，是在总的量变过程中许多部分质变。若干年后，中国由农业国变成工业国，那时候，将完成一个飞跃，然后再继续量变的过程。

评比不仅比经济，比生产，比技术，还要比政治，就是比领导艺术。看谁领导得比较好些。

二十三、上层建筑一定要适合经济基础和生产发展的需要，政府各部门所制定的各种规章制度是上层建筑的一部分。八年来积累起来的规章制度许多还是适用的，但是有相当一部分已经成为进一步提高群众积极性和发展生产力的障碍，必须加以修改，或者废除。在修改或者废除这些不合理的规章制度方面，最近一个时期，在群众中间已经制造了许多先进经验，例如石景山发电厂改进职工福利待遇的办法，湘江机械制造厂改进职工宿舍制度的办法，江苏戚墅堰发电厂改进奖金的办法，广西省一级几个商业机关合并为一个机关，由总数二千四百人缩减成三百五十人，即减少七分之六的人员等。应该作出这样一个规定，即是在多快好省地按计划、按比例地发展社会主义事业的前提下，在群众觉悟提高的基础上，允许并且鼓励群众的那些打破限制生产力发展的规章制度的创举。

中央各部门，各省、市、自治区党委，应该派遣负责同志到地方的基层单位去，总结群众中的这一类先进经验，发展下层单位和群众这一类有利于社会主义建设的创举，建议主管机关给以批准，停止原有规章制度中某些规章制度，定在这个单位实行，并且把这个单位的先进经验推广到其他单位试行。

中央各部门，各省、市、自治区党委，还应当派遣负责同志到各地的基层单位去，发现那里有些什么规章制度已经限制了群众积极性的提高和生产力的发展，根据那里的实际情况，通过基层党委和群众的鸣放辩论，保存现有规章制度中的合理部分，修改或者废除其中的不合理部分，并且拟定一些新的适合需要的规章制度，在这个单位实行，也可以推广到其他单位试行。

中央各部门、各省市、自治区党委应该系统地总结这方面的典型的成熟的先进经验。重大和全国性的，经过党中央和国务院批准。地方性的，经过相应的地方党委或政府批准，技术性的和专业性的经过主管部门批准，然后在全国或者全省的相同的所有单位中普遍推行。经过一段时间实行以后，在必要的时候，再根据新的经验修改或者重新制定各种规章制度。这是制定和修改各种规章制度的群众路綫的方法。

二十四、一定要整风，坚持到底。全党要鼓起干劲，打掉官风，实事求是同人民打成一片，尽可能糾正一切工作上、作风上、制度上的缺点和错误。

二十五、中央和省、直属市、自治区两级党委的委員，除了生病和年老的以外，一年一定要有四个月的时间輪流离开办公室，到下面去作調查研究开会到处跑。应当采取走馬看花，下馬看花两种方法，哪怕到一个地方談三、四小时就走也好，要和工人、农民接触，要增加感性知識，中央的有些会議可以到北京以外的地方去开，省委的有些会議可以到省委以外的地方去开。

二十六、以眞正平等的态度对待干部和群众，必须使人感到人們互相間的关系确实平等的，使人感到你的心是交給他的。学习魯迅，魯迅的思想是和他的讀者交流的。是和他的讀者共鳴的。人們的工作有所不同，职务有所不同，但是任何人不論官有多大，在人民中間都要以一个普通劳动者的姿态出现，決不許可摆架子，一定要打掉官风。对于下級所提出的不同意见，要能够耐心听完，幷且加以考虑，不要一听到和自己不同意见就生气，认为是不尊重自己，这是以平等态度待人的条件之一。

二十七、各级党委，特别是坚决站在中央正碻路綫方面的負責同志，要随时准备挨罵，人們罵得对的，我們应当接受和改正，罵得不对的，特别是歪风，一定要硬着头皮頂住，然后加以考查，进行批判。在这种情况下，決不可以随风倒，要有反潮流的大无畏的精神。这一点我們已經在一九五七年受到了考驗。

二十八、在省，地，县三级或者在省，地，县，乡四级干部会議上，討論一次党的領导原則問題，討論一下这些原則是否正確。"大权独攬，小权分散，党委決定，各方去办，办也有決，不离原則。工作检查，党委有責。"这几句话里，关于党委的責任，是說大事由它做出決定，幷且在执行过程中加以检查。"大权独攬"是一句成語，习慣上往往指的是个人独断，我們借用这句话，指的却是主要权力应当集中于中央和地方党委的集体。用以反对分散主义。难道大权可以分攬嗎？这八句歌，产生于一九五三年，就是为了反对那时的分散主义而想出来的。所謂各方去办，不是由党員經直去办，而是一定要經过党員在国家机关中，同非党員接触，商量，研究，对不妥当的部分加以修改，然而大家通过，方才去办。第三句话里所說的"原則"指的是：党是无产阶级組織的最高形式，民主集中制，集体領导和个人作用的統一，（党委和第一书記的統一），中央和上級的決議。

二十九、是否事事都要問过第一书記？可以不必。大事一定要問，要有二把手，三把手，第一书記不在家的时候，要另外有人挂帅。

三十、党委要抓军事。军队必须放在党委的領导和监督之下，现在基本上也正是这样作，这是我军的优良传统。作軍事工作的同志是要求中央和地方党委抓这項工作的。只是因为忙于社会改革和經济建設工作，近几年我們抓得少了一些，现在应当改善这种情况，办法也是一年抓一次。

三十一、大型会議、中型会議和小型会議，都是必要的，各地和各部門要好好安排一下，小型会議，参加的几个人，一、二十个人，便于发现問題和討論問題，上千人参加的大型会議，只能采取先作报告后討論的办法，这种会不能太多，每年两次左右。小型中型会議每年至少要开四次。这种会最好到下面去开。省委可以到地委召开一个地区或者相近几个地区的县书記会議。中央同志和国务院各部門可以輪番到地方开些小型会議。各个經济协作区有事就开会，每年至少开四次。

三十二、开会的方法应当是材料和观点的统一。把材料和观点割断，讲材料的时候沒有观点，讲观点的时候沒有材料，材料和观点互不联系，这是很坏的方法。只提出一大堆材料，不提出自己的观点，不說明贊成什么，反对什么，这种方法更坏。要学会用材料說明自己的观点，必須要有材料，但是一定要有明确观点去統帅这些材料。材料不要多，能够說明問題就行。解剖一个或几个麻雀就够了，不需要很多。自己应当掌握丰富的材料，但是在会上只需要拿出典型性的。必須懂得，开会同写大著作是有区别的。

三十三、一般說来，不要使人在几小时內接受一大堆材料，一大堆观点，而这些材料和观点又是人們平素不大接触的，一年要找几次机会，让那些平素不大接触本行业务的人們接触本行事务，給以适合需要和原始材料或者半成品，不要在一个早上突如其来把成品摆在别人面前。要下些毛毛雨，不要在几小时內下几百公厘傾盆大雨。"强迫受訓"的制度尽可能废除。"强迫签字"的办法必須尽可能减少，要彼此有共同的語言，必須先有必要的情报知識。

三十四、十个指头的問題。人有十个指头，要使干部学会区别十个指头和一个指头，或者多数指头和少数指头。九个指头和一个指头有区别，这件事看来简单，許多人却不懂得，要宣传这种观点，这是大局和小局，一般和个别，主流和支流的区别。我們要主張抓住主流，抓错了一定要翻跟头，这是认識問題，也是邏輯問題，說一个和九个指头，这种說法比较生动，也比较合乎于我們工作的情况，我們的工作除非发生了根本路綫上的错误，成績总是主要的。但是这种說法对某些人却不适用，例如右派分子。許多右派分子，那是几乎十个指头都烂了，学生中的大部分普通右派分子也不止烂了一个指头，但又不是全烂了，所以还可以留在学校里。

三十五、"攻其一点或几点、尽量誇大，不及其余"这是一种脱离实际情况的形而上学的方法。一九五七年資产阶級右派分子向社会主义猖狂进攻，他們用的就是这种方法。我党在历史上是吃过这种方法的大亏，这就是教条主义占統治地位的时期，立三路綫也是如此，修正主义或者右傾机会主义，也用这种方法，陈独秀路綫和抗日时期的王明路綫，就是如此。一九三四年，高崗、饒漱石反党联盟用的也是这种方法。我們应当总結过去的經驗，从认識論和方法論上加以批判，使干部觉醒起来，以免再吃大亏。好人犯个别错误的时候，也会不自觉地采用这种方法，所以好人也要研究方法論。

三十六、概念的形成过程，批判的过程，推理的过程，就是調查和研究的过程，就是思維的过程。人脑是能够反映客观世界的，但是要反映得正确很不容易，要經过反复的考察，才能反映得比较正确。比较接近客观实际。有了正确的观点和正确的思想还要有比较恰当的表达方法告訴别人。概念判断的形成过程，推理的过程，就是"从群众中来"的过程。把自己的观点和思想传达給别人的过程，就是"到群众中去"的过程。在我們的干部中，大概还有不少人，不明白这样一个简单的眞理。任何英雄豪杰，他的思想、意見、計划、办法，只能是客观世界的反映，其原料或者半成品只能来自人民群众的实践中，或者自己的科学試驗中，他的头脑只能作为一个加工厂而起制成完成品的作用，否则是一点用处也沒有的。人脑制成的这种完成品，究竟合用不合用，正确不正确，还得交给人民群众去考驗，如果我们的同志不懂得这一点，那就一定会到处碰钉子。

三十七、文章和文件都应当具有这三种性质：准确性、鮮明性、生动性。准确性属于概念判断和推理問題，这些都是邏輯問題。鮮明和生动性，除了邏輯問題以外，还有詞章問題。现在許多文件的缺点是：第一、概念不明确；第二、判断不恰当；第三、使用概念和判断邏輯推理的时候又缺乏邏輯性；第四、不讲究詞章。看这文件是一场大灾难，消耗精力，又少有所得。一定要改变这种不良的风气。作經济工作的同志在起草文件的时候，不但要注意准确性，还要注意鮮明性和生动性。不要以为这只是語文教师的事情，大少爷用不着去管。重要的文件不要委托二把手、三把手写，要自己动手，或者合作起来做。

三十八、不可一切依賴秘书或科学排譴員。要以自己动手为主，别人帮助为輔。不要让秘书制度成为一种制度，不应当設秘书的人不許設秘书。一切依賴秘书，这是革命意志衰退的一种表现。

三十九、学点自然科学和技术科学。

四十、学点哲学和政治經济学。

四十一、学点历史和法学。

四十二、学点文学。

四十三、学点文法和邏輯。

四十四、建議在自願的原则下，中央和省市的負責同志学一科外文。爭取在五年到十年的时間內达到中等程度。

四十五、中央和省的主要負責人，可以設置一名学习秘书。

四十六、外来干部要学本地話，一切干部都要学普通話，先訂一个五年计划，爭取学好，或者大体学好，至少学会一部分。在少数民族地区工作的汉族干部必須学会当地民族的語言。少数民族的干部也应該学习汉語。

四十七、中央各部，省，专区，县三級，都要培养"秀才"。沒有知识分子不行。无产阶級一定要有自己的秀才。这些人要較多地懂得馬克思主义，又有一定的文化水平，科学知识，詞章修养。

四十八、一切中等技术学校和技工学校，凡是可能的，一律試办工厂或者农场，进行生产，作到自給或半自給。学生实行半工半讀。在条件許可的情况下，这些学校可以多招些学生，但是不要国家增加經費。

一切高等工业学校的可以进行生产的实验室和附属工場，除了保証教学和科学研究的需要外，都应当尽可能的进行生产。此外，还可以由学生和教师同当地的工厂訂立参加劳动的合同。

四十九、一切农业学校除了在自己的农場进行生产，还可以同当地的农业合作社訂立参加劳动的合同，幷且派教师住到合作社去，使理論和实际结合，农业学校应当由合作社保送一部分合于条件的人入学。

农村里的中小学都要同当地的农业合作社訂立合同，参加农、付业生产劳动。农村学生还应当利用假期、假日或者課余时間回到本村参加生产。

五十、大学校和城市里的中等学校在可能条件下，可由几个学校联合設立附屬工厂或者作坊，也可以同工厂、工地或者服务行业訂立参加劳动的合同。

一切有土地的大、中、小学，应当設立附屬农場，沒有土地而临近郊区的学校可以到农业合作社参加劳动。

五十一、开展以除四害为中心的爱国卫生运动，今年要每月补查一次，以便打下基础。各地可以根据当地的情况，增加四害以外的其他內容。

五十二、化肥工厂。中央、省、市区三級都可以設立、中央化工部門要帮助地方搞中小型化肥工厂的設計，中央机械部門要帮助地方搞中小型化肥工厂的設备。

五十三、省、自治区、直属市，应当設立农具研究所，专門負責研究各种改良农具和中小型机械农具，同农具制造厂密切联系，研究好了就交付制造。

五十四、湖北孝感县的联盟农业社，一部分土地每年种一造，亩产二千一百卅斤；四川仁寿县的前进农业社一部分土地一造亩产1680斤；陕西宜君县的清河农业社，这个社在山区，一部分土地一造亩产1654斤，广西百色县的拿波农业社，一部分土地一造亩产1600斤，这些单季高产的經驗，各地可以研究試行。

五十五、种子配搭的問題（即是在一个地域內，一种作物要有几种品种同时种植）各地可以进行研究。

五十六、薯类大有用处：人吃、猪吃、造酒、造糖、造粉。各地可以試制薯类粉，有控制地适应地推广薯类种植。

五十七、綠化。凡能四季种树的地方，四季都种。能种三季的种三季，能种两季的种两季。

五十八、陕西商洛专区每戶种一升核桃。这个經驗值得各地研究。可以經过鳴放辯論取得群众同意以后，将这个經驗推广到种植果木、桑、柞、茶、漆、油料等經济林木方面去。

五十九、林业要計算复盖面积，算出各省、各专区、各县的复盖面积比例，作出森林复盖面积規划。

六十、今年九月以前，要酝酿一下我不作中华人民共和国主席的問題。先在各级干部中間，然后在工厂和合作社中間，组织一次鳴放辯論征求干部和群众的意见，取得多数人的同意，这是因为去掉共和国主席这个职务，专做党中央主席，可以节省許多时間作一些党所要求我做的事情。这样，对于我的身体状况也較为适宜，如果在辯論中群众发生抵触情緒，不贊成这个建議，可以向他們说明，在将来国家有緊急需要的时候，只要党有决定，我还是可以出任这个国家領导职务的。现在和平时期，以去掉一个主席职务較为有利，关于这个請求，已經得到中央政治局以及中央和地方許多同志的同意，认为这是一个好主意。所有这些，請向干部和群众解释清楚，免除误会。

※　　　　　　※　　　　　　※

这次会議的传达方法：把这些观点逐漸和干部講明，不要采取傾盆大雨的形式。

这次所談的意见，都是建議性的，請同志們带回去討論，可以推翻，可以发展，征求干部的意見，大約要有几个月才可能形成正式条文。

关 于 民 族 問 題

1958年3月

1958年3月成都会議上，在烏蓝夫发言时，毛主席有两段极其重要的插話。毛主席說：

"蒙汉两族要亲密合作，要相信馬克思主义。各族要互相信任，不管什么民族，要看眞理在誰方面。馬克思是犹太人，斯大林是少数民族。蒋介石是汉人，但人很坏，我們就要坚决反对。不要一定是本省人执政，不管哪里人——南方或北方，这族或那族，只間那个有沒有共产主义？共产主义有多少？这一点要向少数民族讲清楚。"

毛主席又說：

"汉族开始幷非大族，而是由許多民族混合起来的。汉人在历史上征服过少数民族，把他們赶上山。应从历史上看中国民族問題。究竟是吃民族主义的飯，还是吃共产主义的飯？首先应当吃共产主义的飯；地方要，但不要地方主义。"

視 察 武 大 时 的 指 示

1 9 5 8 年

学生自觉地要求实行半工半讀，这是好事情，是学校大办工厂的必然趋势，对这种要求可以批准，幷应給他們以积极的支持和鼓励。

視 察 天 大 时 的 指 示

1958年8月13日

毛主席指示："高等学校应抓住三个东西，一是党委領导，二是群众路綫，三是把教育和生产劳动結合起来。"

視 察 南 开 大 学 的 談 話

1958年8月13日

十三日上午，毛主席到南开大学視察，几千名学生热烈欢迎毛主席。毛主席先后参观了机工厂、鑄工厂和硫酸厂。詳細地观看了学生們的操作和学生們做出的許多产品，毛主席十分高兴地对张国藩（校长）說："学校是工厂，工厂也是学校，农业合作社也是学校，要好好办。"主席又說："要讲实际，科学是反映实际，是讲实际的道理。不知道实际，光讲书本上的道理怎么行？"毛主席指示："不仅学生要勤工儉学，教师也要搞。机关干部办点所属工厂，不然光讲空的，脱离实际。"

在最高国务会議上論目前形勢

1958年9月8日

目前的形勢对全世界爭取和平的人民有利……总的趋势是东风压倒西风。……美帝国主义九年来侵占了我国領土台湾，不久以前，又派遣它的武装部队侵占了黎巴嫩。美国在全世界許多国家建立了几百个軍事基地。中国領土台湾、黎巴嫩以及所有美国在外国的軍事基地，都是套在美帝国主义脖子上的絞索。不是别人而是美国人自己制造这种絞索，并把它套在自己的脖子上，而把絞索的另一端交給了中国人民、阿拉伯各国人民和全世界一切爱好和平反侵略的人民。美国侵略者在这些地方停留得越久，套在他的头上的絞索就将越紧。

美帝国主义在全世界到处制造紧张局势，以期达到它侵略和奴役各国人民的目的。美帝国主义自以为紧张局势对它自己有利，但是事实是，美国制造的这些紧张局势走向了美国人愿望的反面，它起了动员全世界人民起来反对美国侵略者的作用。……美国垄断資本集团如果坚持推行它的侵略政策和战爭政策，势必有一天要被全世界人民处以絞刑。其他美国帮凶也将是这样。

經过了伟大的全民整风运动，全国到处出現了蓬勃兴旺的气象。无論在农业、工业、文化教育以及其他建設事业方面，都形成了大跃进的形势。由于全国人民在共产党的領导下共同努力，我国社会主义建設的速度大大加快了。……鉴于农业生产的飞跃发展，对工业的越来越大的压力，还鉴于农业生产和农村工作方面已經有了比較巩固的基础和比較成熟的經验，我們的領导工作的重心需要适时地从农业和农村工作方面轉移到工业建設方面。中央和省一級的領导机关必須一手抓工业，一手抓农业，而从現在开始，要把重点放在工业方面。在工业方面，必須首先抓紧鋼鉄工业和机械工业，因为这是实現我国工业化、农业机械化和加强国防力量的基础。……农业和农村工作不能放松，明年农业生产还要继續大发展。……（关于目前正在全国蓬勃展开的人民公社运动，主席說：）必須采取热忱欢迎的态度，积极加强領导。

（毛主席在談到中美华沙大使級会談时說：）如果双方具有解决問題的誠意的話，談判可能会得到某些成果。現在全世界人民都在注視着两国代表将要进行的談判。

在第一次郑州会議上的講話

1958年11月

在沒有实現农村的全民所有制以前，农民总还是农民，他們在社会主义的道路上总还有一定的两面性，我們只能一步一步地引导农民离脱較小的集体所有制，通过較大的集体所有制走向全民所有制，而不能要求一下子完成这个过程，正如我們以前只能一步一步地引导农民脱离个体所有制而走向集体所有制一样。

关于帝国主义和一切反动派是不是
真老虎的問题

1958年12月1日

这里我想回答帝国主义和一切反动派是不是纸老虎的問题。我的回答是，既是真的，又是纸的。这是一个由真变成纸的过程的問题。变即轉化，真老虎轉化为纸老虎，走上反面。一切事物都是如此，不独社会現象而已。我在九年前已經回答了这个問題，战略上藐視它，战术上重視它。不是真老虎，为什么要重視它呢？看来还有些人不通，我們还得做些解释工作。

同世界上一切事物无不具有两重性（即对立統一規律）一样老虎也有两重性，是真的，又是纸的。历史上奴隶主阶級，封建地主阶級和资产阶級在他們取得統治权力以前和取得权力以后的一段时间，由于它們是生气勃勃的，是革命的，是先进者，是真老虎。在随后的一段时间，由于它們的对立面，奴隶阶級、农民阶級和无产阶級逐步壮大，并同它們进行斗爭，越来越厉害，它們就逐步向反面轉化，化为反动派、落后的人們，化为纸老虎，終究被或者将被人民所推翻。反动的、落后的、腐朽的阶級，面临人民决死斗爭的时候，也还有这样的两面性。一面真老虎，吃人，成百万人成千万人的吃，人民斗爭事业处在艰难困苦的时代出現許多弯弯曲曲的道路。中国人民为了消灭帝国主义、封建主义和官僚资本主义在中国的統治，花了一百多年时间，死了大槪几千万人之多。才取得一九四九年的胜利。你看，这不是活老虎，铁老虎，真老虎嗎？同志，且慢，它們終究轉化成了纸老虎，死老虎，豆腐老虎。这是历史的事实。人們难道没有看見听見过这些嗎？真是成千成万！成千成万！所以，从本质上看，从长期上看，从战略上看，必须如实地把帝国主义和一切反动派，都看成纸老虎，从这点上建立我們的战略思想。另一方面，它們又是活的铁的真的老虎，它們会吃人的。从这点上建立我們的策略思想和战术思想。向阶級敌人作斗爭是如此，向自然界作斗爭也是如此。我們在一九五六年发表的"十二年农业发展綱要四十条"和"十二年科学发展綱要"这些都是从馬克思主义关于宇宙发展的两重性，关于事物发展的两重性，关于事物总是当作过程出現而任何一个过程都无不包括两重性这样一个基本观点，对立統一的观点，出发的。一方面，藐視它，輕而易举不算数，不在乎，可以完成，能打胜仗。一方面重視它，并非輕而易举，算数的，千万不可以輕心，不經艰苦奋斗，不奋战就不能胜利。怕与不怕，是一个对立統一法則，一点不怕，无忧无虑，真正单純的乐种，从来没有。每一个人都是忧患与生来，学生們怕考試，儿童怕父母有偏爱，三灾八难，五痨七伤，发烧到四十一度，以及"天有不測风云，人有旦夕祸福"之类，不可胜数。阶級斗爭向自然界的斗爭，所遇到的困难，更不胜数。但是，大多数的人类，首先是无产阶級，首先是共产党人，除掉怕死鬼以及机会主义的先生們以外，总是将藐視一切，乐观主义，放在他們心目中的首位的。然后才是重視事物，重視每件工作，重視科学研究，分析矛盾的每一問題的側面，鑽进去，逐步地認識自然運動的法則和社会運動的法則，然后就有可能掌握这些法則，比較自由地运用这些法則。一个一个地解决人們面临的問題，处理矛盾，完成任务，使困难向順利轉化，使眞老虎向紙老虎轉化，使民主革命向社会主义革命轉化，使社会主义的集体所有制向共产主义全民所有制轉化，使年产几百万吨鋼向年产几千万吨鋼乃至几万万吨鋼轉化，使亩产一百多斤或几百斤向亩产几千斤或者几万斤粮食轉化。同志們，我們就是做此轉化工作的。同志們，可能性同現实性是两件东西，是統一性的两个对立面。头脑要冷又要热，又是統一性的两个对立面。冲天干劲是热，科学分析是冷。在我国，在目前，有些人太热一点，他們不願使自己的头脑有一段冷的时間，不願做分析，只爱热。同志們，这种态度是不利于做領导工作的，他們可能跌筋头，这些人应当注意提醒一下自己的头脑。另有些人爱冷不爱热。他們对一些事，看不慣，跟不上。观潮派，算帐派，属于这一类。对于这些人，应当使他們的头脑慢慢地热起来。

一九五八年十二月一日在武昌

給自己詩詞作的注解

1958年12月

我的几首詩发表以后，註家蜂起，全是好心。一部分說对了，一部分說得不对，我有說明的责任。一九五八年十二月在广州，見一九五八年刊本，天头甚寬，因而写了下面一些字，謝註家，兼謝讀者。

鲁迅一九二七年在广州修改他的《古十說鈎沉》后記中說道："于时云海沉沉，星月澄碧，鋻蚊逞唑，予在广州"。从那时到今天，三十一年了，大陆上的蚊灭得差不多了。当然革命尚未全成，同志仍需努力。港台一带，鋻蚊尚多，西方世界，鋻蚊成陣。安得其全世界各民族千百万愚公，用他們自己的移山办法，把蚊陣一扫而空，岂不伟哉！

試仿陆放翁曰：

人类今天上太空，
但悲不見五洲同。
愚公尽扫鋻蚊日，
公祭毋忘告馬翁。

一九五八・十二・二十一・
上午十时

沁 园 春
长 沙
一九二五年

击水：（到中流击水，浪遏飞舟）

游泳。那时初学，盛夏水涨，几死者数，一群人終于坚持，直到隆冬，犹在水中。当时有一篇詩都忘記了，只記得两句："自信人生二百年，会当击水三千里"。

菩 萨 蛮
黄 鹤 楼

一九二七年春

心潮：（把酒酹滔滔，心潮逐浪高）

一九二七年大革命失败的前夕，心情苍凉，一时不知如何是好，这是那年春季。夏季八月七日，党的紧急会议决定武装斗争，从此找到了出路。

清 平 乐
会 昌

一九三四年夏

踏遍青山人未老：（踏遍青山人未老，风景这边独好）

一九三四年，形势危急，准备长征，心情又是郁闷的。这首清平乐，同前面那首菩萨蛮一样，表露了同一的心情。

忆 秦 娥
娄 山 关

一九三五年二月

万里长征，千迴百折，顺利少于困难不知多少倍，心情是沉郁的。过了岷山，豁然开朗，转到了反面，柳暗花明又一村了。以下几首反映了这一种心情。

七 律
长 征

一九三五年十月

水拍：（金沙水拍云崖暖，大渡桥横铁索寒）

改浪拍。这是一位不相识的朋友建议改的。他说：不要一篇有两个"水"字，是可以的。

三军：（更喜岷山千里雪，三军过后尽开颜）

红军一方面军，二方面军，四方面军，不是海陆空三军，也不是古代晋国所谓上军、中军、下军的三军。

念 奴 娇
昆 崙

一九三五年十月

昆崙：（横空出世，莽昆崙）

主题思想是反对帝国主义，不是别的。改一句："一截留中国"，改为"一截还东国"。忘记了日本人民是不对的。这样，英美日都涉及了。别的解释不合实际。

清　平　乐
六　盘　山

一九三五年十月

苍龙：（今日长缨在手，何时缚住苍龙）

指蒋介石，不是日本人。因为当时全副精神要对付的是蒋不是日。

沁　园　春
雪

一九三六年二月

雪：

反对封建主义，批判二千年来封建主义的一个反动侧面。文采、风骚、大雕，只能如是，须知这是写诗啊！难道可以咒骂这一些人嗎？别的解释是错误的。

末三句，指无产阶级。

七　律
和柳亚子先生

一九四九年夏

三十一年：（三十一年还旧国，落花时节读华章）

一九一九年离开北京，一九四九年还北京。

旧国之国：

都城。不是State（国家），也不是Town（首都）。

浣　溪　沙
和柳亚子先生

一九五〇年十月

乐奏：（万方乐奏有于阗）

这里误置为"奏乐"，应改。（现版本已改正）

水　调　歌　头
游　泳

一九五六年六月

长沙水：（才饮长沙水）

民谣："常德山山有德；长沙水水无沙。"所谓长沙水，地在长沙东有一个有名的"白沙井"。

武昌鱼：（又食武昌鱼）

三国孙权一度从京口（镇江）迁都武昌，官僚、绅士、地主及其富裕阶层不悦，反对迁都，造出口号云："宁饮扬州（建业）水，不食武昌鱼"。那时的扬州人心如此；现在变了，武昌鱼是颇有味道的。

在第二次郑州会議上的講話

1959年3月

农村人民公社所有制要不要有一个发展过程？是不是公社一成立，馬上就有了完全的公社所有制，馬上就可以消灭生产队的所有制呢？我这是說的生产队，有些地方是生产大队即管理区，总之大体上相当于原来的农业生产合作社，现在有許多人还不认識公社所有制必须有一个发展过程，在公社內，由队的小集体所有制到社的大集体所有制，需要一个过程，他們誤认人民公社一成立，各生产队的生产资料、人力、产品，就都可以由公社領导机关直接分配，他們誤认社会主义为共产主义，誤認按劳分配为按需分配，誤认集体所有制为全民所有制，他們在許多地方否认价值法则，否認等价交换。因此，他們在公社范围內，实行貧富拉平，平均分配，对生产队的某些財产无代价的上調；银行方面，也把許多农村中的貸款一律收回。"一平、二調、三收款"，引起广大农民的很大恐慌。

公社在一九五八年秋季成立以后，刮了一陣"共产风"，主要內容有三条：一是穷富拉平；二是积累太多，义务劳动太多；三是"共"各种"产"。……这样一来，"共产风"刮起来了。即是說，在某种范围內，实际上造成了一部份无偿占有別人劳动成果的情况……无偿占有別人劳动的情况，是我們所不許可的。看看我們的历史吧，我們只是无偿剥夺了日、德、意帝国主义的、封建主义的、官僚资本主义的生产资料，和地主的一部份房屋、粮食等生活资料。所有这些都不是侵占別人的劳动成果，因为这些被剥夺的人都是不劳而获的。对于民族资产阶级的生产资料，我們沒有采取无偿剥夺的办法，而是实行贖买政策。因为他們虽然是剥削者，但是他們曾经是民主革命的同盟军，现在又不反对社会主义改造。我們采取贖买政策，就将使我們在政治上获得主动，經济上也有利。同志們，我們对于剥削阶级的政策尚且如此，那么，我們对于劳动人民的劳动成果，又怎么可以无偿占有呢？

……謝謝几亿农民瞒产私分，坚决抵抗，就是这些事情推动了我，我就想了一想。现在問題是县跟公社，特别是公社这一级，要使他們懂得价值法则，等价交换，这是客观规律，客观法则，违反它，要碰得头破血流。

在郑州政治局扩大会議上的講話

1959年2月

广大干部在人民公社运动中做了大量的有益的工作，他們表现了一个作为共产主义者的极大的积极性，这是非常宝貴的，沒有他們的这种积极性，要取得这样伟大的成績是不可能的。当然我們的工作中不但有伟大的成績，也有一些缺点。在一个新的象人民公社这样的缺乏經驗的前无古人的几亿人民的社会运动中，人民和他們領导者都只能从他们的实践中逐步地取得經驗，对事物的本质逐步地加深他们的认訳，**揭露事物**的矛盾，解决这些矛盾，肯定工作中的成績，克服工作中的缺点。誰耍說一个广大的社会运动能够完全沒有缺点，那他就不过是一个空想家或者是一个观潮派、算賬派，或者簡直是敌对分子。我們的成績和缺点的关系，正如我們所常說的，只是十个指头中九个指头和一个指头的关系。有些人怀疑或者否定人民公社的优越性，这种观点显然是完全錯誤的。

对×××同志《关于五級干部会議情况的报告》批語

1959年3月30日

算賬才能实行那个客观存在的价值法则，这个法则是一个伟大的学校，只有利用它，才有可能敎会我們的几千万干部和几万万人民，才有可能建设我們的社会主义和共产主义。否则一切都不可能。

党 内 通 信

1959年

省級、地級、县級、社級、队級、小队級同志們：

我想和同志們商量几个問題，都是关于农业的。

第一个問題，包产問題。南方正在插秧，北方也在春耕。包产一定要落实。根本不要管上級规定的那一套指标。不管这些，只管現实可能性。例如，去年亩产实际只有三百斤的，今年能增产一百斤、二百斤、也就很好了。吹上八百斤、一千斤、一千二百斤，甚至更多，吹牛而已，实在办不到，有何益处呢？又例如，去年亩产五百斤的，今年增加二百斤、三百斤，也就算成績很大了。再增上去，就一般說，不可能的。

第二个問題，密植問題。不可太稀，不可太密。許多青年干部和某些上級机关缺少經驗，一个劲儿要密。有些人竟說越密越好。不对。老农怀疑，中年人也有怀疑的。这三种人开一个会，得出一个适当密度，那就好了。既然要包产，密植問題就得由生产队、生产小队商量决定。上面死硬的密植命令，不但无用，而且害人不淺。因此，根本不要下这种死硬的命令。省委可以规定一个密植幅度，不当做命令下达，只給下面参考。此外，上面要精心研究到底密植程度以何为好，积累經驗，根据因气候不同，因地点不同，因土、肥、水、种等条件不同，因各种作物的情况不同，因田間管理水平高低不同，做出一个比較科学的密植程度的规定，几年之內达到一个实际可行的标凖，那就好了。

第三个問題，节約粮食問題。要十分抓紧，按人定量，忙时多吃，閑时少吃，忙时吃干，閑时半干半稀，杂以蓄薯、青荣、蘿卜、瓜豆、芋头之类。此事一定要十分抓紧。

每年一定要把收割、保管、吃用三件事（收、管、吃），抓得很紧很紧。而且要抓得及时。机不可失，时不再来。一定要有儲备粮，年年儲一点，逐年增多。經过十年、八年奋斗，粮食问题可能解决。在十年內，一切大話、高調切不可讲，讲就是十分危险的。须知我国是一个有六亿五千万人口的大国，吃飯是第一件大事。

第四个問题，播种面积要多的問題。少种、高产、多收的計划，是一个远景計划，是可能的，但在十年內不能全部实行，也不能大部实行。十年以內，只能看情况逐步实行。三年以內，大部不可行。三年以內，要力爭多种。目前几年的方針是：广种薄收与少种多收的高額丰产田同时实行。

第五个問題，机械化問題。农业的根本出路在于机械化，要有十年时间。四年以內小解决，七年以內中解决，十年以內大解决。今年、明年、后年、大后年这四年內，主要依靠改良农具、半机械化农具。每省每地每县都要設一个农具研究所，集中一批科学技术人員和农村有經驗的鉄匠、木匠，搜集全省、全地、全县各种比較进步的农具，加以比較，加以試驗，加以改进，試制新式农具。試制成功，在田里实验，确实有效，然后才能成批制造，加以推广。提到机械化，用机械制造化学肥料这件事，必须包括在內。逐年增加化学肥料，是一件十分重要的事。

第六个問題，讲眞話問題。包产能包多少，就讲能包多少，不讲經过努力实在做不到而又勉强讲做得到的假話。收获多少，就讲多少，不可以讲不符合实际情况的假話。各項增产措施，实行八字宪法，每項都不可以讲假話。老实人，敢讲眞話的人，归根到底，于人民事业有利，于自己也不吃亏。爱讲假話的人，一害人民，二害自己，总是吃亏。应当說，有許多假話是上面压出来的。上面"一吹、二压、三許愿"，使下面很难办。因此，干劲一定要有，假話一定不可讲。

以上六件事，請同志研究，可以提出不同意见，以求得眞理为目的。我們办农业工业的經驗还很不足。一年一年积累經驗还很不足，再过十年，客观必然性，可能逐步被我們认識，在某种程度上，我們就自由了。什么叫自由？自由是必然的认識。

同现在流行的一切高調比較起来，我在这里唱的是低調，目的是在眞正調动积极性，达到增产的目的。如果事实不是我讲的那样低，而达到了較高的目的，我变为保守主义者，那就謝天謝地，不胜光荣之至。

毛 泽 东

一九五九年四月二十九日

机关枪和迫击炮的来历及其他 （摘录）

1959年8月16日

庐山出现的这一场斗爭，是一场阶级斗爭，是过去十年社会主义革命过程中資产阶級与无产阶级两大对抗阶级的生死斗爭的继續。在中国，在我党，这一类斗爭，看来还得斗下去，至少还得斗二十年，可能要斗半个世纪，总之要到阶级完全灭亡，斗爭才会止息。旧的社会斗爭止息了，新的社会斗爭又起来。总之，按照唯物辯证法，矛盾和斗爭是永远的，否则不成其为世界。资产阶级的政治家說，共产党的哲学就是斗争哲学。一点也不错，不过，斗争形式，依时代不同而有所不同罷了。就现在說，社会經济制度变了，旧时代遺留下来残存于相当大的一部分人們头脑里的反动思想，亦即资产阶级思想和上层小资产阶级思想，一下子变不过来。要变需要时間，幷且需要很长的时間，这是社会上的阶级斗争。党內斗争，反映了社会上的阶级斗争。这是毫不足怪的。沒有这种斗争，才是不可思議。

給江西共产主义劳动大学的一封信

同志們：

你們的事业我是完全贊成的，半工半讀，勤工儉学，不要国家一文 錢，小学、中学、大学都有。分散在全省各个山头，少数在平地。这样的学校确实是很好的。在校的青年居多，也有一部分中年干部。我希望不但江西有这样的学校，各省也应該有这样的学校。各地应派有能力有见識的領导同志到江西来考察，吸取經驗，回去試办。初时学生宜少，逐漸增多，至江西这样有五万之众。再則，党、政、民、（工、商、妇）机关，也要办学校，半工半讀。不过同江西这类半工半讀不同，江西的工 是农业，林业，牧业，这类的工，学是农林牧类的学。而党、政、民、机关的工，則是党、政、机关的工，学是文化科学，时事，馬列主义理論，这样一些学。所以两者是不同的。中央机关已办了两个学校。一个是中央警卫团的，办了六七年了，战士，干部們从初識文字，进小学，然后进中学，然后进大学，一九六〇年他們已进大学部門了。他們很高兴，写了一封信給我，这封信可以拿給你們看看。另一个是去年(1960)年办起的，是中南海党的各种机关办的，同样是半工半讀。工是机关的工，无非是机关人员，生活服务人员，招待人员，医务人员，保卫人员及其他人员。警卫团是军队，他們也是警卫职务，都是站崗守卫，这是他們的工。他們还有严格的軍事訓练。这些与文职机关的学校是不同的。一九六一年八月一日江西共产主义劳动大学三周年紀念，主持者要我写几个字。这是一件大事，所以我們写了如上的一些話。

毛泽东

一九六一年七月卅日

对柯庆施同志有关曲艺革命化改革
总结报告的批示

此事可以看出，各种文艺形式 —— 戏剧、曲艺、音乐、美术、舞蹈、电影、詩和文学等等，問題不少，人数很多，社会主义改造在許多部門中，至今收效甚微，許多部門至今还是"死人"统治着。不能低估电影、新詩、民歌、美术、小說的成績，但其中問題也不少，至于戏剧部門，問題更大。社会經济基础已經改变，为此服务的上层建筑之一的艺术部門，至今还是有問題。这需要从調查研究入手，认眞抓起来。

157

在扩大的中央工作会議上的講話

同志們：我现在讲几点意見。（热烈鼓掌）一共讲六点，中心是讲一个民主集中制的問題，同时也讲到一些其他問題。

第一点，这次会議的开会方法

这次扩大的中央工作会議，到会的有七千多人，在这次会議开始的时候，刘少奇同志和别的几位同志，准备了一个报告稿子。这个稿子，还沒有經过中央政治局討論。我就向他們建議，不要先开中央政治局会議討論了，立即发給参加大会的同志們，請大家評論提意見。同志們，你們有各方面的人，各地方的人，有各省委、地委、县委的人，有企业党委的人，有中央各部門的人，你們当中的多数人是比較接近下层的，你們应当比我們中央党委、中央政治局和中央书記的同志更加了解情况和問題。还有，你們站在各种不同的崗位，可以从各种角度提出問題。因此，要請你們提意見，报告稿子发給你們了。果然議論紛紛，除了中央提出的基本方針以外，还提出了許多意見。后来又由少奇同志主持，組織了二十一个人的起草委員会。这里面有各中央局的負責同志参加，經过八天时間，写出了书面报告的第二稿。应当說报告的第二稿是中央集中了七千多人議論的結果，如果沒有你們的意見，这个第二稿不能写成。在第二稿里面，第一部份和第二部份有很大的修改，这是你們的功劳，听說大家对第二稿的評价不坏，认为它是比較好的，如果不是采用这种方法，而是采用通常那种开会方法，就是先来一篇报告，然后进行討論，大家举手贊成，那就不可能做到这样好。

这是一个开会方法的問題，先把报告草稿发下去，請到会的人提意見，加以修改，然后再做报告。报告的时候不是照着本子念，而是讲一些补充意見，作一些解释。这样，就更能充分地发揚民主，集中各方面的智慧，对各种不同的看法有所比較，会也开得活泼一些。我們这次会議是要总結十二年的工作經驗，特别是要总結最近四年来的工作經驗，問題很多，意見也会很多，宜于采取这种办法。是不是所有的会議都可以采用这种方法呢？那也不是，采用这种方法，要有充裕的时間。我們的人民代表大会的会議，有时可以采用这种方法，省委、地委、县委的同志們，你們以后召集会議，如果有条件的話，也可以采用这种方法。当然你們的工作忙，一般地不能用很长的时間开会，但是在有条件的时候，不妨試一試看。

这一个方法是一个什么方法呢？是一个民主集中制的方法，是一个群众路綫的方法，先民主，后集中，从群众中来，到群众中去，領导同群众相結合，这是我讲的第一点。

第二点，民主集中制問題

看起来，我們有些同志，对于馬克思、列宁所說的民主集中制还不理解。有些同志已經是老革命了，"三·八"式的或者别的什么式的，总之已經做了几十年共产党員了，但是他們还不懂得这个問題。他們怕群众，怕群众讲話，怕群众批評，那有馬克思列宁主义者怕群众的道理呢？有了錯誤，自己不讲，又怕群众讲。越怕，就越有鬼，我看不应当怕。有什么可怕的呢？我們的态度是：堅持眞理，随时修正錯誤，我們的工作中是和非問題，正确和錯誤的問題，这是属于內部矛盾的問題。解决內部矛盾，不能用咒駡，也不能用拳头，更不能用刀枪。只能用討論的方法、說理的方法批評和自我批評的方法，一句話，只能用民主的方法，让群众讲話的方法。

不論党內党外，都要有充分的民主生活，就是說，都要认眞实行民主集中制。要眞正把問題揭开，让群众讲話，那怕是駡自己的話，也要让人家讲，駡的結果，无非是自己倒台，不能做这項工作，降到下級机关去做工作，或者調到别的地方去做工作，那又有什么不可以呢？一个人为什么只能上升不能下降呢？为什么只能做这个地方的工作而不能調到别的地方去呢？我认为这种下降和調动不論正确与否，都是有益处的，可以鍛炼革命意志，可以調查和研究許多新鲜情况，增加有益的知識。我自己就有这一方面的經驗，得到很大益处，不信你們不妨試試看。司馬迁說过："文王拘而演周易，仲尼厄而作春秋。屈原放逐，乃赋离骚。左丘失明，厥有国語，孙子臏脚，兵法修列。不韦迁蜀，世传吕覽。韓非囚秦，說难孤憤，詩三百篇，大低圣賢发憤之所作为也。"这几句話中所謂文王演周易， 孔子作春秋，究竟有无其事，近人也有怀疑，我們可以不去理它，让专家們去研究吧，但是司馬迁是相信有其事的，文王拘，仲尼厄，則确有其事，司馬迁讲的这些事情，除左丘明一事之外，都是指当时領导对他們做了錯誤处理的，我們过去也錯誤地处理了一些干部，对这些人不論是全部处理错的或者是部分处理错的，都应当按照具体情况，加以甄别和平反。但是，一般地說，这种錯誤处理，让他們下降，或者調动工作，对他們革命意志总是一种鍛炼，而且可以从人民群众中吸取許多新知識。我在这里申明，我不是提倡对干部，对同志，对任何人，可以不分青紅皂白作出錯誤处理，象古代人拘文王、厄孔子，放逐屈原，去掉孙臏膝盖骨那样，我不是提倡这样做，而是反对这样做的，我是說人类的各个历史阶段，总是有这样錯誤处理事实，在阶級社会，这样的事实很多，在社会主义社会，也在所难免。不論在正确路綫的領导时期，还是在錯誤路綫領导时期，都在所难免。不过有一个区别在正确路綫領导时期，一經发现有錯誤处理的，就能甄别、平反，向他們賠礼道歉，使他們心情舒暢，重新抬起头来。而在錯誤路綫的領导时期，則不可能这样做，只能由代表正确路綫的人們，在适当的时机，通过民主集中制的方法，起来糾正錯誤。至于自己犯了錯誤，經过同志們的批評和上級的鑑定，做出正确处理，因而下降或調动工作的人，这种下降或者調动，对于他們改正錯誤，获得新的知識，会有益处，那就不待說了。

现在有些同志，很怕同志开展討論，怕他們提出同領导机关，領导者意见不同的意见。一討論問題就压制群众的积极性，不許人家讲話，这种态度非常恶劣，民主集中制是上了我們的党章的，上了我們宪法的，他們就是不实行。同志們，我們是干革命的，如果眞正犯了錯誤，这种錯誤是不利于党的事业，不利于人民的事业的，就应該征求人民群众和同志們的意见，幷且自己做检討。这种检討，有的时候，要有若干次，一次不行，大家不滿意，再来第二次；还不滿意，再来第三次；一直到大家沒意见了，才不再做检討。有的省委就是这样做的。有一些省比較主动，让大家讲話。早的，一九五九年就开始做自我批評，晚的，也在一九六一年开始做自我批評。还有一些省委是被迫做检討的，象河南、甘肃、青海、另外一些省，有人反映，好象現在才剛剛开 始 作自我批評。不管是主动的、被动的，早做检討，晚做检討，只要正視錯誤，肯承认錯誤，肯改正錯誤，肯让群众批評，只要采取了这种态度，都应当欢迎。

批評和自我批評是一种方法，是解决人民內部矛盾的方法，而且是唯一的方法。除此以外，沒有别的办法，但是如果沒有充分的民主生活，沒有眞正实行民主集中制，就不可能实行批評和自我批評这种方法。

我們现在不是有許多困难嗎？不依靠群众，不发动群众和干部的积极性，就不可能克服困难。但是，如果不向群众和干部說明情況，不向群众和干部交心，不让他們說出自己的意見，他們还对你感到害怕，不敢讲話，就不可能发动他們的积极性。我在一九五七年这样說过：要造成"又有集中，又有民主，又有紀律，又有自由；又有統一意志，又有个人心情舒暢，生动活泼那样一种政治局面"，党內党外都应当有这样的政治局面。沒有这样的政治局面，群众的积极性是不可能发动起来的。克服困难，沒有民主不行。当然沒有集中更不行，但是沒有民主就沒有集中。沒有民主，不可能有正确的集中，因为大家意見分歧，沒有統一的认識，集中制就建立不起来。什么叫集中？首先是要集中正确的意見。在集中正确意見的基础上，做到統一认識，統一政策，統一計划，統一指揮，統一行动，叫做集中統一。如果大家对問題还不了解，有意見还沒有发表，有气还沒有出，你这个集中統一怎么建立起来呢？沒有民主，就不可能正确地总結經驗。沒有民主，意見不是从群众中来，就不可能制訂出好的路綫方針、政策和办法。我們的領导机关，就制訂路綫、方針、政策和办法这一方面来說，只是一个加工工厂。大家知道，工厂沒有原料就不可能进行加工。沒有数量上充分、质量上适当的原料，就不可能制造出好的成品来，如果沒有民主，不了解下情，情況不明，不充分收集各方面的意見，不使上下通气，只由上級領导机关凭着片面或者不眞实的材料决定問題，那就难免不是主观主义的。也就不可能达到統一认識，統一行动，不可能实现眞正的集中。我們这次会議的主要議題，不是要反对分散主义，加强集中統一嗎？如果离开充分发揚民主，这种集中，这种統一是眞的还是假的？是实的还是空的？是正确的还是錯誤的？当然只能是假的、空的、錯誤的。

我們的集中制，是建立在民主基础上的集中制，无产阶级的集中，是在广泛民主基础上的集中。各級党委是执行集中領导的机关。但是党委的領导，是集体領导，不是第一书記个人独断。在党委会內部只应当实行民主集中制。第一书記同其他书記和委员之間的关系是少数服从多数。拿中央常委或者政治局来說，常常有这样的事情。我讲的話，不管是对的还是不对的，只要大家不贊成，我就得服从他們的意見，因为他們是多数。听說现在有一些省委、地委、县委，有这样的情況。一切事情，第一书記一个人說了就算数。这是很錯誤的，那有一个人說了就算数的道理呢？我这是指大事，不是指有了决議后的日常工作。只要是大事，就得集体討論，认眞地听取不同的意見，认眞地对于复杂的情況和不同的意見加以分析。要想到事情的几种可能性，估計情況的几个方面，好的和坏的，順利的和困难的，可能办到的和不可能办到的尽可能 愼 重 些， 周 到 一些。如果不这样做，就是一个人称霸。这样的第一书記，应当叫做霸王，不是民主集中制"班长"。以前有个項羽，叫做西楚霸王，他就不爱听别人的不同意見。他那里有个范增，給他出过主意，可是項羽不听范增的話。另外一个人叫刘邦，就是汗高祖，他比較能够采納不同的意見。有个知識分子酈食其，去见刘邦。初一报，說是讀书人，孔夫子这一派的。回答說，现在是軍事时期，不见儒生。这个酈食其就发火，他就向管門房的人說你給我滾进去报告，老子是高阳酒徒，不是儒生。管門房的人进去照样报告了一遍。好，請。請进去，刘邦正在洗脚，連忙起来欢迎，酈食其因为刘邦不见儒生的事，心中还有火，批評了刘邦一頓。他說，你究竟要不要取天下，你为什么輕視长者。这时候酈食其巳經六十多岁了，刘邦比他年輕，所以他自称长者。刘邦一听，向他道歉，立即采納了酈食其夺取陈留县的意见。此事见"史記"酈食其和朱建传。刘邦是在封建时代被历史家称为"豁达大度""从諫如流"的英雄人物。刘邦同項羽打了好几年仗，結果刘邦胜了，項羽败了，不是偶然的。我们现在有一些第一书記，連封建时代的刘邦都不如，倒有点象項羽，这些同志不改，最后要垮台的，不是有一曲戏叫"霸王別姫"嗎？这些同志如果不改，难免有一天要"別姫"就是了。（笑声）我为什么讲得这样厉害呢？是想讲的挖苦一点。对于一些同志戳得痛一点，让这些同志好好地想一想，最好有两天睡不着觉。如果他們睡得着觉，我就不高兴，因他們还沒有被戳痛。

我們有些同志听不得相反的意見，批評不得，这是很不对的。在我們这次会議中間，有一个省，会本来是开得生动活泼的，省委书記到那里一坐，鸦雀无声，大家不讲话了。这位省委书記同志你坐到那里去干什么呢？为什么不坐在自己房子里想一想問題，让人家去紛紛議論呢。平素养成了这样一股风气，当着你的面不敢讲话，那么你就应当迴避一下。有了錯誤一定要做自我批評，要让人家讲话，让人批評。去年六月十二日，在中央北京工作会議的最后一天，我讲了自己的缺点和錯誤。我說請同志們传达到各省，各地方去。事后知道，許多地方沒有传达。似乎我的錯誤就可以隐瞞，而且应当隐瞞。同志們不能隐瞞。凡是中央犯的錯誤，直接的归我責任，間接的我也有份，因为我是中央主席。我不是要别人推卸責任，其他一些同志也有責任，但是第一个负責的应当是我。我們的省委书記，地委书記，县委书記直到区委书記，企业党委书記，公社党委书記，旣然做了第一书記，对于工作中的缺点錯誤，就要担起責任。不負責任，怕負責任，不許人讲话，老虎屁股摸不得，凡是采取这种态度的人，十个就有十个要失败。人家总是要讲话的，你老虎屁股眞是摸不得嗎？偏要摸。

在我們国家，如果不充分发揚人民民主和党內民主，不充分实行无产阶級的民主制，就不能有眞正的无产阶級的集中制。沒有高度的民主，不可能有高度的集中，而沒有高度的集中，就不可能建立社会主义經济。我們的国家，如果不建立社会主义經济，那会是一种什么状态呢？就会变成南斯拉夫那样的国家，变成实际上是资产阶級的国家，无产阶級专政就会轉化成资产阶級专政，而且会是反动的，法西斯式的专政。这是一个十分值得警惕的問題，希望同志們好好想一想。

沒有民主集中制，无产阶級专政不可能巩固。在人民内部实行民主，对人民的敌人实行专政，这两个方面是分不开的。把这两个方面结合起来，就是无产阶級专政，或者叫人民民主专政，我們的口号是："无产阶級領导的，以工农联盟为基础的人民民主专政"。无产阶級怎样实行領导呢？經过共产党来領导。共产党是无产阶級的先进部队。无产阶級团结一切贊成、拥护和参加社会主义革命和社会主义建設的阶級和阶层。对反动阶级，或者說，对反动阶级的残余实行专政。在我們国內，人剥削人的制度已經消灭，地主階級和資产階級經济基础已經消灭，现在反动阶级已經沒有过去那么厉害了，也沒有一九五七年资产阶级右派猖狂进攻时候那么厉害了。所以我們說是反动阶级的残余。但是对于这个残余，千万不可輕视，必須继續同他們做斗争。已經被推翻的反动阶級，还企图复辟。在社会主义社会，还会产生新的资产阶级分子。整个社会主义阶段，存在阶级和阶级斗爭，这种阶级斗爭是长期的、复杂、有时甚至是很激烈的。我們的专政工具不能削弱，还应当加强。我們的公安系统是掌握在正确的同志的手里的。也可能有个别地方的公安部門，是掌握在坏人手里。还有一些作公安工作的同志，不依靠群众，不依靠党，在肃反工作中不是执行在党委領导下通过群众肃反的路綫，只依靠秘密工作。只依靠所謂专业工作。专业工作是需要的，对于反革命分子、侦察、审訊是完全必要的。但是，主要是实行党委領导下的群众路綫，特别是对于整个反动阶级的专政，必須依靠群众，依靠党，对于反动阶级实行专政，这并不是說把一切反动阶级的分子統統消灭掉，而是要改造他們。用适当的方法，改造他們使他們成为新人。沒有广泛的人民民主，无产阶级专政不能巩固，政权会不稳。沒有民主，沒有把群众发动起来，沒有群众的监督，就不可能对反动分子和坏分子实行有效的专政，也不可能对他們实行有效的改造，他們就会继續搗乱，还有复辟的可能，这个問題应当警惕，也希望同志們好好想一想。

第三点，我們应当联合那一些阶級？压迫那一些阶級？这是一个根本立場的問題

工人阶級应当联合农民阶級、城市小资产阶級、爱国的民族资产阶級，首先要联合的是农民阶級。知識分子，例如科学家、工程技术人員、教授、作家、艺术家、演員、医务工作者、新聞工作者，他們不是一个阶级，他們或者附属于资产阶级或者附属于无产阶级。对于知識分子，是不是只有革命的我們才去团结呢？不是的，只要他們爱国，我們就要团结他們，并且要让他們好好工作，工人、农民、城市小资产阶级分子、爱国的知識分子、爱国的资本家和其他爱国人士，这些人占了全国人口的百分之九十五以上。这些人，在我們人民民主专政下面，都属于人民的范围。在人民的內部，要实行民主。

人民民主专政要压迫的是地主、富农、反革命分子、坏分子和反共的右派分子。反革命分子、坏分子和反共的右派分子，他們代表的阶级是地主阶级和反动的资产阶级。这些阶级和坏人，大約占全国人口百分之四、五。这些人是我們要强迫改造的。他們是人民民主专政的对象。

我們站在那一边？站在占全国人口百分之九十五以上的人民群众一边？还是站在占全人口百分之四、五的地、富、反、坏、右一边呢？必須站在人民群众这一边，絕不能站在人民敌人那一边去。这是一个馬克思列宁主义者的根本立場問題。

在国內是如此，在国际范围內也是如此。各国的人民，占人口总数的百分之九十以上的人民大众，总是要革命的，总是会拥护馬克思列宁主义的，他們不会拥护修正主义。有些人暂时拥护，将来終究会抛弃它。他們总会逐步地觉醒起来，总会反对帝国主义和各国反动派，总会反对修正主义。一个真正的馬克思、列宁主义者，必須坚定地站

在占世界人口百分之九十以上的人民大众这一边。

第四点，关于认识客观世界的问题

人对于客观世界的认识，由必然王国到自由王国的飞跃，要有一个过程。例如对于中国如何进行民主革命的问题，从一九二一年党的建立直到一九四五年党的第七次代表大会，一共二十四年，我们全党的认识才完全统一起来，中间经过一次全党范围的整风，从一九四二年春天到一九四五年夏天，有三年半的时间，那是一次细致的整风，采用的方法是民主的方法。就是说，不管什么人犯了错误，只要认识了，改正了，就好了。而且大家帮助他认识，帮助他改正，叫做"惩前毖后，治病救人"，"从团结的愿望出发，经过批评或者斗争，分清是非，在新的基础上达到新的团结。""团结——批评——团结"这个公式就是在那个时候产生的。那次整风帮助全党同志，统一了认识。对于当时的民主革命应当怎么办，党的总路线和各项政策应当怎么定，这些问题，都是在那个时期，特别是在整风之后，才得到完全解决的。

从党的建立到抗日时期，中间有北阀战争和十年土地革命战争。我们经过了两次胜利，两次失败。北阀战争胜利了，但是到了一九二七年，革命遭到了失败。土地革命战争曾经取得了很大的胜利，红军发展到三十万人，后来又遭到了挫折，经过长征，这三十万人缩小到两万多人，到陕北以后补充了一点，还是不到三万人，就是说，不到三十万人的十分之一。究竟是那三十万人的军队强些，还是这不到三万人的军队强些？我们受了那样大的挫折，吃过那样大的苦头，就得到锻炼，有了经验，纠正了错误路线，恢复了正确路线，所以这不到三万人的军队，比起过去那个三十万人的军队来，要更强些。刘少奇同志在报告里说，最近四年，我们的路线是正确的，成绩是主要的，我们在实际工作中犯过一些错误，吃了苦头，有了经验了，因此我们更强了，而不是更弱了，情况正是这样。在民主革命时期，经过胜利，失败，再胜利，再失败，两次比较，我们才认识了中国这个客观世界。在抗日战争前夜和抗日战争时期，我写了一些论文，例如："中国革命战争的战略问题"，"论持久战"，"新民主主义论"，"《共产党人》发刊词"，替中央起草过一些关于政策和策略的文件，都是革命经验的总结。那些论文和文件，只有在那个时候才能产生，在以前不可能，因为没有经过大风大浪，没有两次胜利和两次失败的比较还没有充分的经验，还不能充分认识中国革命的规律。

中国这个客观世界，整个地说来，是由中国认识的，不是在共产国际管中国问题的同志们认识的。共产国际的这些同志就不了解或者说不很了解中国社会，中国民族，中国革命。对于中国这个客观世界，我们自己在很长时间内都认识不清楚，何况外国同志呢？

在抗日时期，我们才制定了合乎情况的党的总路线和一整套具体政策。这时候，我们已经干了二十来年的革命，过去那么多年的革命工作，是带着很大的盲目性的。如果有人说，有那一位同志，比如说中央的任何同志，比如说我自己，对于中国革命的规律，在刚开始的时候就完全认识了，那是吹牛，我们切记不要信，没有那种事。过去，特别是开始时期，我们只是一股劲儿要革命，至于怎样革法，革些什么，那些先革，那些后革，那些要到下一阶段才革，在一个相当长时间内，都没有弄清楚，或者说没有完全弄清楚。我讲我們中国的，共产党人在民主革命时期艰难地但是成功地认識中国革命规律这一段历史情况的目的，是想引导同志們理解这样一件事：对于建设社会主义的规律的认識，必须有一个过程。必须从实践出发，从沒有經驗到有經驗，从有較少的經驗到有較多的經驗。从建设社会主义这个未被认識的必然王国，到逐步地克服盲目性，认識客观规律，从而获得自由，认識上出现一个飞跃，到达自由王国。

对于社会主义建设我們还缺乏經驗，我和好几个国家的兄弟党的代表团談过这个問題。我說，对于建设社会主义經济，我們沒有經驗这个問題，我也向一些资本主义国家的新聞記者談过。其中一个美国人叫斯諾，他老要来中国，一九六〇年让他来了。我同他談过一次話。我說："你們知道，对于政治、軍事，对于阶级斗争，我們有一套經驗。有一套方針、政策和办法；至于社会主义建设，过去沒有干过，还沒有經驗。你会說，不是已經干了十一年了嗎？是干了十一年了，可是还缺乏知識，还缺乏經驗，就算开始有了一点，也还不多"。斯諾要我讲讲中国建设的长期计划，我說："不晓得"，他說："你讲話太謹慎。"我說："不是什么謹慎不謹慎，我就是不晓得呀，就是沒有經驗呀"。同志們，才真是不晓得，我們确实还缺少經驗，确实还沒有这样一个长期計划。一九六〇年，那正是我們碰了許多釘子的时候。一九六一年我同蒙哥馬利談話，也說到上面那些意見。他說："再过五十年，你們就了不起了"，他的意思是說，过了五十年，我們就会壮大起来，而且会"侵略"人家，五十年內还不会。他的这种看法，一九六〇年他来中国的时候就对我說过，我說："我們是馬克思列宁主义者，我們是社会主义国家，不是资本主义国家。因此，一百年，一万年，我們的国家也不会侵略别人。至于建設强大的社会主义經济，在中国，五十年不行，会要一百年，或者更多的时間，在你們国家，资本主义国家的发展，經过了好几百年，十六世紀不算，那还是在中世紀。从十七世紀到现在，已經有三百六十多年。在我国，要建设起强大的社会主义經济，我估計要花一百多年。"十七世紀是什么时代呢？那是中国的明朝末年和清朝初年，再过一个世紀，到十八世紀的上半期，就是清朝乾隆时代，《紅楼梦》的作者曹雪芹就生活在那个时代。就是产生賈宝玉这种不滿意封建制度的小說人物的时代。乾隆时代，中国已經有了一些资本主义生产关系的萌芽，但是还是封建社会。这就是出现大观园里那一群小說人物的社会背景。在那个时候以前，在十七世紀欧洲的一些国家已經在发展资本主义了，經过三百多年，资本主义的生产力有了现在的样子。社会主义和资本主义比較，有許多优越性，我們国家經济的发展，会比资本主义国家快得多，可是中国的人口多，底子薄，經济落后，要使生产力很大的发展起来，要赶上和超过世界上最先进的资本主义国家，沒有一百年的时間，我看是不行的。也許只要几十年，例如有些人設想的五十年，就能做到，果然这样，謝天謝地豈不甚好。但是我劝同志們宁肯把困难想得多一点。因而把时間設想得长一点。三百几十年建设了强大的资本主义經济，在我国，五十年內外到一百年內外，建設起强大的社会主义經济，那又有什么不好呢？从现在起，五十年內外到一百年內外，是世界上社会制度彻底变化的伟大时代，是一个翻天复地的时代，我們必须准备进行同过去时代都不能比拟的斗争。处在这样一个时代，我們必须进行同过去时代的斗争形式有着許多不同特点的伟大的斗争。为着这个事业，我們必须把馬克思列宁主义的普遍真理同中国社会主义建设的具体实际，并且同今后世界革命的具体实际，尽可能好一些结合起来，从实践中一步一步地认识斗争的客观规律。要准备着由盲目而遭受到许多的失败和挫折，从而取得经验，取得最后胜利。由这点出发，把时间设想得长一点，是有许多好处的。设想得短了反而有害。

在社会主义建设上，我们还有很大的盲目性。社会主义经济对于我们来说，还有许多未被认识的必然王国。拿我来说，经济建设工作中的许多问题，还不懂得。工业、商业，我就不大懂。对于农业我懂得一点，但是也只是比较地懂得，还是懂不多，要较多地懂得农业，还要懂得土壤学、植物学、作物栽培学、农业化学、农业机械等等；还要懂得农业内部各个分业部门，例如粮、棉、油、麻、丝、茶、糖、菜、烟、果、药、杂等等；还有畜牧业，还有林业。我是相信苏联威廉氏土壤学的，在威廉氏土壤学著作里，主张农、林、牧三结合。我认为必须有这三种结合，否则对于农业不利。所有这些农业生产问题，我劝同志们在工作之暇，认真研究一下，我也还想研究一点。但是到现在止在这方面，我的知识很少。我注意得较多的是制度方面的问题，生产关系方面的问题。至于生产力方面，我的知识很少。社会主义建设从我们全党来说，知识都非常不够。我们应当在今后一段时间内，积累经验，努力学习，在实践中间逐步地加深对它的认识，弄清楚它的规律，一定要下一番苦功，要切切实实地去调查它，研究它。要下去蹲点，到生产大队、生产队、工厂，到商店去蹲点。调查研究，我们从前做得比较好，可是进城以后，不认真做了。一九六一年我们又重新提倡，现在情况已经有所改变，但是在领导干部中间，特别是在高级领导干部中间有一些地方、部门和企业，至今还没有形成风气，有一些省委书记，到现在还没有下去蹲过点，如果省委书记不去，怎么能叫地委书记、县委书记下去蹲点呢？这个现象不好，必须改变过来。

从中华人民共和国成立到现在已经十二年了。这十二年分为前八年和后四年。一九五○年到一九五七年底是前八年。一九五八年到现在是后四年，我们这次会议已经初步总结了过去工作的经验，主要是后四年的经验。这个总结，反映在刘少奇同志的报告里面。我们已经制定或者正在制定，或者将要制定各方面的具体政策。已经制定了的，例如农村工作六十条，工业企业七十条，高等教育六十条，科学研究工作十四条，这些条例草案已经实行或者试行，以后还要修改，有些还可能大改。正在制定的，例如商业工作条例。将要制定的，例如中小学教育条例，我们的党政机关和群众团体的工作，也应当制定一些条例。军队已经制定了一些条例。总之，工、农、兵、学、商、党、政这七个方面的工作，都应当好好地总结经验，制定一整套的方针、政策和办法，使他们在正确的轨道上前进。

有了总路线还不够，还必须在总路线指导之下，在工、农、商、学、兵、政、党各方面，有一整套适合情况的具体方针、政策和办法，才有可能说服群众和干部，并且把这些当作教材去教育他们，使他们有一个统一的认识和统一的行动，然后才有可能取得革命事业和建设事业的胜利，否则是不可能的。对于这一点，我们在抗日时期就有了深刻的认识。在那时候，我们这样做了，就使得干部和群众对于民主革命时期的一整套具体的方针、政策和办法，有了统一的认识，因而有了统一的行动。使当时的民主革命事业取得了胜利，这是大家知道的。在社会主义革命和社会主义建设的时期，头几年内，我们的革命任务，在农村是完成对封建主义土地制度的改革和接着实现农业合作化；在城市是实现对資本主义工商业的社会主义改造，在經济建設方面，那时候的任务是恢复經济和实现第一个五年計划。不論在革命方面和建設方面，那时候都有一条适合客观情况的、有充分說服力的总路綫，以及在总路綫指导下的一整套方針、政策和办法。因此教育了干部和群众，統一了他们的认識，工作也就比較作的好。这也是大家知道的。但是，那时候有这样一种情况，因为我們沒有經驗，在經济建設方面，我們只得照抄苏联，特別是在重工业方面，几乎一切都抄苏联，自己的創造性很少。在当时是完全必要的，同时又是一个缺点，缺乏創造性，缺乏独立自主的能力。这当然不应当是长久之計，从一九五八年起，我們就确立了自力更生为主，爭取外援为輔的方針。在一九五八年党的八大二次会議上，通过了"鼓足干劲，力爭上游，多快好省地建設社会主义"的总路綫。在那一年又办起了人民公社，提出了大跃进的只号，在提出社会主义建設总路綫的一个相当时間內，我們还沒有来得及，也沒有可能规定一整套适合情况的具体的方針、政策和办法，因为經驗还不足，在这种情形下，干部和群众还得不到一整套的教材，得不到系統的政策教育，也就不可能眞正有統一的认識和統一的行动，要經过一段时間，碰到一些釘子，有了正、反两方面的經驗，才有这样的可能。现在好了，有了这些东西了，或者正在制定这些东西。这样，我們就可以更加妥善地进行社会主义革命和社会主义建設。在总路綫指导之下，制定一整套的具体方針、政策和办法。必須通过从群众中来的方法，通过系統的周密的調查研究的方法，对工作中的成功經驗和失敗的經驗，作历史考察，才能找出客观事物所固有的而不是人們主观臆造的規律，才能制定适合情况的各种条例。这件事很重要，請同志們注意到这点。

工、农、商、学、兵、政、党这七个方面，党是領导一切的，党要領导工业、农业、商业、文化教育、軍队和政府。我們的党一般說来是很好的，我們党員的成份，主要的是工人和貧苦农民，我們的絕大多数干部都是好的，他們都在辛辛苦苦的工作。但是也要看到，我們党內还存在一些問題，不要想象我們党的情况什么都好，我們现在有一千七百万党員，这里面差不多有百分之八十的人是建国以后入党的，五十年代入党的，建国以前入党的只占百分之二十。在这百分之二十的人里面，一九三〇年以前入党的，二十年代入党的，据前八年計算，有八百多人，这两年死了一些，恐怕只有七百多人了。不論在老的和新的党員里面，特別是在新党員里面，都有一些品质不純和作风不純的人。他們是个人主义者、官僚主义者、主观主义者，甚至是变了质的分子，还有一些人挂着共产党員的招牌，但是幷不代表工人阶級，而是代表資产阶級。党內幷不純粹，这一点必須看到，否则我們是要吃亏的。

上面是我讲的第四点。就是讲，我們对于客观世界的认識，要有一个过程。先是不认識或者不完全认識，經过反复的实践，在实践里面得到成績，有了胜利，又翻过筋斗，碰了釘子，有了成功和失敗的比較，然后才有可能发展成为完全的认識或者比較完全的认識。在那个时候，我們就比較主动了，比較自由了，就变成比較聪明一些的人了。自由是对必然的认識和对客观世界的改造。只有在认識必然的础基上，人們才有自由的活动，这是自由和必然的辯証規律。所謂必然，就是客观存在的規律性，在沒有认識它以前，我們的行为总是不自觉的，带着盲目性的，这时候我們是一些蠢人，最近几年我們不是干过許多蠢事嗎？

第五点，关于国际共产主义运动

这个問題，我只簡单讲几句。不論在中国、在世界各国，总而言之，百分之九十以上的人終究是会拥护馬克思列宁主义的。在世界上，现在还有許多人，在社会民主党的欺騙之下，在修正主义欺騙之下，在帝国主义欺騙之下，在各国反动派的欺騙之下，他們还不觉悟。但是，他們总会逐步地觉悟过来，总会拥护馬克思列宁主义。馬克思列宁主义这个眞理，是不可抗拒的，人民群众是要革命的。世界革命总是要胜利的。不准革命，象鲁迅所写的赵太爷、錢太爷、假洋鬼子不准阿Q革命那样，总是要失敗的。

苏联是第一个社会主义国家，苏联共产党是列宁創造的党。虽然苏联的党和国家的領导现在被修正主义者篡夺了，但是，我劝同志們坚决相信，苏联广大的人民，广大的党員和干部是好，是要革命的，修正主义的統治是不会长久的。无論什么时候，现在，将来，我們这一輩子，我們的子孙，都要向苏联学习，学习苏联的經驗，不学习苏联要犯錯誤。人們会問：苏联被修正主义者統治了，还要学嗎？我們学习的是苏联的好人好事，苏联党的好經驗，至于苏联的坏人坏事，苏联的修正主义者，我們应当看成反面教員，从他們那里吸取教訓。

我們永远要坚持无产阶级的国际主义团结的原则，我們始終主張社会主义国家和世界共产主义运动一定要在馬克思列宁主义的基础上巩固地团结起来。

国际修正主义者在不断地罵我們。我們的态度是，由他罵去，在必要的时侯，給于适当地回答，我們这个党是被人家罵惯了的。从前罵的不說，现在呢，在国外，帝国主义者罵我們，反动的民族主义者罵我們，修正主义者罵我們，在国内，蒋介石罵我們，地、富、反、坏、右罵我們。历来就是这么罵的，……我們是不是孤立的呢？我就不感觉孤立，我們在座的有七千多人，七千多人还孤立嗎？世界各国人民群众已經或者将要同我們站到一起，我們会是孤立的嗎？

第六点，要团結全党和全体人民

要把党內党外的先进分子，积极分子团結起来，把中間分子团結起来，去带动落后分子，这样就可以使全党、全民团結起来。只有依靠这些团結，我們才能够做好工作，克服困难，把中国建設好。要团結全党、全民，这并不是整我們沒有傾向性。有些人說共产党是"全民的党"，我們不这样看，我們的党是无产阶级政党，是无产阶级的先进部队，是用馬克思列宁主义武装起来的战斗部队。我們是站在占总人只百分之九十五以上的人民大众一旁，絕不站在占人口百分之四、五的地、富、反、坏、右那一边。在国际范圍也是这样，我們是同馬克思列宁主义者，一切革命人民、全体人民讲团結的，絕不同反共反人民的帝国主义者和各国反动派讲什么团結。只要有可能，我們也要同这些人建立外交关系，爭取在五项原则的基础上和平共处，但是这些事，跟我們和各国人民的团結是不同范畴的两回事情。

要使全党、全民团結起来，就必須发揚民主，让人讲話，在党內是这样，在党外也是这样，省委的同志、地委的同志、县委的同志，你們回去一定要让人讲話，在座的同志

167

要这样做，不在座的同志們也要这样做，一切党的領导人員都要发扬民主，让人讲话。界限是什么呢？一个是遵守党的紀律，少数服从多数，全党服从中央。另一个是不准組織秘密集团。我們不怕公开反对派，只怕秘密的反对派，这种人当面不讲眞话，当面讲的尽是些假的，骗人的鬼话，眞正的目的不讲出来。只要不是违反紀律的，只要不是搞秘密集团活动的，我們都允許他讲话，而且讲錯了也不要处罰，讲錯了話，可以批評，但要用道理整服人家。說而不服怎么办？让他保留意見，只要服从决議，服从多数人决定的东西，少数可以保留不同意見。在党內党外允許少数人保留意見，是有好处的。錯誤的意見让他暫时保留，将来他会改的。許多时候少数人的意見，倒是正确的。历史常常有这样的事实，起初，眞理不是在多数人手里，而是在少数人手里。馬克思、恩克斯手里有眞理，可是他們在开始的时候是少数。列宁在很长一个时期內也是少数。我們党內也有这样的經驗，在陈独秀統治的时候，在"左"傾路綫統治的时候，眞理都不在领导机关的多数人手里，而是在少数人手里。历史上的自然科学家，例如，哥白尼、加里略、达尔文，他們的学說曾經在一个长时間內不被多数人承认，反而被看成錯誤的东西，当时，他們是少数。我們党在一九二一年成立的时候，只有几十个党員，也是少数人，可是这几个人代表了眞理，代表了中国的命运。

有一个捕人、杀人的問題，我还想讲一下。在现在的时候，在革命胜利还只有十几年的时候，在被打倒了的反动阶级分子还沒有被改造好，有些人幷且企图阴謀复辟的时候，人总会要捕一点、杀一点的，否则不能平民慣，不能巩固人民的专政。但是不要輕易捕人，尤其不要輕易杀人。有一些坏人，鑽到我队伍里面的坏分子，蜕化变质分子，这些人骑在人民的头上拉屎拉尿，穷凶恶极，严重地违法乱紀。这是些小蒋介石。对于这种人得有个处理，罪大恶极的，也要捕一些，还要杀几个。因为对这样的人，完全不捕、不杀，不足以平民慣。这就是所謂的"不可不捕，不可不杀"。但是絕不可多捕、多杀。凡是可捕可不捕的、可杀可不杀的都要坚决不捕、不杀。有个潘汗年，此人当过上海市付市长，过去秘密投降了国民党。是个ＣＣ派人物，现在关在班房里头，我們沒有杀他，象潘汗年这样的人，只要杀一个，杀戒一开，类似的人都得杀，还有个王实味的，是个暗藏的国民党探子。在延安的时候，他写过一篇文章，題名"野百合花"，攻击革命，誣蔑共产党。后来把他抓起来，杀掉了。那是保安机关在行軍中間，自己杀的，不是中央的决定。对于这件事，我們总是提出批評，认为不应当杀。他当特务，写文章罵我們又死不肯改，就把他放在那里吧，让他劳动去吧，杀了不好。人要少捕少杀。动不动就捕人、杀人，会弄得人人自危，不敢讲話。在这种风气下面，就不会有多少民主

还不要給人乱戴帽子。我們有些同志惯于拿帽子压人，一张口就是帽子满天飞，吓得人不敢讲话。当然，帽子总是有的，刘少奇同志的报告里面不是有許多帽子嗎？"分散主义"不是帽子嗎？但是不要动不动就給人戴在头上，弄得张三分散主义，李四分散主义，什么人都是分散主义。帽子最好由人家自己戴，而且要戴得合适，最好不要由别人去戴，他自己戴了几回的大家不同意他戴了，那就取消了，这样，就会有好的民主空气。我們提倡不抓辮子不戴帽子，不打棍子，目的就是要使人心里不怕，敢于讲意見。

对于犯了錯誤的人，对于那些不让人讲话的人，要采取善意帮相的态度。不要有这

样的空气，似乎犯不得错誤，一犯错誤就不得了，一犯错誤就从此不得翻身。一个人犯了錯誤，只要他眞心願意改正，只要他确实有了自我批評，我們就要表示欢迎。头一、二次自我批評，我們不要要求过高。检查得还不彻底，不彻底也可以，让他再想一想，善意地帮助他，人是要有人帮助的，应当帮助那些犯错誤的同志认識錯誤。如果人家誠恳地作了自我批評，願意改正錯誤，我們就要寬恕他，对他采取寬大政策。只要他的工作成績还是主要的，能力也还行，就还可以让他在那里继續工作。

我在这个讲話里批評了一些現象，批評了一些同志，但是沒有指名道姓，沒有指出张三、李四来，你們自己心里有数。（笑声）我們这几年工作中的缺点、错誤，第一笔賬，首先是中央負責，中央又是我首先負責；第二笔賬是省委、市委自治区党委的；第三笔賬，是地委一級的；第四笔賬是县委一級；第五笔賬，就算到企业党委公社党委了，总之，各有各的賬。

同志們，你們回去，一定要把民主集中制建全起来，县委的同志，要領导公社党委把民主集中制建全起来。首先首要建立和加强集体領导，不要再实行长期固定的"分片包干"的領导方法了，那个方法，党委书記和委員們各搞各的，不能有眞正的集体討論，不能有眞正的集体領导。要发揚民主，要启发人家批評，要听人家的批評，自己要經得起批評，应当爭取主动，首先作自我批評。有什么就检討什么，一个钟头，頂多两个钟头，傾箱倒柜而出，无非是那么多。如果人家认为不够，請他提出来，如果說得对，我就接受，让人家讲話。是采取主动好，还是采取被动好？当然是主动好。已經处在被动地位了，怎么办？过去不民主，現在陷于被动，那也不要紧，就請大家批評吧。白天出气，晚上不看戏，白天晚上都請你們批評。（笑声）这个时候我坐下来，冷静地想一想，两三天晚上睡不着觉，想好了，想通了，然后誠誠恳恳地作一篇检討。这不就好了嗎？总之，让人讲話，天不会塌下来，自己也不会垮台。不让人家讲話呢？那就难免有一天要垮台。

我今天的讲話就讲这些。中心是讲了一个实行民主集中制的問題，在党內，党外发揚民主的問題。我向同志們建議，仔細考虑一下这个問題，开始认識这个問題。有些同志还没有民主集中制的思想，現在要开始建立这个思想，我們充分地发揚了民主，就能把党內党外广大群众的积极性調动起来，就能使占全国总人口百分之九十五以上的人民大众团結起来。做到了这些，我們的工作就会越做越好，我們遇到的困难就会較快地得到克服，我們事业的发展就会順利得多。（热烈鼓掌）

在中央常委会上的讲話

（1964年6月8日）

要自学嘛，靠自己学嘛。肖楚女沒有上过学校，不但沒有上过洋学堂，私塾也沒有上过。我是很喜欢她的。农民讲习所教书主要教員靠他。他是武汉茶館里跑堂的，能写很漂亮的文章。农民讲习所，我們就是拿小册子让人家看的。什么广东的农民运动，广西东兰县的农民运动，就是拿这些小册子给人家看。现在学校不发讲义，我是讲大学。叫学生記笔記，叫学生死抄，为什么不发讲义？据説是怕犯錯誤，其实还不是一样，記笔記就不怕犯錯誤？应該印出来叫学生看、研究。你应該少讲几句嘛！主要是让学生看材料，包括乌龟殼、青銅器，你讲历史就应該把材料給人家。材料不只发一方面的，两方面（正、反面）的都要发。新学旧說都要发嘛！把新民学报、苏报印下去单发，梁启超的不行。我写的革命战争战略問題，就是"紅大"的讲义，写了就不要讲了，书发給你們，你們看嘛，现在的敎員懶的很，蠢得很。（有人說：写出讲义发給学生、教师就沒有讲的了）这样好嘛，自己不讲，腾出时間，可以研究問題。

关 于 讀 书 的 建 議

（1958年11月9日）

同志們：

　　此信送給中央、省、市、自治区、地委、县委这四級党的委員会的委員同志們。不为别的，单为一件事，向同志們建議讀两本书。一本，斯大林著的《苏联社会主义經济問題》，一本，馬恩列斯《論共产主义社会》。每人每本用心讀三遍，随讀随想，加以分析，那些是正确的（我认为这是主要的），那些說得不正确，或者不大正确，或者模糊影响。作者对于所要說的問題，在某些点上，自己并不甚清楚。讀时三、五个人为一組，逐章逐节加以討論。有二至三个月也就能讀通了。要联系中国社会主义經济革命或經济建設去讀这两本书，使自己获得一个清醒的头脑，以利指导我們伟大的經济工作。现在很多人有一大堆混乱思想，讀这两本书就有可能給以澄清，有些号称馬克思主义經济学家的同志在最近几个月內就是如此，他們在讀馬克思主义政治經济学的时候，是馬克思主义者，一临到目前經济实践中某些具体問題，他們的馬克思主义就打折扣了，现在需要讀书和辯論，以期对一切同志有益。

　　以此目的，我建議你們讀这两本书。将来有时間，可以再讀一本，就是苏联同志編的那本《政治經济学敎課书》，多数同志如有兴趣，也可以讀，大跃进和人民公社时期，讀这类书最有兴趣，同志們觉得如何呢？

有人说毛泽东没有全文
读过《资本论》从他推荐的
书目可见他喜欢读通俗
小册子。

毛 泽 东

一九五八年十一月九日于郑州

謙　虛 —— 戒　驕

　　固步自封，驕傲自滿，对自己所管区域的工作不采取馬克思主义的辯証分析方法，（一分为二，即有成績，也有缺点錯誤，）只研究成績一方面，不研究缺点錯誤一方面，只爱听贊成的話，不爱听批評的話。对于外省、外市、外区别的单位工作很少有兴趣組織得力，高级、中级干部去虚心地学，认真地加以考察，以便和本市、本省、本地区、本单位的情况结合起来加以改造，永远限于本地区、本单位这个狭隘世界，不能打开自己的眼界；不知还有别的新天地，这叫做夜郎自大。对外国人、对外地人以及中央派下去的人只让看好的，不让看坏的，只向他們說成績，不向他們談缺点及錯誤。要談也談不深刻，敷衍几句了事。中央多次对同志們提出这个问题，认为一个共产党员必须具备对于成績与缺点，眞理与錯誤两分法的馬克思主义辯証思想。事物（經济、政治、思想、文化、軍事、党务等等）总是做为一个过程而向前发展的。这应当是馬克思主义者的普遍常識。但是中央和各地同志中有很多人却很少认真地运用馬克思观点去思索，去工作，他們的头脑长期存在形而上学的思想方法而不能解脱。所謂形而上学就是否认事物的对立統一，对立斗爭，（两分法）矛盾着、对立着的事物在一定条件下互相变化走向他們的反面，这样一个眞理。于是就使他們固步自封，驕傲自滿，只见成績，不见缺点，只顾听好話，不願听批評話，自己不願批評，（对自己的两分法，）更怕别人批評。"滿招损，謙受益"这句話站在无产阶级立场上，从人民利益考虑是一个眞理。

1.驕傲自滿可以在各种情况下，以各种不同的形式产生和滋长，但是一般說，在胜利的情况下就更容易产生和滋长驕傲自滿情緒，这是因为当处在困难情况的时候，一般容易看到自己的弱点，也是比較謹慎的，而客观的困难压在面前，不虚心謹慎也不行，可是每当胜利的时候，由于有人感謝，甚至过去的敌人也会掉过脸奉承一番，阿諛一番，因而就容易为胜利后的順利环境冲昏头脑，而全身輕飄飄起来，眞以为天下从此安定，我們深深地懂得愈是在胜利的时候，驕傲自滿的細菌就越容易袭击党。

2.产生驕傲自滿情緒。一类是在胜利的情况下产生的，那就是胜利冲昏了头脑，自以为了不起了。另一类是在即无特殊胜利，亦无特殊失败的平常情况下产生的，他們經常以"比上不足，比下有余"，"廿年媳妇熬成婆"等等来自我陶醉。

再一类是在落后情况下产生的，虽然落落了，也还是驕傲。他們认为我們的工作虽然未做好，比过去总是好些了，"某某同志或某某单位还不如我們啦！"他們每当眩耀过去历史，三句話不到就是"想当年"，讲起来眉飞色舞。

3.只要我們稍微忽視一些群众的力量，我們就会驕傲起来；只要眼界狭窄一些看到局部而看不到全体，我們就会驕傲起来；只要我們的主观认識落后于客观事物的发展，我們就会驕傲起来；只要我們稍微把成績估計的高一些，把缺点估計的低一些，我們就会驕傲起来。

4.驕傲自滿的情緒从本质上来說，乃是从个人主义的立场上引伸出来的，同志它又培养和滋长个人主义。而驕傲自滿的本质就是个人主义。

5.就阶级根源来分析，驕傲自滿基本上是削剥阶级思想，其次才是小生产者的思想。

6.小生产者就其本身是劳动者而言，他們是具有許多优点的。他們勤劳、扑素、刻苦、謹慎和实事求是。但是其本身是小私有者而言，则他們是个人主义的。更重要的是由于他們的劳动条件和劳动方式是落后的生产工具，分散經营，眼界不广，見聞不多。因此他們往往不能看集体的力量，而只看到个人的力量。另一方面他們也很容易滿足。当他們取得一些微小的成就以后，就往往会产生"这个不错了"，"这已到了頂了"，

"该享享福了"，以及"比上不足，比下有余"等等这一类思想。

7.驕傲自滿是在资产阶级唯心主义世界观的基础上派生出来的。它会使人們产生看待周围客观事物的态度經常违背事物发展的規律，把人們引向失敗的道路。唯物主义历史观証明：社会发展的历史不是个别英雄人物的历史，而是劳动人民群众的历史。可是，驕傲自滿的人总是誇大了个人的作用，居功、驕傲、而忽視或低估了群众的力量。

8.因此驕傲自滿情緒在本质上是反馬克思列宁主义的。是反对我們党的辯証唯物主义与历史唯物主义世界观的。

9.驕傲自滿的人往往不能无情于自己的許多优点。他們一方面把自己的許多缺点掩盖起来，另一方面把别人的許多优点抹杀掉，他們經常拿别人的缺点和自己的优点相比，从而私人窃喜，看到人家的优点则认为："沒什么了不起"，"算不上啥"。

10.事实上把自己估計得越高，所得到的結果就越坏。俄国大文豪列夫·托尔斯泰就幽默地說过："一个人好象一个分数，他的实际才能好比分子，而他自己的估計好比分母，分母越大则分数的值越小。"

11.謙虚，它是每一个革命工作者都应具有的美德。因为謙虚对人民的事业有利，而驕傲自滿却会把人民的事业引向失敗。所以謙虚也是对人民事业負責的一种表現。

12.一个人要眞正能够称得上一个名符其实的革命工作者，必須做到下列兩点：

首先，他們必須尊重群众的創造，肯傾听群众的意見，把自己看成群众的一員，毫无自私自利之心，毫不誇自己的作用，实心实意地为群众工作。这种精神就是魯迅所說的"俯首甘为孺子牛"的精神，也就是謙虚的美德。

13.其次是，他必須有不屈不挠永远前进的精神。时时刻刻保持着清醒的头脑，对新鮮事物具有敏銳的感觉和愼密的能力。因此他們就必須保持謙虚的态度，胜不驕，敗不餒，不貪天下之功，也不滿足自己的成就。这种精神就是实事求是的精神，也是高尙的謙虚美德。

14.一个人如果能够认眞从工作中、生活中和其他实际斗爭中去学习。經常总結自己的思想和行动，努力寻覓自己不够的地方及自己的缺点与錯誤，无情而坚定地和驕傲自滿的情緒作斗爭，并毫无保留地加以彻底的克服，那他是完全可以鍛炼成为一个具有謙虚品德的人。

15.眞正具有謙虚高貴品德的人，也必須是滿腔热情地无条件地为党、为人民、为集体事业而忠誠不一、积极工作的人。他之所以工作，不是为了眩耀自己，也不是为了获得某些奖励和荣誉，不夹杂任何自私自利的欲望和要求在內，而是全心全意地为着給人民带来愉快和利益。因此他总是埋头苦干地做着对党对人民的革命事业有利的工作，从不想抛头露角、从不計較自己的地位、自己的声望、自己的待遇。他不仅不在别人面前誇耀自己的功勛和成就，而且在自己內心里也不让这些功勛和成就占地位，他全付精力所考虑的只是更好地为人民工作。

16.眞正的集体主义者为什么必須要求自己具有謙虚的美德呢？

第一、因为他懂得他的一切知識和成就的获得虽然自己也尽了一定的力量，但重要的是群众的努力，沒有群众的帮助和支持，他就不可能获得知識，也不可能获得工作上的成就。作为一个集体主义者，他就认为不应該抹煞群众的功績，不应該采取"夺他人之美，貪別人之功"。因而他覺得自高自大是可恥的。

第二、因为他懂得，他所学习到的一些知識，所做过的一些工作在整个知識的总宝庫和整个革命工作当中，仅仅是"滄海之一粟"是非常渺小的，因而革命的知識和革命工作又是在不断发展的。他既然是一个集体主义者，他便要用他的宝貴生命去最大限度地获得对人民有用的知識，最大限度地对革命工作貢献自己的力量，因此他就觉得自己不应該固步自封，替自己关起进步的大門。

第三、因为他懂得整个革命工作像一架大机器，是由大大小小的各式轉盘、螺絲、鋼架和其他机件紧密結合而构成的。誰也少不了誰。他既然是一个集体主义者，他便觉得应該尊重每一个人的工作，尊重每个人的成就，就象他尊重自己的工作和成就一样。为了要把革命工作做得更好，他就必須使自己的工作和别人的工作紧密配合。他感到离不开集体，他热爱自己的伙伴，因此他必然会用謙虚的态度来待人接物，而不会对任何人狂妄自大。

第四、因为他懂得，一个人的眼界往往是狭小的，能够看到的范围总是有限的，而革命知識和革命工作的范围都是极为广闊的，并且內容又是非常丰富，非常复杂的。因此他便进一步懂得，各个人总免不了会有若干缺点，会犯若干錯誤，这些缺点和錯誤又常常不是自己全部能察觉到的，他既然是一个集体主义者，为了要把革命工作搞好，为了对人民负责，他就得热情地要求自己看得更深更透，要求能及时发觉自己的缺点和錯誤，以便迅速地改正。因此，他便要虛心、謙虚地向别人学习和請教，他便要誠恳地欢迎别人对他的批評。

由此可見，眞正从集体主义出发的人，是必然具有謙虚精神的，而謙虚的实质就是高度的革命热情，强烈的群众观点，旺盛的进取精神和科学的实事求是态度的反映。

17. 克服驕傲自滿和培养謙虚品质的另一个最重要的方法就是努力提高自己的共产主义觉悟，这就必須加强馬克思列宁主义的学习。为什么？

18. 因为馬克思列宁主义理論，可以帮助我們科学地认識世界，认識个人与群众，个人与集体，个人与组织，个人与党的相互关系。

正确地认識人民群众和个人在革命斗爭中的作用，馬克思列宁主义告訴我們：劳动人民是社会财富的創造者和革命斗爭的基本力量。我們要在中国建立社会主义和共产主义，只有依靠工人阶級及其先鋒队领导下的亿万劳动人民的創造力量。至于个人，在革命事业中不过是一个小小的螺絲釘而已。馬克思列宁主义告訴我們：任何成就都是集体力量的結晶，个人是离不开集体的，个人想作一点事业，如果沒有党的领导，沒有组织和人民群众的支持，就将会寸步难行，一事无成，如果我們眞正深刻地理解到人民群众和个人在历史上的作用及其互相关系，我們便会自觉地謙虚起来。

因为馬克思列宁主义理論可以提高我們对前途和方向的认識，开闊我們的眼界，使我們的思想从狭隘的范围解放出来，当人們的眼睛只能看到自己的脚下，看不到高山与大洋的时候，他是会像"井底之蛙"那样自负不凡的。但当他把头抬了起来，看到宇宙之大，事物之变化无穷，人类事业之雄伟、浩壮，人才之多和知識之无极限，他便会謙虚起来，我們所从事的事业是翻天复地的大事业，我們不仅要看到自己的眼前的工作和幸福，而要看到整个的、长远的、全面的工作和幸福。馬克思列宁主义帮助我們克服那种因小小成就、小小胜利而自满自足的小生产者的思想，而促起我們孜孜不倦力求进步的渴望。同时也可以帮助我們克服唯心的主观主义的思想方法。

19.謙虛和自卑幷不是同义詞，謙虛幷不等于小视自己，因为謙虛本是实是求是的态度，是正視客观現实的进步精神的表現，而自卑却是一种非实事求是的，缺乏自信，对困难采取畏缩的表現。

自卑和自夸，自高自大同样都是錯誤的，都是以主观主义为思想基础的，是对自己的两种极端主观主义的錯誤估計。那些自高自大的人，离开了客观实际，把自己估計得过高，誇大了自己的实际能力和作用，因而他总是自命不凡，自以为了不起，他就不再前进了，他也就不会去吸收什么新鲜事物了。他于是就不可避免地要犯錯誤。那些自卑的人，虽然从表面上看和自高自大相反，但同样也是离开客观实际，把自己估計得过低，忘記了自己还可以努力提高自己，还可以从工作中鍛炼自己。过分地降低了自己在革命事业中所已經起的和可能起的作用。于是便从而丧失了前进的勇气和信心，松懈了斗爭的意志。

总之，无論自高自大和自卑，同样都是錯誤地估計了自己在革命事业中的作用，都是非事实求是，非科学的态度。因而都是錯誤的，都会使革命事业遇受到损失。所以我們不仅要坚决反对驕傲自满，自高自大一类的习性，而且要严格地把謙虛与自卑的界限分开，免得由一个极端倒向另一个极端。

—— 《中央关于加强互相学习克服固步自封驕傲自满的指示》摘录

1963.12.13.

团 結 問 題

在团結問題上我讲一点方法問題。我說对同志不管是什么人，只要不是敌对分子，破坏分子，那就要采取团結的态度。对他們要采取辯証的方法，而不应該采取形而上学的方法。什么叫辯証的方法？就是对一切加以分析，承认人总是要犯錯誤的，不因为一个人犯了錯誤就否定他的一切。列宁曾讲过，不犯錯誤的人全世界一个也沒有。我就是犯过錯誤的，这些錯誤对我很有益处，这些錯誤教育了我。任何一个人都要人支持，一个好汉也要三个帮，一个篱笆也要打三个桩，这是中国的成語，中国还有一句成語，荷花虽好也要綠叶扶持。你×××这朵荷花虽"好"，也要綠叶扶持，我这朵荷花不好，更要綠叶扶持。我們中国还有一句成語，三个臭皮匠，合成一个諸葛亮，这合乎我們×××同志的口号——集体领导。单独一个諸葛亮总是不完全的，总是有缺陷的。你看我們这个××宣言，第一、第二、第三、第四次草稿，现在文字上的修正还沒有完結。我看要自称全智全能，象上帝一样，那种思想是不妥当的。因此，对犯錯誤的同志，应該采取什么态度呢？应該有分析，采取辯証的方法。而不采取形而上学的方法。我們党曾經陷入形而上学——教条主义，对自己不喜欢的人，就全部毁灭他。后来我們批判了教条主义，逐步地多学会了点辯証法。辯証法的基本观点，就是对立面的統一。承认这个观点，对犯錯誤的同志怎么办呢？对犯錯誤的同志，第一就是要斗爭，要把錯誤思想彻底肃清。第二还要帮助他，从善意出发帮助他改正錯誤，使他有一条出路。

　　对待另一种人就不同，象托洛茨基那种人，象中国的陈独秀、张国焘、高崗那种人，对他們无法采取帮助态度，因为他們不可救葯。还有象希特勒、沙皇、蔣介石也都是无可救葯，只能打倒，因为他們对于我們来說，是絕对地互相排斥的，在这个意义上来說，他們沒有两重性，只有一重性。对于帝国主义制度、資本主义制度，在最后說来也是如此。它們最后必然要被社会主义所代替。意識形态也是如此，要用唯物論代替唯心論，用无神論代替有神論，这是在战略目的上来說的。在策略阶段上就不同了，就有妥协了。在朝鮮三八綫上我們不是同美国人妥协了嗎！在越南不是同法国人妥协了嗎！

　　在各个策略阶段上，要善于斗争，又善于妥协。现在回到同志关系。我建議同志之間有隔閡要开会談判。有些人似乎以为：进入共产党，都是圣人，沒有分歧，沒有誤会，不能分析了，說鉄板一块，整齐划一，就不需要讲談判了，好象进入共产党，就要是百分之百的馬克思主义才行。其实各种各样的馬克思主义者，有百分之百的馬克思主义者，有百分之九十的馬克思主义者，有百分之八十的馬克思主义者，有百分之七十的馬克思主义者，有百分之六十的馬克思主义者，有百分之五十的馬克思主义者，有的人只有百分之十或百分之廿的馬克思主义。我們可不可以在小房間里头两个人或几个人談談呢？可不可以从团結的願望出发，用帮助的精神开談判呢？这当然不是跟帝国主义开会談判（对帝国主义我們也是要同他們开会談判的），这是共产主义內部的談判。再举个例子，我們这回十二国是不是开会談判？六十几个党是不是开会談判？实际上是开会談判，也就是說，在不损伤馬克思列宁主义的原則下，接受人家一些可以接受的意見，放弃自己一些可以放弃的意見。这样我們就有两只手，对犯错誤的同志，一只手跟他們斗爭一只手跟他們讲团結，斗争的目的是坚持馬克思主义原則，**这叫原則性**，**这是一只手**。另一只讲团結，团結的目的是給他一条出路，跟他們讲妥协，这叫做灵活性。原則和灵活性的統一，是馬克思列宁主义的原則，这是一种对立面的統一。

　　无論什么世界，当然特别是阶级社会，都是充滿着矛盾。有些人說社会主义可以找到矛盾，我看这个提法不对，不是什么找到或找不到矛盾。而是充滿着矛盾，沒有一处不存在矛盾，沒有一个人不可以加以分析的，如果承认一个人是不可以加以分析的，就是形而上学。你看在原子里头，就充滿着矛盾的統一，有原子核和电子两个对立的統一，原子核里头又有质子和中子的对立統一，质子里头又有质子和反质子，中子里头又有中子、反中子。总之，对立面的統一是无往不在的。关于对立面統一的观点，幷于辯証法，需要作广泛的宣传。我說辯証法应该从哲学家的圈子走到广大人民群众中間去。我建議要在各国党的政治局会議和中央会上談这个問題，需要在党的各级地方委員会上談这个問題。其实我們党的支部书記是懂得辯証法的，当他准备在支部大会上作报告的时候，往往在小本上写上两点，第一是优点，第二是缺点，一分为二，这是普遍的现象，这就是辯証法。

　　对待一切犯了錯誤，有所觉悟，願意进步的同志，不但要看，而且要帮。这就是說，我們不但要看一看，等待他們改正错誤，而且要帮助他們改正錯誤。人是要有帮助的，荷花虽好，也要綠叶扶持，一个篱笆要打三个桩，一个好汉要有三个帮，尤其是犯了錯誤，更需要别人帮助。"看"，等待犯错誤的同志改正錯誤是必要的，不过还是消极的。必須帮，帮助犯错誤的同志早日改正錯誤，这才是对待同志的积极态度。

春 节 談 話

1964 年

主席：今天想和大家談談教育問題，现在工业有了进步，我看教育工作也要改一改，现在还不行，……

主席：可以縮短。（談学制）

主席：可以办女民兵，娘子軍。十六、七岁的女孩子可以过半年到一年的軍事生活，十七岁（指男的）可以当兵。

主席：现在課程就是多，害死人，使中小学学生，大学生处于紧张状态，近视眼天天增加，設备不好，光綫不好。

主席：課程可以砍掉一半。孔夫子只有六艺：礼、乐、射、御、书、数；顏、曾、荀、孟四大賢人。学生沒有文化娱乐，游泳、体育是不行的。

主席：历代壮元都沒有很出色的。李白、杜甫不是进士，也不是翰林，韓愈、柳宗元只是二等进士，王实甫、关汉卿、罗貫中、蒲松齡、曹雪芹也都不是进士和翰林，就是当了进士翰林，都是不成的。明朝搞得好的，只有明太祖、明成祖两个皇帝：一个不識字，一个識字则不多。以后到嘉靖，知識分子当政，反而不成了，国家就管不好。书讀多了就做不好皇帝。是害人的事，刘秀是个大学生，而刘帮是个草包。

主席：现在的考試方法是突然襲击，出偏題，还是考八股文章的方法，我不贊成，要完全改变。我主张先出一些題公布，学生研究看书去作，例如对《紅楼梦》出二十个題，如学生解答出十題，答得好，其中有的很好，有創見，可以打一百分。如果二十題全答了，也对，但是平平淡淡，沒有創見的給五十分、六十分。考試可以交头接耳，冒名頂替，你答对了，我抄你的，抄下来也算好的。交头接耳，冒名頂替，过去不公开，现在让它公开。我不会，你写了我抄一遍也可以。可以試点。先生讲課允許学生打瞌睡，你讲的不好，还一定让人家听？不如睡覚，还可以养养神，可以不听，稀稀拉拉。

主席：让陆平、张劲夫都参加，现在这个办法摧残人材，摧残青年，我很不贊成，讀那么多书，考試是对敌人的办法，害死人，要……

主席：孔夫子不是这个办法，孔夫子只有六門，李东阳不是进士出身，后来作了宰相。

主席：大水冲垮了教条主义、洋教条、土教条都要搞掉。

主席：要把唱戏的写詩的，戏剧家、文艺家赶出城，統統轰下乡，分期分批下放到农村工厂，不要总住在机关，这样下去写不出什么东西，你不下去就不开飯，下去就开飯。

主席：明朝李时珍长期自己上山采药，祖冲之也沒有上过小学、中学、大学，孔夫子出身貧农，放过羊，也沒有上过大学是个吹打手，人家死了人，他去吹吹打打，做个会計，会弹琴、射箭、駕車子，从小就从群众中来，了解一些群众疾苦，后来他在魯国作了大大知識分子，大概有三个路是他的保鏢，使群众不敢接近，孔夫子有六門恐怕指的是历史，孔子的传统不要丢了，我們方針正确，方法不对，现在的学制、課程、教学方法、考試方法都要改，这是摧残人的。

主席：高尔基只讀过二年书，学間完全是自学的。美国的弗兰克林是卖报出身的，瓦特是工人，发明了蒸气机。

主席：还有軍队。

主席：对了，要多样化。

主席：现在一是課多，一是书多，压得太重，有一些課不一定要考，如中学学的邏輯、語法，不要考，眞正理解要到工作中慢慢体会，知道什么是辯証法，什么是邏輯就行了。

主席：这是繁瑣哲学，繁瑣哲学是一定要灭亡的。如經济学那么多注解，现在統統淌灭了。我看用这种办法轰出来的学生，无論是中国的也好，是美国的也好，苏联的也好，都要淌灭，都要走向自己的反面。如讲經那么多，唐玄庄考証的金刚經就比較簡化，只有一千多字。

现在还有一个苏士考証的，太多了，灭亡了。古經、十三經不是也行不通了嗎？书不能讀的太多了，馬克思主义的书不能讀的太多，讀几十本就行了。讀多了就会走向反面，成为书呆子，成为教条主义、修正主义。孔夫子学問沒有工业、农业，因此，四体不勤五谷不分，这方面我們要想办法。

和汪东兴同志的談話

1964年

摆設花盆是旧社會遺留下来的东西，这是封建阶級士大夫公子哥儿提籠架鳥的人玩的，那些吃了飯沒有事情做的人才有閑功夫养花摆花。全国解放已經十几年了，花盆不但沒有减少，反而比过去发展了，现在要改变。

我就不喜欢房子里摆花。白天还有点好处，晚上还有害处，我的房子里的花草就让他們撤了，以后又让他們把院子里的花撤了。你們在院子里种了些树，不是滿好的嗎？还可以再种。你們的花要取消，大部分的花工要减掉，留少数人管理庭院。

今后庭院里要多种树木，多种果树，还可以种点蔬菜、油料作物，北京的中山公园和香山耍逐步改种果树和油料作物，这样既好又实用，对子孙后代有好处。

中国的大跃进

1964年

我們不能走世界各国技术发展的老路，跟在别人的后边一步一步的爬行。我們必須打破常规，尽量采取先进技术，在一个不太长的历史时期內，把我国建設成为一个社会主义的现代化的强国。我們所說的大跃进，就是这个意思，难道这是做不到的嗎？是吹牛皮，放大炮嗎？不，凡做得到的。既不是吹牛皮，也不是放大炮。只要看我們的历史就知道了。我們不是在我們的国家里把貌似强大的帝国主义、封建主义、資本主义从基本上打倒了嗎？我們不是从一个一穷二白的基地上經过十五年的努力，在社会主义革命和社会主义建設的各方面，也达到了可观的水平嗎？我們不是也爆炸了一顆原子弹嗎？过去西方人加給我們的所謂东方病夫的称号，现在不是抛掉了嘛？为什么西方资产阶级能够做到的事，东方无产阶级就不能够做到呢？中国大革命家，我們的先輩孙中山先生，在本世紀初期就說过，中国将要出現一个大跃进。他的这种預见，必将在几十年的时間内实现。这是一种必然趋势，是任何反动势力所阻挡不了的。

（轉引"周恩来总理在第三届全国人民代表大会第一次会議上作政府工作报告"）

和毛远新的談話紀要

主席：这半年你有没有进步，有没有提高？

远：我自己也糊里糊涂。說不上有进步，有也是表面上的。

主席：我看还有进步，你现在对問題看法不那末簡单了。你看过"九評"沒有？接班人的五个条件看了沒有？

远：看过了。（接着把"九評"上所讲接班人五个条件的主要內容讲了一下）

主席：讲是讲到了。懂不懂？这五条是互相联系不可分割的。第一条是理论也是方向，第二条是目的，到底为誰服务，这是主要的。这一条学好了，什么 都 好办。第三、四、五条是方法問題，要团結多数人，要搞民主集中制，不能一 个 人 說 了算，要有自我批評，要謙虛謹慎。这不都是方法嗎？

主席：（在讲到接班人的第一条时說）你要学习馬列主义，还是学习修正主义？

远：我当然要学习馬列主义。

主席：那可不一定，誰知道你要学习什么主义。什么是馬列主义你知道嗎？

远：馬列主义，就是搞阶级斗爭搞革命的。

主席：馬列主义的基本思想就是要革命。什么是革命？革命就是无产阶级打倒资本家，农民推翻地主，然后建立工农联合政权，并且把它巩固下去。现在革命任务还没有完成，到底誰打倒誰还不一定。苏联还不是赫鲁晓夫专政，資产阶级专政？我們也有資产阶级把持政权的。有的生产队、工厂、县委、地委、省委，都有他們的人。有的公安厅长、付厅长也是他們的人，文化部是誰領导的？电影都是为他們服务的，不是为多数人服务的，你說是誰領导？学习馬列主义就是学阶 级斗爭，阶级斗爭处处都有。

（主席接着問起学院的政治工作如何，远新談了自己的看法。并說了如下一段话）

远：开会讲課多，形式上轰轰烈烈，解决实际問題不多。

主席：全国都大学解放军，你們解放军为什么不学？学院有政治部嗎？那是干什么的？有政治教員沒有？（远新說明了学院政治教育的情况）都是上課討論有什么用处！应该到实际中去学。你們是四个第一沒有落实。你一点实际知識沒有，說那么多听得懂？

（主席特別提应在大风浪中游泳，并让远新坚持天天去）水你已經认識了它，这很好。你会骑馬嗎？（远新答說不会）

主席：当兵不会骑馬，不应該！（主席叫远新去学骑馬。主席也經常骑馬，还叫秘书、工作人員学骑馬。）

主席：你打过枪沒有？

远：有四年沒有摸了。

主席：现在民兵打枪都打得很好，你们解放军还沒打过枪，那有当兵不会打枪的。

（有一次游泳，天气较冷，水里比水上暖和，远新上岸后觉得有点凉，就說："还是在水里舒服些"，主席瞪了他一眼說："你就是喜欢舒服，怕艰苦。"

主席在讲到接班人的第二个条件时說："你就知道为自己着想，考虑的都是自己的問題，你父亲在敌人面前坚毅不屈，絲毫不动搖。就是因为他为多数人服务。要是你，还不是双膝脆下，乞求饒命了。我们家很多人都是被国民党和美帝国主义杀死的。你是吃蜜糖长大的，从来不知道什么叫苦，你将来不当右派，当个中間派我就滿足了。你沒有吃过苦嚇，怎么能当左派呢？"——註：毛远新同志是中共党員）

远：我还有希望吧！

主席：有希望——好，超出我的标准更好。

主席讲到接班人第三个条件时說：

"你们开会是怎么开的？你当班长，班长是怎么当的？人家提意見你能接受嗎？提错了能接受得了嗎？宽枉你受得了嗎？如果受不了，那怎么能团结人？你要特别学会与你意見不同的人在一起工作。你就是喜欢人家捧你，嘴里吃的是蜜糖，耳里听的是頌歌，这是危险的，你就喜欢这个。

主席讲到接班人第四个条件时說：

"你是否和群众合得来？你是否总和干部子女在一起，而与大家合不来，看不起别人？要让大家說話，不要一个人說了算。"

主席讲到接班人第五个条件时說：

"这点你已經有了进步，有一点自我批評了，但还刚刚开始，不要认为自己什么都行了。

（主席特别强調要参加阶级斗争，說阶级斗争是門主課）

主席：你们学院最根本的是四个第一不落实。你不是說学了馬列主义嗎？你们是怎么学法：口听讲能学到多少东西？最主要的是要到实际中去学。（远新說，工科学校和文科不一样，沒有安排那么多时間去接触社会）

主席：不对！阶级斗争是你们一門主課。你们学校应該到农村去搞四清，从干部到学員都去，一个不留。今年冬天或明年春天就去，早去比晚去好，一定要去。对于你，不仅要去参加五个月的四清，而且要去工厂搞上半年五反。你对社会一点也不了解。不搞四清，你不了解农民；不搞五反，你不了解工人。这样对社会談不上什么了解。对社会不了解，阶级斗争也不知道，怎么能算大学毕业生呢？这样一个政治教育完成了，我才算你毕业。不然軍工学院让你毕业，我是不承认你毕

179

业的。阶级斗争不知道，怎么能算大学毕业？你們学院就是工作不落实。

主席：什么是"四个第一"？（远新讲了一下）

主席：知道了为什么不抓住活思想？听說你們学院政治干部很多，就是不抓基层，当然思想就抓不住。……

你們学校教改的情况怎么样？

远：这次考試我們用新的方法进行試点，大家感到很好，眞正考出水平来了，而且对整个学习也发生了影响，有可能学得活了。

主席：早就应当这样了。

远：过去就是分数概念，学习搞得不主动。

主席：你能认識就好。这也不怪你，整个教育制度就是这样，公开号召去爭那个五分。你不要去爭那个全优，那会把你限制死了。你姐姐（指李訥）就是吃这个亏。北大有个学生，平时不記笔記，考試时也三分半到四分，可是毕业論文水平很高。人家早就把那一套看透了，幷主动地学。你們的教員就是会讲，天天上課，有那么多可讲的？教員应該把讲稿发給你們，怕什么？应該让学員自己去研究。讲稿还对学員保密？到了課堂上才能让学員抄，把学員約束死了。我过去在抗大讲課时，就是把讲稿发給学員，我只讲三十分钟，让学員自己去研究，然后让学員提出問題，教員答疑。大学生，尤其是高年级，主要是自己鉆研問題。讲那么多干什么？过去公开号召大家爭全优，在学校是全优，工作不一定就是全优。中国历史上，凡是当状元的都沒有眞才实学，反倒連举人都沒考取的人有眞才实学。唐朝两个最大的詩人，連举人也沒考取。不要把分数看重了，要把精力放在培养、訓练分析問題能力和解决問題能力上。不要跟在教員的后面跑，受約束。教改的問題，主要是教員的問題。教員就那么多本事，离开讲稿什么也不行。为什么不把讲稿发給你們，与你們一起研究問題？高年级学員提出的問題，教員能回答50%，其它說不知道，和学員一起商量，这就是不錯的了。不要装着样子去吓唬人。反对注入式教学法，連資产阶级都提出来了，我們为什么不反对？只要不把学生当打击对象就好了。教改的关鍵是教員。

（有一次，毛远新同志动員主席去看科学成就展覽，主席說没有时间，不能詳細看，走馬观花又沒意思，接着对毛远新說："你怎么就对这个感兴趣，对馬列主义不感兴趣，要不平时很少听你問起这方面的問題。"

主席問毛远新平时常看什么报紙，毛远新說《人民日报》。主席說："》人民日报》有什么可看的，你应該多看《解放軍报》，《中国青年报》。工人、战士的东西实际，活泼，又能解决問題。'合二为一'的討論你看过了嗎？"）

远：看得少，看不大懂。

主席：你看看这份报紙（主席递过一份"中国青年报"）你看工人是怎样分析的，团干部是怎样分析的。他們分析得很好。比《人民日报》好懂。你們的政治課老是讲課，能談多少东西，你为什么对专业感兴趣对馬列主义不感兴趣？研究历史不结合实际不成。研究近代史不去搞村史家史等于放屁。研究古代史也要结合现实，也离不开挖掘考古。尧舜禹有沒有？我就不相信，因为你沒有实际材料嘛！商有

　　烏龟壳証明，可以相信。鉆到书本中去学习，越学越沒有知識。

　　註：毛远新是毛主席的姪子。

和 王 海 蓉 的 談 話

王：我們学校的阶级斗爭很尖銳，听說发现了反动标語。还有的用英文写，就在我們英語系的黑板上。

主席：他們写的什么反动标語？

王：我只知道一条："蒋万岁"

主席：英語怎么讲？

王：Long Live 蒋

主席：还有写什么？

王：别的不晓得，我就知道这一条，还是章会賢告訴我的。

主席：好嘛，让他多写些贴在外边，让大家看一看。他杀人不杀人？

王：不知道杀人不杀人，如果查出来，我看要开除他，让他去劳动改造。

主席：呵，只要他不杀人，不要开除，也不要让他去劳动改造。让他留在学校里继續学习。你們可以开一个会，让他讲一讲蒋介石为什么好？蒋介石又做了哪些好事？你們也可以讲一讲，蒋介石为什么不好？

　　　你們学校有多少人？

王：大概有三千多人，其中包括敎职員。

主席：你們三千人中間最好有七、八个蒋介石分子。

王：出一个就不得了，还要七、八个，那还了得。

主席：我看你这个人哪，看到一条反动标語就紧张了。

王：为什么要七、八个人？

主席：几个就可以树立对立面，可以做反面敎員，只要他不杀人。

王：我們学校里貫彻了阶级路綫，这次招生70％都是工人，貧下中农子弟，其他就是干部子弟，烈属子弟等。

主席：你們这个班有多少工农子弟？

王：除了我以外，还有两个干部子弟，其他都是工人，貧下中农子弟，他們表现都很好。我向他們学到很多东西。

主席：他們和你关系好不好，他們喜欢不喜欢和你接近。

王：我自己以为我們的关系还不錯，我跟他們合得来，他們也跟我合得来。

主席：这样就好。

王：我們班有个干部子弟表现可不好了，上課不用心听讲，下課也不练习，专看小說。有时就在宿舍里睡覚。星期六下午开会有时也不参加，星期天也不按时返校。有时星期日晚上我們班或团員开会，他不到，大家对他都有意见。

主席：你們敎員允許你們上課时打瞌睡看小說嗎？

王：不允許。

主席：要允許学生上課看小說，要允許学生上課打瞌睡，要爱护学生身体，教员要少讲，要让学生多看。我看你讲的这个学生，将来可能有所作为。他就敢星期六不参加会，也敢星期日不按时返校。回去以后，你就告訴这个学生，八九点钟回校还太早，可以十一、十二点再回去。誰让你們星期日开会哪。

王：原来我在师范学院时，星期天晚上一般不用来开会的。星期天晚上的时间，一般归同学自己利用。有一次我們开支委会（当时我是支委）几个干部商量好，准备在星期天晚上过組織生活，結果很多团員反对，有的团員还去和政治輔导員提出来，星期天晚上是我們自己利用的时间，晚上我們回不来。后来政治輔导員接受了团員的意見，要我們改期开会。

主席：这个政治輔导員做得对。

王：我們这里尽占星期日晚上开会，不是班会就是支部会，要不就是級里开会，要不就是党課学习小組。这学期从开学到我出来为止，我計算一下，沒有一个星期天不开的。

主席：回去以后，你带头造反，星期天你不要回去，开会就是不去。

王：我不敢。这是学校的制度规定，星期日一定要回校，否则别人会說我破坏学校制度。

主席：什么制度不制度，管他那一套，就是不回去。你說我就是破坏学校制度。

王：这样做不行，会挨批評的。

主席：我看你这个人将来沒有多大作为，你怕人家說你破坏制度，又怕挨批評，又怕記过，又怕开除，又怕入不上党。有什么好怕的，最多就是开除。学校就应該允許学生造反。回去带头造反。

王：人家会說我，主席的亲戚还不听主席的話，带头破坏学校制度。人家說我驕傲自滿，无組織无紀律。

主席：你这个人哪，又怕人家批評你驕傲自滿，又怕人家說你无組織无紀律，你怕什么呢？你說就是听了他的話我才造反的，我看你說的那个学生，将来可能有所作为。他就敢不服从你們学校的制度，我看你們这些人都是些形而上学。

与王海蓉談学习問題

王：现在都不准看古典作品，我們班上那个干部子弟他尽看古典作品，大家忙着练习英語，他却看《紅楼梦》，我們同学对他看《紅楼梦》都有意見。

主席：你讀过《紅楼梦》沒有？

王：讀过。

主席：你喜欢《紅楼梦》中那个人物？

王：誰也不喜欢。

主席：《紅楼梦》可以讀，是一部好书。讀《紅楼梦》不是讀故事，而是讀历史，这是一部历史小說，作者的語言是古典小說中最好的一部。你看曹雪芹把那个凤姐写活了。凤姐这个人物写得好，要你就写不出来。你要不讀一点红楼梦，你怎么知道什么叫做封建社会？讀《紅楼梦》了解四句話："買不假，白玉当做馬（買家），东海缺少白玉床，龙王請来金陵王（王家），丰年好大雪，珍珠如土金如鉄（薛家），阿房宫里三百里，住不下金陵一部史（史家）"。这四句話是讀《紅楼梦》的一个提綱。

杜甫的一个《北征》你讀过沒有？

王：沒讀过。

主席：在《唐詩別裁》上。（当时主席把书拿出来，把《北征》这首詩翻出来要王海蓉閱讀）

王：讀这首詩要注意什么問題？要先打点预防针才不会受影响。

主席：你这个人尽是形而上学，要打什么預防針囉？不要打！要受点影响才好，要鑽进去，深入角色，然后再爬出来。这首詩熟讀就可以了，不一定要背下来。你們学校要不要你們讀圣經或佛經？

王：不讀，要讀这些东西干什么？

主席：做翻譯不讀圣經佛經学那怎么行呢？你讀过《聊斋》嗎？

王：沒有

主席：《聊斋》可以讀，写得好。《聊斋》写的那些狐狸精可善良啦！帮助人可主动啦！"知識分子"英文怎么讲？

王：不知道。

主席：看你这个人，学习半天英文，自己又是知識分子，又不会"知識分子"这个詞。

王：让我翻一下"汉英詞典"。

主席：你翻翻看，有沒有这个詞。

王：糟糕！你这本"汉英詞典"上沒这个字，只有"知識"这个詞，沒有"知識分子"。

主席：等我看一看。（王把字典送給主席）只有"知識"，沒有"知識分子"，这本"汉英詞典"沒有用。很多字都沒有。回去后要你們学校編一部质量好的"汉英詞典"，把新的政治詞汇都編进去，最好举例說明每个字的用法。

王：我們学校怎么能編字典呢？又沒时間又沒人，怎么編呢？

主席：你們学校这么多教員和学生，还怕編不出一本字典来？这个字典应由你們来編。

王：好，回去后我把这个意见向学校领导反映一下，我想，我们可以完成这个任务。

接見外賓以后与王海蓉談話

王：外宾跟你讲英語，你能不能听懂？

主席：我听不懂，他们讲得太快。

王：那你接見时讲不讲英語呢？

主席：我不讲。

王：你又不讲又不听，那你学英語作什么？

主席：我学是为了研究語言，用英文和汉文做比较，如有机会，还联系学日文。

让王海蓉讀《文天祥传》

主席：假如敌人把你捉去了，你怎么办？

王："人生自古誰无死，留取丹心照汗青"。

主席：对了。你回去讀一讀一、二十本馬列主义經典著作，讀点唯物主义的东西。看来你这个人理論水平不高。在学习上不要搞什么五分，也不要搞什么二分。搞个三分、四分就行了。

王：为什么不搞五分呢？

主席：搞五分累死人了。不要那么多东西，学多了害死人。譬如，汉高祖的《大风歌》："大风起兮云飞扬，威加四海兮归故乡，安得猛士兮守四方。"这首詩写得好。写詩的汉高祖，就没有讀过什么书，但是能写出这样好的文章来。我們的干部子弟很令人担心，他們没有生活經驗和社会經驗，可是架子很大，有很多的优越感。要教育他們不要靠父母，不要靠先烈，完全靠自己。

近年来关于文化工作的指示

一、一九六二年九月，毛主席在八届十中全会上发出了"千万不要忘記阶級斗爭"的伟大号召，并指出有人写小說反党。

二、一九六三年九月，毛主席在中央工作会議上指出，戏剧要推陈出新，不应推陈出陈，光唱帝王将相，才子佳人和他們的了头、保镖之类。

三、一九六三年十一月，毛主席批評文化部是帝王将相、才子佳人、举人死人部。还批評戏剧报宣传牛鬼蛇神。

四、一九六三年十二月十二日，毛主席指示文艺界問題指出：各种艺术形式——戏剧、曲艺、音乐、美术、舞蹈、电影、詩和文学等等，問題不少，人数很多，社会主义改造在許多部門中，至今收效甚微，許多部門至今还是"死人"統治着。又說：許多共产党人热心提倡封建主义和資本主义的艺术，却不热心提倡社会主义的艺术，岂非咄咄怪事。

五、一九六四年六月二十七日，毛主席指出文联各协会十五年来，基本上不执行党的政策。他說：这些协会和他們所掌握的刊物的大多数（据說有少数几个好的），十五年来，基本上（不是一切人）不执行党的政策、作官当老爷，不去接近工农兵，不去反映社会主义的革命和建設，最近几年，竟然跌到了修正主义的边缘。如果不认真改造，势必在将来，在将来的某一天，要变成象匈牙利裴多菲俱乐部那样的团体。

六、一九六四年八月，毛主席在《中央宣传部关于公开放映和批判影片〈北国江南〉、〈早春二月〉的請示报告》上的批示：可能不只这两部影片，还有别的都需要批判，使修正主义材料公布于众。

七、一九六四年春节，毛主席和他的姪儿毛远新的談話中說：现在，革命任务还沒有完成，到底誰打倒誰，还不定。苏联还不是赫鲁晓夫当权，资产阶级当权？我們也有资产阶级把持政权的。…·文化部是誰領导的？电影、戏剧都是为他們服务的，不是为大多数人服务的，你說是誰領导的？又說：研究历史不結合现实不行，研究近代史，不去搞厂史、村史、家史等于放屁，研究古代史也要結合现实，也离不开挖掘考古，尧舜禹有沒有？我就是不相信，你沒有材料証明嘛！商朝有乌龟壳証明，可以相信，鉆到书堆里去，越学越沒有意思了。

八、一九六五年九月，毛主席指出吳晗《海瑞罢官》的要害問題是罢官。

九、一九六六年六月一日，毛主席向全国人民发出了"横扫一切牛鬼蛇神"的伟大号召。一日下午四时，毛主席打电話給康生同志，要他立即广播聶元梓等七同志的第一张馬列主义大字报，幷指示六月二日立即登报。点燃了全国无产阶级文化大革命的火焰，掀起了全国轰轰烈烈的文化大革命。

接見尼泊尔教育代表团时关于教育
問 題 的 談 話

1964年

我們的教育存在着很多的問題，其中主要的問題是敎条主义。以教育制度来說，我們现在正在改革。现行的学制年限太长，課程太多，教学方法有很多是不好的。学生讀了課本还是課本，学了概念还是概念，别的什么也不知道。四体不勤，五谷不分，許多学生不知道什么是牛、馬、羊、鸡、犬、豕，也分不出什么是稻、粱、粟、麦、黍、稷。学生要讀到二十几岁不能讀完大学，学习年限太长，課程太多，采取的方法是注入式而不是启发式，考試的方法是把学生当敌人看待，举行突然袭击（笑声）。所以我劝你們千万不要迷信中国的教育制度，不要认为它是好的。现在过多改革还有好多困难，有很多人就不贊成。目前贊成新方法的少，不贊成的多。这就可能泼了你們的冷水，你們希望看好的，我就专讲坏的。（笑声）

但是，也不是一点好的也沒有。比如拿工业方面的地质来說，旧社会給我們留下的地质学院和技术工人只有二百人，现在就有二十多万人。

大体上可以說，搞工业的知識分子比較好些，因为他們接触实际。搞理科的，也就是搞純科学的要差一些，但是比文科还好一些，最脱离实际的是文科。无論学历史的也好，学哲学的也好，学經济的也好，都太脱离实际，他們最不懂得世界上的事情。

我已經說过，我們沒有什么伟大，就是从老百姓那里学来一儿点东西而已。当然我們也学了一点馬列主义，但是光学馬列主义还不行，要从中国的特点和事实出发来研究中国的問題。

我們中国人，比如象我这样的人，开始是对中国的情况幷不太了解，知道了反对帝国主义，反对帝国主义的走狗。但是就不知道如何反法，这就要求我們研究中国的情况。同你們研究你們国家的情况一样，我們化了很长一段时间，由中国共产党的成立，到全国的解放，整整化了二十八年，才逐步形成了一整套适合中国的政策。

力量的源泉就是人民群众。不反映人民群众的要求，那一个也不行，要在人民群众那里学得知識，制定政策，然后再去教育人民群众。所以要想当先生，就得先当学生，沒有一个教师先当教师的。而且当教师之后，也还要向人民群众学习，了解自己学习情况。所以在教育学中有心理学、教育学这两門科学。不懂实际，学不会，学了也不会用。

清华大学有工厂，那是一所理工科学校。学生如果只有书本知識而不做工是不行的。但是，大学文科不好設工厂，不好設什么文学工厂，什么历史学工厂，經济学工厂，或者小說工厂。文科要把整个社会作为自己的工厂，师生应該接触农民和城市工人，接触工业和农业，不然学生毕业，用处不大，如学法律的，如果不到社会中去了解犯罪情况，法律是学不好的。不可能有什么法律工厂，要以社会为工厂。

所以比较起来，我国文科最落后。就是因为接触实际太少，无論学生也好，教师也好，都是一样。就是在课堂里讲课，讲哲学就是书本上的哲学，如果不到社会上，人民中間去学哲学，不到自然界去学哲学，那种哲学学出来沒有用处，仅仅懂得概念而已。邏輯也是如此，可以讀一篇课文，但不会懂得很多，只有在运用中逐步理解。我讀邏輯学的时候就不太懂，在用的时候才逐步懂得。这里我讲的是邏輯。还有比如文学要学語法，讀的时候也不大懂，要在写作中才能理解語法的用处。我們是按照习慣写文章，按照习慣讲話，不学語法也可以的。我国几千年来就是沒有語法这門科学。但古人的文章有时写得相当好。当然，我幷不反对学語法。关于修辞学，学也可以，不学也可以。伟大的文学家幷不是什么修辞专家，我也学过修辞学，但不理解它。你也是先学了修辞学再写文章的嗎？

关于課程及考試方法的批示

1964年3月10日

现在学校課程太多，对学生压力很大。讲授又不甚得法，考試方法，以学生为敌，举行突然袭击。这三項不利于培养青年們在德、智、体諸方面生动活泼地主动地发展。

談会議的重要意义

支部会議的重要意义第一是解决問題。一切斗爭的問題，內部的問題，都要在会議上集中討論幷去解决它。若不到会或到会不积极发表意见，就是他不了解会議的政治意义，就是他对斗爭沒有兴趣，凡是对斗爭积极的人，他一定是热心到会，热心发言的。第二是教育同志。会議不仅解决了問題，而且在解决問題的过程当中，要考察問題的环境，要参考上級的指示，这样就发动了同志們的心思才力。由会議的政治化与实际化，同志們每个的头脑也都政治化实际化了。每个同志都政治化实际化，党的战斗力就强大起来了。这就是会議的教育意义。

（摘自"毛泽东同志論教育工作"）

对徐寅生講話的批示

1965年1月12日

讲話全文充满了辯証唯物論，处处反对唯心主义和任何一种形而上学。多年以来，没有看到过这样的好作品。他讲的是打球，我們从他那里学习的是理論、政治、經济、文化、軍事。如果我們不向小将們学习，我們就要完蛋了。这是小将們向我們这一批老将挑战了，难道我們不应当向他們学习一点什么东西嗎？

对《陈正人同志蹲点报告》的批示

1965年1月29日

……如果管理人員不到車間小組搞三同，拜老师，学一門至几門手艺，那就一輩子会同工人阶级处于尖銳的阶级斗爭状态中，最后必然被工人阶级把他們当做资产阶级打倒。不学会技术，长期当外行，管理也搞不好，以其昏昏，使人昭昭，是不行的。

官僚主义者与工人阶级和貧下中农是两个尖銳对立的阶级。这些人是已經变成或者正在变成吸工人血的资产阶级分子，他們怎么会认識足呢？这些人是斗爭对象，革命对象，社教运动不能依靠他們。我們能依靠的，只是那些同工人沒有仇恨，而又有革命精神的干部。

关于哲学問題的講話

1965年 春

一、阶級斗爭与哲学的关系

有阶级斗爭才有哲学。学哲学的应当下去，今冬明春下去。身体不好的死不了，多穿点衣服就行了。大学文科这样搞法不成，从书本到书本，从概念到概念不成，书本怎么能出哲学呢。馬列主义有三部分：社会主义，哲学，政治經济学。基础是科学社会主义。空想社会主义者想說服資本家，发善心不行，要依靠无产阶级斗爭。

研究哲学的人，第一是哲学？不是！第一位不是哲学，是阶級斗爭。因为有压迫者，被压迫者就要找出路。从这一点出发才有馬列主义，才找到了哲学。文科大学生今冬明春都下去，理工科不动，动一些也可以，其它通通下去！学政治經济学，哲学，法律，历史的通通下去。教授，助敎，行政人員一起下到农村五个月，到工厂五个月，看一看，得到感性知識，现在总可以看到土地房子、馬牛羊、鸡犬、猪，稻粮、麦薯、稷感性知識。搞点阶级斗爭。北大、人大，我就不是大学生，我是小学教員，綠林大学。过去讀孔夫子书讀六年，相信它；讀資产阶级书讀七年，学資本主义一套。自然科学和社会科学，相信康德一元論，过去是資产阶级知識分子，敎过书，后来才搞革命參加了党。只知道革命，革什么，怎么革命，不懂。学了十三年，学点文化，反帝以后才了解的。今冬明春分期分批下去，去參加阶级斗爭，才能学习阶级斗爭，学到革命。下去无非是鬧点伤风感冒。……不搞阶级斗爭，搞什么哲学？！下去搞看看，不行再回来。有人搞資本主义也可以，现在社会上很复杂，只搞社会主义，不搞資本主义，不是太单調了嗎？不是沒有对立統一，只有片面性了嗎？让他們去搞，上街游行我都贊成。因为社会很复杂，沒有一个人民公社不一分为二，过去搞四大自由，过去搞民主革命，分配封建土地，搞个体經济，还是資本主义范畴。后来有人提出包产到戶，这就是搞資本主义。我們搞了这么多年，才三分天下有其二，有三分之一掌握在敌人或敌人同情者手里。可以收买人，更不用提娶地主女儿了。問題不少，关于哲学材料收到了，資本主义怎么讲的，修正主义怎么讲的，这三种主义都上了。斯大林在中国革命問題上犯了錯誤，是对六亿人口的錯。不让我們革命，夺取政权，我們准备了多年，从抗战开始。請同志們看看文件，都讲任务，《新民主主义論》是完整的提綱，政治經济都讲了，只是軍事沒有讲。新民主主义讲的，无产阶级領導人民民主专政，这是第一步。第二步搞社会主义。有些外国党，軍队，农村，政权都不搞，这是陈独秀那一套。我們研究十几年农民問題，一九二九年在讲习所研究了这个問題，同别人談了話。在过去沒有党，是自发的阶级斗爭，誰懂得馬列主义，只知道拿枪搞革命，过去好多事我們沒有听第三国际的，遵义会議沒有听，后来搞整风，搞历史，就是沒有听。社会把我們推上了历史的政治舞台。誰想过馬列主义，敎条主义不研究中国特点，搞农村不研究农村情况。一九二五年开始，我研究了十几年农村，

富兰克林說："人是創造物质財富的动物。"馬克思說人是社会的动物，还是思想的动物。人是万物之灵，在封建社会就有了。要从进化的观点看問題，人至少經过了百万年才发展了大脑和双手，我就不相信，只有人才会有双手。将来动物就不发展了？只有一种猴子才能进化？地球原来是死的，后来氢和氧結合才有水，以后才产生了万物，所以人要研究自然科学史，要讀些书，为需要而讀些书，有知識很重要。

二、关于分析和綜合問題

分析和綜合有許多哲学家讲不清，历史分析和綜合就讲不清楚，分析讲的比較清楚。关于綜合我想讲几句，现在只讲概念的分析和綜合，不讲客观。

过去我們搞过国共合作。国民党和共产党无非是多少力量，多少党員，多少根据地，武器怎样，多少人，大城市多大。我們有延安，他們有上海。延安七千人，上海有几百万人，他們长处，城市大、人多，兵多武器好。但兵是抓来的，官兵对立，当然有些人能打仗，不是一打就垮。我們的长处是联系人民，过去他們編了歌罵我們，綠眉毛綠眼睛，杀人放火样样都干。反而給我們做了宣传。有个小孩子听了，問他爸爸共产党怎样？他爸爸說：长大了就知道了。又向他叔叔問了，他叔叔說："再問我就打你。"岂不要相信反动宣传，那是听了反动宣传就不相信。要用阶级观点分析比較，研究历史不研究级阶斗爭是弄不清的。只有用阶级分析的观点才能清楚。紅楼梦我看了五遍，就

是当历史看的不受影响，有人說，第四回不必要看，其实第四回是总綱，大家族都交待了，統治者不过廿几人。

怎么綜合，共产党和国民党是对立面。他們軍队来。我們一块块吃，把他們一块块吃掉，不是楊献珍的合二而一，不是两方面和平共处。他們是不要和平共处的，我們就一块块吃掉，因为他們要吃掉你，不然为什么要进攻延安。你有你的自由，你的軍队来，我能吃就吃，不能吃就走。他們全軍消灭了，不就綜合了嗎？刘戡几万人进攻，結果被打死，就綜合了。軍队被俘虏，顧留下就留下，不願，发路費就走。把武器拿过来，不就綜合了。辽沈平津一战，傅作义四十万人沒有打，不就綜合了嗎？大魚吃小魚，一个吃掉一个。两个对立物統一，有一个主导方面一个吃掉一个就綜合。

这些問題，从也沒有人写过（馬克思、恩格斯、列宁、斯大林都沒有写过），我的书也沒有写。楊献珍讲合二而一。不可分割的联系。世界上有什么不可分割的联系，有联系，最后一定要分割，沒有不可分割的联系。从生活上讲，人天天吃飯，吃蔬菜，沒有吃牛馬羊吃的草而吃大白菜。为什么不吃砂子，神农尝百草經过分析，什么能吃，什么不能吃。經过分析达到南方人能吃蛤蟆蛇，陕北人不吃魚。

三、关于社会发展問題

恩格斯辯証法有三个范畴：对立統一，质量互变，否定之否定，我就不信后两个范畴。三个并列就是三元論，不是一元論。基本东西是对立統一。质量互变是对立物矛盾轉化。沒有什么否定之否定，奴隶否定原始，对封建是肯定，封建对奴隶是否定，对資本主义是肯定。怎么綜合原始社会。作为一个制度和奴隶社会并存。但主体是消灭原始社会。社会发展有許多阶段。开始男人服从女人，以后女人服从男人，这段历史弄不清楚，要有百万年。眞正有阶级社会約有五千年。一个消灭一个，一个推翻一个，一个阶級消灭一个阶级。社会兴起，社会都不是很純的，看主体是什么。資本主义也不是很純的，最先进的資本主义也有封建残余。如美国南方还有奴隶制。总之一个消灭一个，从发展如此，任何东西都是如此。看来孔夫子还了解。人总是要死的，不然地球上就住不下了。死了人应当开庆祝会，应当作辯証法的胜利。庄子老婆死了，鼓盆而歌呢。发生发展到消灭，一个消灭一个。最初国民党想消灭我，結果被我們消灭了他們。一个吃掉一个，社会主义也要死亡，不然共产主义怎样起来。共产主义也不是一个办法几万年不变化，辯証法的生命力不断走向反面。万物总是发生发展到消灭，恩格斯說的从必然王国到自由王国，自由是对必然的理解和改造。光有理解还不成，还必須对客观有改造，对客观弄清楚了加以改造才能自由。辯証法的生命力走向反面，人类最后要灭亡，产生更高級的东西。說人类灭亡有人很恐怖，我想那时候人类可向更高級发展了，将来就那么自由。北京有一万辆公共汽車、东京有八十万辆，因此車祸很多，我們沒有，莫非是对汽車司机教育得好。百年之后还是一万辆，列宁說要靠空中交通，我也曾說过，我奖励空中飞人，坐上就走，我不相信共产主义不分阶段不发生质变。列宁說：凡事可分，原子可分，电子也可分。现在科学家研究原子分裂，质子中子都分裂了，电子还沒有分裂，但总有一天要分裂。庄子說：一尺之棰，日取其半，万世不竭。这是眞理。事物是发展的，无限的，如有竭就沒科学了。所以說科学家，百年之后总有事可作，总要提出新东西，不然要我們有什么用。

"七·三"批示

1965年7月3日

学生負担过重，影响健康，学了无用。建議从一切活动总量中砍掉三分之一。邀請学生代表討論几次，决定执行。

今后的几十年对祖国的前途和人类的命运是多么宝貴而要重的时間呵！现在二十岁的青年，再过二、三十年是四五十岁的人。我們这一代青年人，将亲手把我們一穷二白的祖国建成为伟大的社会主义强国，将亲手参加埋葬帝国主义的战斗，任重而道远。有志气有抱負的中国青年，一定要为完成我們伟大的历史使命而奋斗終身！为完成我們伟大的历史使命，我們这一代要下决心一輩子艰苦奋斗！

政治工作要走群众路綫，单靠首长不行，你能管得这么多嗎？許多好事坏事你是看不到的，你只能看一部分。所以要发动人人負責，人人开口，人人鼓动，人人批評。每个人都长着眼睛和嘴巴，就应該让他們去看，让他們去說。群众的事情由群众来办理，就是民主。这里有两条路綫。一条是单靠个人来办，一条是发动群众来办。我們的政治是群众的政治，民主的政治，要靠大家来治，而不是靠少数人来治，一定要发动人人开口，每个人既然长了个嘴巴，就要担負两个責任，一个是吃飯。一个是說話，在坏事情、坏作风面前，就要說話，就要負起斗爭的責任来。

沒有党的領导，单靠首长个人来領导，事情一定办不好，一定要靠党和同志們来办事，而不是靠一个人在那里办事，不是首长一个人办，群众不动，要形成群众动手动口的风气。上面要靠党的領导，下面要靠广大群众，这样才能把事情办好。

　　註：此文系对北京师范院調查材料报告的批示

关于卫生工作的指示

告訴卫生部，卫生部的工作只給全国人口的百分之五十工作，而且这百分之五十主要还是老爷，广大农民得不到医疗，一无医，二无药。卫生部不是人民的卫生部，改城市卫生部或老爷卫生部或城市老爷卫生部好了。医学教育要改革，根本用不着讀那么多书，华陀讀的是几年制，明朝李世珍讀的是几年制。医学教育用不着收什么高中生、初中生，初小三年級毕业就够了，主要在实践中学习提高。这样的医生放到农村去，就算本事不大，也比騙人的医生或巫医好，而且农村也养得起。书讀得越多越蠢。现在医院那一套检查医疗方法根本不适合农村，培养医生的方法也是为了城市，可是中国有五亿多人是农民，脱离群众工作，把大量的人力、物力放在研究高、深、难的疾病上，所謂尖端。对于一些常见病、多发病、普遍存在的病，怎样予防，怎样改进治疗不管或放的人力很少。尖端的問題不是不要，只是应該放少量的人力、物力，大量的人力物力应該放到群众最需要解决的問題上去。还有一件怪事，医生检查一定戴口罩，不管什么病都戴，是怕自己有病传染給別人？我看主要怕别人传染給自己。要分别对待嘛！什么都戴，这首先造成医生与病人的隔閡。

城市里的医院应該留下一些毕业后一、二年本事不大的医生，其余的都到农村去。四清到××年就扫尾，基本結束了，可是四清結束，农村的医疗、卫生工作沒有結束呵！把医疗卫生的重点放到农村去嘛！

接見錢信忠、张凯时的談話

1965年8月2日

不脱产的卫生員訓练半个月太短了吧！这还可以带三、四月，学十几种病。半农半讀，二年就是讀一年书，三年就是讀一年半，这方向很好。（卫生人員140万，拿工資80万，不拿工資60万，80％在城市。）

高等教育要五年，讀那么长时间，值得研究。

北京五十万公費医疗，八十多万劳保。

城市医务人員下农村，每年去三分之一。留校三年以后一边工作，一边上課。护士也一边工作，一边学习。光唸书是不行的。

要考虑打仗，你們分科那么細，打起仗来怎么办？只会內科不会外科怎么成？

搞科学研究的人看不看病？（答：一部分人看，一部分人不看）什么人不看病？（答：搞基础学科的，如搞生理、葯理、生化的，研究理論的不看病。如张香桐研究細胞电生理有一定成就，后来看到针灸麻醉后，想把他的理論与针麻实际联系起来。）理論还是联系实际啊！尖端还是要搞的。

在 杭 州 的 談 話

1965年12月21日

这一期哲学研究（指一九六五年第六期工农兵哲学論文特輯），我看了三篇文章。

你們搞哲学的，要写实际的哲学，才有人看，书本式的哲学，难懂，写給谁看？一些知識分子，什么吴晗啦，翦伯贊啦，越来越不行了。现在有个孙达人，写文章針对翦伯贊所謂封建地主阶級对农民的"让步政策"。在农民战爭之后，地主阶級只有反攻倒算，那有什么让步？地主阶級对太平天国就沒有什么让步，义和团先"反清灭洋"，后来变为"扶清灭洋"，得到了慈禧的支持。清朝被帝国主义打敗了，慈禧和皇帝逃跑了，慈禧就搞起"扶洋灭团"。"清宫秘史"，有人說是爱国主义的，我看是卖国主义的，彻底的卖国主义。为什么有人說它是爱国主义的？无非认为光緒皇帝是个可怜的人，和康有为一起开学校，立新軍，搞了一些开明措施。

清朝末年，一些人主张"中学为体，西学为用"。"体"好比我們的总路綫，那是不能变的。西学的"体"不能用，民主共和国的"体"不能用。"天赋人权"，"天演論"也不能用。只能用西方的技术。当然，"天赋人权"也是一种錯誤的思想。什么天赋人权？还不是人赋人权。我们这些人的权是天赋的？我們的权是老百姓赋予。首先是工人階級和贫、下中农赋予的。

研究一下近代史，就可以看出，那有什么"让步政策"。只有革命势力对于反动派的让步，反动派总是反攻倒算的。历史上每当出现一个新的王朝，因为人民艰苦，沒有东西可拿，就采取"輕徭薄賦"的政策。"輕徭薄賦"政策对地主階級有利。

×　　　×　　　×　　　×

希望搞哲学的人到工厂农村去搞几年，把哲学体系改造一下，不要照过去那样写，不要写那么多。

南京大学一个学生，农民出身，学历史的。参加了四清以后，写了一些文章，讲历史工作者一定要下乡去，登在南京大学学报上。他作了一个自白，說：我讀了几年书，脑子里連一点劳动的影子都沒有了。在这一期南京大学学报上，还登了一篇文章，說道：本质就是主要矛盾，特别是主要矛盾的主要方面。这个話，我也还沒說过。现象是看得見的，刺激人的感官，本质是看不見、摸不着的，隐藏在现象的背后。只有經过調查研究，才能发现本质，本质如果能摸得着，看得見，就不需要科学了。

要逐渐的接触实际，在农村搞上几年。学点农业科学，植物学，土壤学，肥料学，細菌学，森林学，水利学，等等。不一定翻大本子，翻小本子，有点常訳也好。

现在这个大学教育，我們怀疑。从小学到大学，一共十六、七年，廿多年看不見稻、粱、菽、麦、黍、稷，看不見工人怎样做工，看不見农民怎样种田，看不見怎样作买卖，身体也搞坏了，真是害死人。我曾給我的孩子說：你下乡去，跟贫下中农說：就說我爸爸說的，讀了几年书，越讀越蠢。請叔叔伯伯姊妹兄弟做老师，向你們来学习。其实入学前的小孩子，一直到七岁，接触社会很多。二岁学說話，三岁哇喇哇喇跟人吵架，再大一点，就拿小鋤头挖土，模仿大人劳动。这就是观察世界。小孩子已經学会了一些概念。狗，是个大概念。黑狗，黄狗，是小些的概念。他家的那条黄狗，就是具体的。人，这个概念，已經舍掉了許多东西，男人女人不見了，大人小人不見了，中国人外国人不見了，革命的人和反革命的人都不見了，只剩下了区别于其它动物的特点。誰見过"人"？只能見到张三、李四。"房子"的概念，土也看不見，只能看到具体的"房子"，天津的洋楼，北京的四合院。

大学教育应当改造。上学的时间不要那么多。文科不改造不得了。不改造能出哲学家吗？能出文学家吗？能出历史学家吗？现在的哲学家搞不了哲学，文学家写不了小說，历史家搞不了历史，要搞就是帝王将相。戚本禹的文章（指"为革命而研究历史"）写得好，缺点是沒有点名。姚文元的文章（指："評新編历史剧《海瑞罢官》"）好处是点了名，但是沒有打中要害。

要改造文科大学，要学生下去搞工业、农业、商业。至于工科，理科，情况不同，他們有实习工厂，有实验室，在实习工厂做工，在实验室作实验。

高中毕业后，就要先做点实际工作。单下农村还不行，还要下工厂，下商店，下連队。这样搞它几年，然后讀两年书就成了，大学如果是五年的話，在下面搞三年。教員也要下去，一面工作，一面教。哲学、文学、历史，不可以在下面教吗？一定要在大洋楼里教吗？

大发明家瓦特、爱迪生等，都是工人出身。第一个发明电的富兰克林，是个卖报的，报童出身。从来的大学問家，大科学家很多都不是大学出来的。我們党中央里面的同志，也沒有几个大学毕业的。

×　　　　×　　　　×　　　　×

写书不能象现在这样写法，比如讲分析，綜合，过去的书都沒有讲清楚。說"分析中就有綜合"，"分析和綜合是不可分的"，这种說法恐怕是对的，但有缺点。应当說分析和綜合旣是不可分的，又是可分的。什么事情都是可分的，都是一分为二。

分析也有不同的情况，比如对国民党和共产党的分析。我們过去是怎样分析国民党的？我們說，它統治的土地大，人口多，有大城市，有帝国主义的支持，他們軍队多，武器强。但是最根本的是，他們脱离群众，脱离农民，脱离士兵。他們內部有矛盾。我們是軍队少，武器差（小米加步枪），土地少，沒有大城市，沒有外援，但是我們联系群众，有三大民主，三八作风，代表群众的要求，这是最根本的。

国民党的軍官，陆军大学毕业的，都不能打仗。黄埔軍校只学几个月，出来的人能够打仗。我們的元帅，将军，沒有几个大学毕业的。我本来也沒讀过军事书。讀过"左传"、"資治通鑑"，还有"三国演义"。这些书上都讲过打仗，但是打起仗来，一点印象都沒有了。我們打仗，一本书也不带，只是分析敌我斗争形势，分析具体情况。

綜合就是吃掉敌人。我們是怎样綜合国民党的？还不是把敌人的东西拿来改造。俘虏的士兵，不杀掉，一部分放走，大部分补充我軍。武器粮食，各种器材，統統拿来。不要的，用哲学的話說，就是揚弃，就是杜聿明这些人。吃飯也是分析綜合。比如吃螃蟹，只吃肉，不吃壳。胃腸吸收营养，把糟粕排泄出去。你們都是洋哲学，我是土哲学。对国民党的綜合，就是把它吃掉，大部分吸收，小部分揚弃。这是从馬克思那里学来的。馬克思把黑格尔哲学的外壳去掉，吸收他們有价值的內核，改造成为唯物辯証法。对費尔巴哈，吸收他的唯物主义，批判他的形而上学。继承，还是要继承的。馬克思对法国的空想社会主义，英国的政治經济学，好的吸收，坏的抛掉。

馬克思的資本論，从分析商品的二重性开始。我們的商品也有二重性，一百年以后的商品还有二重性，就是不是商品，也有二重性。我們的同志也有二重性，就是正确和錯誤。你們沒有二重性？我这个人就有二重性。青年人容易犯形而上学，讲不得缺点，有了一些閱历就好些了。这几年，青年有进步，就是一些老敎授沒有办法。吳晗当市长，不如下去当个县长好。楊献珍、张聞天也是下去好。这样才是眞正帮助他們。

最近有人写关于充足理由律的文章。什么充足理由律？我看沒有什么充足理由律。不同的阶級有不同的理由。那一个阶級沒有充足理由？罗素有沒有充足理由？罗素送給我一本小册子，可以翻譯出来看看。罗素现在政治上好了，反修、反美、支持越南，这个唯心主义者，有点唯物了。这是說的行动。

一个人要做多方面的工作，要同各方面的人接触，左派不能光同左派接触，还要跟右派接触，不要怕这怕那。我这个人，就是各种人都见过，大官小官都见过。

写哲学能不能改变个方式。要写通俗的文章，要用劳动人民的語言来写。我們这些人都是"学生腔"。（伯达同志插話：主席除外。）我做过农民运动、工人运动、学生运动、国民党运动，做过廿几年的軍事工作，所以稍微好一些。

哲学研究工作，要研究中国历史和中国哲学史的历史过程。先搞近百年史，历史过程不是矛盾的統一嗎？近代史就是不断地一分为二，不断地斗。斗爭中一些人妥协了，但是人民不滿意，还是要斗。辛亥革命以前，有孙中山和康有为的斗爭。辛亥革命打倒了皇帝，又有孙中山和袁世凱的斗爭。后来国民党內部又不断地发生分化和斗爭

馬列主义經典著作，不但要写序言，还要作注释，写序言，政治的比較好办，哲学的麻煩，不大好搞。辯証法过去說是三大规律，斯大林說是四大规律，我的意思是，只有一个基本的规律，就是矛盾的规律。质和量，肯定和否定，現象和本质，內容和形式，必然和自由，可能和現实等等，都是对立的統一。

說形式邏輯和辯証法的关系，好比是初等数学和高等数学的关系，这种說法还可以研究。形式邏輯是讲思維形式的，讲前后不相矛盾的。它是一門专門科学，任何著作都要用形式邏輯。

形式邏輯对大前提是不管的。要管也管不了。国民党罵我們是"匪徒"；"共产党是匪徒"，"张三是共产党，"所以"张三是匪徒"。我們說：国民党是匪徒，蒋介石是国民党，所以說蒋介石是匪徒。这两者都是合乎形式邏輯的。

用形式邏輯是得不出多少新知识的，当然可以推論，但是結論实际上包括在大前提里面。現在有些人把形式邏輯和辯証法混淆在一起，这是不对的。

和 毛 远 新 的 談 話

1966年2月18日

每談到軍事工程学院先搞二、三年，然后搞二年半工半讀幷給予分配时，毛主席說：

理工科还有自己的語言，六年中先搞三年試試看。不一定急于搞两年，尖端科学搞三年，要有針对性也許行。三年不够将来再补一点。有針对性才能有少而精，有針对性才能一般和特殊相結合。六年改成三年，这样做以后，步驟稳妥，方向对头。

新事物干它几年，不断总結經驗才行。

理工科有它的特殊性，有它自己的語言，要讀一点书。但是也有共性，光讀书不行。黄埔学校就讀半年，毕业后当一年兵，出了不少人材，改成陆军大学以后（沒有記下讀几年）結果出来尽打敗仗，做我們的俘房。

理工科我不懂的，医科我多少懂一点。你要昕眼科大夫說话神乎其神，但人总是一个整体。

科学的发展由低級到高級，由簡单到复杂，但讲課不能按照发展顺序来讲，学历史主要学近代史，現在才三千年历史，要是到一万年該怎么讲呢？

尖端理論，包括通过实践証明了的有用的，基础理論中要去掉通过实践証明沒有用的和不合理的部分。

讲原子物理只讲坂田模型就可以了，不要从丹麦学派波尔理論开始。你們这样学十

年也毕不了业。坂田都用辩証法，你們为什么不用？

人认識事物总是从具体到抽象。医学才讲心理学，讲神經系統那些抽象的东西，我看不对，应該先讲解剖学。数学本来从物理模型中抽出来，现在就不会把数学联系到物理模型来讲，反而把它进一步抽象化了。

給 林 彪 同 志 的 信

林彪同志：

你在五月六日寄来的总后勤部报告，收到了，我看这个計划是很好的。是否可以将这个报告发到各軍区，請他們召集軍师两級干部在一起討論一下，以其意見上告軍委，然后报告中央，取得同意，再向全軍做出适当的指示，請你酌定。只要在沒有发生世界大战的条件下，軍队应該是一个大学校，除打仗以外，还可作各种工作。第二次世界大战的八年中，各个抗日根据地，我們不是这样做了嗎？这个大学校，学政治、学軍事、学文化，又能从事农付业生产，又能办一些中小工厂，生产自己需要的若干产品和与国家等价交换的产品。又能从事群众工作，参加工厂农村的社教四清运动，四清完了，随时都有群众工作可做，使軍民永远打成一片；又要随时参加批判資产阶级的文化革命斗爭。这样，軍学、軍农、軍工、軍民这几项都可以兼起来，但要調配适当，要有主有从，农、工、民三项，一个部队只能兼一项或两项，不能同时都兼起来。这样，几百万軍队所起的作用就是很大的了。

同时，工人也是这样，以工为主，也要兼学軍事、政治、文化，也要搞四清，也要参加批判資产阶级。在有条件的地方，也要从事农付业生产，例如大庆油田那样。

农民以农为主（包括林牧付漁）也要兼学軍事、政治、文化。在有条件的时候，也要由集体办些小工厂，也要批判資产阶级。

学生也是这样，以学为主，兼学别样，即不但学文，也要学工、学农、学軍，也要批判資产阶级。学制要縮短，教育要革命，資产阶级知識分子統治我們学校的现象再也不能继續下去了。

商业、服务行业、党政机关工作人員，凡有条件的，也要这样做。

以上所說，已經不是什么新鮮意見，創造发明，多年以来，很多人已經是这样做了，不过还沒有普及。至于軍队，已經这样做了几十年，不过现在更要有所发展罢了。

毛 泽 东

一九六六年五月七日

（这封信是主席对軍委总后勤部"关于进一步搞好部队农付业生产的报告"的指示）

給清华附中紅卫兵的一封信

清华大学附属中学"紅卫兵"同志們：

你們在七月二十八日寄給我的两张大字报以及轉給我要我回答的信都收到了。你們在六月二十四日和七月四日的两张大字报說明对一切剝削压迫工人、农民、革命知識分子和革命党派的地主阶級、资产阶級、帝国主义、修正主义和他們的走狗表示愤怒和声討，說明对反动派造反有理。我向你們表示热烈地支持。同时我对北京大学附属中学"紅旗"战斗小組說对反动派的造反有理的大字报和彭小蒙同志七月二十五日在北京大学全体师生員工大会上代表他們"紅旗"战斗小組所做的很好的革命演說表示热烈地支持。在这里，我要說我和我的革命战友都是采取同样态度的。不論在北京，在全国，文化革命运动中，凡是同你們采取同样态度的人們，我們一律給以热烈地支持。还有我們支持你們，我們又要求你們注意团結一切可以团結的人們，对犯有严重錯誤的人們，在指出他們錯誤以后，要給以工作和改正錯誤重新作人的出路。馬克思說：无产阶級不但要解放自己，而且要解放全人类。如果不能解放全人类，无产阶級就不能最后地得到解放。这个道理，也請同志們予以注意。

毛泽东

一九六六年八月一日

炮 打 司 令 部

—— 我的第一张大字报

全国第一张馬列主义的大字报和《人民日报》評論員的評論，写得何等好呵！請同志們重讀一遍这张大字报和这个評論。可是在五十多天里，从中央到地方的某些領导同志，却反其道而行之，站在反动的资产阶級立場上，实行资产阶級专政，将无产阶級轰轰烈烈的文化大革命运动打下去，颠倒是非，混淆黑白，围剿革命派，压制不同意見，实行白色恐怖，自以为得意。长资产阶級的威风，灭无产阶級的志气，又何其毒也！联系到一九六二年的右傾和一九六四年形‘左’而实右的錯誤傾向，岂不是可以发人深醒的嗎？

毛泽东

一九六六年八月五日

在八大第二次会議和八届十一中全会上的講話（摘录）

（一）自古以来，发明家，創立新学派的人，在开始时都是年輕的，学問比較少的，被人看不起的，被压迫的人。这些发明家到后来才变成壮年、老年，变成学問多的人。这是不是一个普通规律？不能肯定，还要調查研究。但是可以說，多数是如此。

为什么？这是他們的方向对。学問最多，方向不对，等于无用。"人怕出名猪怕壮。"名家往往是最怕事的，最无創造性的，是比較落后的，为什么？因为他們已經出了名。当然不能全盘否定一切名家，有的也有例外。

年輕的人打倒老年人，学問少的人打倒学問多的人，这种例子多得很。

战国的时候，秦国有个甘罗，是甘茂的孙子，十二岁当上了正卿。还是个红領巾，就都宰相吕不韦出了个好主意，他当全权大使，到赵国去解决了一个大問題。

汉朝有个賈誼，十几岁就被汉武帝找去了，一天升了三次官，后来贬到长沙。写了两篇赋：《吊屈原賦》和《鵩鳥賦》。后来又回到朝庭，写了一本书，叫做《治安策》。他是朿汉历史专家。范文瀾同志你說是不是？他写了几十篇作品，留下来是两篇文学作品(两篇賦)。两篇政治作品——《治安策》和《过秦論》。他死的时候只有三十三岁。

刘邦的年紀比較大。項羽起兵的时候只有二十四岁。三年到咸阳。霸王別姬的时候，应当还是比較年輕的时候。现在午台上唱的霸王別姬的扮相不对，应当叫他扮小生。他死的时候也只有三十一岁。

韓信也是一个被人看不起的人，他在年輕的时候，曾受到胯下之辱。人家要他鑽褲襠，他看沒办法，只好鑽。

孔夫子当初也沒有什么地位。开始时，当吹鼓手，帮人家喊礼，后来才教书。他虽然做过官，在魯国当过"司法部长"，但时間很短。魯国当时只有几十万人口，和我們现在的一个县差不多，他那个司法部长相当于我們现在的县政府的司法科长。他还当过农业社的会计，做过管仓庫的小官，可是他就学了許多本領。

顏渊是孔夫子的徒弟，是个"二等圣人"，他死的时候，也只有三十二岁。

释迦牟尼創立佛敎的时候，也只有十几岁，二十岁，他的民族在印度是一个被压迫民族。

紅娘不是很出名嗎？她是个奴隶。这个人很公正，很勇敢。她帮助张生做了那样的事，是造反"婚姻法"的，她被打了四十大板，可是她并不屈服，轉过来把老夫人責备了一頓。你們說究竟紅娘的学問好，还是老夫人的学問好？紅娘是"发明家"还是老夫人是"发明家"？

晋朝有个荀灌娘（河南临颖县人）是个十三岁的女孩子，頂多不过"初中程度"，她和父亲被困在襄阳的时候，带領几个人杀出重围去搬救兵，你看她有多大本事。

唐朝詩人李賀（河南宜阳人）死的时候只有二十七岁。

唐太宗李世民，起兵的时候只有十八岁，做皇帝的时候只有二十六岁。

唐末的罗士信（山东历城人）十四岁就跟人家打仗，很勇敢。

还有杜伏威（山东章邱人）十六岁就当了大将。

作《滕王閣》的王勃，唐初四杰之一，也是一个年輕人，死的时候才二十九岁。

宋朝名将岳飞，死的时候才三十八岁。

范文瀾同志，你說对不对？你是历史学家，說的不对，你要訂正呀！

馬克思的馬克思主义并不是壯年、老年的时候創造出来的，而是在年輕的时候創造出来的。写"共产党宣言"才二十几岁。

列宁也是三十一岁（一九〇三年）創造布尔什維克主义的。

周瑜、孔明都是年輕人。孔明二十七岁当軍师，孙吴原来的統帅程普是个老将，但孙吴打曹操，却用周瑜挂帅，封为左将軍，程普为右将軍。程普不服，但是周瑜打了胜仗。周瑜死时才三十六岁。有个黄盖，是我的老乡，湖南零陵人，他也在这个战役中立了功，我的老乡也不胜光荣之至。

晋朝的王弼，做《庄子》和《易經》的注释，他十八岁就是哲学家。他的祖父王肃，他死的时候才二十四岁。

发明安眠药的不是什么专家，据說是法国一个小葯房的司药。我是在一个小册子上看到的。他为了发明安眠药，在做试驗的时候，几乎丧失生命，試驗成功了，法国不贊成他，說他犯法，德国人把他接过去了，給他开庆祝会，給他出书。

盘尼西林——青霉素的发明者是一个染匠，因为他的女儿害病，无錢进医院，就在染缸边抓了一把土，用什么东西和了和，吃了就好了。后来經过化驗，这里头有一种东西就是盘尼西林。

达尔文，大发明家，他也是年輕人。这人开始信宗教，也被人輕視，他研究生物学，到处跑，南北美洲，亚洲都跑到了，就是沒到上海。

最近胡适回到台湾，搞科学院，选院士，把在美国的两个发明家李政道，楊振宇也选上了，这两个人也是年輕人。

郝建秀，全国人民代表，他在十八岁的时候，創造了先进的紡織方法。

作国歌的聶耳也是年輕人。

哪咤——托塔天王李靖的儿子，也是年青人，他的本事可不小啊！

南北朝的竺陵王（北齐人，叫高孝灌）也是年輕人，他很会打仗，很勇敢。有一个专門歌颂他的曲子，叫《竺陵王八陣曲》，据說这个曲子现在在日本。

现在許多优秀的干部、社干部都是年輕人。总之，有为的青年多得很。

举这么多例子（記录者註：共29个例子）目的就是說明青年人是要胜过老年人的，学問少的人可以打倒学問多的人，不要被名人、权威所吓倒，不要被大学問家所吓倒。要敢想、敢說、敢做，不要不敢想、不敢說、不敢做，这种束手束脚的现象不好，要从这种现象里解放出来。

（二）关于第九次大会的問題，恐怕要准备一下第九次大会什么时候召集的問題，要准备一下，已經多年了，自八大二次会議到后年就十年了，现在要开几次大会，大概在明年一个适当的时候再开，现在要准备，建議委托中央政治局，同他的常委来筹备这件事，好不好？

至于这次会議所决定的問題，究竟是正确的还是不正确的？要看以后实践。我們所决定的那些东西，看来群众是欢迎的，比如中央的一个重要决定，就是关于文化大革命，广大的学生和革命的教师是支持我們的，而过去那些方针广大的革命学生跟革命教师是抵抗的，我們是根据这个抵抗来制定这个决定的，但是究竟这个决定能不能实行，还要我們在座的与不在座的各級領导去做。比如讲依靠群众吧，一种是实行群众路綫，一种是不实行群众路綫，决不要以为决定上写了，所有的党委，所有的同志就都会实行。总有部份人不願意实行，可能比过去好一些，因为过去没有这样公开的决定，並且这决定有組織的保证，这回組織有些改变，政治局委员，政治局候补委员，书記处书記，常委的調正，就保证了中央这个决定以及公报的实行。

对犯错誤的同志总是要給他們出路，要允許改正錯誤。不要认为别人犯了錯誤，就不允許他改正錯誤，我們的政策是"懲前毖后""治病救人"，一看、二帮，"团結——批評——团結。"我們这个党是不是党外无党，我看是党外有党，党內有派，从来都是这样，这是正常现象。我們过去批評国民党，国民党說："党外无党，党內无派"。有人說：“党外无党，帝国思想，党内无派，千奇万怪。”我們共产党也正是这样，你說党內无派，它就是有，比如說群众运动就有两派，不过是占多占少的問題。如果不开这次会，再搞几个月，我看事情就会坏得多。所以这次会議是开得好的，是有效果的。

在文化大革命中对毛远新同志的談話

以前我当过小学校长，中学教員，又是中央委員，也做过国民党的部长，但我到农村和农民在一起时，深感农民知道东西很多，知識很丰富，我不如他們，应向他們学习。你至少不是中央委員吧！你怎么能比农民知識多呢？回去告訴你們政委，說是我說的，今后应每年到农村去一次，这样大有好处。

你就是不懂得辩証法，不懂一分为二，以前把自己看得了不起，现在又把自己看得一文不值。了不起和一文不值都是不对的。犯錯誤的人要鼓励，当犯錯誤的人知道自己犯錯誤了的时候，你就要提出他的优点，事实上他的优点还是很多的。对犯錯誤的要洗溫水澡，热了受不了，冷了受不了，溫水最合适。对犯錯誤的青年人不要开除，开除是害了他，对立面也弄沒了，溥仪、康泽这样的人也改造过来了，青年人有些是党員，有些是团員，还改不过来？开除太簡单化。

你在学校里是不是左派？看到一个文件表揚了你，有人捧你并不是好事，像你这样的年青人要多多地罵，罵少了不好，什么事都是逼出来的，我写×××就是逼出来的，如果现在叫我写就写不出来。

什么叫先进？先进就是做落后人的工作。对周围的人要分析，我到哪里都想打听，都想交朋友。我們年青人要学辩証法，会用辩証法分析問題，不明白的問題一分析就明白了，要好好学会用辩証法，这个用处很大。

“九 · 七” 指 示

林彪、恩来、伯达、康生、任重、江青等同志：

此件請看，青岛、长沙、西安等地的情况是一样的，都是組織工人反学生，这样下去是不能解决問題的，試以中央发一指示，不許各地这样做，然后写一篇社論，劝工人不要干予学生运动，北京就沒有調动工农整学生，除人民大学曾調600名农民入城保郭影秋，其他都沒有，以北京的經驗去地方照办。

我看譚启龙和这位副市长的意見是正确的。

毛 泽 东

1966年 9 月 7 日

註：这篇社論是《人民日报》九月十一日发表的《工农群众和革命学生在毛泽东思想旗帜下团結起来》

　附：中共中央根据主席“九、七”指示轉发的四条规定

主席的指示一針見血地指出了当前全国各地运动中出現的紧张形势的症結所在，怕

学生，調动工人反学生的作法是十分錯誤的。望各中央局、各省市、自治区党委、中央各部委立即根据主席指示，对当前文化大革命运动进行总結检查，吸取敎訓，改进領导，为此中央决定：

1. 不准用任何借口，任何方式挑动工人、农民、市民反学生。

2. 凡是发生調动和組織工人、农民、市民反学生事件的地方，必須公开承认錯誤，承担責任，平息工农、市民与学生之間的糾紛，絕不允許把責任推給群众。

3. 劝說工人、农民、市民不要干予学生运动，相信学生的絕大多数是革命的，是能够自己敎育自己的，对于他們的言論行动都可以向上級机关提出，不要直接同学生辯論，不要同学生发生冲突。

4. 各級党委負責人不要怕学生，不要怕工人、农民、怕群众，要放下架子站到学生中去，到群众中去同他們商量問題，坚持走群众路綫，坚持党的政策原則，坚持十六条。沒有什么不能解决的問題。在北京有些負責同志这样做了，效果很好。

中　央　　一九六六年九月十一日

关于工作組問題的指示

1966年

全国的工作組几乎百分之九十以上犯了普遍性的方向和路綫錯誤。

——摘自周总理講話

关于学生运动的指示

1966年

凡是鎭压学生运动的人都沒有好下場。

在中央政治工作汇报会議上的講話

1966年10月24日

(一)

邓小平耳朵聋，一开会就在离我很远的地方坐着。一九五九年以来，六年不向我汇报工作。书記处的工作他就抓彭眞。你們不說他有能力嗎？

对形势的看法，两头小、中間大。"敢"字当头的只有河南，"怕"字当头的多数。眞是"反"字的还是少数。反党反社会主义分子有薄一波、何长工、汪鋒，还有一个李范伍。

眞正的四类干部（右派）也就是百分之一、二、三，（总理說：现在已經大大超过了。）多了不怕，将来平反吰！有的不能在本地工作，可以調到别地方工作。

河南一个书記搞生产，其余五个书記搞接待。全国只有刘建勳写了一张大字报，支持少数派，这是好的。聂元梓現在怎么样？（康生說：还要保。李先念說：所有写第一张大字报的人都要保护。）主席說：对。

（談到大串联問题时，总理說：需要有准备地进行。）主席說：要什么准备，走到那里沒飯吃？

对形势有不同看法，天津万晓塘死了以后，开了五十万人的追悼会，他們认为是大好形势，实际上是向党示威，这是用死人压活人。

（二）

有什么可怕呢？你們看了李雪峰的簡报沒有，他的两个孩子跑出来，回去教育李雪峰說："我們这里的老首长，为什么那么怕紅卫兵呢？他們又沒有打你們，你們就是不检討。"伍修权有四个孩子，分为四派，有許多同学到他家里去，有时或十几个人，接触多了就沒有什么可怕的了，觉得他們很可爱。自己要教育人，教育者首先要受教育，你們不通，不敢見紅卫兵，不和学生說真話，做官当老爷。少奇給江渭清（江苏省省委第一书记）的信批評他，說他蠢，他自己就聪明了嗎？（主席問刘瀾涛）你們回去打算怎么办？（刘瀾涛回答："回去看看再說。"）主席說：你們說話总是那么吞吞吐吐地。（毛主席問总理会議情况，总理說会議开得差不多了，明天再开半天，具体問題回去按大原則解决。毛主席問李井泉，廖志高怎么样？李答："开始不大通，后来一段較好。"）主席說：什么一貫正确，你自己就溜了，吓得魂不附体，跑到軍区去住，回去要振作精神，好好搞一搞。把刘、邓的大字报貼到街上不好，要允許人家革命，允許改嘛。让紅卫兵看看《阿Q正传》。这次会議开得比較好些。上次会是灌而不进，沒有經驗，这个会議有两个月的經驗。一共不到五个月的經驗。民主革命搞了28年，犯了多少错誤，死了多少人，社会主义革命搞了十七年，文化革命只搞了五个月，最少得五年才能得到經驗。一张大字报，一个紅卫兵，一个大串联，誰也沒有料到，連我也沒有料到，弄得各省市鳴乎哀哉！連学生也犯了一些错誤，主要是我們这些老爷犯了错誤。（問李先念）你們今天会开得怎样？（李答：财經学院要开声討会，我要检查，他們不让我說話。）你明天还去检查，不然人家說你溜了。（李說：明天我要出国。）你也告訴他們一下，过去是三娘教子，现在是子教三娘。我看你精神有点不足，他們不叫你检討，你就偏要检討，他們声討，你就承认错誤。鬧事是中央鬧起来的，責任在中央，地方也有責任。我的責任是一、二綫，为什么要分一、二綫呢？一是身体不好，二是苏联的教訓。馬林科夫不成熟，斯大林死前沒有当权，每次会議都敬酒，吹吹捧捧，我想在我沒死之前，树立他們的威信，沒想到反面。陶鑄說，"大权旁落"，这是故意旁落的，现在倒鬧成独立王国了，許多事不与我商量，如土地問題，天津讲話，山西合作社，否定調查研究，大捧王光美，本来应經中央討論，作个决定就好了。邓小平从来不找我，从四九年到现在，什么事情都不找我。六二年忽然四个付总理，李先念、譚震林、李富春、薄一波到南京找我，后又到天津，我馬上答应，四个又回去了，可邓小平就不来。武昌会議我不滿，高指标弄得我毫无办法，到北京开会，你們开六天，我要一天都不行，完不成任务不要紧，不要如丧考妣。遵义会議后，中央比較集中，三八年六中全会后，項英，彭德怀，新四軍皖南事变，彭的百团大战，搞独立王国，那些事都不打招呼。七大后，中央沒給个人，胡宗南进攻延安，中央分两路。我同周恩来、任弼时在陕北。刘少奇、朱德到华北还比較集中，进城后就分散了，各搞一摊，特別是搞一、二綫，就更分散了。五三年財經会議以后，就打过招呼，要大家相互通气，向中央通气，向地方通气。刘邓二人是公开的，不是秘密的，与彭眞不同。过去陈独秀、张国燾、王明、罗龙章、李立三都是公开的，这不要紧。高崗、饒漱石、彭德怀是搞两面派。彭德怀和他们勾结上了，我不知道。彭、罗、陆、楊搞秘密，搞秘密的沒有好結果。犯錯誤路綫要改。陈、王、李沒改。（周总理講話：李立三思想沒改。）不管什么小集团，什么門都要关紧关严，只要改过来，意見一致，团結一致就好。要准許刘邓革命，允許改。你們說我是合稀泥，我就是合稀泥的人，七大时，陈其緩說，不能把犯王明路綫的人选为中央委員，王明和其他几个人都选上了中央委員了，现在只走了王明，其他都在吆。洛甫不好，王稼祥我有好感，东崗一綫他是贊成的。宁都会議洛甫要开除我，周、朱他們不同意，遵义会議他起了好作用，那个时候沒有他們不行，洛甫是頑固的，少奇同志是反对他們的，聶荣臻也是反对的。对少奇同志不能一概抹煞，他們有錯誤就改吆，改了就行。回去振作精神，大胆放手工作。这次会議是我建議召开的，时間这样短，不知是否通，可能比上次好。我沒料到一张大字报、一个紅卫兵、一个大串連，就鬧起来这么大的事。学生有些出身不大好的，难道我們出身都好嗎？不要招降納叛，我的右派朋友很多，周谷城，张治中，一个人不接近几个右派，那怎么行呢？那有那么干淨的？接近他們就是調查研究吆！了解他們的动态，那天在天安門上，我特意把李宗仁拉在一起，这个人不安置比安置好，无职无权好。民主党派要不要？一个党行不行？学校党組織不能恢复太早。一九四九年以后，发展党員很多，翦伯贊、吳晗、李达都是党員，都那么好嗎？民主党派就那么坏？我看民主党派比彭、罗、陆、楊就好。民主党派还要，政协也还要，同紅卫兵讲清楚，中国的民主革命是孙中山拉起来的，那时沒有共产党，是孙中山領导起来反康、反梁、反帝制。今年是孙中山誕生一百周年，怎么紀念，那要和紅卫兵商量一下，还要开紀念会。我的分一綫二綫走向反面，（康生同志插話：八大政治报告是阶級熄灭論的）报告我們看了，是大会通过的，不能单叫他們两个负责。

工厂、农村还是分期分批，回去打通省、市同学們的思想，把会議开好，上海找个安靜的地方开会，学生鬧就让他們鬧去。我們开了十七天会，有好处。像林彪讲的，要向他們作好政治思想工作。斯大林在一九三六年讲阶級斗爭熄灭了，一九三九年又搞了肅反，还不是阶級斗爭！？

你們回去振作精神，搞好工作，誰会打倒你們？

会見大区书記和中央文革小組成員时講話

1966年

今天各大区的书記和文革小組的成員都到了。会議的任务是搞好文件，主要是改变派工作組的做法，由学校师生和中間状态的一些人組成学校文化革命小組来領导文化大革命。学校的事只有他們懂得，工作組不懂，有的工作組搞了些乱事，学校文化大革命无非是斗和批，工作組起了阻碍运动的作用，我們能斗能改嗎？象翦伯贊寫了那么多书，你还沒有讀，怎么斗？怎么改？学校的事是"庙小神灵大，池浅王八多"，所以要依靠学校內部力量，工作組是不行的，我也不行，你也不行，省委也不行，要斗要改都得靠本校、本单位，不能靠工作組。工作組能否改成联絡員？改成顾問权力太大，或者叫观察員。工作組阻碍革命，也有不阻碍革命的。工作組阻碍革命势必变成反革命。西安交大不让人家打电話，不让人家派人到中央。为什么怕人到中央，让他們来包围国务院，文件要写上，可以打电話，也可以派人。那样怕能行嗎？所以西安，南京报社被围三天，吓得魂不附体，就那么怕？你們这些人呀！你們不革命，就革到自己头上来了。有的地方不准围报社，不准到省委，不准到国务院，为什么这么怕？到了国务院接待的又是无名小将，說不清，为什么这样？你們不出面，我出面。說来說去怕字当头，怕反革命，怕动刀枪，哪有那么多反革命？这几天康生、陈伯达、江青都下去了，到学校看大字报，沒有感性知識那怎么行？都不去。天天忙于日常事务，停了日常事务也要下去，取得感性知識。南京做得比較好，沒有阻挡学生上中央来，（康生插話：南京搞了三次大辯論：第一次辯論新华日报是不是革命的；第二次辯論江苏省委是不是革命的，辯論結果、江苏省委是不革命的；第三次辯論匡亚明是否戴高帽子游行。）在学校革命的是多数，不革命的是少数。匡亚明是不是戴高帽子游行，辯論的結果自然就清楚了。

开会期間到会的同志要去北大，广播学院去看大字报，要到出問題最多的地方去看一看，今天要搞文件就不去了。你們看大字报，就說明是来学习的，来支持他們鬧革命的。去那里点火支持革命师生，不是听反革命右傾的話。搞了两个月，一点感性知識也沒有，官僚主义去了会被学生包围，要他們包围，你和他們几个人談話，就会被包围起来。广播学院被打一百多人，我們这个时代就有这个好处，左派换右派打鍛炼左派。派去工作組六个月不行，一年也不行，还是那里人行。一是斗，二是改。斗就是破，改就是立，教材半年改过来不行，要首先删繁就簡、错誤的，重复的砍掉三分之一到一半，（王任重插話：砍掉三分之二学习主席語录）政治教材，中央指示，报纸社論是群众的指南，不能当作教条。打人的問題，通知上沒写也不行，这是方向，是指南，赶快把方针定下来，改过来，要依靠学校的革命师生和左派，学校的文化革命委員会，就是有右派参加也不要紧，有用的，可以当反面教員，右派也不要集中起来。北京市委也不要那么多人，人多了就打电話，发号施令。秘书通通砍掉，我在前委的时候，有个秘书叫項北，以后撤退的时候就沒有秘书了，有个收发文件的就够了。（康生插話：主席讲了四件事，一是改组北京市委，照办了；二是改组中宣部，也照办了；三是取消文化革命五人小组，也照办了；四是有些部門改成科沒有办。）是呀，部长，部长管事的可以不改。称部长、司长、局长，不管事的就改，改成冶金科、煤炭科。（有人插話：北大进行四次大辯論："六一八"事件是不是反革命事件，有的說因为里面有流氓，有的說不是，有的說工作組有错誤，附中有四十多人提出撤消工作組长张承先的职务）。有許多工作組阻碍运动，包括张承先在內，不要随便捕人，什么叫现行反革命？无非是杀人、放火、放毒这些人可以捕，写反动标語的暫时不捕，树立个对立面斗了再說。

在中央工作会議上的講話

1966年10月25日

　　讲几句話，两件事。十七年来，有一件事我看做得不好，原来的意思考虑到国家的安全，鉴于苏联的敎訓，斯大林一死就发生問題，所以搞了个一綫二綫，我处在二綫，别的同志在一綫，刘、邓处一綫，刘是副主席，一些主要会議是刘主持的，邓处理日常工作，现在看来不那么好。結果很分散，一进城就不集中了，相当多的独立王国，鬧分散，所以十一中全会作了改变。这是一件事。我处在二綫，日常工作不主持，許多事让别人去做，在群众中培养别人的威信，以便我见上帝的时候，别人就可以領导了，国家不会出现那么大的振动。大家贊成这个意见，后来处在一綫的同志，有些事情处理得不那么好，有些应当抓的事情，我沒有抓，所以我也有責任，不能完全怪他們。已經改了，紅卫兵还在追查这件事。为什么說我也有責任呢？第一，常委分一、二綫，搞书記处是我提議的；再蹴又过于信任别人了。引起我的警覺还是二十三条那个时候，北京就是沒有办法，中央也是沒有办法。去年九、十月提出过，在河北厅讲的，中央出现了修正主义，地方怎么办？我就感到在北京我的意见不能实行。为什么批判吴晗不在北京发起而在上海发起呢？因为北京沒有人办。现在北京的問題可以說基本上解决了。

　　第二，文化大革命鬧了一个大祸，就是批了北大聂元梓一张大字报，給清华附中紅卫兵写了一封信，那封信现在还未发出，还有我自己写了一张大字报，传出去了。时間很短，六、七、八、九、十，五个月不到，难怪同志們还不那么理解。时間很短，来势很猛，我也沒有料到。北大大字报一广播，全国鬧起来了。紅卫兵信还沒有发出，全国紅卫兵都起来了，一冲就把你們冲了个不亦乐乎。我这个人鬧了这么大个祸，所以你們有怨言也是难怪的。上次开会我是沒有信心的，說过不一定执行，果然很多同志还是不那么理解。經过二个月，有了經驗，好一点了。这次会議二个阶段，头一个阶段不那么順，发言不那么正常，后一个阶段比較順了。你們自己思想有变化。只有五个月，运动可能要搞二个五个月，也許还要多一点。

　　民主革命搞了二十八年，1921—1949年，开始誰也不知道怎么革法，包括我自己在內，路也是逐步从实践中走出来的，总結經驗搞了廿八年嘛！社会主义也搞了十七年，文化革命只有五个月嘛，所以不能要求同志們就那么理解。去年批判吴晗文章，許多同志不去看，不那么管。以前批判"武訓传"、胡适、"紅楼梦"是个别抓，抓不起来，不全盘抓不行，这个責任在我。个别抓，头痛医头，脚痛医脚，是不能解决問題的。这次文化大革命，前几个月，一、二、三、四、五月，那么多文章，中央又发了通知，可是幷没有引起多么大注意。还是大字报、紅卫兵这么一冲，引起注意，不注意不行了。革命革到自己头上来了，赶快总結經驗，作好政治思想工作。为什么两个月之后，又来开这个会？就是总結經驗，做政治思想工作。你們回去以后，也有大量的政治思想工作要做。中央局、省委、地委、县委要开十几天会，把問題讲清楚，也不要以为所有的人通通都能搞清楚，总有一些干部不通。有人說："原則通了，碰到具体問題处理不好。"

原来我想不通，原则问题搞通了，具体问题还不好处理吗？现在看来还有点道理。恐怕还是政治思想工作沒有做好。上次开会回去有些地方沒有来得及很好开会，十个书記有七、八个搞接待，紅卫兵一冲就冲乱了，学生們生了气，自己还不知道，又沒有准备回答問題，以为几十分钟話一讲表示欢迎就可以了。人家一肚子气，几个問題一問不能回答就被动了，这个被动是可以改变的，可以变被动为主动的。所以我对这次会議信心增强了，不知你們怎么样？如果回去还是老章程，維护现状，让一派紅卫兵对立，让另外一派紅卫兵保鴦，我看要改变，情况会有好轉。当然不能过高的要求，当然中央局、省、地、县广大干部都那么豁然貫通，不一定，总有那么一些人不通，有极少数人是要对立的，但是，我相信多数讲得通的。

讲两件事：

第一是讲历史，十七年搞一綫二綫，不統一，别人有責任，我也有責任。

第二件事，五个月文化大革命，火是我放起来的，时間很仓促，与廿八年民主革命和十七年社会主义比起来，只有五个月不到半年，不那么通，有抵触是可以理解的。你們过去曾搞經济工作，只搞工业、农业、交通，就是沒有想搞文化大革命，你們外交部一样·軍委也一样·你們沒有想到的事情来了，来了就来了，我看冲一下有好处。多少年沒有想，一冲就想了，无非是犯錯誤。什么路綫錯誤，改了就算了！誰要打倒你們，我是不想打倒你們的。有两个紅卫兵对李雪峰讲："沒想到我們老前輩为什么怕紅卫兵？"还有伍修权四个小孩分成四派，有的同学到他家里来，有时一来好几十个，有好处。我看小接触很有好处，大接触150万几个钟头就接触了，也是一个办法，各有各的作用。

这次会議简报不少，我几乎全都看了，你們过不了关，我也不好过；你們着急，我也着急。不能怪同志們，时間太短，有的同志說：不是有心犯錯誤，是糊里糊涂犯了錯誤，可以原諒。也不能完全怪少奇同志和小平同志，他們有責任，中央也有責任，中央也沒有管好。时間太短，新的問題，沒有精神准备，政治思想工作沒有做好，我看十七天会議以后会好些。

还有哪个讲？今天就完了，散会。

关于組織外地来京革命师生进行政治军事訓練的指示

1966年10月

由军队負責将外地来京革命师生，按解放军的編制，編成班、排、連、营、团、师。編好的，进行訓练，学习政治、学习解放军、学习林彪同志和周恩来总理的讲话，学习三大紀律、八項注意，学习解放军的三八作风，学习編队队形，学习队列基本动作，学习步法，每个人都要学会三大紀律八項注意的歌子，使外地的革命师生有秩序地接受检閱。

在中央常委会上的四点指示

1966年

（一）大家要挺身而出，同群众見面，接受群众的批評，要进行自我批評，引火烧身。

（二）大家要挺身而出，同群众解释政策，戴高帽子，抹黑脸。脱帽洗完脸，立即上班工作。

（三）从长远利益出发，团結多数。牛鬼蛇神就是地富反坏右少数。有些人就是犯严重錯誤，还得挽救他，使之改造自新，不然，还能团結百分之九十五以上嗎？

（四）說服干部，使干部懂得，不要人人过关，搞得灰溜溜的，两个挺身而出，不要"怕"字当头。"敢"字当头，最大的問題也能解决。"怕"字当头，价錢越来越高。

致阿尔巴尼亚劳动党第五次代表大会的
賀　电

阿尔巴尼亚劳动党第五次代表大会

亲爱的同志們：

中国共产党和中国人民向阿尔巴尼亚劳动党第五次代表大会表示最热烈的祝贺。

我們祝賀你們的代表大会园满成功！

以恩維尔·霍查同志为首的光荣的阿尔巴尼亚劳动党，在帝国主义和现代修正主义的重重包围之中，坚定地高举馬克思列宁主义的革命紅旗。

英雄的人民的阿尔巴尼亚，成为欧洲的一盏伟大的社会主义的明灯。

苏联修正主义領导集团，南斯拉夫鉄托集团，一切形形色色的叛徒和工賊集团，比起你們来，他們都不过是一杯黄土，而你們是聳入云霄的高山。他們是跪倒在帝国主义面前的奴仆和爪牙，你們是敢于同帝国主义及其走狗战斗、敢于同世界上一切暴敌战斗的大无畏的无产阶级革命家。

在苏联，在南斯拉夫，在那些现代修正主义集团当权的国家，已經或者正在改变颜色，实行資本主义复辟，从无产阶级专政变成资产阶级专政。英雄的社会主义的阿尔巴尼亚，頂住了这股反革命修正主义的逆流。你們坚持了馬克思列宁主义的革命路綫，采取了一系列革命化的措施，巩固了无产阶级专政。你們沿着社会主义的道路，独立自主地建設自己的国家，取得了輝煌的胜利。你們为无产阶级专政的历史，提供了宝貴的經驗。

"海內存知己，天涯若比邻"。中阿两国远隔千山万水，我們的心是連在一起的。

我們是你們眞正的朋友和同志，你們也是我們眞正的朋友和同志。我們和你們都不是那种口密腹劍的假朋友，不是那种兩面派。我們之間的革命的战斗友誼，經历过急风暴雨的考驗。

馬克思列宁主义眞理在我們一边，国际无产阶級在我們一边，被压迫民族和被压迫人民在我們一边，全世界百分之九十以上的人民大众在我們一边。我們的朋友遍天下。我們不怕孤立，也絕不会孤立。我們是不可战胜的。一小撮反华、反阿尔巴尼亚的可怜虫，是注定要失败的。

我們現在正处于世界革命的一个新的伟大的时代。亚洲、非洲、拉丁美洲的革命风暴，定將給整个的旧世界以决定性的摧毁性的打击。越南人民抗美救国战争的伟大胜利，就是一个有力的証明，欧洲、北美和大洋洲的无产阶級和劳动人民，正处在新的觉悟之中。美帝国主义和其他一切害人虫已經准备好了自己的掘墓人，他們被埋葬的日子不会太长了。

当然，我們前进的道路絕不会笔直的、平坦的。請同志們相信，不管世界上发生什么事情，我們两党、两国人民，一定团結在一起，战斗在一起，胜利在一起。

中阿两党、两国人民团結起来，全世界馬克思列宁主义者团結起来，全世界革命人民团結起来，打倒帝国主义，打倒现代修正主义，打倒各国反动派。一个沒有帝国主义、沒有資本主义、沒有剝削制度的新世界一定要建立起来。

中国共产党中央委員会主席

毛 泽 东

1966年10月25日

对中央文革小組的指示

一九六七年元月九日

文汇报現在夺了权，四日造反，解放日报六日也造了反，这个方向是好的。文汇报夺了权后，山西日报看了选登紅卫兵的文章，有些好文章可选登，文汇报五日告全市人民书，人民日报可以轉載，电台可以广播。內部造反很好，过几天可以綜合报道，这是一个阶級推翻一个阶級，这是一场大革命。許多报紙依我說封了好，但报总要出的，問題由什么来出。文汇解放該办好，这两张报一出来，一定影响华东，全国各省市。搞一切革命，先要造輿論。由于人民日报夺了权，中央派了工作組，发了"横扫一切牛鬼蛇神"的社論，我不同意人民日报另起炉灶，但要夺权。唐平鑄换了吳冷西，开始群众不相信，因为人民日报过去騙人，又未发表声明。两个报纸夺权是全国性的問題，要支持他們造反。我們要轉載紅卫兵的文章，他們写得很好，我們的文章死得很。中宣部可以不要，让那些人在那里吃飯，很多事中宣部、文化部都管不了，紅卫兵一来就管住了。

上海革命力量起来，全国就有希望，它不能不影响整个华东以及全国各省市。"告全市人民书"是一篇少有的好文章。讲的是上海市問題，是全国性。

現在搞革命，有些人要这要那，我們搞革命，一九二〇年起，先搞青年团，后搞共产党。那有經費、印刷所、自行車。我們搞报纸同工人很熟。一边聊天一边改稿子，我們要用各种人，左、中、右都要发生联系，一个单位通通搞的那么干淨，我历来就不贊成。(有人反映吴冷西他們现在很舒服，胖了。)太让吴冷西舒服了。不主张让他們都罢官，留在工作崗位，让群众监督。我們开始搞革命接触的是机会主义，不是馬列主义，年輕时《共产党宣言》也难看到。

再讲抓革命促生产，不搞脱离生产搞革命。保守派不抓生产，这是一場阶级斗爭。你們不要相信，"死了张屠戶就吃混毛猪"，以为沒有他們不行，不要相信那一套。

关于解放軍要支持革命左派的指示

林彪同志：

应派解放軍支持左派广大群众。

毛 泽 东

又及，以后凡有眞正革命派要求軍队支持援助，都应这样做。所謂不介入是假的，早已介入了。此事应重新发佈命令，以前命令作废。請酌。

对 中 央 首 长 講 話

毛主席："五·廿五"聶元梓大字报是廿世紀六十年代中国巴黎公社宣言书，意义超过巴黎公社，这种大字报我們写不出来的。

（几个少先队員給他爸爸贴大字报，說爸爸忘了过去，沒有給他們讲毛泽东思想，而是問他們在学校里的分数，好的給奖偿。）

（毛主席叫陈伯达同志轉告这些小朋友，大字报写得很好。）

我向大家讲，青年是文化革命的大軍，要把他們充分发揮起来。（抄者注：可能为充分发动起来。）回到北京后，感到很难过，冷冷清清，有的学校大門都关起来了。甚至有的学校鎮压学生运动，誰去鎮压学生运动？只有北洋軍閥，共产党怕学生运动是反馬克思主义，有人說走群众路綫，为人民服务，而是走资产阶级路綫，为资产阶级服务。

团中央应該站在学生运动这边，可是它站在鎮压学生运动那边。

誰反对文化大革命？美帝、苏修反动派。

借"內外有别"是怕革命，贴出去又盖起来，这样的情况不允許，这是方向性錯誤，赶快扭轉，把一切框框打得稀巴烂！

我們相信群众，做群众的学生，才能当群众的先生。现在这次文化大革命是个惊天动地的大事情，能不能、敢不敢过社会主义这一关？这一关是最后消灭阶级、縮短三大差别。

反对，特别是资产阶级"权威"思想，就是要破。如果沒这个破，社会主义的立就立不起来，要做到一斗、二批、三改。

坐办公室听汇报不行，只有依靠群众，相信群众，闹到底，准备革命到自己头上来。党的領導，党員負責同志，应当有这个准备。现在要么把革命鬧到底，从这方面鍛炼自己，改造自己，这样才能赶上，不然就只有靠在外面。

有的同志斗别人很凶，斗自己不行，这样自己永远也过不了关。靠你們引火烧身，不行就自己罢自己的官。生为共产党員，死为共产党員。坐沙发、电风扇，生活不行。

給群众定框框不行。北京大学看到学生运动起来，定框框，美其名日："納入正軌"，其实是納入邪軌。有的学校給学生扣反革命帽子。（外办张彦跑到外面給人扣了二十九个反革命帽子。毛主席說：）这样就把群众放到对立面去了。

不怕坏人，究竟坏人有多少？广大学生大多数是好人。（有人提出乱的时候，打乱档案怎么办？毛主席說：）怕什么人，坏人来証明是坏人，好人你怕什么？要将怕字换成一个敢字。要最后証明社会主义是不是过。

凡是鎮压学生运动的人，都沒有好下場！

（此段讲話时間不詳，只供参考）

体育之研究

国力苶弱（一），武风不振，民族之体质，日趨輕細，此甚可忧之現象也。提倡之者，不得其本。久而无效，长是不改，弱且加甚。失命中致远，外部之事，結果之事也。体力充实，內部之事，原因之事也。体不坚实，则見兵（二）而畏之，何有于命中，何有于致远？坚实在于鍛炼，鍛炼在于自觉。今之提倡者，非不提倡种种之方法，然而无效者。外力不足以动其心，不知何为体育之眞义。体育果有如何之价值，效果云何ˇ着手何处，皆茫乎如在雾中。其无效亦宜。欲图体育之有效，非动其主观，促其对于体育自觉不可。苟自觉矣，则体育之条目，可不言而自知，命中致远之效，亦当不求而自至矣。不佞（三）深感体育之要，倘提倡者之不得其当，知海內同志，同此命而求怜者必多。不自慚赧（四），貢其愚見，以資商榷。所言幷非皆已实行，尙多空言理想之处。不敢为欺，倘辱不遺，賜之敎誨，所虚心有拜者也。

第 一 释 体 育

自有生民以来，智識有愚閭，无不知自卫其生者。是故西山之薇（五），飢极必食；井山之李（六），不容不嘰。巢木以为居，皮兽以为衣，盖发乎天能，不知所以然也。然而未精也，有圣人者也。于是乎有礼，飲食起居，皆有节度。故子之燕居，申申如也，夭夭如也（七）；食饐而餲，魚餒而肉败，不食（八）；射于矍相之圃，盖观者如墙堵焉（九）。人体之组成，与群动无不同，而群动不能及人之寿，所以制其生者无节度也。人则以节度制其生，愈降于后而愈明，于是乎有体育。体育者，养生之道也。东西之所明者不一。庄子效法于疱丁（十），仲尼取資于射御（十一）。观今文明諸国，

209

德为最盛，其斗剑之风，播于全国；日本则有武士道，近且囚吾国之諸余，造成柔术，戙戙乎（十二）可观已。而考其内容，皆先精究生理，详于官体之构造，脉絡之运行，何方发达为早，何部较有偏缺。其体育即准此为程序，抑其过救其所不及。故其結論，在使身体平均发达。由此言之，体育者，人类自养其生之道，使身体平均发达，而有规则次序之可言者也。

第二 体育在吾人之位置

体育一道，配德育与智育，而德智皆寄于体。无体是无德智也。顾知之者或寡矣。或以为重在智識，或曰道德也。謂知識則可貴矣，人之所以异于动物者此耳。顾徒知識之何載乎？道德亦誠可貴矣，所以立群道中人已者此耳。顾徒道德之何寓乎？体者，为知識之載而为道德之寓者也。其載知識也如车，其寓道德也如舍。体者，載知識之车寓道德之舍也。儿童及年入小学，小学之时，宜专注重身体之发育，而知識之增进道德之养成次之。宜以养护为主，而以敎授训练为輔。今盖多不知之，故儿童緣讀书而得疾病至夭殤者有之矣。中学及中学以上，宜三育幷重，今人則多偏于智。中学之年，身体之发育尚未完成，乃今培之者少而傾之者多，发育不将有中止之势乎？吾国学制，課程密如牛毛，虽成年之人，頑强之身，犹莫能举，况未成年者乎？况弱者乎？观其意，敎者若特設此繁重之課，以囚学生，蹂躪其身而残贼其生，有不受者則罰之。智力过人者，則令加讀某种某种之书，甘言以餂之，厚尝以誘之。嗟乎，此所謂贼夫人之子歟！学者亦若恶此生之永年，必欲摧折之，以身为殉而不悔，何其梦梦如是也！人独患无身耳，他复何患？求所以善其身者，他亦随之矣。善其身无过于体育。体育于吾人实乃第一之位置。体强壮而后学問道德之进修而收效远。于吾人研究之中，宜視为重要之部。"学有本末，事有終始，知所先后，則近道矣"。此之謂也。

第三 前此体育之弊及吾人自处之道

三育幷重，然昔之为学者，詳德智而略于体。及其弊也，僂身俯首，紆紆素乎，登山則气迫，涉水則足痙。故有颜子而短命（一三）；有賈生（一四）而早夭；王勃（一五），卢照邻（一六）或幼伤或坐废。此皆有甚高之德与智也。一旦身不存，德智則从之而隳矣（一七）。惟北方之强，裹金革死而不厌（一八）。燕赵多悲歌慷慨之士（一九）。列士武臣，多出涼州（二十）。清之初世，顔习斋（二一）、李剛主（二二）文而兼武。习斋远跋千里之外，学击剑之术于塞北，与勇士角而胜焉。故其言曰："文武缺一岂道乎？"顾炎武（二三），南人也，好居于北，不喜乘船而喜乘馬。此数古人者，皆可师者也。

学校旣起，采各国之成法，风习稍稍改矣。然办学之人，犹未脱陈旧一流，囿于所习，不能驟变。或少注意后之，亦惟是外面鋪张，不揣其本而齐其末？故欲观现今之体育，率多有形式而无实质。非不有体操課程也，非不有体操敎員也，然而受体操之益者少。非徒无益，又有害焉。敎者发令，学者强应，身順而心违，精神受无量之痛苦，精神苦而身亦苦矣。盖一体操之終，未有不貌瘁神伤者也。飲食不求洁，无机之物，微生細菌，入于体中，化为疾病；室內光綫不足，則目力受害不小；桌椅长短不合，削趾适履，则躯干受亏。其余类此者尚多，不能尽也。

然则为吾体学之计如之何？学校之设备，教师之教训，乃外的客观也。吾人盖尚有内的主观。夫内断于心，百体从令。祸福无不自己求之者，我欲仁斯仁至，况于体育乎。苟自之不振，虽使外的客观尽善尽美，亦犹之乎不能受益也。故讲体育必自自动始。

第 四 体 育 之 效

人者，动物也，则动尚矣。人者有理性之动物也，则动必有道。然何贵乎比动邪？何贵乎此有道之动邪？动以营生也，此浅言之也；动以卫国也，此大言之也，皆非本义。动也者，盖养乎吾生乐乎吾心而已。朱子（二四）主敬，陆子（二五）主静。静，静也；敬，非动也，亦静而已。老子（二六）曰无动为大。释氏（二七）务求寂静。静坐之道，为朱陆之徒者咸释之。近有因是子（二八）者，言静坐法，自谓其法之神，而鄙运动者之自损其体。是或一道，然予未敢效之也。愚拙之见，天地盖惟有动而已。

动之属于人类而有规则之可言者曰体育。前既无人，体育之效，则强筋骨也。愚昔尝闻，人之官骸肌络，及时而定‘不复再可改易矣，大抵二十五岁以后，即一成无变。今乃知其不然。人之身盖日日变易者，新陈代谢之作用不绝行于各部组织之间。目不明可以明，耳不聪可以聪，虽六七十之人，犹有改易官骸之效，事盖有必至者。又闻弱者难以转而为强，今亦知其非也。盖生而强者，滥用其强，不戒于种种嗜慾，以渐戕贼其身。自谓天生好身手，得此已足，尚待锻炼？故至强者或终转为至弱。至于弱者，则恒自悯其身之不全，而惧其生之不永，竞业自持。于消极方面，则深戒嗜慾，不敢使有损失。于积极方面，则勤自锻炼，增益其所不能，久之逐变而为强矣。故生而强者不必自喜也，生而弱者不必自悲也。吾生而弱乎，或者天下诱我以至于强，未可知也。东西著称之体育家，若美之罗斯福（二九），德之孙棠（三〇），日本之嘉纳（三一）皆以至弱之身，而得至强之效。又尝闻之，精神身体，不能并完。用思想之人，每歉于体；而体魄蛮健者，多缺于思。其说亦谬。凡盖指薄志弱行之人，并所以概乎君子也。孔子七十二而死，未闻其身体不健；释迦往来传道，死年亦高；邪苏（三二）不幸以冤死；至于摩诃末（三三）左持经典，右持利剑，征出一世。此皆古之所谓圣人，而最大之思想家也。今之伍秩庸先生（三四），七旬有余岁矣，自谓可至百余岁，彼亦用思想之人也；王湘绮（三五）死年七十余，而康健镪铄。如是说者，其何以解邪？总之，勤体育则强筋骨，则体质可变，弱可转强，身心可以并完，此盖非天命而全乎人力也。

非第强筋骨也，又足以增知识。近人有言曰：文明其精神，野蛮其体魄。此言是也。欲文明其精神，先自野蛮其体魄。苟野蛮其体魄矣，则文明之精神随之。夫知识之事，认识世间之事物而判断其理也。于此有须于体者焉。直观则赖乎耳目，思索则赖乎脑筋之谓体，体全而知识之事亦全。故可谓间接从体育以得知识。今世百科之学，无论学校独修，总须力能胜任。力能胜任者，体质强者也。不能胜任者，其弱者也。强弱分，而所任之区域以殊矣。

非第增知识也，又足以调感情。感情之于人，其力极大。古人以理性制之，故曰“主人翁常惺惺否”（三六），又曰“以理制心”。然理之出于心，心存乎体。常观罢（三七）弱之人，往往为感情所役，而无力以自拔。五官不全及肢体有缺者，多因于一偏

211

之情，而理性不足以救之。故身体健全，其感情斯正，可謂不易之理。以例言之，吾人遇某种不快之事，受其刺激，心神震荡，难于制止。苟加以严急之运动，立可汰去陈旧之观念，以复使脑筋清明，效益可立而待也。

非第調感情也，又足以强意志。体育之大效，盖尤存此矣。夫体育之主旨，武勇也。武勇之目，若猛烈，若不畏，若敢为，若持久，皆意志之事。取例明之，如冷水浴足以练习猛烈与不畏，又足以练习敢为。凡各种之运动，持續不改，皆有练习耐久之益。长距离之赛跑，于耐久之练习尤著。夫力拔山气盖世（三八），猛烈而已；不斩楼兰誓不还（三九），不畏而已；化家为国，敢为而已；八年于外，三过其門而不入（四十），耐久而已。要皆可于日常体育之小基之。意志也者，固人生事业之先躯也。

肢体纤小者举止轻浮，肤理緩弛者心意柔纯，身体之影响于心理也如是。体育之效，至于强筋骨，因而增知识，因而調感情，因而强意志。筋骨者吾人之身，知识感情意志者吾人之心。身心皆适，是謂具泰。故体育非他，养乎吾生，乐乎吾心而已。

第五不好运动之原因

运动为体育之最要者，今之学者多不好运动，其原因盖有四焉。一则无自觉心也。一事之见于行为也，必先动其喜为此事之情，尤必有对于此事明白周詳知其所以然之智。明白周詳知其所以然者，即自觉也。人多不知运动对于自己有如何之关系，或知其大略，亦未至亲切严密之度。无以发其智，因无以动其情。夫能研究各种科学孜孜不倦者，以其关系于自己切也。今日不为，他日将无以谋。而运动则无此自觉，此其咎由于自己。不能深省者半，而教师不所以开之亦占其半也。一则积习难返也，我国历来重文，羞恥短后（四一），有好汉不当兵之語。虽知运动当行之理，与各国运动致强之效，然旧念之力尚强，其于新观念之运动，盖犹在迎拒参半之列。故不好运动亦无怪其然。一则提倡不力也。此又有二种：其一，今之所称教育家多不諳体育。自己不知体育，徒耳其名，亦从而体育之，所以出之也有誠，所以行之也无术，遂减学者研究之心。夫蕩子而言自卫，沉湎（四二）而言节飲，固无人信之矣。其次，教体操者多无学识，語言鄙俚，聞者塞耳，所知唯此一技，又未必精，日日相见者，唯此机械之动作而已。夫徒有形式而无精意以贯注之者，其事不可一日存，而今之体操实如是。故则学者以运动为可羞也。以愚所考察，此实为不运动之大原因也。夫衣裳楚楚，行止于于，瞻視舒徐而夷犹（四三）者，美好之态，而社会之所好也。忽而张臂露足，伸肢曲体，此何为者邪？宁非大可怪者邪？故有深知身体不可不运动，且苦思实行，竟不能实行者。有群众群止能运动，单独行动则不能者，有燕居私室能运动，稠人广众则不能者。一言蔽之，害羞之一念为之耳。四者皆不好运动之原因。第一与第四属于主观，改之在己；第二与第三属于客观，改之在人。君子求己，在人者听之己矣。

第六运动之方法貴少

愚自伤体弱，固欲研究卫生之术。顾古人言者亦不少矣。近今学校有体操，坊間有书册，冥心务泛（四四），終难得益。盖此事不重言談，重在实行，苟能实行，得一道半法已足。曾文正（四五）行临睡洗脚，食后千步之法，得益不少。有老者年八十犹康健，問之，曰："吾惟不飽食耳。"今之体操，諸法樊陈(四六)更仆尽之(四七)，宁止数十百种？巢林止于一枝，欲河止于满腹(四八)。吾人惟此身耳，惟此官骸脏絡(四九)耳，虽百其法，不外欲使血脉流通。夫法之致其效者一，一法之效然，百法之效亦然，则余之九十九法可废也。目不两视而明，耳不两听而聪，筋骨之锻炼而两其方法，是扰之也。效其有效，未见其能有效矣。夫应諸方之用，与锻一己之身者，不同。浪桥所以适于航海，持竿所以适于逾高，游戏宜乎小学，兵式宜乎中学以上，此应諸方之用者也。动运筋骸血脉流通，此锻一己之身者也。应諸方之用者其法宜多，锻一己之身者其法宜少。近之学者，多誤此意，故其失有二：一则好动运者，以多为善，几欲一人之身，百般俱备，甚至无一益身者；一则不好运动者，见人之技艺多，吾所知者少，则絶弃之而不为。其宜多者不必善，务广而荒，又何貴乎？少者不必不善，虽一手一足之屈伸，苟以为常，亦有益焉。明乎此，而后体育始有进步可言矣。

第七 运动应注意之項

凡事皆宜有恒，运动亦然。有二人于此，其于动运也，一人时作时輟，一人到底不懈，则效不效必有分矣。运动而有恒，第一能生兴味。凡静者不能自动，必有所以动之者。运之无过于兴味，凡科学皆宜引起多方兴味，而于运动尤然。人静处则甚逸，发动则甚劳，人恒好逸而恶劳。使无物焉以促之，则不足以移其势而变好恶之心。而此兴味之起由于日日运动不輟。最好于才起临睡行二次运动，裸体最善，次则薄衣，多则甚碍事。日以为常，使此运动之观念，相连而不絶，今日之运动，承乎昨日之运动，而又引起明日之运动。每次不必久，三十分钟巳足。如此自生一种兴之味焉。第二能生快乐。运动既久，成效大著，发生自己价值之念，以之为学则胜任愉快，以之修德则日起有功，心中无限快乐，亦緣有恒而得也。快乐与兴味有辨，兴味者运动之始，快乐者运动之終。兴味生于进行，快乐生于結果。二者自异。

有恒矣，而不用心，亦难有效。走馬观花，虽日日观，犹无观也。心在鳴鵠(五十)，虽与俱学，勿若之矣。故运动有致全力之道焉。运动之时，心在运动，閒思杂虑，一切屏去，运心于血脉如何流通，筋肉如何张弛，关节如何反复，呼吸如何出入。而运作按节，层伸进退，皆一一踏实。朱子論主一无适(五一)。謂吃飯则想吃飯，穿衣则想着穿衣，一夫全力于运动之时者，亦若是则巳耳。

文明柔顺(五二)，君子之容。虽然，非所以語于运动也。运动宜蛮拙。騎突鎗鸣十盪十决(五三)，嘈鳴山岳叱咤风云。力拔項王之山，勇貫由基之扎(五四)，其道盖在乎蛮拙，而无与于纤巧之事。运动之进取宜蛮，蛮则气力雄，筋骨劲。运动之方法宜拙，拙则賓守实，练习易。二者在初行运动之人尤为要。

运动所宜注意者三：有恒一也，注全力二也，蛮拙三也。他所当注意者尚多。举其要者如此。

第八 运动一得之商榷

愚既初涉各种运动，以其皆系于外练而无当于一巳之心得。乃提挈各种运动之长，自成一种运动，得此运动之益，颇为不少。凡分六段：手部也，足部也，躯干部也，头部也，打击运动也，調和运动也。段之中有节，凡二十有七节。以其为六段，因名之曰六段运动。兹逃于后，世之君子，幸敎正焉。

一、手部运动，坐势。

1.握拳向前屈伸。左右参，三次。（左右参者，左动右息，右动左息，相参互也）

2.握拳屈肘前侧后半园形运动。左右参，三次。

3.握拳向前面下方屈伸。左右并，三次。（左右并者，并动不相参互）

4.手仰向外拿，左右参，三次。

5.手交向外拿。左右参，三次。

6.伸肘指屈肘前刺。左右参，三次。

二、足部运动，坐势。

1.手握拳左右垂。足就原位一前屈，一后斜伸。左右参，三次。

2.手握拳前平，足一侧伸，一前屈。伸者可易位，屈者惟趾立。臀跟相接。左右参，三次，

3.手握拳左右垂。足一前一后，左右参，三次。

4.手握拳左右垂，足一支一前踢，左右参，三次。

5.手握拳左右垂，足一前屈一后伸。屈者在原位，伸者易位，二足略在直綫上。左右参，三次。

6.手释拳，全身一起一蹲，蹲时臀跟略接，三次。

三、躯干部运动，立势。

1.身向前后屈。三次。（手握拳，下目）

2.手一上伸一下垂。繃张左右胸肋，左右各一次。

3.手一侧垂，一前斜垂。繃张左右背肋，左右各一次。

4.足丁字势。手左右横盪，扭捩腰肋。左右各一次。

四、头部运动，坐势。

1.头前后屈。三次。

2.头左右轉。三次。

3.用手按摩额部，頬部，鼻部，唇部，喉部，耳部，后頸部。

4.自由运动。头大体位置不动，用意使皮肤及下颚运动。五次。

五、打击运动，不定势。（打击运动者，以拳遍击身体各部，使血液奔流，筋肉坚实，为此运动之主。）

1.手部。右手击左手，左手击右手。

（1）前膊。上面、下面、左面、右面。

（2）后膊。上面、下面、左面、右面。

2.肩部。

3.胸部。4、肋部。5、背部。6、腹部。7、臀部。8、腿部。上腿。下腿。

六、調和运动，不定势。

1.跳舞，十余次。

2.深呼吸，三次。

（注：此文原载一九一七年四月一日《新青年》）

附：

註釋

（1）"荼"音nie，疲弱的样子。

（2）"兵"就是武器。

（3）"不佞"謙虚的自称。佞，ning，有才智。

（4）"不自慚赧"自己不感到慚愧，表示謙虚的意思。赧为因羞而面赤，赧nǎn。

（5）"西山之薇"見"史記"。伯夷，叔齐兄弟二人，不愿继承孤竹君的王位，遂到首阳山隐姓埋名，周武王起兵打股討王，他俩不以为然，曾拦阻马劝說无效。周朝得了天下，伯夷、叔齐以吃周朝的粮食为耻，就在西山，采野薇吃，后餓死。薇，wēi，一称野宛豆。

（6）"井山之李"見"孟子"。陈伸子，战国时人，他的哥哥作了大官，他以为不义，不愿在他哥哥家里作寄生虫，便同自己的妻子逃到楚国織麻鞋为生，有一次，他三天沒吃饭，看见井山上有被虫子吃过的半个李子，爬过去吃。

（7）"子之燕居"三句，見"論語"。說孔老夫子在休息时十分舒坦的样子。

（8）"食饐而餲"三句，見"論語"。是說孔夫子讲卫生，經久变味的飯和烂魚敗肉，孔夫子是不吃的。

（9）"射于矍相之圃"二句，見"礼記"，矍相在山东曲阜县城中內闕里面，孔子当日里在这射箭，来看的人很多，象墙一般围着他。射箭在古时是一种礼制，又可以观察人的道德修养，不只是武人的事，孔子对射箭也很有造詣。

（10）"庄子效法以庖丁"見"庄子"。庄周，战国时哲学家，他写一个炊事員宰牛的經驗和技术，从解剖的路数悟出"依乎天理"、"因其固然"的道理来。于是联想到养生之道，写成一篇"养生道"。大意是說，养生有道，若不善养而及伤生，不是养生之道。

（11）"仲尼取資于射御"，是說孔子从射箭和駕车这两项练习为养生之法。孔子以"礼、乐、射、御、书、数"六門技艺作教育内容，射与御都属于体育。

（12）"觥"，是大酒杯，"觥觥乎"，大的意思。这句是說大有可观。

（13）"颜子而短命"，見"論語"，颜回，孔子最好的学生，爱学习，又有德行。但体弱，二十九岁头发都白了，死年三十二，孔子很伤心。

（14）"賈生早夭"，見"史記"，西汉賈誼，有才学，对国事多所建議，为权貴所忌，贬于长沙，抑郁早死，年三十二。

（15）"王勃"唐朝人，六岁便能写文章，十四岁作"滕王閣序"，是初唐四杰之一，二十九岁时，掉到水里淹死了。

（16）"卢照邻"，也是初唐四杰之一，得手足痙攣病，成了残废，后自投水死。

（17）"隳"，音灰，毁的意思。

（18）"北方之强"二句，見"中庸"。說北方人强壮，为保卫国家，穿起甲，枕着戎睡觉，死而不厌。

（19）"燕赵多悲歌慷慨之士"，是唐代韓愈的文句。燕指河北，赵指山西。韓愈用汉书"赵中山地海人众，丈夫相聚游戏，悲歌慷慨"的情况，想到荆轲，高渐离行刺秦始皇的故事，說明这些地方民情强悍，出勇和俠客。

（20）涼州，指甘肃。

（21）"颜习斋"，名元，清朝人。研究学問主张实践，勤劳动，忍嗜欲，苦筋骨，习六艺，讲世务，以备天下国家之用。他兼长武术。

（22）"李刚主"，名塨，清朝人，和颜元是一派，通五經六艺，主张学問要结合实用。

（23）"顾炎武"，明末江苏昆山人，曾与同志起兵反清复明，兵败逃走，清朝屢次請他出来作官，都不应，因游四方，心存光复。以后埋头讀书，讲終世实用，有民主思想。同时研究国家制度，地方利弊，天文，地理，兵农之学，著作甚多。年高望重，为清代学术大师。

（24）"朱子"，朱熹，宋朝的理学家。

（25）"陆子"，陆九渊，宋朝的理学家。

（26）"老子"，姓李名耳，又名李老聃，周朝人，著道德經。

（27）"释氏"，佛教創始者释迦牟尼。

（28）"因是子"，名叫蒋維乔，习静坐数十年，著有"因是子静坐法"。

（29）"罗斯福"，美国人，1901年任总统，后連任。其人好胜，体格亦强，总统卸任后，到非洲东部探险，著述甚多。1932年开始任总统。

（30）"孙棠"，据日文"体育大辞典"載，是德国鉄哑鈴操的普及者，常作巡迴表演。

（31）"嘉納"（1890—1938），日本东京大学教授，讲道館館长，曾将日本"柔术"改良为"柔道"，后被选为国际奥林匹克委员会委员。

（32）"邪苏"，即耶穌，因改革犹太教，被釘死于十字架。

（33）"摩訶末"，即伊斯兰教的創始者穆罕默德。

（34）"伍秩庸"，即伍廷芳，是清朝留学美国的较早者，辛亥革命后，任外交、司法等部部长。

（35）"王湘綺"，清朝人，曾在校經、船山几个大书院讲学，辛亥革命后，任国史館館长。

（36）"主人翁常惺惺否"是說以理性克制感情，經常警惕自己的意思。

（37）"罢"就是疲。

（38）"力拔山气盖世"項羽垓下被困，作歌有"力拔山兮气盖世"一句。

（39）"不斩楼兰誓不还"。楼兰是汉朝西域国名，曾裁杀汉使者，屢犯汉境。传介子自請往击楼兰，說不斩楼兰，发誓不回来。以后果然把楼兰王首级斩了回来。

（40）"八年于外，三过其門而不入"。夏禹治水，在外八年，手足都生了老茧，三次路过自己的家門都顾不得进去。

（41）"羞恥短后"短后，是說衣的后幅较短，便于劳作。后来也称軍人的衣为短后衣。本文"羞恥短后"是說重文輕武，文人向来恥于和"武人"幷列。

（42）"沉湎"，沉溺的意思。本文里是說終日飲酒，象浸在酒里的人，自己还說节飲，岂不驅人？

　　(43)"穦穦"，溫文尔雅，很斯文的样子，"于于"走路的样子。"穦視徐而夷犹"，瞻前顾后，慢条斯理，要走不走的样子。

　　(44)"冥心务泛"二句。是說只潜心去空想，而不实行是得不到益处的。

　　(45)"曾文正"即"曾国藩"，他不論在工作时，行軍时，都不間断地实行"临睡洗脚，食后千步"的健身方法。

　　(46)"樊陈"即杂列着。

　　(47)"更仆尽之"，一个人数不完，换人去数完它。

　　(48)"巢林""飲河"二句，是說树林里树枝虽多，鳥儿只巢宿一枝，河水虽多，飲者喝饱了也就完了。不能把树枝和河水都占尽，体育运动也只要专一种，长期坚持鍛炼，自然得到效果。

　　(49)"藏"就是五脏，"絡"就是血脉神經。

　　(50)"心在鳴鵠"，語意見于孟子："一心以为鴻鵠将至，思援乃繳而射之。"意思是說在工作时不当心。

　　(51)"主一无适"是說专一不移。

　　(52)"文明柔順"，古人称贊周文王"外文明而內柔順"，显現出有文化修养而內心和順。

　　(53)"十盪十决"是說項羽力能拔山，勇气过人？"史記"載，項羽暗鳴叱咤，千人皆废。又載：羽在垓下（今安微灵壁县）被刘邦重重包围，只剩百十騎，十次突围冲盪汉兵，都突破了缺口。

　　(54)"勇貫由基之札"。养由基，春秋时楚国人，善射，能在百步之外射中柳叶，百发百中，"札"是甲叶。左传中說由基射力之强能穿射七重甲。

給徐特立同志的一封信

1937年1月30日

徐老同志：

　　你是我二十年前的先生，你现在仍然是我的先生，你将来必定还是我的先生。当革命失败的时候，許多共产党员离开了共产党，有些甚至跑到敌人那边去了，你却在一九二七年秋天加入共产党，而且取的态度是十分积极的。从那时至今，在长期的艰苦斗爭中你比許多青年壮年党员还要积极，还要不怕困难，还要虚心学习新的东西。什么"老"，什么"身体精神不好"，什么"困难障碍"，在你面前都降服了。而在有些人面前呢？却成了畏葸不前的借口。你是懂得很多，而时刻以为不足，而在有些人本来只有"半桶水"却偏要"淌得很"。你是心里想的，就是口里說的与手里做的，而在有些人他們心之某一角落，却不免藏着一些腌腌臢臢的东西。你是任何时候都是同群众在一块的，而在有些人却似乎以脱离群众为快乐。你是处处表現自己就是服从党的与革命紀律之模范，而在有些人却似乎认为紀律只是束縛人家的，自己并不包括在內。你是革命第一、工作第

一、他人第一，而在有些人却是出风头第一、休息第一与自已第一。你总是拣难事做，从来也不躲避責任，而在有些人则只愿意拣轻松事做，遇到担当責任的关头就躲避了。所有这些方面我都是佩服你的，愿意继續地学习你的。也愿意全党同志学习你。当你六十岁生日的时候，写这封信祝賀你，愿你健康，愿你长寿，愿你成为一切革命党人与全体人民的模范。

此致

革命的敬礼

毛泽东1937.1.30于延安

抵 渝 发 表 談 話

1945年8月28日

本人此次来渝，系应国民政府主席蔣介石先生之邀請，商討团結建国大計。现在抗日战爭已經胜利結束，中国即将进入和平建設时期，当前时机极为重要，目前最迫切者为保证国內和平，实施民主政治，巩固国內团結。国內政治上、軍事上所存在的各項迫切問題，应在和平、民主、团結的基础上加以合理解决，以期实现全国之統一，建設独立、自由与富强的新中国。望中国一切抗日政党及爱国志士团結起来，为实现上述任务而共同奋斗。本人对蔣介石先生之邀請，表示謝意。

（此文为毛主席抵渝下机后发表的讲話）

反对美軍事援蔣法案

1946年 6 月22日

美国国务院于本月十四日提付国会审議的继續对华軍事援助法案，对中国的和平安定与独立民主有极为不利的影响，因此中国共产党坚决反对此項法案。中共此种意见，幷为中国广大民主人士所支持，在抗日战爭中，美国对于中国实施軍事援助，幷派遣美軍在中国領土上协同作战，其目的是击败中美的共同敌人日本帝国主义，但就在那时，由于美国錯誤地仅仅援助国民党軍閥，这种援助也幷未有效地加强中国的抵抗，相反地是被国民党軍閥用以加强其对于积极抗日的中国共产党与中国解放区的进攻与封鎖，在日本投降以后，美国没有停止反而极大地加强了对于中国国民党政府的各种軍事援助，幷在此实际目的下派遣庞大的軍队驻在中国的領土与領海之上，这种行动已經证明是中国大規模內战爆发与继續扩大的根本原因，仅仅在美国政府宣布履行一九四五年十二月莫斯科三国外长会議公报关于中国問題的约束，与中国国民党宣布停止內战，幷宣布履行中国政治协商会議关于国家民主化的决議的前提之下，中国共产党才曾經不反对美国对于中国的某种軍事援助。但是现在这些前提都已被严重破坏，因此美国实行所謂軍事援助，实际上只是武装干涉中国內政，只是以强力支持国民党独裁政府继續陷中国于內战、分裂、混乱、恐怖和貧困，只是使中国不能实现整軍复員和履行其对于联合国的义务，只是危害中国国家安全独立与领土主权完整，只是破坏中美两大民族的光荣友谊与中美贸易的发展前途。中国人民今天所急需的并不是美国的枪炮及美军留驻中国领土，相反，中国人民痛感美国运来中国的军火已经太多，美国在中国的军队已经驻的太久，它们已经构成中国的和平和安定与中国人民的生存和自由之严重巨大威胁。在此种现实情况之下，中国共产党不得不坚决反对美国政府继续以出售、交换、租借、赠送或让渡等方式将军火交给中国的国民党独裁政府，坚决反对美国派遣军事使团来华，并坚决要求美国立即停止与收回对华的一切所谓军事援助，和立即撤回在华的美国军队。

（此文是毛主席就美国对华军事援助所发表的声明。）

答 复 时 局 问 题
——答紐約先驅論坛报駐华記者斯蒂尔先生問
1946年9月29日

問：閣下是否认为美国調解中国內战之举已告失败，如美国政策按目前形式继續实行，則結局将如何？

答：我很怀疑美国政府的政策是所謂調解。根据美国大量援助蒋介石使得他能够举行空前大规模內战的事实看来，美国政府的政策是在借所謂"調解"作掩护，以便从各方面加强蒋介石，并經过蒋介石的屠杀政策，压迫中国民主力量，使中国在实际上变为美国的殖民地。这一政策继續实行下去，必将激起全中国一切爱国人民起来作坚决的反抗。

問：中国內战将延长多久？其結果将如何？

答：如果美国政府放弃现行片面援蒋政策，撤退駐华美军，实行莫斯科三国协定，則中国內战必能早日結束。如果不是这样，就有变为长期战争的可能。其結果，一方面，当然是中国人民受痛苦。但是，另一方面，中国人民必将团結起来，保卫自己的生存，决定自己的命运。不管怎样艰难困苦，中国人民的独立、和平、民主的任务是一定要实现的。任何本国与外国的压迫力量，不可能阻止这一任务的实现。

問：閣下是否认为蒋介石是中国人民的"当然領袖"？共产党是否将在任何情况之下均不接受蒋介石的五项要求？如果国民党企图召集一个无共产党参加的国民大会，則共产党将采取何种行动？

答：世界上无所謂"当然領袖"。蒋介石如能按照今年一月間的停战协定及政治协商会議的共同决議处理中国政治軍事經济等项問題，而不是按照所謂"五项"或十项违反上述那些协定的片面要求，那么我們是仍然願意和他共事的。国民大会只应当按照政治协商会议的决議由各党派共同負責去召集，否則我們将采取坚决反对的态度。

（原載解放日报中华民国三十五年十月七日）

中 国 需 要 和 平 建 国
——答路透社記者甘貝尔书面十二项問題

（一）問：是否可能不用武力而用协定的方法避免內战？

答：可能。因为这符合于中国人民的利益，也符合于中国当权政党的利益。目前中国只需要和平建国一项方针，不需要其他方针，因此中国內战必須坚决避免。

（二）問：中共准备作何种让步，以求得协定？

答：在实现全国和平、民主、团结的条件下，中共准备作重要的让步，包括縮减解放区的軍队在內。

（三）問：中央政府方面需作何种的妥协或让步，才能满足中共的要求呢？

答：中共的主张见于中共中央最近的宣言，这个宣言要求国民党政府承认解放区的民选政府与人民軍队，允許他們参加接受日本投降，严惩汉奸伪軍，公平合理的整編軍队，保障人民自由权利，及成立民主的联合政府。

（四）問：你对談判会达到协定甚至只是暫时协定一事，觉得有希望嗎？

答：我对談判结果，有充分信心，认为在国共两党共同努力与互相让步之下，談判将产生一个不止是暫时的而且是足以保证长期和平建设的协定。

（五）問：假若談判破裂，国共問题可能不用流血方法而得到解决嗎？

答：我不相信談判会破裂。在无論什么情形之下，中共都将坚持避免内战的方针。困难会有的，但是可能克服的。

（六）問：中共对中苏条約的态度如何？

答：我們完全同意中苏条約，幷希望它的彻底实现，因为它有利于两国人民与世界和平，尤其是远东和平。

（七）問：日本投降后，你們所占领的地区，是否打算继續占领下去？

答：中共要求中央政府承认解放区的民选政府与人民軍队，它的意义只是要求政府实行国民党所早已允諾的地方自治，藉以保障人民在战爭中所作的政治上、軍事上、經济上、与教育上的地方性的民主改革，这些改革是完全符合于国民党創造者孙中山先生的理想的。

（八）問：如果联合政府成立了，你們准备和蒋介石合作到什么程度呢？

答：如果联合政府成立了，中共将尽心尽力和蒋主席合作，以建设独立、自由、富强的新中国，彻底实行孙中山先生的三民主义。

（九）：（Ａ）你的行动和决定，将影响到华北多少共产党党員？（Ｂ）他们有多少是武裝起来的？（Ｃ）中共党員还在些什么地方活动？

答：共产党員的行动方针，决定于党的中央委員会。中共现在有一百二十余万党員，在它领导下获得民主生活的人民现已远超过一万万。这些人民，按照自願的原则，组織了现在数达一百二十万人以上的軍队和二百二十万以上的民兵，他們除分布于华北各省与西北的陕甘宁边区外，还分布于江苏、安徽、浙江、福建、河南、湖北、湖南、广东各省。中共的党員，则分布于全国各省。

（十）問：中共对"自由民主的中国"的概念及界說为何？

答："自由民主的中国"将是这样一个国家，它的各级政治直至中央政府都由普遍平等无記名的选举所产生，幷向选举它們的人民负责。它将实现孙中山先生的三民主义，林肯的民有民治民享的原则与罗斯福的四大自由。它将保证国家的独立、团结、統一及与各民主强国的合作。

（十一）問：在各党派的联合政府中，中共的建設方針及恢复方針如何？

答：除了軍事與政治的民主改革外，中共將向政府提議，实行一个經济及文化建設綱領，这綱領的目的，主要是减輕人民負擔，改善人民生活，实行土地改革與工业化，奖励私人企业（除了那些带有垄断性质的部門应由民主政府国营外），在平等互利的原則下欢迎外人投資與发展国际貿易，推广群众教育，消灭文盲等等。这一切也都是与孙中山先生的遺教相符的。

（十二）問：你贊成軍队国家化、废止私人拥有軍队么？

答：我們完全贊成軍队国家化與废止私人拥有軍队，这两件事的共同前提就是国家民主化。通常所說的"共产党軍队"按其实际乃是中国人民在战争中自願組織起来而仅仅服务于保卫祖国的軍队，这是一种新型的軍队，与过去中国一切属于个人的旧式軍队完全不同。它的民主性质为中国軍队之眞正国家化提供了可貴的經驗，足为中国其他軍队改进的参考。

給福斯特同志的一封信

1959年1月17日

十分感謝您一九五八年十二月十九日的来信。从您的充滿热情的来信中，使我看到了伟大的美国共产党的灵魂，看到了伟大的美国工人阶級和美国人民的灵魂。

中国人民懂得，美国帝国主义对中国做了許多坏事，对全世界做了許多坏事，只当美国的統治集团不好。美国人民是很好的。在美国人中間，虽然有許多人现在还没有觉醒，但是坏人只是一小部分，絕大多数是好人。中国人民同美国人民之間的友好关系，終究会冲破杜勒斯之流的障碍，日益广泛地发展起来。

美国共产党虽然暂时还处在不大順利的地位，但是你們的斗爭是很有意义的，将来一定会結出丰碩的果实。熙夜是有尽头的。美国反动势力现在已到处碰壁，显示着他們的寿命不会很长了。你們那里目前敌强我弱这种形势，完全是暂时的现象，它一定会向相反的方向起变化。

請允許我代表中国共产党和中国人民向您——美国工人阶級光荣的战士和領袖，致以衷心的問候，并祝您早日恢复健康。如果您有可能的話，我热忱地欢迎您到中国来医疗和休养。

毛 澤 东

一　封　信

各位同志：

建議讀二本书。一本，哲学小辞典（第三版）。一本，政治經济学教科书（第三版）。两本都在半年讀完。这里讲"哲学小辞典"一书的第三版。第一、二版，錯誤頗多，第三版，好得多了。照我看来，第三版也还有一些缺点和錯誤。不要紧，我們讀时可加以分析和鉴别。同政治經济学教科书一样，基本上是一本好书。为了从理論上批判經驗主义，我們必須讀哲学。理論上，我們过去批判了教条主义，但是沒有批判經驗主义。現在，主要危险是經驗主义。在这里印出了"哲学小辞典"中的一部分，题为"經驗主义，还是馬克思列宁主义"，以期引起大家讀哲学的兴趣。尔后可以接讀全书。至于讀哲学史，可以放在稍后一步。我們現在必須作战。从三方面打敗反党的反馬克思主义的思潮：思想方面，政治方面，經济方面。思想方面，即理論方面。建議从哲学、經济学两門下手，連类而及其他部門。

毛泽东

一九五九年八月十五日

十 年 总 結

（一九六○年六月十八日）

主动权，就是"高屋建瓴"、"势如破竹"。这件事来自实事求是，来自客观情况对于人民头脑的眞实反映，即人們对于客观外界的辩証法的认識过程。中間經过許多錯誤的认識，逐步改正这些錯誤，以归于正确。

錯誤不可能不犯。如列宁所說，不犯錯誤的人从来沒有。郑重的党在于重視犯錯誤，找出錯誤的原因，分析所以犯錯誤的主观和客观的原因，公开改正，我党的总路綫是正确的，实际工作也是基本作得好的。有一部分錯誤也是难于避免的。那里有完全不犯錯誤一次就完成了眞理的所謂圣人呢？眞理的认識不是一次完成的，而是逐步完成的。我們是辩証唯物論的认識論者。自由是必然的认識，由必然的（到）认識。由必然王国到自由王国的飞跃，是在一个长期认識过程中逐步地完成的。对于我国的社会主义革命和建設，我們已經有了十年的經驗了，已經懂得了不少的东西了。但是我們对于社会主义建設，經驗还不足，在我們面前，还有一个很大的未被认識的必然王国。我們还不深刻地认識它。我們要在今后的实践中继續調查它，研究它，从中找出它固有的规律，以便利用这些规律为社会主义事业服务。

对冶金系統的指示

在工业方面，必須首先抓紧鋼鉄工业和机械工业，因为这是实现我国工业化、农业机械化和加强国防力量的基础。

一个粮食，一个鋼鉄，有了这两个东西就什么都好办了。

象鋼鉄这样的大型企业，可以逐步地办成为綜合性的联合企业，除了生产多种鋼鉄产品外，还要办点机械工业，化学工业和建筑工业等……这样的大型企业，除了工业外，农、商、学、兵都有一点。

在鋼鉄生产方面必須一手抓鉄，一手抓鋼。

任何社会主义的經济事业，必須注意尽可能充分地利用人力和設备，尽可能改善劳动組織，改善經营管理和提高劳动生产率，节約一切可能节約的人力和物力，实行劳动竞赛和经济核算，借以逐年降低成本，增加个人收入和增加积累。农业合作社也必须是这样。在这方面，必须进行許多工作。

国家和工厂、国家和工人，工厂和工人，国家和集体經济組織，国家和农民，都必須是兼顾，都不能是顾一头。

給生产者个人以必要的利益，給生产单位以一定的主动性，这对整个国家工业化好不好？应当是更好一些，如果更差一些，那当然不要。把什么东西統統都集中起来，把工厂折旧費也統統拿走，使得生产沒有一点主动性，那是不利的。……那么多工厂，将来还要多，使得他們的积极性能够充分地調动起来，这对我国的工业化一定会有更大的好处。

計划、指标不經过群众辯論，主要是你們的。辯論后，群众自己是主人了，干劲自然更足。……領导必須多到下面去看，帮助基层干部总結經驗，就地进行帮助指导。

……如果自然条件較差的地方能够大量增多，为什么自然条件較好的地方不能更加大量的增多呢？

松 树 和 柳 树
1944年春給随軍南下同志的讲話

还要学会两种本领。头一个是松树的本领，第二个是柳树的本领。松树多季长青，不怕刮风下雨，严寒之中也能巍然屹立，松树有"原則性"。柳树播到那里都能活，一到春天枝长叶茂，随风飘蕩十分可爱，柳树有"灵活性"。一个共产党員，应該有松树的"原則性"和柳树的"灵活性"，缺一不行。

抛 掉 包 袱
1944年十一月在延安中央党校的讲話

有的同志脑袋象个西瓜一样，西瓜表面是綠的，很純净沒有什么，但是切开一看，都是旁的颜色，紅瓤黑籽，啥都有。有的人表面看挺好，脑袋里装着自私自利，有封建迷信……。这些复杂观念就是我們的包袱，就是敌人。

题 詞

在反帝国主义与土地革命的伟大的战斗中，許多同志光荣地牺牲了，这些同志牺牲，表現了无产阶级不可战胜的英勇。奠定了十年中华苏維埃共和国的基础，全中国工农劳苦群众，正踏着这些同志的血迹前进。推翻帝国主义国民党的統治，爭取苏維埃在全中国的胜利。

《为瑞金紅軍烈士紀念塔的題詞》（1934年1月15日）

在全中国和全世界，为了共产主义和人类解放事业而英勇奋斗和辛勤工作，因而付出了自己生命的同志和朋友是很多的，我們应当永远紀念他們。

《为瑞金紅軍烈士紀念塔的題詞》

没有什么困难事情能够阻止我们走路的，問題是在坚持正确方針，艰苦奋斗，就能达到目的。

《为董伯成先生书》

全国各地都可以来北京看看，学习学习，北京的也可以去全国。五八年吃飯不要錢，现在坐火車不要錢。

《关于革命大串連的指示》

听說你們建筑校舍的热忱很高，开始表现了成績，这是很好的。这将給你們一个証明：在共产党与紅軍面前，一切的所謂困难是不存在的，最严重的困难也能克服，紅軍在世界上是无敌的。

—— 《为抗大建筑校舍题詞》 十月二十三日

现在一面学习，一面生产，将来一面作战，一面生产，这就是抗大的作风，是足以战胜任何敌人的。

—— 《为抗大生产运动题詞》 一九三九年

学习本領，好上前綫去。

—— 《为抗大四期开学题詞》

一九三八年五月二十一日

努力奋斗，再接再厉，光明就在前面。

——为抗大校刊《抗大》題詞

站在最前綫。

—— 《为抗大七周年紀念的題詞》

一九四三年六月一日

只要我們全体英勇善战的八路軍、新四軍，人人个个不但会打仗，会作群众工作，又会生产，我們就不怕任何困难，就会是孟夫子說过的："无敌于天下。"

※　　　　　　※　　　　　　※

一面学习，一面生产，克服困难，敌人丧胆。

※　　　　　　※　　　　　　※

九队的同志們：

庆祝你們成立了救亡室，这救亡二字就是你們及全国人民现阶段上唯一的总目标。达到这个目标的道路是抗日民族统一战綫，希望你們学习这个统一战綫的理論与方法，唯有統一战綫才能达到救亡之目的。

十二月十五日

五月七日，民国奇恥。何以报仇？在我教子。

青年时代讀《明恥篇》后题詞

世界是我們的，做事要大家来。

在长沙一师附小任教时，在門口挂出了一付对联1920年

要造就一大批人，这些人是革命的先鋒队。这些人具有政治的远见。这些人充满着

斗爭精神与牺牲精神。这些人是胸怀坦白的，忠诚的，积极的与正直的。这些人不謀私利，唯一的为着民族与社会的解放。这些人不怕困难，在困难面前总是坚定的，勇敢向前的。这些人不是狂妄分子，也不是风头主义者，而是脚踏实地富于实际精神的人們。中国要有一大群这样的先鋒分子，中国革命的任务就能够顺利的解决。

《为陝北公学成立和开学紀念的題詞》

亲爱的战友們，不朽的英雄：

数十年間，你們为人民事业做了轰轰烈烈的工作。今天，你們为人民事业而死，虽死犹荣！

你們的死是一个号召，它将加深中国人民对于中国共产党的認識，它将加强中国人民坚持和平、民主、团結事业的决心！

你們的死是一个号召，它号召全党党員和全国人民团結起来，为和平、民主、团結的新中国而奋斗到底！

全党党員和全国人民将继承你們的遺志，继續奋斗，直到胜利，决不懈怠，决不退縮。

《向四·八被难烈士致哀》

一切为着战胜日本帝国主义。

《根据中国革命博物館复制品》

为全体軍民服务。

《根据中国革命博物館复制品》

保卫平津，保护华北，保卫全中国，同日本帝国主义坚决打到底，这是今日对日作战的总方针。各方面的动員努力，这是达到此总方针的方法。一切动摇游移和消极不努力都是要不得的。

一九三七年七月十三日《文摘》第二号第十三期

忠誠党的教育事业

《解放軍报》一九六〇年七月一日第二版

坚持抗战，坚持統一战綫，坚持持久战，最后胜利必然是中国的。

《解放》四十三、四十四合刊期一九三八年七月八日

学好本領上前綫。

重庆《新华日报》一九三八年八月

继續努力，以求貫彻。

給抗大九期毕业同学　重庆《新华日报》
一九三八年九月一日

勇敢、决定、沉着、向斗爭中学，为民族解放事业随时准备牺牲自己的一切。

在中国人民抗日軍政大学毕业証书上的題詞
《北京日报》一九六一年一月十三日

知識分子之成为革命的，或不革命的或反革命的分界，看其是否愿意、幷且实行結合工农民众，他們的分界仅仅在这一点。

一九三八年四月十九日为抗日大学第四期毕业
同学題字，《中国青年》一九五九年第七期

停止敌人的进攻，准备我們的反攻。

《八路軍軍政杂志》創刊号一九三八年一月十五日

把新中华报造成抗战的一支生力軍。

《新中华报》一九三九年二月十日

为消灭文盲而斗爭

《新中华报》一九三九年四月十九日

带着新鮮血液与朝气加入革命队伍的青年們，无論他們是共产党党員或非党員，都是可貴的，沒有他們革命队伍就不能发展，革命就不能胜利。但青年同志的自然的缺点是缺乏經驗，而革命經驗是必须亲自参加革命斗爭，从最下层工作做起，切实地不带一点虚伪地經过若干年之后，經驗就属于沒有經驗的人們了。

安吳青訓班二周年紀念的題詞（一九五九年十月

《中国青年》一九五九年第九期第五頁）

学习白求恩同志的国际精神，学习他的牺牲精神，責任心与工作热忱。

悼念白求恩的挽詞一九三九年

《新中华报》一九三九年一月六日

楊松同志办事认眞、有責任心，我們应当記得他，学习他。

悼念楊松同志的挽詞

《延安解放日报》一九四一年十一月廿六日

实事求是

給中央延安党校題字

发展創造力，任何困难可以克服，通訊材料的自制，就是証明。

給延安无綫电材料厂的題詞

自己动手　丰衣足食

抗日战爭时期給八路軍大生产运动的題詞

《人民日报》一九六〇年九月二十五日

我到陕北和刘志丹同志見过一面，就知道他是一个很好的共产党党員，他英勇牺牲，出于意外，但他的忠心耿耿，为党为国的精神是永远留在党与人民中間，而不会磨灭。

为志丹陵題字《解放日报》延安一九四二年五月六日

群众生产，群众利益，群众經驗，群众情緒，这都是領导干部們应随时注意的，庆祝今年生产的新胜利。

給中直、軍直生产展覽会的題詞

延安《解放日报》一九四七年十一月二十四日

力求进步

延安《解放日报》一九四四年十一月二十八日

向为人民利益而牺牲的张思德同志致敬

追悼张思德同志的挽詞

延安《解放日报》一九四四年五月二十八日

永垂不朽

> 追悼张思德同志时所送花圈上的挽詞 一九
> 四四年 見蔣泰峰著《在毛主席周圍》第三
> 十一頁

热爱人民，眞誠地为人民服务，鞠躬尽瘁，死而后已，这就是邹韜奋先生的精神，这就是他之所以感动人心的地方。

> 一九四四年十一月十五日在延安《解放日报》
> 紀念邹韜奋特刊上的題詞 延安《解放日报》
> 一九四四年十一月二十二日

雪枫同志在与敌人斗争中牺牲了，全民族全党都悲痛这个损失。为了补救这个损失，应該学习雪枫同志的英勇精神，更加努力扩大解放区，扩大八路軍、新四軍，促成联合政府和联合統帅部，使日本侵略者在有效的联合打击下早日消灭，使独立民主的新中国早日实现。

> 追悼雪枫同志挽詞 延安《解放日报》一九四
> 五年二月八日

实事求是 力戒空談

> 七大紀念册題詞 一九四五年

努力提高軍事文化，壮大人民的軍队为战胜民族的敌人而奋斗

> 見《班战斗敎练》（上册），一九四三年十二
> 月八路軍留守兵团司令部出版

为敎育新后代而努力

> 《东北日报》一九四八年八月六日

为人民的音乐家冼星海同志致哀

> 追悼冼星海的題詞 《冼星海画生》第六二頁

努力工作，忠实于党，忠实于人民，祝你胜利。

> 給陈昌奉同志題字（一九四六年五月十七日）

忠心耿耿，为党为国，向应同志不死。

> 《解放日报》一九四五年七月二十九日

痛悼伟大的人民敎育家陆知先生千古

> 《解放日报》（一九四五年八月二十一日）

现在一面学习，一面生产，将来一面作战，一面生产，这就是抗大的作风，足以战胜任何敌人的。

> 一九三九年給抗大出版《生产战綫上的抗大》的題字

为建立中华民族的新文化而奋斗。

> 为陕甘宁边区文化协会第一次代表大会題辞

正义的战爭必然要战胜侵略战爭。

> 祝国际反侵略大会中国分会之成功 重庆《新华日
> 报》40.1.23

一面战斗，一面学习，百折不迴，再接再励。

《八路军军政杂志》第二卷第一期40.1.25

为建設新民主主义的新中华民族而斗爭，祝《中国工人》出版。

《中国工人》創刊号40.2.27

抗战团結进步，三者不可缺一。

《新中华报》1940.2.7

努力学习

参观中央教导大队生产学习覽展会题詞　40.2.7

天天向上

为儿童节题字　《新中华报》一九四〇年四月十二日

目前中国青年的唯一任务就是打敗日本帝国主义。

《中国青年》一九四〇年二卷七期

尽忠报国

追悼张自忠的挽詞　《新中华报》1940.8.20

坚持抗战坚持团結坚持进步边区是民主抗日根据地，反对投降反对分裂反对倒退人民有充分的救国自由权。

見《延安革命紀念建筑》第三十二頁

好生保育儿童

《新中华报》1941.4.13

多想

給延安《新中华报》的題詞

护士工作有很大的政治重要性

一九四一年在延安为紀念护士节题詞

儿童們团結起来学习做新中国的新主人

延安《解放日报》1942.4.4

尊重护士爱护护士

一九四二年在延安为紀念护士节题詞　延安《解放日报》1942.5.12

为了帮助各兄弟民族不怕困难努力筑路！

給康藏公路康定至昌都段筑路部队和民工的題詞　《人民日报》1952.11.27

动員起来，讲究卫生，减少疾病，提高健康水平，粉碎敌人的細菌战爭。

給第二届全国卫生会議的题字　《人民日报》1952.12.9

为了反对帝国主义的侵略我們一定要建立强大的海军。

一九五三年二月二十四日訪問南昌号軍舰时在船上的題詞　《解放日报》57.4.31

提高警惕，保卫祖国。

給公安軍首届功臣模范代表会議的題詞

为建設强大的人民炮兵而奋斗

　　　　　　　《人民日报》1953創刊号

努力学习，保卫国防。

　　　　　　　《軍事文选》第一期1959.1

庆祝官厅水庫工程胜利完成

　　　　　　　在授予官厅水庫建設者的錦旗上的題字《人
　　　　　　　民日报》1954.5.15

庆祝康藏、青藏两公路的通車，巩固各民族人民的团結，建設祖国!

　　　　　　　在授予康藏公路筑路人員錦旗的題詞《人民日
　　　　　　　报》55.2.4

建立一支强大的人民空軍，保卫祖国，准备战胜侵略者。

　　　　　　　給空軍首届英雄模范功臣代表大会的題詞《人
　　　　　　　民日报》55.3.22

庆祝武汉人民战胜了一九五四年的洪水，还要准备战胜今后可能发生的同样严重的
洪水。

　　　　　　　为武汉人民一九五四年防汛斗爭胜利的題詞
　　　　　　　《人民日报》55.9.13

人民英雄永垂不朽

　　　　　　　为首都人民英雄紀念碑題詞《人民日报》
　　　　　　　55.11.18

祝西藏自冶区籌备委員会的成立!

　　　　　　　《人民日报》56.4.23

看了日本展覽会，觉得很好，祝日本人民的成功。

　　　　　　　一九五六年为日本商品展覽会題詞《人民日
　　　　　　　报》56.10.8

中埃两国間友好关系的发展和巩固对促进亚非国家的友好合作和保卫世界和平，有
着重大的意义。中国人民完全支持埃及人民在納賽尔总統領导下反抗外国侵略者和維护
自己的独立和主权的正义斗爭。

　　　　　　　給埃及《共和国报》元旦专刊报題詞《新华社
　　　　　　　新聞稿》57.14

生的伟大，死的光荣。

　　　　　　　为刘胡兰陵园（在山西省文水县云周西村）重
　　　　　　　写的題詞《人民日报》57.1.12

为国牺牲，永垂不朽

　　　　　　　为洞山島烈士公墓紀念碑題詞《人民日报》
　　　　　　　57.1.16

为建設强大的国防軍而奋斗

　　　　　　　为工程兵积极分子会議題詞《解放軍报》55.11.22

江山如此多娇

> 在画家付抱石、关山月为人大会堂創作的巨幅
> 国画上的題詞59.10.30

加强防卫　巩固海防

> 为海南島楡中公路紀念碑的題詞
> 《人民日报》60.4.30

勤俭朴素

> 《解放軍报》61.8.1

向雷鋒同志学习

> 《人民日报》63.3.5

一定要根治海河

> 一九六三年十一月十七日《人民日报》

希望中苏两国人民的友誼极大地发展和巩固起来

> 《中苏友好》刊物的創刊号

爱祖国，爱人民，爱劳动，爱护公共财产为全体国民的公德。

> 《新华日报》創刊号59.11.15

我们一定要建设一支海軍，这支海軍要能保卫我們的海防，有效地防御帝国主义的可能的侵略。

> 为华东《人民海軍》报創刊号 題詞《人民日报》56.1.

为侨民利益服务

> 为新加坡《南侨日报》題詞57.1.9

星星之火，可以燎原

> 《中华全国文艺工作者代表大会紀念文集》
> 50年3月版

恢复和发展人民教育是当前重要任务之一

> 《人民教育》創刊号50.5.1

祝贺"五四"三十周年，团結起来，为建设新中国而奋斗。

> 为《北大周刊》紀念"五四"写的題詞1950

庆祝儿童节

> 《人民日报》1950.6.1

中华人民共和国各民族团結起来

> 《人民日报》1950.8.30

战斗英雄們，你們是人民解放軍的模范人物，希望你們继續努力，更加进步，为建設强大的国防軍而奋斗。

> 《人民日报》1950.9.27

认眞作好出版工作

> 《第一届全国出版社会議周刊》 第三期1950

中苏两国人民的团结极为重要，这两国人民团结一致了，世界人民的团结就不困难了。

> 給中苏友好协会成立周年紀念的题詞 《人民日报》1950.10.5

团结新老中西各部医葯卫生工作人員，組成巩固的統一战綫，为开展伟大的人民卫生工作而奋斗。

> 給全国卫生工作会議的题詞 《健康报》1950.11.2

任弼时同志的革命精神永垂不朽。

> 《任弼时同志逝世紀念集》1951.8

要做人民的先生，先做人民的学生。

> 給湖南第一师范题詞 《人民日报》1950年12月29日

創造强大的人民空軍，歼灭残敌，巩固国防。

> 《人民空軍》1950年創刊号

不要沾染官僚主义作风

> 1950年过哈尔滨的题字 《文物参考資料》1958.5

一定要把淮河修好

> 在授予河南省治淮总指揮部的錦旗上的题詞 《人民日报》1951.5.15

发揚革命传統，爭取更大光荣。

> 給老根据地人民的题詞 《人民日报》1958.8.1

为广大的人民的利益，爭取荆江分洪工程的胜利

> 在奖給荆江分洪工程員工的錦旗上的题詞 《人民日报》1950.5.29

发展体育运动，增强人民体质。

> 《人民日报》1952.6.22

庆賀成渝鉄路通車，继續努力修筑天成路。

> 《人民日报》1952.7.2

百花齐放，推陈出新

> 《天津日报》1925.9.28

中华民族解放万岁

> 为記者节题延安 《解放日报》1946.9.1

共产主义是不可抗御的！星星之火可以燎原！死难烈士万岁！

> 1946 《东北日报》1948.10.10

为民族解放，为阶级翻身，事业垂成，公何遽死？！有云水襟怀，有松柏气节，典型頓失，人尽含悲！

> 追悼續范亭同志的挽詞 《冀中日报》1947.9.29

231

为人民而死，虽死犹生

> 追悼杜斌承的挽詞 《人民日报》 1948.10.18

軍队向前进，生产长一寸，加强紀律性，革命无不胜。

> 《人民日报》 1949.1.1

团結起来参加生产和政治活动，改善妇女的經济地位和政治地位。

> 《新中国妇女》 創刊号1949.7.20出版

紀念民主战士邹韜奋

> 《人民日报》 1949.7.25

好好学习

> 《中国儿童》 創刊号1949.9

努力办好广播，为中国人民和世界人民服务。

> 为我国人民广播事业創建二十周年题1966.1 《无綫电》

新 北 大

> 为新北大校刊题詞一九六六年八月十七日

在中国革命死难烈士追悼大会致悼詞

（一九四五年七月十七日）

百年以来，特别是自共产党成立后的二十四年来，中国的人民、中国的民主主义者与共产主义者，为了反抗外国帝国主义和国內封建势力的双重压迫，为了把中国建設成为一个独立、自由、民主、統一与富强的新中国，进行了轰轰烈烈前仆后继的斗爭。我們无数的革命先烈，便是在这种伟大的斗爭中牺牲了。一切反动派的企图是想用屠杀的办法消灭革命，他们以为杀人越多革命就会越小，但是和这种反动的主观願望相反，事实是反动派杀人越多，革命的力量就越大，反动派就越要灭亡，这是一套不可抗拒的法則。外国的希特勒、墨索里尼和日本法西斯，中国的滿清政府和北洋軍閥，都証明了这一点。中国革命的人民，虽然被屠杀了几十万、几百万，但是却有更多的几十万、几百万起来继續革命，誰想屈服他们那是不行的。中国今天的广大人民抗日民主运动，一万万人民的解放区，一百万的人民抗日軍队，一百二十一万共产党员，与共产党七大所决定的中国革命的綱領，就是这些几百万的民主主义者与几十万的共产主义者先烈們的鲜血所創造的，就是他们几十年奋斗的结果。现在中国人民已經更懂得如何团結，如何奋斗了。中国一定是人民的，中国一定要战胜日本侵略者及其走狗，建立一个独立、自由、民主、統一与富强的新中国。一百年来特别是近二十四年来，一切革命先烈們的志願，一定要胜利地实现。

> 附：輓詞为"死难烈士万岁"

語　　录

一、群众一到，魔鬼全消。本来没有鬼，只在一些同志的大脑皮层里，感觉有鬼，这个鬼的名詞叫"怕群众"。

二、牢骚也罢，反动言論也罢，放出来就好。牢骚一定要叫人家发的，当然发者无罪。反动言論放出以后，他們会立即感觉孤立，他們自己会做批判，不批判也不要紧，群众的眼睛中已經照下了他們的真象，跑不掉。也可以实行言論无罪这条規律。

三、要坚持原则，同时也要有独創精神。什么叫坚持原则？就是要坚持灭資兴无的原则。要破除迷信，反对四平八稳，变盲目为自觉。前提是方向对头。世界上做大事的都是年青的人。

要有高尚的风格，要有势如破竹的气概。要把心交出来，不要当面不說，……不要逢人只說三分話。

四、領导工作怎么搞？

1.抓活思想，2.抓动态，3.抓政策，4.抓措施。目前下面的情况都相反。一要路綫正确，方向对头。二要鼓足干劲，力爭上游，有独創精神。三要方法对头，根据唯物主义和辩証法办事，要看到問題，得抓起来。

　　　　　　※　　　　　　　※　　　　　　　※　　　　　　　※

我們的同志，应该善于到世界各处去考察。天涯海角都要去，不应该堆积在一起，最好一个人或几个人担任去开辟一个方面，各方面的"陣"都要去打开，各方面都应该去打先鋒的人。

《新民学会会員通訊集》一九二〇年

馬克思主义的道路千条万緒，归根結底，就是一句話："造反有理"。几千年来总是說：压迫有理，剥削有理，造反无理。自从馬克思主义出来，就把这个旧案翻过来了。这是一个大功劳。这个道理是无产阶级从斗爭得来的，而馬克思作了結論。根据这个道理，于是就反抗，就斗爭，就干社会主义。

在延安各界庆祝斯大林六十寿辰大会上的讲话
（一九三九年十二月二十一日）

一个新的社会制度的誕生，总是要伴随一场大喊大叫的，这就是宣传新制度的优越性，批判旧制度的落后性。

《一个整社的好經驗》按語

一个崭新的社会制度要从旧制度的基地上建立起来，它就必須清除这个基地。反映旧制度的旧思想的残余，总是长期地留在人們的头脑里，不愿意輕易地退走的。

《严重的敎訓》按語

各种艺术形式——戏剧、曲艺、音乐、美术、午蹈、电影、詩和文学等等，問題不少，人数很多，社会主义改造在許多部門中，至今收效甚微。許多部門至今还是"死人"統治着。

許多共产党人热心提倡封建主义和資本主义的艺术，却不热心提倡社会主义的艺术，岂非咄咄怪事。

高举毛泽东思想伟大紅旗把无产阶級文化大革命进行到底——关于文化大革命的宣传教育要点 《解放軍报》 一九六六年六月六日

这些协会和他們所掌握的刊物的大多数（据說有少数几个好的），十五年来，基本上（不是一切人）不执行党的政策，做官当老爷，不去接近工农兵，不去反映社会主义的革命和建設。最近几年，竟然跌到了修正主义的边緣。如不认真改造，势必在将来的某一天，要变成象匈牙利裴多菲俱乐部那样的团体。

(同 上)

凡是要推翻一个政权，总要先造成舆論，总要先做意識形态方面的工作。革命的阶級是这样，反革命的阶級也是这样。

《中国共产党中央委員会关于无产阶級文化大革命决定》

这一次社会主义教育运动是一个伟大的革命运动，不但包括阶級斗爭問題，而且包括干部参加劳动問題，还包括用严格的科学态度經过实验学会在企业和事业中解决一批問題的工作。看起来很困难，实际上只要认真对待不难解决，这是一场斗爭，是重新教育人的斗爭，是重新組織革命的阶級队伍，向着正对我們猖狂进攻的资本主义势力、封建势力作尖銳的、針鋒相对的斗爭，把他們的反革命气焰压下去，把这些势力中的絕大多数人改造成新人的伟大运动。又是干部和群众一道参加生产劳动、科学实验，使我們的党成为更加光荣、更加伟大、更加正确的党，使我們的干部成为既懂政治，又懂业务，又紅又专，不是浮在上面作官当老爷，脱离群众，而是跟群众打成一片，受群众拥护的真正的好干部。

这一次教育运动完成以后，全国将出现一种欣欣向荣的气象。差不多占地球四分之一的人类出现了这样的气象，我們国家的国际主义的貢献也就更大了。

《前十条》

随着經济建設的高潮的到来，不可避免地将要出现一个文化建設的高潮。中国人民被认为不文明的时代已經过去了，我們将要以一个具有高度文化的民族出现于世界。

政协第一届全体会議开幕詞

各种剝削阶級的代表人物，当着他們处在不利情况的时候，为了保护他們现在的生存，以利将来的发展，他們往往采取以攻为守的策略。或者无中生有，当面造謠；或者抓住若干表面现象，攻击事情的本质，或者吹捧一部分人，攻击一部分人；或者借題发揮，"冲破一些缺口"，使我們处于困难地位。总之，他們老是在研究对付我們的策略，"窥測方向"，以求一逞。有时他們会"装死躺下"，等待时机，"反攻过去"。他們有长期的阶級斗爭經验，他們会做各种形式的斗爭——合法的斗爭和非法的斗爭。我們革命党人必須懂得他們这一套，必須研究他們的策略，以便战胜他們。切不可书生气十足，把复杂的阶級斗爭看得太简单了。

《关于胡风反革命集团的材料》按語

阶级敌人是一定要寻找机会表现他們自己的。他們对于亡国、共产是不甘心的。不管共产党怎样事先警告，把根本战略方针公开告訴自己的敌人，敌人还要进攻的。阶級斗爭是客观存在，不依人的意志为轉移的，就是說不可避免的。人的意志想要避免也不可能，只能因势利导，夺取胜利。

《人民日报》（一九六六年七月十七日）

千万不要忘記阶級斗爭！

一九六二年八届十中全会

阶级斗爭，一抓就灵！

整个过渡时期存在着阶级矛盾，存在着无产阶级和資产阶级的阶级斗爭，存在着社会主义和資本主义的两条道路斗爭。忘記十几年来我党的这一条基本理論和基本实践，就会要跌到斜路上去。

一九六五年一月中央政治局召集的全国工作会

議上讲話

使我国五亿多农民实行社会主义改造这样一种惊天动地的事业，不可能是在一种风平浪静的情况下出现的，它要求我們共产党人向着背上揹着旧制度包袱的广大的农民群众，进行耐心的、生动的、容易被他們理解的宣传教育工作。

《一个整社的好經驗》按語

要想阻挡潮流的机会主义者虽然几乎到处都有，潮流总是阻挡不住的，社会主义到处都在胜利地前进，把一切絆脚石抛在自己的后头。社会就是这样地每天在前进，人們的思想在被改造着，特别在革命高潮的时候是这样。

《在合作化运动中，工人家属的积极性非

常高》按語

我們一定要相信这样一点，即劳动人民中的缺点或者錯誤是能够經过适当的政治工作使他們加以克服或者改正的。

《西乡县揚河坝乡党支部正确地領导了那

里的互助合作》按語

合作社必须强調做好政治工作。政治工作的基本任务是向农民群众不断地灌輸社会主义思想，批評資本主义倾向。

《张郭庄合作社的政治工作》按語

老实人，敢讲眞話的人，归根到底于人民事业有利，于自己也不吃亏。爱讲假話的人，一害人民，二害自己，总是吃亏。应当說，有許多假話是上面压出来的。上面"一吹二压三許願"使下面很难办。因此，干劲一定要有，假話一定不可讲。

《党內通信》

社会的財富是工人、农民和劳动知識分子自己創造的。只要这些人掌握了自己的命运，又有一条馬克思列宁主义的路綫，不是迴避問題，而是用积极的态度去解决問題，任何人間的困难总是可以解决的。

《书記动手，全党办社》按語

听說你們建筑校舍的劳动热情很高，开始表现出了成績，这是很好的。这将給你們一个証明：在共产党与紅軍面前，一切普通所謂困难是不存在的，最严重的困难也能克服，紅軍在世界上是无敌的。

（給抗大建校时的題詞）

……只要在沒有发生世界大战的条件下，很可能成为这样的大学校，既使在第三次世界大战的条件下，也很可能成为这样的大学校。除打仗以外，还可做各种工作。第二次世界大战的八年中，各个抗日根据地，我們不是这样做了嗎？这个大学校，要学政治，学軍事，学文化，又能从事农副业生产，又能办一些中小工厂，生产自己需要的若干产品和与国家等价交换的产品。这个大学校，又能从事群众工作，参加工厂、农村社敎四清运动；四清完了，随时都有群众工作可做，使军民永远打成一片；又要随时参加批判資产阶级的文化革命斗爭。这样，軍学、軍农、軍工、軍民这几项都可以兼起来。当然，要調配适当，要有主有从。农、工、民三项一个部队只能兼一项或二项，不能同时都兼起来。这样，几百万軍队所起的作用就是很大的了。

同时，工人也是这样，以工为主，也要兼学軍事、政治、文化。也要搞四清，也要参加批判資产阶级。在有条件的地方，也要从事农副业生产，例如大庆油田那样。

公社农民以农为主（包括林、牧、副、漁），也要兼学軍事、政治、文化。在有条件的时候，也要由集体办些小工厂，也要批判資产阶级。

学生也是这样，以学为主，兼学别样，即不但学文，也要学工、学农、学军，也要批判資产阶级。学制要縮短，敎育要革命，資产阶级知識分子統治我們学校的現象，再也不能继續下去了。

商业，服务行业，党政机关工作人员，凡有条件的，也要这样做。

以上所說，已經不是什么新鮮意见，創造发明，多年以来，很多人已經是这样做了，不过还沒有普及。至于軍队，已經这样做了几十年，不过现在更要有所发展罷了。

給林彪同志的信：对軍委后勤部"关于进一步
搞好部队农付业生产的报告"批示

你們的事业我是完全贊成的。半工半讀，勤工儉学，不要国家一文錢，小学、中学、大学都有，分散在全省各个山头，少数在平地，这样的学校确是很好的。在校的青年居多，也有一部分中年干部。我希望不但江西有这样的学校，各省也应有这样的学校。各省应該派有能力有見識的負責干部到江西来考察。吸取經驗，回去試办。初学时学生宜少，逐漸增多，到江西这样有五万人之多。再說党、政、民（工、青、妇）机关也要办学校，半工半学。不过同江西这类半工半学不同。江西的工，是农业、林业、牧业这一类的工，学是农、林、牧这一类的学。而党、政、民机关的工，则是党、政、民机关的工，学是文化科学、时事、馬列主义理論这样一些学。所以二者是不同的。

（給江西共产主义劳动大学的一封信）

高等学校应抓住三个东西：一是党委領导；二是群众路綫；三是把教育和生产劳动結合起来。

（在天津大学視察时的指示）

现在一面学习，一面生产，将来一面作战，一面生产，这就是抗大的作风，足以战胜任何敌人的。

236

（为抗大开展生产运动题词）

为了建设伟大的社会主义社会，发动广大的妇女群众参加生产活动，具有极大的意义。在生产中，必须实现男女同工同酬。真正的男女平等，只有在整个社会的社会主义改造过程中才能实现。

《妇女走上了劳动战线》按语

中国的妇女是一种伟大的人力资源。必须发掘这种资源，为了建设一个伟大的社会主义国家而奋斗。

《发动妇女投入生产，解决了劳动力不足
的困难》按语

全国妇女起来之日，就是中国革命胜利之时。

《在中国女子大学开学典礼上的讲话》一
九三九年七月二十日

群众中蕴藏了这样大的社会主义的积极性，为什么在许多领导机关，在几个月以前，居然没有感觉到，或者感觉的那样少呢？领导者们所想的同广大群众所想的，为什么那样不一致呢？以此为教训，那末，今后对于有相似情况的事件和问题，应当怎样处理才好呢？回答只有一句话，就是不要脱离群众，要善于从本质上发现群众的积极性。

《所谓落后乡并非一切都落后》按语

我们希望各地从事农村工作的同志们都注意观察和分析自己那里的各个阶层的动态，以便采取适合情况的政策。

《新情况和新问题》按语

农民的学习技术，应当同消灭文盲相结合，由青年团负责一同管理起来。技术夜校的教员，可以就地选拔，并且要提倡边教边学。

《一个受欢迎的农业技术夜校》按语

站在最大多数劳动人民的一面。

（一九四七年）

向雷锋同志学习。

（一九六三年）

为人民而死，虽死犹荣！

《向"四·八"被难烈士致哀》

工农青年、知识青年和部队中的青年，他们勇敢积极，很有纪律。没有他们，革命事业和建设事业就不能胜利。

接见青年团二大主席团时讲话（一九五三年六月三十日）

第一、青年人既要勇敢，又要谦虚；第二、祝你们身体好、学习好，将来工作好；第三、和苏联朋友要亲密团结。

在苏联接见莫斯科中国留学生与实习生时讲话
（一九五七年十一月）

青年应该把坚定正确的政治方向放在第一位。……

《解放军报》（一九六六年六月二十日）

237

一切可以到农村去工作的这样的知識分子，应当高兴地到那里去。农村是一个广闊的天地，在那里是可以大有作为的。

《在一个乡里进行合作化规划的經驗》按語

讲話全文充满了辯証唯物論，处处反对唯心主义和任何一种形而上学。多年以来，沒有看到过这样好的作品。他讲的是打球，我們要从他那里学习的是理論、政治、經济、文化、軍事。

如果我們不向小将們学习，我們就要完蛋了。这是小将向我們这一大批老将挑战了，难道我們不应該向他們学习一点什么东西嗎？

对徐寅生《关于如何打乒乓球》批示（一九六五年一月十二日）

全国人民要向解放軍学习。

《人民日报》1966年9月15日

国家工业各部門现在有人提議从上至下（即从部到厂矿）都学解放軍，設政治部、政治处和政治指导員，实行四个第一和三八作风——看来不这样做是不行的，是不能振起整个工业部門（还有商业部門，还有农业部門）成百万成千万的干部和工人的革命精神的。

《关于学习解放軍加强政治工作的指示的批示》

祖国是强大一些了，但还不很强大，我們至少还得建設二、三十年才能眞正强大起来。

《接見李宗仁先生时的讲話》

眞正彻底的社会主义革命不是一朝一夕可以成功的。

《五七年十一月在苏联接見莫斯科的中国留学生、实习生时讲話》

我們中华民族原有伟大的能力，压迫越深，反抗越大，蓄之旣久，其发必速，中国民众的大联合必告成功。我們必須努力，我們必須拼命向前，我們黄金的世界，光輝灿烂的世界，就在面前。

《民众的大联合》

事物总是发展的。一九一一年的革命，即辛亥革命，到今年，不过四十五年，中国的面目完全变了。再过四十五年，就是二千零一年，也就是进到二十一世纪的时候，中国的面目更要大变。中国将变为一个强大的社会主义工业国。中国应当这样，因为中国是一个具有九百六十万平方公里土地和六万万人口的国家，中国应当对于人类有较大的貢献。……

《紀念孙中山先生》

今后的几十年，对祖国的前途和人类的命运是多么宝贵而重要的时間啊！现在二十多岁的青年經过二三十年是四五十岁的人，我們这一代青年人将亲手把我們一穷二白的祖国建設成伟大的社会主义强国，将亲手参加埋葬帝国主义的战斗，任重而道远。有志气有抱负的中国青年一定要为完成我們伟大的历史使命而奋斗終生。为了完成我們伟大的历史使命，我們这一代要下决心，一輩子艰苦奋斗。

《一九六五年七月三日指示》

你們的斗爭是很有意义的，将来一定会結出丰碩的果实。黑夜是有尽头的。美国反动势力现在已到处碰壁，显出他们的寿命不会很长了。你們那里目前敌强我弱，这种形势，完全是暂时的现象，它一定会向相反的方向起变化。

《給美共名誉主席福斯特同志的回信》（一九五九年一月十七日）

无論过去、现在和将来，帝国主义和反动派总是要千方百計地阻挠和破坏非洲各国人民的独立和进步的事业。事实已經証明，而且还将继續証明，帝国主义和反动派的疯狂掙扎只会使非洲各国人民更加提高警惕，更加坚定地为反对美国主义和新老殖民主义，为維护民族独立和爭取自己国家的繁荣进步奋斗。

《解放軍报》（一九六六年三月五日）

美帝国主义在全世界到处制造紧张局势，以期达到它侵略和奴役各国人民的目的。美帝国主义自以为紧张局势总是对他自己有利，但是事实是，美国制造的这些紧张局势走向了美国人願望的反面，它起了动员全世界人民起来反对美国侵略者的作用。

《在最高国务会議上的讲話》

世界各国人民的正义斗爭，都得到并将继續得到六亿五千万中国人民的坚决支持。

《同亚、非、拉人士的讲話》

帝国主义最怕的是亚洲、非洲、拉丁美洲人民的觉悟，怕世界各国人民的觉悟。我們要团結起来把美帝国主义从亚洲、非洲、拉丁美洲赶回它的老家去。

《在武汉接見日本、古巴、巴西和阿根廷朋友时的讲話》

处在今天的国际环境中，殖民地半殖民地的任何英雄好汉們，要就站在帝国主义方面，变成世界反革命力量的一部分；要就站在反帝国主义战綫方面，变成世界革命力量的一部分，二者必居其一，其它的道路是沒有的。

《人民日报》（一九六六年七月八日）

中国人民把亚洲、非洲、拉丁美洲人民的反帝国主义斗爭的胜利，看作是自己的胜利，并对他们的一切反帝国主义、反殖民主义的斗爭給以热烈的同情和支持。

《在杭州接見亚、非外宾讲話》

馬克思列宁主义眞理在我們一边，国际无产阶級在我們一边，被压迫民族和被压迫人民在我們一边，全世界百分之九十以上的人民大众在我們一边。我們的朋友遍天下。我們不怕孤立，也絕不会孤立。我們是不可战胜的。一小撮反华、反阿尔巴尼亚的可怜虫，是注定要失败的。

《毛泽东同志的贺电——致阿尔巴尼亚劳动党第五次代表大会》（一九六六年十月二十五日）

我們现在正处于世界革命的一个新的伟大的时代。亚洲、非洲、拉丁美洲的革命风暴，定将給整个旧世界以决定性的摧毀性的打击。……美帝国主义和其它一切害人虫已經准备好了自己的掘墓人，他們被埋葬的日子不会太长了。

《同　上》

长江，别人都說很大。其实，大，并不可怕。美帝国主义不是很大嗎？我們頂了他一下，也沒有啥。所以，世界上有些大的东西，其实并不可怕。

《人民日报》（一九六六年七月二十五日）

长江又宽，又深，是游泳的好地方。

长江水深流急，可以鍛炼身体，可以鍛炼意志。

游泳是同大自然作斗争的一种运动，你們应該到大江大海去鍛炼。

《同上条》

下决心就不冷，不下决心就是二十几度也冷。

《主席談游泳》

鲁迅的第二个特点是他的斗爭精神，……他在黑暗与暴力的進袭中是一株独立支持的大树，不是向两旁偏倒的小草。他看清了政治的方向，就向着一个目标奋勇的斗争下去，决不中途投降妥协。……

鲁迅的第三个特点是他的牺牲精神，他一点也不畏惧敌人对于他的威胁利誘与残害，他一点也不避鋒芒，把鋼刀一样的笔刺向他所憎恨的一切。他往往站在战士的血迹中坚韧地反抗着呼嘯着前進！鲁迅是一个彻底的現实主义者，他絲毫不妥协，他具备了坚决心。他在一篇文章里，主张打落水狗。……他一点沒有假慈悲的伪君子色彩。我們要学习鲁迅的这种精神，并应用到全中国。

《鲁迅逝世周年大会上的演說》

直罗鎮一仗，中央紅軍同西北紅軍兄弟般的团結，粉碎了卖国贼蒋介石向着陝甘宁边区的"围剿"，給党中央把全国革命大本营放在西北的任务，举行了一个奠基礼。

　　　　※　　　　　　※　　　　　　※　　　　　　※

老实人，敢讲真話的人，归根結底，对于人民事业有利，于自己也不吃亏。爱讲假話的人，一害人民，二害自己，总是吃亏。应当說，有許多假話是上面压出来的。上面"一吹二压三許願"，使下面很难办。因此，干劲一定要有，假話一定不可以讲。

你的敎条沒有什么用处，說句不客气的話，实在比屎还沒有用。你們看，狗屎可以肥田，人屎可以喂狗。敎条呢？既不能肥田，又不能喂狗，有什么用呢？

　　　　※　　　　　　※　　　　　　※　　　　　　※

危害革命的錯誤領导，不应当无条件接受，而应当坚决抵制。

《人民日报》《紅旗》（一九六七年元旦社論）

为了改变我国經济的落后面貌，必须改变我国科学技术落后的状况。中国人民有志气，有能力，一定要在不远的将来，赶上和超过世界先進水平。为了实現这个任务，我們不能走世界各国技术发展的老路，跟着别人后面一步一步地爬行，也就是說，不能等到赶上四十年代水平再赶上五十年代，然后才赶上六十年代。我們必须打破常规，尽量采用世界最先進的科学技术成就，向六十年代和将来的七十年代赶上去，并且可能用几个五年計划的时间超过世界水平，把我国建设成为一个社会主义的現代化强国，这就是我們在一个不长的历史时期內就要实現的大跃進。难道这是作不到的嗎？不，是吹牛皮放大炮嗎？不，是作得到的，既不是吹牛皮，也不是放大炮。只要看看我們的历史就可以知道了。我們不是在我們国家里把貌似强大的帝国主义、封建主义、資本主义从基本上打倒了嗎？我們不是从一个一穷二白的基地上經过十五年的努力在社会主义革命和社会主义建设的各个方面，也达到了可观的水平嗎？我們不是也爆炸了一颗原子弹嗎？过去西方人加給我們的所謂東方病夫的称号現在不是抛掉了嗎？为什么西方资产阶级能够作到的事，东方无产阶级就不能做到呢？中国大革命家，我們的先輩孙中山先生在一九〇五年就說过，中国将要超过西方。他的这种預見必将在本世紀实现，这是一种必然趋势，是任何反动势力所阻挡不了的。

——摘自周总理政府工作报告

（一九六四年）

你們要关心国家大事，要把无产阶級文化大革命进行到底！

会見首都革命群众时的讲話

（一九六六年八月十日）

这个运动規模很大，确实把群众发动起来了，对全国人民的思想革命化有很大的意义。

第一次检閱文化革命大軍时的讲話

一九六六年八月十八日

你們要政治挂帅，到群众里面去，和群众在一起，把无产阶級文化大革命搞得更好。

第七次检閱二百多万文化革命大軍时的讲話

一九六六年十一月十日

支持多米尼加人民反对美国武装侵略的声明

（一九六五年五月十三日）

最近，多米尼加共和国发生了推翻卡夫拉尔卖国独裁政权的政变。美国约翰逊政府派出了三万多武装部队，进行血腥镇压。这是美国帝国主义对多米尼加人民的严重挑衅，也是对拉丁美洲各国人民和全世界人民的严重挑衅。

目前，爱国的多米尼加人民正在同美国侵略者及其走狗进行英勇的战斗。

中国人民坚决支持多米尼加人民反美爱国的武装斗争。我深信只要依靠广大人民群众，团结一切爱国力量，坚持长期斗争，多米尼加的反美爱国斗争，在全世界人民的支持下，是一定能取得最后胜利的。

美帝国主义一直没有停止过对拉丁美洲国家进行控制、干涉、颠复和侵略。这一次，美国政府把什么"睦邻政策"，"不干涉原则"等等骗人的鬼话一股脑儿摔在一块，对多米尼加共和国进行了赤裸裸的干涉和侵略，这就更加暴露了美帝国主义强盗的原形。

美国武装干涉多米尼加，打的是"保卫自由"的旗号。这是一种什么样的"自由"呢？这就是用飞机、兵舰、大炮屠杀别国人民的自由。这就是任意侵占别国领土的自由，任意踩躏别国主权的自由。这就是江洋大盗杀人劫货的自由。这就是把全世界所有的国家和人民踩在自己脚下的自由。他們在多米尼加是这样，在越南是这样，在刚果（利）是这样，在其他許多地方也是这样。

美国武裝干涉多米尼加，还打着"反共"的旗帜。美帝国主义的"反共"，就是反对一切不願做美国奴隶的人，就是反对一切保卫本国独立、主权和民族尊严的人，就是反对一切不願意受美帝国主义侵略、控制、干涉和欺負的人，过去，希特勒墨索里尼和东条英机都是这样。現在美帝国主义更是这样。

在美帝国主义眼里，什么联合国，什么美洲国家組織，什么别的玩意儿，統統都是它手掌里的工具。对于这些工具，它用得着就用，用不着的时候就一脚踢开。踢开了，还可以拣起来再用。用也好，踢开也好，都是以有利于它的侵略目的为轉移。

美国对于多米尼加共和国的侵略，使多米尼加人民和拉丁美洲各国人民进一步認識到，为了維护民族独立和国家主权，必須同侵略成性的美帝国主义进行針鋒相对的斗争。

美国武裝干涉多米尼加，激起了拉丁美洲各国人民和全世界人民新的反美浪潮。英勇的多米尼加人民，你們的斗争决不是孤立的。拉丁美洲各国人民在支持你們，社会主义陣营各国人民在支持你們，全世界人民在支持你們。

社会主义陣营各国人民联合起来，亚洲、非洲、拉丁美洲各国人民联合起来，全世界各大洲的人民联合起来，所有爱好和平的国家联合起来，所有受到美国侵略、控制、干涉和欺負的国家联合起来，結成最广泛的統一战綫，反对美国帝国主义的侵略政策和战爭政策，保卫世界和平。

全世界人民反对美帝国主义的斗争必胜！

全世界人民的共同敌人美帝国主义必敗！

关于支持刚果（利）人民反对
美国侵略的声明

美帝国主义武裝侵略刚果（利奥波得維尔），是一件非常严重的事情。

美国一直企图控制刚果，它利用联合国军在刚果做尽了坏事，它謀杀了刚果的民族英雄卢蒙巴，颠复了刚果的合法政府它把傀儡冲伯强加在刚果人民头上，并且派遣雇佣军鎮压刚果民族解放运动。現在它又同比利时，英国結成一伙，对刚果进行直接的武裝干涉，美国帝国主义这样做的目的，不仅在于控制刚果，而是要把整个非洲，特别是新独立的非洲国家，重新投入美国新殖民主义的罗网。美国的侵略，遭到了刚果人民的英勇抵抗，激起了非洲人民和全世界人民的义愤。

美帝国主义是全世界人民的共同敌人，它侵略南越，干涉老挝，威胁柬埔寨，叫囂扩大印度支那战爭。它力图拢杀古巴革命。它要使西德和日本成为美国的两个重要核基地，它伙同英国一道制造所謂馬来西亚，威胁印度尼西亚和东南亚各国，它占領南朝鮮和中国的台湾省。它控制整个拉丁美洲。它到处横行霸道，美国帝国主义的手伸得太长了。它每侵略一个地方就把一条新的絞索套在自己的脖子上，它已經陷入全世界人民的重重包圍之中。

剛果人民的正义斗爭不是孤立的，全中国人民支持你們。全世界一切反对帝国主义的人民支持你們。美帝国主义和各国反动派都是紙老虎，中国人民的斗爭已經証明了这一点。越南人民的斗爭正在証明了这一点。剛果人民的斗爭也将証明这一点。加强民族团結，坚持长期斗爭，剛果人民必胜，美帝国主义必敗。

全世界人民团結起来，打敗美国侵略者及其一切走狗！全世界人民要有勇气，敢于战斗，不怕困难，前赴后继，那末，全世界就一定是人民的。一切魔鬼通通都会被消灭。

和中央其他領导同志在討論
工矿十条和农村十条时的一些指示

（一九六六年十一月）

毛主席說："先有事实，然后有概念，沒有事实，怎么能形成概念？沒有实际，哪能有理論？有时理論与实际是并行的。有时理論先行，但是实际总归是第一位。工人不先把革命閙起来，那儿来的几条规定？"

林彪同志說："康生同志最近和外国作家談起資本主义如何复辟的問題，說：复辟可以从政治上引起，也可以从經济上引起。目前苏联和东欧社会主义国家实际上是形公实私，形新实旧，形社实資。

社会主义国家怎样蛻化，复辟到資本主义的？到底如何变的？我們如何使它不变？我們要很好地研究这个問題。社会主义革命成功以后，会有反复，这个問題我們以前不太清楚。先有了南斯拉夫，后来有了苏联，才引起了我們的警惕。……

　　　　　※　　　　　　　　　※　　　　　　　　　※

毛主席对最近文化大革命作以下指示：

"我們党內有两条路綫斗爭，基本問題是在无产阶級夺取政权以后，即新民主主义革命胜利之后，中国是走資本主义道路还是走社会主义道路的問題。資产阶級要走資本主义道路，这是很明显的，在我們共产党內部，我們要走社会主义道路，但有一部分人却认为中国是一个很穷困的国家，中国資本主义发展水平很低，不能发展資本主义，必须在一段时間內，走一段資本主义道路，然后再从社会主义道路。""走什么道路的問題，解放初期有这个問題，现在仍有这个問題。苏联搞了五十多年，仍是这个問題。"

致恩維尔 霍查同志电

（一九六六年十一月二十八日）

地拉那

阿尔巴尼亚劳动党中央委員会第一书記

恩維尔·霍查同志：

在阿尔巴尼亚解放二十二周年的时候，我代表中国共产党和中国人民，向阿尔巴尼亚劳动党和阿尔巴尼亚人民，表示最热烈的祝賀！

阿尔巴尼亚人民，在以你为首的阿尔巴尼亚劳动党的正确領导下，在同国內外阶级敌人的斗争中，在伟大的社会主义革命和社会主义建設中，取得了輝煌的胜利。阿尔巴尼亚已經由一个貧穷落后的国家变为具有现代工业、集体农业的社会主义国家。近年来，阿尔巴尼亚劳动党和政府采取了一系列革命化措施，进一步巩固了无产阶级专政，大大推动了社会主义建設事业的发展。阿尔巴尼亚劳动党第五次代表大会提出的政治任务和制定的宏伟綱領，为社会主义的阿尔巴尼亚开辟了更加光輝灿烂的前景。阿尔巴尼亚人民正滿怀信心地沿着劳动党所指引的方向，英勇地向前迈进。

阿尔巴尼亚劳动党和人民，一貫高举馬克思列宁主义的伟大紅旗，坚决反对美帝国主义的侵略政策和战争政策，同以苏共領导集团为中心的现代修正主义进行了針鋒相对的斗争。阿尔巴尼亚劳动党和人民，坚决支持越南人民的抗美救国斗争，坚决支持亚洲、非洲、拉丁美洲和全世界各国人民的革命斗争！英雄的阿尔巴尼亚是反对帝国主义和现代修正主义的坚强堡垒。

中阿两党、两国人民，在社会主义革命和社会主义建設事业中，在反对帝国主义和现代修正主义的斗争中，結成了深厚的革命友誼。这种友誼是建立在馬克思列宁主义和无产阶級国际主义原则基础上的，是永恒的，牢不可破的。让我們共同高举馬克思列宁主义的伟大紅旗，同全世界一切馬克思列宁主义者，一切被压迫人民和被压迫民族一起，把反对帝国主义和反对现代修正主义的斗争，把无产阶級革命事业，坚决进行到底！

祝中阿两党、两国人民的伟大友誼万古长青！

中国共产党中央委員会主席

毛 泽 东

一九六六、十一、二十八

在中央政法工作汇报会議上講話

（一九六六年十二月二十四日）

邓小平耳朵聋，一开会就在我很远的地方坐着，一九五九年以来，六年不向我汇报工作，书記处的工作他就抓彭眞，他們不說他有能力嗎？（聂荣臻說：这个人很懶）

对形势的看法两头小，中間大，敢字当头的只有河南，"怕"字当头是多数，眞正"反"字的还是少数。反党反社会主义分子薄一波、何长工、汪鋒、还有一个李范五。

眞正四类干部（右派）也就是百分之一、二、三。（总理說：现在已經大大超过了）多了不怕，将来平反吮！有的不能在本地工作，可以調到别的地方工作。

河南一个书記搞生产，其余四个书記搞接待。全国只有一个刘建勋写了一张大字报，支持少数派，这是好的。

聂元梓现在怎么样？（康生說：还是要保。）（李先念說：所有第一张大字报的人都要保。"对！

談到大串联問題时，（总理說：需要有准备地进行。）要什么准备，走到那里沒飯吃！

对形势有不同看法，天津万晓塘死了，开了五十万的追悼会。他們也认为这是大好形势，实际上是向党示威，这是用死人压活人。

李富春休息了一年，計委（国家計划委員会）誰主持工作我都不知道。富春是守紀律的，有些事对书記处讲了，书記处沒有向我讲。邓小平是对我敬而远之。

談到时間时，总理說："机关到春节，大中学校到明年暑假。"

在中央緊急会議上講陶鑄問題

（一九六七年一月八日）

陶鑄問題很严重，陶鑄是邓小平介紹入中央来的。这个人很不老实。当时間陶鑄怎么样，邓小平說陶鑄这个人还可以。陶鑄在十一中全会以前坚决执行了刘、邓路綫，連紅卫兵接見在报上、照片上、电视上都有刘、邓照片，这是陶鑄安排的。（插話：陶鑄到处开空头支票，每次都讲，大家来京要見毛主席都很好，我想主席一定会接見你們的，今年不見，明年也一定見，他利用这个方法来将主席的军，搞两面手法，这样的話，主席不見他也捞好了。）陶鑄領导下的几个部都垮了，那些部可以不要搞革命。不一定要这个部門，那个部門，教育部管不了，文化部也管不了，你們管不了，我也管不了，可紅卫兵一来，就管住了。（插話：陶鑄非常坏，新华社去年十七周年国庆有一张照片，有五个人：毛主席、刘少奇、邓小平，邓小平的身子是陈毅的身子，陈毅的头割掉，加邓小平的头）（在中南局宣传毛泽东思想都是假的，沒有这回事……树立自己的威信，打倒中央）。希望你們开会能把陶鑄揪出来才好呢！

四 点 指 示

（一九六七年一月十七日）

1.今年搞文化大革命的指导思想是《紅旗》和《人民日报》元旦社論。展开全面的阶級斗爭。

2.要抓住四个重点：北京、上海、天津、东北。責任是在造反派身上。要团结多数，造反派队伍要超过一倍以上。

3.上海很有希望，許多学生、工人、干部、机关干部起来了，这是当前文化革命的形势。

4.紅卫兵要向解放軍学习，一定要朴素。

（据张春桥同志传达）

在軍委扩大会議上的講話

（一九六七年一月二十七日）

一、軍队对文化革命的态度，在运动开始时是不介入的，但实际上是介入了（如材料送軍队保管，有的干部去軍队），在现在的形势下，两条路綫斗爭非常尖銳的情況下，不可能不介入，介入就必须支持左派。

二、老干部多数到现在对文化大革命还不理解，多数靠吃老本。过去有功劳，要很好地在这次运动中鍛炼改造自己，要立新功，立新劳，要坚决站在左派方面，不能合稀泥，坚决支持左派，然后在左派的接管和监督之下搞工作。

三、关于夺权，报纸说，夺走資本主义道路当权派和坚持资产阶级反动路綫頑固分子的权，不是这样的能不能夺？现在看来不能細緻分，应夺来再说。不能形而上学，否則受限制。夺来后是什么性质的当权派，在运动后期判定，夺权后报国务院同意。

四、夺权后的老干部和新夺权的干部要共同搞好业务，保守国家机密。

（据总理传达）

对解放軍开展文化大革命的指示

（一九六七年一月二十七日）

一、我认为十三个軍区不要同时搞，要有前有后。

二、地方大革命正在猛烈开展，夺权斗爭还在激烈进行，我們軍队要支持地方革命左派进行夺权斗爭，因此軍队和地方文化大革命要差开。

三、现在国际上，帝、修、反正在利用我們文化大革命继續大搞反华活动。如苏联在鎭压学生，新疆边境飞机活动多了，地面部队也在調动，凡是前綫的大军区部队要有警惕，要有所准备，如济南、南京、福州、广州、昆明軍区。所以文化大革命的时間要稍推一下。将来一定要搞的，顾大局。

（据叶付主席传达）

对軍事院校的指示

軍事院校办得一塌糊涂，正在整理，过去沒有軍事院校可好了。打了几十年仗就是沒有軍事院校，我們的軍队90％以上是不識字的和小学程度的。国民党尽办　軍事学校，什么陆军大学毕业的，就是我們这些不識字的兵打倒了它。

进军事学校的时期太长了，蔣介石的黄埔軍校，两个月的入伍训练，几个月学校毕业。蔣介石的軍队主要就是这些人比較能打，陆军大学毕业的实在不能打。

书可以讀点，但是讀多了害人，的确害人。是革命斗爭培养干部。战場就是学校，軍事学校我不反对，可以，但不要学得太长了，几个月就行了，什么陆、海、空军校不怎么高明。有些现代科学需要长时間学，例如导弹、原子弹，这是研究和制造，单单武器的使用和訓练。士兵不要很长的时間，训练炮兵一个月就行，训练駕駛員、飞行員几个月就行了，最多一年，主要在战場上训练，和平时間要在夜里练习，战爭时間的斗爭就是学习。

关于无产阶級革命派大联合的指示

（一九六七年一月三十日）

中央电台的革命同志夺了权，很好。听說现在又有分裂，內部吵，还有广播学院。革命夺了权又分化，要劝他們团結，以大局为重，要搞大团体主义，不要小团体主义。管他反对不反对自己，反对自己反对錯了的人也要善于和他們团結，反对自己的人就不能合作，我就不贊成。

（王力同志向广播事业局毛泽东思想战斗团
和广播学院部分同志传达）

对北京二中、二十五中軍訓的批示

林彪同志請派五人调查一下，这两校軍政训练的經驗是否属实，核实后，可以写一千字左右的总结，发到全国参考，又大专院校也要做一个总结，发到全国。請酌。

对津延安中学軍政訓練經驗批示

（一九六七年三月七日）

此件似可轉发全国，参照执行。軍队应分期分批对大学、中学和小学高年級实行軍訓，并且参予关于开学整頓組織，建立三結合領导机关和执行斗批改的工作。先作試点，取得經驗，逐步推广。还要說服学生，实行馬克思所說：＂只有解放全人类，才能最后解放无产阶級自己＂。的教导，在軍訓时，不要排斥犯錯誤的教师和干部，除年老和生病以外要让这些人参加，以利改造。所有这些只要认眞去做，問題并不难解决。

附：中共中央文件

各軍区党委、各級党委：

现将毛主席批轉的《天津延安中学以教学班为基础实现全校大联合和整頓，巩固，发展紅卫兵的体会》发給你們，望参照执行。毛主席所加批語，对于学校的軍訓問題作了极其重要的指示。請你們向所有参加軍訓的工作干部和全体师生传达，組織大家学习，坚决貫彻执行。

中共中央

一九六七、三、八

在文化革命中的一些指示

1. 我們党內两条路綫的斗争，基本問題是在无产阶級夺取政权以后，即新民主主义革命胜利以后，中国究竟是走資本主义道路还是走社会主义道路的問題。資产阶級要走資本主义道路，这是很阴显的。在我們共产党內部，我們要走社会主义道路，但有一部分人却认为中国是一个很窮的国家，中国資本主义发展水平很低，不能发展社会主义，必须在一段时間內，走一段資本主义道路，然后再走社会主义道路。

……

走什么道路的問題，解放初期有这个問題，现在仍有这个問題，苏联搞了五十多年，仍是这个問題。

2. 在这場伟大的斗争中，一定要把斗争矛头指向反党反社会主义的資产阶級代表人物，指向走資本主义道路的当权派，指向修正主义分子，这些人中有些人鉆进党內窃踞領导地位，他們是一切牛鬼蛇神的支持者和包庇者。这些人都是剥削阶級的野心家，阴謀家、伪君子。他們阳奉阴违，两面三刀，当面說人話，背后說鬼話，常常以馬列主义的詞句作幌子，在＂但是＂后面大作反面文章。那些打着紅旗的敌人比打白旗的敌人狠毒十倍，鉆到我們內部来的敌人要比公开的敌人更加阴险得多，这一点不能不引起我們

高度警惕。

3．党的政策不主张打人。对打人也要进行阶级分析，好人打坏人活该，坏人打好人，好人光荣，好人打好人误会，今后不许打人，要摆事实，讲道理。

4．派工作组是不行的。工作组是海空军机关的，他们一不教书，二不当学生，他们怎么了解学校情况？北大有个剪伯赞他写了很多书和文章，你们都看过了吗？你没看你怎么批判呢？学校的文化革命靠工作组不行，靠你们不行（指参加中央全会的同志），靠我也不行，就得靠学校的革命师生。

革命，任何一个国家、民族、单位都要靠本单位的来搞。批当权派，包括走资本主义道路的当权派和犯了错误的当权派只有本单位知道。……

5．我们要纠正领导上机会主义和官僚主义错误，革命人民要有请愿、罢工、罢市、罢课的自由。

如果我们不贯彻民主集中制，就会变成法西斯，就会变成南斯拉夫……

凡是镇压学生运动的人，都没有好下场，北洋军阀，蒋介石没有好下场，北京大学陆平，清华大学蒋南翔，后来还有工作组镇压学生，都没有好下场。

文化革命要很好地进行辩论，要摆事实，讲道理，要保护少数；既使少数人意见是错误的，也应当让他讲下去，不然就辩论不起来吆：怎么进行辩论？……第二开辩论会要有个很好的环境，让大家充分把话讲出来。

学生可以上街，大字报可以贴到街上去吆。

在学生中取消保皇派这个名词。

允许青年犯错误吆，只要他们的大方向是对的，他们的小缺点，我相信他们会在实践中改正的。

6．"祝你们明年过社会主义关。"（在元旦祝酒时说。）

7．"凡是闹宗派主义、小团体主义的最后总是搞不成的。"（陈伯达同志传达）

8．要掀起一个反修大高潮，这个高潮将压倒一切工作。

9．外国朋友中，真正革命的可参加中国的无产阶级文化大革命。（一月二十八日中央文革接待站李××传达）

10．要相信和依靠群众，相信和依靠人民解放军，相信和依靠干部的大多数。

編 后 声 明

出自于对我們伟大导师、伟大領袖、伟大統帅、伟大舵手毛主席的无限热爱,出自于对战无不胜的毛泽东思想的无限信仰,无限崇拜,我們汇编了这本《最高指示》。这些著述大都是未公开发表过的,是文化大革命以来在羣众中广为流传的。經多次传抄,錯誤及与原文不符之处在所难免,仅供大家学习和参考,請勿引用和翻印。

1967年4月

中央及有关負責同志
关于无产阶級文化大革命的讲話

（內部传閱，請勿外传）

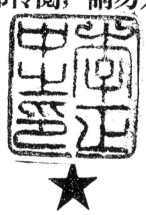

中国人民大学 红卫兵 红卫队 红卫军 編印

昨日稱王侯
今日階下囚

说　　明

　　为了帮助革命师生更好地理解和掌握中央有关文化大革命的指示，胜利地完成一斗、二批、三改的伟大任务，我们收集了中央及有关负责同志的一些讲话记录汇编在一起，供大家阅读学习。由于我们这个汇编是根据各校的大字报记录稿整理起来的，难免有错漏之处，而且，未经报告人审阅。另外，在这个汇编里，个别负责人的讲话的内容是有错误的，望阅读时注意。这本汇编仅供参考和内部交流。请勿公开引用，勿外传。

编　　者

1966年11月

這是一部感悟
人生家书
西中

毛 主 席 語 录

★　领导我们事业的核心力量是中国共产党。

指导我们思想的理论基础是马克思列宁主义。

★　你们要关心国家大事，要把无产阶级文化大革命进行到底！

★　这个运动规模很大，确实把群众发动起来了，对全国人民的思想革命化有很大的意义。

★　人民，只有人民，才是创造世界历史的动力。

★　马克思主义的道理千条万绪，归根结底，就是一句话：“造反有理。”

★　我们应当相信群众，我们应当相信党，这是两条根本的原理。如果怀疑这两条原理，那就什么事情也做不成了。

★　对于马克思主义的理论，要能夠精通它、应用它，精通的目的全在于应用。

★　在阶级社会中，每一个人都在一定的阶级地位中生活，各种思想无不打上阶级的烙印。

★　革命不是请客吃饭，不是做文章，不是绘画绣花，不能那样雅致，那样从容不迫，文质彬彬，那样溫良恭俭让。革命是暴动，是一个阶级推翻一个阶级的暴烈的行动。

★　人民靠我们去组织。中国的反动分子，靠我们组织起人民去把他打倒。凡是反动的东西，你不打，他就不倒。这也和扫地一样，扫帚不到，灰尘照例不会自己跑掉。

253

目　　录

毛主席給林彪同志的信

（对軍委总后勤部"关于进一步搞好部队农副业 生产的报告"的批示）

林彪同志：

你在五月六日寄来总后勤部的报告，收到了。我看这个计划是很好的。是否可以将这个报告发到各军区，请他们召集军、师两级干部在一起討论一下，以其意上告军委，然后报告中央取得同意，再向全军作出适当的指示。请你酌定。只要在没有发生世界大战的条件下，军队应该是一个大学校，卽使在第三次世界大战的条件下很可能也成为这样的一个大学校。除打仗以外，还可做各种工作，第二次世界大战的八年中，各个抗日根据地，我们不是这样做了吗？这个大学校，学政治、学军事、学文化。又能从事农副业生产。又能办一些中小工厂，生产自已需要的若干产品和与国家等价交换的产品。又能从事群众工作，参加工厂农村的社教四清运动；四清完了，随时都有群众工作可做，使军民永远打成一片；又要随时参加批判资产阶级的文化革命斗争。这样，军学、军农、军工、军民这几项都可以兼起来。但要调配适当，要有主有从，农、工、民三项，一个部队只能兼一项或两项，不能同时都兼起来。这样，几百万军队所起的作用就是很大的了。

同样，工人也是这样，以工为主，也要兼学军事、政治、文化。也要搞四清，也要参加批判资产阶级。在有条件的地方，也要从事农副业生产，例如大庆油田那样。

农民以农为主（包括林、牧、副、渔），也要兼学军事、政治、文化，在有条件的时候也要由集体办些小工厂，也要批判资产阶级。

学生也是这样，以学为主，兼学别样，即不但学文，也要学工、学农、学军，也要批判资产阶级。学制要缩短，教育要革命，资产阶级知识分子统治我们学校的现象，再也不能继续下去了。

商业、服务行业、党政机关工作人员，凡有条件的，也要这样做。

以上所说，已经不是什么新鲜意见、创造发明，多年以来，很多人已经是这样做了，不过还没有普及。至于军队，已经这样做了几十年，不过现在更要有所发展罢了。

毛 泽 东

一九六六年五月七日

毛主席給清华附中
紅卫兵的一封信

同志们：

你们在七月二十八日，寄给我的两张大字报，以及给我要我回答的信，都收到了。你们在六月二十四日的两张大字报说明对一切剥削压迫工人、农民、革命知识分子和革命党派的地主阶级、资产阶级、帝国主义、修正主义和他们的走狗表示愤怒和申讨，说明对反动派造反有理。我向你们表示热烈的支持，同时我对北京大学附属中学"红卫"战斗小组说对反动派造反有理的大字报和彭小蒙同志于七月二十五日在北京大学全体师生员工大会上代表他们"红旗"战斗小组，所作的很好的革命演说，表示热烈地支持。在这里我要说，我和我的革命战友都是采取同样态度。不仅在北京，在全国，在文化大革命运动中，凡是同你们采取同样态度的人们，我们一律给以热烈的支持。还有，我们支持你们，我们又要求你们注意团结一切可以团结的人们，对犯有严重错误的人们，在指出他们的错误以后，也要给予工作和改正错误的重新做人的出路。马克思说，无产阶级不但要解放自己，而且要解放全人类。如果不能解放全人类，无产阶级自己就不能最后地得到解放。这个道理可请同志们予以注意。

毛 泽 东

一九六六年八月一日

毛主席一九三六年給紅軍大学林彪校长的一封信

林彪同志：

你的信我完全同意。还有一点就是三科的文化教育（识字、作文、看书报等能力的养成）是整个教育计划中最重要最根本的部分之一，如你所说的实际与理论并重，文化工具就是"实际"的一部分，如你所说的实际与理论联系，文化工具乃是能够而且用了去把二者联系起来的，如果学生一切课都学好了，但不能看书作文，那他们出校后的发展仍是有限的。如果一切课学了许多，但不算很多也不算很精，但学会了看书作文，那他们出校后的发展就有了一种常常用得的基础工具了。如果你同意此意见，那我想应在二三两科，在以后的四个月中，把文化课（识字、看书、作文三门）要增加些，我同意把它增加到全学习时间（包括自修时间）的四分之一或三分之一，请你考虑这个问题。定期检查时，文化应是重要的检查标准之一。

革命敬礼！

毛 泽 东

26 日 14 时

（林贤光抄自抗大校史展览）

毛主席在抗大校舍落成大会上的訓詞（大意）

我要与同志们说的，在这次伟大的事业中获得成功的原因，把它总括起来说，就是能够克服困难与联系群众。过去十年的斗争的斗争经验均证明着，你们这次挖窑洞也证明着，将来在抗战过程中还要证明着，如能如此，可以战胜一切！

克服自然困难战胜泥土与克服活的敌人战胜日寇，虽然有很多方面相同，然而有很多方面都不完全相同，它将更艰苦更困难些，所以在抗战中，不独要有克服困难与联系群众的方针，还要善于运用战略与战术，还要善于组织动员领导群众与争取同盟军等工作补充起来才行。

你们现在已经有克服困难与联系群众的精神，只要在这个基础上经你们的天才把它继续发扬与发挥起来，战胜日本，驱逐日本出中国是完全有可能的。

——抗大校刊《我们的伟大事业》第十四期

（1937.10.24）

中共中央批转军委总政"关于军队院校无产阶级文化大革命的紧急指示"

各中央局、各省、市、自治区党委，中央各部委，国家机关各部委党组，党委，各人民团体党组，解放军总政治部：

中央完全同意軍委、总政关于軍队院校无产阶级文化大革命的紧急指示。中央認为，这个文件很重要，对于全国县以上大中学校都适用，同样应当立即向全体学生和教职員工原原本本地宣讀，坚决貫彻执行。

中央　　一九六六年十月五日

关于军队院校无产阶级
文化大革命的紧急指示

各軍区、軍种、兵种、院校、总参、总后党委政治部：

軍队的无产阶级文化大革命，一开始就把院校作为重点之一，总的来說形势是好的。但是，有些領导机关和院校的领导过份强調了軍队院校的特殊性，至今还有压制民主的现象，不許班、系、校串連，把运动搞得冷冷清清，甚至挑动学生斗学生，打击左派，严重地违背了党中央《关于无产阶级文化大革命的决定》，即十六条。因此，根据林彪同志的建議，軍队院校的无产阶级文化大革命运动，必須把那些束縛群众运动的框框統統取消，和地方院校一样，完全按照十六条的规定办，要充分发揚民主，要大鳴、大放、大字报、大辯論，在这方面，軍队院校要做出好的榜样。在运动中不許挑动学生斗学生；要注意保护少数、运动初期被院校党委和工作组打成"反革命"、"反党分子"、"右派分子"和"假左派、眞右派"等的同志，应宣布一律无效，予以平反，当众恢复名誉。个人被迫写的检討材料，应全部交还本人处理，党委或工作组以及别人整理的整他们的材料，应同群众商量处理方法，經过群众和被整的人的同意，也可以当众銷毁。要充分信任群众，不要怕群众，要"敢"字当头。要相信院校的学生和教职員工的絕大多数是革命的，好的，他們是听毛主席話的，听党的話的，他們革命的大方向始終是正确的。也要看到軍队院校領导和教职員中，确实有一小撮反党反社会主义的坏傢伙，一定要借文化大革命的东风，把他們揪出来，彻底斗，彻底批。同时要确实掌握林付主席对領导干部所提的三条标准，即高举不高举毛泽东思想伟大紅旗，拥护不拥护毛主席；是不是突出政治；是不是有革命干劲，进行检查。还要注意，要文斗不要武斗。

以前軍委总政对院校文化大革命的个别规定，如关于軍队院校的文化大革命运动在撤出工作組后由院校党委領导的规定；关于指揮学校的学员队开展文化大革命的作法与連队相同的规定；关于只在軍种兵种院校范围內不在軍种兵种院校范围外和地方学校串連的规定等，已不适合当前的情况，应当宣布取消。今后各院校应按照十六条规定由革命学生和敎职員工选举成立文化革命小組、文化革命委員会和文化革命代表大会，作为文化革命的权力机构。

为了搞好軍队院校的斗批改，应当允許进行革命串連和調查，但軍队院校不要干涉、介入地方的文化大革命。

这个指示，应立即向全体学生和敎职員工原原本本地宣讀，坚决貫彻执行。

軍委、总政　一九六六年十月五日

中共中央军委指示

所有同志凡遇到了违背毛泽东思想，违背中央軍委方針、政策的錯誤言論和行动，不管什么人，什么职位，不管什么时候什么场合，是自己的直接領导也好，不是也好，都要敢于斗爭，都要自觉地、积极地捍卫毛泽东思想，捍卫党中央、軍委的方針政策，这是党性和革命风格的考驗，是衡量毛主席著作学得好不好，是不是在"用"字上狠下功夫的一个主要标准。自觉地、积极地、勇敢地捍卫毛泽东思想，捍卫党中央、軍委的方針政策，是各級党委和政治机关的最高职責，做不到这一点，就是最大的失职。

林彪同志号召把活学活用毛主席
著作提高到一个新阶段

——九月十八日接见高等军事学院政治学院和总政治部宣传部负责同志时的讲话

对毛泽东思想抱什么态度，是一个很重要的問題。我們就是要抓对毛主席的态度、对毛泽东思想的态度問題。特别是政治学院更应該这样。其他院校和一切敎育机关也都要这样。

毛泽东思想是全党全軍全国人民的統一行动綱領。全世界誰也不能代替毛泽东思想。什么李达，康斯坦丁諾夫，尤金，都不行。这些人的书怎么能同毛主席的书相比？現在，全中国、全世界沒有哪一个人的著作能統一人們的思想。馬克思、列宁的书太多，讀不完，他們离我們又太远。在馬克思列宁主义的經典著作中，我們要百分之九十九地学习毛主席著作，这是革命的敎科书。要彻底把毛泽东思想貫彻于全党全軍全国人民，用毛泽东思想来統一我們的思想。現在全国都在学习人民解放軍，都在学习毛主席著作，形势和从前不一样，局面也不同了。我們軍队是无产阶级专政的柱石，学不好不行。許多事情都要軍队参加，如四清、文化大革命、生产、群众工作，还有許多干部不断轉业到地方工作。因此，軍队应該眞正成为毛泽东思想的大学校。現在要眞正落实，把思想搞通。干部住校学习，就要学好，不能有名无实，要眞正把毛泽东思想掌握起来。毛泽东思想是革命的科学，是經过长期革命斗爭考驗的无产阶级的最高眞理，是最現实的馬克思列宁主义。毛主席的理論是几十年革命实践的总结。学好了，干部水平提高了，革命精神就能振作起来，就能把毛泽东思想、党的路綫政策貫彻下去。

現在全国在搞文化大革命。中央开了八届十一中全会，更高地举起了毛泽东思想伟大紅旗，提出了全党全国学习毛主席著作的問題。全党全国学习毛主席著作进入了一个新的阶段。部队、院校学习毛主席著作要有新的考虑，必須适应无产阶级文化大革命的新形势，要尽最大的努力，把毛泽东思想眞正学到手，眞正掌握起来。

你們学校明年招生，离現在还有三个月。今年一定要把文化大革命搞好。通过文化大革命，把組織机构搞得精干一些，宁肯人少一些，也不要坏傢伙。把組織整頓好，把敎学队伍整頓好，这个問題很重要。不把組織整頓好，思想不一致，甚至有坏人插在里边，怎么能搞好？一定要提高对毛泽东思想的認識，要严厉批評那种对毛泽东思想估計不足的傾向。

有些人迷信洋敎条，总觉得苏联比我們的好，近的不香远的香，說什么山沟里沒有馬克思列宁主义。其实他們那一套哪里比得上我們毛主席的思想？毛主席比馬克思、恩格斯、列宁、斯大林高得多。現在世界上沒有哪一个人比得上毛主席的水平。有些人說《資本論》是理論的基本陣地，其实《資本論》只解决資本主义社会規律的問題。我們国家，資本主义已經打倒了，現在是解决社会主义社会的規律問題。反对帝国主义、現代修正主义和各国反动派，建設社会主义，就是要靠毛泽东思想。毛泽东思想是最高水平的馬克思列宁主义。我們要把毛泽东思想伟大紅旗举得高高的，要用毛泽东思想統一全党全国的思想，进一步促进人的思想革命化，**挖掉資本主義的根子，防止修正主義。**党的八届十一中全会很重視學习毛主席著作，现在全党全国学习毛主席著作已进入了新阶段，出现了新局面，新形势。

我們要打破洋人比中国人高明的民族自卑感。有这种民族自卑感，就会丧失革命斗志。有人說外国月亮比中国的好，我們不如洋人。其实中国人到了外国，人家也是把我們看做洋人。有些中国人到外国比洋人还洋，学问都很高。洋教条的观点，土教条的观点，都是反毛泽东思想的。洋人、古人哪里有毛主席高？哪里有这样成熟的思想？毛主席这样的天才，全世界几百年、中国几千年才出現一个，毛主席是世界最大的天才。

归根到底，现在全党全国学习毛主席著作已經进入了一个新阶级，出现了新局面。軍队就要更进一步抓紧，更講求落实，毛泽东思想伟大紅旗一定要比过去举得更高。部队很可能有人認为，这几年搞得差不多了，搞久了就麻痺了。如果这样，就容易抓得不紧，学得不好，貫彻不好，就保持不了过去的朝气。

我們軍队打仗历来靠人的政治觉悟，靠勇敢。这就要靠政治敎育，要用毛泽东思想来敎育部队。部队战斗力的高低，取决于政治工作、政治敎育抓得紧不紧。軍队的紀律好坏，作風好坏，能不能出干部，能不能多出好人好事，千条万条，用毛泽东思想敎育人是第一条。人的觉悟提高了，勇敢也有了，积极性也有了，創造性也有了，組織紀律性也有了，吃苦的革命精神也有了。全軍工作情况虽然很复杂，有各种不同的情况，但在这一点上，又复杂又不复杂，又有差别又沒有差别，总的就是都用毛泽东思想統一起来。

明年怎么搞，总政宣传部要研究，各院校要研究。全党全国学习毛主席著作出现了新的形势，我們軍队要把学习毛主席著作提高到新的阶段，搞出新的局面，要适应文化大革命这个新形势。学习内容、学习方法、学习时间，你們去研究。

干部要学习毛主席著作。有些同志在部队里尽搞那些事务性的东西，一天忙到黑，哪有那么多时间讀书？他們到学校来，就是要让他們坐下来讀书。如果不讀毛主席的书，就要脫离理論，就要脫离方向。具体怎样搞法，你們自己去研究。可以办几个月的訓練班，十个月、八个月也可以。

高等軍事学院，政治学院，哪些路子好，要研究。

我过去曾經說过，对毛主席著作的学习，部队干什么学什么；学校与部队不同，学习时間长一点，内容可以多一点。要通讀与选讀相结合，通讀与专题相结合。可以有三种办法：一种是按专题学，一种是完全按顺序学，时間长的采取通讀与专题相结合，时間短的不通讀，或者搞半通讀，选讀一些同当前形势和部队实际需要结合得紧的毛主席著作。究竟用哪一种办法，要根据学习时間来决定，反正不要走过場。一期两个月、四个月的不搞通讀，七个月、八个月的可以搞通讀。时間长的可以搞通讀，但重点要放在专题上。要有重点，不要搞平均主义。讀书和做事都不能搞平均主义。平均主义不合辯証法。一定要講究效果，不要搞形式主义。要把这几年的經驗总結一下，怎样才学得好，才能眞正理解、熟練运用毛主席的思想，看哪种形式、方法、效果好，就采取哪种形式、方法。现在对毛主席思想不是学不学的问题，而是眞正学到沒学到、会用不会用的问题

通讀和选讀的关系，你們怎么解决的？时間长的可以通讀，但重点要放在选讀上，平均主义不行。有些人有閱讀能力，有学习的习慣，又有时間，也可以让他通讀，不然他不放心，怕丢掉了什么。

要列出几个专题来作重点。有些文章如作战命令，浏覽一下就行了，重点文章就应多

讀。毛主席的哲学著作要学几十遍才能学懂。

部队里就是结合实际学，今天学这篇、明天学那篇，时間久了就差不多通讀了。有的要反复讀，讀好多遍，有的讀几遍。还是干什么就学什么，有目的地学，和自己的工作結合起来学。用得上的学了就容易懂，容易記。例如，搞財貿工作的，学习毛主席关于財經問題的著作，就学得懂，記得住，用得上。不結合实际学，就学不懂，記不住，用不上。理論联系实际是根本原則。总之重点是結合实际选讀，同时又有通讀。連队更要結合实际选讀，要带着問題学，活学活用。个别人愿意通讀也可以，但不要作死規定。

老三篇虽然是战士必讀的，但是干部也要讀。老三篇最容易懂，但最不容易做到。要把老三篇作为座右銘来学。哪一級干部都要学，包括我們这些人。从中央付主席到每个支部的每个党员，都要学，学了就要用，搞思想革命化。思想方法和政策的学习也很重要。

《解放軍报》要很好掌握，要很好突出毛泽东思想，联系部队实际，指导好部队学习毛主席著作。要反复教育，反复宣传。看起来部队是不变的，实际上干部、战士都在变，天天都在变。要反复宣传，結合新的形势，用新的語言反复宣传，就不觉得枯燥了。馬克思列宁主义的根本原理，翻来复去就是无产阶級立場，辯証唯物論和历史唯物論，但一結合实际，就一点也不觉得重复了。这样宣传，形式上不重复，內容上是重复，只有多次重复，才能加深認識。

今天我提出的問題，你們回去研究。全国出現文化大革命的新形势，全党全国学习毛主席著作进入一个新阶段。为了适应这个新形势，新阶段，部队特别要学好。部队一定要貫彻毛泽东思想，抵制修正主义思想和一切剝削阶級思想，加强革命化，提高人的覚悟，提高政策水平，提高思想方法。

总政宣传部編的要战士熟讀熟記的《毛主席語录一百条》，可以搞。这也是有重点的选讀，不过更突出重点，更精炼了。

无产阶級文化大革命，是不上課的政治課，是不經考試的考試。群众运动就是政治，就是最好的政治課。这話是毛主席說的。我也說过类似的話。

今天就談到这里，一两个月以后，还可以再来談一次。

林彪同志在中华人民共和国成立十七周年
庆 祝 大 会 上 的 讲 话

同志們，朋友們：

今天是中华人民共和国成立十七周年的伟大节日。我代表我們伟大的領袖毛主席，代表党中央，代表中华人民共和国政府，向全国的工农兵，向全国的革命师生，向革命的紅卫兵和其他战斗的青少年組織，向全国各民族的革命人民，向全国的革命干部，致最热烈的敬礼！向来自世界各国的朋友們表示衷心的欢迎！

中华人民共和国成立十七周年，这是不平常的十七年。在我国，是翻天覆地的十七年。在世界，也是翻天覆地的十七年。

毛泽东同志領导我国人民进行革命，經历了千辛万苦的曲折道路。国內外的敌人曾經是强大的，但終于被中国人民推翻了，赶跑了。以美国为首的帝国主义者，一切反动派，現代修正主义者，这些紙老虎，都被中国人民和各国革命人民戳穿了。

中国人民在短短的十七年間，完全改变了过去的面貌。这是毛泽东同志領导的中国人民群众的丰功伟績。我們相信，全世界一切被压迫人民和被压迫民族，都会按照本国的情況，走自己的路，像中国人民一样，夺取最后的胜利。

今天，我們是在无产阶级文化大革命的高潮中来庆祝这个伟大节日的。这场无产阶级文化大革命，是在无产阶级夺取政权以后进行的一种嶄新的創造性的大革命。这场大革命，要斗倒一小撮党內走資本主义道路的当权派，横扫社会上的一切牛鬼蛇神，破剝削阶级的四旧，立无产阶级的四新，目的是为着进一步巩固无产阶级专政，发展社会主义制度。国际无产阶级专政的历史經驗告訴我們，如果我們不这样做，就会出現修正主义的統治，就会发生資本主义的复辟。在我国，如果出現这种情況，就会回到殖民地半殖民地、封建半封建的老路上去，帝国主义和反动派，就会重新骑在人民头上。我們这场文化大革命的重要性，是很清楚的。

現在，亿万人民群众发动起来了。革命人民揚眉吐气，反动資产阶級威风扫地。我們正在前进。我們已經奠定了伟大胜利的局面。

无产阶级文化大革命促使人們的思想革命化，因而成为发展我国社会主义生产的强大的推动力。今年是第三个五年計划的第一年。今年的工业生产計划預計可以超额完成，农业可以获得又一个好收成。我国的科学技术正在攀登新的高峰。我們伟大的祖国，从来沒有这样繁荣，这样生动活泼。我們的国防从来沒有这样强大。

毛主席早就指出，在整个社会主义的历史时期，存在着无产阶级和資产阶级之間的阶级斗争，存在着社会主义和資本主义两条道路的斗争。无产阶级文化大革命，就是这两个阶級、两条道路斗争的新阶段。在无产阶级文化大革命中，以毛主席为代表的无产阶级革命路綫，同資产阶级反对革命路綫的斗争还在繼續。那些坚持错誤路綫的人，只是一小撮人，他們脫离人民，反对人民，反对毛泽东思想，这就决定了他們一定要失败。

　　同志們，朋友們：当前的世界是一片大好形势。几年来世界的大动蕩表明，以美国为首的帝国主义者、现代修正主义者和各国反动派，他們的寿命不长了。

　　美帝国主义力图从发动一场世界战争中寻找出路。我們必須加以認真对待。当前斗爭的焦点在越南，我們已經作好了一切准备。我們决心不惜作出最大的民族牺牲，坚决支持兄弟的越南人民把抗美救国的战争进行到底。以美国为首的帝国主义者和以苏共領导为中心的現代修正主义者，正在狠狠为奸，积极搞和談欺騙的勾当，目的是要扑灭越南人民反美民族革命战争的烈火，扑灭亚洲、非洲、拉丁美洲各国民族革命斗争的烈火，扑灭世界革命的烈火。只要全世界人民擦亮眼睛，他們的阴谋是不能得逞的。二十年前，毛主席就說过，全世界人民要结成反对美帝国主义的統一战綫，来打败美帝国主义。世界各国革命人民，正在这条道路上前进。

　　毛主席說："全世界人民要有勇气，敢于战斗，不怕困难，前赴后繼，那末，全世界就一定是人民的。一切魔鬼通通都会被消灭。"世界的前途，一定是这样。

　　中国人民将繼續高举马克思列宁主义的旗帜，高举无产阶级国际主义的旗帜，同全世界马克思列宁主义者一起，同各国革命人民一起，把反对美帝国主义及其走狗的斗爭进行到底，把反对以苏共領导为中心的现代修正主义的斗爭进行到底！

同志們，朋友們！

　　我們的一切成就，一切胜利，都是在毛主席的英明領导下取得的，都是毛泽东思想的胜利。我們要用毛泽东思想統一全党的思想，統一全国人民群众的思想。我們一定要高举毛泽东思想伟大紅旗，进一步在全国开展活学活用毛主席著作的群众运动。我們要把全国变成为一个毛泽东思想的大学校。我們要把伟大的祖国建設得更加强盛，更加兴旺。这是我国人民的需要，也是世界各国人民对我們的希望。

　　中国各族人民万岁！

　　世界人民大团結万岁！

　　中华人民共和国万岁！

　　中国共产党万岁！

　　战无不胜的毛泽东思想万岁！

　　伟大的領袖毛主席万岁！万岁！万万岁！

林彪同志在庆祝无产阶级文化大革命
群 众 大 会 上 的 讲 话

一九六六年八月十八日

同志們，同学們：

我首先代表我們的伟大領袖毛主席，向大家問好！我代表党中央向大家問好！

我們坚决地支持你們敢闯、敢干、敢革命、敢造反的无产阶级革命精神！

这次无产阶级文化大革命，最高司令是我們毛主席。毛主席是統帅。我們在伟大統帅的指揮下，好好地听我們統帅——毛主席的話，文化大革命一定能順利发展，一定能取得伟大胜利！

毛主席提出的无产阶级文化大革命，是共产主义运动中的伟大創举，是社会主义革命的伟大創举！

无产阶级文化大革命，就是要消灭資产阶级思想，树立无产阶级思想，改造人的灵魂，实现人的思想革命化，挖掉修正主义根子，巩固和发展社会主义制度。

我們要打倒走資本主义道路的当权派，要打倒資产阶级反动权威，要打倒一切資产阶级保皇派，要反对形形色色的压制革命的行为，要打倒一切牛鬼蛇神！

我們要大破一切剝削阶级的旧思想，旧文化，旧风俗，旧习慣，要改革一切不适应社会主义经济基础的上层建筑，我們要扫除一切害人虫，搬掉一切絆脚石！

我們要大立无产阶级的权威，要大立无产阶级的新思想，新文化，新风俗，新习慣。一句話，就是要大立毛泽东思想。我們要让亿万人民掌握毛泽东思想，让毛泽东思想占領一切思想陣地，用毛泽东思想来改变整个社会的精神面貌，让毛泽东思想这个伟大的精神力量，变成伟大的物質力量！

这次文化大革命，是关系到我們党和国家命运的大事，是关系到我們党和国家前途的大事！

要搞好这場文化大革命，靠什么呢？靠伟大的毛泽东思想，靠群众的智慧和力量！

毛主席是当代无产阶级最杰出的領袖，是当代最伟大的天才。毛主席最相信群众，最关心群众，最支持群众的革命运动，和革命群众心連心！

毛泽东思想是馬克思列宁主义发展的一个嶄新阶段，是当代最高水平的馬克思列宁主义，是当代改造人們灵魂的馬克思列宁主义，是无产阶级最强大的思想武器。

人民群众是历史的創造者。人民群众掌握了毛泽东思想，就变得最聪明，最勇敢，就能发揮无穷无尽的力量！

我們有毛主席的英明領导，掌握了毛泽东思想这个最銳利的武器，就能够所向披靡，攻无不克，取得无产阶级文化大革命的彻底胜利！

最近中央公布的《关于无产阶级文化大革命的决定》，是在伟大領袖毛主席亲自主持下制定的，是无产阶级文化大革命的伟大綱領，是毛泽东思想的最新体现。我們一定要坚决按

271

照这个决定办事，要放手发动群众，要坚决反对包办代替，要坚定地依靠革命的左派，争取中間派，团结大多数，集中力量，打击一小撮最反动的右派，把无产阶級文化大革命进行到底！

　　文化大革命是个长期的任务。这中間有大战役，有小战役，要持續很长的时间。只要資产阶級思想存在一天，我們就要战斗一天，要一直打到底！

　　这次是大战役，是对資产阶級和一切剝削阶級思想的总攻击。我们要在毛主席的領导下，向資产阶級意识形态、旧风俗、旧习慣势力，展开猛烈的进攻！要把反革命修正主义分子，把資产阶級右派分子，把資产阶級反动权威，彻底打倒，打垮，使他們威风扫地，永世不得翻身！

　　无产阶級文化大革命万岁！

　　伟大的中国人民万岁！

　　伟大的中国共产党万岁！

　　伟大的毛泽东思想万岁！

　　伟大的領袖毛主席万岁！万岁！万万岁！

林彪同志在接见外地来京革命师生
大会上的讲话

一九六六年八月三十一日

同志們，同学們，紅卫兵战士們：

我代表我們伟大的导师，伟大的領袖，伟大的統帅，伟大的舵手毛主席，向各地来的同学問好，向大家問好！我代表党中央向大家問好！

同学們，你們来到北京，同北京的革命师生交流了文化大革命的經驗。你們辛苦了！我们相信，你們回去以后，一定会更好地按照毛主席的指示，按照党中央的十六条，冲破一切阻力，克服各种困难，把无产階級文化大革命更加轰轰烈烈地开展起来！

当前无产階級文化大革命的形势，好得很！

紅卫兵和其他青少年的革命組織，像雨后春笋一样地发展起来。他們走上街头，横扫"四旧"。文化大革命，已經触及到政治，触及到經济。学校的斗、批、改，发展到社会的斗、批、改。群众的革命洪流，正在蕩滌着旧社会遺留下来的一切汚泥浊水，改变着我国整个社会面貌。

革命的小将們，毛主席和党中央热烈贊揚你們敢想，敢說，敢干，敢闖，敢革命的无产階級革命精神。你們干了大量的好事，你們提出了大量的好倡議。我們十分高兴，我們热烈支持你們！坚决反对压制你們！你們的革命行动好得很！我們向你們欢呼，向你們致敬！

同志們，同学們！

我們一定要按照毛主席的教导，敢于斗争，敢于革命，善于斗争，善于革命。我們要用毛泽东思想做为无产階級文化大革命的指南，認眞地、全面地、彻底地、不折不扣地貫彻执行十六条。

我們一定要按照毛主席的教导，分清誰是我們的敌人，誰是我們的朋友。要注意团结大多数，集中力量打击一小撮资产階級右派分子。打击的重点，是鉆进党內走资本主义道路的当权派。一定要掌握这个斗争的大方向。

我們一定要按照毛主席的教导，要用文斗，不用武斗。不要动手打人。斗争那些走资本主义道路的当权派，斗争那些地、富、反、坏、右分子，也是这样。武斗只能触及皮肉，文斗才能触其灵魂。只有文斗，进行充分揭露，深刻批判，才能彻底暴露他們的反革命面貌，把他們最大限度地孤立起来，斗臭，斗垮，斗倒。

各大中学校的紅卫兵和其他革命的青少年組織，是文化大革命的急先鋒，是人民解放军的强大后备力量。

同学們，紅卫兵战士們，你們要永远忠于党，忠于人民，忠于毛主席，忠于毛泽东思想。要努力活学活用毛主席著作，在用字上狠下功夫。要全心全意为人民服务，密切地联系群众，模范地执行党的政策，維护人民利益，爱护国家财产，遵守三大紀律八项注意。

同学們，只要我們認眞地讀毛主席的书，听毛主席的話，照毛主席的指示办事，无产階

273

级文化大革命就一定能够取得伟大的胜利！让帝国主义、现代修正主义和一切反动派在我們的胜利面前发抖吧！

无产阶级文化大革命万岁！

中国共产党万岁！

战无不胜的毛泽东思想万岁！

伟大的領袖毛主席万岁！万岁！万万岁！

林彪同志在接见全国各地来京革命师生
大 会 上 的 讲 话

一九六六年九月十五日

同志們，同学們，紅卫兵战士們：

为了搞好无产阶级文化大革命，你們从全国各地，来到北京，来到我們伟大的領袖毛主席身边。你們辛苦了！我代表毛主席，代表党中央，向你們問好！我們热烈地欢迎你們！

我国的无产阶级文化大革命，在毛主席領导下，以毛主席主持制定的十六条为指南，正在全国范围內胜利地向前发展。形势好得很！形势越来越好！

紅卫兵战士們，革命同学們，你們斗爭的大方向，始終是正确的。毛主席和党中央坚决支持你們！广大工农兵群众也坚决支持你們！你們的革命行动，震动了整个社会，震动了旧世界遺留下来的残渣余孽。你們在大破"四旧"、大立"四新"的战斗中，取得了光輝的战果。那些走資本主义道路的当权派，那些資产阶级反动"权威"，那些吸血鬼，寄生虫，都被你們搞得狼狠不堪。你們做得对，做得好！

毛主席教导我們，无产阶级文化大革命所要解决的根本矛盾，是无产阶级和資产阶级两个阶级，社会主义和資本主义两条道路的矛盾。这次运动的重点，是斗爭那些党內走資本主义道路的当权派。炮打司令部，就是炮打一小撮走資本主义道路的当权派。我們的国家，是无产阶级专政的社会主义国家。我們国家的領导权，是掌握在无产阶级手里。斗倒一小撮走資本主义道路的当权派，正是为了巩固和加强我們的无产阶级专政。很明显，一小撮反动資产阶级分子，沒有改造好的地、富、反、坏、右五类分子和我們不同，他們反对无产阶级为首的广大革命人民群众对他們的专政，他們企图炮打我們无产阶级革命的司令部，我們能容許他們这样干吗？不能，我們要粉碎这些牛鬼蛇神的阴謀詭計，识破他們，不要让他們的阴謀得逞。他們只是一小撮人，但是他們有时能够欺骗一些好人。我們一定要紧紧掌握斗爭的大方向。离开了这个大方向，就会走到邪路上去。

在无产阶级文化大革命中，广大工农兵群众和革命学生，目标是共同的，方向是一致的。大家要在毛泽东思想的旗帜下，团结起来，携手前进！

现在，有些人违背毛主席的指示，违背十六条，利用工农群众对党对毛主席的深厚的阶級感情，制造工农群众和革命学生的对立，挑动工农群众去斗爭革命学生。我們千万不要上他們的当！

在毛主席为首的中国共产党領导下的工农兵群众，从来就是我国革命的主力軍。今天，他們是我国社会主义革命和社会主义建设的主力軍，也是我国无产阶级文化大革命的主力軍。

我們工农兵群众，一定要听毛主席的话，坚守生产崗位，坚守战斗崗位。要坚决站在革命学生一边，支持他們的革命行动，做他們的强大后盾。

紅卫兵和一切革命青少年，是我国人民的优秀儿女。你們要向工农兵学习。学习他們最坚定的革命立場，最彻底的革命精神。学习他們高度的組織性、纪律性和一切优良品質。要像工农兵那样，永远忠于毛主席，忠于毛泽东思想，忠于党，忠于人民，在革命斗爭的大风大浪中，把自己鍛鍊成无产阶級革命事业的接班人。

在我們的伟大領袖、伟大导师、伟大統帅、伟大舵手毛主席的領导下，在毛泽东思想的旗帜下，工农兵群众和革命学生团结起来，一切革命同志团結起来，把无产阶級文化大革命进行到底。

无产阶級文化大革命万岁！

伟大的中国共产党万岁！

战无不胜的毛泽东思想万岁！

伟大領袖毛主席万岁！万岁！万万岁！

周恩来同志在庆祝无产阶级文化大革命
群众大会上的讲话

一九六六年八月十八日

同志們，同学們：

你們好！

問你們好！向你们致无产阶级的革命的敬礼！

我們向来自全国各地的革命学生和教职員工表示热烈的欢迎！你們辛苦了！

党中央剛剛开过了第十一次全体会議。这次会議是在毛主席亲自主持下进行的。这是一次具有伟大历史意义的会议。这次会議的成功，是毛泽东思想的新胜利。这几天，全北京在欢騰，全国城乡在欢騰，到处敲鑼打鼓，送喜报，开庆祝会，下决心书，亿万人民投入了无产阶級文化大革命的洪流。今天，我們又在天安門的广场上，同我們的伟大領袖毛主席在一起，开庆祝大会，迎接无产阶級文化大革命的新高潮！

这次会議通过的十六条，是在毛主席亲自領导下制定的，是无产阶級文化大革命的綱領。一切革命的同志，都要認眞地学习它，熟悉它，掌握它，运用它。这是我們无产阶級文化大革命的战斗的武器，是我們行动的指針。我們一定要把这个伟大的綱領学好用好，貫彻到我們的实际行动中去。

毛主席教导我們，革命要靠自己。我們要自己教育自己，自己解放自己，自己起来鬧革命。一切革命者应当全心全意为人民服务，做人民的勤务員，先当群众的学生，后当群众的先生。要坚决反对包办代替，做官当老爷，站在群众头上瞎指揮。

我們希望北京市的革命同学和各地来的革命同学，要相互学习，相互支援，交流革命的經驗，加强革命的团结。首都的同学，你們是主人，你們要好好接待客人，发扬无产阶級阶級友爱的精神，热情地帮助他們解决困难，有問題要好好商量。

无論是北京市的革命师生，还是各地的革命师生，主要的任务都是把本单位的文化大革命搞好，一要斗好，二要批好，三要改好。这个任务很光荣，很艰巨。你們一定要敢于自己挑起这个担子来，我們相信你們也一定能够挑起这个担子来！

在无产阶級文化大革命中，我們要大破資产阶級思想，大立无产阶級思想，也就是大立毛泽东思想。大海航行靠舵手。我們伟大的舵手，就是毛主席。我們要响应林彪同志的号召，在全党全军全国进一步开展活学活用毛主席著作的群众运动。

我們一定要高举毛泽东思想的伟大紅旗，把无产阶級文化大革命进行到底，把社会主义的中国建設成为无产阶級的铁打的江山，完成中国人民和世界革命人民赋予我們光荣的历史使命。

无产阶級文化大革命万岁！

无产阶級专政万岁！

中国共产党万岁！

战无不胜的毛泽东思想万岁！

我們的伟大領袖毛主席万岁！万万岁！

周恩来同志在接见外地来京革命
师 生 大 会 上 的 讲 话

一九六六年八月三十一日

同志們！同学們：

你們好！

你們从祖国各地，来到无产阶级文化大革命的中心，来到人民的首都北京，我們表示热烈的欢迎。

北京是毛主席居住的地方。我們伟大的領袖毛主席是无产阶级文化大革命的伟大統帅。毛主席是我們伟大的导师，伟大的舵手，是我們心中的紅太阳。

无产阶级文化大革命是毛主席亲自发动的。毛主席同群众心連着心，无限地信任群众，支持群众的首創精神。全国革命人民热烈响应毛主席的号召，掀起了轰轰烈烈的文化大革命的高潮。

毛主席亲自主持制定的《关于无产阶级文化大革命的决定》，是无产阶级文化大革命的綱領。这个文件告訴我們，必须让群众自己教育自己，自己解放自己，自己起来鬧革命。我們必须把这个决定，当做我們进行无产阶级文化大革命的战斗武器，做为我們的行动指南。一切革命同志，都应该認真地反复地学习它，熟悉它，掌握它，运用它。

现在，无产阶级文化大革命开始了新的高潮。全国各地的青少年組織了紅卫兵和别的革命組織，这是一項伟大的革命創举。我們的紅卫兵小将們，破"四旧"，立"四新"，充当了无产阶级文化大革命冲鋒陷陣的急先鋒。你們那种敢想、敢說、敢做、敢闖、敢于革命、敢于造反的精神，得到了全国广大工农兵和革命干部的热烈支持。我們向英雄的紅卫兵欢呼！向我們的紅卫兵致敬！向革命的青少年致敬！

我們的紅卫兵是以解放軍为榜样建立起来的。大学解放軍，是紅卫兵的战斗口号。要像放解軍那样，高举毛泽东思想的伟大紅旗，讀毛主席的书，听毛主席的話，照毛主席的指示办事，活学活用毛主席的著作；永远做毛主席的好学生、好战士；永远忠于党，忠于人民，忠于毛主席，忠于毛泽东思想。要像解放軍那样全心全意为人民服务，密切联系群众，执行群众路綫，永远做人民忠实的勤务員。要学习解放軍的三八作风，遵守三大紀律八項注意，保护群众利益，保卫国家财产，造成良好的社会主义的新风气。紅卫兵要建设成为一支具有高度政治觉悟和高度組織性紀律性的战斗队伍，成为解放軍的可靠的后备軍。

我們要敢于斗爭，善于斗爭。时刻都要注意运用阶级分析的方法，注意发展进步力量，爭取中間力量，团结大多数，集中力量打击一小撮資产阶级右派分子。在斗爭中，要用文斗，不要武斗。文斗，才能教育群众，才能最有效地斗垮敌人。我們的紅卫兵，一定能够在斗爭中成长起来，成为智勇双全的闖将。

现在，全国各地的同学到北京来交流經驗，北京同学也到各地去进行革命串連。我們認为，这是一种很好的事情，我們支持你們。中央决定，全国各地大学生的全部和中学生的一部分代表，分期分批到北京来。本地的学生，和外来的学生，要在共同搞好文化大革命的原则基础上，加强革命的团结。有問題，有不同意見，要用調查研究、平等协商的方法来解决。大家都知道，各地方各单位的文化大革命，都要依靠本地本单位的群众自己动手来干，才能眞正搞得好，搞得彻底。我們相信，全国大串连的革命行动，一定能够有力地推动无产阶級文化大革命深入发展。

同志們！同学們！

革命是一件不容易的事，要取得胜利，必須战胜一切阻力，克服一切困难。我們相信你們一定能够高举毛泽东思想伟大紅旗，掌握和运用毛主席亲自主持制定的十六条，同广大的工农兵在一起，同广大的革命群众在一起，依靠自己的力量，克服各种阻力，战胜一切困难，把无产阶級文化大革命进行到底。

伟大的无产阶級文化大革命万岁！

伟大的无产阶級专政万岁！

伟大的中国共产党万岁！

伟大的战无不胜的毛泽东思想万岁！

我們伟大的領袖毛主席万岁！万岁！万万岁！

周恩来同志在接见全国各地来京
革命师生大会上的讲话

一九六六年九月十五日

同志们，同学們：

我們热烈欢迎你們！欢迎你們从五湖四海，来到无产阶级文化大革命的中心——北京，来到伟大的領袖毛主席身边。

我們最敬爱的領袖毛主席同大家亲切会見，这是对我們最大的关怀，最大的鼓舞！这是我们最大的幸福，最大的光荣！

无产阶级文化大革命，是改造人們灵魂的大革命，也是促进社会生产的大革命。

毛主席亲自主持制定的十六条指出：

"无产阶级文化大革命是使我国社会生产力发展的一个强大的推动力。"

"无产阶级文化大革命，就是为的要使人的思想革命化，因而使各项工作做得更多、更快、更好、更省。"

随着无产阶级文化大革命高潮的兴起，我国工农业生产正在出現一个更新的面貌，更新的繁荣。

搞好工农业生产，关系很大。它关系到我国社会主义建设，关系到第三个五年計划，关系到城乡人民生活，关系到无产阶级文化大革命。它也关系到支援越南人民的抗美救国斗争，关系到支援全世界各被压迫人民和被压迫民族的革命斗争。

我們一定要响应毛主席的号召，一手抓革命，一手抓生产，保证文化大革命和工农业生产双胜利！

广大的工人、公社社員、科学技术人員和机关企业干部，都应当坚守生产崗位，不失时机地掌握生产环节，把在文化大革命中煥发起来的冲天干劲，用到工农业生产和科学实驗中去！

同志們，同学們！

为了有利于工农业生产的正常进行，大中学校的紅卫兵和革命学生，現在不要到工厂、企业单位和县以下的机关、农村人民公社去进行革命串连。那里的革命，要按照原来的"四清"部署，有計划有步驟地进行，工厂、农村不能像学校那样放假，停止生产来搞革命。革命学生要尊重工农群众，信賴工农群众，相信工农群众完全可以依靠自己把革命搞好。

秋收秋种的大忙季节已經到来。大中学校的紅卫兵和革命师生，应当有組織地到农村去参加劳动，帮助秋收，学习贫下中农的革命干劲和勤劳的品質。

同志們，同学們！你們在无产阶级文化大革命中，起了很大的作用。对于你們的革命行动，我們热烈地欢迎，坚决地支持。我們相信，你們一定会高举毛泽东思想伟大紅旗，在革命中学会革命，把自己鍛鍊成为毛主席的好战士，好学生，成为共产主义的一代新人！

把无产阶级文化大革命进行到底！

抓革命，促生产，迎接社会主义建設的新高潮！

伟大的中国各族人民万岁！

伟大的中国共产党万岁！

伟大的毛泽东思想万岁！

伟大的領袖毛主席万岁！万岁！万万岁！

毛主席一九三六年给红軍大学
林彪校长的一封信

林彪同志：

你的信我完全同意。还有一点就是三科的文化教育（识字、作文、看书报等能力的养成）是整个教育計划中最重要最根本的部分之一，如你所說的实际与理論并重，文化工具就是"实际"的一部分，如你所說的实际与理論联系，文化工具乃是能够而且用了去把二者联系起来的，如果学生一切課都学好了，但不能看书作文，那他們出校后的发展仍是有限的。如果一切課学了許多，但不算很多也不算很精，但学会了看书作文，那他們出校后的发展就有了一种常常用得的基础工具了。如果你同意此意見，那我想应在二三两科，在以后的四个月中，把文化課（识字、看书、作文三門）要增加些，我同意把它增加到全学习时間（包括自修时間）的四分之一或三分之一，請你考慮这个問題。定期检查时，文化应是重要的检查标准之一。

敬革命礼！

毛　泽　东

26日14时

（林賢光抄自抗大校史展覽）

毛主席在抗大校舍落成大会上的训词（大意）

我要与同志們說的，在这次伟大的事业中获得成功的原因，把它总括起来說，就是能够克服困难与联系群众。过去十年的斗爭的斗爭經驗均証明着，你們这次挖窑洞也証明着，将来在抗战过程中还要証明着，如能如此，可以战胜一切。

克服自然困难战胜泥土与克服活的敌人战胜日寇，虽然有很多方面相同，然而有很多方面都不完全相同，它将更艰苦更困难些，所以在抗战中，不独要有克服困难与联系群众的方針，还要善于运用战略与战术，还要善于組織动員領导群众与爭取同盟軍等工作补充起来才行。

你們现在已經有克服困难与联系群众的精神，只要在这个基础上經你們的天才把它繼續发揚与发揮起来，战胜日本，驅逐日本出中国是完全有可能的。

——抗大校刊《我們的伟大事业》第十四期 (1937.10.24)

中央军委关于整理抗大問題的决議（节录）

1939年7月25日

抗大及一切由知识分子所組成的軍政学校及教导队之办理方針，应当如下：

一、把知识青年訓練成为无产阶级的战士，或同情者，把他們訓練成为八路軍的干部，确是一个艰苦的工作，我們应努力轉变他們的思想，注意于領导他們思想轉变的过程，用适当的方式組織学生中的思想上的爭論与辯論，实际上这样的学校中一定有資产阶级思想与无产阶级思想的斗爭。

二、学校一切工作都是为了轉变学生的思想。政治教育是中心的一环，課目不宜太多，阶级教育，党的敎育工作必須大大加强。抗大不是統一战綫学校，而是党領导下的八路軍干部学校。

三、敎育知识青年的原則是：

1. 敎育他們掌握馬列主义，克服資产阶级及小資产阶级思想意识；
2. 敎育他們有紀律性，組織性，反对組織上的无政府主义与自由主义；
3. 敎育他們决心深入下层实际工作，反对輕视实际經驗；
4. 敎育他們接近工农，决心为他們服务，反对看不起工农的意识。

——抗大校史展覽

毛泽东同志给林彪同志的信

（对军委总后勤部"关于进一步搞好部队农副业生产的报告"的批示）

林彪同志：

你在五月六日寄来总后勤部的报告，收到了。我看这个計划是很好的。是否可以将这个报告发到各軍区，請他們召集軍、师两級干部在一起討論一下，以其意上告軍委，然后报告中央取得同意，再向全軍作出适当的指示。請你酌定。只要在沒有发生世界大战的条件下，軍队应該是一个大学校，即使在第三次世界大战的条件下很可能也成为这样的一个大学校。除打仗以外，还可做各种工作，第二次世界大战的八年中，各个抗日根据地，我們不是这样做了嗎？这个大学校，学政治、学軍事、学文化。又能从事农副业生产。又能办一些中小工厂，生产自己需要的若干产品和与国家等价交换的产品。又能从事群众工作，参加工厂农村的社敎四清运动；四清完了，随时都有群众工作可做，使軍民永远打成一片，又要随时参加批判資产阶级的文化革命斗爭。这样，軍学、軍农、軍工、軍民这几项都可以兼起来。但要調配适当，要有主有从，农、工、民三项，一个部队只能兼一项或两项，不能同时都兼起来。这样，几百万軍队所起的作用就是很大的了。

同样，工人也是这样，以工为主，也要兼学軍事、政治、文化。也要搞四清，也要参加批判資产阶级。在有条件的地方，也要从事农副业生产，例如大庆油田那样。

农民以农为主（包括林、牧、副、漁），也要兼学軍事、政治、文化，在有条件的时候也要由集体办些小工厂，也要批判資产阶级。

学生也是这样，以学为主，兼学别样，即不但学文，也要学工、学农、学軍，也要批判資产阶级。学制要縮短，敎育要革命，資产阶级知识分子統治我們学校的现象，再也不能繼續下去了。

商业、服务行业、党政机关工作人員，凡有条件的，也要这样做。

以上所说，已經不是什么新鮮意見、創造发明，多年以来，很多人已經是这样做了，不过还沒有普及。至于軍队，已經这样做了几十年，不过现在更要有所发展罢了。

毛 泽 东

一九六六年五月七日

毛主席给清华附中红卫兵的一封信

同志們：

你們在七月二十八日，寄給我的两张大字报，以及給我要我回答的信，都收到了。你們在六月二十四日的两张大字报說明对一切剝削压迫工人、农民、革命知识分子和革命党派的地主阶级、資产阶級、帝国主义、修正主义和他們的走狗表示憤怒和申討，說明对反动派造反有理。我向你們表示热烈的支持，同时我对北京大学附屬中学"紅卫"战斗小組說对反动派造反有理的大字报和彭小蒙同志于七月二十五日在北京大学全体师生員工大会上代表他們"红旗"战斗小組，所作的很好的革命演說，表示热烈地支持。在这里我要說，我和我的革命战友都是采取同样态度。不仅在北京，在全国，在文化大革命运动中，凡是同你們采取同样态度的人們，我們一律給以热烈的支持。还有，我們支持你們，我們又要求你們注意团结一切可以团结的人們，对犯有严重错誤的人們，在指出他們的错誤以后，也要給予工作和改正错误的重新做人的出路。馬克思說，无产阶级不但要解放自己，而且要解放全人类。如果不能解放全人类，无产阶级自己就不能最后地得到解放。这个道理可請同志們予以注意。

毛 泽 东

一九六六年八月一日

陶鑄同志一九六六年六月十五日在高教部、教育部全体干部大会上的讲话

同志們:

今天晚上特意到高教部跟文化革命办公室的同志們做了一次談話。他們要我跟同志們見見面，講几句話。

今天我要向同志們宣布的，就是高教部这次紧紧依靠群众，依靠同志們的多数，依靠革命左派，把高教部的問題、蔣南翔的問題彻底揭露了。这是一个很大的胜利。中央是很满意的，是完全支持的。今天，我来就是要講这个問題，就是完全支持你們的行动，彻底把高教部的問題弄清楚，把反党反社会主义的黑綫斩断。在这次文化大革命中，高教部首先有几个同志貼大字报揭露了蔣南翔的問題。于是，以蔣南翔为首的人組織反攻、围攻，另方面对上級采取欺騙、掩盖的方法，蒙蔽上面。后来，情况弄清楚了，蔣南翔是阻碍文化革命运动的，不能让他繼續担任高教部文化革命的領头人了，所以决定他停职反省。中央是在十日决定的，十一日宣布的。当时，我們觉得需要一个副部长来代理蔣南翔的工作，决定暂时由刘仰桥同志代理，现在看来这个决定是不恰当的，也是不正确的，你們不贊成也說明是不恰当。什么叫不正确? 多数人不贊成就是不正确。既然是不正确的，为什么不改变呢? 应該改变。今天下午，接到你們（机关）党委一封信，要求不要刘仰桥同志代理高教部长的工作。中央书記处同意这个意見。现在我正式宣布，何伟同志兼代高教部长的职务。今天我跟同志們見面，主要是宣布何伟同志兼高教部部长的职务。

高教部运动搞得很好。原来我們沒觉察的問題，你們搞出来了。我們原来觉得高教部工作有問題，但觉得問題不那么很大。清华大学我們也是这样看的，觉得有問題，但觉得不那么很大。现在由高教部的同志們，把大字报一貼，教育部的同志們一支援，把問題彻底揭发出来了。现在看来，高教部的問題不是不大，而是很大，不仅高教部有問題，清华大学問題也很大。这个問題是什么性質呢? 就是反党反社会主义分子、修正主义分子統治了我們高教部，也是占据了我們的最高学府清华大学。从揭发的大量的事实看来，清楚得很，以蔣南翔为首的一伙人，把高教部搞成不是以毛泽东思想挂帅的高教部，不是坚决执行毛泽东思想来推进全国的高等教育，而是相反。他們反对毛泽东思想，坚决拿资产阶级思想来毒害高等学校的青年，把高等学校引导到资产阶级道路上去。清华大学是全国重点大学，在全国是起示范作用的，在全国影响很大。从某种意义上說，高教部发指示影响很大，但清华大学很多经验向全国推广，也是影响很大的。现在清华大学的問題揭开了，清华大学真正的工农子弟、干部子弟才占40％，在全国高等学校中比例是最低的，而剝削阶级家庭出身子弟占的比例，在全国所有大学中比例是最高的，因为这个学校就是分数考得高，不管政治怎样，不是突出政治，而是突出分数。为什么高等学校学生毕业后动员下乡下厂那样困难? 为什么每年高等学校毕业生要做很多动员工作才服从分配呢? 因为他們进大学不是为了使自己培养成为又紅又专的无产阶级接班人，拥护党、拥护社会主义，他們是为了自己成名成家，将来站在群

众之上，还是搞过去国民党的那一套，大学毕业出来后，就是高人一等。他就当劳心者，脑力劳动者，他不能搞体力劳动，体力劳动者受他的支配。我們花那么多錢，一年培养出来的毕业生就是十几万。如果不能保证他們毕业出来忠心地为社会主义服务，忠心地搞共产主义，而是搞个人主义，搞資本主义一套，向往資本主义社会，特别是有些人根本上就是坚决反共的，那么我們的教育就不可能不失败。几十年以后，老的已經死掉了，大学生成了各个崗位的重要干部、領导骨干，再加上少数野心家，搞阴謀篡夺領导权，全国就要变颜色。苏联就是这样搞的。現在苏联修正主义領导人都是十月革命后培养的什么工程师，象勃列日涅夫就是工程师！是鉄道工程师！赫鲁晓夫是一个阴謀家！他在斯大林死后搞政变，上台后就有人拥护他，馬上在一个无产阶級祖国，一个列宁的故乡变成一个修正主义国家，变了颜色，这个經驗不能不接受。而現在我們推行的教育制度、教育方針、教育思想是同党的要求完全背道而馳的，这不只是高教部、教育部过去董純才所宣传的凯洛夫，你們要清算呀！在全国中、小学中凯洛夫的毒害很深呀！只講智育，不講政治，說德育就是政治嘛！特别是高等学校影响最大。因为高等学校毕业出来都当干部，很少沒有当干部的。如果我們培养出来的不是忠心耿耿为社会主义为共产主义奋斗的，而是培养为資产阶級服务的人，那么再过多少年以后，我們国家的社会制度就变了。現在还是老的共产主义者領导的，上面出个資产阶級野心家把政权一变，那下面馬上就变过去了。我講的是总的情形。

从揭发的蒋南翔大量材料看来，他在这方面起了主要作用。蒋南翔作为高等教育部长，以前在教育部当副部长，因为他一进城就当北京市学校党委书記，高等学校都归他管，后来他担任高教部副部长，是一个很有发言权的副部长。他兼清华大学校长，清华大学在全国的影响是很大的。而現在看来，他是反对毛泽东思想来改造我們整个高等教育工作，改造我們整个高等学校的，很坚决的。而推行資产阶級的一套也是很支持的。当然囉！他也作了一些手脚（湖南土話，即做了一些表面工作），比如講什么半工半讀呀！清华也搞一些，但从現在看来，这是一种手法，他要推行資产阶級那一套，他总要搞一点資本嘛！他要完全露骨的，一点也不搞假的，那也不行呀！現在看来，从整个来看，不是从一点来看，他作了一点工作是力图掩盖他推行的資产阶級那一套，表面看，他在某一点上执行了党的一些政策方針。同志們！你們可以分析批判，这是我們初步地看到的材料的情况就是这样。

蒋南翔同××的关系很密切，××是一个反党反社会主义的野心家，你們的很多大字报揭露了这个問題。不是說，蒋南翔同×××有矛盾嗎？这是什么矛盾呢？是无产阶級与資产阶級之间你死我活的矛盾呢？还是个人权利的冲突？現在看来不是蒋南翔拥护毛主席的，×××搞資产阶級那一套的，因此他們冲突起来，如果是这样，那就好了，那你們就不应該反对他了，我們不应該罢免他高教部长的职务是不是？現在有大量事实证明，他同×××是不好的，个人之间的关系是不好的，他看不起×××，×××也看不起他，实际上搞資本主义一套是不謀而合的，你看他在高教部搞的与×××搞的有什么不同啊！清华大学搞的那一套同×××搞的八年制的医科大学有什么不同呀！一个六年，一个八年，只有四分之一的不同，实际上沒有什么不同，我說的是基本方面的，他們用資产阶級思想来教学，来办我們的大学，不是用毛泽东思想，不是突出政治，在这一点上沒有什么不同。他同×××的斗爭是他們內部爭权夺利的斗爭，蒋南翔一是有后台有一定地位，他的后台有××，蒋与×××的斗爭不是正确与错誤的斗爭，不是无产阶級与資产阶級性質的斗爭，而恰恰相反，同样是反毛泽东思想的，反无产阶級革命的，推行資产阶級那一套，为資产阶級复辟作准备。这就是你們高教部同志的功劳，前一段我們不太清楚，受了蒙蔽，現在看来有一条眞理，要依靠群众发动群众，搞文化大革命。不单是文化革命問題而是要在全中国各个領域里彻底把反党反社会主义黑綫統統斬断，把一切修正主义都揪出来，眞正建立以毛泽东思想武装起来的革命共产党員、革命干部队伍，并由他們来領导我們的一切工作，領导我們的一切部門。

高教部就是这种情况。运动发动起来，首先是少数几个同志，是現在文化革命办公室的几个負責同志，他們受到打击，首先受到蒋南翔的围攻，但因为他們是正确的，因为他們是眞理，群众支持他們。开始时，就我們宣传部来講，我是宣传部长，刚来不久，开始不清楚，有二三天没有什么支持。我是四号到京的，七号开了一个会，我听了几个省同志的汇报，講了今年高考不能照原来办法做了。因为文化革命正在开展，現在要組織全国統一高考不可能，时間不允許，另一方面，最重要的是現在文化大革命正处在高潮时，有的地方还没有发动起来，还在搞，要想把同学拉回来复习功課，参加考試，这就等于破坏文化大革命，是拉不回来的，勉强拉到課堂来上課，这是原則性的错誤。结果右派学生、不突出政治的学生、他們不参加运动，他們是来搞功課的，考得名列前茅，相反的革命派的学生名落孙山，不能这样干。我們的教育考試制度存在着错誤，基本上是資产阶级的一套，所以七月开了一个会，有蒋南翔同志、何伟同志，还有张际春同志和計委的高屛同志参加。开了一个钟头，我和他談了两件事，一个事今年的高考不能那么搞了，要取消，我当宣传部长的第一次就搞这个事情，就是取消你这个全国高考。第二我講你那清华为什么贴大字报，贴到北大去了，北大的革命好容易才搞起来，你們应該支援，大家贴你几张大字报，你清华就批評北大，講北大是错誤的，講蒋校长是正确的，"拥护蒋校长"。我講原来清华的大字报是错誤的，北大是正确的，批評清华是正确的，我們清华有错誤，欢迎同志們批評，这不是很好嗎？我講你赶快贴张大字报。我还是好意的，要爭取主动，要他回去贴，但他没有贴，他回来講，陶鑄找他开会委托他許多事情，他就認为我很信賴他。信賴是信賴，信賴講了两个事情，一个是要他改革高考制度，第二是要他贴大字报。所以我們对高教部的問題不是那么清楚，支持不够，現在我們支持了。今天我来講，表示一下态度，我們坚决支持高教部的文革搞下去，以后看。情况不对，十号觉得蒋南翔不能再搞下去，二十号书記处决定，蒋南翔停职反省，所以看来認識一个事须要有一个过程，原来認为高教部有問題，但問題不是那么大，清华有問題，但問題也不是那么大，現在看来問題很大，所以一切东西还要經过革命实践，依靠群众什么都清楚。你原来是假的，經过革命的行动，經过革命的实践，經过群众的揭露，你假的永远是假的，不能变成眞的；你原来是眞的，坏分子把你搞成假的，群众起来以后是眞的，所以是眞的你还是眞的，假的永远是假的，搞革命要有这个信心。眞理，总是眞理，错誤总是错誤，我們依靠眞理吃饭，依靠眞理，不怕任何反对，因此我們依靠毛泽东思想，毛泽东思想是我們的最高眞理。对我們革命来說，对世界人民来說，没有比他更高的眞理。还有比他更高的眞理嗎？没有。为什么？因为我們今天搞革命嘛！在中国来講，要把中国社会主义建設好，要彻底消灭阶级、消灭一切剝削阶级，要使全世界革命取得胜利，你要依靠什么才能达到目的？只有依靠毛泽东思想。我在中南局的时候，曾經写了一个决定，在人民日报登了的，我們是这样写的，今天我們学习毛主席著作，不是一般的学习問題，学不学毛主席著作，对党員来講是有党性没有党性的問題，是革命不革命的問題，中宣部理論处很反对，老講"你們杀气騰騰"，这是从事实講出来的，怎么杀气騰騰呢？你是共产党員就要实現共产主义嘛！就是要消灭一切剝削阶级，首先是消灭中国的剝削阶级，那么你要消灭一切剝削阶级，要取得共产主义革命的胜利，不依靠毛泽东思想靠什么？一个共产党员，你不实行共产主义，还叫什么共产党员？你还有什么党性？一个革命者，你不用毛泽东思想最高阶级斗争理論来武装我們，彻底消灭一切剝削阶级，而結果我們不能消灭阶级，反而让剝削阶級統治下去，那你們算真革命嗎？

　　高教部的同志們，首先貼大字报的同志們，揭露蔣南翔的一切錯誤，揭露反党反社会主义黑綫，他們就是相信真理，比較地講，他們对毛泽东思想認識比較深一些。他們带了头是值得我們学习的。在另一方面我要講清楚，高教部原来有一些同志跟了蔣南翔，受蔣南翔欺騙，帮他写了大字报。据說晚上写大字报写得很辛苦，发香腸面包，搞物質刺激。我講同志們，你們吃一点沒有什么关系，真的为了吃香腸面包而写大字报問題不很大，我看可以原諒，你并不是相信他嘛！但这个也不要了，真的要写大字报，你一天不給他飯吃，二天不給他飯吃，他还是要写大字报，因为他維护真理嘛！你杀头我还是要写，你就是給香腸面包再加什么东西，他还是不写，我們应該爭取这种态度。但另一方面仅仅是由于过去不認識不清楚，蔣南翔是什么人？蔣南翔是高教部长，中央候补委員，又是清华大学校长，又說我同他談，分給他很多工作，很信賴他，这么一套一套的，还有际春同志支持他，加上香腸面包，我看，这类情况写大字报的要得到教訓囉！以后不要随便吃香腸面包了（笑声），还是要学习毛主席著作，坚决拥护真理，站到真理这一方面来，这样的同志，講清楚了，坚决划清界限，我看还是好同志，应該团結起来，共同与反党反社会主义的人作斗争。我看高教部来說，真正地跟蔣南翔走的，不是思想認識問題，完全是立場問題，就是明明白白地知道蔣南翔是反党反社会主义的，自己也是反党反社会主义的，完全是一条路子，一个反党集团結合起来的，这只是极少数。有些革命同志，他們带头揭露了蔣南翔反党反社会主义的盖子，保卫毛泽东思想，在高教部这些同志应再接再厉，站在运动前面，把这个斗争搞下去。对多数同志过去受了些蒙蔽的，看不清楚的，应該划清界限。这个界限很好划嘛！到底是拥护毛主席还是拥护蔣校长，拥护毛主席是无产阶级革命的問題，拥护蔣校长是反党反社会主义的問題，很好划嘛！这也很容易划嘛！我們要用毛主席著作来划，高教部蔣南翔哪些事情是真正按照毛泽东思想的，哪些事是反毛泽东思想的，很好划，一查就清楚了。他有講话，有言論，有文章，有会議記录，有事实行动，东西多得很，把眼睛睜开看一看，这个界限是很容易划的，只要我們真心站在党的立場上。我們曾經一度少許离开党的立場，那么，我們现在回到党的立場上来就是了。不說要一誤再誤，不要以为我們与党的立場有点离开，那么我們就觉得他不好回来了，越走越远了，那就不好，离开点，有什么关系，再回来就是了。我想我們应采取欢迎态度。对絕大多数同志是由于一时思想認識模糊，上了当，那么现在就要别上当嘛！站到党的立場上来，坚决和反党反社会主义分子集团作斗争。把高教部变成真正用毛泽东思想武装起来的高教部，使高教部能把全国高等学校变成无产阶级接班人的高等学校，那我們即便犯点錯誤算得什么？对于整个事业来講，那是不足比的，就是蔣南翔还有一些同志，还有一些人，不是思想認識問題，不是認識模糊，是骨干，我看现在回头还不晚。为什么不回头呢？天大的錯誤我們改么，脱胎換骨地改么，反正两条路，现在你要革命的就跟共产党走，用毛泽东思想武装起来。要么你不革命，就当资产阶级反党反社会主义黑綫中的成員，沒有第三条道路。全世界也只有两条道路，第三条道路是沒有的，我不是講一天也不存在，整个革命运动发展是不存在的。要么当反革命，要么就是革命，在我国就是如此。我們国家是无产阶级专政，流了这样多血，取得革命胜利，我們不能保卫它，我們不能保卫社会主义事业，就是亡党、亡国、亡头。而且中国的革命不仅是中国一个国家的問題，全世界人民的命运寄托在我們身上，如果中国革命胜利了，全世界革命也不要很久了。你不要看到全世界一百多个国家，中国搞革命搞了四、五十年，一个国家四、五十年，十个国家四、五百年，一百多个国家，就要四、五千年，现在是一九六六年，还要五千年，怎么行呀！全世界革命胜利我看不要那么久。象我們中国取得胜利一样的，我們首先解放一个县，一年解放不了几个县，这是解放战争初期。到解放斗争第三年的时候，一下子就打到海南岛，快得很。所以全世界只要中国胜利了，全世界革命是有希望的，但他不是馬上就要胜利了，是有希望的，不是很遙远的事情。如果中国革命失败了，整个世界要倒退几百年，要回到一个黑暗的时期，就是这么个問題，所以中国革命不是一个国家的問題，不是我們中国一个党的問題，是全世界人民革命利益的問題。要么就革命，彻底地把革命搞深入，要么是让资本主义复辟，人头滚滚，世界革命就要倒退几百年，在这样一个問題前面，到底我們是要跟毛主席走，用毛泽东思想武装起来，坚决把革命搞胜利，把社会主义建设搞成功，还是走资本主义道路，把革命推翻，搞资本主义复辟？这个問題敢我分明嘛！

如果曾經犯了点错誤，再回到正路上来，我們是欢迎的。毛主席經常講，不管你犯天大的错誤，只要你改正错誤，允許革命，为什么不允許你革命呢？李宗仁不是第二号战犯嗎？逃到美国去了，他回来还是允許他革命么！李宗仁回来，我們那样欢迎他，我們有些自己犯了错誤的党员，就講怪話，說我們革命革了多少年，就是犯了点错誤，又降职，又降薪，李宗仁是那么大的战犯，他回来你們欢迎，周总理还亲自到机塲去欢迎，很不平。李宗仁是那么大的战犯，是副总统，代总统，他现在回来了，你們为什么不欢迎？你是共产党员，你还貪污，搞反革命嗎？你是由革命变成反革命，或者是由正确变成错誤，人家由错誤变成正确，当然不同的，所以就是李宗仁犯了那么大的错誤血債累累的人，只要他眞正改正错誤，回到祖国来，我們还是欢迎他嘛！那么我們犯了错誤，何况沒有李宗仁严重，坚决改正错誤，和那些反党反社会主义黑綫划清楚，你是黑綫，我是紅綫，即使现在不是很紅，慢慢会紅起来，那当然是欢迎的。不要坚决走死路，不要坚决走反党道路，应该回头，及早回头，回来还是有前途的。为什么不可以改正错誤，彻底改正错誤呢？就是错誤严重的，不是思想認识上問題，而是立塲問題，主观上反党反社会主义是自觉的，那么现在改正错誤，我們还是欢迎，允許革命的，只要交待清楚，坚决同蔣南翔划清界綫。就是蔣南翔本人，如能彻底交待、悔改，也还是允許他革命的，不是不允許他革命。

我同同志說的，第一，宣布何伟同志兼任高敎部部长职务；第二，对你們高敎部的文化大革命运动，中央书記处坚决支持，对犯错誤的一些思想認识上的，只要講清楚，团结起来，絕大多数团结起来；少数犯有严重错誤的同志，只要坚决悔改，改正错誤，允許革命。

今天我沒有准备講話的，一講就是一个钟头了，现在已經十点一刻了，不能再講了。同志們要休息，因为明天还要搞大字报、大辯論、大鳴、大放。我們的"四大"精神现在看来要搞大民主，搞小民主不行。这就是大民主啊！原来我們沒有把蔣南翔当成反党分子，你一揭就揭开了，这是大民主的功劳嘛！第二，我們派刘仰桥当代理部长，派错了，你們的大民主把我們的决議推翻了，这不是大民主？还是依靠我們多数，依靠群众路綫，依靠放手发动群众，因为我們事业是共同的，不是那一个人的事业，我們革命事业，是我們95%人的共同事业，这事业好坏关系到我們每个革命人民本身的前途，为什么不依靠多数，为什么不听多数人的話呢？今天我就是表示这个态度，我的講話完了。（热烈鼓掌）

（注：本文是从大字报轉抄的，而大字报是从高敎部原文（鉛印）轉抄的，多方轉抄，错漏在所难免）

东方紅大学汽002班印　66.9.3.

陶鑄同志七月一日
在北京大学全体革命师生员工
庆祝党的生日的大会上的讲话

北大全体革命师生員工同志們：

我代表中共中央宣传部，向你們表示热烈地祝賀！

反革命黑帮分子陆平，对党的生日从来不庆祝，他們只庆祝"一二、九"这是因为，他們对党沒有感情，他們仇視党。今天，你們获得了解放，你們对党有深厚的阶級感情，你們隆重庆祝党的生日，这很好，你們要永远庆祝下去！使北京大学成为眞正的无产阶級的最高学府！

你們打响了无产阶級文化大革命的第一炮！你們干的好！你們已經取得了一定的經驗。现在我講文化革命的个人意見。

（一）文化革命要达到什么目的？

北京大学的文化革命，从聶元梓同志的革命大字报贴出后，把全国都带动起来了。你們一个月来，除了六月十八日少数坏分子打架外，运动开展是好的，在全国走的最快，取得成果是大的。

运动第一阶段，要彻底打倒反党反社会主义反毛泽东思想的反革命集团。要夺权、要革他們的命；你們揪出了陆平、夺了权。以陆平为首的反革命集团被打倒了，但，陆平的毒素很多，他思想要彻底肃清，还是要經过斗爭的。撤他的职，容易，要清算他的毒，彻底打倒他，挖掉他的根子，我們还沒有完全做到。下一段还要批判資产阶級反动学术"权威"，打倒了陆平，才能清除资产阶級反动学术权威的影响。給他戴高帽、让他低头、这个容易，要清除他們的影响任务就不那么簡单。

有的同学認为这一段沒有前一段热鬧、轰轰烈烈、心里有些急。你們斗陆平，不仅是陆平一个人的問題，还有彭眞的問題，陆定一的問題，我們第一次这样大规模地搞这样大民主，大字报，大辯論，过去是沒有的。意义大得很，要很好地总结。这仅仅是开始。要完成文化大革命的任务，必須全校团結起来，把所有愿意革命的同志团結起来，今后的斗爭是很細致，很复杂的。可繼續贴大字报，每个同学都要控訴这些反党反社会主义的罪恶，把它搞臭，不管他們打着紅旗反紅旗的手段多么狡猾、多么阴险，只要我們努力学习毛泽东思想。就可以识破他們，他是假革命，他是修正主义分子，我們会识破他，用毛泽东思想武装起来，同他們斗爭。全校师生都起来，向反党反社会主义的黑帮开火，使我們党不变颜色，在中国沒有他們的基础，这就要比前一段更艰巨，更复杂，要分析批判。喊口号是必要的，戴高帽沒多大作用。今后运动味道更大，把校內修正主义根子挖掉，农民除田地里的草快，你們鋤修正主义、資产阶級之草，就不是那么容易。艰巨性，复杂性还在后头，你們要保持頑强斗志，**繼續前进。**

全校那么多大字报，你們要收集起来，編排刊印出来，发給同学。大字报里缐索很多，从大字报来分析，繼續发动群众写大字报，更重要的材料还在后头。

要練兵，全校搞批判，各系也搞批判，把修正主义分子，右派分子和一切牛鬼蛇神絖絖揪出来，透过現象看本質。

以后，每年都要搞，揭发、分析、批判是打倒敌人的重要一步。

群众运动，就是要运动，要运要动，班与班，系与系，校与校，可交换观点，互相支援，进行革命串联，这很必要，越搞越有味道，把修正主义分子搞掉，把社会主义巩固起来。

从政治、思想、組織上，把陆平搞臭，使他低头認罪，把打入党內的阶级异己分子揪出来，让大家起来，贴大字报，大辯論，互相支援，我們中宣部也在开展斗争，敌人还在狡辯。

运动要从一般大字报揭露，到进一步揭露，不然，就成了表面大字报，等于沒有大字报。

学校領导烂掉了，首先要夺权。另一部分，領导是官僚主义，群众关系不好，也要引火烧身，使問题解决了，群众信任了，再起来領导。

第二阶段，是对資产阶級思想进行批判，文化革命，就是无产阶級思想同資产阶級思想斗争，把一切剝削阶级思想都打倒，打倒資产阶級反动权威。

我們解放十几年了，二八年我在北京，不敢进燕京大学，这是一所十分資产阶級化的学校，在全国解放前，北京的学生还南下宣传，当时傅作义說，我們让大学生吃大米白面，他們还反对，你們让大学生吃高粱米，他們还拥护你們。当时学生爱国热情高，坚决反对国民党，渴望建立一个新中国。

解放后，燕大同北大合起来，組成新北大，但是，資产阶級毒瘤还在。学生在校受資产阶級思想的影响，使无产阶級思想下降。我調查了一个学校，关心政治，思想好的，一年级占８％，二年级占６％，三年级占４％，四年级占２％，工农出身的青年，到大学后，慢慢就变了。資产阶級思想越来越多，想个人成名成家，不劳而获。学霸伯贊那一套，这很引起我們深思。貧下中农，工人供养你們上大学，而資产阶級却把你們当作資产阶級接班人培养，我們不把資产阶級反动学术"权威"打倒，就对我們国家变颜色起影响。赫鲁晓夫修正主义就有他的思想基础，現在苏联領导人，都是建国初期的大学生，他們根本不考虑如何为人民服务，他們为一小撮特权阶层服务，在他們手下，把第一个社会主义国家苏联葬送了！我們要把資产阶級学校变为社会主义学校，培养无产阶級革命事业的接班人。

陆定一当了二十一年的宣传部长，还有一个周扬，他們站在反动的立場上，抵制毛泽东思想，宣扬資产阶級、修正主义思想，我們就要革他們的命，我們贴他們的大字报，就把他們拉下馬了，前中宣部，是反党反社会主义反毛泽东思想的宣传部，是修正主义的宣传部。他們控制一切宣传机器，控制学校，怎么会办成社会主义大学呢？

現在的学校是資产阶級的学校，旧的沒有得到改造，这一次要大革一次，大家起来彻底革命！我們打倒了前中宣部，陆定一也打倒了，把前市委的修正主义者打倒了。高校也改革，广大学生都拥护。我在广东当了十一年省委书記，五年中南局书記，每年大学生的毕业分配工作，都要作几次动員报告，还有許多人有意见，就是因为他們沒有到工农兵中去鍛炼。現在把学校搬到农村，你就認为农村有味道了。

我們認为，首先要破，立就在其中；而彭眞說要先立，这是个反动的理論。我沒有出几次国，但我看到一些，还是我們国家好。不破就不能立，长江大桥很好，但不把龟山蛇山破了就建立不起来，一切都是这样，不破就不能立，打倒旧的，才能建立新的。

原来，在解放前，作为一个中国人，感到自卑，现在，我們感到无比自豪，感到最光荣，因为世界革命导师毛主席就住在北京！

馬克思、恩格斯破了亚当、斯密，破了江格尔；列宁破了伯恩斯坦考茨基；毛主席破了很多"左"、右倾机会主义，特別是破了赫鲁晓夫，所以，毛主席是世界革命导师，毛泽东思想就特別伟大。不打倒资产阶级反动学术"权威"，无产阶级思想就立不起来。你們要来接班。有些人說文化革命要消灭知识，这是誣蔑，我们消灭資产阶级文化，无产級阶革命文化才能建立，才能得到进一步发展。过去知识分子高薪制，对他們迷信，哲学家講哲学，人家越听不懂，他就越高貴！现在劳动人民掌握了毛泽东思想，掌握了知识，写出了非常好的文章。把高考废除了，劳动人民进大学的机会更多了，当然，剝削阶级出身的学生，如果政治表现好，也可以上大学。德、智、体都好，可以选拔。首先要搞阶级斗爭、阶级斗爭及格了，才能上大学，不搞阶级斗爭，就不能升学。现在的学制太长了。麥賢得初中毕业，他能在战場上，脑浆流出，还坚持几个小时的战斗，因为他思想上只有消灭敌人，除此之外，什么都沒有，这是世界上任何学校都培养不出来的？我們不要上十几年大学，教学要重新来，翦伯贊再也不能上堂講課了。翦伯贊不写农民領袖，不給他們地位、而給刘帮、刘秀很高地位，戏都是才子佳人，现在，我們要看"紅灯記"看革命戏，革命电影。

我們要还历史的本来面目，历史是劳动人民創造的；

我們的文化发达了，世界文化得到了发展,沒有这个文化革命社会主义文化就立不起来，社会主义建设，沒有同它相适应的文化是不行的。

有的人說，无学无术的人搞有学术的人。这完全是胡說。我們的学是无产阶级的学，沒有資产阶级的学。而陆××是大学毕业，他有的是资产阶级的学术，我是小学生，对资产阶级的学术不懂，而毛泽东思想我們懂，而陆××不懂这一条。毛主席的书是最好的，资产阶級讀不进去。工农兵写的文章很好。文化革命，就是要沒有资产阶级的学术的人来搞。

讀毛主席的书，一切奇績都可以創造出来！

关于百花齐放，百家爭鸣的方針，这是主席早就提出的，你可以出来放，我們也就可以除掉你。两个敌对的阶级根本沒有言論自由，我們在国民党統治时期，就沒有言論自由，他們杀害我們，我們对反党反社会主义反毛泽东思想的右派分子，也沒有他們的言論自由，我們在人民內部都有言論自由。历史上所有的阶级統治都是这样，凡是毒草，我們就批判。资产阶级說我們"言不由衷"，"自食其言"，我們就是要消灭资产阶级,不給他們言論自由。阶級斗爭是你死我活的斗爭。我們批判资产阶级，也要摆事实讲道理。不要戴高帽，因为戴上高帽，就看不到他的表情，他就会在高帽里边打瞌睡，（全場大笑！），只有摆事实，讲道理，才能眞正打倒。解放前地主资产阶級政权，誰反对他，就要杀头，押进监牢，他們不敢辯論。

在批判中，要注意区别对待。一般有資产阶级思想，說几句错话，是允許的,五八年来，沒有什么反党反社会主义言論，但有一些错话，也要进行批判，但要以人民內部矛盾处理，經过分析、批評、帮助，达到团结他們。

那些反党反社会主义的右派分子，他們总以什么"权威"出现，如翦伯贊有什么权威？他只有反共反人民的权威，是资产阶级給他們的权威，革命的人民沒有封給他什么权威。他自以为自己是权威，以我看，你还是老实点，有多大本事、就拿出来为人民服务好了，不要拿那么一点知识骑在人民头上，装腔作势。你们把资产阶级反动权威打倒了，学校才能面貌一新，现在的大学，都没有突破资产阶级那一套。

（二）自始至終貫彻放手发动群众。

我們党就是靠发动群众，用毛泽东思想去团结群众、教育群众、多数人起来了，才能取得革命胜利。放手发动群众是运动搞好的根本。放手了，发动了群众，才能夺资产阶级的权，打倒资产阶级的反动权威。才能搞好教学改革。

首先要发动左派，依靠他們去团结群众，决不能包办代替。放手发动群众，去团结95％以上的人。反革命是少数，革命者是多数，热爱党中央，热爱毛主席，这是主流，眞正死心踏地地跟陆平、彭×跑的是少数。

我們要分化敌人，只有分化了敌人，把最少数死心踏地的坏蛋們孤立起来，才能彻底消灭它。

要正确区分两类不同性質的矛盾。既不要对犯有一般错誤的人抓住不放，更不要让那些反党反社会主义的右派分子溜走漏网。原来一些干部犯有官僚主义错誤群众关系不好，群众起来了，就要引火烧身，只要他愿意革命，我們要帮助他，批判他，鼓励他革命；集中力量打击那些死心踏地的反党反社会主义的右派分子。

（三）重点的問题，是組織一个好的左派队伍。

依靠坚定的左派队伍，他們无限忠于党，忠于毛主席。当然，絕大多数人都是要革命的。坚决反对社会主义的是极少数。左派要作中間人的工作。他們有受影响的，有上当的，我們团結他們，帮助他們，就可以孤立极少数的右派。

在我們中宣部，也有些右派、中間派，现在都以革命面目出现，现在是左、右派互相点名，这里边，有一个眞左派、假左派的問題。

左派的条件是：最听党的話、最听毛主席的話。这要有实际表现，要历史地看他。运动前你反对共产党，反对毛泽东思想，运动一开始，你就成了馬列主义者，这是不可以的。要看在各項政治运动中的表现。一貫好的，总是好、一慣不好的，一下子变成左派也是不可能的。第二个条件是要对革命最坚定，最勇敢。因为他們掌握眞理，他們敢于革命。他們冲鋒陷陣，是文化革命的急先鋒。第三个条件是能团結多数同志一道革命，不驕傲，不盛气凌人，他們能虚心地听取不同意见，能坚持眞理，修正错誤。第四是能起模范作用、带头作用、骨干作用，眞正为群众树立样板，不要口头上馬列主义，实际上自由主义。

聶元梓同志的革命大字报贴出后，有的同学也反对，但，"保皇派"不是他們。有少数人是眞保皇派，多数人是好的，可以团結他們，有些同志还可能是組織性很强的同志，上了当，当然应該进行检查，在那个时候他們看不清，不觉悟，现在觉悟了，我們就欢迎他們革命。

不要把保皇派的面划的太寬了。"保皇派"是他本人就是反党反社会主义反毛泽东思想的，而挖出了他的主子，他就要保皇；也有的以左派的面目出现，实际是保皇派，使他們的陣容不被瓦解，保存陣地，待机而动。保皇派是少数，但是有。

什么是黑帮？黑帮是反党反社会主义反毛泽东思想的反革命集团或分子。有些人虽然也犯有比較严重的错誤，也說过错話，做过错事，給党的事业带来了一定损失，但是，只要还不是反党反社会主义反毛泽东思想就不能叫黑帮。黑帮就是我們的敌人。黑帮分子是一慣地反党反社会主义反毛泽东思想的右派分子。他們站在反动的立场上，始終如此。如果仅仅是在某个阶段，对某个具体的事件，有错誤，也要批判，帮助他检查、改进。

把这些搞清楚了，經过斗爭，团結95％的問題就可以解决了。

（四）分化孤立敌人。

对反党反社会主义反革命的集团或个人，只要他彻底交代，我們允許他革命，可以挽救的，就挽救，只要他們彻底划清界綫，脱胎换骨，可以挽救他們。对那些死心踏地、死不回头、頑抗到底的黑帮分子，要孤立他們，彻底打倒他，他带着花崗岩脑袋，我們就要搞臭他，打倒他。当然，还不是肉体消灭，还要留下他，废物利用，当反面教員。

最后，我要講的，是要加强党的領导。共产党是工人阶级的先鋒队要十分强調，絕对服从党的領导，沒有考虑的余地，任何反对党的領导的，就是反革命。什么是党的領导？就是党中央、毛主席的領导，就是毛泽东思想的領导，只要他执行党中央的政策，按照毛泽东思想办事，中央还沒有决定撤銷他这一級組織，我們就服从他的，毛主席就是通过各級这样的組織去領导，如果他們不执行党中央的政策，不按毛泽东思想办事，就要反对他。党的領导，就是要宣传、交代党的政策，要組織領导群众学习毛主席著作，組織强大的左派队伍，进行革命斗爭。不要以任何借口反对党的領导。有些党外的同志比党內的同志表現还好，可以收到文化革命委員会来参加領导。

对于不够条件的党、团員，我們可以提意見，以后再搞。你們不要把一切党員团員都搞臭了，不能說都是保皇派，你們有几千名党、团員要团結起来，集中火力，向黑帮开火。

有些人想搞我們的枪支、档案，这是不行的。我們要严防敌人破坏活动，警惕坏人乘机搗乱。

同志們，原来中共中央宣传部，对北大犯了错誤。我們新中宣部要支持你們革命，要向你們学习。

（此講話是根据王武同志記录整理）

江青同志七月廿三日
在北大的講話

革命同学們：

我和陈伯达同志是来做小学生的，我和他一块来听同志們的意見，看一看你們的大字报。这样我們可以多懂得事，少犯点错誤，跟同志們一块来搞文化大革命。我們是一块的，不是脱离你們，你們什么时候有意見叫我們来，我們立即来。現在我們了解还不够，还提不出什么具体意見。总之，一片大好形势，你們的革命热情是好的，干劲是好的，我們都站在你們革命派一边。革命是大熔爐，最能鍛炼人。革命派跟我們在一块，誰不革命誰就走开，我們站在革命派一边。

我們听說；你們昨天一夜沒有睡，在辯論，我們想来听听你們的辯論，可是来了就不行了，希望你們今夜好好睡觉，吃好睡好，才能打好这一仗。

現在請陈伯达同志講話。

我們一定把同志們的革命热情、革命干劲带給毛主席。

陈伯达同志七月廿三日在北大
的　讲　話

　　刚才江青同志講的話，也是代表文化革命小組要講的話。我完全同意她的話。我們是来向你們学习的，学习你們的斗爭經驗。在文化革命的斗爭中，北大走在最前列，相信在党的領导下，在毛泽东思想指引下，一定能够繼續前进。

　　要听取不同意見，我們的意見是說"六、一八"是反革命事件是不对的、是错誤的。

　　希望大家在斗爭中好好学习毛主席著作，学习他怎样分析情況。在文化革命中，我們要掌握毛泽东思想武器，好好学习毛主席著作。革命道路是不平坦的，是会有些反复。"六、一八"以前、以后，在这几天，不就有几个反复变化嗎？这說明革命道路是曲折的，是有反复的。

　　毛主席万岁！

　　毛泽东思想万岁！

陈伯达、康生、江青同志七月廿四日
在广播学院的讲话摘录

江青：

我們的組长陈伯达、顾問康生同志，曾到你們这里来講过話，我剛从上海回来，我完全同意他們两位的意见。关鋒、戚本禹、姚文元同志也同意，他們說是你們的学生，向你們学习，你們的革命热情是很好的，热情应該鼓起来，不应該泼冷水。

我代表毛主席問候你們！毛主席很关心你們的革命事业。你們坚决站在无产阶级立場上，进行这次文化大革命运动。也許你們很关心他的身体，他的身体很健康。你們的情况还要繼續了解，要向你們学习，有些同学有意见，說你們之間不諒解，但你們之間不会有很大的冲突，不能进行迫害，只能怪背后領导他們的人。你們大門关得紧紧的，門口贴着条，"××不准进来！"比中南海还紧。我要来放火，我要提出抗議！如果你們不改，我就把你們的門涂成黑門！

康生：

同志們表示意见，到底欢迎不欢迎我們講話？（众：欢迎）

有几个問題問一問：

广播学院的文化革命运动誰是主人？是你們，还是李哲夫他們是主人？（下边回答两种意見都有）絕大部分說是革命群众。（下略）……（康生第二次講話：）

澄清三件事：

一、有的同志說：

国务院有的同志說："一切权力归于文革委员会这是错誤的。"这是造謠！沒有这回事，要追查他，質問他，問他为什么要造謠，为何拿国务院恐吓同学們？

二、有的同志說："北京新市委反对这个口号"，我代表李雪峰、吳德同志向同志們声明，新市委沒說这口号是反革命的，沒有！

不错，市委下面也有些同志認为这个口号是错誤的，有个叫楊蘊如（音）到你們学校来說口号是错誤的。这是完全错誤的。当然新市委接待室里也有人說这口号是错誤的。不管是誰講的，都是错誤的。中央文化革命小组全体同志贊成这个口号，拥护这个口号！广播局的同志×××也好，其他人也好，認为这个口号不对，他們是错誤的！要質問他們，要他們回答，要贴他們的大字报，要他們公开承認错誤。

三、文化革命中，主席没有六条指示，根本没有！（下略）

陈伯达：

我的普通話說不好，现在請一位同志做翻譯。（王力同志上）

由你們的同学，工作人員和革命师生自己成立文化革命小组，文化革命委员会。建議上級机关、党委派观察員、联絡員，当你們的顾問，而不是站在你們头上，你們同意不同意？

（众：同意）

你們班、系、校的各單位先做充分醞釀，然后把名单提上来，采取适当的形式进行选举。当选的人員不称职，不好，可以罢免，再换。党信任你們，信任群众一定能把这工作搞好。

（略）

最后講一講，誹謗中央負責同志的要駁斥。今天递的一个条子，就是誹謗江青同志的。

江青同志是中央文革小組第一付組长。江青同志是"九、一八"事变后參加革命的，有三十五年的斗争历史，江青同志是我党的好党員，为党做了很多工作，从不抛头露面，全心全意为党工作，她是毛主席的好战友，很多敌人都誹謗她。

江青同志在"九、一八"事变后在天津入党，我認识江青同志入党介紹人。

江青同志在文化大革命中起了很大的作用。京劇改革是文化大革命很重要的开端，外国人也承認这一点。好人宣揚这一点，坏人也不得不承認这一点。而京劇改革这件事，江青同志是首創者。

京劇改革前，我到戏院去看，很少人去看戏。京劇改革后，发生了很大的变化，要买票定坐了，很久很久才能看到，都是滿滿的，（这）也是文化大革命的很大变化，是开端。不要小看这个开端，这个改革与每个人的生活都有关系，生活在北京的每一个人都要看戏吧！

京劇改革引起了一系列的改革問題，京劇改革引起了对三十年代文化路綫的批判，这就引起了要检查我们的文艺路綫是否执行了毛主席《在延安文艺座談会上的講話》的指示，执行馬克思列宁主义文艺路綫。是执行无产阶级文艺路綫，还是执行资产阶级文艺路綫？革命是經常从一个打开缺口的，現在文化革命是从京劇改革打开缺口的。包括我在內，都感激江青同志。

这个条子使我想起历史上所有革命者沒有不受誹謗，不受迫害的。你們不是有一百多人受迫害，被当时反革命压制了自由，受了围攻了嗎？一个革命者就是要在这样的围攻中站得住。

刚才递的条子是揭露誹謗的。可是有人在这里散发流言蜚語、散布誹謗，要警惕！

（……略）

耽搁大家时间，謝謝大家。

江青、康生同志七月廿五日在北大的讲话

江青同志的講話

同志們：

毛主席要我們做你們的小学生，就是要我們做你們革命派的小学生。革命要求我們来，我們就召之即来，我們如果不正确，同志們可以貼大字报，可以直接写信給毛主席，我們坚决跟革命派走，不革命的走出去。

誰有什么不同意見都可以发表。

康 生 同 志 的 講 話

我們是来看同志們的。向同志們問好。我們受毛主席委托向同志們問好。

……北大文化大革命不是靠我們搞而是靠大家一起搞，我們一定在文化大革命中学习、学习、再学习。

北大在若干問題上有意見，这是很好的現象，健康的現象，只有經过辯論，才能淸楚。比如說，"六·一八"事件，有人說是革命的，有人說是反革命的，有人說旣不是革命的、也不是反革命的，可以辯論。

現在有很多学校的工作組，有人說是党中央派来的，有人說是毛主席派来的，不要听那一套，毛主席一个也沒有派，都是新市委派去的。

北大工作組来校已五十多天了，怎么样呢？有的說右傾，有的說有错誤，到底如何可以辯論。

文化大革命中，你們是主人，不是工作組是主人，这是毛主席告訴你們的。

有人提意見讲話要来个"精兵簡政"，所以我就不讲了。

江青、康生同志七月二十五日晚
在北大的讲话

江青同志：毛主席万岁！

中国共产党万岁！

北大革命师生万岁！

现在请康生同志讲几句话。

康生同志：我們中央文化大革命小組的同志們来看你們，向你們問好。我們受毛主席的委托向你們問候。現在我介紹一下来的几位同志：

文化革命小組副組长：江青同志

刘志坚同志（总政治部副主任）

张春桥同志（华东局、上海市委书記处书記）

文 化 革 命 小組組員：姚文元同志

戚本禹同志

文化革命小組办公室：曹玉娥同志

江青同志：同志們；毛主席要我們做你們的小学生，就是說，做革命派的学生。革命的同学，教职員，如果需要我来，我們召之即来，我們小組的成員，如果有什么不正确的，也可以写大字报，也可以写信給毛主席；也可以直接去见他。我們是革命派的勤务員，革命的跟我們一块走、不革命的走出去。

我听說，你們有几派不同的意見，有爭論，現在請他們来讲讲，給我們听听。

康生同志：江青同志讲了，毛主席叫我們向你們学习，这不是謙虚，因为毛主席說过了，一切革命的、正确的領导都是从群众中来到群众中去的。只有做群众的学生，才能做群众的先生。文化大革命靠誰去做呢？北大的文化大革命不是靠我們，首先是靠你們，同学們，教員們。因此，我們想在你們这一个文化大革命运动中学习、学习、再学习。

我听說，同学們在若干問題上有不同意見，这是很好的現象，是正常的現象，是健康的現象。眞理通过辯論更加清楚了。比如"六·一八"，有人說所謂"六·一八"事件是反革命事件，有人說是革命的大会，还有人說既不是革命的，也不是反革命的。比如对工作組，有人把北京新市委派来的工作組說成是党中央派来的，毛主席派来的，你們别听那一套！毛主席一个工作組也沒有派。你們工作組是北京新市委派的。从六月一日到現在快两个月了，工作組怎样？听說有各种意見，有的讲是好的，有的讲有一些错誤，有的讲有路綫性错誤，有的讲是路綫错誤。敞开思想講，什么話都可以講，不要有顧虑。有的說工作組在这儿好，有的說不在这里好。文化大革命怎样搞？靠你們来搞还是靠工作組一手"包办"？文化大革命怎样做法？陆平、彭珮云又怎么斗法？翦伯贊、馮定之类的又怎么斗？怎么做法？可以辯論、研究。希望听听你們的意見。

　　文化大革命你們是主人，不是我們，也不是工作組，这正是毛主席首先要叫我們告訴你們的重要的任务，我的話不多讲。我們下車伊始，不能哇啦哇啦講，你們不是批評张承先的报告講了四个钟头嗎？要精兵簡政嘛！我的話就講到这里。

（此記录如有出入，希望及时指出修正）

地六一　黄玉生等三人　　7.26.

康生同志七月廿六日晚
在北大的讲话

康生投機分子、小人也。

同志們：

昨天我提出了三个問題，請同志們討論，听同学們的意見。

第一个問題，"六·一八"事件同志們怎样看法，我們听了各方面的意見，我們小組組長也談了我們的意見。

另一个問題，請同志們考虑，以张承先为首的工作組是什么性質的錯誤？到底怎么样？要呢。还是不要？这个問題，我們也听了各方面的意見。我們小組組长也表示了我們的建議。

第三个問題，北大的无产阶级文化大革命的做法，我們表示了建議。我贊同我們小組組长的建議，不晓得同志們怎么样。

同志們，我們这是个建議，再重复一次，这是个建議，不是命令，不是强加于你們，一切贊同不贊同的权力不归我們，而在于你們大家。昨天我問过，也調查过，在文化革命中誰是主人呢？我听到两种意見，大多数說革命师生是主人，也就是說，你們是主人；也有人說，工作組是主人。今天有很多条子，說很注意我們的一言、一行、一笑、一鼓掌。似乎我們一鼓掌問題就定了。不是的，問題在你們，鼓不鼓掌要看你們，对不对要通过你們的头脑来考虑，你們不要看我的态度，这样很危险，要是我們鼓錯了，那你們不是也錯了？我認为，张承先这个工作組最大的錯誤有两个：第一个，五十多天来，不是眞正教育同志們，使同志們認識到北大文化革命要由整个北大师生来搞。他們沒有进行教育，这是很严重的錯誤。这一点就是不相信群众，不依靠群众，不走群众路綫。第二个，五十多天中北大整个学校連个文化革命委員会也沒有組織起来，各系有的也是工作組包办代替进行工作的，不是眞正放手发动群众，相信群众，依靠群众。因此，它在路綫上、思想上、組織上都犯了严重的錯誤。刚才有个叫李扬扬的同学講了話，我很注意，好象我們北大离开了张承先就不能革命了，好象张承先是諸葛亮，你們都是阿斗。这种观点是非常錯誤的。

你們不是天天唱国际歌吗？想想国际歌是怎么說的，依靠自己救自己。为什么在文化大革命中，不能依靠自己救自己，要依靠别人呢？毛泽东思想伟大紅旗不是口头講的，是要靠行动来体现的，无数事实，北大运动中的事实也証明眞正掌握了毛泽东思想，按毛主席的指示办事，那就能达到目的，达到胜利，凡是违反了毛泽东思想、毛主席指示，就会犯錯誤，遭受挫折，遭到失败。因此，同志們，你們組織文化革命委員会时，必须紧紧掌握毛泽东思想这面紅旗，相信自己，相信党，相信毛主席，我們的一切事业都会前进，都会胜利。共产党好在哪里，好在相信群众，依靠群众，联系群众。共产党員也好，团員也好，干部子弟也好，工农子弟也好，眞正好是在群众之中，相信群众，依靠群众，联系群众，团結群众。离开群众就不是好的，就沒有我們的一切。

斯大林講过，群众是我們的母亲。毛主席說：群众是我們的主人。我希望党員、团員、革命干部子弟、工农子弟必須掌握住放手发动群众，必須掌握好毛主席的群众路綫，把我們的无产阶級文化大革命进行到底。

同志們，我們講依靠你們，依靠革命委員会，有的这样講：你是不是不要党的领导了？还有人講：张承先走了，不就是沒有党的领导了嗎？陆平不是垮台了嗎？那怎么办呢？你們是独立王国呢，还是接受新市委的领导，党中央、毛主席的领导呢？眞正接受党的领导，就是要貫彻执行党中央、毛主席的指示。如果不执行，就是张承先在这里也沒有党的领导。

再次重申一下，这是一个建議，有不同意見大家还可以講，你們可以百花齐放，眞理越辯越淸楚，經过辯論达到万众一心，在毛泽东思想伟大紅旗下面万众一心。

同志們，你們文化革命小組，文化革命委員会，文化革命代表会議也好，你們的工作方向是什么呢？我有一个建議，請你們讀一讀《九評》，毛主席講的接班人的五条。这五条不仅是接班人的五条，而且是放之四海而皆准的一切工作的最高指示。那里講到要成为一个眞正的馬列主义者，掌握毛泽东思想，那里講到全心全意为中国人民和世界人民服务，而不是自私自利，为资产阶級服务。那里講到要团結絕大多数的人，不仅要团結和自己意見相同的人，还要团結那些和自己意見不同的人，甚至連反对自己并且証明是犯了错誤的人，那里講到要实行民主集中制，实行民主。那里講到要有批評和自我批評的精神。这一些是你們今后工作中的最重要的指针。我相信你們在党的领导下，在新的方針的指引下，把无产阶級文化大革命进行到底，取得彻底胜利。关鍵在于你們把眞正的革命主力軍組織起来。北大的情况是你們了解呢，还是工作組了解、张承先了解呢？陆平、彭珮云是你們了解呢，还是工作組、张承先了解？陆平、彭珮云的材料是靠你們揭发呢，还是靠张承先叫什么人整理资料呢？五十多天来沒有說发动你們揭发，这是一个严重的错誤。斗陆平要靠你們大家。怎样斗陆平、彭珮云这些反党反社会主义黑帮？斗了他們、下一步干什么呢？要斗反党反社会主义的资产阶級反动学术"权威"，要斗翦伯贊、斗馮定。翦伯贊、馮定的情况是你們了解呢，还是张承先了解？是你們看翦伯贊的书多呢，还是张承先看得多？把资产阶級"权威"斗倒，下一步干什么呢？整个計划想过沒有？那下一步就要搞教学改革。学制怎么样？課程怎么样？专业怎么样？教科书怎么样？这些都靠你們了。是不是我随便說呢？不敢。五七年反右时，我的小子他們的中文系，自己写出文学史，轰轰烈烈。当然这里面有缺点有错誤，但不比资产阶級反动学术"权威"写得坏，而是比他們写得好，今后的教改要靠你們，要三結合，象五八年做过的那样，学生、教师、党的领导三結合，就比过去做得更好。把整个东西看一看，斗黑帮、斗"权威"，搞教改，张承先办得了办不了？主要是靠你們。很相信你們在党中央和毛主席的领导下，能够顺利地完成这次文化大革命。

陈伯达同志七月廿六日在北大的讲话

今天在会上听到各种不同的意見，爭論得很激烈很尖銳，这是阶級斗爭的正常現象，是阶級斗爭的規律。对工作队的問題是阶級斗爭的問題，在以张承先为首的工作队間題上，爭論得这样激烈，不是偶然的，是阶級斗爭的反映，我們贊成大家的意見，撤銷以张承先为首的工作組，这是一个阻碍文化革命的工作組，是个障碍物。我們在文化大革命的路上，要搬掉这个障碍物。有的同学想給工作組辯护，給他們涂脂抹粉。除了別有用心的不說，在我們同学中，对工作組有些迷信，好象没有工作組同学就不能革命了。实际上工作組是压制同学們革命的盖子，我們建議新市委把这个盖子揭开。我們很多人受了旧社会习慣势力的影响和剝削阶級习慣势力的影响，好象没有工作組就不能革命。我們要破坏这个习慣势力，我們重复毛主席經常說的话，破除迷信，破除习慣势力……你們能不能自己革命？有没有无产阶級雄心壮志？任何革命都不能包办代替。无产阶級文化大革命中，在我們头脑里还残存着残余的資产阶級灵魂。毛主席就指出：这是触及人們灵魂的大革命，要自己动脑筋，革掉資产阶級的灵魂！

我們文化革命小組对同志們談一下，在文化革命运动中出現許多新东西，这就是許多地方出現了文化革命小組、文化革命委員会，就是群众自己管理自己，自己出来革命。我們第一个建議撤銷张承先的工作組，第二个建議，在北大成立文化革命小組、文化革命委員会，在学校可以成立文化革命委員会、文化革命师生代表会，这是文化革命的权力机关。这个小組成員、委員会成員、代表会代表，不能由別人指定，而应由群众选举。应当在群众里面充分酝酿，可以酝酿多少次、多少天，不要匆忙，酝酿后可以把名单贴出来，再酝酿，举行无記名投票。

这些組織的成員，都是你們的勤务員，要为你們大家服务，不是骑在大家头上的。你們看看有没有把握把北大的无产阶級文化大革命搞好，我想你們是一定能搞好的！

你們在选举中充分注意有广泛代表性，能听听各种不同意見，学生为主，在教职員工中也应有他們的代表。这些代表选举后是不是要一輩子当下去呢？今天发現他不称职就立即撤換！由群众来撤換他！由群众选举来代替他。如果你們贊成这样做，又涉及到一些具体問題可以考慮。例如对档案、資料、电台、民兵、武装，現在还让他們（原負責人）負責，不要随便变动。委員会成立可以制定有关管理制度，現在没变动以前，他們要負責到底。同时要接受群众的监督。他們当中有打問号的人可以提交文化革命委員会討論。成立了文化革命委員会以后，是不是你們就没有飯吃了，是不是不吃飯了呢？要学会管理生活。現在管理生活，行政还是不动，希望他們做好工作，比以前做得更好。将来文化革命委員会成立后，可以考慮成立生活管理小組。

我們这些都是建議，第一是对工作組的建議，第二是对北京新市委的建議，有什么不同看法可以辯論。是不是我們这样做偏袒了，是不是不公平了，是不是我們没有遵守毛主席的調查研究方法啊？

有人說"六·一八"事件是反革命事件 是错误的，反过来說："六·一八"事件应該是革命事件。 同学們都得注意，党的領导的标准是什么呢？ 就是党中央的領导，毛主席的領导。 党代表怎么才能代表党的領导呢？ 就是执行了党中央 和毛主席的指示。 同学們說："六·一八"事件就是根据党中央、毛主席的指示精神,群众来斗爭牛鬼蛇神的，我認为这种做法是妥当的。同志們让我說的話，我說完了。

王任重同志给北大革命同学的大字报

昨晚有十位同志递条子，要我介绍毛主席畅游长江的情况。因时间太晚，我没有讲。

毛主席畅游长江的情况，新华社在《毛主席畅游长江》的报道中，如实地反映情况。毛主席身体很健康，精力很充沛。这是中国人民的极大幸福，是全世界人民的最大幸福！

毛主席教导我们，大风大浪也不可怕，人类社会就是从大风大浪中成长和发展起来的。战无不胜的毛泽东思想，就是在革命斗争的大风大浪中形成和发展起来的。无产阶级革命事业的接班人，也只有在群众斗争中，在革命斗争中，经风雨，见世面，提高革命觉悟，增长才干，健康地成长起来。

希望北大的革命师生员工，活学活用毛主席著作。在斗争中学，在斗争中用，在斗争中前进。横扫一切牛鬼蛇神。我们不仅要学习毛主席著作，而且还应当学习毛主席的革命热情，与实事求是的工作作风。

破除迷信，解放思想，发扬敢想、敢说，敢干的共产主义风格。昨天参加你们的会议，我受到了一次深刻的教育。

我相信北大革命师生员工，一定能够在全国无产阶级文化大革命中起带头作用。

王 任 重 、 七月廿七日

江青同志七月廿七日在
北师大的讲话

师大的革命同学們，革命的教职員們：

我今天来，是受毛主席的委托，問候你們好！

同学們要我講几句話，我沒有很多意見講，因为我們应該先来做小学生，了解情况。听了同志們的意見，我接了同志的条子，有一些意見，我觉得是好的。你們已經是大学生了，至少十八、九岁，我們这些同志，都是十八、九岁就鬧革命的，有的还小呢，十五、六岁。那时有国民党的压迫，我們就沒有被国民党什么人牵着鼻子走。你們是无产阶級专政下成长起来的年青人，你們难道就不能自己革命吗？你們难道还是幼儿园的小孩子嗎？还要阿姨叔叔嗎？要这样順从嗎？我相信許多同志是受蒙蔽的。斗爭矛头不是对准黑帮分子，对准地富反坏右，而是对着革命的師生。这是错誤的。党中央毛主席向来是相信革命青年的。你們現在的革命形势，我認为已經是大好的。

你們已經接受了一些考驗，但还是不够。你們有些人还想要保姆。保姆要是好的，还是爱护小孩子的。現在我們的工作組是石头，阻挡你們前进的道路。革命是不能叫别人来包办代替的，要靠自己自觉，自己掌握馬列主义毛泽东思想。有的人認为自己是老革命，革命要看他一生，同附还要看他在重大关键时刻如何表現。陈独秀曾經是党的領袖，后来成了党的叛徒。因此，老革命，我們这样的人，在这样一塲文化大革命中，也要像小学生那样虚心学习，向群众学习，也要改造，进行革命。

你們同学要求撤銷工作組，我們中央文革小組討論了这个建議，觉得这是一个很好的建議。工作組也不一定是坏人，有一些是好同志，到了群众面前束手无策，有一些别有用心的人就来打击你們，迫害你們，这是有罪，要检查交代。

我建議你們自己組織文革小組，文革委員会，甚至开全校代表大会，可以充分酝酿討論，选举出来后，經过斗爭考驗，搞不好，再罢他的官。好的，我們都跟他一起革命，这里沒有折衷主义。

但是工作队孙友渔，包括刘卓甫这样的工作队，在同学中造成分裂。因此我希望那些受了迫害的同学，应当原諒那些被蒙蔽、被欺骗的人。經过斗爭考驗才能做到团結95％的人。那些被蒙蔽、被欺骗的人，做了不好事情的同学，也应该想想，也应该交代清（指工作組的），然后才能站到革命这边来，只有这样才能有利于革命运动向前发展，才有利于打倒那一小撮黑帮、修正主义、地富反坏右。今天我只讲这些，供革命同学，革命教职工参考。我們的意見不对，大家就贴大字报。

我还是这样說法：革命的跟我們一起来，不革命的走开！不要怕乱，乱和治是对立的統一，沒有乱那来的治？不受迫害，你們怎么知道革命的困难呢？多受一点迫害，能挺得住，将来才能做革命的接班人！我相信你們能把无产阶級文化大革命搞好，不要把我們的青年教成像小特务一样，我看过許多本这样的材料，这是犯罪的。你們要牢牢記住这一点。对自己人盯哨监视干什么？我們公安部队不是这样工作的，是走群众路綫。为什么鬧革命不依靠广大群众？为什么把矛头对准同学？希望同学們不要害怕，在大风大浪里鍛炼。

我的話今天讲到这儿。以后，你們有什么事，有什么意見，我讲的是革命的同学，革命的教职工。反革命的他們也可以来听，让他們靠边站着。革命的师生对我們文革小組有什么要求，我們要召之即来。

（有关师大具体問題下略）

康生同志七月廿七日在北大革命
师生大会上的讲话

　　我同意小組长（陈伯达同志）的建議，不知同志們怎样？我們只是一个建議（指撤张承先），不是要强加于你們。贊成与否，权力不在我們，在你們大家。……

　　昨天我們調查过，张承先的最大错誤是：（1）不能使同学們意识到北大革命由革命师生来进行，不相信群众，不走群众路綫；（2）一个全校 的 文 化革命 委員会都沒有組織起来，工作組包办代替了工作，組織上都犯了严重的错誤。为什么不依靠同学們进行文化大革命呢？

　　张承先的路綫错誤完全违反了毛主席思想。成立文化革命委員会必須高举毛泽东思想紅旗，离开了群众是不好的……我們是人民的勤务員。

　　放手发动群众，把文化大革命进行到底！……

　　文化革命委員会的工作方向：

　　接班人的五个条件，不仅是接什么的問題，而且是放之四海而皆准的真理，关鍵在于能否真正把革命力量組織起来。

　　你們了解北大情况，改教材改学制，都要靠你們！……

康生同志七月廿八日接見十几个高等院校部分同学的谈话 （摘录）

当六月一日广播了聶元梓等七人的大字报，把北京以××为首的黑帮揭开了。这样在北大把陆平、彭珮云黑帮的面目公布了。因此，北京各校革命运动到处爆发起来，当时有些校部、校党委瘫痪了、垮了，各校向北京新市委要求派工作组，当时从农村四清工作經驗觉得需要派工作组。因此，北京新市委从各方面抽調干部到各校去组成工作组。工作组去时，学生很欢迎，敲鑼打鼓，当时你們也敲了吧？但两个月的經驗看起来，証明这种方法是不适应文化大革命的要求，也不适应文化大革命所要达到的目的。为什么？因为我刚讲过，中国文化革命运动有两个方面，一是斗爭二是改革。首先讲斗爭，有的是分两步走，先斗爭当权派，再斗爭"学术权威"，有的是二者一块来，大部分是先斗当权派再斗爭"学术权威"。比如北大，先斗爭陆平、彭珮云，下一步就是翦伯贊、馮定、馮友兰。批了再改，改革学制、改革教材、半工半讀都要进行。現在看看工作组在北京的大致情况，有的好的，有的不好也不算坏，有的不好的。有一个时期我們看到师大、地質、林学院、輕工业学院、广播学院……很多学校工作组去了，不斗校黑帮，而是"六·一八事件""六·二六事件"，轉过矛头斗学生，斗贴第一张大字报的学生，清华大学也是这样。有的如北大沒有斗聶元梓，但长期冷冷清清，不是革命运动。有几种原因，工作组仓促从农村回来，五湖四海，他們也沒有准备，脸也沒有洗，下車就来了，文章文件也沒有看，对学校无認识无准备，这也不能怨他們（指北京地区讲）。

还有成员复杂，有左有右，誰也不認识；也有刚到本部就被斗。这队伍不能作战，他們有一个很大的特点就是怕乱。北大"六·一八"事件是群众革命运动，有缺点，打了人戴了高帽子，但基本上是好人打了坏人。工作组慌了手脚，認为是反革命，结果冷冷清清。各班各系互不发生联系，門崗重重，不象前阶段那样轰轰烈烈。那样怎能革命呢？什么叫怕乱？怕乱就是怕群众，怕群众就是怕革命。这样的运动沒有經驗，本来是革命运动，他認为是不革命，反革命。结果"六·一八"以后出現"扫清干扰"，把黑帮丢了，扫你們学生，証明有的工作组不是去領导而是去障碍，师大更厉害，清华也包办。（南京大学同学插话：南大更厉害，一个多月了光斗学生）这是比较有全国性的，西安交大也是这样，南大我不了解，我是怀疑你們那儿工作組去了以后敲锣打鼓，工作组有了缺点，贴了大字报就不行了，就是夺我們的权了，七搞八搞扣上反党反社会主义帽子，斗学生，打击左派；另一方面，斗黑帮，工作組了解还是你們了解？鋼院去了二、三百人，他們来自五湖四海，他們对鋼院情况了解还是你們对鋼院情况了解？斗学术权威是你們有本事还是他們有本事？叫我去斗鋼院"权威"，我戴了眼鏡也沒办法，因为我沒知识，将来搞教学改革誰来搞呢？江青同志昨天在师大說："你們現在是不是幼儿园，还要保姆管？你們現在就象这样。保姆不是好保姆，好的爱护小孩，坏的要打小孩、揍小孩。因此不要工作组好，无論是左、中、右，方法不适用当前文化大革命运动，因此很多經驗告訴我們，这种办法不好，需要改变，所以决定工作组撤离。撤离后怎么办？依靠群众，相信群众，发动广大群众进行文化大革命。因为革命群众是主人，革命师生是主人，自己做工作不能包办代替。他們能不能？能！北京的大学多数都是斗垮了黑帮以后，工作队才去的。所以根据毛主席路綫就是群众路綫，要广大革命师生起来閙革命。在学校里革命学生、革命教师是主力，是主人，要发揮他們的积极性。

毛主席讲过文革委員会要有广泛的代表性，革命左派要善于团結群众，要善于团結不同意見的人。你們讀过九評沒有？其中第三条就談到这个問題，那五条是左派的标准，左派不要自己孤立自己。我也告訴你們，文化革命委員会千选万选，不会是鉄板一块。是会有意見分歧。随着运动的发展还要变化，可以不断改进。你們在学校开大会，先要充分討論。现在有人假借中央名义，都說是毛主席派来的工作队，沒有那么回事。毛主席連晓都不晓得。根本沒有什么八条指示，毛主席的六条指示，胡克实的十三条指示，根本什么都沒有。

悽惨人生，戚本禹，被人玩了。可情！

戚本禹同志七月二十八日晨
接見北京航空学院、钢鉄学院、政法学院
和育英中学部分同学谈话 （摘录）

英中問：怎样判断工作组好坏？

答：回去好好揭工作组。工作組有好的，我看很多工作組不好。如果工作組不好，就貼大字报揭，把事情揭发清，同学們就会跟你們跑，要团结大多数群众，如果工作組好就留下，不愿革命的就走开，罢他們的官，犯错誤的就留下作检查，不让他們溜了。让他們作你們的学生，受教育，他們至今还要干革命。

問：什么是党的領导？

答：党的領导就是方針路綫的領导，指揮得好就代表党的領导，否則就不是代表党的領导。党的領导就是党中央毛主席的領导。

問：当前是組織革命委員会，还是按胡克实提的：两个月內搞清主攻方向？

答：你們說呢？（众：夺領导权）对！你們不是学主要矛盾？乡下来的同学知道，牽牛要牽牛鼻子，不然拉脚拉尾，牛也不动。

問：党的領导具体体现在哪里？

答：党的領导具体体现在貫彻党的方針和毛泽东思想上，党的方針政策是从《人民日报》来。

問：党中央毛主席派李雪峰，而李雪峰派工作組，怎么能說工作組不是党中央毛主席派的？

答：党中央毛主席只派一个工作組，只派一人当市委书記。市委派工作組无須經过党中央。这如同党中央派来了文革小組，而文革小組派我来，我怎么能代表中央呢？现在的工作組說："我是党中央毛主席派来的，誰反对我們就是反对党中央，反对毛主席。"这是不对的，错誤的，荒謬的。我們不要听。

問：某某有問題，在外边让他回来可以吗？

答．誰是牛鬼蛇神，你們让他回来，他就必须回来。

問：对工作組提意見是否影响主攻方向？

答：不影响。

問：是否工作組都撤？

問：怎样解释重在表现的政策？

答：第一，我們是有成份論；第二，是不唯成份論。（同学問：这政策对工农干部出身的是否适用？）主要是用于出身于地富的……，当然出身好，他变成阿飞，仍然是阿飞。

問：……（記漏了）

答：主要是反走資本主义道路的当权派。工作組保护他們，也是走資本主义道路的当权派。

問：党支部和文革小組的关系怎样处理？

答：党支部領导必须通过文革小組，一定要是紅旗支部才能成为領导核心。列宁說："一切权力归苏維埃。"也不是不要党的領导。全国人民代表大会是最高权力机关，而党是革命事业領导核心。

問：老师能参加文革領导吗？

答：領导权是由革命师生掌握，我認为学生比例应該多些。

問：剝削阶级出身的怎样和家庭划清界限？

答：在思想上、在灵魂深处和家庭划清界限，对其家庭进行批判。

問：有人說，除了党中央毛主席，我誰都不相信，是反动吗？

答：这句話是片面的。……（政法学院說：我們班大多数党員保持中立）这句話是片面的，多数是好的。（此同学又說：我們班就是这样，誰斗党員就是反党，党員趾高气揚。）我相信他們会一定站在斗爭最前面。从前在前市委領导下，有不少支部不是紅旗支部，而是黑支部。因此，很多情况需要重新建立新的党支部。学校問題靠同学解決，不能靠工作組。你們就是要去闯，在毛泽东思想指导下，敢闯，敢革命，闯错了，不要紧，走段弯路再轉来。（北航同学問：可以怀疑国防科委吗？）有意見可以提，可以怀疑。

問：报紙講了，百分之九十五的党組織、党員是好的，怎么理解？

答：那是指全国，不是指北京。

問：北京日报是否代表党中央？

答：人民日报代表党中央，北京日报代表市委。

問：有人怀疑错了，他动机是好的，能否說是反动？

答：不能。

謝副总理七月二十九日接见
北京政法学院学生时的談话紀要

謝副总理首先让同学們提問題

同学：（当談到工作組給我們两个院长打保票时）

謝：他打错了保票，有七亿人民，有毛主席，毛主席还依靠群众哩！

同学：（当談到六·二大会革命师生被压下去时）

謝：那是暫时的。

同学：（大专学校封锁消息）

謝：那不对。

同学：（主攻目标）

謝：学校里主攻方向是对着反党、反社会主义、反毛泽东思想的資产阶級当权派，反动的資产阶級"权威"。

同学：（如何对待犯有一般性错誤的师生）

謝：学生有缺点，有错誤，不要放在前面，学生年輕，有缺点好解决，放在运动后期可以批評和自我批評。可以辯論，但要禁止斗学生。学生之間斗，会把斗爭目标轉移，有的人就是要轉移目标。主要目标是打击党內走資本主义道路的当权派。今天报上发表《先当群众学生，后当群众先生》，我还未当学生，怎能当先生呢？

同学：（斗不斗反动的学生）

謝：反动的学生一下子看不准，可以以后斗，不要分散精力。

同学：（談到前党委）

謝：那个学校就是很成問題，六四年在毕业典礼会上，我給你們講了一次話，我講把政法学院办成党校性質的学校，人家就是不贊成。他們本想让我講几句恭維話，我就是不說。我批評60％到70％的学生成了次品，就伤了他們的心，党委书記就不去参加。他們不講主席著作，写講旧法。

同学：（談到工作組給我們制造了許多清规戒律）

謝：按你們的講，不要按工作組的搞，工作組的缺点可以給他們提，也可以罢他們的官。工作組有好的，有坏的，他們做了些工作，要一分为二，现在工作組不适应当前大鳴大放、大辯論形势，毛主席指示不要工作組，你們学生选举成立文化革命委員会作为主要領导，班里的領导班、系里的領导系、校里的領导学校的，都是无記名投票。主要选革命左派，中間和中間偏下（偏右）可以选一、二个，你們研究考虑，也要教員，四分之三是学生，四分之一是教員。如选的不合适可以罢官。当然第一次要慎重，不要整天选举。工作队都不要，不管好的、不好的都不要。他們不放心，总怕乱，规定了許多框子。同志們，主席《在延安文艺座談会上的講話》发表二十四年来，解放十六年来，他們都沒有执行，都是三十年代的封建主义统治，都是黑帮分子彭真、周扬搞的。毛主席是年年指示的，都没有执行。这些东西，没有广大群众推它，它是不倒的。最了解情况的是你們学生教員，你叫我到学校里当工作組，我是当不好的。你們批判学校党委，做得对，我支持你們。但也要注意政策，区别对待，具体分析，按毛主席的指示办事，学毛主席的那四篇著作，那是文化革命的指南。

祝你們成功！

邓小平同志在北京市大专学校
和中等学校师生文化大革命积极分子
大会上的讲话

一九六六年七月二十九日

同志們：

我以中央工作者的名義講几句話，現在市委宣布从大中学校撤銷工作組。必須說明，在党的北京新市委建立以后，以新市委名義向各大中学校派出工作組，這是根据中央的意見办的。当时旧市委垮了，新市委工作人員很少，各大中学校，革命学生和教师起来鬧革命，纷纷要求新市委派人領导运动，新市委只好向各方面求援，学校工作組一种是新市委直接派出的，一种是在新市委要求下，中央各部門、河北省以及四清工作队抽調的干部，臨时集合起来，由新市委派出的，另一种是在市委要求下，由中央各部門，国務院各部門派出的。

現在新市委根据毛主席和党中央的指示，撤銷工作組，這也是因为經驗証明工作組的形式不适合于大中学校文化大革命的要求，必須加以改变。

自从中央宣布改組旧市委，报上公布聂元梓等七同志的大字报，北京市大中学校掀起了偉大的、轟轟烈烈的文化大革命运动，声势浩大，猛烈地冲击反党反社会主义反毛泽东思想的資产阶级当权派，冲击着資产阶级的反动学术"权威"，冲击一切剝削阶级的旧思想、旧文化、旧风俗、旧习慣，冲击資产阶级的教育制度，這是很可喜的現象。在這样大的群众自觉的革命运动中，不可能是溫文尔雅的，难免出現這样的那样的問題，這些問題，以我們大学中学革命师生的觉悟程度和思想水平来說，是不难解决的，我們对待這种新出現的問題，采取了派工作組的方法，我們這个决定是比較匆促的。还有的决定，例如中学集訓、軍訓等問題的决定也是比較匆促的。有的同志說，老革命碰到新問題，的确是這样。而工作組到各校，又是非常仓促的，沒有經过充分的研究和討論，我們在中央工作的同志，在市委工作的同志，自己对這样史无前例的运动，也沒有經驗，也沒有在一些方面给工作組做具体的交待，工作組的同志按老一套的工作方法去指导运动，有些不好的工作組还违背我們党历来对待群众运动的方针，自己搞一套，瞎指揮，乱鬧一通，結果在一个多月中把轟轟烈烈的革命运动搞得冷冷清清，有的学校甚至弄得很糟糕，這是一个很大的教訓，也是一个很重要的經驗，基本的教訓是，对于广大的革命师生的革命自觉性积极性和創造性估計不足，对于革命师生的思想水平、政治水平和革命本領估計不足，对于大鳴、大放、大字报、大辯論的文化大革命的群众路綫方法，領导群众自我教育、自我鍛炼、自我革命，从而推动和带动我們无产阶级专政下面实行广泛民主的偉大意义估計不足。這一个多月是一个曲折，要从這一段反面經驗得到益处，使我們更好地学习和掌握毛泽东思想，无限信任群众的革命主动性和創造性，虚心地向群众学习，善于从群众中来到群众中去，先做群众的学生，然后才能領导群众运动。我們在中央工作的同志要从中得到教益，市委工作的同志要从中得到教益，工作組的同

317

志也要从中得到教益。

再重复說一說工作組的問題，工作組有的是好的，有的是比較好的；但是也犯有这样那样錯誤的；有的是犯有严重錯誤的，他們压制群众，打击革命左派和不同意见的人，严重地违犯了党的方针政策，把方向扭到错誤的方面去，阻碍文化大革命運動的发展，引起广大師生对他們的不滿，批評他們，以至要求撤換他們，这是完全合理的。工作組的大多数同志在主观上是想把事情搞好的，領导上对他們的帮助也不够，上面已讲过。加上工作組沒这样搞。文化大革命運動的經驗，大多数同志沒有学会运用毛主席的群众路綫和民主集中制，仓促上陣，用过去在工厂、农村中的工作方法，有的甚至凭自己的想法領导運動，犯了这样、那样的錯誤。工作組多数是工作方法和思想方法的錯誤，有些責任要由上級来負担，工作組不少同志受到群众的批評是应該的。工作組的一切好同志应采取积极的态度，虚心接受群众的批評，得到教益，这对他們在今后的工作中学会群众路綫，学会民主集中制，极有益处。

现在毛主席，党中央决定撤銷大中学校的工作組，很必要。市委根据中央指示作出了决定。这个决定的根据是，按照毛泽东思想的教导，人民群众是世界的創造者，只有依靠和团結95％的群众，才能把阶级斗爭，生产斗爭和科学实驗三大革命運動搞好，才能保証党的領导和无产阶级专政的社会主义制度的巩固，才能保証在我們国家里防止修正主义即資本主义复辟的危险。

在大中学校撤銷工作組以后，北京大中学校的文化革命就可以恢复運動开始时的蓬蓬勃勃的局面。在大中学校文化大革命的任务是：一斗、二批、三改。斗倒反党反社会主义反毛泽东思想的資产阶级当权派，批判反动的学术"权威"，改革教育制度和教学方针、方法。这三大任务，不但工作組担当不了，中央、市委工作的同志也担当不了。只有依靠大中学校广大群众、革命師生員工来实现，因为你們比較熟悉情况，有能力，有本領来担当起这个任务。

中央完全相信，北京市的文化大革命能够依靠群众的高度的革命的积极性和自觉性，用群众自己革命的組織形式——師生員工代表会議，文化革命委員会，文化革命小組的形式，动員師生員工闹革命，能經过運動，包括教育犯錯誤的人，实现毛主席和党中央制定的团結百分之九十五以上的大多数的方针和政策。我們相信，只有群众自己教育自己，才能把文化大革命搞好。在運動中难免出現这样那样的毛病，但是我們相信群众有能力和智慧，能够及时总結經驗，奋勇前进，夺取大中学校文化大革命的伟大胜利。

革命的師生員工万岁！

伟大的文化大革命万岁！

毛主席万岁！

周恩来同志在北京市大专学校和中等学校师生文化大革命积极分子大会上的讲话

一九六六年七月二十九日

同志們，同学們：

刚才小平同志已經代表中央同志講了話，我根据他講的补充几句，特别要站在政府的角度講几句。这星期下乡向群众学了一些东西。在毛主席号召下文化大革命已掀起高潮，特别在北京，我們直接接触的地方。运动已經两个月了，中間已經有了曲折：就是开始轰轰烈烈，一阶段冷冷清清，现在又轉向新的高潮。为什么会出现曲折？依我看，无論在中央，在市委对形势的估計都有错誤，对群众的积极性、主动性、創造性估計不足；第二，对解决問題的方法認识上有错誤。前北京市委，旧的宣传部、高教部都犯了严重的错誤，这就直接影响到北京的文教部門、文化部門、文化团体。群众在毛主席、党中央的領导下起来了，就要問自己的单位是不是受黑綫影响，因而对它不信任。六月三日北京新市委成立，因此群众一方面敲鑼打鼓庆贺，一方面要求派工作組。作为群众要求，这是合理的自然的，問題是領导应該想办法如何解决。我們匆忙做出决定派工作組，对学校我們过去沒有經驗，特别是政府派去的工作組，他們过去一向是从上而下灌輸，而不是信任群众，依靠群众。工作組到校时大多是热烈欢迎，但不久情况就变了，从友好走向对立，很多工作組工作方式就是老一套，当然小平同志刚才講了，也有的是老革命遇到新問題，不适应形势要求。絕大多数工作組主观要求是好的，但方法不对，效果不好，因而造成同学斗同学，把校和校、系和系割开，运动冷冷清清。在这样形势下当前出现了几个問題，有的还沒有研究清楚，有的是群众运动中不可避免的，但把問題誇大了，怕乱，例如：群众斗群众，青年人批評中就有斗爭，斗爭一紧张，就卷起了袖子，我們都是从青年时代經过的学生，可以理解你們。我們那时也年輕幼稚的很，当然，你們在毛泽东时代比我們进步得多了。师生不可能按框框办事，創造性就从此出来了。运动中也有个别坏人挑拨，但大多数是方法不适当，有的人就怕乱，因此北京的文化革命就走向冷冷清清，把斗爭的主要目标放过了。对群众估計有错誤怎么办？翻开毛主席著作，讀毛主席书，听毛主席教导，学习群众路綫。学毛主席著作这还不够，最直接的办法是走到群众中去，向群众学习，这是我們几十年的革命眞理，毛主席亲自給我們做了典范，我們怎能忘記呢？所以中央各级干部都要到群众中去，别的方法沒有，一到群众中就找到了解决問題的办法。有的地方运动冷冷清清，方向改变了，甚至有些地方同学很不满意，一看就知道出了問題；再看工作組工作照老框框做，从上而下，不是启发，帮助群众，这就看出了問題。看出了問題，那么就自然而然地認识了如何依靠群众相信群众。我們文化大革命依靠誰？很清楚，在学校就是依靠革命师生。斗那个？斗反党反社会主义的走资本主义道路的当权派，接着就是校内反党反社会主义的资产阶级学术权威；然后改革教育制度和教学制度，这是学校中文化革命的三大任务。这些事情只能依靠革命的师生员工，首先是革命的学生。我們上面去的，只能帮助你們，其它的无能为力。在校内誰是反动的学术权威，如何在各校实行社会主义教育制度，看看人民大学七位同学給毛主席的信就很清楚，只有依靠你們。靠什么組織去做呢？就是你們自己創造出来的各级文化革命委員会，文化革命小組，文化革命师生代表大会。种种組織形式，你們已經創造出来了，不需要到别的地方去找。这种种形式，一看就知道，即使出了一些小毛病，也影响不了大局，不信看看这次七月二十二日天安門的百万人集会，各中学不是整整齐齐浩浩蕩蕩地走向天安門了嗎？这样大的事情，临时一通知就来了。这样的考驗就证明，革命师生中絕大多数是毛主席的好学生，符合毛主席备战的要求。……这样的大事，陈伯达同志、江青同志、陶鑄同志、康生同志，已經去体驗了，我們要跟着学，我也代表中央向你們提出要求，你們要給我們下去鍛炼的机会和自由。我們向你們要自由，因为我們的脸孔你們熟一点儿，看大字报，說話都不自由，千万不要五千六千上万人围着我們，尤其到了大学区，电話一打上万人都围了上来，现在我們只好在你們睡的时候偷着去，这样就只能看到你們的大字报，不能听到你們說的，不能抓到你們的活思想，希望你們回去传达一下。（群众鼓掌）好，謝謝你們的支持。我們下去首先向你們学习，其次支持你們把文化革命进行到底，我們下去学习，学习，再学习，学习你們的斗争經驗，学习你們的創造性。现在你們已經有了經驗、創造：在各校成立文化革命委員会，革命师生代表大会。具体的称呼呢？根据具体情况确定，但现在各校还没完全选举出来，有的是經过群众充分酝酿、討論，又酝酿、又討論，现在还没討論的你們可以先成立临时筹备委員会，先进行是主人充分的筹备工作，还有其它許多事。要文化革命委員会自已管，因为你們自已嘛！因此筹备工作也要你們自已来解决，不能由工作组一手承担，我們信任你們能自已解决。經过筹备委員会，把各校的文化革命委員会，文化革命师生代表大会成立了，全校的組織健全了，我們还要进而建立全市大中学校的革命代表会議，全市大专学校革命委員会的常設机构。各校組織健全了，召集全市各校革命委員会的常設机构就不难了。

这样北京市党团組織活动就可以通过全市的文化革命委員会来领导，当然同时也可以通过党委，只要这个党委群众还信任它。有了这样的組織形式，中央領导就可能到各学校学习，这样才說得上对你們有帮助，如果我們下去还不够，因为不可能全市所有学校都去，你們遇到問題还可以去找新市委、中央文革小组、中央各机关接待室、国务院接待室，我們有責任、有义务通过必要的步驟帮助你們解决問題，这样才可以上下通气。现在全国各地上北京取經的很多。前五十年在旧专制的統治下，北京是五四运动的发源地，现在北京是中华人民共和国的首都，是无产阶级专政下无产阶级文化革命的发源地。我們要上下通气帮助你們做好工作对全国也是一种帮助，我們在运动中活学活用毛主席著作，对全世界也是一种貢献。

革命师生做了主人，工作组要撤退。决議上面写着留校是向你們学习，若工作组同志有錯誤，应当要有交待，你們的意见要听取。只要能認真检查，絕大多数都是好同志，工作组工作也很辛苦，我想广大革命师生也是很懂这个道理，一說就通了。如果他們因为工作忙抽回去了，你們有問題要他們交待，可以叫他們回来，因为这是对他們一个考驗，不能因为他們年紀大了，就不听你們年青人招呼，你們是主人嘛！有的地方还派了联絡组，调查组那仅仅是联絡，仅仅是调查，不能超出这个范围指手画脚乱說乱道。机关也派了工作组，今后也要試办文化革命委員会。

总之，这是一个新的事情、新的运动，我們年老的，很不熟悉，很为难，我們要向你們学习，这样老革命就可以做新工作，就更年輕了，就更革命了，这样就能真正是毛主席的好战友、好学生，真正高举毛泽东思想紅旗。完了。

（大会記录稿，誤、漏难兔，仅供参考）

刘少奇同志在北京市
大专学校和中等学校师生文化大革命
积极分子大会上的讲话

一九六六年七月二十九日

　　我同意剛才邓小平同志、周恩来同志他们两个的講話。我也是党中央工作人員之一，党中央包括我在內，热烈支持北京高等、中等各学校革命的同学、革命的教师、革命的員工进行无产阶级文化大革命！(热烈鼓掌)这是我们党中央的总方針，把无产阶级文化大革命进行到底！

　　至于怎么进行无产阶级文化大革命？你们不大清楚，不大知道，就問我们："革命怎么革？"我老实回答你们，誠心地回答你们："我也不晓得。"我想党中央其他許多的工作人員，也是不知道，主要要靠你们革，要靠各学校的广大的师生員工在革命的实践中間来学会革命。

　　我们当年参加革命的时候也是这样，也是青年，也学了一点馬克思列宁主义，比你们现在所学的馬克思列宁主义和毛泽东思想少得多。(鼓掌)比你们更加幼稚，更不晓得怎样革命，只晓得要革命就是。后来怎么办呢？就革囉，在革命中間經过各种曲折，慢慢地、慢慢地学会一些了。犯了一些错誤就改正，再犯错誤再改正，沒有犯错誤，人家也說你错了，是不是？鬧得自己也莫名奇妙。各种情况都遇到，那么我们过去所遇到的事情大概你们都会遇到的，因为以后的革命不是我们以前的革命，是一种新的条件下，无产阶级专政的条件下进行的革命。要重新学习。不只是你们要从头学习，我们也要从头学习，都是在革命中間来学会革命。怎么革命？现在只能够講一句話：放手发动群众，依靠广大的群众，依靠革命的同学们、革命的教师、革命的員工团结广大的群众，放手发动他们进行革命。现在只能講这么个方法，更具体的方法，你们如果也不知道，我也不知道，现在經过了一两个月你们知道的比我们多，我们向你们学习。。(鼓掌)你们现在有飯吃，吃飽了也不上課，中央决定半年不上課。半年是又吃飯，又不上課，干什么呢？干革命！(热烈鼓掌)你们干革命，就是由你们鬧革命！如何鬧？在这个半年中間，你们可能取得很大的进步，那么我们也可以跟着你们学习一些。我相信，广大的革命师生員工在伟大的毛泽东思想指导下，一定能够把无产阶级文化大革命搞好。(鼓掌)在运动中間碰着具体問题向毛主席著作求教，請教。在运动中間努力学习毛主席著作；希望你们在这次运动中間能够更多地学习、更多地掌握毛泽东思想，成为你们的武器。(鼓掌)

　　剛才周恩来同志已經講了，这次运动的、文化大革命的主要目标是什么，主攻方向、主要的斗争步驟是什么？一个，斗争反党反社会主义反毛泽东思想的資产阶级当权派，这只是一小撮，不是很多的。其余有一些犯了错誤可以改正的。斗爭当权派——反党反社会主义反毛泽东思想的当权派，这是第一个。第二个，批判資产阶级的反动学术"权威"。第三个，进行教育改革，改革教育制度，改革教学方法、教育方针。这三件事，我们都不熟悉，我们都不能做，完全要靠各学校的革命的师生員工团结广大的群众，你们来做，才能搞好。随你們做。过去曾經派工作組，剛才雪峰同志、邓小平同志、周恩来同志都講了，派工作組是中央决定的，中央同意的。现在工作組这个方式不适合于当前无产阶级文化大革命运动的需要，中央決定撤消、撤退工作組。如果你們讓他們走，就走，不讓他們走，你們還有意見，你們還有意見要提，你們要批評，你們要批判，盡你們批判，批判夠了，沒有什麼批判了，他們也向你們檢討了，你們覺得他們可以走了，就走。有一些人要抽出來，你們要他們回去就回去。因為過去這段時間，他們的工作一直是在你們學校裡，做的好事也是跟你們學校裡面做的，成千上萬人看了；犯的錯誤也是跟你們一道，你們也看了，你們清楚。在運動中間他們的錯誤、缺點由你們作結論。具體講這個人，那他還有他的歷史情況，是不是啊？各種情況，那你們也不大清楚，你們也不能作，那要由其他的機關作。現在你們高等學校、中等學校的文化大革命由你們為主，你們是主人。工作組留在你們那裡就聽你們的意見，聽取你們的批評。同時呢？如果你們還不能接受，他們暫時不能回去，等你們能夠接受了，你們選出你們相信的人，能夠接受的時候接受。你們選舉由你們選，怎麼選？當然要經過大家討論，大家醞釀。醞釀成熟，選舉出來。那麼這樣，因為你們當了主人以後學校裡面的無產階級文化大革命由你們作主來進行，這個黨中央、黨中央的同志如果能夠幫助你們的話盡量幫助你們，支持你們。（鼓掌）但是我現在要說一句老實的話，包括我在內，我現在只能向你們學習，只能聽取你們的意見，不能提出什麼意見來幫助你們。我們不了解情況，少許向你們學習一個時候，然後碰見些什麼問題，各種不同意見都能聽到，有點什麼經驗那我們可以提一提。你們的責任更大了，也只有你們能夠把無產階級文化大革命搞好。如果把北京市的無產階級文化大革命搞好了，對全國有意義，對將來有重大意義，對我們的共產主義事業也有重大意義。（鼓掌）我願意到你們那一個學校，或者那幾個學校去向你們學習，剛才周恩來同志要求你們給我們自由，我也有這個要求。如果你們給我們自由，我願意到學校裡跟你們一道，（鼓掌）聽取你們的意見，但是我不能發表長篇大論的演說，因為我不懂，是不是？

今天，我可以向你們提出一點經驗請你們考慮、斟酌，由你們決定。這只是提一個經驗，這是一點，這也是根據最近的經驗。就是你們在運動中間要保護少數，保護那個意見不同的少數人。對於那些人要保護，因為以後有各種問題要討論，有時候要辯論，對牛鬼蛇神不是也要大字報、大鳴大放、大辯論嗎？是不是呀？有時同學之間有不同的意見那麼也貼大字報，也放手發表意見，同志們更敢發表意見，也討論，討論起來就辯論，是不是呀？剛才周恩來同志講了辯論會和鬥爭會很難分，不要把辯論會變成鬥爭會，同時辯論會中間不同意見發生各種事情都是可能的。那麼你今天是多數，明天可能變成少數；經過辯論之後，你在這個問題上是多數，在另外的問題上你也是少數。不只是錯誤的意見是少數，正確的意見也可能變少數，我是有親身經歷的嘛，我有的意見提的並不錯，講的並不錯嘛，結果是少數。毛主席也是這樣子的吧？很長的時間、很多的問題上都是少數。保護少數這個問題，這是一個重要問題，不然則這個運動就不能很正常開展。怎麼保護少數？就是說對於少數執有不同意見的人，或者做了各種錯事的人，講了各種錯話的人，不要限制他的自由。第一個不要限制自由，當然不要打他們，因為是多數，大家一打就不好了。不要打他們，不要輪流去跟他們辯論，因為是多數，輪流和他辯論，使他不能休息；甚至不能休息，不能吃飯，不能睡覺，這不得了啊！他們可以保留自己的觀點，少數人可以保留自己的觀點，即是錯誤的也要讓他保留，正確的他當然可以保留。不要強迫他們改變自己的觀點。是不是呀？強迫他們一定要承認錯誤，改變觀點，寫檢討書，……不要搞這個事。他們也可以參加辯論，參加辯論會，可以不參加辯論，可以退出會場；要讓他走，因為他是少數嘛，大家罵他嘛；辯論起來各種話都有，各種帽子都來了，講話中間沒有分寸的很多，有的站在桌子上講，舉起舉头講，青年人的这个事情我們都是知道过的呀。他害怕他就溜了，他暫时不愿意講的意見，可以不講。辯論的如何，是大会辯論、小会辯論、会內辯論、会外辯論，或者大会討論、小会討論、会外討論、会內討論都是这样的吧，有各种的意見这是經常的。說保护少数就是保护这几条：不限制他們的自由，不要打他們，不要輪流去跟他辯論使他不能休息，不能吃飯，他們可以保留自己的观点，不要强迫他們改变自己的观点，他們可以參加辯論，也可以不參加。为什么这样呢？为什么要保护这个少数人呢？主要还是为了保护好人，主要目的是为了保护好人。当然也可能保护少数的坏人，是不是？少数的坏人貼大字报，貼反动的大字报，貼反动标語，发表反动言論，这个大家在会上辯論嘛！这个也要保护，因为他是少数。他只写了几张大字报，只貼了几条标語，只講了几句话，定反革命，定右派，定假革命这个材料还不够嘛！証据还不够，保护一下，保护一个时候，让他多講一点，多講一点最后就可以做結論，不然結論不好作。现在清华大学有一个学生貼出了这样一个口号"拥护党中央，反对毛主席"，同学們就打他。这条标語是反动标語，一打他，那么多人打，工作组、公安机关就怕把他打坏了，只好暫时拘留了，这是一种保护性拘留。如果你們要弄他，暫时保护他的自由，让他活动，放回他，让他多活动一点，多写几条反动标語，多发表一些反动言論，这不妨碍大局。可能保护坏人，少数的坏人保护一下，保护几个月，以后再作結論，这就有充足的証据，充足的材料，作結論不会错，不会冤枉人。这个影响群众，那么就大家辯論；不影响群众根本就不要理他，让他活动，让他自由活动嘛；他去組織，他去叛离嘛，中間可以发现的反革命綫索，有好处嘛。甚至怕保护了坏人，大概你們的意思是这样吧？主要是为了保护好人，同时也可能保护了少数坏人，保护一下，保护几个月，保护一个时候不要紧，我們的无产阶级文化大革命运动不会垮台的，我們多数不会听他的，能够识别的，能够知道什么是反革命，什么不是反革命。在你們那个清华大学看见你們那里一张大字报，也是等你們睡覺的时候晚上偷偷去看的，看了三个钟头。你們那里有个学生，出了那么一个大字报嘛，那个思想反动的很，是不是呀？那个大概还是在你們学校，让他活动，让他講话，让他貼大字报；在运动中間发现少数反革命分子、右派分子、假革命，写反动标語，进行反革命活动，总的来講不是坏事是好事。让他們进行活动，只有杀人的，放火的，在食物里面下毒，在飲水里面下毒，或者开水里面下毒，这种人要抓起来。对群众有威胁的，对大家有威胁的，抓起来。除此以外不抓，让他活动，活动一个时候，这个时候不一定是几个月，不是一暫时，最后作結論，最后定案，定了案以后就向他实行无产阶级专政，不許他們乱說乱动。要沒定案怎能不許他乱說乱动，是不是呀？也沒最后的結論，材料也不够，这个事还不能定案嘛。定案是怎样定案当然要经过你們的討論，还应该有一定的手續，那个时候向他实行无产阶级专政，不給他自由，一般性貭在运动后期来作結論，无論是对于黑帮，对于牛鬼蛇神，对于这个反革命、右派、假革命，假左派……等等，这些东西都到后期来作結論。在作結論以前对他暫时保护一下，让他活动一个时候，我看沒有害处。我就提这么个建議，建議是否对，你們是否同意，請你們考虑，請你們去革命。（全场掌声雷动）

　　无产阶级文化大革命胜利万岁！　　　　　（热烈鼓掌）

　　革命的同学們万岁！　　　　　　　　　　（热烈鼓掌）

　　革命的师生員工万岁！　　　　　　　　　（热烈鼓掌）

　　共产党万岁；　　　　　　　　　　　　　（热烈鼓掌）

　　毛主席万岁！　　　（全场起立，掌声雷动，毛主席万岁！的口号声經久不息。）

　　　　　　　　　　　　　　（大会記录稿，誤、漏难免，仅供参考）

邓小平同志八月二日在中国人民大学的讲话

我，陶鑄同志，市委吳德同志，市委的大学文化革命委員会副主任陶魯笳同志，都到了这个大会。

我們是遵循毛主席的教导，来向你們取經的。大家知道，文化大革命是毛主席提出的，这是一件关系到我們国家命运的决策。毛主席自从一九六二年提出"形势、矛盾、阶級和阶級斗爭"以后，采取了一系列措施，来保证我們国家順利地建設社会主义，一道走向共产主义，避免资本主义，象苏联赫鲁晓夫那样的资本主义、修正主义在我們国家的复辟。我們的四清运动，即社会主义教育运动，这次在学校文化界文化大革命都是教育全体人民来巩固无产阶級专政，巩固共产党的領导、巩固社会主义制度，避免资本主义复辟的危險。

这次文化大革命是一件新的事情，我們也沒有經驗。同志們听了二十九日在全市大中学校积极分子代表大会上我的講話，以及周恩来同志、刘少奇同志的講話。大家知道，我們确实是这样的，这个問題确实是老革命碰上新問題。我們在文化革命发动之后，搞了一个派工作組。派工作組这件事看来在开始时恐怕是难以避免的，但是我們应該很快地感覺到工作組这种形式阻碍群众运动。实际上群众能够自己革命，有能力，政策水平、思想水平，能进行好的。这些我們感覺得迟了，这点，我們在北京的中央同志就是犯了錯誤的，錯誤在我們这些人是經常有的，同志們对我們提出批評完全应該，应該經常批評。这个对帮助党中央工作同志，市委工作同志，各級工作同志是很重要的一条。

派工作組这件事情，我这里要重复說一下，这是新市委根据中央的指示派的。这点要负责任，我們中央在北京的同志要负主要责任。現在根据毛主席和党中央的指示，新市委又决定撤銷工作組。撤銷工作組又干什么呢？就是要同志們自己干革命，就是建立在相信我們大中学校学生、大中学校的教师职員工人同志自己能把文化革命干好，建筑在这个相信上面这个基础上面，做出这个决定。对于工作組也要說一說，情況不同，工作組仓促上陣，一定有很多錯誤。今天同志們，沒有接触这个問題。我相信以后会接触这个的。工作組我們沒有交待他們政策、方針、工作方法，仓促上陣，沒交待好，这方面属于我們的责任。至于他們在工作中有什么错誤，同志們实事求是加以批判，加以检查。这是在工作組这方面。我在这里利用这个机会也要說一說，因为今天沒有接触到这个問題，同志們将来接触这个問題，今天只接触一个郭影秋同志的問題。今天这个辯論会我感到开得很好，对我来說也是一个很大的教育，因为这件事使我更加相信党中央毛主席决定撤銷工作組是正确的。因为工作組这个形式阻碍群众的自觉革命。撤銷了工作組，今天看出不管哪方面的发言，都有相当的水平，证明能够自觉革命。不管对的或错誤的，經过爭論，經过考驗最后总能够找到一致的意见，可以得到胜利。当然嘛，工作組撤銷，現在的形势是这样一个形势，摆在我們学校面前的是两个問題，一个是敢于革命，一个是善于革命。敢于革命，我今天很高兴，我看同志們不管是哪一方面的意见，他們絕大多数都是革命的，是革命的同志，敢于革命的，我們很高兴。提到我們目前的已經沒有工作組了，学校师生員工同志們自己起来革命，自己来把这場革命进行到底，而是做得很好的。这件事我們沒有經驗，同志們是不是已經有了經驗了呢？我看同志们正在創造經驗，还不能说已經有了很好的經驗。我相信同志們能够通过自己的革命实践，創造出很好的經驗来，把这場革命进行到底。

这場革命是不容易的，正象《人民日報》社論說的，是接触每一个人的灵魂的革命，这个革命的任务是三大任务，就是毛主席提出的一斗二批三改。斗什么呢？就是斗反党反社会主义反毛泽东思想的当权派，批什么呢？批什么呢？批倒反动的所謂资产阶级学术"权威"，改什么呢？改革教育制度和教学方针、方法。现在，我看我們今天的发言还只是在一个斗字上，只是在这个阶段上斗。是不是资产阶级学术"权威"，这个工作都斗好了斗完了呢？是不是只有一个郭影秋的問題呢？现在又提到一个孙决問題。是不是只有这个問題呢？同志們要思考，要研究。斗也好，批也好，要选定目标，选得中，选得准，才能打狠，才能打好。这样的問題，比如人民大学，我們中央是无能为力的，进行这个斗争，我們帮也帮不了你們的忙，靠你們自己。批比斗資产阶级当权派更困難一些，而改不比批更难，也不比它更容易。摆在同志們面前的是很艰巨的工作，要同志們自己去做，我們沒有經驗，我們要跟你們学习，你們創造了經驗給我們学习，我們做为領导的责任，就是要把群众創造的經驗加以慨括来指导一般，就靠这个，我們沒有什么本事，离开了你們，我們什么事也干不成。同志們开始进行这場文化大革命的时候，在批当中要善于批，我們相信同志們有不同意見是很自然的，刚才同志們每一个人都表示拥护毛主席，拥护党中央，拥护毛泽东思想，要把这个文化大革命进行到底。这就是共同点。有这个共同点，就是革命的共同点。所以我們相信同志們能够自己創造經驗，即敢于革命这点有了，又善于革命。至于郭影秋同志的問題，这个問題也要提提。至于郭影秋同志，那天刘少奇同志在会上讲的，对于一个干部多少年的評价，提他种种意見都是有的，拿你們学校本身不能給一个同志做总結論。那天你們听了录音，刘少奇同志讲了这个問題，这个問題中央或新市委会从全面的角度考虑的。但是郭影秋同志在你們学校的問題，只有你們有发言权。中央、市委評价郭影秋，将来的問題也根据你們这方面的材料，这是一个重要方面的材料，也要根据这个。同学們辯論这个問題是应該的，应該繼續辯論。这次运动刚刚开始，是应該繼續辯論。不是刚才說还要繼續开会嗎？辯論看来也不只是这样的大会，恐怕要更細致地研究問題，更冷靜地分析問題。小的辯論会，另外大小会相結合方式恐怕是必要的，同志們参考一下。还有一些其他問題，接着之后第二阶段就是批，第三阶段就是改。很巨大的工作，又沒有工作队，学校又沒有党委，现在学校馬上恢复党委是不适当的。那么办法是什么呢？办法就是要有学校的师生員工产生一个領导机构，正如市委的通知里所讲的，你們的学校应該由全校的师生員工代表会議产生一个全校的革命委員会，或革命小组，班也有革命小组。我听說，如果不符合就改正，就是你們学校还沒产生全校的領导，（下面：对！）沒有吧？是吧？（下面：沒有！）我和陶鑄同志，吴德同志商量一下，建議你們要善于領导革命，为了很好地进行，完成三个阶段的任务，有的学校已經建立起来了，建議你们先成立一个筹备委員会。这个筹备委員会的委員看来意見有些不一样，这个不要紧，采取协商嘛！同反面意見的人协商是很必要的，沒有这个办法是不行的，要协商。还有一个办法就是无記名投票，选的不适当，再改嘛。总之，我們建議比较快地产生一个全校的筹委会，这个筹委会召集全校师生員工代表会議，选出正式的各級文化革命委員会来領导这个运动。我相信用这个方法使这个运动进行得更有秩序，更有計划，各种經驗更能及时地总結，只是这么天天地辯論过来，辯論过去，沒有这么个东西，时间总会要拖长些，这个不利，因此我提出这个建議，請同志們考虑。此外，其他的問題停一下，陶鑄同志还要讲一讲，我在这里顺便說一下，刚才有許多条子，問这个二月軍事兵变的問題。这个問題我們查了，因为我們早知道这个事，我正式跟同志說了，沒有这个事。因为当时有些軍队，要駐在北京，分配一些营房，后来軍队同志感到住学校里又出来軍队和学校混起来也不好，所以只是这么一件事。我郑重地告訴同志們，我們的軍队，彭眞調不动，别人也調不动，我也調不动，这件事我們想澄淸事实，不要再談这个問題了，这件事不算一回事。完了。

无产阶級文化大革命万岁！

光荣、伟大的中国共产党万岁！

我們最敬爱的領袖毛主席万岁！

战无不胜的毛泽东思想万岁！

陶铸同志八月二日在中国人民大学的讲话

刚才小平同志講了話了，时間已是深夜了，快到一点钟了。我的講話不好懂（下边齐喊：好懂），我在北大講話，据說听懂的人只占20％—30％。

我同小平同志来，这是毛主席的指示。（热烈鼓掌）毛主席叫我們去各个大学向同学們学习，向同学們問好。（热烈鼓掌）我講話的中心，一句話，我們确实不是謙虚，是向你們学习。确实是老革命遇到新問題。小平同志算是老革命了，我是中等，不算老，也是碰到了新問題。三反、五反、反右斗爭也搞过，四清也遇到点，但文化革命沒搞过。毛主席說，文化大革命是一斗、二批、三改。（热烈鼓掌）第一是斗，斗就是斗走資本主义道路的当权派。人民大学到底斗誰，誰是走資本主义道路的当权派，我才来北京两个月，你叫我斗，我知道誰是走資本主义道路的当权派呀？我不知道。你叫我說誰是走資本主义道路的当权派，我說不清楚，全靠革命的大辯論。辯論就是选斗爭目标嘛！到底誰是走資本主义道路的当权派，只有你們能解决这个問題。郭影秋同志我不認识他，只見过他一面，他的問題我不清楚。他来到人民大学三年多，究竟干了些什么？你們清楚嘛！你們辯論嘛！郭影秋同志的問題你們知道，充分地揭嘛！是什么就是什么嘛！你們辯論出来他是黑帮，你們就斗嘛！我們支持你們搞他的問題。

中央、新市委已撤消了郭影秋同志市委文教书記的职务。刚才有人递条子，說我們的态度不明朗。同志們，凡是打黑帮的，我們坚决贊成，我們坚决支持你們斗黑帮，有多少黑帮，你們都斗，我們坚决支持。不管那一个同志講，我們上台鼓掌，下台鼓掌，都一样。不要看我們的眼色。至于說工作组来到你校，如果对你們进行政治迫害，我們坚决支持你們揭。有問題可以跳上来講，这次跳不上，下次可以跳。斗爭不要看眼色，就是靠毛泽东思想嘛！我們沒有把郭影秋的問題弄清楚，要由你們做結論。将来你們做出結論，我們再鼓掌嘛！斗爭完全靠說理，靠摆事实。下一段批判反动的学术"权威"更要靠你們了。我們更沒有办法了。因为我們沒有在人大念过书，哪些不符合毛泽东思想，我們也不清楚，只有靠你們批。

人民大学到底怎么办？据說人民大学是个"老大难"的問題，过去人民大学领导沒搞好。人大到底怎么办？如何把人民大学办成高举毛泽东思想紅旗的大学校？經过这場无产阶級文化大革命，我相信一定能够建立起一个用毛泽东思想武装起来的人民大学，我們是沒有本事的，我們是真心实意的，不是講假話。

第二，講講辯論。

四清运动沒有文化大革命搞得深，文化大革命的胜利是建设社会主义、建成共产主义的可靠保证。它对于我們国家和世界革命都会产生极其深远的影响。为什么文化大革命有这样大的威力呢？就是因为文化大革命靠的是放手发动群众，依靠群众，靠大民主。不这样发动群众，旧的制度絕不能被彻底摧毁。人民大学几千人認识不統一怎么办？就是靠辯論嘛。辯

论是解决問題的最好形式

今天的辯論会好就好在你可以駁我，我也可以駁你，这是解决人民內部矛盾的最好办法。但要保护少数。辯论时，不保护少数，辯論就不会展开。少数人也有他的观点，也可以让他发表嘛！解决人民內部矛盾，就是要靠这个办法嘛！大家能認眞发言，都能把观点拿出来，郭影秋同志的問題一定能辯論清楚的。眞的不能說成假的，假的不能說成眞的，是黑帮成不了左派，是左派成不了黑帮！不同意見能够一致。至于少数人的意見統一不了，可以保留，不要强制人家。

保护少数，就是让人家发言，不要轰人家。有的同志轰也轰不下去。这是大无畏的精神。我就不行，轰得厉害，我就講不出来了。这一点，我要向你們学习。学习这种大无畏的革命精神。不同意見不要让人家检查，容許人家保留意見。逼着让人家服，人家心里不服，压服是不行的。

文化革命委員会应迅速建立起来。工作組已經撤走，一切权力都要归文化革命委員会。文革委員会选不出来怎么能行呢？可以通过协商，多数照顧少数嘛！少数意見可以保留。絕大多数人是想把革命搞好的，建議你們明天再开会，再协商，快把革命委員会成立起来。搞个临时委員会也好嘛！不好也可以推翻嘛！苏联过去搞过二月革命，二月革命不行，再搞个十月革命嘛！

方才有人递条子，问人民大学是个"老大难"是怎么回事？就是人民大学搞了十多年，不是高举毛泽东思想紅旗的大学，不是用毛泽东思想武裝起来的大学。

紅卫兵让我回答一付对联，"老子英雄儿好汉，老子反动儿混蛋，"横批是"基本如此"。我看不要我回答，好不好？我相信你們用毛泽东思想去分析，一定比我講得高明！

你們要我們向毛主席问好，我們一定办到！

关鋒同志八月二日在国务院接待室的讲話

一、怎样貫彻阶級路綫

大道理你們知道，我也沒有新內容。我們依靠广大工农兵、革命知识分子、革命同学革命老师，首先是依靠工农兵，学校的工农兵子女和一切愿意革命的同学老师。斗爭目标首先是混进党內的走資本主义道路的当权派，批判資产阶級反动权威。一斗、二批、三改，斗走資本主义道路的当权派，首先是当权派，当权派的盖子揭不开，文化革命就当然沒法往下搞。首先是斗走資本主义道路的当权派。批判也是斗爭，批判資产阶級反动的学术权威。斗了还要改，教育革命。

貫彻阶級路綫有一个重要的問題，值得大家想一想。前一阶段很多工作組犯了方向性的错誤。方向性的错誤，主要是挑动一部分同学斗另一部分同学，不是同学发动起来把矛头指向走資本主义道路的当权派，这是完全错誤的。这样就造成了同学間的分裂。有些地方，正常性的辯論很好，有些地方在工作組的错誤方向下，搞错誤的辯論不好，是错誤的。現在，主要的問題是革命的同学团結起来。在工作組的推动下，被斗的同学不要对另一部分同学嫉妒、怀恨。无产阶級革命派寛宏大量。错不怪同学，错記在工作組的帐上。两部分同学团結起来，团結就是力量，大家不是唱"团結就是力量"嗎？那是民主革命时期的，可以編一个新詞，团結起来是很要紧。当然，团結不是无原則的团結。可以心平气和的討論，取得一致。造成分裂应由错誤的工作組負責，所以我看来，这是当前很重要的問題，不然怎么斗爭黑帮？两派同学干起架来，黑帮不在一边高兴嗎？有的同学間，現在发現同学斗同学，有打架的現象，怎么对待？按毛主席的指示，应該团結起来，团結——批評——团結。在团結的基础上通过批評，达到新的团結，按毛主席的指示办事。是不是大家都打架？沒有那么多。对撤走工作組的問題，江青同志問大家要不要保姆，不都不要嗎？大多数不会打架，打架是个別的。一时感情冲动，那不要紧。

二、有个口号对不对

有个口号"老子革命儿好汉，老子反动儿混蛋"，横批是"基本如此"，有人問是不是江青同志說的？不是江青同志說的，是一部分同学提出的。对这个口号到底怎样看？我看这个口号基本精神是貫彻了阶級路綫的。如有的工作組依靠工农子弟、革命干部子弟或拉攏部分工农子弟、革命干部子弟，打击另一部分工农子弟、革命干部子弟，这是同学針对工作組的毛病提出的，精神是好的。

的确，革命干部子弟在家里受到很多教育，对党对毛主席无限热爱。另一方面，地主、富农、資本家、反动派儿女（当然不能一槪而論）总是多少受剥削阶級思想的影响，家里人被鎭压的，大部分与我們对党的感情大不相同，甚至是仇恨的。口号，我覚得还是不这样提好。"老子革命儿好汉"不全面，容易起副作用。革命干部子弟自然受到好的教育，但是不是好汉，还要在革命暴风雨中鍛炼，在斗爭中活学活用毛主席著作。这个口号对革命干部子弟不利，成了公式，将来是不是这样，会影响他們提高。不这样提可能有大批的好汉。"老子反动儿混蛋"，这样提不太策略，不利于我們爭取可以爭取的人。我們要尽量爭取多的人，地富子女要爭取教育，地富子女和地富不一样。有的同学提得好，第一，阶級成份；第二，重在表現。这很好，这是同学提的，对不对，大家討論。

三、新市委是否有問題？

我代表我們几个回答，中央对新市委是信任的，相信新市委領导北京市工作，把无产阶級文化大革命搞好，逐步肃清前市委修正主义毒素，党中央和毛主席对市委是支持的，信任的。至于个别人員是另一回事，例如已宣布郭影秋撤消市委文教书記的职务，回人大受批評去，在群众中解决他的問題。

四、学生分成几派，意見不統一怎么办？

办法有两条：一、心平气和进行討論；二、以大局为重，照顧大局。两派意見不統一也不能一直辯下去，辯三个月、五个月，黑帮在一边不高兴嗎？非原則問題不一致可以保留，过一段时間有經驗后再辯論，就可以明白。不要糾纏在小問題上；在大問題上取得一致团結起来，研究下一步文化革命怎么办？学校里有黑帮，有黑帮怎么斗法？赶紧轉到斗爭学校党內走資本主义道路的当权派。工作組撤走后怎么办？这重复前边的問題了，大家商量办，临时籌委会成立起来走群众路綫，把选举搞好。

五、重在表現如何理解？

重在表現就是不講唯成份論，讲成份論。第一，注意成份；第二，重在表現。不能說出身不好的一定都不好，要看他們的表現，看他是革命的、不革命的或反革命的。要看一貫的表現和关鍵时刻的表現。如經济困难时，文化大革命时期的表現。关鍵时刻更重要。三年困难时期，有些不好的人表現了自己的面貌；文化革命期間，多少年来包得严严的混在党內的当权派，伪装成正人君子的样子，文革以来，他就包不住了。

重在表現看关鍵时刻表現很重要。

江青、康生同志八月四日在北大的讲话

江青同志的講話

同學們好！我感到北大的革命火焰已經高高地升起来了。在揭穿张承先、张德华的挑拨离間，你們自己在馬克思列宁主义的原則的基础上团結起来，不要为那些別有用心的坏人利用。我們相信你們会把无产阶级文化大革命进行到底，也一定能够取得胜利。

有一位同志說，他受同位素的毒害，我致以慰問。我患过恶性肺癌，用同位素治疗过。我有这个亲身感受。他們这样毒害工人同志，将来一定要还清这笔債。他們有什么罪？他們有这样那样的错誤是难免的。他們上了当，他們是我們的好儿女。张承先、张德华之流，不怀好意，欺骗他們，利用他們。你們欢迎不欢迎他們归队（欢迎）。

至于工作队的成員，我希望同志們对他們要采取一分为二的态度。至于张承先、张德华死不回头，坚决执行一条右傾机会主义路綫的人，应该坚决斗倒斗臭、批倒批臭。大量事实証明，他們不是来革命的，他們是来鎮压你們的革命的。到今天还是很不老实，要他們繼續交待，繼續检查，到什么时候你們不愿听他那一套了，就赶他們走。

我收到很多信，刚才也收到不少条子，要成立貧下中农、工人、革命干部子女組織，我建議是貧下中农、工人、革命干部出身的子弟积极参加你們学校文化革命委員会或者文革小組，不要再搞那些分裂活动，再上他們的当。我怀疑你們又要上坏人的当了！他們对聶元梓这样的革命左派制造流言蜚語，这說明阶级斗争很复杂、道路很曲折，我們要善于识别哪些是正确的，那些是错誤的，背后有什么东西，背后有什么靠山，要把他們的靠山揪出来。聶元梓同志給我和康老一封信，有一个要求："康生、江青同志：我們要求工作組的海軍同志全部留下来担任北大的保卫工作，因为这些工作我們很难接下来。他們全部撤走，会給工作带来一定的影响。此致敬礼！聶元梓。"革命的同学們，革命的教职員工們，信得过他們？（信得过），那我們建議把他們留下来。

我的話完了。

康 生 同 志 的 講 話

革命的同学們、老师們：

这次到北大使我受到很大教育。从六月一日到现在北京大学的文化大革命虽然受到曲折，但还是轰轰烈烈的发展了。看两个月无产阶级文化大革命中，經历了非常激烈的阶级斗爭。很明显，5月25日聶元梓同志的大字报在无产阶级文化大革命中，这张大字报是有很重要历史意义的文件。另一方面，我們从6月20日看到一个北大的簡报，看到张承先在北大工作中20天的工作报告，这两个文件是鎮压革命的文件，是反革命的文件，是代表資产阶级的文件。残酷的阶级斗爭集中表现在一个革命的文件，一个反革命的文件。希望同志們在文化大革命中很好研究学习。5月25日的大字报，我說是具有历史意义的文献。我看大字报产生不是偶然的，如果从姚文元同志的文章算起，从去年十月至今年六月一日整整有两百天。两百天历史很短，当中經过的阶级斗爭是非常激烈的。姚文元的文章发表后，围繞"海瑞罷官"展开了一系列斗爭。党与彭眞的斗爭經过中央书記处会議、常委扩大会議、政治局会議、通过关于文化大革命綱領性文件。这个文件你們北大的党团員是知道的，就是五月十五日的通知。五月十六日到五月二十五日整十天，有許多干部晓得了中央这个指示，因此在这两百天的斗爭中产生了五月二十五日的大字报，不是偶然的。五月廿五日的大字报貼出来指出陆平、彭佩云、邓拓黑帮，实际上是揭露了彭眞、×××黑帮。但大字报貼出后，北大在陆平、彭佩云統治下，通过亲信蒙蔽同学，造謠說，大字报是反党反社会主义的。貼出以后，开始是受广大革命师生的欢迎，到七点过后，就受到围攻，对革命的大字报进攻。这张大字报点起了北大无产阶级革命的火焰，但是这个火焰反革命是扑不灭的。

伟大的、英明的領袖接到大字报，立即采取行动，一日下午四时电話通知我，要馬上广播。我看到聶元梓同志解放了。当时，我、陶鑄、张××同志也得到解放了，因为我們是支持聶元梓的大字报的。因为毛主席的英明領导，晚上八时广播，一广播整个北京就轰炸开了。电台半小时內就接到北大九十多人的电話，有的支持，有的怀疑，有的質問为什么要广播这张大字报。……可以說，同学們，怎样活学活用毛泽东思想？我們常說从群众中来到群众中去。你看毛主席一見大字报，从群众中来，一广播，立即到群众中去，一下点燃了文化大革命的火焰。毛主席告訴我們，什么叫馬列主义？馬列主义是革命，是支持革命，是領导革命。馬克思在巴黎公社发动起来时，馬克思热情支持巴黎公社的发起，点起了无产阶级革命的火焰。我們現在社会主义革命。北大五月廿五日的大字报，毛主席把火焰点燃到全国。因此五月廿五日的大字报是廿世紀六十年代北京公社的宣言，这是我們北京大学全体同学的伟大和光荣，特别是我們党和毛主席領导下掀起的这个史无前例的无产阶级文化大革命有重要意义，我們革命师生要珍惜这个光荣，爱护这个光荣。要在无产阶级文化大革命旗帜下，在毛主席領导下，坚决地团結起来。但是，社会主义社会存在着阶级斗爭，阶级斗爭不仅在一般社会存在，不仅存在于政治、经济范畴，而且存在于思想范畴。我們经历了一场严重的尖鋭的阶级斗爭，这场斗爭是与张承先反党反社会主义路綫的斗爭，我很贊赏同志們的进步。当时我出了一个题目：工作組犯了什么錯誤？有的說是犯了右傾机会主义路綫的錯誤，有的說是犯了路綫性的錯誤。你們今天答复了，犯了右傾机会主义路綫的錯誤。这是完全正确的。什么是右傾机会主义路綫的錯誤？他不但阻碍革命，成为絆脚石，要是絆脚石不动，繞个弯就走过去了；他是利用职权，利用工作組的名义，利用上級給他的任务，到北大来鎭压革命的。这条右傾机会主义路綫，是代表資产阶級来鎭压无产阶級的这样一条路綫。他在北大，"六·一八"以后实行白色恐怖。今天晚上，西語系揭发，我才知道西語系×××服安眠葯自杀，我們一点也不知道。张承先！你要回答：你为什么不講？为什么不报告？（张說：在这个問題上我有错誤。同学說：不是錯誤，是罪恶。张說：是罪恶。）同志們，你們通过这件事得到了什么教訓？张承先对陆平黑帮那样关怀备至，而对革命师生自杀却不报告，站在什么立場？站在資产阶级立場。对革命师生那样残酷无情，对黑帮那样关怀备至，这是阶级斗爭。他們这些鎭压群众运动的活动集中表現在六月廿日的简报上。实际上說，"六·一八"是反革命事件。还有一个报告叫"廿天工作經驗"，这完全是反革命立場，把革命說成反革命。"六·一八"事件后，根据他們的指示，班与班之間不能联系，系与系不能联系，校外更不能联系，贫下中农来支援他們不得进門。过去陆平不能实现的，张承先实現了。这个阶级斗爭，同志們经历了。虽然有的同志受了直接迫害，有的受到蒙騙，实际上受到间接迫害。我对李××和×××的检查，認为很好，我十分欢迎。同志們，不管你们反对过聶元梓的大字报，支持过张承先的路綫，都不要同志们負責，都由张承先負責。你们是在阶級斗争中間接受迫害，你們要团结，团结起来，在毛主席的领导下团结得象一个人一样。

江青同志講得很对，对工作组要一分为二，对张承先那样鎮压革命的人物，应把他和工作组的好同志区别开来。聶元梓的信表達了你們的心里話，是完全对的，是完全符合毛泽东思想的。张承先犯了这样的罪过，必須向大家交待，蜻蜓点水，馬馬虎虎是过不了关的，对他自己也沒有好处。张承先应把六月廿日的报告带在身上，看一看你們鎮压革命的文件，向聶元梓的大字报对照，这样对他有好处，对大家也有好处。因此，今天我在北大受到很大教育，是实实在在的，是活生生的阶級教育，是活生生的毛泽东思想。我們在运动中遭到曲折，我感謝同志們給我教育。

同志們在工作组撤走以后，成立了筹备委員会。我代表中央领导小组向同志們、筹委会主任、付主任委員致以革命的敬贺。但是，同志們，筹委会虽然组織起来了，但任务很大，很艰巨，一方面要批判张承先的右傾机会主义路綫，又要选代表成立文化革命委員会，然后斗陆平黑帮，任务非常艰巨。这一点，我有一个看法，是不是对，和同志們商量：由于张承先鎮压革命，这种右傾机会主义路綫对革命运动的危害，造成当前运动中的一种困难，同学中間有些不团结。这两个月，有的这样主张，有的那样主张，……今后我們选举代表，革命委員会，是否一帆风顺，不一定，很困难。尤其是系里的問題多的，如果把系里的問題一件一件的清理，起码要半年，……各方面的同学老师应当保持一致团结对敌，应注意什么是最重要的問題，最迫切的問題，要消除一些成见，相互諒解。当然我说的不是沒有原則。我們的原則就是要斗爭陆平黑帮，要一斗二批三改，这就是我們的总纲。斗垮资产阶級当权派，批判反动的资产阶級学术"权威"，改革教育制度、教学改革，这种任务很艰巨。如果大家都赞成这三大原則，那我們就要在这三大原則上，在毛泽东思想基础上团结起来，……对不同看法不能解决，也可以保留到将来解决。不能因为一个班、一个系的問題妨碍大局，不要因为这个意见或那个意见，放弃我們文化革命六十年代北京宣言的旗帜。当然，选代表、文化革命领导小组、系文化革命委員会、校文化革命委員会，需要充分醞釀，甚至需要反复。我們要在革命一致的原則上团结起来，把无产阶級文化大革命进行到底，把一斗二批三改进行到底。

具体回答几个問題：

有人不贊成質問张承先，說"你們干什么？有头脑沒有？逼供信是反毛泽东思想的。"沒有签名（聶元梓大声問：为什么不签名！）还說："有损于革命事业，为什么不制止，如果不制止，你們就是有意反毛泽东思想，你們就会脱离群众，破坏无产阶級文化大革命。"要我談談看法，我的看法简单，我坚决反对这种看法。我問你，张承先犯了这么大的罪过我们沒有权質問嗎？（下答：有）难道这叫逼供信？他们把我們逼得自杀，你們不問，为什么我们不能問？

（江青同志插話：有胆量就出来講話嘛！台下喊：站出来！

同志們！让我把話講完。我們問他，他应该答复，这怎么叫逼供信呢？他們的供，恰恰是我们不信。他們检查通不过，今天回答也通不过，我看逼供信，我们还不信。

提意见的同志，一种是思想糊涂，另一种是有意识地保护张承先。不管是糊涂也好，你糊涂，不能让我們也糊涂。你上台来講，保护张承先也可以，还不让一个人保护张承先？保护有好处。是你們的教員，是你們的反面教員。清一色是沒有的，……世界上是沒有清一色的，是一分为二的。我們坚决反对。但也有些好处，我一唸条子，你們就兴奋起来，这不是一件好事（？）为什么大右派 章伯鈞还請他吃飯，让他住房，还留在那儿，章乃器也留下了，師大六教授之一××还在吃飯、睡覚、拿錢呐，这是花錢也买不到的教員。那个同学糊涂，也要有点勇气，可上台来講講，今天不愿意，可以明天。

同学們問我在師大講話，工作組長孙友漁利用一张大字报鎮压革命、鎮压左派，叫什么"六月廿日"事件。有个同志叫×××貼了一张大字报，听說××要在北大、人大駐軍队，問郭影秋知道不知道。大字报的題目叫"郭影秋是什么人？"師大工作組立刻抓住做报告这个問題，說什么挑拨解放軍与人民的关系，制造流血事件，因此引起革命同志对这位同志的打击。从这个問題，我說北大、人大駐軍是千眞万确的，北大×××写了个材料，证明有此事，我不是說当时就有"二月兵变"，至于駐軍是怎么回事，需要調查。现在調查結果，小平同志在人大說：軍区說，华北軍区知道駐軍这件事，是不是阴謀还不一定。不能否認这件事，（1）彭眞是不是搞政变？彭眞是个修正主义，是睡在我們身边的赫魯晓夫，赫魯晓夫是个搞政变的人物……，彭眞是搞反革命政变的，至于什么时候搞，我們不知道，只是說时未成熟，不一定是"二月"。彭眞是在抓軍队，为什么彭眞要勾結×××呢？就是要抓軍队。（2）北大、人大駐軍队这件事还不能肯定与彭眞有关，軍委知道。（3）我在北師大講，孙友漁用这件事鎮压革命，同志們听了这件事問一下完全可以理解，为什么孙友漁利用这件事鎮压革命，打击左派呢？我講确实有軍队駐这件事，沒說"二月兵变"，看来彭眞在二月还沒准备好。

关于工农、干部子弟建立組織問題，江青同志講了。我完全同意同志們的心情。教育界要貫彻阶级路綫这是好的，过去彭眞恰恰相反。我理解同志們的心情！过去有同志受陆平的摧残压迫，因此，现在同志們团結起来，使工人、貧下中农子弟不再受歧视、打击，这种心情我完全理解。同志們提問題，同志們对革命左派如何貫彻阶级路綫还不清楚，学校有沒有阶级組織？有，就是共产党和共青团，共产党是无产阶级政党，共青团是共产主义青年团，而不是資本主义青年团。問題是过去在北京市委領导下，在彭眞、陆平領导下，党組織、团組織存在很多错誤，存在很多問題，因此党团組織在文化革命中不能起作用，如北大的党委瘫痪，青年团也瘫痪。不能因瘫痪另外成立一个阶级組織，工农革命干部出身的同学有任务彻底改革这个組織。是否另有組織，江青已經講过了，在实行阶级路綫，通过党綱，不要再建立一个組織，如果建立这个組織，可能使自己孤立起来，分裂我們。所以眞正的工人、貧下中农、干部子弟，你們如何成为眞正的革命者呢？我提議你們好好学习毛主席关于接班人的五个条件。头一条要成为眞正馬克思列宁主义者，眞正地領会毛泽东思想……；第二条是全心全意为中国和世界絶大多数人服务的革命者，离开了絶大多数是不能叫眞正的革命者的；第三条是能够团結絶大多数的人一块工作，不但要团結和自己意见相同的人，还要善于团結那些反对过自己，并且已被实践证明是犯了错誤的人，向彭眞、陆平、彭珮云作斗争。左派、革命干部子弟你們有一个危险，要时时刻刻警惕，不要脱离群众。毛主席給清华大学附中紅卫兵的一封信，信中談到是不是眞正的革命左派，第三条是很重要的条件。我很欣賞李洋洋的一句話："我要站在群众之中，不是站在群众之外"。现在的任务不是成立貧协，是成立文化革命委員会，这是中央、毛主席的指示；我相信广大貧下中农、工人、革命干部子弟，把这个道理講清楚，他們是很快会觉悟的。李洋洋和×××講得好，上次我还批評了他們，相隔了几天，他們就觉悟了，靑年人觉悟要比老年人好得多。

最后答复一个問題：要高举毛泽东思想伟大紅旗，但买不到毛选。

告訴同志們一个好消息，已有这样一个决定，停止一切印刷，把紙张印刷解放出来，集中力量印刷毛选，数量从今年下半年到明年年終要印三千五百万部。还告訴同志們，为了适应工农兵需要，把竪版改为横版，改成簡体字，不要繁字了。过去一、二、三、四卷要3.25元，现在要2元。当然我們还需要繼續努力，經过这样，可以适当滿足大家要求。同志們知道，当前处的是什么时代？是成千成万工农兵群众掌握馬克思列宁主义、毛泽东思想的时代。这是国际共产主义运动史上从来未有的一件事，成千成万的劳动人民掌握了馬列主义、毛泽东思想，保証党的領导不被修正主义夺取，保証我国不变颜色。同志們知道，文化大革命就是在这样的基础上产生的，并且在这个基础上取得胜利的。

还有两个条子，一个同志从湖南来，一个从四川来，到国务院接待室，我們愿意和他們談話。

朱德同志八月四日对北大革命师生的讲话

同学們：

我是来向你們学习的，是来支援你們的。你們两个月来經历了最残酷的夺取政权的阶級斗爭，經过了几个反复以后，你們胜利了。

同学們要看到这个政权很难夺取，在毛主席的領导下的无产阶級文化大革命中，无产阶級夺取政权的斗爭，两个月来胜利了。这个胜利是北大革命师生的胜利。你們建立了这个革命政权，只有你們才能取得这个政权。

在学校里你們是主将，其他人是为你們服务的，党中央靠你們。

今后怎么办？你們是接班人，是要接班的，今后世世代代传下去，我們的事业也是你們的事业，要好好传下去，办下去。我們相信你們。毛泽东时代的青年比哪一个都幸福！办学校和过去不一样了。今后毕业了，什么事情都要做，做工、做农、做軍，什么都会做。

革命师生要联合起来，一块前进！大家努力，一起办好学校。

周总理八月四日在
清华大学的讲话

同学們、同志們、朋友們：

我作为中央一个工作人員参加你們的大会，是想老老实实地向你們学习的，是来支持你們把无产阶级文化大革命进行到底。我們大家都很清楚，无产阶级文化大革命是史无前例的，是在意识形态方面无产阶级和資产阶级之間你死我活的斗爭，是触及人們灵魂的大革命。你的政治立場不是站在无产阶级一边，就是站在資产阶級一边。我們每个眞正革命的人，繼續革命的人，都要高举毛泽东思想伟大紅旗，积极参加这場无产阶级文化大革命，在这場火热的政治斗爭中考驗自己、检查自己。正是因为这样，首先講一講这个体会。

党中央常委会，毛主席都要我来过問一下清华大学无产阶级文化大革命运动。这件工作旣光荣又艰巨。因为我对清华大学一无所知，沒有接触。一上陣搞不好也象工作組一样撤回去。二十九日决定让我来，三十号找工作組、找同学談話，未看文件，抄录的大字报。到今天只有六天，我对清华的情况当然一无所知，可是对工作的方面摸了一下。我是同意李雪峰同志說的，我們派工作組是犯了方向性的严重错誤，这在客观上給各学校工作一个根本的困难。当时，各学校对前北京市委領导下的各学校党政机关不信任，对党中央派新市委敲锣打皷地欢迎，要求新市委派工作組。我們仓促决定，政策沒好好交代，当然沒好好考虑工作組的根本任务。甚至整个北京工作組将近一万人，从全国各地抽調来的，也沒有通过会議討論，召集他們交代政策、交代任务，这給工作組造成困难，这是事实。所以在这样情况下，在各校做工作就带有行政机关习慣了的由上而下的命令和包办代替，不是走群众路綫，和大家商量，即使很好的工作組也很难搞出很好成績来。就是說把方向搞错了，不是执行主席指出的学校中的三大任务：斗倒資产阶级当权派，批倒資产阶级反动权威，改革資产阶级教育制度、教育方法。不把革命师生引向主攻方向进行战斗，轉过来在群众中、在同学中找岔子找毛病，引导一部分同学斗另一部分同学，这就必然走到严重错誤方面中去。今天会場表現正好說明了这个問題。有同学写条子上来，問今天会議布置是不是很大阴謀？这个情况反映了同学还是互相对立、爭辯不休。这是过去工作組把方向引导错誤的結果表現出来。而七天前，在第一外国語学院，那里工作組更有错誤，同学互相爭吵，隔阂很深，眼紅了。我去了以后，还繼續爭吵，我劝他們把斗爭矛头指向資产阶级当权派，在一个宿舍里大家都是同志同学关系，在毛主席指出的一斗二批三改任务下，本着团結——批評——团結的方針，經过批評团結起来。但是过了一个礼拜，一个宿舍的人还不說話，在飯堂瞪眼。由清华大学今晚的情况就是很好的表現。

这是客观存在。会上发言排的順序可能有错誤，如果有错誤这是我到清华来犯的第一个错誤。对蒯大富同志和刘泉同志，我是主张解放的，平反的。今天要有人要講反蒯的意見，我想說服那些反蒯、刘的人，但他們还是要講，那也好。今天还有許多参观的同志，让参观的同志們听一听，让大家听一听，看看站得住站不住脚。不管怎样，工作組的方向错，不但是清华而且是很多学校。根据北京市委在人大会堂講的，市委把方向引错了。即使在初期，客观上要求派工作组，但以后应该很快发现，如果繼續发展下去，就会阻碍文化大革命。在学校应該貫彻革命的教师、革命的同学自己解放自己的群衆路綫这一条毛泽东思想，所以应该把責任归于自己。工作组也应該检討，不应責怪同学和各級革命領导。我們为什么会发生这些错誤呢？一切彻底革命者毛泽东思想的好学生不应該有这种错誤。人民群众是革命的主人，依靠人民群众才能把革命搞成功。中国革命历史是这样，世界革命历史也是这样，基本路綫就是放手发动群众。我們的宪法规定，容許人民有言論、出版、集会、結社的自由。毛主席在宪法制定以后，經常对我們說：我们要糾正領导上机会主义、官僚主义的错。革命人民要有請愿、罢工、罢市、罢課的自由，我们是社会主义阶段，还要前进嘛！領导上有错誤，允許人民公开批評嘛！小字报、大字报、大辯論、大批判，都是很好的形式。我們不怕乱。乱，还是清华附中三个同学說得对。反对修正主义領导，群众还有造反的权利。清华附中"紅卫兵"三論革命造反的精神起了带头作用，响应了毛主席号召。在这个問题上，我应該向你們学习，向你們致敬。毛主席看了你們两个論造反精神，贊成你們的革命勇气和革命造反精神，因为矛头对准了走资本主义道路的当权派和阻碍运动的工作组。为什么不可以呢？如果工作组阻碍运动，甚至实行鎮压，那就有权把他們赶走。学校文化大革命很清楚，就是依靠革命学生，革命教职員工。而工作组来了如果起了一个战士的作用，那还可以。可是工作组派来后，加了許多框框，怕群众运动搞乱，正是脑子里面的观点，资产阶级观点起作用。这就是毛主席批評过的脑子里"前怕狼后怕虎"。限制这限制那，对群众运动不是积极支持而是泼冷水。一句話，怕字当头。把资产阶级权威和修正主义东西搞垮，破坏资产阶级种种旧秩序，才能建立新秩序。凡是中央过去指示和新市委规定中阻碍文化大革命的应該重新审查。凡是不符合毛泽东思想的，我們就应該废除。在北京工作的常委同志也有错誤。一說大家就知道。对学校、对机关派工作组不是好办法，因为它客观上阻碍了文化大革命，代替旧的党領导，依然自上而下，行政命令。有些地区，慢慢想出来，但想的较晚，一直到毛主席亲自抓这个問題，才認识到工作组一定要撤回。因为只有这样，才能使我們年青的一代，特别是大中学校革命学生、革命的教职工，自己来革命，自己来当家作主。其实中国学生运动的情况，远的不說，清朝的已經很远了，就說"五四"运动、"一、二九"运动，不是在北京嗎？在学校里嗎？那时候我們幼稚得很，比你們幼稚得很。我們那时鬧学潮、鬧抗日运动都不害怕坐牢，为什么在毛泽东时代，在无产阶级专政下，反而不相信你們能够鬧革命呢？这不是对同学相信不够嗎？对工作组估計过高嗎？这样做就使你們有信心。不错，清华在蒋南翔的領导下造成水泼不进、针插不进，但也沒有什么了不起，只要你們起来齐心努力，斗批改，我們清华的革命风气比现在要高漲，不象现在这样，互相作对，互不信任。

　　工作组肯定是做错了，所謂反革命分子更是错了。即使同学中有反革命，也可以通过自由辯論，不会花二十四、五天的时间，在同学中挑起这么大的对立，并且把同学的內部問題引向敌我矛盾。限制、压制、围攻，輪番作战，一直到按手印，造成絕食，責任在領导，把道理說透了，就不会象今天这样。毛主席派我来結束这件事，不办好就不走。我刚才說的，当然对工作组沒有交代好政策，沒考虑撤消工作组，以至在北京造成几乎无例外的一部分同学斗另一部分同学，主攻方向严重搞错了。但具体到每个工作组問題，应由每个工作组负責，如对蒯大富刘泉的斗争扩大化，叶林应負主要責任。那些受了委屈不公正待遇的，我們应該向这些同学們、同志們道歉賠礼，也应对所受压制的同学道歉賠礼，应该結束这种爭論,這种現象。我不是說,同學中不同意見不要辯論,而是說同学中的相互攻击应該結束。叶林同志的检討还是初步的,同學們有意見还可以开这样的大会辯論。今天,宣布已經解決問題,就不再討論了,要把主要矛头指到斗批改上去,为實現三大任务,还必須对工作組错誤进行批評辯論。工作組大多數同志是愿意为清华大学无产阶级文化革命效力的。現在是老革命、好心腸没有做好事,不能过分責备。我們上面要負責任,我要单独找他們开会,彻底談一下,使他們不背包袱,不带情緒,誠懇地接受你們的意見,心情舒畅地閙革命。对各系各年級各班的工作組进行批評,可以开小会。如果批評完了,检查完了,就可以走了。可以分批走,如果发現新問題要他們回来,我相信他們会高高兴兴地回来的。眞正的革命者对于无論什么善意的批評,都能接受并改正。这里,我向工作組同志說几句話,你們留在学校的还要和同学們接触,不要象过去那样,不是宣揚中央市委叶林同志不同观点,不要在班上嘀嘀咕咕,这是一个紀律。不再开成这样的会。我刚才說了,这些错誤,必須也只能由工作組和上級来負。至于文革委員会和文革小組,不能怪他們,在工作組这样領导下,他們是被动的。他們相信党、相信新市委,因此相信工作組。他們也没有时间去考慮这个問題。你們每天有两小时学毛选,而他們只有在晚上十二点以后才学毛选。你們对他們一方面是善意地批評,另一方面要給予原諒。我們应該說,清华园里凡是革命的师生員工,都应該在文化大革命中鍛煉自己考驗自己。究竟誰經得起考驗,就要看这塲斗爭中的表現。現在有各种不同观点。究竟誰左誰右,不能自己随便封好汉,也不能自上面指定,只有在斗爭中証明自己是属于哪一种。而且,同學們都很年輕,二十岁左右,不可能不犯错誤,但只要不是执迷不悟,左一点、右一点是許可的。列宁說过,毛主席也說过,但是犯了错誤要知道改喲! 当然不是馬上就改对了。我們也是从年青人来的,我們更幼稚,犯的错誤更多,只要跟着党,跟着毛主席,犯了错誤就改,跟得不紧再改,一直跟到四、五十年。我們要作毛主席的好战友好学生,还要保持无产阶级气节。有一些同志,曾跟毛主席一道发起过党,如董老,他說:“我們老一輩是从旧社会过来的,遇到新事物常常猛吃一惊。但冷靜一想,用主席思想分析分析,就比較正确,就比較符合主席思想。”这是有四十五年党令八十岁的董老講的。他是我們全党的老同志,我們要向他学习。我比他晚上十二年。你們后生这么年輕,难道就不犯错誤了? 我相信,你們毛主席著作讀的比我們熟,記得比我們熟,常常是你抓这一句,他抓那一句,爭吵起来。你就用得那么好啦? 我找了几位出身劳动人民家庭的同学,他們很好地分析了自己的家庭,即使是劳动人民家庭出身的青年,也要研究自己的出身。劳动人民出身的青年,从他父母生下,也可以看出剥削阶级思想影响。我是常常解剖自己的封建家庭的,今天不可能講了,以后我总要講一次。

有人递条子,問今天为什么不把蒋南翔揪回来斗? 因为今天是批評工作組的問題,不要把气氛变了。把这项工作做好了,今后就要組織要集中更大的力量斗走資本主义道路的当权派。

听說你們成立了“貧协”組織,起草了章程,問对不对? 今天上午,在书記处和中央文革小組会上說了,我們党在学校里的政策不是这样。你們有一定想法,我想你們更会按照党和主席的政策办事。按照党的爭取团結95％群众和95％以上干部这个政策。清华园里也不例外,因为清华园大多數是青年学生、教师和工人。有人問,中央文革小組、陈伯达、江青同志的录音什么时候? 現在正在复制录音,弄好后就拿来放。

临时筹委会不是由下而上选的,但是要有人負責。你們認为可以的話,他們暂时做几天。离开工作組,让他們独立作几天看看,不行再改选。清华园这么大,两万多人,总要有人来管吧？应该信任他們，考験他們，以后还要正式选举筹委会。

这一次，我是老老实实做学生来学习的。是来煽风点火的，煽社会主义之风，点无产阶级文化大革命之火的。过去蒋南翔提倡旧清华精神，现在我們解放了，你們自己当家作主了。从今天起，可以說清华大学新生了！我愿意和你們一起，在清华园里高举无产阶级文化大革命的火炬，一斗二批三改，进行阶级斗爭、生产斗爭、科学实驗三大革命运动。

新清华的革命精神万岁！

无产阶級文化大革命万岁！

伟大的毛泽东思想万岁！

伟大的共产党万岁！

伟大的領袖毛主席万岁！

江青同志八月六日
在天桥剧场的讲话

八月六日晚在天桥剧場，紅卫兵和紅旗战斗小組召开了辯論会，請中央文革小組同志参加。会上江青同志、王任重同志、康生同志均講了話。現將江青同志講話抄录如下。

同志們好，毛主席向你們問好。我們是接受同志們的邀請前来参加你們的会議的。我受全組委托講一講話。我們是向你們学习的，学习你們的革命精神、革命干劲。我們是很支持你們的。过去教育文化上面被一条修正主义、資产阶級思想路綫专了我們无产阶級的政，現在我們要把它夺回来！你們做得对、做得好！今天因为是自己人，自己人說错了話、做错了事，沒有什么了不起的。错了，我們改嘛！对了就坚持嘛！我相信你們是不会抓我的小辮子的。不过，我說错了，你們告訴我，我改。我們的无产阶級文化大革命的任务是什么呢？首先揪出党內走資本主义道路的当权派，其次是破旧思想、旧文化、旧风俗、旧习慣。做法上就叫一斗、二批、三改。一斗，斗爭走資本主义道路的当权派；二批，批判資产阶級反动权威；三改，教育改革。那么你們都是革命者，革命者都要有勇气，坚持眞理，修正错誤。我听說你們为一副对联爭执不下，我觉得这是很好解决的。你們是为了某一个具体的人匆忙拿出来的。我想講一講"老子革命儿好汉"是从哪里来的。有一出京剧叫《連环套》，看过沒有？（場內回答沒有，江青同志笑）竇尔敦对黄天霸这个叛徒說的。他唱："老子英雄儿好汉"。我們老糾纏在这个問題上，就沒法前进了。我們要随时坚持眞理，修正错誤。姚文元批判《海瑞罢官》那篇文章写出之后，上海市委书記处又改过十几次。他现在还有一篇文章討論了好几次还不肯拿出来。我搞京剧改革两年了，誰有好意見（我）都接受。你們现在老是頂在这儿，这就不能斗那些傢伙了，內部老紧张。我們现在有好多成語是过去的，你們不改，我也不勉强。你們請我来了，我們出点主意行不行？既然革命就不怕有什么错誤缺点！你們采納我的意見也可以，另外改也可以。我們覚得比較妥当：

父母革命儿接班　　　横批：理应如此
父母反动儿背叛

我們只做个建議，你們去討論。我們今天关起門来开会，沒有外人怎么样？你們自己决定，我們不强加于人。造反歌，我想找一个作曲家、詩人帮你們忙。但是他們都在整风，不知他們誰能担負这个任务，我确是想把它流传下去。国歌不就是田汉編的嗎？田汉是个叛徒。所以我很謹愼，你們先这样唱着。

我想講一講无产阶級接班人的問題，这个問題毛主席是有指示的。第一要有馬列主义修养，我再补充一下，要用毛泽东思想武装起我們的头脑；第二要走群众路綫，要依靠群众；第三要依靠群众的大多数！你們想一想就咱們几个人行不行，还是要团结尽可能的大多数啊！这是有战略意义的，先鋒队脱离了大队就糟糕了，是不是？第四就是要民主，要大家充分发表各种不同意見。不仅要听和自己意見相同的意見，还要听相反的意見。这样經过反复討論，才能得出結論。沒有民主哪来的集中呢？民主集中制要在民主的基础上，經过充分討論酝酿，集中起来然后統一行动。第五要有自我批評的精神。沒有这条不行，这一条好多人是不容易办的。总而言之，一定要坚持眞理，修正错误。

现在，我們只要有时間就来听你們的意見。你們还可以贴我的大字报，是一种提意見的办法。你們自己要不要来点自我批評？光批評別人、不批評自己行不行？我覺得最根本的还是团结一切可能团结的人們，这样才能孤立打击少数。换言之，就是团结中間的，把打击孤立面縮小。这是毛主席教导我們的。阶級队伍要树立起来，要团结大多数，才能斗倒、批倒資产阶級反动学术权威和党內走資本主义道路的当权派，你們說对不对？我的話就說到这儿吧！

有一个問題我解释一下，等会儿，我們的顧問再跟你們談談。看一个人第一要看其阶級立場。第二不要唯成分論，这是指某个阶級的个別分子背叛原来的阶級說的。第三重在政治思想表現，不要看表面。（看一张条子后說）有一个外語附校的紅卫兵写了一个条子，沒写名字，叫我明确表态，同意不同意这剧对联。我不完全同意，道理也講啦，很簡单，那种封建术語不能代表新的思想，这是匆匆忙忙拿出来的。我覺得应該不在枝节問題消耗精力，大敌当前，要对付敌人，要横扫一切牛鬼蛇神，我相信你們一定会干得好的。

（轉抄自中央音乐学院兪安玲等人的大字报）

康生同志八月六日
在天桥剧场的讲话

同志們：

首先我向"紅卫兵"同志，向"紅旗"战斗小组同志們問好，向一切毛泽东时代的革命青年問好，向毛泽东的共产主义青年团的团员問好。

几个月的运动中，我們年老的人从你們年青的人那里受到很大的教育。同学們的一切革命行动，都是为了坚持毛泽东同志的阶级路綫。你們一切爭論的，一切辯論的基本的、本貿的东西就是要不要阶级路綫的問題，而不是对联要不要改几个字的問題。为什么同学們这样尖銳地提出这个問題呢？这是有道理的。我們看过去，××、×××黑帮的统治之下，实行了一整套资产阶级的阶级路綫，这条路綫是与毛泽东的阶级路綫相对抗的。同志們提出要坚强的战斗，为党的阶级路綫而奋斗，是完全对的。这是一个伟大的尖銳的阶级斗爭，无論大学教育、中学教育，要不要党的阶级路綫的問題尖銳地摆在我們面前。你們到处奔走，到处呼吁，到处串联，到处革命，就是为了这一阶级路綫——毛泽东的阶級路綫而奋斗，我对你們很欽佩。

其次，在过去彭×黑帮、陆××黑帮的反毛泽东阶級路綫下，在各类学校里，工人、貧下中农、革命干部子弟絕大多数被歧视、受迫害。同志們是深受迫害的，我們提出这个問題来表示抗議，坚决反对对工人、貧下中农的这种迫害，提出要造反，这是很好的。

第三，我从同学們的行动中，从"紅卫兵""紅旗战斗小组"的活动中，感到有一个問題，这个問題反映了我們共青团的工作中有很多毛病，甚至有严重的错誤。我們在文化大革命中看到有些学校的团委瘫痪了，看到北大团委瘫痪了，我看到团中央某些人不是站在无产阶级文化大革命方面，而是站在资产阶级鎮压革命这一方面。彭小蒙在北大控訴了张承先、张德华，是完全对的，有道理的。同志們起来革命，人大的，其他学校提出改組我們共青团，我看这一要求是很正确的，我贊成今天晚上开辯論会，今后把我們的共青团改造成員正的毛泽东的共青团。我希望"紅卫兵""紅旗战斗小组"应該成为我們改造共青团的主要骨干。过去团组織松散，我看有点象全民团，就是說，有的团组阶級織路綫不明显。我希望你們，坚持无产阶级路綫的"紅卫兵""紅旗战斗小组"，应把你們坚持无产阶级路綫的精神貫彻到共青团中去，"紅卫兵""紅旗战斗小组"在文化大革命中应当先鋒。当前要把成立文化革命小组、文化革命委员会、文化革命全权委员会同改造团中央的任务互相结合，很好地配合起来。你們的任务是重大的，也是光荣的。

同志們，坚持我們无产阶级的阶級路綫。坚持毛泽东的阶級路綫，但是同时我們应該坚持和貫彻毛泽东的阶級政策。阶級路綫和阶級政策这两个方面是分不开的，这就是說我們一方面坚定地貫彻阶級路綫，但同时又要善于运用革命的阶級政策；这种政策就是在无产阶级领导之下团结95％以上的人們，同我們共同进行文化大革命。离开了这样的阶級政策，我們的无产阶级文化大革命就不能貫彻到底。因此我希望你們青年們要拿出很大的、很多的、很深入的力量来研究毛主席的接班人的五个原则指示。我应該說一句，研究毛主席的五条原则指示要拿出百倍的、千倍的、万倍的力量，而不要研究对联，妨碍了我們研究毛主席的五条原则指示。

毛主席接班人的头一个条件，要成为眞正的馬列主义者。也就是眞正的毛泽东思想的拥护者。什么是馬列主义？什么是毛泽东思想呢？就是要革命，要阶級斗爭。同时我們知道馬列主义、毛泽东思想的灵魂在哪儿呢？在善于分析，对每件事情要分析，善于把問題一分为二来看，就是說辯証地看問題。我很欣赏清华大学、人大、北大附中"紅卫兵"的呼吁书。这些呼吁书是什么呢？是毛泽东思想的，辯証唯物主义思想的；辯証唯物主义思想的，也就是一分为二的。

毛主席五个原则的第二条叫做全心全意为中国和全世界絕大多数人服务。他不是为一小撮資产阶級服务，也不是对一小撮宗派主义的集团服务，是为絕大多数的人民服务，也就是为絕大多数劳动人民服务；不是半心半意，而是全心全意地为人民服务。

第三条，眞正的左派，眞正的毛泽东时代的共产主义青年团員，他必須善于团結絕大多数人。同志們，怎样去建立无产阶級的領导权？領导权就是要領导絕大多数人的无产阶級領导权。如果沒有絕大多数人，領导权就要落空。团結絕大多数人，就要团結不同意見的人。对我們的意見他不同意，我們怎么說服团結他；甚至他的意見是错誤的，我們也要去爭取团結他，不是看到他的意見与我們不同，看到他的意見错誤就不管他。只有这样，把95%的人团結在我們共产主义青年团的周围，团結在党的周围，团結在毛主席的周围。彻底地斗倒資产阶級当权派，斗垮資产阶級权威，彻底地把教育革命进行到底。

第四条，就是要有民主作风。沒有民主作风，就沒有眞正的群众路綫；沒有民主作风，就不可能团結絕大多数的人。这一条青年們特别要注意。要傾听不同的意見，不要認为一种意見与自己不同就不願意听，甚至那种意見是不对的，我們也要听，不对的意見可以証明我們的意見是对的。要让少数不同意見的人說話，要尊重他們的意見，傾听他們的意見，眞正实行民主。同志們要記住民主作风和群众路綫是分不开的，群众路綫是我們党的政策的一条总原則。

第五条，就是要善于批評和自我批評。这一点，青年同学要学会批評和自我批評是不那么容易的，講起来容易，遇到問題就不一定能实现的。但它恰恰是我們前进的动力，沒有批評和自我批評，党的生命就会停止，同时革命就会停止，我們的文化大革命就不能眞正地很好进行，我們的观点、路綫就不能正确地很好地貫彻下去。

最后，我同同志們講，我很贊成、很拥护你們坚定的阶級路綫和阶級观点，同时我也希望同志們善于去研究，实现这个阶級路綫和毛泽东思想的阶級政策。这方面同学們还要多加努力啊！要把阶級路綫和我們的阶級政策密切地結合起来。政策是路綫的生命。沒有政策，我們的路綫就不能实现。希望同志們眞正地把二者統一起来。

看到同学們朝气勃勃的革命热情，我是很高兴的。我常說你們的这种豪杰气槪有一千丈，陈伯达同志給我改了一下說："你們的革命豪情有一万丈。"我贊成，我說你們是豪气万丈的青年。

你們碰到什么呢？碰到的有些工作組是官气十足，是欽差大臣。你們豪气十足的青年碰到官气十足的欽差大臣，当然发生矛盾，这些矛盾有的是人民內部矛盾，也有的是敌我矛盾，总的講起来是阶級斗爭的矛盾。在这一点上，我感謝同志們对我的教育。

　　我也希望同志們高举毛泽东思想伟大紅旗，真正成为毛泽东时代的紅色的革命战士，变成真正的毛泽东时代的共产主义青年团員，变成为正确的、光荣的、毛泽东思想指导下的中国共产党的接班人。这是我对同志們的希望，也是对同志們的要求。

　　毛主席万岁！

　　战无不胜的毛泽东思想万岁！

　　毛泽东的共产主义青年团万岁！

　　伟大的、光荣的、在毛泽东同志領导下的中国共产党万岁

（記录：无310，821战斗小組轉抄）

王任重同志八月六日
在天桥剧場的讲话

同学們，从中南局来的同学們，我对到北京的行动，非常高兴，非常欢迎。这里是我們的首都，是党中央毛主席住的地方，是文化大革命的策源地。最近在党中央毛主席主持下召开了八届十一中全会，通过了无产阶級文化大革命的决定，发表十一中全会的公报，你們在报上看見了。在党中央毛主席的領导下，北京文化大革命搞得轰轰烈烈，特别是革命小将打先鋒，做闯将，横扫一切牛鬼蛇神，特别值得我們学习。

外地有人說："中南文化革命冷冷清清，沒有北京轰轰烈烈。"希望大家学习北京的好經驗帶回去。剛才北京师大同学說要去中南煽风点火，搞革命串联，这样才能把文化革命搞好，搞得彻底。

同学們对我提出的批評，說中南局的同学……（沒听清）。中南来的同学，有的我知道，有的我不知道，我在参加会議。做为中央文革小组的一个成員，我要服从分配，要我做啥，我就做啥。我們領导小组分配我搞什么，我就搞什么。只要我有时间，我就去找你們。广东来的同学，我昨天就派人找你們談了嘛！我让广东同志打过电话，发过电报，让他們按十六条、按毛主席指示办事。凡是符合十六条的就是正确的，违反十六条的就是错誤的。哪一个不按十六条办事，就是违反毛主席的伟大指示，就要坚决反对。

剛才平化同志講得很好，为什么不准人家怀疑省委，为什么不准人家怀疑市委。不做亏心事，不怕鬼敲門。如果你是革命的，你就和广大师生一起鬧革命。如果你不革命，站在群众运动对面，压制鎭压，就应該打倒。下面陶鑄同志还要講湖南問題，昨天中南局討論了。我給湖南省委第一书記王延春同志写了一封信，对于殴打革命同学的负責人要严办，对站在楼上看着同学被殴打不出来制止的一律撤职。

有一个条子說到外地串联的問題，一会陶鑄同志会講。北师大同学要串联，我欢迎，别的同学一样欢迎。有的条子剛交給我，我沒有看，不答复了。这些条子該报中央的，报中央，該中南局处理的，中南局处理。我不会官僚主义处理的。如果我們不理你們，你們就出我的大字报，罵我官僚主义。

李富春同志八月十六日在团中央的讲话

各位同志，各位同学：

我和学校的革命同学来参加团中央全体工作人员会議，講两个問題：第一个問題，团中央为什么要改組；第二个問題，团中央如何把文化大革命委員会建立起来，进行文化大革命。

第一个問題，团中央为什么要改組。是党中央、毛主席根据各学校革命要求来决定的。团中央几个主要負責同志在文化大革命中以及过去工作中犯了严重错誤。在文化大革命中所有中学校的工作組都是团中央派的，这些工作組沒有做好事情，挑动学生斗学生，压制学生，更恶毒的是迫害学生。中央关于无产阶级文化大革命的十六条講，这是方向的错誤、路綫的错誤。就从这一次文化大革命中所表現出的团中央一些主要負責同志是严重脱离群众，脱离革命师生的。过去团中央工作中还有一些错誤，还要揭发。为什么犯了这些错誤？我参加了团中央书記处扩大会議，我提了三点建議：第一条，团中央的主要負責同志沒有高举毛泽东思想伟大紅旗，而且违背了主席指示。同志們对于毛泽东思想伟大紅旗必須要有全面的了解。同志們，我們要認眞讀，讀中国共产党八届十一中全会的公报的最后一段，对毛泽东思想的整个概念就比較清楚了。这里我不妨向大家念一念。（念第三部分第一段）这就是全会对毛泽东思想所下的定义。馬列主义有三个組成部分：哲学、政治經济学、社会主义。毛主席不仅在这三个方面发展了丰富了馬列主义，而且还在馬列主义的体系內发展了馬列主义。同志們知道的，第一，人民战争思想，第二，社会主义建设的思想，第三，党的建设。如何建设一个有战斗力的无产阶级先鋒队，領导全中国人民的中国共产党，这些都超过馬克思，超过列宁。林彪同志說过，十九世紀的天才是馬克思，二十世紀的天才是列宁、毛泽东。今天馬克思叫馬克思主义，列宁叫列宁主义，为什么我們不叫毛泽东主义？毛泽东同志謙虛，不叫我們叫毛泽东主义。实际上，我們的心里都叫毛泽东主义。同志們，我們从公报中、从十中全会到十一中全会这四年过程中看我們党的重要决定，主要关鍵时刻都是毛泽东同志掌舵的，使我們的工作从挫折中走向胜利，从沒有起色到有起色。从公报中国內問題来看，不仅仅証明了毛主席的九条重大决策，这是举的九条，实际上是十二条。我可以提些意见，供同志們学习参考。国內部分：（念第一二段）毛泽东同志在十中全会上提出了阶级、阶级斗争和阶级矛盾的理論，把"三和一少"打败了。我們脑子里有了阶级斗争，有了一个綱，以阶级斗争为綱。然后全会完全同意1963年提出的，即23条，（念公报）所以这是第二。关于社会主义教育的，从十条到二十三条，从64年到65年，不到二年提出了二十三条，最后提出了……全会强調指出搞好这場文化大革命。（念公报）总之，是十二条，四年之內提出了十二条重大措施，打退了"三自一包"、"三包一少"，打退了資产阶级的当权派，这些都是毛主席提出的。同志們天天唱《大海航行靠舵手》，从这个公报可以看出伟大的毛泽东思想的作用。我們团中央主要負責人学得不好，毛泽东思想紅旗举得不高，甚至有些相反的东西。同志們务必要了解毛泽东思想，高举毛泽东思想伟大紅旗。至少了解我們过去講的，我們党是毛主席締造的，沒有毛主席就沒有新中国。我們想一想，沒有毛主席，我們有沒有这个礼堂开会？我們工人、貧下中农，我們这些人还不是在十八层地狱下受罪？我們是毛主席解放的。团中央主要負責人在这个問題上很不了解，很不得力。我这60岁的人跟着毛主席三十多年，天天跟一直跟，有时还跟不上，掉了队，还是跟。你們都是青年，要成为紅色接班人。接什么班？毛主席提出五个标准。第一个标准是真正的馬克思列宁主义者，首先是接毛泽东思想的班。我們如果脑筋不够，或多或少地没有毛泽东思想，我們就不够資格接班。我們要好好学习毛泽东思想，在斗争中活学活用，这是我們最大的責任。沒有这点，只抽象地接班，就要掉队，就不能接班。我們接班把毛泽东思想一代一代传下去。这是团中央負責同志犯错誤的第一个問題。也是主要問題。

第二个問題，团中央主要負責同志在文化大革命中立場不坚定。团中央負責同志的立場是不坚定的，甚至还有資产阶级立場。我知道这点，包括我在內。我是在旧社会里出生的，封建主义、資本主义的旧思想、旧文化、旧风俗、旧习惯千絲万縷地在我們脑子里。如果不常进行自覚的思想斗争，不经常学老三篇，作一个純粹的人，就是或大或小、或多或少地站在資产阶级立場上。这一点，对于团中央負責同志是一个极大教訓。同志們也要引起很大注意。

第三个問題，是不是真正地走了群众路綫。文化大革命以来，不是相信群众，我說团中央口头上挂着走群众路綫，实际上做的是脱离群众的路綫。文化大革命以来，不是相信群众，依靠群众，而是害怕、压制群众；不是"敢"字当头而是"怕"字当头；不是从群众中来到群众中去、做群众的小学生，而是害怕群众，压制群众，陷害群众。所以中央的十六条中的第三条专門講了"敢"字当头，放手发动群众，講了阶级、党領导分四类的情況。第四条专門講了让群众在运动中自己教育自己，自己鍛炼自己。但是团中央主要負責人，站在群众之上，不让群众自己教育自己。团中央主要負責人犯了这三条错誤。沒有高举毛泽东思想伟大紅旗，甚至走了相反的道路，不是相信群众，依靠群众，而是压制群众，不少工作组甚至是陷害群众，压迫群众，所以团中央改组。因为不符合党中央和毛主席的要求，所以我向同志們郑重宣布，胡耀邦同志、胡克实同志、王伟同志、胡启立同志停职反省，因为撤不撤要由团中央全会来决定。除了四位同志，其它同志犯了严重错誤的，同志們可以繼續揭发批判。如果犯了严重错誤，还可以停职反省。因团中央主要負責人停职反省了，团中央怎么办？党中央的意见是建議团中央成立一个临时书記处，总的任务是总結九大以来团中央的工作，这是第一；第二是筹备开团中央全会。团中央全会为什么要筹备？因为只有团中央委員还不够，还要有四方面的人参加：一、文化革命中高等学校的代表；二、从社会主义教育运动来看，产生青年工人代表；三、要从社会主义教育中看，产生貧下中农代表；四、要产生解放軍代表。只有这四方面的人参加，才能把会开好，临时书記处才能产生真正高举毛泽东思想伟大紅旗的书記处。临时书記处的工作：第一，总結九大以来的工作；第二，筹备团中央全会。必须有四方面的人参加：革命的学生、青年工人、貧下中农、解放軍战士。临时书記处主要負責人是路金栋，貧农出身；王道义，工人出身。成立临时书記处主要任务，我已講清楚了。

第二个問題，就是成立青年团机关筹委会的任务。现在青年团机关，包括团中央、青年报社、青年出版社，要经过巴黎公社那样的全面选举，无記名投票，选举产生。团中央的革委会主任、副主任参加临时书記处工作。我們希望这个星期內酝酿，真正民主，无記名投票选革委会。原来的书記处，一个都不参加文革小组。文革代表会、文革委員会来領导团中央

的文化大革命。

各学校各机关对团中央的错误，可以繼續揭发批判。用大字报、小字报貼到团中央机关来。我們决定派三个解放軍的得力干部来接見同志們。我們建議在这里的紅卫兵撤走，紅卫兵維持秩序做得很好。党中央保証，团中央的机关的文化革命委員会保証把团中央改組为一个高举毛泽东思想伟大紅旗的团中央。我們一定要产生一个高举毛泽东思想伟大紅旗、站在坚定的无产阶級立場上、走群众路綫的、站在靑年中的团中央来。

陶铸同志八月二十日在对外文委对有关
文化革命委员会的問題的讲话

八月二十日陶鑄同志在对外文委一个斗爭会上的講話中有一段专門談文化革命委員会的問題，現轉抄如下，供同志們参考

（三）就是有几个問題，因陈总不在，我沒有和他商量，有些問題要我答复，我不能答复，只能談談个人意見。今天我不代表任何人，也不代表中央文革小組，也不代表党中央，我代表我个人，作个人的发言。因为对外文委，我和康生同志来处理这个問題嘛，还有那么一点点关系。那次会我沒有讲話嘛，只是讲拥护他們三人的講話就走了嘛。我看文化革命委員会应該普遍选举，也就是巴黎公社原則。十六条規定了的文化革命委員会、文化革命小組、文化革命代表大会，那是領导文化革命的权力机关，不仅现在根据革命需要，而且是长期存在下去。为什么这样做呢？因为搞文化革命就是靠广大师生的群众嘛！比如学校，你不依靠革命的师生，怎么能把资产阶级当权派斗垮呀！怎么能够批判资产阶级反动学术"权威"呀！怎么能够进行教育改革呀！关于对外文委，你不依靠广大干部，还有第二外国語学院，还有許多单位，你不依靠多数群众，你怎么能把文化大革命搞好呢？革命嘛，就是多数群众的革命行动嘛，因为它代表多数人的利益，代表多数人的要求嘛。为什么毛泽东思想是最高智慧呢？是最高經驗呢？因为他代表我国七亿人里面最大多数（95％以上）的革命人民，代表全世界革命人民、劳动人民的革命要求，所以他是最高經驗，所以他是最高的革命智慧。沒有群众，我們共产党什么办法也沒有。这次文化大革命，不依靠广大群众起来就不能搞好。所以革命要引导群众自己起来动手。所以过去我們犯了錯誤，派工作組实际上就是你把原来的領导改变了，又派来一个新的領导。现在看来我們領导官当大了，就不知道下面群众的疾苦，为旣得利益而奋斗，总之是怕把事情搞乱了，总是怕影响自己的利益。所以过去領导是黑帮（綫）的换掉了；即使不是黑帮，他也有許多顧虑，不敢放手。因为放手，就触动了自己的利益，怕影响自己旣得利益。当然我們现在在毛主席的領导下面，不是什么高薪阶层，也沒有形成特殊阶层，但是有些差别是有的，而且现在还有扩大之势，特殊化现在还是有的。所以不要群众起来，把一个单位彻底革命不可能，它要遭到很大阻力。

群众起来了，好象一江大水一样，大江东去誰也阻止不了。你要阻止，就有灭頂之势，就要把你淹死，你只能順流而下，不能逆流而上，是不可能抗拒的革命洪流。那么，革命以后呢？这个文化革命委員会应该是监督領导的机关。现在我們的領导干部，原来也并不坏的，慢慢的官当大了，脱离了群众，沒有监督，他就不民主了，特殊了，群众路綫也沒有了……那种国民党作风，慢慢就出现了。这次我們不但要把沒有解决的問題解决掉，使我們所有的机关、企业、学校变成一个毛泽东思想武装起来的，眞正革命化的机关、企业、学校，而且保证我們文化革命的成果，不因为文化革命的结束而受到損害，而且繼續发展。这是文化革命长期的形式，将来在文化革命结束以后，不領导文化革命就是监督机关的权力机关。

监督机关領导权力机关。现在我們的党委会，我們各机关不是有党委会嗎？党委这是屬

領导同志的机构，他不能自己监督自己，左手监督右手是困难的，只有广大群众这一力量监督。过去我們的群众为什么不能监督呢？因为群众沒有发动起来，我們沒有給群众这个权力。现在文化革命委員会会給。在这次文化革命中有很大的权力，有很高的威信。而这个权力我們以后繼續給文化革命委員会，变成监督领导的权力。领导做坏了事情，我們可以随时批評你，必要时可罢免你。不是几年开一次批評大会，而是由文化革命委員会做监督机关，只要领导有错誤，都可以开大会批評的。这样好的领导就更好了，不好的也不敢那样做了。所以文化革命委員会不单是领导文化革命的权力机关，而且要变成监督的权力机关。就是这么个要求。我贊成普遍选举，无記名投票，投到誰就是誰。第一次选不好，就重选，經常可以換嘛。就是要多选不担负领导責任的。負責领导責任的参加文化革命委員会多了，其它代表少了。这一說，宣传部正式成立文化革命委員会，选了三至四个委員，选了常委，也选了主任。选到我当主任，我講这个不行，你們再改选，我說我已經当上部长了，还选我干什么呢？

我讲就是你們文化革命委員会来监督我們，但要我們自己监督自己怎么可能？当然现在宣传部还沒有改变得多，我今天要他們常委会改选主任，我不能当主任。我們副部长多，副主任，不能当，那还不是換湯不換药。把党委书記換成主任，党委变成革委，那还不是一个样的，不同的就是革委会里有个工人同志、非党員，其它都是处长、部长、副部长，不符合十六条精神，不符合毛主席的指示，现在我們准备改变。你們这个对外文委，我看可以考虑，多吸收几个广大一般干部，負責同志尽量少参加一些。当然是选举了，不能由我們决定了，但我們表示一下态度嘛！

我今天来就是还前一天的償，前次大会我沒有讲話，也說了六、七句，沒有講話那并不实际的囉，怎么沒有講話呢？講那六、七句。因为对外文委我管这个事，处理对外文委是我与康生同志負責的。今天开这个会，我講了几点意見，对不对同志們批評。

陶铸同志八月二十一日凌晨在中国人民大学的讲话

四点钟了，貧下中农同志明天还回去生产。（下边說：不回去！）。同志們！不回去，欢迎就在这里休息，要回去，有汽車送你們，苏家坨离这里有五十华里。貧下中农參加大会很好。很多貧下中农要求发言，沒有发言，工人同志也沒发言，还有南大同学沒有发言。两种不同意見还沒有充分地发表，时间已四点钟了。你們要辩論明天晚上再搞，特别是晚上辩論四清問題时，应請貧下中农多講話。因为，四清到底搞得好坏，貧下中农最能作鑑定。今天晚上我不想講多，也不是什么指示，而是一个建議，人民大学革命师生員工你們看可以接受也可以不接受。什么建議呢？郭影秋問題辩論近两个月了，辩論是有益的，有意义的。老是这样辩論下去，把黑帮的斗争擱下来了，对运动不是很有利。现在是否可以休战，如果双方暂时在郭影秋問題上停止辩論，我們团结起来同黑帮作斗争。我这个建議要双方同意。为什么呢？我想现在有一个基础，什么基础呢？一个就是，就現有材料看，郭影秋同志不是黑帮。（拥护郭影秋的同志长时間热烈鼓掌、欢呼。陶鑄同志两手一摆紧接着說）慢点。但是因为以前同志們認为郭影秋問題是严重的，也不是沒有根据的。因为曾有个"二月兵变"問題。"二月兵变"这个事实是不存在的。但是我也講，根据现在文化革命中的表现，郭影秋同志也不能說他是革命左派。为什么呢？郭影秋同志，你們貧下中农很熟悉，一年多的朋友了。我們更熟悉。从抗日战争到现在廿多年了，郭影秋同志的工作經历，各方面我們党是清楚的。在抗日战争中，在解放战争中的表现是不错的。但解放以后，特别是最近文化大革命这一段是有問題的。市委为什么要撤郭影秋同志的职务呢？就是因为他犯了错誤。原来他是代表华北局参加文革小組的。正因为他是文化革命小組成員，在师大工作搞得不好，沒有执行党中央的方针，沒有执行毛主席制定的方针，在人民大学最近一段在文化大革命中的表现不是我們所要求的那样。有些同志講，市委沒让他当书記，让郭影秋同志回来，是因为人民大学工作很忙，要他回来领导人大，不是这么回事情，是他犯了错誤。我不能撒謊，我是有什么講什么。"二月兵变"沒有，但郭影秋确实犯了错誤，所以才撤銷他书記的职务，因为他不能做中央文革小組成員，不能做为北京市委的文教书記来领导文化革命运动，因此，撤銷他市委文敎书記的职务，难道这样能說他是革命左派吗？根据事实，就現有材料来看，现在不是黑帮，这是第一。第二，根据文化革命中的表现，不能算革命左派。既然不是黑帮，那就属于人民内部矛盾。不管二类、三类都属于人民内部矛盾。虽然不是革命左派，但他不是黑帮，比上不足，总还不是黑帮，比下有余嘛！既然双方都承認这一点，都贊成这一条，郭影秋同志不是黑帮，拥护郭影秋的同志确实不好說他是革命左派。这个論点大家同意，可以达成协議，只要是人民内部矛盾可以先放下来，慢点解决，先来斗黑帮。要团结起来，郭影秋同志的問題可以当成人民内部矛盾来解决。貧下中农支援你們搞文化革命，你們也放心了么！这个建議不知能不能为全校革命师生接受，我沒有把握。（热烈鼓掌表示同意）如果不贊成，要繼續辩論，我也贊成，但也希望在十天之內来辩論，今天是廿号，再过十天，到八月底，拿十天来辯論我也贊成。大家覺得問題揭得不够，辯得不够，双方同意还可以辯論，但不能搞久了，大家有材料，統統都拿出来，还有什么可留的！如果要揭露、辯論，我看十天时间也可以了。辯論結果，郭影秋是什么就是什么了。十天內辯不出結論，可以放下来嘛，当做人民內部矛盾放下嘛。以后可以搞黑帮嘛，搞了黑帮以后搞"回馬枪"，为什么不可以呢？如果你搞了黑帮，郭影秋一点問題也沒有，那不就証明郭影秋是个很好的同志嗎？如果搞了黑帮，里面还有很多关系，那就証明他是黑帮嘛！

当然，辯論要有个气氛，現在这样情况我覺得难以辯論。这是毛主席的方針，不管誰要执行的，誰也不能违背。毛主席的方針，就是剛才講的那个(十六条)的第六条。毛主席要求文化革命要有很好的辯論，要摆事实，講道理，要保护少数；即使少数是错誤的，也要让他講下去。不然怎么能辯論起来呢？今天晚上我不满意。对于貧下中农支持（人民大学）文化大革命，我很高兴。如果你斗地主这样，我也很贊成。但要人家把話講完，不管对的也好，错的也好，因为这个是辯論，是毛主席要求我們这样做的，我們大家都愿意听毛主席的話嘛。那么我們是眞听毛主席的話，还是假听毛主席的話呢？我想，貧下中农、工人同志是最听毛主席話的。辯論要有个气氛，就是贊成的意見让他講。辯論嘛，就是有不同的意見才辯論嘛。如果意見都是一致的，还要辯論什么？我們不是講民主嗎！講民主大家都有講話的自由，只要不是反革命，是反革命公安局抓去了嘛！在这里都不是現行反革命犯，都有講自己意見的自由。要辯論就要有个气氛，有个环境，要允許有不同的意見能够講完，講完他們的意見，使辯論能很好的进行下去。要求：1. 大字报还是要搞，充分揭露。大字报揭誰都可以，揭什么問題都可以，你揭我的，我可以揭你的，你贴一张，我也可以贴一张嘛！絕不能因某张大字报講的郭影秋是革命左派，我們就来說他是保皇党，也不能說反对郭影秋的講他是黑帮的就是反革命，这个不对。他認为郭影秋是革命左派，可以嘛，他有他的看法嘛！另一方面，也有同志講郭影秋是黑帮，也不要講人家反对郭影秋，說郭影秋是黑帮，他就是反革命，这样人家就不能提意見了嘛！我們是人民政府，只有四类分子沒有权利(发言)嘛。因为郭影秋的問題正要大家来議論。議論，有人这样看，有人那样看，完全允許的嘛！所以要辯論，就要創造很好的环境，要允許大家自由贴大字报，講自己的看法。你不同意，你可以贴大字报；不要随便講拥护郭影秋就是保皇党，反对郭影秋就是反对校党委，反对校党委就是反对新市委，反对新市委就是反对中央，反对毛主席。这都不对，是错誤的。今天，只能誓死保卫党中央，只能够誓死保卫毛主席，除此以外，任何人都不能起来保卫。你保卫了，还搞什么文化大革命？大家都保卫了，这个是左派，那个是左派，你还揭什么呢？我們搞过"四清"的嘛，大家都是"四清"干部，那你还有什么"四清"的必要呢？"四清"我們怀疑干部，面比較大嘛，搞的结果，有的是小毛病，就解放了嘛。我是搞过三次"四清"的，那你四清到一个大队，一个生产队，你說干部都是好的，沒毛病，那你"四清"就不用搞了，还搞它干什么呢？所以，我贊成搞辯論，搞十天，不要搞久了。（指我校关于郭影秋問題的辯論）第二，要有个很好的环境，让大家充分把話講出来，完全民主。現在，毛主席講：学生可以上街，大字报可以贴街上去嘛！我們的国家工人是很覺悟的，农民是很覺悟的，学生是很覺悟的。

2. 辯論要取得双方一致。辯論，一个就是大会辯論，要一对一（发言），这是保护少数的好办法。否则，你又講拥护毛主席指示，坚决执行十六条，又不贊成一对一，又不保护少数。大会我贊成，你們是多数嘛，既然是多数，眞理在你們手里，你們怕什么呢？少数就是沒有理嘛，沒有理由你怕啥？为什么不可以一对一（发言）呢？假如开小会，大会不能多开了，如开小会，我要跟你辩論，那我先挑战：我要同你辯論，你同不同意？辯論什么問題？多少人辯論？我来几个，你来几个，上午我当主席，下午你当主席。如果不这样，我拒絕同你辯論。不然人少，你这里一班来辯論，那里一班来辯論，車輪战一样的，那可吃不消啊！辯論要双方协商，要統一，要采取双方同意，取得一致意見的辯論。坚决按十六条办事情。

3. 籌委会問題。一方面讲籌委会是好的，一方面講籌委会是不好的。我想籌委会是难办的，要全校满意是困难的，但是否可以做到比較满意呢？各系各单位派代表嘛，多数贊成郭影秋的人多，派代表就多嘛，反对郭影秋人少代表就少嘛，成立个委員会，多数当主任委員，少数当副主任都不可以吗？我們在农村工作，你大房小房，大姓小姓，生产队长要照顧到小姓，让他当副队长。人家派代表来就应当相信他。比如江春泽同志，她过去历史是有些問題，那是早的事，为什么早不公布晚不公布她的历史呢？因为她是反对郭影秋的，到籌委会就公布她的历史。她又不是现行反革命分子，是现行反革命可以抓起来嘛。现在他們研究所还是让她当委員，而且票数增加了五票。（台下：好！）我們籌委会沒有权力，她代表研究所嘛。所以籌委会做到比較满意并不是很困难的。对郭影秋的看法可以有傾向性，你对郭影秋这么看，我对郭影秋那么看，但办事要按原則，比較公道，这样就可以把全校工作抓起来了嘛。虽然大家对你不是很满意，比較满意嘛！

4. 建議苏家坨貧下中农同志，将来辯論四清时，一定要請你們貧下中农到塌。据我所能知道的——当然，我还要到苏家坨拜訪貧下中农，今天沒有打招呼——郭影秋在苏家坨的四清是搞的比較好的。所謂比較好，也不是好得了不得，比較好就是沒有执行彭真修正主义路綫，他执行了华北局的路綫，那就不错了嘛。郭影秋一个大学党委书記，沒有执行彭真的修正主义路綫，而执行华北局路綫，把苏家坨地区四清搞得比較好，那就难能可貴了。所以我們不要貶一个事貶到地下去，要捧一个事捧到天上去，还是根据事实，实事求是的，这是毛主席教导我們的。事实是什么，我們就承認什么。关于苏家坨四清問題，我听了两次辯論。关于四清問題的材料，贊成的材料比較充分，反对郭影秋同志的材料比較不充分。我贊成辯論。将来还要一天专門辯論四清問題，請貧下中农同志多发言，請你們派代表来，多来一些人，欢迎。因为今天的貧下中农发言不多，将来辯論四清問題你們有发言权，最高的发言权。如果不辯論四清，我看你們貧下中农同志可以不必参加，因为你們也很忙。今晚开会就开到四点，开一晚上会議，老是这样开下去不就誤生产啊！这是第一。第二，他們辯論学校的事情，貧下中农你們也不太清楚，我也不清楚。学校的事情，只有学生、教員、职工他們清楚。学生他們上課嘛。

所以毛主席反对派工作組到学校去就是这个道理嘛。你是空軍、海軍、机关的，一沒唸书，二沒敎学，三沒在校当工人，你怎么能够斗走資本主义道路当权派？你怎么能批資产阶級"权威"？你怎么能改革敎育制度？不了解嘛！所以辯論学校的問題还是让他們学校师生員工去辯論，包括我在內，我也不参加，因为我不懂，事情不清楚嘛。他們大学要自己挑选自己的领导，重新挑选自己的党委书記。你們辯論挑选生产队长时，人大开一两千学生去帮助你們挑，也挑不好的！貧下中农有这种权利、力量支持人民大学搞好文化大革命，特别是在四清問題你們有最高权力。但是一般的辯論我們不清楚，所以今天我都沒鼓掌，沒有一个人上台我鼓掌，你講話我不清楚嘛！第四，关門辯論。因为他們学校自己的事。你們多数派怕什么？少数派还不怕呢，你們多数派怕什么。革命靠自己，外援是次要的。

所以我建議明天就不辯論，郭影秋的問題就現有材料看不能說他是黑幫，另一方面從文化革命表現看，不能說是革命左派。那是什麼問題呢？屬于人民犯错誤、干部犯错誤、人民內部矛盾問題。這樣是不是可以放下來，就可以重新組織力量，團結斗爭，共同对敵。如果不贊成，則再辯論十天。那也按照十六條中的第六條，按照毛主席的指示，在人民大學最好地執行十六條，不是打折扣的、假的，而是真的，100％的。我的建議能否为全体革命師生員工接受，沒有把握。我希望人大革命師生員工明天可以酝酿討論。如不行，可推翻。如可以，那你們采納。

最后，我講一点紅衛兵問題。人大紅衛兵是合法的，整个北京市、全国現在都要成立紅衛兵。成立紅衛兵是党的一个政策，把紅衛兵變成我們青年的一个武裝組織。如果在生產斗爭、階級斗爭，特別是美帝國主义打來時，我們有堅強的紅衛队，農村有民兵，我們城市學校有紅衛兵，農村有基干民兵，將來工厂里也可能要搞紅衛兵、民兵，全民皆兵，美帝國主义要欺負我們，侵略我們，要把它彻底消灭。因此，紅衛兵应成为團結广大革命同學的組織。我不贊成在學校成立貧下中农干部子弟协会，我贊成紅衛兵，因为大學貧下中农干部子弟是不少的，但是，學生三年四年就要毕业。農村貧协是个权力組織，同時还有大多數同學。第一，要講階級成分；階級成分是第一的，但不是唯一的，既然不是唯一的，就是要看表現，要重在表現，這是主席的語言。彭真是个反党集團，他曲解主席的重在表現。是怎么講的呢？第一是成分，第二是反对唯成分論，第三是政治上表現好的，我們要團結他們。這是全面的，這是毛主席的語言。講重在表現不講成分第一是错誤的。人大有兩个紅衛兵，我贊成你們开联席会議合起來，就是要以前這个为主。当然這是个建議啦，你們不贊成，我也沒办法，那你們搞兩个嘛。我看兩个不太好，既然都是紅衛兵，为啥紅不到一塊儿呢。还有你們附中也有這个問題，我看也采取一样的办法，以原有的紅衛兵为主，把后有的紅衛兵團結起來，合在一塊儿嘛。今天我這些都是建議。今天已經亮了，太阳快出來了，我看同志們要讲也不能讲了，总要睡觉嘛。

要讲我就再作点声明。有一段我沒有参加会議，有些辯論沒有听，絕对不是輕視這个辯論，因为有四川來的一部分同學約定好了，还有兰州來的同學，他們是从几千里外來的。原來准备开到一点，你們搞了這么多节目，搞到四点还不能散会，但我是約好了人家在那地方，你們的我將來还能看記录，將來还可以听嘛。四川几千里來的，你不見人家啦？还有西北兰州、西安。我离开一个多钟头，想說明一下不是不重視同志們发言。你們兩方面意見我都是听見的。工人发言我沒听，貧下中农发言只听了一半。就是因为這个原因。我想說明一下子，我們是來听会的，就是听你們意見的。刚才离开了一段，就是這个原因。請同志們原諒。

紅衛兵和革委会的关系。紅衛兵可以派代表参加革委会，作为革委会成員，受革委会的領導。但有个条件，如果筹委会不執行十六條，就可以不接受領導。如果執行十六條就堅决拥护革委会的領導。

今天的会开得好的，經过兩个月的辯論有一定的結果，特別是貧下中农同志們的帮助人大，还有工人同志們起了很好的作用。我希望我們人大的革命師生更好地團結起來，彻底把文化大革命搞深搞透，貧下中农代表繼續支持人大文化革命，人民大學工人同志应该成为革命主要力量之一。最后是不是我也喊一句口号：

毛主席万岁！

周恩来总理八月廿二日在清华的講话

同学們、同志們：

从八月四日到現在已經过去十八天了，清华的精神，革命的精神，应該說是在一天天的增长。因为今天下雨，不可能把各方面的意見都在这个会上讲。有好多同学要求少发言，我借这个机会再一次向你們讲几句话。过去的十几天，我是很想早点来，但是工作不让我能够常常到你們这里来。这不是我不愿意来。因为来到你們中間，你們这样热情、这样勇敢、这样敢想、敢干、誓死保卫毛泽东思想、誓死保卫毛主席，这样的精神使我非常感動，使我要到你們这儿来学习。另外到你們中間来，不仅使我更年輕了，而且使我革命的干劲会更大了。就拿你們学校来讲，只有到你們中間来，才能深入实际、深入群众。但是我現在呢？还是浮在上面。（同学齐声說没有！）没有？你們是不贊成我是說的眞心话。你們想一想，我不到你們宿舍去，不到你們食堂里去，有什么办法把你們現在不必要的隔閡，不必要的对立，不必要的爭論帮助你們消除呢？但是你們会問我一句：你为什么那样自私？我不是自私，因为我的話沒有兑現，我相信你們，相信你們把双方的意見摆出来，会找出团結的基础的。十六条公布十四天了，你們有了一个团結基础，为什么还有誤会？还有隔閡呢？有些事情我們不清楚，我也不清楚。因为我上次讲话沒有解决你們的团結問題，你們虽贴了我三张大字报，我感到还贴得少了。同学們，你們的意見是很好的，一个人要不断地检查自己。我当时就說：一个人要活到老、学到老、改造到老。你們給我一个紅卫兵的袖章，我要和你們一样在大风大浪里鍛炼。可以交待清楚，我对清华知道的事情是很少的，因此，今天我只能讲几个重要問題，供你們在討論的时候、交換意見的时候参考。

第一个問題。今天我們听了叶林同志代表市委派的前工作組向大家做进一步的检查。我們从他的发言中看到，他感到错誤的严重；同时，还有一部分同学感到自我批評的不够。我看他基本上是認识了站在一个反动的资产阶级立場上，实行了资产阶级专政，压制了不同的意見，实行了白色恐怖，犯了方针错誤、路綫错誤。

我想这几句話是党中央全会上批判的方针路綫错誤的本質的东西。当然，具体的問題还可以罗列很多，也可以指出一点来，所以一部分同学不滿意是可以理解的。你們有权可以叫叶林同志和其他同志到你們中間来再一次检討，他刚才也表示什么时候叫来就什么时候来。因为他們現在集中学习、集中训練、检查自己的错誤，很愿意得到你們的帮助，这是眞心话。我們只要本着毛主席說的"惩前毖后，治病救人"的精神責备他們的错誤，这是需要的。不論一个班、一个系、几个系、一个組織、一个单位要求他們来，他們就来。如果对他們个别同志有意見，也可以贴他大字报，要口头回答，书面的回答。毛主席教导我們应当改正错誤，方法之一就是依靠群众，在群众中学习，来改正自己的错誤。为什么这样做？我要回答第二个問題。

因为工作組所犯的错誤是方向错誤路綫错誤，不单是工作組，不单是清华的工作組，毛主席說，全国的工作組几乎90％以上的都犯了普遍性的路綫错誤，这是不少的，不是个别的。当时无产阶级文化大革命刚开始，許多学校、許多机关、許多部門，或者揭发領导是走资本主义道路的当权派，或者怀疑是走資本主义道路的当权派，这时說不信任他們，要求按四清的工作要求上級派工作組，尤其是北京市是黑帮控制着。当时在初期解决办法有二个：一种是派出工作組，向黑帮或者是怀疑是黑帮的，或者是怀疑是走資本主义道路的当权派，把他們的权夺过来，这是一种办法。另一种办法是让那个地方的群众自己起来自己革命，在无产阶级文化大革命的号召下，自己走革命的道路。这两种办法当时都是可以的，二种办法在当初开始时是許可的，二种办法都可以試用。但是我們的新市委，在北京工作的中央同志，没有把两种办法同时試驗，只采用了一种办法；并且我們上次也說了，没有很好地交待政策、任务。这就使工作組带来一个普遍的现象，使工作組难以避免发生错誤。事实証明，犯错誤有的重、有的輕，有的长、有的短，这个責任我上次也說了，派工作組的責任应該归新市委和在北京工作的中央同志，因此，在清华不应把責任完全归到工作队，这是我們在中央全会主要詳細討論了的。而中央十二日的公报，十四日的报（下边有輕微吵声，十三日！）反正你們都讀到了，你們从公报上可以看到毛泽东思想的光辉，你們可以看到毛主席的声音，可以看到毛主席的正确指示。所以我們党的第十一次全会八届十一中全会宣布了关于无产阶级文化大革命的决定，这是一个无产阶级文化大革命的綱領，毛泽东思想的伟大光辉，指出今后我們进行社会主义革命和社会主义建设的方針，也指出了我們进行国际上反帝反修反对各国反革命的革命方向，同时也就把我們这个五十多天中各级的領导中犯的错誤也就明确地指出来了。所以在这个问题上，我应該向你們說明，这是中央全会解决的问题，因此这个責任不能仅仅責备工作組，也不能仅仅責备北京市委。现在中央的問題在公报中解决了，那么现在就应該轉过来，把中央的精神、公报的精神、毛主席的精神推广到北京各个单位，推广到全中国。

你們在十八日在天安門亲自見了毛主席，你們站在毛主席身边，毛主席也站在你們中間，因此你們得到了力量，得到了鼓舞的力量。但是你們要想一想全中国有几十万大学生中，上千万中学生中，几万万小学生中，他們还没有机会象你們那样幸运。

今天在会埸上递条子的就有兰州的同学，有一个当时被坏人把他打伤了，脑震盪，刚才台上我見到了他。还有西安的同学，有哈尔滨来的同学，有广州的同学，长春来的同学，还有别的学校来的同学。为什么他們到北京来，就是因为他們那儿的问题还没有解决，那个地方或者学校的領导或者单位的領导或者工作組，还没有得到象北京那样得到充分的解决，甚至于那里党的領导工作組犯了比北京新的領导严重得多的错誤，打伤了人，实行了白色恐怖。你們想一想，就是不单是你們的情况是带普遍性的，不是毛主席亲自挂帅亲自解决，可能这些错誤还要繼續。那么你們就要問：那怎么办？毛主席一个人不能到处都去，但是毛主席不能去，毛主席的声音可以去，毛主席的声音已經传到了全中国，并影响了全世界，因为毛主席給了我們武器，就是八月八日关于无产阶级文化大革命的决定，八月十二日的公报。所有革命的人一切革命的学生，革命的教职员工，革命的干部，革命的知识分子，革命的貧下中农，一切愿意革命的都可以掌握这个武器，来进行无产阶级文化大革命。

任何地方出現了走資本主义道路的当权派，我們相信革命群众会起来把他們斗倒、斗臭；任何地方有資产阶级的学术"权威"，群众能起来把他們批倒；任何不符合我們社会主义制度的，妨碍我們革命前进的旧思想、旧文化、旧风俗、旧习惯，我們就要改革它！一句话，毛泽东思想是从群众中来的，伟大天才的毛主席把它集中起来，总結起来，成为当代最高水平的馬克思列宁主义。所以毛主席他最懂得群众、最相信群众，时时刻刻依靠群众。所以我上次說，我是来煽风点火的，煽社会主义之风，点无产阶级文化大革命之火。现在火已經点起来了，就应该由自己来解决自己的问题，相信你們自己鬧革命，自己能当家作主。我相信这个火很快在全国点起来。今天来自××、兰州、哈尔滨、天津、南京、长春、上海、桂林等地的許多同学把这个火点回去，可以相信他們能象你們那样自己解决自己的问题。

因此我就說一說第二部分愿說的話，就是說到清华园了。刚才不是說了，你們自己解决自己的问题，我已經談过两次了，实际上不止两次。大会来两次，建立了革命的感情，阶級的感情。这十八天你們自己鬧革命，比如說你們临时筹委会也作了自我批評，也严肃地批評了工作組；刚才在台上講話的同学也批評了工作組，也批評了筹委会。既然批評了，那我們就改。如何把事情搞好，把革命搞好，我想回答几个问题。

第一个问题怎么样学习十六条、熟悉十六条、掌握十六条、运用十六条？这个大家很清楚，人民日報社論已經說了，要求大家学习运用。用林彪同志的話：学用结合，在用字上狠下功夫。这就需要你們在革命斗爭中鍛炼自己，你們想一想，那种問題用十六条的标准来衡量对不对，又需要在实际工作中斗爭中才能衡量得好，不是在字面上衡量，而要在行动上来考驗。所以我贊成你們可以开大会，也可以开小会，也可以开中等会来辩論，这是言論自由嘛！因为在毛泽东思想伟大紅旗的指引下，在无产阶级文化大革命的旗幟下，在这个前提下，你們来爭論，来辩論，这是許可的。你們可以写大字報、小字報、写信，这是出版自由嘛！你們可以組織各种組織，如紅卫兵、敢死队、战斗小組等等。现在还有"八·八串联会"、"八·十一"串联会、(指8·11战斗小組)"八·九"的他們不叫"八·九"，叫斗爭黑帮串联会，不管怎么样的組織，代表在无产阶级文化大革命的前提下，不同意见的組合，这就是結社的自由。所以你們可开小会，也可开大会。你們在毛泽东思想的指引下，有合乎我們的社会主义宪法的自由权利，那么有人說这又是不团結吆？我看爭論一个时期沒有坏处，会团結得更好。年輕人更不要怕爭論，斗批改中就有爭論吆，有爭論，在原則上团結起来，这是最好的团結最有力的团結。所以这些爭論和討論由你們自己决定，在革命的大前提下由你們自己解决。这样就有同学提，对过去的事情是否还可以提呢？对工作組、筹委会的意见仍然还可以提，可以討論，可以批評。至于被打击的同学，工作組再三再四向你們道歉。我想，我也应该說一句，在北京做工作的同志，也包括我在內，也向你們道歉，而且如果你們还有意见，对北京市委、中央的意见，我一定代你們传达，你們的任何信件交給我，可以轉到。再說一遍，欢迎你們給我提意见，贴大字報。但这一切问题为了惩前毖后，治病救人，都是为了指导革命走向前进。你們目前的任务就是好好地把十六条学用结合得好，要把全清华的文化革命代表大会、全校各系的文化革命委员会、年级和班级的文革小組，由下而上的用巴黎公社式的、直接地、无記名投票地选举。这是你們两万名革命学生、革命的敎职员工的权力机关。因为你們鬧革命不能光有小的革命組織，一定要有全校性的革命机关，这就要依靠你們把它建立起来。至于选举方法如何办？那是你們自己討論，可以由筹委会提，或由下面上来提。一个系成立了，可以一个系先試点作样子，选出的代表，不好的随时可以撤换，这种办法很直接，这是最革命的精神，这是社会主义的民主。希望你們在这方面也得加紧进行。

你們把十六条学好了，用好了，把全校革命师生組織建立起来，就有力量搞无产阶级文化大革命、实行斗批改三大任务。

这里提一个问题。不少同志在八月一日至今天至少两次要求把蒋南翔揪回来斗他。他們这个要求很自然，因为他代表旧清华反党反社会主义的统治，你們不仅要推翻他，斗垮斗倒他，他是过去的统治头子。我們从八月四日到八月廿二日以来，一直劝你們等一等，今天这个会完了，我不能再劝你們等等。同志們，我提点意見：要斗，就要学好毛泽东思想，不打无准备之仗。十六条指出，我們要斗走資本主义道路的当权派，要用文斗，不用武斗。我相信你們絕大多数也是这样想的。因为你們有紅卫兵的組織，还有糾察队的同志，要維持革命的秩序。因为他确实有罪，群众很容易气憤起来，很容易拥上去，他再說一两句反抗的話，很容易动起手来，这容易理解。打一下子也沒有关系。但人多了，你打我打，万一失手，不把斗爭对象打沒了嗎？我們要把他灵魂深处的反动东西揭出来，像他这样的人，再也不能当权了，为了斗倒一个，警戒一百个。对象沒有了，就挖不出来了。所以毛主席說：对于敌对的人，敌对的思想，批判的时候，总是說不打无准备之仗，不但在战埸上，我們在文化革命中也要有准备。所以我贊成你們斗他，但要有准备，如何准备。这是你們的事，我只向你們建議。另外，过去走資本主义道路的当权派，不止他一个，他是头子，应該斗，通过斗爭教育大家，把大家觉悟提高，这样斗批改就能深入。清华的运动在今后才能搞得好。这样做，我看清华才能眞正新生，清华的革命学生、革命的教职员工才能眞正做毛主席的好学生、好战士，一切依靠你們！

另外今天风大雨大，毛主席教导我們，要在大风大雨中鍛炼嘛！但是时間太晚了，我們还要見面的，我今天結束这个讲話。我們大家起来請一位同学会指揮的上来（大会主席說：同学們！請周总理指揮大家一起唱"大海航行靠舵手"）

新清华的革命精神万岁！

无产阶级文化大革命万岁！

战无不胜的伟大的毛泽东思想万岁！

中国共产党万岁！

我們最伟大的領袖毛主席万岁！万万岁！

陶铸同志八月二十三日在
中国医科大学的讲话（摘抄）

　　第二、讲团结。运动现在搞好，但阻力还是很大。同志們、同学們好搞，有毛主席領导、十六条、人民日报社論。今天《人民日报》的社論是很好的社論。全国运动，特别是北京开展很好，卫生部門也会搞得好的。如果前一阶段搞得不好，再来麻！按毛主席的指示，按十六条精神，彻底地把无产阶级文化大革命搞起来。这是百年大計的問题，是保証我国能否巩固，能否順利前进，永远保証不变颜色，保証世界革命运动的胜利。世界革命要看中国，中国革命胜利了，那就世界上占百分之二十五的人口取得了共产主义的胜利，也就是四分之一革命胜利了，那对四分之三影响是巨大的。过去抗日战争时，抗日民主根据地也是四分之一，对全国影响多大！革命搞得好，搞得不好，不仅关系到我們已取得的成果能否巩固，能否前进，也关系到世界革命的問题，所以意义大极了。每个人都有权力来搞运动，有責任把运动搞好，責无旁貸。

　　刚才讲現在运动搞好有很好的条件，毛主席直接領导，十六条，《人民日报》很多好社論。但还有很多阻力，因为革命的牵涉面很广，深度也很深。首先要打倒走資本主义道路的当权派。你要斗倒他，他不让你斗，你想种种方法斗，他也想种种方法阻碍你斗。阻力不小。走資本主义道路的当权派还是有办法，有一定的力量来阻碍运动。因为，你要打倒他麻？今天社論讲了毛主席的語言：灰尘不扫照例不会自己跑掉。資产阶级的当权派你喊一声，贴一张大字报，他就难为了？不可能！你要和他斗争，坚决要把走資本主义当权派斗垮，必须要斗争，这是严重的阶级斗争，阻力不小。坚决执行毛主席的指示，坚决执行十六条，坚决团结革命人民，所有走資本主义的当权派再抵抗都沒用！革命人民最終会把他打倒的！（鼓掌）

　　特别值得滿意的是：現在有些当权派利用党的威信。共产党是有高度威信的。当权派一般是党委书記，利用人民对党的高度信仰，利用党的威信，特别是工农群众对党有高度信仰，他們往往蒙蔽事实員相，制造工农兵和革命师生內部的不和，想来维持他們的統治。要把走資本主义道路的当权派斗倒，一定要我們革命师生員工团结起来，坚决按毛主席指示，十六条，大家一致向当权派开火（鼓掌），不要被利用，把我們力量分散了。人大我也管了一下，人民大学二十日开了个辩论大会，从晚上八点一直到天亮五点，开了几个钟头。你們都去了嗎？你們都打瞌睡沒有？（沒有），我事先和革委会商量好了。你們有拥郭派有反郭派。我說不同意見为什么以郭为标准呢？为什么要說拥郭，反郭？我建議开个大会，到底争论焦点在什么地方展开辩论。人大拥郭派是多数，反郭派是少数，我說你們开一个大会。二个月来，拥来拥去把黑帮放在一边，逍遥自在，我說你們是不是可以先暂时停下，先休战，把黑帮斗一斗。搞个辩论会要有辩论的气氛，不管多数少数，两方面暢所欲言，不管多数少数，一对一，一边来一个，你讲一句，我讲一句，你駁我，我駁你。我对革委会讲，不要把貧下中农找来，貧下中农是好的，你們內部的问题，为什么要把他們找来，就誤生产。我就就誤了生产，第二天十一、二点钟起来。（因为太阳晒得太厉害，有人給陶鑄同志戴草帽，陶鑄同志把草帽脱了下来，說：“你不要把我看得太娇嫩了，我到农村搞四清步行二十华里是可以的”。）你們不要把貧下中农請来就誤生产嘛！貧下中农不知道“反教条主义”啦，什么东西搞错誤了，他就不知道。工作組我們都調走了，你还要貧下中农帮助你解决問題？辯論苏家坨四清，貧下中农有发言权，而講你們学校的問題，涉及到选择領导挑选領导，貧下中农就沒有帮助。如生产队选队长，去一千个学生投票怎么行？你沒有权利，你知道誰当队长？現在挑領导，让学生自己挑，自己辯論，最后看郭影秋是什么人，能不能領导人民大学。你們找他們来，就誤生产，又不能对你們有帮助，无助于帮助問題的解决。后来說派代表来，結果来了七百个，說是走路来的。我一問，全是汽車接的。什么走来的！本来拥郭影秋是多数，人家怕你們，还把貧下中农布置坐在前面，一讲郭不是左派就起哄，一讲是左派，就鼓掌。这不是正常的現象。我不贊成，所以我不鼓掌。后面一个籌委会的人批評我，說：“陶鑄，你大概是知识分子出身，对貧下中农感情不那么丰厚。”（笑）这帽子很大，其实他不知道，我不是知识分子出身，我是劳动人民出身。不要以为宣传部长就是知识分子，我这个宣传部长不是知识分子宣传部长，要是知识分子，我不够格当宣传部长呢！他就是要压我，要我表态，不要我讲郭不是革命左派，只讲不是黑帮可以，讲不是革命左派，就不让我讲。我对他讲：說我对貧下中农感情不丰厚，不一定，至少不比你少！（笑，鼓掌）为什么呢？因为你只搞了一次四清，我搞了三次四清。（笑）第二，我搞了三个省的土改，消灭了三个省的地主阶级。（鼓掌）你有批評的权力，我有不接受批評的权力。这个不好！后来我讲你們辯論要有辯論的气氛。第一，不要依靠多数来压少数，要靠真理，你已經是多数了，还要七百个貧下中农来助威干什么？！（鼓掌）我建議以后辯論，誰要贴大字报都有权利，准备怎么写，怎样贴大字报都可以，也可以讲郭是革命左派，也可以讲郭是黑帮，各有各的看法，各有各的权利。不要因为人家讲郭是左派就是保皇党，不要这样压人，讲是黑帮也不是反党，反市委，反中央，沒有这么回事！反郭影秋就是他一个人，与中央有什么关系？这是压制对方，不让提意见，是不正确的办法。讲他是革命左派要讲出事实来，讲道理，可以辯論，也可以讲自己的看法，自己的道理。第二，辯論要采取平等态度，要不少数的吃不消，因为他人少，你十个，他两个，辯論十个钟头你們十个人分成五个組，一人談两个钟头，可是他們就要談十个小时，怎么吃得消？要辯論，可以双方出题，双方同意，出多少人，双方当主席，一个上午你当，一个下午我当。（鼓掌）第三，革命靠自己，自力更生，內因为主，人大問題的解决，要靠人大的师生員工，不要去請貧下中农来。第四，籌委会不要搞清一色，（鼓掌）为什么呢？多数人占优势，少数人也要派代表。十四个拥郭，七个反郭，你們已經占优势了，有一个主任，两个副主任，其中有一个副主任是拥郭的，还有一个副主任是反郭的，也被罢免了。你搞得太厉害了，七个人选一个副主任还不行？你十四个人，两个副主任，一个主任，人家七个人搞一个副主任还不可以！籌委会有傾向性的，不可能沒有斗争，应该吸收不同的意见的参加。我讲郭不是黑帮，貧下中农和拥郭派鼓掌，讲現有材料不是革命左派，反郭派鼓掌厉害，拥郭派和貧下中农一个也不鼓掌。你說我对貧下中农感情不丰厚，我讲貧下中农对无产阶级感情沒有？我代表共产党！（鼓掌）你們是医学科学院、医大、协和医院，你們三个单位分不开，不存在人大的問題，你們要文斗，君子动口不动手嘛！（鼓掌）罵人也不好，我是讲不要同学里、包括工人里面、医务人員里呵！要首

361

先集中力量搞当权派。(鼓掌) 为什么把斗放在前面？毛主席讲斗、批、改，主席不是随便讲的，不把斗放在前面，不把领导权抓到手，批也沒法批，批誰呀？誰敢批呀？批也批不动，走資本主义道路的当权派阻碍我們批。改怎么改呀？不是老爷們当权，为什么这么多年改不动？因为改就要触犯他們的利益，他們就反对改。斗，就是斗当权派，所以斗是前提。文化革命不把文化革命的领导权拿到革命派手里来，不能批，也不能改，革命运动也不能搞好，这相当普遍。現在我們集中力量斗当权派，不够，力量分散。有不同意見可以，看法不一致可以通过辩論解决，摆事实，讲道理，很好解决，不要你压我，我压你。根据人大的情况，你們不一样，但有相似之点，集中力量斗当权派不够，当然現在还沒有一致。顧瑞华同学在这里嗎？你說反对怀疑一切，現在看来是错的，这个责任我負了沒什么，你向同学讲，你错了，你們再辩論一下，以后就团结起来。可以怀疑，包括陶鑄濫言一派，濫言就是一派胡言，胡說八道。不怀疑，什么就肯定，贴了标签，鍍了金，很不好。如还有不一致，在这个問題上可以合作起来，如仅仅是一个問題，好解决，别的問題我不知道，大家一致，团结起来，斗当权派。

∴∴∴∴∴∴∴∴∴∴∴∴∴∴∴∴∴∴∴∴

（会議末尾，陶鑄同志解答同志們提出的問題）

∴∴∴∴∴∴∴∴∴∴∴∴∴∴∴∴∴∴∴∴

七、白希清問題，白希清是党委书記，現在有反对白希清的，有保护白希清的，我看不管保护，反对都拿出来揭嘛！不可能沒有错誤，是不是？白希清我認识得很早，比你們早（指錢忠信），一九四五年日本投降后，我在东北任辽宁省委书記，他是沈阳市长。他的历史我不讲了，不管是誰，人家有意見，要揭，要批判，你觉得白希清哪儿好，也可以贴大字报嘛！不要象人大那样搞拥郭，反郭，你們搞拥白，反白。我們就是一个派，就是反对走資本主义道路的当权派。就是一个派，沒有第二派，大家都作革命派。我們只有两个派，就是一个革命派，一个走資本主义道路的当权派。

我第一次讲話，(6.25) 我保卫生部保错了，不要保了，革命的不保也是革命的，不革命的保也保不住。(鼓掌) 当然，尽管如此，有些事实，你們揭得不对，我們出来讲也可以，不要有保和反之分。根据事实各人看法可以讲，你讲是黑帮，我讲不是黑帮，都可以贴大字报，你贴你的，我贴我的，事实胜于雄辩，不管誰都要拿到群众中来，来揭发，来批判，你可以这样讲，我可以那样讲，有意見完全应該。我們有不同的看法完全可以贴大字报，这样不至于发生拥和反的对立。我們都是一个派，革命派，反对走資本主义道路当权派。你看缺点多，我看好处多，可以贴大字报，首先不要封住群众的口。人大那天晚上我就很不满意。人家讲左派也可以，人家不讲左派也可以，为什么人家一讲就起哄？包括我在內，說我貧下中农感情不丰厚。我不怕你压，我相信我的貧下中农感情至少比你丰厚一点。(鼓掌)

今天的社論《工农兵要支持革命学生》这是一篇很好的社論，你們要好好学习，要按毛泽东思想，按《人民日报》社論，《人民日报》社論是根据毛泽东思想来的，根据十六条的精神写的嘛！

今天我讲到这里（热烈鼓掌）

最后喊口号：毛主席万岁！

陶鑄同志八月二十三日
下午在医大的讲话

同志們：

现在我講一个問題。我刚来北京一个星期就当了保皇党，"卫生部至今还不是黑帮"，这句話講错了。黑帮是保不住的，反革命究竟是反革命，现在我收回前面那句話。給同学們打了保票，一打就不好。不是黑帮揭不出黑帮，是黑帮，講不是也是黑帮。卫生部可以充分地揭，你們不要着急。人們有高度的觉悟，能辨别誰是革命，誰不是革命，由人民来考驗。卫生系統的文化大革命开展得很不好，我也有責任。现在撒手让你們揭，不管是誰，大家尽力揭。顧瑞华的講話回信起了不好的作用。在文化大革命中怀疑一切是对的，但对毛主席不能怀疑。毛主席高度集中了人民的智慧，沒有一个比他更能发挥人民的精力。中国共产党领导的中国革命不能怀疑；我們向共产主义前进，走社会主义道路不能怀疑。此外，一切都可以怀疑。领导好的怀疑一下就行了，领导不好的就怀疑下去，把他打倒。有的领导你不信賴就可以去揭，每个人有权力怀疑观察你們领导。經过每人审查，领导好的，能领导好的，走社会主义的，就拥护，不要打倒。领导不能信賴的就可以怀疑，如果不对就放弃怀疑。中学生批評我們是老革命遇到了新問題，不是"敢"字当头，有很多顧慮，相信群众、依靠群众观点不强。

什么是老革命，我这样談不上老革命。毛主席、董老才是眞正的老革命。在社会主义就要消灭一切剝削阶级意识形态，你們是毛泽东时代的，我們是从旧社会来的，是高级干部，住洋房，坐汽車，现在要打掉整个旧世界，与自己有牽連，自己思想准备不够。老革命就是从前革命，新問題就是要过社会主义这一关。这次文化大革命是很大的考驗，經过考驗可能有部分人不能过关，大部分人能过关是革命的。沒有你还不能革命嗎？沒有张屠夫也能吃上沒有毛的猪肉，沒有张屠夫有李屠夫、王屠夫。当前我們要努力跟上。前一段沒有跟上，派工作組我也贊成。我在北大講过一次話，运动是轰轰烈烈的，"运动"是又"运"又"动"，现在校內外都可以串联，这就有进步，就抱着欢迎的态度。我这次比上次有点进步，你們就要欢迎。

毛主席的教导、十六条、《人民日报》社論，使全国运动开展得很好，前一阶段搞得不好。毛主席指导，十六条精神要学好，这是关系到中国革命和世界革命的胜利，我們有責任把这次运动搞好。这次面广，深度也深，阻力很大，走资本主义道路当权派用各种阻力来阻碍你，这是严重的斗争，我們要坚决执行毛主席的指示，貫彻十六条，团结革命人民就能把他們打倒。现在有些当权派有党的威信，利用我們对党的高度信任，尤其是利用工人农民来抵抗，来維持他們的統治。革命的师生员工团结起来，按十六条向资本主义的当权派开火，不要把精力分散了。人大从晚上八点到早上五点开了万人大会，对郭影秋拥护派是多数，反对派是少数，他們对郭影秋反来复去地辯論，把黑帮放在一边，他們把貧下中农叫来，耽誤了生产。貧下中农不知道你們学校的事情，貧下中农怎么帮助你們呢？就像他們选队长，你們不能帮助一样。不要靠多数压制少数，要依靠眞理。說郭影秋是左派，你是保皇派；說郭影秋是黑帮的，你是反党，不要相互压制，摆事实，講道理。双方提出辯論，双方輪流当主席。

革命是靠广大的革命的师生員工的。籌委会不能清一色，同学中，医、护中，要搞走資本主义道路的当权派，不把革命权力拿到手，就不能搞好革命运动，不把革命权力拿到手，怎么能批、能改呢？斗倒走資本主义道路的当权派不能分散精力，內部問題看法不一致，可以通过辯論，不要互相压，集中力量斗倒走資本主义道路的当权派。

放手不够，要大放特放，可以公开，也可以秘密串联。怎么把无产阶级文化大革命搞好，大家可以充分发表意見，大字报可以贴在街上。革命的大字报看的人越多越好，你怕什么？哪个資本主义国家有我們这样民主？不管你資格多老，权威多大，只要你不革命，就可以贴。你們还可以到街上来革命。只要是革命行动，每个人只有支持你們的权利。彻底消灭阶级，建立战斗的新社会，把旧社会打个落花流水，建立新的感情、新的思想、新风俗、新习慣。我国就是怪，广大人民需要就贊成，不需要就打倒。别的国家也怪，广大人民需要的，就打倒；不需要的，反而贊成。誰也不能阻止这个洪流，旧东西就要洗刷掉。运动不是搞过火了，而是还很不够。絕大多数人欢欣鼓午，少数人不滿意，我們要的是多数人的拥护，而不是少数人的拥护。每个革命代表絕大多数人的利益，只要他革命，就会习慣的。花崗岩脑袋就是不革命，也不滿意，我們就来个少数人的彻底不滿意，多数人的滿意，这是革命的路綫和方針。

医五甲王潭英、王文霞記录

陈伯达同志八月二十四日
在北大的談话（摘要）

前言：八月廿四日清晨，伯达同志因一张大字报到了北大，与北大、清华及湖南、张家口等地的大专院校、中学部分同学进行了一小时的談話，对同学提出的問題做了解答，現整理如下：

一、关于昨晚（二十三日）北大轉抄主席的大字报問題。伯达同志为此事，連夜赶到北大，他反复强調說："毛主席的文章关系重大，要么在人民日报登出，要么在广播电台广播。该大字报沒有在人民日报刊出、又沒有广播、又沒有主席同意，就张贴出去了，这很不好。現在在文化大革命时，同学們要多动脑筋想一想啊！"

二、关于革命串联問題。

北大同学問：很多人去外地串联，我班廿七人还剩下七人了，怎么办？

伯达同志答：同学們討論商量，把理由提出来，討論一下，为什么要去，为什么不要去？

有人問：人民日报社論上說最好不去串联，而陶鑄同志說欢迎串联，这怎么看？

伯达同志答：你們辯論，我觉得交流經驗，交流是必要的，交流办法各种各样，由你們討論，可以派大批人去，可以派代表去……。

三、关于紅卫兵問題。

問：紅卫兵应該以紅五类为主呢？还是只允許紅五类參加？

伯达同志答：你們討論，我不包办代替，經过你們的头脑好好想一想。

問：有人要紅卫兵代替共青团。

伯达同志答：你們动脑筋想一想。

問：地质学院紅卫兵打人。

伯达同志答：这可能沒有經过充分酝酿討論。前天我去王府井，看到了紅卫兵，很好。党是信任和相信群众的。

四、关于郭沫若問題。

伯达同志說：有人說郭沫若欠的債太多了，什么債？是否看了他的文章就受影响呢？我曾經看过他的书，一个人功多？过多？成績多还是缺点多？

五、关于党团組織。

問：党团組織有些烂了，怎么办？

答：所有党团組織在文化大革命中都要經受考驗，那些烂了的党团組織，要按照党章办事，可以换。

問：党委有問題。

答：党代表大会上討論，你們可以提意見。

六、关于給刘少奇同志貼大字报問題。

伯达同志以个人身份建議：最好不貼大字报，貼了他也看不見。最好写信給他，你給他貼大字报，他也不能看，一去看就会受围攻。我也欢迎你們給我提出批評。

七、关于发动群众問題。

伯达同志說：大家要用毛泽东思想討論問題，不要什么問題都要現成答案，你們去照办，这样你們就沒有主动性，必須大家討論，各种意见，大家都听听。

八、关于文斗武斗問題。

伯达同志說：我們主张动口不动手，要动口必須动脑。这个人很坏，我打他两下，不解决問題。这是不发动不討論的结果。

九、关于一斗二批三改的問題。

伯达同志說：全面的改，要稍后一些，但不要斗中沒有改，这里（指北大）不是改的很多了嗎？不是批了嗎？只不过是沒有大批。

十、关于外地发生反革命事件問題。

同学說：湖南严重。

伯达同志說：这是由于我的調查不够，今后中央准备組織到外地去調查。

原記录：北大土建系磊石

王任重同志八月二十五日下午在
中宣部接見中南地区部份革命同学时的讲话

同学們，从中南来的同学們：

我对到北京的行动非常高兴，非常欢迎。这里是我們的首都，党中央、毛主席所住的地方，是文化大革命的策源地。最近在党中央毛主席的主持下召开了八届十一中全会，通过了关于无产阶级文化大革命的决定，发表了十一中全会公报，你們在报上看到了。在党中央毛主席的领导下，北京文化大革命搞得轰轰烈烈，特别是革命的小将們打先鋒，做闯将，横扫一切牛鬼蛇神，特别值得我們学习。

外地有人說，中南文化革命冷冷清清，沒有北京轰轰烈烈。希望大家学习北京的好經驗，带回去。刚才北师大同学要去中南搧风点火，搞革命串联，我非常欢迎。文化革命需要串联，这样才能真正把文化革命搞好、搞彻底。

同学們对我提出批評，說中南区来的同学……（沒听清），中南来的同学，有的我知道，有的我不知道。我在参加会議。作为中央文革小组的一个成員，我要服从分配，要我做啥，我就做啥。我們领导小组分配我搞什么，就搞什么。你們来了，只要有时间我就去找你們。广东来的同学，昨天我就派人我你們談了嘛！我让广东同学打过电話，打过电报，让他們按十六条、按毛主席的指示办事。符合十六条就是正确的，违反十六条就是错誤的。哪一个不按十六条办事，就是违反毛主席的伟大指示，就坚决反对。刚才平化同志講得很好，为什么不准人家怀疑省委？为什么不准人家怀疑市委？不做亏心事，不怕鬼敲門。如果你是革命的，就和广大革命师生站在一起干革命，如果你不革命，站在群众对面，压制群众运动，就应该打倒。下面陶鑄同志还要講。湖南問題昨天中南局討論过了，我給省委第一书記王延春同志写过一封信，对于負責殴打同学的負責人要严办！对站在楼上看同学被殴打，不出来制止的一律撤职！有一个条子說到外地串联的問題，一会儿陶鑄同志会講。北师大同学要串联，我欢迎。别的学校一样欢迎。有些条子刚交給我，我沒有看，不答复了。这些条子該报中央的报中央，該中南局处理的中南局处理，我不会官僚主义处理的。如果我不理你們，你們就出我的大字报，罵我官僚主义。

陶铸同志八月二十五日下午在中宣部接見
中南地区部分革命同学时的谈话记录

　　中南地区的同志来中央开会，我們强調要他們回去彻底放手发动群众，把无产阶級文化大革命搞好。但是现在看来，他們回去还是不敢放手，搞得冷冷清清，甚至鎮压群众的革命行动，这是反革命的行为。应該說，鎮压革命就是反革命！

　　湖南省委搞农村"四清"还坚决，但搞文化大革命就不坚决了。为什么？这就是因为文化大革命是一次触及每个人的灵魂的大革命。革别人的命还可以，革自己的命，就不坚决了。是眞革命、假革命、三分之一的革命、三分之二的革命，这次文化大革命最能考驗人！中南地区"三反""五反"，土地革命都坚决，这次就不太坚决！

　　有同学問，可不可以反对省委、市委？

　　省委是可以反对的，中南局是可以反对的，只要是不革命，是可以炮轰的。炮裏司令部嘛！我、他（指王任重同志）都可以反对，只要是不革命；毛主席、林彪同志除外。林彪同志是最高举毛泽东思想伟大紅旗的，我們要坚决拥护他。

　　当前这个文化大革命的潮流是不可阻挡的。阻止，那势必你会被毁灭。现在有些单位，有些人不懂得这个道理，"怕"，怕有什么用？怕就不革命。你是革命的，尽管贴了很多說你是黑帮的大字报，也不会把你弄成黑帮；你是黑帮，不贴大字报，也是黑帮。这是給他們（指中南地区領导——記者注）說了的，他們是懂得的。现在他們还是不干，怎么办？就靠你們去干。你們要求我們接见，我們现在向你們求援，你們干，就是帮我們打电话（陶鑄等同志常与中南地区領导通电话、电报，敦促革命）。

　　我們中国是帮助世界革命，你們（指北京同学）帮助一个省还不行嗎？！你們到中南去串联，中南局的同志欢迎你們。你們通过組織有組織地去。我們希望你們北京的同学把北京的革命精神带到中南去煽风点火！这就是帮我們打电话。靠你們（指中南革命师生——記者注）对准中南局，对准省委，对准县委开炮！炮轰司令部！他不革命就开炮，就罢官！

　　第二、阻力还是重重的，革命不是那么简单。我們要革人家的命，要把旧世界打得落花流水。什么叫落花流水？过去我不懂得，现在我懂得了，大街上的牌子不是一块一块地掉下来了嗎？白色的、黄色的、灰色的，都往下掉。当然紅色的要保存下来，你們都是紅色的。尽管如此，也不会是一帆风顺的啊！不然，那怎么能叫尖銳的阶級斗爭呢？怎么能叫做你死我活的阶級斗·爭呢？……你們会碰到各种各样的阻力，这是一塲尖銳的阶級斗爭，是革命！不可能那样顺利，你要革命，他不让你革命，你要打倒，他不让你打倒。尤其你們到北京来的同学，是很辛苦的，遇到重重阻拦，吃的也不好。但是这个斗爭还算艰苦啊？！白色恐怖时期，干革命，随时都要流血，我們算是老革命喽，算是老革命遇到新問题喽。民主革命，我們算是跟着毛主席七扯八拉地过来了。社会主义革命还沒有过啊，你們比我們要容易过啊，你們的负担輕。这塲文化大革命，要把一切剥削制度都打倒，……这要靠你們来完成，我們

不行了喽！

……这个革命是一个伟大的历史使命，不完成这个历史的使命，变了色，中国革命就要倒退几百年。

……毛主席不是要我們到大风大浪中鍛炼嗎？就是到尖銳复杂的阶级斗争中去鍛炼。革命就是要勇敢嘛！就是杀头也不怕嘛！不管哪一个省委，哪一个領导，不革命就把他摧毁。

第三、关于党的領导。現在有一种錯誤的口号：反对党委就是反党。党委是否可以反对？什么是党的領导？是不是总支、党委就是党的領导。那一级党委都可以反对，只要不革命。只有党中央、毛主席，还有林彪同志是高举毛泽东思想紅旗的。我們要跟着走。什么湖南省委、县委、党委，不革命的，都可以反对；不革命就打倒，就开炮！党的領导就是毛主席的領导，毛泽东思想的領导，党的政策的領导。"紅卫兵"执行毛泽东思想，"紅卫兵"就是党的領导嘛。誰个执行毛泽东思想，誰个执行党的政策，誰个就是党的領导；你不是党員也是党的領导，你是党員，你不执行党的政策也不是党的領导，你挂羊头卖狗肉。我們是毛主席的党，你是修正主义的党，就打倒！

第四、文化革命委員会，文化革命領导小組是文化革命的領导机关。他不对可以反对嘛！你們可以串联嘛，串联革命群众再組組革命委員会嘛！

党委不好的，你們就罢他們的官，一般的放在一边，可以搞搞配合，搞搞行政嘛！团结95％的群众是斗爭的结果，不是斗爭的开始。一开始就知道誰是革命的啊！保皇派是很頑固的。

原来的文化革命委員会不好，可以推翻再来一个嘛，原来是"二月革命"，再来一个"十月革命"嘛！××学校（校名記不下来）原来十九个文革委員，十四个罢了官，不好的也罢他的官嘛！

革命的組織要很好地建立起来，权力交給文化革命委員会（王任重同志插話：以班级成立文化革命小組，年级、系成立文化革命組織）党委是左派也可以选进来嘛。一般的也可以交給它工作做，让它搞伙食工作，搞清洁卫生工作。

第五、"紅卫兵"問题。"紅卫兵"是一个坚定的組織，看来有全国組織的趋势。

（长沙的同学提出，长沙市委利用工农組織的"紅卫兵"围攻、殴打革命同学，对这些"紅卫兵"应該怎样看？）工农兵大多数是好的，他們不明眞象，受了蒙蔽。他們听說你們要"造反"，不知你們造修正主义的反，以为你們要造共产党的反，那怎么行啊！你們是先鋒，那你們就去跟工农兵相结合，好好地对他們进行工作。

看来"紅卫兵"有普及全国之势。主要在学校、工厂、机关里"紅卫兵"，起了伟大的作用。他們（指长沙被人利用的"紅卫兵"）不明眞象，被人利用，你們给人家講清楚了就让人家革命嘛！事实上在北京也不是一个"紅卫兵"嘛！……那就进行革命竞赛嘛！革命实践是最好的检驗。誰站在运动前綫，一比就知道嘛。他們偷偷摸摸組織起来，也可以嘛！他們是革命的就好，不革命的一比就清楚了嘛。

什么叫"紅卫兵"？我們应該講这个阶级成分，講阶级观点，一切阶级成分、阶级观点要用阶级分析。一切出身好的，表現就要好一点嘛。但不是唯一，反对唯一。第二看政治表現，出身不好，表現好，我們也要把他們吸收进来。因此第一看成分，第二不要唯成分論，第三看到政治表現，这就是毛主席的阶级路綫。过去黑帮只講重在表現……这是我們对"紅卫兵"的看法，不是"紅卫兵"的条件。一个学校究竟多少人可以参加"紅卫兵"，各学校具体去分析，30%、40%、50%我看就差不多了。参加"紅卫兵"主要是青年，中学是少年嘛，中、壮年也可以参加喽。"紅卫兵"一定要在革命中最坚决的、最模范的、最能按主席思想，按十六条办事。"紅卫兵"在文革下面工作。文革不好，你們可以打倒。

团組織慢点，好的可以开个会，过过組織生活。现在不解散，也不組織起来工作，等一等，放着看看。

各个大区，中央小組在安排，以大区为单位，个别接見，我是顧問嘛。

那天我說过，山东、湖南、四川到北京都很困难的，沒有一个不是困难的。北京是无产阶级的首都，是世界革命的策源地。革命的，外地同学都可以来北京，外地同学說来北京，沒有車費，开个証明就可以免費……你們这次回去可以免費。

现在全国的运动很多地方出……（未記上）我們要改变这个局面。你們可以有計划、有組織的来；如果压得厉害，三个五个的也可以来。来北京已十三万喽，恐怕现在又有十万喽。北京的大学有困难嘛。你們这些大支援，这对革命很大貢献啊！你們尽可能有組織地来，个别的例外。不让你們来的，可以三三五五的来。吃飯有問題，我們也帮助你們解决，有飯大家吃嘛！北京的同学出去当然也可以，最好还是有組織、有計划地去。有少数同学热情很高，他們就是要去，那就让他們去嘛。总之，搞革命靠自己。有人說出去是游山玩水，这样也有，也可以嘛！……但絕大多数是来干革命的。但也有的学校，"紅卫兵"都出来了，出来了三分之一，学校搞得冷冷清清；这就要靠革命师生自己来搞，尽量要做到有組織、有計划分期分批地去，不要影响本单位的革命，但影响一点也沒有什么嘛，去点全国革命之火嘛。当然我不是要大家都出去啊！我是說要分期分批地出去嘛。如果有少数学校，他走了影响学校也沒什么。回来再搞嘛！他到外面去搞一下，回来再革命也有好处。革命现在不是一个单位、一个部門的問題，是要向整个旧世界宣战。总之你們要有組織地来，也可以三三五五地来。

（张平化同志講完后陶鑄同志又接着講）

贴大字报可不可以贴在街上，我看，你們觉得有必要，可以，但主要是贴在学校里。如果大字报很好，对群众的教育很大，我看可以贴在街上。当然，我不是說就贴在街上，主要贴在学校里，如果你們觉得还不过瘾，只要对革命有利，就可以。服从最高革命利益。广州也可以贴，帝国主义要看，就让它看嘛。我們要革命嘛。我們大字报就象征我們革命，革命到底嘛。我看可以，只要不是国家机密，如果美国愿意，我們可以送点到华盛頓去嘛！同学們要求到机关看大字报，我看一般的也可以看。档案就不行嗖，但你們也要講道理嘛！

现在关于乱抄乱传毛主席的话。大家最热爱毛主席，毛主席的話是最高指示，一定坚决执行。毛主席指示通过新华社、《人民日报》、《紅旗》发表，在党报党刊上发表，不要乱抄乱传。有些是假的是造謠。希望同学們注意这个問題。我們都是中央工作人员，供你們作参考，我們的講話，水平很低，你們还是按毛主席的最高指示，按十六条办事。

师大革命造反系（原历史系）五年级陈长生、张祥辉整理

陶铸同志就当前革命串联問題给北京大学聶元梓和文化革命委员会的一封信

元梓同志并北大文化革命委員会同志們：

今天任重同志告訴我，說你和同志們希望了解我对中南地区来北京同学关于北京同学对**外支援**的談話內容，現特給你和同志們写这封信。

前天下午，我和王任重、张平化同志，在中央宣传部大院里接见了中南局各省来京的学生。我在講話中談到革命串联問題，当时参加接见的，除中南各省的来京的学生外，有許多其它省区和北京部分院校的学生也聞訊前来参加，所以講話的內容，一下子传得很广。現在据反映，在不少学校流传的这些講話，內容不全面，有的与原話出入很大。我前天主要是針对中南地区的文化革命未搞起来而講的。我說，关于外地学生来京和北京学生外出进行革命串联，要把在自己学校的文化革命搞好的基础上去使用力量，这与人民日报社論的精神是完全一致的。不过由于中南不少地区对学生来京阻拦限制得很厉害，所以我的講話重点放在打破封鎖，支持大家搞革命串联上面。我对中南各省来京的同学說，你們来取革命之經，应該欢迎，应該支持。有的地方阻拦你們，压制你們，是錯誤的。但你来最好分批分期，有組織来，据同学們說，你們学校許多现在还没有文化革命委員会的組織，紅卫兵的組織也沒有，要有組織地来很困难，学校党委根本不让有組織地来。那么你們也可以三三五五。持自己的証件来。这也不算犯法，是革命行为。我說北京的同学到中南地区去煽革命之风点革命之火，我們欢迎。任重同志现是中南局第一书記，他刚才講話已表示欢迎。北京是无产阶级革命的首都，是毛主席所在地，是这次文化革命首先搞起来的地方。所以我說北京同学应該支持全国各地革命师生的斗争。但是你們更要有組織、有計划派人出去。派人出去，当然以搞好本单位的运动为前提，这样支援才更有力量，才更能起示范作用。正如我們首先要搞好中国革命，才能更好地支援世界革命一样。当然如果有同学要去外地点革命之火，自己就走了，这当然不好，但也不要想不开。如果这样出去的同学多了，使运动受到影响，只要外地的革命之火点了起来，对本校运动虽有所失，对全国来講也有所得，这还是值得的。尽管如此，我还是希望北京的同学們有組織、分期分批地、有目的地去外地支援，…不要一轰而去，影响本身的运动。

……。

此　致

敬　礼

陶　鑄

八月二十七日

周总理八月二十七日
在首都红卫兵代表会議上的讲话

　　紅卫兵同志們，我們非常欢迎紅卫兵的代表。我們来就是帮助你們建立联絡站，你們沒有个地方到一起。党中央关心你們，林彪同志关心你們，毛主席关心你們。你們到一起碰头不容易，我們找你們串联也不容易。昨天我們有的紅卫兵被坏蛋刺伤了，我們心里很难过，想怎么帮助你們。所以想在劳动人民文化宮建立联絡站。你們紅卫兵有权利使用这个宮。全市几十所大学、几百所中学，假如一天每个学校来两三个代表，一天就得几千人，一个大殿不够就两个、两个不够就三个。

　　这是个联絡机关，不是領导机关，但要有个过渡組織，一下子把几十个单位联在一起不太可能，不要急。学校中有几个紅卫兵組織，你們有建立自己的組織的自由。你們要互相见面，互相联系、互相帮助，可以互相比賽嘛，你們应在斗爭中考驗嘛，看誰革命搞得欢，群众会給你們鉴定的。但联系不太容易，我們有責任帮助你們。不光成立总站，还要成立分站，給你們革命的方便，給你架专門的电話綫，准备交通工具、吃、住，我們是无产阶级专政的国家嘛！宪法规定有集会、結社的自由，我們决不能限制你們。

　　我們怎么帮助你們呢？党中央、国务院可以在这里設立办公室，反映你們的意见。有的学校提出取消定息，这个意见很好，但是总得通过人民代表大会討論呀！十五中同学要求警察换上解放军的服装，这个事好办，我跟謝富治副总理商量，九月一日就改。但有的事就得跟你們商量，你們紅卫兵把西长安街，有的紅卫兵叫东方紅大街，这总得商量。我們相信你們，尊重你們嘛！但有些事牵涉到国家制度、就不能一下子改，你們要相信党中央、毛主席，有的事不能你們下道命令就执行，那毛主席也得执行你們的命令了。

　　紅卫兵，中学也好，大学也好，就是解放军的后备军嘛！你們提了很多建议，我都看了，一定把意見轉送給中央、毛主席。你們不是說服从解放军指挥嗎？就得听話嘛！我是搞政治工作，不是兵了，但你們叫我当老紅卫兵，就有发言权了，还得听我的。我当然退伍了，一旦打起仗来，我还要穿军装，毛主席是最高統帅，他要我到那去，我就到那去。

　　总的說来，我跟你們談三件事，第一件，支持你們；第二件，保护你們，爱护你們；第三件，遇事同你們商量、宣传、解释。

　　我今天就提这点建议，你們商量討論。你們的意见书、呼吁书，命令书……，这么厚一沓子，我們都分了类，送給中央文化革命小組，送給党中央、毛主席。我們的工作很好发动、小弟弟，小妹妹，自行车沒灯过不去，人民警察十几年来解决不了的問題，你們三天解决了。

　　今天只是个开头，以后见面的机会还多呢！你們不是說要把"八一八"作为紀念日嗎？我对于这件事，我举双手贊成。

　　再說一遍，我不是限制你們，是帮助你們。

　　今天就不多說了。

　　北京、全国的紅卫兵万岁！

陈毅副总理八月三十日讲话

一）关于紅卫兵扫四旧問題。

苏联大使馆的人，外出要带語录、带毛选，苏联开来的火車也要求人家带語录带毛选，去給人发語录，这样很不好，不能强迫别人接受。外国人說我們搞个人迷信，毛泽东思想絕对化。我們要慢慢来，搞他二十年三十年就行了，毛泽东思想要传遍全世界，但不要强迫人家接受。将来，毛泽东思想一定要在全世界普遍起来的。

二）文斗、武斗。

中央肯定，要文斗，不准打人、駡人，不准挂牌子、戴高帽子，我們相信眞理在我們这一边。我們有力量，为什么要压他們呢？用武斗压人家是軟弱的表现。北京目前打人的风气很浓，不能提倡，反正这些人跑不了，跑到月球上，也把他們从月球上揪回来。过去，我也搞过不少这种事，我也打过人，給地主、土豪戴高帽子。毛主席說这样不好，农民这样，我們不能这样做。今天的天下是我們的天下，我們只要掌握了毛泽东思想，就能把他斗倒，用不着武斗。北京取得成績很大，經驗丰富，把經驗传出去。打人不能解决問題，只能使人更反感，这只能表明你沒有力量、沒有办法。最近参加越南国庆招待会，接見越南副总理了，談判很成功，他們表示要坚决打到底，战争结束以后也要搞文化大革命。这是一場很大的风暴，多扫了一些也不怕，不过要在运动中糾正。

三）紅卫兵和发动群众問題。

有些东西是封建的东西，好駡人狗崽子，戴高帽子，沒什么了不起，你們可以給我戴高帽子，我成天戴帽子，高帽子无非是高了一些罢了。为了坚持眞理，头可断，血可流。你們只想打胜仗，一定能打胜仗，但也就沒有想一想打了敗仗怎么办？有人說我是大鬼，但我还要到群众中去，任何时候，我都要講政策，无非是給我戴高帽子，把我劳改、打死，但我还要講政策。毛主席就是敢講、敢发表自己的看法，不怕打入冷宫。有人說陈独秀路綫是对的，毛主席就說是错的；有人說张国燾路綫是正确的，毛主席就說是错誤的。打人并不可怕，革命嘛，是暴动，看到打人不要惊慌失措，見了不要馬上鎭压，挫伤群众积极性。例如，列宁在十月革命时，当群众起来要把莫斯科城外的一个敎堂（內有許多文物）烧掉，为了不挫伤群众的积极性，列宁还是批准了。我年青时也有偏激，烧过两座城市，有的人連家都沒来得及搬，这样做是错誤的，为了这个問題，毛主席还批評过我。北京有些地方打死了人，不要惊慌失措，沒有什么可怕的，但是对这些偏差要及时糾正。运动越是搞的深入，越是要講政策，不要怕群众。有人怕整到自己的头上，写大字报，調子唱得特别高，这是一种不正确的心理，这是一种投机的表现。

四）关于抄家問題。

抄家沒收，一定要經过手續。有的紅卫兵去抄人家的家，有的紅卫兵不让抄他們的家，他就赶回来保他的家。抄家一定要有一定的手續。有的紅卫兵三三两两地去是不好，容易被坏人鈷空子，损害国家财产。如果有人带着紅袖章，随便跑到人家家里去抄怎么办？抄家一定要与派出所取得联系，取得他們支持。

五）黑五类問題。

紅卫兵要把他們送回去，这是好的，但要和派出所联系，不要把人家置于死地。有的把黑五类往家送，送到半路就把人家打死了；有的抓住就往派出所送，派出所很快就满了。有人說我替黑五类辩护，我不是这个意思，弄不好他們还要搞反革命暴动，因为他們没有出路了嘛！这是一塲你死我活的阶级斗争，不是那么简单。你們抄家我很担心，你們又没有什么武器，他要拿刀砍了你怎么办？我要抄的话，先派个侦察，把情况搞清楚，带着警卫我才去。有人說，我的生命怎么那么值錢？我的生命就是比黑帮都值錢，我們不能随便去抄人家的家，不能搞成台湾。

六）排外問題。

无論如何不能排外，不能搞成我們是全世界第一。我們的外交政策还没有变，还是全世界联合起来，建立反帝統一战綫。巴基斯坦……来了，毛主席还是接见他了。有的紅卫兵談西哈努克是国王，要求我們要搞阶级路綫，我們还要跟西哈努克搞統一战綫。有人提出要砸碎洋貨，摆出国貨，这是对的，但是用洋貨也没有罪，我的这个表是瑞士的，紅卫兵要砸也可以，我同意，但是，你得給我一块表，要不然我就没表使了。有些人专門爱洋貨，对这种人，你整整他我也不反对。现在，我們的东西在国际市塲上很多，这也是洋貨（在外国人眼中），再过几十年中国一定在世界上取得发言权，人民币一定会代替美元。

对中日联欢的問題。

有人講，他們来的都是資产阶级少爷、小姐，不要他們来，要貫彻阶级路綫。这种想法太幼稚可笑、天眞。叫他們来嘛！参观我們的建设，过去他們来看长城故宫，今后要改变这种作法。有的紅卫兵跟中央首长談判，中日联欢是毛主席支持的，你們說对不对？（小紅卫兵說：不敢反对）最后談判，还是把他們說服了，还要搞中日联欢，通过这些說明群众是講道理的，不要怕群众。

七）运动規模很大、很深入，每个人都睡不着觉，反正我睡不舒服。你們每天去抄家、造反，也睡不舒服。群众运动打死几个地主有什么了不起的。当然有的风一吹，带来了一些不好的东西，但是运动是健康的。这塲文化革命震动了全中国，震动了全世界，但是也是出了一些偏差，要及时糾正。运动还要加强。

紅卫兵的組織統一問題，要用主席思想来慢慢解决。帝国主义打来时，你們还要团结在一起的。……有人总想找中央領导人，他們工作很忙，每天只睡几小时，不要有点小分歧，就老找中央領导同志接见。

关于串連問題。

现在，到北京来串連的根据統計已有五十万人了。人很多。我是搞外交的，也不得不搞内交了。搞内交比搞外交难……。

八）关于工作組問題。

毛主席說工作队要保护，不能說工作队都是坏的，坏的是少数，大多数是好的。工作队检查一次两次就行了，通不过也不要再回去了。对工作队要一分为二，不要抓住不放。外語学院說工作队是老魚霸、革委会是刘新权（工作組組长）的私生子，对这个大字报我看不下去，这种尖鋭语言对待敌人还差不多。但对大字报也不能一棍子打死，这样的大字报比外交部的框框少。

九）外交学院把給国务院的大字报贴到王府井大街上去（当时同学很惊奇）贴了沒关

系，不过給外国記者拍了照片让世界人民也看看外交部是不是牛鬼蛇神窝，是不是修正主义的外交部，世界人民是講公道的。我不是講外交部什么都好，比毛主席思想还高。外交部还存在一些缺点和官僚主义，这些責任归于我。主席回到北京以后，就提出了几个重点单位要保护。我叫同学去外交部看了些大字报，这种敝法是错误的，我跟主席説了，这个責任我应負。

××、×××的問題是毛主席最先发現的，林彪同志也发現了，揭发是毛主席最先揭发的。我們对他們是不滿的，他們組織起来，专門收集周总理、林彪、康生等同志的档案材料，准备搞我們，从这里可以看出我是否与他們有关系。我不是封你們的口，而主要是煽风点火，首先要揭发事实，不要先下結論。我是有經驗的，我搞错过别人，别人也搞错过我，我向别人道歉，别人也向我道歉，有的甚至跪在我面前道歉。毛主席、周总理領导的运动，我怎么能一手遮天？罷官和停职反省，不要搞得太多。有的説中层組織都烂了，中央还怎么存在呢？我們党的伟大还怎么体現呢？比如一个大楼，下面都坏了，上面还怎么存在呢？对我們党的一些問題，不要悲观，揭发要揭发政治問題，不要揭发生活、男女关系問題。我过去也爱掘别人的脾气和态度，也因为这个犯过错误。

吴德同志八月三十日在北京大专院校各文革组织代表大会上的讲话

今天同大家商量一些問題：

一、形势

我們伟大的領袖、伟大的导师、伟大的統帅、伟大的舵手毛主席亲自領导的无产阶級文化大革命，糾正了前阶段的错誤，扭轉了方向，引向正确的道路。现在是热火朝天，群众起来了，正以排山倒海之势冲破各种阻力，进入一个新的高潮。首都的无产阶級文化革命运动出现了一个嶄新的面貌。革命师生，特别是学生，在斗倒走資本主义道路的当权派和反动的学术"权威"上，显示了他們的英勇、頑强、才智，运动发展得很好，很健康。这几天首都的紅卫兵小将們，高举毛泽东思想的伟大紅旗，发扬革命的造反精神，上街贴大字报、游行、演說、提各种倡議，横扫"四旧"，"敢"字当头，用革命的語言，行动，向"四旧"发动猛烈的进攻，这已經改变了，也正在改变着首都的面貌。解放十七年，北京在修正主义把持下，有許多封建主义、資本主义、修正主义的东西，一直没有收拾，腐蚀着人們的灵魂，这次来了个大扫除，把隐藏在阴暗角落里的寄生虫都揪了出来，把金銀财宝、变天帐、武器、地契、委任状、国民党旗帜都拿出来示众。这件事做得很好。这是一件大喜事。凡是革命的人民就支持，北京充满了革命的景象，这是紅卫兵的功劳，革命的人民精神大振，我今天向你們学习，向你們致敬。

任何革命运动不能只是少数人参加，要把广大群众吸收进来，就会大破大立。紅卫兵破了"框框"，大干起来，文化革命是广大革命群众的运动，不但有革命的师生，而且有工人、农民。文化大革命必然要触及到政治和经济，这也是文化革命取得胜利的一个标志。紅卫兵成了这次文化大革命运动中的急先鋒。这是一件大事，也是一件好事，我支持你們，繼續破"四旧"，用彻底革命的精神，把革命进行到底。根据总理的指示，成立了紅卫兵市联絡站（地点在劳动人民文化宫）各区还要成立联絡分站。联絡站是联系机关，不是指揮机关。在这儿可以互相商量，互相学习，互相帮助，互相支援。解放军和市委都已派人去，紅卫兵联絡站成立了，經常取得联系。

现在形势很好，能不能把运动搞好呢？还是看能不能按毛主席指示办事，凡是符合主席思想的，就坚决去做，凡是不符合主席思想的，就坚决不做。我們好好学习毛主席著作，当前是学好十六条，十六条是主席亲自制定的，我們用十六条来统一認识，统一行动。毛主席号召我們学习解放军。革命师生，特别是紅卫兵要向解放军学习，总理說，紅卫兵是解放军的后盾，要象解放军那样全心全意为人民服务，忠于党，忠于人民，很好的团结群众，联系群众，以解放军为榜样，做人民的忠实勤务员，学习解放军的三大紀律八项注意，要敢于斗爭、善于斗爭，要注意策略、注意方法。

文化革命运动是一場触及人們灵魂的大革命，我們没有經驗，要靠你們去創造，我們要向你們学习，你們干得很好嘛。干革命不是先学了再干的，而是在干的当中学，边干边学，干就是很好的学习，做得对就坚持，由于缺乏經驗，做得有些缺点就改。但不要因为出现这样那样的缺点就看不到主流，就动摇了。这样一个文化大革命不可能没有缺点，必須繼續破"四旧"，立"四新"，要把走资本主义道路的当权派斗倒，斗臭。按毛主席指示办事，做毛主席的好战士，好学生。现在形势好得很，在健康发展，我們要抓住这个好形势，繼續前进。

二、下面商量几个問題：

在运动中发生一些問題和缺点是难免的。

（一）要坚持十六条中的要文斗，不要武斗。

最近一些地方出现了打人的现象，个别地方也有把人打死的。我們認为群众起来，这是出于义憤，这是完全可以理解的。因为敌人向我們实行了阶級报复，杀了我們八个人，打人是可以理解的，要坚决保护紅卫兵。

因为我們人多，你一下，我一下，很可能把他們打死了。斗爭对象打没了，有些材料也就搞不到了。算来算去，还是我們不合算。如果打多了，也会引起中間群众的誤会，在这个問題上，要坚决执行十六条。

市委明确态度：打人是可以理解的，但不要打人。这不但适用于人民內部矛盾，也适用于敌我矛盾，两类矛盾都要用文斗。

因为眞理掌握在我們手中，我們完全能够把他們斗倒、斗臭、斗垮。只有用文斗，才能充分揭露、彻底批判反革命的丑恶面目，挖掉修正主义根子，才能把散布在人民群众中的毒素肃清，从而教育自己，教育群众，不打人会使运动更健康地向前发展。我相信紅卫兵同志們一定会更好地考虑这个問題。

（二）正确处理两类矛盾，划清敌我界限。

分淸敌我也是文化革命运动中一个重要問題，分不清敌我，斗爭目标就不清楚。十六条中講了四类干部，北京有些特殊，一、二类好办，三、四类之間就不太好划。对这个問題要充分揭露批判，让大家来研究，来区别对待，这样就能集中力量来斗，狠斗反党反社会主义分子。

（三）还有一个問題需要商量，就是要保护一些地方。

要保护国家机密，要保护要害部門，如：中南海、釣魚台、人民大会堂、公安部、中央軍委、国防部、重要机关、电报大楼、自来水公司、火力发电站、广播电台、资料档案、交通公司、外交部、使馆区、银行、监狱、交通要塞（如軍港，电话总机，机塲）。还有什么要保护的，你們再研究。这些地方受到了破坏，敌人是高兴的，我們是受害。紅卫兵要負起保卫的責任。

（四）另外講一下，也是要注意的問題。

就是要認眞贯彻执行党的阶級路綫，团结大多数人的問題。在这次运动中要善于发现左派，发展和壮大左派队伍，要依靠坚定的革命左派，团结大多数，孤立最反动的右派。

你們是紅五类，要团结大多数的人，这样力量就大了。现在許多人都已卷入到运动中来了。学校中也要这样。现在学校中有几派紅卫兵，这是不可避免的。

革命的左派既然要敢于革命，又要善于革命。要有坚定的立塲，要贯彻执行党的阶級路綫，經过辩论，經过斗爭后会逐渐达到統一。这个工作要做好，这样才能孤立打击最少数。

提出几件事与大家商量一下。特别是打人的事要按照十六条办事。学习十六条，宣传十六条，运用十六条，使十六条做到家喻戶晓，深入人心，使文化革命运动深入发展。

关于給黑帮、黑綫人物剃头、挂牌、戴高帽。一般也不要这样搞。我們主要采用摆事实，講道理，这是最厉害的，表明我們有力量。

关于文斗、武斗的問题，希望紅卫兵討論一次。把前两天的社論《革命青少年要向解放軍学习》，十六条，二十三条，学习一下。你們先討論，有問題以后再討論。

周总理九月一日在红卫兵代表
第一次座谈会上的讲话

各位同学：

刚才吳德同志宣布，我們的会議是座談会，为什么是座談会？因为通知的不完全，昨天晚上决定的，事情很紧迫，通知很仓促，来不及把所有的人通知来，现在找負責人很难，才組織起来，組織性沒培养起来，工作又那么忙。联絡总站被質問时，告訴他們，沒联絡到，第一次座談会沒参加，第二次座談会再到。把他們的姓名都登記下来。第二件事情，有人貿問我們为什么天安門广场毛主席带战友和大家见面时，秩序乱了，解放軍及紅卫兵沒維持好，有人責备市委，不能怪市委。中央責成我和陶鑄同志負責，这件事是中央决定的，当时沒确定主席参加或下天安門城楼去，昨天主席确定下城楼去，临时决定的，临时調解放軍来，陶鑄、謝富治同志还演习过。但沒把群众热情估計够，又是外地同学們，沒来过北京，沒见过主席，见到主席热情奔放，这些客观情况不要怪外地同学。主席很高兴你們的热情。我們今后一切可能都准备，做一事长一智，也許下一次我們又犯错誤，因为我們沒想到，你們有什么經驗介紹給我、陶鑄同志、謝富治同志研究改进。

第　一　部　分

这次座談会的目的，想把紅卫兵进一步組織起来，然后依靠紅卫兵的組織及一部分联合組織，派出一部分紅卫兵到全国主要城市去帮助他們工作、交流經驗。紅卫兵要大学解放軍，因为紅卫兵是中国人民解放軍的后备軍，我們的最高統帥是毛主席，林彪同志是副帅，党是这样，国家是这样，軍队也是这样，这是一个基础。你們要学解放軍，就要組織起来，现在的各种紅卫兵組織并不严格，也不严密，紅卫兵以紅五类分子为主体，但后来人多了，头緒多了，革命初期渙散不可免，也不能多責备，我們头一条是支持帮助，为你們服务。你們要把自己的組織建立起来，組織紀律严密，不会使坏分子鈷进来滥用紅卫兵的名义干坏事。大学解放軍，組織紀律要严，三八作風也要学。青少年起来革命就要有組織，各学校象雨后春笋一样建立起各种組織，另外青少年思想在发展中，对毛泽东思想是要学习的、对十六条承認拥护并执行的，但各种思潮都有。各种想法不一致就不容易在一起，因此就会有各种組織，学校革命初期允許各种組織存在，不一定馬上合一，第一步先組織起来，第二步再联合起来，名称可以自己起，但"毛泽东主义紅卫兵"，給你們建个議請你們討論，十一中全会上有人講要改毛泽东思想为毛泽东主义，主席不同意改，因为习慣了，改了名字很突然，毛主席本人都不贊成，不能强加于主席，你們討論一下，你們改个名字。这不能怪你們，毫无責备你們的意思，你們沒想到，你們是出于好心好意，你們起名字时想一想。

有了組織要联合，现在是初步的联合，大专学校紅卫兵司令部成立了，我們支持你們，也有沒有参加紅卫兵司令部的，如果自己另搞一个联合許可不許可？我就是許可的。你們要成立，我們一定派人参加，支持你們，一視同仁。你們是以紅五类为主体，也要看革命表现才完全，即使出身不好，背叛家庭可以吸收他考察他。

中学組織起来比較困难，五百多個学校，联合更要慢一点，首先是組織起来，組織不严密，紀律就不会严格，战斗力就不强。一定要組織起来，选出代表輪流担任領导，这样可以經常和群众联系。不脱离紅卫兵的同学，不要忘了群众，脱离了群众是危险的，事情自己做，也要給群众做，从小培养起这种习惯。成立联絡总站和分站就是支持帮助你們，章程你們自己討論，你們去联絡站問問題，他們能回答的就及时回答，一时不能回答第二天第三天一定回答你們。

組織起来很重要，靠什么組織好，靠政治觉悟，十六条是共同綱領，沒有这个談不到团結一致，先进的要帮助后进的，組織起来是要爭取多数，紅卫兵本身以紅五类为主体，总要吸收一点别的人参加，但不能太多，一个不要也不是絕对的。出身要看父亲，也要看母亲，不是一下子就搞得很清楚的，解放軍的后备軍一定要很严格，但也不是不吸收其他劳动人民出身的。

第二部分　讲一讲政策问题

一、团結大多数的問題：

要依靠左派，爭取大多数，孤立少数頑固的人。团結百分之九十五，当然不是一天就能完成的，爭取团結，总还要有个大多数嘛。如清华大学有两种紅卫兵組織，也只有二、三千人，全校要有一万七、八千人所以要团結大多数。

你們不仅在学校搞斗、批、改，你們已进入社会的斗、批、改了，这做得完全对，你們破"四旧"立"四新"，所向无前，我們很兴奋，要向你們学习。但你們也要讲政策，要团結大多数。首先是工人阶级。請教老工人，青年工人，支援他們是必要的，但是首先是要請教他們。工厂也有文化革命委員会，对他們也要請教（当然，他們那里也有坏人）。首先要請教人家。請教工人、农民、城市服务人員。现在有徒手的解放軍，不作为武装部队和你們在一起討論問題，要互相学习，互相尊重。

但是，有的地方紅卫兵与工人对立起来，要求工人就象学生在学校搞革命一样才沒意見。到了那里，他要生产，不能我們做的也要他們做。工厂不能放假不搞生产，服务行业不能停止供应，这个道理給你們一說就懂，但是不說就对立起来。都是劳动人民，革命的方向是一个，可以讲的通，我們要尊重他們的事情，如到工厂不要到他們的车間去，可以在车間外边談。如热电站是一秒钟也不能停工的，听說紅卫兵去热电站就在车間外边談，他們就很欢迎你們。又如"反修路"的命名进行了十天斗争，許多地方都帮助他們，因为反修斗争大家都很积极，不是学生一方面可以搞好的。可以看出来，在社会上搞活动，要大家合作起来。昨天开大会，主席接見外地学生，广大市民都支持我們，停止交通他們也拥护。

你們是放了假搞革命，他們还有他們的生产任务。要团結大多数，要照顧生产任务。

有的同学跟我說，我們是少数，少数我們不怕，革命总是从少数人搞起，可是今天我們是毛泽东时代，是人民民主专政，社会是我們的天下，和在反动统治下搞革命有区别，所以要和部队、公安机关配合，才能搞得好，这样动起来力量才大。

二、分清敌我問題：

誰是朋友？誰是敌人？你們在社会上可以遇到，当然，地、富、反、坏、右五类分子是敌人。

依靠誰？打击誰？你們可以熟讀毛主席《关于正确处理人民內部矛盾的問題》。但凡是地、富、反、坏、右、资产阶级家庭出身的人都打击，那就广了，我們說的是暗藏的反革命，逃亡的地主或进行反革命活动的，有民憤，有血債，查有証据的。如果他的土地已經分了，到这里来已經落戶了，原籍也沒有家的，也不需要把他們馬上赶走。如果要查出逃亡地主可以捉回去；或现在还在搞反革命活动的暗藏有軍火、武器，有阴謀的事情；坏分子做破坏工作、造謠生事查有实据的。右派分子已經摘了帽子的就不算了。资产阶级，我們批判他的资产阶级思想体系，违法行为，如果一般资产阶级分子他老老实实奉公守法，有选举权的，不一定馬上打倒他。搜查、抄家就是打倒了。因为他沒有做破坏工作。你們建議定息取消，很好，这应当由中央、主席提出、人大通过。你們可以号召，现在不是有人不領了嗎？你一定要他退出来就不同了，他領还是合法的。一切资产阶级不管守法不守法都去搜查，范围就广了。还有一些头面人物的家，大家也很注意，紅卫兵就进去，貼几张大字报，談判談判。拿北京来說，我們就非常为难，一些民主人士年紀很大，身体很差，如一天去三批、貼大字报，一个月不断，也滿足不了你們的要求，到底应該不应該去，大家商量。这里只說貼大字报这一件事。如进一步超过了这个范围，打人、搜查，这是法律制裁，要有組織的行动，事前要商量。

关于小商販你們建議全部变成国营的問題，几百万小商販全部包下来，国家负担很大，发工資，劳保福利，公费医疗等，什么都享受，他們是高兴的。他們还貪污盗窃。我們采取給他們一定的利潤，他們自己經营。让他們自銷自卖。公开的好办，暗藏的不好办，你們可能說我們搞暗藏的，你們那么神通广大呀？你們那么消息灵通啊？

有些家庭出身是很好的老干部，但他老婆是地主出身，他丈母娘是地主婆，如果查出来一个地主婆就打，就赶走，现在有很多紅卫兵恐怕就要回去保家了。

你們去搜查，最好請解放軍，派出所三方面商量，不要单靠一方面，当然也尊重你們的决定，因为派出所的材料也不一定可靠，解放軍是活学活用毛主席著作的，比你們靠个人調查的要全面一些，要考虑哪家应去哪家不应去。

打击流氓分子的面太寬了，年青的娃娃，有些小流氓行为，如8月13日审判流氓的会就是错誤的，是北京市委批准的，那五个人刺伤了两个人，也不需要开十万人的公审大会，警察也参加了，这个大会以后就有影响，打人、捉人、打伤了人也打死了人，所以要調查研究，要搞清楚。因此，搞地、富、反、坏、右、资也要研究，是不是迟緩了就不轰轰烈烈了，不见得，經过調查研究，还是可以查出来的。毛主席就是主张打击主要敌人，团結大多数，便于爭取团結中間力量。

三、文斗和武斗：

十六条写的清清楚楚，在《全国青少年要向解放軍学习》的社論又說了，要文斗不要武斗，說武斗只能体罰、不能攻心，不能把他攻倒，你們学了三大紀律八項注意，对待俘虏的政策，过去我們俘虏敌人也沒打过。領导同志說了文斗不武斗，你們說："打几下壮壮声势。"这反而失去了群众的信任，打失了手还能打死人。他如果搞反革命暴动，我們还可以用解放軍、警察鎮压他，在我們专政的情况下，何必用武斗？他的态度不好可以批判他、斗爭他、和他說理。少数人武装抵抗就可以武装鎮压。少数在群众的压力下，他还是怕的。

搜查也必須搜查的，你們也查出不少东西。各种方式都可以搜查出来，要經过充分的調查，不然听到一个情报就去，不可靠，如西城区听說有地下軍，去了几千人，但不知道在什么地方，大家的热情可佳，结果消息不灵，大家搞的非常紧张，这样搞久了会使领导失去信用。所以，搜查暗藏的、逃亡的地、富、反、坏、右和反动的資本家时，徒手的解放军、警察远远跟着帮助你們，这是从女十五中的同学被那个反动資本家行凶砍伤后我想到的。

是否要沒收他们的金錢、东西？要事先和派出所、卫戌区研究。你們把錢交到銀行，把浮财交财务局，他们也沒有写什么东西給你們，交給銀行也沒有收条，你們自己也沒有登記，你們是要小心，搞久了就損害了国家的财富，将来他不承認了，财务局有人貪污了怎么办？不能光凭热情，还要有組織。一般不沒收财富、存款，只登記，研究是否应該沒收。这样就不致于弄错了。今后要建立秩序，不然有个別鉆进来的坏分子，私自拿了照象机、手表，即使查出来开除他，影响也不好，我們是解放军的后备力量，要有三大紀律八項注意，交了东西要有登記，有收条。发現武器可以沒收，但不要只听一个消息，"誰有一个荣刀要报复"，就把他的荣刀也沒收了，过几天还不是要还給他去做荣。戴高帽子越加越重，有二十斤的鉄帽子，这就变成体罚了，对同学要讲清道理。

我們是紅卫兵，要保护国家财产，保护群众利益，不要損害群众利益，如有些东西、国內不能用的，可以出口。有人說是資产阶级用的东西，不能出口，他买的人就是資产阶级嚜。卖出去还可以换外汇，买我們需要的机器。直接利益更多了，凡是生产的地方都不要影响，不仅水电，就是有些商品，生产少了就不利，要尊重工厂多数人的意見，不能拿我們放假搞革命的办法去要求他们。还有更重要的尖端的生产，科研的中間性生产，不应耽攔，尽管里面有黑帮，把他們揪出来，但生产的地方我們不要破坏它。

最后，凡国家要害部門，首脑机关，我們要保护，党中央、大会堂、解放军、公安部門（坏的可以改組），专政工具不能瘫痪，交通警察維护秩序，我們要听他的，不要影响他执行任务，这是保証正常安全，广播电台、新华社、宣传机构，当然有領导人坏的，就撤换，因为不仅国內，国际影响也很大，与学校广播不同。

还有机关机要档案，如机关瘫痪了，由上級机关取走，不能随便去弄乱了。生产上的事情，和維护好要害部門，这些界限你們討論定，可向派出所、联絡站、中央接待室提出問題答复你們。

我讲的目的是要把紅卫兵組織起来，把政策好好学习一下，出发到各地去。八月份出去的沒有很好組織学习，因此与当地的工人、同学、地方党发生争执，他們主张打人，而且要用皮带打人，也有带小刀子出去的，就引起武斗，当地党委不好說話，多数派服了，少数不服。这次我們要有組織的去，司令部組織研究派出多少人，明后天討論，北京大专学生到全国各地出去多少。眞正組織起来了，就有紀律有組織性了，当然在斗争中鍛炼。总部你們礼拜六成立，不在这两个組織的大专学校也可以派些人，中学的各校自己提出来也可以，沒有到会的轉告，臨走时我們和你們見个面。不仅紅卫兵，各种組織不参加紅卫兵的也可以出去。九月五日以前先要把外地来的三十万人送回去才能出发。

我今天讲的一个是組織起来，一个是学习政策。

陶 铸 同 志 的 讲 话

一、什么是左派？

左派就是听毛主席的話听党的話，不听党的話不听毛主席的話就不是左派，是假的。因为最听党的話毛主席的話，斗爭才能最坚决，革命最坚决。沒有毛泽东思想，不听党和毛主席的話，不可能革命最勇敢最坚定。小資产阶級个人主义搞革命，怎能搞得最坚决最勇敢呢？左派觉悟最高，要把别人带起来。革命派不能带起来，这是什么左派？左派可貫之处就是能团结百分之九十五的群众，只有听党的話毛主席的話，不怕苦不怕死，一切为人民，才是最革命、最坚决、最能团结的人。說这个不行，那个不行，都是保皇派，就是他自己是馬列主义，怎么行呢？左派的行为就是最模范的。什么叫模范呢？为了革命利益，社会主义利益，沒有私心杂念、个人主义思想，光明磊落，大公无私，对就对，错就错，才能取得群众的拥护，这就是左派，才能把运动搞得深，才能把敌人打倒。左派很重要，革命一定要依靠左派。

二、什么是反革命？

以前讲，台湾来的，有电台才是。现在群众要革命，你压制革命就是反革命。眞革命、假革命、半革命、1/3 革命、1/4 革命，都要在这个运动中考驗。过去的好人，现在不一定是好人；这个好人也有阶级分析的，含得革自己的命才是眞正的好人。整个中南海（抄者注：国务院所設地方），包括我在內，都可以反对，只有党中央毛主席不能反对，还有我們的林彪同志。我們的林彪同志，他高举毛泽东思想紅旗，我們拥护他，不能反对。我們这些人都可以反对，只要他不革命，就罢他官，他阻碍革命就要打倒他。现在北京有的学校不只一个紅卫兵，你們可以貨比貨，看誰紅，紅到底。不能只許我搞不許你搞，不能說你們是眞的，他們就是假的。这是群众的組織，他們可以組織。是革命的搞革命的比賽，好的就会起来，坏的就会垮了。人家可以組織，你們也可以組織。眞的，假的，拿到革命实践中，就可以鉴别了。

陈 毅 同 志 九 月 二 日
在外交部给红旗大队同学的讲话

一、关于紅旗大队的同志要見周总理，陈毅副总理說：周总理很忙，不能接見，要我来接見你們。你們要見周总理或中央文革小組同志，中央領导同志工作很忙，每天只睡几小时就起来工作。你們在这里等，他們也不是睡觉。总理很忙，明天还要开紅卫兵成立大会，还要开一个万人大会。你們根据十六条这个大原則团結起来，我說的和总理是沒有出入的，你們的問題万人大会是能解决的。现在，我以个人名义发表点意見……你們可以記录。你們提了三个問題：1.革委会不民主。誰也不准压誰。现在你們是多数派，他們是少数派，将来，也可能他們变成多数派，你們就变成少数派。你們想一想，他們也要象你們这样压你們，你們怎么办？……有人說我是折衷主义，和稀泥。这是有道理的，和稀泥有两种，一种是有利于团結的和稀泥，另一种是无原則的和稀泥……我不能挑动同学斗同学，我这个人讲話向来就有傾向性，就是傾向于团結……现在整个北京沒有一个学校对革委会沒有意見的……有人說革委会是刘新权的私生子（刘新权是外交部副部长，外院工作組长），我不信革委会就坏到这种程度。

二、紅旗大队要求中央首长参加辯論会，中央首长很忙，不能参加，我也不能参加，我若参加了就支持了多数派。今天我接見你們就支持你們。我接見是非法的，但我愿接見，发表我个人的看法，我說了不算数。首长不接見有两个原因，1.忙，2.两派意見不一致，說不好会增加分歧。今天总理不接見，也是由于这个原因。

三、工作队問題（自己加的題）。学校里分成几派，有人說这是工作組造成的。实际上，这是社会上各阶級、各阶层的体现，这是阶級斗争的反映。山东全部沒有派工作組，也分成几派。这是中国社会各阶层的斗争的反映，也反映到中央内部来了。……对工作队，有的說好，有的說坏，有的說一半对一半……。对革委会是刘新权的私生子这张大字报，我实在看不下去，但是这比外交部的框框少，顾虑少，不要一棍子打死。……有的人提出把洋书封起来，……馬克思主义也是洋书，毛主席的书翻譯也是洋的，怎么办？有的紅卫兵要求各使馆人員都拿《毛主席語录》，……印刷厂的同志不同意，总理把他們的意見汇报了。外語学院二十多个組織（同学說有七十多个），这是好的，要加强联系，不要分歧，……无論如何按十六条办事。工作組的問題，多数派的意見認为是好的，但也有严重错誤。你們的意見也不能作为結論。我看了很多大字报，都是提人家的，沒有一张写自己的。我要写大字报，就跟人家不一样，我要写就先写自己的，再写人家的……。

工作队是我派的，工作队的错誤我负一半責任。工作队的错誤是严重的，主要是压制群众……但不是滔天罪行……。

王力、关锋同志接見山东大学
红卫兵代表記录

说　　　明

山东大学"革命造反队"（現在的"毛泽东主义紅卫兵"）的部分同学在八月十八日向中央文革小組成員关锋同志和王力同志汇报了他們对我校文化革命运动的看法，对一些問題作过請示，談話他們将記录整理打印成文，散发各处。对其整理打印的传单，我們有些不同的看法，感到与我校情况有出入。为了弄清事情的真相，我們山东大学紅卫兵三十四人特訪了关锋和王力同志，并汇报了我校运动的一些情况和我們对目前运动的一些看法。今将談話記录有关部分整理如下（此条記录稿，未經本人審閱，如有出入，我們負責）。

时間：1966.9.3.晚10：23——9.4晨2：00

地点：中央文革小組接待站

代表首先汇报了山东大学运动的基本情况，以后又提出了以下問題。

问：怎样看待打人問題？現在那些只有几张大字报，还沒有定性質的人也强迫劳动，今后怎么办？

合答：挂上牌子，强迫劳动，我們不贊成。

王：那一次談話（指八月十八日对山东大学革命造反队即現在的毛泽东主义紅卫兵）連戴高帽子，我們都沒有松口。

挂牌子，强迫劳动，我們都不同意。他們和我們讲时，也沒講打誰。我們也沒講是打誰了，是泛泛地談。

问：打人怎么办？

王：劝他們不要打。大多数人是好的，出于义憤，打就打了。出于洩私憤，打了人，紅卫兵自己处理。北京××学校一个紅卫兵打了人，被开除了。

关：回去宣传林彪同志的講話、《人民日报》社論，能不能說服大多数？打人在他們中間是少数，你們要估計到这一点，你們要相信絕大多数人，听毛主席的話。林彪同志讲話作用很大，北京的变化很大。

林彪同志說：一定要听毛主席的話，三段就是講了三个"一定要"。

打人的問題可以公开表示态度，就是黑帮分子也不打。他死了，我們就沒有斗争对象了。

王：省委应該表示明确的态度，現在发生了这种情况，和各級党委以前沒有明确表示态度有关系。

关：林彪同志是代表党中央和毛主席講的嘛。听毛主席的話就不要打人。

打人不还手是对的，阻止打人是应該的。也不要把問題看得那么严重，你們回去看一看，会有好轉，会有变化的。

问：象余光前这样的人打对不对？

王：不对，对什么人也不能打。

关：听不听毛主席的話，毛主席說不要打人嘛。

王：以前講到文斗、武斗，这次講破了，不要打人。

问：对孙汉卿、馬秉伦宣布三項紀律，每天劳动，每天汇报，每天斗一次，这样对嗎？

关：孙汉卿我們俩都比較熟悉，多年沒見面了，不了解，他到底有无問題，有什么性貿的問題，要辯論，要弄清楚。有人說他是黑帮，摆出事实来。說不是，說明理由。可以辯論嘛，沒定性貿就这样处理是不符合《十六条》的。你們不要跟同学对立起来，对立起来对革命事业不利。还是应該按照《十六条》办事，講道理。你們可以反对他們这样做，但你們要想个好办法，否则双方打起来就不好办了。

问：领导認为什么办法妥当呢？

王：大字报、大辯論都可以嘛。

关：你們对大多数同学怎样說服、辯論呵？如果孙汉卿是好样的，也不要紧嘛，这一場革命对每一个人都是考驗。

王：要制止，不能打人。别的不要怕。

关：眼界要开闊些，要看得更远大些，要看到主流。

问：怎样看待造誰的反，依靠誰造反的問題？

关：造无产阶级的反是不对的。

问：怎样捍卫十六条？

王．有的人說《十六条》（关于文斗）是对处理人民內部矛盾講的，处理敌我矛盾不适合。《人民日报》社論他們也提抗議。现在就很清楚了。

关：有些人还說文斗是修正主义，就更不对了。发表了十六条，你們宣传十六条。也不会百分之百的（人）都按十六条办事，不听不要紧，坏人是不听的。让他們闹一闹，暴露一下，不闹还抓不住他們。認識問題通过学习可以改嘛。让他們闹一闹，也可以暴露嘛，总有那么一小撮人嘛。

问：应怎样看待架走孙汉卿、馬秉伦的事件？

关：用不着弄到北京来，好人不要弄，坏人也不要弄，可以在本单位解决嘛。戴高帽子、打了，不是黑帮也成不了。是什么还是什么，要依靠材料。

問：請談談对他們印的講話記录稿（即八月十八日山东大学"革命造反队"与王、关談話的記录稿）的看法，記录和談話有无出入？

关：刚才看了一遍，我們說凡是不符合毛泽东思想的，我們就抵制，你們先指指吧？有不对的地方也可以贴大字报嘛，我的談話对你們有什么影响？

问："十六条前的中央领导人的講話却不能为依据"这话是否有出入？

关：这话有出入，我是說十六条以前中央有的领导人的講話不能作依据。但不能领会成所有的負責人。

问：記录稿上关锋同志和王力同志回答說："成仿吾的领导就是不要，孙汉卿的领导就是不要，要他干什么？王子文的領导也应該不要，要这样的领导干什么？要他們领导就不能革命。"你們这样說了嗎？

关：我們那样說有个前提。我們是說："如果象你們所說的那样压制群众运动的話，这样的領导就是不能要。"我們特別强調这一条，他們把这个前提掉了。我們沒有权力定他們的性質，孙汉卿也好，成仿吾也好，性質由你們来定，这是你們自己的事情，我們不能代替你們。由于我們沒有調查，心中无数，他們到底是不是黑帮，我們不敢講，当着你們的面不敢講，在內部討論，我們也不敢講。

问：他們的記录上說，你們說："你們对山东大学党委工作組、省委为什么不可以大胆怀疑呢？他們不符合毛泽东思想嘛。"是这样說的嗎？

关：我們沒有講过这个話。我們的意思是：如果他們反对毛泽东思想就可以大胆怀疑。我們沒有肯定过山东省委不符合毛泽东思想。如果山东省委不符合毛泽东思想的話，就不服从領导，就抵制。

问：怎么看待工作組？

王：派工作組是方向性的错誤，路綫的错誤，是全国性的，普遍的。絕大多数的工作組組員是好的，工作組組长不是都不好，不能怪他們。

关：你們那里工作組具体情况不了解，但就当时那种情况下，百分之九十五还不止，工作組有问题。这一条你們可以再討論，派工作組不能說山东省委沒有責任，但不能怪山东省委，山东省委是全国唯一不主张派工作組的。后来还是派了，但是派的人数比較少。

问：在观点不一致的情况下，如何选筹委会？

关：你們可以到其他地方学习，清华怎么样？（王：清华不行，北大可以。）有的地方，自由結合15个人选出一个代表来，先成立筹委会，考驗考驗，也不一定那么純嘛。回去以后，你們能不能同他們談判？

问：有人提出要分出左、中、右来才能选举。

关：现在怎么分呵？在运动后期考驗嘛。

问："文斗"、"武斗"的界限是什么？

关：动手是武斗，戴高帽子、游街全国各地都問这个问题，我們沒有答复。

問：保皇派是什么人？

王：我們主张取消这个名詞，不要用这个名詞。在学生中間不要說保什么皇。

关：赶紧回去做工作，选出一个筹委会。原則有了，大家去闯一闯，去鍛炼鍛炼。上级安排好了，一二三齐步走鍛炼不出人来，只要忠实地闹革命嘛，犯错誤也不要怕，可以改嘛。

王：打人不能发展下去，发展下去，方向就扭轉了。（关插說：打人还叫文化革命嗎？另一位接見的同志插話：那不成了武化革命了嗎？）林彪同志明确地指出这个问题。

全体代表：希望領导同志对我們提出要求。

王：十六条来之不易，是一次大斗爭的产物，是党的历史上一次大斗爭产物，要很好地学习它，体会它，思想上有赶不上去的要赶上去。如果我們觉得自己有什么缺点，要赶上去。

江青同志九月五日在首都大专院校红卫兵总部成立大会上的讲话

　　同志們，你們好！我是来向你們祝賀的。我建議謝富治同志做你們的顧问，刘志坚同志、楊成武同志做你們的指导員。下面請刘志坚同志代表文革小組讲話。

刘志坚同志九月五日在首都大专院校紅卫兵总部成立大会上的讲话

　　我代表謝富治、楊成武、汪东兴同志和我个人向今天到会的全体同志和没有到会的大专院校紅卫兵同志們致无产阶级文化大革命的敬礼！

　　同志們，我們今天是来向你們祝賀的！刚才江青同志建議謝富治同志做你們的顧问，让我和楊成武做你們的輔导員，我感到非常光荣，感謝你們对我們的信任。

　　同志們，"紅卫兵"，顧名思义，就是紅色的卫士，就是革命青少年的組織，也是解放军的后备军，对不对？（大家答对！）我們紅卫兵最光荣的任务就是完成我們伟大領袖、伟大导师、伟大統帅、伟大舵手毛主席所发动的这塲文化革命，我們所担負的任务就是毛主席教导的一斗、二批、三改的任务。

　　毛主席教导我們：革命的首要问题就是分别敌友，要分清誰是我們的敌人，誰是我們的朋友……。我們要按照毛主席的指示办事。其次，我們要組織队伍，要組織我們自己的革命队伍，要建立自己的阶级队伍。你們现在参加的紅卫兵都是紅色的战士，我們要依靠这个作为核心，坚持阶級路綫，建立阶级队伍，以这个队伍作为核心，同时要团结那些愿意参加这一革命斗争的所有人們。

　　我今天在这里感到非常激动，我参加革命时只有十六、七岁，跟你們差不多，有的可能比你們还小。我們那个时候，就是有革命的热情，我們知道就是要反对帝国主义、反对封建主义、打土豪、分田地，就知道要革命，要跟毛主席走！你們现在有毛主席的书做指針，你們现在每个人都在讀毛主席的书，听毛主席的話，按毛主席的指示办事，你們思想觉悟比我們那个时候要高。因此，我們还要向你們来学习。

　　我回忆起那个时候，根据地也是好几块，紅军只有第一、二、四三个方面军。抗日战争时，根据地也是好几块，有八路军、新四军。解放战争时也有四个野战军，但是后来都在毛主席思想指导下最后走到一块，团结起来了！现在也有两个首都大专院校"紅卫兵"司令部，二十七号成立一个，今天又成立一个，我們都承認，都支持。我們希望就象过去紅军第一方面军、第二方面军、第四方面军，抗日战争时的八路军、新四军，解放战争时的第一、第二、第三、第四野战军一样地，在同敌人，同帝国主义、同封建主义、资本主义作斗争当中，在毛泽东思想伟大紅旗下，最后要团結在一起！我們要象毛主席教导的那样，团結大多数，要把敌人最大限度地孤立起来。这样才能够把它彻底地打倒！所以我們要按毛主席的指示办事，讀毛主席的书，听毛主席的話，做毛主席的好战士。

党的八届十一中全会通过的《关于无产阶級文化大革命的决定》，即十六条，是我們斗爭的綱領，还有林彪同志、周恩来同志的两次讲話以及《人民日报》八月十三日、八月二十八日的社論，希望大家認眞学习，这是毛主席思想的最新体现。希望大家按毛主席的指示办事。

毛主席号召全国大学解放軍。同志們都知道，解放軍是毛主席亲自綿造的，是在林彪同志領导下的，是高举毛泽东思想伟大紅旗，突出政治，用毛主席在井岡山就提出来的三大紀律八項注意和毛主席提出的三大民主、三八作风武裝起来的。所以同学們学解放軍，就要学习解放軍高举毛泽东思想伟大紅旗、突出政治、三大紀律八項注意、三八作风、三大民主。我們拿这些法宝，战胜了一切国內外的敌人。

毛主席最相信群众，最能放手发动群众，依靠群众，毛主席相信你們的首創精神。我們按毛主席的教导来当你們的輔导員，我們也是根据毛主席的教导来向你們学习的！在这个文化大革命当中向你們学习！相信你們，发挥你們的首創精神，发挥你們的智慧，发挥你們的力量，一定能把这个无产阶級文化大革命搞好！

祝你們取得无产阶級文化大革命的完全彻底的胜利！

戚本禹同志在二七机車厂
(原长辛店机車厂)工具車間讲话纪要

我过去是在工具車間学徒的。我今天是以一个小学徒的身份来讲話的。我不怕抓辮子，讲错了可以提出批評。

一、这次文化大革命搞什么事情？

照我的理解和十六条规定的，主要搞修正主义，是挖修正主义的根子的。你們二七机械車輛厂也有头子，就是吳文彬。以前，在很多问题上与他們有爭論，有分歧，已經长达五六年了。今天才算解决了。那时我認为他們有严重的特殊化，对他們很不滿意，因此，我写了报告。例如，吃小灶问题，我們刚来时叫我們吃小灶，我們不滿意。当时我們正处在困难时期，国家对重体力、高溫操作的工人是有照顧的，給他們补助油肉，但是这些人（指吳文彬等）却把很多的油肉拿来給自己吃，而工人却很困难，工人食堂搞得很糟糕，我給中央写了报告，因此得罪了吳文彬、向守富等人，他們反映給北京市委，他們在市委会上罵我們，把我們說得很糟糕。后来刘仁扬言要和我辯論，我說辯就辯吧！

你們厂里是有修正主义的。全聚德吃烤鴨问题是走修正主义的根源，李万鵬說給毛主席提个意見，叫解决这个问题。李万鵬提得对，他是叫毛主席解决这个问题的，不是反对毛主席。在最困难的时候，我們为了保証毛主席的身体健康，晚上給毛主席端去肉，那时大家生活都很吃苦，毛主席說："吃不下。"

你們的主要任务就是反吳文彬这条黑綫，龙镇河是不是黑，还值得考虑。馬东成是包庇黑綫，就要斗爭。

关于公开信问题，我要表示态度，公开信是错誤的，把革命的群众打成了反革命。要說这是方向性、路綫性的错誤还不够，而是方向路綫错誤。带上"性"字就太輕了。这是根本的错誤。同志們說这是阴謀，这不能是阴謀。因为他們把方向扭轉了，把工人打成了牛鬼蛇神，所以这不是"性"的问题，这是压制群众。老百姓讲：杀了鸡給猴看。例如：李万鵬、陈慧、賈淑芳給支部书記提了意見，就成了牛鬼蛇神，还成了鉄杆的，这誰还敢提意見了呢？提意見就成了牛鬼蛇神。所以，要擦亮眼睛，否则我們也要犯错誤，这不是清楚嗎？沒有十六条，这三个人成了牛鬼蛇神还不够，跟着几个"帮凶"也要成了牛鬼蛇神。

我在这里时，沒感觉李万鵬、陈慧、賈淑芳是牛鬼蛇神。李万鵬有些简单化，但都是人民内部矛盾，牛鬼蛇神是反革命。賈淑芳是小女孩，怎么成了牛鬼蛇神？这是压制群众的行动，想用整他們把整个运动盖起来。方向错誤、路綫错誤，由誰来负呢？不应由写公开信的同志来负，因为七个中大多数是受了骗。前段整个北京市委带有全面性的错誤，领导要负責的。炮打司令部指炮打修正主义的司令部，因为他們想压制群众运动，他們派出大批的消防队，到处扑灭革命的火焰。

不管是李万鵬、陈慧还是賈淑芳，只看到車間那是不够高的。你們要通过斗爭的經驗，要站在更高处看问题，保卫毛主席的路綫，和修正主义的路綫做斗爭，站在二七工厂，要看到全北京市、要看到全中國，这样眼界就更开阔了。

这些人挑拨說：反对当权派就是反对一切当权派，就是反对毛主席，这不对。我們对坚持毛泽东思想的就要保护，要保护毛主席的无产阶级当权派，要反对走資本主义道路的当权派。重点是整那些走資本主义道路的当权派。他們搞李万鵬、陈懋、買淑芳是犯了修正主义路綫上的错誤。

二、革命左派要团结大多数，要敢于斗爭，善于斗爭，要讲策略。

要坚定地依靠左派，要团结大多数，打击极少数的右派。你們要团结二七赤卫队，包括那个工人在內（指辛树宝）要原则上团结，不要和稀泥。使他們真正認识到方向路綫的错誤后，在这个基础上才能团结起来。你們要用誠悬热情的态度等待他們，团结他們。他們不理你，你去理他，要有三顧茅芦的精神。人不是鉄石，都是革命的同志，总会团结起来，要做思想工作。要敢于斗爭，善于斗爭，党决不主张武斗，要文斗。人要作思想工作，不是打鉄。即使把他們打扁了也不行。一把钥匙开一把鎖，你們如果有这种本事就什么也不怕了。革命同志在大方向一致的情况下要团结大多数。不要给他們加上保皇、小丑的名字。因为他們是一般群众，受了蒙蔽，不要給他們戴帽子。

崔玉兰和我講："我是保皇小丑"。其实崔玉兰只是盲目地跟着跑，我们对馬列主义的支部书記布置的工作要积极去干，而对修正主义的，如吳文彬之流布置的事就要抵制。王水也是这样，帮助犯错誤路綫的人打击了自己人。但王水还是老实人，是可以团结的。师傅有错誤的，徒弟也可以反对。王水是我的师傅，今天我也批評了他，这一点你（指王水）不如李万鵬，以后要向他学习。有人講是党中央、毛主席派来的工作组，馬东成就是这样的，其实党中央和毛主席沒有派一个工作组，那是新市委派的。

一些跟着新市委跑的人，不要把他們叫做保皇派，因为才保了几天嘛！不要戴帽子，但是他們要检查，犯了错誤要承認，要道歉，一次不行两次，两次不行三次，再不行就鞠三躬。有相当頑固的，还跟着吳文彬等人走的，你們也要反对。对工作组也要一分为二，他們当中也有好的，这些人他們检查一下放他們过关，但是馬东成要斗，要文斗，不要武斗，不剪头发，检查一次不行两次，两次不行三次，一定要弄清楚。这个大阴謀要抓住龙鎭河。馬东成的问题要搞，但不扣帽子，最后是黑帮就是黑帮，是严重错誤就是严重错誤。否则光扣上帽子，他們以后还要翻案，是黑帮也跑不了。当前文革小组領导不利，就可以改组。

要团结大多数，要让不同意見講完，不同意見可以进行說理斗爭。团结多数，斗爭一定能胜利。对于一般群众的问题，不是敌我矛盾，要团结在毛泽东思想周围，这不是和稀泥，而要講政策。

那一派队伍（指赤卫、紅鋒队）要承認错誤，服从真理，在真理面前要低头。要有甘拜下风的精神，要用革命的观点分析支流和主流，小河沟还是永定河。

你們发传单的问题不对，我不同意你們这样搞，打人不对，可以向他們講明，因为紅卫兵的大方向是对的，而你們把小河沟当成了永定河，就不对了。

三、关于抓革命、促生产的问题。

今年是第三个五年計划的第一年，要抓好革命，也要促进生产，并要保证生产計划的超额完成。如果把生产丢了，就要犯方向性的错誤。因为修正主义是阻碍生产的，所以反修运动搞好了，生产也就会搞好的。

革命串联要搞，但是工厂和学校不一样，学校沒生产任务，而工厂还肩負着六亿人民給你們的伟大任务。如你們是做火車头的，搞运輸的。如果运輸不好，革命串联也串联不了了，所以你們要坚守生产崗位，不要擅自离开生产崗位，要把生产搞得更好。一年之計在于春，今年是第三个五年計划的第一年，有决定性的作用。所以要搞好。

长辛店工厂是全国出名的工厂，有优良的革命传统，要給全国做好榜样！

工具車間工人　李万鵬、陈慧、賈淑芳記录整理

一九六六年九月六日

中蘇大論戰的中聯部

權威性的基礎。當時，我參與了論戰公開階段的全過程，作為見證人，有必要把我的經歷和思考記下來。

為論戰提前畢業

1960年6月的布加勒斯特會議，是中蘇關系的一個轉折點。

會議前，蘇共代表團對中共發起突然襲擊，指責中共是"左"傾冒險主義、"教條主義"，以彭真為團長的中共代表團則發表面聲明稱：我們在馬克思列寧主義的基本原則上，是同赫魯曉夫有分歧的。

至此，始于1956年的中蘇論戰，逐步走向公開爭論。

這一年，北京外國語學院學制由四年改為五年。為了論戰的需要，學德語的我被選入中央對外聯絡部（簡稱中聯部）。當時，中聯部作為中央處理國際共黨同題的聯絡部門，承擔着同蘇聯共產黨及各國共產黨的聯絡工作，提出政策性建議；收集各國共產黨、政黨的動向和言論，為大論戰準備各種材料。

東歐四國黨代會

1962年12月至1963年1月，東歐四國執政的共產黨相繼召開黨代會，該黨中央派出了由伍修權為團長的中共代表團與蘇聯共產黨代表團發生了爭論。

在德國統一社會黨代表大會上，中共拒絕和赫魯曉夫的做法，中國邊界的中印邊界歷史上的教訓和平共處的爭論。赫魯曉夫新情況同中央作了報告

原來准備的賀詞是葉劍生在布置起草的，後來我又參與了賀詞內容，增加了以下新內容，對蘇聯執行和解建議，表示要聽共言觀其行，反對搞限團結真分裂；對利用自己黨代表大會去攻擊另一些兄弟黨的做法，表示了"極大遺憾"。

再修復講到上述內容時，大會主席一再阻止，會場上發出叫喊聲，跺腳聲，是成了一場向攻擊中共的間劇。

之後，中共中央決定發表文章反擊，中聯部起草了初稿，最後作為《人民日報》社論《在莫斯科宣言和聲明的基礎上團結起來》，于1963年1月27日發表。

釣魚台合寫班子

升級。中蘇中央于1963年2月成立了反修文章起草小組，組長康生，著名歷史學家、處長中聯部副部長伍修權。當時，中聯部主要的工作任務之一是……

上世紀80年代末后期，鄧小平與中聯部工作人員合影。

7月，在莫斯科舉行了中蘇兩黨公開會談。會談中蘇突然發表公開信，全面攻擊中共的觀點，決定予以公開回擊。中蘇論戰由此進入高潮。

1963年9月至1964年7月，《人民日報》和《紅旗》雜志連續發表了九篇評論文章（即"九評"），以激烈的言辭批評了蘇共的觀點。

1964年7月14日發表的第九評是"九評"系列中的壓軸戲，《關于赫魯曉夫的假共產主義及其在世界歷史上的教訓》。毛澤東對全文作了大量修改，標題也是他確定的。這篇社論可說是毛澤東文章。文中引用了毛澤東

東1963年5月7日的一段批示："（如果不糾正的階級斗爭等問題）那就不要很多時間，少則幾年、十幾年，多則幾十年，就不可避免地要出現全國性的反革命復辟，馬列主義的黨就一定會變成修正主義的黨，變成法西斯黨，整個中國就要改變顏色了。"這種對國際共運和國內形勢的錯誤估計，是"九評"中"左"傾思想的要害。

王稼祥遭冤屈

對于這場"防修反修"的政治熱潮，中聯部長王稼祥一直有些憂慮。他認為

1963年下半年，毛澤東多次在同外賓的談話中，批評王稼祥執行"三和一少"的修正主義路線。他說，"三和一少"就是"對帝國主義和氣一點，對反動派（尼赫魯）和氣一點，對修正主義和氣一點，對亞非拉人民斗爭的援助少一些"。

1964年之後，中央沒有讓王稼祥繼續主持中聯部工作，擔任中共中央外事小組副組長。"文革"開始后，在康生的"打倒王稼祥"的口號下，王稼祥被隔離審查。

1979年2月，中聯部向中共中央報送了《建議為所謂"三和一少"、"三降一滅"問題平反的請示》2月17日，經中央批准，以中聯部《通報》的形式發至全黨。

再摘論戰，就要亡黨亡國

1993年8月底，時任中共中央總書記江澤民在一次見外賓前，對時任中聯部部長朱良說：現在有些人要肯定"九評"，公開批判戈巴喬夫，並要進行反對和平演變的政治運動。請你仔細搞一個簡要材料，主要說明"九評"的論點。

我們就此寫了材料，說明小平關于不搞論戰和"九評"的論述。

"文革"結束后，鄧小平同外賓的多次講話中，對這場論戰的結論是：反對別人搞"老子黨"，我們反對過了，你們有錯，我們錯在哪里，現在應結束過去，開辟未來，一切向前看。

回顧歷史，如肯定"九評"，貫徹了這些思想。我們在給中央的對外機構中起草了近10個文件，貫徹了當年7月世界大會，王稼祥舉行的"爭歐曉夫和平世界大會"，以茅盾為團長的中國代表團赴莫斯科出席批判，始于當年7月老先斯科受到批判，講話稿得到中央批准。

以茅盾為團長的中國代表團赴莫斯科，王稼祥主持起草了和為貴的講話稿，得到中央批准。對中國代表團比較滿意。對"爭歐曉夫和平世界大會"的思想，蘇方比較滿意。

（《中國新聞周刊》2013年第8期 吳興唐）

接到報告后，毛澤東多次在中國代表團的意見都表示了不滿。毛澤東批評中國代表團的做法是"脫離了左派，加強了右派，增加了中間派的動搖"。

王力、戚本禹同志
九月七日接見"来京串联革命师生
誓师大会"主席团的讲话

九月六日，"来京串联革命师生誓师大会"以后，根据大家要求，主席团和一部份同学前往中央文化革命小组群众接待站反映大家要求，中央文革小组王力、戚本禹同志在九月七日凌晨2时接见了这些同志。

这些同志是：

西北大学　湯承刚　　南京大学　季方銘　　南昌鉄中　王蓉蓉　周毅　　开封抗大第一高中　賈荣功　　吉林工大　佟恩泽　华南师院　方向东　四川大学　李清泉　陈昌智　西北工大　魏国超　陕西师大　彭正信　文期元　合肥工大　李淑文　　兰州大学　郭永祥　段以文　湖南师院　刘国容　　西安卅八中　朱俊英　中国人民大学　朱魁成　林玉兰　钟錦泉　蔡系文　馬长征

首先由人民大学同学介绍了9月6日在人大召开的"来京串联革命师生誓师大会"筹备、召开的情况，并把参加大会的三、四万革命师生要见毛主席的强烈愿望委托王力、戚本禹同志轉达給毛主席。

王力說：現在北京有些学校要赶外地同学，你們这个大会是不是你們发起的想赶人家走。（大家都笑了，一致說："不是的，是外地学生发起筹备的"）我們很害怕你們这个会是赶人家走的，情况不清楚，我們不好去人参加。

同学們說：这个会是由外地住人大的同学发起的，得到一千多个单位的拥护的，是我們离京前表示决心，鼓干劲，把首都紅卫兵革命精神带回去的誓师大会。

王力說：这样的大会在北京还是第一次，我們还沒有碰到过。由外地发起組織的这样一个几万人的大会，如果几天开一次，去几位中央同志，請一个人講講話，鼓鼓劲，大家就满足了，就可以几天开一个。在这样的会議上，一定要见到毛主席是不可能的，毛主席五天接见一次群众是不可能的。

（南昌鉄路中学王蓉蓉說：我們一定要见毛主席。今天我們开会，有人提出要整队到中南海去见毛主席。）

王力說：这样到中南海见毛主席是见不到的。

同学們說：市委只让我們住五天。

王力說：五天是誰規定的，我不太清楚，回去问问。

同学們說：我們要求十号以前毛主席在天安門接见我們。（有的要求八号接见）

王力說：准备国庆节以前还在天安門召开一次会議，八号以前不可能的。

同学們說：我們有的明天要走，有的后天要走。

戚本禹說：见到毛主席的就可回去了。

同学們說：我們的車票要作废了　　　（指汽車票）。

王力說：現在不是不要票了嗎？

同学們說：要票（說着，就把临时乘車証給王力看了看）。

有的同志问：周总理說过，外地高等学校学生都可分期分批来北京。現在，北京有些人把一切非紅五类出身的子弟都說是混蛋，让他們滚蛋，这对不对？

王力說：这是不对的，是错誤的。

有的同志說：有人把同学說成保皇派，这对不对？

王力說：你們可以跟大家說，毛主席說的："在同学中取消保皇派这个名詞。"同学們不同观点，不同意見可以保留，可以辯論，不要扣帽子。

一同学說：我坐火車就看到有人强行剪人家头发，剪人家辮子。

戚本禹說：这不对。

南昌鉄中王蓉蓉宣讀了他們这个紅卫兵給毛主席的一封信。

最后，同志們一再要求首长把大家要見到毛主席的心情轉达給毛主席，并把一大包給毛主席的文件交給了王力同志。

周恩来总理九月七日在
中国人民大学的讲话

同学們、同志們、紅卫兵战士們：

我現在代表毛主席、党中央、国务院向你們問好。向你們致以无产阶级文化大革命的战斗敬礼。你們是从四面八方来的，我們欢迎你們，我們支持你們到北京来进行革命串联，取革命的經，参观訪問。你們昨天开大会，因为沒得到消息，沒传到我們那里，很对不住你們，让你們白等了八个小时，我觉得很抱歉。所以今天我們听到中央文革小组王力同志說了，告訴我們这件事，我們决定今天开会，一些同志来见你們。

你們来北京是要取經的，首先我們要告訴你們，革命要靠自己。毛主席他最了解群众，最信任群众，最依靠群众，他常常說：我們要放手发动群众。把群众发动起来了依靠自己解放自己，过去我們进行民主革命是这样，我們現在进行无产阶级文化大革命也是这样。現在你們到北京来，北京的同学也到全国各地去进行革命串联，主要是交流革命經驗，互相学习，因为每个学校，每个单位的文化大革命都是靠自己本单位群众觉悟起来，行动起来搞革命，才能把革命搞得彻底。革命，毛主席說，內因为主，外因为辅。所以不管到那里去煽风点火，去煽社会主义之风，点无产阶级文化大革命之火，都是帮助别人，革命的主人还是那个地方，那个单位的群众。所以我們告訴各位同学、同志們，你們搞串联取得經驗，回到本单位后和本单位的群众商量，根据自己的情况，根据自己的認識来解决自己的問題。反过来，在場的北京同学、紅卫兵到全国各地去，支持那个地方的革命也要采取这个态度，采取这个办法。帮助人家、鼓励人家，向他們学习，向人家交流經驗，不要把我們自己的意见强加給人家。这个問題，今天《人民日报》的社論"抓革命，促生产"也講了这个道理，你們可以好好学一学，讀一讀。总之，我們搞无产阶级文化大革命一定遵照我們党的八届十一中全会八月八日通过的十六条办事。要很好的熟悉它，学习它，掌握它，运用它。不仅如此，还要学习十六条公布以后《人民日报》、《解放軍报》发表了許多好的社論。相互討論，因为你們在北京取經首先要学习十六条，学习《人民日报》、《解放軍报》的好社論，在北京要学，回去要学，在火車上也要学。搞本单位时也要学，向林彪同志說的那样要学用結合，在用字上狠下功夫。看看在斗爭的实践中是否眞正懂得了十六条，作好了十六条。

現在天气渐渐的冷了，同学們也沒有地方住，你們想一想每天来北京八九万人，如果进来，不出去，又要增加一个北京城了，很快就增加出来了。沒有地方住呀，当然，你們的精神很好，找不到地方就在車站的水泥地上睡，甚至在学校的广場上睡，你們艰苦朴素的精神使我們很受感动。但是使我們感到非常的不安，因为我們沒有把你們招待好，沒有很好的地方招待你們，在这个問題我們和你們的想法不那么一致，有点矛盾，你們想多留几天好，剛才那几位发言說：非见到毛主席不可，方才开会前，你們有个同学說中央同志能见到你們就回去，那就是說，不但我們之間想法上有点矛盾，你們自己說法也有矛盾，所以我們想办法建議你們……，首先代表毛主席、党中央向你們問好，等一下我代表林彪同志念一念林彪同志 8 月31日在北京市接見革命师生大会上的講話。最后放一放"八•一八"毛主席和百万文化革命大軍在一起的五彩电影。那么我們滿足了你們这么多的要求，我們就希望你們滿足我的一个小小的要求，首先，八月三十一日以前来的同学可以先回去，因为你們見到毛主席了。第二，9 月 7 日以前来的同学也陆續回去，才能让出地方，让給从明天起不断新来的同学、紅卫兵。不然沒办法招待你們，我还要和你們商量商量。当然，我不能自己来了，要派代表来，我希望你們討論我这个小小的要求。現在我讀讀林彪同志在 8 月31日的講話。最后总理指揮齐唱：《大海航行靠舵手》。我还要参加别的会。很对不住，現在就告辞了。

中国人民大学工經系三年級张文敏　王俊奇　徐家琳　整理　　1966年 9 月 8 日

周总理九月七日晚
在中国科学院辯論会上的讲话

科学院的同志們：

我很早就想到你們这里来，但工作时间很难分出这样一个时间来听你們的辩論，今天能有机会来，这是件很高兴的事。我首先代表毛主席、党中央、国务院支持你們，有决心把无产阶级文化大革命进行到底！你們也表示这个愿望和决心。你們是科学院的同志，所以我們在进行以无产阶级文化大革命为綱的社会主义革命的时候，同时也要陪同其它两大革命，就是今天《人民日报》上所写的《抓革命，促生产》，就是六三年毛主席亲自訂的劳动人民、革命知识分子、革命干部大抓三大革命运动，也就是阶级斗争、生产斗争、科学实验三大革命运动。社会主义教育运动进行了四年了。现在，毛主席提出关于无产阶级文化大革命的問題，把社会主义革命深入到思想领域內无产阶级与資产阶级的阶级斗爭，要深入到灵魂深处，在这个斗争中检验每一个人的立場、阶级感情、检查每个人的言行是否符合毛泽东思想，这是破"四旧"立"四新"的关鍵性問題。你們是搞科学的，懂得如何检查立場。立場、阶级感情問題要用毛泽东思想来检查，特别是毛主席制訂的十六条綱领。你們今后要更好地熟悉它，掌握它，运用它，不管是搞社会科学的，还是搞自然科学的，掌握这个綱领要象林彪同志說的，要活学活用、学用结合，在用字上狠下功夫。在斗争的实践中表明自己的立場。你們同样有斗批改的問題，有炮打司令部的問題，在这个斗争中要很好地以十六条为战斗武器。分析这个問題，認识这个問題，然后辩論。我在七月底八月初接受了党交給我的要研究和解决国家科委和科学院所发生的問題，这个問題不是很简单的問題，是相当复杂的問題。我不得不分出一些时间来研究一些个别問題，联系到整个問題。科学院范围更大，单位有五十多个，从一个力量最紧的部門調来刘西芝同志作联絡工作。最近又从解放军同志那里調来几个同志做助手。科学院很大，要进行阶级斗争，又要进行生产斗争和科学实验，我們不能看着把尖端项目推延时间，我已有很多材料証明有很多重要实验放在一边，我很不安心，我相信抓革命促生产最后战果很大的，不能在阶级斗争中看着科学实验受影响，我曾通过刘西芝同志向大家宣讀陈伯达同志的报告，但现在仍然没有抓起来，这怪我們领导沒有很好安排，很好帮助。但我有个想法，在坐两万多群众，毛主席最相信群众的，我們应該坚决拥护毛主席的話，相信你們一旦懂得，就能自己解决自己的問題的。在你們当中涌现出很多能干的同志。但现在还連不起来，你們是你們，我是我，我很想听听你們的意见。而且要首先听听反对院党委的意见。但我不能只听一方面的意见，要多听听双方面的意见。看到了你們的主要傾向，了解你們的感情。刚才社会科学部的一个同志要求发言五分钟，我同意了，但要声明，今天大多是自然科学研究单位发言。社会科学部已經分配給中宣部直接管理。所以事先已商量好，自然科学单位代表发言。我觉得带着一个感情在这种場合发言是不合适的（注：社会科学部的那个发言的人主张罢掉张劲夫的官）。我們的阶级感情和实事求是是结合起来的，这是主席的思想。我也知道这位同志的感情是院党委压制他的意见，这一点，我是支持的。但事情要分析，但話要說回来，如何解决科学院的問題？有一部分人就是要罢张劲夫的官，是这样简单吗？如果这样简单不需要調查研究了。問題在把事情搞清楚，向大家作报告解决問題。你們的任务很重，要进行三大革命，你們有工人阶級、革命知識分子、革命干部，这是国家的財富。如何团結95％群众起来搞革命，这是一件很大而又艱巨的任务。我能在这个問題上推动你們，是螺絲釘的作用。清华問題沒解决，国家科委問題沒解决，我知道你們不能等待，怎么办？我建議你們从明天起是否不开这样的大会。几个发言稿子太长，好象大家不喜欢听。可以分成各单位开会，以张劲夫同志的态度发言爭論个淸楚，看看該不該罢官，党委該不該改组，他讲了三个問題：（1）应地所問題，（2）化研問題，（3）由于另外和其他措施所影响的問題，这些問題都作了回答。从明天起可以分到各单位討論三到四次，每个单位都作出几种意見結論。这样再来开全院大会发言就比較好些。这只是个意見，你們可以反对，也可以贊成，我也不要今晚作出結論。（注：这时紅卫兵給总理打来长途电話，总理将电話內容告訴大家）我們最可爱的紅卫兵确实很英勇，确实想在各个战綫上开展无产阶級文化大革命。不仅在国内而且在国际上也敢闯。在苏联大使馆門前建立一条反修路（揚威路），当时按照他們的精神就要闯进大使馆，我們教育他們要文斗，不要武斗，我們和苏联还有外交关系，对他們使馆我們要尊重。如果把反修文斗变成反修武斗，为此在筹办反修路成立时，給小将們办了很多交道，才达成协議，派了很多助手。我們不挑衅，如果他們挑衅，就坚决保护勇敢的下一代，宁可付出一切代价，不能损害小将們一根毫毛。我們的小将干得好！二天内組織了四十万人，在中学、小学、工厂、机关内祝賀，反修路成立。庆賀之前，四十万人井井有条，勇猛前进，沒有任何問題，这下子我們的小将們的兴头来了，向全国出发！刚才他們先头部队到了海拉尔，闯进了国际列車，刚才我的电話接晚了一点，他們已进了車箱。我亲自和紅卫兵讲了話，要他們下車，以后再商議。他一听我的口音知道是周伯伯，他問是不是毛主席讲的，我說当然是毛主席讲的。你們可以在車站呼口号，不要上車嘛！可以严陣以待，（又去接电話，又是海拉尔来的）紅卫兵孩子是可爱的，說是毛主席的話就都撤下来了，当然我讲了些道理，为什么要下車，对一些标語要审查一下，凡是不妨碍中苏两国人民友好的，可以贴，他們理解为什么外国人坐的車要由中国人开車。告訴他們国务院有规定，内地紅卫兵不要到边防去革命串联，如海拉尔、满州里、伊里，内地紅卫兵不了解那里的情况，那里有那里的学校紅卫兵，革命要靠本单位，毛主席讲了，革命要靠本单位，資本主义道路当权派和犯错誤的当权派，自己本单位最清楚。外单位可以煽风点火。煽社会主义之风，点社会主义之火，凡是煽风点火，这里要有燃料，革命靠内因，他們不了解……（記掉一句），我說了他們就听。他們說有错就改，真是好孩子，他們是我們的希望。为什么我們放手，为什么我們放半年假？叫他們闹革命就是这个道理。話說回来，你們不要放半年假，闹革命，科学院不是学校，总是要搞生产斗爭特别是科学实驗。正是这样不希望拖的太久。刚才那个建議也許是合适的，如果大多数人要开这样的大会也可以，但这样不能把一个单位，一个单位的意見記下来，各所可以联合起来，本所的斗爭自己去判断张劲夫同志的发言，这样可以更深入一些。今天只能讲这些，中間插了一段紅卫兵的事，做为教訓，在大革命中一些小插曲可以出现，但主流是好的。要不断帮助他們，我們还要向他們学习。揚威路改为反修路我是很佩服的。在科学院我要向你們学习，一种意見，多种意見都要听，这样問題也許可以比較合适的解决。要声明一件事，8月25日大会，到会大多数提出要罢张劲夫的官的意見书，我說这些意見书可以接过来报告中央。我的秘书，把（抄者注：可能是"在"之誤）电話中接过来說成是接受了。只有一字之差，这也是常有的事，請大家原諒。即使我說的沒錯，听的人主观上也可能听错了，也不要再追究了，否則就鑽牛角尖了。我怎么可能說当时就接受了呢？这样还要調查嗎？我有些问题要解答，等到要回答的时候就回答。今天調来的紅卫兵我謝謝你們，今天也等于接見了你們。

你們所进行的工作与我所过问的有关，我不愿失掉这个机会，还希望有关单位多接触，在我还能为党工作的时候我要向你們学习一点自然科学，要做一个彻底的革命者。要学习馬列主义毛泽东思想，学到老，讀毛主席的书，听毛主席的話，照毛主席的指示办事，这样改造我們自己。我是一个老党员，时时刻刻跟毛主席，有时还觉得跟不上。我现在觉得学主席思想学得不够。

在你們知识分子成堆的地方，有的人出身紅五类，有的人出身不好，可以改造好。我就是出身不好的，我主张查三代，但我并不推行查三代。可以查查自己什么出身，多少会影响自己，特别是意识形态，大革命、破四旧，立四新更需要。做社会調查，阶级分析首先要从自己开始，所以家庭出身不好的同志要时刻警惕自己。时刻革命，破旧的，才能立新的。家庭出身好的有好条件，但不要忘本，在社会上生活，在知识分子成堆的地方生活，是否有影响，父亲好，祖父如何？外祖母是否是地主婆？我的父母亲都是封建家庭出身，我68岁了还觉得有影响，你們出身好就沒有旧思想嗎？紅五类子弟不能驕傲，现在革命是翻天复地的问题，有的造反就造到家里去了，这是可喜的事。出身不好的就要背叛自己的剝削家庭，出身好的，不要忘本，这样互相勉励。出身好的和出身不好的是有差别，要承認这个差别，紅五类要团结出身不好而愿意革命的人。你們这里有五千工人，工人老大哥要帮助他們，但不要驕傲。

伟大的无产阶级文化大革命万岁！
伟大的无产阶级专政万岁！
伟大的战无不胜的毛泽东思想万岁！
伟大的領袖毛主席万岁！

記者　北航　韓耀新　陈华北

康生同志九月八日在人民大会堂接见
部分来京革命串联同志时的談话

康老：来了好久了？（笑，众笑）沒有很快接見大家有两个原因，一个是忙，不能很快地見你們，一天有一千多封信，光拆就拆不完。另外，到了的这些同志因为地方未定，想找也找不到。山东大学的同志和王力、关鋒同志談过一次，在座的同志是否見过一些了？（答：沒有。）情況是知道一些了，青岛的问题，山东大学的问题，山东师范学院的问题，咱們商量一下子吧，大家最好到六点钟，最多到六点十分，六点半我們得接見索馬里代表团，一个单位讲一刻钟，四个单位一点钟，主要是听听你們的意見，見見同志們。山东的学校，我不知道青岛的，山东的学校，其它的学校去过了，山东好象沒有去过。听听同志們的意見吧，看看那个单位就先发言吧。

山东海洋学院同学：請康老轉达我們山东海洋学院全体同学对最最敬爱的毛主席的问候！（鼓掌）

康老：咱們先熟悉一下，你叫什么名字？（答略）什么系？（答略）几年級了？

山东海洋学院同学：五年級了。

康老：快毕业了？！

海洋学院同学：阶級斗爭这門課我还沒毕业。

康老：这个，我也沒毕业。（众笑）（当山东师范学院讲到工作組未检查彻底就撤走了时，康老插話：）中央不是有一条說不检查彻底就不让走吗？

师院同学：省委决定要他們走的，我們又把他要回来了。

各校汇报完了之后，康老讲：

我欢迎同志們到北京来交流无产阶級文化大革命的經驗。并且通过你們向山东大学、山东海洋学院、山东师范学院、莱芜二中的全体同志們，向他們也向你們致无产阶級文化大革命的战斗敬礼！你們来到北京，这是毛主席住的地方。毛主席是我們伟大的导师、伟大的統帅、伟大的領袖、伟大的舵手。这次文化大革命是毛主席亲自領导的。这个文化大革命深入到一个嶄新的阶段，深入到人們的灵魂的阶段。当然，交流經驗是很必要的，我来是来问同志們到北京来学了些什么經驗，我有一点可以介绍一下。

同志們看到北京的文化大革命，这个文化大革命是从五月廿五号聂元梓七同志的大字报揭露了北京市委大学部宋碩，北大校长陆平，党委副书記彭佩云破坏文化大革命的罪行。这张大字报不仅是揭开了北大文化大革命的火焰，而是点起了全国文化大革命的火种。但是大字报贴出来，从五月廿五日到六月一日将近一个礼拜的时间内，受到了彭眞、宋碩、陆平、彭佩云黑帮的打击，鎭压。是誰把这个火种燃起全国文化大革命的火焰呢？是我們伟大的領袖毛主席。六月一日下午，毛主席通知說，北大的这张大字报是馬列主义的大字报，必须立刻广播，立即見报。下午接到毛主席的指示后，八点钟就广播了，二号就在人民日报上发表了。广播后，全国大学和一部分中学都动起来了，他們一方面声援北大，一方面是从群众中来到群众中去，点燃了无产阶级文化大革命的火焰。这个大革命，对防止修正主义有着伟大的历史意义，对全中国全世界的共产主义运动有着伟大的貢献。这个运动是一个尖銳的阶级斗争，深入到触及灵魂，它不可能直綫发展，必然发生曲折、遭到阻力。所以运动一开始，有人就站在資产阶级立場上用种种方法打击左派，压制运动。也有人害怕运动，想尽种种办法限制运动，派遣工作組就是这样的一个行动。工作組，主席讲，全国百分之九十以上都有错誤。《十六条》指出，这个文化大革命要放手发动群众，依靠群众，尊重群众的首創精神，工作組在学校里包办代替，阻碍群众的积极性。有的工作組压制群众，制造白色恐怖。对工作組要有分析，大致是：一种，他自己还想去革命，但方向错了；有的完全是站在資产阶级立場上，在学校中充当了新的資产阶级反党反社会主义的当权派。工作組内部也要分析一下，不是所有的工作組都是不好的。例如：有些解放軍参加了工作組，有的是要去革命的，但在错誤的路綫下，沒有达到他们的目的。大部分因仓促应战，对文化大革命不了解，"批"这帮人更是不成，如批翦伯贊、冯友兰，工作組沒去研究这些东西，无从批判。将来还有"改"，改革教学的方法等等，他们更不懂。无論"斗"、"批"、"改"，他們都不行。只有依靠广大工农兵，广大群众，他們懂，对怎样改革教育制度，他們有亲身的体会。只有依靠群众，相信群众，支持群众的革命行动，才能把运动搞彻底。就从北京来說，已从学校的"斗、批、改"发展到社会的"斗、批、改"，多少年不能解决的问题，在这个运动中就解决了。社会上存在着許多不能解决的事，他们都办到了。可見这个运动对社会主义革命，对过渡到共产主义都有深远的意义。

你們从北大的大字报由主席广播到全国，工作組主席宣布撤銷，并指出这是方向性的错誤，及时地扭轉了这个错誤，运动又轰轰烈烈地开展起来了，你們参加过"八·一八"的大会，有的同志参加了"八·卅一"大会，你們就看到主席是怎样的接近群众，怎样的关心群众，他不愧为是我們心中的紅太阳。（鼓掌）

你們从青岛来的同志，特别要看到北京的經驗。北京的各校工作組鎭压革命的这件事，你們都知道了，北大、清华、北师大你們都可見到了？山东海洋学院的同学們，这是一件什么事？这是一个阶级斗争！这是在阶级社会上的反动思潮！有工作組可以发生这样的事，（这是一个阶级斗争！这是在阶级社会上的反动思潮！有工作組可以发生这种事，）沒有工作組也发生这种事，这不是那一个人的问题，是一个阶级的問題！你們从兰州、哈尔滨、青岛的事件中，如果从阶级斗争，特别是从深入到灵魂的角度去理解，就不以为偶然了。这种事过去有，现在有，将来还要有，阶级斗争或高或低，或隐或現，总是有的。正如主席教导的"千万不要忘記阶级斗争"。同志們从这个运动中就会明白到，什么叫做"千万不要忘記阶级斗争。"

北京的工作也有許多缺点，有一点是值得学习的，就是不管那一个学校都沒有去煽动工人、农民，利用工人、农民来压制学生运动。一般地說来，北京的工人、农民、学生在这場文化大革命中是团结的。当然个别的也有，人大有两派斗争，有一派到公社去找了六百农民，他們受了欺骗。郭影秋在社教时表现还好，保郭影秋的就把社员請来了，这个问题一經发现，我們就制止了，說服了农民，教育了学校。在外省的问题上是比较值得注意的问题。西安、兰州、哈尔濱都不是偶然的。《人民日报》在八月廿三日发表的社論（按为《工农兵要坚决支持革命学生》）号召工人、农民积极支持学生运动。各地方党委有很大错誤，就是煽动工人、农民斗学生。本来北京这一现象有了，即煽动这一派学生反对那一派学生，外省还有煽

403

动这一学校斗争那一学校的。现在煽动工农反对学生，这是完全错误的，这是破坏文化大革命！为什么？这个革命是无产阶级文化大革命，无产阶级要支持这个大革命，革命的师生应向工人、农民学习，团结广大的工农社员。现在你们在北京学习，回去时要注意宣传，凡是蒙蔽工人、农民，利用他们去镇压学生，这是完全错误的。不但是我们革命的师生要学习工农，也欢迎他们支持文化大革命。

另外，你们要学习昨天《人民日报》上的一篇社论《抓革命、促生产》，革命的学生应该相信工农，他们在工厂、农村会按照自己的特点去革命，不要包办代替。他们的生产一分钟也不能停，《十六条》是抓革命促生产，不能破坏生产，红卫兵同志们要向工人老大哥学习，他们加紧生产，我们搞革命，要促进他们的生产。有的说停止生产也不要紧，斗学生加工分，这是极大的错误。当前农村面临三秋：秋收、秋种、征购，今年各地生产是一个丰收年，但这个丰年能不能搞到人民手上，这就不但是农民的任务，工人、党政机关都要支援。备战备荒为人民，是毛主席规定的方针，革命就是为的解放人民的思想，使人民的思想革命化，使社会主义革命、社会主义建设进一步发展。当前中央决定要按农村的生产计划、社教计划进行，不要干扰他们，要帮助他们秋收，北京很快就要这样做。红卫兵去参加劳动也好，向他们学习也好，促生产也好，中央有个社论，也下达了指示，还有一个报告。黑帮分子有个说法：文化大革命要破坏生产，他们竭力想破坏生产，给文化大革命抹黑，我们决不能让他们这个大阴谋得逞。我们要和他们相反，抓革命，促生产！使工农业生产、科学技术更加按毛泽东思想向前发展。这在当前很重要。北京的这个经验，对于山东各地方，特别是青岛，要把这个经验向革命师生讲，向工人老大哥讲，这一点是重要的。

第三、你们要知道学习林彪同志在八月卅一日大会上的讲话。文化大革命是触及灵魂，要文斗，不要武斗。文化大革命不是武化革命，是脑子里的东西，我很赞成北京的红卫兵去破四旧，但首先要清我们，包括我在内，脑子里的四旧。你们给他戴上一顶高帽子，没有用。上海同济大学的一个校长，给戴上了一个西瓜皮劳动，天热，他戴上这么一个帽子很舒服了，叫他摘下来，他还不干呢！有些地方传我一句话，说我赞成戴高帽子、挂黑牌，这是从高级党校传出来的，这完全是误会。八月廿号高级党校斗林枫，他们给戴上高帽子，身上贴了标语，给我汇报，我当时觉得这个办法在思想上解决不了问题，可又不能给群众泼冷水，我就说群众出于义愤，给他戴一下帽子，挂一个黑牌子，游一下院也没有什么，还是要按十六条办事的好，当然游街、戴高帽子，当然不算武斗，高帽子就是高一点嘛！没有什么。但也不算文斗，党校只给我传达了前一句，后一句掉了，他们从电话上传了去，贴了大字报就传出去了。戴高帽子不能解决问题，林彪同志讲，这只能触及皮肉，不能触及灵魂。你们要学习林总的这一指示。

当前你们山东大学的，山东海洋学院的，回去还遇到很多困难怎么办？你们知道革命不会没有阻力的，革命就是件难事，你们读了十一中全会公报没有？公报中最后第二段说（第11页第二段——把社会主义革命进行到底，康老直接引了这段话，页数指小册子上的页数）这方面的困难，都要克服。真正的左派，只有在克服各种困难当中坚定起来，成长起来，同志们应该有充分的准备。怕困难的，就知难而退，共产党就是遇难而进，困难是我们进步的开始，共产党和社会主义国家遇难而进，有了困难就要去克服，同志们不要被困难吓住，也不要迂困难而急躁，矛盾会不断产生，旧的矛盾解决了，新的矛盾还会出现，同志们要有信心，这个信心就是在毛泽东思想指导下，依靠广大群众、工农兵群众，团结在党中央和毛主席的周围，一定能够将无产阶级文化大革命进行到底！横扫一切牛鬼蛇神，保証将社会主义革命彻底进行到底！我們不怕困难，我們有伟大的毛主席的教导和指导，劳动人民开辟了新的社会主义革命的新阶段。

莱芜同学提出在农村买《毛泽东选集》很困难，請我帮助解决，你們把数字交給我，我让文化部給你办，今后我們要加紧印，今秋、明年三千万套，今年出一千五百万套，要保証很快运輸，运費不要錢，横版已开始印了。价錢比以前减低了，同学們的要求可以基本保証。时間已經是非走不行了，我們以后在山东再見面。

記录：山东大学中文系三年級王佩增

刘宁一、廖承志同志在筹备第二届中日青年友好大联欢动员大会上发言

刘宁一同志的发言：

我們现在正处在一个大好时代，是东风压倒西风的时代。毛主席思想不仅是中国革命的最高指示，而且是全世界一切被压迫民族、被压迫人民革命的最高指示。符合毛泽东思想的必然胜利，违反毛泽东思想的必然失败。

现在全世界革命正在蓬勃发展，亚非拉反对殖民主义运动高涨。反美斗爭不断取得胜利。反对美帝国主义及其走狗，反对以苏联为首的修正主义的斗爭正在蓬勃发展。

全世界是一片大好形势，全世界人民都在寻求用什么方法，走什么道路来解决斗爭的问题。不少外国朋友来我国取革命之經，一定要见毛主席，他們說，不看到毛主席就不走。

全中国人民正在毛主席的領导下，掀起了轰轰烈烈的无产阶级文化大革命，很多青少年組織了紅卫兵，一夜功夫，横扫一切封建社会残余势力，深入广泛地反对牛鬼蛇神，这震动了全世界，帝国主义睡不着了，修正主义也睡不着了。

帝国主义把資本主义复辟的希望寄托在第二、三代的温和派身上，而现在他們看来糟了，中国青年坚决贯彻毛泽东思想，第二、三代比第一代还来得厉害，苏联人民說："在我們这儿来个文化大革命更好得很！""中国青年多么幸福、伟大。"

毛主席思想和中国人民心連心，和全世界人民心連心。全世界人民說："毛主席不仅是你們的，而且是全世界人民的，是全世界革命人民的伟大导师、伟大領袖、伟大統帅、伟大舵手。"

我們有七亿人口，占全世界人口的四分之一。过去在解放战爭时期，我們有解放区、敌占区、国統区（国民党统治区），有毛主席所在地延安，象灯塔一样放射着光芒。现在全世界人民有一个解放区、帝占区、修統区，世界的延安就是北京，世界的大后方、解放区就是中国。我們要时刻念念不忘巩固无产阶级专政，这是关系到巩固全世界的解放区的问题。我們要以这个解放区为根据地，横扫一切帝国主义和修正主义。我們要学习"老三篇"，学习白求恩，成为一个我国的白求恩。解放战爭我們挖掉了三座大山，毛主席思想是我們的最高指示。我們有光荣伟大的党，国家解放了十七年，所以全世界人民都要看我們，学习我們。我們的朋友遍天下。

在世界大动荡、大分化、大改組的时代里，眞正的馬列主义者旗帜更加鲜明了。学习毛泽东思想，坚定地站在中国人民一边，反帝反修，每一个人都要在这中間表态。我們是要高举毛泽东思想伟大紅旗，坚定地与全世界革命人民站在一边。越是这样，我們的旗帜就更要鲜明，工作更要做好。

虽然我們文化大革命很忙，他們来要看看，学习中国的經验，根据毛主席的指示，我們要团结亚非拉人民，我們要爭取广大的日本人民，我們要爭取各国工人阶级、革命青年和一切爱国人士。即将到来的中日青年大联欢，就是执行毛主席这个指示的。我們的国庆节要有几千人参加，有日本青年和港澳同胞，要从一切角度說明毛主席的思想伟大。我們的一切工

作要政治挂帅，表現中国人民是坚强的不可动摇的团结力量，是在毛泽东思想下团结起来的。同时要牢記主席的教导，要謙虛、謹慎、善于做好团结工作，不能强加于人。使他們看到这个"根据地"，"延安"如何伟大，因此我們要按林彪同志指示，坚持四个第一。工人、农民、学生、机关服务工作同志、毛主席的战士，都是主席思想的宣传員，我們要胸怀祖国、放眼世界，把中央、主席交給的任务完成好，向毛主席汇报。

廖承志同志的講話：

刚才刘宁一同志說过，我們必須胸怀祖国、放眼世界，这也是毛主席教导我們的。"无产阶级只有解放全人类，才能最后地解放自己。"我們的工作就是这个任务的一部分。对日本的工作也是如此。毛主席講："日本除了軍国主义和垄断資本家外，其余的都是中国的朋友。"所以我們要爭取日本人民和日本青年，造軍国主义和垄断資本家的反，造帝国主义的反，这是我們工作的任务。

中央負責同志亲自挂帅，組成一个組，主要負責是周恩来同志，康生同志，陈毅同志，刘宁一同志。

現在初步規定日期是：九月廿日第一批出发，二十五第二批出发，我們派船去接。現在来得成否，还是問題，一半对一半。美帝国主义，日本政府，苏联修正主义所謂的"左派"阻拦他們，日本修正主义也在阻拦他們。日本修正主义不仅是社会上的"左派"，而且自称馬列主义政党，自称馬列主义者，最可恶。毛主席說："被敌人反对是好事而不是坏事"。敌人不同意，不希望，反对做的事，我們偏要做，要做好，我們就是偏要和他們斗。

第一，我們的工作对象：

从初步的阶级分析看，来四百人中，有一百七十个产业工人，农民有十一个，学生廿八人，职員七十六人，中小学教員、知识分子八十一人，据初步估計产业工人占大多数，希望多来些农民。来的团体有日本社会主义青年团，日本工会总評議会，日本金属工会斗爭会議，日本港湾工会，日本交通运輸工会，日本造船工会，日本新聞工作者协会，日本劳动者音乐协会等。这些人的絕大多数是工人阶级还是狗崽子呢？是工人阶级嘛！这四百多人絕大多数是产业工人，是工人队伍，我們做的这个工作是一項光荣的国际主义工作。日本現在是白色的，我們要把它变成紅色。

第二、我們工作的性質：

1. 我們工作就是毛主席教导我們的，建立广泛的统一战綫中的一个很重要的部分。美国从第二次世界大战以来，一直霸占着日本，建立了二百多个軍事基地。美国侵略越南的后方就是日本。他們的弹药生产是在日本生产的。美国向中国发动侵略战爭时，他們假想的兵力来源就是日本，做好日本的工作就是打击美帝。

2. 爭取日本人民和广大青年，就是反对苏修。苏修、美帝、日本政府，組織所謂神圣同盟，就是想孤立我們。他們搞苏、日青年联欢，在日本青年中宣揚修正主义思想。这个工作是在东方孤立和打击苏修的重要工作，因此只許做好，不許做坏。

3. 我們做好日本青年的工作，就是反击日本反动派，主要是亲美反动派，日本軍国主义的有力工作。日本軍国主义現在非常猖狂，在电影上、教科书上拼命宣传他們在第二次世界大战的所謂成績。在学校里也宣揚軍国主义。他們发展軍国主义就是把矛头指向我国。我們反击的最有效方法是爭取日本广大青年，这就是粉碎日本帝国主义。你們想一想，如果美国敢把战争强加于中国，越南、柬埔寨都有抵抗的，他们从哪儿来呢？最直接最近的还是日本，从海上来。日本很可能替美当炮灰，如果我们的工作做的好，就能使日本青年整排、整连、整营地起义，他们就调转枪头，直接对准日本军国主义。

4. 我们对日本青年的工作是反对日本修正主义的一个组成部分。日修的头子是谁呢？今年三、四月间来过中国的，是日本的大王八蛋，他反对毛主席，反对毛泽东思想，反对亚非拉人民的解放斗争，反对日本青年学习毛泽东思想，反对日本青年革命，鼓吹和平过渡，这是什么人？是百分之百的修正主义。就是这些人反对中日青年大联欢。他们越是反对，我们就越要搞。一切就是为向日本青年宣传毛泽东思想，用毛泽东思想武装起来，才能打败美帝、苏修、日本军国主义、日本修正主义。所以要对日本青年进行毛泽东思想的思想教育。

5. 一切为着备战，十一中全会最后一句话说：宣传毛泽东思想，打断美帝国主义的脊骨，干净、彻底、全部地消灭它。我们对日本青年做工作就是宣传，就是在战场上最后打败美帝的一个行动。这就要做许许多多复杂的思想工作，这个工作不是我们想的那么容易。有许许多多复杂的事。十七年来，我们有毛主席的教导，我们不知前进了多少年。而日本人民十七年来一直处在美帝的毒化、欺骗和蒙蔽下，日本不知后退了多少年。在思想意识方面，他们和我们的差距大约有五十年，我们要做耐心细致的思想工作。三七年至三九年到延安的青年都是来自五湖四海，他们是不是都是红五类？不全是。但是这些人经过党的教育，在抗日中起了很大作用，把毛泽东思想散布到各个解放区。我们中国就是世界的延安，在一九六六年九——十月我们做日本的青年工作，以后还要做别的国家青年的工作。这有两个很鲜明的对比：解放区的八路军、新四军抓到很多俘虏，当时抓到日本俘虏不容易，而在抗美援朝中就容易得多了。经过艰苦的工作，现在这些俘虏在日本大部分是左派，甚至是高举毛泽东思想红旗的。当然这个工作不容易，得一年一年地努力。另外苏修回去的俘虏，就是虐待俘虏，不进行教育，所以这些俘虏很恨苏联。他们到中国来，基本上是想学习中国的经验，学习毛著，想看看毛主席，看看中国的文化大革命。我们能不能说同日本工人不拉手呢？恐怕不行吧！不仅要拉手，而且手要拉得紧紧才好！我们要和他们交谈，让我们的红卫兵和他们一起，用我们红卫兵的精神感动他。你们看对不对？（答：对）他们是工人阶级的子女，他们本身就是工人阶级，我们能把他们当资本家对待吗？不能吧！有一个小朋友说，要让这些人到长江去，能游的让去，不能游的也让去游，我看还是有人到长江，有人到游泳池，都能锻炼。

第三、工作方法：

主席、林彪同志要求我们做人的工作，做人的思想工作。思想工作做得好不好，看他们能不能自觉自愿地拥护毛泽东思想，从拥护到学习，从初步学习到深入学习，把毛泽东思想带回日本去，运用于革命实践，对日本青年是这样，对非洲国家青年也是这样。我们要善于诱导他们，一个一个地诱导他们。这个工作有我们用毛泽东思想武装起来的中国人民和我们红卫兵，我相信这个工作一定能够做好！如何做呢？可以现身说法。去年日本青年到南京的一个老太太家里去，招待好，鼓励干革命，那些日本青年都哭了。他们宣誓说："我们的枪口永远不会对准中国。"……。

各种思想无不打上阶级烙印，工人阶级中也有先进的，落后的。因此自然有左、中、右。左派是认真学习毛泽东思想的人。这次来的左派是三分之一多一点，还有三分之一中间派，这个中间派是思想上摇摆的，收入较高的，对这些人我们要从思想上去争取他们，争取百分之九十五的人。还有少数右派，他们来又想反对中国，又想与中国友好，这是一个矛盾，我們可以利用这个矛盾。

活动方式以小型座談会和个人交談为主。因为左、中、右混在一起，中央討論了这个問題，訂了一个提綱：

（1）学习主席思想；

（2）宣传文化大革命；

（3）反对修正主义；

（4）宣传我国社会主义建設；

（5）怎样做青年工作、工会工作、妇女工作；

（6）中国和日本的关系怎么看；

我們搞出后印发，根据提綱办事，一个多星期就能印出来。

参加联欢翻譯基本上是紅五类，如果不够，就选經过革命考驗和党批准的同志，例如，我不是紅五类，我是资产阶级家庭出身，因此我必須随时受劳动人民的监督和怀疑，有错誤我就检查。所以个别經过审查，又是党员的还是可以的。在活动中"紅色娘子軍"、"紅卫兵"还是可以演的吧！我們主要安排各种討論会，宣传主席思想，还要表現我們的威力，让他們看看公社社员生活和設备，看看公社发电厂，我們还准备請解放軍給他們表演，看看三八作风、三大紀律八项注意是什么，看看我們的自力更生。演給他們看，把武器給他們看，看修正主义如何給我們增加困难，我們如何克服困难，看我們社会主义建設的成就。要做好这个工作。

对日本青年的奇裝異服如何看呢？日本在美国的控制下，寬腿褲子可能沒有，所以洋气十足，他本来就是洋人嘛！东洋人嘛！当然有洋气！现在我們做工作，正是把他們的洋气改造为正气！

要让他們慢慢学习主席思想，他們自己感到不象話，自己回去剪掉怪头发，否則你給他剪了，回到日本又会长起来。

现在我們計划，如果二十号行动，我們十七、十八日就准备，在上海住一天，馬上到北京，在北京过国庆节后分五路：

（1）延安——西安——太原——洛阳。

（2）武汉——长沙——韶山——广州。

（3）天津——济南——南京——。

（4）南昌——井崗山。

（5）长春——沈阳——鞍山。

这五路最后到广州，再在上海轉轉，繼續参观，这个工作大概要一个多月，我們爭取让他們回去造帝国主义的反，造日本軍国主义的反。这个工作要靠大家来做，全部依靠走群众路綫来做，红卫兵要带动青年一起做。要牢記毛主席的教导，要彻底解放全人类，才能最后解放自己。

周恩来同志九月十日在首都紅卫兵
座談会上的谈话

同学們、紅卫兵战士們：

你們責备我們对中学的紅卫兵关心太少了，有一部分道理。因为大学成立第一个司令部我沒有参加，成立总部我沒参加，成立革命造反总司令部我也沒参加。我是今天上午找第一司令部的同志談了一下，況且你們也去了。而与中学开会多，第一次在劳动人民文化宫（8.23），大多数是中学生，成立联络总部也是女十五中同学被刺我才想到的，8月25日发生了，8月26日我就让成立联络站，一是支持帮助，二是爱护保护，三是宣传，如果再多說一些，8月18在天安門上我們就有接触，有大学的中学的，其中多数是中学的。我陪主席下去看你們，但是到了桥上就过不去了，这有电影作証嘛。

剛才一个中学同学說，8月18日以前大学一个紅卫兵也沒有，这不符合事实，不过当时少，事情总是由少到多，紅卫兵是由你們首创的，不能說8月18日以后成立的都不好，8月18日以前我們沒有提这个嘛！8月18日主席带上了紅袖章，主席号召了，参加的人就多了，你們不是說听主席的話嗎？不能說8月18日以后成立的不算数，同学們不要动感情，革命不能后繼无人，8月31日肯定了紅卫兵是解放军的后备军，解放军有几百万，你們现在这么一点紅卫兵就嫌多了，几百万解放军要有几千万紅卫兵作后备才行，8月18日以后人多了是好事，做官当老爷的思想要不得，垄断思想不好，垄断还不是資产阶级思想？不是无产阶级化吆！无产阶级化的是全世界，我們怎能垄断呢？同学們要冷靜一些，8月18日以后多了，应該称贊，应该欢欣鼓舞。

你們說中学朝气足，敢闯、敢想，好。从鼓掌中看，中学生多。第一次我同中学生接触，是他們跟警察发生了冲突，要警察改服装，他們要求年底改，我和謝富治同志研究，9月1日就改了，你們的意见对，我們就改了嘛！怎么能說我們不重視中学生的意见呢？改了服装，现在又出现了問題，阴天，晚上目标不鮮明，任何一个建議不会百分之百正确，我們决定套个白袖套，上班时套，这样就完善了。你們的闯劲好，但意见不是不能修改的。第二是女十五中让把紅綠灯改一下，我与謝富治同志研究試一下，但問了几个司机，司机說不行，紅灯目标鮮明，改成綠灯，白天什么也看不到，容易出事故。給女十五中的同学讲了这个道理，他們認为我不是强詞夺理，同意不改了。紅灯是指路明灯，也是保卫安全的灯。8月18日以后首先接触的是中学生。他們8月27日司令部成立，晚上我找他們談，成立组織我們贊成，同时我想到成立联络站要好好把中学组織起来，分几个区，9月1日第一次座談会，你們許多中学紅卫兵参加了嘛，大学生少，中学生多。你們还記得，那次还是我讲話多，今天是第二次，才十天功夫开了两次，不算少，所以說我們不重視中学紅卫兵，我不完全接受，这二十天，我主要搞紅卫兵。

8月15日女二中改揚威路为反修路，她們敢闯，在苏联大使館門前貼了大字报，又联絡一些中学，召开揭幕会，先是一万多，后来到三万，四万，第二天发展到四十万，有中学、大学、工厂农村的，我們組織保卫，派解放軍徒手保卫你們，我給他們下的命令，如果苏修冲进中学队伍，你們要不惜一切牺牲，不准苏修动中学同学的一根毫毛，安全地进行革命示威。

另外，最近二次，20万人大会，他們也将了我們的軍，一次是两部分学生发生了冲突（师大附中），刺了一个同学，你們要开十万人公审会，搞到中央，我們不同意开，因为八月四日的公审5个小流氓的会影响不好，市委同意开，党中央研究認为错了。青年中有一点小流氓行为，教育一下。我們找了十几个学校的代表方說服，第二天又是一个十万人大会，就是李元波刺伤了八个人，杀人这是反革命报复，现在我們有强大的无产阶级专政，只要組織好，就不会出这样的事，要开会影响不好，北京是全国人民，全世界的革命和反革命的注意中心，28日又說服了这些人，这一次又談了更长的时间，那是以女十五中为主。

这三次都有筹委会，我們建議筹委会不要解散，逐步联合。

你們刚才的批評我們部分接受，半工半讀同学的批評对（我們找个机会专門开一次半工半讀的会。）

对这些問題要有分析。

现在回答你們提出的問題，提了这么多问题，一个一个回答，不可能。刚才徐战士同学提了十大矛盾，这个提法好，主要問題都包括了，十个问题多数是內部问题，只有第一个问题性质是敌我的，但方法是一样的，第一个问题是破四旧和斗、批、改的矛盾。

第一个問題是破四旧和斗批改的矛盾，这个問題林彪同志 8 月31日讲了，破四旧也是意识形态的东西，也是斗批改的內容，不能說每个学校都是走資本主义道路的当权派，要都是走資本主义道路的当权派，那么党中央，毛主席的領导不就成了空中楼閣了嗎？总是要一分为二，不是走資本主义道路的当权派，要团結。不是所有的学校都是走資本主义道路的当权派，要是这样，无产阶级专政，毛主席的領导不就落空了嗎？

现在你們传《炮打司令部》，现在我正式說，毛主席的东西不是受主席的委托，在党內文件、新华社、解放軍报、人民日报正式发表的，相互抄的都不算数。为什么这样严格？因为毛主席的话不仅影响中国，而且影响世界，不仅影响今天，而且还影响世界革命的将来。不听这个话，就不是毛主席的好学生。

不能把炮打司令部認为是毛主席号召打所有的党政机关，如果不相信都要炮打，毛主席的領导不就落空了嗎？毛主席指的是某些单位、某些領导。就是在一个时期犯了一些方向路綫上的错誤，也不能同黑帮等同。黑帮沒有边，不确切容易错伤人。十六条就沒有提黑帮，而是提反党反社会主义右派，现在不用黑帮了，不能說一切領导都要炮打，都是黑帮，否則毛主席的領导不就落空了嗎？

林彪同志 8 月31日讲了我們敢于斗爭，敢于革命，善于斗爭，善于革命。我們要用毛泽东思想作为无产阶级文化大革命的指南，認真地、全面地、彻底地、不折不扣地貫彻十六条，很清楚，是要拿十六条作綱领，作为行动的指南。

为什么现在大中学校都成了黑帮、黑綫了，因为前市委是在彭真的領导下受了影响，大家怀疑是应該的。但不是所有的地方都和北京一样，北京是特殊情况，全国是一般情况，不能沒有調查和运动的考驗就先下結論，这不符合毛泽东思想。

学校的斗批改发展到社会的斗批改，打击的是一小撮右派分子。为什么对資产阶级不横扫一切呢？因为毛主席的战略思想告訴我們集中主要力量，打击最顽固的。所以社会上的斗批改要讲究战略战术,学习政策,集中批判最主要的反动学术权威,不能凡写过一本坏书的就要批判,在此基础上改革政府机构,改革教育,改革文艺,所以学校的斗批改和社会的斗批改不矛盾,社会的斗批改搞好了,学校也就搞好了。

第二个矛盾是留在学校斗批改与帮助外地斗批改,这也不矛盾。那里的斗批改,破四旧没展开,你们煽风点火是必要的。但是支援煽风点火不是没有节制的,火要点,但点起来点不起来要靠那里的群众,革命总是内因是主要的,不能强加,这一点很重要。前一段点火起了很好的作用,但要使运动更深入,就要有计划、有步骤地进行,所以现在把北京的学生组织到外地。如果有些人不愿意让组织,自由自在去也不阻挡。

昨天,我给司令部(红卫兵)的同志讲过,红卫兵是战斗队、学习队、宣传队,没有这三条就不能算真正的红卫兵。中学也要到外地去,出去是三句话,进行革命串联,交流经验,参观访问。整个调查研究后再进行工作,这是很重要的。

中学也要出去,过一段回来斗争。斗争不难,批判是长期的,今天可以批,明天还可以批,至于改革,只要你们保持革命精神,是可以搞好的。

半工半读,在一个时期内,少劳动一些,是可以的,运动告一段落,再劳动。说学生出去串联,拿生活补助费不应该,是不对的,应当放手让他们去串联。

第三,是揪工作组与斗批改的矛盾。这个矛盾好解决。况且工作组撤走了一个多月了,检讨深刻的就斗批改,检讨不深刻的就再检讨,多数人满意了少数人不满意,可以向少数人检讨,多数人可以不参加。

另外,在学生中团结绝大多数的人,最后团结95%干部,95%群众,从这一点出发,下面的矛盾就可以解决了。

第四个矛盾是本市同学与外地同学有矛盾,因为外地来都住在你们那儿,你们工作就不方便了,这是很自然的。北京的红卫兵对外地来的不热情,不信,你们到北京站去看看,甚至让人家滚回去,这不好。车站纠察队很辛苦,我找他们的负责人谈过。现在外地来的同学说招待不周,本市同学不欢迎,这种情况不好。我们也到外地去,人家也招待我们嘛!八月三十一日晚上,我听了本地的学生和外地的学生要在共同搞好文化革命的原则基础上,加强革命的团结。有问题,有不同意见,要用调查研究,平等协商的方法来解决。

你们提了一个很简单的口号,红五类留下,黑五类滚蛋。口号可以简单,但事情不那么简单。有个学校的同学,把一列火车截了五个小时,一个一个地问成份,不是红五类的就赶人家下车。你能一下就分那么清?同学不要那么自信。我要了解你们一个人的出身,要化一个小时才能作出结论,而且还只听你说,没有旁证材料。这样做是违反毛泽东思想的。出身这个问题很复杂,你父亲好,你母亲不一定好,还有你舅舅、你老爷,问题就多了。同时把火车截住五个小时不是小事,别的车过不来,北京的粮食,郊区不能完全供给,要从外地运来,几十万人吃饭,粮食运不来怎么办?吃什么?况且五个小时你也搞不清楚。人家来北京看毛主席,到北京来学习,要欢迎。要学习毛主席的精神,要热情接待。红卫兵可以纯一点,全校性的组织就不能那样。非劳动人民出身的都赶出去,赶到那里去?毛主席主张矛盾不上交,也不下放,应当自己改造。我们就要抓暗藏的,不能都赶走。你们很辛苦地赶走了,可是你们忘了,他出去,农村不要,没人管,他还可以跑回来。不信,你们去调查一下,不需要出去调查,问一下你们的亲友就知道了。毛主席的思想是改造他们。

你们(指中学)不能因为有闯劲,大学的大哥哥、大姐姐说几句讲道理的话,你们就说是冷冷清清。

不能把剝削階級一时都消灭。有人說，理发自己理，城市开理发馆是为資产階級服务的，要他們关門。我問他們，这些人都到那里去？他們說到工厂去。那里有那么多工厂，全市有几万理发工人怎么生活？他們还有子女要生活，要吃飯。

第五个矛盾，是共青团和紅卫兵的矛盾。共青团有些領导人，如胡耀邦、胡克实、胡启立等同志犯了一些严重的错誤，但不能說共青团中央烂了，現在还指定两个人負責，有个办公室。不能說所有的共青团組織都烂掉了，更不能說二千多万共青团員都烂掉了。毛主席从来不作这样的結論，总是要一分为二。如果共青团好，团員可以参加紅卫兵，通过这些团員在紅卫兵中做工作，但不直接領导。党組織也是这样。

中学紅卫兵也要联合起来，我支持你們，提出不叫司令部，可以叫委員会，实行巴黎公社式的选举，集体領导。如果領导不称职，可以撤换。

第六，是紅卫兵和筹委会的矛盾。这也和共青团关系一样。如果筹委会健全，大家拥护，也可以发生行政关系，如让他們帮助解决办公室、办公費、車子等。如果大家不承認，可以找联絡站。

中学分区联絡站，五天以內建立起来，帮助你們解决困难，五天内建立不起来，你們就批評我說话不算数。联絡站是个服务机构。

第七个矛盾是8月18日以前成立的紅卫兵和8月18日以后成立的紅卫兵的矛盾。我不同意这个提法，革命不能以时间分，因为8月18日以前我們沒有提倡，8月18日以后我們提倡了嘛。

第八个矛盾是各种紅卫兵之間的矛盾。这个矛盾是不可避免的，因为青年人的革命思潮是蓬勃起伏的，一会这样想，一会又那样想，是允許的。只要你們坚持高举毛泽东思思伟大紅旗，坚持文化革命的方向，以十六条为基础。这三条大前提定了，是对的，一切組織都是合法的，都要支持。大家都知道王麻子剪刀开始是一家，以后就多了，所以要允許人家革命。家庭出身好，革命表現好才是两好。家庭出身不好，可以背叛嘛。你們不要以为我說的这个话不对，这是符合主席思想的。出身不好是客观存在的，不能由人选择，一生出来就决定了。革命可以选择，我的出生不好，你們不能說我現在不革命。出身不好，革命表現好，这就有一好嘛。你們說的不是"紅五类"，也不是"黑五类"出身的那些人，比如中农也是好的，所以不能什么都不要。

你們說，你們敢闯，再闯也闯不过毛泽东思想嘛！因为毛主席对中国社会作了深刻的分析，我們不可能闯过。

紅卫兵組織了，其他大批人怎么办呢？这个問題等会儿再說。

紅卫兵有好几种是可以的，可以彼此竞赛。在革命风浪中考驗，千条大河归大海。几种不同的組織是人民内部問題的矛盾，是允許的。

第九个問題是你們把家庭出身作为一个唯一的标准，会出偏向（不是說紅卫兵組織），現在社会上有一大批非紅五类子弟，不能都赶出去。赶到那里去？农村中容納不了那么多，我們組織了一些人到新疆建设兵团，但那里是边疆，人不能太多，总要有一部分人在城市劳动。况且敎育改革还未付于实現，要改也要到半年以后。

我在清华作了調查，紅五类的占百分之四十，非剝削阶级出身的占百分之二十，剝削阶级出身的占百分之四十。你能說把百分之六十都不要？全校組織不是紅卫兵，因为紅卫兵是少数。

你們說了，现在忙的人忙死，閑的人閑死（有的中学同学的紅卫兵忙的要命，其他同学沒事干，看小人书，睡觉）。因为他們沒有紅袖章不好出来，出来也是灰溜溜的，有时还要問他們是不是"黑五类"，他就不出来了。不出来干什么！沒事干，就看小人书，睡觉。你們不去团結他們，改造他們。你們要好好地运用十六条，你們（指紅卫兵）是少数，但少数不要孤立。运动初期伤害一些人是不可避免的，但长期这样就会脱离群众。有人提出不要再罵人了，有人就不讲阶級路綫，这是不对的，罵并不能改造他們。十六条中第五条讲的是阶級路綫（总理念了一下，未解释）

第十个矛盾是运动发展不平衡。这是显然的，不平衡是絕对的，平衡是相对的。这是毛主席的哲学思想。总是要不断調整。

今天就讲这么多，以后还要开第三、第四、第五次座談会。

刘志堅、楊成武……等同志以后經常到你們联絡站去，要給你們讲很多問題。

周总理九月十日在外出串联誓师大会上的讲话

同志們，紅卫兵战士們：

你們在开成立大会时，我沒有到，今天有机会与首都紅卫兵司令部留在北京的全体紅卫兵战士见面，我很高兴。我向你們致以无产阶级文化大革命的战斗敬礼！

今天你們到会的数目已比你們原有数目减少了，是因为你們已經有不少紅卫兵到外地去串联，去进行革命串联，交流經驗，参观学习。革命串联是一件好事，在八月三十一日大会上我讲过，现在更进一步把你們准备到外地去串联的紅卫兵有組織、有計划、有步驟地出去。今天在这里举行南下兵团到全国各地出发前集会。昨天下午同南下司令部（指揮部）要走的人进行了会談，使我了解你們准备情況、組織情況、学习情況。在上次会见时确定的首都大专院校紅卫兵司令部三、四千人到全国主要地方，特别是到上海、新疆去革命串联，交流經驗，参观学习。你們經过九天的学习准备，今天已經成为中国人民解放军可靠的、强大的后备力量。这証明了毛主席直接领导的无产阶级文化大革命发动以后，新生力量朝气是强大的，不可战胜的，預见是正确的。我相信你們今天集合在这里，不是为了給我看，而是表示你們强大的組織性、紀律性。从你們組織时起，为的是南下，实际上不止是南下，你們是向全国五个方向前进，是前进兵团。最近学习、动员，都是为你們前进兵团作准备。你們现在就要出发了，我和司令部同志答应来见你們，向你們讲几句話，其实你們已經集訓三天了，你們已經学习很多了。我看了一个《快报》反映，中央文革小組有一个首都大专院校的快报，暢談心得体会，这是《解放軍报》記者同南下部份紅卫兵座談。你們学习的比我讲的还全面，我是起来就到你們这里来，沒准备，不是謙虚。你們放假去搞革命，但我是过问这件事，总有些想法吧！现在給你們談談我的想法，是从你們向我提的问题，今天起来学了快报想到的，来回答你們。我今天也边讲边准备。

首先我回答你們这样一个问题：你們今天要到全国各地去进行我說的革命大串联、交流經驗、参观学习三大任务时，你們究竟叫什么队伍？当然你們的名义是紅卫兵，其它地方也有紅卫兵。你們究竟表现什么精神？

第一，我們都是高等院校紅卫兵。今天我們商量一下，中等学校紅卫兵，要有100个愿意去的，愿意接受大专院校司令部紀律的，去100多人。今天来了沒有？請举手。来了請你們站起来，负责的站起来。有几个学校？（答：七个学校）噢，七个学校。組織了几个战斗单位？（答：三个支队）三个战斗单位。首先說明，紅卫兵我們要拿你們做个示范。大专院校、中等学校的紅卫兵首先是个战斗队。你們要问，战斗队是不是馬上打仗？因为你們是解放军的坚强的后备力量。这个战斗队不是要武斗，战場上去打仗，而是要到文战場上去战斗。另外，你們在学校中一斗、二批、三改，在社会上一斗、二批、三改，破四旧、立四新，这不是战斗吗？首先需要有战斗精神，闯劲，否则是不可能进行这場战斗的。在这点上，你們朝气蓬勃，精神焕发，敢想敢說敢闯敢革命。我們要向你們学习。解放十七年，我

415

們許多事情想做，以前說过或中央決定了的，可是都沒有做成。你們成立不到一个月，你們闹了許多事情，做了許多好事。这不是証明你們有战斗精神嗎？所以主席早就說过，希望寄托在我們身上，寄托在你們身上，更重要的是在你們身上，未来是属于你們的。所以你們首先要保持朝气蓬勃，保持有組織、有紀律的战斗作风。现在进行的这塲战斗，毛主席說，无产阶級文化大革命是触及人們灵魂的大革命，是你死我活的阶級斗争，大兴无产阶級思想，大灭資产阶級思想。因此，我們的战斗是文斗，而不是武斗。你們部份紅卫兵和解放軍談話中也談到这一点。連印給你們的手册中和九月五日《人民日报》社論，都談到这个問題。我想你們一定学过多次。因为这篇社論把十六条原則性規定做了更进一步的具体分析，具体解释，你們应当好好学习。

虽然你們学习了，但还很不够。你們在出发的列車上还要好好学习。要时时刻刻地学习，也就是我們經常讲的：学习十六条、熟悉十六条、掌握十六条、运用十六条。今天的标語写了：努力学习最高指示，忠实执行最高指示，热情宣传最高指示，勇敢捍卫最高指示。毛主席的书，毛主席的話，是我們的最高指示，是我們无产阶級文化大革命的行动綱領。所以，我們紅卫兵战士要念念不忘突出政治，念念不忘高举毛泽东思想伟大紅旗，念念不忘阶級斗争，念念不忘无产阶級专政。这就需要我們学习、熟悉、掌握、运用十六条这个行动綱領。这个战斗是用文斗，不用武斗。林彪同志八月三十一日讲話，对这个問題已經說得很透彻了。九月五日《人民日报》社論又对十六条作了詳細的介紹，很够你們好好学习的啦！所以，你們不光是战斗队，第二是学习队。

你們是解放軍可靠的后备力量，但不是正式解放軍。中学还不到十八岁。你們当然过了十八岁，你們都可以随时应征入伍。你們的提議里說，以后的征兵不但要收男青年，还要招女青年。这是对我們解放軍提出了新問題。民兵不用說了，男女青年并肩作战。在毛主席号召下，已經出现了这个理想。我想，你們的这个建議經过中央軍委的討論研究，作了各种可能的估計，我想会部份滿足你們的要求。为什么部份滿足？因为不可能男女同等数目地进入軍队。政治上的平等不等于数目上的平等。要根据战斗的可能性，进行全面的安排，是会吸收部分女青年入伍的。既然如此，你們今天的学习就更有意义了。你們不仅要进行今天的文斗，而且要准备明天的武斗。所以，要把你們的战斗精神，时时刻刻保持着，永保活力、朝气。只要不忘主席的最高指示，念念不忘阶級斗争，念念不忘无产阶級专政，念念不忘突出政治，念念不忘高举毛泽东思想伟大紅旗，活力、朝气、首創精神就会永远保持下去。当然，要保持就要政治統帅一切，拿毛泽东思想領先。所以，就要学习。学习是为了今天，也是为了明天。你們还很年輕，你們的知识有限，你們知道各方面的情况和党的政策还很不全面，这一点你們必须認识，我相信你們也一定会認识。凡是新事物出现，你們敢于接受进来，在实践中考驗，对的就坚持，错的就改正。这种精神你們是有的。而我們年老的同志却常常对新事物容易保守。董老說：我們从旧社会过来的人，是要反抗旧社会，建设新社会的，但我們思想上的旧东西还很多，对新鮮事物猛一想，往往是错的或不完全的，要仔細想一想，用主席思想想一想，然后才能生长出比較接近正确的思想来，所以在这塲革命中，許多事情是我們向你們学习。你們的学习精神比我們强。但我們告訴你們，我們干了几十年，做了些对的，也做了些错的，有不少經驗教訓。我們比我們的先烈多活了一些时候，他們的身体不在我們中間了，但他們的精神还在我們中間。应该用剩余的生命，多做、多学，要时时感觉到学习不够，时时感到学习毛主席的书不够，这样才能保持晚节，做承前启后的螺絲釘。

我們老輩的共产党人总是說要做到老学到老。从这一点得到启发，你們更要学习。你們社会知识，党的政策知道的不多，就更要学习，更不能滿足。为了今天的文斗和明天的武斗，要勤勤恳恳地学，好好学习。学是为了用，通过斗争的实践来証明你們学习得对不对，走了样沒有？但不可能沒有过错，只要認眞地学、常常学，做起来有偏差，也不要紧。我們亲自参加制定的政策，做起来还会有偏差，何况你們呢？要坚持眞理，修正错誤，你們是掌握了主席坚持眞理修正错誤这一精神的。所以，学是为了用。林彪同志讲得很清楚，必須活学活用，在用字上狠下功夫。你們从学校走到社会上，有許多不熟悉的事情。你們首先要讀毛主席的书，要調查研究，这是毛泽东思想的基本功，沒有調查研究就沒有发言权。沒有調查研究就把北京的情况搬到外地，就会犯以前所犯的错誤，正像你們所說的，下車伊始哇喇哇喇。調查研究是毛主席的基本功。这样你們不仅有战斗精神，还有社会調查，阶级分析。

学习不易，用也不易，結合好更不易。不仅要在书本中学习，更要向社会学习，林彪同志讲要吃透两头，一方面要学好毛主席著作，另一方面要深入群众，向人民学习，向工人学习，向农民学习，向士兵学习，向服务人員学习，做个勤勤恳恳的小学生。毛主席告訴我們，我們走进社会，首先学习，人民是我們的先生，劳动人民是我們的先生。所以，既要学习毛主席語录，又要学习毛主席今天的最高指示，还要学习原文。要在同学、战士的爭論中学习毛主席著作。你們的一个縱队不知带了毛选的合訂本沒有？（有的答：带了。有的說沒带）不要紧，还来得及，我可以打电报給你們去的地方，一个縱队，一个支队給你們一本。因为有时学語录还不够，还要查一查語录的原文，才能了解主席根据实际情况，如何天才地、創造性地发展了馬列主义，才能看到文章的时代背景和伟大天才。有时爭論在語录上解决不了要去看原文。当然，不是要你們每一件事都讀原文，那就会埋头讀书。

另一头是作社会調查，阶级分析。首先要向先去的北京紅卫兵学习，和他們談話，了解情况。要时时保持謙虚，不要認为是北京来的，是后来的，听了八月三十一日林彪同志讲話，学了文件，最后一天又听周某人的讲話，就盛气凌人，不要認为比別人高一等，我相信你們会注意这一点。要牢牢記住毛主席的指示，謙虚学习，根据阶级分析看问题。有的通过小册子就可以解决，就行，如果新问题不能解决，可以通过組織打电話到北京来，通过学校、司令部两个渠道写信问。如果你們学校、司令部解决不了，那就通过你的在北京的輔导員。你們还有最后一手，通过組織向中央文革小组和中央負責同志。所以，你們要吃透两头。两头吃透了，不是完全吃透，但要基本上吃透，再开始工作。否则，你們就会和北京先去的紅卫兵对立，这样就不好了，人家要說你們是保皇派。但是这个名字不太好，看保什么皇，并不是所有領导人都是走资本主义道路的当权派，某些領导人是，也只能部份人是，否則毛泽东思想照耀下的中国不是漆黑一团了嗎？这个问题在二十三条中也讲得很清楚了。二十三条中許多规定与十六条有密切的联系，你們也要带头去好好学习。学习是你們经常的工作，不仅在火车上，到了目的地，还要注意学习。我跟一些临时筹委会的人接触，他們叫苦沒空学习，上沒能学习，下沒能接触群众，丢了两头。不論怎么忙，你們都要抽一——二小时进行学习，不能成为忙碌的事务主义者。学語录、学毛著，进行社会調查、討論，才能进行战斗。学习是为了战斗，这是第二个任务。

放半年假够不够，现在沒有必要回答这个问题，根据运动情况决定。现在是革命轉化的时刻，更要好好进行学习。

第三，你們是個宣傳隊，不要變成工作隊，包辦人家那里的紅衛兵，革委會。你們要注意兩條：第一，不要做保皇派，當然這個名字不恰當，在一定情况下還是適用的。第二，不要變成新工作組，你們的任務是宣傳。你們先調查，你們要和先去的紅衛兵交流經驗，然后討論，再去回答問題。我說的不是太死板，不要去和他們對立。說這也不對，那也不對，那一去就對立起來了。北京的輔導員最担心的就是這一點，也就是和先去的紅衛兵對立。在這一點上，我對你們是更有信心一點，不是說你們就不犯錯誤，犯了錯誤你們會改正，人家一指點你們就懂得了。今天上海回來了二十多人，也是你們的紅衛兵，去過上海的指揮部，最好邀請他們首先在北京交流經驗。宣傳隊首先要向北京先去的紅衛兵交流經驗。第二要向當地的革命同學，紅衛兵交流經驗，向他們作調查研究，因為他們是本地本單位的主人。革命要靠自己，內因為主，外因為輔，我們總是外因。再向社會作調查研究，社會的調查研究就要和北京先去的紅衛兵，當地的革命同學紅衛兵一起去，那些地方，比如工廠、生產單位，就不要去。他們開大會，你們去旁聽就行了。他們紅衛兵出來在外面接待你們是對的，你們要聽他們的。你們要去參觀，要得到當地革命委員會的允許，不要自己想闖就闖進去。相信工人階級自己會解決自己的問題。現在已寫了抓革命促生產的社論，以后還要寫幾篇。這一篇重點是相信自己會搞好自己的文化革命，搞好四清。現在三秋快到了（秋收、秋耕、秋種），從全國來看，全國是個好收成，不要在三秋的時候去妨碍他們，要支持他們，到他們中間去勞動，向他們學習。這樣，你們戰斗隊，就不僅向舊社會戰斗，還要向自然界戰斗。以后，我們還要根據主席的思想再寫一篇社論，內容是相信革命學生，革命的教職員工自己搞好文化大革命，工人農民不要來干涉，不要和學生對立。有的單位領導利用工人反對學生，甚至于打學生。我們已通知各地方，還要學社論來解決。

總之，工農兵學商、服務人員要互相尊重，互相學習。你們可以去串聯，但不能像學校那樣，要闖就闖進去。生產有生產的秩序。工廠、農村必要時通知你們進行適當串聯。

這次運動重點是文教機關，首先是去學校，當然工廠中也可以，要經過當地黨領導同意。不是所有地方的領導都是走資本主義道路的當權派。當然有些地方對你們不歡迎，排斥，壓制，你們就要戰斗。但不是人家不歡迎你們，就是排斥你們，要具體分析，一分為二。你們要調查研究，這樣你們就不會犯工作組的錯誤，也不會當保皇派。

所以，我首先講的是你們紅衛兵組織的任務：是戰斗隊，學習隊，宣傳隊；聯系起來看，學習是為了戰斗，為了宣傳，宣傳更是為了戰斗，這是我所講的主要的。

另外，我還要講講具體的問題。你們去上海有兩千人，可能現在已超過了，有十六個縱隊。你們要有戰斗精神，上海比北京大，那里有先進的工人階級。那里的領導，前幾年的社會主義革命、社會主義建設搞得比較好。那里的學生在你們去以前已經行動起來破四舊，這是一方面。另一方面，它比北京有另一種復雜的情况。我不是說北京不復雜，是說上海另一種復雜的情况，資產階級影響比較嚴重，如果說北京是封建主義資產階級影響，那麼上海是買辦式的資產階級影響。上海是個重要的生產城市，關系到全國建設，國防，大小三線建設，有個進出口任務，生產任務重，另外還有尖端科學、實驗務任。上海是三大革命運動的中心，不是說北京不是中心，北京是領導中心，因為毛主席在這里。

上海的文化革命要看到好的一面，又要看到困難的一面。當然，你們會說有困難闖過去嗎！我們要敢于闖過困難，但也要有辦法克服困難，排除障碍。要打击眞正的走資本主義道路的當權派，最反動的右派分子，包括買辦分子，洋奴。提到洋奴，我要說一句，不是說上海灘上凡是留着你們看不慣的头发的都是洋奴。资产阶级影响需要长期、逐步地肃清，破四旧要破主要的四旧，要集中主要力量去打击最反动的资产阶级右派。破四旧要搞几件关键的能使上海改变面貌的。不能看得不顺眼的就干掉，要找先去的北京红卫兵商量。

上海有許多外国朋友，有国际无产阶级（海員），还有做生意的，旅行的，里面肯定有资产阶级、反动的。你不能去問"你是不是紅五类出身的？"主要是宣传。世界上正处在大动盪、大分化、大改組。我們只能去促进国际上的大动盪、大分化、大改組。我们可以宣传。他們到碼头，到旅舘，我們貼大字报，写語录都可以，語言学校可以发揮作用。你們有学英語的、学德語的，但你們說話要說他們习慣的話，不要动口就"混蛋"，閉口就"狗崽子"，沒了解就給人悶头一棒。现在北京已罵得較少了，已改进了不少，北京四中也是个战斗性很强的单位，日本商人到四中去訪問，四中的同学准备了很多的材料，讲得头头是道，使得他們的反动头子不得不說："我們的青年应該向中国青年学习。"

不同意可以爭論，去到那里，看到什么做得不对的，可以說，不要强加于人，广大群众不同意的就不要去做，認識不一致的要等一等，等待不是……你們青年人不能等很久。已往同学做的不要批評，目前去的多是中学同学，各縱队要好好帮助新生的第十六縱队。

第二，是到新疆去的人不多，不到四百人，这个地方很重要，是边疆，又是少数民族占多数的省，有中苏边界，有中印边界，还有阿富汗、巴基斯坦、还有蒙古人民共和国、有修正主义領导的，有友好邻邦，有印度反动派統治的，我們要把他們的領导和他們的国家的人民区分开来。你們不要去边界城市、集鎭和边防点，这是中央的规定，已去的就要他們回来。可能他們已經回来了。

你們既要知道对外政策，又要知道民族政策，还要进行革命串联，还要到天山南北，建設兵团会很好地招待你們。送給你們的东西，不要一点也不吃，也不要吃得太多，现在葡萄瓜果熟了的时候，既要有紀律，又要注意搞好关系。你們吃蔬菜就行了。他們要叫你們吃牛羊肉，你們也得吃，打破迷信就得了。我六十八岁了，也打破了一个迷信。以前我不吃大葱、生蒜，现在也吃。到非洲就吃牛羊肉，你就得吃。破坏那里的规距，要当地的学生、紅卫兵去破。他們不破，你們不要不滿。那里有最大的兵团，又建設又准备战斗。那里汉族很多，你們肯定会到那里去。去那儿也有个問題，上海去的剝削阶级出身的較多。你們可能要批判我去年在那里的讲話。本来嗎，出身不好，就不能选择，他們在那里劳动比在上海强。你們年輕，有一种說法，先罵他是混蛋，要革命的再站过来。这对于我們年紀大的还是一分为二的，对于那些年青人，就不那么好受了，你們要注意。

去西安、兰州的，先到西安再到兰州。因为你們人少，这两个地方很复杂，不仅社会上，学生中、紅卫兵中，也有两种不同的見解。你們要冷静地調查。到西北去的主要是林学院和地質学院的同学。你們到那儿去不仅知道中国古代文化的发达，而且知道木材的可貴，森林缺乏。林学院去那儿是个好地方，他們要把調查的材料写成报告。各地都要写成报告，主要是社会調查，也不要忽視自然調查。

去中南的有350人，一下去要經过郑州这个大城市，还有城市新乡、信阳、武汉、长沙、衡阳、广州。到长沙西面有韶山冲、东面有井崗山，你們如果要到这两个地方去，組織去我們也不反对，但你們的主要任务不是这个，是战斗。去西安是經过宝鸡，鉆隧道。去东北，大城市很多。首先是調查，都要从調查入手，有的主要調查，有的边調查边战斗。

你們以紅五类为核心、为主体，今天是文斗，明天准备武斗的战斗队，要很好地学习解放军。首先是学习主席著作，在用字上狠下功夫；第二是学习老革命传统，你們把它繼承下来，还要发揚光大。有两个歌，一个是《三大紀律八項注意》，前几天《人民日报》上登的，我不滿意，字太小了，我还得用放大鏡看。还有一个是今天《人民日报》上登的，我昨天推荐的《三八作風歌》，这个很好，字很大；第三件是組織性、紀律性强。紅卫兵是战斗的先进部队，要考驗你們是不是先进部队，那就要在实践中証明，首先在組織性、紀律性上表現出来。

第一是学习毛主席著作；第二是学习解放軍的"三大紀律八項注意"、"三八作風"；第三是組織性、紀律性、战斗性。这样能做到战斗队、学习队、宣传队。

还有些具体問題我沒有回答。第一，上海哪个单位是好的？說是好的我不能打包票，說是坏的我也沒有根据。刚才讲的，你們要去調查嘛！

第二要行動就要取得当地紅卫兵同学的同意，不要搞成僵的局面才表示你們坚决。有的地方已經形成僵的局面，这是由于客观原因形成的，你們不要輕易說那边对那边不对，要調查研究。

你們出去了。在座的还有不出去的，你們是不是沒事做了？（众：有）有更多的事做。现在有四大任务。首先給你們忿念十六条第十三部份（略）。第一，北京准备中日联欢的工作，这个工作交給你們紅卫兵还有总部、造反司令部，以后就叫第一、第二、第三司令部（同学說：我們是总司令部）有人說是总司令部，你总想"总"进去，现在还"总"不起来。你們不要垄断，有的工作还要让不是紅卫兵的去做。

有的人說要取消芭蕾舞，有两条理由：中国那个用脚尖走路的？第二，演芭蕾舞的大多不是紅五类出身。我看这个問題大家清楚。这次中日联欢主要是政治内容，政治内容也要反映到各种形式中去。外国的古典艺术我們也能把他改革成革命化了，可以让他們看。江青同志亲自导演的《紅色娘子軍》为什么不能演？你們很多同学不是爱唱紅色娘子軍的歌嗎？特别是女同学。芭蕾舞《白毛女》比話剧还好，还精練，不信，你們到上海叫他們演一場給你們看看。关于剝削阶级出身的来演出，可以慢慢改。现在叫你們去演，也演不出来。

这个中日联欢主要是政治内容，有反帝、反修、学习毛泽东思想、中日友好，我国的文化大革命、我国社会主义建设情景一共五个。

第三个任务給你們紅卫兵的就是准备国庆节。出去的同学你們要是和他們的关系很好，人家要留你們参加那里的国庆，你們不一定要回来。当然回来可以看到毛主席，以前你們都見过（有的同学喊：沒有見过）啊！什么？你們大多数見过，以后还能見到。今年国庆不是几十万人，而是上百万人，甚至几百万人，哪能都見到毛主席？紅卫兵还有警戒保卫的任务。我們很多解放軍战士还沒見过毛主席，但在福建前線，中印边界打仗，打得很好，是因为他們学习毛主席著作。这是个光荣的任务，当毛主席的警卫战士还不光荣？

第五还要留下机动的队伍，要好好学习党的政策，那里需要就調你們去，哪里有紧急情况，派你們去把中央的意見、毛主席的話带去，作联絡員，你們先准备由小到大，由战斗小組做起。

首都紅卫兵的革命战斗精神万岁！

无产阶級文化大革命万岁！

伟大的中国共产党万岁！

我們伟大的領袖、伟大的导师、伟大的統帅、伟大的舵手毛主席万岁！

周总理九月十三日在先农坛体育場给"首都大专院枝红卫兵总部"全体战士作的报告

各位革命同学，紅卫兵战士們：

今天，本来准备同"首都大专院校紅卫兵总部"的要出发到各地的同志們見面，后来总部同志提議，要全体紅卫兵战士参加。此外，还有一部份成都医学院一千多人。今天的談話只是想把我們的想法告訴你們，合不合适由你們討論。

要出发到各地的共36个院校，一千一百多人。去的地方有哈尔滨、成都、武汉、广州。刚才跟总部同学們商量，改变一下步子，去哈尔滨的改到广西去，到桂林、南宁去；二大队去武汉的八个院校改到长沙去，三大队到成都去的先去成都，然后到遵义、貴阳去；四大队到广州去，因为广州事情特别多，任务已向带队的同志談了。（下面齐喊：周总理，請坐下！周总理：因为我沒准备，站着讲更精神些。）

十日上午，跟"司令部"同学見了面，談了些問题，在座的絕大多数沒听到，談些主要的。

紅卫兵的任务（包括全国所有大、专、中、小学的紅卫兵等各种革命組織，对所有紅卫兵說的，同等待遇，一視同仁）：1.紅卫兵是战斗队；2.是学习队；3.是宣传队。

现在讲这三个任务。另外林彪同志讲过，紅卫兵是解放军的可靠后备力量。因此，紅卫兵也是一种战斗組織，要培养成为一支战斗的队伍，这就必須在斗爭的实践中来培养。要提到很多問题。首先，你們的战斗要用文斗，而不是武斗。林彪同志讲过：紅卫兵的斗爭方式要用文斗而不用武斗。（念林彪同志8月31日讲话，略。），《人民日报》也有社論。在这个問题上，我想紅卫兵学习了政策，十六条，已經也懂得了。要摆事实讲道理，把他們斗臭斗倒，不能采用体罰、如打人等，即使是极右反动分子，也不能把他們揍死，把他們作为反面教员，一般的斗走資本主义道路的当权派、地富反坏右，都用文斗。

大家应該懂得，拿枪打死一个敌人不难，斗爭的困难的地方是掌握斗爭对象的反党材料。如果拿不出材料，只喊些口号，那是不行的。文斗能煅炼我們用脑筋，发现問題。懂得这样的文斗才能配得起为人民解放军的后备军。人民解放军智勇双全，你們要好好鍛炼……斗智斗勇，是你們青年时代发展智慧的好机会，要有勇气，又要有智慧。

第二，是后备军，在今天，有可能被征选为正式的解放军，拿起武器。今天的文斗，就是准备将来的武斗。在今天这个时代，文斗能解决敌我矛盾和人民内部矛盾，将来需要时，能眞正进行武斗了。现在，首都大专中学生很多，一千多万，而且还有新的增加。今后，红五类子女更多，成为一支眞正可靠的人民解放军的后备力量。这种力量，不是几十万，而是几百万、几千万。展望未来，感到无比的高兴！

第三个任务是战斗，要区别两类矛盾。斗爭的鋒芒向着走資本主义道路的当权派、地富反坏右。我們现在根据十六条规定，无产阶级文化大革命的重点是大中城市的文敎崗位和党政領导机关（十六条）。可以看出，现在文化大革命的重点是放在大中城市的文敎部門和党政机关，你們要去的桂林就是。那里有走資本主义道路的当权派，那么，是否所有的文敎单位和党政机关都是走資本主义道路呢？恐怕不能这样說。如果这样看，那么毛主席領导的文化大革命如何順利地进行呢？不错，党主要地是信任、依靠、发动群众，这主要是領导在起作用，沒有領导，誰去信任、依靠、发动群众？群众自己領导自己？所以还是要一分为二。有些犯了错誤，是走資本主义道路的当权派；还有些下级的同志跟着办的，要由上级来負，另外，个别有严重错誤的应由本单位来負；还有很大部分的領导沒犯错誤，主要領导犯错誤重些，次要領导輕些，也还有沒参与犯错誤的。即使犯了路綫、方向的错誤，也不能說是黑帮，中間不能划等号。黑帮是指彭眞反党集团、独立王国一伙的人，但不要滥用这个名称。用黑帮这个定义只限于很少部分，只限于前市委、沒有指所有犯错誤的单位。犯了错誤能否說他是不革命呢？回顾一下解放以前，党中央过过四次错誤，胜利过、失败过、发展过、縮小过。二七年，陈独秀的右倾机会主义错誤，主观上的错誤是主要原因。即使这样，党中央还是要革命的，广大战士，群众的主观愿望还是革命的；第二次瞿秋白，第三次李立三；第四次王明、博古，也不能說这时的党中央是不革命的，更不能說是反革命的，这样才能把党史交待清楚。遭受挫折，要吸取敎訓，不能說犯错誤就是不革命、反革命。

在上海有同志問我們，我說上海市党委是革命的，因为我沒有材料証明它是不革命的，是否正确那还要具体和当地群众、上海市委討論。两类矛盾之間沒有鸿沟，会轉化的。必须进行調查研究，把材料交給党中央，最后下結論。最近揪出来的彭眞反党集团已經肯定了，但究竟这个集团严重到什么程度，中央要成立审查委員会，不能馬上下結論，要作最后的审查，才能作最后的結論。

敌对阶級、地富反坏右，这些都是敌視我們政权的，这个阶級是反党反社会主义的，但不能說全部如此，要分化瓦解他們，如果眞正接受改造，就給予改造成新人的机会，人民代表大会有文字通过的。对于隐藏的、有血債的，有现行反革命行为的人要送去劳改，已接受改造的就不让他們下去了。紅卫兵斗爭他們是对的，因为他們还有不滿情緒。对于一般的資产阶级分子，要教育、改造他們，把他們的威风打下去，进行阶級教育，使我們思想上也得到教育，破四旧、立四新才能做得更好。文敎单位和党政領导机关的当权派，如阻碍、压制我們革命，就要斗爭他。隐藏的、有血債的要揪出来斗爭，打击少数，爭取和团結絕大多数人。这要在斗爭中学会。

中学紅卫兵有时走得更远一些，做得更激烈些，要鼓励他們，支持他們，以后，要向他們講政策，帮助他們。

第四、战斗任务不仅在校内、机关内、还要走到社会上，这在现在是主要方面了，这两点是相互关联的，学校—社会—学校，在本地搞、在外地搞，两者都要。过去是去外地支援，现在有組織了，要有組織有計划地到各地去，这两者是交叉进行的。有的单位走的太多了，这不要生气，他們总要回来的，要互相支援、互相帮助、互相称贊、互相学习。……

有人在街上走，沒有紅袖章，感到压力大。……有的单位成立了好几个紅卫兵組織，都是在党和毛主席、毛泽东思想領导下、領导同、方向同、只是在观点上、具体問题的看法上有不同之处，现在还可以，最后終究要团結統一在毛泽东思想下，成为汪洋大海。这个爭論是过去了。现在的爭論是不是紅卫兵的問題了？現在是紅五类子女为核心，还有其他劳动人民出身的人，剝削阶级出身的……紅卫兵比較忙，另一部分人閒，看小說，睡大觉，忙的忙坏了，閒的閒坏了，分成二个方面。如何解决矛盾，由你們的領导解决，紅卫兵是依靠力量，还要团结其他95％以上的群众一起干。办法由你們想，要靠你們做模范。

外地来京的，不仅是为着文化革命来的，有参观訪問的、学習的、更多的是来看看毛主席。来京人数达70多万，有一个招待任务，同学有急躁情緒，这可理解。有的認为他們不該在北京，貼标語不欢迎他們，这是不对的。这不是团结的精神，而是不欢迎、赶人家走。我們是毛主席的好战士，連这点气魄都没有，怎么配得上是毛主席的好战士呢？我住的地方也要学生来住。我們在毛主席身边，今年看不到，明年还可以看到，外地同学也可能一輩子看不到毛主席。要好好招待他們，拿出真正的阶级感情来欢迎他們，政治宣传做得好、吃、住、睡得好。这样你們走到外地才会受到欢迎。

广州等地方是边防要地，国庆到了，外宾要来了，要开交易会，要到那里去鍛炼。

第六、本国外国的問題。运动多长时間，看需要多长时間，就多长时間。对外，用宣传的方法，对外国人只能宣传，不能把我們的主张强加于人家，代替他們。外国人有左、中、右之分，有反动的，有外交人員。斗争方式就是宣传，不能采取直接行动。如女二中把"揚威路"改为"反修路"进行了十天斗爭，最后举行了結束会議，进行反修示威，人数达四、五十万人，几十万人在馬路上走来走去他們不敢出来了。派出了几十万解放军保卫紅卫兵。来往于中苏之間的国际列車，对他們不要干涉，有人要跳上去，我打了电話后，他們下来了。反对苏修領导集团，不反对苏联人民。做好宣传工作，到广州、南宁会遇到。

总結起来講，要区别文斗武斗；敌我矛盾和人民内部矛盾；本地和外地；国内和国际。要在斗爭中鍛炼。在战斗行动上要区别检查和没收、行动和宣传、倡議和通牒。你們不是經常下通牒嗎？但如果不起作用，别人不听你的，就不要随便下。我国給印度反动派下过通牒……要有效的，没有效的不要随便下。你們可以提各种倡議、要求、意見、还要由中央下决定，这牵涉到你們的信用問題。但我們不是反对你們的行动。

紅卫兵的第二个战斗任务是学習队。把学校的学習放到社会实践斗爭中来学習，就是要按照林彪同志的話：吃透两头—向主席思想請教，向馬列主义請教，讀語录你們现在天天讀，我們讀不过你們，还要看文章……现在还要加紧学習十六条，现在已印成小册子了，繼續在印。十六条是战斗綱領，所以要熟悉它、掌握它、运用它。在这过程中，遇到很多新問題，就有社論，还有些党中央的政策，没登在报紙上，通过革委会、筹委会向下轉达。另一头是向群众学習。我近二个月經常到你們当中去，学了不少东西。你們到了外地，同样地从他們那里的学生，群众中得到不少知识，要进行調查研究，深入到实际中去、群众中去、实行四同。革命以内因为主，依靠本单位的群众觉悟，到外地去的人可以煽风点火，煽无产阶级文化大革命之风、点革命之火，推动那里的群众。調查研究，学習精神很重要，不要一去就哇喇哇喇，你們要和先去外地的同学請教，然后再向当地群众請教，然后动員他們一道行动，而不是单靠你們行动，这点很重要。

第三个任务：紅卫兵是宣传队、学習、执行、宣传、捍卫最高指示，我們同样要学習党的政策，重要关键是把主席指示、党的政策通过群众斗爭来考驗，是否正确，那一句講得不够透彻，可請总部轉告中央，有反对政策的，要了解为什么反对？我們的政策从群众中来，到群众中去……不要認为你們本身就在群众中，就天然地走群众路綫了。你們有最好的机会走遍全国，我們領导人走不下去。是否到了全国就算联系群众了呢？总部的人一天忙到晚，跟我們差不多了，容易脱离群众，要求撤换。要告訴你們，要从群众中来，到群众中去。

你們正在大学解放軍，要宣传大学解放軍的特点，要学习解放軍的艰苦朴素的工作作风。

我們要学，你們年青一代更要学，把解放軍的精神传到群众中去。宣传三大紀律八項注意，組織性、紀律性，后备軍要在这些方面加强，以你們的模范行动来影响其他同学。

谢副总理九月十三日
在北京政法学院的讲话

謝富治副总理接見北京政法学院20名紅卫兵同志时談了七点意見：

一、工作組犯方向性錯誤：

少数派反对工作組的方向是对的，不管是毛泽东主义紅卫兵也好，毛泽东思想紅卫兵也好，他們这样做是对的，派工作組就是方向错誤，路綫错誤。主要責任在上边，这个事情大家清楚嘛。是我們伟大导师，伟大領袖，伟大統帥，伟大舵手毛主席糾正了这个錯誤。現在学校里的很多隔閡，很主要的一条就是由于派工作組这个錯誤所造成的。不管你們承認不承認，我們是这样說的。我們中央政法小組没有管政法学院，你們直属高教部，党的工作是北京市委，高院只管一点业务，工作組的大多数人是好同志，但总的方向錯誤的。工作組肯定要犯错誤，叫我去也可能犯错誤。各个工作組犯错誤的程度也不一样，至于保工作組的人，責任就更小了，工作組是否有个别頑固分子呢？如有就要坚决斗爭！至于你們那个工作組有没有頑固分子，我不清楚为什么去了以后又回来了？情况我不了解，不能下結論。

二、現在你們学校文化大革命的主要任务应該是在伟大导师、伟大領袖、伟大統帥、伟大舵手毛主席最高指导下，在十六条綱領上团結起来，斗垮一小撮党內走資本主义道路当权派，批判資产阶級反动的学术权威，批判資产阶級和一切剝削阶級意識形态，改革教育，改革文艺，改革一切不适应社会主义經济基础的上层建筑，就是一斗、二批、三改。

你們要团結，团結的基础就是伟大的毛泽东思想和毛主席制定的十六条，还有林副主席和周总理的讲话。毛主席創造性地、天才地、全面地繼承和发展了馬克思列宁主义，把馬列主义发展到了一个嶄新的阶段，这是我們团結的思想基础。我們有伟大的导师、伟大的領袖、伟大的統帥、伟大的舵手毛主席，有了最高指示、有了行动綱領、有了共同任务，一斗、二批、三改，破四旧，立四新，这样就能够团結起来，要团結就得有个团結的愿望，没有团結的愿望那是不行的。

三、眞理有时在少数人手里，眞理不是什么时候都在多数人手里，列宁的布尔什維克党，在十月革命前，多数只有一次，其他很多时候是少数。毛主席在王明右傾机会主义路綫的时候，他也是少数，但是眞理在毛主席手里。

現在好多学校里至少有两派，一派是反工作組的、一派是保工作組的。大部份是多数派有不同的看法。少数派来說方向是对的。不仅是北京的政法学院，其他学院也是一样。保工作組没有多大責任，說保工作組是保皇派，这个說法不好。在对待工作組的問題上，眞理在少数派手里。我是支持少数派的。我的支持少数派也是在这个大前提下。那么就不支持多数派嗎？不是！多数派的革命行动我們也支持。我希望你們贊成少数派的大方向。至于个别人，个别事情，那就是另外一个問題。正因为他們的大方向是对的，你們就应該向他們靠攏。不应該同他們对立。正因为你們是多数派，更不能是多数压少数，那样矛盾不仅不能解决，反而会加深矛盾。千万千万不能多数压少数。現在学生鬧革命，有些地方动員工人农民去压，全国大学生一百万、工人几千万、农民几亿，那么一下子就把学生压瘫了。这也是方向性错誤。

四、我們要看大是大非、要看主要方面，少数派的方向是对的，至于他們的某些做法有缺点，个别同志有些问题，你們不要去搜集他們的资料。如果你們派小组专門收集他們的缺点、毛病、也可以收集一大堆。毛主席說："要提倡顾全大局。每一个党员、每一种局部工作、每一项言論或行动、都必須以全党利益为出发点，絕对不許可违反这个原则。"这是最高指示，要顾全大局嘛！只要你們坚持这个原则，分几派也可以，但要互相支持、互相帮助、不要提高自己，打击别人。你想压倒我，我想压倒你，这是不是四旧呢？我看是。你想把别人压倒，这还是四旧嘛！你們要眞正收集眞正反党反社会主义反毛泽东思想的当权派和反动权威的，不要收集他們（指少数派）的问题。不利于团结的話不說，有利于团结的話多說，他們就是有些什么毛病，可以让他們自己教育自己嘛！毛主席說：允許青年人犯错誤嘛！只要他們的大方向是对的，他們的小缺点許犯点嘛！我相信他們会在实践中改正。

五、学校要給少数派的待遇。

如电話、扩音器、交通工具等，还要照顾少数派。毛主席說过："就一般情形說来，凡属外来干部負領导責任的地方，如果和本地干部的关系弄得不好，那末，这个責任主要地应該放在外来干部的身上。""在军队干部事实上居于領导地位的地方，在一般的情形之下，如果和地方干部的关系弄不好，那末，主要的責任应該放在军队干部的身上。""在老干部負主要領导責任的地方，在一般情形之下，如果老干部和新干部的关系弄得不好，那末，老干部就应該負主要的責任。"在对待工作组的问题上，你們多数派和少数派的矛盾，是否可以說多数派多負点責任呢？我看可以这样說。你們也可以不贊成。对于少数派，学校一定要一視同仁，还要給以照顾，因为他們是少数，十六条上不是說要保护少数嗎？

六、可以批評楊秀峰同志、批判工作组：

少数派要批評楊秀峰同志，批評法院其他負責同志，都可以有权利批評，只要有材料就行。哪一个做得不合适都可以批評，应該欢迎批評。应該采取什么方式，大会还是小会？前次我在八条里已經讲过了，还是在学校范围内，但是，非要开大会不可，我也不能下命令。你們可以做点工作嘛！实际上，他們已經开过两次了，这两次有成績，有經验，也有个别教訓，他們自己也会总结的。发扬成績，克服缺点，我們要相信他們自己能够这样做的。（有同学讲到刘富元的大字报《楊秀峰是人民内部矛盾》）回去以后可以和刘富元同学他們讲，何必出那样的大字报呢？我們外边的人要相信他們，鼓励他們，不要底下拆台，这样做就頂牛了，不好了，你們今天又出了声明，何必呢！他們再出一个，不是越閙越分裂了嗎？你們同学之間以后要少出这些东西，通牒、你們以后不要搞！（有同学讲，我們还没有发过一个通牒呢！）好！我支持你們。你們这张声明我不支持，他們有問題要自己纠正，不要光找别人的缺点，可以在下面同他們商量，他們的大会有成績，有經验，也有教訓，要鼓励他們！至于楊秀峰同志是不是黑帮，他們后来的发言不那么提了，我贊成他們这个做法，他們按总理的指示批評楊秀峰同志，沒有当成敌我矛盾，你們不要光看这个海报，要允許人家朝令夕改嘛！

七、刘富元问题：

我和戚本禹同志的基本精神、基本观点是一致的，支持少数派批評工作组。支持刘富元是因为刘富元反对工作组但被說成"反动学生"，我并没有簡单地說我是支持刘富元一个人嘛！少数派当然也包括刘富元，刘富元一个人就能代表300多人的少数派嗎？这个毛病你們抓住了，我馬上承認錯誤，不是刘富元每个行动我都支持，是通过刘富元支持少数派。戚本禹同志一直是个坚定的左派，自57年反右到现在，一直斗爭很坚强，这点中央都清楚。

（有的同学講：我們和少数派在工作組問題上的分歧，在于他們說沈兰村是黑帮，是高級特务，我們不同意。）謝富治同志說：少数派批評工作組，就叫同志們去批評，要給他們以方便，你們可以參加也可以不參加。

我今天是針对你們講的，他們的問題我不在这里講，你們学生好得很！你們的革命热情可愛得很！就是有点小疙瘩解不开，你們是接班人，你們回去要注意，弄得我很被动的事不要干哪！我支持少数派，同时你們的革命行动我也支持，你們可以辯証地去理解。你們要主动地向他們靠攏，顧全大局，把我不支持你們的話讲出来。今天，我主要沒有支持你們，几乎統統沒有，我們跟少数派讲就不这样讲了。

廖承志同志九月十三日在北京大学
作关于国际形势的报告

同学們，你們好！

本来今天的会由陈毅同志来的，因为他有許多会，所以叫我来，叫我代表他向各位同志問好！

先念段語录好不好？（p152）"一个外国人，毫无利己的动机……这就是我們用以反对狭隘民族主义和狭隘爱国主义的国际主义。"（p155）"我們决不可有傲慢的大国主义的态度……国无論大小，都各有长处和短处。"

我們需要把文化大革命进行到底，把毛主席树起的旗帜高高举起，横扫一切牛鬼蛇神，把一切混入党內的资产阶级代表人物一扫光，大扫资产阶级威风，大长无产阶级志气。这样我看中国的文化大革命能对全人类，全世界无产阶级作出史无前例的巨大貢献。据我个人看来，它的意义远远超出过去的任何革命。过去是夺权，沒象现在如此触及人們灵魂，是高举毛泽东思想伟大紅旗，横扫一切资产阶级的、修正主义的路綫的革命，把资本主义复辟、修正主义抬头的毒草連根拔掉的革命。

前几天陈毅副总理接见外宾时講，有些人怕我們的文化革命怕得很有道理。首先最怕的是苏修。大家設想一下，如在莫斯科发生文化大革命会怎么样？那时，会給赫鲁晓夫戴高帽子，給米高扬、柯西金挂牌子。高薪阶层清一清不得了，怕得要死，他們非常虛弱、軟弱无力。最近有解放軍歌舞团到了莫斯科，被安排在莫斯科的最小剧院里，少让人来看，我們怎么办呢？除了在剧院演出外，还在街上、公园表演，见人就拉开手风琴，然而，苏联人民不怕，相信中国的文化大革命苏联也会有，会把苏修彻底推翻。

我們要反对苏修的头头，领导集团，要把他們与苏联人民区别开来。人民中，不光有工农，还有干部。例如前些时候，有人贴大字报"你們这些狗崽子快滚出去！"狗崽子是赫鲁晓夫、米高扬、柯西金、波列日涅夫，这些人要滚回去也不敢来了，但对群众不一样。毛主席講，我們不能包办代替，革命还是靠他們自己，不能开解放軍去打平，打平靠人家是靠不住的。看待欧、亚洲，靠人家打平，最后能不能站得稳？中央沒授权，不能講这些国家的名字。要把修正主义彻底埋葬，还得靠苏联人民。正因为如此，就要把苏联人民与领导集团区别开来。对苏共领导，要針鋒相对，尖銳斗争，毫不客气，但国庆他們很可能来；不能把他們推到美国的黑帮头那边去，但要爭取他們让他認識问题。今年国庆来的外宾约三千六百多人。国宾是代表国家的，例如副总理、副总統、"长"字的约六个人，日本的青年联欢能不能来还未定，因为日本政府害怕得很，怕回去鬧革命，日本亲美的代言人很害怕受中国人，尤其是受文化大革命的影响。日本搞文化革命现在还不能，因为现在政权还不在手里；他們是和苏修不同，苏修怕的是黑刀子进，紅刀子出的问题，日本的问题不同，等会会講的。日本现在是大分化、大动蕩、大改组的时候，有的进步的，现在更加进步了，有的假进步，现在暴露出来了，有的过去是王七旦，现在是王八旦。国庆节前来，国庆节后来，我們都要做好准备工作。其次亚洲、非洲、拉丁美洲、欧洲各地都要来，还有一些华侨、港澳一些自費旅行的，总的大概在三千左右。送来三千六百个宝贝，是馬克思送来的，要做活的对象，做人的思想工作，高举毛泽东思想伟大紅旗改造他們，逐步走上革命道路，回到日本，把学到的毛泽东思想自觉自愿地传播，鬧起革命来，这就是我們接待外宾的目的。我們是依靠群众、紅卫兵、广大革干、工人、职员，走群众路綫搞好运动。所以我看，我們做好这项工作是有把握的。主力是革命同学，因为他們（指外宾等。——編者）深入农村去的可能性很少，大部分在城市，全国二十三个城市开放，首先北京做模范。北京是文化大革命的发源地，是文化大革命的搖籃，北大带头做好典型示范，我相信这项工作一定能做好。

国际形势好，好在大动蕩、大分化、大改組，是向着有利于革命，有利于东风的方向发展的。所以，在大动蕩、大分化、大改組的局面下，在我看来，东风仍然是越来越旺，西风越来越弱。首先通过革命力量的增长来看，人的力量发展是相对的。革命人民力量的增长当然是向反革命、修正主义、帝国主义的进攻，现在这种力量是增长的。一九六〇年八十一个国家的共同声明，八十一国中，十一个国家反对苏修，七十个国家里还有分化。现在看来，全世界共产主义、馬列主义小組，刘宁一告诉我已超过八十个单位。帝国主义、修正主义有什么了不起的，老子国家比你还多！而且反修力量更加坚强了。例如，一中一大一小，一中是中国，大是七亿人口，一小是二百万阿尔巴尼亚人。小的了不起！我們解放軍取消軍銜，他們取消；我們干部参加劳动，他們也参加；我們自力更生，他們也自力更生；我們反修，他們也反修；阿尔巴尼亚学毛主席思想浪潮很高。战友文工团在阿尔巴尼亚一个月，回来告诉我們很多可歌可泣的事情。现在东欧各国也有左派力量，东欧国家管他主子是修正主义，混且王八且，但群众左派力量依然在增长。苏联修正主义领导也不是鉄板一块。中国歌舞团演出完毕回到旅馆，黑洞洞的走道里突然有人跑出来与我們的演员握手拥抱，互相祝賀，他們不能多談，在留言簿上签字也是向往中国。苏联向往的天堂是美国，但现在美国的斗爭也起来了。黑人左派的队伍一天天在增长，在美国已发生好几处大的武裝斗爭，有些武裝斗爭一个月，有的几天，黑人群众、白人左派把那里美国人的枪支抢过来。现在有些人怕武裝斗爭，他們說："武裝斗爭会引起原子战爭，会把世界毁灭。苏联这么講，日本也这样講，但美国自己搞起武裝斗爭了，这又怎么說呢？希望在什么地方呢？美国越反动，人民革命越高涨。所以在这样大好的革命形势下，我們不請美国左派来是不好。要把美国人民和美帝国主义者区别开来。

拉丁美洲也是这样，现在正在經历一个广泛的游击战，例如哥伦比亚等国家。拉丁美洲苏联的市塲越来越小，学习毛泽东著作的越来越多。过去拉丁美洲反动的国家一个是巴西，一个是智利，现在已都发生大动蕩、大分化、大改組，发生进步的馬列主义，拥护毛泽东思想的分子增多，巴西、智利都組成了馬列主义的共产党，修正主义象烏龟一样縮手縮脚。

非洲的形势也很好，看报紙就可以知道，有好几个地方：贊比亚、安哥拉、几内亚、特别是刚果（布）形势大好，都在艰苦斗爭。过去說非洲落后，可是他們非洲人背毛著比我背的多。毛泽东思想是世界人民的紅太阳！

对东方来講，是越南問題，现在还在打。越南問題大家担心，我看不必，我看越南人民定能胜利。更重要在毛主席领导下，方針明确，要支持越南到底，美帝要打二十年，我們就支持二十年！而且美国的情况越来越不妙，据說它今年年底在越南增兵到五十万，美国到处挨打，除了原子弹以外，一切东西都用上了，结果还是不行。当然在这么一个小小的地方增兵五十万，美国可能要冒险，我們支持越南，不光是为自己設想的，一个国家无产阶级只有在全世界的无产阶级都解放以后，才能最后解放。我們不能因为农业丰收，有了人民大会堂就行了，管他革命不革命了，这不行。要支持全世界的反帝反修运动，直到全世界范围內最后胜利。为此中国人民不惜冒最大的危险，不惜最大的牺牲。

八届十一中全会的公报最后一句是"如果它們胆敢把战争强加在我們头上……全部地把它消灭掉。"我們要牢記，一辈子不忘阶级斗争，随时随地記住党中央对我們的号召。

毛主席对外宾講：我們的人大会堂不是 給战争留的， 也許你們 明年来人 大会堂会沒有了，但以后会修更好的一个。最近外宾說：你們去四旧不好，有人怕。我們說这是革命，革命就是如此彻底。有人說：改变了以后怎么办？打起来怎么办？周总理、陈毅同志接见外宾时說：××（这两个字看不清）文化大革命就是要我們引到1948年的时代去，1948年初鸡子，破棉衣油得发亮；主席講：别人以为討飯，你們就要以你們这样子进北京，改造北京，别人以为见不得人，这衣服是最光荣的，希望你們进城一二年穿这种衣服。我們靠这种衣服打败了美帝、蒋介石，靠小米加步枪打败了日本。解放前在延安有許多特务，他們有的现在被我們改造了，有的还很反动。在抗大时有个女特务問我；廖承志啊，要不要女朋友？我說："不要！"现在我结婚了，有了孩子。解放后，刚进北京时，就只有一个小包袱，现在有一个老婆，两个孩子，好几口皮箱，坦白說还有六百元存款，都是我那一口子搞的。过去我們老婆加孩子；这也是旧习惯，我們就是要回到一九四八、一九四九年的精神上去，打败美帝。

日本朋友問周总理："你們文化大革命最后要达到什么目的？"周总理問他，"你們說要达到什么目的？"他們說，第一，你們要挖资本主义根子，挖修正主义 根子。总理 說，对！我們就是要挖资本主义、修正主义的根子。我們要高举毛泽东思想伟大红旗，大搞文化大革命，就是要彻底挖掉资本主义、修正主义的根子，你們是否贊成我們挖？答：有些怕！总理說，修正主义发展下去必然是大国沙文主义，大国沙文主义发展下去，必然 是 扩张主义；另一方面，資本主义的根子問題不挖，必然导致资本主义复辟，資本主义发展下去必然是帝国主义。周总理問日本人說："我們发展成大国沙文主义、扩张主义行嗎？"日本人回答："不行！"周总理說："文化革命就是要挖资本主义、修正主义的根子，才可能永远不变成帝国主义、修正主义。"所以，給外国人作工作要看对象，有的是人，有的是半鬼半人，有的是九分象鬼，一分象人。例如，一九三七年延安抗大的大量青年学生，是不是百分之一百的紅五类，不是。西安事变以后，蒋介石暂不封鎖了。他們知道我們当时年輕，还沒有结婚，女特务問我要不要結婚，要不要女朋友？就这些人，毛主席还給他們上課，給他們工作，改造爭取他們，除极少数特务赶走以外，还有的特务我們改造他們、影响他們，使他們成为今天很好的干部。所以，今天中国成了世界的延安。我們大門让世界各方人士进来，逐步耐心細致地誘导他們，使他們接受毛泽东思想，回去鬧革命。

这里有这么个情况，来的人不是紅五类，恐怕三千六百人中紅五类是极少数。中日青年友好大联欢里五分之三以上是无产阶级，产业工人或其子女，但其他的人就很难說了。直接了当地講，不是紅五类是黑五类；資本家、地主、殿下……这些人，他們沒有錢到不了中国，沒有剥削就不可能有这么多錢，但我們还让他們来，把他們当成桥梁。现在非洲的左派、紅五类起来革命，明天早上是否有的吃还成問題，所以白天去作工作，晚上去作苦工，这些人那能有那么多錢来嘛？我們不能出錢包下来，如果这样左派就暴露了。就如到城里开会，北大不能一个人不留，左派也得留人，所以一些人明知他們不好也让他們来，最主要一点是他們受帝国主义的压迫。主席講，要建立广泛的反美統一战綫，我們的工作，千言万語归到一点是搞广泛的反美統一战綫，在国內黑五类、黑帮头子是敌人，在国外的我們就不得不拉他們，与他們握手。

华侨也是这样，全世界有二千万华侨，在我国来講是一个很大的力量，八届十一中全会公报指出，帝国主义胆敢把战争强加到我們头上，我們就要打断侵略者的脊骨，二千万华侨就是动员百分之一，也有二十万，这二十万組織起来在敌人后方打起游击战来你看怎么样？所以我們对华侨作工作就不能說他們是狗崽子，他們在国外受帝国主义压迫，是向往祖国，热爱祖国，当然他們思想意识受影响是客观存在的，和你們差一、二个世紀，不要討厌他們，不要去剪他們的头发和辮子，砍掉他們的火箭鞋、要做思想工作。最近来了一些日本人，由于我們做工作多，他們自己感动了，自己去理发舘剪断头发，把自己火箭鞋扔掉了，不简单啊！你們剪了回去头发长起来了，所以对华侨、港澳同胞要有区别。有些同志問为什么不解放香港，广州紅卫兵大貼大字报，那么急干吼？解放还不容易。我們二个团开过去就完了，随时要解放都可以，但目前香港还是我們利用的。有沒有同学从香港来？解放后香港的作用和秦皇島的作用差不多，用处不大。解放香港这个問題同学們不必作急，这个問題应当信賴毛主席。

国际上形势很好，外宾、归国华侨、香港同胞中有些是美帝蒋介石收买的，我們专門請他們給他們作工作是与美帝蒋介石斗爭的。有一批日本社会党人来，先在香港的蒋介石那处，然后到北京看文化大革命，来后安排他們看女二中、女十二中，一进門紅卫兵敲锣打鼓欢迎他們，領着他們看大字报，告訴他們文化大革命情况，然后送他們一本主席語录。他們很感动，晚上回去在宿舍里掉了眼泪。这需要我們工作作得好。

有一次也是日本人想了解解放軍如何搞四个第一、三八作风，那好，我們就带他們到阳春部队中去了几天，战士告訴他們一些事，看战士起来进行简单的訴苦会，人的思想工作如何做，演习給他們看坦克、大炮都亮出来，这一来日本人晚上也睡不着觉了。

有一次在广州日本人进来，以为是一位外交部长之类的人接待他們，让他們看我們的公社农业加工厂、小型发电站、水渠，看完后民兵出来做各种射击表演，他們看完后更睡不着觉了。他們回来告訴我們說："你們全国都是这样，那美国人一千万軍队进来也不管用。"所以，我們一方面做思想工作，一方面拿出我們的力量給他們看。所以，国庆也有这个內容。

第三个問題是有些同学問几个国家的特殊情况。中央沒授权点名，所以这里不好点名，只好抽象地談一談。

有人問日本共产党是否修了，我的回答，×××××是修的，五个字。为什么他們会这样呢？怕轉入地下，怕群众，怕流血，怕战争，怕革命，懂吗？所以他們满脑子是机会主义、合法主义想多些国会議员，脑子里想的是捞选票，因此呢，就怕轉入地下，怕今天的合法地位沒有了，怕搞地下秘密工作，怕坐牢。他們的生活比普通工人过得好，所以他們怕流血，怕群众起来。他們主张秩序井然地示威連歌都不許唱，好象和平一样，带个牌子，两边是日本警察押着走，以此示威，怎么会有效果？怕群众，害怕群众起来，发展到联合苏修，必然要在日本公开反对毛泽东思想，誰贊成毛泽东思想就开除他，这是修彻底了，但这个坏事还能变成好事，日本眞正的左派起来了，日本的一个县眞正起来造反了，这个县的大多数党员宣告另外成立革命的組織。这个情况大坂、京都、东北地区、北海道等地都有。日本现在正經历着一个大动蕩、大分化、大改組的情况，是好事。

这次来的日本人有左派，日本故意派些人来，我們需要分清敌我友，我們要和左派团結起来，对修正主义的王八旦最好叫他們的左派起来斗他們，所以我們对日本的工作作好就是备战工作的一部分。美国打我們，很大的一部分打的是日本青年的主意。朝鲜战争、越南战争，都是如此打起来的，第一綫是伪兵，第二綫是黑人、第三綫才是美国人自己。他們把日本軍国主义搞起来。我們要向日本青年做工作，我們工作做得好，要日本青年第一不要实现青年的軍国主义化；第二、如果美帝发动对我国的战争，要日本青年枪口朝天放。第三、如果工作作得好的話，争取日本青年在战場上，一个个排、一个个营地起义，岂不妙哉！

对某一个角落的社会主义国家，你們怎么理解？这个問題也不复杂，罈罈罐罐多了，怕打破罈罈罐罐，因此就怕革命，看見中国人民起来革命就吓了胆，跑到莫斯科的怀抱里去了。这是好事，还是坏事？我看不是坏事，那个跑到莫斯科怀抱里去，那个就倒霉，将来总要受到历史教訓的。他們国家的人民也不会允許一个与美国作过英勇斗争的国家变成修正主义，你們还是要把上面、下面，广大群众与领导区别开来，不能把他們的侨民戴上高帽子游街，要懂得政策，广大同学带头与群众一起掌握政策，领会毛泽东思想，把精神变成为物質。

第四个問題，有些同学恐怕是华侨，問印尼的情况。印尼的情况很混乱。我只能告訴簡单的几条，①印尼的陆军当政，以苏哈托、納苏蒂安为首的肯定是印尼人民、全世界人民的敌人，他們是法西斯。②印尼人民怎么样？現在印尼人們正在苦难中，已被屠杀掉四十万人，那么短的时间，四十万人被杀，这在历史上是很少的。但是我們高兴地看到，印尼人民已逐步站起来了。他們踏过倒下去牺牲了的同志的尸体，擦干身上的血迹，起来作英勇的斗争，我們支持他們，应该支持他們，他們的领导（印尼共）有的牺牲了牺牲了不少，艾地同志也有可能，最近一个消息說艾地同志牺牲时高呼："共产党万岁！"我們要罵机会主义，罵莫斯科的机会主义。因此我們如何看"九卅"运动。我对它不了解，同志們允許的話，我引用刘宁一的一句話：主席在《湖南农民运动考察报告》中講好得很还是糟得很，我个人看来，这是一个进步的行动，我們能不能背后指手画脚地說呢？不能！每一个革命行动只能由本国人民去总结，"九卅"运动可能在准备上有缺点，我們希望印尼人民起来总结經驗教訓，而不能由旁边的人指手划脚，苏修就是如此。我們認为印尼革命只能由他們自己解决，中国人民的任务只能是无条件地支持他們的行动，不能說风凉話。

华侨呢？也是在苦难中，現在还有数字搞不清，将近十万被关在集中营里，我們准备派船去接，十四日出发，我們的同志去接时，准备到印尼流血，去当赵小寿，这也是阶级斗争。印尼华侨回来后一定身体弱。若能第一次胜利归来，首先是帮他們顺利地恢复健康，工作得慢慢来作，所以今年我們有很多工作艰巨的任务、复杂的困难，需要我們去克服。怎么去做，靠群众。如何搞好？几条意見，估計正式文件会下来的，今天念草稿，当作今天講話的結論。（草稿十条略）

陈伯达同志七月三十日在人大会堂对中国科学院全体工作人员的讲话

我看今天的会开得很好。陶鑄同志說，这是我們科学界无产阶级文化大革命的一个很好的开端。本来这个会是哲学，社会科学部召开的会，原来想把自然科学所、自然科学家也找来一起开。有些問題哲学、社会科学都碰到的問題，其它所也有这样的問題，大家在一起談談，交換一下意见，这有好处。所以开这样一个大会。可以說这是科学界破天荒的一个大会。可惜这个会是偶然集合起来的，对我們也是被临时通知来参加。这个临时可能产生伟大的效果，可能产生我們现在預想不到的伟大效果。

我作为科学院的副院长已經长达十七年了，沒做好工作，犯了一个最大官僚主义的错誤。先交待一下，我今天說的話可能是空話，說可能有好处，也許可以减少一点官僚主义的错誤。

下面講到本題了。

大家知道，全世界的文化是从东方开始的。从东方传到了西方。现在又轉了一个圈子，又回到东方了，西方的資产阶级文化沒落了。东方的文化以中华人民共和国为代表的社会主义的无产阶级的新文化在东方起来了。世界文化轉了一个圈，来了一个往返。先东方后西方，现在又回到东方。在东方起来的这个新文化比西方資产阶级文化高得多。这个新文化的創始者是以毛泽东同志为代表的中国人民群众、中国无产阶級。中国几百年是落后的国家，如刚刚江青同志說的中国人被看成是"东亚病夫"。中华人民共和国成立十七年了，我們有很大的改变，很大的成功，现在成了世界的强国。包括美国和赫鲁晓夫，誰也不能否認。有人估計再过二十年中国会成为世界上最强大的国家，也許不要二十年，只要按照毛主席的指示方向努力，中国就能成为全世界最强大的国家，只要我們共同努力。

无产阶级文化大革命，它的影响是各方面的。并关系到无产阶级专政巩固不巩固的問題。同时影响到科学技术的发展。无产阶级文化大革命差不多是同每个人联系着的。无产阶级文化大革命对科学界、对我們自己来說，最主要的是破除迷信，破除对古人的迷信，对洋人的迷信。破除迷信对科学技术的发展是个非常重要的問題。不破除迷信，科学就不能发展。过去，在西方資产阶级刚刚起来的时候，出現了一批資产阶级的启蒙学派。他們否認封建主义文化，經过很残酷的斗爭去破除封建主义的文化，在几百年以前，那时候凡是圣經上沒有說过的話，誰也不能說，說了要被烧的。亚里斯多得沒講过的話，就不能說。說了，旧势力、反动势力就起来說："这个亚里斯多得沒有說过呀！你胡說八道，发疯了"。几百年前，欧美資产阶级建立他們的剝削制度，反对封建制度，是經过残酷斗爭的。資产阶级要搞工业，就要科学，需要与封建文化不同的文化。十九世紀以来，資产阶级走向反动，变成保守派，变成一切反动思想的保护者。中国的、亚非拉的、特别是中国的資产阶级起来了，中国的資产阶级是非常軟弱的。有些資产阶级的代表人物，他們进行了一些斗爭，如孙中山进行过一些斗爭。还有改良主义的，谭嗣同进行过斗爭，但是他們的思想还跳不出过去的老框框。五四运动提出打倒孔家店的口号，这是資产阶级的口号，是資产阶级代表人物四川人吳虞提出来的，后来他也不干了，听說抽起鸦片烟来了，也不再鬧打倒孔家店了。

中国资产阶级在中国无产阶级起来以后，很快就走上了反动。解放后还有一批人，象馮友兰这样的资产阶级哲学家在一九六三年还搞了一个"朝圣会"，到孔夫子的家搞了一个紀念孔夫子的討論会。可見破除孔夫子的造反也不是一件容易的事。几千年来不是孔夫子說的話不敢說。资产阶级起来的时候講"打倒孔家店"，从解放以后象馮友兰这样的资产阶级哲学家还要保护孔家店，就是保皇派，破除封建主义这个担子资产阶级挑不起来，只能由中国无产阶级挑起来。这是中国无产阶级的一个任务，是一个艰巨的任务。我們破除封建主义的迷信做得还不够。中国还有任务，就是破除对洋人的迷信，资产阶级是封建阶级的崇拜者，另一方面当洋奴才，他们还以为当洋奴是很光荣的事情。魯迅嘲諷过他們說："月亮都是外国的园。"中国资产阶级代表人物不相信中国人民是伟大的人民，有伟大的創造性。所以要破除对古人、对洋人的迷信。中国人民是伟大的人民，有伟大創造性的人民。解放后十七年来，这种創造性使中国变成伟大的世界强国。帝国主义、各国反动派都感到意外。

现在我們距人民的要求、毛主席提出的要求还很远，毛主席要求我們赶上和超过世界最先进的水平，现在不但赶上，而且有超过的苗头。现在把这一点看成最大的任务，还需要很大的努力才能实现。是从"超"字着眼呢，还是从"赶"字着眼？中国有句古話："取法乎中，反得其下，取法乎上，反得其中"。我贊成超字派，从超字着眼，很快就能赶上。要是从赶字着眼，就很难超过，对嗎？（全塲回答：对！）我們要在无产阶级文化大革命中促进赶超精神。首先从超字着眼，按毛主席的指示，大破大立，就能与修正主义斗争，創造苏修和西方所不能創建的最最光輝灿烂的新文化，就能取得胜利。在科学方面，我們不能超过所有的古人洋人嗎？（全塲回答：可能！）

在社会科学上，毛主席就解决了馬克思、恩格斯、列宁、斯大林所沒有解决和沒有完全解决的問題。无产阶级革命怎样才能取得胜利，馬克思、恩格斯、列宁、斯大林接触过这个問題，但是沒有解决和沒有完全解决。完全解决的是毛主席。现在看来，毛主席关于农村包围城市的理论是普遍的眞理，不仅在中国，在亚非拉，而且在欧洲、在美洲各国，包括美国在内也适合。先在农村建立根据地，后进城市。无产阶级革命的根本問題，就是要建立农村根据地，进行农民战争。

巴黎公社的經驗是城市暴动的經驗。后来武器发展了，新式武器发展了，城市暴动就有問題。恩格斯在世时就提出过疑問：修正主义产生了，修正主义者說，武器发展了，不好暴动了，街垒战不好搞了，城市暴动不好搞了，所以要搞合法斗争、和平过度。这是不可能实现的幻想。社会民主党人是这样欺騙群众的，现代修正主义者也是这样。现在亚非拉人民首先起来了，把欧美变成孤岛，然后欧美国家再进行农民战争，这是可能的。

当法国共产党还是革命党的时候，希特勒战胜了法国，法共就在农村組織了游击战。但是后来不去夺取政权，把武器交給资产阶级，这是历史的错誤。意大利也有过较大的游击战，本来也可以夺取政权，但是后来不去夺取政权，沒有坚持下去，也是一个历史的错誤。他們把农村发展起来的武装完全交給了资产阶级，换得了副总統，总理和議员等，这都靠不住，资产阶级要踢就踢掉了。当議员可以有汽車、别墅，这样慢慢地把一些人腐化了，使他們变节。

"枪杆子里面出政权"这是毛主席的名言，这是毛主席对馬列主义創造性的发展，对此

修正主义否認，半修正主义也否認。

其实农村有广闊的天地，城市比較狹窄，可以到农村的广闊天地里去活动，农村包围城市。"枪杆子里面出政权"，毛主席的这些理論在中国得到了証明，在全世界最大的国家取得了胜利。革命的根本的問題，馬克思、恩格斯、列宁、斯大林沒有解决的問題，毛主席解决了。在馬列主义社会科学方面，毛主席是站在最前面的。

无产阶級取得胜利了，无产阶級怎么办？有沒有級阶斗爭？毛主席在这个問題上做了伟大的貢献。現在有些修正主义国家、半修正主义国家否認阶級斗爭，其实都是阶級斗爭很厉害，越否認越厉害。

在哲学問題上，毛主席把辯証法发展到一个新阶段。过去我們辯証法三大规律，对立統一、質量互变、否定之否定，后来斯大林给变成四条。毛主席說：不論是質量互变也好，否定之否定也好，都是对立統一。不論怎么說都是对立面的斗爭。辯証法只能一元化，不能多元化。自然界就是充满了矛盾，这个矛盾解决了，又有新的矛盾出現，沒有沒有矛盾的世界，沒有沒有矛盾的社会。有些具体矛盾我們可能指不出来，但矛盾永远存在。矛盾是一切事物发展的动力。过去、現在、将来都是这样，永远如此。毛主席最全面、最系統、最完整地說明了这个問題。毛主席在这方面給我們哲学、社会科学树立了一个伟大的榜样。

我們是否在自然科学方面也超过欧美呢？完全可能。我們要相信人民的伟大創造性，这是我們在科学上的一个伟大的革命。无論自然科学还是社会科学，理論同实践、理論同劳动、理論同群众结合起来，我們就能突破一切难关、战胜一切困难。象毛主席告訴我們的无論自然科学还是社会科学，都不能乱来，要实事求是。实事求是这个中国的一句老話，毛主席把它变成了馬列主义的語言，用来解释我們的科学态度。

我想講的就是这些問題。在无产阶级文化大革命中，一定要相信人民群众。我們一定要发揚人民群众的首創性，把文化大革命推向前进，超过其他国家。把我国变成世界上最强大的国家。有沒有这样无产阶级的雄心壮志？（全場回答："有！"）进行无产阶级文化大革命就证明我們有这种可能。

这場斗爭对很多人說来是很痛苦的。在他們的头脑里发生了新与旧的冲突，脑子里旧的资产阶級、封建主义的东西与无产阶級文化大革命有冲突，有矛盾。在这个矛盾中經过批評和自我批評掌握毛泽东思想，无产阶级世界观。

本来沒有准备講什么，随便講几句。无产阶级文化大革命关系到我国的命运、世界的前途。每个人应革自己的命、革自己头脑中的命。毛主席說：这是触及人們灵魂的大革命，革了资产阶級、剝削阶級、封建阶級、个人主义的东西，才能胸怀祖国、放眼世界。这不是一句空話。現在我們才慢慢懂得了这个群众性的口号有深刻的意义。沒有毛泽东思想、沒有人民群众，胸怀祖国、放眼世界是办不到的。

現在講两个具体問題。关于尹达同志的問題，在哲学、社会科学部的工作，他辜負了党中央、中央文革小組对他的希望，他在哲学、社会科学部的活动是不正派的，是暧昧的。他不能与资产阶级右派分子划清界限，不能与反党反社会主义的人划清界限，变成了保皇派。上周我在哲学、社会科学部講过尹达同志在《紅旗》工作后又調到中央文革小組。我是文革小組的組长，我不能当保皇派的保皇派。我同他講了好几次，我們是共产党员，有错誤可以检討，沒有什么不可检討的，何况你的話是错誤的，行动也是错誤的，你应該向群众检討。他說："检討，检討"。可是他不去检討。我們一調查，沒有 检討，他 說检 討了。检 討了沒有？（下面答："沒有！"）我是不敢当保皇 派的保 皇派的。有个 条子 說，我上次講話以后，我向尹达同志检討了，〔付崇兰同志（历史所团支部书記）在台 下高声 說道：这是他講反党分子郦家駒（副书記）放出来的謠言。〕我为什么必須向他赔不是？我是要向群众检討。你們对尹达有什么話都可以說，要放手批評，现在沒有保皇派的保皇派，就是有，你們也可以批評。

陈伯达同志九月二十五日
在政协礼堂接见重庆"八·一五"战斗团
及其他革命师生时的讲话

陈伯达同志讲話（王力同志翻譯）：

我代表中央文革小組向同学們问好！

你們来到这里，很希望我們談談話，我們事多人少，常常辜負了你們的希望，很抱歉。

中央文革小組支持全国革命师生的革命行动，这是毛主席的方針，党中央的方針，我們中央文革小組只能执行这个方針，不能背違这个方針。

我們認为，各地方、各部門各级領导都应該按毛主席的指示，按党中央的方針来对待群众的革命运动。在文化大革命中，各级領导都要遵循毛主席主持制定的中央十六条，都要遵循《人民日报》社論，不能违反，违反就是错誤的。对于犯错誤的，我們对那些不遵守中央指示的領导是很不满意的。我們对于在文化革命运动中受到委屈、打击、围攻的同学表示同情，表示慰问。

我們刚才收到一封信，对于这封信提出的问题，我們完全贊成。（下面王力同志念信）几点要求：

1. 立即恢复工人自己选举的文革。

（伯达同志插話：如果学校有这种情况，也可以改为对学校的情况。补充一条，不管学校、单位文革小組、文革委員会，凡不是根据十六条由群众选举出来的都无效。凡是指定的，背后有人操縱的，委派的，一律不算数，一律重选。）

2. 立即撤走由别的单位調来的别的組織，别的用来鎮压群众运动的，立即撤走。

3. 立即停止逮捕群众和組織群众斗群众。

4. 我們的文化革命要由我們自己的单位来解决。

5. 立即发放工人的工資，不得停发不同意見的及反对自己意見的人的工資。

6. 停止出动武装的公安人員对我們的鎮压。

（伯达同志接着說：）

南京水电队的工人提出的这几点建議是很合理的，很正确的，和十六条对得上口。南京水电队的同志悬求党中央解决这个问题。毛主席和党中央制定的十六条就是这样制定的，我們很高兴的希望，如果南京很快地解决这个问题，以便能早日回南京，一手抓革命，一手抓生产。这些问题的精神，在十六条里早已解决了，现在是有人不执行，有的人执行了相反的方針，是不是这样？

我想同学們可以在北京学习、看看，很好地学习十六条，掌握斗爭的武器。我們这个文化大革命运动，就是要大鳴、大放、大字报、大辯論。但不要打架，在群众中不要搞宗派，有人在群众中組織宗派，組織这一宗派斗爭那一宗派，就是不对的。群众中，可能有些宗派情緒，这样的宗派情緒，有的大会挑动群众斗群众，对于这个問題，我們怎样对待呢？我們可以用大鳴、大放、大字报、大辯論，大家有不同意见，通过辯論，討論，取得一致。不一致是可以保留的。今天不一致，明天一致!

刚才有人递条子，对那封信（南京水电队）有不同意见，这完全可以談的，我們文革小組提的意见不一定是完全正确的，可以批評，可以怀疑。因为我們讲的是个原則，中央指示的是文斗，不是武斗。在群众中造成宗派，不能討論，不能辯論，造成武斗，就会被牛鬼蛇神利用，就会被坏人利用，就会被党內走资本主义道路的当权派利用，总之，会被人利用。值得大家警惕。才讲的这封信是作为一般原則来說的，各个单位具体情况怎么用，根据大家討論，根据群众意见解决。

有人递条子，講现在的形势怎么样？我們說，文化革命整个来說是大好形势。有些地方、有些部門、有些学校一些群众、一些学生受到打击，这些是一个时候的现象。我們認为打击群众鎭压群众的一定要失败。

这次文化大革命中有两条路綫，你們如果好好学习十六条，就知道了。前一个阶段，工作組的形式就是鎭压群众的。工作組的人可能大部分是好的，因为是路綫错誤，所以变成了那样的局面。毛主席主持制定的十六条糾正了错誤路綫。但错誤路綫是资产阶级的，不是无产阶级，错誤路綫繼續用另一个形式出现。看来这一个多月来，斗争的形式更尖銳，更复杂了。有些人不愿意执行无产阶级革命路綫，不愿意执行毛主席指示和党中央的路綫，虽然形式上撤走了工作組，可是他可以用旁的形式来代替工作組，虽然工作組撤走了，他就事先指定，背后操縱成立文革筹委会等組織。你們紅卫兵中也有眞紅卫兵，有修正主义的紅卫兵，要提防。我們当紅卫兵就要当眞紅卫兵，当执行毛泽东思想的紅卫兵，不是执行资产阶級反革命修正主义的紅卫兵，执行了反革命修正主义的紅卫兵就是假紅卫兵，但是，假紅卫兵覺悟过来了，就变成为眞紅卫兵了。摆脱了党內走资本主义道路的当权派，跟群众站在一起，就会当眞紅卫兵。

一个小建議，跟你們商量一下，在座的有无高干子弟？我有一个个人意见：高干子弟在文化革命运动中占有領导崗位的，应当让出来，让普通的工农子弟領导文化革命。高干子弟是不是不能参加文化革命領导呢？不是的，还可以当积极分子参加文化革命的。前两个月，有个地方的一些学校，我問他們：按照普选制度，充分酝酿，要經过群众反复討論，不称职的就撤职。他們說："那么我們就选不上了。"我說："为什么要选上呢？可以当积极分子嘛！"我問他們为什么要选上，可以选不上，可以当积极分子起作用。高干子弟第一天反对我，哄我走。我說，高干子弟把持領导权是不利的，这对运动不利，对本人不利。你們在座的一定有好多人反对，我准备有人哄我下台就是。如果經充分选择，充分酝酿多次，这样做，許多高干子弟不能当选是好事，这样教育了他。有人可能对高干子弟发生了兴趣，認为他們消息灵通，他們有物質基础，有照像机，有脚踏車……我說，不要这些好。我看，消息灵通要看人民日报，还有什么灵通，看报就灵通了。不要照像机了（因事先有人要給伯达同志照像），照像有什么用？但要有照的，群众、毛主席、英雄、模范要照，我們不要照像，我們又沒本事，面孔也不好看，今天不照像了，今后不要照了。在座如果有高干子弟的话，你們哄我，我也不怕。但不要难过，眞心革命的高干子弟应有这样的覺悟，不当領导也一样革命。有的的确很好，群众眞心拥护，我也不反对。这些話也許高干子弟就不反对我了。

现在你們来到北京，經过斗争，克服困难，受到了阻力，这一点你們具有无产阶級革命英雄主义气慨。我向你們致敬!

但是，我想要做眞正的无产阶級革命家，成为共产主义者，还要学会接近群众，学会群众的語言，学会同群众說話，学会同群众商量。当对方不了解时，要学会用各种方法向群众解释。为什么不会向父母、家庭讲淸楚呢？这点是不大容易的。你們都是年輕人，学会接近群众，联系群众，学会群众的語言，学会工作方法，这样，我們的事业才可能成功，可能胜利。对不对？大家是否贊成？ 如果簡单地、粗暴地說：我革命! 这样就会胜利，我看不可能。我們很好地学习毛主席著作，看他怎样領导中国老百姓，經过多少辛苦，才取得胜利。我們要从毛主席著作中吸取力量，学会工作方法。比如我就沒学好群众語言，普通話就沒学好。我在很多塲合跟中国人說話也要翻譯。中国人不能跟中国人說話，这不是很大毛病嗎？

今天，我是不是就說到这？說的不一定对，不一定对大家有帮助。我到这里来是和大家見面，表示我們的态度。大家都很热心地要我到这里来。

让我們在毛泽东思想大路上前进!

請同志們好好休息，保重身体。我們伟大的祖国，让我們做的事还很多，世界各国人民希望我們中国人民的还是很多，我們要懂得在毛泽东思想的旗幟下努力奋斗!

去多，我曾到四川，以后还可能到四川。再見!

周总理九月二十六日在工人体育舘对首都大专院校红卫兵革命造反司令部的讲话

同学們，紅卫兵战士們：

你們首都大专院校紅卫兵造反司令部成立整整二十多天了，我因为忙没有很早地跟你們会見，但总是在国庆节前和大家见面，是件高兴的事，我现在首先代表毛主席，**代表党中央**，代表林彪副主席，代表国务院及我个人，向你們問好！（热烈鼓掌）同时向你們首都大专院校紅卫兵革命造反总司令部各学校紅卫兵們致以无产阶級文化大革命的敬礼！（欢呼：毛主席万岁！）我参加了紅卫兵其它两个司令部所属各校紅卫兵大会，一次在这儿，一次在先农坛体育塲，許多話在那两个会上讲过，今天第三次和首都紅卫兵另一部分战士們說，难免有重复。

首先选这样的一个题目讲一讲。首都大专院校出现多数派和少数派的問题。你們二十四个和以后有了更多地革命造反队伍。絕大多数在学校是少数，但是个别的是多数，总之，是处于少数。正因为是这样，讲讲这个問题才有必要。虽然你們是少数你們敢于坚持你們認为革命造反的眞理，这一点值得称贊。（热烈鼓掌）因为在今天的时代青年思潮起伏，会常发生各种变化。今天这样想，明天那样想，坚持下来很不容易。正因为你們在学校里是少数，但是你們坚持了一个少数的地位这是好的品質。特别是过去各大专院校普遍派工作组代替当权派，不管当权派的性質属于什么类型，一般都应当进行批判。工作组有的代替原当权派的地位，使革命学生造成对立情緒。許多学校开始起来批判工作组，但他們压制群众，压制不同意見。你們批評工作组起初都是少数，工作组和少数派对立，利用多数派整少数派，斗争学生，也是路綫的错誤，方向的错誤。所以七月二十九的讲話就开始了，以后逐渐深入。我在清华的两次讲話都指出了这种情況，工作组造成的学生斗学生，多数派压制少数派，少数派处于受压制的地位，自己的意見得不到伸张，相反，得到工作组支持的一方面，打击甚至于采取不正当的手法：斗争，围攻甚至打人，监視的行为。为什么造成这些行为，工作组的方向路綫错誤造成的。

但错誤为什么那么普遍，北京大专院校工作组几乎难以例外。有的深，有的浅，有的错誤多，有的错誤少，有的更恶劣，但都有这种错誤，不仅北京，这在全国很少有例外。

为什么这样？那就不仅仅是一个学校，不仅在那学校的错誤，派工作组的负责同志负主要責任。拿北京来說，北京市派工作组，但是在北京的中央负责同志同意了这个主张，甚至坚持下来，所以主要責任应由上級负，而工作组负一般責任。所以提到路綫方向错誤，应该这样提。这个問题解决了没有？解决了！党的十一中全会解决了这个問题。十一中全会是毛主席亲自领导的。（掌声）从党的十中全会，从62—66年，毛主席繼續……（未記清）七届二中全会，那时在西柏坡文件指出：党在全国胜利以后，解决的矛盾主要是无产阶級和资产阶級，社会主义道路和资主本义道路的斗争。发展到62年八届十中全会，毛主席进一步闡明：社会主义社会內部矛盾、阶級和阶級斗争的学說，認识了社会主义革命和社会主义建设时期，我們都要以无产阶級和资产阶級的斗争为綱，社会主义道路和资本主义道路斗争为綱。进行社会主义和无产阶级革命。所以从十中全会公报以来，毛主席讲得很清楚，**亲自制定了許多方針**。挖掉修正主义根子。培养无产阶级革命接班人。这次亲自领导无产阶级文化大革命。四年来的斗爭是史无前例的。每一个社会主义国家沒敢这样做。所以林彪同志說得对：毛主席是列宁以后二十世紀最伟大的天才。（呼：毛主席万岁！）总結了四年来，毛主席領導的伟大和成功，增强了毛主席領導下进行文化大革命的信心和决心，正因为这样，十一中全会解决了无产阶级文化大革命五十天来的錯誤。我在公开塲合，在清华第二次群众大会上讲了，**旣然党中央和毛主席解决了这个问题**，指出了方向錯誤，那么为什么許多学校工作組还沒解决。比如你們总部領导的二十多所高等学校至少一半存在这个问题。从这个問題上看来，証明了有的工作組本身还沒有認识到这一问题，还沒有作深刻的检查，沒有向工作組在时受工作組打击压制的少数派賠礼道歉，沒有把工作組錯加的"反革命""右派"統統取消。这是一方面問題。另一方面，一些部門沒有按十一中全会精神办事，解决对少数派采取的錯誤路綫和方向問題。比如地質部就是个例子。（掌声）这是两方面的原因。直到现在还有一些学校存在这样的問題，大槪你們就集中代表了这一方面受压制的意见，所以你們造反有理。（雷鳴般掌声）

我现在一个人不能一个个地回答你們每个学校遇到的問題，我可以站在中央負責工作人員的地位，跟你們讲，凡是过去工作組在时加在你們头上的錯誤帽子，錯誤的名称，錯誤的行为，乃至一些恐怖等等，都应該，我代表党中央說一句，都应該一扫而光。（欢呼）凡是錯誤的行为、錯誤的名称都应該統統地取消。凡被工作組錯斗了、錯打了、錯批了、錯写了的錯誤档案，工作組搞的錯誤材料，你們提出来告訴我們，我們負責把它集中起来！（欢呼）那些錯誤的东西，我們检查出是工作組搞錯的或学校搞的，那些东西我們知道以后，我們告訴你們一律无效，以后再把它烧掉。至于有时你們被錯打，錯打所做的检討、笔記，經我們清查出来后，統統捎还給你們。（欢呼）

当然做到这样是需要时间的，首先你們自己提出来意见，通过你們总部和各个小組、各学校紅卫兵代表然后經总部工作人員来交給我們，我們保证說了就算数。这是第一步，下面还有許多問題。那天晚上和你們代表談了半夜，四个多钟头（鼓掌），今天不可能一件件都提出来。一句话，就是我們从党和国家的領导上看来，你們哪个紅卫兵組織都是革命的組織（鼓掌），說你們不革命，或誣蔑你們是反革命的，都是沒有根据的，站不住脚的。你們的組織一直到你們組織的联合总部都是革命的組織。那么可不可以問，反对你們組織是不是另一种性質呢？（众：不是！）对，和我想的一样。现在你們在学校里只是多数和少数的差别，沒多大差别。那么用什么作标准呢？否则都是革命的是不是和稀泥呢？沒有和稀泥，我是站在党中央和毛主席方針政策立塲上說话的（欢呼），因为我們要看在无产阶级文化大革命时期，甚至在思想发动以前五月廿五日大字报，毛主席亲自批发了北大聶元梓大字报，各大专学校学生的革命运动起来了。然后根据党中央决定放你們的假，搞文化大革命，尤其是十一中全会十六条公布以来更加风起云涌地发展起来了大专学校中学的組織。同时这些組織才有了三个大前提，所有的革命青少年組織都承認毛主席和党的領导（鼓掌），第二，你們都承認高举毛泽东思想伟大紅旗，按毛主席指示的方向奋勇前进，你們按林彪同志所說的，讀毛主席的书，听毛主席的话，照毛主席的指示办事，做毛主席的好战士，好学生（鼓掌）。第三，十一中全会公报，八月八日中央十六条决定发表后，是一个无产阶级文化大革命的总綱領。你們都承認这个綱領，这个綱領也是紅卫兵的战斗綱領（欢呼），这三个大前提作为你們的領导、方向、綱領。我跟許多大专院校紅卫兵說过，沒有一个不承認的。旣然这个大前提講清楚了，就无权說这个是革命的那个是不革命的，因为都承認大前提，問題在于行动，在长期的斗爭中考驗証明。所以我說現在全国大专院校中等学校青少年的革命組織，无論哪种都承認这个大前提，都是革命的，不分多数派和少数派。你們有分歧的原因不单是过去工作組的错誤路綫和方向所造成的，另一方面由于青年人的思潮在起伏中。毛主席說："青年看問題，可以这样看看，也可以那样看看，一些志同道合的结合在一起，不值得大惊小怪。"所以你們青少年的精神我們是称贊的。你們朝气勃勃，你們有首創精神，你們創造了好多革命組織，首先是紅卫兵組織。毛主席称贊了北大第一张大字报、清华附中的"三論",形成了全国大中学校的紅卫兵組織。我在清华講話也說过毛主席首先抓革命的嫩芽……（未听清）一个学校一部分志同道合的人組織在一起便于你們战斗学习活动。十六条上写的"文化革命委員会等組織"有一个"等"字（笑），别笑，你們的紅卫兵就包括在这个等字里边。你們都是革命的群众組織，你們創造的，然后我們才称贊的。林彪同志8月31日講話称贊你們，紅旗杂志写"紅卫兵贊"称贊你們。你們是首創，所以各个学校，甚至于不止一两个而是几十个紅卫兵，这也沒什么奇怪的，就是說在无产阶級革命时期，革命組織象雨后春笋一样发展起来（鼓掌），这也沒什么不好，相反，青年的革命个性发展有好处。我提的个性是无产阶級的独立思考革命的精神，主要在这个时候发展的。否則，用一个模子一套，规规矩矩一套，不好，束縛青年的革命精神。（鼓掌）

青少年組織只要承認这三个大前提，我們都承認，都支持，一視同仁，一样对待。但这个道理讲了很长时间了。我接触了清华問題以来，将近两个月，一直是这样看。我說的是按党中央的方針办事的。但有些干部、一些学校领导,不是按这一方法看問題，总是用旧框框、旧的态度看問題，怎么办？你們現在受着不平等的待遇，除了政治上平等，刚才講不公平待遇要取消了。物質上的待遇也要得到应有的方便。办法就是使学校的行政摆脱过去学校旧的行政上控制，同时摆脱現在临筹的办法。因为現在临筹、文革委員会，还沒有包括所有各方面，总偏向于一边。当然必須声明，有好的，但是不多。少数派可以另派人掌握行政机构，在同等待遇一視同仁的情况下处理事情，这样学校的革命的組織，多数派和少数派都受到同等待遇。吃飯、住房、办公的地方、交通、通訊广播給予便利,还有其他等等（鼓掌）。总之，一切待遇，不管多数派少数派，哪个組織都应有同等待遇。（热烈鼓掌）要解决这一点很不容易。五十多所学校不能半年假放完了还沒有解决。革命串連出进都要同等待遇，例如坐火车不要錢已經解决了，但还有处理不当之处，慢慢改进，这样也就会专心致志鬧革命，把行政事务派一些人管。最近我說了个笑話，例如地質多数派和少数派差不多，不一定想通，吵得不可开交，不如把学校一分为二，但是一分为二也不能解决問題，而郑位三是革命北京軍区的副司令員，是你們的副司令員，是你們的指导員，他带着非武装的武装人員建立中間地带，带些不带武装的解放軍来調解調解。事情有时看起来很艰难，其实，大家想通了，就好办。否則弄得太紧张。抓主要环节，按毛泽东思想办事是容易解决的。都是革命师生，有什么不能解决的？前几天，哈尔滨工程学院三个紅卫兵各派五代表来談，講清楚就行了，还不是要抓革命促生产？黑龙江快要秋收了，丰收之年的丰收，第三个五年計划的第一年要搞好，把彼此的爭論放在一边，先做些有益于国家，有益于人民，有利于世界革命的事做起来。当然，北京的情况不同，但少数与多数經过协商、談判会，找到共同的联合行动。例如国庆，我們要好好过一过，今天廿六日了，剩四天了，把串联先停一下，我們好好过一过无产阶級文化大革命毛主席亲自领导下的伟大的国庆节，在无产阶級文化大革命战斗綱領的基礎上，表示我們的团结，給全世界人民看，也是向帝国主义、修正主义示威。所以我們要共同努力搞好接待。最近半个月搞得很好，外地同学也感到我們要做得好。这也不妨碍我們的独立发展，只要你們做得对，同学就会来，不是有的少数派已經变成多数了！总之不管少数多数，共同的条件是互相尊重，相互支持，相互学習，只要你說得有道理，尽管不同意，也要尊重、支持。如果我們比他們有道理，就可以进行辯論。四大嘛！还要尊重。自然，对黑帮分子沒什么尊重。但对革命同学要尊重，要学習。共同的要支持。相互要批評，但首先是自我批評，然后再互相批評。革命的組織要相互尊重，支持，任何一个組織都不能保証100％正确，要批評和自我批評，革命哪有不犯错誤的。成员也不可能保証經过考驗都是好的。伟大的党經过考驗后不也去了些坏人嗎？但他們无损于党的伟大、光荣、正确！所以你們不管多数少数任何組織会出现一些不良分子，这放在以后处理嘛！不要一辯論就抓小辮子，是誰好坏，要长期来考驗（不可能无产阶级文化大革命才几个月就給那个組織下結論），这样才能做到胜不驕、败不餒，这是毛主席的精神！

二、紅卫兵是什么性質

我在那两个会上都讲了，是三大任务：战斗队，学習队，宣传队，如果按这顺序来說，首先是学習队，学生时期，毛主席說：以学为主。不过现在紅卫兵在战斗中，所以我顛倒过来了。

林彪同志讲：（8·31）紅卫兵是解放軍坚强的后备力量，这就是說解放軍把你們看作是他們取之不尽的源泉。但紅卫兵不是解放軍的正式后备軍，正式的后备軍是民兵，他們拿武器不脱离生产，一旦出现战争，他們就拿起武器，他們是正式的后备軍。我們是非正式的后备軍，但是取之不尽的源泉。所以紅卫兵成为战斗队就要以紅五类出身的为核心，为主体，作基础，这是对的。但不是仅限于紅五类，要吸收一些紅外围，例如中农，职员出身的，在斗争中是很革命的，甚至黑五类子弟，个别的在斗争中表现得特别坚强，可以在外围中吸收他参加活动考驗他。为什么这样，因为你們学校中存在这些問題。

从旧社会中产生出来的新中国，这六、七亿人口的大国，在毛主席領导下經过二十二年的武裝斗争，在七亿人口的国家建立了新中国，用毛主席的話讲就是三句話，我們取得胜利有三个法宝：

1. 毛主席所締造和領导的中国共产党；

2. 中国共产党所領导的工农子弟兵——解放軍；

3. 毛主席亲自制定的统一战綫。

这样就使得在民主革命阶段取得了胜利。有了三大法宝，就能够在民主革命阶段成功后轉入社会主义革命阶段，这样不仅把农村中土改彻底完成了，使地富分子参加劳动，进行改造，而且争取、团结、改造了民族资产阶级、小资产阶级。参加到以工人阶级为領导的，工农联盟为基础的人民民主统一战綫中来，以便于对他們实行社会主义的三大改造，在改造中不断批判反动资产阶级，批判右派，一直到今天的批判资产阶级思想，进入到破四旧、立四新。这一切都是毛主席天才、艺术的掌握了社会发展的规律，革命发展的规律，使在七亿人口的中国，在社会主义建设和革命中，从一个胜利走向又一个胜利。（鼓掌）

由于我們这样，在旧社会的基础上誕生了新中国。除旧播新，这是一个长期的、艰苦的过程，就是要把旧的熔化在新的里，这是艰巨的事情、伟大的事情。

我們設想一下，有多少地富反坏右出身的子弟，资产阶级、小资产阶级出身的子女，这不是几百万，而是几千万，如果再加上独立劳动者，那就更多了。独立劳动者他们虽然没有加入集体組織，但他們是劳动者，是劳动人民的范畴的，是个大数量。你們要用劳动改造他們，他們的子女也要学习的，当然他們应更多的参加劳动。

有些学校是不是按阶级路綫办事？不是按阶级路綫办事，这要怪学校当局，不能怪他們，你要吸收他們进来的。比如半工半讀的学校，很多家庭出身差的，还要半工半讀来改造嘛！既然他們参加无产阶级文化大革命，就得給他們事干，应該給他們活动的机会。

总之，紅卫兵这样性質的組織，应該以紅五类为核心、为主体，允許吸收少数劳动家庭出身的子弟，允許团結经过考驗的，其他家庭出身的参加外围，实现毛主席号召的，依靠革命的左派，发现、发展、壮大左派，爭取中間派，团結大多数，经过运动最后达到团結95％以上的干部，团結95％以上的群众，把5％不好的、坏的放在外面、分化、瓦解、孤立他們，以后改造他們。应該团結絕大多数，现在还没有完成，但方向应按这个，按毛主席指出的方向去做。这个問題是学校应該注意的問題，你們可以用脑子想一想，你們应該創造性地試驗，搞些外围組織，使他們在社会上有服务的机会和学习的机会嘛！不要象过去那样，参加紅卫兵的很忙、很紧，另一部分人很閑，忙的忙，閑的閑。

战斗队的第二个問題，斗爭、战斗要区分二类矛盾。敌我矛盾与人民内部矛盾常常容易混淆，如果屢犯不改，会由人民内部矛盾轉化为敌我矛盾。另一种是接近敌我矛盾的，但坚决改就可以变成为人民内部矛盾。

对你們比較直接的就是炮打司令部的問題，本来是比方、生动的語言，常常不一定更确切，只有经过斗爭，在实践中才能使生动語言确切起来。比如我和一些中学讲过，无产阶级文化大革命按十六条中的第十三条，很清楚。"大中城市的文化教育单位和党政领导机关，是当前无产阶级文化革命运动的重点"。就是說运动的重点是在大中城市的文化教育单位和党政领导机关。斗爭的对象呢？象林彪同志九月十五日讲话回答了这个問題，"炮打司令部就是炮打一小撮走资本主义道路的当权派"。有同学問，当权派在本学校的比較容易知道是好是坏，有亲身的經历，但走到社会上，例如对市委机关不很清楚，从学校的斗批改进入到社会的斗批改，有同学問我，你怎么知道是走社会主义道路的当权派还是走资本主义道路的当权派？意思是說：轰他几下再說。我回答是走到社会上，走到其他学校，不象学校那样簡单，但不管怎样，总要按照毛主席的思想方法和工作方法进行調查研究，毛主席說，没有調查就没有发言权，不打无准备之仗。比如，你对别的学校机关不清楚，随便乱轰几炮不能解决問題。革命的串联是把那个单位群众的革命精神、革命干劲鼓起来，和他們站在一起去批判錯誤的东西，錯誤的言行，去发现当权派。是錯誤的，还是走资本主义道路的当权派，就必须在調查研究中，在初期的批判中，才能逐步深入。同学們应有准备，不能簡单的罵几句、打几下就能得出結論的。

另一方面，被批判的，确实不是走资本主义道路的当权派，按你們的話說，又不是黑帮，怕什么！同学們批評你几句，戴了高帽子，有什么了不起的。当然我不是提倡戴高帽子。应該从两方面来看，一方面同学要多調查研究，另一方面领导要有勇气，在群众斗爭的风浪中洗澡，錯誤的承認、对的坚持，这样双方就能解决好了。否则一方面炮轰它几下再說，大打大罵，另一方面又怕得要命，吓破了胆，不敢见面，这样一来就越鬧越僵！势必鬧翻！

我还要讲一点：大家都没有經驗，清华附中紅卫兵在六、七月出现，八·一八毛主席接见，戴了紅袖章以后，就蓬勃的发展，一下子冲向社会，冲向全国，领导上没有准备，有的开会刚回来，不到几天，二十日后，特别是中学同学一下子冲向全国，全国都震动了，这是好事，但沒有經驗，现在一个多月了，有了一点經驗了，大家要掌握分清二类矛盾。不是說在人民內部就不会斗爭了，也可能有走资本主义道路的当权派，斗爭会有反复，这种反复是长期会存在的，只要我們采取实事求是的精神，革命干劲和实事求是的精神結合起来，就会搞得好，这是战斗队的第二个問題。

有些問題上次讲了，就再簡单說一下：

第三点就是文斗武斗的問題。基本上已經讲清楚了。因为十六条有，林彪同志九月五日讲話中有，《人民日报》社論也有，在北京有进步，这种情况停止了。但在全国还存在，北京的同学还坚持文斗、因为我們向外地发展要慢些，在上海，北京去的同学說要文斗必须先得武斗。家庭出身不好要先罵混蛋再改造，不罵不低头，这不对，你罵他反感，罵更不低头，打更不成。实践中慢慢想通这个問題。想不通出点乱子，好好敎育，也别怪他。讲清楚，学习十六条，主席語录，对敌人要以理服人，对拿武器的敌人才用武器消灭。在无产阶級专政下我們政权有武裝，資产阶級乱說乱动，犯法就用武力鎭压，交法院逮捕鎭压改造。这时专政的工具可以使用。但对資产阶級单靠打不成，我們要杀他們的威风不是靠打，这个力我們有了，这就是无产阶級专政的强大，人民的威力，解放军的威力，把这个道理讲清楚，提倡文斗，不要武斗。

第四点，学校与社会。现在紅卫兵不单在学校，也到社会中斗批改，在社会上斗批改主要是破旧立新。在中层的工厂、公社、初期去贴大字报是需要的，现在发展后要相信农村、工厂自己会搞好自己的革命，不要干預他們的生产。最近党中央决定农村、企业、机关团体不組織紅卫兵，只是学校組織青少年紅卫兵。那么在工厂，在机关已經組織紅卫兵怎么办？这种紅卫兵暂时先保留一个时期，搞文化大革命工作，不发展也不与外串联，不和民兵混在一起，因为民兵有武裝，工厂、农村、服务性行业，机关是集体所有制成员，还是生产成员，年龄已經不是三十岁了，只能少数人参加，多数人不能参加，对于老年人就要組織老赤卫队，会造成年老与年輕的对立。看起来这些地方不适紅卫兵，只用民兵。特别有些机构、对外旅馆，医院等，特别是外交机构等有紅卫兵的要想法說服他們自动取消。因为他們与外界联系，接待亚非拉朋友，这次国庆招待，要招待一些外国资产阶級革命者，这种人生活习慣与我們不一样，他們穿尖头皮鞋、燙的头发比我們高，褲腿也許窄一点，不能去剪开，有些人吃西式东西，接待工作要照顾。一定要人家的习慣与我們一样，强求一律，那就强加于人的，沒有办法交朋友。这个問題要跟你們讲一讲，大学的紅卫兵比較懂得，中学的紅卫兵要向他們作解释工作，回去跟你們的弟弟妹妹讲，这样好讲些，容易通些，社会上的斗批改主要是破旧立新，肯定这是一种革命行动，很好，你們的倡議得逐步考慮；总之，好的倡議許多能做的，立即加强做。

第五点，本地向外地串联，外地向北京串联，一直到国庆前后都是这样的对流，一些軍需物资减少些，暂时还可以，长期不利，国庆以后情况会有改变，外地来了很多同学，我們要把他們組織好，各校紅卫兵帮助他們，大家手挽着手通过天安門。在外地的有些同学愿意回来，就欢迎他們回来，参加天安門游行，大中城市相互間暂时不串联，现在运轉有困难，十五日后每天开出四十多列车。

第三个問題：学习队。

中心問題，紅卫兵就是要按林彪同志的話，請敎两头，上請敎党中央，毛主席，好好学习主席著作，大学同学，北京同学要帮助中学同学、外地同学学好，紅卫兵要起模范作用。另一方面，到群众中去，向工农兵請教。不串联并不是不接触，串联就是鬧革命，闹到公社、工厂去，把大字报貼到大队、車間。我們有組織地参观工厂，参加农村的三秋工作是完全可以的，半工半讀工业部門的学校还可以去参观见习，对机关可以訪問，提問題，这种接触并不排除，而且应該提倡，很有必要。

首先是同学中彼此学习，我們从你們这儿学到了很多东西，不接触就不知道你們想什么，所以要請敎两头。学会一些知识就必須首先作学生，你們本来是学生，比我們更会学习，在这当中，有机会就要劳动，如这次秋收，参加劳动，把学用结合起来，学了就要用，在用字上狠下功夫。

今年国庆，我們准备每个人都高举毛主席語录，毛主席的話句句閃金光嘛！这样的紅皮語录比过去那些紙花好得多，这也是从你們那儿学来的，特别是十五日那天，把手一举，一片紅色的海洋，毛主席思想的光輝。

第四个問題：宣传队。

要把党和毛主席的話，党的政策很好地向群众宣传。放假闹革命嘛。既然是紅卫兵，当然要做眞正的紅色宣传員，就要自己做模范，首先学好毛主席語录，十六条，十一中全会公报，林彪同志讲话和人民日报对十六条作解释的社論，我們把它印在一起，印成小册子发給你們，使你們都有了工具，使你們掌握了毛泽东思想和各項政策的规定，印出来給你們做工具。在实践中作模范，在宣传中影响周围的人，做很好的推广毛泽东思想的宣传队。像解放軍一样，最近报紙上登的邢台地震包括十八个县，我們解放軍一声令下奔赴前方，和人民一起，扶老携幼，我們想是不是把它变成宣传队，四月份果然作到了，人人劳动，人人宣传毛泽东思想，结果所有邢台专区，不論那个村庄都去了，都宣传了。

你們紅卫兵应学习解放軍三大紀律，八項注意，三八作风优良传统，宣传队这点，要向邢台解放軍学习，如果你們能作，三个总部可以在这个問題上比賽一下。

总之一句話，最后要說的，不管你們是少数派，你們既然認为是对的，就应該坚持下去，在斗爭中考驗証明是正确的，其他同学也要坚持，既然都是眞理，就有共同性，就会統一，个别問題还会有分歧，相信經过长期考驗，各种組織会发展起来，我相信在无产阶级文化大革命大风大浪中，你們会經得起考驗，最后万水归大海，即时各种革命的青少年組織都会归结到毛泽东思想的汪洋大海，因为我們的目的是相同的，是要把无产阶级文化大革命搞好、搞深、搞透。不仅使我們青年一代受教育，而且你們要給你們下一代讲，保证中国永不变色，把毛泽东思想的伟大紅旗世世代代传下去。不但如此，还要把无产阶级革命精神传到世界去，首先在国庆中，要給来参观的世界朋友一个好的影响，一些困难我們帮你們解决，大家在一起共同过好这个伟大的国庆节。

好！让我們高呼：

庆祝我們社会主义的中华人民共和国成立十七周年！

无产阶級文化大革命万岁！

无产阶級专政万岁！

中华人民共和国万岁！

中国共产党万岁！

战无不胜的毛泽东思想万岁！

伟大的导师，伟大的领袖，伟大的統帅，伟大的舵手毛主席万岁！万万岁！

周总理给首都大专院校
造反司令部的一封信

首都大专院校造反司令部同学們、战士們：

我昨天在你們总部所領导的各校紅卫兵全体大会上的講話，有一句讲的不完全，現在更正和补充如下：

"你們認为对的，認为是眞理，可以坚持一个时候，"底下接着讲：如果在辯論和实践中經过你自己或别人証明确实是错了的，或者部分是错了，你們就应該承認错誤，加以改正。如果証明确实是对的，或者部分是对的，你們就应該把对的言行坚持下去。"这就是毛主席經常敎育我們的"坚持眞理，修正错誤"的道理。我們在文化革命运动中，眞理标准只能是一个，那就是用毛泽东思想衡量一切，凡是符合毛泽东思想的是对的，不符合毛泽东思想的就是错誤的。所以林彪同志說："讀毛主席的书，听毛主席的話，照毛主席的指示办事。"这是你們应該念念不忘的。

以上这一段話希望你們用适当方法，在紅卫兵和革命师生中宣布一下。

致以无产阶級大革命的敬礼！

周　恩　来　　九、二十七

447

关锋同志九月二十八日在北京地質学院
同学座谈会上的讲话

我們相信持有不同意見的兩部分同志絕大多数是要革命的。毛主席說要相信群众，相信絕大多数。我們对紅卫兵赤卫队是这样，对东方紅也是这样。

现在我看是严重的分歧，我希望大家要很好地想一想，坚持眞理，修正错誤，从大的方面想一想，不要只看你罵过我，我罵过你。这不怪群众。

今天，文化大革命情况到底怎样呢？十六条公布以后，群众是发动起来了，轰轰烈烈。但是两条道路的斗爭是极其尖銳复杂的。在十六条公布以前犯方向路綫错誤的有两种人：一种是犯有严重错誤的，一种是走資本主义道路的当权派。在十六条公布后，是不是都在执行十六条？两条路綫的斗爭是否结束了？也不是。就是有少数人繼續坚持错誤路綫，利用群众对党和毛主席的信任，利用党和毛主席的威信，煽动群众斗群众，学生斗学生，工人斗学生，工人斗工人，农民斗学生。这在社論中不宜多說，讲的这样深刻，因为还有外国人。今天，这是相信大家是革命的，我可以跟大家讲，现在确有两条道路的斗爭，就有那么极少数人，用新的方式，新的手段，更隐蔽的方式，煽动不明眞相的人斗革命的群众。他們这样做是好事，更暴露了他們自己。在十六条公布以前犯方向路綫的错誤，在十六条公布以后还犯方向路綫的错誤，坚持搞鬼，这和十六条公布以前就不一样，性質就不同。这样的人是极少数，我們也希望越少越好，我們也希望邹部长不犯这样的错誤，这只是一般而論。

我們認为对错誤的路綫必须批判，要彻底肃清它在群众中的恶劣影响，消除流毒，才能很好貫彻十六条。不破不立，我們几个贊成这样做，要批判。

路綫错誤是什么错誤呢？路綫错誤就叫打击革命群众，鎭压革命左派，制造了一个反干扰阶段，打击給院党委提意見的，給工作队提意見的，赶工作队的。当时很早起来赶工作队的是对的，应該給他們平反，应該吸收他們参加各级文革組織的領导。在二十几天反干扰中已給他們造成了极坏的影响，已經造成了輿論，应該进行平反，造成另外一种輿論。只是口头上說"我错了"，这不管用。要設身处地想一想。这些問題包括邹部长，千万不能認为对我有激烈意見的人不多，自以为得意，那就糟糕。他們的检討材料和你們整理他們的材料，必須交回，随他們自己处理。在反干扰中积极反的，不要他們作检討，但必須說明：如果不这样做，坚持错誤的路綫，那就很危险。

据我了解，在新市委和工交部、所屬单位所派出的工作队和所屬学院的問題是很严重的，例如清华、师大就是这样。北师大的工作队队长撤了职，一机部派人去閙，說北师大右派学生有問題，右派学生的后台是林杰、关鋒、康生、陈伯达，一直追到中央文革去了，当然也可以。

我認为最近邹家尤的一些做法是不对的，错誤的。东方紅的人去地質部，你跑了，十几天不見面，群众要你見面，你去嘛，你为什么不敢呢？你怕群众。一个共产党員怕什么呢？不怕日本鬼子，不怕美帝国主义，为什么怕群众呢？落到这个可悲的地步！群众要求提得高，要罷官，可以提嘛！我前几天讲了四点意见，不是也有人提罢我的官吗？我說可以提，怕什么呢？为什么和学生站在对立的地位上呢？群众的冲突在同学中造成严重的隔阂，要由工作队負責，由地質部負責，由邹家尤負責。你不見面么，火越激越大。他們整理了材料，就可以說明这是敌对情緒，为什么有些材料不写呢？西城区糾察队到地質部打了人，扣了八个人，为什么西城区糾察队会来地質部？你为什么不出面？你的女儿在哪儿？群众火了，这是怎么回事？群众打了人，罵了人都不怪群众，我們可以互相諒解，最后責任由地質部負責。为什么不爽爽快快地检討？为什么不这样做呢？听到冲突我們是很着急，你邹家尤为什么不挺身而出？为什么不說："错誤是我犯的，你們打就打我。"有的就做得好，虽然也犯了路綫错誤，但十六条公布以后就做得好了。

邹家尤部长讲做一面派，不做两面派，希望你是这样做。你为什么不和他們住在一起，而和另一派住在一起？这不但同学有怀疑，我也有怀疑。造成这种分裂局面的根源在哪里？我看不怪东方紅几个人，也不怪红卫兵那几个人，应怪地質部。过去造成这个局面，现在又造成这个局面，邹家尤副部长应该同情，不应对那些同学抱敌对情緒。

王煥你是一个党委书记，一个共产党員，你也应有一个明朗的态度。一个大电台，一个小电台，你为什么不能管起来？但相互不要罵，不要罵狗崽子，以后从口头取消。广播台可以安排一下，每人一小时。印刷你也应该能负起責任，双方应该平等。传单也不要罵，罵解决不了問題，有不同意見要說服，吃飯問題你应该管起来，車的問題你也該管起来嘛，不然，你还怎么叫党委书記呢？你还算不算数呢？要有原則的爭論，不搞无原則的糾纷。对你这个党委书記我是不了解，看到这种现象，我是很不滿意的。越閙起来分歧越大。

院文革我建議你們也考虑一下，不要搞清一色。东方紅有这么多人，为什么不能吸收他們参加？也应该吸收他們参加。你們写来了一封信表示支持我和戚本禹同志的四点意見，是不是支持？接到你們来信的同时，也接到了好几封信，也有讲道理的，对不对是另一回事，也有罵的。当然不要紧。

今天在座的好多是共产党員，共产党員要心口如一，不要隐瞒自己的政治观点，当面怎么說的，背后也該怎么說。今后再发生冲突首先要邹家尤負責，其次是王煥。王煥同志，我們宣布的四条你贊成不贊成？你以前是什么态度？你們应和他們睡在一起，吃在一起，好好听取他們的意見，不能坐山观虎斗！如果是在后面挑拨群众，站在后面坐山观虎斗，那么迟早会被群众揭穿的，别看现在有些同志看不清，总有一天会看穿的。

邹家尤你应該首先到东方紅那里去。你女儿带着人去罵东方紅你也可能不知道，但你要让群众說話嘛！要教育女儿不要保老子，不要保爸爸，是好人也用不着保嘛！我对两部分同志都沒有气，我就对邹家尤有气。为什么沒有气?!同学中这样冲突为什么不难过？如果沒有你的错誤怎么会冲突？你要把错誤向大家讲清楚，要对意見大的讲清楚，也对意見少的讲清楚。

要告訴工作队，千万别以为多数派贊成我們，就得意。多数是拥护党，拥护毛主席的，看不清是一时的，多数是会起来的，不会跟错誤路綫走。誰在后面挑动群众斗群众，那他自己倒霉。同学不要互相生气，要互相諒解，有不同意見要摆事实，讲道理，好好討論。通过討論会取得一致的。

我还建議从根本上考虑一下！有沒有两条道路的斗爭，两条道路的斗爭到底是怎么回事？你們不要光看地院，也要看到兄弟院校和外地的情况，你們不是看了地院和外地的传单嗎？毛主席不是說："你們要关心国家大事，要把无产阶級文化大革命进行到底，"嗎？你們要关心国家大事，要联系起来好好想一想，真正要革命的犯点错誤也不要緊，沒有經驗嘛，要按主席指示办事。

我看不要談你伤了几个人，我伤了几个人，眼光要放大些，心胸开闊些。我就先讲这点，我想听听邹家尤、王煥讲一讲。

周恩来总理十月三日
在中南海礼堂对全国红卫兵代表的讲话

你們各方面的代表这么多，不能每个問題都具体談到。你們有906个代表，大学的有285个，中学的有566个，来自全国851个单位，絕大多数单位是一个代表，有的单位有两个，极少数单位没有。

由于人多单位多，所以放弃了各单位分别座談的想法，打算只在大的原則性問題上給你們讲一下。所以决定开这个会，滿足你們归心似箭的心情，还是让你們早日回本单位好。

下面談几个問題。

一、备战备荒为人民

无产阶级文化大革命从去年发表姚文元同志文章时就开始了。全国在土改以后进入了社会主义革命阶段。資产阶级同无产阶级的斗争貫穿着整个社会主义阶段，貫穿在工作的各个方面。六二年毛主席亲自主持的党的十中全会明确地指出，在社会主义时期有矛盾、有阶级、有两条道路的斗争。林彪同志高举毛泽东思想的伟大紅旗，号召全軍逐步掌握毛泽东思想这个强大的武器。去年开始的无产阶级文化大革命是社会主义教育、社会主义革命的新阶段。自从毛主席批准发表聶元梓的大字报到现在已有四个月。經过四个月的斗争，經过革命师生以及他們的先鋒队一紅卫兵的奋斗，取得了不少經驗。你們获得了无产阶级最大民主和最大自由。时间已过了四个月，今后怎么办呢？按照党中央和毛主席的指示放假半年，从暑假到寒假一共八个月，你們已放了四个月，还有四个月。有的同学担心时间不够。不用担心，时间有的是，主要是看你們的工作搞得怎样？你們要掌握斗爭的則律，有意识地在斗爭中鍛鍊自己。放假到明年春节，即二月份，一共八个月。給你們充分的时间鍛炼自己，可以从学校的斗、批、改到社会上的斗、批、改，你們的时间比担任着生产任务的工农，担任着保卫工作的解放軍和党政机关的时间多得多。你們是专搞这行的。鍛炼你們年輕的一代，你們要学会自己鍛炼自己，自己教育自己；你們要有一个明确的方向，不仅要知道今天这样做，更要懂得这是为了明天，今天才这样做。过去那种教育制度，常常使你們的阶级观点模糊。放假让你們搞革命，就可以使你們从实际斗爭中明确。时间不够也要繼續下去，到社会中去；社会上的斗、批、改更复杂，更能鍛炼你們，从社会实践中鍛炼你們自己。

党中央和毛主席在国内外一片大好革命形势下，提出备战备荒为人民这个伟大的口号，这个长时期的战斗口号。从备战来說，美帝国主义把我們看成是他們的主要敌人，因为只有中国才敢于、才有力量对付他們，才有力量消灭他們。我們是高举馬列主义旗帜，高举毛泽东思想伟大紅旗的伟大的社会主义国家。苏联修正主义最怕我們鬧文化大革命，影响他們国家的人民，他們也怕我們，把我們看成是他們最主要的敌人。蔣介石反动派对我們那就更加恨之入骨的了。

只有在毛主席、在用毛泽东思想武装起来的中国共产党的领导下，只有在中国才有能力在敌人进行挑衅的时候把它消灭掉!

第二次世界大战，以苏联为首的反法西斯联盟取得了最后的胜利。这是应该肯定的。但战争准备苏联很不够，力量分散，基本力量被消灭了一些，初期受到很大的损失。有了这个教訓，毛主席就号召我們时时备战。目前虽然战爭爆发的可能性较少，但是还要备，备到敌人通通被消灭，共产主义在全世界胜利为止。

毛泽东思想是帝国主义走向灭亡、社会主义走向胜利的馬克思列宁主义。这句話是科学的結論，事实就是如此，促进了帝国主义灭亡。毛主席在20年前就預见了帝国主义和一切反动派都是紙老虎，在战略上蔑視它，在战术上重視它。在政治、經济、軍事上都要打倒它。同样，在社会主义时期，要从政治、文化、軍事等方面彻底肃清資产阶级影响，进行两个阶级、两条道路的斗争，只有这样才能挖掉修正主义的根子，才有可能促进帝国主义在全世界的死亡。世界发展的必然趋势，必然是社会主义走向全世界的胜利。毛主席亲自領导的反帝反修事业必须从各陣綫加强阶级斗争。中国从經济到政治、文化、軍事都要这样做，才能立于不败之地。备战絕不只是解放軍、民兵的事，也要灌輸到你們思想中去。毛主席发现了你們紅卫兵，首先发现的是清华附中紅卫兵，他們的三論革命造反精神万岁，毛主席发现，在十一中全会推荐了这两篇文章。紅卫兵是革命的苗头，在革命中发现的新生力量，是新事物，是可喜的現象。在八月四日，請清华中学的紅卫兵讲了話。这是很重視他們的，为什么这样重視他們。因为他們是卅岁以下的青少年的革命組織的急先鋒。今天的会几乎全是紅卫兵，有几个观礼的不是，这是表示我們团结的愿望。紅卫兵是以紅五类为核心、为主体的革命組織。此外，还要吸收非紅五类出身的坚定的同学。如果全国都是这样組織、坚持下去、发展起来，就很可观了。所以林彪同志說，你們是解放軍的强大的后备軍。当然你們与民兵有区别，民兵是眞正的后备軍，你們不是眞正的。要长期备战。

天安門六小时的游行是对帝、对修强有力的示威。修正主义害怕我們，帝国主义更不用說了。反动派也吓得要死。国庆游行的队伍是革命师生，到处都是一片紅色的海洋。是你們推动我們把国庆搞得革命化，过去的一套方案都給你們推翻了。过去国庆游行要两个月的准备，方步行进，整整齐齐的，打仗那用得上这个样子呢？并且累坏了人。这件事我本来就反对，但首先是你們冲过来了，结果今年国庆游行的准备时间不长就准备完了。你們敢于革命敢于造反的精神推动了我們，感染了我們，使我們打破了旧的方案。

你們要深深扎下备战的旗帜。你們是学生，当然是以学为主，无論是什么教育都是以学为主，你們在学校也好，劳动锻炼也好，都不要把备战忘掉。所以我們提出紅卫兵三項任务：战斗、学习、宣传，把备战思想通过你們宣传到全国。备战这是个大前提，很重要。战爭到什么时候爆发，誰也不知道。我們这一代能領着你們打完这一仗，把它消灭掉更好。趁它来侵犯的时候，把它消灭掉。这样眞理就在我們手里。也可能等到你們管事的时候才爆发，你們也不用怕，帝国主义把希望寄托在我們的第三代是没有希望了。你們要彻底革命化，还要把革命紅族世世代代传下去，把备战的思想传下去，直到帝国主义消灭光，共产主义胜利为止，这是个长期的任务。

备荒也是长期的事情，我国人口多，耕地少，只占全国土地的百分之十几，不是全国土地都可能耕种的，耕地只有十八亿亩。要扩大耕地面积，但是得一步步来，要有时间。人口也比较多，集中的地方，大多在平原、江河下游。你們来自全国各地，你們提出要参观大寨，各地都有大寨，何必一定要到大寨去呢？你們可到本省的大寨去参观。今后要做到县县有大寨。今年是大旱之年，但是越是旱的地方，克服旱灾的办法就越多。这是由于高举毛泽东思想伟大红旗的结果。除干旱以外，还有各种灾害，例如大寨还有雹灾、水灾、虫灾，大寨八百亩地，水灾冲垮了一百多亩，但是今年仍获得大丰收，亩产八百六十斤，比去年多，总产量比去年多了。

是不是旱的問題解决了呢？还没有！你們許多人都出身于农村，但由于进学校讀书，可能对农村不太了解。現在农村面貌大大变化了，人人都学习毛主席著作，学习主席語录。要为备战储备，还要支持被压迫国家人民。美帝国主义不让被侵略国家生产粮食，还搶走了那里的粮食。我們就是要支持这些国家的革命。列宁曾說过中国、印度、苏联三个国家的革命胜利了，世界革命就差不多了。这个預言是会实現的。現在印度革命是处于低潮，但印度的人民是会起来的，革命的力量是会成长起来的。中国革命越强大，影响越大，所以我們要做得更好。灾荒总不可避免，全国各地情况不平衡，即使平衡了，新的不平衡又会出現，备战是个大任务。备荒不光是为了灾荒，是为了中国革命、世界人民、世界战争。十六条公布了，指示抓革命，促生产，不能誤农时。

战备是个战略的要求，长期的要求。

現在串联影响运輸量很大，达到20％，有的同学提出給我們玉米面吃。同学們这种心情是可以理解的，但就是供应玉米面也有困难，何况各地习慣也不同呢？勉强他們吃也不行。

形势，客观的形势很好，全世界大动蕩、大分化、大改組，帝修内部矛盾加剧。人民要革命的愿望越来越迫切。南越人民打得好，拖住了他們三十万軍队，再来五十万、一百万也沒有什么了不起，也要打下去。一千四百万人民敢于对付五十万、一百万的軍队，这是了不起的事情。七亿中国人民跟越南人民学，不說一百万，就是五百万，二十八人对一人，可算一算中国能容納多少兵，这是一个很可观的数目，如果我們跟越南学，跟越南一个样，这場战爭就非消灭美帝国主义不可。

我們要爭取时间，在最近几年要准备得更加好些。如果美帝国主义不敗走，可能把战爭扩大到中国，我們就得准备好，来时就得消灭它。如果战爭推迟，我們准备得更好些，那就更好了。

女同志可以当兵，解放軍征兵条例总得有点修改。軍队中有許多工作，如医务、后勤要女同志做。所以女同志也要参軍，但毕竟是少数。要注意，这不是又要不平等，这是分工的不同。

美帝国主义来得快也好，来得慢更好。来得快，有毛主席做我們的最高统帅，带领着我們消灭它。

二、阶級斗爭問題

阶級斗爭是资产阶級和无产阶級的斗爭，是资本主义道路和社会主义道路的斗爭。斗爭有高有低，有紧有松，这个时期是属于高潮，要挖掉资产阶級的根子。阶級斗爭必然要反映到党内来，所以十六条规定这場文化大革命打击的主要对象是党内走资本主义道路的当权派，打击那些执行资产阶級路綫甚至站在资产阶級立場上的人。有的人对无产阶級革命路綫很不理解，甚至抗拒，这个問題必须首先解决，解决好了，才能把运动搞好。

我們放假搞革命，首先是搞你們学校的，然后再到社会上去搞党政的领导，搞那些党内走资本主义道路的当权派。你們时间多就得运动，你們要关心这个問題。

无产阶級的敌人，有公开的，如地、富、反革命分子、坏人、右派，这个已經注意到他們，經过十几年的改造，还有未改造好的，这是一点。未改造好的这些人敌视无产阶級专政和社会主义、敌视毛主席的领导，对这些人要警惕，揭发他们，造他们的反。他們企图砲轰我們无产阶级司令部，我們要起来捍卫党的领导，捍卫毛主席、党中央、毛泽东思想、无产阶级专政。

整个社会存在着阶级斗争，党內必然要有这些阶级斗争的反映。党內部分的領导权掌握在这些人手里，他們这些人对十六条很不理解，违反无产阶级革命路綫，站在资产阶級立場上，散布资产級阶思想，抗拒无产阶级革命路綫。有一部分人，如果經过斗争，經过毛主席的教育，群众的批判，改正了自己的错誤，重新站在无产阶级的立場上，这是可以的，只要他們痛改前非，我們表示欢迎，我們也希望他們改，按毛泽东思想办事，"惩前毖后、治病救人"。对一般犯错誤的人，不能采取无情打击，残酷斗争的态度。回忆党史，有过沉痛的教訓。当时党內出现了教条主义和"左"倾机会主义，对待同志就采取了这种态度，结果打的是一些犯了一般错誤的同志，甚至有些是正确的好同志。现在，我們的党是毛主席的党，在毛主席的領导下，我們的党沿着健全的道路发展。毛主席能够团结一切可以团结的同志。在毛主席的領导下，我們党內生活是新型的，我們对于犯错誤的同志，如果愿意改，我們欢迎他們改，我們对他們应该批評或斗争，帮助他們改。

当然也要有另一方面，有的坚决不改，帮助也不听，并为阶级敌人所利用，搞乱我們的阶级队伍，与走资本主义道路的当权派搞在一起，我們应坚决斗争。

存在有两面派，他們公开的是革命的，表面上跟毛主席走，但背后搞的又是另一套，他們是反党反社会主义分子。这样的人与犯错誤路綫的同志有区别的，但路綫性错誤坚决不改，就会成为这样的人。党內一定时期內犯路綫性错誤，也是阶级斗争的反映。

犯了路綫错誤而没有实际的反党行动，这是属于人民內部矛盾。但如果坚决不改，就会轉化为敌我矛盾。情况是很复杂的，要善于在实际斗争中去区别。

你們要好好学习几篇文章：林彪同志国庆的講話，十月一日《人民日报》社論、《紅旗》十三期社論。

《人民日报》十月一日社論《用毛泽东思想武装七亿人民》摘录：另有一些人，他們对以毛泽东同志为代表的无产阶级革命路綫至今还很不理解，对群众运动仍然是"怕"字当头。他們口头上也講十六条，而行动上却离开十六条。他們自觉地或者不自觉地搞宗派主义，利用广大群众对党和毛主席无限热爱，制造一部分工农群众反对革命学生，造成群众斗群众、学生斗学生的一些局面。他們这样做，正好为无产阶级的敌人利用来混水摸鱼。我們对这些人，本来是好心善意地希望他們改正错誤。他們如果坚持不改，就会脱离人民，结果就必定滑到资本主义的道路上去。

三、砲打司令部問題

司令部指的是党政领导机构。是不是所有的领导机构都是黑帮呢？我們、你們没有一个是这样看的。对于任何一个问题还都要一分为二。黑帮指的是反党集团，有的领导机构是，有的不是。象彭眞、刘仁那样的就是，但是，是极少数，絕大多数不是这种性质，属于路綫、方向错誤的这种可能性大。派工作組本来就是个方向性的错誤，工作組代替了原来党委的領导，对于文化革命也同样是不理解，不懂得相信群众、依靠群众，让群众自己解放自己，自己教育自己，习惯于过去那一套，因此走不通，势必引起一部分同学的不滿而批評，要求改組、撤换等。工作組也不滿，发动另一派同学起来斗争，把他們打成反革命，这是很不对的。两派有分歧，大家都义愤填胸，这样就造成了群众斗群众、多数斗少数、工农斗学生。

這是由于工作組很不理解这场文化大革命，不懂得相信群众、依靠群众，放手发动群众。这个根子在上面，不能只怪工作組。虽然工作組也有工作組的错誤，也应負責，具体問題具体分析，中央沒有把任务給工作組交待清楚，上級的責任更大些。

現在提出砲打司令部，那現在不能…（未听清）在那里，那个是黑帮，那个不是黑帮，由你們在斗爭中去証明，我們不反对你們怀疑，相反提倡你們这样做，他們毕竟错到什么程度，要你們通过斗爭弄清楚，請愿、游行等你們都有这个权利。各級領导不要怕，要敢于領导，敢于挺身而出，如果你怕，那就有更多的麻煩，把事情講清楚了，革命的同学还是講理的。有个省委，同学要他澄清問題，并給他戴高帽子，开始不敢出去，后来出去了，把問題講清楚了，同学原諒了他，不給他戴高帽子了。后来其他省委也都跟着这样做了。怕什么？是黑帮也賴不掉，不是黑帮也說不上，有错誤就承認错，沒有错誤也不要承認。即使戴了两次高帽子也沒有什么了不起，誤会消除了，取下来不就行了嗎？不要让多数斗少数，不要搞宗派主义。

你們851个学校，不可能每一个学校的問題都回答，是怎么样靠你們在运动中用斗爭来証明。你們砲打司令部，不可能每砲都准，就是我們这些人也不可能每砲都准。許多事情都是由于群众的揭发才了解的。错打一下，总是不可避免的。但希望你們打之前先有調查，你們可以串联，各地方、各学校都可以，各团体不能进行大規模串联，但拜訪調查总是可以的，到他們那里調查点材料也是必要的。

你們要查档案，这是涉及到上級党的領导問題。你們揭发的可能是个側面，不完全，但档案是由中央直接掌握的，中央对其他方面的情况都要了解。同时，有些事情涉及到党內机密，也不能公开，所以不用查档案。

不要說对領导知道得很全面了再批評，可以允許别人批評，批評中免不了打空砲。但可以在斗爭中辯論嘛！領导要敢于接受批評，批得对的就承認，错的就予解释，不能含糊，模棱两可。有的人，人家問他是不是黑帮，他就回答："你去調查去。"这怎么行呢？不是使事情越来越不好办嗎？自己为什么不敢說自己不是黑帮呢？为什么不敢說自己要革命呢？你这样一說，同学就說你心中有鬼，更加引起同学的怀疑。是不是黑帮的問題是敌我矛盾的問題，你为什么不敢說自己不是黑帮呢？你的每一行动都得由群众去判断。

沒有一个框框說那个可以打，那个不可以打。有人問，这个省委怎么样？我只能說根据現成的材料不能說他是不革命的、是黑帮，你要証明他是黑帮，你就得拿出材料来。彭眞开始并不認为他是反党分子，工作那么多年了都沒有发現他，是去年姚文元发表文章以后才逐步認識到。对于各級領导也一样，由于工作需要，对他們还是得有个起码的信任，在沒有根据認清他們是黑帮的就得信任他們。中央对有些省委沒有改組是为了让他們暴露得更充分些，让群众充分揭发，只靠由上而下是不行的，还要由下而上来解决。

附带說明几个問題：

对兄弟民族領导同志要抱爱护态度，与汉族干部不同，安排一些农奴注到天安門观礼，这是中央的意見，是有考虑的。这表現了党的民族政策。

达賴叛国一九五七年就开始了，跑到印度，弄走了好多人，这些人总有一天会跑回来的。象达賴这样的叛徒就是要斗爭。

班禅其实和达賴一样，但有区别，要反达賴就得利用班禅。現在农奴的逐步解放，不能得到他自己的利益，他就不干了，写下了万言书反党，我們借了这个文化大革命的机会批判了他。

阿沛出身于贵族，与班禅又有所不同，真正投降过来的是他，真起了作用，欢迎解放军进西藏，使西藏人民与解放军有接触，阿沛立了功。在斗争班禅时，他还是站在党的立场上，当然他还有许多问题，没有交待清楚。阿沛还是西藏自治区的负责人，不能马上换。因为是过渡时期，要慢慢换，要马上把我们的干部培养出来代替他们这批人。

内蒙的情况也是一样，对他们的干部与对汉族干部是有区别的。你们红卫兵不能说一点错事也没有作，但不能这么指责，应看到你们的主流、大方向。对少数民族也是一样，可挽救的还给予他们挽救的机会，这是毛主席的教导。

政协副主席上了天安门，有人提出要关政协的门、民主党派的门，提出不要政协，解散各民主党派。我们说关一个时期是可以的，房子你们占一个时期也可以，但不能永远这样，也不能把东西搞坏，国家要赔偿的。政协还是要的，因为阶级斗争还存在，各方面的代表人物还是有，毛主席还是政协名誉主席，我还是主席啊！公开的比秘密的好，可以更好地改造他们，毛主席思想是伟大的，能够改造这些人。

四、多数少数问题

不是简单的多数少数问题。基本有两派，这是工作组在而造成对立的，这肯定是错的。要把工作组给同学加的一切错误的帽子一扫而光。根据同学一时的表现划分左、中、右是错误的。只要承认那个大前提，无论那个组织都是革命的。清华越分越多，革命的初期总是这样的，总会慢慢地合起来的。但要合也不那么容易，要有一个过程，合不成不要硬合，北大要合闹翻了，清华反而多了。要通过斗争来合，如果你是革命的，又证明你是错了，你能回头自然会合起来了。少数是革命的组织，多数也是革命的组织，不能说少数是革命的，多数反少数就是反革命的，这必须给大家说清楚。我是不是抹稀泥呢？我这样说是经过党中央批准的。谁是革命的要经过斗争来证明，自己可以说自己是革命的。

你们有人说，现在是大动荡、大分化、大改组的时期，我很赞成你们这个说法，不要怕，这样有好处，最后总会在毛泽东思想的基础上团结起来。应该承认你们有革命早晚、程度深浅的差别，如果说成革命和反革命，那就是造成群众斗群众。因此在政治上和物质上同等待遇，一视同仁。由于革委会不是那样民主的，为了作到这一步，学校的行政工作可由外边派人去作，完全为大家服务，不偏心，好让大家安心干革命，这是一种想法，还未作，在地质、北航先搞两个代表试点。

五、今后的斗、批、改如何搞

有本校的、有社会的，在本地搞，在外地搞。只给大家讲个大方向，按阶级路线的精神，要讲点斗争的方法，要自己去调查。有的同学没经过调查硬要打，我们也不能反对，戴上高帽子也没有什么关系。

要批判反动的学术权威，不是那么简单的事情。关于改，你们在开学前提出建议，我们帮助你们改，大学如何搞，中学如何搞，你们要搞出经验来，我们把你们的东西整理提高推广。

破四旧、立四新也要经过社会调查，表面的容易发现的东西搞得多，但要深入，破四旧是个长期的任务。中国的封建统治时间那么长，封建势力那么浓厚，习惯势力那么大，要一下解决问题是不行的。你可以观察一下你们家或亲戚，准有很多不顺眼的地方，有时搞不好会有反复，要解决旧的习惯势力，不是那么容易的事情。

有人提出要消灭伊斯兰教，世界上有四亿人信伊斯兰教，中国也有一千四百万，这些人是帝国主义争夺的对象，**不能現在提出这个問題。**

你們要繼續闖，銳气不要受到磨損，要永远保持革命的朝气。

1．希望你們革命的串联要逐步走上有計划、有組織，比过去要更进一步，**要使中央能**够掌握你們的规律，好解決运轉問題。

今后允許和提倡你們进行革命串联，各地与北京的串联問題要首先解決，中学生有**一千**四百万人，十个人来一个也得一百四十万，这个工作量可不小。

2．大中学校的任务不同，今后中央对中学的問題要研究得多一些，中学也产生了**各种**組織，这是个好现象。

3．小学要开学，不能老放假，高中的同学給予輔导。

4．斗、批、改，破四旧立四新的方式。

文斗解決了。

靜坐絕食不能說他对不对，别再給他們头上加油了。我們反对这样对待他們。

我們要吃飽飯干革命，不要糟塌自己的身体。我們是毛主席領导的时代，是无产阶级专政的时代，有什么問題不可以解決呢？不必这样做，这不是好办法，不宜采取，这是**一般地**讲。要吃飽飯斗爭下去，要按毛主席的指示办事，不要怕麻煩，共产党从来就是要解決复杂麻煩的事情。

在斗爭中不要到处沒收財物，要沒收由公安局统一沒收，財物交貿易系统，**現款交銀行，**要办手續，有証件，要一清二楚，不能含糊，不要让一、二个人坏了整个队伍的声誉，**要遵守三大紀律八項注意，**要克己奉公，点滴归公，青年人要从小养成这种优良的品質。

六、民主集中

这场文化大革命是最大的民主，四大就是，宪法上的广大自由，你們統統得到，还多了一項，放假鬧革命，只有在中国才敢这样做，在这种大民主下就要有高度的集中，集中到毛泽东思想的基础上来，有些政权不能下放。

1．保卫权。武器、軍装不能往下发，保卫权只能在解放军和民兵手里，因为紅卫兵不是解放军的眞正后备军。

2．法律逮捕掌握在法院手里。

3．宣传权利、党报、新华通訊社、广播电台，不能由那个紅卫兵使用，你們学校可以。

沒有一个统一的領导，你們就会出偏差。

七、組織問題

无論哪个紅卫兵，但毕竟不能包括你們学校的全体师生，总还有剝削阶级家庭出身的子女呢？如何去团結改造他們呢？必須要有一个統一的文革組織。但现在又有一个多数和少数的問題，如何能做到平等？关于領导权問題，你們可以协商解決。有个前提，你們誰也不能領导誰，多数更不能压少数，要保护少数，少数受压也不要气餒。

要眞正按照十六条精神成立一个統一的文革，必須要有一个过程。

林杰同志十月三日在《紅旗》杂志编輯部接見北航紅旗战斗队、东方紅紅卫兵、地質学院东方紅毛澤东主义紅卫兵的讲话

亲爱的紅旗战斗队同志們：

我代表《紅旗》杂志編輯社全体革命同志向你們問好。自从文化大革命以来，你們向牛鬼蛇神开火，向資产阶級頑固堡垒冲鋒陷阵，我們向你們表示崇高的敬意。

我們《紅旗》杂志社在党中央和毛主席的領导下，在陈伯达同志的領导下，如果說取得一些成績的話，应该归功于党中央和毛主席，归功于伟大的毛泽东思想，是陈伯达同志正确領导的結果。但我們还有缺点，誠恳地希望你們多提意見，貼大字报和批評。

这期社論（66年第13期）是根据毛主席的教导和毛主席的亲密战友林彪同志的指示写的。同志們，你們学习得很好，我学习得不好。我唸一段林彪同志在"十一"国庆十七周年大会上的讲話："毛主席早就指出，在整个社会主义的历史时期，存在着无产阶級和資产阶級之間的阶級斗爭，存在着社会主义和資本主义两条道路的斗爭。无产阶級文化大革命，就是这两个阶級、两条道路的斗爭的新阶段。在无产阶級文化大革命中，以毛主席为代表的无产阶級革命路綫，同資产阶級反对革命路綫的斗爭还在繼續。那些坚持错誤路綫的人，只是一小撮人，他們脱离人民，反对人民，反对毛泽东思想，这就决定了他們一定要失败。"我們是根据这个精神写的。这里，我再念一段八届十中全会的公报，这是毛主席亲自主持下开的，公报是毛主席亲自参加写的："八届十中全会指出，在无产阶级革命和无产阶级专政的整个历史时期，在由資本主义过渡到共产主义的整个历史时期（这个时期需要几十年，甚至更多的时間）存在着社会主义和資本主义这两条道路的斗爭。被推翻的反动統治阶級不甘心于死亡，他們总是企图复辟。同时，社会上还存在着資产阶級的影响和旧社会的习惯势力，存在着一部分小生产者的自发的资本主义倾向，因此，在人民中还有一些没有受到社会主义改造的人，他們的人数不多，只占人民中的百分之几，但一有机会就企图离开社会主义道路，走資本主义道路。在这些情况下，阶級斗爭是不可避免的。……我們必须及时警惕和坚决反对党內各种机会主义的思想倾向。"我再重复后面一句話："我們必须及时警惕和坚决反对党內各种机会主义的思想倾向。"国庆节《人民日报》社論精神我不妨在此唸一下："阶級斗爭，一抓就灵"。我們所取得的一切成績和胜利，都证明了毛泽东同志这一英明論断的无比正确性。

毛泽东同志早就指出，在整个社会主义历史时期，存在着社会主义和資本主义两条道路的斗爭。被推翻的資产阶級和一切剝削阶級对他們的失败是不甘心的。他們通过共产党內的一小撮走資本主义道路的当权派，利用自己在思想文化領域里所占有的老阵地，妄图实现資本主义反革命复辟。毛泽东同志发动和領导的这場文化大革命，就是为着夺取剝削阶級在思

想文化領域里所占領的陣地，粉碎資本主義复辟的阴謀，进一步巩固无产阶級专政，使我国能够在社会主义、共产主义的道路上，合乎历史規律地前进。

无产阶級文化大革命旣然是挖一切剝削制度、挖資本主义、修正主义根子的革命，就必然会遇到阶級敌人的疯狂反抗，遇到来自各方面的阻力。无产阶級的敌人繼續在用各种方式对抗无产阶級文化大革命，他們甚至打着"紅旗"反紅旗，欺骗和蒙蔽一部分同志，妄图打击无产阶級革命派，妄图"炮打"我們无产阶級革命的司令部，对此，我們要提高警惕，识破他們，并且要更加依靠群众，信任群众，进一步地放手发动群众，使敌人的阴謀在广大群众的觉悟日益提高的情況下，永远不能得逞。另有一些人，他們对于以毛泽东同志为代表的无产阶級革命路綫至今还不理解，对群众运动仍然是"怕"字当头。他們口头上也讲十六条，他們自觉地或者不自觉地搞宗派主义，利用广大群众对党和毛主席的无限热爱，制造一部分工农群众反对革命学生，制造群众斗群众、学生斗学生的一些局面。他們这样做正好为无产阶級的敌人利用来混水摸魚。我們对这些人本来是好心善意地希望他們改正错誤，他們如果坚持不改，就会脱离人民，结果就必然滑到資本主义的道路上去。

党的八屆十一中全会，号召全党全国大学毛泽东同志的著作，全会公报指出："用毛泽东思想武装工农兵群众、革命知识分子和广大干部，进一步促进人的思想革命化，是防止修正主义，防止資本主义复辟，使我們社会主义和共产主义事业取得胜利的最可靠、最根本的保证。"

我們要坚决响应党中央的号召，在文化大革命中，高举毛泽东思想的伟大紅旗，突出无产阶級政治，把活学活用毛主席著作的群众运动推向一个新的高潮。我們要很自觉地掌握毛泽东思想这个最强大的无产阶級思想武器，去回答和解决文化革命中的各种問題。我們要坚决捍卫和执行毛泽东同志的指示，捍卫和执行党中央"关于无产阶級文化大革命的决定"，即十六条，捍卫和执行无产阶級革命路綫。

同志們：我們就是遵照林彪同志講話写的，如果这篇社論对的話，那是毛主席和林彪同志指示的结果。如果不好，那是我們《紅旗》杂志社同志的責任，希望同志們認眞学习林彪同志的指示。以上是对社論的說明。

最后，同志們敢想、敢說、敢闯、敢革命、敢造反的"五敢"精神，同志們旣敢于斗爭，又善于斗爭，又敢于革命，又善于革命的精神是值得我們学习，我們要学习你們一心一意为捍卫十六条，捍卫毛泽东思想，不惜牺牲，排除万难的革命精神，特别要学习的是同志們的革命的大无畏精神。

战无不胜的毛泽东思想万岁！

伟大領袖毛主席万岁！万万岁！

北航院紅旗战斗队　　东方紅战斗队　　陈繼明　林智兰等整理

雍文涛同志十月四日晚在清华大学
"向右傾机会主义路线猛烈开火—彻底批判
譚立夫发言大会"上的讲话

同志們，同学們：

今天能够参加这个大会，很高兴。大家通过这个討論，对譚立夫同学講話的批判，来捍卫十六条，执行十六条，肃清这个错誤路綫在一部分同学中的影响。这样的大会我们是支持的，贊成的。

我們知道，毛主席亲自主持制定的十六条是无产阶级革命路綫战胜资产阶级反动路綫的产物。十六条公布后，获得了广大革命群众的热烈拥护，无产阶级文化大革命出現了一个新高潮。革命形势非常之好，而且越来越好。但是两条路綫的斗争，并沒有结束，林彪同志在国庆十七周年大会上的講話非常及时地、正确地向我们指出："在无产阶级文化大革命中，以毛主席为代表的无产阶级革命路綫同资产阶级反对革命路綫的斗争还在繼續。"有些地方，有些单位，这种斗争还是很尖銳的，很复杂的。这就是說，有极少数人，还頑固地坚持资产阶级的反动路綫，采取新的形式欺骗群众，对抗十六条，而有一部分人，还没有从错誤路綫的影响下解放出来，结果为他們所利用。这是当前文化大革命中必须解决的一个关鍵問題。

譚立夫同学的講話是违背十六条的，是不符合毛泽东思想的。同学們对他的講話进行批判是正确的，必要的。因为譚立夫講話的错誤观点不是譚立夫一个人的問題，是错誤路綫的影响未被肃清的反映。这正是我們贊成批判譚立夫同学错誤言論的出发点，而不是其他。当然，一时受蒙蔽的人如果覚悟过来，摆脱错誤路綫的影响，与广大革命师生站在一起，坚决地同资产阶级反动路綫作斗争，那他仍然是眞正的革命派。

对资产阶级反动路綫必须彻底批判，而且必须肃清它在群众中造成的恶劣影响。不破不立，正如《紅旗》第十三期社論所指出的，要不要批判资产阶级反动路綫，是能不能贯彻执行文化革命的十六条，能不能正确进行广泛的斗批改的关键。在这里不能采取折衷主义。我們完全相信，所有的革命师生員工是坚决拥护十六条的，是能够坚定不移地贯彻执行十六条的。因此，我們就必须坚决地同资产阶级反动路綫作斗争，坚决肃清它的影响。認眞地学习十六条，宣传十六条，捍卫十六条，贯彻十六条。大家紧紧围繞在十六条这个无产阶级的文化大革命的伟大綱領下，战胜一切阻力，为彻底地胜利地完成无产阶级文化大革命而奋斗！让我們高呼：无产阶级文化大革命万岁！战无不胜的毛泽东思想万岁！毛主席万岁！万岁！万万岁！

陈毅同志十月五日接见军事院校学员时的讲话

　　許多同志要我講講国际形势，軍委研究下面几个問題給同志們講一講。分析形势，形势探討全靠每个人分析、独立思考。《人民日报》、《解放軍报》都有国际形势的报导。毛主席教导我們要关心国家大事，进行国际分析，这是掌握方向、看国际形势向那个方向发展，認清方向。我今天的报告提供一个参考，有不同意见，一斗二批三改发揚民主。看清形势有几种不同意见，总合起来分析，接近实际。

　　先談总的形势。有人怀疑"我們一天天好起来，敌人一天天烂下去"怀疑主席对于帝国主义和一切反动派都是紙老虎的論斷。他們怀疑就让他們怀疑，东风压倒西风和一切反动派都是紙老虎是我們分析国际形势的基本出发点。为什么怀疑呢？这是某个时期国际形势出现曲折产生的。印尼反革命政变、加纳政变，出现了修正主义，几个地方的社論影射新中国，反对毛泽东思想。从这些出发是错誤的。看到一棵树木，沒有看到伟大的森林。就是对中国人民、世界人民走向有利的方面，根据主席指示分析形势。由于各国人民反帝斗爭的扩大，当前国际形势是大分化、大动荡、大改組，斗爭在深入，三大一深。三大一深存在这个过程中发展，特别是今年五月以来，由于我国无产阶级文化大革命出现在世界午台上，有深远的国际影响。越南战塲形势很好，亚非拉反帝斗爭新发展，国际共产主义运动进一步分化，一个新的反帝高潮正在形成，当前的形势发展不是一帆风顺的，要有曲折的道路，形势主流更有利于人民，有利于世界革命，更加不利于帝国主义、各国反动派和现代修正主义，这是总加的形势估計，大家同意不同意？要去宣传，去解释，驳斥错誤，进行斗爭。

　　可能有些人别有用心地說："你这講話沒有什么新东西，听皮了，一本經"。中国无产阶级文化大革命这是国际形势的更新內容，不是老內容，越南战塲走向新阶段，国际共产主义左派壮大，也是新发展，估計国际形势，在一个历史时期整个世界走向社会主义，全世界无产阶级要解放，对整个历史时期要实际的、完全是馬克思列宁主义分析，中国的文化大革命，大大改变、推动了国际形势。

　　几个方面証明以上的总估計是有根据的，有五个方面：

　　第一方面：講国际形势，講两方面，講亚非拉、苏联东欧等，还有講到中国的发展，过去中国在国际形势中处在重要的地位。在延安的时候，一九四四年主席在分析国际形势中講，看国际形势，看我們自己的力量（意思），不能简单被动，跟着国际形势走。我們有能力組織推动国际形势向着有利于人民的方向发展。当时的延安人口，不到××万，軍队不到××万，現在七亿人口的中国，已經进行文化大革命，現在推动国际形势的力量的本錢更大，不能說我們是推动国际形势唯一的强大的力量，我們要承認是推动国际形势发展的力量之一。

　　文化革命有深远影响，苏修、美帝国主义联合反华有企图。现在对外关系出现了一些問題的趋势。毛主席亲自领导的文化大革命，是共产主义运动的伟大創举，是社会主义革命的伟大創举，在苏联、在亚非拉发生了深远的影响，七亿中国人民坚决反修、反帝，坚决走社会主义道路。这次国庆庆祝活动，是中国文化大革命很好的反映，越南的报纸刊登了毛主席的像，坦桑尼亚都有在报纸上介绍毛泽东思想伟大胜利的文章。标题"毛泽东是活的列宁"，付标题"伟大的毛泽东思想是精神原子弹"……世界革命人民贊扬毛主席是世界革命人民的領袖，世界人民的紅太阳。伊拉克人民歌唱毛主席"中国人民一貫支持阿拉伯人民"，緬甸人民强調緬甸的独立有中国的支持。

是不是中国文化革命的发展使人害怕了，使人吓跑了，柬埔寨外宾出席了我們的招待会，講中国人民是第一号朋友，感到驕傲，文化革命以后还要来。巴基斯坦对中国的国庆很重视，对毛主席高度贊扬。印度反对新中国，这次来人很多，下层群众拥护毛主席，热爱毛主席、毛泽东思想，欢呼我們的毛泽东思想，苏联人民和保加利亚东欧人民，还是为毛主席健康干杯。"我們不能搞文化革命，你們搞文化革命了。"文化大革命使对外工作上出现了革命。十年来外交上没有改变，沒有突出伟大的毛泽东思想，受了北京文化大革命的影响，毛主席批示，外交方面要来个革命，与帝国主义、修正主义不同，六十几个司令官全体一致进行了改革，突出毛泽东思想为主要任务，破四旧、立四新，革命的带出去，穿人民装，不穿西装。我們的驻外国参贊参加劳动，很受欢迎，过去外交上与修正主义赛，与帝国主义赛，现在搞自己一套，一开国庆节统统改装，通过文化大革命，带出国外的毛主席像、徽章，不要散发就搶光，我們自己带的徽章也要去了，还要給他寄去。

而美帝国主义和现代修正主义想借此掀起反华高潮，现在我們要問他們为什么害怕文化大革命，害怕紅卫兵——几百万人民解放军的后备军。现在紅卫兵的出现，中国人民解放军加强了，紅卫兵破四旧，紅卫兵高举毛泽东思想伟大紅旗进行改革，毛主席和林付主席与紅卫兵见面，举行了几次，震动了全中国，震动了全世界，主要的就是怕伟大的革命思想、怕伟大的毛泽东思想为七亿人民所掌握，就是怕毛泽东思想的精神力量变成物質力量，怕物質、精神力量超过他們。有什么可怕？我們没有拿枪，他們就怕这个。我們这里也有害怕文化革命的，我讀毛主席語录，在毛主席下面我就敢字当头，我就不怕，距毛主席很远了，我就"怕"起来了。美帝国主义、苏联现代修正主义是剝削阶级，就叫喊反华。亚非拉人民为什么不怕？是符合他們的利益，对文化革命同情，站到文化革命一面，中国文化大革命立即把世界分成两部分，少数人反对，大部分人拥护，这是新形势、新特点。

他們講我們"反苏"，我們不是"反苏"，而是反对苏联现代修正主义，是繼承列宁的光荣传統。中央负責同志谈話，苏联人民最感謝我們，苏联的革命传統总有一天会恢复的，他們眞正同情我們，我們必須严格区别"反苏"和"反修"，过去苏联对我們援助，四个专家和一个外使館参贊，他們运来的机器不符合规格，我們紅卫兵給他們带高帽子，来的专家不是每个人都是修正主义，我們要把文化革命传到苏联去，要摆事实講道理，要他赔貨，他們承認赔偿签了字，我們就念"毛主席語录"。列宁說具体分析，对外要講道理，馬列主义、毛泽东思想，是伟大的眞理，能战胜一切，說服一切。对毛泽东思想，要永远迷信。

帝国主义和修正主义，說我們的文化革命是"排外"，"只有中国就行了。"他們是帝国主义、修正主义，是剝削者，他們是反动派，他們对我們不友好，要欺骗一些人。我們主张同各国人民友好。这个地方还是同志們懂得內外有别。是不是排到外国去，还是不一定的，国外有他們的具体情况，毛泽东思想要与本地结合。林彪同志的講話：要活学活用不能死搬硬套，七亿人口中国团结起来，掌握了毛泽东思想，使人可怕，不简单，会使人家想一想。帝国主义造謠說："义和团用大刀杀人，杀外国人，紅卫兵要杀外国人"，以后經过我們的工作，才稳定下来。

第三說紅卫兵搞个人迷信，这完全是謬論。这是我們中国人民高举毛泽东思想伟大紅旗，是我們相信毛主席伟大的精神力量，把精神变为物貭。我国人民热爱他的領袖，語言文字难以形容。他们沒有忘記，你們是人民的压迫者，是反革命。这次国庆招待三千人，外交部就是宴会"专家"，从2号、3号、4号几次接见几次宴会。外宾們說，我們来以前以为你們中国文化革命是闹我們，你們对毛主席搞个人迷信。来以后看到毛主席不带一个兵，一个人从天安門城楼走到天安門广場，这个不简单。这个有很大的說服力，毛主席不仅是中国人民的領袖，也是世界人民的領袖。外宾說，毛主席是眞正的人民領袖，毛主席的威望、思想有了远大的吸引力。

他們說我們中国人民好战，我这个人是好战分子。六四年我对美国記者說，我是地地道道的好战分子，是帝国主义的好战分子，被敌人反对是好事不是坏事。这是毛主席的最高指示。我們要……他們就希望封建落后的东西得到保护，使中国人民受蒙蔽。我們对中国的历史，中国的古代文化，还有一个取其精华、去其糟粕。毛主席教导我們，馬克思主义就是要批判、要斗爭、要革命的。要一分为二。这个問題搞得过火不好，不搞不好。我們大使舘古董搞了很多，就不好，现在大量张贴毛主席語录。怎样利用古代文化？不是彻底摧毁，这个不好。主要是根据毛泽东思想造就新文化。古代文化可以作为資料参考。国际斗爭、外交斗爭有一点，美国人习慣家里摆一些中国的东西，表示文明，他們要学毛选，要破四旧，这是好东西。六二年我住在一个高山上的大旅舘，我是中国元帅、外交部长，旅舘一住，老人很欢迎，拿出三张明朝的画，問是眞的，是假的。我說是眞的，使他对中国有感情，干革命要走迂迴道路。

社会主义中国，伟大領袖毛主席是决定性因素。有五千年文明历史，这是一个因素。革命的决定性因素是毛泽东思想。我們世世代代是一个很伟大的民族。我們祖国的历史与伊拉克、巴比伦差不多，他們的历史中断了，中国的历史繼續到现在。我在招待会上讲，港澳同胞你們爱国你們不能照国內一套搞，因为你們要求生存。现在要問：你們爱什么国？蒋介石为代表的旧中国不能爱！只有社会主义、高举毛泽东思想的伟大的祖国才能爱。他們一到广州，紅卫兵就把他們的怪发剪了。我們給他們做工作，有这样的后代可贵，你們要积极地破四旧、立四新，这样的后代要欢迎。我們要对他們做宣传、作解释。

他們問我們："反对知识分子"，"把知识分子吃掉"，这完全是誣蔑。我們不是消极地改造知识分子，而是要工农兵掌握毛泽东思想，使工农兵都变成知识分子，使革命的知识分子都变成工农兵。刚才主席讲的（指大会念的主席的："五七指示"）不仅是搞社会主义使中国人民向伟大的社会主义前进，这就是发展了的馬克思列宁主义。毛主席首先发现，公众人民，公众全世界。全国人民都要感謝毛主席，使工农兵当主人。有人怀疑，"你們这样搞，文学艺术水平就降低。""中国是伟大的国家，有伟大的詩人，你們这样搞，很担心。"我說，你們的看法不对，你坦白，我很欢迎。不說文化水平，仅谈自然科学，我們認为資本主义三百年超过封建主义一千年，现在毛主席領导科学技术，社会主义超过資本主义过几年可以作出結論。資本主义制度的科学，少数人垄断，几十年出一个"专家"、"学者"，我們广大革命师生、工农兵几亿人口，搞几亿人民出现天才，資本主义与我們相比，小巫見大巫。很多人說服了，十七年事实就是証明。把科学、文化、技术交給了广大群众。

有人講："打击面太宽了，中国人骄傲。"美国主帅、苏修付帅组織六十多个国家反对我們，结果三十个凑不起来。美国組織反华，日本不参加，印度也不参加。这次国庆亚非国家派高级代表团，不是我們請自己来，经济、军事向我們学习。去年四、五月，印度出现了一个反华高潮，今年春天反华逆流打退了。

第二个問題：反帝形势很好。南越战场，美国的旱季攻势失败了，越南人民抗美救国的决心更增强了；向越南南方增兵，对越南民主共和国以炸迫和，美帝国主义要把越南分成两部分，美帝国主义要在南越留军队，越南民主共和国要美国全部滚，这是一个根本的矛盾。越南人民自己已经打了廿年了，要坚决打到底。美帝国主义在越南战场，一是逐步升級，以炸迫和，大扩大，不撤走，拖下去。现在看不出美国扩大，看不出撤走。这三种可能对我們都有好处。坚决支持越南人民。"講和"，我們要坚决反对，越南民族过去世界看不起，就是越南人民打败日本帝国主义、打败法帝国主义，现在把美帝国主义打得焦头烂额，战争把越南人民国际威望打出来了。越南战争是火力据点，美国六七——六八年国内大选，这里可能出现挫折，越南战场打到底是主流，一些挫折要估計到，要一分为二。

第三、美帝国主义和苏修的处境很困难。美苏交易很困难，各人有各人的想法。苏修要与美帝国主义共同主宰世界，而美帝国主义要独霸全世界。美苏根本矛盾，不能妥协。美帝国主义在第一次世界大战，第二次世界大战动员全国人民去打仗，美国四十年发展，吃这个饭，现在打越南、打社会主义中国，动员全国人民去，结果只有全国人民反对。苏修把希望寄托在中国改变颜色，美帝国主义崩溃之时，就是苏修崩溃之时。美帝国主义搞颠复，压服亚非国家掀起反华，现在国际形势发生变化，现在中非：亚非国家稳住了。今年五月以来有的亚非国家发生了政变和改组。美帝国主义、苏修想把巴基斯坦拉向印度，印巴冲突中我們以实际行动支持了巴基斯坦，他們很感謝我們。印度尼西亚游击队出现了，卡斯特罗公开反华以后，使拉美人民摆脱了修正主义的控制。

第四、国际共产主义在分化，毛泽东思想在深入人心，世界人民反对帝国主义、反对现代修正主义，戳穿了苏修的假面具，他們終归是可怜虫。国际共产主义运动过去的左派有动摇，但可能产生新的左派，不要看数量，要看他們的質量，要看支持毛泽东思想，支持文化大革命。質量决定一切。九月二十七日瑞典外宾自费来中国。法国的青年要回法国閙革命，我說你們要很好组織起来，现在公开搞会抓起来，你們要把毛泽东思想活学活用，就能取得全世界革命的胜利。现在共产主义运动懂得了接受不接受毛泽东思想，是区别馬克思列宁主义、修正主义的試金石。我們的结論，美国在越南的败局一定会到来。亚非拉人民革命斗爭出现新气象。

第五、关于现代修正主义問題。我們是比较乐观的，总有一天红卫兵一定会出现在莫斯科街头。馬列主义左派有很大发展。

最后，伟大的社会主义，无产阶级文化大革命是推动国际形势发展最可靠、最有力的因素。看国际形势发展，更重要的是要看到以我們为主推动改变国际形势的发展。

（完）

叶剑英同志十月五日
在工人体育坊召开全军
军队院校文化革命动员会上的讲话

刚才陈毅副主席对世界总形势的分析是很好的形势报告。第一，它是建立在眞正相信敌人一天天烂下去，政治上、軍事上、經济上各方面一天天烂下去，我们一天天好起来。第二，敌人在国际环境中間一天天分化孤立，我們的朋友遍天下，同情人遍天下，眞正孤立的是敌人。第三，是建立在眞正相信毛主席的英明論断，东风压倒西风，今天看来东风更有力了，更加有力地在压倒西风。第四，也是我們眞正認识到毛泽东思想是世界人民心中最紅最紅的紅太阳。

最后，对国际形势应該是乐观的，任何悲观都是沒有根据的。

各地三万，观礼一万，駐京一万，一千轉为地方的学院、学生（这里不清楚一整理者）今天让我来講话，我講的话焦点很小，针对院校同学，講院校文化大革命的问题，首先传达中央政治局通过的、林彪同志建議的，对当前軍队院校如何进行文化大革命的指示，我首先宣讀一下指示的內容：关于軍队院校文化大革命的紧急指示（內容从略）我們今天是执行中央指示，原原本本地传达，同志們要我解释，我就几个問題解释一下。

我們把无产阶级文化大革命作为社会主义革命和社会主义建设的新阶段，同志們必須認眞理解，不然，就会像主席批評的那样："很不理解,很不認眞,很不得力"。

关于无产阶级文化大革命，毛主席早就在1940年在《新民主主义論》中已經有全面地安排。主席說："我們共产党人，多年以来,不但为中国的政治革命和經济革命而奋斗,而且为中国的文化大革命而奋斗，一切这些的目的，在于建设一个中华民族的新社会和新国家。在这个新社会和新国家里,不但有新政治、新經济,而且有新文化。这就是說，我們不但要把一个政治上受压迫、經济上受剝削的中国，变为一个政治上自由和經济上繁荣的中国，而且要把一个被旧文化統治,因而愚昧落后的中国,变为一个被新文化統治因而文明先进的中国"。所以建设无产阶级新文化是1940年以来我們伟大領袖毛主席一貫的思想。經过二十二年解放了中国，又經过十七年經济建设，我們已經成为强大的国家。要进行无产阶级文化大革命，把旧文化統治中国来个彻底的扫除。无产阶级文化大革命是在新的阶段下进行的。毛主席对我們抱有很大很大的希望。毛主席說："世界是你們的，也是我們的，但是归根結底是你們的。你們青年人朝气蓬勃，正在兴旺时期，好像早晨八、九点钟的太阳。希望寄托在你們身上。"我們院校工作对象主要是青年，现代的青年，毛泽东时代的青年，已經过文化大革命鍛炼的青年，是用毛泽东思想武装起来的，我們要看到新特点，在无产阶级文化大革命中鍛炼的青年学生，有新的思想，新的习慣，如果我們院校工作不好，将来他們进来，"上基建筑"就不合适了，所以必須把院校的文化大革命进行到底，达到中央对我們的要求。把青年教育成为革命化战斗化的青年。文化大革命越彻底，毛泽东时代青年越革命化、战斗化，把青年通过无产阶级文化大革命培养成軍事化战斗化，这样就不会使我們国家出现修正主义，把社会主义革命进行到底。为了保証我們国家永不变顏色，就要把无产阶级文化大革命进行到底。很大力量要靠你們青年！你們将来成为敢想、敢說、敢干、敢革命、敢斗爭的人，把一小撮党內走資本主义道路的当权派打倒，作为鍛炼我們的对象。如果今后某省、某中央局、甚至中央出現了修正主义，你們就要起来把他打碎。

毛主席殷切地希望經过文化大革命后，这一代青年成为防修、反修的主要力量。殷切地希望青年一代，通过无产阶级文化大革命成为战斗的堡垒。

現在美帝国主义从四面包围，修正主义搞內部顛复，帝修反在同时进攻。我們就能同时粉碎帝修反。青年工人、农民、学生通过无产阶级文化大革命，就有可能有力量成为粉碎帝修反的强大力量。

还希望我們青年通过无产阶级文化大革命成为推动老一輩革命最重要的力量。我們看到十七年来的伟大成績，是在毛泽东思想指导下取得的。但是，我們要看到有一批跟不上毛主席的人，他們停止不前，腐化堕落，走向对面，你們青年可以像长江后浪推前浪，在彻底进行社会主义革命的同时，推动着老一輩前进，希望你們成为这样一个巨大的推动力量。毛主席說："青年是整个社会力量中的一部分最积极，最有生气的力量。他們最肯学习，最少保守思想，在社会主义时代尤其是这样。希望各地的党組織，协同青年团組織，注意研究如何特別发揮青年人的力量，不要将他們一般看待，抹杀了他們的特点。当然青年人必須向老年人和成年人学习要尽量爭取在老年人和成年人同意之下去做各种有益的活动。"这段话教育我們什么呢？教育我們，毛泽东时代的青年，看祖国，看廿多年的斗爭，应该学到很多革命斗爭的經驗，可以給我們提出很多有益的东西。如果說最初中国革命根据地是井崗山，那么現在世界革命的根据地是中国。如果說，我們在一穷二白的井崗山的条件下，經过了廿二年取得了全国革命的胜利。那么，主席能否領导我們取得世界革命的基本胜利呢？我說一定可以，我这样說是有根据的，根据就是在今天这样强大的中国作为世界革命根据地的条件下，主席很健康，主席的健康就是革命的胜利，主席的年紀最少超过齐白石！我們主席73岁，还能橫渡长江一个多钟头，30多华里。到98岁还有25年，我們由井崗山根据地，在毛主席的領导下只用了廿二年解放了全中国，在毛主席領导下25年，在今天强大的社会主义中国和世界的形势下一定能解放全世界。

最后决定让林彪同志作我們的付統帅，这是中国人民和世界人民最可庆幸的大事。还应该指出的是，毛主席1928年起，經过38年观察，林彪同志1927年参加南昌起义，1928年上井崗山后，一直在毛主席身边，向毛主席学习軍事、指揮、理論等各方面是最好的，在党的領导干部中，特別在軍队領导干部中，是最全面掌握毛泽东思想，而且年紀最輕，身体也最健康，今年才59岁，是領导中最年輕，而且身体經医生多年的检查，从头到內脏没有什么毛病，林彪同志只有局部神經受伤，不会影响思考和健康。因此他是最优秀、最健康、最年輕、是最有能力領导我們的。我們不仅要宣传毛泽东思想，而且要向全国，全世界宣传毛主席和林彪同志的健康，这有极大的政治意义。

我們保卫毛主席，我們当时还耽心出什么危险，但毛主席到青年中，可見毛主席很相信你們。同志們，你們很希望見到毛主席，但更需要你們保卫毛主席，保卫毛主席的健康，同志們，要保卫毛主席的健康，不仅物質上要保卫毛主席的健康，更重要以工作上保卫毛主席健康，我們从党支部到中央、文教、外交等部門，要好好把工作作好，不要毛主席耽心，不要出反党反社会主义分子，不要把工作作坏，而使毛主席精神愉快，这是最大的热爱！工作作得好，就是要使毛主席和林付主席满意，就是最大的、最好的保卫毛主席和林付主席。

在无产阶级文化大革命中,领导运动的同志,要敢字当头,不要有"怕"字。怕有两种,一种从个人出发"怕",不应該,还有从工作出发,怕把工作搞乱了。要看到运动起来了,可能有点乱,不乱不治,不淌不清,乱过后才能眞正看到好的干部,好的学生。把絶大多数团結起来,把百分之三的坏分子抓出来,把許多問題掏出来了。第一,领导上不要怕,第二,不要怕乱。希望领导同志要認识清楚。要注意少数,現在各机关院校一样,以北京为榜样。前北京市委改組后,大家敲锣打鼓欢迎工作組,那时大家是团結一致的,因为工作組执行了反动的資产阶级路綫,当别人勇敢地起来批判他的错誤时,他不認错,他們还压制打击革命学生。当时站出来批判工作組的只是少数,因此就出現了分裂。批判工作組错誤的人,就被工作組打成了"右派","反革命","假左派",这些都要取消,在今后运动中不要重复这些現象。对这些同志不要怕,要欢迎他們提意见。你們大家回去要按照林彪同志提出的三条来要求干部,林彪同志提出的三条标准是:第一,看他高举不高举毛泽东思想伟大紅旗;第二,突不突出政治;第三,在革命工作中是不是有革命干劲。要用这三条来检查,这是运动中检查批評领导的主要方向。领导人有三种:一种是三个条件都得得好,高举了毛泽东思想伟大紅旗,这是全才,在运动末要坚决提到领导崗位上。第二种是高举了毛泽东思想伟大紅旗,突出了政治,但有时工作要求过严,作风粗暴,随便駡人,生活拖拉,有缺点,这是偏才。第三种是不駡人,大字报少,人緣好,可就是不高举毛泽东思想伟大紅旗,不突出政治。工作中有干劲,生活上有严重错誤問題的,应該批評、批判、帮助,但是最后要保护,对于那种不高举毛泽东思想伟大紅旗,不突出政治,工作无干劲,打野鴨子,工作没有力,遊山玩水,打麻将的,这类干部要罢官、要撤职。

关于文革小組,文化革命委員会的权利,是全权,1/3权或1/2权呢?現在又有文革小組,党的领导是不是要保証呢?我們考慮干脆重新組織文革小組,党的干部也参加选,好的就选上,群众認为不好的干部就让他选不上。运动有多长时间,文革就领导多长,小組随运动多长就多长（軍委研究）,运动结束时要选举党的领导,再重新产生革命的领导。就好比我們党的代表大会期間的代表大会主席团,到开代表大会时,上届中央委員会就把权交給代表大会主席团了。这样做的目的,是为了通过运动产生更加坚强更加有力的领导。

再講一个問題,指示一方面允許軍队与地方間进行革命串联,另一方面又要求軍队不要干予地方,加入地方的文化革命。因为每一省市都經受了"扫蕩"。我們可参加串联,但我們只搞自己的斗批改,我們不能参加炮打司令部,扫四旧,抄家,我們是解放軍、老紅軍,紅卫兵是我們的后备軍,我們解放軍不搞紅卫兵。

最后,叶剑英同志引用了林彪同志最近接見部队国庆观礼代表时的一段講話作为结束。林彪同志指示（大意）:当前全国掀起了活学活用毛主席著作的新高潮,形势与过去不一样,军队应該眞正成为学习毛泽东思想的大学校。部队要拿出99％的时間来学习毛泽东思想。

同学們:让我們同全国人民一道,在毛泽东思想指引下,把无产阶级文化大革命进行到底!

陈伯达、江青同志十月六日在"全国在京革命师生向資产阶級反动路綫猛烈开火誓师大会"上的讲话

陈伯达同志讲话：

向同志們問好！ 向同志們致敬！

現在請文化革命小組第一副組长江青同志講話。

江青同志讲话：

同志們，同学們：

你們好！ 我受党中央和毛主席的委托問你們好！ 中央文化革命小組全体同志問你們好！向你們致以崇高的无产阶級革命的敬礼！ 我們支持你們这种大无畏的无产阶級革命的英勇行为！ 我們学习你們这种不怕困难不怕牺牲的革命精神，我們坚决和你們站在一起！ 捍卫和执行党中央十一中全会的关于无产阶級文化大革命的决定，即十六条。一个眞正的革命者一定要掌握原則、掌握政策、懂得策略。我希望同志們在大风大浪斗爭中掌握稳政策，善于运用斗爭的策略。最重要的是在馬列主义、毛泽东思想的原則下，在斗爭考驗过程中发展壮大左派队伍，团結大多数愿意革命的人，团結那些受蒙蔽的人，孤立和打击那一小撮党內走資本主义道路的人，走資本主义道路的当权派。

党中央在十月五日批准軍委和总政治部关于軍事院校无产阶級文化大革命的緊急决定。現在請张春桥同志向大家宣讀，好不好？（大家：好！）

周总理十月六日在"全国在京革命师生向资产阶级反动路綫猛烈开火誓师大会"上的讲话

我沒有更多的話要說了。我完全同意剛才江青同志讲的那段話，我們大家都看过，都同意的。并且后来让张春桥同志讀了中共中央批轉的中央革命軍事委員会和总政治部的一个指示，对全体同志們同样适用，适用于我們大专学校。江青同志讲話和中央批轉軍委总政的指示全部录音，向全国的大中学校去放。这样，不仅今天到会的同志們听到，紅卫兵战士听到，而且全国的大中学校的同学、紅卫兵战士們都能听到。我們感到你們这个会开得很好！不仅在这个地方把中央的指示宣布了，过去，各級領导、工作組对于革命的同学压制的、围攻的、斗爭的，甚至于走上压迫的这类的人身攻击，宣布一律平反！我們不仅对你們说，还要对全国的大中学校都要說！我們現在回答几个問題，你們提了很多問題，长的和要研究的我們回去后一定負責地把这些問題弄清了回答你們。現在有几个簡单的問題。第一个就是，估計大概是工人同志送来的条子或者是半工半讀的同学写来的：要求承認这次到北京来反映問題的行动是革命的、正确的行动。这个要求对！我們是这样看的。第二，回到本地以后，有自由串联的权力，保障人身自由，不得非法扣压，不允許使这些到北京反映問題的同志回到本地以后再受压迫。这个要求完全合理的，我們負責通知各个地方不許这样做。第三个問題，就是要求本人提出的一些問題，应該交上一級組織处理，不交給本地处理。这个問題，我們同意这样坚持。因为，有些小問題，例如说，接到这样一个条子，要求工资照发。証明有些半工半讀学校，我还知道有一些工厂，对于一部分受压制的（領导机关或工作組或者筹委会压制的）工人扣发工资，人事科同志这样做是错的，我們会下命令叫他工资照发。各地工厂的半工半讀学校，現在要放假闹革命。在闹革命的时期，他在半工半讀学校的待遇照样給，不应該再打折扣。有这样問題的由上級处理，有些問題由下級处理，我們来分別回答这些問題。

第二个問題，是刚才在这个地方講了話的，南京大学"八、二七"串联会，大概有一千三百名革命师生提出要求，就是說明受到很大压制，刚才信明智同志講得很清楚了。关于这个問題，我們一定通知那个大学，还有那个工作組，还有上一級的負責人应該回到学校里。另外，我們早就宣布过，全部工作組在学校里所犯的错誤，那个学校的学生的那部份同学認为他应該回校检討应該全检討，如果上一級应該負責任，那么上一級就要到学校做检討。

第三个条子四川大学到北京来参观、請愿的部份同学，請他們繼續在这个地方把問題談清楚。他們現在留在这地方，住的地方还很困难，有四川大学紅卫兵的、川大支队、东方紅的、"八、一五"战斗团，刘守訓、胡玉森等几个同学，他們住的地方要我們帮助解决，我通知周秘书长帮助解决。

第四个問題，首都文艺界、人艺同志問的，我們中央批轉軍委、总政的那个通知，适用于全国大专学校，是不是同样适用于文化团体？我們說同样适用。

第五个問题，就是刚才发言的时候外边有华东师范大学物理系的七个同学要求进来，最后也发了言。他們写了血书，要求把他們受压制的意見給大家說出来，让他們說了話，这个同学現在給大家介紹一下。

第六个問題：有的同学說，学校里边因为有工作組，工作組犯了路綫方向错誤引导的后果，造成由工作組制造出来的对立情緒。被工作組所扣的待遇（……听不清——录者）都不能让它繼續下去，都应該让它恢复正常現……

我不多講了，我們来高呼口号：

革命造反有理万岁！

无产阶級文化大革命万岁！

战无不胜的伟大的毛泽东思想万岁！

我們伟大的領袖毛主席万岁！

張春桥同志十月七日在中南海接见
福建部分革命师生时的讲话

同志們：

今天听了同志們的講話，材料很多，有的材料过去已經看过，有的还沒有看过，回去再研究。同志們提了很多問題，我想講这样一个問題：明天是八号，十六条已公布二个月了，这二个月可以看出什么問題？林彪同志在国庆时說的两条路綫的斗爭还在繼續，在某些方面来說，比十六条公布以前更尖銳、更复杂。为什么？因为十六条公布以前有些地方群众沒有发动起来，十六条公布后，广大群众发动起来，有些原来的矛盾表面化了。

十六条公布后，反对毛泽东主席革命路綫的人，有的精神准备不够，至今的确还不理解，有的是坏人，十六条指出，有四种人而不是一种人。有些工人农民很容易被挑动起来，他們保卫省委市委，是出于对党、对毛主席的热爱，他們不会不去。如果我是工人、农民，我也会去。有一条，軍队不能动，这是中央的命令。要能动軍队，那早就开枪了（笑声）。全国还沒有发生动軍队。（同学插話："有的公安部門已經动了。"关鋒同志說："个别地方有动。"）正因为个别地方有，所以中央立刻下命令，这样才能保证，斗爭虽然很尖銳，但还沒有发生更严重的事件，这说明了阶級斗爭是复杂的、尖銳的，证明了毛主席亲自发动的这場无产阶級文化大革命是必要的。不发动是不行的，要使我国不变颜色是保不住的。

同志們受到压力，受到迫害，是有困难的，这也证明这場革命是非常必要的。现在在党中央毛主席领导下，还会发生这样的事情，如果政权掌握在别人手中，那你們向誰控訴呢？你們将会怎样呢？你們还会到这里来控訴？（有的同学插話："会被杀头。"关鋒同志說："还是要革命的。"）

同志們，我們要把眼界放寬一点，在无产阶級文化大革命中受到打击、迫害毕竟是暂时的，最后我們一定会胜利的。但沒想到会有这么复杂。你們也沒想到吧！为什么会这样呢？你們的传单可以印，我們的传单不能印。政治上扣了这样那样的帽子，斗几小时，十几小时，甚至于几天。（同学插話："在漳州市街上发现有鉛印的反动传单了"。）你們福建可能更复杂一些，对面敌人会利用，公开的国民党也会利用。这个革命非常不容易的。同志們，你們不是感到年輕，赶不上参加过去的斗爭，觉的很遗憾，生晚了嗎？但是现在参加这場斗爭还可以鍛炼。全国政权在无产阶級专政下，在党中央、毛主席领导下，你們还是能够到北京，还能到全国去串联，党中央完全支持你們。我們中央文革小組当然要站在革命立場上，如果不站在革命立場上，就要被推翻。

看了条子，有几种感觉。同志們受压迫很重，較苦悶，問我們怎么办？我們俩（指关鋒同志）刚才討論了一下。至于该怎么办，我們还問問你們该怎么办？（同学們坚定的回答：斗爭到底！）不是中央沒有說过話，十六条不是写的清清楚楚嘛！他們也都知道这是毛主席亲自主持制定的，而且有的人也参加了会議（同学們插話："叶飞也参加了。"关鋒插話："不执行的还是不执行！"）問題复杂就在这里。一开头中央就估計到了，在八届十一中全会结束时，毛主席就公开指出有两种情况："有的执行，有的不执行，全国都是这样。"现在出现的情况，别的地方有，有的地方比你們严重，有的地方比你們差一些。这是有普遍性的。中央說一句話，各人都可以利用。十六条各人有各人的解释。林彪同志說，不要砲轰无产阶级的司令部。你們說，对不对？（同学們答：对！）林彪同志說的完全对！革命的同学应当清醒。但是有的人抓住这句話說："我是无产阶級司令部，不能打我。林彪同志講的話并不是指革命同志批評省委市委。（热烈鼓掌）应該說违抗十六条，攻击十六条的人就是炮轰无产阶級司令部，这个司令部就是以毛主席为首的司令部（长时間热烈鼓掌，并高呼毛主席万岁！）你們回去要紧紧抓住毛主席亲自制定的十六条指示，别人不执行，我們执行，我們不折不扣地执行。講道理就是講十六条的道理。林彪同志的講話，是根据形势的发展，精神还是根据十六条。

你們要我們帮助，这些具体問題对象是什么人？周围群众是什么人？左派是什么情况？中間派是什么情况？我們还不太清楚。应当注意壮大左派，争取中間派孤立极少数右派，左派当然人較少，现在少，将来也少，别想将来都全成为左派。当然要革命的是多数，坚定的革命左派毕竟是少数。馬克思、恩格斯共两人，誰給他們印刷机、宣传车、录音机呢？当时苦的很。（关鋒同志插話："連吃飯都成問題！"）恩格斯只好跑到他父亲的工厂去。他父亲是資本家，不是紅五类！（笑声）列宁还不是这样？！毛主席也是这样。毛主席被国民党写的传单那多了！你想想，国民党的对共产党的传单有多少？誣蔑你們的传单有多少？（同学插話："单福建二中传单就卅万张"）卅万分不算多嘛，蔣介石一罵共产党文章比毛主席著作四卷还多，但蔣介石被打倒了！

革命的新生事物最初总是少数的，成长非常艰难的。我們要向革命前輩、导师学习革命的精神。现在，总的形势比他們好多了，国家政权在毛主席手中！（关鋒同志說："受打击是好事，不受打击怎能成为革命左派？！"）（长时間鼓掌）毛主席过去被开除党籍好几次，被撤职，軍权被剥夺，但是最后眞理在馬克思、恩格斯、列宁、毛主席方面。虽然是少数，但是最后必定会取得胜利。（热烈鼓掌）我們今天在全世界还是少数，有几个党和中国党結在一起？现在苏修一边还是多的。同志間，少数和多数的关系，这个是会变化的。（关鋒同志說："多数是暫时的、虚假的。"）但只要是革命，你們就会胜利。眞正革命派的少数是会逐漸增加的，但是，一天增加起来是会垮台的。你們别以为今天拿到講話，明天回去队伍就一下子扩大。那样，风一吹就会垮台的，到后来又只剩你們几个人了。干革命就是要扎扎实实地工作，革命是沒有捷径的，要准备走曲折艰苦的道路。每个地区具体怎么走，不一样，但大方向是一致的。

他們的压迫无非是政治上的压迫和經济上的压迫。中央发出的通知，首都三个司令部物資待遇应当平等，中央文革小组講了，周总理講了，但沒用，不要以为中央講了都会执行。到前天，第三司令部发通知还是用手写的，請我們去开会，后来我們查問，为什么中央规定首都三个司令部待遇应当平等，你們不执行，后来就送来了鉛印的通知。我把鉛印的丢掉，手写的留下，可贵！（热烈鼓掌）我說这話无非是革命还是要靠自己！（关鋒同志插話："把革命同志团結起来，形成坚强核心。"）

昨天，江青同志講了，要注意政策策略，在馬列主义毛泽东思想原則基础上注意灵活性，我們一些同志的弱点就是不注意团結争取多数。这样会受打击。因为左派不可能很多，中間派跟誰跑就力量大。我們就要动脑筋，和这些人打交道，如何去作工作？我們不要对过去围攻我們的同学悶一肚子气．大家都是同学嘛！（关鋒插話："都是同学，都是阶級兄弟嘛！他們是一时受蒙骗的。"）在北京，凡是說过这样的話的会爭取很多同志。如果罵倒一切，对我們很不利。这点你們要考虑，不但对工农群众，就是对同学也要坚持毛泽东思想路綫。这不是一天二天，有些人今天跟你們，过两天形势一变又跑了，就繼續分化，不断改组。道路是曲折的。你們回去应該这样想問題。你們写条子上来，說要急着回去，回去前，去北京几个学校看一看，他們斗爭比較尖銳，如北京航空学院、北京地貿学院、北京师范大学、清华大学，有的被斗时只剩下10人。（关鋒插話："有的被关起来。"）昨天去唵通电的蒯大富那是翻身了，他以前就被打成反革命。你們去問問他們，他們經驗比我們多。当然我們也有受压迫，今天不在这里訴苦了。（笑声）我們遇到困难和你們不同。你們和这些学校有些类似，是否和他們联系，学习他們。北航只要求工作组赵××談談話，到国防科委等了廿八天廿八夜，不談。我們报告毛主席，毛主席說要談。他还是不談。后来陈伯达同志說："你們二个住到学生中去談，如果被打死，我陈伯达抵命。"还签了字、立下軍令状。就是这样还不敢去。他們怕群众怕到这样的程度！十月一日，我在天安門城楼上和他辯論：为什么陈伯达的話你不听，連毛主席的話也不听？我們火了。我們說：你們再不去，明天我和学生站在一起斗你。（笑声，热烈鼓掌）你們困难还不是最大，但你們受到的迫害，我們很同情。中央的态度很明朗，我就不多說了。你們多和他們联系，他們的經驗是什么，现在在开始变化了。昨天的大会就是标誌，主席台上的人好多都是戴过反革命分子帽子的，我唵决定时，台下很多人都哭了。你們以后就不要怕。中央有指示，现在不是同志了嗎？中央的批示你們听到了嗎？（同学答："听到了。"关鋒同志插話："如果他們再扣你們的帽子，你們就叫他們把指示拿出来，讀給大家听。"）这方面的压力，中央能作到的，中央絕不会不管。但就是这样，革命还是要靠自己，要有勇气，多动脑筋。从六月一日聂元梓等同志的第一张大字报到现在已經四个月了，四个多月来，斗爭是艰巨的，曲折的。现在形势又好轉些，但斗来斗去，还会发生变化，可能要經过多次反复，毛主席这条路綫才能取得胜利。

我們希望同志們好好学习毛主席著作，提高思想觉悟，学习毛主席如何革命作領导工作和分化敌人，他的天才还在于如何又斗爭又团結。这里有許多問題你們应該好好想一想。

最后，我希望同志們眞正地鍛炼成为毛主席的好学生。我們大家都有这种愿望。（长时間热烈鼓掌）

福医东方紅战斗团、厦八中、厦大紅卫兵独立团等单位整理。

关锋同志十月七日在中南海接见
福建部分革命师生时的讲话

同志們，刚才春桥同志已經說过，大家回去以后要坚决斗爭，毛主席教导我們，在困难的时候要看到光明。福建也是大好形势，学生起来革命，少数派数目也不少，工人农民被蒙蔽、被欺骗，围斗过你們的也出来揭发了，这不是大好形势嗎？（同学插話，"出来揭发的被压得厉害！"）越压越革命嘛！暴露也是一个好事情。不要这样想：到北京告状，党中央毛主席下令罢某某人的官，問題就解决了。这样就把复杂的阶级斗爭簡单了。如果都是那样自上而下罢某某人的官，那就不叫无产阶级文化大革命，就失去鍛鍊青年一代的意义。还只有靠工农群众、革命学生自己起来斗爭。

至于沒有印刷呀，沒有什么呀，我們講几句話，一定要他們給。他們是不是一定給，只要是眞理嘛，传单印得再漂亮，不是眞理，謬誤也不行，主要在質，不在量。（热烈鼓掌）举个例子，据我們所知，北师大同学谭厚兰在批判工作組期間被打成"反革命"，是"米高揚式的人物"。中央文革小組去开了个会，江青同志都說了話，工作組也撤走了，形势該好轉了吧？好了几天又来了，說她是"女赫鲁晓夫式的人物"。（春桥同志插話：那次我們小組全体人员都去了呢！）在斗爭中慢慢增加，现在的形势就好多了，井崗山紅卫兵发展了很多，一批又一批的退出了原来的紅卫兵师，加入了井崗山紅卫兵。

那些所謂多数派是虚假的，暫时的，多数人是要革命的，只是一时不明眞相受蒙蔽，这些人要好好地做耐心地做思想工作，要和他們講清楚。我們相信大多数会明白、会清醒、会站在这一边的。就是那些曾經罵过你們的、打过你們的同学，不要去計較。前些人我們接待中专一部分同学，他們曾經围攻北大的同学，他們自己說了："我去"也围攻，还打过人呢。"他也出来講話，不是很好嗎？絕大多数同学一定会站在革命这一边的，他們都是拥护毛主席的。只要我們做艰苦的工作，最后一定能团结大多数，左派队伍一定会在斗爭中壯大起来。

我就講这几句，祝大家身体健康，斗爭胜利！

萧华同志在空军的一次干部会上
讲 的 一 段 话

林彪同志一貫最忠实、最坚决、最彻底地貫彻毛泽东思想，执行毛主席的正确路綫。在国革命的重大历史关头，林彪同志总是坚定地站在毛主席一边，同各种"左"的右的错误綫进行不調和的斗争，英勇地捍卫了毛泽东思想。林彪同志主持軍委工作以来，高举毛泽东思想伟大紅旗，創造性地运用毛泽东思想，提出了加强軍队革命化的一系列重大措施。他召在全軍开展学习毛主席著作的群众运动，并且推动全国掀起了一个工农兵活学活用毛主席著作的群众性热潮。林彪同志是毛主席最亲密的战友，最好的学生，是活学活用毛主席著作最好的榜样。我們全軍同志都应当向林彪同志学习，学习他高举毛泽东思想伟大紅旗，活学活用毛主席著作，始終不渝地宣传和捍卫毛泽东思想。

王任重同志十月七日在北京飯店接見华中师院物理系七位工农同学时的讲话

把我个人的看法談談：

你們的大向方是对的，立場是坚定的，是革命的。你們多年来进行斗爭，受到压抑、换整，对你們被压迫的遭遇我个人很痛心，希望你們在斗爭中鍛炼成坚强的革命者。今后斗爭更曲折，你們要經受考驗。

根据你們談的情况，华师运动是犯了方向性、路綫性的错誤的。应当进行批判，为什么不能批判？只有彻底批判肃清影响，才能进行好一斗二批三改。

你們批評工作组，批評院文革，批評省委是对的。（插話："我們給省委貼大字报，提了意見，沒有說省委是黑帮。"）即使批評中有点把错誤，也不怪你們，你們大方向是对的，也許你們沒有错誤，就是有错誤，也沒有值得指責的，大方向是对的嘛！资产阶级当权派应該打，即使是革命的，也可以批評，为什么不能批評？（插話："别人說我們批評省委是搞王任重，是搞陶鑄，醉翁之意不在酒。"）可以批評，王任重也可以批評。你們回去說，就說是我說的，我是有缺点错誤的，也可以批評，可以写大字报，可以贴在省委，可以寄給我。我二月份的講話你們看了沒有？刊登在《紅旗》上。《在全省农村工作会議上的講話》肯定了省委的成績，指出了缺点和错誤，不仅公开講了，还刊登在《紅旗》上呢。省委的問题，可以批評，关于这个問題，我在文化革命以前講过，六月份又講一次，我們是有缺点和错誤的，对以前的错誤还可以批評。文教战綫上就有错誤嘛！农工业重要，但是文教战綫，沒有放到应有的地位，应該欢迎批評。这次文化大革命是触及灵魂的大革命，不仅你們要触及灵魂，我們也要触及灵魂。学习主席著作要带着問題学，学了就用。用到哪里去呢？第一就是改造思想，改造世界观。不仅你們要改造思想，我們也要改造思想，改造世界观。学到老，改造到老，死了就算。改造自己也要靠同志們帮助，批評是对我們最好的帮助。一天到晚都为我們唱頌歌，有什么好处。凡是不是恶意攻击，而是善意的批評，就要欢迎。恶意攻击，就不接受。有人說你們犯了方向性的错誤，你們就不接受，坚持眞理，修正错誤。院文革如果不民主，可以重新改造，撤銷你們的工作是错誤的。起码先要复你們的职。院文革什么时候选，恐怕要經过一塲辯論，要把群众充分发动起来，把大是大非搞清楚以后，再选才好。不能把老好人，不敢提意見，不敢批評工作组，不敢批評省委的人选出来。当然，这个問題，你們回去可以研究。十六条指出，不称职的，可以撤换，要那个条件较好的。让眞正的左派掌握領导权。你們成立"毛泽东思想紅卫兵"，一定給你們創造条件。如果武汉成立"毛泽东思想紅卫兵总部"，我贊成。你們首先把你們学校的成立起来。

过去他們整你們，学生斗学生，这不对。希望你們也不要把矛头針对学生，至于說观点不同，进行辯論是可以的。眞正的右派也要放到运动后期酌情处理。关鍵是打倒党内走资本主义道路的当权派。走資本主义道路的当权派打倒了，即使学生中有几个右派也翻不了大浪。现在你們不要把矛头对准学生。这次运动的矛头是整党內走資本主义道路的当权派，还

要批判反党反社会主义的学术"权威"。

你們講阶級路綫，我完全贊成。学校怎么招收那么多非工农子弟？对你們进行压抑是错誤的。阶級路綫怎么提，我的意見是按十六条办事。主席《在中国共产党全国宣传工作会議上的講話》已經講了，依靠左派，团結中間派，孤立右派。講不講阶級成份？这有三点，第一是有成份論，第二不唯成份論，第三重在政治表現。阶級路綫这三点一起講。你們回去以后是否取消"黑七类"的提法，以后不提了，否則对他們随时都产生压力。被压迫阶級，天生的、一般的对党、对毛主席比較热爱，感情比較深，革命比較坚决。正如刚才你們有个同志講的，打起仗来誰冲在前头。剝削阶級出身的也有左、中、右三种。一般說来，左派較少，中間多数，眞正右派也較少。剝削家庭出身的也是很复杂的，我們要注意分析，否則不利于团結。提"黑七类"，写"狗崽子"就不好团結了。到底团結得怎样，你們去分析一下，按主席的教导去分析，学习《中国社会各阶級的分析》。剝削阶級子女，你們要作阶級分析，这样才能把大多数团結起来。一条，要眞理，眞理就是毛泽东思想，要以毛泽东思想統帥一切。不高举毛泽东思想伟大紅旗，不按十六条办事，就不能团結群众。我們要善于团結大多数，发展壮大我們的力量，重点打击一小撮党內走資本主义道路的当权派。左派团結起来才能斗争，当然不是在一开始就团結了95％，而要經过运动才能达到这一結果。总之，你們要运用十六条，把左派团結起来。

你們要有这个信心。以张体学同志为首的湖北省委，只要你們提的意見是正确的，他一定会改，否則算得什么革命者。你們要有这个信心，我是有这个信心的。你們的一切合理要求一定得到滿足，办不到的你們派代表来找我，我来負責。如果我不能解決，我們再去找党中央，找文革小組。（插話，"我們提合理要求，要《战斗报》刊登我們的文章，广播稿件，要印刷，他們說我們是夺权。"）夺权，就是要夺权，革命派就是要夺权，我們无产階級革命派就是要夺权。

周总理和張春桥同志十月九日
接見清华红卫兵代表时的讲话

一九六六年十月九日晚十点半，周总理和张春桥同志接见了我校紅卫兵八个組織的五个代表，記录部份整理如下（大意）：

周总理：你們的信是四日交的，五日才收到的，昨天（八日）才知道今晚开会，这样做检查已来不及，需要时间准备。王光美在中南海，我們对她要負責。王光美检查要有准备，同时党中央也要討論。我能說的都說了，不能多談了。

同学：群众要求王光美回校作检查。

张春桥：你們的要求是合理的，她应該作检查。

同学：不能压制我們的革命精神。

总理：这个問題中央要討論，主席很忙，还要找时间。她去不去检查？她不是普通的工作人員，你們大学生都明白了。我們討論了，不要王光美同志去清华检查，去检查肯定下不来台，势必鬧起来，必然牵涉到中央。主席領导的党中央，这样就使党中央为难了，不是毛主席都做不了主啦！？叫你們来做？我在八月廿二日（註：在清华的大会）講过了，中央問題十一中全会已經解决了，党中央只能給这个范围，我也只能这样講。王光美要是一般工作人員，随叫随到。一追問題大了，一张大字报就說中央××，你們看了，世界人民盼望北京，有外国記者評論，有多少中央委員点名了。

同学：我們可以給王光美同志談話嗎？

总理：这样必然要和上面有牵連，必然联系到别的。毛主席健在，你們还不相信他領导的中央和林彪同志能解决这个問題嗎？中央全会十二日結束，后又开工作会議，十六、七日他們才回去，各地省委还未传达，你們的紅卫兵就去了，就闯上去了。他們现在有的还未开全体会議，各地要有个过程，省市委书記应服，我們也先学习，后提意见，你們司令部的也常常碰不到头。大字报問題她不能全部回答，廿二日我說全会基本解决了，主席說，也只能这样說。

明天交給你們书面检查，通不过再检查。

张春桥：换个方式，人不去，給你們书面检查，大家可以座談，討論，有意见交給她再检查。

总理：把她不能回答的問題避开了，不然我們陪着，那更麻煩。

同学：有的同学給破了。

总理：发展下去更坏了嘛？那样的传单发出去，影响很不好，那样的传单是不妥当的，国家不能給印。现在你們正在为正确路綫而斗争，一个正确路綫要在中国生根，要有个过程，必須大家認識到。具体的事，你們可以拿出来批判，下面要解决，还要經过长期的斗争。

张春桥：王光美不去也一样，她代表的路綫能批判，这样就肃清了，不妨碍批判，全国各种表現差不多。

总理：陈独秀当时不在，我們也批判了，这样更深刻，不会在人事上抓得多，为了肃清反动的路綫，长期坚持不改，就会发展到敌对的地位。

（在談到紅五类子弟时）

总理：我們不同意黑七类这个黑。紅卫兵，紅五类子弟为主体，主体还有四肢，不要造成人为的对立，出身第一位，还要有表現。工作組去了就包办代替，过去，还設想有好的，几乎沒有，沒有派工作組的党委也是一样。

（关于內外有別方面）

总理：在外面說的，不如少說，外国使馆知道影响不好，注意影响。反动路綫要彻底批判。街上宣传两条路綫的斗爭不要过份提人名字，北京、上海、广州影响大。今天我們講中国是党中央、毛主席領导的，要注意影响。一件事实在前，結論在后。

社論經过調查才写的。

註：以上講話記录根据接见清华大学五名代表的記录整理的，內容不全，也未核对，也沒請示总理，仅供大家參考。

周总理十月十八日晚接见
地院"东方紅"航院"红旗"等几个院校
七千余名革命师生员工大会上的讲话

十月十八日地質学院、航空学院、政法学院、矿院、北医、水电学院等院校七千余名革命师生员工遊行到天安門表示誓死保卫毛主席的决心，周总理在工人体育馆接见了大家。作了重要講話。

周总理：

首先向你們致以无产阶级文化大革命的敬礼！（周总理身穿綠軍装，行軍礼）我现在概括地回答你們，要关心国家大事。

首先让我向各校的革命左派表示：我感謝你們这样高的革命警惕性提醒了我們！革命左派代表到中宣部去谈，发现两个口号的問題。他們給我們打了电話，我說要见到正式的东西，今天凌晨我赶到天安門，才看到有两个口号的单子，你們发现二者有很大差别，有政治性错誤，你們发现这样的問題是正确的，是对的！我当时說希望在中宣部谈話的同学給我們时間，我們一定审查这件事。发现这件事我們研究提出22条口号，十八日执行这个口号，这是党中央政治局通过的，是在毛主席身边决定的。这个口号听取了你們的意见。比如加上，誰反对毛主席就打倒誰！这廿二条口号是胜利的口号，你們可以公布，其中每一条可以在任何地方貼。关于口号問題：我們已經責成中宣部調查，我也負起責任来，調查这件事，查清后要向政治局常委和毛主席汇报，并向你們公布。

关于开会問題。这次接见距上次已十八天了。外地同学在北京集中达150万人。这样大的数目，再加上北京工作人員、紅卫兵等达160万人，又要使外地同学看到毛主席，又要保护我們伟大领袖毛主席的安全和健康，外地同学人人都希望见到毛主席，又希望他老人家永远健康长寿，我們就不能不把这个矛盾解决好。上次国庆就因为行进时間拖得长，使毛主席和林彪同志累了，他們身体很健康。但是使他們过于累了，我們心不安，我們相信你們的心和我們一样。我們很理解你們心情，但我們要負起責任来。

二十一年前到重庆谈判我是陪毛主席去的，解放战争打游击我和毛主席在一起，我犯了错誤，毛主席糾正了我，挽救了我。我从来不掩飾错誤，但我知错必改、坚决改！我爱护毛主席的心至少不下于你們。

大家想，到底是让毛主席站在天安門上一次又一次地出来还是用什么更好的办法？国庆时一百二十万人走了六小时，到了晚上毛主席又到群众中来了。你們想见毛主席，毛主席也想见你們。是啊，毛主席是我們心中最紅的太阳！毛主席和我們心連心！

但是"十一"晚上的情况証明沒准备好。毛主席走到群众中去，从金水桥各处都进不去，二个同学都碰伤了。今天这样走法，沒有經驗，是一次試驗，我和楊成武等同志专門看了路綫。在天安門上面还是下面，最后毛主席决定还是在下面见大家。但前进开始时，司机同志很紧张，車开得快了一些。观礼台上的两万人沒见着，不肯走。我說你們留下来，我想办法。这次化了一个半小时。但还有缺点，在最后五百米处挤伤了几个同学，我心中一直不安。因为解决你們的問題，还沒有去看他們。

我們远不能满足这种情况，要繼續前进！

今天你們等久了。我五点半到天安門，看着你們上車，我才走开。这次，我們派了一万六千名解放軍同志到各单位帮助組織，并做保卫工作。

我們相信我們的人民，我們的党，我們的軍队，我們国家的安全坚如磐石。因为我們有毛主席这样举世无双的伟大領袖，造就了我們的軍队；依靠我們伟大的人民，建設我們伟大的祖国。有我們这样伟大的人民，才产生伟大的領袖，造就了伟大的党、伟大的軍队，建成我們伟大的祖国。无产阶级文化大革命还是第一步，我們还要长征！

我們还要警惕敌人，哪怕万分之一可能的敌人搞乱，也要防备，軍队完全是对敌人的。对你們，我們是完全相信的，不然毛主席为什么出来见150万群众呢？事实做了証明，不是什么事情也沒有出吗！我們都是自己人吗！

你們关心国家大事是应該的，是对的！正因为如此，有些事情一解釋就清楚了。林彪同志講了多次话，这次不准备再講，最重要的就是"十一"講话，强調了两条路綫的斗争，坚决捍卫了以毛主席为代表的革命路綫。根据这个講话，《人民日報》社論、《紅旗》十三期社論，更进一步闡明了这个道理。

我們要把两条路綫斗争繼續下去！我們支持你們把两条路綫的斗争繼續下去！

至于还有些个别問題，由有关同志向你們回答。我还要向第三司令部道歉，因为我請会議主席告訴你們，会后再接见你們⋯⋯

同学們还要求见中央文革陈伯达、江青、康生等同志，你們的心情是可以理解的。

心情是可以理解的。陈伯达同志是毛主席、林彪同志領导下，我們党最好的理論家。在林彪同志号召活学活用毛主席著作的提倡下，陈伯达同志善于发揮，善于闡明毛主席思想，对我們有很大好处。他脑子用的很多，需要休息，我今天同他同車，是我亲自送他到休息地点的。

康生同志要出国了，要代表我党出席阿尔巴尼亚的党代表大会，准备工作很忙。

江青同志，有的同志15日座談见到了她，你們看到了，她身体很弱，这二年她搞文化大革命很辛苦，取得了很大成績。

你們想见毛主席，以后机会是很多的，你們在北京还怕见不到毛主席？不过，我記住这件事。我应該这样回答你們。

有人写了血书，表示誓死保卫毛主席的决心，我們很感动。希望你們有赴湯蹈火的精神，誓死保卫毛主席！誓死保卫毛泽东思想！誓死保卫以毛主席为代表的无产阶级革命路綫！

周总理十月二十一日在政协礼堂接见全国半工(农)半读部分代表时的讲话

各位同学；

我跟你們談了見面的事情，搞得我很被动，答应了很久很久，一直沒有組織的，有一次約了以后又改期了。首先是外地来的，在三里河开会的，这是一个机会，想见見大家，現在說大部分同学都回去了，国庆节以后，十月六日我接见了第三司令部召集十万人大会，有一位同学是半工半讀的，提出了几个问题，我答复了一直延到今天……过去沒有管这方面的事情。管得比较少。自从文化大革命开始以后，我接触到了半工半讀同学了，問了一些問題，就想召集一起座谈。今天，我只谈个人看法，回去你們根据实际情况来解决，对北京半工半讀，我們还是采取座谈的办法，摸出了一点规律来，摸出了一点办法来。今天全国各地都有，性質也很复杂，有的是半工半讀，有的是半农半讀，有的地方附设，有的是技工学校，实际上是以变相劳动为主，而不是以学为主，这是你們提出来的。放假不放假的問題，工业部門他們害怕放假生产任务完不成，你們到处串連，不放假不行，这就是矛盾，問題很多，你們提出的问题，我沒有調查，就沒有发言权，有几个问题可以回答的。

問：半工半讀或半农半讀是不是毛主席的敎育思想？

这应該說以学为主的半工半讀，当然是毛主席的思想，而毛主席的这个思想，不但是在毛主席語录中，就是早在毛主席的青年时期他就是曾經贊成勤工俭学。"五四"运动以后，有一派提倡勤工俭学的，河北省高阳李石曾，就是出土布的地方，李石曾大封建出身，他們提倡勤工俭学，利用留学生的机会，組織一批青年外出勤工俭学，实际上是沽名釣誉。

跟着他这批人，还要升官发财。从国家拨經費，他們从中飽了。收买一批学生，到外国去为他們服务，帮助他們升学，走他們的道，那种完全是资产阶级的。

当时确有一批貧苦青年念不起书，尤其想到外国学点新知识，有的就講"五四"以后到欧洲去看看也好呀！欧洲大战刚完，革命运动在发展，毛主席就是这些青年的代表。他虽然沒有說过，但也提倡勤工俭学，到莫斯科社会主义国家去学习，到无产阶级国家去学习；另一部分到法国。但这仅仅是个理想，眞正到了法国以后貧苦青年眞正到了那里，劳动不可能让你讀书，劳动后学点法文，看点革命书就了不起了。因为在資本主義社会里，剝削很重，劳动累得很。我当时也去过了。当时李石曾收买了一部分合乎他們口味的资产阶級知识分子，有的他們認为比较好的，办了一个大学校。眞正有革命思想的人，他們是不接受的，后来把他們赶回来了。

1921年，搞了个大风潮，把一批人送回来了，这里面就有革命烈士蔡和森同志，现在的陈毅同志也是一个。在资本主义社会里，眞正又学习又劳动很困难，仅仅是个理想。尽管如此，还是传播了革命思想。不少人回国以后，参加了共产党，参加了革命运动，这个制度在資本主义社会根本不能实现，只有在新社会才能实现。

我們在新社会敎育青年成为什么人的问题，毛主席回答了这个问题，这是你們語录上有的啰！拿出語錄來看看142頁不是說了嗎，"我們的教育方針，应該使受教育者在德育、智育、体育几方面都得到发展。成为有社会主义觉悟的有文化的劳动者、"在社会主义国家里以德育領先，政治为首，具有社会主义觉悟的有文化的劳动者，就是訓練出一批劳动者。《关于正確处理人民內部矛盾的問題》里講的一清二楚了。这是57年的。我們不应在社会主义社会內培养出一批资产阶级知识分子，不应使知识分子脱离劳动，觉悟很低，那不变成了资产阶级青年嗎？那将来不要造我們的反嗎？造革命的反嗎？那当然不是我們的教育方針。成为有社会主义觉悟的，有文化的劳动者，这就是我們的教育方針。这样的教育方針本来应当大張旗鼓地宣传。可是陆定一，现在被揭出来了，反党分子陆定一他也是根据党中央决定的啰，"教育为无产阶级政治服务"这句話沒有错的啰，"教育与劳动相结合"这句話也沒有错的啰。但这两句話很不够，仍然不能为无产阶级政治服务，这可以是资产阶级知识分子，他不过是为无产阶级政治服务，但是还是资产阶级的，陆定一那教育思想，是光学封建主义文化，再学资本主义文化，然后再学无产阶级文化。先把封建主义的文化打好，再学社会主义的，就是先打好封建主义的底子，当然这是反动的了，现在已经批判了，他們的反动思想已经揭发出来了，"教育与生产劳动相结合"这句話也沒有错了！教育当然可以与生产劳动相结合，但是还不完全在学校时期劳动锻炼，毕业后仍然不熟悉本行里的生产劳动，比如拿石油学院这个例子来說就是清楚不过了，石油学院也是六年毕业吧，据我知道他們每年搞一个时期的劳动，一个月到一个半月，或农忙时收庄稼，春耕时种庄稼，可是毕业后仍旧要去大庆实习劳动一年到一年半，才能真正从事劳动生产，学习六年的大学生，尽管也与生产劳动相结合，但是结合的不好还要去实习，这不就誤了青年的青春时代？青春时代这么长，这是工科啰，如果是理科，特别是文科，学了几年的古典文学，都是封建、资产阶级的东西，沒有进大学讀文科，文科底子还不强，社会主义觉悟还高点，框框还不多，进了大学文科，满脑子装满了资产阶级思想，那就更笨了，脑子更呆板了，框框就更多了。对我們，看现在的文化大革命看不惯了，装了那么多封建资本主义的东西就根深蒂固了。

所以单单这几句話，不把主席思想摆进去，摆在不重要的地方，不但不完全，常常还会走样子。不信，你看教育部过去的文件嘛！现在大家都责备教育部，贴了不少大字报，其实根子在陆定一那儿，过去陆定一抓高教部中宣部可紧，我这个总理管不了他的事，到今年揭发以后，才发现陆定一是反党反社会主义反毛泽东思想分子。揭穿以后，我們才知道。所以主席57年講的是有针对性的，今天揭出了陆定一，当然还有跟着他的人。我們才对大学生說，你們毕业后首先要成为一个劳动者。改变过去那种观点，大学生、中学生都是国家包下来，到学校当教员、到工厂当技术员、到机关当工作人员，大学从63年以后，规定毕业以后，工科、理科、文科去劳动一年，有的工科与本行有联系，比如石油学院毕业后到大庆去劳动，其它联系较少。不是工科理科的时间更多，而不是体脑结合，而是知识教育，不从事体力劳动，很容易出修正主义。陆定一教育思想根子是反动思想。他是封建家庭出身受的封建教育，揭发他的东西可多了。毛主席的教育方針是受到很大干扰的。是不是主席的教育方針就沒有实现的地方呢？有的，比如說毛主席語录这段話是57年提出的，58年在江西开始办了共产主义劳动大学，那时江西省委省人委办了这所共产主义劳动大学，就是一个半工半讀的典型了。主要是以农业、林业、牧业、渔业，以农业为主，开始是国家投资的，但逐渐有些地方自給了。他們有了成績，58年我們开庐山会議，主席写了一封信庆贺江西共产主义劳动大学，主席想改一改压下来沒有发，但学校知道了，范围比較广，××（不清）就是一个分校。江西共大现在大約有三万人了吧？（回答說：五万）哦，五万了，毕业后回农村參加农业生产，但也可能在农村担任职务。尽量不脱离生产，这是典型，还逐步改进，时间要短，中等、高等结合在一起。尽量不脱离生产，学了以后参加生产担任不同职务，主席思想，青年理想在无产阶级社会中才能实现。

主席这封信本来想在全国試点，后来到中宣部給陆定一压下来了，等到今年要批判他了，他今年才跑到江西蹲点去了，他的問題已經揭开了，当然还不象现在这样，揭了他才跑到江西共产主义劳动大学看看，这完全是装装样子，今年主席在报纸上发表了一段话，你們不是在报紙上看到了嗎？因为本文件没有发表，所以引用主席的一段话，一段是給军队說的，不唸了，一段是给工人农民学生說的就可以唸唸了，（总理讀）毛主席說：“工人以工为主也要兼学軍事、政治、文化……”这很清楚了，工人以生产为主，他也要兼学軍事，比如搞民兵，政治更不用說了，政治挂帅，学毛选和語录，文化，业余嘛学各种文化了。青年时间可多一些，中年、老年有家庭便少一些，批判资产阶级也要，也要搞社会主义教育，搞四清，搞文化大革命，批判资产阶级，搞四清建設就是搞思想建設……。在有条件的地方，也可以搞农副业生产，比如，大庆一片草原可以搞，北京、上海是沒有条件，郊区挤得满满的，象黑龙江的矿山，伊春林場，撫順……旅大附近可以搞一些渔业，尤其要帮助家属，不仅有工业生产，如果条件許可应该有农业生产，或者供銷合作社，医院……这样每个单位就等于一个小社会了。这里有哈尔滨的没有？（回答：没有！我看名单上沒有。哈尔滨有三个电厂，他們那里很有条件搞农业嘛！现在新的城市这样的条件比旧的城市多一些，旧城市新发展，像富拉尔基，河北省也有很多城市。南方土地紧一些，但也有余地。

主席就說了，农业以农为主……，公社农民以农为主，有条件的地方可以办一些集体的小工厂，比如加工企业，收入增加了，自己可以搞自己的拖拉机站嘛！也要搞文化革命，工厂、农村正繼續搞四清。文化革命是意识形态方面的斗争，以两条道路为綱。（总理讀主席語录）“学生也是这样，以学为主，兼学别样，即不但学文，也要学工、学农、学軍，也要批判资产阶级。”学生也是这样，以学为主，兼学别样，兼学别样的意思就是，搞工业劳动、农业劳动、搞民兵訓練。现在大专学校放假鬧革命，以革命为中心，问题就是搞文化大革命不仅为綱，而且为中心。“学制要縮短、教育要革命”。大学学制要縮短，大学五、六年根本不需要，可以二年、二年半、三年半，最难学的医科最多四年嘛，通过你們的革命，斗、批、改，因地制宜。不但大学要縮短，經过斗、批、改，中学要縮短，小学也要縮短。从七岁上学，小学六年中学六年，大学六年，起碼 25 岁以后才毕业。实习一年，26 岁才工作，有的甚至就卅岁了，青年时代完全消耗在学校里，我們现在不是說的，从抗日战争，过去在延安，知识分子进三門，从家門，离开了家門进校門，从延安念书，然后从校門进机关門，抗战八年，唸了八年偶尔也参加一些劳动，如，延安搞生产劳动，种点地，搞点粮食来，临时动员，不是眞正的劳动，然后解放了仍然在机关里面，那时15岁的青年，现在已是40岁的知识分子，眞正就是从家門到校門，到机关門。这样的知识分子，从延安来25年了，可以說是应该有点馬列主义水平了吧，写文章是不错的，这样的知识分子也能写出一套馬列主义的好文章，但是他眞正到阶级斗争面前就勉强了。这次文化大革命，在学校也好，在机关也好，过去写文章不错的，有的就犯了错誤，很严重的，有的甚至成了反党分子，这是严重的，这就可見純知识分子的生活，老学习不搞别的，没有阶级斗争，没有生产斗争，知识分子不經过三大斗争的鍛練，就是从学校門，到机关門。 25 年生活就是这个样子，尽管参加革命二三十年，仍然会出修正主义错誤，仍然可以接受修正主义思想，有这样的危险。

那时在延安，全国还是国民党统治，我們还是局部地区，现在是人民当家作主了，我們从小学就开始文革，小学五年一貫制好不好……这是斗、批、改要解決这个問題，这些正在改革之中，主席今年給我們指出了方針，（刘啶凤插話說"是五七指示"）沒有日子吧，这上面沒有写"五七嘛"！不是主席正式文件，底下不传的，我們也要負些責任，說漏走漏的，这点提醒大家。

陈伯达在北大有次講話，陈伯达說了，主席的文件必須是主席授权紅旗杂誌、人民日报、广播电台发表的或是人民出版社印刷的，才算主席正式文件，传的，抄的，都不算数，现在传、抄主席的文件可多了，都来信叫我証实是不是主席写的，我不能回答，我一回答，就把主席沒有公开发表的东西发表了啊！我可以告訴你們，主席說了，不贊成轉抄，不管你有无根据，是否合于实际，我們一概不回答，主席手稿要再三斟酌，剛才說了，給江西共大有一封信只就說一封信，不能說內容了，要收回来，沒有正式发表。但証实有这件事，主席要再三再四考慮，經过实践，确实了，才发表，很多手稿沒发表。学制要縮短，教育要革命，时間长了就要脱离实际，劳动家庭子女，劳动观点本来很强，讀書讀了多少年了，劳动观点反而淡薄了，因此主席說"資产阶级知识分子統治我們学校的现象再也不能繼續下去了。"青年知识分子从老知识分子、老教授那里接受一套看不惯工人、农民，看不惯无产阶级文化大革命。尽管一个学校中老的知识分子不多，尽管现在是社会主义社会，但資产阶级知识分子的指导思想是資产阶级的，他們旧的思想比較多，通过学，反而把資产阶级思想发展起来了，对社会主义社会沒有好处。

主席把軍队拿到工厂、农村、学校……这是一个經驗的想法。我們可以看出主席思想逐步提高，逐步具体化，单是半工半讀思想还不能把主席思想談完全，还是应该按57年主席在《关于正确处理人民内部的矛盾問題》中講的那样，"使受教育者在德、智、体几方面都得到发展，成为有社会主义觉悟的有文化的劳动者。"所以我們今年改组中宣部以后，首先宣布教育方針，宣布大学毕业生，如果你叫国家分配的話，分配你到那儿就到那儿，可能要更多地从事体力劳动，这样才能成为劳动人民的知识分子。对半工半讀学校，目的就是要培养成为有社会主义觉悟的有文化的新型劳动者。你們的任务就是这样子。这样就不会有資产阶级感情太浓的知识分子。当然也可能当干部，但也必須經过劳动，优秀的，政治条件强的，提拔干部。林彪同志不是講过三个条件嘛！所有的干部都应该如此，当了干部也要参加劳动，比如公社里，生产大队干部要劳动，公社干部也要参加部分劳动，机关干部也要定期劳动，以工作为主秉搞工业或农业，每个单位都变成一个小社会，都是綜合性的，但是有主有从，学生以学为主，但也要学会劳动。工业以工为主，农业以农、林、牧、付、漁为主秉搞其它的。这样把57年和今年說的这段話结合起来，只有主席这个方針，才符合我們社会主义社会整个时期的教育方針，进一步提高这个方針就是为共产主义社会准备条件，縮小三大差别，和将来消灭三大差别进入共产主义准备条件。

教育方針、学制、教学制度要彻底改革。在无产阶级文化大革命中，学校应该最彻底改，成为无产阶级文化大革命的重点。十六条的十三条不是写了嗎？无产阶级文化大革命在文教、党政机关，学校是重点，重点的目的就是斗、批、改，就是靠你們自己把学校的一小撮……不是每个学校都有一小撮，有的仅是个别错誤，某些错誤不是走資本主义道路的当权派。（周总理轉身向何伟："全国小学、中学、大学有多少所？有多少人？何伟一下子答不出来。周总理說：你該算算）我們国家大学接近五百所，中学(抄者按：原文如此)接近三万所一亿两千多万人，中学一千两百多万人，大学七、八十万人。这么大国家，这么多学校，是不是每个学校都要找出这样一小撮人，这样武断也不好，斗争中你們也炮轰过了，一門空炮也沒打过？一般错誤也打成反革命？真正反动权威大学多一点。大概中学也是批一些教学观点，政治上的错誤跟改革结合在一起。所有学校都要改革。包括半工半讀、半农半讀。如要改革，到底怎么改你們回答。学生要以学为主兼学其它，就是要实现毛主席的教育方针。时間不是那么多长，根据你們的实践证明，总之，你們比全日制，大中学校容易一些。这方面好改一些。因为你們自己已經半劳动、半学习，但也有不利方面，有的学校被劳动拖住了，不是以学为主，以劳动为主了。我知道的一些工厂附近沒学校，多名义上是半工半讀，实际上是以劳动为主了，学习为輔。是不是这样？（齐答：是！周总理笑了）我知道的。

这儿在座的有工业部长，哦，陶魯笳同志是經委的(总理把陶介紹給大家)，工业部門他們就强調劳动重要，怕放假长了，影响劳动计划，（总理轉向陶）半工半讀学生劳动计划有沒有放入计划之內？（陶答：不在計划之內）本来劳动计划也不把半工半讀放入計划之內嘛！

（周总理提高嗓音讀)教育部也没有这样算，可是各部門，各厂矿他們在开后門，名义上是半工半讀，实际上是招收了一批学徒工，是不是啊！（齐答：是）劳动計划沒有嘛！吸收一批学徒工給教育部門，当然高兴啰！他們又不花錢，也不花經费，将来在他們的成績表上記上有这么一所学校，劳动部門，不要他們花錢，他們也不管，可实际上生产計划都有，列入超額生产之內。他們要超額完成生产計划就要靠这批学徒工，又不算学徒，学徒工劳动计划里有的呀！現在你們放假搞文化革命，一下子把这个计划冲垮了，我看这也是个好事，可以充分暴露工矿企业，总想开后門，不开大門，現在来这放假，鬧革命，他們就沒有办法了。什么叫开后門，这就是計划上沒有的，根据报告，不符合报告，批不准，增加学徒临时工不行……你們提出統統要固定工，不要临时工，这也不能，将来可以辩論。比如：矿山机械就需要临时工，农村人口多的地方，他有多的劳动力，他可以搞点工业建设，农閑时到工厂劳动。工农两利吆！你們何必反对呢？有些工厂找些家属做点零工，是必然的，公私两利。在家里本来沒活干的他做点临时工很高兴，类似这样的事很多，否定临时工是不太了解社会分工情况的。青年人談错话，我一点也不責怪，不然你們就不敢鬧革命了。允許你們青年人說错话，允許你們革命，我也不敢說我今天报告百分之百的正确，不过我不会把方向說错了，話是难保证，所以允許你們犯错誤。但有一条，不要什么事情都来个最后通牒，（笑）最后通牒是对敌人的，如果自己人就不用了。最后通牒不能常用，要有效。比如，我們对印度反动派，在錫金边界他进来了，我們限他在三天之內撤出去，后来又延期两天，两天沒到，他就撤出去了，我們搞过那么一次，这是对印度反动派，对自己人不要来最后通牒。你們問到我是不大赞成的，跟你們講道理的，你們用，我不反对，但人家不理，也不頂用，反而失去了信用（笑）一般說错话是可以的，不可能每件事都是那么清楚，当然有些地方也可以用一下吆，比如：资本家旧东西拆下来，这是对敌人的破旧立新，獅子立即搬倒，对獅子来个最后通牒，我們是同意的，獅子是封建产物。

工厂附設半工半讀学校，他們想利用学徒工，临时工，現在他們暴露出来了，現在工业部門和我們要求这部分同学回去劳动一下才好，我們要搞清楚，是以工为主，还是以学为主？既然宣布放假了，以学为主当然是放假，以工为主当然不能放假。既然是学校，不管是全日制好，半工半讀的就得以学为主，在学习过程中就得要学工，学农，搞軍事，以学为主，再学其它。你們今天还是学生，他們不敢說你們是学徒工，不是学生，他們不敢說。如果招的是学徒工，你們也就沒話說了，你們是学徒工嗎？我看这样办吧，叫半工半讀学校就得放假鬧革命！（热烈鼓掌）陶魯笳同志，破坏你們的計划了，但我也給一条出路。有些人愿意劳动，工厂也需要的，就把这部分轉为学徒工好不好？（好）半工半讀，凡是学校，通通以学为主。凡是以学为主的学校，那通通放假鬧革命。如果工厂需要学徒工，他首先在半工半讀的学生中間間，首先你要尊重人家的公民权利嘛！如果有学生愿意作学徒工，他就轉为以工为主，兼学別样，这跟你們沒有关系啰！有一条，招收学徒工，有自愿的，可以优先照顧，当然要自愿啰，不能任何强加，如果强迫你們，你們可以告状，（笑）他們不会的，他們有了另外一条路，他是不敢来碰的。

有部分同学他要以工为主，你們也不能强迫他，不能說："你要鬧革命，非来不可！""你要去劳动，你就是修正主义！"你們不要干涉他，給他另外开个門，是大門，不是后門，他可以招收一部分学徒工，以工为主，兼学別样，也可以参加文化大革命，不过以工为主啰，給你們双份权利，你們愿意留在半工半讀鬧革命，自己选择，如果愿意留工厂里劳动，也不能干涉，这两个問題解决了哝！（唉，陶魯笳你的問題解决了）（一个同学提出的如果全部招进工厂里去了，沒有人鬧革命怎么办？）总理說：你們学校有多少人？（答：400名）哦，400名如果一半人走了，我估計不会这么多，剩下一半鬧革命，四百人，三百九十九不干了，剩下你一个，你一个鬧革命哝！要不就轉到別的学校去鬧。你是哪儿的？（答：馬鞍山）馬鞍山不止你一个学校，长江两岸还有那么多学校，你的家在不在馬鞍山？（答：不在）家不在那儿就更好办了。（大笑）又有一位同学說：这样的文化大革命是我們有生以来第一次，是很难得的机会，我們青年人要成为无产阶级革命接班人，应該經受这次考驗，因此，在文化大革命运动中，做出这样的决定是不对的。又問：卫生学校怎么办？总理說：卫生学校，那是护士了，那不能招临时工，不屬我刚才講的。你們第一个理由是站不住脚的，难道只有学生鬧革命是接班人，工人鬧革命就不是接班人了嗎？（热烈鼓掌）一下子就把你們駁倒了。（大笑）（有一位同学說：我厂校領导利用抓革命促生产压制我們革命，上班不放假，不让外出去串联，甚至我們来时还扣压13小时）总理說：你写个条子，帮助你解决困难。（总理还回答了几个具体問題）半农半讀这个事情是比較复杂一些了，应該滿足半农半讀的同学，如果不是依靠他們搞生产，以学为主，农业生产为附带的，底子好的，放假不至于影响整个农場的生产，允許你們假，象新疆建設兵团，象东北农場，生产底子好的，不因为放假鬧革命影响生产。确实有这种情况。以学为主的，一开始招收半农半讀的学生，以他們的劳动解决生产問題，如果一走以后确实影响，我不知道这类学校是不是都来了。中等学校来北京十分之一，其它还有本地劳动的，有底子，稍受些影响不大。如果是自己开創的，本身就是在鬧革命，就是无产阶级文化大革命，文化大革命要有物質基础。这类学校的具体情况，如果領导当局有革命化精神，是能够办这件事的。到北京来十分之一，选优秀的代表来见毛主席，其他在本地鬧革命。在农忙时，并且可以发动別的学校来帮他一手，农閑的时候帮大家鬧革命，不完全是使农业生产停頓下来，具体办法还要靠各地因地制宜（一个同学說，我們学校是农場办的，沒有負担生产任务，怎么搞法？）总理問：打的粮食不上交嗎？回答說："卖給国家"。总理問："你們学校是大专还是中专？""是中专"总理說："中专到北京是十分之一，你們学校到北京是十分之一嗎？答："基本这样。"总理很有风趣地說："每一个基本都把北京搞的克（原文如此）根了，（笑），现在北京人太多了，现在不是还有一百五十万人没有走嗎？噢！基本的观点！（大笑）你这个问题好解决，如果领导是革命的，他会领导得好，他会安排好，不会妨碍革命的，十分之一出去闹革命，以至农忙也不致于停止，如果他連这点也安排得不好，那末，文化大革命也不会搞得好的。如果他是反革命的，当然是一压再压，怕革到他头上就要压你。

总理問："你是哪儿的？"同学答："双城。"总理：啊，双城啊，双城是个大县，那里不止一个学校，还有其它的学校嗎？当然半农半讀以学为主，农业生产是附带的，底子好的，允許你放假，十分之一上北京，要受到影响也不大，确实也有这种情况，是以生产为主的，这类学校的具体情况，领导当局有革命精神，能够把这安排好，阶级斗争要互相帮助，生产斗争也要互相帮助，所以叫其它学校帮帮忙吧！具体办法还要各地因地制宜。又一个同学說："我校是厂办校，领导用生产来压制我們革命，上班不放假，不让外出去串联，扣压学員"总理說："你可把我的意见講了，我不是說了嗎？你們回去可以贴大字报，我們这边經委負責通知，扣工資，那就不是学徒工了，如果是半工半讀，第一，要以学为主，第二，工資不那么多，劳动时间就要少，不是四小时劳动，四小时劳动就多了。现在你們还没有改嗎？同学說："您的話我听懂了，他們（指在座代表）也听懂了。但是我們回去以后，他們不相信，他們要說我'吹牛'怎么办？"总理說："我的話他們没有听到嘛！（笑）要划一条綫，以学为主，半工半讀需要劳动，就不需要那末长了，工資不那么多了，你懂了没有？"同学答："懂了。"总理說："你們懂了，他們（指工厂学校）还没有懂，我还得通知（大笑），回去不用你通知他，工厂由我們經委会通知。"

（以后总理回答了許多具体问题。）

你們提出的这些问题都是具体的斗、批、改，我說的是方針性问题。

我看这样吧，原则上是这样一个问题。經过教育部、农场、經委具体讨论出几个规定。总之，半工半讀是以学为主。以学为主的学徒，就要放假闹革命，但现规定两个选择：第一个选择，以学为主，放假闹革命；第二个选择，如多拿工資挣錢养家活口，以工为主也要闹革命，回去加个好的劳动力。如果依靠学校自给，可能困难一些，但也不是没有办法。我刚才說还可以互相帮助。你們提一些问题，我們了解一些，听听，具体还要各地解决，我們只能給一些方便。凡是半工半讀学校，以学为主，放假闹革命，搞革命串联，搞学校的斗、批、改，也要搞社会的斗、批、改。你們好的条件，就是已經能够参加劳动。根据你們自己的劳动的鍛炼，加上一个阶级斗争的鍛炼。不利条件是有劳动任务，刚才已經給你們解脫了。革命告一段落还是回去。半工半讀，你們比普通学校（全日制也好，半日制也好），有个有利条件。总之，你們就是劳动中的知识分子，你們已被开始培养成为有社会主义觉悟有文化的劳动者。因此，你們不要把劳动看成负担。现在我首先对你們講，你們放假闹革命，你們不应該对劳动鍛炼发生反感，看作负担，不应該对于这种制度发生反感。你們的优良条件就是劳动，首先你們热爱劳动，你們比没有劳动的全日制学校强多了。只是他們办的不好，把你們当成徒工，应該放假不放假，尅扣工資，用劳动圈住了你們。这个应該批他，放在斗批改之內，你們暂时把劳动停一停，到外处去串联。扣发工資是不对的，那是他們对你們的压力，我們告訴厂里，这是错误的事情。但是你們自己自豪的事情、好的条件别忘了，你們劳动是光荣的、自豪的，你們教育了那些不会劳动的大学生、中学生。

如果到外地串联，当然不可能全部劳动了。你們到北京来宣传半工半讀的好处。当然方向是好的，是主席的方向。但是那些特别是工厂办的把学生变为徒工、临时工是不对的，应批判的。半工半讀的学生，你們的呼声反而不高，你們应该把劳动的呼声提高。你們的中心不要放在不放假上面。当然，不放假不对，我已批判了。我們应该懂得生产斗争。不管那种斗争都是一輩子的事，阶级斗争一輩子，生产斗争一輩子，科学实验也要一輩子，我們这样才能建設成为社会主义强国。我們不仅在北京串联，首要的問題还是回去閙革命。你們在北京宣传，应该强調你們是具有劳动的本事，和他們不同，你們已經走在他們的前头了，能够参加劳动了，你們一出校以后，就是很坚强的劳动者，这是你們的长处，你們的口号声还要高些，当然你們的学校办得不象毛主席所希望的了，我們要改。具体的方針性的规定，要經教育部門、工业部門、农业部門按毛主席的"五、七"的方針，和今年說的这段话，討論定出，名称关系不大，不叫半工半讀也可以，主要有内容看实質，經过半年斗批改后总可以实現，在教学改革上你們就走在前面了，我也要接受你們的意见，今后更多了解，希望教育部，农办、工办协助經委經常研究这个問題，能够把这个学校，眞正是按主席的思想，按毛主席的思想貫彻下去。

时間晚了，要講的话太多，我想就講这些话，中心問題就是把青年教育成为有社会主义觉悟有文化的劳动者，你們是第一批接受試驗的，你們在北京也见到了毛主席。你們回去就按照毛主席的这个方針，按主席講得这两段话，好好学习一下，再去改革你們的学校。改革成眞正毛泽东思想的新型学校，树立一个新型的典型，建立一个新型的学校。这就是我所要講的，我的講话完了。（长时間的热烈鼓掌。）

最后总理和全体代表讀了两段最高指示。

"我們的教育方針，应该使受教育者在德育、智育、体育几方面都得到发展，成为有社会主义觉悟的有文化的劳动者。"

"学制要縮短，課程設置要精簡，教材要彻底改革，有的首先删繁就簡，学生以学为主，兼学別样，也就是不但要学文，也要学工、学农、学軍，也要随时参加批判資产阶级的文化革命的斗争。"

周总理又說，如果你們的学校的半工半讀是按毛主席的话，是按主席的方針，当然这样的半工半讀是万岁的了。（答代表問）。

（許多同学举手提意见，周总理接着一一答复）

一同学問：县以下学校串联怎么办？

总理說：县以下的学校，原来的設想是在本地閙革命，你們問得好，我現在想个新問題，全日中学1400万，十分之一来北京就一百四十万，現已到北京来的大大超过了这个数目。北京到現在为止来的学生已經超过200万了，現在沒有来的按照规定……（記录不清楚）怎么办呢？

18日你們看到了吧，那么多人，但你們的秩序很好，可能每一个人看主席都沒那末清楚，这一次不容易的嘛，从天安門經东环路到清华园，在清华門口临时組織的，外地来的沒有我們的干部帮助他們，他們就乱了，无論如何也不肯让开，主席上了車回来了，美中不足了，我們领导同志身上出了大汗的。……

在天安門上一次接见一百五十万人是不可能的，設想天安門象拉洋片似的，一批人搬走，再来一批，这样办，一批二批，山东拉洋片似的，至少也要八个小时，我們算过的，事实一調查，基本上来十分之一，实际絶不是十分之一，你們那里来了多少？告訴我想以此估計（回答20％—25％）1400万来20％，280万，来个25％就是350万，那怎么解决？那北京还得来150万。从明天（现在过12点了），是今天起，22日，23日，24日，25日**停止四天来北京**。沒办法，我們只能暂时停四天，以后再来。因此我們提出新的問題，又是地平綫上的新事物。毛主席首先是发现紅卫兵，清华附中紅卫兵。毛主席称贊北京学生，絕大部分学生上了天安門，还有外地来的。从这以后紅卫兵向全国发展，紅卫兵一发展起来，馬上冲向社会冲向全国，然后秋收来了。学解放軍。要文斗，不要武斗。然后抓革命促生产。那个时期又发生了炮打司令部的問題。因为紅卫兵冲向司令部，到处打一炮看看，是不是走資本主义道的当权派，有的打中了，多数沒打中。不要紧，打，这不怪同学，我們領導干部应該受考驗。有中間状态，他不是坚强的，动动搖搖的，那你們就打得多一些。打了以后，坚强起来的也好。以后两条道路斗爭，新事物出现了，毛主席抓住了它。现在抓了些什么？抓了个长征式徒步串联。反正不靠动力，就靠自己的动力。你身上有动力吶！何必靠火車汽車，那动力是机械的，一失灵就开不动了。人的构造是最完善的工厂………学长征的宣傳队，播种机，又是文化革命的宣言书。明天报紙就在第一版上报導一个典型例子。从大連到北京走了两千多里。现在上海的已經过了常州，还沒有打听到在什么地方。这一批人多了一些，路又远一些，值得推荐。这样县以下的串联就解决了。大中城市和县城就无区别了。

我們革命不断前进，不断出现新事物，許多新事物不断改进。我們新生事物抓得快，现在青年朝气蓬勃，一提倡馬上就响应了。好了，不再談了。（鼓掌）喂！喂！为了让半工半讀学校的学生印象更深刻一些，让我們再把毛主席五七年的指示讀一遍（略）

問：周总理，我們三里河开揭发控訴大会是不是黑会？

答：我沒有参加你們的会議，怎么知道，这个让教育部回答。

問周总理，我們准备会議结束后，組織半工半讀万岁宣传队，可不可以？

答：我不知道你那个半工半讀怎么解释，我随便解释又犯了错誤了，还是主席那段话，42頁第一段，（总理和大家一起念語录）第二段你們手里語录沒有的，我再說一遍，使你們印象更深刻些。你們不要讀了，我念，毛主席教导我們，"学生也是这样，以学为主，兼学别样……也要批判資产阶级。"如果你們的半工半讀是按毛主席的話，是按主席的方针，当然这样的半工半讀是万岁的了。怎么样，滿意不滿意？（暴风雨般的掌声）。

到会的三里河代表提出三个倡議。

1. 建議中央組織一个专門領導机构。
2. 建議召开一个全国半工（农）半讀的正式代表大会。
3. 全国半工（农）半讀进行革命的串联。

总理說：倡議第一个吶，不要搞什么机构啰！机构庞大官僚主义多，工办、农办、經委搞个領導小組，我倒是贊成的。好吧！你这三个問題研究一下好吧！

会后，高教部副部长段洛夫同志代表教育部講话說："我們教育部不承認你們的会是黑会。"有的代表問：是不是黑会？段答：不是黑会，当然是革命的会了。

（然后，代表們提出几个要求，印刷宣传品，大会材料，組織串联，消毒等，要求高教部支持。高教部表示坚决支持这一革命行动。）

記录整理人：江苏代表王祖順，辽宁代表张子明

周总理十月二十二日
在国务院小礼堂的讲话

1966年10月22日晚，周总理在中南海小礼堂接见了各校原"多数派"代表近一百人，与大家进行了座谈，将座谈記要整理如下。根据記录稿整理，未經本人审閱，如与总理精神有出入，由我們負責。

总理在开始时說："很对不住你們。你們在西門等了很多天，因为有些問題我們至今沒討論。十月六日第三司令部开誓师大会，我們出席了，講了話，听了各地紅卫兵代表講話，我又回答了几个問題。十月九日第二司令部开会，正赶上我們开会，不能参加，經商量，派周荣鑫同志，文革小組的謝鏜忠同志和市委的高陽文同志出席你們的会議，会后放录音。虽然我沒出席你們的会議，但我們的講話同样是对你們的，你們知道我們的方針态度是什么。十月十五日，江青同志和我又在人大会堂东門接待室接见了第三司令部，还有第一、二司令部和外地的同学。会上，外地同学提出了二十六个問題，我們还沒有討論，沒回答。今天也是先听你們提問題，能答复的，或者应該表态的我講几句，最后再講几句。

（北航紅卫兵反映情况）总理間他們为什么要保赵如璋。总理說："要想法与《紅旗》搞好关系，这样对立下去不好。"

（北航提到最近有些謠言，說什么"法西斯党的危险就在眼前""中华民族到了最危险的时候""中央两条路綫的斗争非常激烈，毛主席占少数"）总理說："你們有传单沒有？这些問題我問过第三司令部，他們說沒有，也問过哈尔滨紅色造反团，他們說不对。我沒听到，你們拿不出証据来，我不信。怎么能这么講？从遵义会議以来就树立了以毛主席为代表的党中央，怎么能說是少数呢？不可能嘛！我不相信这个！"（有人提到江青同志几次昏倒的事情时）总理說："当时我和江青同志坐在一起嘛，沒有这个事情。"

（有人插話提到关于第一司令部昨天开联席会議，有人提到凡是"修"字号；"保"字号的都开除；最后决定"重新登記"实际上就是变相开除；还說"不革命的滾蛋！"）总理說："有証据沒有！第一司令部沒来人，我只能記下来問問他們。"

（有人間陈伯达同志講話提到沒提到修正主义紅卫兵問題。）总理說："那个記录稿陈伯达同志沒看过，怎么能算数？我的講話出的大字报也多得很嘛，說我合稀泥，我的講話印得多啦，沒經过我看嘛！反正用毛泽东思想来衡量不管哪个組織不是铁板一块领导和群众要分开，可能有些领导有错誤。我們反对苏联修正主义的领导，不能反对苏联共产党，更不能反对苏联人民。

我注意到北航的一句話——开門整风。这个态度是很好的，这种方法很好，不管多数还是少数，这里是泛指的，这个态度是很好的，都会有错誤。有多少错誤就承認多少错誤。不管风吹雨打，要善于在大风大浪中学会游泳。做为一个組織，不管有多少人，总会在革命斗争中犯一些错誤的，有的犯的多，有的犯的少，有的改的快，有的改的慢，有的自觉，有的不自觉。一无所错是不可能的。错誤又少、又輕、又不自觉，知道后馬上改，这好得很，革命的学生无产阶级革命精神，应该提倡。即使犯了很严重很多的错误，把对方当成反革命，把对方看起来呀，一方霸占了广播台呀，电话呀，交通汽车呀，一切霸占，不是一视同仁，这个错误就是比较严重了，对方就有很大不满，从不自觉走向自觉。工作组走了，压制对方的形式不改，既使错误多、重、又自觉，现在知道了，做毛主席的好学生，又诚诚恳恳地好好整风，检查错误，这种态度我高兴，我是欢迎的。与人为善嘛，毛主席說了，惩前毖后，治病救人。

革命左派不能自封嘛，不是恩赐的，也不是自封的，要在斗争中产生。我的話现在还是不改，因为是符合毛泽东思想的，是符合辩证法的，八·八（即十六条）决定說得很清楚。第七条，把群众打成反革命，工作组就是这样嘛。"在运动中，除了确有证据的杀人、放火、放毒、破坏、盗窃国家机密等现行反革命分子。应当依法处理外，大学、专科学校、中学和小学学生中的問題一律不整。为了防止转移斗争的主要目标，不許用任何借口，去挑动群众斗群众，挑动学生斗学生，即使是眞正的右派分子，也要放到运动的后期酌情处理。"即使是眞正的右派分子，不能說学生当中一个没有，是右派分子也要在斗争中证明，也要放在后期处理。现在才是初期嘛，最多是中期。按放假时间算，才过了四个多月了，还有三个多月嘛，现在还沒到后期呢。我是根据十六条跟同学們講話的。自己整风应该，所以我欢迎你們这样做。你們整风，首先检查自己犯了什么错误，实事求是。我欢迎北航同学态度。开门整风这个办法好，不仅自己批評，还請其他组織同志参加，允許別人批評。"紅旗"长期受压制，现在看来在运动中应该算是左派了。"紅卫兵"整风"紅旗"应该去听一听，但是不要說話，旁听。听清楚了之后适当地发言，当然对你們也是有帮助的，毛主席說，沒有人不犯错误，我这么說是不是又叫折衷主义了呢？人人有错误，这不是折衷主义嗎？不是"！

"人家要赵如璋去检討，赵如璋就是不去检討。你們是受蒙蔽了，你們講×××是好同志，我看他不是，要不为什么不让赵如璋出去呢？×××出去了六次有人說八次就是要保护赵如璋，合稀泥！这才是眞正合稀泥呢！我說你要让赵如璋去检討，赵如璋首先要說服紅卫兵，不要压制，要說服多数，然后再去少数中检討，然后双方开会求得統一。主席八月打了招呼要刘志坚同志传达；陈伯达同志提出以生命担保赵如璋出去沒问题，他就是不放。最后沒办法，中央才决定停职反省。为什么不罢官呢？在运动中，反党反社会主义的罢官，一般的都停职反省。看一看经过考驗，看他在停职反省以后的态度如何；看改正得如何，群众运动中表现如何。当然，敌我性質的，有阴谋活动的要罢官，比如彭×。罗×××，……。如果沒有阴谋活动，就不是敌我矛盾。只是在运动中压制群众的，一般的停职反省，暂不罢官。中央决定停职反省就是一个很大的处分。听說你們有部分同学去国防科委要求罢官这就不好了，这样就过激了。中央已经决定了你們就应该相信。"你左，我比你还要左"，这样人家就不服了。开門整风的办法，是个好态度，你們青年人有这个勇气，正視错误。

（地質学院紅卫兵代表提到：斗争大方向和关于修正主义紅卫兵的问题。）总理說：过去你們压那一方面，压了那么久。应經得起些压力，才能鍛炼出来。鍛炼嘛，就是炼鉄当中的一个詞，要千錘百炼嘛，一千錘，一百次。你們过去压他們这么久了，人家反过来才一次，你們就受不了啦？你們得想一想过去是怎样对不住他們的。邹家尤搞了些档案，說"东方紅"是反革命，搞了些材料，这不对嘛！两个月了，他就是不交，直到正式文件有了，他还不交。最后，"东方紅"把五位副部长都拖去，找到了几个箱子，都是"东方紅"的档案。你們很被动，你們是上了当！你們保这个材料干什么？我們一直宣布黑材料大概有这样的东西：

第一，工作組对上級的报告这些报告总把学生分成两派，从一去就这样做，揭工作組的是反革命派了。

第二、排队，排队也不恰当嘛，排左中右。

第三、检討材料让被压制的一方检討。

第四、对支持工作組的就叫他們供应材料。

第五、出簡报，这种簡报有很大的傾向性，把反工作組的都說成是反革命，把拥护工作組的都說成是好的。

第六、工作組組員記的日記，記哪些同志說什么話……

第七、工作組会議記录。据我調查，大体有这样七类。这些东西，如果走的时候解决了，检討的退还就好了，我在清华做了这些工作。（总理談到清华大学叶×的事情时說）我的話，一下子就传出去了，你們敢保证今天我講話传不出去？我不信！积三个月的經驗，深知吃保密之亏呀！我是很直爽的（有人找总理出去打电話总理边走边开玩笑）边开会边办公。

关于这七类材料，或多或少工作組都有，因此，无怪于受压制的少数，你不給，他就去抢！外語学院，你就相信刘新权那么老实呀！（外語学院一同志解释了一句）你还替他辯护！我做总理的不如你知道！我亲手处理的嘛！所有工作組如果自覚处理省得被动，解放少数，現在也解放你們嘛！你們上了当，犯了错誤了，改正了就輕松了。誰也不能不让你們革命嘛！你們应該輕装上陣参加革命。……

（有人提出私人日記中的一些东西算不算是材料）总理說：私人日記中的材料最好自己主动勾掉，免得誤会，我不主张同学互相搜身我反对这样做。（有人說已經搜了）搜了，要劝嘛。

（有人提到斗爭大方向問題）总理說：我注意了这个事情，我正在研究。

（有人提到"一切权利归东方红"的口号和地質学院"七个等于的大字报"）总理說，我看到了。……你們要严于自己，寬于別人。欢迎你們开門整风。你（地院学生）刚說了。从4号就开始检討了，如果是眞的，这是好的，如果"东方红"做的是对的，你們就要支持他們。不要过多地指責对方，你們所在的也是革命組織嘛，沒有那么多右派吧？学生中的右派那是另一回事了。坚持眞理，何必怕成少数呢？只要你們經得住这次考驗，最后終究会走到革命行列前头的。各个組織現在一下子统一起来是不可能的。思想一下子都一致了？也是不一致的。

（有人提到串連問題）今天报紙登了，长征式的串連，也是一种鍛炼嘛。地平綫上出現的新事物嘛，徒步串連，长征式的。也不是我們想出来的，有实事。旅大十五同学不是走来了嗎？我还沒接見他們呢！准备接見他們。只有下定决心，才能挺得住。

（有人提到"他們把我們都抢光了，准备在馬路上办公了"）总理講，在馬路上办公也好嘛，在院子里搭个小棚子办公，我看也很好可以鍛炼嘛。

（北医同学提到"有人提出要解散我們的紅卫兵"）总理說："中央負責同志講話沒說过要解散，沒有这話。

（机械学院提到有人罵修正主义紅卫兵問題）总理說：如果不打架，只是口說，写大字报，你可以回答不是嘛？允許辯論嘛！有些东西，可以不去理它，你不是修正主义紅卫兵，他說你是修正主义紅卫兵，你可以不去理他嘛，你可以用行动来証明你們不是修正主义的嘛！四大自由嘛！掌握这个斗争的工具。你心不虚你怕这个干什么！要把大是大非搞清，你如果是革命的，你就把腰板挺起来！是就是！非就非！但是不要打架。

（矿业学院汇报，谈到抢广播台的問題）他抢广播台你就让他霸占几天没有什么了不起嘛。如果你是真正按照毛主席指示办事的，是贯彻十六条的，就是没有广播台，你們还有舌头嘛！你們可以慢慢講，无非他們声音大点，你們声音小点，你的道理对，**群众就相信**，真理在你手上，你就不要怕，慢慢講嘛。如果道理对，人家贊成就行嘛。

既然提出两条路綫的斗争，就一定会出波折的，这我們是有思想准备的。为什么十月份提出呢？就是因为你們不解放他們，压制他們。过去你們不让他們，现在有些过分，可以理解。

对打的办法絶对不能允許。

（矿院提出全部外出串連問題）我們提倡，要真正去长征，不是說着玩的，要經得起长途跋涉呀！冬天到了，大雪大风，又没人家。不能抢火車，抢輪船，抢汽車，要真这样，不能走几十里，或者几百里，脚起泡了，就找医院，还得找軍把你們运回来，那还不如我們用車送去呢！要真正下决心。现在只是开始宣传，还准备連續报道和出社論，不在于人多人少，而在于自愿，不愿去的不能勉强。（有人提出，如果都去了，不会影响斗批改嗎？）总理說：什么叫影响，出去串連也是斗批改嘛，是推动人家斗批改。我不相信会百分之百都去，相互联系嘛，在家的斗批改，还有社会上的斗批改嘛！

（农大同学提到工作組，院党委和抢档案室的問題）总理說：档案室可能有黑材料，你們何必去保呢？你們越保越被动。工作組自己出面来解决嘛！你們再不要上工作組和党委的当。很多事实証明，工作組和院党委有很多事情是值得怀疑的。你們最好的办法不要去保。你們挺身而出是好心，结果把事情弄到你們身上，越搞越被动。当然，我們不提倡抢。你們是过分紧张了吧，是不是同学們都这样不講理？

（建筑工业学院提到抢广播台問題）广播台他抢他抢去嘛，他抢了你們还有舌头嘛。

（北医同学交給总理一封信，总理說他同意这封信，于是让旁边的一个同志念給大家听）。

周总理：

我們对今天部分同学的态度很不滿。多数派应该首先向少数派承認错誤开門整风，敢于坚持真理，敢于修正错誤。对于少数派的一些过火的作法，我們多数派应该原諒他們，理解他們的心情。

我們多数派絶对不能动手打人。他們要什么，我們就尽可能的滿足他們的要求。我們宣传毛泽东思想，他們总是会让我們宣传广播的。

今天不行，过两天就行。我們北京医学院开門整风，热烈欢迎全院革命师生，尤其是少数派向我們开炮。批判我們的错誤，后来他們也公开整风，也欢迎我們及全院革命师生参加，结果，两派关系较緩和了。

但今天会上不少学校是来訴苦的，我們認为这不是真正革命者应有的态度。我們应该在大方向一致的前提下，团结起来，共同进行一斗二批三改。坚决向资产阶级反动路綫猛烈开火。彻底批判肃清资产阶级反动路綫。誓死保卫以毛主席为代表的无产阶级革命路綫。

不要在枝节問題上糾纏，即使有些地方做得不对，过去你們不是有很长时间做得不对嗎？只要革命，你們总会鍛炼出来的。大方向一致不要在枝节問題上糾纏不清。最后，总是可以团结起来的。你們的問題我都可以解决，但是要时间。

（十月九日大會主席團向總理書面提了七个問題）总理說：你們提的七个問題我不能回答。第一个問題，当前两条路綫斗爭新形势如何看，这都是大問题。十一中全会"八·八"决定十六条和十二日公报，有一段提到方向路綫問題。这些問題文件发表后，又有些发展。

先念十六条中的第二条，"主流和曲折的問題。在这样大的革命运动中他們难免有这样那样的缺点，但是他們的革命大方向始終是正确的"已經預料到了，你們是闯将，你們是革命的，但是难免有这样那样的缺点，但大方向始終是正确的。《紅旗》杂志一篇社論（十二期社論）解释大方向的問題，很清楚了。林彪同志說："我們一定要按照毛主席的教导，分清誰是我們的敌人，誰是我們的朋友，要注意团結大多数，集中力量打击一小撮資产阶級右派分子。打击的重点，是鈷进党内走資本主义道路的当权派。一定要掌握这个斗爭的大方向。只要你們眞正搞学校的斗批改，斗一小撮走資本主义道路的当权派，然后实行大串連，搞社会上的斗批改，破四旧，立四新，打击沒改造好的地富反坏分子，五类分子，反动資产阶級，这是好的嘛！这都是大方向。然后大串連到全国，你們跟当地革命学生和当地革命群众一起来搞当地党組織。党委犯了错誤，可能打对了，可能打不对，打了空炮，打错了的，到別的地方就不再这样打了。有的領导怕字当头，不一定是反党反社会主义的。但是害怕群众，就是犯了方向路綫性错誤。只要你們把怕字打掉，树立敢字，这就好了嘛，有缺点是难免的，这都是人民內部矛盾。"文化革命既然是革命，就不可避免地有阻力。这种阻力主要来自那些混进党内走資本主义道路的当权派。"这是主要的。"同时也来自旧的社会习慣势力。这种阻力目前还是相当大的，頑强的。但是，无产阶級文化大革命毕竟是大势所趋，不可阻挡。大量事实說明，只要群众充分发动起来了，这种阻力就会迅速被冲垮。"

第三部分是講反复"由于阻力比較大，斗爭会有反复，甚至可能有多次的反复。这种反复，沒有什么害处。它将使无产阶級和其他劳动群众，特別是年青一代，得到鍛炼，取得經驗教訓，懂得革命道路是曲折的，不平坦的。"不一定是一次反复，特別是青年学生，在这里可以受到鍛炼，不仅在学校里鍛炼，而且到社会上鍛炼，在房子里怎么能鍛炼呢？幸亏你們遇到了这样的大革命，要不你們怎么能受到鍛炼呢？过去沒这么好的条件，过去我們是罷課閙革命，現在你們是放假閙革命。在这样的大海里游泳，哪有不喝几口水的！

两个月的考驗，压抑經受住了。現在看来在革命組織中他們是左派。但是这是运动的初期，还要看，如果他們驕傲了，做过头了，又会轉到反面的。你們是多数，结果受压抑的鍛炼出来了。你們过去是多数，放松了，驕傲了，所以受騙了，你們感到上了当了。現在是鍛炼你們的时候了，这正是考驗你們的时候。

第五条也值得你們好好讀，你們不是問什么是党的阶級路綫嗎？（念十六条）"誰是我們的敌人？誰是我們的朋友？这个問題是革命的首要問題，也是文化大革命的首要問題。"这当然是講整个运动，不是講一个学校，我們領导发現左派也是要經过多次考驗的，在斗爭中考驗。要懂得分清敌友，就得懂得集中力量打击极少数。林彪同志講：打击重点是党內一小撮走資本主义道路的当权派，这也和四清运动打击重点一样。（念第五条、第六段）"注意把反党反社会主义的右派分子，同拥护党和社会主义、但也說过一些错話，做过一些错事或写过一些不好文章不好作品的人，严格区别开来。"同学們說过一些错話，写过一些错大字报，做过一些错事，当然不能說你們是修正主义了。你們做错了，应該肃清它的影响。所以，我很欣尝你們的开門整风，主动肃清它的影响。影响深的可能就是你們这个多数派，你們处于領导地位的就更要自觉。你們做紅卫兵、筹委会領导人的，也許比別人犯错誤重一些、多一些。有的不自觉，个别的可能是自觉的。现在既然知道了，就要和他们划清界线。这种检查是必要的，这样就好了，人家就高兴了。会把你们和反党分子完全区别开。不一定每一个学校都有嘛！大学可能有，中学就不一定有。要区别开。分清敌友这是大方向问题。反对谁，批判什么，这都是大方向问题。第六条（念十六条第六条的第一段）"必须严格区别两类不同性质的矛盾……。"要分清两类矛盾（眞正的领导是会把两类矛盾区分开的）不分清就会混淆。争论是必要的，争论久了就可能分成左的、中间的和保守的。青年人容易动荡，思潮起伏，变化多端。在这个问题上认识清了，在另一个问题上就可能模糊。这件事左了，那件事有可能就保守了。不要認为我是左派，就没有错误，就每句话，每件事，每个想法都是左的。过左了就形"左"实右了。保守的也许这件事想通了，一下子就赶上来了。青年中爭論是許可的，是需要的，必要的。只要不打架，不罵街，这样可能解决問题。大鸣、大放、大字报、大辯論，不仅对敌人，同学内部也可以辩论，这不叫围攻。要让人家說話，在青年时就要养成这样的民主作风。只有这样才会逐渐趋于一致，但不会永远一致。不一致是經常的，一致是暂时的，这是毛主席的哲学。平衡是暂时的，不平衡是經常的。

在辯論中要以理服人，过去你们爭論起来就压服别人，这是不对的。要保护少数嘛！允許少数人采用辯論的方式。一般地，一占了多数，总是想把别人压倒。工作组在的五十多天，斗少数派。工作组撤消了还留下一些不好的现象，很多习慣势力还是照工作组的办。工作组的影响还存在，这就很不利了，个别地方还有发展。所以就不能不把两条路綫的問題提出来了。保护少数就必要了，本来就要保护少数，现在更要强調了。

要文斗，不要武斗。对方要武斗，我們也拒絕用武斗。不能是不打不行。問題是要你們自己解决，要通过辯論来解决。你们自己要用脑筋，不要想从我这里得几句话，贴几张大字报就解决問題，这才不灵呢！要自己鍛炼，不要恩賜，也不要自封。十几天你們要我见你們，我不见，心不安！你们在西門，来来往往，憤怒的很。实际上，我講几句話，不如好好学习十六条。你看，我講的不都是十六条嗎？！

刚才农大同学說保护档案，心是好的，但是你们不要上当。我早就講过，你們不听，我不能不大声疾呼了。我就受过他们骗。許多工作组都搞了一套档案。你们要独立思考，发扬敢想、敢說的共产主义风格。十五日江青同志也說了，在毛泽东思想的基础上团结起来。大家都鼓掌了，同意嘛！大前提是：（一）我们要听党和毛主席的领导，要按照毛主席指引的方向办事，讀毛主席的书，听毛主席的話，照毛主席的指示办事。（二）你們决心把无产阶级文化大革命进行到底，进行一斗、二批、三改。（三）以十六条为斗争綱领。你们如果同意这三条，有这三条，你們就是革命的組織嘛！不然我是不能承認的。如果你們照这么办，那就是革命的。不照这么办，当然誰也不能保证你們是革命的組織。当然领导有犯错误的，絕大多數群众还是革命的。你們上当的多了一些，但还是学生中的問題。你們是处在人民内部的矛盾，不是不可克服的问题。反党的問題，不是你們嘛，是工作组和党委的問題。

第七条、"有些学校、有些单位、有些工作组负責人，对給他们贴大字报的群众，組織反击，甚至提出所謂反对本单位或工作组领导人就是反对党中央，就是反党反社会主义，就是反革命等口号。他们这样做，必然要打击到一些眞正革命的积极分子。这是方向的错誤，路綫的错誤，决不允許这样做。"这里說的是某些领导人，不是所有的领导人。"有些有严重错誤思想的人們，甚至有些反党反社会主义的右派分子，利用群众运动中的某些缺点和错誤，散布流言蜚語，进行煽动，故意把一些群众打成"反革命"。要謹防扒手，及时揭穿他們耍弄的这套把戏。"前一种是人民内部矛盾，既使犯了方向、路綫性错誤，但初期还是人民內部矛盾，后一种就是敵我的了。

这四条你們要好好讀，方向也好，阶級路綫也好，都解決了。

第二个問題，多数和少数的問題。

多数和少数是一时的現象，經常的現象是經过斗爭就会分成左派、中間派和保守派。初期这种現象要分化，任何一个組織都包括这三种人。在初期那些受压制，被打击的組織可能鍛炼出的左派多一些，你們可能出現的中間派和保守派多一些。現在你們受批評了，有些批評不都是我們領导說的。你們如果受得起鍛炼，就会鍛炼出一大批左派来。你們在国务院西門，几天几夜，經风雨，沒有埋怨情緖，这就是好的。当然我們不提倡到国务院西門口去靜坐，因为这里是党中央和政府办公的地方，这样会妨碍工作。革命要靠你們，不能靠我們講，因而你們回去，主要靠你們，自己独立思考，我主要听你們的情况，見了面首先听你們的，我們互相学习，今天我就学到很多东西，首先当群众的学生，再当先生。你們是学生，毛主席說：学生以学为主，兼学其他嘛。我們相信，学生經过斗爭，一定能自己解放自己，自己解決自己的問題。

（有人問司令部这样的組織有无必要）总理說：司令部有沒有必要，你們去討論，自己決定。紅五类，黑五类，第一条要重視阶級成分，第二条不要唯成分論，第三条要重視政治表現。要批駁譚力夫"自来紅"的观点，为什么干部子弟就一定要当权？你們当中可能有不少干部子弟，你們应該首先起来批駁这种观点，我們是无产阶級要靠我們自己奋斗，任何崗位都是靠我們奋斗得来，不是天生下来的。那样不就变成太子嗎？（举了康熙的例了）封建社会依靠自己子弟，代代相传，結果腐败了。資产阶級就不講这个了。資产阶級的英国首相爱德利，就叫儿子做工嘛！当然和无产阶級的情况是不相同的，他們可以上学。我們是社会主义嘛，为什么有特权呢！所以陈伯达同志說干部子弟不做領导干部，否則容易有优越感，我同意陈伯达同志的意見。当然，这仅是个提議，不是中央決定，如果群众非要选，我們也不反对，不过一定要反对特权地位，高干子弟最好不处在領导地位，要到下面去鍛炼，到底下到斗爭中去鍛炼，用巴黎公社的选举，从群众中涌現出領导来。

紅卫兵执行的政策，是要貫彻党的阶級路綫，这是最重要的，出身成分好的，当然有好的条件，但也不要唯成分論，还要看表現。要批駁那种自来紅，天生造反的論調。"紅五类"这个詞，在社論上正式文件上都沒有看到过，我們談话也用紅五类这个詞，这是因为你們常用，不能算数。出身好，这是第一，但还有第二，是表現嘛！出身不好的，看表現，如果在运动中受压制，又很坚决总是很好，最后就可以吸收嗎！吸收太多了不好，但总有一部分要吸收进来的，不然你們比共青团，共产党的条件都严了。說你們是解放軍的后备队，不是当然的，也要經过选择的，不是所有人都可以入伍，那时要講阶級成份了。現在共青团在学校里不起作用了，紅卫兵将来逐步有可能起共青团的作用。只是講有可能。条件不能比共青团还严，不要把我的话作为指示，不然我就不講了。

（有人問：什么是形"左"实右）总理說：过左了，打击面过寬了，比如現在有人要取消伊斯兰教；有的地方叫回敎吃猪肉，不許卖牛肉，让卖猪肉，这是胡鬧，这就是列宁說的："这完全是"左派"幼稚病。"这会把全世界四亿人和我們对立起来，会把全国几千万人与我們对立起来，什么是形"左"实右？！这就是最大的形"左"实右。

（有人問：有人說党员在运动中始終是落后的，总理怎么看？）

总理說：不是落后的。要一分为二，有落后的，有不落后的，团員也是一样。

（关于驻京学习代表团問題，略）

十月九日我们确实在开会，只派了代表，准备在十五号接見了第三司令部之后再見你們。他们提了二十六个問題还沒有回答，如果等研究那就太晚了，现在你们找来了，我也很想見見你們。

我们和文革小組的主要意見是一致的嘛，怎么能說不一致？！大道理是一致的，小問題会有出入，要不还叫什么在无产阶級专政条件下的独立思考呢？

除了毛主席、林彪同志以外，所有中央領导人都怀疑，当然是不对的。你們不要什么都照你们的想法，那就"洪洞县里沒几个好人了"。

最高法院院长楊××同志，他是专政的代表人。专政的机关一是軍队，就是武裝，二是法律机器，三是宣传机器，这三点我們要紧紧掌握，不能什么人都冲进去。我們給同学们这么大民主；四大民主，六大权利，这是世界上最大的真正的无产阶級民主。我们也要有最大的集中，我们的民主是在最大限度集中下的民主，你们大了才会感到这是最大的幸福。只有在毛泽东时代才可能有这么大的民主。列宁卫国战爭时期受了伤，1924年就离开了我們。斯大林本来在他的后期，可以发动这样的革命，但是他沒有認識到，斯大林同志虽然是伟大的共产主义战士，但二十世紀的天才是列宁和毛泽东。法律机器包括司法、公安、监狱，同学們不要随便进去。你們怀疑楊××是否和陆××彭×有关系，这一点我可以告訴你們，楊××以前当教育部长，顶头上司是陆定一，不能不听。他在司法部工作，彭×又是中央負責这一工作的人。他和彭×一起工作过，但不能把和他们有正常关系的人都說成是黑帮。在他們沒被揭发之前，我们还有正常工作关系嘛？！

如果在彭×被揭发以前誰說他是反革命，我还要替他辯护呢！因为不知道嘛！现在他是反革命啦，我们就和他划清界綫。过去我们还不是把罗××当副总理，当作軍队負責人看嘛？！所以不能講有过正常工作关系就一定有問題。

（最后，好多学校代表发言，表示一定要听毛主席的話，学好最高指示。有的单位决心徒步外出进行革命串連，到大风大浪中去鍛炼。很多单位表示同意北医三同学給总理的信，回校后一定搞好开門整风，和"少数派"加强团结，彻底批判資产阶級反动路綫，把无产阶級文化大革命进行到底。）

（晚 10:40，座談会在一片掌声中結束。）

首都大专院校紅卫兵总部整理
一九六六年十月二十三日

陶铸同志十月二十四日在中南海接见首都大专院校紅卫兵革命造反总司令部部分学校代表时的讲话

同学們：你們好！你們批判資产阶级反动路綫，我們是坚决支持的，你們这样的心情我們是可以理解的，你們关心两条路綫的斗争，我們是坚决支持的，这是革命的大事，关于《人民日報》廿二日社論的問題，我們可以商量，现在我先談談，我講的话，你們听得懂嗎？（同学們：听的懂）我不会講北京话，我講的是湖南话。

关于"长征紅卫队"这一宣传，是党中央决定的，毛主席极力称贊的，党中央也討論过，这个材料是我先发现，我向主席汇报，向中央推荐过，大串联，我是极力支持的，当时还有些同志反对，革命大串联这个方针是主席的方针，中央的方针。外地的同学到北京十天、半月收获就很大，大串联使同学在大风大浪中鍛鍊，眼界要放寬一些，这是毛主席的方针，好得很！

但现在发生一个問題，那就是交通运輸很紧张，现在不搞大串联是错誤的，应该提倡全国性的大串联，现在外地革命师生来北京的人越来越多，他們进行选举，各人都选自己，誰都选不上。我的女儿在上海医大，他們的情况也是这样，原来规定大学生的全部和中学生的十分之一来北京，看来现在办不到。现在有人提出，在本省搞大串联，但坐車子也很困难。例如浙江省增加五百多輛汽車也解决不了。今年辽宁省的苹果增加一倍，就是运不出来。我們有1400多万中学生，我們要扩大串联但又不要影响运輸。我們发现这样接见他們主席很称贊。我們现在把他們留下来，我們要开会，接见他們，給他們照相，他們这样做很好！我們要大力支持，大力宣传。上海也有一批，他們从上海步行到滄县，地方要让他們上火車，我知道后就打电话叫地方上不要让他們上火車，要他們走，帮助他們解决具体問題，例如給一双新鞋……。但电话已經晚了，地方上帮助他們上火車了，现在不能宣传这个，因为这是半程而不是全程，在路上再坐火車，还不如坐全程，因为这样好安排，有計划。我們提倡"长征紅卫队"这样串联，但很不容易，我們提出来，你們会同意的。因为你們是革命派，这样串联就能把全国大串联搞好。现在有人要破坏我們的生产建设，想往我們脸上抹黑。

这个材料登报，是总理决定的，这样一搞是否影响批判資产阶级反动路綫呢？你們对这个問題提得好。我們没有考虑这个問題，现在你們根据两条路綫斗争的情况，看怎样去解决？正因为我們在考虑你們的意见，才没有繼續登。现在我們要求，北京的同学不要外出，目前北京有外地革命师生一百五十万人，生病的十万人。过去由于谭力夫講话影响很坏，使得許多不能来北京（指非紅五类子女）现在一来，大家革命热情高，二来大家都可以来，我們認为冬天来的少，却恰恰相反，广东来的最多。而且来北京的多，出北京的少。现在就这样通知，北京的暫緩出外串联，让外地的先疏散，对于这个問題，我們有两个办法：一是关于"长征紅卫队"的消息晚一点再繼續登，压一下。二是給北京的同学发个通知暫时不外出串联，当然你們要做工作，但我們压也压不久，过了两天我們就要大力宣传，这个宣传与《人民日报》无关，这是党中央决定的。你們警觉性很高，很敏感，怀疑把你們运动搞乱了，这样一提把全国都轰起来。我說的話，这是有所收获，你們要放眼全国，放眼全世界，我們認为这样会更加巩固你們的队伍。

你們調查一下，沒有登报以前，北京市走的有多少，怎样走的？是坐火車还是走路？（注一）你們就可以調查你們学校的情況。我們强調的是用两条腿走，这样做有很大的困难，不是那么容易，你們还是看几天。我們不是要他們坐火車，而是要他們用两条腿走路，你們可以宣传。这个問題很复杂。你們警惕性很高，敏感性很强，这个問題，中央是好意，退一万步講，走一些，也沒有什么了不起，北京少了，全国其他地区多了，可以把全国搞好，那也是有所得有所失，他們可以到处宣传毛泽东思想，到处砲轰，到处火烧。这样就可以把全国的革命之火点起来，只顾本单位是不行的，全国这个責任，你們要担负起来，现在我們要求，在全国更好的組織我們的革命队伍。

希望你們支持中央的决定，因为你們最热爱毛主席，最听毛主席的話。

我就是要和同志們講清楚这个問題，这个問題与《人民日报》无关系，是中央决定的，得到毛主席批准的。《人民日报》改組后，是陈伯达同志和我抓的，《人民日报》改組后有根本的变化。现在《人民日报》基本上按毛泽东思想办事，支持革命派反对資产阶级反动路綫。陈伯达同志很負責任，抓得很紧，我們要求得到同学們的支持。

注一：登报以后，走的又有多少，他們有多少坐車，有多少走路？

现在，我們一个是主席接见，在天安門开大会，由林彪同志代表主席講話，一个就是《人民日报》发表社論，还有《紅旗》的社論，来指导全国的无产阶级文化大革命运动。

中央希望你們支持，《人民日报》改組后，贯彻主席思想，坚决按党的方針办事，唐平鑄（现在《人民日报》代总編）原来是《解放軍报》的代总編，是我們要过来的，主要骨干中有不到二分之一的同志都是从《解放軍报》調来的，当然要你們大力支持。我們还要講《人民日报》还有缺点、错誤，希望同志們帮助，但不准《人民日报》出版是不行的，如果不出就是一个很大的問題，《北京日报》不出沒关系，就是《前綫》不出也沒关系，因为他是修正主义的。《人民日报》从六月一日以来，你們可以一篇一篇社論检查，看他办得怎样？《人民日报》不是修正主义的。

你們的一些好意见，例如在玻璃板下，主席象上面压下总理的象就要調查为什么这样作？这个人的平时表现如何？在厕所中发现主席象要彻底追查，保卫人員上刺刀是在晚上，白天沒有。因为主席有指示，要保护好人民大会堂、新华社、《人民日报》，中央人民广播电台，我們要求你們也保护这些地方。

（同学插話：有《人民日报》的人盯我們的哨，又一同学說：我們对这些表示遗憾。）

我对这些不知道，如果他們这样做就不对了。

我的話就講这些，现在同学們講。

（邮电同学指出，多数派在《人民日报》这篇社論发表后，虎虎地往外走。

政法同学說：他們这些人出去了还要保，在外边也保。）

陶鑄：出去的多数还是要革命的，他們过去受骗了。

同学：他們出去就要几个月，因为是走，这样学校的运动什么时候才能搞？

陶鑄：那么同学們还有什么好办法？

同学：他們現在認为这个社論很支持他們，我院他們的敢死队都要出去了。

陶鑄：出外点火嘛，我不是主要講鍛炼，鍛炼只是一个內容。

蒯大富：搞文化大革命不能只靠学生，我認为同学到工农中去宣传是很好的。

师院女同学：这样搞空城計了，給那些不承認错誤，要避难的同学，提供了理論基础，这样两天就走光了，。

陶鑄：物質不灭定律，反正总共1400万人，不在这儿就在那儿，都在中国，不会在外国。事实上不会走光的。

师院女学生：物質不灭定律，是一个物理定律。但对人类階級斗爭不适合吧？为什么社論一发表，首先要走的是多数派？

陶鑄：你們学校走了多少？

师大女学生：已經发了总动员，制定了长征跋涉計划，这样全北京都走光了。

陶鑄：如果是步行走光了，我們負責把同学給你們找回来。

陶鑄：大串联是我們坚定不移的方針，以后还要扩大，沒有这样的大串联，全国的群众发动不起来。

同学：这篇社論与《紅旗》社論关系是一致的嗎？

陶鑄：是一致的，都是要搞阶級斗爭，批判反动路綫，沒有社論时，多数派要去，你們能不能制止住？（同学答：能制止住。）据我知道，人民大学就制止不住的。

这么大的事情（大串联）我們还要去宣传呢！今后还有許多这样的文章要发表，靠內因是重要的，但外力是很重要的，有些地方沒有外力帮助就不行。

唐平鑄：我刚才听陶鑄同志的講話和同学們的发言，大串联是中央和毛主席的号召，据我們知道的，毛主席对这个非常贊揚的。我認为住在北京的学生不能出去了，必須很快地卡死，应該很快地采取措施，北京的同学不能坐火车出去，步行出去也要很好的组織。

大家說，社論沒有写分期分批，当时是想到了，但社論說，主要强調大串联的意义，我們可以就接見十五个人发表社論，宣传大串联的意义，指出要分期分批。

陶鑄：现在四点半了……。

同学：陶鑄同志的講話，我們觉得不适当。

我們要求中央文革的江青、关鋒同志接見我們，这是强烈的要求，交一张批判社論的大字报。

陶鑄：同学們，现在社論談話，你們有你們的意见，你們認为这是阴謀，这不是阴謀，是党中央批准的，毛主席批准的。还有重庆报导可以压几天，如果对批判反动路綫的影响很大，就可以迟几天发表，可以通知本市学生緩出。〈大串联〉絕不是什么阴謀，只要把这火烧得更大。今后我們可以在社論中加上你們的意见，社論不能推翻，不能改变，这是中央的决定、方針。

同学：要求接見中央文革的陈伯达、江青、戚本禹等同志，不接見我們就在这里等。

陶鑄：我們負責把你們的意见轉达給他們，不过我希望同学們还是回去，你們是第三司令部的，我們同你們的关系是非常密切的，很清楚的吥，我們是坚决支持你們的。今天談到这里，我們还要赶去开会。

北京政法公社記录

501

陈伯达同志对两个月来无产阶级文化大革命运动的总結

（一九六六年十月二十四日）

一、形势大好

无产阶級革命路綫得到了很大的胜利，资产阶級反动路綫已宣告失败，大好形势是群众眞正发动起来了。八月十八日毛主席說这个运动规模很大，眞正把群众发动起来了。

毛主席在天安門广塲三次接見群众和国庆检閲之盛，在国內外罕見。毛主席和群众在一起，說明他总是信任群众，与群众同呼吸共命运，他为全党树立了光輝的榜样，眞正的无产阶級革命家、伟大的无产阶級革命家，毛主席就在我們身边，这是我們的幸福。我們要向他学习再学习。自从《决定》发表以来，广大群众得到了战斗的思想武器，运动更深、更发展。

文化大革命把学习毛主席著作推向更大的高潮，伟大的紅卫兵运动推动中外，战果輝煌，可以无愧地說，文化大革命比巴黎公社、十月革命来的洶湧澎湃，是国际上更深入的无产阶級革命运动，它引起了帝修的恐惧，庸人为之目瞪口呆。

二、两条路綫斗爭的繼續

资产阶級反对革命的組織，并未全部消灭。毛主席在十一中全会上說："决不要以为决定上写了，所有的党委，所有的同志都会执行，总有一部分人不愿实行"。事实証明了毛主席的予見。

十六条糾正了前一阶段的错誤路綫，但错誤路綫又以另外形式出现，斗爭很尖銳，很复杂，斗爭一直围繞着群众的問題上，有的人不执行党的无产阶級的革命的即毛主席的路綫，因为毛主席的群众路綫是同部分未改造好的同志的资产阶級世界观彻头彻尾的不相容。毛主席提出的文化大革命的路綫，是叫群众教育自己，自己解放自己，但错誤路綫的某些代表人物却反对，他們搬出国民党的"訓政"来对抗，把群众当成"阿斗"，把自己比作諸葛亮，把运动引向相反的道路上，这是资产阶級的反动的"文化革命"。

工作組只是一种組織形式，在某种运动中用的适当是可以的。有的是必要的。但在文化大革命中，某些領导人把工作組强加于群众，不过是强行推行他們的路綫，如违反巴黎公社的选举原则，推荐出一个他們理想的筹委会、革委会、……甚至当各地大量革命师生来京見毛主席，也有一部分人跟着来"串連"，企图……（听不清……）。九月廿五日我同文革一些同志接待一批来京师生，我曾有个建議：不要高干子弟在各校、各单位文革中占有領导地位，最好让于普通兵、普干子弟担任。高干子弟把持領导地位是不利的，对无产阶級革命事业和他們自己都无好处。但如高干子弟有的确实很好，群众选他，我也不反对。但調查材料說有人听了我的話，很快就采取了对付措施。他們說：中央有指示，高干子弟不作紅卫兵領导。于是辞去职务，指定了"立塲坚定"的人来担任。花样很多，有的同志对这些花样津津乐道。

毛主席在解放前夕說，可能有这样一些共产党人，他們是不曾被拿枪的敵人征服过的……，但經不起人們用糖衣裹着的炮弹的攻击。……

历史的阶级斗争的确如此，被敌人威胁利誘，潜移默誘，站到敌人一边，先进的变为落后，落后人变为先进，在文化大革命中迅速地出来。我們有的同志，以老革命自居，做官当老爷，把自己的光荣的革命历史忘得一干二净，毛主席批評的官、暮、娇、驕四气他們都有。在文化大革命中却不让群众触他們的缺点，而只想利用毛主席和党的崇高的威信，动员一批群众保他自己。四川南充一个妇女的話应該讀一讀，我引她的一句話，她对两个街道干部說："如果这二千个都搞反革命，那个地委就有問題了，因为这些学生都是在学校接受党的教育的，出这么多反革命，地委就是有問題。"这位普通妇女的話是何等中肯，何等尖銳，何等深刻！一位退休老工人說："革命的地委还用我們去保？又不是国民党的地委，又不是旧政府，为什么怕群众？这位普通工人把問題分析得多么明白，簡直是毛泽东思想的精通者！比某些干部不知高明多少倍。事实是摆着的，二条路綫还在斗争，还会經过多次的反复，阶级斗争不以人的意志为轉移。八月八日通过了《决定》，不过十二天，有的大学的文革委員就跳出来提出对抗綱領，而且印发的很广。有人对毛主席亲自主持制定的《决定》不感兴趣，对他的綱領却为之印刷、广播、不亦乐乎。另一个高干子弟称讚說："这适合我們的情況，对我們有利。"高干子弟有許多好的，較好的，他們可能成为革命的接班人，有些却要走修正主义的路。不分析，不一分为二，只醉心于高干子弟专权，是完全违背毛主席思想的！我們要用毛主席提出的五条标准去培养接班人，为什么高干子弟要专权？因为他們血統高貴嗎！

不久以前，有一位同志給我写信尖銳地提出問題：十六条以前，是否全国凡派工作组的地方都犯了路綫错誤？十一中全会以后各地对待大串連、多数少数关系，犯过这样那样的错誤，是否要承認都是反动路綫。这实質是个認識估价問題。我的看法：

（1）路綫問題要分开看，一种是提出的，一种是执行的，提出的是某些代表人物，他們要負主要責任。

（2）党內路綫斗争是社会阶级斗争的反映。错誤路綫有其社会基础，主要是資产阶级。错誤路綫在党內有一定市場，因为党內有一小撮走資本主义道路的当权派和相当一部分世界观未改造好的糊涂人。

（3）派工作组鎮压群众是错誤路綫，沒有派工作组也鎮压革命学生同样也是错誤路綫。当然有自觉执行的（少数）和不自觉执行的（大量）之分，有及时改和坚持错誤之分。

（4）区别改正和坚持错誤的标誌是：对群众的态度，是否公开承認了执行的是一条错誤的反动路綫，認眞为打成反革命的人平反，并支持革命学生的革命行动。

（5）不肯彻底批判错誤路綫就不可能認眞执行中央正确路綫，即毛泽东思想路綫。

（6）因此有些地方、有些同志在十一中全会后，还用各种形式，在各种問題上繼續，犯错誤路綫，如对待大串連，少数多数問題，仍挑动工农群众、机关干部同学生冲突等等。归根结底都是群众斗群众、学生斗学生的。

（7）压制群众的错誤路綫是反动的資产阶级路綫，当然不能說凡是执行反动路綫的人，就是反党反社会主义反毛泽东思想的資产阶级右派分子。只要自己能改正错誤回到正确路綫上来，那就不仅可能是二、三类干部，还可能是一类。以前定为一类，犯了这个错誤，也必須承認犯了路綫错誤。

（8）对一般同志来說，他們錯誤性質属于人民內部矛盾，而不是敌我矛盾。但大家都要有高度警惕，无論何人，无論过去有多大功績，他們只要坚持资产阶级反动路綫，就会滑到同党对立的道路上去。文化大革命是对每个人的严峻的考驗，现在仍在考驗着每个人。

三、去掉几怕，放手发动群众

毛主席經常告訴我們，共产党人应当无所畏惧，十六条也說要"敢"字当头。

有些同志直到现在仍是"怕"字当头，有人甚至怕的厉害，很古怪，而且越发展花样越多。怕字派說："群众乱起来，不講道理，不守規矩，鬧得很糟，把习慣秩序打乱，使事情不好办。"又說文化大革命妨碍生产，一鬧生产就不好进行，計划无法保证。又說文化大革命給反革命鑽空子，右派鬧翻天，鬧得厉害得很，如"不安心的野心家"、"伸手派"、"暴徒"、"野蛮人"等。他們給革命师生、革命干部加了不少头衔，于是怕群众、怕大民主就有理由了。在群众中制造分裂，挑动群众斗群众……，一言以蔽之，就是怕群众，怕革命。从好的方面說有的是要做維持现状派，但有一种人越走越远，就只能为自己垮台創造条件。历史上从怕群众到反对群众，从怕革命到反对革命者不少，希他們不要再蹈复轍。有些人口头上并不怕群众，不怕发动群众，但是叶公好龙，见了眞龙六神无主，毛主席这故事已講了四十年，难道还不能引以为戒嗎？德国进步的詩人海涅自称是共产主义者，但是怕共产主义革命，說："未来是无产阶级的，我是以忧虑的心情說这些話的。"以海涅看来，无产阶級掌权，他喜欢的艺术品会毁，他的詩也会毁灭。列宁說："海涅是个无知者。"他認识不到无产阶級革命在破旧世界的同时，还将保留人类文化的精华，并創造资产阶级望尘莫及的极其輝煌的文化。

冒昧地說，有些同志担心的恐怕比海涅更甚些，如怕失烏紗帽，怕失尊严等，于是就同群众、同无产阶級大革命抵触起来，他們挑动工农干部斗学生，标榜自己是受到多数拥护，他們組織的机关是无产阶級的司令部，……把别人打成反革命也在所不惜，他們組織围攻，还說这不过是辩論会。围攻、辩論其界綫是什么？其实我們的屁股坐到群众一边，站到群众中去，这問題是可以懂的。如果只在怎样对待群众上打主意，誰也不能代替回答这个問題。让全国学生大串联，是学生自己教育的最好形式之一，他們在串連的革命熔爐中受到鍛炼，辯明是非，熟悉群众和斗争，革命的意义深远，把全国的文化革命連成一片，并可辯明誰是眞革命，誰是无产阶級革命家，誰是无产阶級司令部，串連是最大最好的学校。可以提倡步行，让他們演习长征。长征是宣告书、宣传队、播种机，大连走来的同学可能成为有用的人。如果从家門到学校門到机关門的人，难道会成为可靠的接班人嗎？

串連妨碍生产？今年农业形势大好，工业以高速上升。粮棉大增产。棉花×××万担，粮食××亿斤，工业产值較去年同期增26%。中央提議在志愿和可能的条件下不乘火車、汽車，一定会有很多学生这样作，这样运輸問題就可以解决了。紅卫兵、大串連都是伟大創造。毛主席最尊重群众的首創精神。毛主席支持大串連，并且推广。紅卫兵刚露苗，而且还遭摧残，誰支持了呢？是我們的伟大統帅7月31日就写信給清华附中的紅卫兵，說："我表示热烈支持。"星火燎原，高瞻远瞩，一小批紅卫兵发展成广大队伍。牛鬼蛇神为之丧胆，一些怕革命的人也惶惶不安，心想最好取締，至少納入我們的軌道。

紅卫兵作了不少好事，提了不少好倡議。二个多月历史，已成为七亿五千万中国人政治生活中永久的組織，大概会影响中国人的政治和个人生活。还說，如西方和苏修集团認为这种狂热是流氓行为或短暫热情，那不仅是愚蠢，而且是危险的。敌人的观察比我們的一些同志还深刻的多，值得我們好好想想，本是我們祖国的事，为什么会使敌人感到危险呢？现在不是封鎖国时代，文化大革命已在影响全世界。也更迅速地促进国内的革命化，什么地方，什么单位認眞而不是馬虎地抓革命、促生产，就可大大促进生产积极性和工农业生产，科技的新飞跃，使我們在较短的时間內赶上和超过世界先进水平。

四、坚持毛主席提出的阶級路綫，团结大多数。

在各个革命时期，革命的力量和对象有所变化，但毛主席的阶級路綫永远适用。

在文化大革命中必須坚持阶級路綫，善于发現不带括号的左派队伍，爭取許多动搖不定可东可西可左可右的人，团结大多数，彻底孤立资产阶級右派，揭露玩弄权术的两面派，有人企图以宗派主义代替阶級路綫，把革命原則抛到九霄云外，不理会各种派别带有政治性、阶級性，用血統論代替阶級論。企图混淆阶級路綫，孤立无产阶級革命队伍。

各地流行一种"自来紅"謬論，互传謬論的人，利用一些青年学生天眞地提出一付对联："老子英雄儿好汉，老子反动儿混蛋"来迷惑一些学生，实际上是剝削阶級反动的血統論，什么"龙生龙"、"凤生凤"、老鼠的儿子会打洞"的地主阶級的哲学，是彻头彻尾反馬克思主义、反毛泽东思想，唯心的，与馬克思阶級分析相对立的。毛主席和党是重视阶級成分出身的，同时反对"唯成分論"。人們都需要在斗爭中长期考驗自己，证实自己的世界观是属于那一个阶級。思想意识不是天生出来的，是社会存在的反映，是在阶級斗爭的实践中逐步形成的，或者反映这一个阶級，或者反映那一个阶級。馬克思主义者認为工人阶級按自己的阶級地位来說是最容易接受。科学社会主义的創始人馬克思、恩格斯本人按其社会地位曾是资产阶級知识分子，列宁、斯大林以至毛主席也是一样，但他們都是无产阶級革命家，从群众中来到群众中去，总結了国际工人斗爭各时期全部經驗，創立和发展了科学社会主义，引导工人阶級前进，有些工人阶級出身的并不一定代表工人阶級利益，如英国工党领袖成了反对工人阶級的工具。在苏联有一批工人出身的……。现在学校接受"自来紅"、"自来黑"划分紅五类、黑五类的观点，造成和散布这一观点的人是要制造混乱，毒害青年否認在革命前进中要不断改造，否認别人能够改造，自己不愿革命，也不准别人革命。不重视阶級出身是错誤的。"唯成分論"，不重视政治表现也是错誤的。这些观点必須批判。离开阶級分析法去看多数少数也是错誤的。

毛主席在党内曾經长期处于少数地位，都恰恰代表人民、代表眞理，而那些自以为正确的人都失败了，垮台了，被群众抛弃了。不作阶級分析处在超然地位，既不支持多数也不支持少数，这是不行的、这是虛伪的，不偏不倚，实际上是做不到的。

无产阶級在历史上代表最广大人民的最伟大的阶級。毛主席七月卅一日給清华附中紅卫兵的信中提出：我們要求你們团结一切可以团结的人們。

按毛主席指示的，无产阶級要解放自己，就要解放全人类。否則自己不能最后得到解放。毛主席指出无产阶級革命路綫防止宗派主义即关門主义。他把关門主义策略叫做孤家寡人主义，单枪独馬的策略。无产阶級相反要招收广大人馬，好把敌人包围消灭。无产阶級文化大革命一定要遵循毛主席提出的阶級路綫，孤立一小撮反革命修正主义分子，取得一个个胜利。

长江后浪推前浪，世上新人超前人。

无产阶級的四新——新思想、新文化、新风俗、新习慣一定能取代资产阶級的四旧——旧思想、旧文化、旧风俗、旧习慣。

陈伯达同志十月二十四日在人民日报社对北京市部分学生的讲话

《人民日报》記者整理

刚才那位同学提得对。《人民日报》在党中央領导下工作，同时又能够受到群众监督，就可以办得好些。党中央領导与群众意見相結合，报紙才能办好。

最近一个多月我沒到《人民日报》来，今天下午我才看見了《紅卫兵不怕远征难》这篇社論。写得还可以，看得下去。但有缺点。是一篇看得下去的社論，只是写得不周到，不完全。同学們可以提出質問，質問是有道理的。

发这篇社論不是《人民日报》編輯部的意思，是中央的意思。表达得好 不好 是另一回事。

中央贊成步行串联。这不是簡单的方式方法問題。步行，比坐火車、汽車，对你們的鍛炼，对你們的将来，对你們的前途，都有很大好处。你們現在还很年輕，知道的事情还很少。你們有很大的优点，对政治敏感。但是，变成无产阶级革命事业接班人，还要有一个过程。这过程就是熟悉社会，熟悉群众，熟悉阶級斗争。

我有几个孩子，我也对他們有意見。他們就只是上学，沒有接触群众，即使书讀得多，文章写得通，但和群众、社会沒接触过，頂好不过是个书呆子，对社会无用；不好，还可能变成对社会有害的人。

毛主席說：文化大革命就是群众自己教育自己，自己解放自己。中央批評过去派工作組的办法，指出路綫错誤，原因就是它要包办代替，压制群众。文化大革命是触及灵魂、改換人們头脑的大革命，怎能包办代替呢？群众不同意包办代替，于是压制就来了。我講的話，你們記下来，对大家貼我的大字报可能有用处，影响有多大不一定。

步行，有很大好处，可以經過千山万水，看到群众种种生活，听到群众語言、群众意見。可以从南到北，从北到南，接近工农群众，使你們晓得社会上有各种各样的人，有各种不同的意見。各种不同的意見都代表不同的社会思潮。你們就可以用茲子想一想，考虑，判断。电灯，有电源。过去点油灯，要有茱油，煤油，花生油。你們接触到許許多多意見，得到許許多多养料，将来就可以变成灯光。如果不提倡你們走这一步，我們領导文化革命就可能是有缺点的，后代会批評我們，将来会責备我們。你們都年輕，为什么不到社会大熔爐中去鍛炼呢？去吸收养料呢？你們讀过毛主席的《在延安文艺座談会上的講話》，就明白了。毛主席說：中国的革命的文学家艺术家，有出息的文学家艺术家，必須到群众中去，必須长期地无条件地全心全意地到工农兵群众中去，到火热的斗争中去，到唯一的最广大最丰富的源泉中去。現在你們搞政治或其他学問，假如你不是准备当书呆子，而是准备当无产阶級革命事业接班人，不管搞哪一行，都要懂得群众，懂得社会。如果《人民日报》办得有什么不好的話，就因为他們懂得群众、懂得社会少了。

你們記录我的話。我准备你們給我貼大字报。我們年紀不小了，大字报攻一攻有好处。我說話很蹩脚，不好听，不要录音。高兴記就記。記错了也不要紧。可能記错了，或者記的比我說的好，也是可能的。

我劝大家还是可以接受《人民日报》社論的意見，准备步行。步行的結果、好处，将来你們会知道的。可能有不好的地方，你們可能很累，有的病倒了，找不到医生，甚至有的在路上病亡也有可能。这是很难避免的。要避免各种意外的事情是不可能的。坐火車也可能要碰車，坐飞机也可能摔下来。不要在步行中发生了困难，就埋怨《人民日报》社論。

主要是让大家能接触社会，接触群众。毛主席就是这样教导我們的："从群众中来，到群众中去。""先当群众的学生，后当群众的先生。"毛主席的文章每篇都是經驗的总結。你們都讀了毛主席的文章。要知道，每一篇文章都是考慮了，总結了各方面的經驗。你們步行，就让你們学习毛主席走过的路。毛主席走过的路，我們照样去走。（鼓掌）

这样，发生了一个問題：社論一发表，你們要批判的人都走了，这怎么办？不过，根据我所知道的一部分材料，你們想要批判的人，早就走了。他到处串，他搞了一些材料，你們就可能辩不过他。谭力夫的講話我看了，这是一篇大毒草。（鼓掌）你們要学会批判这种文章。要批判得好，就要接受經驗，脑子里要有油水，芝蔴油也好，花生油也好……。他现在还有市場，有人跟着他走。还有没有?(还有!)你們如果不能把谭力夫批判倒，你們还搞什么革命？走路，就是叫你們学习毛主席的榜样，熟悉我們的社会，熟悉千百万群众，熟悉我們的伟大祖国的各个方面。这样，你們就有丰富的材料，可以结合毛泽东思想写文章了。对不对？（对!）谭力夫走在你們前面了。他是坐火車走的。坐火車不算高明，步行才算高明。（鼓掌）

我們过去小时候尝过很多苦头。你們现在走路出去，也可能尝到苦头，可能不会太多。我們那时候的苦头想起来很难过。现在，社会变化了，革命了，群众翻身了，这是在另一个条件下接触社会，你們可以比我們得到更多更丰富的經驗。

他們走就走了嘛！你們要批判的早走了。最近几天走的，也是抢火車走的，并不是步行的。这不能怪《人民日报》社論。

北京是无产阶级文化大革命的策源地，模范地，无产阶级文化大革命的首都。你們在步行这一点上，也要作全国的模范。（鼓掌）

有的同学提出不同的意見，很好。贊成有不同的意見提出来。你們可以批判我的。我講話就是准备被人推翻的。你給我提意見，我給你提意見，互相提意見，这是正常的。这样才能进步。

你們到工人农民中去，工人农民給你們提意見，你們不要生气。說的不对，你們听了記下就行了。也可能說的对，你們認为不对。我多年前去农村，有的人和我意見不一样，我認为是对的，他們認为不对。土改时我在北方，也有不同的意見。我認为这些群众的意見对，他認为那些群众的意見对。这并不妨碍我的工作，反使我思想提高一步。因为有人反对我，我就要想一想，把思想提高一步。群众中有各种不同意見，都要听，要分析。毛主席告訴我們：要学会分析。有不同意見，有矛盾，才要分析。群众不是一个意見，有各种意見，这就是矛盾，就要分析。不一定就馬上想得通。所有老百姓的話，意見，都要听下来，記下来。前两年，我那机关有些同志去农村搞四清，我对他們講过一些話，最后向他們提出，要准备两个笔記本：一个記問題，一个記群众語言。群众說的話比我高明得多。我的話就是毛主席在《反对党八股》里說的那样：像个癟三，就是群众語言太少了。当然，也不能說我的話一点群众語言也沒有，我从小在乡下生长的。我說的是土話，但我如果完全說土話，你們一句也听不懂。你們可以弄两个本子，記一大堆群众的話。

（有人問：我們同意步行串聯，可是現在是不是时候？我們学校几千人剩下几十个人，再走就剩几千外地学生了。）

我劝你們也走，你們回来再搞批判。步行去，步行回来。一九六四年，我在天津参加四清运动。我同天津的同志談到，我要走路回北京。他們說，你不要給人家造成困难，造成災难，人家要做很多准备工作。我說，我是普通老百姓，做那么多准备工作做什么？结果，还是沒走成功。說我年紀大啦，他們不贊成，我也沒办法。你們能够步行，比我們幸福。他們說我年紀大了，身体不好，其实，走了，身体就好了。可惜沒有說通。

現在我来說服你們，不知道說得通說不通？

（有人問：学校空了，反动路綫何时批判？）

破四旧，批判資产阶级反动思想，是长期的事情。你們走半年回来还不晚。

（有人說：批判沒有对象，都走了。）

（有人問：北京的学生都走了，外地的人还来干什么？）

你們都走了，到了外地，他們就在那里和你們聯合起来，不一定来北京了。运动，是不以人的意志为轉移的。

（有人問：走光了怎么办？外地同学要見毛主席怎么办？）

到那时，就进行另一种部署。外地要来还可以来，北京的总不会完全走光的，不可能。有的走了，还会回来的。

（有人問：走多久？）

你們愿意走多久？可以走三个月，可以走半年，也可以走一年。

批判資产阶級思想，破四旧，是长期的。一定要到群众中去了解，有什么要批判的。这样，你們的文章就可能多种多样了。破四旧，破什么？那么大的天地，四旧你們都不知道，怎么去破？知道了，了解了，才能破。

你們担心各人走的路程，时间不一样，回来的时间不一样，如何斗批改，揪黑邦？你們步行，就是准备大斗大批大改，有力量地斗，有力量地批，有力量地改。不只是改自己学校里的。你們的脑袋要武装起来，按毛主席的指示，就是要到群众中去，从群众中吸取力量。

（有人問：有沒有假紅卫兵，修正主义紅卫兵？）

前些时，我接見外地来的一批学生，說有执行毛主席路綫的紅卫兵，有执行修正主义路綫的紅卫兵。不是說有的紅卫兵組織就是修正主义的。这个問題，有人要把我揪出斗，这沒有什么。有些紅卫兵，如譚力夫，方立功（三十一中的）他也叫紅卫兵，这还不是假的？这是个别的，少数的，一小撮，他們是在敗坏紅卫兵的名誉。他（方立功）沒收了什么人的財产，当成自己的，有两輛汽車，开車司机归他管，有两个男秘书，两个女秘书，录音机，照像机，摩托車。这种人也叫紅卫兵？我原来是說一些紅卫兵是执行修正主义路綫的，被修正主义路綫蒙蔽的。我从来沒有說过什么"修正主义紅卫兵"。对于一般紅卫兵的組織，不要分眞假紅卫兵。我补充，糾正我原来的說法。可以嗎？（可以！）

（有人問：有的紅卫兵的"紅"字可以加引号嗎？）

（有人說：不贊成陈伯达的意見！对一切事物都要一分为二，对紅卫兵也要一分为二。）

我们要把受蒙蔽，影响的紅卫兵爭取过来，不要歧视他們。

有的紅卫兵組織，是暫时被错誤路綫控制的。其中絕大多数同学还是好的，想革命的。我們要搞垮那个错誤的控制，不是搞垮哪个紅卫兵組織。你說他是修正主义紅卫兵，他就頂起来了。参加了那个紅卫兵，就說他們变成了修正主义的，这不大好，他心里很难受，就难爭取他了。见了面，就說你們是修正主义的，只有我們是毛泽东思想的，这样两派对立，不好。要爭取他們，让他們觉悟，使他們認識控制他們的人是错誤的。这样，我們的队伍不是扩大了嗎？队伍大了好，还是少了好？（大了好！）

我更正原来的說法。那容易引起誤会。现在有些人贴我的大字报，是有道理的。有为我辯护的，我感謝；有批評我的，也感謝他們。这不是折衷主义嗎？不能說是折衷主义。这是群众問題，是对待广大群众的态度問題。

我們的思想，只能是毛泽东思想，用毛泽东思想統一全国的紅卫兵。用毛泽东思想統一起来的紅卫兵是无敌的。（鼓掌！）

（又有人說：队伍大了好，但要注意質量。）

那是对的。不能要方立功那样的人进来。同时，要让他改过。

（有們說：他們不敢触及灵魂，不承認错誤。）

慢慢来，不能性急。没有韧性，就爭取不了多数。我經常說，要高举毛泽东思想紅旗，就要認眞，刻苦地学习毛泽东思想。你們在长征过程中，随时随地与毛泽东思想结合，就会进一步領会毛泽东思想。对不对？（鼓掌）

有的在这里对我鼓掌，出去还会贴我的大字报。我对有些人是不是贊成我的话还抱怀疑态度。

（有人問：照你这样說，文化大革命要搞多少年？）

我也不能預料。就思想斗爭說，是复杂的，长期的，不能想像，几个月，人的脑子就革命完了嘛！

过多少时間，等你們回来后，斗了走資本主义道路当权派，批了反动学术权威，改了学制，建立了新的課程，是不是文化革命就完了呢？不是。《人民日报》的社論中說过：資产阶级革封建主义思想的命，革了几百年，无产阶级要革資产阶级和一切剝削阶级思想的命，可以快些，因为这是一个广大的群众运动。資产阶级是少数人搞思想革命，是一个剝削阶级反对另一个剝削阶级，不可能像我們这样搞。我們可能快，快得多。可能几十年，可能上百年。

要是上百年，就泄气了？不搞了？（大家說：一定搞彻底！）

批判資产阶级，破四旧，立四新，是长期的事情。有的同志耍把旧书烧了。这能不能解决問題？书烧了，脑子里思想还是資产阶级，剝削阶级思想。书，不要随便烧掉。也不要很多人都去看古书。少数人看看，批判，当作肥料，当作批判对象。有人說：鲁迅劝青年不要讀古书，可是他自己讀了很多古书。鲁迅讀古书都是拿来批判的，把毒草拿来一个个批判。他批判得有力量，很知道毒草的害处。

（有人問：总理說过放假半年，现在推翻了呢？）

（有人說：已經过去几个月了。）

运动的规律，有些是我們預见不到的。有些发展情况，預见不到。原来提出文化革命，就没有估計到紅卫兵运动。紅卫兵一出现，毛主席就看到这个伟大的苗头。（鼓掌）那时，他支持紅卫兵时，紅卫兵还很少。一下子，全国都发展起来了，震动了整个社会，整个世界。

从几个月的經驗看，对运动不能划个框框。步行，回来，估計明年秋天，差不多，可能上課了。学校的課程怎么搞？我的孩子高中毕业要上大学，学文科，我不贊成。我說，你要学文科，就下放劳动去。（鼓掌）在劳动中同样可以把文科学好，学得更好，有把握地学好。如果不参加劳动，就想搞这文科那文科，脱离社会，脱离群众，现在口头革命，将来还可能变成修正主义。

将来学校怎么办，大家可以研究。我们现在学校的学制，基本上还没有摆脱资产阶級学制的框框。社会主义学制怎么搞？就是靠文化大革命中創造一个新的学制。（鼓掌）

苏联就是按照资产阶級学制，培养了多少修正主义分子！国家变了颜色！我们采用另一种学制，进步会更快，学习得更快更好。我說的是自然科学技术方面。文科就更要破除过去的学制。

我說的不是命令式的意见，是和你们商量，探討怎样創造一种新的学制。

毛主席告訴我们亦工亦农，亦学亦兵。他提出这个方向，我们要在实践中具体化。毛主席希望我们在实践中創造一个模范出来。（鼓掌）

你们是不是想很快把运动搞完，赶快上課？这是个群众运动。个人的有些想法，是会被冲垮的。你们当中有人想很快上課，这也是很自然的。不上課，也要学习。要把毛主席著作讀通。把毛主席著作从头到尾抄一遍，字写清楚些。贊成不贊成？（鼓掌）

（有人提："怀疑一切"的口号对不对？）

我的意见，有問題，可以怀疑，可以批判。如果"怀疑一切"，是指对一切事物都要思考、考虑、思索，加以分析，那是对的。把怀疑一切变成否定一切，就不对了。这样說是不是好一些？毛主席在《学习和时局》中說：要善于使用思想器官，善于思索。經过思索，有的肯定，有的否定。沒有材料，思索也是空的。沒有油，灯就不亮。你们可能是几百盞灯，社会主义的灯，无产阶級的灯。沒有油，灯光就沒有了，灯就不亮了。所以，你们要接触社会，接触群众。这样，像毛主席告訴我们的，就能得到大量的材料，就有思索問題的原始源泉。不然，你们就不会运用毛泽东思想。

你们在作記录，可能有人准备出我的大字报。我是一个解放了的人，沒关系。有人記的可能和我的意思不一样，我也不辩护。我有講的自由，你们有記的自由。我在馬列学院上課，他们都在記。我上課从来沒有講义。我說：你们記了些什么？我收了来看，每本都是不一样的。各种版本不一样，哪一个做标准？

（这时，一部分去中南海回来的学生代表提出来：还有些問題要单独談一談。）

有什么話就一起談，不要单独談。

有些問題，不要希望我一个个回答。你们去思考、思索、討論、比較。

毛主席告訴我们，要学会分析事物的方法。你们自己解答自己的問題，比較好些。我可能解答错了，可能解答得一塌糊涂。解答对了，也是硬灌的，填鸭式的，不符合文化革命的方针。要自己教育自己。毛主席的正确路綫同错誤路綫的爭論，主要就在群众問題上：是群众自己教育自己，还是工作组或一个单位的負責人包办代替？硬压制？要自己革命，自我革命，自己教育自己。

很多問題，我就这样答覆，就完了。

我来，是向你們請教的，是做你們的学生。（鼓掌）

（有人問：这篇社論的效果如何？）

我說社論还可以，但有个缺点：没有講到两条路綫斗爭。可以再补写一篇社論。

（有同学称陈伯达同志为首长）

我不是首长，我是老百姓，我們都是同志。（鼓掌）

（有人問：出去对本单位的斗批改有没有影响？）

为了把本单位斗批改搞好，出去走一趟有好处。到处看看，听听，就是受到些折磨，也有好处。

《人民日报》有群众监督是件大好事，可以接受群众的批評。要說明，提倡长征，是中央提的意见。估計有积极效果。不要傾城而出，可以分期分批走，也可以不走。

（有人提出：《人民日报》十月二十二日的社論，是同《紅旗》十三期社論抵触的。）

二十二日社論有缺点，没有提到两条路綫斗爭。我是《紅旗》杂誌总編輯，十三期那篇社論的題目是我定的。我并不是用这篇社論取消那篇社論。不是要让北京的牛鬼蛇神舒舒服服的，不斗。不是让全城全校都走。社論里没有这个意思。

（有人說：要看效果！现在大多数已經走了！）

是坐火車走的，不是步行走的。外地来京的一百五十万人，要走走不了。北京近几天走了几万人，是坐火車走的，你們調查研究还沒有到家。把学校空了都归罪于这篇社論，这是不公道的。毛主席要我們实事求是。我贊成再写一篇社論补充这一篇。不然，糾纏下去，糾纏不完。唐平鑄同志告急，我来是想当"解放軍"，解放他們的，现在解放不了自己了。

欢迎大家提意见。我代表《人民日报》接受大家批評，要允許补充，改正的机会。

有人說发这社論"有阴謀"。我認为是沒有阴謀的。

我倒是劝大家不要抢火車到外边去。步行出去，我贊成。不一定全校都走。要有計划，可以留一批在学校。也可以都不走。不坐火車，对外地学生也有很大好处。

（有人宣讀大字报，仍然說这篇社論是"大阴謀"。）

社論有疏忽之处。我代表《人民日报》接受大家的批評。大家对《人民日报》提意见，是好的。这給《人民日报》編輯部一个警告：要有高度警惕性。党的机关报，稍有疏忽都是不好的。大家批評是有道理的。可以要求再写一篇补充这一篇。不能因为这一篇文章就判成死罪，那样就不能再写文章了。

我沒想到对这件事情会发生这么大的抵触。这証明你們政治敏感比我高。

《人民日报》社論，只是建議，誰不同意，可以不照做。

（有人发言，仍然說这篇社論与党中央的精神不符。有的还說《党的阳光照亮了文化大革命的道路》、《向工农兵学习》都是錯誤的，是貫彻反动路綫的。）

阴謀是沒有的，疏忽是有的。我这样說不是包庇他們。我和他（指他身边的唐平鑄）过去也不是熟人，是五月三十一日晚上到《人民日报》来接办《人民日报》，才認识的。

《人民日报》社論是起了好作用的。要分辨好作用和缺点。不能抓住某一点，就說六月一日以后一系列社論集中表现了资产阶级反动路綫，要打倒。（有这样一张传单）如果要打倒，首先要打倒我。那些社論都是我經手的。我不反对批評，也不批駁，把传单留下来，作为經驗。

传单說要造《人民日报》的反，說六月一日以来的《人民日报》社論集中表现了资产阶級路綫，这是什么意思？难道六月一日以来《人民日报》是代表反动路綫的？我怀疑这个传单。可以怀疑吧？要提高思想，提高警惕。

今天的事，不能怪同志們，要怪《人民日报》本身有缺点。看他們什么时候补过吧！（有人喊：明天就要！）来不及。有些問題，要容許人家有考虑余地。"最后通牒"这种方式不一定很适当。紅卫兵提了很多好建議，有的已經接受，还有許多我們正在研究。

（有人說：《人民日报》的人不让我們上楼，为什么文化大革命中还有这样的框框？为什么見报社的負責人这么难？）

我要告訴大家，办报是件苦差事。他們天天要快天亮了才能睡覚。又要办报，又要接見你們，忙不过来。你們对《人民日报》有意見，可以写信。都拥进来，报就不好办了。

（北京师范学院一同学談一天来在《人民日报》的經过，談了一部分，关鋒，戚本禹同志来到。因伯达同志要开会，平鑄同志有工作，由关鋒，戚本禹接替他們接見群众。伯达同志說：就談到这里吧！把他們两个也解放了吧！大部分同学同意，鼓掌欢送。他們刚走出会議室門，师院一同学又用扩大器喊："要求关鋒，戚本禹两同志回来听我們汇报情况！"有一些鼓掌。关、戚就又轉回来。师院那个同学講完以后，有些有不同意見的同学发表了意見。又有几个同学談了一些情况，說伯达同志講的话前后不一致，又提出疑問，再次要求中央明确表示意見：提倡步行串連，是不是中央意見，这样文化大革命究竟如何进行？戚本禹同志講了话。）

戚本禹同志十月二十五日在《人民日报》编辑部接见第三司令部部分同学时的讲话

关于出去串联的問題，你們可以討論一下。自己去考虑留多少，走多少，不是那么严重的。社論有缺点，答应重写一篇社論作为补充。

我贊成有一批革命派到外地去。我到外地去了一次，在火车上听到社論。目前有些省斗爭非常艰苦，空气很不好，現在北京的形势好，你們少数派变成了多数派。（有的同学說：我們还是少数）你們的形势反正很好！外地斗爭很艰苦，我去过一些学校，开过一些座談会，我希望你們去。我希望北京同学能够有組織地分散到各省去。把中央的精神、十六条和十三期社論带下去，会起到促进作用。你們出去当然要先当学生，后当先生。我刚才接見了西南的同学，他們斗爭很艰苦。谭力夫到广州去了，你們为什么不能到广州？他是坐火车去的，你們要走路去，这比他高明。

另一方面（指多数派）你們不要叫他們保皇派了，他們有些同学受了蒙蔽。他們要走也可以，他們到外面可能有好处，他們在学校里是保工作組的，但是到了外地也可能变成炮轰派。那天接見安徽的是保工作組的，在外面他們是砲轰派。我們問他們，你們外面砲轰为什么內部不炮轰哪？你們要好好想一想。他們在外面坚持自己的意見，遭到围攻，有的就变了，革命的左派有毛泽东思想不怕压抑（关鋒同志插话說：反动的围攻出革命的左派）。沒有围攻，就沒有左派。他們大部分出去后，回来会成为你們的战友。

走路还是坐車，你們根据你們的需要。提倡走路是中央的意見，是毛主席的意見。为什么要提倡走路？現在有一种傾向很錯誤，高干子弟和谭力夫之流，到外面后要求待遇，要住高級旅館，要住招待所，还有的要坐飞机，这是修正主义的一套。我們要发扬走路的精神，現在有的地方是走資本主义道路的老爷們压制革命派，不給車票。不給車票我們就走路，兰州的同学就是这样。（汪峰不給車票，他們就走路，要向中央反映情况，我們知道了，就打电話派火车）。（关鋒同志插了一句：走路就是革命）一方面可以鍛鍊自己，另一方面可以冲破走資本主义道路的当权派的阻力，有的青年沒車票就沒办法了。你們在北京守着中央，可以到处找中央文革，找陶鑄，找总理，你們可以到处闯，大鬧天宫，那天到天安門你們不是冲上了金水桥嗎？我是很贊成的，保卫毛主席吆！

《人民日报》社論写出了一些艰苦奋斗的精神。伯达同志說：社論有缺点，要重写一篇社論补充。我同意这个意見，重写一篇社論就是你們造反的功劳。你們回去根据情况研究一下，可以走一批，留一批（有的同学說：已經走完了）你們不要給我施加压力，你們組織的情况，我还是了解的，你們还可以控制，你們是有能力的，有办法的，怎么会都走光呢？

記录：北京地質学院王振江、吴龙茂、孙志深

关鋒、唐平铸同志十月二十九日讲话

关鋒：我这些都是不算数的，对与不对，自己思考。文化革命形势大好，基本特点是群众真正发动起来了。主席接见后，群众发动越来越充分，越来越大。这些天来，全国地方都掀起了群众性的批判资产阶级反动路綫的高潮。十月一日林彪同志的講话，《人民日报》和《紅旗》杂誌社論，十月六日的誓师大会，周总理、陶鑄、陈伯达、江青、文革小组其它同志都到大会。江青、周总理講了话，念了中央批轉的中央军委的紧急通知，从那以后，全国范围内展开了群众性的批判资产阶级反动路綫的高潮，这是群众真正发动起来了，也是形势大好的一个重要表現。我們認为这样一个群众性的批判对清除资产阶级反动路綫的流毒，是有重大意义的。对犯错誤路綫的同志，改正错誤，回到正确的路綫上来，也是有很大帮助的，对于鍛炼青年一代有长远的意义。

同学們这样关心国家大事，实在是令人高兴，令人兴奋。如石油展覽会，同学們发现有問題，不是突出毛泽东思想，而是突出别人，那个事情不怪石油部，也不怪×××，是工交部陶魯笳，是他布置的。象同学們这样关心国家大事，是极好的事情。

现在形势是很好了，以毛主席为代表的无产阶级革命路綫宣告胜利，资产阶级反动路綫宣告失败。当然彻底肃清资产阶级反动路綫的流毒，还要做很多工作。

（唐平鑄：受打击的得到了解放，揚眉吐气。）

但形势不象有些同学估計的那么严重，一些同学出于一片热誠，对党对毛主席的热爱，前些时候不是流传着毛主席是少数、受孤立、××被包围了，要推翻十一中全会决議……。这些是不确实的，资产阶级反动路綫看来很凶，实际上是紙老虎，一戳就破，同学們是一片好心、出于对毛主席的热爱、捍卫无产阶级革命路綫，非常好，现在的形势是一片大好形势。

清除资产阶级反动路綫的流毒要做很多工作，资产阶级反动路綫有它的社会基础，这个社会基础主要是资本主义囉；另外在党內还有一定思潮。一个是有一小撮走资本主义道路的当权派，把资产阶级反动路綫当做护身符，另外还有一批世界观沒有改造的或沒有改造好的糊涂人，需要咱們做工作。

对犯资产阶級错誤路綫的人，还需要有区别，有提出这个路綫的人、有执行这个路綫的人，执行这个路綫的人有自觉的、有不自觉的，不自觉的是多数，自觉的是少数。执行这条路綫里头还有輕重之分，执行了资产阶级路綫，愿意并且实行改正错誤的和坚持不改的要有区别。矛盾的性质，是象毛主席談的那样："惩前毖后，治病救人"。既要弄清思想、要团結同志，当然要向他們大喝一声，如果不改，那他和群众的矛盾和党的矛盾就会起变化，就会从非对抗性矛盾轉化为对抗性矛盾，就要滑到反党反社会主义的道路上去，我們希望这样的人越少越好。

改正错誤和不改正错誤的标志是什么？就是是不是公开检討错誤、是不是对打成反革命、假左派真右派、政治扒手等这些人認真平反，是不是支持革命派，是不是支持革命群众的革命行动，标志就在这里。文化革命时間还不久，从六月份算起的话还不到五个月，确实有些人由于認识問题和沒有經驗，当然和世界观分不开，犯了輕重程度不同的错誤，民主革命搞了多少年，开始也不知怎么搞法，所以在这一个短时間里，很多同志很不理解，对这样一些同志愿認眞改正错誤，特别是确实改正错誤，我們都是欢迎。至于同志們之間也有受错誤路綫影响，受错誤路綫的蒙蔽，不要排斥他們，而要耐心帮助这些同学，爭取团結多数。毛主席不是經常教导我們要能团結反对过自己的人，改正了我們欢迎。現在北京有好多学校不是由少数变成了多数嗎？队伍壮大了，这样才能千軍万馬、浩浩蕩蕩（唐平鑄：反对日本帝国主义一文談到关門主义，为渊驅魚，为丛驅雀。把千千万万和浩浩蕩蕩都赶到敌人那一边了，这是孤家寡人的策略。）对負責人只要今天改正，我們也欢迎。至于同学一时受蒙蔽，我們也要耐心說服他、帮助他。

现在是一片大好形势，大家考虑如何宣传以毛主席为代表的革命路綫，从具体事实、具体材料，爭取多数，团結多数。我們不能采取工作組整我們的办法整他們，工作組整我們不是硬压嗎？大右派帽子，反革命帽子，甚至結合起来实行资产阶級白色恐怖。我們不能硬压，这是需要警惕的，总起来看：北京斗爭形势很好，越来越会斗爭，斗爭的材料也越来越有进步，有一个学校批判开始时，就对立起来。說："你們"是修正主义的紅卫兵，抢了他們的笔記本，后来觉得不好，主动道歉，双方流了泪，那一部分談："是啊！我們过去也错了。"不少人加入到这一边来，受错誤路綫蒙蔽的同学，其中大多数是好的。

我講的都不为准的。以《紅旗》《人民日报》社論为准，最近要发社論，体現中央会議精神。发表社論不能草率从事。

形势实在是好啊！同学們！你說看到同学們还没有解放正受压制，就生气。不要說你們生气，我們也生气，一生气就将形势……但和以前就没法比了。（指几个月前）要再和以前比一比，如去年刚发表姚文元同志的文章时比，那时好多地方不轉載《紅旗》都不轉載，伯达同志是总編輯，他的話就是不听，（唐平鑄：解放軍报轉載，加了按語，彭眞批評，要我們检討，压力很大。）和那时形势比一比，那时何等嚣张，那时我們也不敢和你拉一拉。

現在宣传工具，例如《人民日报》《紅旗》都掌握在我們手里，《紅旗》也有困难，《紅旗》內部运动的任务也很重，老唐这里有没有？我看也有，老唐是五月卅一日进《人民日报》的（唐平鑄講《人民日报》过去在吳冷西等人控制下，围攻左派的事实）文化革命以来到五月份一直出错誤，主席講对《人民日报》不能象对《北京日报》一样，过去反修的文章都是《人民日报》发表的，对《北京日报》我們发表高炬、何明的文章攻它。对《人民日报》用换人的办法解决，《人民日报》写："一論突出政治"时，《解放軍报》烧了他們一下，我們也幼稚。比你們年令大几岁，还是很年輕的，火气大的很。

三十一号进来以后，从社論来看，大方向是正确的。我举几个例子，清华的工作队公然把"革命的大字报是暴露一切牛鬼蛇神的照妖鏡"当作毒草来批判。还有一篇即关于匡亚明的那一篇公然当作毒草来批判，老唐，还有几篇？同志們那时你們受压制喲！我們呢？（同学們說：那时你們不是进了中央文革了？）进中央文革又怎么样？比如师大，林杰是师大的毕业生，师大的少数派去找林杰，林杰支持他們，工作組孙友漁就談林杰是北京右派学生的牵綫人，林杰的背后是关鋒、关鋒的背后是陈伯达、康生，当然斗爭的方式要注意。世界是复杂的，我們脑筋也得复杂一点。我們的斗爭方式和你們不一样，有所不同的，（唐平鑄：总的說来，还是一样，具体方式不一样。）

形势好！現在形势和过去一比就清楚了，反动的资产阶級路綫也没有什么了不起，破产很快。你們在六、七月份估计到这样快嗎？所以能这样快，最根本的是毛主席領导好。毛主席一針見血抓了要害，再加上广大群众。一个是我們伟大領袖，一个是广大的革命群众，把反动路綫給打倒了。

你們北京师范学院形势怎么样？（同学回答：再过三天就剩传达室的人了。火車票放在传达室里，誰爱走就走。）那天以来（24日）对一些同学的心理我还是理解的。我 們 正 在批判资产阶级反动路綫，想爭取一部分同学，现在都拉出来了。爭取不过来，将来捲土重来怎么办？（同学們說：我们不是这个意思。又問中央軍委的緊急指示要不要貫彻？关鋒講："当然要貫彻"。同学說，"人都沒有了。"关問："材料呢？"同学講："都抢来了。"）抢过来是否为了公布、揭发、批判？

你們的考虑是有道理的，我看不要緊。谭立夫带着一批人走了，他想你們批判你的，我带一部分人走，将来卷土重来。可是现在一分为二，众叛亲离了，回来一部分人揭发他。他們（指受蒙蔽的群众）出去把眼界开闊一下有好处，在家呕气，不認这个賬，出去一看，叫人围攻。听人訴說，那里沒有他們的賬，就容易接受了。出去是有好处的。有时不要从一个学院来看，要从全国来看，全国每个地方，有每个地方的特点。有些地方的斗争很艰苦（唐平鑄：有的地方还得去好好冲一下才行）（同学問：就全国来講，当前文化大革命的中心工作是什么？）是批判资产阶级反动路綫，进行斗批改。批判资产阶级反动路綫和广泛的斗批改不能对立起来。欢迎犯了错誤的同志改正。改正错誤的重要标志刚才說了。

会川流不息的。北京正要到外地去，外地还要到北京来。（群众反映接待不过来，学校里都走光了）我看还是好处多。我們都沒有經驗，看看到底怎么样，都走不可能吧！今天晚上不是有好几百人攻工交部嗎？（有的同学說了到工厂調查和工人开座談会的情况）那很好啊！（北航講了紅旗战士被扣的事，关鋒同志表示知道了）那是好事嘛！叫他們扣起来是好事嘛！

所以工厂怎么搞法（同学說中央有决定不能串連，卡的很死）这个問題可以研究。山西有个解悦，我鼓吹过他那篇文章，听了他的意见，他的厂紅卫兵分两派，以党委书記为首的四千多人，他那一派一千多人，对立的很厉害。这个問題可以研究，可以去，不要进車間，不要妨碍生产。（有同学批判《人民日报》九月七日社論《抓革命促生产》中一段不让串連的話）当时連續发表了几篇社論，我了解当时是那样的考虑，不少地方挑动工农斗学生，鉴于当前形势考虑，写这个社論。现在考虑和工农结合問題采用什么形式，你們也想想，我们也想想。（唐平鑄：文章发表是以社論的形式，但实际上是中央政策规定，一个問題是生产，是很重要的問題。工厂的工人也是要起来革命的。許多地方內部搞得很复杂，生产幅度下降很大，最重要的是稳住，当时不光学生不去，工人也不要到学生中去。一些省市委煽动的口号就是保卫省市委就是保卫党中央。挑动工人斗争学生，发表社論要制止这种现象）十六条还有一条抓革命促生产，要貫彻这一点。貫彻主席的路綫，还要积累实际經驗。大家 可 以 考 虑。（同学說，现在实际上只生产不革命）是啊，要他革命，他不抓。（大家談了許多工厂的情况）可以找工人开座談会，抓革命促生产是中央精神。

工厂有个問題，现在开始搞的有多少？分期分批怎样掌握，是要調查研究，一下子铺开到全国是有問題。問題是搞过的暫时停了，已經被戴上反革命帽子这怎么办？你們这个問題我們可以反映，做个調查研究（有同学批判十月廿二日社論，大胆想是可以的，是不是提的太高了？我的看法，不如你們严重，社論仓促了，表达的不好。沒提两条路綫的斗争。长征是中央主席的思想，我们领会。有我們的局限性。体会这个社論要多花点时 間，要多 想 一想。你們懷疑是可以的，我還是給唐平鑄同志說几句話，卅一日（指5.31），我和他還不認识，他是相当困难的了，我从《紅旗》想到他們困难，班子整頓也很不容易，这是吳冷西搞了多年的。《紅旗》總編輯是陈伯达，但几个付編輯搞了七、八年《紅旗》，半个月出一期很困难，老唐每天都要出报，就更因难了。我們是一块搞的吳冷西嘛。不要把事情孤立起来看（众：是社論扭轉了方向。）看看再談，让实践检验，（一个人談：社論应正确，迅速宣传党的政策。）迅速往往不准确啊！

会議的精神要搞几篇社論，正在考虑怎么安排，你們可以給社論写文章啊！不要写得那么实。

唐平鑄：对这篇社論的看法不是大毒草，是《人民日报》主持写的，提出了这个文章不是我們，那天常委开会，提出要徒步串連，当时就要《人民日报》提出这个社論。考虑时想的主要是串連对生产交通都有影响，同时还要坚持搞大串連，主席坚持好处很大，有人說，150万超过了北京的接待能力，毛主席說：二三百万才好。廿一日晚上总理在政协礼堂把长征紅卫队的事講出去了。指示发消息。我說晚几天，总理講已經講了。尽量快发，于是就发了。社論是前三、四天交給伯达同志，他沒时间看，当时就发了社論，第二天征求意见，总理觉得还沒什么問題，晚上大家就来了。总的精神是中央、主席的，发表的时机，表达的是否完全，由我們负责。现在看来，有很多不当之处：

1.和两条路綫斗爭应挂起鈎来，应当說明，解释这問題。

2.分期分批沒有提出来。

3.要更稳妥些，当晚不发較好。

今天同志們提出这些問題，都很好，本来还准备了一份材料，解放軍行軍的經驗。有一系列問題，现在北京的串連火车，还要让外来的学生先走。

如果这个問題长期一点看，如伯达同志談的，走三个月、走半年、一年都可以，我們同学經过这样一个长期的鍛炼，可以和工农群众很好的結合，我同意伯达同志的談法，我不同意现在說只要政治上的千山万水，政治上的千水万山是第一位的，但不能否認鍛炼的需要。

（同学說：现在有三种串連，走去走回，車去走回，走去車回。关鋒說：都可以嘛！大家对《人民日报》社論又提出很多意见，还提出很多問題。）关鋒講建議口号与总理无关。有些問題我可以講，有些問題我不能講，我和戚本禹是普通工作人員，有些不是我們能解答的，大家关心国家大事很好，很愿意听你們的意见，是否每个意见都同意，互相可以保留意见，我們就是要創造这样的社会风气。我正在考虑无产阶级专政和大民主的問題，是很大的好事，想有机会和大家座談。大民主才能保証无产阶级不演变成資产阶级专政，这是很重要的問題，要考虑斗爭是很复杂的。如"党的阳光照亮无产阶级文化大革命的道路"这不是出自那一个人的手的問題，和《北京日报》，《中国青年》报不同，你們都是二三十岁的人将来会明白这个問題，我只能講到这为止。

和工农群众相結合的問題，不和工农結合是不行的，但是怎么办？要做点調查研究，是否可以考虑比較有組織地跟班劳动，分期分批，怎么搞，大家研究，有沒有到山西的？山西很值得一去，情况知道不太多，我看去一点人好，去太原，当然話說出来会得罪点人，来的人不多，来的信也不多。

工厂，农村文化大革命当时考虑沒有經驗，一下子鋪开不行。

北航紅旗　吳介之、赵伦忠記录

戚本禹、余秋里同志十月二十九日晚在经委接見北师大井冈山战斗团和北邮部分同学时的讲话

余秋里同志：我是奉陈伯达同志的指示，陪戚本禹同志来的，（戚本禹同志，我是陪你来的。）他是文革小组同志，他是在百忙中抽时間来的，首先听听大家的意見，然后請戚本禹同志講講話。

（由刘宝华等十余位同志揭发陶鲁笳在大庆展覽舘的政治問题，挑动工人斗爭学生等問题。）

戚本禹：是否就講到这里。大家几天几夜不睡了，很疲劳，你們送来的材料，記者每天的报导，我們都看了。中央文革陈伯达同志有指示，我先念一下，然后請余秋里同志談談話。同学們：

同学們发現石油展覽会的布置有政治問题是对的，我贊成你們的意見，我本来打算同余秋里同志来会見你們，因为我有事情不能来，特請戚本禹、余秋里两同志来給同学們說明展覽舘布置的責任問题。据我了解，責任不在石油部，而在工交口陶鲁笳同志，要陶鲁笳检討。

仅此問好！

陈伯达　二十九日晚

余秋里：

同学們，我热烈拥护戚本禹同志代表伯达同志給我們的指示。伯达同志这封信，把我們的根本問题解决了。同志們对于大庆展覽舘的造反我完全支持。（掌声口号声)他有错誤就是要在群众面前揭发，这对我們是有很大教育意义的。同学們发現石油展覽舘里的政治错誤，这里表明北师大井崗山旳紅卫兵同学們政治上的敏感和尖銳，值得我們向同学們学习。（口号声）同学們在这一个文化大革命运动中的伟大斗爭里面，表現我們在两条路綫斗爭中坚决勇敢，我們应該向同学們学习。我今天上午接触了一些同学，并做了些調查。我很佩服这个战斗队伍，很有战斗性，很有組織性，很有紀律性，政治上很勇敢，敢于揭露政治問题，同政治上的問题作斗争，不愧为伟大的紅卫兵战士。同学們高举毛泽东思想伟大紅旗，把展覽舘里的政治問题揭发出来，这对石油职工，特别是大庆职工，有很大的教育意义。

我想再說一个問题：这个展覽舘我是沒有参与的，当然参加了我是不逃避的。我介紹一下，我过去是石油部长，63年前我参与过，我过去說过，展覽舘是不能有我一篇紙，我說大庆的伟大成績应归功于伟大的毛主席，是在伟大的毛泽东思想指导下发現的油田，建設起来的。最近了解了一下，办展覽舘的經过是这样：，在去年七月十八日，大庆举办学习毛主席著作展覽会，有六百多个党支部，集中在那里展覽。到八月間，中央工交部政治部仲民同志到那里視察工作，認为这个展覽很好，提議到北京扩大展覽。九月間（那一天記不清了，)

中央工交政治部作出决定，搬到北京来，找石油部汇报，石油政治部副主任說，不管搬到哪里一定要突出伟大領袖毛泽东思想，突出政治。以后陶魯笳同志也到大庆看了这个展覽，也認为不错，也說要搬到北京来。以后大概十一月份一波同志作了一个决定，要在北京展覽，因此这就是說明，提出到北京来展覽，是国家經委、工交政治部，决定是陶魯笳同志。审查是他們审查的，大概經一波、魯笳和其他副主任审查。材料是大庆政治部提供的，哪些該展覽哪些不該展覽，是經过他們审查的。当然提供材料也有不可逃避的责任，但提出决定，审查是工交政治部。尤其严重的是，十一中全会后，还展出带政治性問題的东西，魯笳同志更要負重要責任，因他参加中央全会。因为同学們揭发有严重的政治错誤，最近，展覽館我也去了一下，我認为有很多地方对大庆有歪曲，不是完全表現大庆高举毛泽东思想伟大紅旗。如什么两种劳动制度、两种教育制度。那时是根据毛主席五八年九月視察武鋼的指示說，不仅要搞工业，还要搞点农业，搞点化学工业、联合企业。到那里去看，要批評他們，批評他們不是損伤他們，是要爱护他們、教育他們，革命同志就要經得起考驗、批評，同时也学习毛主席著作提出的一面学习、一面生产，一面战斗、一面生产。也根据主席的自己动手、丰衣足食的指示办起来的。正如毛主席"五七"指示一样，所以大庆不管男的女的都干，調动了人們的积极性，大庆粮食很快作到自給，油田是根据主席指示来的，根据《实践論》《矛盾論》"老三篇""关于正确处理人民內部矛盾的問題"来的。关于正确处理人民內部的問題是社会主义建设时期伟大的網領性文件。

所以这个完全不符合当时的实际情况。大庆这个斗爭是艰苦的，但反映的方法是不对头的。那时灾荒，我在那里，表明工人的勇敢、頑强、冲天干劲。要战胜修正主义，修正主义卡我們的脖子。我們沒有油，按毛主席的指示，我們千方百計地在我們国土上搞出油来。同志們問，你过去怎么不去看？我不愿意去看，我还有点負担嘛！加上去年这段确实很忙，在北京的时间很短，今年文化大革命，八月二日以前都在外面。最近，經过同学們揭发，我去看了，我完全贊成同学們的揭发，对我們有很大的教育意义。

最后我还表示，同学們到展覽館去鬧革命受到委曲、侮辱、漫駡、摄影，我們一定去查，查清后一定向同学們道歉賠礼。（鼓掌）我講完了，最后让戚本禹同志指示。

戚本禹同志講：

下面講我个人意见，沒有和文革小组商量，大家造石油展覽会的反，很好！毛主席告訴我們，你們要关心国家大事，这就是最大的国家大事。这关系到我們举什么样的旗帜，举誰的旗帜，这就是关系到我們国家大事，同学們做的很对，同学們高举毛泽东思想伟大紅旗很好，坚决反对反毛主席的人，宁可不吃飯，不睡觉坚持斗爭，这一点余秋里講了，他很欽佩，我也很欽佩。我們有这样的战士，就能保証我們的国家不变顏色，就能保証毛泽东思想伟大紅旗世世代代传下去。（口号声）

你們給伯达同志来信講，"展覽館的主办人却利用工人所創造的英勇事迹来反对毛泽东思想、反对毛主席，而突出那些执行资产阶级反动路綫的人"。这句話，我提点修改意见，应改为"突出那些执行、推行和制定资产阶级反动路綫的人"。他們說你們的造反，是造大庆的反，造毛主席的反，这完全是错誤的，（同学們說：这是胡說八道。）对！就是胡說八道！你們造反造的对，你們是为保卫党中央、保卫毛主席而造的反。（口号声）

这次造反中受到围攻，受到迫害，有的把脖子也弄破了，我和秋里同志向大家表示慰問。我們既革命就不怕围攻，我們要准备受更大的围攻，准备牺牲我們的生命。围攻是鍛炼，围攻才能成长，沒围攻就不能成长。这次被围攻最厉害的同志，将来可能是坚定的左派，这点围攻不算什么，准备接受更大的围攻，准备牺牲生命来保卫毛主席。

伯达同志信中講，主要責任是工交政治部，是陶鲁笳。刚才余秋里同志講了过程。为什么不突出毛泽东思想，而突出别的人呢？是有不可告人的目的，这个必须彻底交待。这一点要他交待。（众問陶，陶鲁笳要向毛主席請罪。）对！就是要向毛主席請罪。（众問陶：你向毛主席請罪！陶点头：請罪！請罪！）

陶鲁笳同志不仅仅是这件事，这是整个执行资产阶级反动路綫的一个表现。他的错誤远不止这一点。（众：我們要揭发。）他不仅在大庆展覽馆挑动工人斗学生，两面三刀，他是两面派！在邮电学院也是这样，挑动学生斗学生。（众：要罢陶鲁笳的官。）文化革命以来他坚持执行资产阶级反动路綫。他在地質学院辯論时把自己装成"左派"說：我支持什么什么。明明是他策划的，他反过来一下，就变成左派了。（口号，众：撤陶鲁笳职，罢陶鲁笳官。）毛主席从来允許犯错誤的人改正错誤，我們也允許陶鲁笳改正错誤，但陶鲁笳完全不是这样，他不是改正错誤，而是挑动群众斗群众和毫不对自己的错誤进行检查。他耍的是权术，所以好些同学受他蒙蔽了，認为他是好人，甚至还有人說他是文革小组的成员，我听了以后眞可笑，邮电学院是他策划的，但后来又完全成了少数派的領袖了。（众談：还戴了紅袖章哩！）完全是两面派，两面三刀，邮电学院的責任不在于同学，既不在多数派，也不在少数派，而是在陶鲁笳。邮电学院、地質学院、鋼鉄学院、北师大同学都应叫陶鲁笳同志回去好好检查，（鼓掌）执行陈伯达同志的指示，（鼓掌）不好好检查就不让他过关。（鼓掌）刚才有一个同志递条子說，十一月二日准备开会批判薄一波的错誤，（众說，我們已准备批判陶鲁笳。）对！我看加上他。（口号）

以上是我个人的意见，有错誤請同志提出批評，我說的不对的陶鲁笳也可以批評，但請考虑我的意见。

另外，刚才同学們递条子提了几个建議，我和秋里同志商定一下，第一条展覽馆必须恢复原来的面貌，让广大群众进行批判，彻底消毒，我轉伯达同志，如果石油部同意的话，可以恢复吧！第二条展覽馆的解說詞交出批判，請秋里同志考虑，我看可以。（秋里点头說可以）第三条，如果工作需要，給我們出入展覽馆的方便，现在你們已經进去了嘛！（众：还沒有。）我看可以嘛！余秋里同意嘛！他会布置的。第四条，通令全国大庆展覽馆同样处理。由秋里同志負責，允許人家調查嘛，但要批判嘛。第五条，工交政治部应当面向毛主席請罪。請罪陶鲁笳已經答应了。（众呼要求罢陶鲁笳的官）

罢官问题，我不能在这里答复。批判好比罢官重要。彻底消毒的问题，由秋里同志回去研究，同志們批判时要把大庆成績突出来，这是我們的一面紅旗，为什么和工人发生冲突，当然領导有責任，但因工人很敏感。大庆是工业上的明珠，不許有一点灰尘，所以同学們批判时，要严格区分开来。刚才余秋里同志講了大庆就是靠"老三篇"和"二論"，靠毛泽东思想起家的，而不是靠某个人的两种劳动制度、两种教育制度搞出来的，要靠这个搞起来，那才怪呢！同学們今天講的很好，我同秋里同志向同志們学习，你們学主席著作很好，活学活用。我認识水平沒你們高，我看了你們的材料，还沒有形成系统的概念。你們形成了一套一套的，你們这一課比在学校里上半年还学得多。过去在学校里越学越糊涂，越学越蠢，越学越修，现在越学越聪明，越学越活，越学越熟，毛泽东思想越学越多，你們五天五夜付出的代价是值得的。我来时还沒想到同学們有这么高的水平，这是我沒有群众观点，我回去要检查。

你們有办法，搞大民主，一轰就把經委会議室占了，大民主嘛！我来了，余秋里同志也来了。有了这样大的民主，无产阶级专政就能巩固，余秋里同志是很大的"官"，国家計委的副主任，全世界也沒有多少这么大的官。你們可以监督他，我这个小官也可以监督批評他。陶鲁笳同志是工交政治部主任，官也很大嘛！不好就可以打倒嘛！他不高举毛泽东思想就可以打倒嘛！我們希望他很大的改正，实在不改，我們也沒有办法。一面对同学說支持你們，一面又对工人說是被迫的。（陶：我沒有这样說。众說：这是抵賴。）我們共产党是无产阶级的政党，一个共产党員，应該是襟怀坦白，忠实积极，不能耍权术，这是毫无共产党員气味的，这种作法完全是资产阶级政客的那一套作法，无产阶级政治家哪有这一套？为什么拿这个对革命同学？（众呼：可耻！这就是可耻的。众說：陶鲁笳一再騙我們，老找不着他，总是說在中央开会。）中央开会是事实，可是我們这几天都在接見嘛！你就没有点时间？你以前布置学校围攻左派有时间，现在就沒有时间了。（北邮一同学講：陶鲁笳說总理不同意召开批判薄一波的大会。）我問过总理，他說没有这种說法。共产党不能搞两面派，为什么要揭开陶鲁笳的面孔，我心里有气，你过去是鎭压学生运动的急先鋒，你执行的是薄一波那套很多荒謬的东西，你是坚决执行和支持的，你們是穿一条裤子的。今天突然变成左派。薄一波給地院的人說，反对工作組就是反党，就是反中央，那时你是扮演什么角色？犯错誤是允許的，但也允許改正错誤。听反映，李人森态度就有改变，有揭发，而你呢？揭发什么呢？（当北邮多数派和少数派在会上提出問題时，戚本禹同志接着說）你們两派意見有分歧，我看不是重要的，重要的是批判资产阶级反动路綫的制造者，推行者，执行者。你們都是拥护毛主席的，你們不要講人家是修正主义紅卫兵，两派有什么意見，要按主席思想，从团结的愿望出发，按主席的团结——批評——团結的公式解决問題，一时解决不了相互保留，你們都是革命的，要認清主流和枝节，在大方向要一致，你們互相爭論不休，陶鲁笳就要感到高兴。（众說：对！）如果他站在无产阶级立場上他就不高兴，你們要認清大方向，認清主流，把枝节問題放在一边，否則你們纠纏枝节問題上三天三夜也不会爭論出结果。我們的任务很艰巨。一斗二批三改，还要到全国串联，到工厂农村去和工农结合，向工农学习。不要在枝节問題上爭論不休。当然我不是和稀泥，一时解决不了的問題可以保留，不要同学斗同学，这样就上当了。在毛泽东思想的基础上还是要团结起来。因为这里有少数派，我在这里說这句話。多数派很多是革命的，我接触的多数派，大多数热爱毛主席。对少数派要講究方式，允許人家保留意見。如过去紅四方面军，张国燾是个叛徒，一些紅军战士跟他跑了。毛主席是否怪这些紅军战士呢？沒有，因为他們是战士，后来很多同志回到正确的路綫上来，并且很多成了很好的同志。我就見到很多紅四方面军的老同志，有一个同志脚坏了还勤勤恳恳地工作，是白求恩、雷鋒、张思德式的战士。如果毛主席也和我們一样，把他們打倒，那么很多很好的同志就不会回到正确的路綫上来。而且当时推行这条路綫的人，有的也改的很好。接班人五条件中有一条，第三条（略）。你看毛主席怎么教导我們的，这是毛主席多年的經验总结。我們要作接班人，就要作到这一点。多数派很好检查，少数派要注意团结，你們考虑一天吧！不同意可以給我写大字报。（完）

周总理十月三十一日在首都及外地半工半读学校师生向资产阶级反动路綫猛烈开火大会上的讲话

同学們，紅卫兵战友們：

我首先向你們問好！（欢呼：毛主席万岁！）向你們致以无产阶级文化大革命的敬礼！（高呼口号）同学們战友們！我們本来在开紀念文化大革命的旗手战士魯迅的大会，开完了，你們的代表让我們来看看你們，我来了。（呼口号）

你們的代表提出了半工半讀的一些問題，我向外地同学談过一些，我刚才看过你們的一封信，上次同外地同学也讲了。首先回答："不論是半工半讀，全日制，夜校，业余学校，在我們中国，在社会主义国家，首先是要实行的是什么教育方針，在文化大革命中实行的是什么方針。毛主席在《关于正确处理人民內部矛盾》中講了。（总理让大家打开毛主席語录142頁，然后引大会一起唸道，毛主席說："我們的教育方針应该使受教育者在德育、智育、体育几方面都得到发展成为有社会主义觉悟有文化的劳动者。）这个方針毛主席講得一清二楚，毫不含糊。我們的青少年教育无論那一种学校，教育方針都是一样，在德智体諸方面都得到发展。我們要把我們的青少年培养成为有社会主义觉悟的、有文化的劳动者，因为我們是无产阶级专政的国家，无产阶级化的最后要进入共产主义化的社会，而不是沒有阶级觉觉，不为无产阶级政治服务的资产阶级知识分子，那样是资产阶级反动路綫的教育方針，而不是无产阶级的教育方針。在反革命修正主义分子陆定一把持教育时，不宣传这条方針他是让青少年受封建文化，受资产阶级文化，再受无产阶级文化，这是和平共处这是不可能的。当然，毛主席的教育方針在学校也有影响，也不是說就是一条黑綫，沒有紅綫，毛主席的紅綫起作用，但經常受到影响。青少年紅卫兵組織起来，你們半工半讀也組織动員起来，半工半讀毛主席早就提倡，毛主席在青年时期他就提倡，但在反动的旧中国这一理想是不能实现，只有在社会主义中国才能实现。所以当江西共产主义劳动大学实行半工半讀时，毛主席很高兴，1959年写了一封庆贺他們的信，但还沒有发表，因为江西教学內容，教学方法还有些問題，但基本方向是对的。这样的学校在全国还有不少，但受到陆定一错誤路綫，即使在半工半讀的学校里，毛主席的方針也受到影响。今年五月毛主席給林彪同志写封信，人民日报发表了一段，談到无論那种学校都要以学为主，兼学别样，即不但要学文，也要学点工，学点农，也要批判资产阶级。在工矿方面，生产大队方面也是如此。生产劳动都要学习，逐步打破工农之間，城乡之間脑力劳动与体力劳动之間的界限，把这些差别逐步縮小，同时也打破文武的界限，亦文亦武，全民皆兵了。这是主席今年五月提出的，更加完备的无产阶级社会主义的教育方針，防止修正主义，防止三大差别，加上文武四大差别，逐步縮小这四个差别，也就是使我們青少年在受教育时，就挖修正主义根子，防止资本主义复辟，保证我們国家永不变。

我国在文化大革命中的斗批改还在开始，因为现在还在批判资产阶级反动路綫，也就是斗学校和党政机关走資本主义道路的当权派。在文化大革命处在初期阶段，对半工半讀学校来說，对放假鬧革命的問題还沒有解决好，我宣布过半工半讀学校和一般学校一样也要放假鬧革命（鼓掌高呼口号）为什么不要这样做呢？因为半工半讀学校有許多并不是按毛主席的思想去做的，特别是企業設的半工半讀学校，他們是按学徒工来对待的（鼓掌）我們的劳动工資有一定的定額，可是有許多企業，他們想增加定額，当然不准，于是他們就設法招半工半讀的学生成了临时工学徒工了，每天工作八小时，刚才有个学生告訴我，有时加班加点到十多个小时。但是半工半讀学生的待遇比学徒工还要差，因此他就超額完成了生产任务。給他們的补贴比临时工还給的少，这是一举数得，这是你們写信同我講話，我才知道的，所以我首先向你們学习了（鼓掌）。但是我又宣布統統放假鬧革命，这下把他們的計划冲垮了，你們半工半讀学校，我当然按学校办事了。現在我还在研究，还沒有得出結論来。旣然是半工半讀，学校就要以学为主，兼劳动、兼学别样。現在鬧革命就得放假鬧革命，补贴照发（鼓掌）。如果你要招临时工，学徒工另外招，当然計划审查，是否需要招临时工，学徒工，如果有的学生家有困难，可給他优先选择当临时工，学徒工，那就要按照临时工学徒工的待遇，这可由同学选择，那时就以生产为主，而不是以学习为主了。我还在研究，也許你們贊成或不贊成，可写信給我。如果能想出更好的办法，我就更欢迎。（鼓掌）要自己鬧革命、自己解放自己嘛！（鼓掌）你們到北京串联，他們扣工資不让来，这当然不对（鼓掌）。我們通知他們不許剋扣。（鼓掌）但是半工半讀多数是中学，連普通中学共1400万都坐火车来也不可能，所以我規定十个人选一个，但实行起来困难很大（呼口号），困难在什么地方呢？因为十个人选一个，他都选自己（笑声、鼓掌）这样就远远超过十分之一，接待工作也就有了困难，长期下去有困难得想个办法，因此提倡长征式的徒步串連（热烈鼓掌），但仅仅是提議、号召、响应的还不多，还沒有提出办法解决具体困难，中央正在想办法解决这个困难，中央正試点，摸点經驗。都要坐火车不可能，因此要准备在中央办法公布以后，实行徒步串联。（高呼口号）目前还有两件事，要同大家提一下。現在外地同学很多，每天都来，来的首要目的是見我們伟大領袖毛主席（高呼毛主席万岁）。我們应該滿足他們的要求。你們应該想一想，你們能够要求毛主席天天出来見你們嗎？不可能嘛！我們希望毛主席健康长寿。（众呼：毛主席万寿无疆！）我們不仅希望他健康长寿，还要……（此处总理講得快，有几个字听不清。）为全国和全世界大事操心，并且希望毛主席出現在天安門上，我們处在阶級斗爭的环境中，我是相信群众的大多数，但总还有个少数吧！还有个一、二、三吧！他們是沒有改造好的地富、反、坏、右。所以我們旣希望見到他，又希望他健康长寿的安全，怎么可能你們一来就接見！得有組織的接見，也不能天天来接見，要分期分批的接見。每天都有人来，能天天都接見？这个简单加法你們都懂得（笑声鼓掌）。因此第一批北京同学先让外地同学見到毛主席。（高呼毛主席万岁！）第二要劝說外地同学分期分批来到天安門。今天到会的北京和外地同学各有二分之一，就按这个原則办。現在北京同学很少，外地同学很多，所以北京同学在十五天內不要到外地串连，留在北京为外地同学服务。（鼓掌）現在要批判资产阶级反动路綫，保卫以毛主席为代表的无产阶级革命路綫。两条路綫斗爭首先是对群众的态度問題，是为群众服务呢？还是当官坐老爷！要批判资产阶级反动路綫，那就学习毛主席老三篇吧！（众呼口号、周总理要求让他講完一起呼。他說，我的时間随时被你們拉走，你們去中央請愿，我听了能不过問啊？）和外地同学交流經驗、学老三篇、这是为人民服务。

因此半个月內不出去，当然以后去，你們要为外地同学服务，組織居民为你們做饭，当然这样也影响外地同学烧饭（原文如此）特別是半工半讀的学生，你們会劳动、能劳动、应該做出榜样。（鼓掌）

有同学問两条路綫斗爭怎样进行？人少了。当然人多声势大，三个人就不能批？我不相信，青年人思想变化大，不要怕人少，他們能在外面呆一輩子啊？到外地串連迟早总是要回来的，总要碰头的。有的革命左派說，那些保守分子出去串連能好嗎？走的时候是保守派，回来时候是革命派，欢迎嘛！左派也不是自封的，要在斗爭实践中考驗。

我們可以向你們宣布，学生閙革命放假至少要到明年暑假。（热烈鼓掌）大概这个消息你們最高兴了，还有一个月，所以不管在家的，在外地搞斗批改，要好好想一想，最好的串連是徒步串連。有人說走路耽誤时间，坐火車一会儿就到了。我們长征剩下来的同志如果意志不衰退，回忆起长征来还是很兴奋的。想起长征途中群众訴苦的声音怎能不感动。你們现在四大民主——大鳴、大放、大字报、大辯論。有六大权利——言論、出版、集会、結社、游行、示威，外加放假閙革命，（鼓掌）你們想一想，世界上哪个国家敢这样做。沒有伟大的領袖、伟大导师、伟大統帅、伟大舵手毛主席能做出来嗎？你們不要身在福中不知福。四十年前"五四"运动的学生想起你們来真幸福。当然这是毛主席共产党給的。比起你們我們当年是幼稚得很，你們的思想更高了。（鼓掌）你們出去的第一步是調查研究，要有这样伟大雄心去宣传毛泽东思想，把全国变成像林彪同志說的，学习毛泽东思想的大学校。想到这些你們的胸襟就会开闊，就是經得起风霜的，不是温室的花朵啊！講得太多了，結束了，让我們一起高呼口号：

伟大的无产阶級文化大革命万岁！

伟大的无产阶級专政万岁！

伟大的中国共产党万岁！

伟大的战无不胜的毛泽东思想万岁！

我們伟大的領袖毛主席万岁，万万岁！

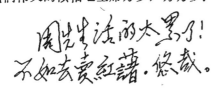

中央领导及有关负责同志
关于无产阶级文化大革命的讲话

★

校 工 会 赠

一九六六年十二月

历史告诉我們，正确的政治的和軍事的路綫，不是自然地平安地产生和发展起来的，而是从斗争中产生和发展起来的。一方面，它要同"左"倾机会主义作斗争，另一方面，它又要同右倾机会主义作斗争。不同这些危害革命和革命战争的有害的倾向作斗争，并且彻底地克服它們，正确路綫的建設和革命战争的胜利，是不可能的。

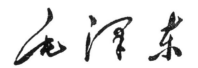

《中国革命战争的战略问题》

　　毛主席早就指出，在整个社会主义的历史时期，存在着无产阶级和资产阶级之間的阶级斗争，存在着社会主义和資本主义两条道路的斗争。无产阶级文化大革命，就是这两个阶级、两条道路斗争的新阶段。在无产阶级文化大革命中，以毛主席为代表的无产阶级革命路綫，同資产阶级反对革命路綫的斗争还在继續。那些坚持錯誤路綫的人，只是一小撮人，他們脱离人民，反对人民，反对毛泽东思想，这就决定了他們一定要失敗。

林　　彪

十月一日在中华人民共和国
成立十七周年庆祝大会上的讲话

对资产阶级反动路线，必须彻底批判。只有彻底批判它，肃清它的影响，才能贯彻执行无产阶级的十六条，才能在正确路线指导下进行社会上的、学校的以及其他文化部門的斗、批、改，才能明确斗什么，批什么，改什么，才能明确依靠誰来斗，誰来批，誰来改，才能胜利完成一斗二批三改的任务。

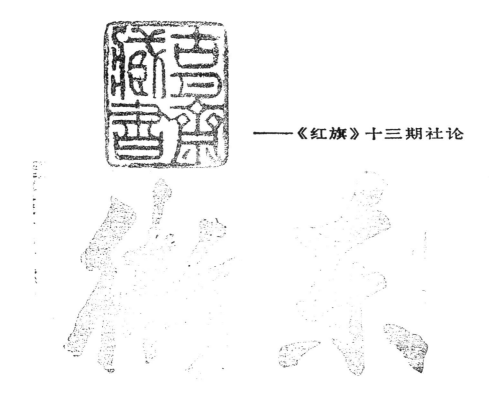

——《红旗》十三期社论

编 者 的 话

在无产阶级文化大革命中，中央负责同志先后发表了许多重要的讲话，这些讲话对我们理解这次无产阶级文化大革命的伟大意义，掌握党的方针政策，对于坚决捍卫以毛主席为代表的无产阶级革命路线，更好完成一斗二批三改的任务，破四旧、立四新有很大的帮助。故我们特汇集此册。

为了阅读便利，本册系按时间先后排列。所有讲话均根据记录整理或转抄来的，未经讲话人审查，请勿引用，仅供同志们学习参考。

1966年12月

目 录

陶鑄同志接见湖南赴京革命师生、革命干部代表座談紀要

时间：1966年10月30日下午2:00至3:00
地点：人民大会堂

说明：这份材料是根据我们自己的记录整理出来的，未经陶铸同志本人审阅，可能原话在词语上有出入，但基本精神是不会错的，如有差错由我们负责。

记录整理：赵理成、刘荣华、李福钧、叶冬初

中国人民大学红卫兵哲学系中队转抄

（陶铸同志一进会议室就满面笑容的跟大家一一握手，还未坐下来就亲自跟大家谈起来）

你们为什么找中宣部？张平化当过宣传部副部长，现在不是了，以后不要再找宣传部了。

你们的问题在湖南，我也是湖南的，我们是老乡嘛！说话好懂，当然不讲乡土观念！

张平化不是做了检查吗？（答：不深刻！）一次当然不深刻，以后还要做检查嘛。

你们是几个单位的？（陶铸一个个问，问到郴州）郴州的问题与张平化有什么关系？（有人答：张平化九月二十四日的报告影响很广），陶铸同志再一一问下去，完了说：你们代表单位还不少呀！

湖南的同志都回去了没有？（答：没有）见到毛主席了吗？（答：见到了，还离得很近）都可以回去了吗！见到了毛主席是最大的幸福，一切问题都解决了。

按规定，张平化同志在北京是不能与你们见面的，因为他在中央开工作会议，他不是宣传部长了，但是我请示了中央，还是让他去检讨了。王延春以前搞得很坏，是毛主席让他去的，他搞得不好，我请示了中央，建议他回去的，他今早回去了。

湖南的问题应回湖南解决，湖南的革命回湖南去革，你们在北京的基本要求已经达到了。张平化那天做了检查，当然不深刻，态度是好的，犯了错误，还要给他一个机会改正。要"惩前毖后"，"治病救人"，要"团结——批评——团结"这都是毛主席的话嘛！对不对？陶铸同志对两个湘潭的同志说："你们是湘潭的，更应该听毛主席的话。"到现在为止，他还不是敌我矛盾，还是属于人民内部的矛盾不是？（答：看他这样看）当然嘛，要观察，他继续坚持就是敌我矛盾。他犯了方向路线错误，原先，湖南省委犯了错误，开始做了点好事，但后来受不好干部的影响的包围（当然，这些不好有的是思想保守），做了九月三十日的报告，影响很不好，当时就打电话批评了他，后来他写了大字报做了检查，很不深刻，他是犯了方向路线错误，以后还要检查。（插话：这次是主要斗工人、干部、也围攻了学生。）陶铸同志说：到现在为止，还是属于人民内

部矛盾，他犯了错误，给他改正的机会，中央还是让他回去当第一书记，在工作中改正错误。

他去了湖南接了周小舟之后，有一段工作不好，毛主席批判了他，近几年好些（插话：是因为党中央、毛主席的正确领导）是党中央、毛主席的教导，但也得有人贯彻，有的就不贯彻嘛！湖南的近二年有进步，中央以前批评了他，他改了，这是又犯了错误，又批评他，他要改。

（插话：我们批判得他很厉害）你们完全应该批判他，你们有权利，我要他去检查，我不完全代表个人。喊打倒他，触怒了群众，喊几句出出气，没关系，出于义愤。犯了严重错误不要打倒，湖南三千八百多万人，光你们几个人是打不倒的，如果犯了错误就打倒，那打倒的人就太多了，湖南省有成绩，我家是湖南的，我听说一些。希望他改，同时你们要逼他改，我主张要有点压力，非改不可。（插话：红色政权保卫军"誓死保卫张平化"）"誓死保卫张平化不对"有错误你保卫不了的，要保卫那就保上了错误！（插话：革命革到他自己头上了，他就不干了）对，对，这个同志的看法很对，这几年工作还不错，有一段，如四清搞阶级斗争是坚决的。（插话：他对群众运动就是恼火）以前上井冈山不恼火，在社会主义这关，他没有过好，我们大家都要过这一关。因为要触及灵魂，只要有私心杂念搞社会主义就会垮台，什么天老爷都会垮台，不管老干部每个人都是这样，我们要听毛主席的话，不怕苦，不怕死，不为名，不为利，一心为革命，一切为人民，就能过好社会主义这一关，我们旧观念多一点，你们在毛主席的阳光下好一些。你们看，政法学院为什么七十多个组织？当然是工作组造成的恶果，工作组在里面做了坏事，要负主要责任，同学是不是要负点责任呢？

革自己的命，张平化同志就怕了，领导同志就是过这一关，主席现在就号召大家把自己的灵魂搞干净，特别是老干部。张平化过去搞别人还可以，这一次不行了，你怕，不行，越怕越要革你的命，怕就要把你打倒。

我找张平化谈了话，态度还好，但要看行动。毛主席说要"一看二帮"，同志给他一点压力。但光看表态不行，你们回去帮助。"一看二帮"嘛！

两眼瞪着看你改不改。又造你的反，改了也不抹煞你的进步，不然就打倒。（插话：我们已经喊"打倒"）喊打倒行，但不马上打倒。

向陶铸同志汇报，湖南有派变相工作组的联络员的情况）回去一定要撤（插话：中学要开学了）不干就是嘛！回去改，不改你们再写信来。（插话：他们说我们炮打了无产阶级司令部）你是无产阶级司令部，打几炮算什么？炮轰有两个解释：一是普通的轰，引火烧身，烧一烧，经得起炮打，有错误就揭露。一是炮打走资本主义道路的当权派。林彪同志讲话非常科学、正确。（插话：你上次接见中南地区革命师生的讲话影响很大，有人说是假的。）我上次讲的话，你们说影响很大，我又是点一把火，有人说是假的，我不发表声明。

（三司令部同学讲话：湖南的情况是严重的）湖南的情况在中南来说是严重的，在全国来说不算严重，你们要帮助湖南的同志。老乡嘛（注：三司令部的同志是湖南人）。

（向陶铸同志汇报"中央八条"的问题）中央文件未形成，你们说的"中央八条"的问题，就是现在的农村"六条"工厂"六条"的前身。这个文件没有出前，王任重同志打了个电话，告诉他，通通气。他，张平化迫不及待散发，全省往下讲，想要解决县的问题，搞成了八条，这是错误的，太急嘛！影响不好。中央没有正式文件，你就搞个"八条"，中央文件不是"八条"而是"六条"、"五条"，你就被动了。

（三司令部同志说话：现在学生的问题不太成问题，工农问题大抓生产不要革命）。

把工人打成反革命，这个情况很严重！东北一个厂，一千多人打成了反革命，这个情况很严重，工厂革命靠工人，农村革命靠贫下中农，学生革命要搞好本校，还要在社会上做一股大的推动力，学生不到车间去影响生产，不到办公室去座谈。可送大字报，可到生活区去宣传、调查。老乡们，你们到工农去宣传我完全赞成，但不能指导运动，去随便罢官，你们支持工农，工农支持你们，相互支持嘛！县中学可以组织起来帮助农村，光靠大学生不成，全国大学生只有一百来万。

（插话：湖南只有四个城市搞文化大革命，但搞反"右"斗争）。

现在分期分批。（插话：长沙区以下的机关搞不搞文化革命）要搞，长沙是大城市，是运动的重点。其它地委包括：湘潭、株州、衡阳、柳州、邵阳、岳阳、益阳、常德、津市等中等城市都要搞，第一批搞。但领导不得力不行。

分期分批搞，现在连省委都没有过关，如何领导？大连某校一个抓市长，一个抓市委书记，抓到北京来了。我和总理跟他们谈了两个钟头，他俩才回去了。没有领导不行，要撑腰的领导，不要泼冷水的领导。等把省级机关搞好，再搞县级（插话：地委级已停了）这次开了中央会议，都会搞起来，你们回去看看，你们出来多久了？（回答不一，有个同志说是十月二十二日来的）。山中方七日，世上已千年，回去你们再看看。

（有的同志反映，很多地方不贯彻军委指示和江青同志、周总理十月六日的讲话）把群众学生打成"反革命"统统不算，他不贯彻军委指示，你们就搞他。（插话：阻力很大）就是有阻力，你们战胜他就好办了。湖南不贯彻，湖南又不是美国，他们为什么不贯彻？他们应当一字不漏往下传达。学生可以得到这个待遇，参加学生运动的老师可以得到这个待遇，四清搞的不能算在这个数内，四清运动的成绩那是肯定了的，个别打错的要平反，中央这个指示，主要适于学生，学生既未剥削，又不当官僚，为什么不能依靠他们来革命？

（有的同志反映：有的学生反党、反毛泽东思想的言行确很严重，群众不同意烧掉他们的材料，怎么办？）群众不同意那就不烧嘛！档案材料不能动。

（有的同志反映：有的地方动用了军队、公安部队）军队不能用，湖南只有长沙、柳州，保护电台用了军队，那是中央同意了的。对群众不能用军队，不能用公安部队。

（有的同志反映说：军队参谋向民兵作动员，要抓右派）那是不对的，应作废。

（有的同志说：公安部门抓了人，还发生了开枪事件）真的？要调查。

各地方黑暗的东西很多，你们回去要斗争，要彻底揭露，不要怕，三司令部翻大案不是被打成了右派，现在不是成了负责人了吗？你们就接受这种锻炼。你们要"舍得一身剐，敢把皇帝拉下马"，你们的条件很好嘛！你们享受了宪法的全部权利：言论、集会、出版、结社、游行示威都有自由，坐车吃饭不要钱，打电话、打电报，不要钱嘛！什么组织都可以建立，首都大专院校红卫兵不是成立了三个司令部？过去革命要杀头，要上雨花台，（长沙浏城桥，是专门打靶的,枪杀革命烈士的）现在革命好多了,你们革命,他不准，就有阻力，要斗争，发生了阻力，你不斗争，哪怎么行？待遇不平等就造反，你们碰点小钉子没关系，在大风大浪中锻炼嘛！有阻力，就斗嘛，湖南省是毛主席的家乡，湖南人民有革命性，叫辣椒吃得那么厉害嘛，湖南人民革命精神是好的，你们要相信群众相信真理。不革命的一个人也要让他们斗。我没有私心杂念，我又不想当省委第一书记，打倒你，我就长了五斤肉了？因为你干革命，我就拥护你，你不革命我们为什么不反对你？

讲来讲去，还是回去干革命。搞久了不回去，你是革命的也会脱离群众。不要住在北京太久，不然保字号的就会挑动的（有同学说：有的同学被开除了）不算！你说："我没有开除！"就是。（有同志说：有人说我们没有干事，不能发工资，说我们上北京是非法的）回去一起发工资，工人同志来北京是革命的，到北京来是毛主席召来的，怎么是非法的？不过，要派代表来。当然，工人积极参加生产，工人不生产你讲的天花乱坠也不行，我打电话去，工资照发，开除不算。告诉大家都回去，一个也不留！

因文化大革命被捕的要放，现行反革命不放。学生中百分之九十九是革命的。这是毛泽东思想光辉照耀的结果。但也不能说一个坏的也没有，有杀人之仇还是有，但放到运动的后期处理。运动刚搞起来，运动一开始就搞什么左、中、右吗？工厂复杂些，地富、反、坏、右，还是要乘机捣乱的，只要不是现行反革命就放。

工人百分之九十五以上是好的，文化大革命主要是搞当权派问题。学校至少是系主任以上才算当权派。还有党委。伙夫班长算当权派吗？四清没有文化大革命这样彻底。我这个人不算很保守的，但现在看起来是保守了。文化革命这样大的民主，这样大的声势，这样大的规模，这样大的威力是以前想不到的，没有这样的想象力，但也有些想象力，只有毛主席是最高的马列主义领导，才这样放手，才能领导这样大的运动，才能领导的好。北京在十一月五日以前大概有八百万人次来北京，招待都容易，相当于保加利亚一个国家搬家。全国几万人在大串连在搞大民主，在炮轰，扫到每个角落，省委书记动不动就出来（当然我不提倡），中央很多负责同志都上了墙，过去谁想的到？宣传部的大字报就公开嘛！

我想，搞十年的宣传毛泽东思想也没有 红 卫 兵 这几个月搞的好，我也有一本《毛主席语录》（拿出来给大家看）开会都要念，不念不行，念多了就熟了。毛主席语录到处都是，家喻户晓，毛泽东思想一旦被群众所掌握，就可以变为巨大的物质力量。十年前，我们还只会制手榴弹，十年后，制成导弹，原子弹，这在世界上是没有过的事。是奇迹。外国的工程师，一下班就抱小孩子，我们的工程师，干部，干好那件 事，连吃饭，睡觉，都不顾了，毛泽东思想被全国人民掌握就不得了，人民大会堂十个月建成，要我画都画不成。

这个运动之大是空前的，古今中外，前所未有，现在才是开始，飞向全国大规模的开展，方兴未艾，强大的洪流什么地方都要能×。要不就有灭顶之灾，碰点钉子，不要怕。

（有的同志问：要搞多久）反正要彻底，搞好。不搞好，不上学，下定决心，搞彻底，毛主席下了决心的。非彻底搞好不可，（半工半读学校，如何搞）半工半读，半天搞革命，半天搞生产，也可以轮班，一班串连，一班生产，再轮换。（两条路线的斗争如何深入）放手发动群众，彻底依靠群众，彻底揭露，放手搞大民主。现在学北京，（指三司令部的同志说）你们请三司令部介绍嘛！一条是无产阶级革命路线，非把资产阶级反动路线搞掉不可！不搞臭，不搞彻底，就会"野火烧不尽，春风吹又生"，就会出修正主义。坚决把妨碍社会主义建设，把违反毛泽东思想的东西搞掉。

要放手大搞民主，资产阶级反动路线就是"保"，保护现状，保留修正主义的根子。（问，有人不贯彻中央指示）有的尽量想办法，歪曲中央指示的文件，造谣言，你们有权来驳或斗嘛！

张平化回去有两种可能，可能改，可能不改，不改你们就造反嘛！

（问：能不能公布档案）公布档案是不对的，如人民大学，有的人有历史问题，二十年前参加过三青团，交待了的，他早不公布，偏偏在她写了郭影秋大字报后，就公布了，这就是打击，就是整嘛！

此时已是三点二十了，三点二十陶铸同志还有一个会，要走了。毛泽东主义红卫兵湘江风雷挺进纵队负责人向陶铸同志简略介绍了他们在北京成立这个组织的情况，并请陶铸同志当纵队顾问（陶铸同志收下了红卫兵袖章和革命造反队宣言及其它材料）。我不当顾问，当了几个顾问了，我是文革小组的顾问，我就当你们一个普通队员。

（最后让全体代表和湖南人民的祝愿：祝毛主席万寿无疆！）

我转达你们的心愿，转达湖南人民的心愿。

陶铸同志走到门口又转过身说：张平化再不改，再对你们进行迫害，你们再来嘛！

一九六六年十月三十日　　北京

周总理接见天津工学院紅卫兵代表座談紀要

（一九六六年十月三十一日九点三十分）

参加人：中共河北省委书记处书记阎达开
中共中央候补委员、河北省委书记处书记李颉伯同志
中共中央华北局文革小组芦志彬同志
中共河北省委文革小组茹洪声同志，天津工学院红卫兵战士代表20人，天津大专院校造反总部代表6人

我们在晚9点30分走进国务院某会议厅，周总理迎到门口——和我们亲切握手，让我们坐下，关心的问我们名字，家庭情况。总理十分关心我们天工红卫兵组织提出了很多问题。

总理问：你们谁是总部的？

答：我们没有总部的。

总理：不！我是说你们天津工学院的××：前三个（指被接见代表名单中前三名）总理又逐个点名并问：谁是总指挥呀？（××迟疑了一下）

李颉伯：你们现在可以公开了。

总理：你们对我可不能保密呀！

××答：我和××、××没来

总理：你们有多少人？（来京的）

答：共来500多。

总理：你们家里还有多少人呀？

答：家里还有4000人。

总理：啊！这么多人啊！你们学校一共多少人？

答：有6000多。

总理：学生有多少人？

答：4000多人。

总理：你们这边有多少学生啊？

答：我们这边有3000左右。

总理又关心地问：怎么编制啊？××答：共分八个连。

总理：这么大的连！

××答：我们以红卫兵为核心，还有红外围，就红战友（总理此时一边说，一边用铅笔将天工红卫兵红战友写在代表卡片上。）

总理：红战友这个名字很好哇！我可以当你们的红战友吗？

大家高兴的回答：可以。

总理：红卫兵有多少人？××：有1400人。

总理：1400人，八个连，每个连有180人吧！李颉伯：不到吧？

总理：八八，六十四，一百八，对！就是180一个连，你们这是一个小团，一个大营！又对赵×说：你这个官不小啊！（众大笑）你们不都是指挥官吧！比如吴××，你是什么？是连长、班长还是战士？吴××答：是战士。总理：在总部吗？

吴××：不，在连里、资料组。总理：你是来记录的，可以记全点。

总理对大家说：你们是全权代表吗？××说：是。

总理：好！一言为定，说好了我们就好谈了。

（此时天津造反总部又来了六个同学，总理又一一问了他们的姓名，当点到我院红卫兵，驻天津大专院校革命造反总部联络员于××时。）

总理：于××你也和他们是一派吧？是左派啦？

于××：关是（关没回答）。

总理：噢，谦虚嘛？

总理知道他家在邢台地震区时，关切地问地震时，你们那里损失多大？于××答：不大。

总理：最近又发生两次。

李颉伯：我们还不知道呢！

总理：让你们安心开会么，没告诉你们，河北省委人很少，不仅你们闹革命，还有工农群众嘛！还有许多事情要作嘛，你们要眼界开阔，胸怀大志，心胸要放在大世界上。

（此时由总部的一位同学谈话，引起总理的下面一段谈话）

总理：我们给你们点知识，毛主席在青年时代一直是襟怀坦白，胸怀大志，毛主席25年第一首"沁园春"有多大的气概，这是主席的精神，我还是从主席那里学来的，要从正面观察人。

劝告你们一件事，不要搞小动作，有事摆到桌面上，你们年轻一代要胸怀大志，你们搞革命斗争，从小要立定大志，向主席学习，读毛主席的书，听毛主席的话，做毛主席的好学生，好战士，要学毛主席的好作风。

实际就是毛主席的基本功，进入社会首先要进行社会调查，阶级分析。青年时最好的调查就是把自己家庭研究一下，好的办法是自我研究，我不是常说嘛，思想、政治、家庭、社会、生活五个关，我们要破旧立新，对自己的家庭、亲属朋友进行分析，这样就可以知道对自己的思想有什么影响，对自己的思想也进行阶级分析，这是社会调查的开始，青年人也不能一下调查清楚，要逐步深入，到老不休。

总理又说：好！我现在和天津工学院红卫兵讲，你们是左派啦！其他六位是见证人，你们不是他们学校的。

李颉伯：他们是一个总部的。

总理：天津工学院有自己的独立性嘛！

我今天第一次接见天津的同学，我首先推荐毛主席的基本功，从调查入手，刚才谈了第一件事，第二就是民主，现在你们说，得到的民主多不多？算过没有，有多少？

（这个问题首先问两个同学）

总理：噢！你们算得不清，我给你们说说吧！有多少自由，有多少民主，多少权利，你们想一想无产阶级文化大革命首先要闹四大嘛，第一大鸣大放，你们对什么都要敢批驳，省委如何，你们都敢提，谁的大字报你们都敢写，你们到北京还不贴我们的大字报，你们有权利啦！大鸣即鸣放了，炮轰司令部，这不是大鸣啊！不管你们材料有多少，就轰一下，当然有的可能是空炮，轰的一下没东西，那还不是空炮啊，实际上就要有材料。

大放，就是放手发动群众，你校基本是两派，将来还要分的，合久必分，分久必合，思想动态也是经常变化的，天津不知道，从北京来看就是这样，原来二派，后来又分，分得很多，这是个规律，这就是四大自由，大鸣大放大字报大辩论，还有六大权利，你们什么话都敢说了，这就是言论，对河北省委提了不少，你们还没有说我已知道一些，还有出版，你们至少有油印材料，你们有铅印的吗？（答：有）这不是出版的自由吗？集会，你们大会小会都有了，结社，你们不是组织了红卫兵了吗？游行，你们都游了，还有点示威性质的，阎达开就站到前面吗？（阎：是）你们要走路来，天津到北京是小长征，四天就到了，应该让你们长征，如果你们走来，我就摆队伍到大门口欢迎，还有把你们都请进来，秘书追着我告诉我这个消息，可得到了这个好消息，我正开会，我告诉了毛主席，毛主席很高兴，让达开带着游行很好吗！晚上李颉伯告诉我，才知道你们上汽车了，我怪省委太体贴你们了。

李颉伯：我应检查，我没领会总理的意图。

阎达开：我当时也没坚持。

总理还对大家说：你们还怕阎达开累着啊，你们说全部来，我说你们来二十人，原来我叫你们双方都来十至二十人，自己决定，可是你们不同意，说这是承认双方，当然要承认双方，就算他们是保皇派也要承认，就连资产阶级议会也还承认彼此，英国议会有保守党、工党、共产党，法国皇帝被推翻了，也还有保皇党，无产阶级的为什么不可以呢？总是有左、中、右的，政治态度上有区别，承认双方，不是轻视那一方，刚才你们没有勇气承认自己是左派，这是你们还认识不清，政治发展是分派的，中央对学生组织是可以承认几派的，要是一下子统一起来，那才是迷信呢！不承认也会内部分派，思想动态永远无止境，如果都一致了，人类就消灭了，因为没有矛盾了，现在有阶级和阶级斗争，就是到共产主义社会，还会有先进和落后的区别，就是这样矛盾的呐，对立统一的呐！我打电话是通过李颉伯打的，没有什么阴谋，你们不要把什么都叫作阴谋，对敌人才是阴谋，对同志怎么说得上阴谋呢！到这里还是和你们二十个人谈，你们三百人来只能见面，或者我演说，谈话还是你们二十人，你们坐汽车了，他们坐火车来的，你们九点多到，他们两点到的，你们见到了没有？

众：没有。

总理：这不好，你们不见他们，这样的生活怎么过呀！还怎么政治斗争啊！"鸡犬相闻，老死不相往来"这怎么能行呢？

××：我们不知道他们在哪里。

总理：可以告诉你们（总理回头叫秘书，问他们在哪里）

秘书：他们在化工学院。

总理：他们住在化工学院，你们去拜访吗？都是同学呓！你们是同等兄弟呓！要不耻下问（总理解释：成语要新鲜，要不叫人误解）。大队人马总不能谈，你们要走来，我就欢迎了，这个精神没有发扬下去。

阎达开有胆病，现在又有点疼，他不叫我说，我得给你们说，他是好同志。

你们精神用得当的，我们坚决支持，他们前面来，你们（指天津工学院毛泽东思想红卫兵）后来就来了，你们申述，他们也申述，宪法有六大权利，毛主席常说："我们规定的少了"。按毛主席的意见连罢工罢课请愿都写上，现在虽然没写，你们已超过了，事先放了假，你们就不用罢了，前一段错误路线时间并不长，也是在某些问题上，现在不能认为那一段全是资产阶级反动路线，聂元梓大字报就是主席支持登出来的，你们想大字报能登在报纸上吗？我都想不到，只有我们主席才能这样做，才有这样大的决心，这是举世无双的，列宁死后，斯大林保守，许多东西不敢在报纸上登，这张大字报是有世界意义的，大字报登出之后，我们就宣布放假，这是在北京常委请示主席同意的。

不能把一个人做错了事，就把什么都说成错的了，一件事做对了，可又有的做错了，放假是北京同志们提出的，但是又出现了限制大字报，不让在外面贴等框框，束缚了群众，不要说犯了错误的同志一无是处。照毛主席的意思，放手就要放到彻底，只有毛主席伟大，一张大字报把全国全发动起来了。现在看放假到春节是不够了，至少放到明年暑假，如果你们知道时间这么长，你们就一定走来了。

众：对。

××：我们可以走回去。

总理：好！可惜工作离不开，不然我可以跟你们走一趟，我这可不是激将啊！你们革命小将用不着我激将，你们应该激我的将。你坐车花不花钱啊？

众：不花。

总理：不花！还不是国家的钱啊！你们有六权、四大，吃饭不要钱，这么多民主权利，这么大的民主，要不要集中啊！你们看看民主集中制，最大限度的民主，要高度的集中，你们有最大限度民主，只有毛主席敢下这个决心，你们也承认集中才来到北京请愿，这是上下关系，毛主席给你们最大限度民主，现在我向你们要求要一点集中，集中到中央来，阎达开同志的问题不管多么大，这是要中央国家机关要实行民主集中制……你们会这样做的，由民主集中制发展到政权就是人民民主专政，对人民是最大的民主，对敌人是最强烈的专政。

毛主席进北京的第一篇文章就是《论人民民主专政》。专政是对反革命、没有改造好的地、富、反、坏、资产阶级右派分子，专政是为保护人民的，你们也得到了专政的保护，专政主要表现在三个方面：第一武装方面，武装是专政的工具，就是人民解放军。林彪同志说得清楚，没有军队就夺不了政权，革命的首要问题是夺取政权。

要依靠广大人民，对解放军必须尊重爱护，他们是保护你们的，你们同学们运动发展到"高昂"的时候，就挺身而出，有的就到机关里查材料！有人介绍北航的经验，北航也要一分为二，坚持斗争的左派的经验是可以推广的，但是他们冲进了国防科委……有情可原，但不可××（看不清）。热情好，但方法不可效仿，国防科委怎么可以去呢？敌人还不乘机而人啊！要是推广这个经验，解放军可忙了，要冲到这个地方，我们只好派解放军保护了。

有的小将拦火车，十几个小将把火车拦住了，自己是红五类，上车查黑五类，又加上资产阶级黑六类，又加上黑帮黑七类。黑帮是反党阴谋家，随便一问他能承认吗？热情可嘉，但天真可笑。他们很得意说办了一件大事，上车检查一遍，一检查就三、四个小时，这样影响了火车正常运行，铁道部急了，这个方法不行，只好拉解放军来押车，这样就分散了国防力量。

我们给解放军规定了几条纪律，限制解放军要"五不"，讲话不动气，挨骂不还口，交涉不动手，打了不还手，受伤不开枪。不要对革命青年动气，是人民内部矛盾嘛。打伤了要说一句话："同志们你们做错了一件事，打了毛主席的解放军。"凡是革命的青年们，听了都会感动的，解放军是徒手保护你们的，人民内部矛盾也是复杂的，你们不知道界限，不知道没关系，知道就不会那样了。对毛主席的解放军要尊重。

另一个专政的法律工具：公安、法庭、监狱，这是对无产阶级敌人用的，当然也有一部分维持人民秩序的。比如警察，人多就让警察来维持，专政的权力交国家掌握，应信任我们国家、党来行使这个权力，你们不要干涉。北京政法学院要揪工作组斗，追查工作组的档案，我们没意见，最高法院副院长王××把材料藏在档案室，同学们追到最高法院，王不给，同学们拿大棍子撬开了门（档案没破坏）我们出头了，给同学们做了工作，中央决定让王××停职反省，同学们送回了卷宗，撤走了设在法院的联络站，法院是专政机关，我们要保护，当然监狱更不能进了。

第三专政的宣传机关，对人民宣传，对敌人打击，这是新中国的声音，这是毛主席的声音，所以，党所领导的报纸、新华社、广播台这些由国家机关掌握，不能由一部分同学去占用，登消息登不登由新华社决定。你们的大字报有正确的、有不正确的，在大街上贴已经是最大限度了，外国记者抄去了、外电传出了，但人民日报、新华社不发表，发表就成为正式的了，有的地方还要保护它的尊严，有的天安门两旁，人大会堂的柱子上也要贴标语，经我们说服，这两个地方没有了。中南海的红墙上，现在也贴了，这是毛主席党中央所在地，大字报贴的范围已过了，但我们还要等一等，慢慢说服，等同志们觉悟了，慢慢来。这三件事要抓紧。

今天只给你们谈一件事，就是给阎达开同志自由，今天既然到我这里来，首先要给他自由，信任中央吆，专政只能对敌人，你不要陪他了。你同意的话，就撤走阎达开身边的同学。

总理问：你们同意吗？

众：同意。

总理：达开同志今天不让我提，颉伯同志还说没把握，你们怎么样，一讲大家都同意了，同志们很懂得道理吆，达开是个好同志，他很尊重你们，他有错误，他会检查的，这样你们就主动了，要不保守派又要说你们限制他自由了，今天我想谈的主要就是这些，前面说的是为了烘托，是画龙，这一点是点睛，前边我说的也不是废话吧！对你们有帮助吗？

众：帮助很大。

总理：青年人一时想错了，想过来就是了，我不肯责怪你们，你们做错了就改，完全允许的。五十年前我们也有好些笑话，你们比我进步的多，我们很高兴，要不是时间关系，我可以给你们讲几个小笑话。当然也不是你们扣留他。

阎达开：不是扣留，是解决问题。

总理：当然你们的理由是怕别人抢走了，这点不行，回到天津也不能这样抢来抢去。我们电话通知他们谁也不能再抢。前些日子我替雪峰同志办了一件事情，雪峰在北大的检查快完的时候，从旁边插进来一支军队。

李颉伯：不是真正的军队，是学生、是红卫兵。

总理：他们说保护李雪峰，让他上了小汽车，后来抢到政法学院，政法学院的工作组是最高法院派的，与北京新市委关系不大，雪峰同志检查四次的时候，我们认为就可以了，现在已经六次了，雪峰同志是中央政治局候补委员、书记处书记，让他检查得通过中央。北京五十九所高等院校，光北大就七、八十个组织，每个组织都检查一遍，那怎么能行呢？

我已经答应了他们（指天津工学院毛泽东思想红卫兵）明天我见他们，我说你们是左派，就是左派，我不会两面派，当着他们的面我也说他们是保守派，说你们是左派，但不能说你们每一个人一切思想都是左的，有的时候就过了，是带括号的"左"，那就是形"左"实右啦！

看起来天津的事，我也沾上手了，要找我了，放不下了。

李颉伯：（对总部的人讲）总理很忙，别的学校就别找了，错是我们犯的，这样我们心里就够痛的了。

总理：来也好吆，来了对你们总会有帮助吧？

众答：有，帮助很大。

总理：我只解决天津工学院的问题，别的学校别来了。以后有什么一概在天津解决。现在我提三个方案：

第一：你们全都来北京解决，我想你们是不会同意的。

第二：只限你们两派争论和省委关系，在这谈一个头绪，回天津解决。

第三：干脆所有问题都回天津解决。今天是三十一日，你们要谈就耐心等，得一个星期，我把时间安排安排，我不让你们回答，你们回去考虑考虑，我建议他们（天津毛泽东思想红卫兵）……你们再回答，明天我见他们，以后还见你们一次，因为他们没有这个问题。（指我们留阎达开解决问题）。

我预告他们，不许他们抢，要抢的话，就要说重的。我下面还有一个更重要的工作需要解决，我就谈到这儿，你们也别说了，反正我还再见你们一次，另外阎达开、李颉伯去跟同学们见见面，看看同学们。

〔阎、李表示同意〕

〔这时胡忠信代表天津工学院红卫兵、红战友赠给总理一个"8.25"帽徽和一个经历过"8.25"革命风暴洗礼的天津工学院红卫兵袖章，当把袖章献给总理时，总理伸出

左臂戴上了我们的袖章）

总理在接受我们的"8.25"帽徽时关心地问："8.25"是什么日子？"

胡忠信说："这是我们翻身的日子"。

总理：噢！这是你们解放的日子。

最后总理、阎达开、李颉伯同我们一起摄影留念。

天津工学院红卫兵驻京临时指挥部整理

66.11.2

清华大学石家庄战斗组转抄

66.11.15

昌平2561战斗组转抄

66.11.21

1027毛泽东思想战斗队印

66.11.21

北京出版社红卫兵无产阶级文化大革命服务站翻印

1966.11.30

（未经本人审阅，反复转抄，仅供参考）

周总理和天津工学院毛泽东思想紅卫兵

代表座談摘記

（一九六六年十一月一日）

我们毛泽东思想红卫兵十五名代表和共产主义红卫兵五名代表共二十人，于一九六六年十一月一日晚九点十分到夜一点多钟我们敬爱的周总理接见了我们，进行了长达四个小时的亲切交谈，总理给我们上了一堂生动的毛泽东思想教育课，并给我们作了重要指示。座谈中在座的还有华北局负责同志，河北省闫达开，李颉伯同志。

晚九点钟，我们二十名代表来到会议厅门口，总理走出门外来迎接我们，我们看到了总理，满面红光，身体非常健康，走起路来十分强健有力。总理虽然年余六十，但脸上没有丝绉纹，我们心中万分高兴，为我们革命老前辈的身体健康感到幸福，总理同我们一一热情握手，我们的代表一一向总理问好，并代表全体毛泽东思想红卫兵战斗队和共产主义红卫兵全体战士通过总理向我们最最敬爱的领袖，我们心中最红最红的红太阳毛主席问好！祝他老人家身体健康！祝他老人家万寿无疆！并祝林副主席、周总理身体健康！

我们向总理汇报了我院文化大革命的实际情况，一直到深夜一点多钟毛主席给周总理打来了电话，说有事研究，这时才结束了同我们的谈话。周总理带上了毛泽东思想红卫兵和共产主义红卫兵的袖章，并請总理将我们的另两付红袖章转送给我们伟大的领袖毛主席和林副主席。

我们给总理带好了袖章，总理说好，我跟你们合影，合影后总理不止一次、两次的和我们亲切握手，我们个个心中都下定了决心，要听毛主席的话，把无产阶级文化大革命进行到底。

座谈开始，总理点名："赵红旗！"赵站起来回答：到。

总理高兴地说："红旗"这个名字很好！你是后来改的吧？

赵答：不是，从小就叫红旗。

总理：你多大了？赵：二十二岁。

总理：喔！这也可能。总理又点名：王淑兰！王：到！

总理：你是北县的？喔！是农村的，你们那地震怎样！（总理非常关心广大人民的生活，就详细的关切的问了地震区的情况）

总理：你回家了吗？现在生活怎么样呀？

王：我回家过一次，你放心吧！现在沒有事了，家里都挺好的，照顾的非常好！社员干劲都很大！

代表插话：我们搞四清都在地震区了，那里建设得很快。

总理：喚！你们在哪个地区！

代表：我们在隆尧地区。

总理：我去隆尧时你们在那儿吗？

代表：在！当时您在隆尧县委大楼下指挥战斗，我们有许多同学都看到了您了。

总理继续点名(这是无产阶级红卫兵的同志)

"刘学敏！你是宁晋的？也是地震区，你们那儿的房子盖了吗？

刘：我不大清楚。

总理：你没有回去看看吗？也没有去信问问吗？

刘：没回去，家里也没告诉我。

总理：喚！家里人是怕你们惦记，你要关心嘛！往家里回信问问嘛！

李頡伯：总理一直非常关心这事(指地震)

(总理继续点名单，互相交谈着。念完了人名单以后，我们就开始谈起我院文化大革命的情况，同时提出我院反党反社会主义反毛泽东思想的黑帮分子袁血卒和中央××领导人的关系问题。)

代表问：据天工红卫兵某些人说，天工红卫兵曾三次会见了中央××同志，交换了袁血卒的问题。

总理：喚，这倒是个新闻！怪事！××近年一直休假，更没有参加文化大革命，怎么能接见红卫兵呢？

一个工作人员插话：大约一个多月以前接见过一次，在大会堂。

代表问：一个天工红卫兵战友×××在八月二十五日从京回校后说："我这个地主狗崽子也到中南海兜了一圈！"

总理说："这是吹牛！中南海大得很，在外边转也是转一圈。"

总理：袁血卒是什么人？

代表：袁血卒是我们学院的党委付书记兼付院长，是广大革命师生揪出来的反党反社会主义反毛泽东思想的黑帮分子，经省委批示了。

总理问闫达开和李頡伯：是吗？

李頡伯：(点头)批示了！省委同意批斗。

代表：可我们批斗袁血卒有人说是大阴谋。

总理：黑帮揪出来，你们就斗嘛！怎么斗黑帮还是大阴谋呢？哪儿那么多大阴谋。

(此时总理马上派人用电话去调查关于袁血卒和××同志关系的问题及其他有关问题)

代表问：袁血卒的大女儿在天津市女一中上学，据说她近来请假回家整理他爸爸的材料，就等××或总理的一句话了，只要有××同志或总理的一句话她爸爸问题就可以解决了。

总理：这种人就是吹嘘！我根本连知道也不知道，连认识都不认识，怎么把我当成他的后台？这更证明他是好吹嘘的了。

(电话，此时调查报告送来了)

总理念调查报告：天工红卫兵代表共六个人，通过文革小组介绍，合乎手续，九月二日××接见过他们一次，他们要调查袁血卒的历史问题，××介绍他们去中央组织部，并告诉他们袁血卒过去的历史问题已经作了结论，不然就不会派到天津去工作。他们向××也汇报了学校文化大革命的情况，××给江青同志写了一封信，并将他们的材料转给文革小组，以后又来了，没接见他们。另外，中央办公厅付主任×××接见过他们，但从没给他们（天工红卫兵）写过信，×××同志说："我从来没给任何一个红卫兵写过信，只是接见过他们。"

接着又谈到中央××领导人支持天工红卫兵的问题。

总理：是革命的就要支持，你们要是不革命我就不和你们在这儿谈话了。我支持你们，他们我也支持，这不能说是折衷和稀泥，思想总是在变动，都是有先进与落后，代表提到左派和保守派问题。

总理：关于保守派问题，好好检查自己的思想，党内也有中间的，偏右的，各个队伍中都有左、中、右，不过左派有的多，有的少，左派和先进派一开始都是少数，经过团结和争取可以变成多数，而多数在新的形势下又可能变成少数，青年人的思想变化很快，一时一个变化，左，是有限度的，左的超过了限度就下来了。我和第二司令部谈过话后，北京××学院马上开始整风，他们过于相信工作组了，我问他们什么叫整风？他们说：就是让过去受过他们打击的同学也参加整风，让他们给予批评，给提意见。这好啊！这很有涵养。他们给我写了封信，我给他们发表了。当时还有××学院热烈支持响应，北京各派也还有分化，目前达到高潮。

我们和总理谈到大方向的问题。

总理说：我对北京院校讲的话，我现在还认为原则是对的，毛泽东思想红卫兵也好，八一八红卫兵也好，其他各种名字的红卫兵也好，都是在党中央毛主席领导下，都是高举毛泽东思想伟大红旗，读毛主席的书，听毛主席的话，按毛主席的指示办事，都是以十六条为纲领，那个红卫兵也承认这几点，大方向能说不对。你们的领导是毛主席，方向是毛主席指示的方向，纲领是毛主席亲手制定的纲领——十六条，大方向当然是对的。你们应该统一但又不能统一，这是个思想态度问题。左、中、右反映一定的阶级社会存在，先进开始总是少数，争取多数就要排除右倾错误思想，成为多数以后，又出现新的错误思想，不断排除，不断进步。阶级消灭了，思想也有左、中、右，思想没有变化了，人还有什么意思？有了保守的，就得排除吗？在斗争实践中，锻炼自己嘛！

代表：可闫达开同志说我们大方向是错的，因为我们和省委进行了辩论，我们的大方向就错误。

总理：你们是绝食的？代表：不！我们是反对绝食的。总理，你们是少数受压制的？代表：是的，这个问题闫达开，李颉伯同志都知道，闫达开，李颉伯点头说"是"代表汇报十月二十七日的情况。

总理说：天津武斗这么严重？抢东西砸门这是不好的。应该讲道理，要材料追查材料，中央要发一下紧急通知，解决这个问题，该交的交，该烧的烧，因工作组接受领导的路线不能老纠缠在这个问题上。

代表又讲到十·廿五，十·廿七事件闫达开用大汽车开路的问题。

李颉伯说：确有这事，闫达开同志只得这么检查，再详细就不好说了……。（然后

代表提起长征的事)

总理：长征问题进行徒步长征，陈伯达同志给讲了一些，大学生跑到人民日报社，并且和陈伯达同志吵，说陈伯达同志搞阴谋，大串联这是毛主席提倡的嘛！北京学生南下的多了，走了还回来嘛，并且也不是叫你们都去，在纪念鲁迅大会上接见时还谈了这回事，有人说：北京学生都走了，批判资产阶级反动路线怎么搞法？两条路线斗争，不是同学之间彼此斗，不是你那派斗我这派，也不是我这派斗你那派，不希望同学斗同学，保守派不是100％都保守，观点有错误，可以改正，不断地变，路线斗争不是一方走了，就不能进行，走了还要来嘛！路线斗争是思想斗争是阶级斗争的反映。路线错误是领导不是学生，学生受影响受蒙蔽，应当解脱出来，你们可以讨论，讨论什么叫以毛主席为代表的无产阶级革命路线，什么叫资产阶级反动路线，林彪同志讲的，以毛主席为代表的无产阶级革命路线同资产阶级反动路线的斗争，这三种提法差别在什么地方？少数人就不能搞路线斗争了？！三个人在一起就可以争论，我和我的秘书在办公室里就进行讨论，人的思想斗争反映路线斗争嘛！比如我吧，脑子里也有保守的东西，经过我想想之后，排除了保守的就先进了一步，昨天的稿子，今天改了几个字，这就是斗争，人的脑子要象石头那样僵化，那也无所谓人类了。

不要你打我我打你，应抓实质问题，我今天就讲这些了，你们把全部的问题想一想，关于你们同那一派红卫兵的争执和省委的问题是在北京解决还是在天津解决，听取你们的意见，你们保证不武斗，我保证说服他们不要武斗，他们打你们，你们也不要还手，这不就停止了吗？省委的问题是另外的，他们要检查，争论我不参加，我参加了就不能办别的事了，我只能给你们扫清障碍，打人的事可以解决，以前你说他们打你们，他说你们打他们了，并且也找些借口，刚才道理讲清楚了，你们可以和省委解决自己范围内问题，你们要按十六条办事，听毛主席的话要坚持下去。

不要堵省委的门口，有子弹就炮轰，堵门口省市委不能办公，始终堵住不放，那省市委的工作怎么做？

十月十八日晚上的会议决定发一个紧急通知，召开省市县三级干部紧急会议把中央的会议精神传达下去了，以前党委和各中央局有些被动，有些地方连中央精神也来不及传达，社论一发表，红卫兵就起来了，就冲来了，这样也好嘛！使我们的干部受了锻炼。

李颉伯，那个材料我们省委强挤了两天时间念了一遍。

总理：这次我们吸取教训了，所以用10—20天时间充分学习领会精神，你们好好整整队伍，不然会分化的，北京这边象××和××大学都化整为另了，××大学分化到一百多个战斗组织了。各种思想都在变化，这就要内部好好整顿，提高思想水平，必须按十六条整顿，把思想水平提高了战斗力就加强了，当然我说的是思想战斗，一旦国家有事情，你们就成了后备队了，以民兵为标准了，目前还是个文化战斗队，这俩书记（指闫达开、李颉伯）不能留在这儿，我的意见不再对这个争论下去，要高举主席思想，站稳无产阶级立场就会胜利。

我不赞成留在这里，天津的问题在这里不好解决，我只帮助讲些大道理，不是保守不可变进步，左派也可能变成保守，政治态度是可以变化的，保守可以变进步，左派超过界限就可以变成保守，革命左派不是自封的，也不是别人恩赐的。

你们天津工学院的问题我不了解，我们也不想参予你们的问题，你们不要往里拉我，我相信省委挺身站出来检查，省委解决不了会派人去，但决不是我。

现在把打人骂人取消，你们不打他们，我说服他们不打你们，你们大本营在天津，你们可以写材料给我，我可以看看，也可以转给中央文革小组，我一再讲，我不参加你们的争论，我不做总裁判，阎达开、李颉伯在北京总要和你们谈一次，派代表还是全体？（李颉伯插话：派代表）我认为代表好，派代表可以坐下来谈问题，人多了一起哄怎么谈问题？象现在这样打不起来，人多了就不能保证了，我还相信省委，你们可以再找找看，省委再解决不了，可以再来嘛！进一步解决要靠自己努力。

总理问：你们知道我给他们（天工红卫兵）讲什么了吗？

代表：我们不知道。

总理：没有告诉你们吗？　代表：没有。

总理：我和他们讲了些大道理，都是主席的大道理，最后我向他们提出一个要求，要求恢复阎达开同志的自由，他们很快答应了，不要那么紧张，你们的心情我是理解的，怕别人抢走了（指阎达开），听说你们今天也抢了，是吗？

李颉伯：没有抢，是我们去看他们的。

总理：听说你们还要扣留他们？

李颉伯：没有扣留，你打电话要我们一起接见，我们马上就来了。

（接着我们又谈到长征问题）

代表：根据我院的情况是否适合长征？

总理：徒步串连到工农中间去嘛！做长征打算，整个大串连要经风雨，见世面，要有准备，有个安排，从现在看，春假文化大革命是结束不了的，可能到暑假才能结束，从长征利益着想，还是把事情处理好，长征不是小事，凭一时激情不行，应该做好准备，应该好好安排，长征到社会上也是两条路线的斗争，昨天见他们（天工红卫兵）也谈了这个问题。

我正在开会，听说他们弄着阎达开步行到北京，不管是他们弄着阎达开同志，还是阎达开同志带着他们，二百多里地嘛！来个小长征嘛！锻炼、锻炼！当我打电话告诉李颉伯同志不要派车去接他们时，可是已经晚了，他们已经上车了，看来长征不是容易的事。

代表们谈到搜身、封门的问题。

总理：搜身！我反对这个行为，封门搜身是错误的，广播器材共同使用，只能平等相处解决问题。

最后出来时，家在地震灾区的同学对总理说：总理请您转告毛主席，灾区人民在党和毛主席的领导下，生活非常好，灾区人民无限感谢伟大领袖毛主席，请他老人家放心，总理的问候是对灾区人民的巨大鼓舞。

（此材料根据座谈记录整理，未经本人审阅，如有误之处我们负责）

天津工学院毛泽东思想红卫兵代表小组整理

11.13日

张春桥、戚本禹同志

在政协礼堂接见中华人民共和国

革命造反紅卫兵总部、国际紅卫軍中国

支队北京市第一、二、三司令部代表讲話摘要

一九六六年十一月一日

红卫兵成立全国性组织，一定要经过中央讨论。你们有这种积极性很好。我们不反对，请同志们考虑一下条件如何，是不是没有这种组织就不行，是不是第一位的问题。因为整个运动都是在党中央毛主席领导之下，中央都直接地指示告诉全国人民，每一次接见都提出了当时的中心问题，竭力避免形式主义，开会一定要作报告，报告三小时，现在都打破了这些，毛主席向来都不喜欢这些，不需要讲的就不用讲吆！也可以用其它形式，如《红旗》杂志、《人民日报》告诉全党全国人民。党是在两条路线的斗争中得到发展的，毛主席的路线经过斗争得到发展的，现在上千万人在串连，到北京来在一起七百万人，有的来过几次，这你就没法统计了。原来想分期分批的，现在都打破了，这么大的运动谁也不能下框框，很多问题群众在串连中能解决。

全国性的，这样的组织成立，我们要考虑，我看条件不够成熟。

串连的单位今天可能是左派，在大动荡中，青年也允许犯错误，观点也可以改变，大动荡中建立这样的组织有非常不稳定的可能性……现在你们要做艰苦、细致、踏踏实实的工作，不能满足于少数派，过去你们被斗是光荣的。在革命运动中如何把左派组织起来，团结大多数，这是一个很困难的工作。不是讲话，发通告能够解决的。现在就缺少艰苦、细致的工作，共青团中央为什么到现在还没有改组呢？还要看一看，因斗争在发展中变动很大，组织问题放在后一点比较好，现在不要急于成立全国性红卫兵组织。

国际红卫兵（中国支队）实际上还是中国的，别的国家也不可能马上成立红卫兵组织，日本出现一股，很快就被扑灭了。墨西哥也出现一股，很快就被抓进监狱，说明中国红卫兵在世界上影响很大，但全世界还有一个过程。

戚 本 禹 同 志 讲 話

大方向是对的，潮流所趋，红卫兵是否代替共青团还得考虑，红卫兵全国组织是一种趋势，将来总会建立的，这是大事情，非常严肃的事情，全国红卫兵的大事，对整个世界也震动很大，因此这么大的组织不能仓促进行，要做很多的工作。

国际红卫军中国支队，主席不能做你们的统帅，这不是小孩闹着玩的事情。牵扯到国际关系……你们国际红卫军中国支队发了大字报，外国人都很感兴趣……我们（两人）建议，你们用这个旗号打出去，打出去反而对人家的红卫兵斗争不利，日本出现了，被抓了，就搞秘密组织，抓是抓不尽的，革命的大火是扑不灭的，你们搞国际红卫军中国支队有联系可以抓，这样好心变成了坏事，对外国（革命）并不有利，全国性的组织，将来是要成立的，但经过一定时期，文化革命，要经过一定的阶段，大动荡，大分化，比较稳定的时期……你们要成立，不要比全国性的组织，要比做踏实、细致的工作，现在不要急于成立这种组织，到时候你们不成立也不行，那时候我们再听听你们的意见。

各地方还要艰苦，你们要更好地做些踏实工作，你们会讲话，会分析，都是风流人物……到各地联络，调查研究，那些是左派，保守派有那些，那些人拥护毛主席。

你们要做踏实工作，不要打旗号，目标小有好处，懂吗？将来是要成立这个组织的，前途是光明的。

国防院校联络总部宣传组印

中国人民大学《激浪》《卫红》战斗队翻印

1966.11.10

訪謝鎧忠同志談話紀要

（十一月一日）

东北工学院毛泽东思想红卫兵战士姜健生访问谢鎧忠同志（中央军委文化大革命领导小组组长，中央文化革命领导小组组员）及金平同志（统战部宗教事务局秘书长）本稿为姜健生整理稿，未经谢鎧忠及金平同志审阅。

我（姜健生）首先把辽宁省沈阳市文化大革命情况向首长们简单汇报一下，如辽宁省复官风问题，官办红卫兵问题，沈阳农学院毛泽东思想红卫兵三个负责人（其中二个是马列主义教研组党员教师，最早向院党委贴大字报的）被绑架，殴打、失踪之事，省委领导的一些问题……（以下略）等等，认为省市委问题严重。

谢：你们认为省委有问题，认准了，就造反嘛！

我：我们总部的人认识比较统一，但是有些人有些思想顾虑，怕万一造错了不好办，十六条中说："眞正的右派分子要放到运动后期处理"，怕搞错了被划成右派。

谢：错误是难免的，无意犯些错误可以原谅，你沒那个右派思想怕什么，打成反革命也不怕，你们应当相信群众，相信党，事情总是会搞清楚的，眞的假不了，假的也眞不了，沒有那个右派脑瓜是定不了右派的。即使受了几次打击也是好事嘛！左派只有这样才能锻炼出来。你看准了可以干，犯错误也沒关系，多点自我批判，多碰几次钉子，一次不能成为左派，左派不多受几次压是不能成功的。看来你们的造反精神很不够。

我说：的确是不够，比北京差远了。

谢：哈军工红色造反团的人到我们这来了几次，我大力支持他们造反，结果，造出一个地下司令部。你们与他们联系沒有？

我说：有联系，哈军工红色造反团在我们毛泽东思想红卫兵沈阳总部有办事处。

谢：你们可以請他们来介绍经验嘛！听听人家是怎么造反的，他们发动了群众，顺藤摸瓜，就把省委盖子揭开了。

我说：我们的思想也不是沒顾虑的，怕万一造错了人不好，特别是老干部年纪大，身体不好，涂了墨，游了街，戴了高帽子，造错了不好下台，将来道歉都来不及。

金：这对老干部是个考验，老干部也应经得起这个考验，周总理说：戴几次高帽子也沒有关系嘛！

我问：中央文革支持第三司令部，有些地方有人认为是否有些过火了点。老叫人家回来检查，老干部事情多，特别是运动中事更多。沒多大影响的问题，光是点工作组的问题，就算了吧！检查了一、二次就算了，批判资产阶级反动路线该怎么批判就怎么批判，不能让人家老回来。

金：毛主席是当代最伟大的天才，林彪也是天才，主席有些想法也不是一般人马上都容易理解的，**没理解也要紧跟上做**，现在搞批判资产阶级反动路线。反动路线批判不彻底，文化大革命就不能顺利进行，阻力就会很大。

我问：三类、四类干部很难区分，有些三类干部打成四类干部的，象文教系统党内大点的干部定为四类的很多，恐怕有40～50%，中央能不能规定一些更具体一点的政策。

金：是难分，三类干部是犯有严重错误，但还不是反党反社会主义的右派分子。四类干部不是光看错误多少。有的干部水平低，错误多，跟着干的，但不是反党反社会主义的。中央以后会有具体政策下来的。

我问：造反什么样子才算造得好，而不是形"左"实右的？

谢：造反嘛！就要有些造反精神，毛泽东思想就是革命的，造反的。省市委的问题你们看准了，确实有把握就大张旗鼓地干。北航《红旗》很好，我很欣赏。他们要北航工作组赵如璋（北航工作组组长）罗舜初回来作检查。到国防部科委干了廿八昼夜，到最后赵如璋才回来作检查。廿八天，廿八夜，他们天天在那里闹，天天派人送饭，造反精神好得很！

我问：就是因为这件事就干了廿八天吗？

谢：北航工作组的确犯了错误，北航《红旗》一定要他们回来作检查。有理就坚持到底吆！他们干得好，这才叫造反吆！

我问：我们不行，沈阳冷得很，尤其是晚上更冷，会把人冻坏的。

谢：你们不能那样傻吆！外面受不了，就硬要到里面去，北航《红旗》从斗争开始到赵如璋签字回来作检查，我算了一下，一共用了三十天的时间。外面不行，就呆在里面，谁让你不回来作检查的，我们才不傻呢，一定要睡在里面，你们管不着。你也不打他，他也不敢杀你。

我说：我们能出去干事的人不多，我们有××个红卫兵，各种组织加上串联去的除外，剩下的不多了。

谢：北航《红旗》也就一、二百人，在那儿坚持斗争，看准了就齐了。你们有那么多人还不行。

我说：北航《红旗》那种做法有多少人反对，社会主义国家这样闹不成样，过火了，不知中央文革小组怎样看。

谢：造反吆！不能那样文质彬彬，那样温良恭俭让。北京的红卫兵舍得一身剐，敢把×××拉下马，炮打×××，到省委，省委书记根本不看在眼里。×××都敢造反的吆！

我说：我们还想找中央首长谈谈，省委问题能不能给提提线索，指导指导。

谢：不行，我都忙得很。

金：你谢伯伯成天连午睡都没有，一天只睡二、三个，三、四小时，他要是管军队的事，与文革首长在一起工作，彼此也不那么熟。

谢：中央首长更忙，事情多得很，那有时间找你谈话。

金：总理工作非常忙天天工作到深夜。有时批着批着文件就睡着了，醒来以后又继续工作。

谢：你们不能光找我们，主要是你们自己干，大方向可以给你们指一指。具体还得自己干，否则什么事情都来指导，包办代替，达不到锻炼你们，锻炼人的目的。

谢：要发动群众，依靠群众，群众运动起来了，材料也自然有了。省市委问题主要依靠发动广大群众去揭发，特别是省委内部，内因是主要的，红卫兵要起煽风点火的作用，要根据现在发现的特别是文化大革命中的问题去追根，追根到底，步步紧逼，非追到底不可，就能暴露矛盾，要集中优势兵力，突破一点，扩大战果，顺藤摸瓜，要抓主要矛盾，主要矛盾抓住了，解决了，问题要迎刃而解，省委盖子揭开了，就什么问题都好办了。不能分散兵力，要分主次，你们要有真凭实据，看准了就大胆地干。这次中央召开会议，东北局的人回去了。他们把中央精神带回去，上下一起动手，就好办了。

我说：那可不一定，中央要他这样，他不这样，我们也不知道。

谢：你们可以全国大串联吆！各省比一比，问题就会发现。

我说：省委鬼花招很多，他们粘粘糊糊，不容易搞他的。揭出一些问题，他们就给罢官，罢了不少。罢完了，有的群众也就大功告成。没有继续深挖，深揭了。

谢：罢了官更好，你们让他们回来做检查吆！

我说：他们根本不来。

谢：不来，不来就到省委去闹。

政法学院革命造反队稿

周总理十一月四日晚

接见参加第一届亚新会全体人员讲話

按：为了对付不让荣高棠出国的体院和体委少数派，于十一月二日下午，由国家乒乓球队、游泳队、羽毛球队、体操队组织了出国誓师大会，并请了贺龙副总理、荣高棠同志出席大会，十一月三日多数派一些出国运动员等竟不按时上火车外出，而到国务院请愿要荣高棠出国。当晚周总理等党和国家领导人接见了他们，讲了话。下面就是根据当时总理讲话记录整理出来的，此稿未经总理审阅仅供参考。

陶　铸：今天是给你们送行的，请总理作指示。

总　理：梁丽珍！倪志钦！庄则栋！陈满林！郑凤荣！……。（总理叫这些优秀运动员的名字。）

徐寅生你到过我们国务院了吗？贺总昨天那么紧，你们还去了！我 们 第 一 是送行的，壮哉此行，为国争光，为毛主席，为社会主义争光。我们是新时代的国家，毛主席时代的祖国。这是光荣的任务，应该送你们，有中央四位政治局委员送你们还说不重视？（有人插话：有总理，三位副总理）第一是欢送，因为你们出去。要好好完成这个光荣的任务，用徐寅生写的那篇文章对照，好好的活学活用。贺龙、江青同志推荐，毛主席亲自指示，我也读了，不是很光荣吗？你们过去做出了出色成绩很光荣，今天有责任再不断提高。要联系到比赛，联系主席的增强人民体质，联系到主席的备战备荒为人民的指示，要站得高，看得远，在这 种 思 想 指导下，心胸更应宽大，要胸怀祖国，放眼世界，学王杰，有一颗火热的心，要献出全身的精力。我感到你们这次责任大，任务重，你们应该比我们站得更高，看得更远。

完全没有想到你们昨天提这么一个要求。我们首先对你们希望很高，从中央，主席对你们每次完成国际比赛任务都很赞扬，即使文化大革命中有些问题一时没有想通，落后了，是暂时的，这可以改。首先要完成党和国家的任务，不要有私心杂念，排除个人得失，不计一时谁是谁非的争论，要国家荣誉。不是象徐寅生说的吗？一想到祖国，一想到人民，毛泽东思想就会有无穷的力量。我们还要强调一点，不应 再 有 什 么 私心杂念，有个小小的个人得失就应排除。所以今天临别赠言是不仅象过去所说的要胜不骄、败不馁，还要胸怀祖国，放眼世界，献出火热的心，要浑身是胆，发扬"五敢"的精神，才能战胜。我们是社会主义祖国，是毛泽东思想指引的祖国，正在搞无产阶级文化大革命。

我们没有想过不让你们去，作为中央一致通过，没有不同意，一贯信任你们，相信你们会完成任务。你们曾经高举毛泽东思想伟大红旗，响应了林总的号召活学活用毛主席著作，在用字上狠下功夫，立竿见影。为什么我们这样信任你们，你们却有这样一点自我暴弃。希望这是一时错误。如昨天毛主席接见大、中学校百万红卫兵，越南同志还去看乒乓球表演，这不仅是尊重你们，也是尊重祖国的体育界。这次是面临国际斗争任务，这个任务是应该讨论的主题。前天陈总接见，我想来，忙，没来了。今天逼我来了，不让来也得来。你们不能像红卫兵那样，不接见就大闹。

没想到在国内多数、少数发生分歧，激进、保守，你们想出气不对，为什么这样？庄则栋、李富荣、郑凤荣、徐寅生你们为什么要出这个气？无产阶级文化大革命是考验每一个人。在座的不能说我们没犯过一个错误？我们几个（指几位负责同志）也是这样。这样一场触及人们灵魂的文化大革命那个没有错误？为什么要出气？搞得不清不白，把贺总也请来了，把贺总给拉下水了，对不起老同志。最近有人到贺总家请愿，不走，跟老总磨，争面子，这样做不对。昨天在天安门接见红卫兵，早晨七点到晚上七点，一天十二小时，从天安门回来听到这个情况，心里非常不愉快。我就马上找黄中、李梦华来我这里。老实说，我对你们有看法。誓师大会时还让贺总去。听说荣高棠不出国，你们就不去，我一听心就炸了。我就以为是荣高棠搞的鬼。我对熟悉的同志要求的严。我了解荣高棠，他有许多短处，突出政治不够，原则性不强、政治性不强，还有些迎合。我怀疑誓师大会是他搞的，要批评。这种作风怎能允许？原来考虑荣出国，现在看来不能出去。政治局常委讨论时，我要提这个问题。我不能答应你们的要求，相反要责备你们。至于学校撤工作组互相争论，对荣高棠有意见，他们却不能决定荣高棠出席不出席亚新会。但国家体育队不能像学校一样把观点带到体委来。你们不能有私心杂念，不能这样想。徐寅生不是有文章吗？为了国家、为了人民就豁出来了，一想到个人精神紧张手就软了。要向欧阳海、蔡永祥、刘英俊学习，不能与那一派纠缠一起。这一派不让荣出国，我们就支持荣出国，你们立场站错了，就是有私心杂念，这就是个人出气。过去出国就没有搞过誓师大会；这次搞了，搞到体育馆来，又请了各派，还有外地革命师生。应学习红卫兵敢想，敢说，敢干的精神。不能这样搞，搞得这么乱！一个统一的国家体育队，这样搞，不是高举毛泽东思想伟大红旗，而是相反。昨天我就与黄中、李梦华同志谈了一个多钟头。为什么这样关心？原来我想的与这差一大截，没想到你们思想这样落后，我大吃一惊。在这次无产阶级文化大革命运动中，立场没站好，这与领导有关，你们身上没有官气，暮气，有骄、娇二气。我深深想了一下，就是第一届新运会得胜了，几次乒乓球得胜了，骄气增长了，娇嫩气也有了。这次文化大革命红卫兵对你们有意见，一部分意见是对的。过去体委、北京市，上面对你们有些放纵，教导不严，我还请你们吃过饭，陈总也请过，我也有责任。今天要挖根子，我们进行自我批评了，否则怎么能有说服力呢？对你们是负责的，支持你们，同情你们，你们还年轻，毛泽东思想还没扎根，徐寅生有一篇文章之后，就没有错误了吗？有没有？你们这些符合不符合毛泽东思想？（徐说不符合）（别人插话说徐寅生不出国）不出国，想通了写一篇文章，活学活用毛泽东思想。还要写一篇短东西送行，鼓励鼓励他们。人民日报社都可以登，这是给徐寅生出两个难题，看你们毛泽东思想举得高不高，学得勤不勤，用得活不活，下的工夫狠不狠，不然为什么在大是大非面前分不清？过去我娇惯了你们，放纵了你们，我有份，老总有份，当然直接责任是荣高棠，他是常务书记。梦华对我说：誓师大会与荣高棠无关，因为荣高棠同志早晨刚刚出来。即便荣不知道，有这么多人，也是荣放纵的，你们知道他会支持，你们才敢这样做。甚至把帅也拉出来了，把外地革命师生也弄来，还耍请我去，我没功夫。开誓师大会弄四至五千人为什么？这就是对付另一部分同学不赞成荣出国，向他们示威。对象搞错了，应对美帝，苏修，日修示威，怎么能向红卫兵同学示威呢？你们不应该这样，同学们讲的还是有道理的，我告诉黄中、李梦华，不管荣高棠知道不知道他都要负责任，你们谁也驳不倒我，你们回去有意见可以贴大字报，留一张大字报也行，我等你们一分钟，当然这是"将军"。

我很难过，我不是不器重你们，为什么不能辨别大方向？责任是在领导，首先直接是在荣高棠，不应该养成你们的二气，应该立即改。

文化大革命才是开始阶段，时间长，你们回国后，要学会在斗争中学斗争，在游泳中学游泳。

怎么把出国问题和荣高棠的问题搞在一起？出去不出去，运动员都是为国家，不是为他。这样做造成一种风气，带有私心，个人主义感情，我们要有无产阶级感情，为绝大多数人着想去比赛，应去掉这些想法，到广州你们再谈一谈。

总之，不多占时间了，你们要休息，今天点了几位运动员的名字，因为熟悉一些，不光是他们的责任。今天看了你们几个队的信，这封信是你们共同拟的吧！说明你们的认识有改变，我很高兴，昨天这个请愿，我完全不同意，誓师大会，请愿不好，改了就好，"君子之过，如日月之蚀"，只要改了，就是好的。林总说：年轻人可以改。你们也没料到，这样责备你们吧？一时错误，你们中没有人超过30岁吧！还是红卫兵的年岁，林总还说我们不要犯错误，要保持晚节。活到老，学到老。对你们是允许犯错误的，这是教训。体育队是为增强体质，备战备荒为人民，不是为个人荣誉，不是为锦标，是为集体为阶级荣誉，要一切为人民，为国家，为无产阶级专政的国家，要学老三篇，专门利人，毫不利己。这样思想就会前进了，徐寅生不出去可以写点东西，出去的也要突出无产阶级政治，毛泽东思想挂帅。要注意劳逸结合。错了，只要改就可以，责任由体委领导负，我们负，减轻你们的负担。你们要真正全心全意为人民，一心一意去争取胜利，在毛泽东思想伟大红旗指引下争取胜利，做好团结、做好工作，搞好斗争，争取胜利。

最后总理又讲了几句话：

荣高棠不出去，你们就不去，不对，他们可以提出荣不去！你们也可以提荣高棠可以去！但不上车不对。

誓师大会请愿，红卫兵对你们有意见，是有道理的，要挖错误根子，不是偶然的是必然的。不在这事上就在别的事上表现出来，把公与私混在一起了，我们坚决反对。

（完）

注：此讲稿是由国家体委副主任黄中传达

北京工农兵体育学院毛泽东主义兵团"红号角"战斗队印

1966.11.11

四清工作干部会议《不老团》分团转印

1966.11.14

中国人民大学伙食科《勤务兵》战斗队转印

1966.11.16

李富春同志在国务院接待一轻部部分

革命群众的談話

（十一月四日）

　　李富春同志在讲话以前，首先念了一下林彪同志十一月三日的讲话："这样大民主，不但领导和群众之间必须彻底实行。而且在群众中，在群众相互之间，也完全必须彻底实行。在群众之间，沒有这样的大民主，不善于相互商量，不善于傾听不同的意见，不善于摆事实讲道理，不善于开动脑筋，思考问题，这样，就不可能自己教育自己，自己解放自己，就不可能达到发展左派队伍，团结大多数，孤立一小撮资产阶级右派的目的，就不可能不折不扣地实行我们伟大导师、伟大领袖、伟大统帅、伟大舵手毛主席所指出的无产阶级文化大革命的路线。"他接着说：不能唯观点论，唯成分论。

　　一、八条是各口根据自己的具体情况去研究执行，只有你们一轻部全盘传达，这是你们一轻部的特例。我们知道以后，曾经批评过陶鲁笳同志，这只是在国务院办公室几个口的领导人，有李先念同志、陈毅同志、谭震林同志和薄一波同志在一起议了一下，并沒有形成成文的指示，沒有形成八条。更沒有叫大家宣布。

　　二、一轻部的问题应由一轻部革命群众自己下结论。一波的错误路线沒什么"七·廿九"以前和"七·廿九"以后的区别。一直是资产阶级反动路线，不过"七·廿九"以后又加了一个"黑暗系统"（指××）

　　三、一轻部必须批判资产阶级反动路线，但要批必须和部领导结合起来，部领导是怎样执行的？执行在什么地方？让广大群众来讨论，作结论、来批判。而不是由一轻部党委自己做结论——我沒有资产阶级反动路线。

　　四、一轻部的情况只有谷牧同志九月底向我汇报过一次，就是讲了"七·廿九"以后的情况，你们的行动是革命的，但筹委会有缺点，有错误、有打击面宽、有武斗的缺点，说"白色恐怖"是错误的。"七·廿九"以后筹委会是搞革命的，不能说是搞"白色恐怖"，更不能说革命群众搞资产阶级专政，革命群众怎么能搞资产阶级专政呢？

　　资产阶级专政只有当权派才有资格搞吧！讲"白色恐怖"是不对的，错误的，革委会首先是革命的，第二发生了一些缺点错误，有武斗现象，这是革命群众起来之后沒有经验，这些错误是难免的，应该原谅革命群众。

　　五、阶级路线，第一有成分论，第二不是唯成分论，第三重在政治上的表现，三者不可颠倒，不可缺一，三者要结合起来，这样最后才能达到团结百分之九十五嘛！否则，不是毛主席的路线，是谭立夫的阶级路线，是唯成分论的阶级路线，是错误的。不同的观点可经过大家商量和辩论。（富春同志念林彪同志关于群众大民主的一段讲话。）

　　六、你们要在革命中学会革命，在游泳中学会游泳，在大民主中学会大民主，要学会倾听不同意见，学会思考问题，你们是少数，除去有我们的支持外，你们自己还要独立思考。

阻力、曲折在革命过程中是难免的，三个阶段发生两个曲折，阻力是相当大的，只有靠你们这些年轻人去冲啊！

七、党的领导首先是党中央毛主席，毛泽东思想的领导，第二如果党委值得你们信任，可以接受他们的领导；如果不值得信任，或者已经瘫痪了，你们是按毛主席思想、按十六条办事的，不算摆脱党的领导，更不能说不要党的领导，对部党委，院党委信不过就不信，这不算反党。它是无产阶级司令部无产阶级当权派自然信任它，因为我们还相信党中央，相信毛主席，相信十六条嘛。

八、谷牧同志是好同志，你们应该信赖他，我将你们的情况告诉他，你们十一号开大会，我派人去参加。

九、你们不要怕，十六条第二条就讲了主流和曲折嘛！你们还要准备有曲折。就是把部党委纠正过来，也还是会有曲折的，这说明革命不是容易的，革命不是一帆风顺的，要是没有曲折，革命就太容易了，就是因为不容易，你们越是能得到锻炼。对部党委要有分析……。筹委会有个把不好的人可以罢免，要把筹委会健全起来，文化大革命的一切权力都归筹委会。文化大革命要在筹委会领导下进行，如果筹委会认为部党委可以领导就接受，认为不能领导就不叫他领导，可以叫上一级党委领导，就是领导也是当顾问，作参谋，不能包办代替。我要和谷牧同志讲。按你们的汇报，这样筹委会就不是权力机构了，就是党委的办事机关站了。往各所派联络员也是错误的，违反了十六条的第四条，这个要纠正。

"七·廿九"以前被打成反革命的，除个把真正的牛鬼蛇神外都该平反，军委的指示适合机关，黑材料不要公布了吧，可以同群众商量销毁。

十、问：文革筹委会是不是当权派？

富春：说文革筹委会是当权派是不对头的，文革筹委会是群众中产生的，怎么能算当权派呢？这是你们一轻部的怪事。

十一、问：有人说我们的筹委会是薄一波一手泡制的，说筹委会执行了薄一波的资产阶级反动路线？

富春：筹委会是革命群众组织起来的，革命群众不会执行资产阶级反动路线，你们没有资格执行资产阶级反动路线，富春同志第三次念林彪同志关于群众大民主的一段话（略），随手交给我们一份林彪同志讲话的一份打印材料，指示说："这份材料送给你们，带回去让部党委、毛泽东思想红卫兵好好学习学习。"然后说：不论谁都要学习林彪同志的讲话。

我今天讲的你们可以向同志们和毛泽东思想红卫兵讲一讲，你们对大民主也要作一番宣传。什么筹委会泡制的（指机关红卫兵），薄一波泡制的（指筹委会）保皇的一律取消。根据林彪同志的讲话，实行大民主，大家学习，大家辩论，大家斗批改。首先批制资产阶级反动路线。批制薄一波时必须首先联系批制部党委，批制了，才能大民主。

十二、我支持你们，我相信你们有困难，有阻力，你们要经得起考验。要没有你们这帮年青人，什么四旧呀，作官当老爷呀，要冲垮是办不到的。

是无产阶级司令部我们不该乱打，第一是不是无产阶级司令部，第二就是无产阶级司令部也有缺点与错误，也应该揭露批判吧！我是采取这种态度，我不能说我就是百分之百的正确，批判它，是为了更好地领导我们。我们希望你们好，改正错误，并不是想把你们打成黑帮，为了让你们坚决跟着毛泽东思想走，跟着毛主席走，我们就是采取这种态度。如果你再跟革命群众对立那就错到底了，革命的多一个，总是好的吧！十六条中：就是走资本主义的当权派，也还有一条出路。因此，我们更理直气壮了。如果你们再跟革命群众闹对立，就错到底了，怪不得我们了，但我们要讲究政策和策略，不断提高我们的政策、策略水平。

接见结束富春同志和群众一一握手。

群众：請代向毛主席问好！

　　　祝毛主席万寿无疆！

富春同志：好！好！我一定办到！一定办到！

李 富 春 同 志 讲 話

——十一月四日在国务院接待室接待一轻部部分群众代表的谈话记录
（本人批示：不要打印不要乱抄）

说明：十一月七日，根据国家建委的电话通知，要我们把富春同志讲话记录稿送交李富春办公室审阅，我们当即照办，并经本人审阅后，有所修改，现重抄成大字报公布。

李富春同志首先念了林彪同志十一月三日接见全国各地来京革命师生大会上的讲话中的一段话："这样大民主，不但领导和群众之间必须彻底实行，而且，在群众中，在群众相互之间，也完全必须彻底实行。在群众之间，没有这样的大民主，不善于互相商量，不善于倾听不同的意见，不善于摆事实讲道理，不善于开动脑筋，思考问题，这样，就不可能自己教育自己，自己解放自己，就不可能达到发展左派队伍，团结大多数，孤立一小撮资产阶级右派的目的，就不可能不折不扣地实行我们伟大导师——毛主席所提出的无产阶级文化大革命的路线。"

接着李富春同志说：

（一）—（四）（从略）

（五）阶级路线。第一是成份论，第二不是唯成份论，第三在政治上的表现。三者不可缺一，三者要结合起来，这样才能最后达到团结百分之九十五嘛，否则，不是毛主席的阶级路线，是谭力夫的阶级路线，是唯成份论的阶级路线，是错误的。不同的观点，可经过大家商量和辩论。（富春同志又念林彪同志关于大民主的一段讲话）

（六）你们要在革命中学会革命，在游泳中学会游泳，在大民主中学会大民主。要学会倾听不同意见，要学会互相商量，学会思考问题。你们是少数，你们要革命，除我们支持外，你们自己还要独立思考。

阻力、曲折，在革命过程中是难免的。三个阶段发生两个曲折，阻力是相当大的，只有靠你们这些青年人去闯。

（七）党的领导，首先是党中央，毛主席，毛泽东思想的领导。第二如果党委值得你们信任，可以接受它的领导，如果不值得信任，或者已经瘫痪了，你们如果是按毛泽东思想，按《十六条》办事的，不算摆脱党的领导，更不能说不要党的领导。对部党委、院党委信不过就不信，这不算反党。它是无产阶级司令部，无产阶级当权派，自然相信它。因为，我们还相信党中央，相信毛主席，相信《十六条》嘛！

（八）（从略）

（九）你们不要怕，《十六条》第二条就讲了主流和曲折嘛！你们还要准备有曲折，就是部党委端正过来，也还会有曲折，说明革命是不容易的，革命不是一帆风顺的，要是没有曲折，革命就太容易了，就是因为不容易，你们越是能得到锻炼。

对部党委要有分析……总有好的嘛！（有人说：大部分是好的）筹委会有个把不好的人，可以罢免，要把筹委会健全起来。文化大革命的一切权力都归筹委会，文化大革命要在筹委会领导下进行。如果筹委会认为部党委可以领导，就接受；认为不能领导，就不叫它领导，可以上一级党委领导。就是领导，也是当顾问作参谋，不能包办代替。

我们要和谷牧同志讲。按你们讲的。如果是这样，筹委会就不是权力机关了，就是党委的办事机构了。往各所派联络员也是错误的，违反《十六条》的第四条。这个要纠正。七月二十九日以前被打成"反革命"的，除个把真正牛鬼蛇神外，都应平反。军委的指示是适合机关的。黑材料不要公布了吧！

可以同群众商量销毁。

（十）问：文革筹委会是不是当权派？

富春：说文革筹委会是当权派是不对的，文革筹委会是群众产生的，怎么算当权派呢？这是一轻部的怪事。

（十一）问：有人说，我们的筹委会是薄一波炮制的，说筹委会执行了薄一波的资产阶级反动路线。

富春：筹委会是革命群众组织起来的，革命群众不会执行资产阶级反动路线。

富春同志第三次念林彪同志关于群众大民主的一段话（略），随手交给我们一份林彪同志讲话的打印材料。指示说，这份材料送给你们带回去，让部党委，毛泽东思想红卫兵和其它同志，你们好好学习学习。然后说：不论谁，都要学习林彪同志的讲话。我今天讲的！你们可以向同志们和毛泽东思想红卫兵讲一讲。你们对大民主也做一番宣传。什么筹委炮制的（指机关红卫兵）；薄一波炮制的（筹委会）；保皇的；一律取消。根据林彪同志讲话，实行大民主，大家学习，大家辩论，大家斗批改，首先批判资产阶级反动路线，批判薄一波的，必须联系检查部党委。

（十二）我们支持你们，支持一切革命的同志们，我相信你们有困难，有阻力，你们要经得起考验，要没有你们这帮年青人冲，什么四旧呀！作官当老爷呀！要冲垮是办不到的。

是无产阶级司令部，我们不应该乱打。第一是不是无产阶级司令部？第二，就是无产阶级司令部也有缺点和错误，也应该揭露、批判吧！我是采取这种态度，我不能说我百分之百正确。批判他是为了更好地领导我们，我们希望你好，改正错误，并不是想把你打成黑帮。为了让你跟着毛泽东思想走，跟毛主席走。我们就是采取这种态度。如果你再跟群众闹对立，就是一错到底了。革命多一个总是好的吧！《十六条》中就是走资本主义道路当权派也还给一条出路。因此，我们更理直气壮了。如果你们再跟群众闹对立，就错到底了，就怪不得我们了。但我们要讲究政策和策略，要提高我们的政策和策略水平。

接见结束，富春同志和群众一一握手。

群众：请代问毛主席好！

祝毛主席万寿无疆！

富春同志讲：好好好好，我一定办到，我一定办到。

第一轻工业部部分革命群众

第一轻工业部设计院、机械所、造纸所各联络总、分站

一九六六年十一月六日整理

翻印自学部机关《革命造反队》

一九六六年十一月二十九日

戚本禹同志十一月四日在《紅旗》杂志社接见北京邮电学院东方红公社代表时的讲話

你们的意见和反映的情况，昨天阎长贵同志已经跟我谈了。

关于罢陶鲁笳官的问题，北邮转抄师大井冈山战斗团的记录，不确切。其它的记录是这样的，群众喊"要求罢陶鲁笳的官"。我说："重要的不是罢官，重要的是彻底批判资产阶级反动路线"。

关于邮电学院群众斗群众的问题，是指运动的前一阶段，邮电学院斗了很多革命同志。这是资产阶级反动路线造成的恶果，这是与工交系统陶鲁笳执行的资产阶级反动路线分不开的。不仅邮电学院这样，陶鲁笳所领导的地质学院等院校都是这样，革命同学反对这条路线是做得对的。在反对这个错误路线过程中，提出对于谭力夫为代表的思潮进行批判是必要的，对执行这条错误路线的批判并不是群众斗群众。

陶鲁笳是企图挑动群众斗群众的，我们要提高警惕。受错误路线蒙蔽的同学，只要认识到自己的错误，站到正确立场上来，我们就要很好团结他们，不要叫他们修正主义红卫兵，因为这对团结多数很不利。

我揭破陶鲁笳企图挑动群众斗群众，是希望同学们要提高警惕，不要上当。如果有人利用我这个讲话说革命同学是执行新的资产阶级反动路线，这是错误的。

个别革命同学在运动中提出的过分的主张，只要改正了，就不是什么了不起的问题，企图揪住个别革命同学一时提出的过分的说法来反击革命同学，把枝节问题当成主流，这是不应该的。这不利于批判资产阶级反动路线，纠缠不休，有可能影响运动的大方向。

革命同学要团结多数，掌握运动的领导权。十六条的第九条中说："文化革命小组、文化革命委员会和文化革命代表大会是群众在共产党的领导下自己教育自己的最好的新组织形式。它是我们党同群众密切联系的最好的桥梁。它是无产阶级文化大革命的权力机构。"在条件成熟的地方，应该根据中央指示，成立文化革命委员会或者临时革命委员会。革委会是权力机构，要有这样一个机构才好办事。

有了革委会，就可以把斗批改很好地抓起来。怎样进行斗批改？有两条路线，毛主席的路线和反毛主席的路线。要按毛主席的路线进行斗批改，正确贯彻党的阶级路线，而不是谭力夫那样的假阶级路线。集中力量打击一小撮极端反动的资产阶级右派分子、反革命修正主义分子，运动的重点是整党内那些走资本主义道路的当权派，这是毛主席的方针。反对毛主席路线的人，不执行这个方针。有的学院甚至把革命的教职工打成反革命，象李贵、安静中、白之其都是因为反对错误路线被打成了反革命。革命的左派要执行毛主席的方针，按毛主席的方针进行斗批改。

（未经本人审阅，仅供内部参考）

北京邮电学院东方红公社张永福等七人整理

中国人民大学《激浪》《卫红》战斗队翻印

1966.11.18

陶鑄同志十一月五日的講話

到北京不久。管体育未管起来，昨天开始管。总理的话语重心长，同志们昨晚已传达了。出点错，犯了错误就改。林总讲"朝令夕改"嘛！我们今天加倍送行，原来送行了。你们开誓师大会。请愿，不算了，今天再送。把个人问题抛弃，为党为人民着想，什么都想得通，否则什么都想不通。背着包袱搞运动不行。总理听了很难过。因为是想不到的，意料之外的。问题解决了，总理给你们送行。好好把思想总结一下，不要背包袱，要兴高采烈。（问运动员：你们有负担没有？）同志们还是有觉悟的，出这个问题讲完了，走时要想想总理为什么要这样讲。

我们的文化大革命，全世界评价很高。好得很！帝国主义、修正主义和一切反动派，说我们一切一切搞坏了，实际上搞好了，一切搞好了，文化革命搞好了。世界革命有了希望。中国不搞好文化大革命，肯定要出修正主义。这次文化大革命是毛主席亲自发动和领导的。昨天毛主席在天安门站了六个钟点。为什么？为了把文化革命搞彻底。文化革命促进了生产，今年粮食又增产了××亿斤，钢产量能达×××吨。

一不为名，二不为利，三不怕苦，四不怕死，一心一意为人民。讲两个故事：两弹试验。有个科学家叫×××，夫妇两人都是科学家，在文化革命中红卫兵把保姆赶走了，他老婆自己上街买菜。生活大大下降了，未影响情绪，保证了导弹核武器的试验。另一个是×××在文化革命中把头发剪了、挂牌子、坐卡车游街，扫地，她革命是买来的，给她高薪、洋房、汽车，现在降到每月四百元，还是很高兴的。现在看来有希望，香港来了一些人去访问她，毫不埋怨，情绪很好。文化革命以来各方面出现了新的面貌，你们出去应该以更新的面貌表现文化革命的成果。应表现在比赛上，应带着文化革命提高了觉悟的情绪。以新的面貌比出更大的成绩。搞誓师大会，请愿就不好了。有这个问题不暴露不好，革命化的体育队不应有多数少数的概念。回来再说，出去不要为文化大革命脸上抹黑，昨天黑一点点，手巾一擦就没了。包括可能要打败，打败回来也欢迎，你们要有这个决心（贺总插问：卓尔汉，怎么样？卓答有信心。贺总又说不是有信心，而是一定要打胜仗。）

出国不出国完全是国家的权利，你们挑行不行？你向国家负责不行？黑龙江把省委书记揪住不放。我说不放也可以，你们把军事生产等等都管起来，他们说管不了，我就说管不了就把省委书记放出来。

高棠不叫他出国，因为体委有路线错误，要检讨。你们可以提意见，出不出国由中央和毛主席决定。原来想把两条路线搞搞，承认错误当时可以考虑，问题这么样就走了，你去就胜利，不去就不胜利。还叫什么体育队！你们是国家体育队，谁领导都可以。只要不是右派，不是反党反社会主义的。贯彻毛泽东思想就行。原来未打算去，想开幕式去一下很快就可回来，现在更不能去了。我们和他做工作他不觉悟。而且搞的这样复杂，一点觉悟都没有。这样怎么办？你们代表国家，不是代表那一个人，荣高棠你们熟悉点，私人感情好点，但不能从感情上考虑。今天决定不是由少数派的意见，特别是他参加了中共中央工作会议以后，继续犯路线错误，自己不好好改。今天一五一十讲清楚。没有保留的。

陈毅副总理十一月五日的讲话

　　根据总理、陶铸、贺总的指示，思想转过来任务就有了保证，否则集体荣誉受到损害就不好。那天我不知道这些事情，所以我来讲，总理讲了我清楚了。应百分之百地根据总理、陶铸同志、贺总的指示，全心全意争取金边比赛的胜利。这个胜利我们非常需要。直接打击美帝、修正主义、反动派，为国争光。我看了你们的保证书，很高兴。完全相信你们能够解决思想问题。和柬埔寨要友好，和十一个国家运动员友好，出国前思想上有这样个转折，真解决了是好事。是个很大的考验，这是灵魂上的大暴露，这样的问题你们年青人在和平时期不容易暴露，现在是个考验，要经得起这个考验。总理告诉你们解决办法，可以更坚强，你们不是在和平中成长起来的，而是在大风大浪中成长起来的，为民族，为党，为国家，为主席争光（陶铸插话：还要为革命争光）有什么见解可以保留，回国后发表。执行任务不能有私心杂念。我们支持正确的行动，双方不正确的都不拥护，这是我个人的看法。不要带委曲的情绪，要放下包袱。祝你们勇敢的去争取胜利。

　　周总理最后又说：有人提荣高棠不去了，你们坚决要求荣高棠去，荣高棠不去，你们也不去，这不对。不能搞请愿，誓师大会。你们有骄娇二气，要挖根子，这决不是偶然的，我们坚决反对结合。

　　陶铸同志最后也说：体育报不是封闭，需要整顿，是总理批准的。是暂时停刊。报办的好不好，检查一下宣传毛泽东思想好不好，高举毛泽东思想够不够，没有革命的思想就不可能办好报纸。不光体育报。北京日报、中国青年报、健康报都停了嘛！

（彭文选、应水根、顾克炎记录整理）

北京航空学院红旗战斗队宣传组

修建科赤卫队翻印

1966.11.18

李富春副总理十一月六日接见七机部

部分群众代表的讲話

十一月六日下午三时四十五分，李富春副总理接见了我部"916"代表二十五人。在座有王秉璋（七机部部长），刘有光（七机部副部长），曾光琳。四时廿五分以后，"915"方面代表五名也陆续参加了接见。下面是根据接见部分同志的记录整理的，未经李富春副总理审閱，如有出入，由整理者负责。

七机部"916"革命造反联络宣传组

66.11.7

李副总理讲话：

（一）七机部文化大革命过去犯了方向性、路线性错误，而这个错误到现在还未有纠正。最明显的表现是群众之间严重的对立，严重的对立情况，严重的对立情绪，沒有消除。关于平反和材料问题，沒有采取坚决的措施。由此看来，错误不仅沒有改正，还在那里继续。我们希望部党委、院党委在这次学习中央工作会议、学习《红旗》13期14期社论、学习《人民日报》、《解放军报》最近一期，前天的社论——《再论一个公字》，好好把思想澄清，好好地学习一下。同时也希望所有同志也要好好学习一下，大家也把思想提高一下。为什么都是革命同志造成这样严重的对立，大家来想一想。17级以上干部学中央会议精神，17级以下学习《红旗》13、14期社论，《解放军报》前天、大前天的社论——《再论一个公字》的社论。这实际上是中央工作会议上林彪同志讲话的中心内容。14期社论是伯达同志在中央工作会议上讲话的中心内容，也就是中央工作会议精神。向同志们讲清楚，讲老实话，我指出错误路线不仅在七机部，全国有些单位也在继续执行，所以要开一个中央工作会议来纠正这个问题。错误路线的主要内容、主要表现是对群众的态度问题，对群众是敢、还是怕的问题。敢不敢把旧思想、旧意识、旧风俗、旧习惯打破，还是怕群众，怕把旧思想、旧意识、旧风俗、旧习惯破坏。对我们每个人来讲是敢不敢破私立公，沒有私心杂念，真正建立无产阶级世界观。这是对每个同志的考验和鍛炼。我这个老头子今年六十七岁了，我这个老头子还要向年青的同志们学习，还要鍛炼。我把这个问题讲一讲，希望同志们认真学习一下，同时也给我一些时间，了解七机部的情况。我要派人到七机部去看看听听，以后，同志们不几千人、几百人来，可以派代表来，人多不好谈话。今天是六号，我希望同志们给我一个星期的时间去了解七机部的情况。以前了解一些，最近一个月不了解。同时首先希望17级以上、部党委、院党委好好学习一下，同时希望学习以后，真正站到群众方面来，真正执行无产阶级路线，不要坚持错误，而是改正错误，站到无产阶级革命路线上来，不要"怕"字当头，要"敢"字当头，不要"私"字为重，要"公"字为重。这要我们做很多工作，要我们做很大的政治思想工作，这点王秉璋同志是了解的。参加中央工作会议，七机部有抵触情绪。抵触情绪要消除，为之要打破旧文化、旧风俗、旧习惯、旧制度，打破自己脑子里的老资格、旧框框。确实很不习惯，确实要做很多思想工作。我是支持革命的群众。凡是革命的行动，我是支持的。同时希望部党委经过学习以后，改正错误。因为不管哪个同志，都希望把革命搞好，总是希望革命同志越来越多越好吧！不要把所有的人都打倒，剩下毛主席和林彪两个人吧？

对于站到毛主席无产阶级革命路线上来，我们要欢迎他们。

（二）凡是过去被压制的，被视为"反革命分子"、"右派分子"、"反党分子"、"黑帮分子"点了名的，戴了帽子的，一律恢复名誉。这个部党委、院党委要采取坚决措施。在文化大革命中凡是戴了帽子的，不管什么方式戴的，一律取消，一律恢复名誉，公开在全院、全所大会上公布，这才是真正的平反，只有这样，才能消除对立，才能真正贯彻军委的指示。

（三）凡是文化革命中所有的材料，不管大字报汇编，不管排队的材料，一律封存起来，听候处理。

（四）昨晚上这样的行动不要再发生了，封存起来，不要再发生昨晚上的行动了。如果你们同意的话交给我，你们带来的材料交给接待室接受，我们负责检查分类一下行不行？（大家回答：行！）检查过后我们向大家汇报，那些你们抓对了的，那些你们抓错了的，那时再做结论。

一个路线问题，一个平反问题，一个材料问题，我来负责替你们分类检查。

（五）调职人员希部党委给我一份名单，职务、姓名。材料不准烧，（代表插话：昨晚六厂一处很多地方同时发生烧毁材料）听候封存。部党委向我负责，院党委向所党委向你（指王秉璋）负责，一级一级负责，我们来个层层负责制。

（六）請给我一个礼拜的时间，我派人去各院了解情况。关于材料如何处理，给我五天时间答复你们，我要請示中央。

（七）罢官的问题，提出意见，可以由中央研究。问题不在罢官不罢官，还是希望他能认真彻底的改正错误，我们希望在实际行动中改正错误。如果坚持错误，那么不要你们要求，他自己就滑到反党反社会主义道路上去了。

最后一点，希望两派同志之间，革命同志之间，学习林彪同志在大前天接见全国师生大会上的讲话中大民主的一段。群众和群众之间也要实行大民主，学会辩论，学会摆事实讲道理。林总的话，昨天人民日报的社论，希望学一学，不要天天你扣我一顶帽子，我扣你一顶帽子。这样不能依靠左派，团结群众多数。这就靠你们自己做工作，学会独立思考，提高自己的政策水平。大家都是愿意革命嘛！可以讲道理嘛！过去一个时期讲大民主，主要是讲群众和领导之间的大民主，这个还要继续，但今后还要加上个群众和群众的大民主，这样才能依靠左派，团结大多数，——最后才能孤立一小撮，很少很少的……（漏了一句）。部、院方向性、路线性错误不要继续了，彻底改正过来。在四中（回想）讲过的话，七机部如何多快好省地把××事业搞好，不要满足现状。是搞洋框框还是走自己的道路，是专家路线，还是群众路线，是多快好省，还是少慢差费，这样来讨论问题，我们的斗、批、改才有改的条件了。现在是批判错误路线，如何批判，如何纠正错误路线，如何彻底回到毛主席的正确路线上来，这一点做好了，结合七机部的任务批判改革。一个礼拜后，我们希望每个方面一、二、三院平等权利，各派十个代表到我这里来辩论两天，把七机部的问题搞清楚，加上我一个三十一个，加上部党委几个，三十五、六个。大家准备材料，要有事实，有系统的发言，摆事实，讲道理。同时在这个礼拜内，一方面在一个星期内，院党委要学文件，一方面在各方面采取组织措施，彻底平反，把材料全部彻底地封存起来，不准再烧。（李副总理问：王秉璋同志行不行？王答：好，好，好！）李副总理：一个礼拜后，我们去调查，开两天辩论会。（问王部长，好不好？王部长答：好，好！）李副总理接着说：把事情搞清楚一下，摆事实，讲道理，不能扣空帽子，大家准备工作要做好，双方都有一、二、三院的代表，希望各党委做工作，不是做错误的工作，而是做正确的工作。王秉璋同志，刘有光同志你们必须知道你们院、所干部的阻力相当大呀！习惯势力的阻力相当大呀！要充分估计这个问题，自己本身思想上就有阻力。希望院、所同志们把中央会议精神吃深吃透，不要辜负对七机部的希望。

完了，今天对不起，我耽误了三刻钟。一个星期以后，我们好好地讨论两天，来好好辩论一下。（当时王部长要求各院来一个领导同志参加，李副总理答应了）各院领导可来一个。（代表插话："昨天晚上的事情发生以后，有的说，我们是'反革命行动'。"）李副总理说："对三院昨晚的行动，不能看做反革命行动，支持不支持，七天以后再说，看了材料以后再说。"（群众要求王部长表示意见，王部长不表态，支吾了一会说："材料是啥我不知道。"）李副总理站起来说："这个行动不能再说是反革命行动！"（王部长这才讲了一句："是、不是反革命行动。"）李副总理说："不能这样看嘛，怎能这样看？！"（王部长说："有几×人呦，不是反革命行动。"）李副总理说："不能把他们看成是反革命行动。至于那些地方对，那些地方不对，以后再答复。"（另一个代表插话："昨天晚上的行动，林院长说是非法的。"）李副总理说："我已说到顶了，再追下去就没有意思了。"又对五位"915"代表说："你们来是好心，希望你们五位同志回去也这么说。"

最后，李副总理离开会场时，唐必铭同志代表大家对李副总理说："请李副总理代问毛主席好！祝毛主席万寿无疆！"李副总理说："好，一定带到！"大家用热烈的掌声欢送李副总理走出会场。

七机部"916"革命造反联络站宣传组
66.11.7

陶鑄同志对北京党的干部講話

（一九六六年十一月七日）

如何看黑帮黑线是根据言论行动，反对不反对毛泽东思想为中心环节，是拥护赞成还是反对。反党反社会主义不能在肚子里反对，要有言论行动。拥护不拥护文化革命是重要标准，但不是唯一的标准，还要看他的历史，特别是五八年以后要有其表现。一直拥护党拥护社会主义，只是在运动中有犹豫，虽然要批评他，让他积极起来，但不是黑帮。有的五八年以来一直骂党，但在这场运动中积极起来说，"我是左派"。他的口号最高最响，也不是左派。只要发动群众，总要暴露出来，不能光凭一时表现。对黑帮黑线要具体看，一个人是反党反社会主义分子，一伙人有反党活动是黑帮。陆定一是反党反社会主义的黑帮分子，但他的秘书、主任向他汇报，一块工作，我们能说他们是黑帮吗？不能。我们党是有组织观念的，他们搞工作联系不互相勾结，不能说是黑帮。反党反社会主义要有材料，根据事实，并说出他的根据，组织活动。

什么是保皇派，你说我是保皇派，我说你是。聂元梓的大字报当时有很多人反对，你能说是保皇派吗？不能，只是少数，因为陆平原来是校长、书记，党员有组织关系，党员对他不了解，当然要保卫拥护党委，这不能说是保皇派。保皇派不是反党的，自己不知道是坏人，但受了蒙蔽。这次运动的关键在于发动群众，发动群众就要擦亮眼睛，大字报我们可以用，你是革命派，你就不怕，就可以站在运动的最前列。按党的方针政策办事，就要有党的领导，依靠左派，组织革命队伍，团结95%以上的群众，打击反党**反社会主义分子。**

李富春副总理十一月七日接见七机部

部分革命群众代表时的講話

1.抢材料，抢文化大革命的材料，砸保密柜、档案室，中央是不提倡、不赞成的。这种行为我认为是过火的。昨天他们来了，问我支持不支持。我说，看了材料再说。对这个问题，我在这里表示个态度，抢是过火的行为，中央是不赞成、不提倡的。同时也要看到，整个北京市这个行为特别在院校带有普遍性，空军学院、地质、外语、体院、机械学院，都发生过这种情况，我同意你们的说法。院、校和你们的部院情况不一样，七机部这个行为更严重，对你们七机部来说，这种行为更不能支持，更不能提倡。

2.我们也不同意这是反革命行动，因为这牵涉许多人，除了极少数人个别坏分子外，其余的一般按人民内部矛盾处理。不能把三院、七〇一所这样一些人的行动定为反革命。如果定了你们的性质，其他院校怎么办？我们警惕个别坏人利用，其他人按人民内部矛盾处理。因此部院在中央新指示没有下来以前，要采取坚决彻底措施，不管什么地方，把有关文化大革命材料彻底封存起来，没有就拉倒。同时，我们也不赞成他们继续那样搞，我昨晚也讲了。

3.七机部党委、政治部、中央办公厅三方组成一个调查组，我们去两个人，七机部党委、政治部也各去两个人，到现场去找各方面人谈话，审查被抢的材料，然后再下结论。

4.你们可以有权对这件事批判，你们认为这个行为不对，可以写大字报辩论，运用"四大"进行批判，你们认为错的，就可以进行辩论。群众之间辩论，按林副主席十一月三日在主席第六次接见全国各地来京革命师生大会上的讲话："这样大民主，不但领导和群众之间必须彻底实行，而且，在群众中，在群众相互之间，也完全必须彻底实行。在群众之间，没有这样的大民主，不善于互相商量，不善于倾听不同的意见，不善于摆事实讲道理，不善于开动脑筋，思考问题，这样，就不可能自己教育自己，自己解放自己，就不可能达到发展左派队伍，团结大多数，孤立一小撮资产阶级右派的目的，就不可能不折不扣地实行我们伟大导师——毛主席所提出的无产阶级文化大革命的路线。"执行。这段话是新提出来的。领导是不是犯错误，主要还是在"敢"字上和"怕"字上。敢不敢发扬大民主，不仅是领导和群众之间的民主，而且是群众之间的大民主，就是四个"善于"（即善于互相商量，善于倾听不同意见，善于摆事实讲道理，善于开动脑筋思考问题）。

依靠大多数，逐步消除对立。你们是多数（代表插话：有的单位不是多数）。少数的要善于团结多数，多数要善于团结少数。不搞大民主，部党委不能解决问题，我也不能解决问题。搞了这么久还是群众对立，还是群众斗群众，这样下去部领导就把自己置于资产阶级反动路线上去了。这样下去就说明，部党委、院党委没有做好工作，我也没有做好工作。就是要依靠群众做工作，不能把责任推在部党委身上。我领导国防工业的文化革命，我来管，我也有责任。七机部文化革命不是工办管，由我管。要学会互相商量，学会摆事实讲道理，学会互相辩论。你们是骨干分子，你们也要向"916"介绍情况，最后会消除对立的。"916"抢了六厂一处"915"串连站是错误的，这是群众组织，你们可以批判。不管多数少数，除极少数外，其他都是要革命的。我们想把文化大革命放长到明年二月，还有四个多月，这四个月时间不仅学会领导和群众之间大民主，也要学会群众之间的大民主，学会毛泽东思想革命路线。你们和"916"革命同志都要学"再论提倡一个'公'字"的社论，这就是林彪同志在中央工作会议上讲话的精神。十四期社论就是陈伯达同志在中央工作会议上讲话的精神。你们要破私立公，我们相信你们会在游泳中学会游泳，在革命中学会革命。你们比我们强，也应该比我们强，青出于蓝嘛！那位同志挨了打，没有还手，是革命者的态度。他们就理亏了，我挨了打是理直气壮的。你们和"916"同志要学会互相讲大民主，你们能不能做到把他们那边的人争取团结过来。过两天中央关于这个问题的文件就会下来，现在就要彻底封存，将来要彻底消除。凡是有这种东西的，一律封存，不要留念。这次七机部发生的事件，在各机械部中是个教训，其他机械部不要去参观了。其他院校的教训也很深。外交部副部长刘新权同志为这个事被撤职了。邮电学院把材料放到武器库，认为这样就保险了，结果人家要看，他不让看，人家问他有没有，他说没有，结果人家就是从这里把材料找出来了。邮电部长停职反省，搞得各部很被动，我不允许七机部再出现这类事，但必须搞两条路线斗争，有错误的认错，跟不上毛泽东思想的继续跟。这两个同志（指赵树信，王景龙）坚守了自己的工作岗位，这种精神是好的，我相信你们会在三、四个月中锻炼出来的，会把文化大革命搞好的。七机部的中心问题是方向性、路线性错误，彻底改了就是了。真正使七机部××事业搞的多快好省，就必须为改准备条件，把七机部思想提高，工作也可以提高了。至于路线错误，七机部改就行了，在斗争中学会斗争嘛！旧的规章制度要改。毛选学习要加强。人的思想革命化了，这样七机部的斗、批、改就好办了。目前，多拿出一些时间搞批判方向性、路线性错误，之后就搞斗批改，使每个同志革命化，带动事业更加革命化，更加符合总路线要求。这次×××××成功是大家努力的结果，不要满足，还要搞××××××，任务艰巨得很。所以如何破私立公，通过思想革命化带动事业革命化，不要被一个曲折把大方向搞模糊了。十一·五事件是一个曲折。我建议七机部文化革命一定要搞劳逸相结合、业务、运动相结合，运动中学习和开会结合，单单天天开大会、喊口号不解决问题。跑到这里来呆二、三天你们累，身体搞垮了，我们也不安心，为业务服务要劳逸结合，要抓革命促生产，科研生产不停工。运动本身要搞，但要与学习结合，不断从认识上把思想提高，把毛泽东思想领会贯通，三个结合要搞好，提高自己的思想水平。三个结合要搞好：劳逸结合，运动与生产结合，运动与学习结合。时间长一些也可以。这样不但思想革命化，生产搞好了，身体也不吃亏，这三个结合，部、院党委要同意，不要使同志们一天天忙于运动。要抓紧学习，不要开了几个大会，一个社论还没有学到，身体也不至因搞运动而搞垮。七机部不仅要出××，而且要出人材，通过文化大革命，出现一批思想红的革命家。认清大方向与"916"同志讲一讲，介绍介绍我的讲话，逐步消除对立情绪。部、院党委不要背思想包袱，改就行了嘛！只要对事业对党有贡献，就很光荣，不要背包袱。我们这个大方向、大任务、大道理一定要掌握！特别在座同志不要为一件事、一个问题而气愤。气愤是可以理解的，但是不要怕曲折。你们可以转告"916"同志，挨打不还手，又把我的意见转达，我们可以仁至义尽了。我们要站得高一些，看得远一些。三个结合要安排妥。希望七机部涌现出一批高举毛泽东思想伟大红旗的人材来，你们都很年轻（才三十岁！四十岁以后还是有为的），在文化大革命中锻炼得更坚强，成为又红又专的人材。你们和×机部搞文化大革命，不但关系到国内阶级斗争，也关系到国际阶级斗争，是对付帝、反、修，不仅有国内的任务，还有国际的任务。这个任务是很光荣的，很伟大、很艰巨的。这次×××××成功是这个任务的刚刚突破。

我就讲这几个意见。

附：群众代表汇报情况中，李副总理插话及时提出的几个问题的解答

×××同志汇报时讲到："……他们十一月五日晚抢到的材料都送到李副总理这里来了。"

李副总理讲："材料在我这里，有六麻袋，一个箱子。"

周总理、江青等同志接见部分学校红卫兵

代 表 討 論 紀 要

时间：1966年11月8日晚至11月9日晨
地点：人民大会堂

参加人：首长：周总理、江青同志、谢富治副总理、戚本禹同志、张春桥同志、
　　　　王　力同志及周荣鑫秘书长等。
　　　　红卫兵代表：三个司令部每个出几个人，另外指定航空学院红卫兵、航
　　　　　　院红旗和其它一些单位各出一名代表，共三、四十人。

内容：讨论有关黑材料的问题。

总理：因为连着开会，节气不好，连着，很疲劳。今天叫你们三个司令部的来，想座谈一个紧急的问题。十月五日中央军委的紧急指示信……中央批转了，到现在一个多月了，但平反和档案材料问题没解决……。

林彪同志发表了两次讲话，《红旗》两期社论，《人民日报》社论，《解放军报》社论，但是黑材料的问题不便于写进去（此句是大意）。今天和你们直接会谈，以便解决的彻底，干净利落，以便于向资产阶级反动路线坚决地斗争。……不然纠缠在这个问题上不利。北京如此，全国也是如此。想征求你们意见，你们可能很突然，事先通知了没有？

（没有）

（总理让大家举手发言）

蒯大富：叶林到我那儿去了，说要交材料，但什么也不交。他拿了两份清单，一份清单我们照了象，另一份是交给文革的材料清单，他不交，不让照象。他们说防止群众斗群众。

总理：你们两边都挺"文明"，他不交，你们不叫走；那一边呢，他就不交，也不走了。……

他有的材料是回忆的，你们系串连的回来了，一问不对，说有的烧掉了……。因此他说宁肯不听中央的报告，也不回来。

蒯：同学等不住了，要抢怎办？

总理：那不好。（江青同志笑了）

（有人谈到陶鲁笳的问题，江青同志小声说："陶鲁笳胡说八道。"）林院、国际关系学院、人大、航院有的代表谈了他们的主张，还有一些学校谈了一些具体问题。因为这次会是专门讨论有关材料问题的，所以没有讨论那些具体问题。在讨论过程中，首长很少

讲话。因为谈的很具体，从略。）

北医红旗：搞材料没意思（按：后来有人反对这个意见），材料公布不要销毁。

应该乱，三个司令部要乱，红卫兵也要乱。要大胆地闯，不怕乱。有的问题自己解决，不要把矛盾上交。

总理问他们，大意是：那么你们为什么还有人在中南海西门等我？

北医红旗：现在有人在国务院西门是说服他们回去，只有一个代表。

总理：你回去说服说服，你们给陶铸同志贴大标语，共七个标语，贴到陶铸同志头上合适不合适？我不能见他，我不能同意这个口号，不只是我不同意，毛主席也不会同意。

北医红旗：他还说……

总理：那个已经声明了。（有人说：8月23日在医大也检查了。）定调是定早了。他承认了这个错误，把四号人物陶铸揪出来，我怎么见？中央政治局名单，没有正式公布，但是只要有点政治常识，在报上总可以看得出来么！

我那个门（按：指国务院大门）走不进去了，怎么做工作呢？

大民主应该有个界限，在最大民主的基础上应该有集中，必要的集中还是要的。"八·八"的十六条，公报是毛主席审定的，新的政治局常委是十一中全会选出来的……说错了几句话，是不可避免的（大意）。如果陶铸他坚持这几句话你们还可以……。他承认了么！

"文办"是很弱的，"文办"不健全。人手一时抽不过来，经过革命才能发现人么！

你们贴标语说陶铸是"扶摇直上"，却又说毛主席要提拔新生力量（大意）。把这样的老同志没看成是主席的学生、战友。现把我心里所想的，不管对哪一派都讲了。……

现在要见我的人这么多……我不只有国内的事情，还有国外的事情，不能点名要见周某人，我就见，我没有这个义务哇！我插入这一段，把时间占了，我借这个机会向你们呼吁！……

（很多代表谈了对黑材料的移交处理问题的意见。有的主张抓黑材料的问题，有的主张不要在这件事上过多地耗费精力，有的主张把黑材料销毁或部分领导过目或全部公布等处理意见。分歧不小。）

总理：这个问题全国到处都提出来了。中央文革小组正在研究，你们现在分歧不小，研究后再报中央。

我想就两个提议跟你们商量。中央要交文革小组研究，提出个方案来。这牵扯到许多问题。

一个（建议）是，中央的大门不能开了，你们三个司令部的，不要闯进去，不管哪个司令部的、哪一派的，都不要闯进去。光拥护毛主席亲手制定的文化革命的纲领，拥护党中央，但是毛主席睡觉也睡不好。我号召你们不要往里闯。先开一个门，然后再开一个门。（按：有些人在中南海西门外等着接见，有的往里闯。）

另一个问题，有的为了黑材料问题，档案问题，把部长找去了，要见。我们排上队要有个商量。

我今天说了，你们同意，我回去就开。毛主席的中央哪有开小门的。——你们是留在北京的，你们很困难，××大学你们四、五百人，接待外地来的同学很累。在家的由你们传达，还有外地的同学，外地的同学总好办么，主要的是北京的做个榜样么。

如果你们来几个人说一下，我们欢迎。

这是一件事，向你们呼吁，你们哪个反对？（没人反对）应该不应该开？（应该）这是一件事。

主席这两天要分批接见外地师生。要见就得分批见了，因为各种组织形式都试过了，总有缺点。这次想时间短一点，拿车运。外地的同学，要说服他们，第一批不成，以后还可以见，本地的同学辛苦了……。你们做工作，明天请周荣鑫同志给中学同学做工作。这次排上队的见了就回去了。

告诉他们排的上的上车，别的第二批、第三批都排得上。真正拥护毛主席的，要使毛主席、中央不受干扰。问题是非要当天见不可，非要见不可（大意）。我们十几个人，有一个人见就可以么，我和谢副总理，谁见也一样么，（戚本禹和×××没记清）一样，也不能一见就叫陈伯达、江青同志，陈伯达同志是杰出的理论家，要思考、写文章……。

      ×   ×   ×

在会议过程中，第二司令部提出了航院红旗为主的一些红卫兵到第二司令部造反的事，江青同志表示："你们群众组织自己的问题，我们不能包办代替，应由你们自己解决，你们那个问题我们听，委托戚本禹同志处理。"

另外，总理答应派人调查一些单位发生的事件，答应处理中学组织长征队的问题，答应打电话解决各学校的工作组的材料问题。

这次会议，充分地体现了中央对红卫兵的无限信任。最后让我们高呼：

彻底批判资产阶级反动路线！

我们最最敬爱的导师和领袖毛主席万岁！万岁！万万岁！

北京航空学院红卫兵整理

（根据个人笔记整理，仅供参考，所出差错由整理者负责）

1966.11.9

北京航空学院"红心向党"服务小组翻印

1966.11.10

北航"红旗"翻印

1966.11.11

陈伯达同志十一月八日的指示

（十一月八日晚上，中央文革小组张春桥同志在国防部南门向冲进国防部大院的解放军技术工程学院等学校师生宣读了陈伯达同志的指示。）

小道理服从大道理，大道理管小道理，这是毛主席经常说的。今天的事，不管你们有这样和那样、千条和万条的道理，但比起冲进我们无产阶级的神圣的国防部这样的大事来，你们的各种道理都站不住脚了。你们忘记了大道理，把这样那样的小道理摆在大道理之上，这怎么能够说是正确的呢？

希望你们立即离开国防部。有什么事可以一个一个谈清楚，有什么委曲可以一个一个解决。在文化大革命中，同学们要用大道理来自己教育自己，自己提高自己。方法是摆事实讲道理，骂人不好，打人更要不得。请同学们好好想一想，不要再在那里顶啦！你们年轻，不要以为自己都对，谁也说不得。我说的这些都是好意，都是从大道理出发的。希望你们不要轻听轻信，偏听偏信。在伟大的毛泽东思想道路上前进！

再说一句：希望你们立即离开国防部，今天的错误是可以改正的，改正以后还是可以做一个毛主席的好学生。

因为身体不好，托张春桥、谢镗忠、戚本禹三位同志来见你们，说这番话，请你们考虑。

（注：此稿根据全军文革办公室讲的电话记录整理，未经本人审阅）

第七机械工业部钢铁战斗队、红梅战斗队转抄

中国人民大学《激浪》、《卫红》战斗队翻印

66.11.17

李富春同志十一月八日接见一輕部

毛泽东思想紅卫兵等部分同志的談話紀要

十一月八日，我们一轻部毛泽东思想红卫兵部分同志和院、所部分革命同志向李富春同志汇报了我们对一轻部文化革命运动的看法，又谈了对"十一月四日李富春同志与一轻部部分革命群众代表谈话纪录"的看法。

富春同志首先表示：欢迎同志们来反映情况，这使我比较全面地了解了你们部文化大革命的一些情况。欢迎同志们对我提出的意见和批评。我支持你们闹革命。

然后，富春同志谈了以下问题：

一轻部运动中的所有问题的结论，都应该由一轻部的革命群众自己来作，上级不能包办代替。我十一月四日说的话，只是个人意见，只能供你们参考，说错了的话，一律收回，不作数，也可以批评。我的话没有任何约束力。

一轻部部分同志贴出了我四日的讲话，在群众中发了些议论，有不同的看法，这是正常的，我的讲话，不一定都对。我不希望同志们利用我十一月四日的讲话影响对薄一波的批判，或者为个别人的错误打掩护。也不希望用我的话去压持有不同意见的革命群众。革命运动，只能是充分相信群众，依靠群众，群众自己教育自己，自己解放自己，任何人不能包办代替。

陶鲁笳说一轻部七·二九以后的运动是"白色恐怖"，这是他个人的认识。是不是这样的问题，应当由一轻部的革命群众来讨论。

一定要坚持党的领导。党的领导首先是党中央、毛主席、毛泽东思想的领导，正确执行党的方针政策。如果你们部党委没有烂掉、瘫痪，是努力按毛泽东思想和党的方针政策办事，就应当尊重党委的领导，党委一定要"敢"字当头，放手发动群众，改变那种处于软弱无能的状态。如果有违反毛泽东思想和党的方针政策的地方，就要加以抵制，加以批评。革命群众在运动中对党委进行揭发批评也是应当的，正常的。党委应抱欢迎态度和支持态度，应该引火烧身。要把文革筹委党组和部党委合并是错误的。笼统地说党支部是"法西斯党支部"是错误的。一个共产党的支部，犯了错误可以批评，怎么能叫作法西斯支部？当然，个别的党支部也是有烂掉的。

陈智方同志要派葛春森同志当办公厅主任时，葛春森同志表示要由组织决定，是正对的。这就是坚持原则。文革筹委不是一轻部党委，文革筹委就是搞文化大革命的，是群众性的革命组织，是无产阶级文化革命的权力机构。你们一轻部的文革筹委在这个问题上，如果是这样做的，那就不好了。

什么是阶级路线？我们是第一有成份论，第二不唯成份论，第三重在政治上的表现。

关于这个问题，十六条第五条已经讲的很清楚了。根据你们汇报，薄一波在七·二九大会上，对所有发言的人，缺乏阶级分析地一律肯定为"左派"，这样作法是不对的。

对文革组织成员能不能批评？十六条第九条规定的很明确，对文化革命小组、文化革命委员会（筹委）的成员，可以由群众随时提出批评，如果不称职，经过群众讨论，可以改选、撤换。就是说群众随时有权利提出批评，提出撤换嘛！对文革成员提出批评，不能说是群众斗群众。

计惜英撤换下去了没有？（答：撤下去了，部党委已经撤了他的行政职务。）下去了就好嘛！如还有不恰当的，经过群众讨论，也可以撤换嘛！

当前运动，最主要的是批判资产阶级反动路线。在一轻部，首先是对薄一波的资产阶级反动路线必须批判，这是肯定的，毫无疑问的，而且要批深批透，肃清他的影响，已经揭出来了嘛！其次，部党委执行了资产阶级反动路线，也必须批判。文革筹委个别领导人如果执行了资产阶级反动路线，也可以批判，但是，要把个别领导人的错误和整个文革组织区分开来。

平反问题。根据一轻部的具体情况，凡是在薄一波为首的资产阶级反动路线影响下，不论在七·二九前还是七·二九之后，革命群众被部党委或者部筹委领导人打成"反革命"、"反党分子"、"右派"、"真右派、假左派"的，都应一律平反。党委和筹委搞的这方面材料，都应当按规定处理。

夏之栩同志的大字报是扭转运动一面倒、不许发表不同意见的形势的一张好大字报。"九·一二"以后形势是不错的，大辩论基本上是好的。当然也有缺点、错误。这些缺点、错误可以批评。

用党组织和文革组织的名义，把薄一波的"一轻部是黑暗系统"的错误说法，通知下面单位，这是错误的。下面单位的文化革命运动是由各地党委领导的，为什么把通知发下去呢？

伟大的无产阶级文化大革命运动，是史无前例的。苏联没有进行文化大革命，结果走到修正主义道路上去了。我们敢于放手发动群众，进行大民主，让群众、让青年锻炼自己。这是史无前例的伟大的创举，这是因为我们有伟大的领袖毛主席！有伟大的毛泽东思想！

主席提出了革命接班人的五个条件，林彪同志概括为三点：一是相信毛主席，二是相信群众，三是正确地对待自己。这又一次证明林彪同志是活学活用毛主席著作的典范。

你们毛泽东思想红卫兵多少人？（答：一百八十五人。）你们做了很多工作，但要估计到一轻部文化革命运动还是有阻力的。你们一定要注意政策和策略，多做艰苦细致的工作，一定要团结大多数的同志。大多数同志都是要革命的，你们一定要遵照林彪同志指示的："在群众之间，没有这样的大民主，不善于互相商量，不善于倾听不同的意见，不善于摆事实讲道理，不善于开动脑筋，思考问题，这样，就不可能自己教育自己，自己解放自己，就不可能达到发展左派队伍，团结大多数，孤立一小撮资产阶级右派的目的，就不可能不折不扣地实行我们伟大导师——毛主席所提出的无产阶级文化大革命的路线。"

你们部划归谷牧同志领导，他领导一轻部的运动和工作。你们有问题，可以找他。

如果你们遇到困难，万不得已时也还可以来找我。

我今天说的，也还是个人的意见，不是"指示"，仅供同志们参考，同样对任何人没有什么约束力，说错了的，可以批评。总之，一定要坚持相信群众，依靠群众，群众自己教育自己的原则，即群众路线的原则。

谈话后，富春同志又和我们一一握手。同志们请富春同志代向毛主席问好，敬祝毛主席万寿无疆。富春同志欣然应允。（汇报内容另行公布）

第一轻工业部毛泽东思想红卫兵部分同志和院、所部分革命同志

66.11.13

张春桥、戚本禹同志十一月八日

与北航《红旗》五名战士谈話紀要

红旗战士问：自从那篇社论《红卫兵不怕远征难》发表以后，大部分人都想去，大部分人都去长征了，我们留下来的到北京社会上去，到工厂去。

戚本禹答：与工农结合，大方向没有错。

红旗战士：我们到工厂去了几趟，看到工人的造反精神比我们好，现在文化大革命向纵深发展，我们迈开了脚步到工厂和工人结合，了解工农。我们到工厂写大字报，宣传毛泽东思想，宣传党的方针政策，与工人谈心，替工人抄写大字报和工人一块劳动，搬到工厂去住。

又一红旗战士：我们是到光华木材厂的，工人同志纷纷要求我们去，那里路很远，我们准备搬到那里去住。

戚本禹：到工厂和工人一块住，不打破他们的生产秩序。当然有的生产秩序也是要打破的，靠群众去闯，去打破，这样就可以了。

张春桥：搞工厂是个方向问题，我们打算下一步应该这样走，至于怎样走，你们去闯，去摸索经验。

红旗战士：有人反对我们进工厂，例如北京玉器厂（光华木材厂红旗战斗团也对我们抗议）。

张春桥：这是一个新鲜事物嘛，当然有人反对（笑），当然，有人反对你们进工厂的指导思想是怕你们打破他们的生产制度。如果你们注意了，把革命和生产制度的关系处理好了，他们就反不了。首先你们应该和工人接触，现在不要到车间去，因为他们内部不统一，也谈不了多少话，我以前有几次到工厂去也是这样，要等工人下了班再和他们谈，否则你到这一派师傅那里去劳动，那另一派可能全部停工，那就不好了。

红旗战士：我们想搞几个点摸摸经验，是不是你们也深入配合我们搞的点总结经验。

戚本禹、张春桥回答：好，好，好，还是靠你们去闯吧。找几个工人来谈心。

（注：谈话记要保证大意不错，个别词句有误差由整理者负责）

北航《红旗》战斗队战士　罗原全等

北工大《东方红公社》湘江战斗队翻印

北京玻璃总厂（二楼）红卫兵联络站翻印

1966年11月12日

中央文革小組王力、穆欣同志在北京政协礼堂
接见青岛及山东各地红卫兵、革命师生（部分）时

王力同志的講話

（11月9日）

同学们：

中央文化革命小组的穆欣同志和我来看同志们、同学们。（热烈鼓掌）

同学们给陈伯达同志、康生、江青同志，还有我们（王力同志和关锋同志）写了很多信，我们看到了。本来很早我和关锋同志想见同学们，因为问题很多，关锋同志病了。我们文化革命小组的同志关心山东，关心你们，关心济南、青岛等地的斗争。康生同志临走写了个条子给我和关锋同志，要见见同学们。我们两个人，本来是关锋同志和我，关锋同志病了，现在是穆欣同志。穆欣同志是中央文化革命小组的成员。我们主要是来看同学们，听听同学们的意见，把同学们的意见、要求、情况带回去，小组的同志们研究。同学们知道中央文革小组只几个人，全国的同学们都要求见，我们也很想见同学们。我们这个小组是党中央常委的秘书班子，所以我们不能发号施令，也不应该发号施令，我们不能做决定，我们只能把意见反映上去，向主席、向中央常委反映同学们的意见。关于我们到这里来，我们两个人更不能做决定，我们对于同学们做结论的问题，我们不能做决定。带回去，文革小组同志们也不能作。

今天根据同学们提出的问题，只能在原则上讲一讲，这些意见可能对，也可能不对，請同学们考虑。

整个文化大革命的形势很好，这一点同学们要做足够的估计。两条路线的斗争，就是以毛主席为代表的正确路线与反动的资产阶级路线的斗争，已经取得了很大的胜利。同学们如果对形势分析一下，回想一下，就可以看到党的八届十一中全会就是宣告了以毛主席为代表的正确路线的胜利，也宣告了资产阶级反动路线的破产。这是八月八日发表了《中共中央关于无产阶级文化大革命的决定》，八月十二日通过了会议公报。这个错误路线在十一中全会之前，在全国好多地方都执行了这条错误路线，十一中全会纠正了这条错误路线。但这个斗争（正确路线与错误路线），八月初至八月底、九月这两个月中还在继续，还很激烈，有的地方改换了形式，继续执行错误路线。从十月初，林彪同志在十月一日的讲话，《红旗》十三期社论，人民日报社论发表以后，两条路线的斗争，反对资产阶级反动路线形成了群众性的批判反动路线的运动，两条路线的斗争更加深入。这段形势，同学们都有亲身感受，很好！各个省市，北京的各部门，广大群众到处展开了群众性的对错误路线的批判。是不是说广大群众起来批判资产阶级反动路线，是全国人民都响应中央的号召起来批判资产阶级反动路线，坚持错误路线的人就不搞

了呢？他们的这一套就完全收起来了呢？自动退出历史舞台了呢？不会的，他们还会改变新的形式。所以文化革命每前进一步，应看到广大群众的主流、潮流，看到前进的方向：也要看到，我们提出一个新的口号，新的方法，坚持资产阶级反动路线的人也变换花洋来搞，斗争还在继续。

同学们递了很多条子，谈到了这样的问题：就是说各个地方在开三级干部会议，又提到三级干部会议究竟怎么样。你们山东省的三级干部会议究竟怎样我摸不清，总的讲，我们对过去执行错误路线的同志，他们要开三级干部会议，这是党中央的决定，统一部署的。他们开，我们可以看到这是党中央、毛主席号召展开群众性批判所推动的。要看看这些过去犯路线错误的同志，他们究竟对无产阶级文化大革命，对以毛主席为代表的正确路线，对他们过去所犯的错误（路线、方向错误）采取什么态度。我们可以看看，有一些同志是否可以进步，经过两个月的斗争，经过群众运动对错误路线的批判，经过毛主席及林彪同志、中央其他同志的教育，是不是改好了。我们可以看一看，这个会他们能不能开好，屁股是否转过来了。拿山东省来说，我们可以看到，他们自己也不能不承认过去他们犯了严重的方向路线错误。毛主席和党中央希望他们不要象十一中全会开完以后那样，十一中全会开完以后，他们还是老样，没有多大改变。两个月来我们有了经验，他们也有了经验，是否认识上有些提高，现在看起来，可能有些同志有所提高。但是有的同志反映，今天我才详细听到，谭启龙被你们带到北京来了。同志们反映谭启龙同志回去进步很小。（同学们说："没有进步！"）嗯嗯！没有进步，继续采取这种态度是不对的，继续与革命学生作对是不对的，这样就辜负了毛主席和林彪同志苦心的教导，这不好。这一点，一定要坚持正确路线，谁违背了毛主席的正确路线，就同他斗争，一定要坚持毛主席的正确路线，一定要和这条错误路线及其各种表现斗争到底，批深批透，这个原则一定不能妥协的！这个旗帜必须鲜明！这个原则不能含糊！同时，我们要根据党中央、毛主席的指示，给他们时间，观察一下，不好，再观察，给些时间，特别是同学们这一点很好。要保证他们三级干部会议开好，给他们条件开好这个会，因为他们要传达毛主席、林彪同志和党中央其他同志的指示和讲话精神，有些事情要讨论，给他们时间。因为这个斗争进行了三个月了，从六月份算起五个月了，从十一中全会算起两个多月了，在这五个月和两个多月的时间当中，同志们，革命的同学们，是不是也应该总结一下，回顾一下，想一想。我们本身的斗争也要提高，我们的水平、觉悟、斗争艺术、斗争策略，也要在几个月的斗争锻炼当中提高一点。同学们记得，在十月六日十万人的大会上，江青同志提出：一个掌握原则，一个掌握政策，一个要掌握斗争策略。从这个提出已经一个多月了，这个问题我们希望同学们有所提高。两条路线的斗争要按着毛主席的正确思想来进行，这个请同学们认真读一读林彪同志的讲话，红旗十三、十四期社论，希望同学们认真读一读。

对这条错误路线，在今天说，一个问题是对形势的估计要有正确的估计，一片大好形势，不要看成一片黑暗，不要对资产阶级反动路线估计过高。北京的革命派同学在前一段时期，把形势估计的过份黑暗了一点，把资产阶级反动路线（一句话未记下来）。要看到大的方向、大的主流、大的形势，看到好得很的形势，一天比一天好的形势。当然，一片光明，一点黑暗也没有是不可能的，是否资产阶级反动路线就规规矩矩，老老实实，那也不是。再一个问题是只有彻底批判资产阶级反动路线才能把运动搞好。再一个是对犯路线错误的同志要加以区别，提出错误路线和执行错误路线的要加以区别，提出这个错误路线的只有一两个人、几个人，代表只有几个人，这是一个区别，这是一个很重要的区别。同学们可以温习一下党史，每一次错误路线的代表人物只有一、两个，那么几个。（刚才有个条子，不是同学们把谭启龙同志带来了，而是谭启龙同志把同学们带来了。）（鼓掌）这是一个区别。自觉执行的是少数，和不自觉执行错误路线的加以区别。第三个区别就是有轻重，这个好区别，轻重不同，有量的不同，有性质的不同。第四个区别，坚持错误，改正错误，这是第四个区别，犯了错误改正了，这同继续坚持错误，顽抗不改这是区别。《红旗》杂志社论提出要做到四种区别。对犯一般错误的同志，同学们要用毛泽东思想来武装自己。还是人民内部矛盾。这是党中央，毛主席一贯处理党内犯一般错误的同志的方针。党内历史上曾经作过不正确的处理，造成了很大损失，而毛主席提出了正确方针。怎样对待犯一般错误的同志呢？《红旗》杂志上讲了，就是惩前毖后、治病救人的方针。要达到两个目的，既要弄清问题，又要帮助同志。一定要弄清问题，不弄清问题就搞团结，那不就是和稀泥吗！我们反对和稀泥，不坚持原则，不把问题弄清楚那是不行的。那是违背毛主席的方针路线的。但是另一方面，也要达到团结同志的目的。对于犯错误的同志必须向他大喝一声："你的错误是很严重的！你是路线的错误，你的错误路线是与毛主席的正确路线相对立的，你的错误必须改正。"他说："我改正啊！"空口无凭，是不是改，要看行动，不能看你口头上的宣誓，要看行动。看行动要看什么呢？《红旗》杂志指出三条。第一条是不是公开承认、检讨了方向、路线错误。大量事实摆着还不承认，你光说改正，口头上说但不检讨是不对的。第二条看他是不是纠正错误，特别对于过去被打成"反革命"、"反党分子"、"右派"、"假左派、真右派"的，是不是认真地平反，公开的平反，是不是当众给他们恢复名誉，这样的问题是不是做了，坚决做了。青岛做了没有？（同学们齐答："沒有！"）不但没有做，还在十月二十五日给小学生打成"反革命"，戴高帽子，（指青岛四方小学）这怎么能说青岛问题解决了呢？（暴风雨般的掌声和口号声）结论应由青岛的广大的革命群众、革命学生自己来做。解决了没有？（同学齐声："沒有！"）重说一下，是不是公开承认错误和检查错误？（同学齐声："沒有！"）是不是给打成"反革命"、"小牛鬼蛇神"、"叛徒"等，名堂很多，这也是创造性吧！平反了没有？（同学齐答："沒有！"）是不是把检讨材料退还给本人了呢？（同学齐答："沒有！"）这怎么能说解决了呢？（众口号：要求谭启龙回青岛检查！到山东检查！交出黑材料！）第三条，第三个标准，坚决支持革命群众的革命行动。谭启龙同志呢？是站在革命群众的对立面，镇压群众。那你改正错误啊！错误是很严重的，是与毛主席的正确路线相对立的。做到第一条，第二条，还有第三条，必须真正地移到革命群众的一边，和革命师生站在一起，（鼓掌）和错误路线作斗争，做到这三点，就叫做改正错误。我们希望同学们看一看是否做到了这三点，看一看他们的行动是不是站在革命群众一边。看一看，不是要睡觉，要斗争，每前进一步都要斗争，我们要观察、观察，也要进行斗争，因此这个斗争的艺术、斗争的策略要注意，要提高。党中央坚决支持革命群众、革命学生！（热烈鼓掌）特别是受压制、受压迫，被打成"反革命"、"右派"的革命群众，我们坚决支持你们！

（热烈鼓掌）在很多的地方被打成"反革命"的革命左派的地位改变了，有的开始改变，有的地方还没有改变。我们相信，会改变的，一定能够改变的。如果已经改变了，我们要更加注意，用毛泽东思想武装自己，要按毛泽东思想办事，千万不要自己担负了领导、改变了地位以后，象过去他们对待我们那样，不要接受坏传统。我们党内有两种传统，一种是毛主席的传统，就是马克思列宁主义的传统，革命的传统。也有遗留下来的坏传统，国民党传统，苏联修正主义的坏传统。我们一定要按毛泽东思想办事，武装自己，接受正确的传统，不要象过去他们那样，搞什么收集材料，整群众，整学生，斗争方式也不要搞他们的那一套，监视、盯梢、搜查笔记本，不正确的做法。对于同志、同学，我们地位改变了以后，要采取林彪同志在天安门上讲话那样，提到无产阶级专政下的大民主！（热烈鼓掌）大鸣大放、大辩论。那些受蒙骗的人，也要善于同他们商量，听取他们的意见。每一个斗争，我们要总结，要整顿我们的队伍，扩大我们的队伍，逐步地团结大多数。我们不要搞他们那一套。要抓住大是大非问题。我们是对政治思想问题的判断，批判资产阶级反动路线。

整理群众的材料，特别是档案材料，凡属本人的材料，一定要交给本人自己处理，这个军委指示已解决了。其他的整理的材料，同学们动脑筋想其他的方法处理。真理在我们手里，就不要纠缠在这些问题上，而要把主要精力集中在政治上、思想上的斗争。这些材料我们用最好的办法使那些领导人不能转移、复制、搞鬼，要把全部材料交出。总而言之，我们通过五个月的斗争，斗争策略有了提高。

有的同学提了这样一个问题，这里放一下。（条子）（谈三级干部会议，有的人说山东的三级干部会议是学生破坏的。）刚才后边同学提出这个问题，我们第一次听到学生破坏了三级干部会议，要把这个罪名加在革命学生身上，这是不对的。应该很好地把屁股坐到学生一边，和大家很好商量，相信革命学生不会不让他们开会的。（掌声）是一定能够经过商量达成一定协议的。如果商量、协议没达成，延迟了几天，也不能说是破坏会议。同学们，刚才我说的，我们要做到这点，给他们改正错误的机会。最近毛主席讲，这次是不是要比上次好一些，但主席讲，总有一部分人，少数人，还是要对抗，究竟怎样还要看一看，给他们时间改正错误的机会，给他们开好三级干部会议的条件，希望他们开好，希望他们改正，做到这三条，红卫兵是不是要参加三级干部会议还是看他们自己，给他们一个讨论问题、总结经验、改正错误的机会，他们应抽出一定的力量同时和革命师生做好工作，共同搞一些问题，你看这样好不好？（齐"好！"）

希望同志们按毛主席的指示，好好学习林彪同志的讲话，《红旗》杂志社论，提高自己判断事情的能力，我们什么事情都要按照毛主席的思想来判断，按照林彪同志的讲话，《红旗》杂志社论，这个同学们已成了很好的习惯，遇到问题请教毛主席著作。文化大革命就是要按林彪同志及其他同志正式发表的谈话，《红旗》杂志，人民日报社论办事，至于其他讲话，比方我这次讲话，是同学们逼着我讲的，象这样的讲话外面流传很多，接待站普通人员的讲话，这些都不能当作标准。流传的真真假假，不算数，不能作为真正的标准，例如最近大街上北京大学贴出来《林彪同志论左派》这篇文章，一个字也不是林彪同志写的，全是捏造。看起来有人想达到自己的政治目的，自己搞的这些东西不能算数，要上当。至于有人故意利用这样一些讲话来大量印发，达到自己的政治目的，我们就要同他斗争，如果青岛故意印用总理的讲话（九月廿四日周总理的讲话），不算数！报纸上没登嘛！不算数！！用这些东西达到自己的政治目的，这个不对，比如说林江的那些讲话，有很多错误，有的人为了达到自己的政治目的，大量印发他们的讲话，这个不对！现在他正在检查，至于要他去青岛检查，就不必要了！他是一个一般工作干部，也不专门回答青岛问题的，他要作检查，检讨要交给你们，你们应同大量印发的人进行斗争，揭露他们的政治目的。

至于工厂文化大革命怎么搞法，我还不能讲，我们正在研究，有人问我，希望他能给我写一些材料。农村问题，现在中央正在研究，希望同志们有什么材料，有什么意见，向我们提出。

革命的学生应当同工农相结合，这是毛主席的指示。每次革命运动，革命的学生不同工农相结合，那就不能结出丰硕的果实，历次党的历史都证明了。革命的学生怎么能不同工农相结合呢？怎么能不向工农学习呢？这个大方向是不能忽视的，这是毛主席的思想。工厂农村文化大革命的主流应当支持，革命的工人农民对革命的学生的行动应该支持，绝不能压抑、打击、镇压。（鼓掌）但是工厂农村同学校不一样。学校，毛主席下了决心停他一学期再停他一学期，（鼓掌呼口号）可以下这样的决心，但工厂农村不能停，一天也不能停。两条可以肯定，第一条，一天也不能离开工作岗位，这是肯定的，这是常识，这是最大的利益！第二条，指挥生产的系统不能中断。具体的工厂文化大革命怎么搞好，首先是工人同志们自己的事情，提出意见，同学们也可以提出意见。我相信这个问题党中央很快会有指示通知的。农闲到了，与农忙不一样。工厂、农村的问题现在都很紧迫，希望同学们提出自己的看法。总的口号是《抓革命、促生产》，这个口号有的同志批评是不对的，应支持。不抓革命，压制革命，扣工资，统统是错误的。抓革命，不是叫你停革命，更没叫你反对革命。至于说把生产全部丢掉，象学校一样，这个不行。这就是工厂、农村、学校的不同点，一定要既要抓革命，又要促生产，这样才完整。

串联，因为工人有生产岗位的问题，工人农民到外地、到远方去串联，不可能。至于企业之间来往就是串联，这是扣帽子压人，不对。一个城市学生与工人不能来往，那是不行的，那叫什么世界？我们不要到车间里去，工人宿舍里可以去，完全可以去嘛！不搞文化大革命可以去，搞了文化大革命怎么反而不能去了呢？学生不向工人学习怎么行呢？那我们就没有根了，就将漂起来。我们不要到车间去，打乱工人程序，我们也没有去嘛！有人去，我们不赞成这样做。

有些东西，党中央指示一定要正确领会，而坚持资产阶级反动路线的人总是要打着党中央指示的旗号，拿来为自己的反动路线打掩护，作为自己的武器。

关于县以下中学、小学的文化大革命问题，过去是农忙暂时不搞，现在农闲，我们再研究吧！过去也是笼统地说县以下暂时不搞，县以下中学问题，这个问题也正在研究，另外北京怎么搞也正在研究，关于这些问题同学们都可以提出自己的看法、意见。

剧团同学互相串联，不让见面，这不对吧！那就是整人嘛！谁支持学生就整谁，这是不对吧！（王力同志问青岛市柳腔剧团："你们剧团的运动搞得怎么样？"答："光整群众，五十几个人，有十个群众被打成反革命，现在又想借排戏，停止运动。"）王力同志接着说：那就不只是剧团的问题了，剧团在文化大革命中彻底整顿，彻底把文化大革命搞好！

　　工厂、农村、小学、文艺团体这几个问题，今天不可能作具体回答，只能从原则上讲。还是等中央的指示。同学们有什么意见可写信，具体问题是不是还是不回答？怎么样？还有什么问题？是不是这样了？最后归结到一点，还是按十六条办事，按毛泽东思想办事！按毛主席的正确路线办事！最重要的一条，就是群众自己解放自己，自己教育自己，自己闹革命。各种具体问题靠同志们自己解决，我相信，同志们自己会解决的。不要把一些小问题让某一个人来解决。现在有的县以下中学不是已经搞了吆！不让串联，你们不是来了？特别提倡步行，谁捆住你的腿了？这个谁能阻挡？阻挡不了吆！不过要有计划。所以我相信同学们自己可以解决这些问题，不要大大小小的问题都去问我们，我们也为难。只要符合毛泽东思想地干革命，自己干就是了。只要是中央提出不许搞的，不要搞。整个工厂跑到北京来，这是不对的。干革命各种各样的问题，你们最清楚，不要什么事情都问我。你们排戏，问我们，要我们说不排戏，你们来了，不是已经不排戏了嘛！（鼓掌）具体怎么搞，你们自己掌握自己的命运嘛！你们问接待站，他们无法答复。他们的框框太多，（指林江等人讲话）做了些不正确答复。（对中共中央办公厅国务院秘书厅文化革命联合接待室主任吴先荣同志说）今天很高兴，跟这么多同学见面。（对同学讲）我们一定把同学革命热情、要求、情绪带回去。我们只能说，我们坚决支持一切革命群众、革命师生的革命行动！（热烈鼓掌）（这时山东医学院研究所一同志提出关于运动中把群众划左、中、右名单的问题）这是不好的，不对的，根本不是中央的指示，运动中把群众分成左、中、右的材料，这个材料你们最好把它痛痛快快处理掉。（山东工学院同学问是不是可以到县以下去串联，这算不算对抗中央指示？）你们自己可以解决。（又有一同志提出名词的问题）不必在名词上去考虑，反正资产阶级反动路线就是反动，难道资产阶级反动路线是马克思列宁主义吗？当然是修正主义！（有的同学建议，让穆欣同志发言。主持会议的人对大家讲，跟首长商议一下，还是不发言。）不是首长，都是老百姓。（又有一同志提到平反）五月十六日以后，特别是六月一日，有的学校单位、机关执行错误的路线，把那些给领导、工作组提意见、贴大字报的人，打成"反革命"、"右派"等，各有关单位都需平反，这些所有单位都适应。

　　我们今天主要是看望大家，对各种各样的情况不能作具体指示。中央的十六条他不执行，中央军委的紧急指示他不执行，党中央、毛主席的指示他不执行，你们要和他们斗嘛！斗争嘛！

中 央 首 长 的 讲 話

时间：1966年11月11日晚11:45至1:45
地点：中南海小礼堂

汪东兴：今天毛主席接见了串连革命师生，今晚中南海解决代表们的一些问题，我
    们专门请你们代表来，说明中央关心这些事。（介绍参加会议的中央首长）

陶　铸同志：中央政治局常委、国务院副总理、中央文革小组顾问。

李富春同志：中央政治局常委、国务院副总理。

陈　毅同志：中央政治局委员、国务院副总理、外交部长。

谭震林同志：中央政治局委员、国务院副总理，主要管农业。

谢富治、刘宁一同志。

周荣鑫同志：国务院秘书长。

童小鹏同志：党中央办公厅副主任。

（陶铸同志介绍）汪东兴同志：党中央办公厅主任。

周荣鑫同志：今天中央六位同志同大家见面，刚才汪东兴同志把情况向大家介绍
了，文化革命深入发展，有很多问题向中央反映这是可以理解的，主要采取什么办法来
解决问题？我先讲一下，现在党中央国务院办公厅有个联合接待站，人数不多，可是来
的人很多，不能适应形势，来访的主要有几种情况：

反映问题要中央解决，要立刻解答，不答复不行。接待员不了解情况，答复免不了
出问题。要见中央负责同志，要求马上见，立刻答复，预约时间，我们接待员只能反
映，这个问题争论不下，大家都知道，中央负责同志很忙，这两天毛主席接见革命师生
费很多时间。

外地师生要很多东西，要宣传车、汽车等，答复不了，慢慢地到中南海的多了，开
始是少数，越来越多，不答复不走。党中央毛主席在这个地方，前几天门是关着的，大
家想一想这是什么问题？

同志们：革命情况要反映，这是可以理解的，我们今天主要解决怎样接见的问题。

王富春：（冲进中南海的一解放军战士）做检讨，要求处分。

陶　铸：今天夜很深了，快12点了，我们开个小会，以什么态度对待中南海的问
题，昨天晚上我和总理到主席那里，主席批评我们："西门为什么关了，你们为什么害怕
群众啊？"我找了警卫处把门打开了。党中央所在地，把门关了很不好。刚才王富春检查
了，不要处分，检查了就好嘛。全国人民都有权利到中南海，反映情况是好的，很多人来
往里冲就不好了。这是党中央毛主席所在地，你们来反映情况，我们同志有责任向党中

央向毛主席向林副主席反映，很多人往里冲很不好，党中央国务院让我们六个同志来，政治局、书记处、副委员长、副总理向大家讲清楚这个问题。过去的不讲了，因为我们没讲清楚，今天我们讲清楚，希望大家支持，我们不是誓死保卫党中央、誓死保卫毛主席吗？可是为什么往里冲，你们怎样保卫呢？毛主席所在地你们天天冲，对毛主席领导文化大革命有利吗？而是发生了干扰，因为这样中南海不安静，过去我们没讲清楚。今天我们斩钉截铁地讲，你们赞成也好，不赞成也好，赞成，我们就心安了，不赞成，我们就要犯错误。

第二个问题，我们党中央就是一个司令部，就是以毛主席为代表的无产阶级司令部，过去有少数领导人发生错误，十一中全会解决了，以毛主席为代表的无产阶级革命路线取得胜利。毛主席路线占统治地位。遵义会议以来，毛主席始终是多数，尽管有一个时期有少数人不执行毛主席的指示，只是少数，得不到全党支持，很快被肃清，被打倒。现在党中央就是毛主席的无产阶级司令部，我们就是在这个司令部工作的。

同志们到中央来解决问题，同志们要信任我们接待室，有错误应该提出来，改进整修。作风不好可以改进，错误可以改正，党中央国务院的接待室是可以信赖的。毛主席是统帅，林彪是副统帅，总理是大事归他管，不能什么事都找他。总理怎么能有那么多精力呢？接待室可以信赖，有错误可以改，个别人不称职可以调整，属于这个方面的问题（指作风、态度不好），同志们提意见我们欢迎，我们要把接待室搞好，起到作用。接待室要诚恳忠实听取群众意见向上反映，如果不这样就是失职，接待室就在他们三人（汪东兴、童小鹏、周荣鑫）领导下，党中央、国务院委托他们。更重要的反映给我们，我们不能解决的反映给毛主席、林彪同志、周总理、中央文革小组，经常在座的就是我们六位和李先念。我们解决不了的问题向毛主席、林彪、总理反映，同志们很不信任接待室，对办公厅主任、秘书长也不信任，甚至对我们也不信任。那天晚上我找了九个同学谈话，让钱信忠交材料的问题，发生了争执，我说，你们要材料是革命的，中央有指示应交出材料，你们少数派行动不错，是革命的，支持你们。材料不退，责任在卫生部，我说到现在为止，钱信忠不是黑帮，毛主席过去批评了他们，现在有些进步。以后我又到医科大学……他们不满意，要总理见，总理不能见。

我们应该信赖接待室，他们不能解决的，反映给我们，我们不能解决的，再反映给毛主席、林彪同志、周总理，你们不是接班人吗？我看你们将来到中南海办公，也只能采取这个办法。你们要罢省委书记的官，这怎么能马上答复，我们也不能解决，只能由毛主席解决（陈副总理插话：毛主席还得召开政治局会议由中央政治局解决），如果真正是修正主义了，应该打倒。有人说我是修正主义总根子，我说我不是。该信任党中央的司令部，司令部不能只有司令、副司令，还要有参谋部、作战部、卫生部、后勤部，我们在座的谭震林、谢富治、李富春都带过兵，我也当过政治部主任，我的时间最短，只一年多。我们要把我们解决问题的组织机构搞好，解决问题不能都满意，有满意的，有不满意的。外地来的，有因为受打击的，是迫不得已来的，是完全可以理解的，要自己解放自己。我们派工作组不是犯了错误了？应该依靠自己，依靠斗争，依靠群众。毛主席、党中央全支持你们闯革命，六大自由、四大民主，哪个朝代、哪个国家有这样的民主？毛主席坚决相信群众，有这种能力。我快六十岁了，在这些同志面前不能算老大哥，最大的是李富春。解放前，我们在上海，用铅笔写了个标语都要遭逮捕，就要到龙华、雨花台杀头。六大自由，你们可以贴大字报，贴到天安门、中南海，这还不够民主吗？第二是出版传单，小字报，漫画，结社，红卫兵，赤卫军。政法学院1700学生，70多个组织，井冈山、延安、红旗、东方红、八一八……不管什么组织，只要你们是革命的组织起来的，就可以通电（陈副总理插话：串连）集会，你们最充分了，要开什么会，你们不是在中南海外边开会吗？游行，几个人喊口号就是游行。示威，打倒谁就是示威。我不赞成你们到中南海示威，到中南海只能反映问题，谁有问题可以向毛主席控告。现在可以炮轰，宪法上没有，有人轰我，也可以嘛！四大民主，大鸣大放、大字报、大辩论。党中央毛主席给同志们这么大权利，有什么不能解决呢？当然有阻力，你们有困难可以找我们支持，除了总的支持外，有些人不敢回去，我们接待室派人送你回去。保证你写大字报，与反动势力作斗争。总的方面讲，你们按毛主席指示闹革命，我们都支持。具体问题还是到本地解决。我们分工了，山东、辽宁、江苏我负责，安徽由谢富治、刘宁一负责。

到中南海来，有很多不能得到满足的，要求要得到支持，我们可以完全支持你们。革命不是很容易的，同志们要依靠自己，毛主席讲的不能靠恩赐。不能靠上级，要靠革命群众，我们可以办的，如果我们不办，是我们没尽到职责。同志们的问题，有些我们不能解决，同学中有许多派，一派要罢官，一派要复官，×××就罢了三次，复了两次。你们自己斗争，多数要罢，我们就罢。

王富春同志检查了，冲我们中南海大门，我代表党中央、国务院宣布，以前的一律取消。你们到中南海来反映情况、送材料我们欢迎，要有来有复，你们送了材料就回去休息，过几天打电话问，问题解决了没有？如果没有解决可以再谈，秘书长办公厅可以解决的就解决，不能解决的就交给我们。中南海是党中央、毛主席所在的地方，你们应该保卫这个地方，这是无产阶级司令部，发号司令的地方。我们希望以后不再发生这样现象，大门关了，是什么现象啊？过去是严重错误，一笔勾销。

李富春：各位同志们、同学们，我讲两点意见，供同志们参考。我们支持同志们任何革命行动，只要合乎十六条，合乎毛泽东思想，文化革命是史无前例，你们没经验，我们也没经验。文化革命方针政策是主席提出的，体现在十六条，《人民日报》、《红旗》杂志社论，希望你们好好学习，在运动中锻炼自己，许多问题靠同志们在革命中学会革命，在游泳中学会游泳，经验靠同志们创造。

第二，我希望同志们注意抓革命促生产，无产阶级文化大革命是根除修正主义根子，使我们每个人破私立公，使我们每个人思想革命化，带动推动我们事业发展，使无产阶级专政的、毛主席领导的社会主义中国变成强盛的中国。

陈　毅：我完全同意刚才两位同志的意见，他们两位让你们根据他们的意见检查你们的行动。我补充两点意见：

我是搞外交的，每天和外国人见面，外国人问我文化大革命，我也要宣传文化大革命，外国人担心我们文化大革命是不是很有秩序，是不是影响生产，我跟他们讲，我们很有水平，很有秩序，我们要让毛泽东思想深入扎根，传遍全世界，运动中不可能没有缺点，有了缺点依靠党的领导和群众智慧，自己纠正，保证文化大革命更有利。文化革命要持续很多年,世世代代革命要持续下去,是不是向外国朋友说了谎话呢?没有,我们有些行动,可能不正常,有些出轨的,火车有时也出轨,打仗也可能打败仗,同志们考虑我们的行动是否完全合乎十六条,是否完全合乎文化革命规律,是否完全合乎毛主席的教导。我愿向大家学习,愿意和同志们一道闹革命,不同的一点是岁数比你们大了一点,犯错误比你们多。我以犯错误多的人的资格,向你们讲话,你们的行动能不能达到自己的目的?过去革命中我常常以为自己的见解是正确的,猛打猛冲,结果搞坏了,还要作检讨。

一九二五年,我带头冲中南海西门,我是四个代表之一,有大刀我们也冲进来了。我没有想到,我当外交部长、国务院副总理,没想到有人冲我(陶铸同志插话:你们那时冲对了),我们那时冲对了。

不能以为自己行动完全是对的,这不符合马列主义。王富春检查很沉痛,我相信他是个好同志。你们不能以为自己完全正确,你们从反面考虑一下,我是很沉痛地讲这个话,你们满怀希望到中南海来,是无可非议的,我们完全支持。你们也要考虑一下,为革命目的到中南海来,这有一个界限,要善于区别一个界限,不能要冲就冲,要见谁就见谁,不见就不走。列宁、毛主席教导我们,真理强调过份就错误了,不分时间、不分地点的强调过份了,就过火了,就成错误了。认定错误,我们就斗争,把错误纠正掉,就变为正确了,这对革命有利。看到错误不敢讲不斗争,就是机会主义,对革命有害。要用正确的办法纠正错误,达到目的,用错误的办法纠正错误,结果错上加错,更错误。我有过经验,用正确的办法,纠正错误能达到目的,用错误的办法来纠正错误,结果更错误。如果我们领导犯了错误,我们要用正确的办法纠正,最顺利,问题最容易解决。把问题提给接待室,到办公厅,如果得不到解答,多等几天再来催,我们应该解答,这是正确的,如果不回答,我们还可以坚持,如果非按自己意见办不可,这就不对。毛主席、党中央和我们这些中央工作人员,我们要把文化革命进行到底,还要同帝国主义、修正主义斗争,还要搞生产,这都是问题,不要把我们都囚到中南海来解决问题,这个办法不妥当。

我多少犯过错误有经验,顾大局的人能得到群众的拥护,不顾大局的人,只看到一点点,夸大不会有好处,局部和全局,都顾全局,局部要服从全局,大道理要管小道理,你们有千条道理,万条道理,还要顾全国、全世界的大局,毛主席最照顾大局,在伟大的文化革命中越是顾大局的人,越能做出大的贡献。

谭震林:陶铸同志、李富春同志讲,破私字,立公字,我补充这么一点,上面陶铸同志、李富春同志、陈毅同志的讲话我完全同意,不重复啦,希望同志们很好领会,不但你们懂得,我提个建议回去向同志们讲清楚,并通过你们向其它单位讲清楚。

今天的问题是以什么态度对待中南海的问题,本来这是不存在的问题,大家都提出保卫党中央,保卫毛主席,对待中南海这不成问题。过去我们没有讲清楚,责任在我们,总理讲了一次,范围小,今天再讲一次,中南海是党中央、毛主席所在地,有事情要通过接待室,不能占领接待室,有些人住在那里不走,办公室也办不成公了,全国几十万个公社、工厂,一个单位来一个人也不得了,不要把办公室位置都占了,要让他们真正按毛主席意图帮助各单位搞文化革命,希望你们向各单位也讲清楚,保卫党中央,保卫毛主席都是一致的。

谢富治：赞成陶铸同志、李富春同志、陈毅同志、谭震林同志的讲话。刚才陈毅同志讲了，小道理要服从大道理，这个话我很赞成，文化革命是个大道理，凡是符合毛泽东思想，符合十六条的要求的革命行动我们都支持，我个人也是在这个革命中学习，改造自己，向一切革命的工人、农民、学生、教职员工，甚至工作人员学习，我们在阶级斗争中就是一面学习一面改造。誓死保卫毛主席，誓死保卫党中央，誓死保卫毛泽东思想，誓死保卫无产阶级专政，这是大道理。党中央和毛主席住在中南海，毛泽东思想光芒照耀全世界，无产阶级专政的司令部也在中南海，不管是学生、工人、干部，中南海也是要誓死保卫的，因为党中央、毛主席、无产阶级专政司令部在中南海。在北京市红卫兵大会上，中央文革小组提到北京市要保护的单位，特别提到保卫中南海，北京市的红卫兵是清楚的。有几次冲西门，西北门，责任在我，因为我们以前没有讲清楚，刚才陶铸同志作了许多讲话，是集中了中央九个同志，向在座的三十九个单位讲清楚，大家派人来告状、提意见，完全有权利，是合法的。我们有义务支持大家符合毛泽东思想、符合十六条的行动，违背这个原则的我们不支持，你们有权利，我们有义务，你们反映情况是合法的，中南海不能冲，没有经过批准是不能进的，不仅不能冲，就是周围集结成千上万的人也不行，不安静，影响总司令部党中央的工作，这件事情和同志们商量，这个不能破，不管有千条万条理由，比起誓死保卫党中央，誓死保卫毛主席，誓死保卫无产阶级专政是小的，应该服从这个大道理，送材料我们有义务收，应该支持，但不能冲，中南海应该有个安静的环境。

陈毅同志、陶铸同志很谦虚，我这个人没有知识，没有文化，我很坦率，有什么都讲了，讲错了你们批评。

刘宁一：我完全同意以上几位同志的讲话，我很高兴和三十几个单位的代表谈，怎样誓死保卫党中央，誓死保卫毛主席。

指导世界革命的根据地是中国，全世界革命的中心是北京，全世界被压迫民族都认为毛主席是全世界的伟大导师，伟大领袖，伟大统帅，伟大舵手，全世界人民都仰望北京，仰望中南海，我们处在中国，直接在毛主席领导下，进行文化革命，进行建设，全世界人民尊敬毛主席，崇拜毛主席，尊敬中国人民，羡慕我们幸福，我们应该很好的学习十六条，一论再论抓革命，促生产，坚决执行我们自己提出的口号，誓死保卫党中央，誓死保卫毛主席，相信大家能接受我们的意见，并把我们的意见带给工厂、矿山、学校。我们大家站起来向毛主席宣誓，举起右手，誓死保卫党中央，誓死保卫毛主席！

陶　铸：今天就讲对中南海抱什么态度，过去我们没有讲清，责任在我们，我们今天讲的大家会赞成的，全中国七亿人民也会赞成的（地、富、反、坏、右不包括在内）。毛主席这样相信群众，今天又接见了一百五十万群众，昨天搞了六个小时，我们看到毛主席身体健康，我们很高兴（鼓掌）。我们应该保证毛主席身体健康（鼓掌），我相信大家会接受我们的建议。

陈毅同志讲得好，是感想，是看法，都供同志们参考，总的讲文化革命形势很好，我们是完全支持，我们过去工作有很多缺点，我们有责任把中南海的工作做好，我们过去做得不好可以改正，但是不能冲进中南海，同学们想把文化革命搞起来，都是革命的，只是有些方法不恰当，我们没有经验，我们没有讲清楚，不是革命不革命的问题。我们再讲一讲，革命越彻底越好，我们不赞成闯进机关，它不好可以改组它，是不是必须派人住到那个机关里去，这个建议供参考，中南海、大会堂、外宾馆、钓鱼台不要去，对外宾现在不要革他的命，以后再革。我们没派工作组，没有群众斗群众，他们是外宾，广播大厦不要去，人民日报、新华社每天发消息，公安部不要去，法院、检察院特别是公安部是专政机构，这些地方坚决不能去（陈毅同志插话：外交部）不影响同志们革命。抓革命促生产是毛主席提出的，第一篇社论（指一论抓革命促生产）发表后，有个别人说："比修还修，比混蛋还混。"这次又再论革命和生产不冲突，串连越搞越大，原来中学生不来，后来规定10％，准备接待二百万，已经接待了八百万，现在提倡步行串连。工农业生产很好，农业丰收增产，生产搞好了，革命革得更好，要什么有什么，三线建设更好。有些人往我们脸上抹黑，说我们妨碍生产，应指出不能影响生产搞革命，工人为什么自己不能搞革命，当然学生可以去宣传十六条，希望同志们好好研究《再论抓革命促生产》，（看同志们递的条）安徽来的同学很多，我们先向安徽同志们道歉，来了五十多天，两个多月，我们开了会决定谢富治、刘宁一马上同你们谈话，把你们情况反映给中央，研究出来给你们解决。其他的条子很多，我们分门别类的解决。你们是否同意我们的意见，回去休息，不要住在外面，天气冷了，我最后补充这么几句。（呼口号）

（未经领导审查，有出入由我们负责）

毛泽东主义红卫兵革命造反团整理

市供销社向阳军战斗队，岩石战斗小组，井冈山红色战斗组翻印

66.11.23

周总理十一月十二日

对科学院串联队代表的讲話

　　路线错误关键是对待群众问题。毛主席的无产阶级革命路线是相信群众，依靠群众，资产阶级反动路线则反对群众。院党委也好，工作组也好，不相信群众，包办代替。凡是受打击、受压制、有反抗精神的，应该承认他们是先进的，是左派，我们保守了，应该向他们学习。他们易偏激，知识分子不免有个习气。过去错了总不服气，对了的要回敬一下。这种情绪是有的，影响矛头向上。错的要自我批评，你们着重检讨，他们会欢迎。才能够有统一目标对准院所党委。要充分发动群众把矛头向院党委，谁先这样做谁就先进。但不能偏激，偏于落后的保守的要勇于承认错误。现在先进的过去受压制有反抗精神。犯错误检讨了受压制这是锻炼。你们认为是真理就要坚持，要站稳立场，先进的落后的只要站稳立场就不要紧。先进的偏激了不能团结大多数，任何事过了头就会走向反面，这也是受教育。为什么要大民主？就是为了不变色，是挖修正主义的根子。要世世代代发扬大民主，敢与错误的领导斗，领导不能在群众之上。

　　串联队这么多人，处境与想法差不多一致吧！教育好这部分人也是贡献，两方面接近以后又有新的问题。少数人先看到了就教育落后的，受压制的先进了带你们，团结多数教育多数，则符合十六条。如很偏激就走向反面，这是运动规律，合则对，不合则错，过之则反。这方面，我对学生讲的很多，按说不应再对你们讲。人不犯错误的少，你们对毛主席著作是学了些，但没有全实践。人永远正确是不能的，世界上只有列宁、毛主席这样的天才，这样的领袖不多见。斯大林问题不少，当然功大于过，三七开。象林彪这样高举毛泽东思想伟大红旗带领大家前进的也不多。一般同志那能无过错。承认不应难过，应愉快。对过去认识不够，作了些错事，承认过错就没什么。串联队这么多人，处境、观点大概与你们一致，如还有没认识的，你们去教育他们，教育好了就是对科学院的一个贡献。

　　问：为什么有比较多的人跟不上形势？

　　总理：这些人有个天真的想法：认为党的领导就是对的，领导人说话就是党的领导。这蒙蔽了你们。这不怪你们，责任在于我们。过去主席思想贯穿在组织系统里较差，没按主席思想办党。红旗十四期社论你们好好学习，这个问题以后到科学院再谈

　　毛主席是要求青年敢想敢说的，中国党没把主席的建党思想贯彻下去，这中央要负责。中央宣传部不宣传毛泽东思想，组织部不办毛泽东思想的党。现在应该很好地把毛主席的党自上而下的建立起来。不但党过去是这样，共青团也是死气沉沉，这应该难过。青年团不起作用，为什么红卫兵能起作用冲向前，冲向社会上去，可见群众不是不能发

动起来。中学红卫兵比大学红卫兵还能干。

党、团员天真地认为党的领导人都是对的。如我今天讲的话是随便讲，那能都是对的，如果想一下再说，就不这样随便了。你们可以抓住我的一句话责问我、贴我的大字报，但是我的大方向是对的，清华就贴了我不少大字报，这可以嘛！我是奉命去解决清华问题的，这是个难题，我只能那么讲，我现在还只能那么讲，没办法。

过去总是机械，你们感到很委屈，这点我们是理解的，那些现在是先进的同志也不会百分之百正确的，我们所以落后是天真和机械，有这个危险：假如在毛主席身边真睡得有赫鲁晓夫式的人物，难道只靠主席发现还行吗？苏联教训是很大的，赫鲁晓夫蒙蔽了斯大林，他不是斯大林死后出现的，他那时就是政治局委员了，在十八次党代会上还做了党章的报告。斯大林式的党就不如列宁式的党，列宁式的党很活跃，争论很激烈，每个党员要有独立思考的能力，但要有严格的组织纪律，又能提出问题。有很多问题你们都想不到，人民日报登了大字报，北京日报停了，这都没想到吧！中央下的决心很大，也只能有我们中国共产党才能这样做。造反有理，清华附中红卫兵"三论"是发挥了主席思想。你不能不承认：红卫兵才成立，一下子就冲到社会上去了，搞了不少成绩。红卫兵所以敢闯就是有造反精神。二百多万红卫兵到北京，相当于把两个蒙古的人，比阿尔巴尼亚的人还多撤到北京，秩序井然，这只有毛主席时代才存在。应该有这种敢于造反的精神，把委屈去掉。遵义会议到"七大"，在这期间，开始了党内整风，统一了党内高级干部的思想，取得了全国解放的伟大胜利。"七大"以后，二十年来，应该按毛泽东思想办党，但是，辜负了主席的希望。陆定一是反党分子，安××现在还未公布，可以给你们讲也是反党分子，二十年来，一直在主席跟前就未解决。

张劲夫（注：科学院副院长、党委书记）也是利用党的威信，搞些个人手法蒙蔽了你们。就谈到这里。

（注乃是翻印时所加）

北京天文台东风大队编印

11月22日

北京政法学院国际红卫军国际共产主义战斗团翻印

12月1日

陶 鑄 同 志 重 要 指 示

（一九六六年十一月十二日）

按：广播事业局部分革命同志就广播学院"北京公社"同学冲进广播大厦搜查黑材料，危及电台安全一事到国务院要求接见。

十一月十二日零时，陶铸、李富春、陈毅、谭震林、刘宁一、谢富治、周荣鑫等中央领导同志接见了三十几个单位的代表，做了重要指示，陶铸同志还回答了我们提出的问题，现在把陶铸同志的指示抄录如下：

同志们提出了很多问题，我就不一一解答了，以后分别告诉同志们。今天主要解决一个中南海问题。以前没讲清楚，责任在我们。毛主席不仅是七亿中国人民的领袖，也是全世界人民的伟大领袖，全世界三十亿人民仰望着毛主席。我们大家看见伟大领袖毛主席身体很健康，大家很高兴（鼓掌）。我们有责任让毛主席更健康，使毛主席更好地工作，更好地休息。到会同志都是革命的，就是有些问题以前没有讲清楚，我们讲的是个人意见，但有一点要大家保卫中南海，这是共同的，你们使中南海受干扰，我们要把中南海工作做好，互相配合好，但不能把大字报贴进中南海。

广播事业局的同志提出，广播学院少数同志进到广播大厦，同学们是要革命的，过去一些问题没讲清楚，有些行动不恰当，不是革命不革命的问题，是缺乏经验，方法不好。闹革命越彻底越好，文化革命就是要放手发动群众。但是，是不是所有机关都要去，我个人意见不大同意。是否革机关的命一定要住到那里去，现在你们有权利可以叫他们回来检查，贴他们大字报。特别是几个地方是明确的，中南海、人民大会堂、钓鱼台、迎宾馆，那里是迎接外宾的，没有派工作组，不要去。广播大楼不要去，广播大楼每天要广播、搞电视，要指导全国文化大革命，是宣传毛泽东思想的地方，全世界人民都要听到它的声音，同志们进去不好，这个地方不要去闹革命嘛！我们要保护它。人民日报、新华社，每天要发消息，不要去，还有公安部谢富治同志那里也不要去。法院、检查院，希望同志们考虑不要去那里闹革命，特别是公安部，是专政机构，最主要是人民解放军，国防部也不要去，你们闹革命何必到那里去呢？那里是不能动的。所有的机关都可以提意见，找他们谈，贴他们大字报，但最好不要干预他们。刚才讲的那些地方不要去，尤其不能去中南海，不能去专政机构，不能去宣传毛泽东思想的机构，（陈毅同志插话：还有外交部）外交部不能去。我个人认为中南海、大会堂、钓鱼台、广播大厦、人民日报、新华社、公安部、法院、检查院、人民解放军、国防部、外交部，这些地方一律不能去，可以不采取这些办法，也可能把文化大革命搞好，不影响同志们的革命。

生产问题，"抓革命、促生产"是主席思想，"抓革命、促生产"的社论发表后，一个单位说:"比修还修、比混蛋还混"。革命、生产不冲突。目前北京串连的已达800万人次,步行是为了更好地大串联。今年工农业生产都很好,今年粮食增产200万担(单位听不清),离开生产搞革命就发生问题,搞好了生产,要什么有什么,促生产就能更好革命。生产领导不能中断,工厂不能离开生产,有人说革命影响了生产,这是想往我们脸上抹黑,大家要好好研究《再论抓革命、促生产》。具体问题不讲了。

《誓死捍卫毛泽东思想》战斗纵队

青春影像
青春梦·战友情

1970年4月,黑龙江生产建设兵团3师29团10连的男知青在荒原上合影,记录了他们的青春梦、战友情。　　　　文图提供:**孙加祺**

「爹亲娘亲不如毛主席的恩情深」

返城之后
父亲就像参天树
回家强

我的母亲去世早。我从小就是被父亲拉扯着长大的。"文革"时,因为家庭出身的问题,我被人称做资本家的"狗崽子",在外面经常受欺负。父亲见了心里很难受,所以上山下乡运动一来,他就让我去了建设兵团。1978年10月,我终于从黑龙江建设兵团"病退"返城了。然而,返城的日子并不好过。生活开销成了最棘手的问题摊在面前。父亲看病需要费用,每天一睁眼就得面对柴米油盐。我的情绪特别坏,吃饭不香,睡觉不酣,经常夜不成寐,深夜独自在屋里徘徊。

那时,我的话很少。父亲从我的情绪中读懂了我的心。他老人家身体并不好,十几年前,因为骨折留下一条跛腿,自己生活都需要人照顾。为了鼓励我重新走出家门,寻找工作,他尽量抢着干家务,甚至还争着做饭……这里,我要感谢和我家住同院的张姨,她在居委会工作,她将自己儿子去建材局沙石场当临时搬运工的就业机会给了我,使我们父子度过了那难熬的日子。在那返城而无业,终日奔波于街区寻找工作的日子里,最理解我的就是父亲。他温暖的手不停地忙碌着,在我的心目中,父亲像一棵参天大树,撑起我头顶上的一片蓝天……

陈伯达同志給上海工人电 —— 直送上海安亭车站

工人同志们：

十日夜我听说你们有八千人要求来北京，在安亭同铁路管理局争执不下。我们打了个电报给华东局韩哲一同志，请他劝你们回上海，就地解决问题，以免影响本单位的生产任务和京沪铁路运输。刚听到消息，有部分工人已经回去，这样做是很好的，很对。但是，据说有些工人同志还是留在车站，不愿回去。我们认为工人闹文化革命是需要的，但是必须牢牢记住毛主席党中央再三强调关于"抓革命，促生产"的指示，坚持生产岗位，把生产搞好，完成国家计划。

毛主席经常告诉我们，大道理管小道理。搞生产这是大道理，我们的国家是无产阶级专政的伟大国家，全世界的一切人们都在注视着我们，注视着我们的活动，注视着我们的国家经济发展的动态。工人同志是为我们祖国争光的先锋队，时时刻刻都不能忘记搞好生产这个大道理。如果你们不是在业余时间搞革命，中断生产，停止生产，那么你们的文化大革命也一定不会搞好。并且在停止生产的情况下，即使有多少道理，有那样的道理，有千条万条的道理，也都站不住脚了。因为你们忘记了最最重要的大道理。

工人同志们，我们的行动时时刻刻都要注意对社会，对国际的影响，时时刻刻都要顾全大局，时时刻刻都要顾整个工人阶级的大局。

我们绝对绝对不能因为一部分的利益，因为有一些人一时意气用事，而损害全国全局的利益，损害我们伟大祖国的威望，即使是小小的损害也是不好的。

事实上，你们这次的行动，不但影响本单位的生产，而且大大影响全国的交通，这是一个非常大的事件，希望你们现在立即改正，立即回到上海去，有问题就地解决。中央文化革命小组派张春桥同志立即会见你们。你们有意见可以和他当面商量。这是我们再三再三考虑才发出的电报，我们热烈希望你们接受我们的意见。

向你们致以无产阶级的最高敬礼！

陈伯达　66.11.12.12时

首都复员转业军人红卫兵清华大学"八·一"战斗队翻印

人大工经系"小螺钉"转抄

人大《激浪卫红》战斗队转印

66.11.21

中央文革首長十一月十二日

同工人代表座談紀要

参加人：陈伯达、姚文元、戚本禹、王力、余秋里、唐平铸、高扬文、刘建勋、谢镗忠、谷牧等12位首长及50余名工人代表。

地点：政协礼堂。

王力：同志们，今天开个座谈会，今天主要靠你们谈谈工厂的文化大革命怎么搞法，我们是来当小学生的，我们小组人力很少，对工厂的情况了解很少，我们是勤务员，没当好！大家问工厂的文化大革命怎么搞，我们在整个文化大革命中，工矿企业作得很少，工厂究竟怎么搞法，存在什么问题，过去我们搞得很少，有意见也没有很好研究，今天的会是个开端。大家提些问题，我们带回去。

姚文元：大家提提有什么问题，大家提。各种意见和要求都可以讲，今天开不完，明天还可以开。

（光华木材厂，机床厂，内燃机厂，起重机械厂等代表发言）

王力：今天就谈到这里。明天我们不要这样发言。是不是谈谈大家都关心的事，就是咱们怎样贯彻好十六条，怎样贯彻好。工厂组织怎样办好，有的要成立全市性的组织，要不要，怎么搞好，有的对《人民日报》社论有点意见，有什么都可以谈，我们是当小学生的，听取群众意见，各厂情况可以写材料，写信也可以，寄给中央文革，我们就可以收到，明天三点继续开。

戚本禹：明天还有事。

王力：开会先不定，再开另通知，怎么开好，大家可以提意见。

姚文元：什么时候开，另行通知。

王力：今天晚上有会，就谈到这里。

陈伯达同志回答问题：

问：成立全市工人造反司令部，有人说我们是非法的。

答：不要成立什么司令部，成立什么红卫兵代表大会呀、什么联合会呀，司令部本身就有司令、总指挥……。司令部本身就有点衙门性质。红卫兵搞个什么游行、开个什么大会可以临时选出个总指挥。

姚文元又说：他们可能是和大专三个司令部那里学来的。

陈伯达说：要学习革命学生的经验。不要搞宗派，首先开个联系会，大家商量商量。首先创造出一个典型，起模范带头作用，抓革命促生产。

问：市委对工人运动很冷淡，怎么办？

答：那个不对。

问：学生到工厂很困难。

答：进去做工人的学生。我是你们的学生，我们是劳动人民的儿子，我们向你们学习。今天的讲话，是和你们商量的。我们要执行毛主席的指示，抓革命促生产，要把生产搞得更好，要超过世界上所有的先进国家，不许把生产停下来。

问：在文化大革命中被打成反革命、牛鬼蛇神、开除的怎么办？

答：开除的，中央有指示，都算无效，过去凡是打成反革命的一律无效，黑材料一律烧掉。

姚文元：一律当众烧掉。

问：有的偷偷的烧掉了，怎么办？

陈伯达：偷偷烧掉要做检查。

问：他交出来，又保存一份，怎么办？

陈伯达：保存起来就犯错误，就违犯了国家纪律、党的纪律。

问：有的不给，放在档案室里是否可以砸？

陈伯达：不给吗，要革命，要斗争，最好不要砸。中央新的指示即将发下来，希望你们按中央指示办事。

姚文元：时间不早了，我们还有机会，就谈到这里，再见！

陈伯达、姚文元、戚本禹、王力等同志和与会者一一握手。七点十分散会。

附：由于陈伯达同志口音关系，有些地方可能有出入，大意保证不错。如有误，整理者负责。

整理者：刘金奇等三人。

11月12号

謝 富 治 副 总 理 講 話

时间：1966年11月12日7:30—11:30
地点：中南海

国务院副总理谢富治同志，中共中央书记处书记、人大常务委员会副委员长、中华全国总工会主任刘宁一同志，在接见安徽省"八·二七"革命造反队及其支持者"蚌埠、安庆等地革命师生、工人代表"时的讲话。

接见大会由安徽"8·27"革命造反队筹备。支持这个大会的安徽大学"东方红"，安徽医学院"红旗"战斗队，蚌埠和安庆等地的革命师生参加了大会。

接见大会开始后，首长和同学们共同学习了最高指示《毛主席语录》(P11、P2.2、P49.1)和"马克思主义的道理，千条万绪，归根结底就是一句话：'造反有理'"和"天下者，我们的天下，国家者，我们的国家，社会者，我们的社会，我们不说，谁说，我们不干，谁干。"然后由"八·二七"革命造反队向我们最最敬爱的导师，最伟大的领袖，最高统帅毛主席和付统帅林副主席赠献了"八·二七"革命造反队的胸章和"八·二七"革命造反队红卫兵袖章，并請他们转给毛主席和林副主席。接着由"八·二七"革命造反队向谢副总理、刘副委员长赠藏了"八·二七"革命造反队胸章，和"八·二七"革命造反队红卫兵袖章，全場热烈鼓掌，欢迎二位首长参加了"八·二七"革命造反队，光荣地成为"八·二七"革命造反队的成员，高呼："毛主席万岁！万岁！万万岁！"在热烈掌声中谢副总理讲话。

我个人还有刘宁一两个人，对你们表示热烈欢迎（鼓掌）。向来信的革命学生、干部、工人、教职员工同志问好（鼓掌）。并通过来京的革命同志向安徽革命人民问好（鼓掌），你们来京的时间很长了，听说有四十多天了，国务院的同志沒有抽出时间来接见大家，这也是我们工作中的缺点。从这一点说来，我们工作有缺点，也是我们最大的抱歉！（鼓掌）

今天咱们怎么谈一谈呢？先由你们同学概括谈一谈好不好呢？由你们两个先谈，问题主要依靠广大的同学、干部、工人来自己解决。有些问题我们能解答就解答，不能解答的向中央汇报。

（大家共同学习了毛主席语录后，安徽"八·二七"革命造反队汇报情况，谈到同学被围被打时，谢副总理说：）不管什么原因，围攻、打人是不对的。（刘副委员长：是不对的，特别是对青年学生。）违背了毛主席制定的文化大革命的指示。（汇报到有人喊

"誓死保衛省委"、"誓死保衛李葆华"口号时，谢副总理说：）那个口号是不对的，我们只有誓死保卫党中央，誓死保卫毛主席。什么人提出那个口号，我们都不赞成。（汇报到哈师红绸子兵翻印吹捧谭立夫讲话时，谢副总理说：）谭立夫的讲话也印了？谁印的？谭立夫讲话是毒草嘛！（汇报到"八·二七"被打成反革命时，刘宁一副委员长问：）"八·二七"被打成反革命了？有多少人？说你们这个组织是反革命？（谢副总理问：）"八·二七"的有多少人？和你们对立有多少人？是些什么人？他们负责人是些什么人呢？（汇报贫农社员陈光琳时，谢副总理问：）他犯了什么法呢？这么多反革命呀！最近西北的同学写了"炮轰谢富治"，我接见了他们，他们说我不接见他们，有官僚主义，我看我还真有点官僚主义！他们说不炮轰你就不接见，我说这个经验可不能推广！他们炮轰了我，我还接见了他们！

（当安徽商学院同学汇报蚌埠地区情况谈到北航赴蚌埠串联同学高家府被打和其他受伤同学到北京住院时，谢富治副总理关心地问：）高家府现在在哪儿？在北京住院同学出院没有？住哪个医院？（当汇报到有人喊"程光程万岁"时，谢富治副总理惊奇地说：）有这样的口号！谁喊的？（当汇报到法院院长，凡也参加围攻时，谢副总理惊问：）法院也参加了？

（安徽的代表汇报受严重迫害时，谢副总理生气的说：）这种人对待贴大字报的人是一种反动行为，是白色恐怖，毛主席时代，还有这样的事，这还了得，把这件事作为专案处理。这样大的事情我们还没碰到过。（工人提到要平反、补发工资时，刘副委员长说：）这是最低要求了。

（汇报情况以后，谢副总理、刘副委员长作了指示）

謝 副 总 理 的 讲 話

我不是什么指示，我们叫做商量问题。我们伟大领袖毛主席提出的文化大革命，从我个人来说，我要向你们学习，我没文化，你们是大学生，要说打仗嘛，我还行。你们年青人，又是大学生，读了很多毛主席著作，敢想、敢干、敢革命，敢斗争，来得快，接受我们伟大领袖的思想快，并亲自参加了这个斗争，你们这方面比我们强，我们向你们学习。

无产阶级文化大革命是一场史无前例的大革命，是我们伟大的导师、伟大的领袖、伟大的统帅、伟大的舵手毛主席亲自发动的，亲自领导的。毛主席已经七次接见了全国大学生和中学生。毛主席最关心群众，最信赖群众，最体贴群众，最关心我们的红卫兵，那天在天安门城楼上待了六个小时，毛主席身体可好啦！（高呼：毛主席万岁！万岁！！万万岁！！！）这是全中国全世界人民的最大幸福（高呼：毛主席万岁！）这个革命关系到永远的事情，关系到中国七亿人民的大事、而且是全世界人民的大事！毛主席是伟大的马克思主义者！关系到全世界三十几亿人口的大事！这不仅是全中国人民的革命大事，而且是全世界人民的大事，毛主席是伟大的马克思主义者，毛主席是全世界人民的导师和舵手，是伟大的导师、伟大的领袖、伟大的统帅，伟大的舵手，这个革命有说不尽的好处！我们要坚决沿着毛主席所领导的道路。这场革命有伟大的领袖的革命道路，也有修正主义不革命的道路。"主席的正确道路就是"敢"字当头，相信群众，依靠群众，尊重群众的首创精神。和这条正确路线相对抗的是资产阶级反动路线，他们这条路线是"怕"字当头，"反"字当头，反对群众，怕群众，最严重的是镇压群众运动，把贴大字报的革命群众打成"反革命"，"假左派、真右派"甚至坐班房，这是反动的，反革命的！不管你是什么人，我们要同他斗争到底！（鼓掌欢呼："底彻批判资产阶级反动路线！"）我们坚决站在毛主席一边，站在毛主席路线一边！不管你是什么地区，什么单位，什么人，什么时候，一切反对毛泽东思想的人，我们一概都反对，一切违背我们伟大领袖毛主席的路线都要坚决反对！（呼口号）这一点，我们每一个学生，每一个工人，都必须清楚，毫不含糊，我们要读毛主席的书，听毛主席的话，永远跟毛主席走，我们要当一个毛主席的好学生嘛！好工人嘛！好干部嘛！我们永远站在毛主席这一边，不但现在，将来一百年，甚至一千年都要按毛主席的道路前进！你们将来就成为毛泽东思想的接班人。在这场斗争中，工农是主力，学生是先锋。看起来你们安徽合肥也好，蚌埠也好，安庆也好，在这场文化大革命中，有些领导人错误是很严重的，是骇人听闻的。我们听了后很难过，很难受；所以，对你们许多要求，我们要研究，这是我讲的一些原则。

　　首先，你们这些组织是合法的，要承认是革命的。现在革命组织多得很，一个学校几十派，都是合法的，当然有比较革命的，比较中间的，比较保守的，就是左、中，还没有最后得出结论，不能说是右派（刘副委员长：可以变的）。他们是多数，但少数可以变成多数。六大民主、四大自由，为什么"八·二七"没有呢？为什么是反革命的呢？这不用调查，肯定不是反革命，别的要调查。这不用调查，根据你们的材料，不但不是反革命，而且都是要求革命的。

　　你们贴省委大字报，是有权利的，批评省委，市委是完全合法的。有这个权利。凡因贴省委，市委大字报，被打成"反革命""假左派、真右派"的，统统一律平反，公开宣布平反！根据中央原则，扣发工资，一律照发，一文也不能扣，材料要交给本人，凡能引起群众斗群众，学生斗学生的材料，要当众烧掉。那里有错误路线就按中央原则办事，开大会批判资产阶级反动路线到处都可以开嘛！蚌埠可以开嘛！安庆也可以开嘛！为什么不可以开呢？北京开了不少，但要做好工作，防止坏人。任何人都可以开，包括我个人在内，资产阶级反动路线只有那么一两个人提出的，有自觉的，有不自觉的，有改的快的，有改的慢的，只要有资产阶级反动路线，就要批判。包括我和刘宁一在内。（刘副委员长：有错误就得批判，不批判也存在，批判掉了，就健康了。他们不相信群众，你们要相信群众。）至于怎么批判，你们自己协商，批判资产阶级反动路线最主要一条，就是要相信群众。你们要相信毛主席。相信我们伟大的领袖。要争取多数，团结少数，坚决按照我们统帅的群众路线思想和指导文化革命一系列的原则。林彪同志是我们的副统帅，他是毛主席的亲密战友。是高举毛泽东思想红旗的还有中央其他同志，总理、陶铸，还有伯达同志，有些讲话，最重要的一条是根据毛泽东思想，和毛主席主持制定的十六条。另一条是依靠群众，去团结群众，解决你们地区的问题。我们不能派工作组去，派了就犯方向性，路线性错误。这次文化大革命重要的还有中央文革小组是高举毛泽东思想红旗的。伯达同志，江青同志是支持革命的，是贯彻毛泽东思想的，是按毛泽东思想办事的。你们有许多具体问题，我们不好表示意见。

我先声明，文化革命我不行，至于工厂工人怎么搞，中央正在考虑，没有中央原则，我们不好讲。(向刘宁一)我们轮流。考虑刘比我高明，你有文化，你说一说吧。

刘 副 委 員 长 的 話 話

谢副总理把大家的问题基本都解答了。中心一条就是根据毛泽东思想，根据十六条办事。贴大字报谁都可以贴，对省委，市委都可以。对我们也可以。我们在这里讲错了话，你们明天也可以贴大字报。你们贴对了就欢迎，错了也欢迎。这是毛泽东思想。主席说："知无不言，言无不尽嘛！听的人有的就改，沒有的就不要犯这个错误，你们这个学生组织有七千人，就是开始那九百人都是反革命，培养这么多反革命，我看省委也就成问题了。我同意谢副总理的意见，大鸣大放，大字报是毛主席领导的制定的十六条提出来的，你们给省委提了十条，蚌埠提了五条，(十条、五条是指第一张大字报 记录者注)我看还不算多呢！有的贴了百十多条嘛！

工人同志们提了一些问题，现在有两个文件，第一次是"抓革命，促生产"，第二次"再论抓革命，促生产"，我们工人和全国人民一样，要积极贯彻十六条，要抓革命，促生产，由于工厂和学校不一样，学校是停课搞革命，工厂，农村不能这样干，如果停工了，火车就不能开了，你们也来不了北京了！

人的思想革命化，人掌握机器，通过人的思想革命化来促进生产增长，推动生产发展。串联问题和学生就不一样了。种田要有人管，土地要有人管，通过革命要提高生产，不但革命搞得好，而且生产也搞得好，工人，农民就伟大在这里，只抓生产，不抓革命，这没有政治挂帅，这是违背毛泽东思想的。如果光抓革命，不抓生产，帝国主义就破坏，说你们闹吧！饭都沒得吃了！经过几个月文化大革命看来，工业增产了。农业全年丰收，两弹上天，各国人民非常高兴，帝国主义非常害怕。我差不多每天都接触一批兄弟党、工会代表，他们都赞扬毛泽东思想。帝国主义和修正主义都说中国文化大革命糟得很，他们的人民都说好得很，现阶段什么叫马克思列宁主义，就是毛泽东思想。毛泽东思想就是当代最高最活的马克思列宁主义！那国不按毛泽东思想办事，不是修正主义就是别的什么主义！反正一事无成。文化大革命使我国世世代代永不变色。工农业生产大发展。所以，工厂，农村，不是出外串联，而是抓革命，促生产。学生和工厂的关系，学生可以到工厂、农村来和工农结合。首先是劳动，要学习工人，农民，艰苦朴素的作风。要学习他们如何活学活用毛主席著作。合肥不是有工人学毛主席著作学得好吗？蚌埠也有工人学毛主席著作学得好。要在农村参加劳动，也要宣传毛泽东思想，讲解十六条，但组织形式，工厂怎么搞正在研究。

同学们，工人同志们，你们是少数，你们干革命劲头很大，你们要敢于斗争，还要善于斗争，你们如何把多数同学，多数工人团结起来，这也是毛泽东思想。依靠左派，团结中间，革命人越多越好。资产阶级反动路线怕群众，怕革命，我们执行毛主席的无产阶级革命路线，是敢于革命，善于革命。(谢副总理：要开什么大会，你们回去商量。)你们说保证回去不要打人。(谢副总理：要保证！)这可以保证，不能打人！(谢副总理：打人，把人抓起来，这是犯罪、犯法！文化革命有几条是抓人？！)把人抓起来就是完全错误的。安庆那个(谢副总理：作专案处理)要作专案处理，要作严肃处理！(谢副总理读十六条中："在运动中，除了确有证据的杀人、放火、放毒、破坏、盗窃国家机密等现行反革命分子，应当依法处理外，大学、专科学校、中学和小学学生中的问题，一律不整。"后说："你们一种也没有，贴大字报是对的，是我们领袖号召的，又没杀人，放火，怎么能抓起来呢？")

批判资产阶级反动路线是合法的，至于撤那些人职、罢那些人官，我们两个人没有权力。(谢副总理："这要经过毛主席，还要经过中央讨论，毛主席最讲民主，你们批嘛！先批判！先批判！先批判，要敢于同错误作斗争！)你们批判几类算几类，(谢副总理：要发动群众，要串联嘛！)

(有同学问："我们斗争大方向是否对？")

(谢副总理："你们大方向，批判省市委错误，批判工作组错误，批判资产阶级反动路线，同资产阶级当权派斗争，这是完全正确的，合情合理的。刘副委员长：是符合十六条的！)

(有同学问关于炮打司令部问题。)

谢副总理：有我们伟大导师，伟大领袖，伟大统帅，伟大舵手毛主席领导的党中央，是最高无产阶级司令部，是中国革命司令部，也是世界革命司令部，你们说是不是？(同学回答：是。)那个司令部是不能打的，下面的那些小司令部就是无也不能无得那么厉害吧(同学大笑)！我个人就不敢保证。我这个人就是毛病多，有毛泽东思想，有非毛泽东思想，非毛泽东思想的东西，就要炮打，炮打掉也好！有缺点就要打嘛！旧思想，旧文化，旧风俗，旧习惯，炮打掉也好！(刘副委员长：我也有，也欢迎炮打！)不能借口是无产阶级司令部，就不能炮轰！要嘛就打倒，要嘛就一炮不放，这怎么行？我们伟大领袖毛主席领导的司令部一点也不能动。这是原则问题！至于下边的小司令部就是老虎屁股摸不得？不能放两炮？ (刘副委员长：摸不得，偏要摸！不给炮打，偏要炮打！每个人都不能自封，我们的副统帅，总理，他们主席思想举得高。我们这些人毛病就不少。官，慕，骄，娇都要贴大字报去掉，使毛泽东思想在脑子里扎根。)应该欢迎炮打司令部！要是无产阶级司令部，打也打不倒！要是修正主义的，现在不袭，将来要垮！

(有同学提关于党的领导的问题)

刘副委员长："关于每个学校的具体情况，我不好解答，毛泽东思想是直接同人民群众见面。在报上发表，根据毛泽东思想办事就不错！

谢副总理："就是要先当学生，后当先生。我俩今天就先当学生，后当先生。我这个人，大字不识几个，你们是大学生，我当你们学生还不够哩！

刘副委员长："对世界革命也是这样。还是派工作组到全世界去领导革命呢？还是怎么办？就是要通过我们的广播电台，把毛泽东思想直接同世界人民见面，他们想封锁也封锁不了。苏联人民为什么对苏修不满？毛主席语录翻成多种文字，他们当成最大武器。好多外国人语录读得比我还熟。为什么外国人能按照办，我们中国人就不行呢？

谢副总理："党的领导，就是毛泽东思想的领导。"）

（有工人提出平反问题）

谢副总理：统统要平反！开除是错误的，统统恢复原职，工资补发，这是起码条件！别的我们不管，是在文化大革命中贴了大字报被打成"反革命的"，支持别人革命被打成"反革命"的和自己革命是一样的。毛主席是支持一切革命的，特别是革命左派。文化革命就是毛主席亲自发起领导的，造反有理，革命无罪，他坚决支持革命。

刘副委员长："工人要提倡在工厂里自己闹革命。以前没说，来了也不是犯法。象安庆那个工人是被逼得没法生存，就来告状吗，这又是一回事啦！

谢副总理："你们要求开十万人大会，平反是合理的。你们今天只来了一派，如果两派都来了，还可以多讲一些。他们也会围攻我们。我们不怕围攻。可能，又讲我们背后讲他们坏话，挑动群众斗群众。你们如果贴大字报说我们接见了你们，说你们对，他们不对，那还了得，又说我们是挑动群众斗群众的罪魁祸首了！（笑）北京有三个司令部，这一派，那一派，我当了几天顾问，还有杨成武喽！刘志坚喽！我们说，我们不干了，我就不干了。支持一边，另一边讲"是挑动群众斗群众，讲两边都对，又是合稀泥了！（大笑）。现在其实是总理当他们顾问了，每次问题都是总理解决的。当天晚上，三个司令部负责人开会到夜里三点钟。

你们大方向是正确的，不要讲了，你们可以坚持原则斗争嘛，争取群众，中央支持你们！

你们回去该造反就造反，按毛主席最高指示，好好干！

刘副委员长："鼓足干劲，力争上游！"（最后谢副总理，刘宁一副委员长打拍子指挥大家齐唱"大海航行靠舵手"高呼"毛主席万岁！万岁！万万岁！！！"然后以热烈的掌声，欢送二位首长）。

被接见单位：

安徽省"八·二七"革命造反队驻京代表。　蚌埠工人代表　安庆工人代表
全国各地赴皖串联队代表
合肥市大中学校红卫兵司令部代表
合肥市工人代表
蚌埠大中学校红卫兵总指挥部

王力、戚本禹同志的讲話

时间：1966年11月12日上午10时
地点：空军学院礼堂
内容：接见四川重庆中学生北上告状团

王 力 同 志 的 讲 話

同学们：

　　戚本禹同志和我今天来，代表我们小组看同学们，问一问同学们，中央文化革命小组支持一切革命同学的革命行动。今天，同学们向我们反映了大量情况，提出大量问题、要求。戚本禹同志同我负责地把同学们提出的各种情况、问题、要求带回去，向我们小组的同志汇报，向中央领导同志汇报。同学们晓得，中央文革小组是毛主席、中央常委的秘书班子，我们小组只能向中央反映情况，提出建议，我们不能发号施令，我们也没有发号施令的权力。这些问题带回去研究，我同戚本禹同志商量，今天我们只能把同学们提出的最迫切问题，我们感到能答复的问题告诉同学们。作为两人意见。

　　同学们提出这次上北京告状是不是革命行动，我们认为是革命行动！（热烈鼓掌！）同学们提出在重庆炮轰重庆市委，有人说是反革命行动，是反革命行动吗?!（众答：不是！）我们认为不是。根据我们听到的，根据我们今天会上听到的，重庆市一系列严重惨案要迅速调查，严肃处理。对这样镇压革命学生的市委为什么不炮轰?!应该炮轰！说你们炮轰这样市委就是反革命的提法是完全错误的，完全违背十六条的。有的同学提出来要求改组重庆市委，罢市委书记的官，我同戚本禹同志商量，现在暂时不改组、不罢官有利。为什么呢？要靠我们斗嘛，我看你们斗的还不够，在这样的情况下，斗争还没很好开展就罢官、改组，倒挺舒服，他不管事了。改组后的人是否能支持你们？现在情况改组对运动有利没利呀！我们看不一定有利。通常情况下，不采取上面罢官，采取这样办法并没有解决，革命问题靠重庆人民自己解决，对不对呀！（众答：对！）要相信自己力量，相信自己能解决问题。有的同学提出重庆中学红卫兵被重庆市委打成反革命，要求重庆市委公开平反，我们坚决支持你们的要求。（热烈鼓掌）党中央毛主席都是坚决支持这种要求的，因为中央发了紧急指示，你们知道吗？（众答：知道！）在这里向你们念了没有？（众答：没有！）同学们！我把有关段落向同学们念一念：在运动中，不许挑动学生斗学生，要注意保护少数。凡在运动初期被院校党委和工作组打成所谓"反革命分子"，所谓"假左派真右派"的同志，应宣布一律无效，予以平反，应当众恢复名誉，个人被迫写出的检讨材料应全部交还本人处理，党委或工作组及别人整他们的材料，应同群众商量处理办法，经过群众同意和被整人同意，应当众销毁，烧掉。这个指示完全适用于学校。所以，他们把你们在这错误路线之下，在文化大革命期间，在资产阶级反动路线下，打成反革命的，应一律宣布无效当众平反，当众向你们承认错误，当众恢复名誉。中央坚决支持你们。执行这个指示本身还要靠你们自己斗争。有人提出发平反证，不要相信这东西，要靠你们自己斗争，不把错误路线摧毁，不把资产阶级反动路线肃清，发证也没用！必须斗争，靠自己斗争解决问题。在重庆，同学们反映大量这样情况，就是动员同学们家长，向家长施加压力，凡支持革命学生行动的家长就受迫害，或强迫家长施种种压力，甚至断绝父子关系，这种做法极端错误，不要怪家长，要向他们做工作，造成这种结果是资产阶级反动路线的产物，应当把矛头指向错误路线，用打击、迫害、扣工资和对待家长的做法是非常不对的，应该立刻向他们进行斗争，当然你们也斗争了。党中央坚决反对用种种形式、借口挑动群众斗群众，学生斗学生，家长斗学生，扣工资其它打击行为统统不对，应立即改正。

向同志们念一念四川发生的事情。陈伯达同志向党的负责干部讲了一些问题，介绍了四川一个例子。陈伯达同志说：我们有些同志，少数同志，以老革命自居，解放后一贯当官做老爷，毛主席多年批评的官、暮、骄、娇四气都有。在文化大革命中，不许炮轰，不让群众批评他们，只想利用党和毛主席在群众中的崇高威望动员一小批不明真相的群众来保他们。念一个例子，请同志们好好想一想。有一位学生家长（四川南充的）对街道干部说："如果二千多学生都是反革命，那么地委就有问题，他们在党的培养下这么多年，都成了右派，地委能没问题吗？"这位普通的妇女说的何等正确，何等中肯，何等尖锐。一个退休工人说："革命党委还要我们保呵？也不是国民党的地委，动员工人、群众保他。革命的党委为什么害怕群众？又不是旧政府。国民党八百万军队都没保住。"大家听着，这位普通工人把问题分析得多么明白，他很领会毛泽东思想，他比我们的一些干部高明不知多少倍。（以上为大意）

同学们，你们的家长、工人、广大一般干部，应该相信他们受蒙蔽、挑动，对党和毛主席是热爱的，但个别人利用党和毛主席在群众中崇高威望来保他们，是十分错误的。同学们回去用这个例子向家长宣传，你们回去还可以做工作，你们能够做好这个工作吗？（众答：能！）党中央政策明确支持革命派，你们的行动是革命行动！他们镇压不对。有的同学希望我们谈谈两条路线斗争情况，形势。

现在两条路线斗争形势很好，以毛主席为代表的无产阶级革命路线已经取得很大胜利，资产阶级反动路线宣告破产！（呼口号）是不是资产阶级反动路线就会自动消失了呢？不会。两条路线的斗争还在继续进行。我们的每一个胜利都不是平平安安，平平常常得来的，都是经过斗争得来的。过去派工作组，但工作组撤销了，他还有另外的方式，用各种方式推行反动路线，不管什么形式，只要他挑动群众斗群众，把矛头指向群众，都要彻底批判。

执行资产阶级反动路线的人也可以组织一些群众组织，比如背后操纵红卫兵作为推行反动路线的工具，不知你们有没有这种情况（众答：有！），也有这种情况，根据这种情况，斗争锋芒和目标还是指向背后操纵的领导人，不要针对另外一派红卫兵好不好？（众答：好！）刚才递条子问，重庆市红卫兵是不是革命组织？我看是革命组织！（鼓掌！）强制把两派红卫兵合并，这个做法是错误的，他们用什么手段？不参加他们红卫兵就滚开，动员家长迫害，这是资产阶级反动路线本质的恶劣表现。所以你们现在形势非常好！对于坚决执行以毛主席为代表的无产阶级革命路线的群众是大好形势，同学们应掌握这斗争的大好形势，应赶快回重庆去参加斗争，好不好？（众答：好！）你们走路七天七夜又坐车到北京，二次见到我们伟大领袖毛主席，你们同北京及各地革命师生交流了斗争经验，你们斗争本领提高了，你们回去后要坚决斗争，把毛主席为代表的无产阶级革命路线坚持下去，好不好？（众答：好！口号）坚决彻底批判资产阶级反动路线，对你们重庆市是严重的斗争任务。十月六日江青同志在十万人大会上讲要坚持原则，掌握政策，希望你们坚持原则，掌握策略。一定要坚持原则，坚持毛主席的革命路线，这就是我们坚定的原则立场，不可动摇的立场。你们要敢于斗争，善于斗争。根据林彪同志在天安门上的讲话，《红旗》第十四期社论，怎么样更好地进行两条路线的斗争？社论讲对犯路线错误的四个区别：一、提出路线和执行路线的区别；二、自觉的（少数）和不自觉的（大量）区别；三、有轻有重，轻重区别；四、坚持错误还是改正错误不同。他总会说：我已经改正了。行不行呢？口说无凭，要看行动。看他三条：1，是不是公开向群众检讨过去犯的路线错误。公开检讨你们那做没做？（众答：没有！）2，是不是向被他们错误路线指挥下打成"右派"、"反党分子"等革命群众认真平反，公开恢复名誉做没做？（众答：没有！）以及认真处理材料问题。3，他过去屁股坐到镇压群众，与群众对立一边，看屁股是不是挪过来站到群众一边，支持革命群众的革命行动。

我们同他斗争，欢迎他改正，但你要认真改正，改不改正，不是口头上讲，看你三条，对一般犯错误路线的人，领导同志，对他们我们还是做为人民内部矛盾。根据毛主席一贯方针"惩前毖后，治病救人"，既要弄清问题。原则问题上不能含糊，原则问题上一定要斗，对不对？（众答：对！）蒙混过关行不行呵？（众答：不行！）但是应团结别人，给别人改正的机会，当然他们同革命同学站在一边我们还是欢迎他们，对不对呀？（众答：对！）给他们时间，同学们知道不知道他们开会呀？（众答：不知道！）给他们改正机会。有人说给他们改正机会我们就可站一边了。同学们说对不对？（众答：不对！）同学们说的对，等他们改还是要斗争。要提高斗争艺术，斗争策略，刚才戚本禹同志提两个目的，反映情况交流经验。回去提高了，注意对待群众，受错误路线影响蒙蔽的群众，或暂时被他们控制的组织如红卫兵组织，不要让他们负担这个责任，不给他们扣帽子叫保皇派，因为我们是执行毛主席正确路线，不能用他们对待我们的办法对待他们，钉梢呀、搜笔记本……，因为他们执行资产阶级反动路线，我们要同他们讨论研究，帮助他们认识危害，认识到后面操纵他们的人……（没听清），到北京来见了毛主席，学了斗争经验，学了《红旗》社论，林彪同志讲话，我们要提高一步，斗争艺术进一步提高，形成自己的骨干队伍越来越扩大，好不好？（众答：好！）

今天解答就到这。有些问题，如有人说你们路上走，别人捐钱、粮支持你们是对社会主义制度诬蔑，这种说法是不对的。这些用不着解答了。说你们违背中央指示，都不对。你们到北京来了，毛主席接见你们了，我们同你们交谈了，这事实已经证明了，你们是对的。关于半工半读、工人问题等，中央还在研究，不解答了。今天讲话代表我们两人意见，戚本禹，我是王力，就代表我们两个人。

戚 本 禹 同 志 的 讲 話

同学们：

　　王力同志讲很多了，他讲的代表我们两人意见，（王力说：这个你讲一讲。）我们支持你们。造反造的很好，但造的还不够，（王力说：加油！）还要大造反，我看过四川的收租院，你们也看过了吧？（众答：没有！）那是生动教材，旧社会地主压迫农民，过去我们过着痛苦生活，今天如果我们不造修正主义的反，不捍卫毛主席的革命路线，不把无产阶级文化大革命搞彻底，资本主义、封建主义就可能在中国复辟，我们的国家就要变颜色，这是很危险的。你们看过任公馆吧？（众答：没有！）任公馆比收租院要大，他们要变成新的资产阶级，就要欺压老百姓，我们就要变成奴隶。现在我们遭围攻，受打击，挨打，受委曲不要怕……打成反革命，斗几下是小事情，为保江山，保卫无产阶级专政，不怕曲折，欺压，打击，困难，我们希望你们回去，回到山城去，继续闹革命，光一个任白戈吗？是不是一个任白戈的问题？不是。回去一定要把统治（你们的）走资本主义道路的当权派打垮，我们支持你们。刚才王力同志讲了，主要依靠人民力量，群众的力量，你们要求中央派人去，这要求是正当的，但斗争要靠你们自己。要想找包青天吗？没有什么青天大老爷，包青天就是你们自己。路上有贴大字报，说我到四川看到资产阶级当权派，要号召北京学生全到四川去，把四川闹个人仰马翻，我接到重庆十几封电报、二十多封信，向我表态，这事我不能辟谣，因一辟谣就给革命派打击了（大意如此），我只说过西南斗争很艰苦……（不清），还有人说我带队，当队长……（没听清）当地希望我们派人来……（没听清）但这反映出同学们希望上面派人来，而对自己信心不足，主要依靠本地（西南）人民一起干革命，北京去一千一万也不行。你们为革命同家长断绝关系，当然这种革命精神很好，但更主要的是争取家长闹革命。……不能脱离生产搞串连，但可以用业余时间和你们一起造反，造修正主义的反，造资产阶级反动路线的反（大意）有了广大工农群众，斗争就一定胜利，他们（指走资本主义道路的当权派——记录者按）发动工人斗你们，你们也发动工人起来斗他们（同上）。他们（指工农群众）是你们的父母，……为什么不支持你们，支持走资本主义道路的当权派呢……但有一点，不能妨碍生产，你们向父母做工作，让他们领着你们干，而不能只凭自己，断绝关系单凭你们自己不行，重庆市斗争形势和以前不一样了，回去后增加你们一批生力军。

　　同学们提出许多问题，王力已经讲了，可以回答的都回答了……

　　（有人提出关于国务院接待站的问题。）戚本禹同志说：国务院接待站，他们很辛苦，临时组成的班子，批评是应该的，他们回答问题有些提法不完全符合中央精神。……（没听清）

　　有人提党的领导问题，党的领导是毛泽东思想的领导，而不是具体哪一个人，哪一个组织。如果党组织按毛泽东思想办事,就体现了党的领导,如果不按毛泽东思想办事,就没有体现党的领导。象重庆市委就没有体现党的领导。对的要执行,不对的就批判。

(记录者声明:因记录水平有限,加之在听报告时最后有几段群众吵声很大,有些记录不清,可能有的与首长讲话精神不符或有其它问题,由记录整理者负责。)

北京航空学院红旗战斗队驻西安门二十二号接待站

记录整理者:毕志忠 刘占吉

许家进 毕国楦 魏文铭

1966.11.13

王 力 同 志 讲 話 摘 抄

（一九六六年十一月十二日）

现在两条路线斗争形势很好，以毛主席为代表的无产阶级革命路线已经取得很大胜利，资产阶级反动路线已宣告破产（呼口号）。是不是资产阶级反动路线已经就会自动消失了呢？不会，两条路线斗争还在继续进行。我们的每一个胜利都不是平平安安的，平平常常的，都是经过斗争得来的。过去派工作组，但工作组撤消了，他还有另外的形式，用各种方式推行反动路线，不管什么形式，只要他挑动群众斗群众，把矛头指向群众，都要彻底批制。执行资产阶级反动路线的人也可以组织一些群众组织，比如背后操纵红卫兵，作为推行反动路线的工具。不知你们有没有这种情况？（群众：有）也有这种情况，根据这种情况，斗争锋芒和目标还是指向背后操纵的领导人，不要针对另一派红卫兵好不好？（众：好！）刚才递条子问重庆市红卫兵是不是革命组织？我看是革命组织（掌声）。强制把两个组织合并，这个作法是错误的。他们用什么手段？不参加他们红卫兵就滚开，动员家长迫害，这是资产阶级反动路线本质的恶劣表现，所以你们现在形势非常好！对于坚决执行以毛主席为代表的无产阶级革命路线的群众是大好形势，同学们应该掌握这斗争的大好形势，应该赶快回重庆去参加斗争，好不好？（答：好！）你们走路七天七夜，又坐车到北京，二次见到我们伟大领袖毛主席，你们同北京及各地革命师生交流了斗争经验，你们斗争本……（不清），你们回去要坚决斗争，把毛主席为代表的无产阶级革命路线坚持下去，好不好？（答：好！口号）坚决彻底批制资产阶级反动路线对你们重庆市是严重的斗争任务。十月六日江青同志在十万人大会上讲要坚持原则，掌握政策，希望你们坚持原则掌握政策，一定要坚持原则，坚持毛主席的革命路线，这就是坚持的原则立场，不可动摇的立场。你们要敢于斗争，善于斗争，根据林彪同志在天安门上的讲话、红旗十四期社论，你（们怎）么样更好地进行两条路线的斗争。社论讲对犯错误路线的四个区别：1.提出路线和执行路线的区别；2.自觉的（少数）区别；3.有轻有重，轻重区别；4.坚持错误还是改正错误不同，他总会说：我已经改正了，行不行呢？口说无凭，要看行动，看他三条：1.是不是公开向群众检讨过去犯的错误路线，公开检讨你们那里做没做？（众：没有）以及认真处理材料问题；2.是不是被他们错误路线指挥下打成"右派"、"反党分子"等革命群众认真平反，公开恢复他们的名誉。做没有做？（众：没有）以及认真处理材料；3.他过去屁股坐到镇压群众与群众对立一边，看股屁是不是挪过来站在群众一边，支持革命群众的革命行动。

我们同他斗争，欢迎他改正，但你要认真改正，改正不改正不是口头上讲，人民内部矛盾，根据毛主席一贯方针：惩前毖后，治病救人，既要弄清问题，原则问题不能含糊，原则问题上一定要斗，对不对？（众，对！）蒙混过关行不行？（众，不行！）但是要团结别人，给别人改正的机会，当然他们同革命同学站在一边，我们是欢迎他们，对不对呀？（众，对！）给他们时间，同学们知道不知道他们开会呀！（众，不知道！）给他们改正机会。有人说：给他们改正机会我们就可以站在一边看了。同学们说对不对？（众，不对！）同学们说得对，等他们改正还是要斗争，要提高斗争艺术、斗争策略。刚才戚本禹同志提两个目的，反映情况，交流经验，回去提高了一些，注意对待群众，受错误路线蒙蔽的群众或暂时被他们控制的组织，如红卫兵组织，不要让他们负担这个责任，不给他们扣帽子，叫保皇派，因为我们是执行毛主席正确路线，不能用他们对待我们的办法对待他们，放哨呀，搜笔记本……因为他们执行资产阶级反动路线，我们要同他们讨论研究，帮助他们认识危害，认识到后面操纵他们的人，……（没听清）到北京来见毛主席，学习了斗争经验，学了红旗社论，林彪同志讲话，我们要提高一步，思想中斗争艺术进一步提高，形成自己的骨干队伍，逐渐扩大，好不好？（众：好！）

今天解答到这里，有些问题，如有人说：你们路上走别人捎钱、粮支持你们，是对社会主义的诬蔑，这种说法是不对的，这些用不着解答了，说你们违背中央精神，都不对，你们到北京来了，毛主席接见了你们，我们同你们交谈了，这些事实已经证明了你们是对的，关于半工半读等，中央还在研究，不解答，今天讲话代表我们二人意见。戚本禹，我是王力，就代表我们二人。

戚本禹同志接见首都大专院校
红卫兵总部代表时的讲话

时间：1966年11月12日晚十一点一两点
地点：中宣部接待室

（戚本禹开会去了，由阎长贵同志听我们汇报情况）

戚本禹同志来了以后，先听了一些情况，问我们是哪一个单位的，接着问起我们有了多少红卫兵战士，在北京的有多少，问我们以后准备怎么办？我们讲照常办公，二位各开联席会议。

戚本禹同志问：你们能召集起来吗？北航的人能来吗？你们要改组吗？行的话就改，不行的话怎么办呢？他们有多少人（指造反联络站）？几个单位他们一开始就同意你们的观点。他们是比较反对工作组的。我特别要质问你们一句，上次开会时（指八月二十七日晚）我说过两条路线的斗争问题，有两个司令部，一个以毛主席为代表的无产阶级的司令部，另一个是资产阶级司令部，你们还是执迷不悟。我希望你们能站在毛主席一边。当然不是说你们现在站在主席一边。例如谭力夫就是跟主席对抗的。你们长期以来就保呀保的呀，保得厉害，你们听得懂吗？（指八月二十七日晚讲话能否理解）你们那时对江青同志很不礼貌，怒气冲冲。我要你们做工作，有人说不干了，我说还是干下去，通过你们把红卫兵战士带到毛主席一边。不然的话，我为什么要支持你们成立组织？化这么多钱？主要是让你们做工作，把红卫兵带到毛主席一边来。关于"十一·七"事先我一点不知道，是革命行动我都支持。他们对你们的突然袭击，你们自己检查一下，这是矛盾尖锐化的表现。我事先没有指使他们，他们说我叫他们去的，可能认为我会支持他们的行动的。我对第三司令部，也是支持，我双方都不责备。（接着戚本禹谈到辟谣的问题）我不想辟谣，不想表白自己，现在有很多人借用我的名义，写什么"打虎记"，我们也没有辟谣。我说要从你们自己的行动考虑一下〔指"十一·七"事件〕，有前因后果的，为什么会产生这事？第三司令部也发生过，第一司令部也改组了，这是矛盾的反映，毛主席说没有矛盾就不能发展。要想得开阔些，不要想不开。总是要发生这事的。水火合在一起〔指反工作组和保工作组的〕总是要爆发，北京市到处造反，你们红卫兵总是有些方面保。我每次接见同学从来没讲得这么彻底〔指八月二十七日〕我可以受处分，但我没有说过界限。我觉得你们受毒太深了，现在我不说太多。你们整天整别人很厉害，为什么《红旗》十三期社论要发表？那时不行了，围攻主席的革命路线，而且有组织，你们可以体会到，毛主席没回来，基本上是学生整学生，北京市死了很多人，数量很大。矿业学院、外语学院都整了。文化革命是整党内走资本主义道路的当权派。为什么首先举起革命旗帜，被打成"反革命""游鱼""小牛鬼蛇神"。一个学校整死了许多人，白色恐怖，整个的都是资产阶级反动路线，这不是偶然的。它一直反对主席的革命路线，就是要在中国搞复辟。六二年就搞单干。文化革命一开始，姚文元发表了文章，冷冷清清，不让搞文化革命，反对文化革命。为什么要在上海发表？他们就是对和平演变很感兴趣，文化革命领域是帝王将相，统治我们的舞台，我们国家还象什么样子？特殊阶层、资产阶级生活方式……无产阶级的国家，就要变资本主义的国家了。学校里也是这样，各方面向无产阶级进攻，不要很多时间，少则几年，一步步垮下去了，少数人变成贵族，多数人变成奴隶，给他们当牛当马。文化革命刚一搞起来就触及灵魂，他们要压下去，怎么压？谁革命就压成"反革命"，把生气勃勃的文化革命没几天压得冷冷清清，国务院办公室开始人很多，一下子没人，冷冷清清，没人敢来，有人来了也钉哨……你们要把国家得失放在第一位，个人得失不足为重。过去你们这方面整人整得也厉害。我不赞成学生斗学生，但批判资产阶级流毒，不算群众斗群众，批判谭立夫不算群众斗群众，我不赞成批判你们，我跟第三司令部也讲过，你们受了蒙蔽，做了错事吧！把个人得失放在第一位，就认不清方向，看不清错误，甚至坚持错误，变成资产阶级反动路线的殉葬人。有一个人，就发展到对立面去了，反对林彪同志，说这都是林彪同志搞的。"林彪同志是最高举毛泽东思想伟大红旗的，一点动摇也没有，他自己走到反面去了。我不是说大多数人都是这样，我相信你们司令部大多数红卫兵战士是好的，这坚信不移，能认错，站到主席一边，他们（指革命左派）要等待你们，你们要积极跟上。

我看如果采取正确的态度的话，好办，跟他们谈判，要甘拜下风，先对他们首先肯定是对的，大方向是对的，但可能有错，不能每件事都对，但大方向对的，向真理低头不是耻辱，而是光荣，是英勇的行为，明明是真理，不敢承认，是软弱的表现。不同的人有不同的看法，一种人说这是软弱，而无产阶级都不这样看。

你们要顶得住，你们回到正确路线来后，可能有人说"投降"、"投机"、"叛徒"，我看每一个人都应该向真理投降，这不是耻辱，是光荣，我们每一个人一生不知要向真理投降多少次，"叛徒"我们不要做革命的叛徒，做革命派的叛徒是可耻的。历来的造反者，都是被敌人称为"叛徒"，从奴隶社会的斯巴达克，到资本主义社会的马克思、恩格斯，都被人称为叛徒。革命者历来就是旧世界的叛逆者。把要革命的同志称为叛徒，那么，他们自己站到什么立场上去了呢？你要进步，就要叛变四旧的东西，讲"投机"是不对的，即便有些人误解，那也不要紧，真正认识错误的，回到正确路线的，比原来正确的有免疫力，下次有经验，坏事变好事。相反，一直正确的，如果不好好学习，也可能变化。参加"一二·九"的许多人都是这样，陆平、蒋南翔就是"一二·九"的，但不要拿这个去攻击左派。你们可以从保守变成革命派，他们也可能变成反革命派。你们以前（指运动前）表现相当好，但这次犯了错误。你们自己跟他们谈谈，如果不行，你们就说："你们来领导！"有没有这种勇气？"我当红卫兵，你当领导"，包袱少一点。他们不一定干，那怎么办？我希望把三万红卫兵带好。我看也不要甩乌纱帽。"你们要我们做工作，可以当副总指挥，可以当小兵。"如果开除了，我重新组织，我看很好办，叫我的话，就这样。

现在不是抢东西的问题，而是关系到三万红卫兵何去何从的问题。这官廷政变，搞得很周密，我倒很欣赏，如果将来发生了修正主义，就这样造反。你们要敢说一句话："好得很！大方向是对的，但不每一件事都对"，"你们说我们不彻底，你来！"有时你做工作好一点，有时不行，目的一个，把战士带到正确路线上来。有人说这是折衷，什么叫折衷？……（没听清）"你们北航红旗正确，听你们的"站到主席一边吆！破了吆！要立吆！我看可以跟他们谈谈。

你们方面有了包袱，党团员较多，看到少数派过去都是表现不好的，现在就积极起来了，想不通。如果让他们领导，能不能把红卫兵带起来？〔答：符合毛泽东思想就能带〕（有人谈到化工学院建议解散三个司令部问题，他说这是革命组织的事，我不想插手）群众组织自己来搞，你们正确的就听你们，他们正确就听他们，搞成就搞成，搞不成就解散，不要包袱，主要根据群众的大多数，都是摸索。第三司令部办了些好事，第一司令部也办了些好事，第二司令部也不能说一件事也没作。如果多数人说不要了，你们也解散；如果让北航来领导，我看他们还是较好，坚持正确路线。你们自己处理（有人问为什么不参加他们的组织就是保皇派，我们也要革命，也是革命组织，为何不能把它改造好？）他说他们是革命的组织就可以参加吆！你们过去就不怎么革命吆！你们为什么不能加入他们的组织呢？低不下头来。红卫兵将来要统一的，这是我的设想。要是我的话，就加入他们的组织，如果你们都这样，就不存在问题，我还要公开提倡。你们就是低不下头，他们这种精神好，你们有没有先承认他们的行动"好得很"？（有人问道互相打人的问题时）他说我向来不主张打骂，但对打人应用阶级分析，（红卫兵打红卫兵）我不赞成，多数派打少数派有，但少数派打多数派我没有听说。（我们问道为什么党团员大多数属于"保"这方面的？）根本原因是北京修正主义路线问题，团中央已经修到家了。对党要分析，党内斗争很尖锐，六二年国家航道要改变了，都是毛主席在坚持斗争，你们想一想，那时快散了，毛主席是中流砥柱，没有毛主席就不堪设想。

我们没有怀疑，党员多数是对的，对陶鲁笳我们不是批判了吗？我当面问他我骂得对不对？他说"对对对"。他算什么革命者？是资产阶级政客，两面三刀。（我们说对陶的讲话很敏感，要批判）你们批判不是从马克思列宁主义出发，而是本身切身利益出发的。党内有斗争。有关共产党员修养的书，是苏共的一套，是灌输资产阶级路线，我过去也念呀念的，对照老三篇，讲得对不对？（谈到了个人利益与党的利益的关系）现在不是你们问我，而是我们问你们，你们自我教育。有些人向上级汇报别人一举一动，一言一行很积极，不是对错误进行教育。这根本不符合毛泽东思想，我党的建党原则里哪有这样的一条？把人搞得谨小慎微，本身就是个人主义，没有造反精神。为什么？你们自己分析，我们为什么要主张销毁一些材料，有些人认为整理了半天，烧了，很可惜！

不能否认党内有正确路线，但那里影响还是有的。为什么主张销毁？因为这些材料都不符合实际，写出来，加以"提高"就写成"反党"了。我不主张这样做，把他的一言一行都记下来，汇报上去，要这样，我一天可以抓出你几十个错来。青年人，讲话总是有错的，错了就改吆！共产党员不计较个人得失。

（到后来戚本禹同志不让记，也讲得很多，问题很乱，没记好，所以不一定全，也不符合他本人的原话，请看者注意，有错的话，由整理者负责。）

整理者：外语学院　陆为民

北京晚报革命造反派翻印

1966.11.19

在十一月十三日军事院校的集会上

陈 毅 副 主 席 的 讲 話

亲爱的同志们：今天我们军事院校在这里集会，周总理和其他中央同志和大家见面，我想利用这个机会讲几句话，提供军事院校的全体同志作参考。

毛主席和林副主席的指示：全国人民要学习解放军，中国人民解放军是七亿人口的伟大国家的模范。这个模范表现在具有高度的政治水平，政治觉悟，是一支革命化的部队，这支部队是久经考验战无不胜的部队，有高度的政策水平、政治觉悟，能宣传马列主义，宣传毛泽东思想的宣传队，是最能吃苦耐劳，不怕死，不怕苦的部队，对敌人非常恨，对同志非常和气。我讲的不完全，因为今天没有准备，在这里讲我们人民解放军是全中国人民学习的模范，我在这里给同志们作报告，我们每天都要接见许多外宾，他们也同样称赞中国人民解放军。我们伟大七亿人民的国家，最主要的是依靠中国人民解放军。我们有×百多万陆海空军，可组织一万万民兵，还有几千万红卫兵是人民解放军的后备队。其它单位都可以乱，而我们人民解放军不能乱，其它单位没有秩序问题不大，过几天就可以整顿好。人民解放军一定要有秩序，随时准备作战，美帝国主义是否从越南打进来，我们要准备，美帝国主义要武斗，要打人，我们随时要做好准备，一声令下，开赴前线，同美国实行武斗。我强调一下，这个意思很重要，人民解放军每个指挥员、战斗员、院校学生要经常有这个观念，要讲毛泽东思想，要讲政策，要有组织、有纪律。

林副主席讲，要破私立公，不要有"我"字，把"我"字破掉，要有集体、整体观念，把阶级的利益，党的利益，人民的利益，国家的利益放在第一位，不要讲"我"怎样。这一点，我们每一个同志是否真正做到：要破私立公，不要"我"字当头，不能个人利益当头，要阶级利益当头，党的利益当头，集体利益当头，个人什么都可以牺牲，但是阶级利益，党的利益，人民的利益不能牺牲。大家要参加轰轰烈烈的无产阶级文化大革命，要破"我"字当头，立"公"字当头，不知道我讲的对不对？不对，大家可以批评。我今天在这里讲话，就不是"我"字当头，如果我是"怕"字当头，"我"字当头，我就不来讲了。因为讲错了，马上就会有大字报贴出来，今天有机会，我就勇敢地讲。

解放军是模范，要起模范作用，在文化大革命当中，不能跟他们一起闹。话讲起来不大好听，但是我还是要讲，大家要做路线斗争，我们完全欢迎，十分必要，一定要做路线斗争，要真正学会，但不要乱搞。

讲路线斗争，我们伟大领袖毛主席最会做路线斗争的，是我们的先生，（长时间热烈鼓掌，呼口号）我们要学习他。我们林彪同志，林副主席学毛主席思想，学毛主席著作学的最好，他也是最会做路线斗争的一个，是我们的模范，我们也要学习他。你们在文化革命中间搞路线斗争，要学毛主席，要学林彪同志。

亲爱的同志们，我讲这个话是很有历史的，不是空口讲白话，我做过多少年的路线斗争，在这个过程中，犯过大错，摔过大筋斗。我参加过支持很多正确路线的斗争，也参加过反对正确路线的斗争，我讲这话不是吓唬你们。你们青年人天不怕，地不怕，还怕我讲的话？但是，我提醒你们，讲到路线斗争，也可能犯大错误，也可能立大功，这是辩证法。毛主席几十年参加路线斗争立下大功勋。林副主席紧跟毛主席，做得很正确，也为我党、我军立下了很大功勋。

同志们，我们多少年跟着毛主席，有时跟得对，做得还不错；有时做错了，损害了党的利益，至今仍然是负担，现在讲到这些事情也很沉痛。不知道当年为什么犯了那样错误，迷失方向，乱斗一气，所以，今天我对亲爱的同志们、同学们讲心里话。你们今天在毛主席、林副主席直接领导下，你们可能做得对，立下功劳。但，是不是你们百分之九十九做得对，百分之一做错了？我们做错事，就是不懂得百分之一，而做错了，虚心一点，就不会再错了。

在天安门城楼上，我还向毛主席谈了这个问题，不是我拿毛主席这块大招牌压你们，你们青年学生搞路线斗争，是一件好事，但你们会不会搞是一个问题，是不是要我们教你们搞？我们完全赞成大家搞，在文化大革命中，千条万条，学会搞两条路线斗争是最重要的一条，比原子弹威力还大，如果学不会损失很大，你陈老总是不是给我们泼冷水？泼冷水是不好的，有的同志有时头脑太热，给点冷水擦擦很有好处。

做路线斗争不是三言两语可以讲清楚的，我就来起个头，可能讲的不对，你们参考嘛！你们毛著比我们学的好，语录你们都背过了，今天读语录，我们老眼昏花，翻到你们已读完了。在你们青年人面前，我犯错误比你们多一点，我有资格讲话，讲讲对你们有好处。

搞路线斗争，第一点要顾全大局。毛主席多年路线斗争就是顾全大局，不是为了个人利益，也不是为狭小的私利，芝麻大的事情也计较。要顾中国革命大局，世界革命大局，为了大局，牺牲局部利益，牺牲个人利益在所不惜。我们就没有真正做到这一点，有的人把个人、小单位的事情扩大起来，而不顾全局，把个人、小单位的事情看得比全国都重要，有的学生冲进中南海、冲国防部，我坚决不同意。（长时间热烈鼓掌，呼口号）过去我们没讲清楚，我们工作没做好，今天讲清楚了，以后，就不要发生这样事情了，你们单位再重要，还有中南海、国防部安全重要吗？为什么把局部问题扩大？

动手打解放军，自己是解放军学校的学生，解放军打解放军，打解放军干部，我没有见过这样的事情。我当解放军，从一九二七年到现在三十九年了，没见过解放军打解放军，让人想，是很痛心的事情。要顾大局，识大体，要讲道理，要大道理管小道理，不要小道理管大道理。你们那个单位受压制、受打击、受委屈，完全有理由到中南海、国防部告状，这是毛主席同意的，林副主席支持的，但是不能超过这个界线，可以派代表到招待所等，直到解决，完全不应冲破大门等行动，剪电话线，这是不好的。

我们伟大领袖毛主席在江西红军时代，从井冈山到瑞金，这十年我们有机会在毛主席领导下工作，讲起来很惭愧，我学的不好，犯了错误，不象林彪同志那样学的很好，那时毛主席受打击呀！但是毛主席沉得住气，又能顾全大局，毛主席被他们宣布这样那样，被从领导岗位上拉下来，我亲自亲眼所见呀！毛主席沉住气了，你们今天在球场上

（指工人体育场中心）写了很多标语，怨气大得很，你们这样冤枉，哪有当时毛主席冤枉大？（鼓掌，呼口号）毛主席有时讲话，有时不讲话，我们要有很好的修养，要学习毛主席，学习林彪同志有修养，当讲就讲，不当讲的就不讲，问题成熟了就解决，问题不成熟，就不要去解决。有的同志受委屈、冤枉、打击，哪一个也没有毛主席的冤枉大，受的委屈大。要做路线斗争，不在于进行报复，你整了老子，老子就整你；你斗我四十八天，我就斗你四十九天；你骂我十句，我骂你十一句，这不行！什么"滔天罪行"呀！什么"刽子手"呀！什么"罪魁祸首"呀……受了打击、受了委屈，当然要求讲清道理，这不能折衷主义，不是让大家忍让，来一个温良恭俭让，这都不是毛泽东思想。我们要讲清道理，问题是在讲清道理之后，我们要跟犯错误的同志团结起来，帮助同志改正错误，这才是真正的毛泽东思想。不要以牙还牙，以眼还眼搞报复，针锋相对，是对敌人的，不要对同志来。

今天，中央里面有很多同志是反对过毛主席的、林副主席的，但毛主席和林副主席还团结他们，仍同他们一道工作，这就是伟大的共产主义胸怀，老话"宰相肚里能撑船"，就是肚量大了，毛主席的胸怀比海还要大，什么都可以盛下，千条、万条船都可以放得下去。作路线斗争要顾大局，坚持原则，要讲清道理，要帮助同志改正错误，要从团结愿望出发，经过批评，达到新的团结。是治病救人。要有伟大气魄，要有伟大胸怀。我不赞成逐步升级的办法，口号提得越高越好，提得越左越好，请大家考虑是否得当？你犯了什么错误，派工作组 —— 打击革命 —— 资产阶级反动路线 —— 反革命路线 —— 反革命 —— 反革命，现在搞校长、校党委、处长、副处长还不过瘾，要搞部长，搞部长还不过瘾，还要搞我们副总理呢！作路线斗争还要正确估价，多大错误就是多大，我们不要夸大，也不要缩小。一味夸，就要犯错误。超过界限就要犯错误。我过去搞路线斗争，就犯过简单化扩大化的错误，工作组有无错误，无疑问，有这样那样的错误，应该批判，压制群众，打击群众积极性，执行了一条资产阶级反动路线。但是相反，不能用工作组办法来对付工作组，要以毛泽东思想对待工作组，帮助工作组纠正错误，用错误方法去纠正错误，就错上加错，适得其反，用正确的方法就能纠正错误。今天我没有资格批评任何个人、任何单位。但有资格以四十多年的路线斗争经历来讲话，我犯过右的错误，也犯过"左"的过火斗争，但也犯过不"左"不右的折衷主义。讲到路线斗争，我有很多话要讲，犯右的，折衷主义的，"左"的心情我也能够反映，在毛主席直接领导下进行正确路线斗争的心情我也能反映，"左"、右、折衷、正确的情况我都有。一、不积极，右；二、过火的斗争，报复心强；三、折衷主义，不"左"不右，合稀泥；四、正确的斗争，这四种经验我都有。

我们的人民解放军在各方面都是模范，我希望解放军在无产阶级文化大革命中善于作路线斗争，也要做路线斗争的模范。（鼓掌，呼口号）请同志们在做路线斗争时要好好读一读毛主席《关于正确处理人民内部矛盾的问题》这部伟大著作，才能把路线斗争搞好。

祝同志们好！我讲得不对，希望大家批评。

賀 龙 副 主 席 的 讲 話

同志们！同学们！你们好！

这次我国无产阶级文化大革命是毛主席亲自发动的，是毛主席亲自领导的，几个月来已取得伟大成绩。以毛主席为代表的无产阶级革命路线取得了伟大胜利，资产阶级反动路线已宣告破产。我国文化大革命是一片大好形势。我军无产阶级文化大革命是在毛主席和林副主席亲自领导下取得伟大胜利，也是一片大好形势。让我们一起庆祝这个伟大胜利，乘胜前进。

我们坚决执行毛主席正确的革命路线，相信群众，依靠群众，大胆发动群众，尊重群众的首创精神，坚决把无产阶级文化大革命进行到底。我向同志们讲一讲，无产阶级文化大革命中，军队院校在革命大串连中做好样子的问题。

毛主席提倡革命大串连，这是一件具有伟大意义的事情，在革命的串连中，更好的了解社会阶级斗争，向工农兵学习，向地方学习，向兄弟院校学习，把本单位的一斗二批三改搞好。这是一个锻炼、提高，这是一种更大更好的政治野营。是个很好的自我教育方法。毛主席号召全国大学解放军，这是我军的最高荣誉。林副主席号召军队院校革命师生要守秩序，要起模范作用，要做好样子。我军院校革命师生，一定高举毛泽东思想伟大红旗，突出政治，坚持四个第一，发扬三八作风，一定要读毛主席的书，听毛主席的话，按毛主席的指示办事，做毛主席的好战士。一定要自觉地响应党的号召，把革命串连搞好。为了搞好军队院校革命师生大串连，我向大家推荐空军十七航校提出的串连十点倡议：

一、毛主席的书是革命的教科书，是一切工作的最高指示，毛主席语录和十六条随身带，要活学活用，真正把毛泽东思想作为工作的指导方针，坚决贯彻以毛主席为首的正确革命路线。

二、伟大的导师、伟大的领袖、伟大的统帅、伟大的舵手毛主席是我们每一个革命战士心中最红最红的红太阳，革命战士无限热爱毛主席，无限信仰毛主席，无限崇拜毛主席，无限忠实于毛主席，一定要手捧毛主席象作前导，去进行革命串连。

三、伟大的导师、伟大的领袖、伟大的统帅、伟大的舵手毛主席身穿军装，接见百万红卫兵和革命师生，是对中国人民解放军最大的鼓舞、最大的信赖、最大的希望，给我们带来了最高的荣誉。在外出进行革命串连时，要身穿军装，要遵守三大纪律八项注意，做好样子，不做坏样子。

四、外出串连，不论在什么地方，都要和群众搞好关系，保持谦虚谨慎，向地方红卫兵学习。

五、不介入、不干涉地方的文化大革命，不参加地方炮打司令部、抄家等活动。

六、不谈论军事机密，不携带机密文件，不携带武器。

七、发扬艰苦朴素的优良传统，不铺张浪费，不搞特殊，不喝酒，不游山玩水，不进高级饭馆。

八、一定要自带被褥，不住旅馆，这样既安全又节约，不要单独个人行动。

九、发扬人民解放军既是个战斗队，又是个工作队，积极热情地宣传毛泽东思想，为人民群众多做好事。

十、一切革命队伍的人，都要互相关心，互相爱护，互相帮助，牢记毛主席教导，时时处处突出政治，坚持四个第一，搞好革命串连活动。互相间以同志相称，不称呼职务。

我们认为这个倡议很好，如能做好，一定能搞好革命大串连，一定能做出好样子。当然这是一个单位几个同志的倡议，在串连过程中是会碰到新问题的，希望大家发扬革命精神，不断总结新经验，把串连工作越做越好。

同志们！同学们！我们一定要更高地举起毛泽东思想伟大红旗，坚决执行以毛主席为代表的正确革命路线，搞好无产阶级文化大革命，从胜利走向胜利。

以毛主席为代表的无产阶级革命路线万岁！

无产阶级文化大革命万岁！

中国共产党万岁！

毛主席万岁！万岁！万万岁！！！

1966.11.13

徐 向 前 副 主 席 的 讲 話

同学们，同志们：

你们辛苦了！向你们问好！

我国的无产阶级文化大革命在以毛主席为代表的无产阶级革命路线指引下，已经取得了伟大的胜利。我们军队的文化大革命在林副主席、军委、总政的正确领导下；也取得了伟大的胜利。这是我们很高兴的，对你们的革命精神表示热烈支持。

我们的中国人民解放军是毛主席亲手缔造的。自从林副主席主持军委以来，高举毛泽东思想伟大红旗，提出了活学活用毛主席著作，突出政治，坚持四个第一，开展四好连队等革命化措施，使我军在非常无产阶级化、非常战斗化方面，取得了伟大的成绩，使我军战斗力空前加强了。我军在群众中享有崇高的声誉，各方面都向解放军学习。

我国之所以能够进行文化大革命，任何国家所不能实行的大民主，主要是有伟大的领袖毛主席的领导，毛主席的威望，同时还有用毛泽东思想武装起来的广大工人、农民、劳动群众、革命干部及革命的知识分子，还有忠于党忠于毛主席忠于人民的人民解放军。所以我们实行大民主，不怕。我们人民解放军是无产阶级专政的主要支柱，无产阶级专政主要是军队，当然还有其他。因此，解放军担负着保卫国家安全和保卫无产阶级文化大革命的任务，这个任务是非常重大的。现在，美帝国主义正在进行反革命的联合行动，你们看马尼拉会议就是搞反华，就是要在越南瓦解世界革命力量，主要是针对我们的。美帝苏修对我国的无产阶级文化大革命的伟大胜利是非常仇视的，他们对我们解放军也是很怕的。我们导弹核武器试验成功，吓得他们胆颤心惊，他们又害怕我们又仇视我们。美帝国主义、苏联修正主义和各国反动派正在加紧联合反华，企图在政治上孤立我们，在军事上包围我们，威胁我国安全，甚至破坏我们的文化大革命。因此，在搞文化大革命的同时，一刻也不能忘记我们周围的敌人。我国的领土台湾还在敌人手里。越南战争在步步"升级"。所以我们正在密切注视着他们，经常要保持高度警惕，不可疏忽大意！假如我们疏忽大意，就会造成不可换回的损失。因此我们空军、海军、陆军要随时保持战斗状态，随时准备对付敌人的突然袭击，我们要做到一声令下，立即行动起来！所以师以下战斗部队文化大革命搞正面教育，开展活学活用毛主席著作学习，收到很大效果。事实证明，我们这样作是完全正确的。我们各总部、军种、兵种、各机关领导干部，他们在保卫国防和保卫文化大革命中负有重大责任，在文化大革命中，他们一方面"敢"字当头，相信群众，放手发动群众，尊重群众的首创精神，把本单位所属院校文化大革命搞好；另一方面他们还密切注视着敌人，要保证指挥一刻不能中断。敌人要突袭我们，是不得了的，所以领导干部要深入群众中去，向群众学习，听取群众的批评，改正自己的缺点错误，耐心地进行政治思想工作。

同学们，同志们，你们向领导机关干部反映情况，提意见，要求解答问题，这一切革命行动，我们是完全支持你们的。这是一方面，支持你们的革命行动，但是另一方面，我们希望你们要从党和国家的最高利益出发，考虑到这些领导机关干部担负的行政任务很艰巨，要使他们有指挥部队和处理日常工作的时间，文化革命及日常工作这两方面都不可偏废，忽视那一方面都是不对的。你们找他们说话，批评他们，一定要注意这个问题。不要一天到晚，晚到白天。这样搞是不好的。你们人多，可以换班休息，但他们人少，还有工作，这怎么得了呢？究竟是有利还是有害，这样对国家安全、部队指挥行不行呢？你们要很好考虑一下子。一方面我们应满足你们的要求，但你们要替我们想一想，好多同志都是五、六十岁的老家伙了，好多还有病，他们随时准备作战，要照顾他们工作，你们也要照顾他们的身体，这并不是妨碍你们革命行动，你们能照顾就照顾。

同志们，同学们，我们一定要坚决贯彻执行以毛主席为代表的无产阶级革命路线，坚决贯彻执行林副主席、军委、总政的指示。我们要做好样子，在文化革命中在群众中做出好的榜样来。希望同学们不要作坏样子，而要作好样子，不要作损害人民解放军声誉的行为。当然，青年人犯错误是难免的，这不能责怪大家，我们引导向正确方向发展这个工作没有作好，我们要向大家检讨，应作自我批评，我的意见希望大家考虑考虑。

无产阶级文化大革命万岁！

以毛主席为代表的无产阶级革命路线万岁！

无产阶级专政万岁！

中国共产党万岁！

伟大的领袖毛主席万岁！万岁！万万岁！

1966.11.13

叶 剑 英 副 主 席 的 讲 話

同志们！同学们！

　　刚才陈毅同志、贺龙同志、徐向前同志向同志们已经讲了很多话。这些话都是很对的。对于运动和本人都有很大的意义，我完全拥护。现在，我向同志们讲得简单些，今天在座的军事院校的学生，或教职员工，这几年我同军委、军训部管部队院校工作，去年××所党校整风一年整了一些领导干部、行政干部、教职员工中一些不好的思想，不好的作风。整风没有搞好，也不是完全没有一点效果。但还没有从根本上把学校的一些问题彻底地扭转过来，我首先要负责，要向大家检查这一点。今后要借这次文化大革命把院校的一斗、二批、三改彻底搞好。因为军事院校是培养干部的，尤其是培养基层干部的，首先是培养用毛泽东思想武装起来的革命军人、革命干部。所以，要狠狠地抓紧这次文化大革命运动。

　　毛主席在一次接见红卫兵时，号召："你们要关心国家大事，要把无产阶级文化大革命进行到底！"这简单两句话用到今天全军院校。同志们要很好的理解才能把文化大革命搞好，主席教导我们的话很多。首先要关心国家大事，国家大事是什么呢？就是关系到全国人民利益的最高、最大、最长远利益的大事情。具体来讲，对外随时准备粉碎帝国主义、修正主义、各国反动派联合起来进攻我们——全世界最大的，也可以说是唯一的高举马克思列宁主义，毛泽东思想伟大红旗的，号召全世界人民把社会主义革命进行到底的中国。他们准备用各种方法准备各种力量，找个他们认为好的时机向我们国家进攻。在越南逐步升级，已经征兵到三、四十万人。拉一些仆从国家，苏联修正主义也在帮忙，提出"联合行动"，东欧一些国家也参加进去。一方面正面进攻越南人民；另一方面从侧面用欺骗的方法出卖越南，想控制越南，消灭越南人民的武装力量。他们想打大仗，正规战，他们要的不是思想控制，经济控制，要的是实力控制，他们要派兵组织联军，苏联想利用"联合行动"的欺骗手法，控制越南北方，一直到越南不能打下去。就瓜分越南，成为他们的势力范围。一个是控制论，一个是速败论（名义上是速胜论，实际上是速败论），一个瓜分论，一个亡国论，美国战略重点东移，苏联同美国配合，调兵到外蒙古边界，我国新疆边界已达二十五万，还在继续调兵，印度自己顾不过来，还在拼命的反华。这个形势全国人民特别是中国人民解放军如果没有准备，没有警惕，就会在这个问题上犯大错误！错误的结果必然会亡国的。我们要关心国家大事，大家就要看到帝国主义、修正主义、各国反动派想消灭中国。当然，想是想，敢不敢做是另外一回事，我们第四次导弹核武器试验成功，对他们的侵略计划是一个沉重的打击。但我们还是要有准备的。他们以为中国被消灭了，资本主义可以重新统治全世界。资本主义统治全世界起码要有百把年，全世界就要陷入最残酷的白色恐怖中。

　　关心国家大事的第二方面，就是要关心国内，就是要保证我国社会主义建设进行到底，建立能够进入共产主义的政治、经济、文化基础。如果让一小撮走资本主义道路的当权派占领我们的领导地位，把我们的国家慢慢地、悄悄地引向资本主义。那么，我们国家就要变颜色，变颜色也就是亡国，就是亡社会主义，复辟资本主义。因此，我们要关心国家大事，对外粉碎任何敌人进攻，对内要粉碎走资本主义道路的当权派，坚持以毛主席为代表的无产阶级革命路线。

看看我国十七年来在和平建设中，我国人民、军队、各级干部，特别是近几年中，学马列主义，毛泽东思想，阶级觉悟，政治理论水平提高了，这是主要收获。但是也有一小撮人，由于出身，养尊处优倒退了，退到了资本主义、修正主义的道路上去了，如果不搞这次文化大革命，不把他们打倒，不把我国无产阶级文化大革命搞到底就要变颜色。为了不使我国变颜色，就要把全国千千万万的青年思想革命化起来，战斗化起来。在统帅毛主席、副统帅林副主席领导下，一定能够搞好无产阶级文化大革命，使我们国家永远不变颜色。

操场上贴了很多标语，看出两方面问题。一方面是想见毛主席的，另一方面是两条路线的问题（念标语27条），这二十七条标语，总的精神是拥护以毛主席为代表的无产阶级革命路线，彻底粉碎资产阶级反动路线，总的精神我们完全拥护。这是当前两条路线的斗争，我们坚决支持你们。在另一方面应该指出，在运动中由于我们院校某些领导和机关对运动的领导搞的不好，在实际工作中发生了一些缺点和错误。主要是一些领导干部对运动很不理解，很不得力，个别学校发生了压制群众阻挠运动打击革命左派的路线错误，严重违背了《十六条》。军委总政对这些领导干部的缺点和错误及时进行了批评和指示，十月五日又发了"紧急指示"，对被打成"右派"的同学加以平反，加以保护。军委、总政对领导干部的缺点错误是有批评，有制止，有纠正的。特别是运动初期被打成"反革命"的同学起来反抗斗争，这种革命精神我们是支持的。这些被打击的少数派有硬骨头精神顶得住冲击，我们是同情的，而且是拥护的。但是任何真理超过了限度，跨过了一步就变成了错误，就是谬误。"紧急指示"下达以后，有些领导干部已经承认了错误，几次三番的检查甚至挨斗挨斗。同志们，个别人，应该指出，二医大那些做过分了。错误带来的后果，不单是单位和个人，而且对我们军队也是不好的。

同志们：特别是领导运动的同志要掌握火候，要掌握适当的温度。如果不懂得这一点，真理跨过了一步就变成错误了。量过了就要质变，就要犯错误，就要把群众的热情引导到错误的地方去了。我们这里是有名字的，不点名了。在军队里已经发生了不少事情了。我们是看得清楚的，我们是闭着一个眼睛，开着一个眼睛的，闭着一个眼睛是放手让大家搞，但是还开了一个眼睛，开的这个眼睛是亮的，运动走向那里是清楚的。可是有一小撮人，百分之一、二、三，他们压制了群众，这是错误的。但是不允许人家承认错误，不允许人家革命这是不对的。你们可以看看阿Q正传。毛主席说："允许人家犯错误，允许人家改正错误，允许人家革命。"

同志们：我再讲一句。同志们要见毛主席，这是完全正当的，特别是外地来的革命师生见一见我们伟大的导师、伟大的领袖、伟大的统帅、伟大的舵手毛主席是应该的。

同志们：你们见了毛主席没有？（部分同学回答：没有）有的已经见了八次了，我们的眼睛是亮的，还想再见一见毛主席，这是合理的。多见几次我们的领袖，使我们革命精神更足，这是对的，还有的见了**毛主席**，没看清楚，还想再看清楚些，这是可以理解的。

毛主席在天安门上接见六千辆汽车运送的红卫兵，站了六个钟头。群众想见领袖，领袖想见群众，群众、领袖心连心。我把大家的心情讲出来，你们想见，想多见几次，想见得清楚一些，这种心情我们是知道的。但是毛主席的安全关系到全中国、全世界的人民利益，毛主席精力很好，可以领导我们一直完成世界革命，我们完全有信心，但同学们，告诉你们，想见毛主席，这是革命的。更革命的是保卫毛主席的安全，保卫毛主席的健康，更重要的是学习毛泽东思想，读毛主席的书，听毛主席的话，照毛主席的指示办事，做毛主席的好战士，这比见毛主席更重要，你们要理解毛主席的心情，主席为了世界革命，殷切的希望青年人革命化起来，战斗化起来。毛主席很想见你们啊！他想见同志们到什么程度呢？他不顾中央领导同志的阻拦，钻到群众里面去了，看！毛主席多么想见你们啊！你们要保卫毛主席安全，这是国家大事，是世界革命大事，你们都是青年小伙子，你们不但可以见到毛主席，以后还可能和毛主席在一条战线上工作，不要过急嘛！急的过份就不好了。

对语录，我要谈一点。在运动中创造了一种新的作风。在会前把有关的语录集体朗读，全国这样做了，军队也这样做了，这成为全国一致的长期用下去的好风气，这是革命的创举。这样一来，逼得我们这些老家伙每个人也要口袋里装一本毛主席语录。读语录，用语录，后浪推前浪，逼得我们老年人也和你们一起学习。但我们要奉劝院校同志：读毛主席的语录要象林副主席指示的那样，在"用"字上狠下功夫。语录不是光给别人念的，要指导行动，有的人能把主席语录从头到尾背下来，象背古书一样，这毫无用处。林副主席要我们把关键性的话背下来，这是值得发扬的，但更重要是把他的思想用到行动上去，会念不会用，就是教条主义。以前部队院校犯过教条主义，现在要改，不要再犯教条主义了。

同志们从全国各地到北京来，来到毛主席身边，今天周总理、陶铸同志和大家见了面，几个元帅也讲了话，各总部、各军种、兵种首长也和大家见了面。运动都起来了，我们要狠狠地抓师以下单位的正面教育，社会主义教育运动，十一中全会公报的教育，文化大革命的教育，也要狠抓战备。

红卫兵这个伟大的组织，已经出现在日本，出现在非洲，也出现在越南。红卫兵已经成为国际性组织了，红卫兵是毛泽东时代的青年，是敢想敢闯的革命青年一代，他们起来，首先要接毛泽东思想的班，用毛泽东思想武装起来的青年，可以成为保卫祖国、粉碎敌人侵略的力量，是保证我国不变颜色的主要力量。

教师要培养我们军队院校学生象红卫兵一样，掌握毛泽东思想。革命教师要学习地方教师如何发动群众的好经验，主要是回到学校把学校的反动学术"权威"、旧学制、反毛泽东思想的教材，坏的教师统统搞掉，通过斗争，批评，改造他们，教育他们，从而把我们军队院校办成毛主席说的亦工亦农的大学校，完成一斗二批三改的任务。你们来不是来玩的，是来干革命的，少数人出来无法无天了，坐火车位置改坐席，把门锁起来不让人进，想舒服，贪便宜，把困难推给人家。红卫兵生气了，把窗子打碎了，爬了进去。他们说："这个解放军不能学习"，有的人到了上海要住大旅馆，有的住在资本家家里，生活稍微不舒服就借题发挥，有损我军的声誉红军以来的光荣传统。希望同志们自己批评自己，对人非常和气，要有阶级感情，要做红卫兵的好样子。但是在运动中，也发现有个别人没有阶级感情，不是象毛主席讲的，从团结愿望出发，通过批评，达到新的团结。要允许人家犯错误，允许人家改正，允许人家革命。就是人家干部心脏病发了，还不让人家走，这是没有阶级感情！这是对敌人的态度！我感到愤慨！同志们听清楚了没有？我说：没有阶级感情！再说一句：个别人就是没有阶级感情！告诉同志们，不要受人利用，受坏人利用！我要警告这些人！

还有一个问题，要向大家讲清楚。有些院校同志要到军委、总政去看大字报。我们商量了。因为这是关系到全军机密问题，同志们不要到机关里去看大字报。不要干预机关的文化大革命。要相信他们的群众自己会搞好本单位运动的，你们有意见可以送大字报。

《解放军报》是军委总政的机关报，是毛主席赞扬的，是毛泽东思想红旗举得高的，是代表军队说话的。办得比《人民日报》好。几年来《解放军报》在全军同志的支持下，在毛泽东思想伟大红旗指引下，是一面战斗旗帜。这次文化大革命中起了很大的作用。《解放军报》是毛主席确定的重点保护单位。是林副主席亲自抓的。林副主席也讲过要把《解放军报》办得好上加好。对它的错误可以批评，可以建议。有好的文章可以送去，真正反映全军上下的共同意志。总之，要支持它，关心它，不要去捣毁它。

同志们啊！在这次无产阶级文化大革命中，我们完全相信你们一定会高举毛泽东思想伟大红旗，在军委、总政正确领导下把无产阶级文化大革命进行到底。希望院校同学做出好样子。

个别的人听了我的话，他是会怀恨在心的，愤怒的，我是有名字的，现在不讲。也许他会报复的，但我相信几万名用毛泽东思想武装起来的革命同志会理解的。

我要宣布一条重要消息。兽医大学红色造反团李基才递了一张条子给萧华同志："萧华主任，我问你几个问题：（一）今天的会是否是林副主席批准的？"他怀疑我们的会议是偷偷开的，大家相信不相信？（群众答：不相信）我代表军委全体同志感谢你们对我们的信任。他还问："你们四位军委副主席的发言是否林副主席看过？"我讲，我们的讲稿，不但他个人看过，而且我们集体讨论过。（热烈鼓掌）让我再一次代表军委全体同志和各总部、军种、兵种同志向你们绝大多数同志除了李基才以外表示感谢对我们的信任！周总理、陶铸同志都来了嘛！林副主席本来要来的，因为昨天感冒了，为了照顾他的健康，没有来。

毛主席告诉我们，文化大革命是"子教三娘"：儿子教育老子，孙子教育爷爷，青年教育老年，还要多数教育少数人。这些人要多数人来帮助他们，也要允许他们改正错误。允许他们怀疑一切。但也允许他们认识错误，允许他们改正错误，允许他们革命，希望大家帮助他。

兽医大学红色造反团战士李基才他提出两条质问，要求大会能够给予广播。他说是兽医大学红色造反团的战士，我说他不是战士，他给我们下了命令。我执行了他的命令，给广播了。看来他想得到到会大多数同志的同情。但现在看来，从大家的呼口号和鼓掌声来看，支持他的人很少。

我也向大家学习，也念一段毛主席语录作为结束语（念《毛主席语录》16、17、18页）。

毛主席说："这种批判，应该是充分说理的，有分析的，有说服力的，而不应该是粗暴的、〔念语录时插话：打人是我军的耻辱，我从来没见过解放军打解放军，我们的军队是毛主席领导的嘛！解放军打解放军，这是帮了谁？（众：敌人。）（众：揪出来！）对！帮助了敌人，大家要制止他〕官僚主义的，或者是形而上学的、教条主义的。"这段话你们拥护不拥护？（众：拥护！）坚决拥护！（众：坚决拥护！）（呼口号）（热烈鼓掌）

1966.11.13

北京钢厂文化革命办公室翻印

1966.11.21

仪器厂一车间毛泽东思想宣传队

玻璃总厂科室红卫兵二楼联络站 合印

1966.11.25

陶铸同志十一月十三日在人民大会堂接见辽宁大学8·31红卫兵红色造反团讲话（片段）

我们的党是伟大的、光荣的、正确的，是用毛泽东思想武装的党。但是我们还有些错误的东西，如保卫工作、组织工作，还受到苏联的影响。你们要提高到理论上来认识。过去的一套是不信任群众，搞什么排队，听一句话就记下来，归档案了。当然还有阶级敌人，但是少数。人都要说几句错话，我就难免。我们有个宣传部副部长，一张大字报没有，因为十三年不做工作。"十六条"规定，讲过错话和右派要区别。不看整个历史，有句错话就记下来，你说几句好话不记，只记一句错（坏）话；记上几十次就够了。我们这次决定的深远意义是以后再不搞这些东西。有些东西人要搞录音，这不好。以后写文章、讲话、做报告，可以放开讲，有错误当场批判，不记下来。这样大家敢于讲真理、真话，你不防我，我不防你。思想活跃了，更心情舒畅，更加团结了。

人民文学出版社"学习战斗组"载抄

1966.11.29

周总理在十一月十四日晚召开的
一个最紧急会議上的讲話

今天召开一个紧急会议，有145个学校的红卫兵代表参加。

我们七、八位中央领导同志，今后在中南海西门，每天有一位接见大家，他可以代表我们中央全体负责同志，不管谁接见都能代表中央，因为一些问题都是经过中央讨论的，有的重大问题还请示过主席。

现在天气已冷了，外地在京的革命师生很多，主席已接见过没有走的有120万以上，没接见过的有60万。每天还要来20万，这样下去怎么办？来京的外地师生要见毛主席，要参观、要学习、要交流经验，不组织好，如何能完成这么多任务，要浪费很多时间。现在中央决定免费串联暂停一个时期，到明年春暖。全国来京的外地师生回去和北京出外的师生回京，还免费坐车，这样做主要是为了加强冬季运输计划，要运冬季用煤车辆维修等，以便明年春再继续串联。全国到北京来的学生已经超过900万，除去重复的外，已超过全国大中学生的半数以上。大专院校学生一共不到80万，半工半读和中等学校的学生有1200万，这一阶段，一共不到三个月，来了那么多，明年春后时间充裕得多，有5—6个月之久，明年串联能更有计划、更有组织、更有经验。

未走的学生，特别是新来的学生，主要是要帮助他们学习解放军的训练：军事训练、政治学习、身体锻炼、唱革命歌曲、集体行动和学习解放军生活。中央决定派解放军去训练，我们要协助，如果这个事做得好，下次接见，可以预见行动迅速些。

我们要向大家呼吁：你们还有潜力，大专院校接待人数，还可以增一倍，现在是20万，要增加到40万，现在清华接待人数最多，共有12000人，留下四、五百红卫兵接待，这也是闹革命，这是一个很重要的政治任务。

希望现在在北京的同学不要出去了，即使出去了，也要很快回来，留校与解放军合作，设想学校炊事员不够的话，可以向地方和解放军要，有的学校出去串联，连炊事员也带走了，炊事员不够，如接待人数达到四十万，要派很多解放军来协助，但是你们是主体。

我向你们呼吁：不管那一派，不论是积极的、中间的、保守的，在接待这个问题上，必须要一致。

从十一号起，车站很挤，昨天车站上有30万人，现在每天进来的有20万人，但同样数目的列车，每天往外输送只有不到20万人，约十八万左右。

我们必须要他们吃得好、住得好，不能饿了他们、冻了他们，要采取统一的革命行动，协助解放军作好这一工作，这是最高指示。

我们要协助解放军接待好外地师生，帮助大家学习好毛主席著作，**学习好十六条，**学习好解放军报社论。

一个学校，不管有多大争论，在接待问题上，要有统一组织，因为目标是一致的，接待的时间，至少要有15天—20天的功夫，因为即使下次接见后，也还要分批走，到那时，在外地的北京师生也要回来了，利用这个空隙，做好这工作，回去后你们要好好传达，组织讨论，有问题可以提交文革接待站解答。

下面谈长征、徒步串联问题，这问题中央正在研究，现在全程徒步串联的（就是完全走，不是坐一段火车走一段路），有三、四个地方（大连、蚌埠等地），人数还不多，这是一种典型，冬季如何徒步串联，中央还在研究，今天主要谈接待工作。

下面周总理解答问题：

北京郊区来的革命师生，要动员徒步回去。

河北几个县、几条公路线上的，要动员他们坐汽车回去，腾出火车。

外地来京师生在本市串联一律步行，出去时走，回来也走，要集体行动。

小股人马（几个人，十几个人）要试一下长征，我们不好去阻拦，但我们可劝他们做短途试验，取得经验。

有不少人都要走到井岗山，就不好办，这样就要办一个粮栈。大家都向一个目标，不是中央提倡的精神。长征的路程，要很好设计，不然半途而废，不能实现反而不好，在长征路上中央要沿路设服务站，派参加过长征的老红军服务。在军事、政治、后勤各方面都要作好服务工作，中央已经在研究，办法不久就要公布。

什么时候开始停止免费乘车（船）串联，研究后再开始。

徒步串联方法还在研究。

有人建议"要走前人未走过的路"（就是不走以前老红军长征过的路线，这沿路老红军已经播过了种子，要走还没有人走过的路），你们有这样意见可以倡议。

少数教师出去串联也是好事，但员工出去问题，还要研究，因为他们还有工作。

关于工作组档案材料问题，工厂农村串联问题，中央还在研究。

工厂中受打击、压制的工人同志接见座谈问题，也正在研究。

中国人民大学　档案系　教工红卫尖兵　记录抄写

1966.11.15

中央工艺美术学院接待站宣传组翻印

江青同志談阶級路綫

按：江青同志于十一月十四日，在北京会见了北京中学生代表和各红卫兵代表两千余人，并作了重要讲话。其中着重讲了阶级路线问题。经本人同意，现将讲话摘录部分如下：

阶级路线是党的生命，同志们的确应关心重视，务必充分注意。要说阶级路线嘛，很简单，就是团结一切可以团结的人搞革命。许多同志常常到我们中央文革小组问出身问题，我说也就是主席常说的：出身不由己，道路可选择。阶级出身是给人打烙印的，但是他不起决定作用。起决定作用的是人的努力，是人的思想革命化。尤其你们都很年青，最大才二十岁，大多数是长在（红旗下）新社会。受了党十多年教育，所以出身对你们影响不大起决定作用。最近有些人总爱红五类、黑五类地把人分成等级，这样作不好。正如周总理给你们讲过的：中央文件，人民日报哪用过红五类、黑五类这样的名词，这样作影响团结，危害革命。你们说这样作对不对？

同学们，红卫兵战友们，咱们出身好坏都不要背包袱。工农革命家庭出身的要严格要求下去，要严于待己，宽于待人。要充分发扬父兄传统，继承老一辈革命精神。好好听毛主席的话，干一辈子革命；剥削阶级、反动家庭出身的人，要认清家庭的反动性，力争彻底背叛。根本不用害怕担心。只要不和老子一样，就不是狗崽子，甚至可以是坚定的革命左派。

还有，"老子英雄儿好汉，老子反动儿混蛋，基本如此"这个口号在现在是不适用的，错误的，反动的。有人问，有成份论和不唯成份论是否矛盾，这其实一点都不矛盾，也就是要看见人的成份，但不以它为主，要时时看他的观点。

好吧，同学们，红卫兵战士们，这个问题就说这些，供你们参考。

（北京半工半读工艺美术学校马列主义红卫兵翻印）

謝富治副总理接见安徽"八·二七"

紅卫兵时的講話

（一九六六年十一月十四日）

一九六六年十一月十四日下午4：40—5：30，在政协礼堂休息室，国务院副总理谢富治同志，中共中央书记处书记、人大常务委员会副委员长、中华全国总工会主席刘宁一再次接见安徽"八·二七"革命造反团（合肥工业大学、安徽工学院、安徽中医学院、安徽农学院）和安医红旗战斗队代表。

开始，刘宁一同志先到（谢富治同志因开会未到）。

同学：前天首长接见了我们四个多小时，今天又接见了我们，我们十分高兴。首长教导我们坚决站在毛主席一边，不论在什么时候，在什么单位，在什么范围都要同那些反对群众，压制群众，甚至迫害群众的资产阶级反动路线作坚决的斗争。首长还教导我们要自己教育自己，自己解放自己，锻炼自己，我们坚决将首长的指示带回去，传达给大家照着做。但是，首长给我们的回答有两个问题还不够明确，一个是我们的组织是革命的，还是不革命的，請首长给予明确指示。

同学：安徽的问题比较复杂，他们硬要把我们和反革命分子刘秀山联系在一起。

刘：你们和刘秀山沒有关系（重复三次），刘秀山和你们不是一回事嘛（鼓掌），我们认为你们是革命的（热烈鼓掌），你们的大方向是正确的（热烈鼓掌），我们不仅这样答复了，我们还讨论过了，还要把我们的意见通知安徽省委（鼓掌），通知蚌埠市委（鼓掌），通知安庆地委。（鼓掌），还不是很明确嘛！这意见不是我个人的，是我们研究的，我们告诉你们，反正我们的意见是一致的，你们贴大字报就遭到围攻，今后还要写。

同学：我们按照首长指示的去做，绝不因为首长支持我们，就用他们对付我们的办法对待他们。

刘：对，这是完全正确的，我相信你们是敢于革命、善于革命的，团结多数的，革命要越带越大，将来我们希望全国都要成为毛泽东思想的大学校。统统要读毛主席的书，听毛主席的话，照毛主席的指示办事。让越来越多的人学习毛主席思想，是少数还不行，事情总有先进、落后的，学生当中也是这样。后进的不一定是反革命的，要带动他们，要相互帮助，相互促进，而且先进与后进是变化的，因此，要不断学习，不断前进。

同学：我们一定要遵循毛主席的教导，"虚心使人进步，骄傲使人落后。"

刘：对！

同学：我们规定了一个纪律，只准挨打，不准还手，只准挨骂，不准还口，吐沫吐到脸上，把它擦掉。

刘：对！你这个意见很对，我十分赞成，我正想说呢！人家打你，你不打，这就有理了。你们回去了，要是报仇，就想错了，这就不对了，要根据十六条办事，这不能凭感情，凭感情就不好办事了。安庆的夏××受了多大委屈，怎么能凭感情呢？他骂了是错误的，我们不能给他一拳，不能用错误对待错误，要用正确对待错误。

同学：打人有两种：一种是受蒙蔽的，一种是别有用心的，比如他们打我们，我们不还手，他们感到心虚，吓得发抖，通过斗争，我们感到主席思想威力无穷。

刘：关于打人，有些人不是自觉的，是受蒙蔽的，是不明真象的，说了些错话，做了些错事，明白了就好了，我们要善于讲道理，弄清是非，什么是以毛主席为代表的无产阶级革命路线，什么是资产阶级反动路线，什么行为是合乎毛主席思想的，要听毛主席的话，自己怎么想就怎么办就不好了。我们要有高度的民主。谁给我们的高度民主，是党中央给我们的，是毛主席给我们的，毛主席最相信群众，最依靠群众，放手发动群众，但还要有个集中，这就是毛泽东思想。用毛泽东思想来集中。你们要敢想，敢闯……全国都进步了，绝大多数人要按毛主席思想办事，光靠少数人是不行的，少数人只能起带头作用，要团结绝大多数人一起闹革命。

同学：我们认为安徽省委的问题是严重的。这次中央工作会议后李葆华还没有改正错误，原来答应开15万人大会作检查，以后又不答应，后来又同意，最后还没有开。

刘：这可能是这个原因。这次中央工作会议要求各级干部开会好好消化消化，有错误就认真检查，这次会议的精神，体现在两个社论上，一个是"红旗"十四期的社论，一个是解放军报社论"再论提倡一个公字"，认真讨论中央文件，好好体会，认真执行毛泽东思想。认真执行毛主席的无产阶级革命路线，批判怕字当头，批判错误路线，批判压制革命反对革命的资产阶级反动路线，暂时让他们开会。

（孙插话：大概要开廾天左右。）

同学：昨晚家中来电话说李葆华写了个书面检查，但很不深刻，未接触到本质，他只承认组织工人保卫省委，沒有承认组织工人围攻学生。

刘：对了，该揭的还要揭嘛！回去还要贴大字报，上次我讲了嘛！老虎屁股摸不得，越要摸，偏要摸！（鼓掌）

同学：反对我们的人，紧紧抓住各级党组织向我们施加压力，比如党团总支书记找同学做工作说："红旗13期社论是放长线钓大鱼，是先放后收，是"引右出笼"！叫我们青年人考虑前途、命运。把我们揭发党内走资本主义道路的当权派，说成是向党进攻的右派，我们不是右派，当然就不怕了。

刘：当然随他讲，下面怎么讲都可以。到北京来的都是我们钓来的吗，大笑（……未记清）。要巩固无产阶级专政，必须进行无产阶级文化大革命，这场无产阶级文化大革命，是毛主席亲自发动的，亲自领导的，不能那样解释，应当按16条办事，16条也没有说钓大鱼。

（谢富治副总理到了）大家起立热烈鼓掌。——握手。

刘对谢说：他们就是问两个问题，一个是大方向是否正确，一个是问他们的组织是否革命的，我说我们认为你们的大方向当然是正确的，你们的组织当然是革命的。

谢：那好得很，他代表我们两个人意见，实际上他代表许多人，我们跟中央同志，跟陶铸同志，跟总理讨论过了，我们还要打电话告诉你们省委，你们赶快回去，坚决站在伟大的领袖毛主席一边，彻底批判资产阶级反动路线。我们坚决支持你们。（热烈鼓掌）

但同志们要敢于斗争，善于斗争，争取多数，要按照毛主席的教导，按照报纸上说的，要文斗不要武斗，不要把人家关起来。

同学：我们以前是这样做的，以后也保证这样做，坚持文斗不用武斗。

谢：对，完全对，我们完全支持你们（鼓掌）。

同学：他们关过我们是不对的，我们决不关他们。

谢：（扬手）好！（鼓掌）

同学：我们要不折不扣地贯彻十六条。

谢：好好学习，对于整你们的一些学生，不要将矛头对准他们，要让他们觉悟起来，要找领导人。（指挑动学生斗学生的当权派）

刘：（对谢）他们（指同学）的做法：只准挨打，不准还手；只准挨骂，不准还口，吐沫吐到脸上用手擦掉。

谢：（连连点头）好！好！好！好！好！很好！……。关于两条路线斗争是我们伟大领袖毛主席提出来的。我们伟大领袖毛主席几十年来做得最好。斗争最坚决，旗帜最鲜明，方法最好，所以成为我们最伟大的领袖，因此我们要读毛主席的书，听毛主席的话，照毛主席的指示办事。在这场斗争中，不仅要站在毛主席这一边，而且要活学活用毛主席著作。

同学：我们坚决要按照林彪同志指示办事，要把毛泽东思想真正学到手。

刘：要不骄傲不自满，永远虚心。

同学：对，我们坚决不骄傲，一骄傲就要走向其反面。

谢：对，好，这个同学很会动脑子。

同学：张春桥同志曾对北京的革命少数派说过：以前他们犯错误了，现在你们不注意（原语不准），犯错误可能就是你们了，我们也要引以为戒。

谢：我看你们都很讲道理。

孙：他们来北京没有白住。水平提高了不少。

谢：前次有些事情，我们还不大清楚，还不大敢讲呢！总的来说，我们是支持你们的，现在我们已经研究过了，我们坚决支持你们！

刘：（插）李葆华还未开会检查，可能去开三千会学习。

谢：听说合肥很热闹，你们赶快回去，积极参加战斗，掌握政策，掌握住政策就是胜利。

学生问：在运动中如何体现党的领导？

刘：十六条就是党的领导嘛！谁……（油印不清）怎么能领导呢？

同学：不少党组织压制革命，但还把持着领导权，如果选举的话，他们是选不上的。

刘：你讲的是学生吧！在学校里是以文革为领导的，对于其他单位，有的犯了错误改正了，还是可以领导的……（油印不清）象巴黎公社那样民主选举。

谢：切切注意，围攻学生，斗争学生的事不能办！

同学：工作组包办的文革筹委会，解散了。院校的党委还执行着资产阶级反动路线，继续挑动学生斗学生，资产阶级反动路线还没有彻底批判，目前选举条件不成熟。

谢：马上选出来不行，要通过斗争才能选举。

刘：一时选不出，也不要急，急了就要各选各的，一个学校有的人不多，但组织可不少，都是合法的。

同学：象合肥工人成立了工人革命造反司令部，是否合法？

刘：这问题中央正在研究，既然组织起来了，也是合法的。

同学：首长很忙，就到这儿吧！（热烈鼓掌）

谢：你们不是要和我们照像嘛！上次未照成，今天我就要和你们照像，我还带来一个人来照像。（此人为新华社记者）

（我们给刘、谢二首长又献了8.27革命造反队袖章和8.27革命造反队胸章，然后大家步出外厅照像，照了一张后，谢说："再来一张"刘说："保险系数大些"。

合影后，谢对记者说："多给他们几张。"（最后在一片"毛主席万岁"的欢呼声中和首长一一握手告别）。

戚本禹、姚文元两同志在接见上海华东师范大学"革命造反派"部分同学的讲话

时间：一九六六年十一月十四日上午
地点：政协礼堂

姚：华师大"革命造反派"给江青同志写了一封信，讲了上海文化革命情况。江青同志很重视，委托戚本禹同志和我来听取你们的意见。关于上海文化革命的情况，我们知道一些，今天再来听你们讲，回去以后向江青同志和陈伯达同志汇报。你们可以去告上海市委的状，不要拘束，随便讲讲。（接着华师大"革命造反派"的同志向首长汇报了上海的文化革命情况，并请首长作指示）

戚：师大情况要我们具体讲，下结论很困难。我们今天作了两个钟头的调查研究，但还是不够的，而且不符主席一贯教导，不符合《十六条》，我对师大情况不了解，姚文元同志知道一些，但是现在也很难讲。我们的态度是支持你们的革命。从你们今天的谈话中，对华师大运动情况有了一个轮廓，可以看出这也是两条路线的反映，这也是文化革命中两条路线斗争的一部分。今后怎么做？怎么斗争？怎么认识？中央会有新的指示和文件，（姚：这几天就要来）有一个是向全体红卫兵宣读，另一个是向全体同学宣读，你们回去以后就能听到。这些文件有关中央工作会议精神，是带有总结性、政策性的东西。怎么认识斗争？怎么继续进行斗争？你们具体结合自己大学的情况得出结论，进行斗争。张春桥同志已经回上海了，你们回上海可以去找他。

姚：你们过去要中央文革小组派人去，现在张春桥同志去了。张春桥是中央文革副组长，是市委的，又是华东的。他是大前天回上海的。有些情况你们还不知道，最近斗争有变化。

戚：张春桥同志已经回去了，你们还没有回去。我们从上海运动简报、信件和电报中知道一些上海最近情况。焦点已经不是你们所讲的了。你们不是学历史的，但讲的却是历史了。最近发生的事已不是这个焦点，有许多新的情况你们还不知道，希望你们赶快回去，有新的斗争，不要长期留在这里（而且你们是骨干，是代表人物），脱离斗争要落后，要掉队。以后不要长期留一批人。资产阶级反动路线现在虽然已告失败，但还会以新的形式出现。斗争不会风平浪静的，资产阶级反动权威、走资本主义道路的当权派不会甘心失败。在北京不是听说"秋后算帐"吗？现在已经秋后，"秋后算帐"看来已经算不成了。冬后算不算？冬后算不成，春后会不会算呢？他们还要继续算帐，他们要给革命派算帐。所谓算帐，就是复辟，就是反攻倒算，执行他们的路线，重新镇压学生，把学生当右派斗。其实一开始他们就算了一次。今后还会有新的斗争。不要怕这些斗争。秋后、冬后算，都不要怕！要把文化革命进行到底！不搞到底，他们是要算帐

的。走资本主义道路的当权派不斗垮、不打垮，他们是会反攻倒算的。"秋后算帐"，其实是资产阶级反动路线反攻倒算的口号。如果我们不发动群众把文化大革命进行到底，他们是要算帐的。希望你们赶快回去参加斗争，在大风大浪中锻炼成长。靠自己革命。毛主席说："真正的铜墙铁壁是什么？是群众，是千百万真心实意地拥护革命的群众。"有了群众就能打垮反革命。你们回去后要依靠群众一起斗争，团结那些受过蒙蔽的同志一起斗争，包括"向常溪萍学习，向常溪萍致敬"的人，不要把他们看成保皇派、修正主义的，他们是受蒙蔽的，不是资产阶级路线的执行者，更不是提出者。即使是执行了资产阶级反动路线的干部，还可能改的，也还可能成为一、二类干部。我们要把矛头指向死不改，坚持反动路线的人，提出的，坚持不改的这些人，就是走资本主义道路的当权派。所谓"秋后算帐"的，也就是这些人。（姚：你们斗争不彻底胜利，他们是要算帐的）你们不是有人被打成"反革命"吗？如果不把文化大革命进行到底，他们还会算帐的，是会把你们打成反革命的。但我们不怕！所以毛主席说："你们要关心国家大事，要把无产阶级文化大革命进行到底。"文化大革命关系到国家前途、人类命运和变不变颜色的大事，你们学生之所以停课半年，就是这个问题。文化大革命是关系到国家和七亿人民命运的重大斗争！大家早点回去参加斗争，在新的风浪中锻炼成长！

姚：现在斗争还是一个序幕，还是开始，大的斗争还在后面。（戚：你们不是有"六·三"高潮吗？以后还会有"高潮"的）（众笑）希望你们要不断总结经验，在斗争中继续学习新的问题，革命到底。我们相信你们回去以后会成长，会革命到底！张春桥同志不是回去了吗？你们可以去找他，当然回去以后有事可以写信来北京。你们谈了前一阶段的情况，帮助我们了解了一些问题。我们一定负责整理，向江青同志转达。（接着，姚、戚解答问题，从略）

姚：你们从最近红旗杂志社论能看到基本问题是：干革命要靠自己。一定要坚强树立这样的信心。不要以为那一个人讲了一句话，就可以保证你们不犯错误。中央文革小组的态度是明确的，但没有说，只要中央文革讲一句话就不会出问题了，干革命还要靠自己。（戚：要自己教育自己，自己解放自己）毛主席说：在群众运动中滚过千百遍的胜利，才是真正的胜利。这在革命斗争中有无数经验教训的。

戚：两条路线斗争是个大问题，你们要看的多，看的远。不仅要看学校，还要看到全国。毛主席讲要关心国家大事，不是关心一个学校，一个学校是国家的一部分。这几年两条路线斗争，一条是毛主席的路线。你们不是看了清华、北大了吗？要好好思索……你们不是见了毛主席三次了吗？毛主席为什么要接见你们呢？你们想见毛主席，毛主席也想见你们。（姚：你们三次见了毛主席，要永远忠于毛主席，永远跟着毛主席，毛主席是我们心中的红太阳。谁反对毛主席，就与谁拼到底）苏联出了修正主义，我们会出吗？我们相信我们不会出，但是我们要做思想准备。你们要永远跟着毛主席干一辈子革命，我们希望你们保持革命激情，要一生革命！不能碰到困难、挫折就动摇、后退。我们对毛主席要海枯石烂永不变心，只要看到谁离开毛主席开群的航道，就反对谁，一反到底！只要有这一点，就能保证中国永远不出修正主义。胜利走向社会主义、共产主义；不走资本主义。毛主席一次又一次接见大家，是对你们寄予了很大希望！国家命运就是靠青年一代，希望你们永远革命到底！帝国主义把希望寄托在中国第二代、第三代出修正主义。毛主席希望我们把革命红旗打到底！把革命进行到底！从这次革命斗争中可以看到绝大多数青年是坚决跟毛主席走的，是能够做无产阶级革命事业接班人的。他们（包括你们）过去经过很多困难，（象你们经过很多风浪）走过来了，但今后风浪更大。姚文元同志在纪念鲁迅的大会上作报告，要大家学习鲁迅的精神。你们要学习鲁迅的精神，要坚韧顽强地斗争！你们到北京来见到了毛主席，见到了北京情况，树立了革命到底的决心，能够做到这一点，能够建立这个信念，就能说没辜负毛主席的希望。你们今天来的都是有名单的，希望你们永远做革命派，永远不掉队，当然我们也不能掉队，希望你们监督我们。我们掉队了你们批评我们，你们掉了队互相批评。我们互相勉励吧！我们要高举毛泽东思想伟大红旗，沿着毛主席开辟的航道大踏步前进！

姚：不要幻想风平浪静地搞革命！不要幻想一次革命成功！不要幻想有谁讲了一句话革命的道路就笔直了！要革命到底！（戚：列宁讲过，如果以为革命道是笔直的，不是幻想就是欺骗）但是有主席思想引路，有以毛主席为首的党中央，我们完全有信心将文化大革命进行到底，一定能完成主席交给我们的任务。文化大革命从聂元梓的大字报开始算，才有半年，（戚：以前半年算舆论准备，干革命总还要搞相当长时间，现在还只有五个月，还要搞一个五个月，两个五个月，可能还要长）整个战役要挖掉产生修正主义的根子，是几十年、几百年的事情。

戚：文化革命总的战役要搞几十年、几百年。我们是站在大风大浪的序幕里，从历史观点看，苏联是修了，列宁的旗帜没有打下去。

姚：我们一定要把主席思想传到底！把主席路线坚持到底！把主席旗帜打到底！这就是国家大事。

我们要关心，看谁在反对主席思想，谁在违背主席路线，谁在捣毁主席旗帜，这种人不管是谁，我们都要和他拼到底！我们要关心国家大事，永远做毛主席的好学生，保证我们在风浪里永远做革命的左派，我们要力求跟上毛主席思想！力求掌握主席指示！整个文化大革命运动，学校怎样办成毛泽东思想的大学校，是以后的事，希望你们在斗争中锻炼自己！希望你们在革命道路上都革命到底！不要中途停顿，半途退却。碰钉子，遇到困难、挫折都不要紧，一定要革命到底。

上海华东师大文革筹委会驻京联络站整理

66.11.17

北京航空学院毛泽东思想宣传室服务组翻印

66.11.26

陶鑄同志在后勤学院文化部党員干部

会議上的講話

（一九六六年十一月十五日）

按：十一月十五日上午，文化部在后勤学院礼堂召开党员干部会议。北京，上海等艺术院校，文化团体的革命造反者去礼堂造反，要肖望东作检查。当时守卫大门和礼堂门口的警卫不让造反大军进去，造反大军不顾阻拦，举着红旗，高喊："造反！造反！造反有理！"冲了进去。一直冲进了礼堂。当时，礼堂会议已经开始，陶铸同志正在讲话，最先冲上讲台的同志由于不认识陶铸同志，就抢了话筒，抢了陶铸同志的眼镜和讲稿。陶铸同志在了解了造反大军的来意之后，立即接见了造反大军的代表，答复了代表提出的要肖望东作检查等项革命要求。并给全体同志讲了话，（此讲话已印发）陶铸同志热情地赞扬，高度地评价了造反大军的革命造反精神。在造反大军走了之后，陶铸同志在会议上对刚才的造反大军来造反提到多次。现将几次讲话整理如下：

陶铸同志讲话：

〔造反大军刚走出礼堂〕会开得好嘛！他们来造反，增加了革命的气氛。（全场掌声）

他们的行动好得很！大无畏的精神，要敢字当头，青少年就是敢想敢干！刚才来的青年就是敢！多威风啊！打着红旗，一进来就喊"造反！造反！造反！"（热烈掌声）把你的官架子都扔到九霄云外去了。

刚才他们雄纠纠气昂昂，勇敢得很，一上台就抢话筒要说话。（陶铸同志兴奋的表演了刚才造反大军冲上台来抢话筒的姿势）为了革命，一无所惧，有大无畏的精神！就靠这些人接班，接班人就从这些人里产生，这些人是国家的栋樑！

年青人敢于革命，苏联为什么修？就是没有吸取这个教训。毛主席就是吸取了这个教训，开展了文化大革命。

他们的行动好得很嘛！如果以后有个赫鲁晓夫站在台上讲话，他们就敢把他揪下台去，拉走嘛！（热烈掌声）

我们有许多人是老哥尔洛夫，就是不爱学习，做官当老爷的得给点压力！

要相信同学们，他们是讲道理的，一次讲不清多讲几次嘛！总是可以讲清的，不是讲清楚了吗。

（此讲话未经本人审阅，有错误由整理者负责）

北京电影制片厂毛泽东主义红卫兵公社

徐春，张世徵整理

王力同志的讲話（关于工人运动）

（一九六六年十一月十五日）

工人同志们：

我同戚本禹来看望同志们，向同志们问好。

我们在这个会上听了好多同志反映了重要情况、问题、意见，我们一定负责地把同志们提出的情况、问题、要求、意见反映给中央文革小组及党中央领导同志。我们很感谢同志们提出这样多的问题，我们是当小学生的，向同志们学习，关于工厂的文化革命怎样搞？谁最有知识？谁最有发言权？是同志们。

中央文革小组总是坚定地支持一切革命群众的一切革命行动，中央文革小组总是坚持相信群众，相信大多数。

现在我们看到全国各地工人动起来了，这是很好的现象，很好的事情。我们感到工厂要搞文化大革命是大势所趋，任何人不能阻挡的。究竟怎样搞法还要听取意见，继续听取意见，向你们学习，争取迅速反映给党中央，迅速作出适合工厂文化大革命的搞法意见。我们坚决贯彻毛主席提出的抓革命促生产的指示，决不因群众起来就害怕了，这我们坚决反对。我反对错误地将文化大革命与生产对立起来。有人以抓生产为名来抵制文化大革命，这是完全错误的，以抓革命促生产压制革命、打击革命派，也有人假借抓革命来保自己，不管生产，这都是完全违背主席的指示的。听同志们讲，有人怕群众，不怕完不成生产任务。工人同志们对当权派的批评是多么一针见血，是多么正确。在场的大多数同志都关心革命又关心生产，各级领导都应充分估计这一高度的自觉性，认识到对国家的责任感，很多工人同志看到革命与生产的这种情况都积极地想办法，妥善地安排，缺产的还补上。一切不信任工人群众的大多数，反对工人运动的错误观点必须批判纠正，我们想和大家一起商量到底怎样把工厂的文化大革命搞好，一定要按党的政策按十六条办事，要把抓革命促生产的道理交给工人，应相信工人是会妥善安排的，大家充分讨论共同商量一定会做出革命生产两不误的决定，决不象学校那样，再犯包办代替，工作组那样下框框定调调那样的错误。

下面谈谈同志们提出的问题。

文化革命和生产的时间问题完全会适当地安排，有的同志提出，八小时生产绝对保证，文化革命用业余时间，大约3—4小时，不占生产时间，同时又不影响休息，这个意见请同志们考虑。这是一般的安排，历次运动都是这样。工厂的文化大革命要按十六条，按文化大革命的决定，要相信群众，要信任群众，工厂中一定要抓住运动的大方向来搞，集中力量打击一小撮党内走资本主义道路的当权派，这一点还要强调，不许斗工人，不许斗一般干部，要集中力量打击一小撮党内走资本主义道路的当权派，这样就不能挑动一部分工人斗另一部分工人，挑动一部分群众斗另一部分群众（一个工人喊：他们目前就是这样！）这样做不对！是完全错误的（工人喊：他们借横扫一切牛鬼蛇神斗工人），横扫一切牛鬼蛇神是对的，但是不能对工人（一个工人讲：听首长作指示，不要乱讲了），第一我和戚本禹都是老百姓，不要用首长这个词来对文革小组的同志，这里没有首长，这是第一点。第二点没有指示而是同你们商量，问题的解决还要靠你们，我们的意见反映了你们的要求……（有人提问题，王力同志回答）矛头对工人这是不对的，转移斗争的大方向。党支部向工人开炮，要斗嘛！一定要掌握斗争的大方向，不准斗工人！

很多工人关心这个问题，很多工厂工人提出这样迫切的问题，这就是十月五日中央军委紧急指示是否适用于工厂、机关？关于这个问题中央还要发指示，紧急指示适合工厂机关的。"在运动中不许挑动学生斗学生，要注意保护少数，凡运动初期被院校党委和工作组打成'反革命''反党分子''右派分子''假左派，真右派'的同志，应宣布一律无效，予以平反，当众恢复名誉。个人被迫写出的检讨材料，应全部交还本人处理。党委或工作组以及个别人整理的整他们的材料，应同群众商量处理办法，经群众和被整人的同意，也可以当众销毁。要充分信任群众，不要怕群众，要'敢'字当头"。除将群众在运动中检讨的材料交给本人外，另外将一切材料要全部的，不许隐瞒，不许转移，不许私自销毁，要当众销毁。（有人讲：他们不给！）不给就斗嘛！中央要有指示的。许多同志很关心工厂中成立的许多革命组织，问我们的态度，我们的意见，这一点我们应按照中华人民共和国的宪法的规定，工人有建立各种组织的权力。怕什么？有什么害怕的？有人组织压迫工人、不执行文化大革命决定的组织，他们自己承认自己，我们需要他承认什么呢？事实总是事实，有些问题按宪法办事嘛。同志们商谈另外建立组织，要注意保持工人的勤劳本色，不要专搞办公室，不要搞特殊的装备，不要搞财产的特殊。学生当中的经验我们可以学，但要注意，要适合工厂工人的情况，而不要学习学生运动中错误的东西。我们为了革命是可以成立厂与厂的联合组织，用联络会代表会联合起来，组织起来，这是斗争的需要，这是合法的嘛！在群众组织内部之间按民主组织方式斗走资本主义道路的当权派，斗资产阶级反动路线并肃清其影响，在内部有不同的意见，有争执，通过民主协商的方式解决，不应这样打架而停工。（工人齐喊：对！）

串 联 问 题

在本市范围内，厂与厂之间的串联是正常的完全必要的，交流经验，互相支援。关于出去的问题，一般是不出去的，必要的原则没有什么规定，相信你们可以自己解决本地的问题，本地解决不了的，再向上级、北京来，在必要的时候是可以来的，大家是否同意这样的原则。（大家高喊：同意）

关于学生到工厂去的问题

认为学生与工人、农民结合是正确的方向，应该欢迎学生到工人中去交流经验，好不好？你们赞成吗？（齐答：赞成！）学生到工人中去，虚心做工人的小学生，向工人同志学习，宣传十六条，宣传以毛主席为代表的无产阶级革命路线，要全心全意为工人服务。（到会学生喊：坚决支持）住到宿舍中去要做艰苦的群众工作，适当地参加劳动，除劳动以外不要到车间中去，要遵守劳动制度，保密厂和车间不要去。另外有什么经验和问题以后再商量。

关于《人民日报》的问题

《人民日报》是党中央机关报，六月份已经造反变成革命的了，从总的原则来讲，应该支持相信。第一，是它的威信；第二，是国际国内的影响。另外，不对的，有缺点，可以批评，有言论的自由。比如《再论抓革命促生产》，同志们提了很多意见是正确的，这是我个人的意见，也代表戚本禹同志的意见。《人民日报》许多问题不对的可以改正，应当成人民内部矛盾。同时要积极要求改进，应支持工人并改进工作中的缺点。编辑部贯彻执行毛主席的正确路线，要听取群众意见才能办好。

（有人问：平反是否适合文艺单位？）文艺单位更可以比工厂搞的凶一些，不好的戏可以停一停。什么问题并不一定要找文革小组（中央），根据自己的情况办事，依靠十六条，毛主席的正确路线，相信自己起来闹革命。

关于农村县以下中学、小学搞文化革命的问题，还应请在座的同志们提意见，这问题已经是非到解决不可的地步了（掌声雷动）。今天没研究，不回答，要掌握十六条，贯彻中央军委的指示，回去自己斗争，相信一定能斗好，一定能取得胜利，相信能把文化大革命搞好。（有人问：来北京是否革命行动？）你们不是已经来了嘛！实际已经承认了嘛！你们来到北京反映情况，检举压制文化大革命的罪行，这是革命的。但是不要大批地离开工作岗位，影响生产，应有计划的派代表。具体情况要反映的，解决要靠自己。上海工人要赶快回去，联合起来造反，我要解答的原则就是这些，下面是不是再由戚本禹讲几句。

戚 本 禹 的 讲 話

具体的问题还靠自己解决。最大的问题是工厂领导怕革命怕群众就象怕老虎一样，想把群众压下去，压制群众最大的理论是生产，拿这顶帽子压人。最关心生产的人是工人是群众，他们总想把生产搞坏，压你们，以此拿来刁难我们。

马列主义的基本理论，生产和革命的关系，而生产是怎样发展起来的呢？生产在阶级斗争中发展起来的。几千年来，生产就是在革命斗争中发展起来的，在封建社会里，地主压迫农民，资产阶级提出革命，这样生产就发展了，而且发展很快。我们不要忘记历史。解放以前生产是怎样的呢？同志们，你们很清楚，许多东西要进口，许多年来才生产几十万吨钢，而目前呢？导弹核武器已经发射成功，在准确的范围内击中目标，使得外国目瞪口呆。钢的产量，煤的产量大增，农业也是这样，大庆同样没有革命就不能有这样多的成就。有人想用生产压你们，你们就可以问他们，生产是怎样搞起来的呢？这是很简单的最基本的道理，然而他们都不懂。社会主义国家是怎样建设的呢？是靠两条路线的斗争！我们文化革命就是解决两条路线的斗争，苏修大搞机械化，结果苏联变修了，而我们是革命化加机械化，而不是平起（平坐）的，是革命领导机械化。这样，我们的国家才能带到社会主义和共产主义，不能将革命化忘了，否则不能搞好生产，所以抓革命促生产不能单搞一化，只有又革命化，又机械化，才能到社会主义。毛主席说，政治挂帅是革命挂帅，而非生产挂帅。

第一问题是革命和生产的关系。他们无心生产，他们什么都关心，就是不关心生产，是破坏生产。这一小撮走资本主义道路的当权派挑动保他们那一派的工人斗另一部分工人，这哪关心生产呀！

另外，大方向要很好掌握，这是无产阶级文化大革命的方向，一句话，造反。造谁的反呢？就是造资本主义、修正主义的反，不是斗一般群众，而是造一小撮走资本主义道路当权派的反。这一小撮人危险性很大，这些人是大头头，你们是支持他们的路线呢？还是支持毛主席的路线呢？许多工厂镇压学生运动，挑动工人斗学生，我讲你们明白，否则你们去清华、师范、邮电、轻工了解，许多重要的组成部份，不造资产阶级反动路线的反就不能得到真正解放。他们上台就施加压力，就大反大跃进，搞资本主义复辟，就捣乱，就当官做老爷，有的单位一些情况，他们就不比黄世仁好多少，甚至比他坏。许多工人被打成"反革命"，给工人施加压力，整工人，借故遣返回家。北京工厂一工人来信，因拒绝他们的无理要求而被开除，就因为他要同女工结婚而被开除了，真比黄世仁更坏，不造他们的反怎么能行呢？不造他们的反，我们的国家就要变颜色，所以我们要大造反。学校要比工厂好，工厂比学校更严重的多，以后要调查，自己要开展斗争，要写大字报，要写到外面去，不给纸就用报纸，也要干革命。毛主席当初干革命条件也很差，但是领导中国人民取得了胜利，推翻了三大敌人。干革命不在于纸，而在于造反精神。怎样进行革命，文革小组正在研究，我们是和同志们商量的，王力谈话供大家参考，意见不对写信给文革小组或打电话、电报联系。你们提的意见可以考虑，王力同志讲话就是集中群众意见，中央研究好了一定通知下去。同志们不要把希望寄托于我们，要革命靠两个方法，一是靠毛泽东思想，用毛泽东思想去斗争，不能依靠我们，另外我们要依靠群众，去工厂把工人组织起来，工厂的问题谁也解决不了，而工人起来了就解决了。比如：上海工人就组织起来了，就轰起来了，就解决了问题。学校里好多人被打成"反革命"，经一闹就组织起来了，用四大的武器进行斗争，用以团结群众，若不能发动群众，而是搞宗派小集团，孤家寡人这样不行，这样谁也不能帮助解决，群众不会同意的。到北京来，要取经，取毛泽东思想的经，拿这个武器回去搞革命，革命中间是会有很多阻力的。他们无非是打骂，斗你们，开除你们，开除一下，斗一下，可以受到锻炼嘛！来北京从上海浙江来还要拐许多弯弯。马克思一个人批判资本主义，毛主席几个人组织共产主义小组，我们再困难也不如毛主席那时困难，你们相信群众，相信工人大多数，毛主席组织人民将敌人打倒，有毛泽东思想有群众就解决问题，要团结起来打倒敌人，工人团结起来才有力量，有了团结才有斗争。马克思已经教育过我们。你们来的有许多青年工人，老工人不多，老工人在工作中的作用我是知道的，光靠你们这些人搞革命是不行的，要把工人群众发动起来，老工人不要看他落后，有些斗争还很坚决嘛！（有人问：他们不让三十岁以上的人参加红卫兵）可以组织其他的组织嘛！工厂分批分期搞是大原则，搞也就搞起来了嘛！你把人家打成"反革命"，人家起来平反，就要分批分期了。四清跟文化大革命是一件事情，初是反对修正主义、反对走资本主义道路的当权派的。四清搞得不彻底的话，还要补课，还要搞文化大革命。你们这么多人来，要怕，还来北京干什么，我要是你们就不来了（工人说：工厂三班倒）你们把三班人分三批，三班倒包围省委，包围市委，我看你们赶快回去，你们生产、革命时间自己安排吧！生产你们要注意：革命工人最注意生产，社会主义国家要搞好生产。你们根据自己情况，就可以在这期嘛！分批分期是总的原则，而不能因此压制革命群众，文化革命要把生产搞好，自己安排，如不将（生产）搞好，这对我们文革小组压力也很大，这样他们便更有把柄。相信你们生产、革命都能搞好，他们不管，你们组织起工人干，我们一定管生产，比他们管的更好。他们贪污、腐化，当官作老爷，怎么能把生产搞好，生产是一时不能停，你们要团结群众，否则就孤立，建议不要轻易罢官，因为这样罢官后他们更舒服，罢官不是最后的目的。

（本文未经本人审阅，如有错误之处整理者负责）

北航红旗宣传组

66.11.17

仪器厂四车间王法基再翻印

66.11.27

康生同志談接班人的五原則

毛主席的接班人的第一个条件：要成为真正的马克思列宁主义者，也就是真正的毛泽东思想的拥护者。什么是毛泽东思想？什么是马列主义？就是要革命，要搞阶级斗争。马列主义、毛泽东思想的灵魂在哪里？要善于分析，要善于把事物一分为二看，这就是辩证的看问题。

第二条，叫做全心全意为中国和世界绝大多数人民服务。这样一个革命者，他不是为一小撮资产阶级服务，也不是为一小撮宗派主义小集团服务，是为绝大多数劳动人民服务。不是半心半意的，而是全心全意的为他们服务。

第三条，真正的左派。真正的毛泽东时代的共青团员，必须善于团结大多数。怎样建立无产阶级领导权？领导权就是领导绝大多数。如果没有绝大多数，领导权就要落空。团结绝大多数人就是要团结意见不同的人，甚至他的意见是错误的，我们也要去团结他。只有这样才能逐步地团结95％以上的人。团结在共青团的周围，团结在党的周围，团结在毛泽东思想的周围。

第四条，就是要有民主作风。没有民主作风就没有真正的群众路线。没有民主作风就不可能团结绝大多数的人。这一条青年同志要特别注意。要倾听不同意见．不要认为一种意见和我们不同就不愿意听，甚至那种意见是不对的。不对的意见可以证明我们的意见是对的。要让少数不同意见的人讲话，要尊重他们的意见，倾听他们的意见，真正实行民主，要记住民主作风和群众路线是分不开的。群众路线是党的政策的原则。

第五条，善于批评和自我批评。这一点青年同志要学会。批评和自我批评不是那么容易，讲起来容易，遇到现实问题就不一定那么容易。但它恰恰是推动我们前进的动力。没有批评和自我批评党的生命就会停止，革命就会停止，我们文化大革命就不能真正的好好地进行，我们的观点、路线就不能正确的和很好的贯彻下去。

我很拥护，很赞成你们的坚定的阶级路线和阶级观点，同时，我希望同志们要善于去研究实现这种阶级路线的毛泽东思想的阶级政策。在这方面同志们还要多加努力，把阶级路线和阶级政策密切地结合起来。政策是路线的生命，没有政策我们的路线就不能实现。希望同志们真正的把二者统一起来。

抄于北航《红旗》战斗队大字报

中共中央关于处理无产阶級文化大革命中档案材料問題的补充規定

（一九六六年十一月十六日）

十月十五日中央批转的军委、总政关于军队院校无产阶级文化大革命的紧急指示，对于贯彻执行毛主席的正确路线，推动无产阶级文化大革命，起了重大的作用。

根据各地最近的情况，中央认为，对于文化革命中各学校、各单位编写的整群众的档案材料，都应该宣布无效，全部清出，一律当众焚毁。这样做，是为了更好地、集中地进行两条路线的斗争，抓住大是大非，从思想上政治上彻底批判资产阶级的反动路线，促进广大人民群众的革命团结，防止在枝节问题上纠缠不休，互相对立。

中央对于处理文化大革命中档案材料问题，补充规定如下：

（一）责成原工作组、学校党委或其他有关组织，必须将一九六六年五月十六日以后的各种整学生、整群众的材料，包括整理过的或没有整理的材料，除在这一文件宣布以前，确实已经焚毁的外，全部集中，不许隐瞒，不许转移，不许复制，不许私自处理。否则，就将加深错误，并将受到党的严厉处分。

（二）除个人被迫写出的检讨材料全部交还本人处理外，其他所有的材料，集中清点之后，在上级领导机关和本校学生代表的监督之下，当众焚毁。

（三）以上规定，完全适用于工矿企业、事业单位、党政机关、群众团体等组织，也完全适用于进行文化大革命的军事机关和院校。所有这些单位，对于在文化革命运动中，因为给领导上或工作组提意见而被打成"反革命"、"反党分子"、"右派分子"和"假左派、真右派"等的革命群众，都应宣布一律无效，予以平反，当众恢复名誉，并按以上规定处理材料问题。

（四）在处理材料问题的过程中，各方发生争执的时候，应该严格遵守十六条的精神，根据上述规定，采取共同协商的方法解决，只许文斗，不许武斗。

在文化革命运动中，对待犯路线错误的领导干部，一般应该遵循毛主席关于正确处理人民内部矛盾的方针，既要弄清思想，又要团结同志。为了让他们改正错误，继续工作，不要连续地在长时间内去斗，不要勉强留下他们，也不要限制他们的行动自由。犯错误的领导干部应该主动地、认真地、虚心地向群众进行检讨，不要同群众形成对立的状态。

这一文件，应立即在各学校、各单位群众中宣读。

（此为记录稿）

周总理关于接待外地革命师生的报告

（一九六六年十一月十六日）

（记录稿，未经本人审阅）

各位同志！今天召集中央党政军民各机关负责同志，北京市党政军民各机关、厂矿、企业事业、派出所、街道办事处负责同志，解放军各军种、兵种的负责同志，各大专院校的负责同志，大概一万多人来开个会，是个紧急会议。有一件事要大家分担责任，就是招待外地革命师生和红卫兵战士。国庆节前作过一次动员，效果很好。现在作今年最后一次动员。

从八月十八日伟大领袖毛主席和他的亲密战友林彪同志，以及中央其他领导同志接见北京和外地革命师生和红卫兵战士以来，毛主席一共七次接见了来京的外地师生和红卫兵战士。第七次用了两天的时间，就是这个月的十一、十二号。共接见了六百多万人。现在留在北京还没有走的共二百二十五万人，其中没有接见的大概还有一百四十万人。但实际上不只此数。因为有一些人住在认识的人家里，没有统计起来。这几天，从各地来京的革命师生和红卫兵比例数更大，每天超过二十万人，有到二十五万的，有更多的，曾经一天到二十九万多人。原接待工作应付不了，容纳不下。昨天晚上，在永定门车站到先农坛、到天坛到处都是外地师生。用突击力量，大部分人才解决了。但这是临时性的突击，不解决问题。

首先得解决这样几个问题，中央最近要发一个通知，准备把大中学校，包括军事院校，学生放假闹革命的时间延续到明年暑假，到春假不够。学生们要在学校，在社会上进行斗批改，进行两条路线斗争，破剥削阶级的四旧，立无产阶级的四新，还要宣传毛泽东思想，还要接触工农兵，向工农兵学习。原规定的时间不够，至少要延长到明年暑假，这样时间较宽裕，工作可以更有计划地进行。有了这个规定，才能有下面第二个规定。准备把各地免费乘车的时间，截止到十一月二十日，还有五天就截止。今年就不再供给免费到北京到各地串连，交流革命经验了。当然徒步串连除外，这样革命师生大批来京的事情可停止一个时期，从十一月二十一日到明年春暖时间，便于集中一切交通力量，进行对国民经济需要的物资和社会供应商品的运输，同时也可以为第三个五年计划第二年的生产备料。并且还可以进行这三个月增加的客运车辆、轮船的维修工作。以便明年春暖季节再来进行有计划的到北京、到各地串连。预计到二十号，大概到北京来的外地师生和红卫兵可能达九百万人，现在大概七百五十至七百六十万人，已接见六百多万。

全国大中学校，包括军事院校的总人数，大概有一千六百万。今年接见九百万，明年就少于半数了。明年从四月起到暑假有足够的时间可以计划安排到北京来见伟大领袖毛主席及到各地串连。为了做好这一次最后一批来京革命师生和红卫兵的接待工作和组织工作，需要我们作最大的努力。即使数目截止了，不再增加了，不再来京了，但等待接见还得有一段时间。这次接待要超过二百万人，接近三百万，要很好做接待工作，还要帮助他们学习解放军。现在来京的各地革命师生和红卫兵多数是中学生。今年最后这次工作应该做得更出色，要比国庆节那次做得更好。

根据现在的情况，原接待单位所接收的人数不够。还要增加一百一十万接待数目。这需要在我们国家机关，解放军，大专院校，北京市厂矿企业、事业单位，街道等一起来分配这个数目。按我们昨天晚上紧急会议商量的数目，大概这样规定：北京市增加五十万人，由北京市各机关、厂矿、企业事业单位、城市居民通过派出所、街道居民委员会来安排。因此厂矿企业事业在不影响生产的情况下，他那地方的宿舍、礼堂、俱乐部、一切公共地方，都要接待革命青年同学和红卫兵。中央国家机关、党政兵机关增加三十万人。大专院校，北京有六十多个大专院校，绝大部分学生都到外地串连了（二十号后要陆续回来，回来还给免费乘车），接待力量不够，我们动员外县一万人，解放军组织炊事队，共三十个炊事队，这样大专院校增加接待二十万人。解放军各兵种、军种、三个总部，其它附属机关、军事院校，增加接待十万人。

机关中急要工作还继续做，特别指导生产业务，办理紧急行政，外交等工作还继续进行，但有一部分经常业务，不是紧急的业务，这种办公室，可腾出一部分让同学们住。

为着起带头作用，国务院，就是你们知道的中南海的中海，我同李先念副总理所住的地方，我们也开放，接待一万人。今天上午八点至九点已到永定门车站、先农坛去领学生，等会我们回去就能看到。既然中南海那样小的地方，国庆节接待三千人，现在增加二倍，一万人，并且首先做给你们看，等于增加七千人，那个地方能接待一万人，全北京市增加一百一十万就可以做到了。因为我们已经做到了一百一十分之一了吗！这就不是勉强你们了，大家打开门接待，给全国革命师生教职员工最好的影响。这是毛主席所在地嘛，十一号那天采用游行的办法，接见一百五十万人，四十分钟就通过了。首先是毛主席的影响、威信，其次是解放军维持秩序，第三是北京市机关厂矿企业，特别是居民广大群众的努力，维持秩序的精神，值得钦佩。老太婆都出来了。从东西长安街，从钓鱼台到八王坟，四十分钟检阅完了。只有中国，毛主席所在的北京才能做出这成绩，相信这个成绩会推广到各城市。我们接待工作上也要做出接待三百万人的成绩来。除了负责接待外，还要进行教育工作，根据主席指示，我们从解放军抽出一部分同志，把外地师生组织起来，成营、成连、成团地组织起来。每连按住地情况，小连三个排，三个班，大连四个排，四个班。由解放军派出连长、排长，班长由学生自己选举。小连一百四十四人，大连一百九十二人。每一百人派三个解放军干部，一百万就要三万。所以解放军抽调可以担负二百至三百万人的军事干部，今天集中，明天就进点马上动，用突击精神来实现，分到各机关、企业去，估计不可能二十日截止，接见就二十一号，因为还有组织工作，准备工作，还要爱护伟大领袖毛主席和他亲密战友林彪同志的健康。所以还得准备一个时间，可能要延长到十二月十日，从现在起，我们准备一个月的时间，早走完我们早轻松，多打点日子比较好，不要想突击几天就卸包袱，应该锻炼我们。要学会与小朋友——我们的后代交谈，一起学习。各机关、各单位除了紧急工作外，应该分出一部分时间做这项工作。要在斗争中学习，在游泳中学会游泳。要准备一个月时间，做好今年接待工作，解放军给我们带头，把他们组织起来，进行政治训练、军事训练。近道可以步行参观，远道的可以乘车，如石景山、西山、丰台、通县一带可以坐车。这样可以节约时间，节约车辆。还要进行文化教育，学习解放军遵守三大纪律、八项注意，学习连队组织纪律性，学习三八作风。要训练基本动作。首先要政治挂帅，学习主席语录、著作，林彪同志十一月三日讲话，其它文件，不要太多，要少而精，军事训练也要少而精，参观的地方，要参观必要的地方，串连一、二个地方，在附近的。要保养他们的身体，早晚不要出去，在家学习、讨论或休息，这样加强教育，还可学习唱歌，晚上还可以讲故事，招待单位和他们座谈。

尽量步行参观，采取整队前往、整队回来的办法。这工作解放军负责，机关、各单位协助。生活方面由各单位帮助，但也要教育他们打扫卫生，帮助做饭，学习解放军。在青年时候进行这样的教育，有好处。最后一批做出个好的模样来。这次来的是农村的多，多数是中学生，还有小学生，他们的哥哥、姐姐带来的，老师带来的，更要照顾他们。我们各机关、企事业单位给他们这样的影响，他们会终身难忘，有深远的教育意义。各机关要做好动员，一个部，要有部长挂帅，厂矿要有一位党委书记、副书记，厂长、副厂长挂帅。总之要有一个负责同志挂帅。要向他们学习，先当学生，后当他们的先生。许多事情不知道，通过这次可增加我们的知识和认识，文化大革命中的两条路线斗争和破旧立新等工作就会前进。

我说的就是这些。我相信解放军会作出我们的模范。解放军带头，他们要到二百至二百五十万的学生中去，成连组织，上头还有营、团干部，以团为单位，第一，解放军会带头；第二，我们向他们学习，学习他们的好的作风，好的品质。在林彪同志直接领导下，养成高举毛泽东思想红旗，活学活用毛主席著作，急用先学，立竿见影，把毛主席著作推广到广大群众中去，使毛主席思想为群众所掌握，化为物质力量。这一点我们各机关各厂矿都应该这样学习。

有的同志问小学怎么办？我们正在研究，准备到一定时候要开学，有的已开学。但小学非要彻底革命化不可。首先，教师的思想要革命化，教师的队伍要整顿，然后小学教育方针和计划才能改革。我们的教育方针要遵守毛主席在《正确处理人民内部矛盾的问题》中所讲的，要使青年在德、智、体方面得到均衡发展，当然要政治挂帅，思想领先，要成为有社会主义觉悟有文化的劳动者，成为一个劳动者而不能成为纯粹的知识分子，那是旧社会资产阶级教育。我们是要社会主义教育，要使人人成为劳动者，通过教育要成为一个有高度社会主义觉悟、有文化的劳动者。从小学、中学、大学都要象解放军报所报道的，以学为主，要学工、学农、学军事，又批判资产阶级。这才是社会主义教育的方针。订出计划再发表，现在在准备过程中。

富春同志要我表扬北京农业劳动大学，这个学校地方比较小，现在接待一千五百人，要一下增加到五千人。这样竞赛，拿国务院、农大的比例增加下去，一百一十一万的任务一定能完成，甚至准备超过。因为在路上的学生，我们劝他们回去，他们还要来。青年人的心理是可以理解的，他们急于要见毛主席。所以我们要准备超额完成这数字。

还有一个问题，医疗能力现在有限。从现在起所有的医疗机关，不论是地方的、中央直属的、解放军的、军事单位的，包括医科学校的高年级同学，护士学校高年级学生，一切医疗能力都要统统动员起来，暂缓出去串连，希望明年再出去串连。因为许多是南方来的学生，衣服单薄。目前天气冷，病的不少。要使他们在主席接见后，欢欢喜喜地回去，这是我们的责任。请大家传达这决定，这是一个紧急决定，大家要遵守。因为到一个紧急时候这是一个很好的备战演习。毛主席去年六月就提出备战备荒为人民，这次就是很好的备战演习。北京一下能容纳三百万人，一下接待下来，又能安全疏散出去，这就是很好的备战演习。所以医务人员、医务学校的高年级学生应有这样勇气承担这责任。

供应机关要做好工作。粮食、蔬菜要充分供应，不要使街道感到缺乏。其它一些被子等等十分不够我们还要借。这次不仅是考勤，而且是文化革命中的一次很好的考验。尽管在文化革命中一些同志有错误，把这项工作做好，就可以将功补过。不要带着包袱做工作，要愉快地接受这任务，允许别人改正错误嘛。希望大家传达下去，共同做好这项工作。

陶鑄同志、譚震林同志接見山东省学生
代表談話記要

（一九六六年十一月十六日晚）

陶铸同志问大家：都見到了毛主席吧？都是第一次吧？这是最大的光荣，最大的愿望！

你们的大字报我看到了，我不是架子问题，能接見代表，不接見全体，我不是接見，是谈问题，我与你们谈两个钟头，和与大家谈不一样吗？这样谈问题倒不是架子。接見只能主席接見，我们是谈问题，我们去接見到是架子大了。

明天就要走了，今天给你们送行。你们提提看，还有什么问题。（赵伯林同学说：主要是听首长指示）没有指示，要指示，谭启龙同志指示，他是老山东了。

你们住经委怎么样？冷不冷？吃饱了没有？主要是革命，看毛主席，不是为吃饭。"金窝银窝不如家里的狗窝"。今天开了一万多人的会，大家要搞好接待，总理亲自讲了话，现在还住二百多万人，有近五十万人的住处未解决。近三百万人等于北京一个人接待一个人。机关，老百姓家都住了。只剩毛主席住处无人去住了。

譚震林同志讲話

保卫毛主席这是大道理，小道理要服从大道理，不能坐在国务院门口闹，到这里闹，就是小道理。（陶铸同志说：我们只解决了一个问题，解决问题由谭启龙同志解决，提高觉悟与你们站在一起，坚决革命，你的觉悟是高的，再提高一步嘛！）你们回去也要由大道理管小道理，这就要总结经验，省委三级干部会开的还不错，正在总结经验。你们也要好好总结经验，学十六条，学毛主席著作，看运动发展到什么程度了，该提出什么问题来了。兩条路线的斗爭，你们看到主席在天安门与少奇同志谈话，提出资产阶级反动路线的是少奇同志，主席还与他那样客气。那么对谭启龙同志你们应采取什么态度？主席讲相信群众自己教育自己，自己解放自己，那就得总结经验。一九三〇年在江西苏区，肃反运动把很多人抓起来了打 AB 团，破坏活动也是个别的，大部分是內部问题。肃反运动把很多人抓起来了，主席就及时开会，不准逼供信，逼是各种刑罰，逼出口供，供了就信，那不是把问题搞乱了。

中央批转军委总政的紧急指示（陶铸同志说：沒宣读的重新宣读）四十天总结了经验，又写了补充指示。主席是善于抓关键的。你们不是要接班吗？你们是毛泽东时代的青年，要学会及时总结经验是很重要的。各地区，各单位，各班的情况不同，各方面提出问题的角度也不同，要善于总结经验，不然容易出偏差。文化革命是新东西，除主席及林彪同志，陶铸同志，伯达同志他们明确，我们有的经验是过去整风反右的经验。你们山东的经验是很多的，如朱瑞问题，向明问题……。

这个斗争是很复杂的，你们青年脑子是一张白纸，参加运动还有些中年人，他们是有经验的。《解放军报》社论《再论一个公字》，你们私字少，中年人私字就比较多，这样看问题，提出问题就不完全一样，因之，总结经验就要很好学习思想方法。《毛主席语录》第174页开始专讲思想方法问题，不很好总结经验提高不了，这样使运动的发展就受到限制。主席讲在游泳中学会游泳，在运动中学运动。我们过去是种地作工，后来跟主席闹革命。（陶铸同志问谭震林同志那时多大岁数？谭说：二十五岁）

总结经验要与省委充分合作，把文化大革命搞好。省委的同志年令都大了，敏感性不及你们，你们要推动他们前进，他们有经验（谭启龙同志说：有框框了）旧框框是不适应形势。

你们帮助，怎样帮法？即主席的公式：团结——批评——团结，在延安整风就提出来了；这是党内二十一年历史的经验总结，主要是总结反对宗派，即王明当时的残酷斗争，无情打击。主席批评了，提出了团结——批评——团结的公式。

如何推动山东文化大革命运动？启龙同志表示支持你们与你们站在一起。你们要推动省委。如何推动法？你们要总结，不然要犯错误。省委犯了错误，执行了资产阶级反动路线，打击了一些人，现在纠正了，如搞不好，又可能打击另一些人。你们说济南有修正主义红卫兵。错误不在他们。要批判反动路线，烧毁黑材料，彻底平反，如搞不好，又要打击另一些同学，又叫保皇派，修正主义，这又犯了错误，这个担子你们要担起来。省委有错误，要彻底检查，彻底平反，这不允许讲价，坚决执行。我们将来公布文件《红旗》十四期社论，已提出要区别对待，不允许把任何责任加到同学们身上，党委要这样干，你们也要这样干，把多数同学团结起来，讲清道理。当然这样做工作也很艰互，也不容易，要说服群众，说服你们的群众，还要说服他们的群众，这样才能团结起来，把反动路线搞清楚，肃清影响，使运动正常发展。所以要总结经验，学会办法，搞不好，他们还骂你们右倾，保守，要做很多工作。我向你们提出这么一点建议，也说不上临别赠言。

陶铸同志讲話

谭副总理讲的很好。我的话不好懂。

我相信山东这一次一定可以改的很好，错误大一点，批评严格一点，可以改得好一点。这几天我接触江苏，辽宁及你们三批，接触的同学都很讲道理。我们现在比较超脱，问题好讲，你们基本上是谈了一次就谈通了，基本问题是好好总结经验，基本问题是领导上信任群众不够，深入群众不够。谭启龙同志，你过去到学校多少？你到山东十三、四年未深入学校，批评你十三、四个小时算什么！我是不赞成搞十三、四个钟头的，我们长期不深入学生，这个批评是好的。

这次来北京是谁的责任？还是谭启龙的责任，你当时好好检讨就解决了。你说要去全体书记都去。大家批评，不要发火嘛！过去我们作官当老爷嘛！过去我们作官当老爷做惯了，我们是有贴大字报的必要。主席、林彪同志，总理不能贴大字报。

这次来我们向你们学了很多东西，我们过去高高在上，官气很足，过去批评人家很多，人家批评我们就吃不消，这是不平嘛！总结经验，两方面都要总结。

这次来京，是谭启龙和省委负责，不是你们负责。你犯了错误，人家批评，你还发脾气，不对嘛！

1.回去怎么办？把山东文化大革命搞好，帮助省委改正错误。回去先开好三级干部会，把思想解决好，开个大会，省委作检查，检查为什么犯错误，为什么改的不好，挖挖思想，越挖深越好。资产阶级的东西不挖尽，"野火烧不尽，春风吹又生"。对错误要采取认真的态度，象锄草一样，挖出根子在太阳下晒——作为省委要这样。在你们来讲，要求一下子满足不可能，你们要求高，这要有分析，讲够了就是讲够了，有进步就欢迎，不够的再摆事实讲道理，要采取一看二帮，欢迎微小的进步，等待的态度，可不可以这样？（答可以！）可以试试看，可以不可以。三干会要切实把思想搞通彻底批判反动路线，然后做一次大的检讨，检查后大家再看，不够再检查嘛！惩前毖后，团结——批评——团结，用毛主席的办法。

毛主席是天才的马克思主义，毛主席是团结的办法，即犯错误也叫他悬崖勒马，何况谭启龙同志的错误是执行反动路线的错误，错误主要在中央少奇，小平身上。主席批聂元梓的大字报后，运动轰轰烈烈地开展起来了，但他们搞种种限制，把运动压下去了，这是全国性的。少奇，小平是以中央名义发的指示，省委只能执行，问题是开了十一中全会以后，各地还不那么彻底改正。执行错误路线有组织原因，下级服从上级嘛！中央的指示不能不执行。也有思想原因，我们是既得利益者，有反动资产阶级路线的思想基础，不谋而合，主要责任在中央提出错误路线的人，作为各省要挖与反动路线有共鸣的东西，不是敌我矛盾，就是路线错误。你们要帮助，批评，挖根子，你们脑子比我们纯洁嘛！将来你们做接班人，执行正确路线，仍要经过斗争。

2.两条路线的斗争要抓。要狠狠地批判资产阶级反动路线，主要是省委为主，可结合学校的问题。反动路线虽然时间很短，但流毒很深，你们先把省委作过练兵嘛！然后再搞斗批改。要弄清什么叫反动路线，他把我们引到什么地方去，这才可以使我国不变颜色。农村，工人中，干部中还有很多私有观念残余，彻底批判才能保证坚决走社会主义道路，但不搞人人过关，主要是批判领导，即走资本主义道路的当权派。只要领导高举毛泽东思想红旗了，领导干部革命了，群众革命就好办了。全省范围要弄清什么是毛主席为代表的无产阶级革命路线，什么是资产阶级反动路线。批判领导彻底，下边就搞清楚了。

3.黑材料问题。你们有问题没有？现在全国搞的非常紧张。把批判资产阶级反动路线放松了，看来闹复杂了不对，现在中央决定统统马上烧掉，搞简单的办法，从五月十六日起，所有文化革命的材料，要几方面派代表，只看题目，不看内容，看过后统统烧掉，大家不再搞材料了，集中力量批判资产阶级反动路线。你们要检查党委领导机关，领导上又怕交多了吃不消，以文件公布之日起，隐瞒，复制的一律开除党籍。你批判省委路线问题，材料多得很，大量事实，还要黑材料干什么？路线错误有材料，反党集团，黑帮，反革命，他搞阴谋，他们不会有材料，批判路线问题不要材料也可以嘛！不一定材料越多才能批判反动路线，多了倒是把问题冲淡了，提出主要问题，用主席的观点来批判就搞臭了嘛！自己分析，用毛泽东思想观察分析问题，不然大家都不用脑子了，好象就是箱子里的材料才能解决问题。最主要的是以革命的观点来分析。

政治路线错误，必然有错误的组织路线，他必然残酷斗争，无情打击。我们是团结——批评——团结，惩前毖后，与人为善，不要鬼鬼祟祟，这次工作组搞材料就是"格伯乌"的影响。绝大多数是革命的，应该相信大多数，只要把群众发动起来，坏人是可以识别出来的，只靠少数人记几句话，光记错误，好话一句不记，集中起来，增加了不必要的怀疑，以后要改变。我这个人，左的错误，右的错误都犯过，但我未犯路线错误。如果把我的左的右的错误集中起来那也不得了，批判一下就算了嘛！鬼鬼祟祟整些材料有什么用处！？干部档案是公开的鉴定，今后不搞这一套。现在集中力量批判资产阶级反动路线，不要在材料问题上多纠缠，大家精力解放不出来，这次搞一下，肃清过去"格伯乌"的影响，今后采取正确的对待干部，对群众的态度，不要搞黑材料，你们赞成不赞成？（答：赞成）！你们回去要作说服工作，这总是个好的道理，是可以说服通的。

4.平反问题。执行错误路线各地都存在，打击了一部分好同志，搞错了的要彻底清查，历史的问题，是历史的问题，有人历史上参加三青团……。这次因为贴了大字报，你把人家打成反革命的一定要平反，六大自由嘛！人家批评领导，就叫攻击领导？即便批评错了，也不是作结论嘛！只要不是杀人，放火……。对运动中批评，贴大字报的要保护，要坚决彻底。（韩同文同学说：青岛工人就打了好几千）好几千？那有那么多反革命！要坚决平反。

5.斗争的问题。这是一场尖锐，复杂的斗争，是两个阶级你死我活的斗争。资本主义思想不消灭，他就要复辟，要消灭资产阶级他就反抗。斗争是复杂的，（如：刘志坚家两个孩子，一个拥护郭影秋，一个反对郭影秋）要坚决斗争。

怎么斗争？首先要分清两类矛盾。两类矛盾都有，还有交叉，但大量的是内部矛盾。两条路线的斗争，大量的是人民内部矛盾。坚决破坏运动的，他不是不理解，那是敌我矛盾。全国二十九个省市，不作内部问题处理的只有两个，一个是黑龙江李范五，一个是甘肃的汪锋，他们是坚决抵抗破坏。把敌我矛盾当内部矛盾是右倾，把内部矛盾当敌我矛盾那就"左"了。山东问题是内部问题，谭启龙同志到山东十四年，是执行了毛泽东思想路线的，山东工作搞的比较好嘛！只五十多天执行反动路线，这次态度又不好。山东省委是认识问题，执行问题，是人民内部问题，是会改好的。改好的前提，一是启龙同志是老干部，有错误可以改正，另一方面有山东五千万人民起来监督。如不改正，矛盾性质可能变了。改正错误，无自觉不行，无压力也不行。自觉是主要的，压力是必要的，蒋介石到过苏联，专门派几个顾问，他还是搞反革命。压力主要是批判，贴大字报，再不然就开大会，请你来听批判。但我不赞成把干部抓走，揪人，中央指示，不要随便揪人，不要长期纠缠。我昨天到文化部去做报告，他们去了一些红卫兵，说二十天找不到部长，付部长，他们说，要随叫随到。我说，这是法院的名词。今后你们规定什么地方开会，开多少时间，通知他参加就行了。开会不超过四小时，晚上不超过十二点钟。既是人民内部矛盾，就应采取解决内部矛盾的方法，摆事实，讲道理，文斗，按时间。如一下子把他搞垮，他就无办法交代问题了。开会时间不要过长。大民主是大规模的民主，是大家的民主。你们是很讲道理的，他们回山东之后，也采取这个办法，按一定的时间开会，不要天天揪他们，我接待西安的同学说过，绝食的办法我不赞成。在国民党统治下，我们无办法。现在毛主席给我们这样大的民主嘛！大鸣，大放，大串连嘛！静坐不是反革命，是革命的。我说在大街上搞大串连是个创举，他说成绝食是个创举是不对的。要依靠群众，发动群众，正确分析两类矛盾，内部矛盾一定采取解决内部矛盾的方法，摆事实，讲道理，文斗，不要把人揪起来，扣起来，可以开小会，开大会，要允许人家讲话。你们将来当省委书记，这样搞你也是不好受的。安徽把李葆华搞了三天垮了，李任元搞了八天八夜，叫他签字，成了逼供信，结果不能兑现，成了假的，辛苦了这么多天搞了假的。

总之全国运动形势很好，总的方向是正确的，但为了更好的团结大多数，把运动搞的更好，要好好学习毛主席的思想作风，接班就是接这个班。

6.农村、工厂四清派工作组，这不叫路线错误。二十三条是肯定了工作组的。农村分散，组织松散。必须有工作组撑贫下中农的腰，工厂也需要工作组撑工人的腰，那是帮助群众起来揭盖子。学生不同，有文化，能学主席著作，能看报纸，这次派工作组是群众起来了。派工作组是镇压运动，和四清不一样。

工人要支持革命，工厂即使搞了四清，也还要搞文化大革命。未搞四清的结合搞，工厂今后可能不要派工作组，学生可以到工厂参加劳动，到俱乐部，到食堂，放假时到家里去串连，但是要依靠工人自己革命，要相信工人老大哥。但工厂不能离开生产搞革命，只能业余时间搞革命，不能中断领导，生产计划性很强，要有领导，大家都按规则操作，遵守劳动纪律，（有人问：能不能到医院串连？）医院可以到办公室座谈，到宿舍，但不能干涉医生的医疗，送大字报可以，串连到宿舍去交朋友可以，工人利用礼拜天，晚上也可以去串连，但不能停止生产来串连，你拿工资不生产不行，只能利用业余时间。

工厂怎么搞法，中央正在研究，它与学校不一样，不能离开生产岗位，不能占用生产时间。

农村也可以采取工厂的办法，可以去串连，但不能去多了。

× × ×

谭启龙同志：完全同意陶铸，谭震林同志的指示，我们一定向三干会传达，认真对待这些指示，彻底批判资产阶级反动路线，同时，一定向全省人民，学生作彻底检查，一次不行，再次，三次。

陶铸同志：搞七次也可以嘛，七擒孟获嘛！有三擒三纵就行了。诸葛亮还把敌我矛盾当内部矛盾处理呢？

（参加接见人整理，未经讲话人审阅）

1966.11.17

北京师大外语系红色勤务站翻印

1966.11.24

周总理关于档案问题的讲话

（中央精神）

划分一个界限：

处理在这次文化大革命运动中工作组的档案。文化革命以前的档案，即使有问题，与工作组无关，留待以后处理。文化大革命中确实有反动档案（不属于把革命群众打成反革命案的），要组成专案进行处理。

（一）处理档案的方针：

（1）凡错斗的错镇压的，都应该平反。这些人的检查材料都应退回本人，帽子一律摘掉。

（2）凡可以作为批判资产阶级反动路线材料，凡不是影响群众斗群众，不影响大局的都可以退回群众。比如工作组对学生的讲演稿、报告稿、大字报等。

（3）凡是能够引起群众互相斗争的材料一律不交。但应当众销毁，比如左中右排队，排错的别人反映的材料这是对军委文件精神的一个补充和修改。

（二）各级党委应按此指示精神主动处理，承认错误。如果处于被动的，可按此精神和群众谈判，如果谈不通，可以交上级党委帮助处理，如果仍然不行，就将此材料暂时加封起来，谁也不准动。现在各大学的主动权已经不多了。中学还可能有些主动权。运动一开始就排队，这是很错误的。也反映了我们组织工作中的问题。各省委、各个党委、各区党委都要过问这一问题，帮助处理这些问题，不能放任自流。只有把它解放出来，你们才有可能脱开手搞文化大革命，才能说服他们不去占领你们的办公楼，才能将被动变主动。

注：此稿为团中央临时书记处书记王道义同志传达总理在中央部长会议上的报告记录稿的传达记录。

北航红色造反团翻印

中国人民大学工农兵战斗队再翻印

11.16

陶鑄同志接见沈阳农学院红卫兵时的讲話

（一九六六年十一月十七日夜一点在政协礼堂）

到齐了吧！本来讲十一点半开会，现在一点多了，让你们等了很久，首先向同学们道歉。刚才我和农学院毛泽东思想红卫兵谈了。你们这次看到毛主席了吗？（同学答：看到了）见到了就值得了。一九四五年解放后，我曾任辽宁省第一任书记，还当了沈阳地委书记三个月，一九四九年进关以后，十七年未去东北了，东北变化很大。今天讲两个问题，一是总结经验，二是两条路线的斗争问题。

一，总结经验问题

总结什么经验，原来你们是多数吗？现在你们两边差不多了，少一点就少一点嘛，搞了几个月文化大革命要总结经验，我刚才跟他们讲了，过去为什么是少数，现在为什么是多数了，现在你们多数变成了少数，两方都是革命的，他们革命革的好一点，你们革命的差一点，不要你们负责，前一段省委确实犯了方向、路线性错误。运动起来后，五十多天里，毛主席不在北京，中央有几位领导同志提出了派工作组，工作组到那里不相信群众，对群众进行反击，搞反干扰，抓游鱼，对同学进行排队，就把运动压下去了。因为大家不知道误认为毛主席知道。党的组织原则是少数服从多数，下级服从上级，全党服从中央，认为是中央决定就执行了。毛主席回北京以后，就纠正了它，召开了八届十一中全会，制订了《十六条》。我国社会主义革命和社会主义建设非常快，一日千里向前发展。毛泽东思想教导我们，思想觉悟大大提高一步。但脑子里的封建的，资本主义的，帝王将相，才子佳人，孔夫子等等旧的东西还影响着我们，虽然我们一直和旧的东西进行斗争，但才十七年，而封建社会有几千年的历史，又有一个陆定一的宣传部，不宣传毛泽东思想。苏联不是变了吗？工厂变了，农村变了。思想上不取得胜利不解决问题。这次文化大革命，就是要搞掉那些旧的东西。

有些干部进城后得了些好处，过去流点血，流点汗，有些同志就安于现状，怕群众起来打乱旧的秩序，你们党员、团员多一些，干部多一些吧！（同学答：是！）因为你们还有组织观念，是可以理解。你们革命革的差一点，不能要你们负责，省委负责。总结经验，我对他们说，你们现在多一点也不要骄傲，只有盲目的组织观念是不行的，必须按毛泽东思想办事。我同辽大、山东大学谈过。他们都是由少数变成多数，山东红卫兵有二万，比较心齐，现在少数多一些。有人说，修正主义的红卫兵，修正主义的就是形容红卫兵是修正主义的，不能这样讲，只是你们这几个月革命革的差一些，都是革命的，很快就能赶上。大民主就是大规模大家的大民主，大鸣、大放、大字报、大辩论、大串连。革命是长期的，民主革命用了二十八年，社会主义革命搞了十七年，这次运动才搞了五个月，有偏差是难免的，有不同意见不要动武，两方面都要打笔战，都不要抓什么"凶手"了，你们抓他们的三个教师要放，要给以平反，因为他们不是反革命，不同意见可以辩论，不管谁，只要革命就行。但革命和正确还是有区别的，革命不等于正确，你那能一贯正确，要正确地对待自己，也不要因为这样就自馁。我可以说我是一贯革命的，但我不是一贯正确的，说我陶铸不革命就和他们辩论，说我不正确可以。是革命的有点错误，要继续坚持前进。要平等待遇。大家都是革命，印刷、宣传，大家都有权利，只要一贯革命的，有了错误就要及时改正。同学回去搞好团结，过去紧张，回去开开会，可以辩论，但不能冲击，打架，过去都怨领导。我今天是提建议，不对没关系，跟他们讲讲，他们听进去了，你们怎么样？有意见不要紧，作参考。

二、两条路线的斗争问题

关于资产阶级反动路线，中央有一、两位同志负主要责任，东北局、省委是执行的问题，是属于认识错误，属于人民内部矛盾。你们要帮助东北局，批判东北局的资产阶级反动路线。凡是革命的都有权利参加批判，不批倒它，文化大革命不好进行。在批判资产阶级反动路线时，为什么不可以合作呢！都是革命的，都要摆事实，讲道理，按毛泽东思想办事，惩前毖后，治病救人。中央决定：自五月十六日以来文化革命过程中整同学的材料要统统烧毁。以前对材料争的很厉害。整同学的材料放在那里，被打成"反革命"的同学总是不放心。另一方面，有些干部、同学，却不愿意把材料拿出来。现在，这样一烧就好了。资产阶级反动路线的材料多的是，批判它也不要多少材料，现在的材料就足够了。过去教条主义统治的时候，照搬苏联那一套，不是相信群众，依靠群众，搞无情打击，残酷斗争，少数人整理材料，今天一点，明天一点，把讲错的集中起来，就很难看。经过运动改变作风，有错误就写大字报，批判，改了就完了，不搞偷偷摸摸的事。

把精力消耗在材料问题上不好，要集中精力批判资产阶级反动路线。犯路线错误一般说是属于人民内部矛盾，只许文斗，不许武斗，不搞变相体罚，开会请他们到，大都是五、六十岁的人啦！思想从严，组织处理从宽。批判反动路线是全党的事情。

最后讲三个人（指原被农学院红卫兵抓去的三个教员）的问题。你们把那三个人放回去好。杨××（被抓的三人中的一个）是贫农出身，受党培养八年，过去他确实说了些错话，他自己要检查。这种事东北局有责任，今后要负责解决。你们高高兴兴地回去。今天就讲到这里（此时同学发言，不答应散会）。你们明天若不走，可以派三十至四十名代表，再向我汇报两小时，我讲一小时。或者你们回去试试（有的同学讲：回去还是学生斗学生；他们根本不让写大字报），东北局帮助你们解决。若是不行再来。

×   ×

（一九六六年十一月十八日）

十一月十八日晚，陶铸同志接见了沈阳农学院红卫兵的三十名代表，向他们作了重要的讲话。同时出席接见的还有周荣鑫同志。

学生：对我们的斗争大方向怎样看法？

陶：两方面都是革命的，但他们激进些。如医生治病一样，都是为了把病治好，但有各种学派。

学生：我们从"八·二五"后开始分歧。主要在对待院党委的态度上不同。我们主张先大鸣大放揭问题，即先定性后罢官。而他们主张先罢官再定性，到底谁按十六条办事？不同意罢官是否就是保皇？

陶：罢也可以，不罢也可以，对这个做法的争论，无所谓保皇不保皇。既然罢了就罢了嘛，为什么要复官呢？这样就会影响群众的积极性。把群众发动起来这是最重要的问题。罢官是东北局决定的，后来复了，就压制了那一派，这是省委的责任。在运动中，群众起来是很不容易的。现在革命就是革党内走资本主义道路当权派的命，如果是四类干部，不仅是个罢官的问题，而且是要开除党籍的问题。二、三类干部都是可能罢官的。罢官不一定就是定性。定性要最后由上级决定。

周：北京各大学党委，其实都有罢了官的。少数派不信任这个党委，完全有权提出要求罢官。

陶：在八月份那种低潮期，罢了可能对发动群众有利。罢了官并不是作结论。

学生：我们当时主张深挖深揭的做法是维护十六条的。

陶：十六条最基本的一点是把群众发动起来，敢字当头。只要总的方向对头，出一点小偏差没有什么问题。你们不如他们胆子大，顾虑多一些。他们没有你们照顾政策，但冲击力大，有利于运动。既然罢了，就不要再辩，运动后期再处理。这个责任主要在省委。

如清华大学的情况，蒋南翔的问题揭出后，要发动群众，关键在工作组的问题，当时蒯大富要揭工作组的问题，被打成反革命。他这派只剩下十几个人，连薄一波都说他样子就象反革命，简直主观透了。说人家名字叫大富就是反革命，这算什么道理。

学生：我们按照抓革命促生产的精神，去参加劳动，而他们把和他们观点一致的农场工人拉去搞静坐。谁是坚持大方向呢？

工人：农院附属农场是搞四清的，他们不按四清搞，把工人拉去静坐示威，生产停下来了，还宣传打倒场的领导可以坐小汽车，住洋房等。

陶：抓革命，促生产的问题，在写十六条时，我们没有经验，只能原则上定。搞四清运动，方向是正确的，因为中央十条和后来的二十三条，都是毛主席制定的。现在看来，用文化大革命的形式搞，可能比四清搞得彻底。中央正在考虑这个问题。学生可以到工厂农村去，工作时间可参加劳动，业余时间搞革命是可以的。学生支持工农闹革命，方向是正确的，但停止生产和那样宣传（如为坐汽车，住洋房等）方法是不对的。

学生：我们学校的情况和北京多数派、少数派的情况不一样，有特殊性。其实我们从九月份以来，一直是受压抑的。如印刷厂都被他们所占了。

陶：双方都要摆事实，才能得出公正的结论。不要在具体的问题上斤斤计较。双方打架多伤几个，少伤几个没有什么，但把他们那三个人带走是不对的。总之，你们都是革命的，但他们在冲击旧的东西上比你们勇敢，敢于向旧东西宣战。我们正是需要这种精神。我是中宣部长，讲过要砸碎陆定一那一套，大力宣传毛泽东思想。可是红卫兵起来后，宣传毛泽东思想真正做到了家喻户晓。任何一个宣传部，也不会做到红卫兵搞出的这个局面，没有一个大的群众运动，是造成不了这个局面的。要把群众的革命热情充分发动起来，这是最主要的，现在有些领导就怕这个。千条真理，万条真理，敢于革命是大真理。

你们总的是要革命的，不如他们勇敢。在发动群众上差一些，这就是大方向问题。

工人：我们也有被打成反革命的。

陶：不管那一方被打成反革命，都平反，工人开除的要给工作，照发工资。

学生：有三个问题要核实：到底谁是多数、少数，谁受压制；谁保省、市委、东北局。

陶：我要调查一下，你们是什么时候批判省委的，什么时候斗争东北局最厉害。运动一开始他们矛头对准院党委，方向是正确的，后一段矛头对准你们就不对了，我在接见他们时，已经批评了这一点。

北大有一部分人原来最拥护李雪峰，可是现在斗李雪峰最厉害，揪住不放。

学生：你在对他们讲话中说我们是保守派（念讲话记录稿）。

陶：我没有讲你们是保皇派和保守派，只讲是保守一些。我的讲话记录待我审查后，给你们写信，我亲自签名分发给你们。

今后怎么办？应团结一致，共同批判反动路线。我对他们也讲过，大民主双方都要有。在物质上，双方要平等待遇。

至于双方打了架，不要再说抓凶手了。什么凶手呀，都是革命同学。但是那三个人被抓是个错误，侵犯人权，是政治迫害。主要责任要由东北局负，回去开个大会，俞屏要讲话，宣布双方被打成反革命的名单，进行平反。平反时，这三个人要突出讲，先讲这三个人，再讲所有的人。

我认为这样是比较公道的。每个人要责己严对人宽，要有无产阶级政治家的风度，才能达到团结。

学生：调查组我们要参加。

陶：你们不参加更好嘛，调查组留下的主要任务是搞清东北局的问题，东北局为什么没有制止抓人，谁提供的汽车等。

我建议你们红卫兵起个名，不要用农学院的名义，因农学院是双方的。院文革是否可以停止活动，以后再重新成立？现在北京很多学校都没有文革。从分到合，先消一下气。

学生：我们不同意取消院文革。

陶：这是我的建议，你们可以考虑。

学生：双方的黑材料怎样处理？

陶：选出代表，党委主持，检查后烧了，材料不要看内容。揭发反党、牛鬼蛇神的材料不要烧。大字报不要烧，如果你们要烧也可以。

学生：请陶铸同志为我们红卫兵起个名字。

陶：叫辽沈战役红卫兵吧。

学生：同意。（热烈鼓掌）

中 央 文 革 小 組

关于工厂文化大革命的十二条指示(草案)

中央文革小组陈伯达、王力、关锋、戚本禹以及唐平铸等同志于一九六六年十一月十七日下午三点二十五分至六点十七分和首都革命职工代表举行了座谈，北航红旗部分战士也参加了这次会议，在会上由王力同志宣读了中央文革小组关于无产阶级文化大革命十二条指示（草案）全文如下：

一、无产阶级文化大革命是要大力宣传毛泽东思想，用无产阶级世界观改造社会，破除资产阶级和其他剥削阶级的意识形态。大破资产阶级的四旧，大立无产阶级的四新。这样做的目的是为了巩固无产阶级专政，挖掉修正主义的根子，防止资本主义复辟，保证我国社会主义江山永不变色，大大促进社会主义生产力的发展。

工人阶级是文化大革命的领导力量和最积极的因素，他们对这个无产阶级文化大革命负有特大的责任，工矿企业的工人群众起来进行文化大革命是大势所趋，好得很，是不可阻挡的。

（王力同志插话：工矿企业的工人起来了，现在有些人怕得要死，但形势好得很！）

二、各级党委、厂矿领导要认真贯彻执行毛主席、党中央提的"抓革命、促生产"的指示，不能因为群众一起来就害怕，就逃避责任，就同群众对立，而要坚定的和群众在一起，对一小撮蜕化变质、忘本、自私、压制群众的走资本主义道路的当权派，并且敢于发动群众批判自己的错误。绝对不能挑动工人斗工人，挑动群众斗群众。

三、当前的问题，有些单位的负责人，错误地把文化革命运动跟生产对立起来，有的以抓运动为口实，来打击革命派保护自己，不管生产，有的以抓生产为口实，抵制文化革命运动。这两种错误都是不顾大局，违背党的方针，严重违反"抓革命、促生产"的指示。正如一个职工同志所说的："他们怕群众、怕革命、怕罢官，就是不怕影响生产任务"。中央认为这个批评是一针见血的，很正确的，必须引起厂矿企业各级领导的充分注意。

四、应当充分认识到，广大工人群众既关心文化大革命，又关心生产任务的高度觉悟。充分估计到工人阶级对自己国家的高度责任感。如一个钳工组长说："不完成生产任务，让他弟弟到车间帮助生产。"有的革命职工怕完不成生产任务、缺了工就补上，这就说明了有高度的责任感。

五、党中央号召各级领导按照党中央关于无产阶级文化大革命的决定，即十六条，积极地到工人中去，抓革命、促生产的大道理向群众讲清楚，**让群众充分讨论**，由群众根据本单位的情况，自觉地做到既抓革命又促生产，妥善地而全面地安排。绝对不要犯包办代替，压制群众，死守框框，害怕群众。对过去凡是把革命群众打成反革命的工人一律平反（平反问题有专门的指示）。

六、许多工矿企业的工人群众都提出文化革命和生产时间给予适当的规定。例如，八小时工作制必须保证，文化革命必须利用业余时间进行，每天三至四小时，不得占用生产时间，同时又要让工人同志得到必要的休息（王力说：解放以来历次运动都是这样的）。

七、为使抓革命促生产的革命运动顺利进展，要组织两个互相配合得好的班子，须层层落实，文化革命组成两个班子，文化革命的领导机关是文化革命委员会、文化革命领导小组、文化革命代表大会。这些组织不能背后操纵，必须按巴黎公社的选举制，经群众的充分酝酿反复讨论，实行全面选举制，并且可以随时更换或改选。

工厂的生产指挥系统不能中断，原行政、党委领导机构没有瘫痪的，应从工厂的有经验的政治可靠的老工人为主、有技术人员参加组成领导班子，指挥生产，现在有的虽说存在，但很少见他领导，有名无实（陈伯达同志插话：不能搞成空城计，从群众中来吧！）。

八、按照中华人民共和国宪法规定，工人同志有建立各种文革组织的权利，一切革命同志都要按照党的方针政策办事。各种革命群众组织内部和革命群众之间，都要充分发扬民主，有不同的意见、不同意见的争执，通过民主的方法解决。严防宗派主义，不要武斗，不要因为纠纷而妨碍生产，不要停工。

九、工人的联合组织，最好采取联合会、协会、代表大会等适合工人群众的组织形式，一切好的组织都要保持工人阶级的勤劳朴素的本色，不要脱离群众，不要搞一套脱离群众的机构和物质装备（陈伯达同志插话：不要搞排场），工人组织中的人员一般地不要脱离生产（陈伯达同志插话：否则说话就不起作用了）。

十、工人群众一定要坚守自己的生产岗位，要照顾大局，绝对不能放弃生产劳动，成群结队的到外地串联，以免影响本单位和其他单位的生产，自己外出串联的，应赶快返回生产，担负生产任务的半工半读的学生也应这样做。

工人代表：党委会已经瘫痪的那些干部，应当自觉到车间劳动。他们不去怎么办？

王力：我们用大鸣大放、大字报，大辩论、大民主的方法，使他们自觉地参加劳动。

十一、厂矿企业、工人组织，在业余时间可以到本地的其它厂矿学校单位去参观访问、互相学习，交流文化大革命的经验。

（王力同志插话：以前你们一来，他们就说串联了）。

十二、革命学生组织可以派代表去厂矿企业去串联、交流文化大革命的经验，学生代表要去，应该首先同那里的厂矿的工人组织取得联系。北航（红旗）同学问：是否要和每个工人组织联系？

王力同志答：不！不！不！跟一个组织。他又说："这个意思就是联系一下。"戚本禹说："不要这么罗嗦嘛！"

同学们又问：他们可以说你们支持一派，反对一派，挑起群众……

戚本禹说：你们就说"那一派革命就支持那一派。""工人生产时不要去车间，保密车间都不要去。"

一个工人问：我们自来水公司算不算保密（车间）单位？（群众大笑）他们不让学生和别的单位串联，说我们是水源单位，也是保密单位（群众大笑）。

毛主席指示："知识分子，如果不和工农民众结合，则将一事无成。"青年学生应当逐步做到同工农群众相结合，一切大中学校的学生应当逐步做到同工农群众相结合，一切大中学校的学生应虚心向工农学习，全心全意为工农服务，到工厂去串联的学生应当在工厂统一安排下尽可能参加生产劳动，严格遵守劳动纪律。

陈伯达同志最后指示：这个文件你们讨论通过后，再加十六条；军委紧急指示、中央批示就作为工矿企业文化大革命的指导文件。

说明：以上是根据我们的纪录整理，个别词句有误差，但精神保证绝对不错。

北京光华木材厂红卫兵代表

何吉良　唐瑞华　邓　兵整理

北航红旗战士　徐阵　达冲

北京地质学院《东方红》公社宣传组翻印

11.21

北京工艺美术工厂红卫战斗队翻印

1966.11.24

中央文革領导小組等有关領导同志与
工矿企业工人代表的座談会記录

时间：1966年11月17日下午2.45—6.30

地点：政协礼堂小会议室

出席人：中央文革小组组长陈伯达同志及小组其他成员王力、关锋、戚本禹、曹轶欧；人民日报代总编辑唐平铸，市委书记刘建勋。各工矿企业工人代表六十余人（其中有我厂陈××，金××两同志参加）。

座談会开始前，×同志把各单位领导一一介绍给大家，代表们热烈鼓掌欢迎。

王力同志先发言：

这次座談，围绕几个问题，工厂文化大革命怎么搞法，依靠大家。上一次和同志们谈了，以后还要和外地同志谈。上一次散会时，陈伯达同志讲了很多意见，供同志们参考，陈伯达同志的指示，定了些初稿。也是先当你们的学生，提出了几条意见，看行不行。和大家召集座談会，同志们交换意见，现在先把各方面工作提出意见来，供大家围绕这几个意见来谈。

第一个，无产阶级文化大革命是要大力宣传毛泽东思想，用无产阶级世界观改造世界，破除一切剥削阶级的意识形态，即大破资产阶级的四旧，大立无产阶级的四新。这样做的目的，是为巩固无产阶级专政，挖掉修正主义的根子，保持我国永不变色，大力促进社会生产。工人阶级是文化大革命的领导力量和积极的因素。他们对这个文化大革命负有特大的责任。工矿企业的工人群众起来进行文化大革命，是大势所趋，好得很！是不能阻挡的。起来了，有人怕得很，但不能阻挡。

第二个，各级党委和厂矿领导要认真贯彻执行毛主席和党中央关于抓革命促生产的指示，决不能因为群众一起来，就害怕，就逃避责任，就与群众对立，而是应该和群众站在一起，对准一小撮蜕化变质忘本自私，压制群众的当权派。决不容许挑动工人斗工人，挑动群众斗群众。

第三个，当前问题是由于有些单位的负责人错误地把文化大革命运动和生产对立起来。有的以抓运动为口实，打击革命左派，保护自己，不管生产。有的以抓生产为口实，抵制文化革命运动。这两种错误作法，都是不顾大局，违背党的指示。正如一位工人同志所说的，他们怕群众，怕罢官，就是不怕完不成任务。我们认为，这样批评是很正确的，地方，各工厂必须引起注意。

第四个，应该充分认识广大工人群众，既关心革命，又关心生产的高度自觉性，充分估计工人群众对自己对国家的高度责任感。北京一个钳工工人说："工人完不成任务，还要加班加点补上。"一切不信任工人群众的观点，都必须纠正。

第五个，党中央号召各级党委，都必须按照党中央"关于无产阶级文化大革命的决定"即十六条。必须到工人群众中去把抓革命促生产放在工人面前，充分商量，充分酝酿，自己作出抓革命促生产的妥善安排。对工人决不能犯包办代替，压制工人，弄框框，在过去凡是把工人群众打成反革命的，一律平反。

关于军委紧急指示，是完全适用的，已经发了下去，有关的指示，这里只提一下。

第六个，工矿企业里的工人群众提出文化大革命和生产的时间，应适当安排。例如，八小时工作时间必须保证，文化革命利用业余时间，每天3至5小时，不能占用生产时间。每天必须保证八小时休息，我认为这是正确的。

第七个，为了抓革命促生产，运动顺利发展，组织适当分工，两个班子，过去党中央有指示，必须层层落实。这里有两个问题，工厂的最高权利机关是文化革命委员会……（没听清），不能包办代替，必须象巴黎公社那样，必须实行全面的选举制。候选名单必须由革命群众充分酝酿提出来，再经群众充分讨论后进行选举。这是文化革命的准则。第二，工厂的生产指挥系统不健全、原来的党委没有瘫痪的，必须积极负责地把生产搞好，已经瘫痪的，由厂内以老工人为主及技术人员负责把生产班子搞起来，要保证安全生产和产品质量。现在的企业是有名无实，很少见到生产领导人的面，这样要不得。

第八个，按中华人民共和国宪法规定，工人有建立各种组织的权利，必须使革命群众懂得，都要按照党中央的政策办事。革命群众的内部都充分发扬民主，不同意见要经过讨论，严防宗派主义和工团主义，不要纠纷、打架，不要停工（陈伯达同志插话："不要与工人打架可以吧？"大家说："可以！"）不要武斗。

（×××同志问："什么叫工团？"王力同志说："工团，小集团"）。

第九个，工人的联合组织最好采取联合会、联合协会、代表大会、代表会议等等，适合于工人组织形式，一切组织形式都应当保持工人阶级的勤劳品质，不要脱离群众……

（有人谈到工会也是工人组织，但有些工会作用不大。）

陈伯达同志关心地问："你们的工会能不能代表工人？"（有人答："不能"。这时，我厂×××站起来说："陈伯达同志，我在发言之前，先向您检讨一下，我今天就是停工来这里的。"陈伯达同志说："知道就成了嘛，检讨什么！"

我厂×××向陈伯达同志汇报了我厂十一月十五日晚上车明说的话和他说的工交、城建、财贸系统工作组的四种情况，并说，车明在那天上午还听您的报告。

陈伯达同志乐了，说："怎么？还听我的报告？"

×说：我们把车明的讲话记录了，让他签字，他说中央对签字没指示。

陈伯达同志说："为什么不签，当然要签吗？"并不再逐字逐句地重复车明说的那四种情况。随后王力同志又接着念：

不要搞一套脱离群众的官僚主义机构和卧车主义，（陈伯达同志插话："不要搞排场。"有人反映有的工会排场如何如何，陈伯达同志说："工会这么大的，没必要。"）工人组织中的成员一般都不要脱离生产。

陈伯达同志说："个别的也可以嘛！"这时一个工人站起来，诉说了自己被打的情况。

陈伯达同志说，"私设刑堂、拷打，都是不合法的，挑动工人斗工人的开除党籍，按照国家法律做极为严肃的处理。"这时有人说，我们单位把时间安排得很紧，没有写大字报的时间。

陈伯达同志说，"不要他安排，你们的代表不是群众选的，一律无效。"工人说，他们有多数，……

陈伯达同志说，"要做工作，要给多数人谈话。"工人说，有些人，为了入党，老说上边好，……

陈伯达同志说："这种理想要出修正主义，不是听党的话！"

王力同志接着讲：

工人群众一定要坚守自己的生产岗位，照顾大局，绝对不要脱离生产岗位，成群结队的外出串联。已经外出串联的，一定要赶快返回生产岗位。

陈伯达同志问，"赞成不赞成？"大家说："赞成！"

这时，有位被打伤的群众发言后，文革小组当场和大家进行了讨论，最后确定了一个紧急指示，由王力同志念：

"任何厂矿、学校、机关和其他单位，都不许私设拘留所、私设刑堂、私自抓人拷打，这些都是违反国家的法律和党的纪律，如果有人在幕前或幕后指挥这样做，必须受到严厉处分。"

陈伯达同志说，"大家同意吧！"众，"同意！"这是文革小组的意见。一定要写成大字报、标语贴出去，贴遍大街小巷。"王力同志又接着念，

第十一个，厂矿企业的工人组织可以在业余时间到本市的其他厂矿和学校去参观、访问、学习，互相交流文化大革命的经验。

第十二个，革命的学生组织可以派代表到厂矿企业去串联，交换文化革命的经验，有的代表要去，应该先向那里的厂矿企业工人组织取得联系，工人生产时间不要去，不要进生产车间，保密厂保密车间都不要去。

毛主席说："知识分子如果不和工农群众相结合，则将一事无成。"在无产阶级文化大革命运动中，青年学生应该逐步作到同工农群众相结合，逐步作到学习和生产劳动相结合，一切大中学校的学生，都要当工农大众的小学生、虚心向工农群众学习，全心全意为工农，到工厂去串联的学生代表，应当在工厂的统一安排下，应该力所能及地参加生产劳动。这些意见，是同各个地方商量，听了你们很多意见，从你们这听到的，从下面集中了的。陈伯达同志的意见，今天要和大家商量，大家赞成那些。意思和大家见面，不贴出去，不同意可以写信来。

这时有人提出厂里有很多组织，跟那个组织联系？

陈伯达同志说，"你们怎样讨论，工人组织同学生的联系问题，如几种组织，提一提，我们文革小组做过斟酌。两个组织都可以联系，不要互相吃醋。今天是党中央的方针政策放下去，应全在党中央的方针政策下团结起来，工人之间不要记仇，这是很重要的。你们很多人是从农村来的，家乡里姓陈的姓王的经常打架，他们都是农民，这都是背后有土豪劣绅在操纵，现在是有党内走资本主义道路的当权派在操纵……好利用在工人之间造成裂痕，让你们互相打下去，他们都继续呆下去了。我们要根据毛主席的教

导，团结起来，多种组织要互相商量，互相交朋友，慢慢来，不要急于结合，要慢慢地来往，彼此来往……要以革命的利益为重，团结起来。……"

接着，大家说到平反的问题。×××问戚本禹："我们那有人强调要给群众认真平反，干部打错了要平反吗？"

戚本禹说："当然要平反，干部也要平。"×××说我们单位不执行。

陈伯达说："现在中央有个指示，他不执行要犯大错误。"×××问：那些工人的材料如何处理，……

陈伯达说："从五月十六日运动以来，所有整群众的材料，一律无效，现在中央有指示。"

这时我厂×××站起来发言，把车明在我厂的讲话，扼要地向首长做了汇报。

陈伯达说："现在就是因为有些情况，所以中央还是要搞几个文件，工厂文化大革命要按着十六条。

就是要把车明这一套冲垮了，一切要按十六条办事。中央的文件有没有好处？（众：有！）再加上十六条，十三期十四期的社论，但还会有困难的，有抵触的，有一些人不会自动交械的，你们要摆事实，讲道理，把十六条、十三期十四期社论，掌握在手里，他们采取的方法，压制群众的方法，你们不要学他。

"关于平反问题，应该有个专门指示，马上就发。"

（市委刘建勋同志同意把这个指示贴到每个车间）。

这时有人说："这些指示领导不执行，说是处分，可谁处分他们呀？北京市委和他们一个样！"

刘建勋说："有些地方我们也处分不了。我们一去，多数派找我们。"

戚本禹说："为什么不能管，必须管。"

陈伯达说："大字报贴出去，这个一贴广大群众会拥护的。"

大家说了某些单位拷打工人等情况，最后当场确定，从今天起如有再犯以上罪行的，北京市委立即处理。

王力说："没有什么了不起的，他们都是纸老虎，有中央和市委作指示。市委可以抓，有一个人叫×立功，现在就关在公安部。"

×××问："中央首长说工作组百分之九十都犯了方向路线错误指不指工交系统？"

戚本禹说："指工交系统。"×××问："犯了严重错误的工作组成员在群众要求下，是否要回去检查？"曹轶欧说："应当检查嘛！"随后各位首长随便地和大家进行了交谈。

会议在"大海航行靠舵手"的歌声中结束。

北京第四农具场革命造反联合协会供稿

北航《红旗》翻印

1966.11.21

中国人民大学伙食科《勤务兵》

1966.12.6

陈 伯 达 同 志

十一月十七日在政协礼堂中央文革小組
接見工人代表座談会上的講話

　　任何厂矿、学校、机关或其它单位都不许私设拘留所，私设刑堂和私自抓人拷打。这样做是违反国家法律和党的纪律的。如果有人在幕前或幕后指挥这样做，必须受到严厉的处分。从今天起，如有再犯以上罪行的，北京市委要立即处理。

（北航红旗战斗队战士罗原全等写）

陶鑄、周荣鑫同志接见毛泽东思想红卫兵

沈阳总部各大专院校代表的讲話

时间：66年11月17日晚9点50分到12点45分
地点：中南海礼堂

《**按语**》在东北局、辽宁省委一小撮走资本主义道路当权派的唆使下，沈阳农学院《院文革》中一小撮保皇势力，顽固地执行资产阶级反动路线，抗拒中央军委指示，拒不交出在运动中整理的黑材料，为了捍卫中央军委指示，沈农毛泽东思想红卫兵红色造反团于10月25日向《院文革》索取黑材料时，遭到了他们的毒打。有24位毛泽东思想红卫兵（红五类子女）被从一楼二楼窗口扔出去，有的摔成重伤，至今还在住院。与此同时有三位共产党员教师（第一个给院党委贴大字报的）在东北局，市委的协助下，被非法绑架，押送北京，进行政治上，人身上的惨无人道的迫害。为此，毛泽东思想红卫兵沈阳总部各大专院校代表三百多人为了解决问题，寻找被绑架的三位革命同志，来到北京告状。12日，国务院秘书长周荣鑫同志接见了全体代表。17日陶铸同志，周荣鑫同志又接见了全体代表，下面是陶铸同志接见时的讲话。

陶铸同志讲话：

时间不早了，已经十一点多了，约会十一点半还有一场接见，现在看来十一点半不行了，到十二点吧！今天还得干两场。情况已经讲了，过去的大体知道一些，不用补充也可以了，但是不如你们清楚。周荣鑫向我汇报了。（周插话：我听了六个多小时，向陶铸同志汇报了。）我说的话，你们能听懂吗？（懂！）你们都是东北的吗？（是！）都是辽宁的吗？（大部分都是）你们不是控诉辽宁省委吗？共产党公开提的第一任辽宁省委书记就是我。45年解放，我就任省委书记，以后任辽东、辽西省委书记，我和东北还是很有感情的。49年跟林彪同志进关没回去，十七年了，很想去看看。东北是个好地方，有五千万人口，工业是很重要的。东北农业是可以搞好的，前几年没有搞水利，吃了点亏，去年有进步。你们是辽宁农学院的吗？你们是搞农业的，你们搞高粱、玉米、双杂交……你们是搞旱地作物，是不是不搞水稻？（同学：我们也搞水稻。）东北水稻少，旱地作物不一定是高产，不一定水稻就是高产。东北粮食不够吃，你们得好好搞农业。辽宁肯定不够吃，黑龙江每年还得支援辽宁，关内不想吃你们的粮食，东北应自给。你们责任很大，又是国防前线，你们处于三面包围，苏修、蒙修、朝修，朝鲜也快修掉了。你们的地方很重要，一定要把文化大革命搞好。东北很重要，有五千多万人。（同学：六千多万了。）我用老眼光看问题了。六千多万人要把文化大革命搞好，把资产阶级消灭掉。用毛泽东思想武装起来，一心为革命，一心为人民，有高度的革命觉悟，牢牢地掌握毛泽东思想，再多的修正主义也不怕。以后你们的粮食就增产了。吃不

了交给国家，就是不交国家，贮存起来也好吆！东北要在全国起到好的作用，把文化大革命搞好，搞彻底。文化大革命是百年大计，搞不好，中国要变颜色了。中国搞不好，世界革命就要倒退二百年。共产主义最后还是要实现的，马列主义一定能胜利，这是不以人们意志为转移的，但我们搞不好，世界革命就要推迟了。苏联革命五十多年了，列宁的故乡也修了。现在世界人民都眼望着北京，中国要是变了，世界人民就会失望了。不管你赞成不赞成，最后都会建成社会主义、共产主义，只要中国建成社会主义，其他各国都会很快跟着走的，解放战争时，十分之一人口解放了，其他人口就很快解放了。我们生活在二十世纪六十年代，毛泽东时代，我们应该起到更好的作用，更好发挥主观能动性，文化大革命一定要搞好，你妨碍文化大革命一定要打倒，不管你是谁。

你们方向对！（热烈鼓掌）那天和辽大谈了，叫他们和你们谈，（同学说：他们没传达）不叫传达，叫×气。他们（指辽大八·三一）过去受压迫，受打击，和你们处于同样地位，真理在你们这方面，真理在你们手里，为什么他们（指保守派）由多数变少数？你们由少数变多数？因为你们方向对！（热烈鼓掌）你们是正确的。过去省委、东北局没支持你们是错误的。当然这不是一个省的问题，全国大同小异。

因为党中央在短时期内，五十多天，毛主席不在北京，中央主持工作的几个同志违背毛主席路线，把运动引向歧途。

聂元梓的大字报出来以后，毛主席给予支持，运动在全国搞得轰轰烈烈，批判了坏人。资产阶级反动路线，把6月1日聂元梓的大字报压下去，在50多天里，他们派工作组，控制运动。说什么内外有别，防止坏人破坏……发了很多黑文件，这也不奇怪。

东北局，省市委也不例外，执行了错误路线。过去你们（指俞屏）说没有执行错误路线，全国都有，你们那个地方怎么没有？只是有的轻有的重，有的改得快有的改得慢。那时全党服从中央，下级服从上级，个人服从组织嘛！你们东北局，省委就是柏字当头！（问同学们对不对？同学们说：对！）多数派是保守派，叫保皇派不好听。多数派，他们（指省、市委，东北局）很支持，极力支持。东北局，省委错了。要坚决执行毛主席的路线，当然过去各省市只是执行了资产阶级反动路线，现在改还不晚，马上转还来得及，×了一半，得了一半，那收获还是很大的，前途还是光明的。（大家说：他没有行动）你们可以一看二都，你们可以搞点压力嘛！民主革命搞了二十八年，文化大革命不是一天的事，土地革命搞十几年，阶级也没有消灭，文化革命搞了五个月太少了。现在要总结经验，改正错误。同学们要有信心，全国大势所趋，没有中间道路，你要么革命，要么不革命，怕是不行的。我们革命不能半途而废，是不是老俞呀！我是省委书记的时候，他（指俞屏）是地委书记，革命那么多年，完了吗？没有，还是要革命的，不跟毛主席走，脑袋不知长到什么地方去了。我们跟毛主席走，革命胜利了，现在更要跟毛主席走。

一看二都，这是毛主席的方针。非革命不可，不革命就滚蛋，滚蛋滚到哪里去呀？我看不滚蛋就完蛋（笑；鼓掌声）。现在是要改正错误，刚才讲的问题（指10·25事件）很严重，革命的不支持（指毛泽东思想红卫兵），打成反革命，并搞迫害，要赶快改，要彻底支持他们（毛泽东思想红卫兵），同学们的心情是可以理解的，胸怀要开阔些嘛！

山东大学，辽宁大学，华中工学院有好几个地方把书记都带来了，带来了也好嘛！

山东第一书记带来了（书记说：你们给我带来的。同学说：你自己来的。）辽大把胡亦民也带来了。

今天接见你们，回去可以总结经验，继续前进。总结一下，为什么你们从少数变成多数，他们从多数变成少数，你们赞成不赞成？（同学们说：赞成！）他们由多数变成少数是因为不是真理，不是执行毛主席路线，是保省委，保他干什么，东北局也不要看得太简单了。我过去是广东省委书记、中南局第一书记。我说中南局搞的冷冷清清，湖南搞的很坏，群众斗群众，学生斗学生，工人斗学生，湖南省委为什么不能开除那些人的党籍？要保党中央，要保毛主席吃！（热烈鼓掌）省委有什么可保呢？省委有错误、有问题严重的该打倒就打倒，你保也保不住。领导可以怀疑，我可以怀疑，毛主席和林彪不可以怀疑。我以前也说过。有的说是香花，有的说毒草，（同学说：不是毒草，给我们很大鼓舞。）我说不是香花，也不是毒草，是苦菜。苦菜也可以吃，但不太好吃，你们吃过吗？（有的同学说：吃过。）你们要总结经验，由少数变成多数，过去不那么神气，现在比较神气，过去他们神气，现在不神气了(有的同学没有听清，问陶铸同志)。你们不要记，何必费那么多劳动力为什么呢？我刚才讲了，因为你们正确，向一切资产阶级反动路线开战。多数派保守，舍不得破坏，省委有错误都舍不得批判，（同学们说：对！）所以他们由多数变成少数。多数人压迫少数人，干部是他们的，宣传车、广播站、印刷厂都是他们的，（同学们都说对！）他们靠领导支持。蒋介石五万军队比我们多，苏联军队好看，八路军土匪不象土匪，军队不象军队，可纪律好，武器不全，装备不好，群众不相信能打仗，三年以后夹道欢迎我们。人数少，武器差，但真理在我们这一边，？年就消灭蒋匪，四八年辽沈战役消灭它几十个师，（不清）是林彪同志指挥的嘛！你们为什么由少数变成多数？过去他们有上级支持，压迫你们，脱离群众，由多数变成少数，现在就不那么神气了。我们要彻底消灭阶级，不出修正主义，为了这个过去受点委屈，受点迫害，不要记在心里。毛泽东思想要坚决执行，多数应该承认错误（同学们说：他们不承认错误，还造谣。）想办法不叫造谣，做工作。这是复杂的阶级斗争。应该帮助嘛！革命一下子成功没有味道，革命复杂，少数革命的要团结多数和中间的，现在你们尽管是多数，还没有达百分之九十五，过去他们对你们不好，他咬你们一口，你咬他们一口，你看我一眼，我看你一眼，这样就搞不好。大民主是大家的民主，是空前的民主，历史以来，大规模的，是毛主席给我们的，你们要站得高一点，看得远一点，要象蔺相如去团结廉颇一样，当然了，这是封建的东西。但是不是无原则的团结，不能成天作揖叩头，你们团结革命。革命多好少好？（大家说多好）革命越多越好，你们搞革命为什么不都团结起来，要宽宏大量嘛！对革命，为革命吃亏，不要一眼还十眼，少半眼都不干。你骂他一句，他骂你两句，那是懦夫的事。有一个多数的，二万多红卫兵要什么有什么，省委爹什么，要油印机、喇叭，有油印机，有喇叭，要吃的吃的。少数的现在都拿来了。说是修正主义的红卫兵师，不能叫修正主义的红卫兵师。修正主义的是形容词，不能这样叫。整个组织都是修正主义的，不符合事实，他们从前不是这样子的，不能怪他们。这一段他们革命，革的不正确，你们革的正确。他们主观上想革命，但是他们革错了。辽大要搞垮他们的组织，摧毁他们的组织，这样做不好。《院文革》宣布不承认就行了（同学们讲：对院文革我们一开始就不承认）。红卫兵都应承认，都有言论、集会、结社……应响应八月十八日主席的号召，你们正确，要逐渐到你们这里来。要百花齐放，是不是革命的，可以大家来辩论。带来了省委书记也好嘛，批评省委，三个同志回到沈阳开大会，恢复名誉，我主张平反，恢复名誉，俞屏要讲话。（热烈鼓掌）

我们接见多数派指出他们不对。为什么要打架，我今天也讲不清楚，（同学说：不同意放过凶手）我劝同学们不要搞了，要平反，这些东西影响我们的精力，我建议批臭资产阶级反动路线，可能比现在好，你们大方向是正确的，让他们承认错误。东北局的责任的问题。农学院发生的问题不只是农学院的问题，是普遍的，辽大、大连，也是跟我谈的，责任在东北局、省委。在中央工作会议上宋任穷同志发言还是诚恳的。潘复生同志指出东北局领导三分之一是正确的，三分之二是不正确的。东北局支持了保守方面，没有分析情况，应该支持谁，不应该支持谁，三分之二不正确，没有支持革命方面，没有批评省委怕字当头、压制群众。东北局在沈阳，东北局支持了保守派。潘复生支持了哈尔滨造反团是正确的。在辽宁没有支持造反派，东北局犯了方向路线错误，执行了反动的资产阶级路线。辽宁学生斗学生非常严重，是不是徐少甫？（省委书记处书记。徐少甫答：是！）压力大，将来你倒霉，你怎么能压迫革命同学。辽宁省压制群众，怕群众怕得厉害，这是我个人的看法，不是鉴定，我没有权给东北局作鉴定，我给东北局、辽宁省委作参考。我看我讲的话比较客观的，讲就是主观宣传了。我建议辽宁省委、东北局彻底解决问题，挖一挖，这问题是严重的。在东北局、辽宁省有些路线还有发展。以后，你们不要把书记带到北京来，以后不让他们跟你们来，让他们自己来，不要把你们的名誉搞坏了，井水不犯河水嘛。不要怕犯错误，回去要好好挖一挖。将来你们当省委书记可能比我们好。用毛泽东思想作指导。但离开群众也可能犯错误。犯了错误不要紧，只要改正就好。是人民内部矛盾，要从团结愿望出发，惩前毖后，治病救人，只要有微小的进步，就要欢迎。毛泽东思想是正确的马列主义路线，保证党的团结，我们的事业是兴旺的。不犯错误是没有的，工作犯错误是难免的。我们在社会上搞阶级斗争，科学实验，生产斗争，主客观总是有差别的，主观反映客观，不是百分之百的正确的。主观和客观要发生矛盾，是对立统一的。黑格尔讲主观决定客观，世界都是理想的对立。我们讲主观是反映客观的，反映不正确就要犯错误，但不要犯方向、路线的错误，不要犯反毛泽东思想的错误，跟党中央毛主席走，不犯方向、路线错误，一定不犯。中央一小撮人违背了毛主席路线，东北局、省委犯了方向、路线错误是可以理解的。这是头脑中怕和客观的不谋而合。要力争不犯方向路线错误，犯了要快改。下面是执行，只要坚决改正，坚决执行以毛主席为代表的无产阶级革命路线，就是好同志。我就有好多大字报，六月到北京接见同学时，给钱信忠打保票，说他现在还不能说是黑帮，要揭发嘛！我感到很客观。后来我认错了，保他干什么？只有保卫党中央和毛主席。北医同志还抓住不放。不做工作不犯错误，宣传部有一个副部长，十几年来不工作，一张大字报也没有，原来是谁也不认识他。（大家笑了）做领导犯错误要认错，要严肃对待错误，认真改正，同学们要采取欢迎的态度。中央有个指示，黑材料要全部烧掉，昨晚就发出了，得到了毛主席的批准（鼓掌）。黑材料多了也无用，批判时要抓主要事实，不要甲乙丙丁罗列一大堆，开中药铺。黑材料要统统烧掉，用毛泽东思想来批判资产阶级反动路线，这样，才能把你们解放出来，把你们提高了。

他们不发动群众，谁说错了一句话就用小本本记下来，打报告你也不知道，讲十句话有一句话错了就记下来，这样记十年就不象样子了。我们青年人不要搞这些东西，要依靠群众，有错误就写大字报承认。五月十六日至现在所有文化大革命的材料都烧掉。凡是文化大革命的就烧、烧、烧、烧、（鼓掌）。都烧了，你们就放心了。大家都来批判资产阶级反动路线。（此处的文化大革命的材料是指黑材料）

斗争方法，犯了方向、路线错误是人民内部矛盾。资产阶级反动路线各中央局多数执行了，改正不迅速，要彻底批判，用人民内部矛盾来处理解决。多数还是人民内部矛盾。要批判斗争还是文斗，决不搞武斗，不变相体罚，不囚禁起来。批判从早八点到十二点，吃完午饭再来嘛！不开疲劳会。我看你们回去要斗一下，斗一下资产阶级反动路线没有什么，对不对？(俞屏，徐少甫赶忙说：对！对！对！）。随叫随到，前面可加个请字嘛。同学们要掌握斗争的策略，方法不要简单化，要学会用毛泽东思想正确处理两条路线的斗争。不要搞残酷斗争，无情打击，那是王明的一套，搞的党内离心离德，怨声载道。我们完全可以摆事实，讲道理嘛！中央关于斗争方法问题，对于资产阶级反动路线要斗争，讲方法，批判他们错误思想，指出他们错在什么地方。

最后，对待三位同志，东北局、辽宁省委要负责，多数派是错误的，要给他们平反。东北局是能解决的，把问题搞成这个样子，还带到北京来，使同志们受损害，要道歉，开大会。你们（指同学们）现在革命太好了，毛主席给你们撑腰。坐火车不花钱，广东学生坐车要见我，我不见，就贴大字报批判，在广东一见就见到，说你当了大官了就见不到了，就要炮轰。等二十八省都要炮轰，我还要拣一个轰的小一点的。我看你们的条件太好了，愿写大字报就写大字报。要喇叭有喇叭，要汽车有汽车……要哪去就哪去，要开会就开会。但革命不容易，革命是会有阻力的，不克服怎么前进呢?!革命者多碰钉子好，东北局为什么不能解决呢？调查组可以继续搞嘛！·东北局（指俞屏、徐少甫）支持多数，不负责任，是严重错误，支持多数打击革命师生，打人要处理，这问题，下面的就劝嘛！你还提供条件。调查组要继续搞，把问题弄清楚。写个报告，打电话给东北局处理，东北局要严肃处理，不能逃避，下面搞的要处分，要教育干部不能乱搞，东北局要负责任，要公布这些东西。好了，我就讲这些了。

周荣鑫：同学们，陶铸同志在百忙中接见了大家（陶：我不是接见，毛主席已接见了大家）作了重要讲话，希望同学们回去讨论一下，搞好文化大革命。（陶：我们这是见见面，我是第一任书记，我也有责任，我今天很高兴，祝同志们健康！再见！）。

说明：内容未经本人审阅，如有差错，由整理者负责仅供参考

毛泽东思想红卫兵沈阳总部驻京联络站三战士整理

北京大学6311留校同学翻印

1966.11.28

姚文元同志向杭州絲綢厂二千多来京职工的讲話

（一九六六年十一月十七日）

我们今天见到的是自己的阶级兄弟姐妹，你们讲了很多很好的话。我们是来向你们学习的。我们不是首长，是你们的同志、勤务员、战友、是和你们一道闹革命的。

毛主席教导我们要和群众在一起，大家批评有些人这样害怕群众，这样压制群众，这些人是完全错误的。毛主席非常关心工厂里的文化大革命，我们一定把大家热爱毛主席的心愿转达给主席。

我们无产阶级专政的国家，工人阶级对文化大革命有特别重大的责任。文化革命先是在学校里搞，现在我们工人阶级起来了，这是个好现象。说明文化大革命正在前进。

文化大革命就是把毛泽东思想世世代代传下去，保证无产阶级江山不变色，大家不再受二遍苦。搞文化大革命，就是要挖修正主义的根子。

毛主席讲"要关心国家大事。"你们不仅要关心一个工厂，一个市，还要关心整个国家的文化大革命，要坚决打倒资产阶级反动路线，让其永世不得翻身。

徐钊这个人坏透了，她所执行的是资产阶级反动路线。这不是一个孤立的现象，现在全国都在开展两条路线的斗争。你们每个工厂反资产阶级反动路线，是全国斗争的一部分，你们去上街看看大字报，工业部门就有人执行资产阶级反动路线嘛！

革命工人、贫下中农、革命学生团结起来，一定能把文化大革命搞到底，一定能把资产阶级反动路线打倒。

工厂的文化大革命一定要搞下去，还要把各种修正主义的东西都搞掉，改变不合理的制度，真正把工厂办成毛泽东思想的大学校。

你们要罢徐钊的官，我个人是支持的，但这个时期的经验证明，革命需要反面教员，把她留着进行批斗，由你们回去斗争。

毛主席说："人民，只有人民，才是创造世界历史的动力。"你们要相信你们自己。

过去搞土改就有两种搞法：一种是领导把地主抓起来，一种是群众自己起来把地主斗倒。后一个办法才是真正巩固的。你们要靠自己斗争。

总的形势很好。"抓革命、促生产"是革命的口号、革命的方针。有人把这个口号说成是抓生产压革命，是完全错误的。工人阶级应该把革命生产都搞好，精神化为物质。

是否可以考虑，大家回去自己对革命、生产做出妥善的安排，做出榜样来，把革命搞彻底，又把生产搞好，我们等候你们的好消息。

大家回去再继续斗争。有些人对你们来北京是仇恨的，你们不要以为中央文革小组支持你们就没有问题了。要靠你们自己去进行斗争。

大家回去后有问题写信到中央文革小组来，我们一定负责处理。

山东海洋学院　岳杰林记录

天津工学院红卫兵红战友驻京联络站翻印

1966.12.4

中国人民大学《小螺钉》转印

1966.12.8

陶铸同志讲有关黑帮保皇派问题

如何看黑帮黑线，是根据言论行动，反对不反对毛泽东思想为中心环节。是拥护赞成还是反对要有言论行动。拥护不拥护文化大革命是重要标准。

但是不是唯一标准，还要看他的历史，特别是五八年以后，要有共表现。一直拥护党，拥护社会主义，只是他在运动中有犹豫，虽然要批评他，让他积极起来，但不是黑帮。有的五八年以来一直骂党，但这场运动中积极起来，说我是左派，他的口号最高声音响也不会是左派，只要发动群众，总要暴露出来，不能光凭一时表现。对黑帮黑线要具体看：一个人，是反党反社会主义分子；一伙人搞反党活动是黑帮。一块工作的我们能说他是黑帮吗？不能。我们的党是有组织观念的，他们搞工作有联系，不是互相勾结，不能说是黑帮。反党反社会主义要有材料，说人家是黑帮不要紧，要有材料、事实根据，并说出他的组织行动。

什么是保皇派？你说我是保皇派，我说你是，聂元梓的大字报当时有很多人反对，这能是保皇派吗？不能，只是少数，因为陆平原来是校长、书记，党是组织关系，党员对他不了解当时要保卫、拥护党委，还不能说是保皇派。（保皇派是反党的）自己不知道是坏人但是受到蒙蔽，这次运动关键在于发动群众，就要擦亮眼睛。大字报我们可以用，你是革命派你就不怕，就可以站到运动的最前列，自己检查，引火烧身，按党的方针政策办，就是要有党的领导，依靠左派，组织革命队伍，团结百分之九十五的群众，打击反党反社会主义的分子。

转抄于全国文联

陈伯达同志与王力同志

和我厂各派代表座談会的讲話紀要

（一九六六年十一月十八日）

十一月十八日下午，陈伯达同志与王力同志来到我们北京第一机床厂，了解文化大革命的情况，在我们半工半读学校与各派代表开了座谈会。根据我们的记录及部分到会的工人师傅的回忆，现将会上的谈话情况整理记录如下：（因记录未经本人审核，可能有出入，如有错误由整理者负责）。

陈伯达同志说：任何方面如果有问题，都必需摆事实讲道理，通过辩论把事非弄清，要按十六条办事，要文斗，不用武斗。要听毛主席的话，只用文斗，不能武斗。过去打过人的，以后不准再打人了。过去打了人的同志，要向被打的赔个不是，（王力同志解释说：就是道个歉）谁对谁错以后再说，不要动手打人。这才象文化革命的样子。说不定你们这里有些人是赞成打人的，因为你们有力气，但不能这样做。如果动手就打人，怎象文化大革命的样子呢？这样说大家是否赞成？（大家同声说：赞成！）打人是错的，今后如再动手打人，那就是错上加错了。对方有错误，你打了他也不能帮助他改正错误。

不准打人，不准打架，有什么纠纷大家谈。你们以前闹得很利害，有些同志也许急了一些，说话就强制的讲，容易动感情。今天在座的没有一个讲清事实和道理的。以后不要武斗，不要打架，慢慢地讲道理吧！说服对方。动手就打人、抓人，不管怎么说都是不对的。以后一定要听毛主席的话，按毛主席的指示办事，要用文斗，不用武斗。如果连这一点都做不到，我们还怎样搞革命呢？今后要形成这样的风气：摆事实讲道理。

问：学生要进工厂怎么办？

陈伯达同志说：学生以后来你们要欢迎他们，无论哪一派都要鼓掌欢迎。

陈伯达同志说：我建议你们：要搞好文化大革命，一定要把时间安排好，八小时的工作制一定要保证。产量要高，质量要好。任务要完成，剩下的时间可搞三小时或四小时的文化大革命，太长的时间你们太累。你们中断生产得不到社会的同情。业余时间搞文化革命不要由行政安排，生产搞好了，文化大革命搞好才好。

问：有人不上班对不对？工资发不发？

答：工人不干活就不对。过去没干活去搞文化大革命工资还是发，因为以前又没有规定。（工人插问：我们厂原规定不干活不发工资）文化革命是特殊情况，发工资是保护少数的一种措施，以后你们订出条例来。

问：现在少数派办公室有十几个人整天不干活对不对？

少数派问：现在革委会脱产不干活行吗？我们的办公室都封了。

答：工人不要脱产，除病号外，统统回生产岗位。办公室封了可以开么！？（有人说：他们是强占厂筹委会会议室的。）（伯达同志未回答）

问：他们学生要进厂闹事影响生产怎么办？

答：你们和学生交流经验，学生可以派代表谈判，你们和学生开座谈会，学生进工厂学习、劳动有好处，有问题可以商量，他们有错误你们纠正，不要把他们当成洪水猛兽，怕他们进来，（学生跳墙对不对？）学生爬墙可以原谅。（王力同志补充说：因为你们未让他们进厂）。爬墙我是不赞成的，你们可以说理，应开大门请他们进来。学生来工厂向工人学习，工人是学生的先生，学生是工人的小学生。开始不一定学的好，你们要帮助他们。生产时间可以不接待他们。你们是三班倒，可以轮流接待外地学生。可以找间空房子接待他们。学生宣传也可以到宿舍里去。提倡学生到宿舍去宣传毛泽东思想。你们对学生不要有敌对情绪，不要有成见。

问：学生晚上来闹事好不好？

答：以后不要晚上来，这样会影响工人的休息。我们来了你们鼓掌。可我倒没有给你们解决什么问题，我感到很惭愧。我是来了解情况的，来向大家学习的。学生和其他单位的同志来了应该鼓掌。各方面的意见都得听，不能只听相同的意见。

陈伯达同志说：这次文化大革命是要群众自己教育自己，自己解决问题，文化大革命要按十六条办事，今天的会大家缺少十六条的风格，大概大多数反对见少数派，我建议我们多数派、少数派一起去看吕嘉才。（实际上没有去）

北京市第一机床厂半工半读学校部分师生整理

1966年11月18日

北京汽车配件厂经济组、劳资组转抄

1966年11月26日

王力同志十一月十八日下午在政协礼堂接见

被苏联无理勒令回国的留学生时的报告

中央文化革命小组要我来给大家介绍一下我国文化革命情况，本来是我陪江青同志来，江青同志很愿意来跟大家见面，可是病了，我代表她，代表小组同志问同志们好！

同志们回来多少天了？（回答：十八天了）

同志们在苏联也看了一些报纸。回来以后到处看了一看吧！有什么问题？是否先请你们谈谈。（教育部同志建议王力同志先谈。）或者我先谈一点。讲长了，大家都没时间谈了。我谈一点，可能不符合同志们的要求。

我国在毛主席亲自发动领导下搞文化大革命是人类历史上所未有过的创举。无产阶级文化大革命，我们算的话，这个大规模的群众运动，从六月一日开始到现在共五个半月左右，毛主席把这个作为社会主义革命的新阶段来看，很重视。十六条也讲了。中国共产党搞民主革命二十八年，社会主义革命搞了十七年，文化大革命才五个月，毛主席提到这样高的高度——社会主义革命的新阶段。这是个革命的崭新的时期，大家都没经验。同志们回来并没有晚。这次大的运动已搞了五个月，再要搞五个月左右。大运动要这样长。但作为新阶段还刚开始，同志们回来不算晚，可以参加这样一场大革命。

如果把这次文化大革命再往前——从六月一日再往前看看，开始发动这次大革命可以说是从去年九、十月间，在我们党中央政治局常委扩大会议上，毛主席提出批评吴晗问题。吴晗大家都知道，用不着介绍，毛主席当时提出批评吴晗是作为批评反动的资产阶级的学术权威，批评他的反党反社会主义的《海瑞罢官》。同志们知道毛主席提出这个问题以后，当时我们的国家是个什么时候、什么情况吗？当时我们的国家是个什么情况？特别在北京，根本没响应。毛主席提出这样一个大的意识形态领域的任务，北京根本没人干，主要代表主要是前北京市委及前中宣部，包括当时在北京掌握领导工作的人，根本不干，抵制毛主席的指示。到现在，回忆一下，一年来，有多大变化！那时一个小小的吴晗都碰不得，毛主席指示都不执行的，毛主席提出这样一个战斗任务也不执行。而对比一下，现在国家的空气，满街大字报，人物比吴晗大多少，都可以批评。北京不执行，毛主席直接领导下，在上海就出了姚文元的文章。去年十一月十日，上海文汇报发表了姚文元的文章"评新编历史剧〈海瑞罢官〉"，批判吴晗的反党反社会主义本质。这文章一方面受到全国广大革命人民及革命知识分子的欢迎与支持，另一方面在北京的所有报纸都不发表。上海就出了小册子，同北京联系，但小册子在北京也不能发表，象洪水猛兽。在群众的压力之下，北京不能不发表，北京报纸才发表，他们把这样一场政治斗争转移目标，转为搞成资产阶级的所谓纯学术讨论，什么道德继承问题呀、什么历史人物评价问题呀、什么清官问题呀、关于什么历史剧问题呀……把政治斗争

——与反党反社会主义的政治斗争转移目标，另外搞一些名堂。无产阶级革命左派的文章不能发表，开红灯；对资产阶级反动学术权威的文章则开绿灯；打击革命派。彭真有个二月提纲——五人小组的提纲——这个提纲是彻头彻尾的修正主义的提纲；这个提纲同毛主席在意识形态领域搞文化革命是对立的，是反对革命的，是镇压左派的，是包庇右派的，在一个时期之内，他们的这一些东西压着。但搞了这些东西又有好处，这样，暴露了他打着红旗反毛主席的面貌。这中间，他的面貌一暴露，毛主席就批评他不对——提出这样是一条错误的路线。这一揭，纸老虎立刻破产，所以慌慌忙忙于四月十六日急急忙忙搞个"三家村"假批判，真包庇。毛主席已批评他们，他想争取主动，来个投机。达到什么目的呢？来个假批判，使北京市委邓拓这些人拿出来（他们是非拿出来不可的）对他们批判尽量减轻，想通过这手法来掩护他们自己。这个阴谋立刻为广大革命群众识破了。北京日报与前线立即被识破，全国沒人相信这一套，全国报纸沒登，而继续批判北京市委的错误。

党内有名的五月十六日通知，内容报上基本上已登了，只是沒点彭真的名字，内容报纸社论上已登了，这是重要的马克思列宁主义的文件。最近中央关于串联，材料问题的通知中提到五月十六日的通知（这通知要向全体工人，学生念的，这文件很简单，就叫通知。这是一个伟大的马克思主义的文件，是毛主席直接主持下写出来的。重要的思想是毛泽东思想。在这文件中，提出了高举无产阶级文化革命大旗的问题，第一次提出无产阶级文化大革命问题，彻底揭露资产阶级反动学术权威，资产阶级反动立场，批判学术界、教育界、新闻界、文艺界、出版界的资产阶级反动思想，夺取这些文化领域中的领导权；同时批判混入党、政、军文化领域的各界资产阶级代表人物，清洗人，有的要调动他们的职务，特别不让他们任领导文化革命的职务。过去让他们做领导是异常危险的。毛主席指出，混进党的、政府的、军队的及各种文化界的资产阶级代表人物是反革命的修正主义分子，一旦时机成熟，他们就会篡夺政权，由无产阶级专政变为资产阶级专政。这些人物有些已被我们识破，有些则还没有被我们识破，有些还被我们信任，被培养为我们的接班人，例如赫鲁晓夫式的人物，他们正在睡在我们的身旁。文化革命这样的思想，在五月十六日通知中的精神深刻地发展了马克思列宁主义关于无产阶级专政的学说。

从这中间，紧接着是批判吴晗、翦伯赞，批批"三家村"这些报纸都登了，就不说了。从提出这个问题对吴晗的批判、对"三家村"的批判、对翦伯赞的批判、对周扬的批判，到5月16日的通知，这样一些，毛主席讲，这叫做舆论准备。（即从去年9月、10月间提出这个问题，报上写文章，到党内发通知）6月1日毛主席批准广播聂元梓等同志的那张大字报，这是战斗的信号，战斗开始的动员令。过去谁也没料到毛主席批准的这张大字报有这么大的威力，六月一日大字报一广播，第二天一登报，人民日报发表评论员文章"欢呼北大第一张大字报"在全国起了这样大的作用。来势很猛，全国到处贴大字报，到处揪了党内走资本主义道路的当权派，揪出了反动的资产阶级学术权威，一批一批地揪出来了，好多顽固堡垒，一个一个地被攻破了，局势非常好。广大群众发动起来，主流势不可挡。同志们可以再重读一下这大字报及人民日报评论员文章，最好读红旗转登的那篇评论员的稿子，因为有个别文字的修改。这份大字报起了一个二十世纪六十年代北京公社宣言的作用。我们的革命比巴黎公社更深刻，是更高的发展阶段，群众运动也是最大规模最深刻的群众运动。这是革命的信号，革命阶段的开始。毛主席批的大字报作信号，一切革命的工农兵，革命的学生，革命的知识分子，革命的干部，都欢呼，把过去在意识形态领域中、政治思想领域中的修正主义黑暗统治现象来个大冲击。这样一个情况摆到了人们面前，就有两种态度：站在毛主席一边的革命派就说好，好得很，要站到群众中间，群众的前面，站在革命的一边领导这运动，虽然没有经验，但与群众在一起，把运动搞下去；但另一方面，地、富、反、坏、右、资产阶级及代表他们的党内走资本主义道路的当权派及反映、代表这一小撮人情绪、愿望、要求的党内的资产阶级反动路线的代表人物及拥护者，他们就害怕了，没几天，群众敲锣打鼓，到处途大字报，贴大字报，他们慌了，订出种种限制，不准上街，这规定不是奇怪么？我们文革小组有的同志说了，就到街上去看看，看到大字报这里不许贴，那里也不许贴，他们认为大字报这东西糟得很，赶紧派出工作组，派出大量的工作组，想把群众运动按他们自己的老框框，按他们自己的轨道去搞，在北京市，好多单位过去在前北京市委修正主义领导下，革命群众受压制，当工作组刚派到这些单位时，都是敲锣打鼓去欢迎，但不要好久，就看到这样不行，这一次革命，这样一个触及人的灵魂的大革命，包办代替根本不行。一下子就直接冲突，尤其在毛主席领导下，广大群众自己起来了，把一切不符合社会主义社会基础的上层建筑都要批判、斗争，采取革命态度去对待，但工作组就不能容忍，他要压，革命群众对工作组本身很快就提意见了，群众起来了，任何人压不住，工作组自己打什么旗号，群众不听他的。大字报形式过去处理敌我矛盾，处理右派，可以用大字报形式，处理人民内部矛盾也可以用，可是贴工作组的大字报，工作组就不能容忍。他们说："我们工作组是毛主席、党中央派来的，谁反对工作组，就是反对党中央，反对毛主席，就是反革命"。这是一个极端错误的逻辑。首先，他们不是党中央派来的，不是毛主席派的，即使个别工作组是党中央派的，他也不能不许人提意见呀！这样，普遍的采取了这种逻辑，所以工作组几乎百分之百的镇压群众。压制群众，把革命群众打成"反革命"，打成"右派分子"，"假左派，真右派"。所以，大概五十天的工夫，这条错误路线在相当大的范围内起了作用。当时毛主席不在北京，这条错误的路线，是同毛主席的指示对立的错误的路线。在这期间相当普遍地镇压革命的学生运动，镇压革命的群众运动。这就是说，从六月到七月二十日左右，毛主席在外面就研究了这情况，回北京后，亲自观察这情况，几个大学的简报全看了，听了些情况，看了些情况，作了很详细的调查研究。在毛主席直接领导下，就决定撤消工作组。这期间，中央文化革命小组在毛主席领导下，到几个大学院，北师大，对外文委（张彦在那里搞了一套资产阶级反动路线，打了一批所谓反革命骨干，反革命分子）去了，还到了一些中学。把毛主席这个意见在那个地方直接同广大群众见面，就立刻发生了巨大的力量。在一些典型经验的基础上，毛主席亲自主持定下十六条。所以十六条是两条路线斗争的产物。十六条及十一中全会在政治上组织上都标志着以毛主席为代表的无产阶级革命路线的胜利，宣告资产阶级反动路线的破产。八月八日通过了十六条，八月十二日通过了公报，八月十八日毛主席接见红卫兵及革命师生，这个消息的发表，也就公布了党中央名次排列次序的改变。

资产阶级反动路线宣告失败，但在这以后，很快掀起了新的高潮。这个新的高潮的主要特点是：运动向更广范的范围，更深入的方向发展。红卫兵是一个方面，十一中全会以后，毛主席大量接见红卫兵以后，红卫兵大量发展起来了。原来，红卫兵最早的组织是六七月份，在清华附中，有那么几个人，十几个人，到几十个人成立了一个小小的组织，在反革命修正主义统治下，他们受压迫。在工作组去了以后，这些革命同学依然受压迫。当时红卫兵被工作组看为是非法组织，黑组织。清华附中的红卫兵当时写了两篇文章——"革命造反精神万岁"，另一篇叫"再论无产阶级的革命造反精神万岁"。这两篇文章被工作组及青年团中央看成是反动的文章。这样一个组织同他们的文章，中央文革小组送给了毛主席，毛主席当天看了，七月三十一日，及八月一日毛主席就给清华附中红卫兵写了信，坚决地、热情地支持他们的革命组织，支持他们的文章，但这封信没发出去，到现在也没发出去，而是传出去了，十一中全会传出去了。当红卫兵组织刚刚萌芽，并且正在遭受挫折时，我们的毛主席支持他们，支持这组织，看出它是革命的新生事物，有无限生命力的，是在革命中诞生的，它有无限的发展前途的。毛主席热烈地支持它，并说，他和他的战友，热烈地支持这革命的组织，革命的文章及革命的演说——发表的讲演。很快，红卫兵在毛主席的信传出去以后，比较迅速地，特别是八月十八日，毛主席接见红卫兵后，在全国范围内迅速地广泛地发展了这个组织。

红卫兵做了很多好事，提了很多好倡议。学校的斗，批，改，发展成为社会的斗，批，改。好多社会主义长期不能解决的老大难问题，红卫兵上街后解决了。红卫兵成为全世界注目的革命组织，震动了整个社会，震动了整个世界。帝国主义，修正主义，见了红卫兵，最害怕。在日本，一出现红卫兵，赶快派出警察去镇压，去抓。在新加坡，发现红卫兵，也去抓。帝国主义，修正主义最害怕的是红卫兵！

再就是大串连，这是十一中全会以后发展的。所以好多东西在十一中全会的时候都没有想到，那时还没有大串连，十六条里也没有象现在的红卫兵。全国大串连是新的革命高潮中出现的新事物。拿我个人来讲，北京来了大批外地学生，北京学生也大量地往外走——当然，与现在不好比，我们也想，人都走了，怎么斗、批、改？我们思想落后于客观事物，落后于形势的发展。北京来了十多万人，北大、清华很拥挤。下雨，还有病号，没有地方住怎么办？这情况反映到毛主席那里，毛主席怎么对待的呢？毛主席是彻底的无产阶级革命家，是伟大的马列主义者，他就站得高，他说：这是很重要的事，应该大搞。没什么了不起的问题。要支持群众的革命串连，要搞就大搞，不会没有地方住的。果然，现在在北京串连的外地师生已有三百万了。应了解这个文化大革命中这个革命大串连的伟大意义。它在全国范围内把文化大革命连成一片，无产阶级文化大革命斗争经验在全国范围交流。外地的大、中学生，年纪还很轻，他们来到北京，能见一下毛主席，在他们一生中是永远不能忘的事。他们满腔对毛主席的热爱、尊敬、崇拜的心情。列宁死得早，当时局势也不稳定，他不可能大规模的接见群众。所以后来见到列宁的人很少；而现在已有九百万人次见到毛主席。这是件大事，有长远的意义。他们看到了几个主要城市的革命造反精神，看到人民的革命要求及革命力量，人来得愈多愈好，将来防止修正主义更有保证。若出现修正主义，就有那么多人反抗。虽然给带来了物资供应的困难，国家交通运输计划受到一点影响。吃饭、住房有困难，天气寒冷，生病……但与它有长远起作用的有影响的意义比，就是微不足道的。毛主席提倡徒步串连。有的叫长征；我们估计，一定按长征的路途不可能太大量，太大量会造成很大的困难，但是徒步串连，有组织、有领导、有计划、有准备地去做，会起很大作用。如中学生可以在省及专区范围内步行串连，互相交流经验，对推动革命运动会起很大作用。革命串连与学生运动的发展的趋势必然引起推动工厂、农村的文化大革命。工厂、农村也搞了一些文化革命，象学校那样的广泛，现在尚没有。五四以来，历次学生运动，工人运动先起来，然后是农民运动。没有工人运动、农民运动，没有工厂，农村的文化大革命的彻底搞好下去，那么，学校的改革是空的，要把学校，把国家变成毛泽东思想的大学校，学校要彻底改掉过去教育的一套，基本摆脱修正主义的框框。这一套教学制度基本上是资本主义制度形成的。把学生关在学校里念书，念的与工作上用的也不一致，念那么多年书，关在屋里念，这套教育制度怎么改？一定要与工厂农村的社会主义革命，文化大革命搞彻底结合起来。学生要和工农兵结合，是知识分子改造的道路。文化大革命也得这样，整个社会，整个革命运动是最大的课堂，整个革命人民、革命群众是最好的老师、是不上课的上课，每个人都要经受这严重的考检，是不考试的考试。

十一中全会以来两个多月，又是大高潮，大变化。但是，不是说毛主席的路线，无产阶级的革命的路线一帆风顺？没有阻力？没有斗争？不是的。在大革命中，每一步前进都是斗争的结果，一个斗争紧接着一个斗争。八月八日，发布十六条，八月廿日就有一个大学的筹委会委员——北京工业大学谭力夫的讲话，他是一个学生。他可以发表讲话。但他代表一种思潮，他的讲话与十六条是根本对立的。这里一个十六条，那里一篇讲话，但到处在翻印，到处广播，到处散发，还到处执行，执行谭力夫的。到大学去一看，清华大学就印了二万份，它只有一万多学生，却印了二万份；再看看工厂，石景山钢铁厂也是人手一册，看看上次有人由于拥挤受了点伤的同学，到同仁医院，也有谭力夫讲话。机关也有谭力夫的讲话。有一次陈伯达同志与我在这里接见了陈伯达同志家乡——福建省惠安县的红卫兵，学生说他们也有谭力夫的讲话，印得很漂亮，是福建省委叫新华书店印的。他是公开反对毛主席的。说毛主席著作已过时了，十六条批判工作组执行的反动路线，而他就公开地宣扬工作组好，他提出一串口号："高干子弟"。、"老子英雄儿好汉"的反动血统论，以资产阶级反动血统论来代替马列主义毛泽东思想的阶级论。流毒很深。有人散播这东西，企图与无产阶级文化大革命的阶级阵容较量。不是说这个人有什么了不得，但总得找个代表人物。那些资产阶级反动路线的人，领导干部、工作组没有发言权了，他要用群众组织的形式继续贯彻其资产阶级反动路线，继续挑动群众斗群众，挑动学生斗学生，继续镇压、压迫革命群众。相当长时期内，就是从八月八日到九月，整个运动的主流是向前的，但是许多问题未解决，特别是彻底批判资产阶级反动路线的严肃的坚定性、彻底性在八月九月有批判，但不够有力。十月一日，林彪同志讲话里提出了这个问题，红旗杂志十三期社论发表，从十月初起开始了比较猛烈的、群众性的批判资产阶级反动路线的群众运动。这是我党历史上所没有的。路线问题，过去在党内讨论，没有在群众中讨论公布。而这次文化革命两条路线斗争直接在群众面前，由于资产阶级错误路线直接压迫人民，把群众打成反革命，而形成了公开的群众性批判，这是党的历史上没有的。

同志们回来正赶上这个时候，满街大字报、传单。经过这个批判，最近中央又开了一次会，把这两个月情况研究了一下，研究现在如何把这斗争更好地进行下去。在斗争中的大量事实面前，路线问题可以看得更清楚，对如何对待犯错误的问题也可以想得更周到些。红旗十四期社论把这些问题讲了一下，对路线错误看法要有几个区别。第一、提出路线和执行路线的区别，提出错误路线的代表人，全国只有一、二人，他们负主要责任，其他的是执行的人。第二、自觉执行的（是少数的）与不自觉的执行的（大量的）要区分，革命新阶段只有五个月，很多同志不理解是可以想得到的。第三、轻重之分。轻重有时不仅有数量的不同，还有不同的量有时也可以有不同的质。轻重不同不仅有量的区别，还有质的区别。第四、改正错误与坚持错误的区别。什么叫改正路线错误？要有三个标准。第一，公开承认犯了路线错误。第二，运动中被错误打成反革命的群众要平反，当众恢复名誉。第三，屁股要挪过来，过去站在群众对面，在文化革命对面的要挪到革命群众一面，与群众一起，支持革命群众的革命。如果这三个标准做到了，就是改正了。不能从口头上看。群众眼睛是雪亮的，很不饶人，看看这三条标准如果做到了，群众是很讲道理的。林彪同志经常讲：群众运动有天然的合理性，很多人对犯错误的人说："我现在把你看成是：二、三类干部，你如果改了，可以发展为一类干部，如果坚决不改，你可能变成四类干部"。矛盾性质是可以转化的。一般犯路线错误的人与党、人民是内部矛盾，对他们的处理按团结——批评——团结的公式。既批判思想，又达到团结的目的。但革命不是文文雅雅的，革命这东西这样大规模的，历史空前的，触及人的灵魂的运动，会有这样那样的问题。不能与群众对立，不能怪群众，不能使自己的思想感情站到群众对面，不能这样也看不惯，那样也不顺眼，这也怕，那也怕，怕得要死。这是根本的立场问题。没什么可怕，何必说得那么严重，那么怕得不得了？深入到群众中就没什么了不起，真正的到群众中，与群众在一起，这是根本立场。毛主席的革命路线与资产阶级反动路线的斗争一直围绕群众的问题。所以必须不采取与群众敌对的态度。软的、硬的整群众都是对抗的态度，搞两手，一手镇压，一手拉拢、恐吓、破坏，这都是错误的，是与群众敌对，继续搞下去，不是真正与群众一起当小学生。

有人问：现在到底是省委领导红卫兵？还是红卫兵领导省委？这问题，马列主义者、拥护毛主席路线的人，很好解决，先当群众学生，然后当群众的先生。你干了几十年，见到红卫兵没有？没有。就先当学生，向红卫兵学习，然后再领导他们，不辨矛盾的性质，都当敌我矛盾、对抗性矛盾，感到已受到威胁，必须采取各种手段对抗。在这尖锐的情况下，是有人写反动标语、口号，反动传单，攻击毛主席，攻击林彪同志，他们走上邪路，走到与群众对抗的道路。当然矛盾的性质会转化，从对群众不满，发展到对党、对毛主席不满。

同志们能够参加这场伟大的革命，很好，很重要。希望同志们能真正站在毛主席一边，真正拥护毛主席革命路线，把无产阶级文化大革命进行到底！在毛主席领导下，做彻底的革命派，不要做半截子革命派，要做彻底的无产阶级的革命派，彻底的辩证唯物主义者，彻底的毛主席思想的拥护者。

同志们在苏联呆了一个时候，那里是大倒退，大复辟，大变质。这情况在我国个别地方，局部地方，在一个时期会有这情况或已有这情况。我们要做坚定的无产阶级革命派，一切旧的东西要打破。你们在苏联看到的东西要当成自己的财富，当然，这不是一般的财富，是革命的财富，作为反面的东西，作为借鉴，使我们不要走那条路上去。不要计较个人的东西，不要计较"私"字，"私"字是剥削阶级私有制的产物。在我们的社会上很长时间内还是有阶级、阶级斗争。我们不要以为社会主义发展会那么一帆风顺，不会的，也不要以为文化大革命过了以后，就没有阶级斗争，没有同资产阶级的斗争及两条路线的斗争了，就没有同反毛泽东思想的斗争了。要立志做毛主席学生，任何人反对毛主席都不行。世世代代传下去，才能保证国家不变色。个人名利，个人打算要去掉。在文化大革命中，时时刻刻把自己看成革命的一分力量，贡献自己力量；同时又时时刻刻把自己看成革命的对象，时时刻刻丢掉不符合毛泽东思想、不符合无产阶级思想、不符合马列主义的东西，与工农兵在一起，做普通劳动者，严格要求自己。在革命中读毛主席的书，听毛主席的话，按毛主席的指示办事。最重要的是要把本质、把两条路线斗争的纲抓住，时时刻刻独立思考、判断面临的事情、问题。看看是否符合毛主席路线？是的，就支持，拥护。不是的，就反对、抵制（不管什么人）、造反。永远做革命造反派，造资产阶级、修正主义的反，做无产阶级事业的接班人，一切不怕，不怕丢掉什么。要立下志愿按毛主席思想与革命派站在一起，党内也有派，有革命派，不革命的，中间的，反革命的派，毛主席经常讲蒋介石常讲的一句话："党外无党，帝皇思想，党内无派，千奇古怪"。有派是客观存在，是客观存在，就还是让他表现出来的好。可以表示自己态度，这是正常的，表面一致，实际上不一致，强求一致不如就叫他不一致，但办事按民主集中制办事。在无产阶级文化大革命中，按无产阶级大民主原则办事，创造在毛泽东路线下，在文化大革命中，无产阶级专政下大民主经验。

善于商量，善于听不同意见。善于用民主讨论方法解决问题。以毛主席正确的政治路线，正确的组织路线——群众路线原则。相信群众，依靠群众，放手发动群众的群众路线来解决问题。在组织路线上也反对资产阶级的反动路线——专门在背后（苏联那里学来的）搞点材料、收集点东西，来搞人为反革命，人家反对他，就是反革命。不是发动群众解决各种问题，而是靠对付群众的方法，找几个人在门背后收集材料，放在档案袋里。搞群众是不对的。文化革命中，就要将整群众的材料全烧掉，当众烧毁。这也是大的原则的斗争。斗、批、改，改掉一条很不合理的制度，绝不能学苏联修正主义的那一套。要靠毛主席的群众路线，相信群众，依靠群众，放手发动群众，相信群众有自己解放自己的力量。反动的资产阶级不只在政治上是错的，组织上也是错。革命的，不革命的，反革命的，只靠口袋材料，关起门排队，搞个黑名单，全是错的。是脱离群众，压迫群众的，这都要搞掉。这个指示今天可以发下到机关、学校、团体、厂矿，到处都将张贴，在一切地方适用。这些东西如果没这个月的打架，抢保险柜，我们还不那么理解这问题。过去抢档案等都不怪群众，而是怪领导。过去领导搞材料的错误手段是对付群众，这些东西，群众是关系一辈子的，对群众是个威胁，一来个什么运动，拿出来就要整他。这太不合理，怪领导上，不能怪群众。他要与你拚命，不打这个月的架，我们也不理解这一个问题的这样严重性。打了一个月架，打破头，抬到医院的也有，砸了保险柜，把部长扣起来——学生不承认，说是他自己去的（笑），省委书记说学生把他带北京来了，学生不承认，说是省委书记把他们带到北京来了。吵架，争论不休。这一切，我們看來，大道理在群众一面。政治是生命，过去的那些背地里搞的材料，以后整风整人，群众当然不愿意。这套方法，不从制度上，从思想上，从上层建筑来解决，左派上台，也能学会搞这一套。必须从思想上彻底解决。中央下的决心很大，除个人写的检讨外，其他材料一律当众销毁。总是先有事实，然后形成概念。我们也说理论是先行的，但一切事物先是有了大量事实，才形成概念，才能提出解决的方案。希望同志们不要老在岸上看，一定要下水才能学会游泳，在大革命中学会游泳。在文化革命中考验自己是不是眞正做毛主席的好学生，是否眞正听毛主席的话，是不是眞正拥护毛主席的路线。

問 題 解 答

条子中的主要问题有：现在两条路线斗争究竟怎样？两条路线斗争代表人物究竟是谁？我想不用说已知道了，已经点了名了嘛，这些问题不在这里讲了，现在各地开三级干部会已讲了，现在满街已贴了，有什么规定限制？过去有建议什么人的大字报不要贴，但现在也已贴了，主要还是从思想、阶级根源，从两条路线的实质、表现来认识，反正与人有关系。在两条路线的斗争中犯错误的同志，特别是提出错误路线的同志，我们希望他们改正错误，现在大量的犯执行错误路线的同志过不了关，三级干部会开不起来，红卫兵不让他们检讨。本以为这次会议后会比十一中全会后好一点，但贯彻毛主席正确路线阻力还很大。为什么这次要把提出路线的与执行路线的加以区分，就是为了给执行错误路线的同志开脱一下，实际上资产阶级路线的代表人物是刘少奇、邓小平，刘、邓路线很多东西以中央名义下来，所以下达普遍，所以要炮打司令部，炮打与主席思想对立的司令部。在一个短的时期内，可以看到差不多大部分省都犯这个错误，如果不把扣子解开就不行，"舍得一身剐，把××拉下马。"的口号红卫兵也知道，竟究是谁与主席唱对台戏。所以红旗杂志及林彪同志就讲十一中全会已宣告资产阶级路线破产，中央已解决。省一级现在挨轰也是可以理解的，矛盾自然集中到省及中央各部。现在有的省用了林彪同志讲话"不能炮打无产阶级司令部"来不许人家轰，轰了就是牛鬼蛇神，这不对。不能以这话来对革命群众，应当炮打××是对准地、富、反、坏、右，对准党内走资本主义道路的当权派，而不能整群众。利用林彪的九月十六日讲话来压制群众，这就是错了。

这次工作会议后，怕群众，把群众作对象的现象好一点，但还有干群关系紧张，扭住抢材料的问题不放。

批制资产阶级的反动路线后，群众之间有分歧，有的群众受蒙蔽，受影响，群众中有了分化，或者是他也拿起了反对资产阶级反动路线，但是继续坚持接受反动路线，继续挑动群众斗群众，使斗争更复杂，这也是一定的。党中央的号召是一贯的，对坚持错误的干部不利用，对群众，要使革命派懂得，不要使受影响的群众组织负责任，应采取帮助，争取他们，使他们认识操纵的人是不对的，重要的人做适当的自我批评是必要的。人民內部还是可以开展批评与自我批评，这不是群众斗群众。过去受打击的同志一下子地位改变了，对他们改变地位以后的气愤是可以理解的。但不能以激忿之感情代替政策，应使他们掌握策略，懂得团结大多数，不要用过去错误路线下的不正确的方法对待别人，当然他们不可能一下子全都懂得掌握政策策略。要在大风大浪中学会，不能着急，同志们问到第三司令部，这个司令部与我们全无关系，他们自己搞的第三司令部，据我们观察，过去刚成立时观察，第一、二司令部大，物质条件差，第三司令部小，可能做些事，他们也确做了不少的好事，（北航是二司令部的，观点是 三 司 令 部）北师大，地质学院……属于第三司令部。做的时候是否有点过火之处，可能，我们希望他们能得到改正，攻击第三司令部，我们不认为是正确，他们的核心未形成，如何建立健全队伍核心，提高领导斗争艺术水平，还有待斗争中去健全，可能有变化。

党的领导问题大家很关心，这次十六条中没有具体规定，党中央、毛主席考虑到让各级党组织、党员接受考验，文化大革命还是党的绝对领导，毛主席领导，中央政策直接与群众见面，林彪讲话、红旗社论还直接与群众见面，党团员要接受大革命的考验，你站在毛主席和群众一边，就起了共产党员及这个组织应起的作用。你不行，站在与群众对立的一面，就不能起作用，文革要彻底按巴黎公社的原则选举，得到群众信任，选你，你可起作用，不选你，你作为一个党员也可起作用，不要等各层党委发号施令。一定要坚持让群众自己起来闹革命，过去的错误路线，就是在这问题上怕得要死，我们不象他们那样。文化革命委员会统一不起来，红卫兵也统一不起来，是有这情况，不要忙于统一，以后会逐步统一，各派思潮公开化，这并不必害怕。

处理档案问题，不是把所有档案都烧，而是指五月十六号以后整群众的材料，其它材料以后再说，问题较复杂，不然就解决不了当前的迫切问题。

中共中央办公厅主任童小鹏同志接待

内蒙干部及师生谈話記录

时间：1966年11月18日下午2时至4时20分

地点：中共中央接待站（中南海接待站）

关于云丽文的问题，你们几位同志来了，对中央原来的决定提出了几条建议，我们很快传达了党中央。革命师生、革命干部对中央犯错误的问题……党中央表示……

中央认为，对这些问题，要从全局、全党全国考虑。

这次文化大革命，步骤怎么讲？要考虑，方针是明确的，破四旧立四新，破中有立，错误思想一定要批判，反革命修正主义分子、党内走资本主义道路当权派，一定要打倒，但在处理具体问题、具体人时，要区别对待，有步骤地进行。中央考虑问题要顾全大局。党内出现走资本主义道路的当权派，这是阶级斗争在党内的反映。

对于民族干部，除了一般的阶级关系外，民族关系也还起一定作用。全国五十多个民族，大致方向是对的，团结在毛主席周围，搞得很好。内蒙古自治区这些年工作搞得××，明年20周年。乌兰夫、奎璧、吉雅泰，还有其他一些人，他们犯了严重错误，要批判斗争，他们的影响要肃清，但要有个过程，他们过去作了一些工作，做了工作就有影响，肃清影响要有过程，这是一个。

另一个，他们犯了错误，只要承认错误，根据毛主席惩前毖后，治病救人的教导，就要给他们时间，等待他。如果坚持，当然、我们有党纪国法。

彭眞、罗瑞卿、陆定一这个反党集团，就必须揭发他们的阴谋，肃清他们的影响，但在步骤上要通盘考虑，既然彭、罗、陆这三个反党分子，性质是反党的，他们是搞阴谋的，中央考虑先组织专案组，搞清他们的问题。首先要把他们斗倒斗垮斗臭，把他们的错误思想肃清，怎么肃清法？要考虑方法。彭、罗、陆国内有影响，在国际上也有影响。

乌兰夫国际上也有影响，还有一个蒙古，他们想利用民族问题来分裂我们。

云丽文是乌兰夫反党集团的骨干，她自己有严重错误，但比较起来，反党集团的错误，首先是乌兰夫，再就是书记处书记奎璧和吉雅泰等人，当然云丽文的思想意识、生活作风都有错误，腐烂得很，我们主要在政治上肃清影响。

从各方面考虑同志们提的意见，要求批判他（她）们，是革命的要求。中央考虑乌兰夫反党的案子，中央通盘来审查。告诉同志们。彭、罗、陆，他们的老婆也是他们反党集团的骨干，陆定一的老婆还有现行反革命活动，中央一定要搞清楚。

十一中全会开后，这次中央工作会议，主要是彻底批判资产阶级反动路线，贯彻毛主席的革命路线。从政治上考虑，现在集中力量批判资产阶级反动路线，把主席的革命路线很好贯彻。

彭、罗、陆反党集团是在文化大革命开始搞的，华北局会议揭露了乌兰夫。实际上他不主持华北局的工作了。中央把他内蒙第一书记、华北局第二书记、内蒙古军区司令员、政委、和内蒙古大学校长都撤掉了，只保留了一个主席，这考虑到民族问题，国际问题。

云丽文，中央决定她留在北京，不是让她在这躲风，实际上是让她停职反省，中央责成她反省写检讨，听说她已经写了一个检讨送内蒙了。

她在内蒙犯了错误，应向内蒙交待，一次不行，二次、三次。她的案子由中央审查。

大家提出，她是内蒙干部，一般干部，这些理由也是对的。但她跟乌兰夫的案子，将来由中央直接审查。

把同志们的意见报告中央，中央慎重考虑后，还是那天说的决定。大家有什么揭发材料交给中央，归专案小组来审查。

有同志讲，她在内蒙管了些材料，要急用，不然影响斗争，这个由内蒙党委负责清理，调出来审查。

那天我不是告诉你们，请同志们要相信中央。相信群众和相信中央是统一的。群众的要求是合理的、革命的，但具体办法，中央经过仔细考虑。

（二点三十分乌兰同志到，童小鹏同志从头说起）

乌兰夫问题的揭发，是内蒙古干部、革命师生的伟大胜利，是全党的胜利，全国的胜利。

过去人们称他王爷！参加革命很早，又是国务院的副总理，但不管他职位多高，资格多老，只要他反对毛泽东思想，就要把他揪出来斗倒、斗垮、斗臭。

为了革命斗争，你们这是革命行动，中央是支持的，但要讲究方式，最后处理方法，要考虑社会条件、历史条件，内蒙古还要考虑民族条件。

我党考虑反党案件还是有丰富经验的。历史上处理王明、李立三路线……建国后处理高岗、饶漱石反党集团、彭德怀集团、彭、罗、陆集团，乌兰夫也是反党，还有民族分裂。

上次同志们来，我已传达了中央决定，乌兰夫不光是党内关系，还有民族关系，国际关系；蒙古要利用民族关系来挑拨，当然我们不怕它，我们做得对。

云丽文的问题，当然也有她本身严重的问题，思想作风，很坏的作风；比较起来，首先是从政治上来批判，来肃清影响的问题，乌兰夫、奎璧、吉雅泰更重要。

乌兰夫在内蒙的职务撤了（第一书记、司令员、政委、内大校长），实际上不能在内蒙工作。政府主席，考虑到民族关系、国际关系，没有动，还有人民代表大会选举问题，国务院副总理的职务，实际上不能行使了，民委的职务，暂时不动，要看他以后的行动再定。

十一中全会他参加了，这次中央工作会议他没参加，也不能工作了。第二次接见红卫兵、国庆他参加了，有国际影响关系，外国人不知道他犯错误，这几次接见他没参加，哪次参加，哪次不参加，中央都经过慎重考虑。

在十一中全会上，他承认了错误，向党表示要改正错误，当然要看行动，因此中央决定把他调到中央审查，云丽文是他的同案。

云丽文在群众中原来就没什么影响，不需要开什么大规模的会来批判，不值得；如果搞大规模批判，反而抬高了她的身价。云丽文不是在这里躲风，她的日子不是好过的，不是舒服的，绝不是世外桃园，中央在督促她检讨。

大家对她有检举，有揭发，可以送内蒙党委，也可以直接送中央。大家提出云丽文是内蒙干部，应拿回内蒙去。不让拿回去，是不是因为她是乌兰夫的老婆？不是的。她本来就没有多大影响，很快就可清除。

至于她管的档案、材料，我们通知内蒙党委，拿出来清理、审查。内蒙党委完全有权把她清查出来。同志说她不拿出来，影响斗争。同志们，不要把她看的这么严重。

中央重新考虑了同志们的意见，中央认为还是原来决定。

中央责成她二次、三次检查。

因此中央决定：第一：没有必要把她拿回去检讨，第二，没有必要在北京开大会声讨。

这样一个人，过去利用乌兰夫这个王爷，欺压人，这次把乌兰夫打倒，她的影响很快就会肃清。

請同志们相信，中央经过再考虑之后才作的这个决定。同志们的行动，是革命的，至于具体做法，中央有通盘考虑。請大家回去向同志们、同学们做解释。

乌兰同志也来，乌兰同志了解很多情况，尤其是民族问题方面的情况，多做些工作。

赛福鼎是维吾尔族，他有错误，要搞民族，中央发现后，他在中央会议上承认错误，表示要改正错误，这次国庆特意把他请来，民族代表团的工作还是由他主持。

达赖叛国，跑到外国去了；班禅叛国，把他的职务撤了，只留一人大常委，阿沛解放西藏时欢迎过我们，表示要跟班禅、达赖彻底决裂和我们合作，所以这次国庆节特意把他从拉萨请来。

在民族问题上，中央和毛主席向来是慎重的。乌兰夫犯了严重错误，他表示改正错误，毛主席的方针是一看二帮。

同志们原来要求很高，但你们可以说服同志们，內蒙古的斗争还是很严重的，你们要把乌兰夫的错误批深批透，肃清影响。

請你们理解中央的决定，林彪同志告诉我们一句话，毛主席的指示理解了要执行，毛主席高瞻远瞩，理解不了也要执行。你们从局部考虑理由是充分的，但局部服从全局，地方服从中央。

內蒙古的形势很好，但还有曲折，只要你们掌握了毛泽东思想，就一定可以把文化大革命搞好。內蒙对国际的贡献很大，有农牧业、工业、林业，对国际上的影响也很大。內蒙生产搞好了是对蒙修的一个打击，蒙古实际上是苏修的一个落后的殖民地。

中央、毛主席、周总理对內蒙是很关心的，明年二十周年，把文化大革命搞好，是很好的礼物庆祝二十周年。目前是集中力量批判资产阶级反动路线，贯彻毛主席的革命路线，把三级干部会议开好。革命师生毛主席接见过的，可以回去，二十一号停止来京串连。交通运输调整好了，车辆整修好了，可以集中力量来调整工农业生产资料。到明年四月，天暖了，还没有来过北京的革命师生，继续来北京。这些事情，中央都是经过通盘考虑的，到北京来串连，当然很重要，但更主要的是搞好本地区、本部门的文化大革命。当然，要搞好生产，搞好工作。

同志们要求周总理讲讲民族政策。大家知道，周总理是世界上第一个大忙人。几百万红卫兵的接待都是周总理亲自组织的。周总理作出模范，国务院、中南海首先开放，接待一万红卫兵。因为红卫兵是毛主席請来的。民族问题，你们在斗爭中学，注意在中央报刊上和中央同志的讲话，可能谈一些。

邓颖超大姐和总理住在一个家，几天都見不到总理。早上很早他就走了，晚上大姐睡着了他才回来，总理很忙，不能跟你们谈。

关于民族问题，我们可以报告中央，将来在社论里、在文件里解决。我是口头转达中央决定。我们带了中央的指示回去，就完成了任务。我希望你们不要贴大字报（指这个讲话）贴在大街上。乌兰同志回去先给家里打个电话，传达中央精神，理由以后回去再具体说。毛主席的指示，以后慢慢会理解的。中央决定是明确的，云丽文的问题连乌兰夫的问题，中央一起审查，云丽文现在作书面检查，有揭发材料送内蒙党委和中央。

我建议中央给内蒙发个电报。决定是中央的，是明确的，这些解释的话，是我个人的、有错误，你们批评。你们同意我的意见，做为你们个人的理解，向革命师生、革命干部口头解释。

中国人民大学激浪卫红战斗队翻印

和中央文革小組成員王力、戚本禹、曹軼歐等同志座談紀要

前　言

一九六六年十一月十九日中午十点四十五分到一点十五分中央文革小组成员王力、戚本禹、曹軼歐同志在政协礼堂第二会议室首次接见了由二十二个省、市、自治区来京小学教师组成的全国小学革命教师部分教师。现将座谈纪要整理如下：（未经本人审阅，仅供参考。）

王力：今天开座谈会，主要是看望各位小学教师同志们，听取大家的意见。小学文化大革命究竟怎么搞法。全国各地小学教师提出小学要求搞文化大革命，小学究竟怎么搞，还是第一次接触这个问题。我们看过一些材料，还没有系统地想，有谁讲。（重庆代表发言讲了重庆情况，其中提到他们要开学是抓革命促生产。王力同志笑着对戚禹本同志说：这也要抓革命促生产，戚本禹同志也笑了。）

戚本禹：你们开学了吗？（答：都开学了。）那你们怎么出来的？（众：都是跑出来的。）你们都主张不开学？（答：不开学。）你们都是一个意见？

王力：主张开学的有没有？（旅大同志：可以开学，但是就是不能批判反动路线了。）

戚本禹：你是成都哪个学校的？叫什么名字？（记下）你们学校有多少教师？有多少"反革命"？有多少"政治扒手"？（此同志具体答复）他们斗争你们怎么斗法？（这同志讲了斗争情况。）（兰州代表讲了兰州情况，被打成"反革命"，剪头发。）

王力：你们被剪头发的有多少人？（答：117人。）都是给工作组提意见贴大字报的？（答：不全是。现在还有被关在小屋子里的，我们不能回去。）

王力：什么人在那里搞的？（答：工作组。）

一位请示团代表提出几个问题：

1，小学搞不搞文化大革命？

2，关于开学问题；

3，关于小学文化革委会以谁为主的问题；

4，关于小学教师串连的问题；

5，关于小学师生红卫兵问题。

王力：你们说文化革命搞不搞？（答：必须搞。）今天反映了许多情况，提出了许多问题，今天跟同志们交换意见，需要带回去研究。（戚本禹：全国大势所趋，一定要搞

好！搞彻底！研究怎么搞，还要靠大家，靠小学工作的同志,靠小学的革命教师。开学不开学,我们还要研究,开学也不能照老一套开,如果开,不是这样开法。你们都"集训"吗？集训这办法就叫文化大革命吗？我们要研究,你们不承认人家叫文化革命吗？）我们都是老百姓,大家都一样。我叫王力,他叫戚本禹,她叫曹轶欧,加个同志也行,不加也行,取名字就是叫的嘛。（大家鼓掌。）（大家提出小学生是否可以一至四年级另搞,五至六年级以上和中学一样搞。）要研究,如果这条可以是这样的话,那红卫兵可按这条办。串连的问题我们要研究（有人讲本市也不准串连）本市不准串连肯定不对,是错误的。

戚本禹：这完全违背了无产阶级文化大革命的大民主,这还象社会主义国家吗？（一同志：我们搞了,他们说"合法不合法"。）

王力：革命还犯法呀！你们都有文化革命委员会吗？文化革命委员会是不是在工作组操纵下成立的？（北京、辽宁教师讲：学生打教师的事,老师看见了也不敢说。）

戚本禹：这点都不敢说,你们还造什么反？

王力：操纵的不行,指定的不行。（关于是否选举新革委会的问题,有教师提出要先破,先批判资产阶级反动路线。）对！要斗争,要先破,先批判。（有人提到中央批转军委指示是否适用于小学？）

王力：完全适用于小学,凡是给工作组、党委提意见被打成"反革命"的都适合。不是因给工作组提意见,本身就有政治问题、历史问题的,不包括在里面。凡是因给工作组提意见被打成"反革命"的,都适用这条。（有人说：他们说工作组没做结论不算。）

王力：没有做结论,他们就这样干的都不行,都得平反。要说没有结论,都没有,那就不该有这个指示了。原则是提了,还靠你们自己去斗争。（一同志说：有个教师说工作组95%以上犯了方向路线错误,被斗三天。我们也不知道这话有无依据。）

王力：讲的完全对,这很不够,讲的太轻了,工作组走了,换了一种形式,路线还是原来的路线,人还是原来的人,还有这种形势吗？（众：有。）因此联系到小学要不要反对资产阶级反动路线？（大家：要反！）对！要反！反到底！工作组操纵的文革不算数,违背16条的当然不算数。

王力：小学教师队伍怎么样？对这个问题你们有什么意见？（众：复杂,一定要整顿）。小学教师队伍不纯,你们对这个问题怎么看？（有人说：要整顿,要增加新的血液。有人说：还有和尚当老师的呢！）（王力、戚本禹同志笑,一教师提出,有人说16条不适合小学,对吗？）

王力：不对,16条全国都适用。（一同志：我们企业学校怎么办？）不要等中央,你们起来自己闯,中央还是靠大家。（有人提出对人民日报社论《抓革命,促生产》的看法）你们可以自己写材料,抓革命促生产是对工农业说的。（有人问：运动一开始,就在教师中划类,定框框,这样对不对？）

王力：运动一开始就背着群众来个排队,排一、二、三、四类,就不对,对群众不信任,这是错误路线的产物,和毛主席的群众路线相反,毛主席是相信群众,依靠群众,尊重群众的首创精神的。毛主席提倡大民主,大鸣,大放,大辩论,大字报,大串连。（有

人提关于黑材料的处理问题）

王力：把文化大革命中的材料，五月十六号以后的材料，统统的一律当众烧掉，本人检查材料交给本人，送到区里也要退回来。材料处理中央刚发了指示。（西南地区的同志问：林彪同志指出，有些坏人要炮打无产阶级司令部，可有些资产阶级当权派歪曲利用来压制群众。）

戚本禹：不准整群众。（有人问：西南地区提出炮轰火烧，有人说是炮打无产阶级司令部。）

戚本禹：（站起来，大声果断地说）西南区可以炮轰！（热烈鼓掌，大家高呼口号：毛主席万岁！万岁！万万岁！）（西南同志：成都还算好的，重庆、南充、宜宾、贵阳……还要严重。）南充是很严重的。（西南同志：我们西南区的革命群众非常想念毛主席。）

王力：西南区是够艰苦的了。

据：武汉水利学院"高歌猛进支队"记录稿与
全国小学革命教师联合请示团整理稿综合整理。

北京师大图书馆革命文献资料组刻印

1966.11.28

江青等同志十一月十九日在政协礼堂接见"北航红旗"、清华"井冈山"、地质"东方红"代表时的讲话

江青同志说：

同志们，同学们，你们好！

我首先希望你们原谅我，没有常和你们见面，有客观原因、也有主观原因，今天我们关起门来谈谈心，我没有准备，你们不要记录，不要抓我的辫子，要抓就抓大辫子，我想了很久，就是对左派同学应该进行一点帮助和建议。

你们的斗争是非常好的，事实上，你们的革命行动，革命的冲劲，和革命的组织在我们知道以前就作了很多工作……当我们发现你们的革命组织受迫害、受打击，我们就坚决支持你们，学习你们的造反精神……

世界上没有圣人，我也常作错事，说错话，不一定能跟上主席思想，但我是紧跟紧追的，正因为我们支持了你们，向你们学习，就有人说我们是你们的后台，这不要紧，我感到，我们小组也感到，我们对你们负了政治责任，而你们也同样对我们负政治责任。

我感觉你们有一个最大问题，七号我找了一点同学，比较少，也没有谈完，因为身体不大好，有一点温度，以后就病了，前两天好一些，今天又有些温度，今天吃饭前知道还有这个报告会和大家见面，我们就来了，想和你们商量一下，你们勇于革命，不怕天，不怕地，这点是好的，但是不太讲求策略，这一点讲的对不对呀？（众答：对）是这样。

你们看过西游记吗？（众答：看过）我有点象西游记的孙猴子，"身在水帘洞，心通取经僧"，我心里总是想着你们，九月份，我看到一份材料，听说你们在静坐斗争了十几天（插话：在国防科委？）不，不……——何长工。对地院同学受害（声音已变）我真想跟你们一块去！我们中央文革小组的同志们听了十分气愤，同志们，如果我不是主席老婆，就要和你们坐在一起（激动的哭起来，全场激动的流下热泪）我们中央文革是受中央常委管制的，我们好比孙猴子，被唐僧赶回花果山水帘洞，心里总是想着取经的僧，这个比喻不一定合适，你们不是唐僧，你们是革命的先锋，我们心里一直是跟着你们的。

但是，十月六日以后，你们最近出了一些不好的苗子，就是不分清敌、友、我，这是策略问题，你们不太懂什么是自己、友人和敌人，有点这里打一炮，那里打一炮，目标不太集中，有点使人忧虑了，这总可以理解的，我年轻的时候也是这样干了，又是左派幼稚病，当然不是说你们犯了左派幼稚病，你们现在比较好，懂得东西比我多了，你们有毛泽东思想作为武器，比我们顺利，但这个问题不讲清楚是会打败仗的。

一个要分清敌、友、我，一个是要把自己的左派核心力量逐步在斗争中壮大起来，团结大多数人，并且要团结那些受蒙蔽的人，孤立最少数的人，把目标对准了，可能你们现在有些作法不好。例如：清华的同学，清华的同学来了没有？（答：来了）七号你们发出了一个明码电报，反对我们的总理，上面还打了×××我不知道总理说了些什么，但是总理是受了主席中央的委托去解决清华的问题，你们这样指不就指向中央了吗？另外最近清华有一个叫伊林的人写了我们副统帅的大字报，可是你们把他撕下来了，这大字报我们细看了一看，这个人可能是读书较多的人，对我们副帅贴大字报政治影响不好，但是已经贴了就让他贴了嘛，你一撕他倒印起传单来到处散发去了，我和林彪同志，周恩来同志认识也有多年，他们是有政治家风度的，你们对他们有意见完全可以提，写信给他嘛，我们相信他们一定会接受的，但是，即然贴了就不要撕，可以辩论呀。

你们分不清敌友我，我说的是几层意思，从我们党内到同学，这是非常重要的问题，主席不是讲了吗？以无产阶级为领导工农联盟为基础，团结一切可以团结的人，这样才能打倒敌人。而你们则认为人越少越好，我觉得，对那些反对过你们的同学不要用保皇派的名子，这样不好，不利于团结。"罢官"的名子是四旧对不对？（众答：对）

我就有体会，我年青时也是这样，我敢做工人、农民的工作，就怕做知识分子的工作，因为我说不过他们，但总还是要作，我看能不能这样想，"在马列主义毛泽东思想的原则的基础上求同存异"，"同"就是原则基础，"异"就是枝节问题，第三司令部分裂了，第二司令部也被抄了家，问我怎么办，这是你们自己的事，我不能包办，如果不是原则问题就应该进行互相批评和自我批评，我感觉不仅是我们共产党员不容易做到，我觉得年青人也不容易坐下来听听批评、自我批评，主席经常批评我过急、狭隘，过于认真，我常常注意，但有时也会忘掉，同志们，你们有没有？我们随时发现了错误就随时改正，对自己要用"惩前毖后，治病救人"的态度，好好谈，共产党员是有共性的，这就是党性，虽然有成绩，但党性是在个性之上的，党就是集体，如果某个人想把个人利益加于集体之上是不对的，但是这是可以教育的，不要搞什么开除，那个叫什么（关锋：叫周永璋）周永璋我不了解他，但不要开除，搞分裂，太狭窄了，你们现在正象伯达同志讲的，刚刚走了几步路就闹名利，四分五裂了，这是我很忧虑的，要解决这些问题，我希望你们读毛主席的书，读语录是解决不了这个问题的，要读毛选，伯达同志你说呢？

伯达同志说：

语录是对高中以下水平的同志便于学习，是不是能够不折不扣的执行毛泽东思想要艰苦学习，读毛主席选集，江青同志讲的战备问题很重要。

江青同志说：

战备问题是很重要的问题，首先要知道敌人是什么？要把他缩小到最小范围，我们的主力军，同盟军是什么？还有间接同盟军的问题的间接同盟军就是利用敌人之间的矛盾。敌人内部的矛盾是很多的，把他们看成是铁板一块是不对的，你们要利用敌人之间的矛盾，但是现在你们之间却有了矛盾。

伯达同志说：

我插一句，敌人有矛盾你们不去利用，你们的矛盾反而被敌人利用了。

江青同志说：

蒯大富同志，蒯大富同志来了没有（并没有来）蒯大富同志那里去了？脱离了群众住在司令部去做指挥来了，脱离阵地很不好，阵地应该在学校，你们自己的阵地还不巩固这很危险。请转告他，我批评他是爱护他，核心力量要组织好，团结好同盟军，并善于利用敌人的矛盾，孤立最少数的敌人，你们东打一炮，西打一炮，打一通然后就跑了，这样怎能把敌人打住？

我想了很多问题，毛主席是军委主席，林彪同志是第一副主席，但军队的直接工作是林彪同志负责，他是高举毛泽东思想伟大红旗的。你们与坏人作斗争调子越说越高，这不好。对于不明真相的人要说服，对幕后有操纵的人要批评，你们辩论不过一个谭力夫、伊林，你们革命还能革到哪一步？伊林的大字报有一点内容，动了点脑筋，你们为什么不辩驳他？你们有没有气度辩过他？

我的身份首先是一个共产党员，再就是主席身边的一个工作人员，过去我没有出来做一个"幕僚"，你们懂得"幕僚"是什么？（众回答：懂得）这几年不得已才出来。我是一个共产党员，跟主席思想是跟不上，学得不好，但是我要学懂了我就要去做了。林彪同志说活学活用，这是很重要。我年青的时候列宁的《国家与革命》读了六次，第一次读了，敌人来了就烧掉了，读了六次背全了，但大都没懂，但有一个问题懂了，就是"资产阶级国家机器是对我们专政的，是剥削人民的"。这是活生生的嘛！国民党反动派就是镇压我们的，不准我们抗日嘛！

同志们，你们不知道，要不是今年五月份把一些基本问题解决了，把军队问题解决了，同志们，你们想一想能有今天的大民主嘛？你们说对不对？（众答：对）

有的人冲军委国防部、冲公安部、冲法院，我不讲你们不知道，这些地方是专政单位，不能冲。八·八团来了没有（没有）有些人叫你们去上当，保险柜里的材料已经转移了，却说柜子里有材料，叫你们去敲柜子，你们不要去敲，你们就是逼着他们把材料交出来，不交不行。可不要去上当了，可不要去抢了。军委的同志比较好，所以没有出问题。同志们，问题基本上解决了，要不然就要出大乱。这个乱子是指反革命的乱，不是指你们搞乱，你们搞的乱是革命的乱，越乱越好。只有革命的大乱，才能搞出革命的大治来。乱和治是对立的统一，有些人就是怕乱，不乱还有什么革命呢？就得乱，就得冲那些官僚机构，那些走资本主义道路的当权派，但这是少数，可是什么地方什么人都去冲，要看准了，我相信你们能成为红色接班人，使中国不出修正主义。

对于过去压制、斗争了你们的同学，他们有错误要检讨，承认错误，他们检讨揭发的好就欢迎他们归队，不能不理他们。对高干子弟也要一分为二，好的也要在斗争中锻炼，走错了路不要怪他们，要怪那些老年、中年的幕后操纵者，你们说对不对？（众答：对）他们中间有些人已经承认了错误，现在向你们这边靠，你要和他们谈话，让他们和你们站在一道，谭力夫回来了，做了个很不象样的检讨，听他们说他妈妈要让他去掏粪（众笑）我们不靠压服，我们靠政治，靠分析，摆事实讲道理，我们对他们不要采取他们曾用过的办法，谭力夫你们不要打他，要批判他，要批深批透，要让他们自己认识到错误，没有市场了，对于起来揭发问题的诚恳的欢迎他们归队，但是不是无原则的随便拉走，要分清是非，他们的检讨，揭发应该说是比较深刻的，这个问题不解决，你们之间还是会斗的，我们是最反对这个的。

根据我们的狭隘的体会，经验，你们下厂最重要的是到工人宿舍去向他们请教，做他们的小学生，象一家人一样，我卅年前就去个工人家，很好相处，我爱他们，他们也爱我，你们不去工人宿舍就到厂去，他们不知是怎么回事，你们到他们家里去吃一顿饭，问问他们要不要文化革命，怎么搞法？

红卫兵一定要学习解放军，三大纪律、八项注意，我们在陕北打游击时住在王家湾附近，王家湾的老百姓要我们回去，说他们对我们不好，我们说你们对我们不是很好吗？他们说："我们对你们不好，我们把白面藏起来了。"试试看，徒步串联，就会起这个作用。一路作宣传，又向他们学习，群众智慧大如天，你一拥就进工作区了，工人对工作要负责，真正做思想工作，不能到车间去，要到宿舍去先搞两同，先把友谊搞好，先服务，然后再问老师傅让不让我们劳动，如果让你们劳动就三同了，对农村也是这样，群众工作不是我们一冲，冲到工厂就行，要到宿舍去访问他们，宣传中央指示，宣传十六条，要叫工人停工还行？他们只能利用业余时搞劳动（原文）我建议和工人住在一起谈心，宣传毛主席指示，宣传十六条，一句话，就是问贫问苦。如果你们不能和工人结合，你们能不能坚强起来，凝固起来？（众答：不能）那好，你们就要去作艰苦的思想工作，要当工人的好学生，边做宣传工作。

你们有什么不同意见和批评，可以写信来，但希望写得简单些，因为一天的东西太多，看不完。

伯达同志谈：

工农关系一定要搞好，工厂、农村和学校的情况不一样。

关锋同志说：

你们不能做包打天下的英雄好汉，你们这样想，这样做都不对。

你们是先锋队要在斗争中壮大争取大多数，团结大多数，反对过你们的人过来了，你们要欢迎（江青同志插话：你们不要以其人之道还治其人之身，他们过来了，你们要欢迎）

江青同志说：但要搞清是非，他们回到正确立场上来，你们要鼓掌欢迎，你们不是要学习主席思想吗？有一点就是要学习主席善于团结尽可能团结的人，如彭××一直反对毛主席，在井冈山时，彭××带两个团打主席。到井冈山后，毛主席带队伍在外面打游击，彭××把起义将领杀了，把队伍并到自己队伍里去壮大自己的队伍，以后在陕北彭××要杀四方面军（张国涛）毛主席不同意杀，要有这样的气度，要团结大多数这点很重要，不然不能击破一小撮走右倾机会主义路线的人。我觉的我们今天讲的问题是一个非常重要的问题，王明还是汉奸（这是我自己的看法，不是中央也不是主席的看法，如毛主席批评的话，这是我自己的看法）他现在是中央委员，王明当中央委员，主席做了很多工作，说服了许多人。王明现在在苏联写文章骂我们，出谋划策，主席长期保护他，但原则问题做了尖锐斗争，主席提出团结——批评——团结这很重要，这是中国胜利的保证。你们应该好好学习。你们内部不团结，开除了周永章。他究竟不是谭力夫、方立夫，要团结他，不要太小气了，不要开除他，要让他回来。主席团结了许多人，从不用残酷斗争无情打击，你们要学毛主席这一点，我学的不够，我们一起努力来学习吼！

伯达同志说：要善于总结经验，使下一阶段的工作搞的更好。

江青同志说：关于串联不要都走光，没有出去的出去见见世面，你们懂不懂见世（众答：懂）看看那工人农民会更坚定你们斗争的信心，已经出去的回来换换班，徒步徒步，主席已经建议设兵站五十里设一兵站，准备在全国公路边，不一定走雪山草地，那里没有人，没有阶级斗争，当然要走过，可以要到有阶级斗争的地方，三五成群组织起来到农民家里去三同，当然别人不让你住就不住，安源煤矿是主席走去的，沿铁路一步一步走去的，为什么你们不能走（众说：能）遇到一个老乡就聊聊（伯达同志插话：安源煤矿首先是主席去的）换着班出去走走，不要乘车，我们都是身上长了虱子，脚上长过鸡眼的，为什么你们不能走（众答：能）现在是无产阶级专政走一走不怕，有些困难和挫折也没有什么，只有这样才能培养红色接班人，中国才不会出修正主义，才会打击一小撮走资本主义道路的人。

首都红卫兵革命造反总司令部翻印

无产阶级文化大革命只能是群众自己解放自己，不能采用任何包办代替的办法。

—— 十六条 ——

清华大学红卫兵走泥丸战斗小组再翻印

1966.12.10

陈伯达、王力、关锋、刘建勋、胡痴11月20日在政协礼堂对商业部招待所全体上訪群众的講話

王 力 同 志 的 講 話

同志们！刚才陈伯达同志临时因故离开这里，他委托我们来看望大家。我们这里有关锋同志、刘建勋同志、解放军报社的总编辑胡痴同志。今天我们想来解决一个最重要的问题：最近北京市委发出了一个重要通知，大家知道了沒有？（群众：知道了。）同意不同意？（群众：同意。）这个通知是我们中央文革小组提议的，由北京市委印发的，已经报告了毛主席，他老人家很同意。现在已经转批到全国各地，都要张贴，都要实行。任何工矿、机关和其它单位，都不许私设拘留所、私设刑堂、私自抓人拷打。如果有人在幕前幕后指挥这样做，那就是违犯国家法律和党的纪律，必须受到严厉的处分。从今天起（十月十七日）如再犯以上罪行后，北京市委要立即处理。过去发生的事情要认真严肃的进行处理，现在发生的要立即处理。就在商业部招待所分成了什么派，有些什么组织，我们沒有调查研究，沒有发言权，不对这些做什么评论。就在昨天，陈伯达同志、戚本禹同志、吳德同志和我一起到一个什么东城区纠察队，就在那里一个地方，他们私自设了拘留所，就私自拷打了你们招待所的三位同志，昨天下午还在打，逼他们捺手印。这几位同志就是你们这里的"八·二五"和"黃继光战斗队"抓的。我们说，任何人沒有权利抓我们上訪的同志，当然，那被抓的三位同志我们不了解，不做评价，但这种做法是非法的。公安局现在把他们请去，决不是逮捕他们，而是加以保护。如果不制止这种行为，文化大革命就沒法搞下去，这种行为是破坏无产阶级专政下的大民主，破坏四大，就是严重破坏无产阶级文化大革命。抓人、打人也是给我们公安机关进行调查时造成很大困难。听说有什么一个叫张文采的人，是江青同志的秘书，我根本不认识这个人，江青同志委托我声明，她根本就沒有这样一个秘书，同样的，林彪同志也根本沒有这么一个叫李润贯的秘书，现在会场上有谁带凶器的，马上交出来，我们可以不记名、不记帐。如果再不交出来，带出去，这是犯法的事了。（群众控诉连日发生的流血事件。）同志们，我们相信你们绝大多数是好的，是革命的，是保护毛主席的，是拥护这个通告的。现在有人拿走人家的工作证、转业证、残废证等，要写上一律退还，再有一个问题，在五月十六日以后特别是在六、七月间或再后一些时候，因为给领导上或工作组提意见，贴大字报就被打成"反革命"、什么"反党分子"、"假左派真右派"等的群众一律无

效，（群众欢呼！）一律平反，当众恢复名誉，最近党中央发出了补充规定，着重于处理材料这个原则，个别被迫写的检查材料要退还给本人处理或当众销毁，逼供信的材料都不算数，那是国民党作法，毛主席坚决反对逼供信，陈伯达同志说，这个规定，工厂还要加一条，如果工人因为提意见贴大字报就被调动工作，就被开除，一律无效。（群众欢呼。）接待站过去工作上有错误的，现在正在研究改进，你们可把本人要反映的问题的情节写成书面材料，交给接待站，特别重要的问题，要向中央文革小组反映，可放在邮筒里，我们当天就可收到，下面請关锋同志讲话。

关 鋒 同 志 的 講 話

商业部招待所听说分成两派，这是很自然的，可以大家讨论商量，不要互相你说我是"反革命"，我们要相信群众的大多数，相信你们是好人，是革命的。尽管有些人做法不对，可以改嘛！如果真有反革命，也不需要你们来抓。刚才王力同志的讲话，我们大家的情绪还是一致的，你们不要受坏人的挑动，我们调查，如果有人在幕后挑动，一定要追究，严肃处理。要相信我们无产阶级专政是非常巩固的，真正的反革命是逃不了的。你们双方的对立情绪应该消除。听说有的地方有的单位到这里来抓人，那是错误的，就是坏人也不要急于抓，到时候会处理的。现在有人的凶器不交出来是犯法的，有问题我们希望还是回原地处理。要回去搞文化大革命，无产阶级文化大革命胜利了，你们自己的问题也就解决了。要听毛主席的话，排除万难，去争取胜利。

刘 建 勋 同 志 的 講 話

我完全同意关锋同志的讲话，问题还得靠你们自己起来斗争解决。

胡 痴 同 志 的 講 話

我作为解放军战士，讲几句话，我同意王力同志和关锋同志的讲话。我们这里有当过解放军的，有红卫兵，我们都是兵，我们要保卫毛主席，捍卫十六条。要保持人民解放军的荣誉。我们这里有许多人以前为人民流过血，立过功，现在要保卫人民的根本利益，脚跟一定要站稳，要接受考验，不要人云亦云。

（十时，陈伯达同志进入会场，群众欢呼。）

陈伯达同志的講話

（王力同志翻译）

    刚才我到商业部招待所去看望你们，到食堂里惊动大家，很抱歉，你们来自五湖四海，来了十几天、几十天就什么帮派，那是不好的。刚才王力和关锋同志已经和你们讲了，我们要文斗，不要武斗。小刀子、皮鞭子要留下来，不要带出去了。我说的小刀子不是削苹果的小刀子，是匕首，交上来我们不记名、不记帐。带出去就犯法了。过去的就不要算帐了，算不清楚，要算一辈子，还要算上三代哩！东楼和西楼不要形成对立，可以开个联欢会。我们是来做群众的学生的，群众是我们的父母，我们是你们的勤务员，我们说的不对，你们可以批评。有人喜欢武斗，手很痒，象有鸦片瘾，很重，要改呀！我们要休息，大家也要休息，我建议就开到这里，好吗？

    （有人发言说，不是东楼跟西楼的对立，是"八·二五""黄继光战斗队""西安九六九"和"一〇一四战斗团"跟以刘沙为首的大会主席团的对立）（"黄继光战斗队"于××要求发言）（注："西安九六九"只有两个人，刘沙非大会主席团人员）

    王力同志说：你们可以保留你们的意见。我记得你（指于××）你叫于××，你不要再说了，昨天晚上我们听你讲得很多了，今天也该让别的同志说了。我知道你，你犯了错误，你用钢丝鞭子打了人。（陈伯达同志用手比划说："这么长。"）你应该改正。

    陈伯达同志：好了，今天会就开到这里。

    王力同志：有凶器的要留下来。（散会）

周总理十一月二十一日夜里的讲話

（记录稿与原话可能有出入，仅供参考。）

我有另一个重要的会议，人已到齐在等我了，我先讲一讲。三面红旗的问题，是口号，已经提出，不喊是错的。张劲夫说中央曾经谈过这事情，有这么回事。这三个东西变成并列，不符合一元论、辩证唯物论思想。总路线是主题，其它都是派生的。人民公社是个组织形式，大跃进是个速度问题。我们一形象化，就变成三面红旗。这不是中央提出的，群众有这样提法，《人民日报》选用了这个口号。这还是好的口号，是克服困难的口号。所以当时不提这事。主席提出并列不对，但群众已经喊出，就不变，要逐步改变。在调整巩固时期提法已有些不一样，到我在三届人大的政府工作报告中就不再这样说了，有意识的转的，但不取消。有一些口号以群众语言叫出来，当时都用上了。经过用毛泽东思想一衡量，就要修改一下，但要到适当时候。如毛泽东思想的定义，反复研究怎样才能恰当。要符合原则及当时的情况。在三年困难时期，要高举三面红旗。关于不并列提，不知张劲夫是从那口子听到的。中央确实讲过。你是从宣传口还是从什么口知道的？（张劲夫答：我记不清了。）来源总不清楚，这暴露你一个思想。二十四个口号变成二十六个，是符合红卫兵不断加出来的。同学提出来的口号提得很高，你一改变都是阴谋了。暂时保留一时期的行动口号可以不变，如写成书就要逐步科学化。你们学自然科学，有些自然科学现象也存在着这种情况。这样才合乎辩证唯物论的思想。

现在新的组织不断发展，有的分化出来。红色造反司令部那天晚上发出争论传单，我昨天才看到。红色造反司令部原来和造反团在一起，现分出来了。你们十个人都来了。你们说你们老早就筹备了，但最近才发出宣言，十八日才发第一号通令，我们只能看这两个东西。建议院文革承认这个组织，界限要划清楚，要与造反团分开，不然不能成立独立组织。我要领导小组和你们讲清楚，人数少，要给少一些。不能说是刘西尧的问题，决心是我下的。你车子要开进来，没票怎么能进来。我同意了，要犯极大的错误。大家喊口号，誓死保卫毛主席，誓死保卫党中央，誓死保卫毛泽东思想，我怎么能不保卫毛主席和党中央的所在地呢？我曾经挡过两批要冲进来的人。是我叫刘西尧同志出去的。如果他话说得不好，是他的态度问题，意思是我的意思。十八日会议上我就宣布了，我主张承认你们，完全是民主的态度，民主集中制。至于票数，是发展的嘛！听说又有新的组织了，情况总是会兴起的。只要是革命的，接受毛主席和共产党领导的，高举毛泽东思想伟大红旗，读毛主席的书，听毛主席的话，按毛主席的指示办事，走社会主义方向，执行十六条。你们有权利实行结社自由。有个前提，不能是反党反社会主义反毛泽东思想的，反的不行。这问题我要声明清楚。领导小组还是要有各方面人参加的,造反司令部也参加了。这是协议了的。联络员同志退出，还当顾问，当联络员参加，这个领导小组，领导会议、领导学习，其他如材料等问题，也先不要管。先把院领导问题解决，包括广义的。科学院作个试验，在院党委瘫痪的情况下如何做得好。串连队同志提到改组院党委，他们提张劲夫可以保留。我问保留的理由是什么？既有不同意见，就不要少数人听，到这个会上来说好了。请代表性的同志讲，我们也希望听全面意见，把问题搞得更清楚。虽是一个成员问题，是个主要成员，也郑重其事听听。今天交锋激烈，但只有几个同志准备，还没准备好。星期三如果没有特殊的事情，我还邀请你们来，听你们的意见。张锦文（音）同志讲的系统的意见，有文件作证明的，写出来更有力量些。档案问题希望还封存不要动，晚几天处理不要紧。没交的要准备交出，集中。中央肯定是不主张公布的。已经搞到的一些材料，我相信他们保存这材料不公布，中央肯定不公布，是准备烧的，保卫部门的材料有关文化大革命的要交，无关的不交。保卫部门同志在场的要负责的。还有一部分材料，界限不很清楚，那一天要讲的，今天不可能讲了。其他问题，星期三开会的时候没答复的还可以答复。

清华大学《冲霄汉》战斗队根据工农兵战斗大队稿翻印

北航三〇三教研室部分同志再翻印

11.30

关锋、王力同志于十一月二十一日

在政协礼堂接见"反修大会"工作人員的談話

王力：你们除准备开这个大会以外，还准备干什么？

北航红旗代表：我们要开批判第二司令部执行资产阶级反动路线的大会及进行内部整风。

三司令部代表：最近以来，连续发生砸我司令部的严重事件，据不可靠的消息，西城区纠察队和第二司令部纠察队（部分）要联合搞垮第三司令部，这是阶级斗争的反映，要来一次反扑，我们要查根源，准备开一次大会。

关锋：要注意这样一个问题，要相信大多数同志是好的，西城区纠察队我们也去了一下，他们有他们的观点和看法，我们讲了我们的观点和看法，他们不一定同意，他们也听到一些谣言，听说第三司令部要砸他们，搞得很紧张，他们砸了你们，你们不要砸他们，你们要作艰苦耐心的思想工作，有的同学受了蒙骗，要作艰苦的思想工作，要相信他们大多数是会服从毛主席正确路线的。

王力：要相信大多数，他们暂时受了蒙骗，要作艰苦的思想工作。

第一司令部代表（石油）：《论造反者》是我们学校保字号写的，是大毒草，谣传是姚文元同志写的。

关锋：你们可以去宣传，《论造反者》不是姚文元写的，与姚文元同志毫无关系，姚文元同志根本不知道，我看过那份东西，是不正确的。

三司令部代表：我们那一份从长沙来的急电，你们收到了没有？

王力：收到了。

三司令部代表：长沙来了几个同志，他们想马上亲自向中央反映湖南重要情况。

王力：你们觉得张平化怎么样？

三司令部代表：我们觉得很坏！

人大代表：张平化九月二十四日的讲话，影响面很广很坏。

王力：这个报告已经影响到全国，张平化他自己也承认这个报告很坏。

三司令部代表：我们觉得这个报告比谭立夫讲话还臭。

王力：从十一中全会到现在，三个多月，你们看形势怎么样？

人大：形势大好，可能出现大的反复。

三司代表：反复是肯定的，但每反复一次，斗争就深入一次。

王力：总的形势是大好的，也可能出现新的反复，需要大家头脑冷静一点，把过去的问题摆一摆，现在把过去的问题摆一摆，现在把工作总结一下，要做深入细致的工作，新的斗争任务摆在我们面前，要总结经验，提高认识，整顿队伍，扩大队伍，注意策略，十一月份开的大会较多，十一月六号开了一个大会后，全国各地也开了不少大会，从十一月份到现在又有一个多月了，现在这样一个新的斗争任务摆在我们面前，究竟怎么办好？现在你们还准备开两个大会。

关锋：你们要跟反对你们的人接触接触，我相信反对你们的人中大多数还是好的。

王力：你们的核心要搞一搞批评与自我批评，没有批评与自我批评，就不能形成坚强的领导核心，象打仗一样，打一仗后，要休整一下，提高斗争水平和策略。十月份以后，形势起了大的变化，左派队伍扩大了，翻身了，保守的一派分化了，有进步了，这些问题都需要我们去做工作。有些同学在家是保守的，出去串连以后，受到围攻，尝到资产阶级反动路线的味道，回来有所改变了，我们要欢迎他们，不要扣这扣那的帽子，要做艰苦细致的工作，要团结他们，扩大队伍，把队伍搞得浩浩荡荡，因此，你们要坐下来，总结工作。

关锋：西城区纠察队，你们可以好好地跟他们谈谈。

王力：当然，原则不能让步的。现在北京有一股打人的风，这不利于文化大革命的深入，要制止这股风，近日北京市有一个重要通告。

关锋：这个通告是很正确的。

王力：这个通告是中央文革提议的，北京市委通过了，准备发行到全国去，行凶打人、砸，这样不行。现在天气冷了，许多同学要回来怎么办？要有一个打算。

北航红旗：我们要开展小整风。

王力：他们要回来了，可能对你们的做法有些意见，要辩论，你们要做好工作，争取主动，要有一个精干的队伍，没有巩固的核心，要带好这么大的队伍是不可能的。他们回来了，这个局面就不一样，究竟怎么办？北航红旗小整风很好。

革命形势在发展，工厂、农村都起来了，这是谁也阻挡不了的，知识分子要和工农群众相结合，学校不能在空中来改革，我们要取得工农的信任要有一个过程，和工农群众相结合也要有一个过程，这也是自我改造的过程。

关锋：到工厂不要做包打天下的英雄好汉。

王力：工厂革命还要靠那里的群众，要作许多艰苦的工作，要相信工人自己起来干革命，要学会当小学生，学会和工农相结合。

徒步串连，也要有许多准备，要熟悉工厂、农民，尤其是农民。不要都到雪山草地去，那里没有群众，没有复杂的阶级斗争，国家也不可能办那么多兵站，不一定都到那些出名的地方去，不要凑热闹，主要是和工农相结合。

关锋：你们步行去，他不欢迎你怎么办？不欢迎，不要动手，开始可能不欢迎你们，他们要看你们的行动。

王力：总之，你们几个司令部都面临着许多具体、共同的问题，要考虑，要考虑，不要把主要的精力放在开大会上。

说明：此是参加座谈的七位同志根据自己的记录整理出来的，未经过关锋、王力他们本人的审查。

首都大专院校红卫兵造反总司令部

66.11

陈伯达、王力同志十一月二十二日的讲話

时间：1966年11月22日晚六点到十点
地点：政协礼堂

中央文革首长陈伯达、王力、关锋、刘建勋、**解放军报总编辑、上访群众。**

情况：一九六六年十一月二十二日下午两点左右有一辆小汽车开到商业部招待所。可能是首长来之前，看看环境的，五点左右，陈伯达、王力、关锋、刘建勋、解放军报总编辑等同志到202号房间找上访群众，谈了一小时许。六点钟到食堂，因为人越多，安不下，首长们走了。群众到政协礼堂集合。七点左右，王力同志讲了话，他说："今天不是解决上访问题，是解决北京市委贴出的重要通知所谈的问题，通知，你们见到没有？（群众：见到了。）你们赞成不赞成？"（群众：赞成。）

王力同志说："这是中央文革小组建议，北京市委报告毛主席，毛主席同意了。（群众高呼：毛主席万岁！）这个通告不但要在北京贴，在全国范围也要贴。现在，昨天在东城区旧政协礼堂又在搞拘留所，私设公堂，严刑拷打，逼供……谁干的？'八·二五''黄继光战斗队'他们打的旗号是保卫毛主席，实际不是。他们的行为不是共产党的作风，是国民党作风。打人要受处分，过去打了人要处分，现在打人更要处分。尤其是幕后策划者，更要严厉处分。现在他们有凶器，有匕首、皮鞭、铁棍等，要全部献出。现不献出，以后查出，按法律处分。"

关锋同志说："你们不献，就放在桌子底下，不要带回去。"

谈到平反问题，王力同志讲："群众打成反革命，一律平反，《军委紧急决定》和《中央补充指示》，各个招待所都要张贴,你们看了后可以对对号，你们要斗争，把走资本主义道路的当权派打倒，要解放自己"。

关于接待站的问题，王力同志讲："接待站过去工作有错误，正在研究，应该解决的就解决。"这时大家要求刘建勋同志讲话。刘建勋同志说："你们到北京来，我们招待的很不够，你们应当靠自己解放自己。"

解放军报总编辑讲："你们荣、复、转、'退伍军人同志都发扬了部队中的艰苦作风……（把大家表扬了一番，不记）"这时，陈伯达同志到会了，讲话听不清楚，王力同志翻译，陈伯达同志说："现在东楼，西楼（指商业部招待所而言）对立，两个派到这样不好，东城打人我们去看了，鞭子很长（用手比划着）。西城区有一些组织，没有问一个为什么，就和他们一起干了。打人，就是破坏文化大革命。今后两个楼要团结，开个联欢会。被打的不要回去了，就算了。"（这时群众纷纷控诉"八·二五""黄继光战斗队"罪行。）

陈伯达讲："现在有些人打人象吃鸦片那样过瘾，暴徒打人快活，还要用凶器，这是要不得"。"八·二五"的人也发言，"黄继光战斗队"头目于莫海上去讲话，关锋、王力很愤怒。王力同志说："你不要讲了，我们知道你叫于莫海，打人就是你打的！"

关于张文彩、李润贵问题，王力同志讲："张文彩根本不是江青的秘书，李润贵根本不是林彪的秘书，以后不准这样。""群众一律平反，当权派阻力很大，可以造反。"

全国荣、复、转、退革命军人红色造反团总部

1966.11.23

大连毛泽东主义红卫兵驻京联络站翻印

1966.11.26

北京师范大学图书馆革命文献资料组再翻印

1966.11.28

陈伯达、王力、关鋒同志
十一月二十三日在政协大礼堂講話

参加人：陈伯达、王力、关锋、刘建勛、解放军报总编辑

晚上七点半左右，王力同志讲了话。他说今天不解决上访问题，是解决北京市委贴出通告所谈的问题。通告你们见到沒有？（众：见到了。）你们赞成不赞成？（众：赞成。）这是中央文革小组建议，北京市委报告了毛主席，毛主席同意了。（众高呼：毛主席万岁！）这个公告不但要在北京贴，在全国范围也要贴。现在，昨天在东城区旧政协礼堂，又在搞拘留所，私设公堂，严刑拷打，逼供……谁干的？（八·二五黄继光战斗队）他们打的旗号是保卫毛主席，实际不是。他们的行为不是共产党作风，是国民党作风。打人要受处分。过去打了人要受处分，现在打了人更要受处分，尤其是幕后策划者，更要严厉处分。现在他们有凶器，有匕首，皮鞭、铁棍等，要全部献出。以后查出要按法律处分。

（关锋同志讲：你们不献，就放在桌子底下，不要带回去。）谈到平反问题时，王力讲：群众被打成反革命的，一律平反。"军委紧急通知"和中央补充指示各个招待所都要张贴。你们看了要对对号，你们要斗争，把资本主义当权派打倒，要自己解放自己。接待站过去工作有错误，正在研究，应该解决的就要解决。（这时大家要求刘建勛同志谈话）刘说：你们到北京来，我们招待不够，你们应该依靠自己，自己解放自己。

解放军报总编辑讲：你们革、复、转、退军人同志都发挥了艰苦作风……
（这时陈伯达同志到会了。）陈伯达同志说：现在东楼、西楼（指商业部招待所）对立两个派别，这样不好，东城区打人，我们去看了，鞭子很长（用手比划）西城区有一些组织，没有问一下为什么，就和他们一起干了。打人就是破坏文化大革命。（这时群众纷纷控诉"八·二五黄继光战斗队"的罪行。）

陈伯达同志讲：现在有些人打人像吃鸦片烟那样过瘾，暴徒打人快活，还用凶器，这是要不得的。

（"八·二五"的人也要发言，"黄继光战斗队"头目于英海上去讲话。）关锋、王力很愤怒，王力同志说：你不要讲了！我们知道你叫于英海，打人就是你打的。关于张文彩、李润贵问题，王力同志讲：张文彩根本不是江青的秘书，李润贵根本不是林彪同志的秘书，以后不要这样讲，群众一律平反，当权派阻力很大可以造反。

李富春同志在团中央直属单位座谈会上的

讲話和挿話

前言　十一月二十三日上午十时左右，我们接到通知下午去李富春同志那儿座谈，下午二时半开始，七时结束。会议地点和各直属单位出席人员和上次一样，有机关代表高明等七人，临时书记处书记王道义，文革主任周宝兴。在这次座谈会上，团中央直属单位有团校、青年社、少年报社同志发言，团中央机关有魏章玲发言，现将李富春同志的讲话和插话，以及机关代表的发言，整理出来供参考。记录未经本人审阅，有错误由我们负责。

团中央机关代表

11.24

座谈开始，富春同志说，今天因时间关系，先请团校同志讲，如果有两派人，两个人讲，如果是一派就一个人讲。

当团校同志说到把左中右名单都公布了，富春同志问：这是什么时候公布的？团校的同志说，现在的筹委会也搞了整群众的材料，是否要清理？

富春同志说："凡是有关文化大革命中整群众的材料，不管是过去、现在，都要清理出来。"

青年社文革筹委会主任（以下简称青年社）说："打乱原来的文革小组，按观点自由结合成立战斗小组，这样做我们是同意的，问题是编委会等一些人没有组织。这些人又想组织起来，又怕组织起来。"

富春同志说："只要不是真正的当权派，也可以有组织起来的自由，不要阻拦，有不同意见可以发表。"

青年社："×××大家说他不是'反革命'，但是他还有其他问题，那怎么办？"

富春同志说："……去掉，他的其他问题，以后解决。"又说："要说服同志们打击一小撮走资本主义道路的当权派，不要打击面过宽，要注意政策，不要弄得人人不安。"

青年社："被镇压的五个革命同志，要来看纪云龙（社长）的日记本，他们说，为了批判资产阶级反动路线。我是不同意他们看的。"

富春同志说："关于平反和销毁材料，要坚决按中央十一月十六日补充规定办事。要讲杠杠，这是条铁杠杠。除本人检讨材料交本人以外，其他一切材料，什么排队名单都集中起来，当众销毁。不管那一派有意见，中央都是这个意见，不然会引起群众对群众的怀疑，不满，甚至群众斗群众。中央不赞成这个做法。中央的这个补充规定，是经过毛主席批准的，中央颁布的，这就是最高指示。大家不是拥护毛主席吗？我们不要再犯群众斗群众的错误。有同志想找材料批判资产阶级反动路线，有的是事实，何必在日记本上找材料呢？"

青年社：我们认为批判资产阶级反动路线的矛头指向以纪云龙为首的领导小组，不能往下转移，搞人人过关。

富春同志说："不要搞人人过关，人人检查。大家都要在文化大革命中提高觉悟，取得经验，大家来学习'老三篇'，就可以破'私'立'公'，在这个基础上使人的思想革命化，不要人人过关，人人检查。"

青年社：希望富春同志在百忙之中，多关心一下团中央文化革命运动。

富春同志说："有人给我写小字报，说我是走马观花，叫我下马看花，要求是正当的。我有官僚主义，但工作太忙，会议太多，实在很难摆脱。"

青年社：有的受打击的革命同志，要求平反时，对他的缺点错误的看法，也要平反。

富春同志："平反是平反'反革命''假左派，真右派'，至于个人的缺点、错误，不属于平反的范围，要靠批评与自我批评来解决，这是属于人民内部矛盾，不能要求过高。"

×   ×   ×   ×

少年报文革筹委会主任（以下简称少年报）：我们这里有两派。

富春同志问：你们有多少人。

少年报：三十八人。

富春同志说："三十八人有两派，不算多。"

少年报：上下左右一起烧，是不是富春同志提出来的。

富春同志说："我没有说上下左右一起烧，（笑），上下左右一起烧，怎么个烧法？"

少年报：怎样看待群众运动的有些过火言行？

富春同志："斗争中的过火行为，过火的言论，既往不咎，不要在枝节问题上争论。"

×   ×   ×   ×

亚疗院同志：富春同志有否谈过，不要以罢官为满足。

富春同志说："我说过，不要以罢官为满足，但我没有说过不要批判，要批深批透。罢不罢官，是不是无产阶级司令部，不能自封，是要群众作鉴定。"

×   ×   ×   ×

中国青年报社同志：我非常担心马上会发生群众斗群众。

富春同志说："一定要学会大民主，不学会大民主，少数派抬不起头来。一定要按林彪同志十一月三日的讲话，要善于互相倾听不同意见，善于互相商量，善于摆事实，讲道理，善于开动脑筋，思考问题，反动路线的错误，就是斗群众的问题，就是依靠一部分群众压制一部分群众，如果我们现在还继续这样做，还会犯错误。我们要大民主，要文斗，不要武斗。要摆事实，讲道理，不要重复犯错误。"

（转抄自中国科学院社会科学学部《捉鳖者》战斗组大字报）

周荣鑫同志十一月二十六日对首都紅卫兵

第三司令部北京鋼鉄学院等校

部分同学的講話

周荣鑫：……十六条公布了，北京市通知也出去了，你们（指在場的钢院、石油、北大、农大等校附中部分同学——记录者注）没有打着什么第三司令部，打了钢院很多。……我接到钢院文革电话，不是三司打给我的。不管怎样，有情况可以调查。调查清楚再办，首先到军事科学院调查。最近确有一种气氛。我同西城区纠察队负责人谈过话。负责人表过态。不是对西城区纠察队怎么的，我对两方面都谈过。我也知道西城区纠察队。批评过他们。为什么上地质部？他们（指地质部党委——记录者注）马上打电话给西城区纠察队。西城区纠察队确实有缺点，我给他们提意见，但不是他们的事。我叫他们不要上别人的当。不是他们自己要去的，是打电话叫去的，去八百人。

在場一钢院同学插话：我们上冶金部轰二次，他们还都去了。

周：我不太清楚。

……

钢院、石油等校附中某同学插话：国家办公机关都被围……。

周：不能这样讲，他们并不妨碍办公，他们去找邹家尤，何长工的。大学斗争热烈，同中学不一样。你们确实不了解大学斗争激烈情况，中学不一样。

钢院等校附中某同学插话：中学也搞得挺厉害。

周：那一开始……不象大学那样尖鋭。

石油附中某同学插话：我们也尖鋭。

周：你是那学校的？（该同学答：石油附中。）

石油附中也尖鋭。

他们（指大学生——记录者注）行动有些过激，免不了。受压制下，过激是免不了。我也同他们谈过，十月六日后，形势变了……。你们有意见提可以，找负责人说。可以。今天这样是不对的。同钢院冲突，打了钢院的，这怎么好？

他们（指三司——记录者注）有缺点可以批评……青年人大风大浪里锻炼，有缺点可以改正！

打解放军，听了气愤，心情可以理解，但要调查清楚，你们到军事科学院调查嘛！三司打了，可以承认错误，不是他们（指三司——记录者注）打的，就不要再有意见，要消除意见。你们（指在場附中同学——记录者注）原来也是少数派。要联合起来。

现在的确有一股风气，要砸第三司令部。我常听说，为什么造成这样？无非是十月

六日以后，形势起了变化。

十月六日你们在家吗？

附中某同学答：不在。

周：十月六日，形势起了变化。有些人有些意见，我告诉西城区纠察队别上当。都是少数派……我建议开个联欢会。我告诉你们（指在場附中同学——记录者注）别上当。

打了钢院同学，……

钢院某同学插话：钢院今天在場的，不少人原来是少数派。

附中某同学插话：三司不谦虛。

周：你们提意見嘛！他们有错，可以检查。你们旣然观点一致，有什么好打的，你们要调查嘛！

在場的某军队首长插话：军事科学院很近嘛！

周：三司确实打了解放军，可以批评，可以送大字报。我说你们不要上当。

你们两家消消火，明天谈谈。

你们（指三司在場同志——记录者注）是大学生，让让。

附中某同学插话：我们让。

周：什么我们让，算了吧！

我给你们"和稀泥"。

附中某同学插话：好象我们来砸的。

某军队首长插话：周荣鑫同志说，几点意见，你们都是少数派，要团结，三司打沒打解放军，你们要调查，第三，三司把车子还，可以道歉，可以开个联欢会。

周总理在接见外地革命师生大会上的讲話

（根据记录整理，仅供内部参考）

地点：人民大会堂

时间：1966年11月27日下午四点半

同学们，红卫兵战士们，同志们：

我首先代表毛主席和毛主席的亲密战友林彪副主席，代表党中央和国务院向你们问好！

现在，让我向你们致以无产阶级文化大革命的敬礼！因为你们等很久了，希望见中央、国务院和文革领导小组的同志，我们不可能一个一个的接见，采取了集体接见的办法。能来的同志我都动员来了，我向大家介绍一下（参加大会的有：陶铸同志、康生同志、李富春同志、陈毅同志、叶剑英同志等共二十二名），陈伯达同志、江青同志，因为这两天接见，身体不好，不能来，让我代向你们道歉。

现在我和大家讲讲毛主席和党中央已经决定了的问题，还有些未决定的问题，我作个交代。

地方的问题，一般地说，只能靠你们自己与当地的党政领导机关协商解决，不可能都由中央解决。设想一下，拿学校来说，全国的学校每一个学校一件事，大学有几百所，中学就更多了，都派代表，派人到中央来解决，在座的天天接见，也排不下来，所以一般地说，各学校一有事就到中央，使中央的工作陷于被动。我们在毛主席的亲自领导下，林副主席的帮助下，尽可能地作调查研究工作。但是，不可能解决好各个地方的问题，因为，不可能了解地方上的所有的情况。把所有问题都交到中央来解决，这样作也不符合毛主席的领导方法和思想方法。当然也不是一个具体问题也不解决。这是开场白，这可能使你们听了不太满意。有了大的方针、道理，你们就可以自己回去，依靠自己教育自己和自己解放自己。刚才我也交代了，能解决的我们也不推脱，这里在座的有政治局的同志、国务院副总理、国防委员会副主席、文革小组同志、全国总工会的负责人、中共中央秘书厅、国务院秘书厅的同志。

还有些工人的代表，由刘宁一同志准备组成一个接待班子，同样开这样一个会。

讲几个问题：

一、无产阶级文化大革命的目前形势。

我们说，现在形势大好。我想把陈伯达同志在十月十六日在中央工作会议的讲话念一段。（总理说，这是最后向全党发的正式文件，不是你们在外面传抄的那个讲话。）

"形势大好。无产阶级革命路线取得很大胜利，资产阶级反对革命路线宣告失败。形势大好的基本特点是：广大群众真正发动起来了。八月十八日，毛主席同林彪同志说'这个运动规模很大，确实把群众发动起来了，对全国人民的思想革命化有很大的意义'。毛主席三次在天安门接见群众和国庆节的检阅，群众的规模之大，声势之盛，在中国，在世界，都是史无前例的。毛主席同那么多的群众见面，亲自到群众中去，同群众在一起，说明了他总是信任群众，同群众共呼吸，共命运，给全党同志树立了最光辉的榜样。同志们要晓得什么是真正的无产阶级革命家吗？伟大的无产阶级革命家——毛主席就在我们身边，我们要向他学习、学习、再学习。

两个多月以来，即从党的八届十一中全会关于无产阶级文化大革命的决定发表以来，广大群众得到了战斗的思想武器，对毛主席关于无产阶级文化大革命的思想更加了解，斗志更加昂扬，运动更深入、更广阔、更健康地发展。文化大革命把学习毛主席著作的群众运动推向了新的高潮。伟大的红卫兵运动震动了整个社会，而且震动了全世界。红卫兵运动的战果辉煌。可以无愧地说，整个文化革命运动，比巴黎公社，比十月革命，比中国历来几次大革命的群众运动，都来得更深刻，更汹涌澎湃。这是国际上更高阶段的无产阶级革命运动。这个运动引起全世界革命人民的欢呼和支持，同时，激起全世界帝国主义者和现代修正主义者的恐惧、痛恨和忧虑，而许多庸人都为之目瞪口呆。"这是前一段的报告，现在毛主席和他的亲密战友林彪同志及其他中央领导同志已经是第八次接见了，到京的外地革命师生是一千万人，接见了一千一百多万人，这就是说包括北京的学生和解放军。今年的接见已告一个段落，明年春天再接见。今年暂时停止免费乘车到北京串连，明年再继续免费乘车到北京串连。现在已是严寒的时候，我们正在进行全程徒步串连的试点。今年作试点，明年向全国推广。

现在看，离陈伯达同志的报告又一个多月了。从公报发表起到现在，也有三个多月了。现在无产阶级文化大革命的发展正由大中城市影响到小城市，由大中学校影响到小学，由学校影响到工厂，由城市影响到农村。势不可当，在这种大势所趋的形势下，应采取因势利导的方针，不能阻挡。这是对目前形势的看法。

二、两条路线的斗争。

先读一段陈伯达同志报告中的一段话："在这样大好形势下，资产阶级反对革命的路线，会自然消失了吗？不。它并不会自然消失。毛主席在十一中全会闭幕会上就已警告我们：'决不要以为，决定上写了，所有的党委，所有的同志就会实行，总有一小部分人不愿意实行。'事实的发展，完全证明了毛主席的预见。

党关于无产阶级文化大革命决定的十六条，纠正了前一个阶段的错误路线，即资产阶级的路线。但是错误的路线，还可以用另外一些形式出现。无产阶级的革命路线与资产阶级的反对革命路线的斗争，还是很尖锐，很复杂的。"确实如此，全国的红卫兵战士，特别是革命的左派，这几个月批判资产阶级反动路线，这是对的，党中央支持你们。

我们要告诉你们，在进行两条路线的斗争中，要区别两类矛盾。我们说，犯路线错误的同志，一般是人民内部矛盾，我们应用处理人民内部矛盾的方法来解决。只有坚持错误不改，或者本来就是反党反社会主义反毛泽东思想的反动分子，或两面派，当面一套，背后搞阴谋，如前北京市委的彭真，这是敌我矛盾。我们作两条路线的斗争时，要注意调查材料，核实材料。

现在，各地正在开三级干部会议，传达中央工作会议精神，这个事中央已经发了通知，通过各省、市、自治区告诉你们。让他们把这个会开好，思想搞好，以便通过必要的检查，把无产阶级文化大革命继续搞下去。所以，在开会时不要冲进会场，使他们会开不成。也不要让参加会议人停下来写检查，最好让他们开完三级干部会后，可能更好一些。我们也不要求你们参加党的三级干部会，因为这是党的会议。所以，在会议期间，如果革命师生调查或质问什么人，可以个别接洽，可以给他们提意见，写大字报。我们希望，二十八个省、市、自治区，能把党中央的精神、林彪同志及伯达同志的报告讨论好，这样便于把文化大革命进行好，也便于你们帮助犯路线错误的同志承认和认识自己的错误。十一中全会刚开完，各地省、市委还未传达，我们的红卫兵小将就冲到全国各地，这就使各级领导未传达和学习中央精神。当然，责任在他们身上，为什么红卫兵小将能领会中央精神，而各级党的领导很不领会。这说明各级党的领导对毛主席无产阶级革命路线很不领会，很不理解，所以文化大革命起来一冲就受不了啦。所以，我向你们提出，你们把这个事情打电话，把三干会议开好，帮助党中央解决这个困难。这也是帮助省、市委认真把这个会议开好。

学校里也有两条路线的斗争。应把矛头指向原来的学校领导和工作组。不应指向群众（掌声）。至于在学生与群众中，在左派中，你们应该好好学习毛主席著作，学习党的政策，研究斗争的策略，这样才能扩大队伍，才能争取、教育、团结中间群众，争取、教育、团结大多数，争取、教育、团结保守派。尽管实践证明有少数右派分子，也要留到运动后期酌情处理。总之，我们每一个人都要在无产阶级文化大革命中受到锻炼，我们自己包括在台上坐的每一个人。因为革命的学生，都是青年，大学生都不超过三十岁，在青年时代的思潮是起伏不定的，变化很多。要经过多次反复才能固定下来的。所以在革命青年中派别很多，时分时合变化很多，是可以理解的。我们在青年时期过过，那时比你们幼稚的多，当然两个时代不同了。

你们生活在毛泽东时代，才有这样的民主，你们应好好利用这个光阴，尤其是已经宣布放假一年。

我们希望你们好好学习毛主席著作、党的政策，学习代表党的声音的《人民日报》和《解放军报》，向广大的工农兵学习，这才真正象毛主席说的吃透两头。上头是毛主席著作，下头是向工农兵、向实践学习。只有这样，自己所作的斗争才有希望，在两条路线的斗争中才能不断提高自己。

所以，在两条路线的斗争中，注意政治性的大关键问题，不要纠缠那些芝麻小事。要研究正面的东西，不要专听传说，因为有些传说，断章取义，不要传抄非正式的文件，如刚才我读的是正式文件，在这以前，北京市传抄的不是正式文件，与正式文件有出入，这不仅对文件传达不利，也是对陈伯达同志不尊重了。同样的，对毛主席和林副主席的东西，也以正式文件为准。我常常收到信让我证明哪些毛主席的诗是真的，哪些是假的，我不能回答，因为不是《人民日报》发表的。尤其是主席的声音，不仅影响中国，而且影响世界，一个字传错了就影响很大。你们不是说，听毛主席的话，关心国家大事吗？这也是大事，你们也应该胸怀祖国，放眼世界，把这个事承担起来。

总之，要按照毛主席的指示，树立两条路线斗争的正确作风，好的作风的形成不容易，正是这样，在文化大革命中才暴露出来一些党的领导，不仅在思想上，而且在思想作风上不符合毛泽东思想。这些不符合毛泽东思想的东西，是有社会基础的。正是因为这样，毛主席才亲自领导了首先在文化领域中的文化大革命，正是因为这样，我们在毛泽东思想教育下的青年，应该有这种作风，这将有深远的影响和作用，挖掉修正主义的根子。

三、平反和档案材料的问题。

在最近北京已经印发了十一月十六日中央关于档案材料的补充规定。这个规定才传下来不久，还不能说贯彻得怎么样。现在外出串连的同学刚开始返校，这个问题，在十二月才能得到较好的解决，希望北京树立一两个典型。在平反工作中，前一段有的做得好一些，有的做得差一些，但从现在看来，做的还不彻底，所以中央又作了补充规定，一律平反，恢复革命左派的名誉。应该说，在半年的实际斗争中，证明你们是革命的，这是事实。中央只是把这个客观事实恢复面目，所以首先是归功于你们自己的斗争。至于档案材料，还更复杂了，应由各学校党委和工作组把材料集中封存起来。上报的材料，由上级领导集中。把这些材料封存起来，不能分散下去，更不能拿去参观。等着全校师生回来派代表，当众焚掉，一烧了之。有的说，这不是把一些可以作为批判资产阶级反动路线的材料也烧掉了吗？不会的。因为工作组在学校犯的错误是在群众中犯的，群众是清楚的。又经过了左派的斗争，就更清楚了，特别是"十·一"林彪同志的讲话及《人民日报》、《红旗》的社论，明确了两条路线的斗争的重要性。已经认识了反动路线的严重性，不仅左派同学看到了，而且较保守的同学，也逐步的觉醒了，这种现象，是值得我们欢迎的。队伍增多了，这一点最重要，因为人是最可宝贵的。名字不宣布，这样有好处，无坏处。这样的好处就是不引起群众斗争群众，不造成群众之间的对立。工作组对群众进行排队，这个政策本身就错了，批判他的本质。而材料公布了反而不好。

主席、林副主席、中央常委、文革小组再三商量，认为对于材料一烧了之，为最好。因为这样就可以使我们思想引导到更大问题、本质问题上去，使我们思想提高，也便于使那些被蒙蔽的同学认识，也便于保守派的整风。属于已经拿到左派手里的材料，或已经分散的材料，除自己的检查以外，都应三方面集中在一起烧掉。

犯这样错误的领导人（原来的校领导人、工作组领导人）除一小撮人外，我们应按毛主席教导处理人民内部矛盾的方针"团结—批评—团结"处理，要治病救人。我们应当从小就培养成为顾大局识大体这种作风，这样，就能形成健康发展的大民主。

四、谈谈大民主。

前次的谈话，谈到这个问题。确实如此，今天我们广大群众，特别你们红卫兵，在今天得到的民主是史无前例的。资产阶级不敢搞，只有无产阶级专政的毛泽东时代，才能有这样的大民主。这样的大字报、大辩论、大鸣、大放，我说的大鸣，包括你们说的炮轰，我们提倡炮轰要有材料。当然也免不了几炮是空的，这是不提倡的，但这是难免的。不仅四大，还有大串连，现在主要的还是学校之间。其他方面还有新的规定，下面还讲这个事情。

另外，宪法给的自由，差不多都实现了。言论、出版、结社、游行、集会，并且比宪法还超过了，我们放假闹革命。回想三十年前我们怎么闹革命的，那时天安门我们来过，得坐班房。这样一比，我们就懂得了时代的伟大，我们应支持你们。但是应该说，这么大的民主、自由，是不是没有限度的呢？不是的。我们读一读毛主席语录（打开语录第219页，读这段语录。略）所以，按照毛主席的教导，我们在谈民主、自由这个侧面时，还要想到另外一个侧面。想想没有伟大的党，伟大的毛主席，我们怎么会有这样大的自由呢？几百万人游行，几百万人接见，一下子就组织起来了。所以，我们就更要尊重毛主席的最高指示，尊重党和国家规定的政策、纪律，这样，民主与自由才能保证。现在，走资本主义道路的当权派及未改造好的地、富、反、坏、右分子，只是一小撮。广大群众动员起来了，在毛主席领导下，在无产阶级专政条件下，他们不敢……（没听清），所以我们才能放手发动群众，更好的监督他们。所以，中央最近发了一个重要通告，就是北京市的重要通告，有的说这是一株大毒草，这是误会，这是由北京市提出的，经毛主席、中央文革小组批准，由中央批转各地的。这个通告中说：（读通告。略）从今天起（北京市是从11月18日起，各地方是自省、市委宣布之日起），谁再违犯通告规定，就受严厉处理。这个通告是保护革命群众的。坏人要破坏，还有一些人不执行党的政策，比如过去工作组曾把学生扣起来，这些不去说他了。现在有些地方由于受了工作组作法的影响，由于受打击的激愤，想照着工作组的办法做，也把专政代替了，这种专政应是集中的，一分散了，就不行了。劝同学们不要一时的由于压力而产生的革命激情下，做错了事。我们劝说你们不要这样做。我们批评的矛头是过去的工作组。我们要支持党中央的这个决定。信任专政机关，这个问题，我们要特别提醒大家。我们为什么能有这样大民主呢？主要是有由毛主席亲自缔造的、政治挂帅的人民解放军。毛主席教导我们，没有武装的军队就没有一切，我们应尊重爱护这支武装力量，我们对解放军应尊重。当然解放军也有缺点，有缺点应提出来，但不应用对待其它机关的办法，冲进去，这不尊重嘛，因为只有他们才保证我们的民主，才保证帝国主义、各国反动派不敢轻举妄动。其次，另一个专政机构，就是公安机关，这一点也应给予应有的尊重。当然公安机关过去彭、罗对他们有些不好的影响，但经过谢富治同志把中央公安部、北京市公安局整顿与改组了。当然还可能有缺点，但是这种专政的机关，不能一下子冲进去，在群众中应造成有权力的印象，而不能造成无权力的印象。北京来说，《人民日报》、《解放军报》、新华社、广播电台，这些是传播毛主席和党中央的声音的，刚才说过毛主席影响很大，这些机关不要干扰，不要使业务中断，若中断就影响全国的声誉。当然有错误可以提出改正。这些，就是说给你们这样民主，你们要注意纪律。最近接见那么多人，几百万人，只用一、二个小时就做完了，首先没有纪律，那怎么行呢！比如你们这么多人到北京，只能部分的留在北京。你们提出罢某某的官，你们有权提出，这是你们的权利，但是你们要让中央调查，不能用最后通牒的办法，提出要中央几小时答应。这种最后通牒的办法，不是处理人民内部矛盾的办法。特别是正在工作的负责人，是否要罷官，要权衡利弊。批评要从严，处理从宽，这一点不仅我们这样做，将来你们大了管事的时候也要这样做。

五、组织问题。

现在离开十六条发表已经三个多月了。工作组撤后，学校的革委会多数受工作组影响，所以十六条希望的革委会还未真正形成。各种组织都存在，这样存在一个时期是有好处的。只要文斗不要武斗，不是有成见的对立，而是意见上的交锋，这是有好处的。这不仅对学校里，对社会上的斗批改，也有好处。这些革命组织，他们都是要走社会主义，要毛主席的领导，按十六条办事，这就是大方向、领导、纲领，有这三条就行了。所以，现在超过院校的全市的组织也不可能只有一种组织。全国性的组织的成立还不行，全市性的都不成熟。现在正在串连阶段。原来设想的校内的情况，还要靠大家努力，希望今年冬天出现这样的典型。

组织上我们提倡学习解放军，我们就应真正的有解放军的政治、军事训练。应有适合军队生活的组织。我们向北京的中学生提出，也向外地的学生提出，派解放军帮助你们学习，当然要与你们商量了（大家呼口号，表示欢迎），看样子你们赞成了。特别是我们中学，首先创立红卫兵的清华附中，应首先学习，中学组织好了，我们要向大学推荐。

六、长征式的全程徒步串连的问题。

免费乘汽车、火车、轮船进行全国串连，现在告一段落，现在转一下，搞徒步串连。现在北京响应的有一百多单位，有相当大的数字。我们打算最近腾出手来，准备与一百多个外地离京返校的单位，座谈如何徒步串连的问题。大概有这几件事，最好先短距离的试验，不要一下子就是长距离的。先在本省实验，再扩大到外省；路途最好是交通要道，不要到偏僻地方去。因为我们要与工厂、农村、学校串连，这样的路线在政治上、物质上都有优越条件。至于将来是否可以到山区去，可以转到下一步再说。现在有些同志要求很高，要走三十年前我们走过的路，这种雄心壮志是可贵的。但是，我告诉你们，我们走的道路，很多是没有人烟的，那你们怎么能搞社会调查呢？毛主席的基本功就是社会调查。那时我们走，是逼的。大家说要去受锻炼，在北京、在家乡也可以登山锻炼嘛。另外，大家都要到大寨、大庆、韶山冲去，大家都集中到那里去怎么行啊！现在韶山冲已经告急了。

七、到北京请愿的问题。

你们想到北京，你们的心理我完全懂得。同时，我也声明，你们都来了我们也受不了，我们不可能总和你们打交道，我们这些人都有很多的业务工作，我的嗓子坏了就是没办法恢复。我们很理解，见了你们就爱说，话越说越多，声音越来越大。昨天我与西南局的七百多人的告状团说，绝大多数人可以回去，只留下少数人，十六个单位，每一个单位最多留三人，这就可以了。因为斗争还是在本地嘛！今天我们都见面了，若还有要谈的，每一个单位可以留一个人至三个人，其余的都可以回去了。希望你们打电话回去，也如此。这样也便于接待，这是我们对你们的诚恳的要求。

八、一些未成熟的问题，只能谈一下。

1、工矿企业如何进行文化大革命，学生如何去串连，这个正在起草一个文件（草案）。

2、农村如何搞文化大革命，正在研究。

3、县以下的中学如何进行文化大革命，正进行专题研究。

4、小学的教育方针、教师的整顿也正在研究。

5、半工半读的学校怎么搞，也正在研究。

6、1965年毕业的学生，已毕业分配锻炼一年的，有的离开工作岗位串连，这些问题正在研究。

7、关于民主党派、宗教政策等，都正在研究。

补充一个问题，关于成立国际红卫兵现在的条件不成熟。你们宣传可以，但条件很不成熟。这件事情现在肯定不行。再补充陈毅同志的一件事，反修是我们斗争的重要内容，但这不是一方面的问题，所以凡是这样作，都要与外事部门联系。地方上的也要与外事部门联系。反帝反修每一个步骤，毛主席都抓得很紧，不给敌人任何机会，请同志们注意这个问题。

另外，机关问题也想谈的，不仅上面谈的两个专政机关，对外事机关、中央的要害机关，都不能乱冲进去。

陶铸同志说，关于到工厂串连，我们现在正在搞一个规定。以前的规定仍然适用。

1966年11月27日整理

陈伯达、关鋒同志接见首都大专院校

紅卫兵革命造反总司令部全体人員

和北航紅旗等同志的談話

记录整理未经本人审阅

时间：一九六六年十一月二十七日十九点

地点：北京钢铁学院

陈伯达：在座的有那些学校呀？（各学校报了）

钢院在座有多少人？北航红旗有多少人？地质东方红有多少人？还有那个单位啊？

答：林学院。

陈伯达：向林学院同学道歉（群众鼓掌），我们很久就说要到你们学校去，可惜说了两个月都没去。

关　鋒：刚才伯达同志说，向林院同志道歉，本来说要去，后来没去，现在道歉。（鼓掌）

陈伯达：道歉有什么可鼓掌哪，道歉就是我们不对嘛（鼓掌）？同学们不要太客气，欢迎去还不晓得那一天可以去，不能随便诺言，随便答应，到时候去不了就失信用了，刚才道歉就是因为我们失信用了，我们文革小组失信用的地方很多，刚才向你们道歉嘛，就是表示我们不完全正确嘛。听的懂吗？我的中国话很不好听。

关　鋒：大家安静下来，听伯达同志讲话好不好？（众答：好——！）

陈伯达：刚才有个条子说我们不关心文艺界，现在有文艺界的同志在吗？（有！）可见我们很关心嘛！

关　鋒：伯达同志想跟大家谈点意见，请大家坐下。

陈伯达：现在想跟大家交换交换意见，有些问题想向大家请教，大家安静下来就好谈一些。

你们是不是有这个感觉，现在文化大革命有些新的情况，（众答：对——！）主要是什么问题啊？主要是什么情况啊？（众答：打人！）在那里打人呀？（众答：好些地方都有。）学校、工厂……

同学：湖南在工厂打伤一百多人。

（关鋒问伯达，电报看过吗？陈伯达说"看过了。"并说：这也是有坏人挑动群众

719

斗群众。）

陈伯达：为什么打你们啊？为什么工厂里要打人啊？（众答：就是因为要黑材料不给）。

要黑材料不给就打人吗？是不是你们要得很急呀！我告诉你们呀，我们也是很急的（热烈鼓掌）。我们向中央反映情况，中央自己也掌握了情况，我们也向中央反映了情况，所以关于这个问题中央几次的发下了指示，发下了文件，你们知道中央批转军委的一个文件吗？（众：知道）你们还知道中央又搞了一个补充规定吗？（众：知道！）

同学：湖南还不知道。

陈伯达：湖南还不知道，你们报告的这个情况很好。中央批转军委指示，中央补充规定上面写着，要在群众当中宣读的，如果没宣读，应要求那里的党委宣读。宣读以后怎么办呀？他们还不交怎么办？（众：抢！）我这人生平没打过架，让反革命打过那是有的，但是从来没和好人打过架，不打架还是可以革命的呀！我没有和人打过架，你看我还算革命的？拿起武器和敌人作战那是另外一回事，那是必要的。在机关，在工厂，在学校我们想，这不是我一个人想，中央十六条规定不要打架的，打来打去最重要的、最大量的还是打了自己人，还是好人挨打，不管他有什么错误，打了他不一定认识错误，反而坚持错误，我们是希望改正错误好还是希望犯错误的人坚持好？（众：改正的好！）看来打架也没有必要嘛！这样关于黑材料问题，错误的领导，错误机关把黑材料不交出来不一定采取打的办法吧!?一个人革命不革命不在乎这个机关有没有他的黑材料，不交给，你是革命的还是革命的。他有黑材料，你是革命的他也不能证明你是反革命的。如果你就是不革命的，他那里没有你的黑材料也不能证明你就是革命的。不晓得我讲的对不对（众：对！）要动脑筋想一想，我的话也还可以考虑的，不一定都对，有人贴大字报说："陈伯达站出来"，"要罢你的官"，"陈伯达，我们要坚决和你辩论"，我说这都不要紧，我们如果是对的就不怕辩论，如果是错误的没有人和我们辩那也还是错的。我想我这个会不会主观主义，我今天来和大家随便说一点意见，现在你们碰到的问题除了本机关、本学校的以外，还有一个工厂问题，和工人的关系问题，是不是这样？（众：是！）你们现在有一个很好志愿，很多同学有很好的志愿，到工厂革命去，我赞成大家的志愿，可惜我这里有一个……可是我对这个问题有一些看法，所以需要和大家商量，是商量不是教训，更不是命令，我不是首长，大家都叫我首长，我不是首长，我是普通老百姓，可是我们解放以后在思想上必须改变一个观念，旧社会有一句话："官就是民之父母"，知道不知道这句话（众：知道！）。这个观念必须改变，我好多年以前到乡下去和农民谈话，农民对于干部有些意见，我说："你们有意见为何不提？"农民说："干部是父母官怎么能说呢。"这就给我一个启发，我就沿路讲了这个问题，我说："我们不是民之父母，不是父母官，而是老百姓的儿子。"（众鼓掌）我在《红旗》杂志登过一篇讲话《在大风大浪中成长》，也说过这个意思。我们的干部是人民的儿子，包括你们也是人民的儿子（鼓掌），这样就提出个问题，你们到工厂去，农村去一定要抱着做勤务员的态度当人民的儿子，这样工作起来就不困难了，如果做为一个指挥官去那里就要碰钉子。毛主席批评过去一些钦差大臣，下车伊始就哇啦哇啦发议论，你们知道这篇文章吗？（众：知道！）知道就要学嘛！你们到工厂中去，到农村中去特别要向有经验的农民、有经验的工人学习,和他们聊天、谈心,了解他们那里有什么问题，这样你们才有发言权。这就是毛主席所说的先当群众的小学生，勤勤恳恳的做群众的小学生,才有一种可能当群众的先生,我这里补充一句,不是说每一个人都一定能做群众的先生。向群众学习好的，才可当先生；学习得不好的，还是不可以当先生。（鼓掌）听到你们的鼓掌，大概我这个意见得到你们承认了吧。（鼓掌）最近我们知道工厂一些问题，学生到工厂去，一部分工人和学生有矛盾，我看这个责任首先主要在学生，不晓得你们觉得我说的对不对（鼓掌）。也可能是大毒草,如果是大毒草你们就贴我的大字报，满街贴，这样教育了我，也教育了旁的和我同样态度的人，包括关锋同志。这样谈可以不可以？（众：可以、同意！）所谓责任在学生，因为学生年轻，还没经验，不会和工人结合，你们学生革命热情、革命精神很好，但是没有适当的方法，你们的目的是达不到的,你们的任务,你们的革命的任务是完不成的。（关锋说：要有一个适当的方法）要有一个好方法，没有好方法革命任务也完不成，这个方法是什么方法呢？这个方法就是毛主席告诉我们的"从群众中来，到群众中去"的方法，如果不懂得这个方法，把自己的意见强加在群众的头上，就是意见是对的，强加在人头上也要碰钉子，也是行不通的，你们说对不对呀？（众答：对！）你们十几岁的人还不容易懂得这个道理，二十岁左右的人还可能想一想，二十五岁以上的人可能比较能够懂得，因为他们年龄大一点，"经--堑长一智"，懂不懂啊？这是毛主席讲的话，现在我要读一段毛主席的话，题目是《关心群众生活，注意工作方法》，现在请关锋同志帮助读一读。

关锋：伯达同志画出来让我读一下。

陈伯达：读得慢一点，你们听了记下来，要永远记住毛主席的这段话。现在不要吵了，吵了谁也听不清，变成赶热闹，我们来不是为了赶热闹的，是为了谈问题，找同志们谈心交换意见。

关锋：我现在念了，在一卷一三四页第三段"我们的任务是过河，但是没有桥或没有船就不能过。不解决桥和船的问题，过河就是一句空话。不解决方法问题，任务也只是瞎说一顿……。"

陈伯达：主席谈这段话，当时在江西苏区，有个扩大红军的问题，"不注意扩大红军的领导，不讲究扩大红军的方法，尽管把扩大红军念一千遍，结果还是不能成功。你们读过这段话没有。（众：读过！）好象半懂的样子。这段话读过没有？（读过！）读过毛主席著作是一件事，用起来会不会是另一回事！可以读得很熟，但是碰到具体问题不会用，那样读了也等于没有读。现在给我们一个考验，就是我们会不会运用毛泽东思想。

同志们！请你们不要挤，这样挤，这样推很不好，东面、西面坐下来好不好？我们是商量问题呀，不是看戏呀！我们也不会表演呀！你们这样子我们很不安。我们给你们惹了祸了……后面坐不下可以到台上来。

同学：同志们不要到台上来，注意首长安全。

陈伯达：刚才他说的话是错误的，没有什么首长安全问题，我们都是老百姓，可以上来，我是一个群众嘛！我也是一个老百姓嘛！可以考虑考虑嘛！挤得不可开交（有人说台上听不见没喇叭），这倒是个理由，台上听不见，没喇叭。

（一个条子：有一部分走资本主义道路的当权派，挑动部分工人斗学生怎么办？）

有这样的事是在考验你们会不会做工作，如果你们会做工作，要向工人做工作；工人了解你们不歧视你们，那么这种事情就会避免了，走资本主义道路的当权派他要挑也挑不起来，他就孤立了。

假定工人一下子听不进你们的话，这是因为有坏人给他灌输了一些东西进去了。你们的话他听不进，你们怎么办？我说这时你们就要耐心，不要心急。给大家坦白的说，我这个人非常心急，但是在群众面前我就经常警惕自己，不要心急。群众听不进去，群众与你意见相反，我们就要想一想，我们的意见究竟还有哪些地方有缺点。如果我们的话是对的，群众听不懂学生腔，他感到你们是学生腔，所以你就要学会跟工人和群众说话。要学会跟工人和群众说话，一个是态度问题，还有一个语言问题，群众的语言对我们年轻人是缺少的，当然，我也是缺少的，我在群众当中靠的就是一个态度问题，我的态度比较好，是跟他们商量的态度，是当小学生的态度，所以有些群众就可以听我的意见，但有些人就不一定听；还有一种情况，原来是听我的意见还是很好的，但后来不听了，因为情况变了，不适合他们的口径了。所以这些问题我也经常想到，做群众工作并不是一件简单的事情，要跟工人和农民做朋友并不那么容易，他们有可能怀疑。上一回我在政协礼堂跟一些同学们说过这样一个故事：一九四七年，我到晋西北做土地改革工作，住在一个农民家里，他家是中农，他的侄子是贫农，衣服穿得破破烂烂，不成样子，象叫花子，我看到他侄子来了，他们可能谈家里的话，就出来了，把门顺便关上了，我就停在门口，在门口停了停，听到一句十分惊人的话："这个人可能是好人吧！"当时我是共产党员，他们是知道的，又是上级派去的，他们也知道，那时我年纪也不算小了，我住在那里好几天了，相处得关系很好啊！他们还有这种怀疑，我认为他们这种怀疑是正当的，我们不能说群众怀疑就说群众不好，不能老子天下第一呀！你的话每个人都要听啊，过去和你不认识，你是叫张三还是叫李四，过去怎样，大家都不知道，这样大家就忽然听你的话啦！没这么容易的事，如果忽然就听你的话了，反而不太对。不知对不对？你们的程度都比我高，你们是大学生，我是初中没毕业的，只读了两年师范、小学还没读过，你们程度比我高，我说的话你们可能听不进去，你不过是小小的知识分子，我是大知识分子，我们为什么听你的！我虽是小小的知识分子，但年纪比你们大一些，我接触的群众比你们多一点，走的路比你们多，有些话还可以听一听，还有参考的价值吧！现在有一个根本的问题，学生和工人的关系问题，这个问题如果不正确解决，就会给人家挑拨，就会被坏人利用，学生和工人打起来很不好，如果工人和你们打起来怎么办啊？我看逃为上策，可以跟他们说：我们来是好意，可能我们工作方法不那么适当，以后再说吧！妥当不妥当啊？可能你们说我太妥协了，还是打他一下吧，这样做不能解决问题，不是要搞文化革命吗，不是触及人们的灵魂的大革命吗？怎么动起手来了，动起刀来了，什么棍子不棍子的，这样不是文化革命方向不对头吗？如果有人打你们，你们就退让好了，你们认为是真理就要坚持，是原则也要坚持，但不要用打架来解决，真理是不能用打架来解决的，越打矛盾越厉害，对不对？净我说，没有你们说话的余地，你们不同意也可以表示表示（众：同意）。你们年青人容易好打架，我年纪大了，比较不好打了，不适合你们的口胃吧！（群众：适合）这些话我们曾经和一些人交谈过，那天在政协礼堂开了一个会，有北航红旗参加，地质学院东方红，清华井冈山参加了，因为工厂发生几个事件，几件事情，都说是这些学校学生搞的，搞来搞去就搞到我们中央文革小组来了，因为这些少数派是我们保护过的，保护过他们以后，他们到各地就没有注意工作方法了，就不好了。当然，发生了问题，我们也连带负了责任。请同学们注意，请和我们接触过的同学注意，你们做的事情是和我们联系在一起的，虽然你们现在做的许多事情我们并不知道，我们没有指挥过，可是有人就说我们是幕后指挥的，实际上我们并没有幕后指挥，我们跟大家说的话都是在大会上说的，都是在幕前说的，没有在幕后说。我们不搞任何阴谋诡计，我们讲原则、讲党的路线、讲毛主席的路线，我们不搞权术（不搞两面派——关锋加），现在有的人会说我们操纵的，实际上我们并不知道，这些事我们一点不知道，如果有99%不知道，还有一分知道，我们也是错的，我们确实100%不知道，所以我们特别希望同志们谨慎，和群众搞好关系。你们到工厂去，和工人一起劳动，学习革命，我们都赞成，但是当群众还没有觉悟的时候，拒绝你们，你们也不要勉强。你们看我这是不是右倾机会主义，大毒草吧？听说上海工人贴我大字报，说我的电报是大毒草，我根本不辩护，可能明天大街上贴了很多大字报，说陈伯达是大毒草，是替走资本主义道路的当权派辩护，如果你们认为是大毒草，是替走资本主义道路的当权派辩护，那完全可以贴大字报，现在我嗓子哑了，请关锋同志讲几句。

（关锋插话）

刚才伯达同志讲的精神就是让大家注意工作方法，学会做群众工作，特别是要记住毛主席那句话：任务是过河，方法是桥和船，桥和船的问题不解决，任务就不能完成。你们到工厂去，工人和你们冲突起来，如果是走资本主义道路当权派挑动起来的，冲突起来了，那走资本主义道路的当权派就高兴了，如果方法不适当，他们就利用了你们的缺点，利用了方法不适当，被他们挑起来了，对谁有利呀？对文化革命有利吗？（众：没有）对同学们有利吗？（众：没有）对工人有利吗？（众：没有）对走资本主义道路的当权派有利，他们就高兴了。

陈伯达同志接着说：他说他们胜利了。

现在思想还没有互相打通，停一下再说吧！

现在我在上海也有点名气了，贴了我的大字报，说我给上海工人的电报是个大毒草，电报主要是说：让工人回到生产岗位上去，不要中断生产，不要中断交通，不要中断铁路交通，有问题就地解决，必要时可派几个代表到北京来，不要那么多人来，中断交通，中断生产，这样子就没有理由了，社会上就不同情我们了，因此说是大毒草。我的电报说：抓革命促生产，要革命，但是不能中断生产，不能停止生产，如果中断生产，中断铁路运输，那么大多数工人都不会同情我们的，社会上的大多数人也不会同情我们的。中断生产、运输，必然扰乱了国家经济建设。国家经济计划，我们是必须保证完成，超额完成的。我们的革命就是要促进生产，而不能中断生产，更不能停止生产，现在是社会主义经济，象一个大机器一样，各部联系着的，一个地方停止工作，整个机器都停了，这个问题要注意，不能意气用事，你们说对不对？（众：对！）我们说工厂革命有根本两条：一条是八小时工作制一定要保持，搞三个钟头或四个钟头的文化革命，总之是在业余时间，八小时以外的时间，业余时间由群众自己支配这是第一条，这是保证生产，同时要保证质量、要保证高质量，听懂吗？（众：懂）不能降低质量，你们进工厂要注意这样一条，保证产量，产品质量，在八小时工作时间之内不要去扰乱他们，这是要很好注意的。还有一条就是组织一个领导生产班子，由那些有经验的政治好的老工人和优秀的技术人员组织起来抓好生产，这样我们就能够搞好文化革命，离开生产就不能搞好文化革命，你们赞成不赞成啊？（众：赞成！）没有饭吃能搞好革命吗？你们这些人来北京吃饭不要钱，还不是因为这些年生产搞得很好嘛！不然怎么有可能啊！不然在北京就得饿肚子的，那还行啊？我是教条主义，现在我念马克思一段话，马克思给他朋友的一封信有两句可以念一念，请关锋同志念吧！

（关锋同志念）马克思说：任何一个民族如果停止劳动，不用说一年，就是几个星期也要饿死，这是每一个小孩都知道的。

陈伯达同志接着说：马克思的话主要讲的农业生产，工业生产不能停止几个星期呀。全国的工业生产停止几个星期，那还了得了啊！象我们社会主义国家，工人阶级领导的，工人做主人的国家，工业生产停止几个星期就乱了，交通运输不能停止，现在有些人在火车站上，让火车不能开，好些车停在那里，这样做是不利的，这样坏人可以利用来攻击文化革命，走资本主义道路的当权派反对文化革命更有理由了，帝国主义也会称快，所以不能这样做。总而言之，不能停止生产，不能停止交通运输。你们北京各大学有在外地的学生和工人结合有这样做的，可以劝他们不要这样做，快点告诉他们不要这样做，连工作方法问题也告诉他们，要着重说文化革命是促生产呀！不要让敌人找到借口，不要使群众不满意，因为停止交通群众不满意，停止生产群众是不满意的，如果什么地方有大问题要到北京反映情况，不要成群结队大批地来，可以派少数或几个代表来，你们都不高兴了吧！说到这个地方，鼓掌的就不多了，我希望你们鼓掌的人多一点，我不勉强让你们鼓掌，（群众鼓掌）学校是可以放假闹革命，因不直接搞生产，但工厂农村就不行了。

（关锋插话）学校可以停止半年一年闹革命，在阶级斗争的大课堂里上课，工厂农村不行啊！工厂停止生产闹革命不成啊！农村停止生产，农时一过小麦就播不成了，大家明年就不要吃面了，纺纱厂停止生产大家就不要穿衣服了。主要想跟你们说两个问题，一个是学生和工人接触中的工作方法问题，一个就是抓革命促生产的问题，主要的意见讲完了，有反对的意见可以递条子来，不一定站起来说话，站起来说话怕人家有反对啊！可以递条子嘛！

现在街上有许多文章，包括我的在内的文章和讲话有些是假造的，姚文元的《论造反者》是假造的，《林彪同志论左派》那是假的！林彪同志没有这样一个讲话，还有我和誓死卫东战斗队讲话完全是假的，名都没听说过，请大家给我辟谣，我没有这个讲话。听说很多学校翻印了，上了当了。还有文化革命小组同志也被造谣，有这样那样的讲话，有这样那样的文章。跟你们说，正式发表的讲话和文章都是经过中央批准的。

（关锋插话）如果林彪有那样的文章，还不在人民日报和红旗上发表？不要听谣言，听那些假东西，还有《论造反者》那是假的，我替姚文元同志辟谣，冒名姚文元写文章的很多，好多人替他写文章，什么猫呀！狗呀！马大概还没有。姚文元有文章还不在报纸上发表呀！

陈伯达接着说：今天给大家讲的两个问题妥当不妥当呀！慢慢地想一想吧！补充一句，有时文革小组同志接见同学、接见工人，有些人记下来了，有些地方记得不准确，这是另一回事，这不能说是谣言，但以后要力求准确，不要加油加醋，最好让本人看看再说，今天讲话不一定准确，也不要马上写出来贴到街上去，这是和大家研究商量问题，这是经常的现象。

（关锋插话）有一个条子上说：我到工厂去听工人说不应当规定那么死，八小时工作，三四小时搞文化革命，他们的意见是在完成生产指标的情况下搞文革，这个意见不知对不对。

陈伯达同志说：我的意见还是一定要八小时工作制，没有八小时工作制，完成生产计划没有保证，如果能够完成了，还可以超额完成吗！还可以质量更高嘛！这样不是革命更有劲了吗！精神更愉快了吗！不更多快好省了吗！革命就可以搞得更好一些吗！反对文化革命的人就没借口了吗！他就没有理由了吗！这样看来我们意见比较一致吧！

伟大的领袖毛主席万岁！

毛泽东思想万岁！

中华人民共和国万岁！

争取在较短的时间内赶上和超过世界的先进水平！成为世界上第一个大强国！

靠我们大家努力！

按着毛主席的话："同志们万岁！"

（印于十一月二十八日）纪录整理：首都大专院校红卫兵革命造反总司令部钢铁学院革命造反红卫兵。

大连毛泽东主义红卫兵驻京联络站印

（内部文件、严禁抄成大字报）

在十一月二十八日举行的文艺界无产阶级文化大革命大会上

陈 伯 达 同 志 致 开 幕 词

同志们！现在宣布开会。

听得懂吗？我有一个开幕词。我说话有困难，请一个同志代我念念。

今天的会议是一个有重要意义的会议。

历史上的文化革命，常常是从文艺方面开头的。我们现在进行着无产阶级文化大革命也正是这样。十四世纪到十六世纪的欧洲文艺复兴运动，即处在革命时期的资产阶级代表人物发动的文化革命，由意大利一位伟大诗人坦丁，用他的文艺作品来表白历史的新开端。

在我国以一九一九年《五四》运动为历史标志的反帝反封建的文化大革命，也由一位伟大的文化闯将——鲁迅，用他的文艺作品来表白历史的新开端。

鲁迅当时还只是一个激进的革命的民主主义者。但在《五四》前夜，他发表的文艺作品《狂人日记》，用"吃人"两个字，尖锐地揭穿了中国旧社会制度的最大秘密。同时，他有了这样的预见："要晓得将来绝不容得吃人的人活在世上。"鲁迅在这篇作品中，反复地这样说。他的思想认为，必须完全推倒吃人的制度，他"呐喊"着："救救孩子"。这就有着共产主义思想的萌芽。后来在剧烈的阶级斗争中，他就成为一个伟大的共产主义者了。

当前我国的无产阶级文化大革命以毛泽东思想为指南。毛泽东同志《在延安文艺座谈会上的讲话》用无产阶级宇宙观系统地、彻底地解决了我们文艺战线上的问题，同时系统地、彻底地给我们开辟了无产阶级文化革命一条完全崭新的道路。

一九六三年，在毛泽东思想的直接指导下，掀起了京剧改革的高潮。用京剧的形式表达中国无产阶级领导下的群众英勇斗争的史诗。这个新的创造，给京剧以新的生命，不但内容是全新的，而且在形式上也提高了，面貌改变了。同时，其他剧种也进行了改革。革命的现代剧，到处出现在我们的舞台上。这种无产阶级新文艺，空前地吸引了广大群众。但是，反动派、反革命修正主义分子，他们却咒骂它，恨死它。不为别的，就是因为这种新文艺的作用大大加强了我国人民群众的政治觉悟；将大大加强我国无产阶级专政和社会主义制度。

我这里想说，坚持这种文艺革命的方针，而同反动派、反革命修正主义分子进行不屈不挠的斗争的同志中，江青同志是有特殊的贡献的。

历史打破了反动派、反革命修正主义的迷梦。一九六三年以来的文艺革命，成为我国无产阶级文化大革命的真正开端。文艺史上充满着剧烈的冲突，新和旧的冲突，现代和古代的冲突，这些都是反映社会阶级的冲突。处在革命时期的资产阶级，用当时的新文艺作为摧毁封建制度的一种重要武器。现在无产阶级同样必须用自己为工农兵服务的新文艺，作为摧毁资产阶级和一切剥削阶级的武器。

无产阶级在夺取政权之后，资产阶级并不甘心退出历史舞台。毛主席经常给我们指出："资产阶级采用各种方式，企图利用文艺阵地，作为腐蚀群众，准备资本主义复辟的温床。"因此，我们在文艺上的任务不是减轻了，而是加重了。我们在文艺战线上的领导不是应该削弱，而是相反的应该更加强了。我们的革命文艺团体，要实行自己的光荣任务，必须把无产阶级文化大革命进行到底。

在阶级还存在的时候，否认文艺上的冲突是完全错误的。在将来共产主义社会阶级消灭了，阶级矛盾，阶级斗争不存在了，但仍然会有新和旧的冲突，会有我们现在还不能完全预见或者不可能预见到的冲突，那些冲突当然也会反映到文艺上面来的。

我现在就说这些。作为这次在无产阶级文化大革命的大风大浪中文艺大会的开幕词。

北京电影制片厂毛泽东主义公社红卫兵整理

一九六六年十一月二十九日

海模革命到底战斗队翻印

一九六六年十一月三十日

（内部文件、严禁抄成大字报）

江 青 同 志 的 讲 話

文艺界的同志們，朋友們，红卫兵小将們！

你們好！向你們致以无产阶级的革命敬礼！

首先，我要向同志們，朋友們，红卫兵小将們，說說我自己对无产阶级文化大革命的认識过程。

我的认識过程是这样的，几年前，由于生病，医生建議要我过文化生活，恢复听觉、視觉的功能，这样，我比較系統地接触了一部分文学艺术。首先我感觉到，为什么在社会主义中国的舞台上，又有鬼戏呢？然后，我感到很奇怪，京剧反映现实是不太敏感的，但是，出现了《海瑞罢官》《李慧娘》……等这样严重的反动政治倾向的戏，还有美其名曰"挖掘传統"，搞了很多帝王将相、才子佳人的东西。在整个文艺界，大談大演"名"、"洋"、"古"，充滿了厚古薄今，崇洋非中，厚死薄生的一片恶浊的空气。我开始感觉到，我們的文学艺术不能适应社会主义的經济基础，那它就必然要破坏社会主义的經济基础。这个阶段，我只想争取到批評的权利，但是很难。第一篇眞正有份量的批評有鬼无害论的文章，是得到上海柯庆施同志的支持，他组织人写的。第二个阶段，我和一些同志才想到要改。并且还得自己参加改革工作。事实上，多少年以来，随着社会政治經济方面新旧斗争的变化，在文学艺术方面，也出现了新的文学艺术，以与旧的文学艺术相对抗。就是号称最难改革的京劇，也出現了新的作品。大家知道，在三十多年前，魯迅曾經是领导文化革命的伟大旗手。毛主席則在二十多年前，提出了文艺为工农兵服务的方向，提出了推陈出新的問題。推陈出新，就是要有新的、人民大众的内容，喜聞乐见的民族形式。内容有许多是很难推陈出新的，如鬼神，宗教，我們怎么能批判地继承呢？我认为不能。因为我們是无神论者，我們是共产党員，根本不相信世界上有什么鬼神上帝。又例如地主阶级的封建道德，资产阶级道德，它們天經地义的道德，是要压迫人、剥削人的，难道我們能批判地继承压迫人、剥削人的东西嗎？我认为不能。因为我們是一个无产阶级专政的国家，我們是要建設社会主义，我們的經济基础是公有制度，坚决反对那些压迫人、剥削人的私有制度。我們无产阶级文化大革命的一个重要方面，就是扫蕩一切剥削制度的残余，扫蕩一切剥削阶级的旧思想、旧文化、旧風俗、旧习慣。虽然有的詞我們还在用，但内容是完全不同了。例如忠这个詞，封建地主阶级是忠于君王，忠于封建阶级的社稷；我們是忠于党，忠于无产阶级，忠于广大劳动人民。又例如节这个詞，封建阶级所谓的气节，是屬于帝王的，属于封建阶级的社稷的，我們讲的是无产阶级的革命气节，这就是說，我們要对无产阶级的、共产主义的事业有坚定不移的信仰，决不向少数压迫人民、剥削人民的敌人屈服。所以，同一个忠字、节字，我們还在用着，阶级内容是完全相反的。至于艺术形式，就不能采取虚无主义的态度，也不能采取全盘肯定的态度。一个民族，总有它的艺术形式，艺术特色。我們如果不把祖国最美好的艺术形式、艺术特色加以批判地继承，采取虚无主义的态度，那是错误的。相反，全盘肯定，不作任何推陈出新，也是错误的。对于全世界各族人民的优秀艺术形式，我們也要按毛主席的"洋为中用"的指示，来做推陈出新的工作。帝国主义是垂死的、寄生的、腐朽的资本主义，他们什么好作品都搞不出来了。资本主义，已经有几百年了，他们的所谓"经典"作品，也不过那么一点。他们有一些是模仿所谓的"经典"著作，死板了，不能吸引人了，因此完全衰落了；另一些则是大量泛滥，毒害麻痹人民的阿飞舞，爵士乐，脱衣舞，印象派，象征派，抽象派，野兽派，现代派，……等等，名堂多了。一句话：腐朽下流，毒害和麻痹人民。

试问：旧的文学艺术不能适应社会主义的经济基础，古典的艺术形式不能完全适应社会主义的思想内容，那要不要革命，要不要改革？我相信大多数同志们和朋友们，会认为需要革命的，需要改革的，只是这是一场严重的阶级斗争，又是一件非常细致、相当困难的工作。再加上过去旧中宣部、旧文化部长期的反党反社会主义领导，制造了种种理由，反对革命，破坏改革，就更加深了一般人的畏难情绪。还有一小撮人，则是别有用心的。他们破坏革命，反对改革。京剧改革，芭蕾舞剧的改革，交响音乐的改革，就是这样冲破重重困难和阻挠搞起来的。

在今年五月以后，进入了全国性的几乎涉及整个意识形态领域的无产阶级文化大革命。对于派工作队这个问题，我个人也有一个认识过程的。六月一日，聂元梓等同志的大字报发表以后，我用了一个来月的时间，观察形势，分析形势，我感觉出现了不正常的现象。这一个来月，我开始大量注意学校。例如，南京大学匡亚明制造的反革命事件，西安交通大学的六·六事件，北京大学的六·一八事件。我很惊异，为什么一些出身成份很好的青年，从他们自己写的材料看，他们是要革命的，可是，他们竟被打成所谓的反革命，逼得他们自杀，神经失常，等等。毛主席是七月十八日回到北京的，我是七月二十日回到北京的。原來应该休息几天，但是听了陈伯达同志、康生同志，以及在京的中央文化革命小组的同志們的意見，我就报告了毛主席，我感到需要立刻跟伯达同志、康生同志去看大字报，傾听革命师生的意见。事实同那些坚持资产阶级反动路线、坚持派工作队的人所說的完全相反，广大群众热烈欢迎我們，我們才知道，所谓北大六·一八事件，完全是一个革命事件！他們把革命事件說成反革命事件，并且通报全国，以此鎮压全国的革命师生。这时，我才充分地认識到，无产阶级文化大革命中，派工作队这个形式是错误的，同志們、朋友們、革命小将們：他們的工作内容尤其是错误的！他們不是把锋芒对准党内一小撮走資本主义道路的当权派，以及反动的学术权威，而是对准革命的学生。同志們、朋友們，斗争的锋芒对准什么，这是一个大是大非的問題呀，这是馬列主义、毛泽东思想的原则問題！而据說我們的毛主席早在今年六月间，就提出过不要急急忙忙派工作队的問題，可是有的同志沒有請示毛主席，就急急忙忙地派出去了。但要指出，問題不在工作组的形式，而在它的方針、政策。有些单位并沒有派工作组，依靠原来的领导人进行工作，也同样犯了错误。也有一部分工作组采取了正确的方針、政策，并沒有犯错误的。这就可以說明，問題究竟在那里。

八月十八日，毛主席接见了百万革命小将，主席是那样尊重群众的首創精神，是那样相信群众，是那样爱护群众，我觉得自己学习很不夠，这以后，红卫兵小将們走向社会，大破四旧，我們中央文化革命小组的同志們拍手称快，但是过了些天，又遇到了新的問題，于是我們赶快找材料，調查研究，这才又追上不断发展的革命形势。我就叫做紧跟一头，那就是毛泽东思想；紧追另一头，那就是革命小将的勇敢精神，革命造反精神。跟和追，不是經常能夠完全合拍的，是时而追上，时而落后于形势。因此，我有什么缺点错误，希望同志們、朋友們、紅卫兵小将們批評我，写信也可以，写大字报也可以。凡是我错的，我都改。凡是我对的，那我当然要坚持。

从五月十六日到现在，六个多月了，就是这样，处于高度紧张状态。因为注意了全国无产阶级文化大革命的形势，对文学艺术界的具体工作，就抓得少了。这点，我希望得到你們的谅解。今后，能不能抽出更多的时间来注意你們的問題，我不敢說。因为斗争的領域太宽广了。对于整个文学艺术領域的破与立的問題，目前，我不能集中精力专門搞了。这可能要等到运动的某个段落，我的体力也还能支持的話，再来同文艺界的革命的同志們、朋友們、紅卫兵小将們，一块来建設为工农兵服务的无产阶级的新文艺。

北京京剧一团的同志們、朋友們、你們給我的信，我倒是都看了。只是因为工作忙一些，身体也不太好，沒有能夠到你們团去，但是，你們团里的无产阶级文化大革命，我是关心的。北京京剧一团是北京首先接受京剧改革光荣任务的一个单位。这是你們团里一批想革命的演員和其他工作人員和我一块努力，在别人首創的基础上加工或改制的結果，旧北京市委和你們团的旧党总支的某些负责人则是被迫接受的。在毛泽东思想指引下，短短的几年内，你們在創造革命现代戏的工作中，确实做出了成績，为全国的京剧改革树立了一个样板。我相信剧团的大多数同志和朋友，特别是青年同志，是好的，是要革命的，是能夠自己教育自己的，自己解放自己的。你們一定能夠进一步活学活用毛主席的著作，努力改造自己的思想，使自己的思想革命化，坚决执行以毛主席为代表的无产阶级革命路线，識破一小撮人企图破坏无产阶级文化大革命的阴谋詭計，把剧团的无产阶级文化大革命进行到底！

为了国庆节演出革命现代戏，我們做过多次討論，支持了你們演出，反对了那种企图抹杀你們京剧革命成績的错误观点。为了你們的《沙家浜》能夠上演，也是为了《紅灯記》、《智取威虎山》、《海港》、《奇袭白虎团》、舞剧《紅色娘子軍》、《白毛女》、交响音乐《沙家浜》……等等的演出，我們对紅卫兵小将們和各方面都做了一些工作。向他們說明：这些創作是无产阶级文化大革命的伟大胜利，是毛主席为工农兵服务的文艺思想的伟大胜利。如果对你們这些革命成果不給予充分的肯定，那是完全错误的。只有那些反对无产阶级文化大革命的人，才对这些巨大的革命成果加以歪曲和否定。事实証明：广大的人民是承认我們的成績的。世界上的革命的馬列主义者和革命人民是給予我們以好的評价的。毛主席和他的亲密战友林彪同志，恩来同志，伯达同志，康生同志，以及其他许多同志，都肯定了我們的成績，給过我們巨大的支持和鼓舞！

我希望：經过这次无产阶级文化大革命的斗争和鍛煉之后，我們还要經常和工农兵相結合。这样，我們一定能夠为京剧改革和其他文学艺术的改革做出新的成績！我們的任务是艰巨的。但我們一定要勇敢地担负起这一光荣而又艰巨的革命任务来。胸怀祖国，放眼世界！

你們剧团里的无产阶级文化大革命，存在着十分尖锐、十分复杂的阶级斗争，存在着无产阶级和資产阶级的夺权斗争。对于以彭眞为首的旧北京市委的反革命修正主义路线，你們还沒有眞正的进行深入、广泛的揭发和批判。在这里要严肃地指出：薛恩厚、肖甲、季一先、粟金池以及赵燕俠等人，还沒有认眞地同旧北京市委划清界限，没有深入揭发旧北京市委的罪行，也没有对自己的错误进行认真的检讨。薛恩厚在文化大革命开始时给我来过信，对旧北京市委作了一些没有触及问题本质的揭发。赵燕侠也来过一封短信，表示她没有尊重我对她政治上的帮助，作了一些没有触及灵魂的自我批评。但在最近，薛恩厚、肖甲、栗金池三人联名来信，竟然用种种"理由"掩盖自己的错误，企图蒙混过关。这种态度是不老实的。

你們剧团内，幷不是所有干部、党員、团員都犯了错误，也不是所有干部都犯同样性质的错误，而是必须区别对待，摆事实，讲道理，采取"惩前毖后、治病救人"的态度，允许改正错误，允许革命。至于上面我指出的那几个人，就是薛恩厚、肖甲、季一先、栗金池、以及赵燕侠，他們贯彻执行了旧北京市委的反革命修正主义路线，同彭眞、刘仁、郑天翔、万里、邓拓、陈克寒、李琪、赵鼎新以及陆定一、周扬、林默涵等反革命修正主义分子相互勾結，阴一套，阳一套，軟一套，硬一套，抗拒毛主席的指示，破坏京剧改革，两面三刀，进行了种种阻挠破坏活动，玩弄了许多恶劣的手段，打击你們，也打击我們。旧北京市委、旧宣传部、旧文化部互相勾結，对党，对人民，犯下的滔天罪行，必须彻底揭发，彻底清算。对于我們党內的以反对毛主席为首的党中央的无产阶级革命路线为目标的资产阶级反动路线，也必须彻底揭发，彻底批判。否则，就不能保障革命的胜利果实。薛恩厚等人必须彻底交代，彻底揭发，只有这一条路，除此以外没有别的出路！經过群众的充分批判，如果他們眞正进行了彻底的揭发和交代，"革面洗心，重新做人"，他們还是可以参加革命的。如果薛恩厚等人眞正努力改过自新，走上党的正确道路上来，他們还有可能争取做为好的干部。在无产阶级文化大革命中，要用文斗，不用武斗。不要动手打人。武斗只能触及皮肉，文斗才能触及灵魂。

由于沒有彻底批判旧北京市委、旧中宣部、旧文化部的反革命修正主义路线，没有肃清这条反革命修正主义路线在剧团的影响，你們的无产阶级文化大革命就不可能搞彻底，你們剧团的运动就有可能走向邪路，被个别别有用心的人篡夺了领导权。这对将来剧团的建设将发生很不利的影响。我建議你們：牢牢掌握斗争的大方向，掌握党中央、毛主席制定的正确方针和政策，反对一小撮走資本主义道路的当权派，在斗争中逐步壮大左派队伍，团结大多数，包括那些受蒙蔽的人，帮助他們走上正确的道路。坚决把揭发、批判旧北京市委、旧中宣部、旧文化部的反革命修正主义路线的斗争，搞深搞透，坚决把无产阶级文化大革命进行到底！

你們对魏晋等三同志的去留问题发生了爭执。必需說明：他們已經不是工作队，他們已經撤离了你們的剧团，在国庆节前，我接到你們全体成员来信，坚决要求把他們三位同志调回去工作，經过中央文化革命小组討论决定，才又請回去帮助工作的。一个共产党員，为人民服务，做了一些好事，是本份；做错了，就应该接受群众的批評。这三位同志，我并不认識，更談不上了解。在这段时间内，如果这三位同志有什么缺点错误，你們是可以批判他們的，他們也应当主动地进行检查。现在你們中間既然有一部分成员坚决要求他們撤走，我們經过討论，同意他們的意见。将来，另派同志去负責团里的日常的政治思想工作。至于你們团里的无产阶级文化大革命，应根据中央的规定，民主选举文化革命委員会或文化革命小组来领导。不符合巴黎公社原則产生出来的文化革命委員会、文化革命小组，可以重新改选或部分改选。所有选举活动，都必须經过群众充分酝酿，充分討论，不能由少数人把持。我們相信，大多数同志是能夠自己分清是非的，是能夠按照正确的方向把无产阶级文化大革命搞下去的。絕对不允许利用这三个同志的撤走，挑动群众斗群众，打击革命积极分子。在这里，我要說明：不能离开阶级观点去談什么"少数""多数"，要看馬列主义、毛泽东思想的眞理掌握在誰的手里，誰眞正站在无产阶级的革命立場上，誰眞正执行了毛主席的正确路线。对不同的单位，要作不同的具体分析。我希望：全团同志能夠进一步高举毛泽东思想伟大红旗，突出无产阶级政治，坚决贯彻以毛主席为代表的无产阶级革命路线，彻底批判资产阶级反动路线，在馬列主义、毛泽东思想的原则基础上团結起来，完成一斗二批三改的任务，把北京京剧一团建設成一个眞正的无产阶级化的战斗化的革命样板团！

中国共产党万岁！

无产阶级专政万岁！

无产阶级文化大革命万岁！

毛泽东思想万岁！

毛主席万岁！

中央办公厅秘书局印

1966.11.28

北京小学革命教师总部
北京日报红卫兵指挥部 翻印

1966.11.30

（内部文件，严禁抄成大字报）

周 恩 来 同 志 的 讲 話

文艺界的同志們，朋友們，红卫兵小将們：

我向你們問好，向你們致以无产阶级的革命敬礼!

我同意和支持江青同志的讲话。我庆贺北京四个文艺单位編入中国人民解放军的建制。我希望，今后，还会有新的文艺单位加入中国人民解放军的序列。

当前我国正在开展的无产阶级文化大革命，是一场极其广阔的，极其深刻的，更高阶段的无产阶级革命运动。这场革命具有极其伟大的意义。这场革命，发动了亿万群众，触及了每个人的灵魂。这场革命，震动了全世界，震动了整个社会，震动了整个文艺界。这场革命，在毛泽东思想指引下，用无产阶级世界观改造社会。这场大革命的目的，是为了巩固无产阶级专政，挖掉修正主义的根子，防备資本主义的复辟，保証我国永不变色，大大促进社会生产力的发展，并且大大影响和支持全世界人民的革命运动。

无产阶级文化大革命是社会主义革命的新阶段。随着无产阶级登上历史舞台，就开始出现了同旧的剥削阶级的文学艺术相对抗的新的人民大众的文学艺术。在新民主主义革命时期，毛主席就提出了文化革命的历史任务。毛主席的《新民主主义论》、《在延安文艺座談会上的讲話》，闡明了无产阶级文化革命的指导原则。在社会主义革命时期，毛主席又亲自领导了一系列的重大的反对资产阶级学术思想的批判运动。在經济战线上基本上完成了社会主义革命之后，又展开了政治思想战线上的社会主义革命。毛主席发表了《关于正确处理人民内部矛盾的問題》和《在中国共产党全国宣传工作会議上的讲话》这两篇辉煌的著作，提出了在意識形态领域里兴无灭資的伟大历史任务。这个革命发展到现阶段，就成为全社会都动起来的、亿万群众自觉参加的、轰轰烈烈的无产阶级文化大革命的群众运动。

我国的无产阶级文化大革命，創造了无产阶级专政下大民主的新經驗。大鳴、大放、大字报、大辩论、大串連，让群众自己教育自己、自己解放自己，这是毛主席的群众路线在社会主义革命中的新发展。我們有伟大的毛泽东思想，有以毛主席为首的党中央的正确领导，有巩固的无产阶级专政，有千百万群众的高度的社会主义革命的自觉性和积极性，才可能有今天这样的无产阶级的大民主。我們的目的，就是像毛主席指出的那样，要形成一种又有集中，又有民主，又有紀律，又有自由，又有統一意志，又有个人心情舒畅，生动活泼的政治局面。

我們的文艺革命获得了伟大的胜利。近几年来，京剧改革，芭蕾舞剧改革，交响音乐改革，雕塑改革，都取得了划时代的成就。这是文艺革命化、大众化、民族化的一个大飞跃。这些成就，都是經过严重的阶级斗争，冲破了旧中宣部、旧文化部、旧北京市委反革命修正主义路线的重重障碍而取得的。这些都是在毛主席的为工农兵服务的方向和厚今薄古、古为今用、洋为中用的方针指导下取得的。这是在普及的基础上的提高，又是在提高指导下的普及。在这些样板的影响和带动下，已經产生了一批新的革命的文学艺术作品，广大的工农兵登上了戏剧舞台。这个革命运动必将在各个文艺领域里进一步深入地开展起来，必将对我們的未来产生极其深远的影响。

我在这里要介绍一下，在座的陈伯达同志，康生同志，江青同志，都是坚决拥护和执行毛主席无产阶级革命路线的。

上面所說文艺革命的成績，都是同江青同志的指导分不开的，都是同文艺界的革命左派的支持和合作分不开的。这是同从三十年代到六十年代贯串在文艺界的一条修正主义黑线进行坚决斗争的結果。江青同志亲自参加了斗争实践和艺术实践。虽然艰苦的斗争损害了江青同志的身体健康，但是精神的安慰和鼓舞，一定能夠补偿这些損失。

我在文艺方面是个外行，是个不得力的支持者。在方向上，我是坚持毛主席为工农兵服务的文艺路綫的，在方针上，我是坚持革命化、大众化、战斗化和民族化的，但是，在实践上，曾經犯过指导性的错误。例如，在音乐方面，我是外行中的外行，我只强调中西音乐的不同处，强调反对崇洋思想，强調中西音乐分开做基本訓练，不认識洋为中用，不认識可以批判地吸收西洋音乐为我所用。在这个問題上，感謝江青同志帮助了我。我也在学习革命歌曲的实践中，得到了深刻的体会。

我們文艺革命的成果，不但受到国内广大工农兵和革命群众的热烈欢迎，而且得到全世界革命的同志和朋友們的高度評价和热情的贊扬。

这里，我想从大量外国同志和朋友贊扬我国文艺改革的言论中摘出一小部分，来看看我們这些嶄新創造的伟大的世界意义。

英国伯明翰大学教授左派共产党人湯姆遜，早在一九六四年就称赞京剧改革和工农学哲学运动是两件划时代的大事。这是毛泽东思想的体现。这在馬克思主义发展历史上，在人类文化发展历史上，具有重大的意义。

刚果(布)作家隆达和阿巴連續看了几出京剧现代戏，他們說："好几年前，我們在巴黎看过京剧。老实說，我們都是不喜欢的，因为我們想从中国的艺术作品中了解新中国的现实生活，但是京剧却都是描写过去生活的，那种生活是我們不能接受的，所以我們革命者不喜欢。法国的资产阶级倒是喜欢的。这一回我們看了表现现代斗争生活的京剧，戏里面的人物，谁是敌人，谁是朋友，我們非洲人，不用翻譯，都能理解。"

同志們請看：世界上的革命人民是何等热爱我們新的革命京剧啊！他們是何等期望我們的京剧能夠表现现代的斗争生活啊！他們說得多么深刻啊！

日中文化交流协会理事长中島健藏說："京剧演出现代戏，用京剧来教育人民，其意义是很深远的，对人的启发教育是大的。"团員杉村春子（著名話劇演員）說，"日本戏剧界的朋友都很关心京剧演现代戏問題。站在第一线的（中国）演員們的任务很重大，不仅要把中国的戏搞好，同时也是日本戏剧界的榜样。人們的眼睛都在注視着中国戏剧界的朋友。"他們从京剧革命中看到了戏剧的方向。

许多外国朋友談到了京剧改革的世界意义。英国友好訪华小组一位成員說："京剧现代戏对于世界文化（革命）具有重要意义。"他說："我相信，这对世界文化会是一个貢献。中国将会为世界树立一个榜样，特别是对那些受英、美帝国主义文化影响的国家，对亚、非、拉美国家来說，更是这样。对于那些民族文化受摧残的国家，如希臘也是如此。"他們從中国京剧革命中看到了工农兵登上舞台的伟大意义。危地馬拉一个剧作家說"沒有理由来阻碍戏剧改革，应該用社会主义内容来代替封建主义資本主义的内容，让社会主义时代的新人物登上舞台。"这种态度是多么鮮明！他們从京剧革命的成就，看到了新中国革命人民的英雄姿态，看到了无产阶级英雄人物新的精神面貌，看到了毛主席为工农兵服务方向的輝煌胜利！

外国朋友們不仅从政治上肯定了文艺革命的成就，而且认为：这些京剧革命的样板戏，在艺术上也是成功的，十分杰出的。越南的一位同志对现代京剧很称贊。他說："这是毛泽东文艺方針的胜利。现代京剧在唱腔方面有很多的改进，念白也好懂了，看了演员的表情，观众对剧情就更容易理解了。"日中友协总部理事长宮琦世民說："老实讲，以前我对京剧的改革能否成功是有怀疑的，但看了演出，我放心了，你們改得对，改得好。你們不仅保持了京剧固有的特色，而且有了新的发展。"日本的一位評论家看了《智取威虎山》的演出后說："非常好。我早就听說中国在尝試给京剧以新的主题，反映现代生活，这次看了演出以后，很受教益。你們给旧的程式賦予了新的生命。剧中滑雪、登山等场面，都保持幷发扬了京戏翻打的美的特色，这个尝試是非常成功的。舞动步枪的动作，一点也看不出有揮舞青龙大刀的痕迹，大花脸夸张很适当，与现代服装配合在一起，一点也沒有不調合的感觉。总之，一切都超出了我的想象。"

就是一些反对无产阶级文艺的資产阶级評论家，也不得不在鉄的事实面前，承认革命京剧在艺术上"取得了相当大的成功"，"非常出色"。

我国对古老的芭蕾舞剧的改革，也使得世界各国艺术家十分欽佩。《红色娘子军》已经在阿尔巴尼亚演出了，受到了人民十分热烈的欢迎，认为是"世界上最好的戏"。

一九六六年"五一"节来华的各国外宾，对我們芭蕾舞剧《白毛女》反映也十分强烈。阿根廷外宾瓦洛塔說："《白毛女》是革命的芭蕾舞，演技高超，布景是令人难以想象的好，具有深远的社会意义。""苏联的《天鹅湖》则是苏联政治和艺术僵化的象征。"

加（拿大）中友协代表团普遍反映革命的芭蕾舞有很大教育意义。爱德华兹表示他原来不大喜欢看芭蕾舞，但中国的这种芭蕾舞他是喜欢看的。团员丹纽森說："在資本主义国家里，我们不可能看到这样的剧，因为西方的戏剧都是資本主义性质的，苏联也是如此。"

日本松山芭蕾舞团参观中央歌舞剧院时，团长清水正夫說："我了解到中国的芭蕾舞不仅要演剧，还要胸怀祖国，放眼世界，这是对日本人民的很大支持。要学到真正的芭蕾舞必须到中国来。"

我不再多列举了。从以上的反映中，我们可以看见：全世界革命人民是多么高度估价我們文艺改革的成就！这是毛泽东思想的伟大胜利！毛主席的文艺方向，就是全世界革命文艺的方向。我們正在开辟的道路，是全世界无产阶级文艺将要走的道路！我们应当有充分的信心，在这条正确的道路上继續前进！当然，我們还有许多新的問題有待解决，要做许多艰苦的工作，但只要坚持不懈地朝着毛主席的方向走下去，就一定会不断取得新的胜利！

我們的文艺团体，是无产阶级文化大革命的重点单位之一。过去长期在彭真、陆定一、周扬、林默涵、夏衍、田汉、阳翰笙等反革命修正主义分子的統治下，文艺界成为他们抗拒毛主席文艺思想和革命路线，散布修正主义毒素，制造資本主义复辟舆论的一个重要地盘。我們一定要在无产阶级文化大革命中，坚决把一小撮盘据在文艺界的反党反社会主义反毛泽东思想的资产阶级右派分子，統統揭露出来，把他們斗倒，斗臭，斗垮。

在无产阶级文化大革命中，必须彻底整頓我們的文艺队伍。在火热的革命斗爭中，促使文艺工作者思想革命化，肃清修正主义路线的恶劣影响，坚决贯彻执行毛主席的文艺路线，认眞地同工农兵相结合，使我們的文艺大軍成为无产阶级化的革命化的战斗化的文艺队伍。所有的做文艺工作的同志，都要在斗爭中努力活学活用毛主席的著作，认眞改造自己的世界观，在火热的阶级斗爭中考驗自己，不做那种只在口头上讲讲的"口头革命家"，要努力做一个眞正言行一致的无产阶级文艺战士。

正如江青同志所說，文艺团体中犯错误的人員，要区别对待。要分清是人民内部矛盾还是敌我矛盾。少数混入文艺队伍的坏人，是要从革命的文艺队伍中清洗出去的。对于大量的犯错误的人，要分别错误的不同性质，采取"惩前毖后，治病救人"的方針，只要他們眞正的认識错误，眞正的改正错误，就应当欢迎他們，帮助他們，允许他們革命。

凡是在无产阶级文化大革命期间，因为对领导上或对工作组提意见而被那些执行资产阶级反动路线的人打成"反革命"的革命群众，都应該根据中央的指示，宣布一律无效，予以平反。他們被迫写出的检討材料，应当交給他們本人处理。其他整群众的材料，应当全部燒毀，不许隐藏，不许轉移，不许私自处理，否则，要受到党的严厉处分。

文艺界的无产阶级文化大革命，要靠文艺工作者自己 动 手来解决。我們相信你們，一定能夠正确地、全面地、不折不 扣 地 贯彻执行文化革命十六条。要用文斗，不用武斗。要掌握原则，掌握政策，懂得策略，努力团結大多数，包括受蒙蔽的人，集中力量打击一小撮走资本主义道路的当权派和反动的資产阶级"权威"。我們一定要坚决执行毛主席的正确路线，彻底批判資产阶级反动路线，把文艺战綫上的斗、批、改搞深、搞透、搞彻底。我們一定能夠用无产阶级的新文艺来代替一切剥削阶级的腐朽的文艺！在毛泽东思想的照耀下，我們一定能夠創造出人类历史上最光輝燦烂的文艺。

无产阶级文化大革命万岁！

无产阶级专政万岁！

中国共产党万岁！

毛泽东思想万岁！

毛主席万岁！

中央办公厅秘书局印

1966.11.28

北京小学革命教师总部
北京日报红卫兵指挥部 翻印

1966.11.30

（内部文件，严禁抄成大字报）

謝 鏜 忠 同 志 的 发 言

同志们，朋友们，红卫兵小将们：

我衷心地拥护江青同志的讲话。江青同志指示的问题，是完全正确的。她非常热情地肯定了同志们过去的成绩，又明确地指出了在文化大革命中努力的方向，并且谆谆嘱咐大家应当掌握党中央和毛主席制定的正确的方针和政策，对同志们寄予殷切的希望和关怀。我们大家要对江青同志的指示认真学习，领会精神实质，坚决贯彻执行。

根据中央军委的指示，中央文化革命小组的决定，将北京市京剧一团（包括北京戏剧专科学校参加国庆演出的红卫兵演出队）、中国京剧院（包括中国戏曲学校参加国庆演出的红卫兵演出队）、中央乐团、中央歌剧舞剧院的芭蕾舞剧团及其乐队，划归中国人民解放军建制，列入部队序列，成为我军进行政治工作和文艺工作的组成部分。我代表中国人民解放军总政治部、全军指战员及部队全体文艺工作者，向同志们表示热烈欢迎。并且，在此宣布，我们将要派干部去上述各单位担任行政和党政领导职务。在文化大革命期间，他们主要是负责行政管理和政治思想工作。文化大革命运动的任务仍然由全体革命同志经过充分酝酿，以巴黎公社的方式选出的文化革命委员会来负责领导。

我还向大家宣布一个大喜事：中央军委决定江青同志担任中国人民解放军文化工作顾问。这是我们最最敬爱的伟大领袖毛主席和他的亲密战友林彪副主席对我军文化工作的极大关怀。江青同志对毛泽东思想学习得很好，领会得很深，运用得很活、很坚决。由她担任我军文化工作顾问，是加强部队文化工作革命化、战斗化的最重要的部署。

我们相信，在中央军委、总政和江青同志的领导下，在史无前例的无产阶级文化大革命的推动和鼓舞下，我军的文艺工作，在宣传毛泽东思想，为工农兵服务，为社会主义服务，为灭资兴无、巩固和提高部队战斗力服务等方面，一定会作出更大的成绩，取得更大的胜利。我希望北京市京剧一团（包括北京戏曲学校参加国庆演出的红卫兵演出队）和中国京剧院（包括中国戏曲学校参加国庆演出的红卫兵演出队）、中央乐团、中央歌剧舞剧院芭蕾舞剧团的全体同志们：

一、高举毛泽东思想伟大红旗，把无产阶级文化大革命进行到底。全体革命同志团结起来，坚决执行十六条，掌握斗争大方向，积极地、认真地完成一斗二批三改的任务。

二、在斗争中活学活用毛主席著作，特别要在用字上狠下功夫。搞好人的思想革命化，破私立公，灭资兴无。把我们这几个单位建设成为毛泽东思想的学校，成为毛泽东思想的重要宣传队。

三、做一辈子毛泽东思想宣传员，努力学习毛泽东思想，积极宣传毛泽东思想，坚决贯彻毛泽东思想，勇敢捍卫毛泽东思想。努力创造无产阶级的新文艺，作出好样板，进一步发挥样板田的作用。决不辜负我们最最敬爱的伟大领袖毛主席和他的亲密战友林彪副主席对我们的期望。决不辜负全国人民和全军指战员对我们的期望。

我们部队的全体文艺工作者，都要认真学习江青同志的讲话，坚决贯彻执行以毛主席为代表的无产阶级革命路线，按照中央军委、总政的指示，把无产阶级文化大革命进行到底！让我们高呼：

无产阶级文化大革命万岁！

战无不胜的毛泽东思想万岁！

伟大的、光荣的、正确的中国共产党万岁！

伟大导师、伟大领袖、伟大统帅、伟大舵手毛主席万岁！万岁！万万岁！

（在文艺界大会上江青同志、周恩来同志的讲话系借用单行本原版，所以字体和其他文不一样）

在十一月二十九日工人体育场军委首长接见军事院校革命师生大会上

陈 毅 副 主 席 的 讲 話

亲爱的同志们：

今天周总理到这里看望大家，刚才绕场一周，绕场一周后周总理走了。肖主任点了我的名，要我讲话，我没有准备。

首先向大家问好！向大家致无产阶级文化大革命的敬礼！

伟大的领袖毛主席教导我们："你们要关心国家大事，要把无产阶级文化大革命进行到底！"这是最高指示。你们到北京来和还留在北京的同学们，你们最关心，今天就谈谈这个问题。

要把无产阶级文化大革命进行到底！底，究竟在什么地方？有些同志有底，有些同志就没有底，"逐步升级"没有底。我讲这个话，有些人听了会不高兴的，还是希望你们耐心的听一听。

社会主义建设好是个底，共产主义社会是个底。几十年、几百年到了共产主义，也还会有更高级的社会新的组织形式。会有更高级的组织形式出现。到什么时候还是要艰苦奋斗。把文化大革命进行到底，这个底是什么呢？是破四旧立四新，把修正主义彻底搞垮，这是有条件的，这是可能的。超过这个条件就是空想，超越条件主观空想，没有底干革命，主观空想干革命，是一定要犯错误的。

我最近两次陪着毛主席接见外宾。毛主席都讲到："这场无产阶级文化大革命对旧的教育制度可能触动一下，有可能从根本上改变，也可能触动不多。"这个话是真实的，不是我假造的，是真的毛泽东思想，是毛主席亲口讲出来的。旧的教育制度触动一下，究竟效果怎样，还很难说，还要看，看一个时候才能清楚。有的同志听了这些话不过瘾，我听了是过瘾的。这是实事求是的，这是革命的话，最高级的话，拿我们红卫兵的话来说，这是最最最……革命的。办得到嘛！办不到有什么用啊！同学们要冷静的想一想。赞比亚总统的弟弟很赞颂主席的伟大，说回去也要搞造反，搞红卫兵！搞文化大革命。有所触动，有所改革，就不错了。这样的斗争，是可以实现的。

你们停课闹革命，到明年五月、七月，至迟到九月复课。所有的问题都要在这次文化大革命中解决是不可能的。我讲这个话可能错了，错了收回来。但是，我的了解是有道理的。今天到会三万多人，你们来的好多单位，你们在这次文化大革命中，要把每个单位的问题，每个人的问题都解决是不可能的。谁也没这本事。只能解决主要问题，带根本性的问题，把带根本性的问题解决这是可能的。大家思想意志比较集中，抓住主要问题求得根本问题解决。我们军事院校就是进一步解决革命化，高举毛泽东思想伟大红旗，院校关系、革命师生关系、教育制度革命化，人的思想革命化。把这些主要问题解决了，问题也就解决了。

我的要求不高，并不是降低你们的要求，泼一泼你们的冷水。上次我讲话有的人反映很坏，说我泼了冷水，要揪出来批判。同志们，光喜欢听好话，喜欢听赞扬的话，那是不好的。就要喜欢听逆耳之言。有些领导同志，过去就是喜欢听好话，不喜欢听批评，这次运动中整得很苦，那是活该。我们要有这个指导思想，我想光讲：干劲如何高呀！天气怎样好呀！成绩如何大呀！……这样没有帮助。我们领导要宽宏大量，要听反面意见，要和不同意见的人共事。也会有人说陈老总讲话不老实。我想，我是共产党员嘛，应该帮助人家，不能看着人家犯错误。

军事学院要高举毛泽东思想伟大红旗，活学活用毛主席著作，学习各军兵种的业务，把战斗力提高，过去我们继承了国民党、苏联修正主义那一套不好，林彪同志领导军委六年，有了改变，有了一定的基础，现在毛主席亲自发动领导的无产阶级文化大革命为全世界无产阶级革命树立了榜样。主席号召全国大学解放军，林彪同志号召解放军要做好样子，在文化大革命中要为全国树立一个榜样，为全世界树立一个榜样。

现在有些作法是不行的，是揪着工作组不放！揪住那一个人不放，那一个讲错一句话就揪住不放，这样把根本的目的忘记了，对文化大革命运动很不利，浪费了不少时间。

同志们不可轻放。这个敌人是强大的厉害的，旧的教育制度，苏修的教育制度是最大的敌人，你们年轻受害者，我们也是受害者，我们在毛主席的领导下，挣扎出来了。大专学校要分工，要专门搞这个东西，这是为我们子子孙孙万代的事情。

中央原来计划是：一斗二批三改，现在就斗的很长，批不起来，改不起来。提的问题很多，有几千个问题，就是没有抓住主要的问题。打仗也没有这样打的，打仗也要一个一个的打，要有个次序嘛！不是一天就把上海、南京、沈阳都吃掉嘛！这个思想要讲讲，大家要关心国家大事，就要关心军事院校，根据毛泽东思想建设起一个崭新的军事教育制度，加强中国革命，加强世界革命，这是最严重的斗争任务。

这几年来感谢林副主席他高举毛泽东思想伟大红旗，活学活用毛主席著作，军事院校是有一定的基础的，地方院校差一些，不能把地方的那一套拿到军事院校里来，军事院校的这一套也不能拿到地方去。可以交流交流经验，不能抄袭。地方院校有地方院校的做法，军队与地方有区别。如果地方院校放假闹革命的那一套拿到工厂里去停工闹革命，那是很危险的，整个国民经济要瘫痪，那怎么能行，有些大学他们到工厂里串联，他们不知道这个利害。到公社去串联，他们种地、种田一天也不能停止生产，停止了生产那怎么能行啊！工厂、农村不能象学校一样，搞文化大革命。军队有军队的搞法，军事学院有军事学院的搞法，军委机关各军区军兵种机关有机关的搞法。同志们讲多了又说我定调子，划框框，束手束脚，东也不能动，西也不能动，别的我不敢讲几个框框要承认的，一个是不能离开毛泽东思想离开了就成了无政府主义。再一个你总不可能脱离地球，你坐火箭飞出去，还得飞回来，我们要相信伟大的毛泽东思想。遵着伟大的毛泽东思想办事和框框是两回事。

我管外交部大家出了十一万多张大字报，看起来好厉害，什么滔天罪行呀！什么罪魁祸手呀！刽子手呀！什么一切后果由你负责呀！什么限四十八小时以内答复呀！……

等等，看起来吓死人，实际上没有打中要害，真正的要害在那里？真正的要害是各单位有各单位的情况。要把真正的黑帮、把走资本主义道路的当权派揪出来。

现在的斗，我非常耽心，当然我也不是害怕，反正有毛主席，现在有些人不是斗黑帮，不是斗右派，不是斗走资本主义道路的当权派，就是在那里揪住同志来斗，每个部就是斗部长，每个单位就是斗那个单位的首长。说了一句什么话就揪住不放。真正的黑帮不去斗，真正的右派不去斗，真正的走资本主义道路的当权派，在那里坐山观虎斗。这样就不能把文化大革命进行到底。斗争的目标很不明确。主要斗那些走资本主义道路的当权派，不要把那些工作有错误，缺点的干部也当作走资本主义道路的当权派那样来斗，要区别，不要一样对待。

我上次讲了搞路线斗争，我再讲讲这个道理。我过去犯过错误，我以犯过错误的老同志的体会讲些经验，给大家介绍介绍很重要，是有道理的。什么叫路线斗争，怎么斗法？一讲斗走资本主义道路的当权派，就所有的人都是走资本主义道路的当权派；一讲斗资产阶级反动路线，就所有的人都是资产阶级反动路线。这样打击面太大了，打击面太宽了。同志们，所有军事院校的负责人都是黑帮，都是走资本主义道路的当权派，都是资产阶级反动路线。请同志们想一想，你们把毛主席放在什么地方？你们把林副主席放在什么地方？你把共产党放在什么地方？这样，你就否认了毛主席的领导！你就否认了林副主席五年来高举毛泽东思想伟大红旗、否认了共产党、否认了伟大的人民解放军，否认了解放军的光荣传统。

黑帮有没有？有，有大黑帮有小黑帮，但是总归是少数。走资本主义道路的当权派有没有？有，有大的有小的，总是少数。我们要团结95%的群众共同对敌，这样不会伤害好人。再就是路线问题了，资产阶级的反动路线有没有？有，在干部中、在领导干部中也是少数。对犯了路线错误的同志进行批判也要区分，要象陈伯达同志讲的，分提倡者，执行者，自觉和不自觉的执行的，有纠正的快和慢，有继续顽抗的，一般说来，犯了路线错误的同志他们同党同群众的矛盾，还是人民内部的矛盾。要帮助他们改正错误，欢迎他们改正错误。这样搞路线斗争很必要。不科学的分析就扩大化，就简单化，就打不中目标。我在过去年青时候搞路线斗争犯过错误，就是扩大化，简单化，用非常简单的办法解决思想问题。扭住谁，一次检讨不深刻，二次检讨不接触思想，三次检讨就是应付，四次检讨，五次检讨是阴谋！反正是死了也过不了关，搞武斗，那时候的武斗是枪毙，我们过去就犯过这个错误。感谢毛主席，他就不赞成扩大化，简单化。毛主席指出要分析，是什么样的问题，是缺点还是错误，主要负责还是次要负责，我们应该是帮助同志弄清思想，团结同志共同对敌。主席说要团结95%以上，黑帮、走资本主义道路的当权派，是极少数的。这样进行路线斗争，才能从中受到教育得到提高。上次（十一月十三日）我讲话，有些地方没有去，没调查。我接触到一些学校，见过一些同学，谈过话，他们的那种搞法，我是不赞成的，那种搞法就是简单化、扩大化。你们这种搞法不纠正我交班也不交给你。你大学没毕业就这样凶，我不能把班交给你。现在大学没毕业就这样凶，将来还得了呀！我这个人就是这样子好刺激人，这是老实话，真话！

搞路线斗争，不要简单化、扩大化，要弄清两类矛盾，弄清是敌我矛盾，还是人民内部矛盾。主要是弄清思想改正错误，路线斗争完了，还要在你的领导下作好工作。这样的才是真正的马克思主义毛泽东思想。

最重要的是识大体，顾大局。毛主席最识大体，最顾大局，所以毛主席领导我们党渡过一个又一个难关，取得一个又一个胜利。你不要计较小事，不要抓住芝麻丢掉西瓜，不识大体。毛主席能和反对过他的人共事，共同工作，不念旧恶。有的人过去把他整的很厉害，他还是团结他，只要他肯工作还是给他工作干。主席就有这样的伟大气魄。我们和毛主席不可比，但我们可以学。

亲爱的同志们，你们才二十几岁，你们起码还干革命五、六十年，我们不行了最多干二十年，你们要有这个准备。同志们我告诉你们，吃得亏识大体的人是有好下场的，吃不得亏的人爱讨便宜的人是没好下场的，我见的多。这个话你好好听听，你不听我贴你的大字报。这一点就不好了，就不象个解放军的样子。过去战争中解放军是拿生命来掩护群众的。雷锋、王杰、蔡永祥都是识大体顾大局，吃得亏的好样的。把好事让给别人，把困难留给自己。好，你陈老总今天讲话是个大阴谋，你是把我们的嘴堵起来，不让讲话，当奴才，我没有这个资格堵你的嘴不让你讲话，没有权利不让你们贴大字报。也可能明天大字报给我出来了。另外，我们看到损坏党的利益不讲话，看到明明是走资本主义道路的当权派不讲话，看到牛鬼蛇神到处泛滥，看到黑帮到处捣鬼，不敢说话，不敢动他，那也不是真正的革命派，也不能当解放军。必须是斗黑帮，斗走资本主义道路当权派，那才是真正的革命造反精神。我们看到青年人有革命造反精神我们受到鼓舞，精神上得到最大的安慰，感到后继有人了。但是鼓励革命造反精神，要加温鼓励，怎样鼓法？要提高到毛泽东思想的新的更高的水平。不要降低这个水平。不能争吵与文化大革命无关的事，不能争吵枝节问题。要打中要害。这样就能使同志们得到锻炼，就挽救了同志。

一九六五年爆炸了原子弹，有很多尖端技术解决了。有人说：搞文化大革命没必要，搞的伤了感情，人们见了面关系也疏远了，有的还吵架，这是不对的。文化大革命搞起来了，真正的十几天，各种大字报都出来了，各种思想、各种思潮都出来了。今年五月以前，那个平静是不可靠的，六月以后暴露出来了。暴露出来的是把社会的底层摊开来了，是把灵魂深处都摊开来了。不怕乱，有乱有沉。通过乱，才能真正止，通过斗争，才真正可靠了。我看只有我们伟大领袖毛主席才敢这样干，敢于让各种思潮贴大字报，贴到大街上贴到国务院，中南海，王府井的最多。毛主席就有这样伟大的气魄。我赞成造反精神，我是老造反的，但是，我更想把文化大革命运动提到更高的毛泽东思想水平。我讲话，讲错了，欢迎批判，上次我讲话，就有人提出要和我辩论，有时间是可以的，但是你批倒我，还是我批倒你？那很难说。今天又有大标语，我们要见毛主席，昨天在人民大会堂开会，也有人说要见毛主席，前天在人民大会堂也是这样。当然，要求见到毛主席理由是正当的，没错。但是主席和林副主席三个月来已经接见了一千一百多万革命师生。要见毛主席的心情可以转达，但是要关心主席的健康。你不要认为是正当就可实现，我认为还有其他条件。

我不希望我讲的都对，有百分之六、七十对了，对大家有些贡献我就满意了。

空军第二高专：叶宝国、欧阳彩、黄倩等八人整理

北京市房管局（新）红卫兵办公室转印

1966.12.1

叶 剑 英 副 主 席 讲 話

（根据记录整理，未经本人审阅）

同学们！同志们！刚才陈副主席、刘志坚同志讲了话了，我本来不想讲的，有人写了一些条子，肖华同志叫我讲一讲，我来讲几句。

成都军区有十六个同志告成都军区的状，告到北京来了，你们这种精神我是支持你们的（下面有部分热烈鼓掌和呼口号）。

有人递了些条子，有些条子说"我们要见毛主席"，这种精神是好的，这是一类。有人提条子说上次陈副主席和我的讲话是错误的，是违背了林副主席指示和十六条的。还有的说：要批判资产阶级反动路线，就首先批判陈、叶十三日讲话。陈、叶副主席的讲话，对运动出现了新的阻力。有的说：军委统帅是毛主席，副统帅是林彪同志，你说，你有什么权利处理这个问题？因为上次（十一月十三日大会上）我代表军委各大军区各军兵种首长对大会上大多数群众对军委的信任和支持表示感谢，这里就提出了质问。又有的条子说：敬爱的叶副主席，希望你给李济才恢复名誉。我得谢谢你们，又是亲的又是爱的。这个条子是兽医大学造反兵团的。这个条子还提出了恢复名誉的办法，提出要登人民日报或解放军报恢复名誉。这个李济才是兽医大学造反团的，他上次十一月十三日大会上递条子质问我们，那次大会是不是林副主席批准的，我们四个副主席的讲话，是不是林副主席批准的。我在这里讲了，事实还是事实嘛！上次我在大会念李济才的条子，也是按李济才的要求办的嘛！还有的要求：叶副主席我们恳切希望你见见我们。这是二医大、兽医大学造反团的。我也有这个想法，想去看看你们。

同志们，我把这些问题提出来，请大家认真思考思考吧！

毛主席说："因为我们是为人民服务的，所以，我们如果有缺点，就不怕别人批评指出。不管是什么人，谁向我们指出都行。只要你说得对，我们就改正。你说的办法对人民有好处，我们就照你的办。"同志们这是那里来的？（群众答：是毛主席的最高指示。）我是考考你们。这里边不是讲对人民有利没利吗？要是对人民有利，既是错了，也是言者无罪，闻者足戒吗？毛主席讲了吗？（群众答：讲了。）我们学习毛主席著作，就应该接触实际，不要一接触实际就把毛主席著作忘了。前次讲话我讲了，有人贴了些大字报，批判我的讲话。今天我又讲了，也许明天又有大字报了。但是，我还要讲。

现在，我讲正文。现在全国来京串连的革命师生，约共有1200万人。主席对年青一代具有殷切的希望，要保证国家不变颜色，绝大部分要靠年青一代。所以对青年一代，要席最最热情。希望年青一代成为可靠的接班人。但是，同学们注意，有些人就不这样想。有些人看到主席在一百天以内接见了1200万革命师生，不接见工农兵，是不是有些人会怀疑，我们工人、农民、解放军不是主力军了，是不是毛主席偏心了，不抓工农兵了。这种怀疑是不正确的。那么，为什么毛主席在这个时期要接见学生呢？同志们，要了解青年学生所处的时期、地位和他们将来的作用。他们今天这些学生不是工人、农民、兵。将来呢？不是工、就是农、就是兵。所以，全国的学生都是工农兵的苗子。要把这些苗子培养好，培养非常非常强的苗子，将来才能开花结果，经得起风霜。如果苗子不好，经不起风霜，就不行了。所以，毛主席以最大的热情来培育青年一代的苗子。如果不把这些学生培养得革命化、战斗化，不让他们参加阶级斗争、生产斗争、科学实验三大革命运动，他们就不会是好苗子，就不会是好的接班人。因此，毛主席最注意培养青年一代，如果认真的把他们培养好了，培养成革命化、战斗化的青年，这样就不会受旧社会遗毒的感染，就不会象外国人想象的那样，我们的国家，就两、三代以后变颜色。

我们军队院校培养学生的特点，军队院校的学生和地方院校的学生不一样。军队的学生，已经是步兵、炮兵、工兵、海军、陆军、空军，有的调来学校时已经是干部了。因此，军队院校培养干部是更加有目的有计划，有任务的培养。国家拿出很大的力量，用很大的物质力量，有目的地有计划地培养军队的干部，毕业后就分配到需要的地方去担负工作。你们比地方院校好的多，你们培养的好坏代表着部队的水平。你们不是一般的学生。学校培养出来的是高质量，还是废品，是好的还是坏的，不是你们个人的问题，而是全军的问题，是关系到我党、我军的问题，是关系到国家不变颜色的问题，是关系到无产阶级专政的问题。因此，我们绝不允许军队院校革命师生，在校或者在文化大革命期间，有任何违犯毛主席思想的行为和败坏我军光荣传统的行为。因此，我们就不管你们，我们就是失职，就是不忠于毛主席，不忠于党。我们院校绝大多数是革命的，可是有少数人，一上火车就忘了纪律了。有的一上火车就把门窗一关，不让红卫兵上去，结果红卫兵把车厢的门窗玻璃砸碎了，进来了。红卫兵说：你不象解放军样子，不配当解放军，不是学习的榜样。我们的名誉，都叫这一小撮人给败坏了。有的人出去串连是游山玩水，有的跑到上海住大旅馆，要求吃好的，坐小汽车，这些人把红军艰苦朴素的传统都丢了，完全丢掉了。还有一小撮"小老鼠"冲进国防部，毛主席是军委主席，林副主席是军委副主席，国防部长也是林副主席，这样向毛主席、林副主席办公的地方横冲直撞，简直是太不象话了。我们再不讲话、再不管，就不是党的干部了。你们这一小撮"老鼠"，应给群众斗斗你们。你们应当改。不改，我们就不管你们，就要洗刷。有的人冲到国防部，把国防部当敌人冲，打解放军，严格地讲这是反革命。我同那一小撮人前无冤后无仇。如果他们不改，就要洗刷，就要清理，当作废品处理。有没有被坏人利用呢？有。我们知道，例如，在你们冲国防部时，就有人在幕后指挥。有一个五十多岁的人，看样子也不是学生，也不是教师，而在后面指手划脚，指挥别人。这个人是青年吗？这不是青年，是幕后搞鬼的。现在想跑，跑是跑不了的，一个也跑不了，要抓住他。（群众高呼口号：无产阶级专政万岁！誓死保卫毛主席！）不把他抓出来还算什么无产阶级专政？这样文化大革命也不能搞好。有的他爸爸被斗成黑帮自杀了，有的他全家在台湾。同志们，的的确确有一小撮坏家伙在捣乱，在搞鬼，我们应该提高政治警惕。今天我看到是太严重了，我看你们要掉下去了。同志们，你们不要再受骗了，我不是威胁你们，希望你们赶紧回头。应该觉悟了，不应该再继续受欺骗了，要赶紧回头。我劝你们不要再继续受骗了，如果再继续坚持错误，不觉悟，不改的话，就要拿你们作反面教员，教育大家了。当然我们最听毛主席话，要允许人家犯错误，也允许人家改正错误。如果能改正，我们就欢迎，就一视同仁，就团结他。那么，你能活到五十岁，你就要革命五十年，绝不会因为犯错误就一棍子打死。我们挽救一个青年要苦口婆心，要有严正的态度。

你们来京串连，是为了搞好无产阶级文化大革命。有的来了两个月了，也应该回去很好的搞本单位的斗批改，搞好本单位的文化大革命。但是也有一小撮人专走邪路，如果他们跑到连队里去，就把连队搞乱了。只有真正全心全意为人民服务的人，真正按毛泽东思想办事的人，才够得上当解放军战士，才能当好名副其实的革命接班人。

本来我不想讲话的，肖华主任叫我讲的。有了错就赶快改，不要小资产阶级爱面子。希望同学们赶快回去。你们的重要任务是搞自己的斗批改，同志们、同学们赶快回去，努力把自己的斗批改搞好。

转抄空军××学校

首都复员转业军人革命委员会邮电科学研究院分会筹委会

1966.12.3

刘 志 坚 同 志 的 讲 話

同志们，同学们：

因为叶副主席、肖华主任身体都不太好，我按他们拟定的稿子讲。

首先代表总部、各军种、兵种，向同志问好，向同志们致以无产阶级革命敬礼！

这次军委、总政、各军种、兵种的首长，第三次接见了来京军事院校的革命师生，这次陈副主席作了指示，上次军委四位副主席对第二部分来京的军事院校革命师生作了重要指示，绝大多数同志是拥护的。今天到会的是第三部分来京的革命师生，你们怀着对党对毛主席的无限热爱，无限崇敬的心情，来到首都文化大革命的中心，来到毛主席身边 —— 北京。

几天前，你们接受了伟大的导师、伟大的领袖、伟大的统帅、伟大的舵手毛主席检阅，这是一生中最大的幸福，最大的鼓舞，我们伟大的领袖毛主席见到你们也非常高兴，他最关心群众，最了解群众，和我们群众心连心，自今年八月份开始，短短的几个月内，毛主席八次接见了来京革命师生和红卫兵战士一千一百多万。毛主席身体非常好，很健康，这是全中国人民和全世界革命人民最大的幸福。毛主席的亲密战友林彪同志身体也很健康，他毛主席思想学得最好，他把毛泽东思想伟大红旗举得最高，我们一定要在毛主席和林副主席的领导下更高地举起毛泽东思想伟大红旗，读毛主席的书，听毛主席的话，按毛主席的指示办事，做毛主席的好战士，把无产阶级文化大革命进行到底！

我国的无产阶级文化大革命是毛主席亲自发动、亲自领导的史无前例的伟大创举，是更高的无产阶级革命运动。

只有坚决进行这样一场彻底的无产阶级文化大革命，才能巩固无产阶级专政、挖掉修正主义的根子，防止资本主义复辟，当前我国无产阶级文化大革命形势很好，以毛主席为代表的无产阶级革命路线，取得了伟大胜利，资产阶级反动路线宣告破产，广大群众发动起来实现了任何国家从来没有的大民主，极大程度地调动了群众的积极性，我军院校也是一片大好形势，特别是十月五日军委总政紧急指示之后，军事院校文化革命掀起了新高潮，许多革命师生发扬了敢想、敢干、敢说、敢闯、敢革命的革命精神，你们的斗争大方向是正确的，我们热烈地支持你们，并且希望你们保持和发扬革命精神。

伟大领袖毛主席号召我们："你们要关心国家大事，要把无产阶级文化大革命进行到底"。毛主席号召："全国都要学习解放军。"林副主席也号召军队一定要做好样子。

我军是毛主席亲自缔造的，是在林副主席直接领导下，高举毛泽东思想红旗，突出政治，活学活用毛主席著作，坚持四个第一，大兴三八作风，遵守三大纪律，八项注意，在人民群众中有崇高的荣誉，我们必须把军队的文化大革命搞好，作出好样子，我们必须牢牢记住，我军是无产阶级专政的工具，解放军要搞好和保卫文化大革命双重任务。

现在美帝国主义、苏联修正主义正进行反革命联合行动，拚命的反华，我国无产阶级文化大革命的形势，他们非常害怕，总想消灭无产阶级文化大革命，消灭世界最强大的社会主义国家，消灭伟大的世界革命根据地——中国，因此我们要提高警惕，不能有丝毫松懈，要加强战备，各总部、各军种、兵种负责同志在文化大革命中负有重大责任，要保护文化大革命，同时还要敢字当头，放手发动群众，照毛主席的指示办事，政治挂帅，到群众中去，另一方面他们要把战备搞好，保证他们有时间、有精力对部队的指挥。

我们要从最高利益出发，要照顾领导干部所担任的重要任务。院校要经常的总结经验，用毛泽东思想对照检查，打一仗进一步，广大革命师生大的方向是正确的，大多数同学表现是好的，这点必须肯定。但少数单位，个别同志也发生了一些错误，造成不好影响，损害了我军的荣誉，在群众中给部队造成了不好影响，违犯了林副主席要做好样子的指示。我们提出这个问题是为了使无产阶级文化大革命更健康地发展。我们相信同志们能坚持真理，修正错误。

当然在运动中，有些同志发生一些缺点和错误是难免的，相信同志们能自己教育自己，十月十三日大会以后，有些院校根据会议的精神，总结了经验，很好。政策水平有了很大提高。既要敢想、敢闯、敢革命，又要遵守党的政策，我们要使军队院校文化大革命在完成斗批改中做出好榜样。

同志们，紧急指示已下达两个月了，在这期间内主要是进行了革命串联，串联主要是来北京，据统计从国庆节到现在，军队院校共来京师生近十万人，停留在北京一、二个月的人还不少，来京师生接受了毛主席的检阅，表示了对毛主席的无限热爱、无限忠诚，来京学习了北京各院校的文化大革命的经验，鼓舞了斗志。在北京对各总部、军种领导机关提了很多的意见，对促进我们的思想革命化有很大的作用。各总部、军种领导对自己缺点错误要虚心接受（批评），认真自我批评，坚决改正。

院校的同学离开学校，有的院校斗批改还未进行，有的搞了一点，不深不透，又停了下来。十六条指出，文化大革命的目的是一斗二批三改，要把本单位的斗批改任务搞好，军队院校要按十六条办事，把本校的斗批改任务搞好。紧急指示以后，串联的目的是为了搞好斗批改，斗批改的主要任务不搞好，学校也是不能彻底改变面貌的。我们也接到很多信说毛主席接见过了，军委首长也已经接见过了，应该回去，搞好本单位的斗批改任务，不然会长时间脱离本单位群众。

最近中共中央国务院发出通知：从11月21日起到明年4月暂停乘火车、轮船到各地串联，希望军队院校狠抓这一段时间搞斗批改，在毛泽东思想伟大红旗下，团结大多数，集中力量、集中智慧，发扬敢干敢闯的革命精神，紧紧掌握斗争大方向，把院校斗批改搞好。搞好本单位斗批改也是一场尖锐复杂的阶级斗争，要真斗倒党内走资本主义道路的当权派，肃清资产阶级反动路线的影响，真正彻底改是要下一番工夫的，要靠本校的师生，因为他们最了解情况，感受最深，最有发言权，相信同志们有能力、有办法完成这一光荣伟大的任务。

口号：

中国共产党万岁！

伟大领袖毛主席万岁！

……………

周总理陈毅副总理接见各地来京工人代表

大会上的讲話

（11月30日在北京工人体育馆）

周总理：

我代表毛主席、林彪同志、党中央、国务院、中央军委、中央文革小组向你们问好！

你们从各省来到北京，都是带着问题来找党中央、国务院、中央文革小组，要求解决问题的。我们这个时期忙于接见外地师生、红卫兵，挤不出时间来接见大家。毛主席第八次接见了外地革命师生之后，我们组织了两批集体会见；一批是各地来京请愿的大中学校师生，另一批就是今天这里的一万多人。

你们有的上千人，几百人，也有的几个人，从企业来要求解决问题。这样的大会不可能谈具体问题，只能和大家会会面。"十六条"中说了，大中城市的文化教育单位和党政领导机关是当前无产阶级文化大革命运动的重点。工矿企业事业单位、县以下的单位，我们作了关于抓革命促生产的几次规定。无产阶级文化大革命是向广度深度发展的，不可避免的影响到农村、工厂、企业和事业单位。这些单位也出现一些问题，有的有共同性，有的有特殊性。中央正在研究这些问题，准备做一个工矿企业事业单位怎样搞无产阶级文化大革命的决定。现正在起草中，完了还要拿到大中城市厂矿企业去讨论，征求意见。

趁这个会见和大家谈谈。你们来了很久，我们由于忙于别的事情，接见你们晚了，应该道歉。

文化大革命一般的问题"十六条"上都有了，具体问题正在起草文件，特殊问题又没法谈。今天就请管外交的陈毅同志和你们谈谈国际形势和文化大革命在国际上的巨大影响。

我提个要求，你们来了很久了，北京天气冷了，你们还有生产任务，有些具体问题可留下少数代表，找中央文革接待站解决问题，特殊性的问题可以单独谈。人多不好谈话，人多了只能见个面。希望你们回去商量，一个单位留几个代表联系，大部分人回去抓革命促生产；把房子空出来，便于接待其它代表，有些问题还要回去解决。我们通知厂矿企业的负责人解决。

陈毅同志：

从七月到现在，世界上开过几个会议，如亚非统一组织会议、联合国大会、莫斯科九国会议、保加利亚党代表大会、新德里会议、马尼拉会议等。陈毅同志讲过了这些会议之后说，这些会议都讨论了越南战争问题和中国文化大革命。会议上共同之点，即都疯狂地反对我们的文化大革命，反对毛泽东思想。中国的威望和我们的文化大革命，对这些会议都有重大影响，这就更加突出了伟大的中华人民共和国，文化大革命，伟大的毛泽东思想和我们伟大的领袖毛主席。最近召开的阿尔巴尼亚第五次党代表大会，有三十二个国家的党参加了会议。一九六一年布加勒斯特会议时，马列主义政党只有中阿两国，现在有了三十二个国家，形势发展很快。这说明了马克思列宁主义、毛泽东思想的无比正确。现在决定国际形势最主要的方向，就是要看我们中国和伟大的毛泽东思想。二十二年前毛主席讲，分析形势要看力量的对比，看敌人方面和我们方面。因为当时有人只看敌人，不看自己。现在我们这只手的力量大大加强了。三十八个国家得到我们四万多人次的援助，我们将新技术无保留地传给人家。国际形势是跟我们走的，但我们拿不出力量来，就始终是被动的。

在座的都是中国工人阶级的儿子，我们祖孙三代闹革命，争得这样一个地位，很不容易！过去一直被人家欺侮的国家，今天我们反过来在很大程度上支配了国际形势。全世界绝大多数人心向着新中国，向着毛主席，向着伟大的毛泽东思想。这在祖辈一代是不可设想的，我们能看到今天，这是很大的幸运。

七亿人口的中国建设好了，一定可以支持全世界的革命；如果我们自己搞不好就不可能。苏联国内搞得一团糟，他就不敢讲话了，就没有他的声音了。国际形势可影响国内形势，国内形势也可影响国际形势；这是看形势问题的辩证法。国际形势肯定有利于我们，我们可以使国际形势按照我们的意志走。但不能说没有困难。我们要按毛主席、林彪同志的教导，克服这些困难。

坦桑尼亚成立了绿卫兵（因他们的国旗是绿色的），拉美也有人写信给我们，要求成立国际红卫兵，北京的学生也再三催问外交部，为什么不成立国际红卫兵。同志们，目前条件还不成熟。

我们在尼泊尔的工作人员和去柬埔寨的体育队等，让人家读毛主席语录，有的将毛主席纪念章往人家的身上戴。有的很高兴，有的就不要。在我们国家来说，这是光荣的事，但外国人就要坐班房。我们有的同志，口号喊得很响亮，但做起来就给人家帮了倒忙。法国来中国的人要在法国建立红卫兵，并买了两套中国锣鼓，准备回巴黎敲打起来闹革命。我反对他们这样做。我说你们想革命就该象毛主席那样深入工农，发动群众去做踏踏实实的工作，最后把他们说通了。真正要革命的人，要他们回去做脚踏实地的工作，而不能光喊几个口号。

学生来外办造反，说留学生条例是修正主义的，要查根子，要揪出来审判，来势很凶。他们不了解这是在双方政府平等互利的前提下商定的国际协定。他们派来留学生，回去造他们的反，人家还派留学生吗？许多人讲了很高的口号，实际不是那么回事，遇事不好好想一想，一来就造你的反。绝大多数同学是好的，事情经过辩论就弄清了，……

谢学生们提出的问题。

今天来的是全国各地一万多职工，你们的工厂企业工作做得都很好。开罗、巴黎……到处都有中国的产品，外交工作要靠我们的工厂、农村多出来东西。我首先感谢你们，没有你们的支持，我们就是空头外交家。要有精神、有物质才有力量。我们要一方面闹革命，一方面抓生产。我们不能象学校那样，放假闹革命。一句话，要抓革命促生产，不能停止生产，妨碍生产；相反还要加强生产。这是国家的根本，我们党的根本。文化大革命要业余时间去搞。有的工人在厂内受到压抑，领导不民主受了打击，有的打成反革命。为这些事来北京告状造反都是应该的，但这是小道理，如果影响生产就没有大道理。搞好生产是一条最大的道理。锡兰总理穿的一身都是中国的东西，吃的也是中国大米。国家兴旺就要看工农业生产。你们是掌握国家命脉的，你们提出的问题，有时间解决的可留下少数代表和国务院文革小组谈；大多数人要回去抓生产。我们有二三千万工人，五亿农民生产怎么能停下来，停下来还了得？工农兵是当家人，学生是第二代；学生可以放假，但当家人不能这样，当家人应该算一算帐。

欢迎同志们留下代表，大多数人要回去，每个单位的革命要靠你们自己去解决。希望同志们回去狠狠抓革命，狠狠抓生产。这不是大阴谋而是大阳谋。祝同志们健康。

（抄自冶金工业部东方红第三战斗组大字报）

12月1日